判例 国際法 〔第3版〕

▶編集代表

薬師寺公夫
坂元茂樹
浅田正彦
酒井啓亘

東信堂

はしがき

『判例国際法』は2000年10月に初版が刊行され、2006年5月に第2版が刊行されたが、幸いなことに多くの読者に恵まれてきた。しかし、第2版の刊行から10年以上の年月が経過し、その間に多く重要な判例等が蓄積されてきた。その結果、第2版に掲載されていない判例等も多くなり、旧版では不便になったとの声が聞こえ始めると同時に、新たな版の『判例国際法』の刊行を求める声が高まってきた。本来であれば、こうした声に応えて、全体を見直し新たな視点から新版の編集を行うべきところであるが、そのような方針で作業を実施すると、第3版の刊行までに長期の時間を費やすことになり、さらに読者に不便を強いることにもなりかねない。

そこで今回は、新たな判例等の新規の収録は必須のものにとどめ、既存の判例等については、新たに刊行された判例集などを中心に参考文献をアップデートすると共に、判例等の出典の該当頁(該当パラ)を示すようにとの読者からの要望に応えて、できる限りそうした情報を追加するという作業に重きをおいた。もちろん、既存の判例等において、第2版の刊行以降に進展があった場合(例えば、管轄権段階であった事件につき本案判決が出た場合や、高裁段階であった事件につき最高裁判決が出た場合など)には、大幅な加筆を行ったし、既存の判例等そのものの進展ではないが、当該判例等に関連する論点について新たな判決等が出された場合には、【論点】においてその点に触れた。そうした大幅改訂を行った項目に新規項目を加えると、その数は30を超える。なお、残念ながら第2版刊行後に執筆者が逝去されたり、ご高齢のため改訂を辞退された項目については、編集代表が手分けして改訂作業に当たり、その事実を明らかにするために執筆者欄を連名とした。また、第2版にあった判例を一部削除し新しい判例に差し替えたものや、事件名を改めたものも若干ある。

第3版における新規項目の編集方針や構成は、初版および第2版と基本的に変わっていない。すなわち執筆者には、【事実】および【判例要旨】等において各判例等の背景と論旨の全体の流れが明らかとなるような記述をお願いすると共に、【論点】では当該判例等に含まれる論点をできるだけ網羅的に記述するようお願いした。要約・紹介と論点の提示は、もちろん執筆者の責任において行われたものであるが、編者として、形式、叙述、用語法な

どは可能な限り統一するようにした。また、分量制限のために、執筆者の了解を得て、その意図を損なわない範囲内で、編者が最低限の修正、加筆、削除などを行った項目があるのもこれまでと同様である。

　判例集の編集は大変な労力と時間のかかる作業である。我々としてはできるだけ早く、より本格的な改訂を行いたいと考えている。しかしそれが希望通りに実現するという保証はない。そこで第3版においては、4人の編集代表と8人の編集委員からなる編集体制を作り、編集委員として多くの若い世代の研究者に加わっていただいた。多くの編集委員は編集代表とペアを組みながら作業を行い、来るべき第4版の編集において中心的な役割を果たしていただけるよう期待している。

　初版の編集代表を務められた田畑茂二郎先生と竹本正幸先生は、今は鬼籍にある。第2版の編集代表を務められた松井芳郎先生に本書の改訂についてご相談したところ、この際、若い世代で作業をしてほしいとのお言葉であった。今回何とか第3版への改訂を完成させることができたのも、松井先生からのご助言の賜物である。これによって本書がどの程度今日的要請に応えられるものになったかは、読者諸兄の判断に委ねるほかないが、引き続いてのご愛読とご批判をお願いしたいと思う。

　第3版の刊行に当たって、東信堂の下田勝司社長をはじめ、特に向井氏、牟禮氏に献身的なお世話をいただいた。心よりお礼を申し上げたい。

　　2019年4月

　　　　　　　　　　　　　　　　　　　　　　　　　　　　　　　　編者一同

目次／判例国際法 第3版

はしがき ·· i
凡例 ·· xii
判例出典略称一覧表 ·· xv
参考文献略称一覧表 ·· xvi

第1章　国際法の法源 ·· 3

1　スコチア号事件 ·· 牛尾裕美　4
2　ロチュース号事件 ··· 田中則夫・酒井啓亘　7
3　外交的庇護と地域的慣習法 ······························· 中村　道・酒井啓亘　12
　　A　庇護事件
　　B　アヤ・デ・ラ・トーレ事件
4　インド領通行権事件 ··· 松井芳郎・酒井啓亘　17
5　核実験事件 ·· 柴田明穂　20

第2章　国際法と国内法の関係 ·· 25

6　国内法における国際法の地位とその遵守 ································ 岩沢雄司　26
　　A　パケット・ハバナ号事件
　　B　国連本部協定事件
7　メデイン事件 ··· 小林友彦　31
8　モルテンセン対ピーターズ事件 ·· 西井正弘　34
9　EC法の直接効果と優位性 ······························· 山手治之・酒井啓亘　37
　　A　ヴァン・ゲント・エン・ロース対オランダ国税庁事件
　　B　コスタ対ENEL事件

第3章　国際法の主体 ·· 43

第1節　国際法主体としての国家 ────── 44

(1) 国家の成立と国家・政府承認
10　コソボ独立宣言事件 ·· 山田卓平　44
11　ティノコ事件 ··· 五十嵐正博　47
12　リンビン・タイク・ティン・ラット対ビルマ連邦事件 ················ 櫻田嘉章　50
13　王京香対王金山事件 ·· 櫻田嘉章　54
14　ベルヌ条約事件 ··· 加藤　陽　58
(2) 国家・政府の承継
15　オーランド諸島事件 ···································· 家　正治・酒井啓亘　61
16　光華寮事件 ·· 田中則夫・酒井啓亘　64

| 17 | 満州国の法的地位 | 五十嵐正博 | 70 |
| 18 | 旧ユーゴ諸共和国における国家承継 | 樋口一彦 | 73 |

(3) 国家の権利義務

19	チュニス・モロッコ国籍法事件	五十嵐正博	76
20	ウィンブルドン号事件	糟谷英之	79
21	モロッコにおける米国国民の権利に関する事件	五十嵐正博	82

(4) 主権免除

22	スクーナー船エクスチェンジ号事件	月川倉夫・坂元茂樹	85
23	中華民国に対する約束手形金請求為替訴訟事件	佐分晴夫・酒井啓亘	88
24	フィリピン・アドミラル号事件	西井正弘	91
25	パキスタン貸金請求事件	水島朋則	95
26	国家の裁判権免除事件	水島朋則	98
27	プリンス事件	小畑 郁	103

(5) 管轄権の域外適用

| 28 | Yahoo! オークション事件 | 濱本正太郎 | 106 |

第2節　国際機構　110

29	国連加盟承認の条件と手続	位田隆一	110
	A 国連加盟承認の条件（憲章第4条）事件		
	B 国連加盟承認のための総会の権限事件		
30	国連の職務中に被った損害の賠償事件（ベルナドッテ伯殺害事件）	香西 茂・酒井啓亘	115
31	南西アフリカの国際的地位と国連の権限	家 正治・酒井啓亘	120
	A 国際的地位事件		
	B 報告と聴聞に関する表決手続事件		
	C 請願人聴聞の許容性事件		
32	国連大学事件	位田隆一	125
33	ウェイト対ドイツ事件	水島朋則	128
34	マジル事件	黒神直純	131

第3節　個　人　134

| 35 | ダンチッヒ裁判所の管轄権事件 | 村上正直 | 134 |

第4章　領　土　137

36	パルマス島事件	松井芳郎・酒井啓亘	138
37	領域権原としての実効的支配	中村 道・酒井啓亘	143
	A 東部グリーンランド事件		
	B マンキエ・エクレオ事件		
38	プレア・ビヘア寺院事件	浅田正彦	148
39	ブルキナファソ・マリ国境紛争事件	西村智朗	156

| 40 | リギタン島およびシパダン島に対する主権事件 | 松本祥志・酒井啓亘 | 161 |
| 41 | ペドラ・ブランカ事件 | 李　禎之 | 164 |

第5章　海洋法　167

第1節　領海　168

42	コルフ海峡事件	松井芳郎・坂元茂樹	168
43	ノルウェー漁業事件	柴田明穂	174
44	テキサダ号事件	林　久茂・坂元茂樹	179
45	韓国漁船拿捕事件	田中則夫・坂元茂樹	182

第2節　排他的経済水域と大陸棚　186

46	北海大陸棚事件	田中則夫・坂元茂樹	186
47	英仏大陸棚事件	古賀　衞・坂元茂樹	191
48	チュニジア・リビア大陸棚事件	古賀　衞・坂元茂樹	195
49	オデコ・ニホン・S・A事件	古賀　衞・坂元茂樹	199
50	リビア・マルタ大陸棚事件	牛尾裕美	202
51	ヤン・マイエン海域境界画定事件	富岡　仁・坂元茂樹	207
52	サイガ号事件	牧田幸人・坂元茂樹	212
53	カタールとバーレーン間の海洋境界画定および領土問題	古賀　衞・坂元茂樹	217
54	黒海海洋境界画定事件	竹内真理	222
55	ガイアナ・スリナム事件	阿部達也	225
56	富丸事件	濱本正太郎	228

第3節　公海　232

57	アイム・アローン号事件	富岡　仁・坂元茂樹	232
58	マグダ・マリア号事件	富岡　仁・坂元茂樹	235
59	南極海捕鯨事件	濱本正太郎	238
60	南シナ海事件	坂元茂樹	244

第6章　外国人の法的地位　253

第1節　外国人の出入国　254

61	ムスタキム事件	小畑　郁	254
62	マクリーン事件	德川信治	257
63	崔善愛事件	中坂恵美子	261
64	ジャッジ事件	德川信治	265

第2節　庇護権と犯罪人引渡 ──────── 270

- 65　尹秀吉事件……………………………………………戸田五郎　270
- 66　Z事件…………………………………………………坂元茂樹　275
- 67　退去強制手続における収容と難民 ―執行停止申立事件…… 村上正直　280
- 68　張振海事件……………………………………岡田　泉・坂元茂樹　283
- 69　不引渡事由としての人権の重大な侵害 …………………小畑　郁　288
  - A　ゼーリング事件
  - B　キンドラー事件

第3節　外国人の権利・国有化 ──────── 293

- 70　ニーア事件……………………………………………薬師寺公夫　293
- 71　イラン石油国有化事件 ………………………川岸繁雄・坂元茂樹　296
  - A　アングロ・イラニアン石油会社事件
  - B　アングロ・イラニアン石油会社対出光興産事件
- 72　リビア国有化事件 ……………………………川岸繁雄・坂元茂樹　300
  - A　BP事件
  - B　TEXACO事件
  - C　LIAMCO事件
- 73　アモコ国際金融会社事件 ……………………川岸繁雄・坂元茂樹　305
- 74　AMT事件……………………………………………濱本正太郎　310

第7章　個人の地位 ……………………………… 315

第1節　自決権と民主主義 ──────── 316

- 75　ナミビア事件…………………………………………桐山孝信　316
- 76　西サハラ事件…………………………………………桐山孝信　321
- 77　ケベック分離事件 ……………………………松井芳郎・薬師寺公夫　326
- 78　繁栄党事件……………………………………………西　平等　329

第2節　少数者と先住民の権利 ──────── 334

- 79　オミナヤク事件………………………………………桐山孝信　334
- 80　マーボ事件……………………………………………五十嵐正博　337
- 81　二風谷ダム事件………………………………………桐山孝信　340

第3節　人　権 ──────── 343

- 82　無料の通訳援助………………………………………戸田五郎　343
  - A　リューディック事件
  - B　大麻取締法違反、関税法違反事件
- 83　サンデー・タイムズ事件……………………………戸田五郎　346
- 84　フィラルティーガ事件………………………………岩沢雄司　349

85	旧自国民に対する補償 …………………………… 薬師寺公夫	352	
	A ゲイエ事件		
	B 在日韓国人元日本軍属障害年金訴訟事件		
86	社会権の平等適用 ………………………………… 薬師寺公夫	357	
	A ブレークス事件		
	B 塩見事件		
87	指紋押捺拒否国家賠償事件 ……………………… 村上正直	362	
88	緊急事態におけるデロゲーション ……………… 前田直子	365	
	A アクソイ対トルコ事件		
	B 国家人権委員会対チャド事件		
89	ロイジドウ事件 …………………………………… 小畑　郁	368	
90	バリオス・アルトス事件 ………………………… 中井伊都子	373	
91	LGBTの人権 ……………………………………… 戸田五郎	376	
	A トゥーネン事件		
	B クリスティン・グッドウィン事件		
92	退去強制による家族への干渉 …………………… 村上正直	379	
	A ウィナタ事件		
	B イラン人一家退去強制事件		
93	受刑者接見妨害国家賠償請求事件 ……… 坂元茂樹・薬師寺公夫	382	
94	小樽入浴拒否事件 ………………………………… 中坂恵美子	387	

第4節　国際犯罪 ——————————————————— 390

95	第2次世界大戦と国際軍事裁判 ………… 岡田　泉・薬師寺公夫	390	
	A ニュールンベルグ裁判		
	B 東京裁判		
96	アイヒマン裁判 …………………………………… 樋口一彦	395	
97	タジッチ事件 ……………………………………… 松田竹男	398	
98	アカイェス事件 …………………………………… 稲角光恵	405	

第8章　国家機関 ……………………………………… 409

99	元外国公使館雇員事件 …………………… 竹本正幸・坂元茂樹	410	
100	神戸英水兵事件 …………………………… 月川倉夫・坂元茂樹	413	
101	外交官に対する訴状送達事件 …………………… 岩本誠吾	416	
102	トカレフ事件 ……………………………… 竹本正幸・坂元茂樹	419	
103	ピノチェット仮拘禁事件 ………………………… 薬師寺公夫	422	
104	逮捕状事件 ………………………………………… 水島朋則	426	

第9章　条　約 ………………………………………… 431

105	上部シレジア事件 ………………………… 福田吉博・坂元茂樹	432	

106	自由地帯に関する事件 ……………………………	福田吉博・坂元茂樹	435
107	ジェノサイド条約に対する留保事件 ……………	坂元茂樹	438
108	ベリロス事件 ………………………………………	坂元茂樹	443
109	ロウル・ケネディー事件 …………………………	中野徹也	448
110	アイスランド漁業管轄権事件 ……………………	坂元茂樹	451
111	リビア・チャド領土紛争事件 ……………………	西村智朗	456
112	ガブチコボ・ナジマロシュ計画事件 ……………	坂元茂樹	459

第10章　国家責任 ……………………………………… 465

第1節　国家責任の成立 ──── 466

113	ザフィロ号事件 ……………………………………	安藤仁介・薬師寺公夫	466
114	在テヘラン米国大使館事件 ………………………	山形英郎	469

第2節　違法性の阻却又は対抗措置 ──── 474

115	復仇の要件 …………………………………………	松田竹男	474
	A　ナウリラ事件		
	B　スィズニ事件		
116	米仏航空業務協定事件 ……………………………	松井芳郎・薬師寺公夫	477
117	レインボウ・ウォーリア号事件 …………………	薬師寺公夫	480
	A　国連事務総長裁定		
	B　裁定の履行に関する仲裁裁判		

第3節　国家責任の解除 ──── 486

118	ホルジョウ工場事件 ………………………………	安藤仁介・薬師寺公夫	486
119	アヴェナ等メキシコ国民事件 ……………………	山田卓平	491
120	ディアロ事件 ………………………………………	薬師寺公夫	495

第4節　国際請求の提出と外交的保護 ──── 500

121	外交的保護権の性格 ………………………………	酒井啓亘	500
	A　マヴロマチス事件（a　第1事件　b　第2事件）		
	B　マヴロマチス特許改訂事件		
122	テキサス北米浚渫会社事件 ………………………	松田竹男	506
123	セルビア公債事件 …………………………………	岡田順子	509
124	ノッテボーム事件 …………………………………	徳川信治	512
125	バルセロナ・トラクション事件 …………………	薬師寺公夫	517
126	インターハンデル事件 ……………………………	位田隆一	523
127	シシリー電子工業会社事件 ………………………	佐分晴夫・薬師寺公夫	526
128	訴追か引渡しかの義務事件 ………………………	酒井啓亘	530

第11章　環境の保護 …………………………………… **535**

第1節　越境環境損害 ──────── 536
129　トレイル溶鉱所事件 …………………………… 繁田泰宏　536

第2節　環境汚染の予防 ──────── 541
130　ラヌー湖事件 ………………………………… 繁田泰宏　541
131　MOXプラント事件 …………………………… 竹内真理　546
132　パルプ工場事件 ………………………………… 玉田　大　549

第3節　環境保護と貿易・投資 ──────── 552
133　米国マグロ輸入制限事件 …………… 佐分晴夫・薬師寺公夫　552
134　米国エビ輸入制限事件 ………………………… 高村ゆかり　555
　　A　インド、マレーシア、パキスタン、タイが米国を訴えた事件
　　B　マレーシアが米国を再度訴えた事件
135　ケムチュラ事件 ………………………………… 繁田泰宏　560

第12章　紛争の平和的解決 …………………………… **565**

第1節　審査および調停 ──────── 566
136　国際審査 ……………………………… 林　久茂・浅田正彦　566
　　A　ドッガー・バンク事件
　　B　レッド・クルセイダー号事件
137　ヤン・マイエン調停事件 …………… 富岡　仁・薬師寺公夫　571

第2節　仲裁裁判 ──────── 574
138　エリトリア／イエメン仲裁裁定 ……………… 櫻井利江　574
139　仲裁判断の取消 ………………………………… 濱本正太郎　579
　　A　Sempra事件
　　B　Yukos事件
140　仲裁裁判判決の無効 …………………………… 山形英郎　583
　　A　スペイン王仲裁裁判判決事件
　　B　1989年7月31日の仲裁裁判判決事件

第3節　司法的解決 ──────── 588
141　国際裁判と当事国の同意 …………… 杉原高嶺・薬師寺公夫　588
　　A　東部カレリア事件
　　B　平和条約の解釈事件
142　国際裁判と第三国 …………………… 杉原高嶺・薬師寺公夫　593
　　A　貨幣用金事件
　　B　ナウル燐鉱地事件
　　C　東ティモール事件

143	ノルウェー公債事件	牧田幸人・浅田正彦	599
144	南西アフリカ事件	家 正治・浅田正彦	602
145	領土・島・海洋境界紛争事件	杉原高嶺・薬師寺公夫	607
146	ロッカビー事件	山形英郎	611
147	ジェノサイド条約適用事件	山形英郎	614
148	ラグラン事件	山形英郎	620
149	カナダ漁業管轄権事件	林 美香	625
150	カメルーンとナイジェリアの領土および海洋境界	酒井啓亘	628
151	核軍縮義務事件	浅田正彦	634

第4節　国際裁判と日本 ───── 637

152	マリア・ルース号事件	牧田幸人・浅田正彦	637
153	家屋税事件	牧田幸人・浅田正彦	640
154	日本アルコール飲料事件	佐分晴夫・薬師寺公夫	643
155	みなみまぐろ事件	柴田明穂	646

第13章　平和と安全の維持 ……………………… 651

156	国連のある種の経費事件	松田竹男	652
157	ニカラグア事件	東 泰介	657
158	オイル・プラットフォーム事件	香西 茂・浅田正彦	664
159	カディ事件	前田直子	669

第14章　武力紛争法 ……………………………… 675

第1節　武力行使 ───── 676

160	アラバマ号事件	真山 全	676
161	広島・長崎原爆投下事件	藤田久一・浅田正彦	679
162	東京水交社事件	岩本誠吾	682
163	核兵器使用の合法性事件	藤田久一・浅田正彦	685
164	いわゆる「違法戦闘員」の法的地位	新井 京	691
	A　グアンタナモ基地被抑留者事件		
	B　ラスル事件		
	C　ハムディ事件		
	D　ハムダン事件		
165	パレスチナ占領地における壁構築の法的効果	藤田久一・浅田正彦	697

第2節　戦後補償 ──────────── 703

166　シベリア抑留捕虜補償請求事件 ……………竹本正幸・田中則夫・浅田正彦　703
167　オランダ元捕虜等損害賠償請求事件 …………竹本正幸・山手治之・浅田正彦　708
168　アジア太平洋戦争韓国人犠牲者補償請求事件…………　山手治之・浅田正彦　713
169　西松建設事件 ……………………………………………………………浅田正彦　718
170　ギリシャ国民の対独損害賠償請求事件 ………………　山手治之・浅田正彦　723
　　　A　ディストモ村事件
　　　B　リドリキ村事件

索　引 ……………………………………………………… 729
　裁判所別判例索引 …………………………………………………………………… 730
　事件別判例索引 ……………………………………………………………………… 743

装幀：桂川　潤

凡　例（本書の利用の仕方）

1 **本書のねらい**　本書は、多様な紛争解決機関による、できるだけ多くの判例を収録し、それを14の章に分けて配列してある。収録にあたっては、新しい判例に重点を置き、かつ国際法のすべての分野をカバーするよう努め、学習の便を図った。

2 **表示番号**　収録した判例には、1〜170の数字を付し、また1つの番号の下に複数の事件を扱う場合にはA, B, C, Dの符号を付した。

3 **見出し**

①事件名の表示　事件の名称は、通常用いられている呼称を含めて、できる限り簡略な名称を使用した。原文が欧文の事件については、原則として出典に記載されている事件名の欧文名称を付した。PCIJ、ICJの判決（命令・意見）など原語が示されている場合は、原語で件名を表示した。表示の仕方は、原則として各出典の表示の仕方にならっているが、通称名を〔　　〕で示した事件がある。

②事件名の後に、基本的事項として、当事国（者）、取扱機関（裁判所等）、判決・命令・意見などの年月日、出典を掲示した。PCIJ、ICJの仮保全措置命令、管轄権判決、本案判決などを区別して表記する場合には、それぞれに(a) (b) (c)を付している。国内判決も地方裁判所、高等裁判所、最高裁判所の判決をそれぞれ掲げる場合には(a) (b) (c)を付して表示している。なお、日本の裁判所については例示のように略称を用い、最高裁判決の場合は小法廷か大法廷かを記した。PCIJやICJの勧告的意見を扱った事件の場合には、諮問機関を表示した。

　　　例）京都地裁、大阪高裁、最高裁

③事件の当事国（者）は、原則として以下の方式に従って表示している。

　・国家間の事件

　　　コロンビアv.ペルー　………………原告対被告（原則として一方的付託の事件）

　　　フランス／トルコ　………………共同付託（原則として合意付託の事件）

　　　英国、フランス、イタリア　……共同訴訟国

　　仲裁裁判では、個別の事件につき付託合意が結ばれたもの（例：アラバマ号事件）、リストアップされた一連の紛争を仲裁裁判所に付託することを定めた特別協定に基づいて合意により提訴されたもの（例：ザフィロ号事件）、被害を受けた個人のために国家が請求権委員会に提起する請求を請求委員会で処理することを定めた特別協定に基づいて特別協定以前または以後に生じた事件を扱ったもの（例：テキサス北米浚渫会社事件、ニーア事件）などがあるが、これら仲裁裁判事件は、例えば米国／メキシコとい

う表記の仕方をしている。
- 個人が国家を相手として起こした仲裁事件

  原告対被告国の形式で表示している。ただし、事件名の欧文表示から当事者が判明する事件については当事者を略した。
- 自由権規約委員会や人権裁判所に係属した事件

  請願または通報を行った者を申立人、訴えられた国を被告国として表示している。
- 国内裁判所に係属した事件

  原則として当事者は表示していない。

④出　典　「判例出典略称一覧表」に記載する略称によって表示している（なお、本文中もこれに準じたが、後記【参考文献】として掲示する場合は正称を用いている）。一覧表にないものについては、正式名称を使用した。

表示の仕方は、年刊の出典は、年とその事件の開始頁を以下の例のように示す。

ICJ(1950)71……(1950)は1950年、71は開始頁を示す。頁の箇所に複数の数字が記載されている場合、同じく国を訴えた同様の2つ以上の事件のそれぞれの判決の各開始頁を示す。

[1963]European Court Reports 105……同じく[1963]は1963年、105は105頁を示す。

通しの巻(volume)があるものは、巻とその事件の開始頁を表示した。

1 RIAA 369……1は1巻(vol.1)を示し、369は開始頁を示す。年と巻号のあるものは、年と巻号、ならびに、その事件の開始頁を表示した。

[1992]3 WLR 744……[1992]は1992年を、3は3号を、744は頁を示す。開始頁の表示にあたっては、PCIJ、ICJの場合は、判決文が始まる頁をもって開始頁とし、RIAA、ILMの場合は、それらの目次で示された開始頁をもって、開始頁としている。

日本の裁判所の判決は、判例集などの名称、巻・号、開始頁を表示した。

4　**関連する判例**　本書の他の場所に掲示した判例で、特にその章(節、項)と先例、類似の事件または法源として密接な関係がある場合は例示のような符号により、目次の各章(節、項)、末尾の他、説明本文中に関連を示した。

　例)〔⇒85〕

5　**判例の説明本文**　【事実】、【判決】(事件により命令、意見等)**要旨**】、【論点】の順序に拠っている。簡略化のため、説明本文中では、原則として、事件名その他の見出しの文字部分は省き、前記2のA、B……また前記3の見出し中の(a)(b)……等の符号のみで示してある。なお、【判決(等)要旨】の部分の文章は執筆者による原文の要約であるが、特に重

要な部分については「　」を付してそのまま引用している。

　また、同じく**【判決(等)要旨】**には、直接引用の個所および区切りごとに、可能な限り出典判例集のパラグラフ(パラグラフがない場合には頁)を挿入した。その際、複数の出典判例集が挙がっている場合には、パラグラフ(頁)を示す判例集に「＊」を付した(ただし、出典が参照困難な判例集である場合、および短いものである場合は例外とする)。

6　**参考文献**　各判例の末尾に**【参考文献】**を掲示した。文献の掲げ方については、簡略化のため、頻出する文献については別記の略称(「参考文献略称一覧表」参照)を用いた。また法律関係の雑誌などに掲載された判例評釈などの場合にも、判例評釈などのタイトル名は省略し、当該文献の執筆者と収録雑誌がわかるように簡略化した掲示の仕方をした。なお、著書の場合は、その著書全体が参考文献になっている場合は別にして、学習の便宜を考慮し、原則として関連する頁数や編・章を示すようにした。

7　**索　引**　裁判所別判例索引、事件別判例索引の2つとした。利用の際の注意については、それぞれの索引冒頭の説明を参照されたい。

判例出典略称一覧表

[欧文]	AC	*Appeals Cases*
	AD	*Annual Digest and Reports of Public International Law*
	AILC	*American International Law Cases*
	AJ	*American Journal of International Law*
	All ER	*All English Law Reports*
	Austral. LR	*Australian Law Reports*
	BILC	*British International Law Cases*
	ECHR Ser.A	*The European Court of Human Rights, Series A*
	F. 2d	*Federal Reporter, Second Series*
	F. Supp.2d	*Federal Supplement, Second Series*
	F. 3d	*Federal Reporter, Third Series*
	HRLJ	*Human Rights Law Journal*
	ICJ	*The International Court of Justice, Reports of Judgements, Advisory Opinions and Orders*
	ILM	*International Legal Materials*
	ILR	*International Law Reports*
	Iran-US CTR	*Iran-United States Claims Tribunal Reports*
	Moore	*Moore, History and Digest of the International Arbitration to which the United States has been a Party*
	NYIL	*Netherlands Yearbook of International Law*
	ORHRC	*Official Records of the Human Rights Commitee*
	PCIJ Ser.A	*Publications of the Permanent Court of International Justice, Series A*
	RHRC	*Report of the Human Rights Committee*
	RIAA	*United Nations, Reports of International Arbitral Awards*
	Scott	*Scott, The Hague Court Reports*
	US	*United States Supreme Court Reports*
	U.S.	*United States Reports*
	WLR	*Weekly Law Reports*
	YHRC	*Yearbook of the Human Rights Committee*
[和文]	家裁月報	『家庭裁判所月報』
	下民集	『下級裁判所民事裁判例集』
	下刑集	『下級裁判所刑事裁判例集』
	高刑集	『高等裁判所刑事判例集』
	行集	『行政事件裁判例集』
	訟月	『訟務月報』
	民集	『最高裁判所民事判例集』
	集民(本文中のみ)	『最高裁判所民事裁判集』
	刑集	『最高裁判所刑事判例集』
	裁時	『裁判所時報』
	判時	『判例時報』
	判タ	『判例タイムズ』

参考文献略称一覧表

『横田判例Ⅰ』	→	横田喜三郎『国際判例研究Ⅰ』(有斐閣、1933年)
『横田判例Ⅱ』	→	横田喜三郎『国際判例研究Ⅱ』(有斐閣、1970年)
『横田判例Ⅲ』	→	横田喜三郎『国際判例研究Ⅲ』(有斐閣、1981年)
『高野判例』	→	高野雄一編『判例研究 国際司法裁判所』(東京大学出版会、1965年)
『領土・国境紛争』	→	波多野里望・筒井若水編『国際判例研究 領土・国境紛争』(三省堂、1979年)
『宮崎基本判例』	→	宮崎繁樹編『国際法〔基本判例双書〕』(同文館出版、1981年)
『ケースブック』	→	田畑茂二郎・太寿堂鼎編『ケースブック国際法(新版)』(有信堂高文社、1987年)
『事例研究2』	→	国際法事例研究会『日本の国際法事例研究(2) 国交再開・政府承認』(慶應通信、1988年)
『事例研究4』	→	国際法事例研究会『日本の国際法事例研究(4) 外交・領事関係』(慶應義塾大学出版会、1996年)
『事例研究6』	→	国際法事例研究会『日本の国際法事例研究(6) 戦後賠償』(ミネルヴァ書房、2016年)
『国家責任』	→	波多野里望・東寿太郎編『国際判例研究 国家責任』(三省堂、1990年)
「日本の国際法判例」…巻…号	→	「日本の国際法判例」研究会『日本の国際法判例』『国際法外交雑誌』…巻…号(1990年以降)
「判例研究ICJ」…巻…号	→	国際司法裁判所判例研究会「判例研究・国際司法裁判所」『国際法外交雑誌』…巻…号(1996年以降)
『セミナー』	→	太寿堂鼎・高林秀雄・山手治之・香西茂・竹本正幸・安藤仁介編『セミナー国際法』(東信堂、1992年)
『規約先例集2』	→	宮崎繁樹編「国際人権規約先例集・第2集」(東信堂、1995年)
『判決・意見Ⅰ』	→	波多野里望・松田幹夫編『国際司法裁判所・判決と意見(第一巻)』(国際書院、1999年)
『判決・意見Ⅱ』	→	波多野里望・尾崎重義編『国際司法裁判所・判決と意見(第二巻)』(国際書院、1996年)
『判決・意見Ⅲ』	→	波多野里望・尾崎重義編『国際司法裁判所・判決と意見(第三巻)』(国際書院、2007年)
『ガット・WTO法』	→	松下満雄・清水章雄・中川淳司編『ケースブック ガット・WTO法』(有斐閣、2000年)
『WTO法』	→	松下満雄・清水章雄・中川淳司編『ケースブック WTO法』(有斐閣、2009年)
『百選Ⅰ』	→	山本草二・古川照美・松井芳郎編『別冊ジュリスト 国際法判例百選』(有斐閣、2001年)
『百選Ⅱ』	→	小寺彰・森川幸一・西村弓編『別冊ジュリスト 国際法判例百選[第2版]』(有斐閣、2011年)

『EU法基本判例Ⅰ』	→	中村民雄・須網隆夫編『EU法基本判例集』(日本評論社、2007年)
『EU法基本判例Ⅱ』	→	中村民雄・須網隆夫編『EU法基本判例集[第2版]』(日本評論社、2010年)
『ヨーロッパ人権裁』	→	戸波江二・北村泰三・建石真公子・小畑郁・江島晶子編『ヨーロッパ人権裁判所の判例』(信山社、2008年)
『基本判例50Ⅰ』	→	杉原高嶺・酒井啓亘編『国際法基本判例50』(三省堂、2010年)
『基本判例50Ⅱ』	→	杉原高嶺・酒井啓亘編『国際法基本判例50[第2版]』(三省堂、2014年)

判例国際法

〔第3版〕

茨城町例規

第1章
国際法の法源

1 スコチア号事件 (The Scotia)

裁　判　所	米国連邦最高裁判所
判　　　決	1871年
出　　　典	*1 AILC 65 ; 81 US 170

【事実】　1867年4月8日深夜、英国汽船スコチア号はリバプールからニューヨークに向け、他方米国の大型帆船バークシャー号（the Berkshire）はニューオーリンズからルアーブルに向け、大西洋の公海航路上をそれぞれ航行していた。バークシャー号は、船首部分のアンカーストック——甲板から高さおよそ4フィート——に白色灯のみを掲げていた。スコチア号は最初白色灯を認めたとき、その船を汽船と思い、白色灯の位置が水面近くにあったためその船ははるか遠方にいると推定した。しかし、その後両船は急速に接近し、衝突を避けるための緊急措置をとったが、ついに衝突するに至りバークシャー号は沈没した。

　これに先立つ1863年1月9日、英国は勅令により「海上衝突予防規則」を新たに制定し、灯火に関する規則を定めていた。まず外洋汽船については、航行中、白色灯をフォアマストの先に掲げるとともに、緑色灯、赤色灯をそれぞれ右舷、左舷に掲げるものとされた（第3条）。他方、大型帆船については、航行中マストの先に白色灯を掲げてはならないという点以外は、外洋汽船と同じ規定であった（第6条）。

　これら灯火に関する規則は、この1863年中に他の主要な海洋国家27カ国に受容され、米国も1864年4月29日にこれらの規則とほぼ同様の「海上での衝突を予防する若干の規則および規定を定める法律」を議会で制定した。そして1864年末までには世界のほぼすべての海洋国家（33カ国）が同じ規定を採用するに至った。

　このような状況下で衝突事故は起こった。バークシャー号の船主および荷主は、この事故がスコチア号の過失によるものとして、損害賠償を求めてニューヨークの地方裁判所（第一審）に訴えを提起した。同裁判所は先の英国勅令の慣習国際法化により、バークシャー号側には損害賠償請求権はないとしてその訴えを却下する判決を下した。第二審の巡回裁判所もこの判決を支持し、本件は、連邦最高裁判所に上告された。

【判決要旨】1　バークシャー号が、スコチア号を最初に視認したときの針路を保持しかつ船長の不適切な命令に従わなければ、両船の衝突は起こりえなかった。一方、スコチア号が可能な限り必要な衝突予防措置をとったかどうかについて、汽船は、危険をもたらす方向に進んでくる大型帆船に遭遇したとき、帆船の針路からそれる義務がある。しかし汽船のこの義務は、帆船が自己の針路を保持するとともに誤認させるようなことをしてはな

らない義務と相関的なものである。また汽船は、衝突の明白な危険が存在しない場合には何ら予防措置をとることを要求されない。スコチア号は衝突を回避するために最善と思われる行動をとった。したがって、制定法規則とは無関係に、従来の海事法のみに関する事実に注目すれば、本裁判所は、スコチア号に過失責任はなかったと考える(pp.71-73)。

2 バークシャー号側の主張によれば、議会の法律は単なる国内規則であり、制定法として米国船のみを拘束するがゆえに、英国の汽船であるスコチア号は、米国船を非難しあるいは自分自身の行為を正当化するためにその法律を援用することはできない。

しかし本裁判所は、単なる国内規則とみなされた議会の法律とは無関係に、バークシャー号は、右舷には緑色灯、左舷には赤色灯を掲げるとともに、いかなる白色灯も掲げてはならない義務があったと考える。そしてスコチア号は、バークシャー号がその有色灯を掲げていなかったこと、また不適切にも白色灯を掲げていたという事実を申し立てることができると考える。衝突が、公海上で旗国の異なる船舶の間で起こった場合、法廷地法を適用することは不合理である。問題は、その衝突が起こった場所およびその時点での法が何であったかということである。つまり、その法は、米国法でも英国法でもなく、はたまた両国に共通の規則でもなく、海洋法であったことを認めるとしても、果たしてそれは世界の海洋国家が1863年および1864年の規則を採用する以前に存在していた旧来の海事法であったのか、あるいは新しい規則の採用後に変更された法であったのか、である(pp.74-78)。

3 いうまでもなく、単独の国家だけで海洋法を変更できるものではない。すべての国際法と同様に、この法も文明諸国家の共通の同意に基づくものである。この法が効力を有するのは、それが大国により制定されたからではなく、行為規範として一般的に受諾されているからである。その法の起源がどのようなものであれ、つまり航行に関する慣行または海洋諸国家の法令あるいはその両者の中に見出されようが、その法は、商業世界を構成する諸国家の一致した承認によってのみ海洋法となったのである。現在法的効力を有する多くの慣行は、疑いもなくいずれか1つの国家の明確な法規から生じたものである。それらの法規は、当初限定的な効力しか有さないが、一般的に受諾された時普遍的拘束力を有するに至る。航海規則の変更が行われたのである。そのような変更は、明示であれ黙示であれ、海洋諸国家の一致した同意によらずして達成されるはずがない。したがって、本裁判所は、1863年1月9日の英国勅令および1864年の米国の法律が定める航行に関する規則が、大西洋上で海運に従事しているほぼすべての国を含む30カ国以上の世界の主要商業国家により義務的規則として受諾されていることを認めるとき、本裁判所は、衝突時にそれらの規則が少なくとも部分的にそしてこれらの船舶に関する限り海洋法となっていたとみなさざるをえない。このことは、人類の共通の同意により、これらの規則が一般的義務を有するものとして黙認されたという歴史的事実を認めることなのである(pp.78-79)。

4 有色灯を掲げなかったことはいうまでもなく、白色灯を掲げたことによるバークシャー号の海洋法違反により、スコチア号はバークシャー号を汽船と誤認した。それゆえスコチア号の行動はまったく適切なものであったのであり、過失はなかった (p.79)。

【論点】1 最高裁判所は、慣習国際法という表現こそ用いてはいないが、普遍的拘束力を有するものとしての慣習国際法の成立を認めたものといえよう。慣習国際法が成立するためには、特定の事項について諸国家の法的信念に基づく一定の継続的慣行が必要とされるが、同裁判所は、英国の勅令に発する船舶の灯火に関する規則が米国をはじめ他の多数の海洋諸国家により義務的規則として受諾されているとして、そこに法的信念の一致を見出し当該規則の慣習国際法性を認定した。慣習国際法の成立に必要な慣行と期間との関係でいえば、本件は、主要国を含む多数の国(海運国)にとって必要性の高い事項が慣行の対象となったために数年間という短期間に慣習国際法の成立が認められた例といえる。なお、近年法源としての慣習国際法の成立要件に関して種々議論されているが、本件は、伝統的慣習国際法概念の形成過程における初期の代表例といえよう。

2 また、慣習国際法の成立に必要な慣行を構成するのは、主として対外的に国家を代表する国家機関の行態であるが、同時に国内の立法機関や司法機関などが国際的に関連する事項についてとっている一貫した行動も慣習国際法の形成に導く要素となることが認められている。最高裁判所は、1863年から1864年にかけて多くの海洋諸国家が英国と同じ規則を国内法に採り入れたことから、この規則が一般的に受諾されたとみなしたのであり、その点で国内立法機関の果たすこの機能を認めたものといえる。

3 日本の最初の海上衝突予防規則は、1870(明治3)年の太政官布告第57号(同年1月27日公布)の「郵船商船規則」とされるが、まさにこの規則こそ本件に登場する1863年の英国の規則に倣うものであった。なお、現在船舶の灯火に関して、国際的には「1972年の国際海上衝突予防規則」(1977年施行以来数度改訂されているが灯火の色・位置に関しては基本的に変わっていない)に規定があり、日本も「海上衝突予防法」(昭和52年法律第62号)によって、これを実施している。また、旗国の異なる船舶が、公海等で衝突した場合の損害賠償の問題を統一的に解決するために「船舶衝突ニ付テノ規定ノ統一ニ関スル条約」が1913年に発効(日本も1914年に批准)しているが、本条約は、船主の責任等に関して不備を有する。公海での異国籍船間の衝突責任に関する準拠法(法廷地法、旗国法)については、国際私法上争いがあるが、現在では英米仏等の主要海運国では制限的法廷地法が主流になっているといわれる。

【参考文献】
島田征夫『宮崎基本判例』、中村道『ケースブック』、三浦正人「公海における船舶衝突の準拠法」『大阪市立大学法学雑誌』12巻2号(1965)、松ば忠大「船舶衝突責任法の課題と展開」『早稲田大学リポジトリ』(2012)、A.N.Cockcroft, J.N.F.Lameijer(松井孝之他訳)『1972年国際海上衝突予防規則の解説 第7版』(成山堂書店、2017)。

(牛尾　裕美)

2　ロチュース号事件 (Affaire du 《Lotus》)

当　事　国　フランス／トルコ
裁　判　所　常設国際司法裁判所
判　　　決　1927年9月7日
出　　　典　PCIJ Ser. A, No.10

【事実】　1926年8月2日、コンスタンチノープル港へ向かっていたフランス船ロチュース号とトルコ船ボス・クルト号が、公海上で衝突した。ボス・クルト号は沈没し、船内のトルコ人8名が死亡した。この事故の翌日、ロチュース号はコンスタンチノープル港に到着したが、トルコ警察は同船に乗り込んで事故の調査を行い、ロチュース号の当直士官であるフランス人ドゥモンとボス・クルト号の船長ハッサン・ベイを逮捕した。事件はスタンブール刑事裁判所で審理され、9月15日に裁判所は、ドゥモンに80日間の禁錮と22ポンドの罰金を、ハッサン・ベイにはこれよりも若干重い刑罰を科す判決を言い渡した。フランスは、ドゥモンを訴追する裁判管轄権はトルコにはないと抗議した。その結果、本件は、1926年10月12日の両国間の特別合意書によって、常設国際司法裁判所に付託された。

特別合意書は、次の2つの問題について、裁判所の決定を求めていた。第1に、ロチュース号の入港の後、同船の乗組員ドゥモンをトルコ法に基づいて逮捕し、訴追したトルコの行為は、1923年7月24日の居住、営業および裁判管轄権に関するローザンヌ条約第15条に違反し、国際法の原則に抵触したか。もしそうだとすれば、国際法のいかなる原則に抵触したのか。第2に、第1の点について肯定的な解答が与えられ、国際法の原則に従って賠償が支払われなければならない場合、どれほどの金銭賠償がドゥモンに対して支払われるべきか。裁判所は、翌1927年9月7日、トルコに国際法違反の行為はなかったとする判決を下した。裁判官の意見が6対6と可否同数に分かれたため、裁判長の決定投票によるものだった。

【判決要旨】1　1923年のローザンヌ条約第15条は、トルコと他の締約国との間の裁判管轄権に関する問題は国際法の原則に従って決定される、と規定する。ここでいう国際法の原則とは、すべての国に平等に適用される一般国際法の原則を意味している。裁判所が審理しなければならないのは、トルコによるドゥモンの訴追が国際法に違反しているかどうかであるが、この点に関して、フランスは、トルコの裁判所が管轄権をもつためには、そのことを認める権原が証明されなければならないと主張する。これに対して、トルコは、国家の裁判管轄権の行使が国際法の原則に抵触しない限り、かかる管轄権行使は許容される

と主張する。特別合意書の意図に合致しているのは後者のトルコの主張である。特別合意書によれば、問題は、刑事訴追を行うことをトルコに許容する原則を明確にすることではなく、刑事訴追により違反された原則があるかどうかを明らかにすることである。

　このような問題のたて方は、国際法の本性(nature)およびその現状が命じるところでもある。国際法は独立国家間の関係を規律する。国家を拘束する法規則は、条約において表示されるかまたは慣行において表示される、国家の意思に由来する。したがって、国家の独立に対する制限を推定することはできない。たしかに、裁判権は属地的なものであって、領域外での裁判権行使は、国際法によってとくに許容された場合に限られる。しかし、このことから、国家はその領域内において、国外で行われた行為に関して裁判権を行使することも禁止されている、という結論にはならない。国際法は、国家に対して、領域外の人や財産について管轄権を及ぼすことを一般的に禁止しているどころか、むしろこの点に関しては広い裁量権限を与えている。国家に求められるのは、国際法が禁止している制限を越えて行動しないことである。その制限を越えない限り、国家の裁判管轄権は主権に基づいて行使することができる。したがって、トルコが裁判管轄権を自国領域内で行使するにあたって、それを許容する国際法規則の立証を求めるフランスの主張は、一般国際法に合致しない。本件で必要なのは、トルコによるドゥモンの訴追を禁止する国際法の規則が存在するかどうかを確かめることである(pp.18-21)。

　2　フランスの主張は次の3点に要約できる。第1に、本件の被害者はトルコ国民であるが、犯罪とされる行為はフランス船上でなされたものであるので、そのような場合国際法は、被害者の本国に対して、単に被害者の国籍だけを理由にして、外国船上にいた外国人の犯人を訴追することを許容してはいないと主張する。しかし、この主張を審理する必要ない。本件は、公海において国籍を異にする2隻の船舶が衝突し、その一方に犯人が他方に被害者が乗っていた事件である。こうした事件でフランスのような主張をなしえるのは、国際法が外国人の犯罪の効果がトルコ船上で生じた事実を考慮することを禁止している場合だけである。しかし、国際法上、かかる禁止規則は存在しない。国家が犯行時に犯人のいた場所だけを考慮する義務を相互に認めているといえる論拠は、裁判所に対して何ひとつ示されなかった。むしろ、多くの国においては、犯人が犯行時には他国の領域にいたとしても、犯罪の効果が自国領域で発生した場合には、そこで罪が犯されたものと考え刑法を適用している。それゆえ、本件において、犯罪の効果がトルコ船上において生じたことが認められる以上、犯人がフランス船上にいたという事実だけを理由にしては、トルコによるドゥモンの訴追が許されないと主張することはできない(pp.22-24)。

　第2に、フランスは、旗国は公海上の船舶内で発生するすべての問題に対して排他的管轄権を有していると主張する。たしかに、公海上の船舶が旗国の排他的管轄権に服するこ

とは間違いない。いずれの国も、公海自由の原則の下では、公海上の外国船舶に対して管轄権を行使することはできない。しかし、このことから、公海上の外国船舶内で行われた行為に関して、国家は自国の領域内で管轄権を行使することも許されない、ということにはならない。公海自由の原則の下では、公海上の船舶は旗国の領域と同じ地位に置かれている。したがって、公海上の船舶内で発生した事件は、あたかもそれが旗国の領域内で発生したかのようにみなされる。それゆえ、公海上で行われた犯罪行為がその結果を他国の船上または他国の領域内で生じさせるならば、犯罪の結果が生じた船舶の本国は、当該犯罪を自国領域内で行われたものとみなし、犯人を訴追することを禁止されてはいないというべきである。この結論は、かかる事件における犯人を訴追できるのは旗国だけであるという慣習国際法規則の存在を立証して初めて覆すことができるが、このような規則の存在は立証されていない (pp.24-25)。

　第3に、フランスは、船舶衝突事件における刑事訴追は実際には旗国の裁判所で行われるのが普通であって、そのことについては諸国家間に黙示的な合意があり、したがって、刑事訴追は旗国によってのみ行われるという国際法規則が確立していると主張する。しかし、旗国以外の国で刑事訴追がなされるのがきわめて稀であるという事実は、国家が刑事訴追をなすことを差し控えてきたというだけに過ぎず、差し控えるべき義務があることを認めてきたからではない。国際慣習について語ることができるのは、差し控えてきたことが差し控えるべきだという義務意識に支えられている場合に限られる。しかし、主張された事実によれば、国家がそのような義務意識をもっていたと認めることはできない。本件に関係する国際裁判所の判例はない。他方、国内裁判所ではいくつかの判例が存在するが、しかし、国内裁判所の判例は対立しているため、その中からフランスの主張するような国際法の制限的な規則の存在を導くことは困難である。むしろ、関係国が旗国以外の国の裁判所における衝突事件の刑事訴追に反対したり、抗議したりしたことがないという事実が重要であって、この事実に着目するならば、船舶衝突事件に関する刑事訴追をもっぱら旗国の排他的管轄権に属させる国際法の規則は存在しないという結論になる。ドゥモンの犯罪はロチュース号に起源をもつ行為で、その効果がボス・クルト号上で発生したものである。これらの2つの要素は法的には不可分のものであって、両者を分離するならば犯罪は存在しなくなってしまう。いずれかの国にだけ排他的管轄権を認めたり、それぞれの国の管轄権をそれぞれの船で生じた事件だけに制限するならば、正義の要請および両国の利益の有効な保護は実現しえなくなる。したがって、本件は、いずれの国も管轄権を行使することができ、管轄権が事件の全体に対して及ぶ管轄権競合の事件である (pp.27-31)。

　3　このように、特別合意書によって付託された第1の質問に否定的に解答したので、裁判所としては、第2の質問を検討する必要はない。以上の理由により、裁判所は、裁判長

の決定投票により、つぎのとおり判決を下す。①フランス船ロチュース号の乗組員ドゥモンを逮捕し、訴追したトルコの行為は、1923年の居住、営業および裁判管轄権に関するローザンヌ条約第15条を含む国際法の原則に抵触してはいない。②この結果、ドゥモンに支払われるべき金銭賠償の問題について判決を下す必要はない(p.32)。

【論点】1 本判決は、しばしば、国際法によって禁止されていない行為は許されるという命題を示した判例として引用される。たしかに裁判所は、本件で審理されるべき問題は、トルコによるドゥモンの訴追が国際法によって許容されているかどうかではなく、国際法によって禁止されているかどうかでなければならず、このような問題の立て方は、紛争当事国間の特別合意書からだけでなく、国際法の本性が命じるところからも導かれると指摘した。上記の命題は、禁止規則の不存在をもってただちに、許容規則の存在を事実上認める点に特徴がある。しかし、かかる命題が、本件を離れて一般的に妥当する国際法原則であるかのようにみることは、必ずしも適切ではない。ある行為をなすことを禁ずる明文の条約規則が存在しない場合であっても、逆に、その行為を許容する規則の存在を認めることが妥当かどうかは、それ自体独自の検討を要する問題であることが少なくないからである。

2 本判決は、国際法の淵源が条約または慣行に表示される国家の意思にあると指摘するとともに、慣習国際法の成立には、ある行為(本件では不作為)の繰り返しだけでなく、その行為を繰り返すべきだという義務意識(=法的信念)が伴わなければならないと指摘し、慣習法の成立要件をも明らかにした。裁判所はまた、かかる義務意識が存在するかどうかを判断するために、国際裁判所と国内裁判所での先例の有無や国家実行に着目する必要性を強調した。ただし、国際法のとらえ方に関して、本判決はいわゆる意思主義の立場を示し、慣習法についても、それを国家の黙示の同意という観点からとらえている。しかし、その後に広く定着する慣習法の理論は、法的信念の一致があることをもって、黙示の合意が成立したものとみてはならないとする理論であって、本判決の立場とは異なることに注意しなければならない。

3 裁判所は、公海上の船舶が旗国の排他的管轄権に服することは認めた。もっとも、公海上での船舶衝突事件に関する刑事裁判管轄権は、加害船舶の旗国だけでなく、被害者の本国(被害船舶の旗国)にもあるとする主張を認めた点は、反対意見がほぼ共通に問題としたところであった。つまり、判決が公海上の船舶を旗国の領域と同一視し、被害者の本国にも公海上で犯罪を犯した外国人に対する刑事裁判権を認めたことは、刑法もしくは国際法の確立した法原則によるものではない、というのが反対意見の立場であった。本判決は、海上衝突事件において双方の国の刑事管轄権を認めたものであるため、海運界に大きな波紋を投げかけた。船舶の乗組員が諸外国で訴追される可能性が一挙に高まったからで

ある。そのため、1952年の「船舶衝突及びその他の航行事故の刑事裁判管轄権に関する規則の統一のための国際条約」は、公海上の船舶衝突の場合に刑事裁判権を行使できるのは、加害船の旗国または乗組員の本国に限られると規定し、本判決とは異なる立場を明確にした。1958年の公海条約（第11条）ならびに1982年の国連海洋法条約（第97条）も、1952年条約の考え方を引き継いでおり、本判決が示した上記の判断は今日ではもはや認められていない。

【参考文献】
『横田判例Ⅰ』、宮崎繁樹『宮崎基本判例』、髙林秀雄『ケースブック』、奥脇直也『百選Ⅰ』、竹内真理『百選Ⅱ』、西村弓『基本判例50Ⅰ』、同『基本判例50Ⅱ』、水上千之「公海上の船舶の衝突に関する刑事裁判管轄権」『船舶の通航権をめぐる海事紛争と新海洋秩序』（日本海洋協会、1982）、安冨潔「公海上での船舶の衝突」『海洋法・海事法判例研究』3号（日本海洋協会、1992）。

（田中　則夫・酒井　啓亘）

3 外交的庇護と地域的慣習法

A 庇護事件((a) Affaire du droit d'asile, (b) Demande l'interprétation de l'Arrêt du 20 novembre 1950 en l'affaire du droit d'asile)
B アヤ・デ・ラ・トーレ事件(Affaire Haya de la Torre)

当事国　A　コロンビア／ペルー　B　コロンビア v. ペルー（訴訟参加キューバ）
裁判所　A・B　国際司法裁判所
判　決　A(a)庇護事件判決　1950年11月20日　(b)解釈請求判決　1950年11月27日
　　　　B　1951年6月13日
出　典　A(a)ICJ (1950) 266　(b)ICJ (1950) 395
　　　　B　ICJ (1951) 71

【事実】 1948年10月3日、ペルーで軍事反乱が起こったが、その日のうちに鎮圧され、ただちに調査が開始された。その結果、反乱を組織、指揮したとしてアメリカ人民革命同盟の政党は非合法化され、その指導者アヤ・デ・ラ・トーレ(Víictor Raúl Haya de la Torre)の召喚、逮捕が命じられた。アヤ・デ・ラ・トーレは、国内に潜伏後、翌年1月3日、首都リマにあるコロンビア大使館に庇護を求めた。翌日、コロンビア大使は、1928年の庇護に関するハバナ条約に従って、庇護の事実をペルー政府に通告するとともに、アヤ・デ・ラ・トーレが安全に国外へ出られるよう通行証の発給を要請したが、ペルー政府はこれを拒否し、同人の引渡を要求した。両国は、1949年8月31日、リマ議定書を締結し、この紛争を国際司法裁判所に付託することに合意した。そこで、同年10月15日、コロンビアは、①とくに両国間で有効な条約および一般にアメリカ国際法から生ずる義務の範囲内で、コロンビアは、庇護を与える国(庇護国)として、庇護のために犯罪の性質を決定する権限を有するか、②領域国としてのペルーは、庇護を求める者(亡命者)が安全に国外へ退去するために必要な保証を与える義務を負うか、について国際司法裁判所の判決を求めた。この事件で敗訴したコロンビアは、判決の同日、その判決を、アヤ・デ・ラ・トーレを政治犯罪人とするコロンビア大使の性質決定は正当であり、したがってペルーは同人の引渡を要求する権限がなく、またコロンビアは引き渡す義務がない、という意味に解釈してよいか、について裁判所の見解を求めた。しかし、裁判所は、この解釈請求を認めなかった。1950年12月13日、コロンビアは、新たな訴えを提起し、裁判所が先の判決に効果を与えるための方法、とくにコロンビアがアヤ・デ・ラ・トーレをペルーに引き渡す義務を負うかどうかについて判決を求めた。

【判決要旨】A(a)1　コロンビアは、庇護国として、ペルーを拘束する一方的かつ確定的な決定により、庇護にかかる犯罪の性質を決める権限を有すると主張し、その論拠を条約と慣習に求めている。しかし、まず、1911年のボリビア協定第18条は国際法の諸原則に従って庇護の制度を承認すると規定するが、国際法の諸原則は外交的庇護を与える国が一方的

確定的に犯罪の性質決定を行う旨の規則を認めていない。また、コロンビアは刑事犯罪人の引渡について規定する同協定第4条を援用するが、これは、領域的庇護（犯罪人引渡）と外交的庇護を混同するものである。犯罪人引渡の場合、亡命者は避難した他国の領域内におり、その者の引渡は領域主権の通常の行使を意味するに過ぎない。亡命者が犯罪地国の領域外にいる場合、その者に庇護を与えても犯罪地国の主権を何ら侵害するものではない。他方、外交的庇護の場合は、亡命者は犯罪地国の領域内におり、外交的庇護を与えることはその国の主権を侵害し、領域国の国内管轄事項に対する干渉となる。そのような領域主権の侵害は、各場合にその法的根拠が確立されない限り認めることができない(pp.273-275)。1928年の庇護に関するハバナ条約も、庇護国の一方的確定的な認定権を規定しておらず、また、そのような権限は外交的庇護の制度に固有なものではないから、同条約で黙示的に認められているとみなしえない。1933年の政治的庇護に関するモンテビデオ条約は、庇護国の一方的認定権を規定するが、ペルーは同条約を批准していない(pp.275-276)。

　さらに、コロンビアは、アメリカ国際法を援用し、ラテンアメリカ諸国に特有の地域的慣習に依拠した。この種の慣習を援用する当事者は、それが他の当事者を拘束するように確立されていることを立証しなければならない。すなわち、コロンビアは、その援用する規則が当該諸国の継続的かつ統一的な慣行と合致しており、また、この慣行が庇護国の権利と領域国の義務を表現するものであることを立証しなければならない。その証拠としてコロンビアが挙げる条約は、本件の問題とは関係がないもの（多くの犯罪人引渡条約）、一方的確定的な性質決定に関する規則を含んでいないもの（1889年のモンテビデオ条約、1911年のボリビア協定、1928年のハバナ条約）、またはペルーが批准していないもの（1933年および39年のモンテビデオ条約）である。コロンビアは、とくに1933年のモンテビデオ条約は、ラテンアメリカの慣習によってすでに承認された諸原則を単に法典化したものに過ぎず、慣習法の証拠としてペルーに対しても適用されると主張した。しかし、同条約はわずか11カ国によって批准されたに過ぎず、しかもこの条約はハバナ条約を修正するものであると前文で明記されることから、この主張は論拠に乏しい(pp.276-277)。さらに、コロンビアは、実際に外交的庇護が与えられかつ尊重された多数の事例を挙げるが、それらの事例は、一方的確定的な性質決定の規則が庇護国の権利および領域国の義務として適用されたことを示すものではない。したがって、そのような慣習の存在をコロンビアが立証したとは認められない。たとえこのような慣習が一部のラテンアメリカ諸国の間にだけ存在していたとしても、1933年および39年のモンテビデオ条約を批准せずその慣習を拒否しているペルーに対しては援用できない(pp.277-278)。以上の理由から、裁判所は、コロンビアがペルーを拘束する一方的確定的な性質決定を行う権限を有しない、と結論する(14対2)。

　2　ペルーは、アヤ・デ・ラ・トーレが安全に出国するために必要な保証を与える義務

を負うかどうかについては、ハバナ条約第2条3項が規定するように、領域国は亡命者の国外退去を要求することができ、この要求があった後に初めて、庇護国は退去の条件として必要な保証を要求することができる。つまり、この規定は、領域国に、亡命者の出国を要求する選択権を与えており、領域国はそれを行使した場合にのみ安全通行証を発給する義務を負う。本件において、ペルーは、アヤ・デ・ラ・トーレの国外退去を要求しておらず、同人の庇護の合法性を争って安全通行証の発給を拒否している。このような状況においては、コロンビアは、アヤ・デ・ラ・トーレの安全な出国のために必要な保証をペルーに要求することができない (15対1) (pp.278-279)。

3 ペルーは、反訴において、2つの理由から、アヤ・デ・ラ・トーレに対する庇護がハバナ条約に違反すると主張した。まず、第1条1項は普通犯罪人に庇護を与えることは許されないと規定するが、アヤ・デ・ラ・トーレは政治犯罪人ではなく普通犯罪人であると主張された。しかし、同人は軍事反乱のかどで告訴されており、ペルーは軍事反乱が普通犯罪であることを立証しなかったから、その主張は認められない (15対1) (pp.281-282)。次に、第2条2項は緊急の場合を除いて庇護を与えることができないと規定しており、コロンビアによる庇護はこの緊急性の要件を満たしていないと主張された。アヤ・デ・ラ・トーレがコロンビア大使館に庇護を求めたとき、軍事反乱から3月が経過しており、その間、同人は国内に潜伏して、司法当局の召喚に応じるのを拒み、また、一緒に告訴された他の者のように外国大使館に庇護を求めることもなかった。このような事情から、一応 (*prima facie*)、緊急性があったと認めることは困難である。また、緊急の場合とは、政治犯罪人を無責任な暴徒による危害と官憲や司法当局の専断的行為から保護する必要がある場合を意味し、正規の司法手続を免れようとする場合は緊急性がない。本件において、緊急の場合にあたる危険は存在していなかったから、アヤ・デ・ラ・トーレの庇護はハバナ条約に違反する (10対6) (pp.282-287)。

A(b) 裁判所規程第60条の下で、判決の解釈の請求が許されるためには、①請求の真の目的が判決の解釈を得ることでなければならず、②判決の意義または範囲について争いが存在することが必要である。庇護事件において、裁判所が判断を求められたのは、コロンビア大使によるアヤ・デ・ラ・トーレの犯罪の性質決定が正当であったかどうかではなく、犯罪の一方的確定的な性質決定の権限という抽象的一般的な主張についてである。また、引渡義務の問題は、両当事者の申立の中に含まれていなかったから、裁判所が判示しなかったのは当然であり、判決の解釈によっては決定できない新たな問題である。ペルーは判決を完全に明瞭であるとするのに、コロンビアが不明瞭としている事実だけで、当事者間に争いが存在するとはいえない。争いは、明確な論点に関する当事者間の見解の相違を必要とする。よって、コロンビアの請求は認められない (12対1) (pp.402-404)。

B　1950年11月20日の判決を履行するため庇護を終了させる方法は、様々な手段の中から、当事者が実行可能性や政治的便宜を考慮して選択すべきことがらであり、そのような選択は司法的任務を越えるので、裁判所は庇護の終了方法を指示することはできない(全員一致)(p.79)。普通犯罪人について、ハバナ条約第1条は地方政府の要請に基づいて引き渡すべきことを規定する。政治犯罪人については庇護を終了させる別の方法、すなわち出国のための安全通行証の発給が定められている。しかし、それは、庇護が正しく与えられかつ領域国が国外退去を要求した場合だけである。庇護が正しく与えられなかった場合や領域国が出国を要求しなかった場合の終了方法については、何も規定されていない。この沈黙をもって、第2条に違反して庇護が与えられた場合にその者を引き渡す義務を課していると解釈することはできないから、コロンビアは、アヤ・デ・ラ・トーレをペルーに引き渡す義務を負わない(13対1)(pp.79-81)。他方、同人に与えられた庇護は、ハバナ条約第2条2項に従って行われたものでないから、コロンビアは先の判決に従って庇護を終了させる義務を負う(全員一致)。かくして、コロンビアは、庇護を終了させるべきであるが、ペルーへの引渡によってこの義務を履行することは義務づけられない、という結論に達する。この2つの認定は矛盾しない。なぜなら、引渡は庇護を終了させる唯一の方法ではないからである(pp.82-83)。なお、本件では、キューバが、1928年のハバナ条約の当事国として、訴訟参加を要請し認められた(pp.76-77)。

【論点】1　今日、一般国際法上、外交公館に庇護権は認められない(外交関係に関するウィーン条約もこれを規定しない)が、ラテンアメリカ諸国では、その論拠はともかく、政治犯罪人を公館に庇護することが広く行われている。本件はこの外交的庇護に関するもので、まず、領域的庇護ないし犯罪人引渡との違いが明確にされた。すなわち、後者はいずれも領域主権の行使に過ぎないが、外交的庇護は領域国の主権を侵害し国内事項への干渉となるから、それが認められるためには、各場合に明確な法的根拠が必要とされた。

　2　そのような法的根拠の1つとして、コロンビアは、アメリカ国際法を援用し、ラテンアメリカ諸国に特有の地域的慣習の存在を主張した。裁判所は、規程第38条から導かれる一般慣習法の認定に関する要件を地域的慣習法についても適用し、その存在を否認したものと解される。なお、ラテンアメリカ出身の2裁判官(アルバレス、アゼベド)とコロンビアの特任裁判官(カイセド)は、外交的庇護に関する地域的慣習法の存在を主張していた。

　3　裁判所が、庇護国の一方的確定的な認定権は外交的庇護制度に固有ないし不可欠なものでないから、条約で明記されない限り認められないとしたのは、この種の権限は例外的性質をもつものであって、各関係国が有するべき平等の認定権を損ない領域主権の一層の侵害をもたらす、との理由からである。

4　裁判所は、庇護が認められる緊急の場合を厳格に解釈し、また通常の司法活動が再開されつつあった状況から、緊急性を認めなかった。政治犯罪人についても、原則として、庇護を司法作用に対抗させることはできないのであって、正規の裁判手続から保護することは、ラテンアメリカで最も確立された不干渉の原則と衝突する、というのがその基本的立場である。ただ、このような緊急性の制限的解釈は、表面的な事実認定と相まって、政治犯罪人を通常犯罪人とまったく同じ立場に置くことになり、ひいては政治犯罪人の庇護を規定すること自体を無意味にする、との反対意見があった。

5　アヤ・デ・ラ・トーレの庇護は違法であり、したがってコロンビアは庇護を終了させる義務を負うが、同人をペルーへ引き渡す義務はない、というのが本件における判決の骨子である。これによって当事者間の法律関係は明確にされたが、違法な庇護を実際に終了させるための具体的方法は指示されなかった。裁判所は、それは当事者が決めるべき政治的問題であって、司法的任務を越えるというが、この点については批判の余地がある。

6　裁判所は、キューバの訴訟参加について、その目的が、基本的に、本件裁判の主題に関係するハバナ条約の解釈に向けられたものとの判断から、裁判所規程第63条の要件を満たすとして参加を認めた。訴訟参加は規程第62条と第63条に基づく2つの形態があるが、裁判により影響を受けることのある法的利害関係をもつ国が参加を申請する第62条の場合と違って、第63条に基づく訴訟参加は「事件に関係する国以外の国が当事国である条約の解釈が問題となる場合」に認められるものであり、その先例として常設国際司法裁判所でのウインブルドン号事件（ポーランドの訴訟参加）〔⇒20〕がある。近年では南極海捕鯨事件〔⇒59〕でニュージーランドが第63条に基づき訴訟参加した。

7　本件での判決は、多くのラテンアメリカ諸国にとって不満なものであったため、1954年3月28日、第10回米州会議（カラカス）で外交的庇護に関する新条約が調印された。同条約は、庇護国が犯罪の性質を決定する権限を有し（第4条）、緊急性についても庇護国が決定する権限を有する（第7条）旨を規定する。なお、アヤ・デ・ラ・トーレの庇護は5年も続き、ようやく1954年に、両国は同人の国外退去について合意した。

【参考文献】
阿久沢英男『高野判例』、西俣昭雄『宮崎基本判例』、竹本正幸『ケースブック』、広部和也『判決・意見Ⅰ』、小和田恆『百選Ⅰ』、深津栄一『法学紀要』5巻（1963）。

（中村　道・酒井　啓亘）

4 インド領通行権事件 (Case concerning Right of Passage over Indian Territory)

当　事　国　ポルトガル v. インド
裁　判　所　国際司法裁判所
判　　　決　(a) 先決的抗弁　1957年11月26日
　　　　　　(b) 本　　案　1960年 4月12日
出　　　典　(a) ICJ(1957) 125
　　　　　　(b) ICJ(1960) 6

【事実】　インドの西部沿岸に位置するダマオおよびそれに近接する内陸部の飛び領土ダドラとナガールーアヴェリは、1947年の同国の独立後もポルトガル領植民地として残された。1950年よりインドはこれらの領土の統合を要求して交渉を拒否するポルトガルと対立を深め、1953年以降はダマオと2つの飛び領土の間の通行に次第に制限を課するようになった。1954年7月22日にダドラが親インド集団に占拠されるとインドはすべてのポルトガル政府関係者の飛び領土への通行を禁止、同月末にはナガールーアヴェリも占拠され、両地には臨時行政府が設置された。

　インドは1940年2月28日に選択条項受諾を宣言していたが、ポルトガルは1955年12月19日に受諾宣言を国連事務総長に寄託し、同月22日に事件を裁判所に付託して、①ポルトガルは2つの飛び領土相互間およびそれらとダマオとの間で通行権を有する、②インドはこの通行権から生じる義務を履行しなかった、③インドはこの違法な状態を正す義務を有する、との判決を求めた。これに対してインドは、以下の先決的抗弁を提出した。①ポルトガルの宣言は何らかの種類の紛争を受諾宣言からいつでも除外する権利を留保するが、この条件は裁判所規程と両立しない。②ポルトガルの提訴は受諾宣言寄託後事務総長が規程第36条4項に従いその謄本を他の当事国に送付する以前に行われたもので、国の平等と相互主義を無視する。③ポルトガルは提訴前に外交交渉を尽くしていない。④ポルトガルの提訴はインドが相互主義によって同国の留保を援用する機会を奪い、選択条項の濫用である。⑤本件紛争は国際法上もっぱらインドの管轄権に属する問題に関わる。⑥インドは1930年2月5日以後の事態または事実に関してこの日以後に生じる紛争について管轄権を受諾しているが、ポルトガルの請求はこの条件を満たしていない。

【判決要旨】(a) 1　抗弁①に関してインドはポルトガルの留保は新たな除外に遡及効をもたすものだと主張するが、留保の言葉使いは遡及効を否定しており、いったん有効に裁判所に係属した事件について被告国の一方的な行為は管轄権を奪いえないことは確立している。ポルトガルの留保は強制管轄権から現実的な価値を奪うような不安定性を導入すると主張されたが、変更が寄託された時点で当事国相互の義務を確認することが可能であり、

そのような不安定性は選択条項の作用に不可避である。ポルトガルの条件はこれを付していない国には否定される権利を主張するものだともいわれたが、この条件の下でポルトガルが通知する留保は選択条項の他の受諾国にも自動的に適用される(pp.141-144)。

　2　抗弁②および④についていえば、受諾宣言の事務総長への寄託によって受諾国は他の受諾国との関係において選択条項制度の当事国となり、当事国間の契約的関係と裁判所の強制管轄権が確立する。既存の受諾国は、新受諾国による宣言寄託の結果いつでも選択条項の義務の下に置かれることになる可能性を考慮に入れているとみなされる。宣言の法的効果は、寄託後の事務総長の行為に依存するものではない(pp.145-148)。

　3　抗弁③に関してインドは、ポルトガルは外交交渉を尽くしていないからその請求の主題は確定されておらず、したがって両国間に法律的で裁判可能な紛争は存在しないと主張するが、飛び領土をめぐる両国の交渉経過は本件の主要な法的争点である通行権の問題を明らかにしており、また交渉が行き詰まったことを示している(pp.148-149)。

　4　抗弁⑤については、イギリス、インドおよびポルトガルの慣行とそれらの法的意義を検討することが必要であり、現段階では本案を予断することなくこれを行うことはできない。また、抗弁⑥について判断するのに必要な証拠を、裁判所は現段階では有しない(pp.149-152)。

　5　以上のような理由により、裁判所はインドの先決的抗弁①、②、③、および④を却下し、⑤および⑥を本案に併合する(pp.152-153)。

　(b)1　インドの先決的抗弁⑤については、条約、国際慣習などに依拠するポルトガルの主張の有効性を判断することは、もっぱらインドの管轄権に属するものではない(pp.32-33)。抗弁⑥については、インドの宣言が言う「事実または事態」は一当事者が主張する権利の淵源ではなく紛争原因たる「事実または事態」を意味するから、それは1954年7月に生じたものであり、したがってインドの受諾宣言の条件は満たされる(pp.33-36)。

　2　ポルトガルは1779年のマラーター王国との条約などにより飛び領土の主権を獲得したと主張する。インドはこの条約の形式と手続には欠陥があったと主張するが、マラーターは同条約を有効なものと認めていた。条約がポルトガルに付与したのは主権ではなく徴税権に過ぎないが、マラーターに代わってこの地の主権者となったイギリスは飛び領土に対するポルトガルの主権を事実上承認し、後にインドもこれを黙示的に承認した(pp.37-39)。

　3　ポルトガルは地域的慣習に基づく通行権を主張し、インドは地域的慣習は2国間では成立しえないとするが、2国間の長期にわたる慣行は両国の権利義務の基礎となりえる。私人、文官および一般貨物に関しては自由な通行を認める継続的かつ統一的な慣行が存在し、この慣行は当事国により法として認められていた。他方、軍隊、武装警官および武器弾薬の通行は相互主義に基づいて規制されるか、事前の許可が必要とされていたから、裁

判所はこれらに関してはポルトガルは通行権を有さなかったと考える (pp.39-43)。

4　当時存在した緊張に鑑みれば、インドによるポルトガル政府関係者の通行拒否は同国の義務違反ではなく、通行を規制し管理するインドの権限に属したものと判断する (pp.44-45)。

【論点】1　ポルトガルの選択条項受諾宣言に付された、何らかの種類の紛争をいつでも除外する権利の留保は、自動的留保とともに受諾宣言における代表的な「逃避条項」である。裁判所はノルウェー公債事件判決〔⇒143〕では自動的留保の有効性の判断を避けたが、本判決ではインドの先決的抗弁をしりぞけてポルトガルの随時修正留保の有効性を積極的に承認した。これに対して特任裁判官シャグラの反対意見は、このような留保は国に強制管轄権受諾を促す選択条項の目的に反するから無効であるとする。

2　ポルトガルの提訴が受諾宣言寄託のわずか3日後、事務総長がその謄本を送付する以前に行われたものであることも争われた。判決は選択条項制度を一種の契約ととらえる立場から、宣言寄託によって合意＝強制管轄権が直ちに成立すると判断したが、これに対して相手方（インド）の受諾があって初めて合意が成立するという反対意見がある。

3　本案に併合されたインドの抗弁⑥については、判決は紛争原因たる「事実または事態」は1954年7月に生じたものだからインドの宣言の時間的条件は満たされると判断したが、ポルトガルの通行権の存否自体が争われているのだから「事実または事態」はインドの宣言の決定的期日を遡るという反対意見が付された。

4　ポルトガルの通行権については、判決は2国間の地域的慣習に依拠して私人、文官および一般貨物の通行権を認める一方、軍隊、武装警官および武器弾薬についてはこれを否定した。後者の判断は8対7の僅差だったが、反対意見は事実認定の違いを根拠とする。なお、ポルトガルは一般慣行と文明国が認める法の一般原則も援用し、これを支持する個別意見、反対意見もあったが、判決はこれらについては判断の必要がないとした。

5　なお、カメルーンとナイジェリアの領土および海洋境界紛争事件先決的抗弁判決〔⇒150〕は先例として本件先決的抗弁判決に依拠したが、その先例性について再検討すべきとの反対意見が付されたことが注目される。

【参考文献】
関野昭一『高野判例』、播里枝『宮崎基本判例』、金東勲『ケースブック』、関野昭一『判決・意見Ⅰ』、柴田明穂『百選Ⅰ』、関野昭一「国際司法裁判所の強制管轄権の受諾とEscape Clause」『國學院法学』2巻3号 (1965)。

（松井　芳郎・酒井　啓亘）

5 核実験事件(Nuclear Tests Cases)

当　事　国　オーストラリア v. フランス
　　　　　　ニュージーランド v. フランス
裁　判　所　国際司法裁判所
命令・判決　(a) 仮保全措置命令　1973年6月22日
　　　　　　(b) 判　　決　1974年12月20日
出　　典　　(a) ICJ(1973) 99, 135
　　　　　　(b) ICJ(1974) 253, 457

【事実】　フランスは、南太平洋フランス領ポリネシアにその実験場(その中心はムルロア環礁)を移して、1966年から大気圏内核実験を実施し出した。これに対してオーストラリア、ニュージーランドなどの南太平洋諸国は抗議を行ったが、実験はほぼ毎年のように続いた。大気圏核実験による放射能汚染への懸念が高まる中で、非核綱領を掲げた労働党政権がオーストラリアとニュージーランドで相次いで誕生した。その直後の1973年1月3日、オーストラリアは、フランスの行う大気圏核実験が法的規範に違反するという内容の抗議文書を送付した。同年5月9日、オーストラリアは、国際司法裁判所規程第36条1項と第37条と併せ読まれる1928年の国際紛争平和的処理に関する一般議定書第17条、そして代替的に、裁判所規程第36条2項を管轄権の根拠として、以下の2点を求める訴訟を起こした。すなわち、①南太平洋におけるこれ以上の大気圏核実験の実施は、適用される国際法の諸規則に違反すると判決し宣言すること、②フランスがこれ以上そのような実験を行わないよう命令すること、を請求した。オーストラリアは同時に、実験の停止を求める仮保全措置も要請した。これに対してフランスは、裁判所書記に宛てた5月16日の書簡において、1928年一般議定書はもはや有効ではないこと、そして、いずれにしても「国防」に関する事項はフランスの1966年の受諾宣言から除外されていることを挙げ、裁判所は本件を審理する権限を明らかに欠き管轄権を有しないと主張した。フランスは、審理の全過程に参加しなかった。

　なお、ニュージーランドも同年、ほぼ同様の内容の訴えおよび仮保全措置を裁判所に求めたが、裁判所は以下とほぼ同様の命令・判決を下した。さらにニュージーランドは、1995年にフランスが地下核実験を再開するとしたことに対して、本件判決の基礎が影響を受けたとして事態の再検討を求める訴えを提起した。裁判所は、1995年9月22日の命令において、判決は大気圏核実験を対象にしているとして、請求を却下した。また、フィジーが規程第62条に基づき訴訟参加を申請していたが、本件判決により本体の訴訟自体が存在しなくなったので却下された(以下の命令・判決要旨は、オーストラリアが原告のものを引用)。

【命令要旨】1　裁判所は、仮保全措置の要請については、それを指示する前に事件の本案に関する管轄権を有することを最終的に確認する必要はないが、この段階での審理において、原告が援用した諸規定が、一応 (*prima facie*) 裁判所の管轄権が認められるであろう基礎を提供していると考える (para.17)。裁判所は、原告の仮保全措置の要請を規程第41条との関係で検討する (para.19)。

2　裁判所が仮保全措置を指示するには、原告が主張する権利が、一応裁判所の管轄権内にあることを必要とする。原告は、第1に、大気圏核実験から自由である原告の権利の侵害、第2に、放射性降下物が原告領域に堆積しその領空にまき散らされることによる原告の領域主権の侵害と自国内における行為を独自に決定する権利の阻害、そして第3に、公海自由の権利の侵害を主張する。これらの主張が裁判所の管轄権の範囲を完全に逸脱している、もしくはこれらの主張に関して原告がその法的利益を立証しえないとはアプリオリには仮定できない (paras.21-23)。1966年以来の実験パターンや最近のフランスの言動から、フランスによるさらなる大気圏核実験が近々実施される可能性があるとする原告の主張には根拠がある。さらに原告は、大気圏核実験はその領域に放射性物質を降下させ、その堆積は原告国民に対し潜在的な危険をもたらしており、それにより生じる損害は回復不能であると主張する。これに対しフランスは、オーストラリア国立放射線諮問委員会の報告書に言及し、フランスの核実験は原告国民の健康に対しいかなる危険も及ぼしていないとし、フランスの核実験に起因する実証された損害がない以上、実験は国際法に違反しないと主張する。裁判所は、国連原子放射線影響科学委員会の報告などから、大気圏核実験に起因する放射性物質の堆積が原告に対して損害を生じさせ、そしてそれが回復不能であることが立証されうる可能性があることを指摘すれば十分であると考える。したがって裁判所は、原告が主張した権利のうち、放射性物質の原告領域における堆積に関して主張されたものを保全するために、以下の措置を指示する (paras.25-30)。「フランス政府は、オーストラリア領域に放射性降下物の堆積をもたらすような核実験を避止すべきである」(8対6)。さらに裁判所は、まずはじめに、裁判所の管轄権と請求の受理可能性に関する書面審理を行うことを決定する。

【判決要旨】1　審理の現段階において検討されるべきは管轄権と受理可能性であるが、裁判所は、管轄権もしくは受理可能性の問題としては必ずしも厳格に分類されえないが、それらよりも優先して検討を要するような性質の他の諸問題を考察する権限を有し、また場合によってはそれを考察するよう要求される。裁判所は、「その司法機能の行使に対する固有の限界」(北部カメルーン事件判決、ICJ (1963) 29) を遵守するのに必要な行動をとる固有の管轄権を有する。したがって裁判所は、まずはじめに、本質的に先決的な問題、すなわ

ち紛争の存在について検討する(paras.22-24)。

2 裁判所は、請求の真の趣旨および目的を明らかにしなければならない。裁判所が、当事国の申立を解釈する権限を有することは、その司法機能の1つとして認められている。請求に使われた言葉の通常の意味のみならず、請求の全体、裁判所での原告の議論、裁判所が知りえた外交文書、そして原告が行った公的声明を考慮するならば、本件での原告の請求の当初のそして最終的な目的は、南太平洋でフランスが行っていた大気圏核実験の終了であったのであり、現在でもそうである。原告の請求の目的は、フランス政府が「これ以上の大気圏核実験を行わないとする確固たる、明確な、そして拘束力のある約束」をしていれば、達成されていたであろう。裁判所は、宣言的判決の意義を認識しているが、本件では、宣言的判決が求められているとは考えない(paras.27-30)。

3 そこで裁判所は、被告の行動に関わるあらゆる展開を考慮に入れなければならず、原告も、1974年6月8日のフランスのコミュニケに言及することにより、訴訟提起後の事実が関連しうることを黙示的に認めている。たしかに口頭手続終了後の展開については、当事国にそれに対する見解を述べる機会を与えることができたが、本件においては、裁判所が検討する資料の本質的なものはすでに原告によりその審議の対象になっており、原告の解釈も提出されていた。「相手方の言い分を聞け(*audi alteram partem*)」の格言もあるが、この原則は、すでに議論されている資料を補足し補強するに過ぎないものを裁判所が考慮することを禁止するものではない(paras.31-33)。

4 裁判所は、「今回の一連の大気圏核実験が最後になるであろう」とする記者会見でのフランス大統領の発言や、「1975年には大気圏核実験は行われないであろう」とするテレビインタヴューでのフランス国防大臣の発言などを検討した結果、フランスは1974年の一連の実験が終われば大気圏核実験の実施をやめるという意図を公にしたと判断する(paras.34-41)。一方的行為としてなされた法的もしくは事実的状況に関する宣言が、法的義務を創設する効果をもちうることは認められている。宣言国の意図がその文言に従い拘束されることである場合には、その意図は当該宣言に法的約束としての性質を付与し、宣言国はその宣言に合致した行動をとるよう法的に要求される。この種の約束は、もし公になされ拘束される意図を有するならば、他国の受諾や反応がなくとも拘束的である。拘束される意図は当該行為の解釈によって明らかにされるが、国家の自由を制限する声明の場合には、厳格な解釈が要求される(paras.43-44)。法的義務の創設とその履行を規律する基本的原則の1つは、その淵源が何であろうとも、信義誠実の原則である。信用と信頼は国家間の協力に不可欠のものである。したがって、関係利害国が一方的宣言を了知しそれを信頼するならば、その国家は、そこで創設された義務が守られるよう要求する権利を有する(para.46)。上記フランス高官の一方的声明は、公にそして対世的になされ、大気圏核実

験を終了するという意図を全世界に対して伝達した。したがって裁判所は、これらの一方的声明が法的効果を有する約束を構成すると結論する(paras.49-51)。

5 裁判所は、現存する国家間の紛争を解決する。したがって、紛争の存在はその司法機能を行使するための第一義的な条件である。どちらか一方の当事国が紛争が存在すると主張しても十分ではない。核実験を終了するというフランスの宣言は、本件紛争を消滅させた(paras.55-56)。もっとも、この判決の基礎が影響を受けるようなことがあるならば、原告は裁判所規程の諸規定に従い、事態の再検討を要請することができる(para.60)。よって裁判所は、原告の請求はもはやその目的を失い、それに対する判決を下す必要はないと結論する(9対6)(para.62)。

【論点】1 本件判決は、判決要旨4で議論されているように、一方的宣言の法的拘束力を、拘束される意図の表明と宣言の公然性を条件に認めた。「法源」と「義務の淵源」とは区別されるべきであるが、慣習法の形成によらずして国家の対世的義務が創設される可能性を認めている点で興味深い。もっとも、裁判所によるフランスの「意図」の解釈には問題がある(デ・カストロ裁判官の反対意見)。また裁判所のその後の判決(1986年のブルキナファソ・マリ国境紛争事件〔⇒39〕)においては、一方的宣言に拘束力が認められるのはそれが自国を法的に拘束する唯一の手段である場合であると判示されており、より厳格な条件が提示されている。

2 本件判決は、大気圏核実験による環境汚染という実質的問題については、結局結論を出さなかった。しかし、明白な損害の立証が違法性追及の要件であるとする見解(イグナシオ・ピント裁判官の仮保全措置命令反対意見)が多い中で、潜在的危険と損害の可能性のみで権利保全を認めた裁判所の命令(命令要旨2)は、危険責任主義や予防原則といった国際環境法のその後の展開を示唆する貴重な判断であったと言える。事実、1995年の再検討要請訴訟において、ニュージーランドは、フランスには核実験を行う前に環境影響評価を行う慣習国際法上の義務があり、また核実験が海洋環境の放射能汚染を生じさせていないという証拠を提出する義務が予防原則上要求されると主張していた。1995年の命令に付された3つの反対意見も、こうした国際環境法の発展を肯定的に評価している。

3 原告オーストラリアは、大気圏核実験禁止規則(1963年部分的核実験禁止条約第1条の規定)が慣習国際法として成立しており、フランスはそれに違反しているとも主張した。裁判所の多数意見はこれに何ら答えていないが、命令および判決に付された個別・反対意見においては、慣習法成立の各要件に関する様々な見解が表明されていて興味深い。とくにグロ裁判官とペトレン裁判官は、当該禁止規則は慣習法として成立していないとする根拠として、第1に、部分的核実験禁止条約は締約国間の不平等と米ソの二極体制を前提にし

ており、本来的に第三国を拘束しえない性質の条約であること、第2に、条約第4条は「自国の至高の利益」が関わる場合には主権の行使として条約から脱退できると規定しており、これは核実験が慣習法上禁止されているという法的信念を否定すること、第3に、フランスや中国に対し条約に加盟するよう要請する国家の実行は、条約規定が慣習法であるという法的信念を否定すること、そして第4に、実際に中国が大気圏核実験を継続していること、を挙げている。こうした議論は、たとえば1996年に採択された包括的核実験禁止条約第1条の規定の慣習国際法化を考える際にも、参考になる。

　4　本件仮保全措置命令および判決に付された個別・反対意見の多くが、国際司法裁判手続上の諸問題を提起している。第1に、裁判所の仮保全権限と本案管轄権の相関性の問題である。本件で裁判所は、従来の先例を変更していわゆる蓋然性論を採用した。第2に、裁判所が採用したいわゆるムートネスの法理の位置づけとその適用の仕方の問題がある。とくに本件では、共同反対意見(オネヤマ、ジラード、ヒメネス・デ・アレチャガおよびウォルドック裁判官)が指摘しているように、当事国の意見を十分に聞かずに裁判所がその「固有の権限」を行使して紛争の不存在を判断している点が問題となろう。第3に、裁判所による当事国の申立ての解釈の限界と「最終申立てに述べられた問題に回答する裁判所の義務」(1950年の庇護事件判決〔⇒3B〕)が問題となる。本件において裁判所は、請求の解釈ではなく改訂を行ったとする共同反対意見は、痛いところを突いている。

【参考文献】
坂場敏雄『宮崎基本判例』、牧田幸人『ケースブック』、松田幹夫『判決・意見Ⅱ』、同『判決・意見Ⅲ』、黒沢満『百選Ⅰ』、中谷和弘『百選Ⅱ』、東泰介「『核実験事件』の判決と問題点(1)(2)」『帝塚山大学論集』11号、12号(1976)、黒沢満「大気圏内核実験の法的問題」『阪大法学』101号(1977)、中谷和弘「言葉による一方的行為の国際法上の評価(1)(2)(3・完)」『国家学会雑誌』105巻1・2合併号(1992)、106巻3・4合併号(1993)、111巻1・2合併号(1998)、山本草二『国際法における危険責任主義』(東京大学出版会、1982)307-345頁、杉原高嶺『国際司法裁判制度』(有斐閣、1996)213、270-275頁。

　　　　　　　　　　　　　　　　　　　　　　　　　　　　　　(柴田　明穂)

第2章
国際法と国内法の関係

6 国内法における国際法の地位とその遵守
A パケット・ハバナ号事件(The Paquete Habana, The Lola)
B 国連本部協定事件(Applicabilité de l'obligation d'arbitrage en vertu de la section 21 de l'accord du 26 juin 1947 relatif au siège de l'Organisation des Nations Unies)

```
諮問機関    B 国際連合総会
裁 判 所    A 米国連邦最高裁判所    B 国際司法裁判所
判  決     A 1900年1月8日
勧告的意見   B 1988年4月26日
出  典     A 175 US 677   B ICJ (1988)12
```

A パケット・ハバナ号事件

【事実】 パケット・ハバナ号とローラ号は、スペイン船籍の帆船式小型漁船で、キューバ生まれでハバナ在住のスペイン人が所有し、ハバナを基地としてキューバ周辺海域で沿岸漁業に従事していた。米西戦争中の1898年に、これら2隻の船は、操業を終え帰港する途中、キューバ周辺海域で米国の軍艦に拿捕された。海で獲った鮮魚を積み、封鎖艦隊によって停船を命じられるまでは戦争や封鎖の存在を知らなかった。武器弾薬は積んでおらず、逃走を試みることも拿捕に抵抗することもなかった。拿捕後、2隻はキー・ウェスト港に引致された。裁判所に対して同船と積荷の没収を求める申立てが行われ、米国フロリダ南部地区連邦地方裁判所は、法律上、命令や条約または布告なしに漁船が拿捕を免れるとは考えられないという理由で、同船および積荷を没収する命令を発した。その後、2隻は競売にかけられ、それぞれ490ドルおよび800ドルで売却された。本件はその上訴事件である。

【判決要旨】 何世紀も前に始まった文明国間の慣行によって、鮮魚の漁業に従事する沿岸漁船は、その船体・積荷ともに海上捕獲を免れると認められてきた。この慣行は、徐々に国際法の規則に成熟しつつある。連邦政府が同規則の存在を否定しているので、なるべく古い記録にまで遡って同規則の歴史をたどることにする。最も古い例は、1403年と1406年に英国王ヘンリー四世が海軍提督らに発した「漁民の安全について」と題する命令である。フランスでも古くから沿岸漁民を戦争から保護している。沿岸漁民は船体・積荷ともに海上捕獲から免れるという考えは、独立戦争以来、米国にも知られていた。1785年の米国プロシア間の条約は、両国間に戦争が起きた時でも、生業を営む者(漁民を含む)は、その身体や財産を保護されると規定した。1806年および1810年の英国の命令以来、英国もまた他の国も、平和的に漁業に従事する私的な沿岸漁船が捕獲を免れることを否定したことはない。最近文明国の仲間に加入を認められた大日本帝国も、日清戦争が開始された1894年に勅令により捕獲審検所を設立し、沿岸漁業に従事する漁船は敵船であっても拿捕の対象外とした(pp.686-700)。

「国際法は我が国の法の一部である。国際法に基づく権利の問題が、その判断を求めて適当な管轄権を有する裁判所に正規に提起されたときは、裁判所は常に国際法を確定し適用しなければならない。その目的のために、条約及び支配的な行政若しくは立法行為若しくは司法決定がない場合には、文明国の慣習や慣行に依拠しなければならない」。そして、そのような慣習や慣行の証拠として、学者の著作に依拠しなければならない(p.700)。

〔裁判所は、続いて、フランス、アルゼンチン(カルボ)、ドイツ(ヘフター、ブリュンチリを含む)、英国(ホール、ローレンス)、オランダ、オーストリア、スペイン、ポルトガル、イタリア(フィオレ)の国際法学者の学説を検討する(pp.700-708)。〕

「このように本問題に関する先例や学説を検討した結果、次のことが明らかであるように思われる。すなわち、非武装の状態で実直に鮮魚の漁業および運送に平和的に従事する沿岸漁船は、その漁具・生活用品・積荷・乗員とともに海上捕獲を免れる、という国際法の規則が、今日、明文の条約又はその他の公的行為とは独立に、世界の文明国の一般的同意に基づいて確立している。それは、貧しく勤勉な人たちに対する人道上の考慮と交戦国の相互の便宜に基づくものである」。沿岸漁民や漁船が戦争目的で雇われているときは、もちろんこのような免除は適用されない(p.708)。

「この国際法規則は、その問題に関する何らの条約又は自国の政府のその他の公的行為がない場合に、国際法を執行する任にあたる捕獲審検所が司法上確認し、実現しなければならないものである」(*ibid.*)。

本件において証明された事実に照らすと、本件拿捕は違法であり理由のないものであったと宣言することが、米国の最高の捕獲審検所として本件を審理し、国際法を執行する任にあたる当裁判所の義務である。当裁判所は、地方裁判所の命令を覆し、船舶および積荷の売却代金を請求者に返還し、損害を賠償するよう命じる(p.714)。

B 国連本部協定事件

【事実】　パレスチナ民族解放機構(PLO)は、1974年以来、国連においてオブザーバーの資格を認められ、ニューヨークにオブザーバー代表部を設置し維持してきた。1985年に地中海で起きたアキレ・ラウロ号事件で米国人乗客が1人殺されたが、それにPLOが関与していたとして、米国議会は1987年、PLOを米国から締め出すことをねらった「反テロリズム法」を制定した。同法は、米国内においてPLOの事務所その他の施設を設置し又は維持することは、別段の法律の定めにかかわらず違法である、と規定した。国連事務総長及び総会は、PLOのオブザーバー代表部が閉鎖されることを懸念し、米国政府と協議を行った。国連は、反テロリズム法は、1947年に国連が米国との間で締結した国連本部協定、とりわけその第11条、第12条(代表部員の通過の自由)および第13条(入国管理権の制限)に反する

と主張した。これに対して、米国の国連代表は、同法が実施されたら国連本部協定に反することになることを認め、問題の解決のために議会と協議を行うと回答した。

　しかし、法律の発効が目前に迫っていたので、国連は、本部協定第21条が定める紛争解決手続を開始することにした。同条は「本協定の解釈又は適用に関する国際連合と米国の間の紛争は、交渉又は他の合意された解決方法で解決されないときは、最終決定のために、3人の仲裁人からなる裁判所に付託されなければならない」と規定している。国連はこの規定に従い仲裁人を指名した（ヒメネス・デ・アレチャガ）が、米国からの回答はなかった。そこで国連総会は、1988年3月2日に賛成143、反対・棄権0（米国は投票不参加）で決議を採択し、以下の問題について国際司法裁判所の勧告的意見を求めた。「米国は、国連本部協定第21条に従い、仲裁手続に入る義務を負うか」。反テロリズム法が発効した日の翌3月22日に、米国司法長官は、PLO代表部事務所の閉鎖を求めて、ニューヨーク南部地区連邦地方裁判所に訴訟を提起した。

　国際司法裁判所は、異例の早さで審理を行い、4月26日に以下のような勧告的意見を出した。他方で、ニューヨーク南部地区連邦地裁は、6月29日に司法長官の訴えを棄却する判決を下した。

【意見要旨】1　本件で裁判所は、PLOオブザーバー代表部に関して米国がとった措置が国連本部協定に反するかについてではなく、本部協定第21条の下で国連は仲裁を要求する権利があり米国は仲裁手続に入る義務を負うかについての判断を求められている。この問題に答えるために裁判所は、①国連と米国の間に「紛争」が存在するか、②その紛争は本部協定の「解釈または適用に関する」ものか、③その紛争は「交渉または他の合意された解決方法で解決されない」か、について検討しなければならない (pp.26-27)。

　2　米国は当初、法律が執行されていないという理由で紛争の存在を否定し、後には、国内で訴訟が継続している間は仲裁を行うのは適当でないと主張した。何が「適当」かについての考慮を本部協定第21条から生じる義務に優先させることはできない。また、紛争の存在は、一方当事者の決定から請求が生じていることを前提とするが、当該決定がすでに実施されていることまで要求するものではない。裁判所としては、国連と米国の間の対立する態度は本部協定の両当事者の間に紛争が存在することを示すと認めざるを得ない (pp.29-30)。

　3　国連と米国の間の第1段階の議論は本部協定の解釈に関連し、米国は、本部協定がPLO代表部に適用されることを争わなかった。しかし第2段階で、米国は、本部協定より反テロリズム法が優先すると主張し、事務総長がこの点を争った。こうして、国連と米国の間には、本部協定第21条の適用に関する紛争が存在する。これに関連して、米国の訴

訟が終了しPLO代表部が実際に閉鎖されて初めて法律は適用されたといえるのかという問題もあるが、それは本部協定第21条に関しては重要ではない。第21条にとっての問題は協定の解釈又は適用であって、米国国内法の適用ではないからである(p.32)。

4 国連と米国の間の協議における米国の態度を考慮すれば、事務総長は交渉の可能性を尽くしたと判断する。また、「他の合意された解決方法」は何もなかった。米国司法長官が国内で提起した訴訟は、本部協定第21条にいう「合意された解決方法」とは言えない(pp.33-34)。

5 こうして当裁判所は、米国は、本部協定第21条に従い、国連との紛争を解決するために仲裁手続に入る義務を負うと結論する。米国は「〔本部〕協定の下で米国が負う義務のいかんにかかわらず」PLO代表部に対して措置をとったと述べた。この言明が、本部協定の実質規定(第11、12および13条)だけでなく、第21条が定める仲裁付託義務に関してもなされたのだとしても、当裁判所の結論は変わらない。国際法は国内法に優先するという国際法の基本原則を想起すれば十分であろう(pp.34-35)。

【論点】1 米国では、米国憲法が「全ての条約は、国の最高の法である」と規定している(第6条2項)ので、条約が国内で法的効力を持つことは明らかである。条約が連邦の法律と同位(後法優位)の関係にあることも判例上確立している。米国憲法は慣習国際法の国内的効力については触れていないが、慣習国際法が国内的効力を持つことも早くから認められてきた。A事件は、慣習国際法が米国の国内で法的効力を持つことを連邦最高裁が確認した事例である。

2 これに対して米国では、慣習国際法と連邦法の関係については争いがある。連邦の法律は慣習国際法に優先するというのが従来の通説である。しかし、1987年に公刊された『対外関係法に関する第三リステイトメント』は、その草案において、慣習国際法は、条約と同様、連邦の法律と同位の関係にあるとの立場を打ち出し、注目された。しかし連邦控訴裁判所は、1986年のガルシア・ミア事件で、A事件で最高裁が「条約及び支配的な行政若しくは立法行為若しくは司法決定がない場合には」文明国の慣行に依拠しなければならないと述べたことを根拠に、慣習国際法に対する連邦の法律(及び行政府の行為や判例法)の優位を結論した。しかし最高裁は、捕獲から漁船を免除する「条約、行政若しくは立法行為又は判例がなくても」慣習国際法を適用しなければならない、と判断したのである。多くの論者はA事件判決の趣旨を誤解していると言わざるをえない。

3 B事件で米国政府は、米国内では後法である連邦法(反テロリズム法)が条約(国連本部協定)に優先するので、協定の義務のいかんにかかわらず、PLO代表部の閉鎖を求めざるを得ないとして訴訟を提起した。ニューヨーク連邦地裁は、後法である連邦法が条約に優

先して適用されるためには、議会がその意図を明確に示したことが必要であるが、本法に関してはそのような意図は明確に示されていないとして、訴えをしりぞけた。国内法はなるべく条約に適合するように解釈しなければならないという原則に基づき、反テロリズム法はPLO代表部の閉鎖を命じていないと解したのである。米国政府が控訴しなかったので、同判決によって本件は決着した。国際法に適合するように国内法を解釈するという原則は、多くの国で認められている。

4　B事件で国際司法裁判所は、ギリシャ＝ブルガリア地域社会事件勧告的意見(PCIJ Ser. B, No.17)を引きながら、国際法は国内法に優先するという国際法の基本原則を述べたが、それは米国内で国際法が国内法に優先することを意味しない。国内における国際法の序列を決めるのは国内法であるが、対外的には国内法を理由に国際義務を免れることができないことは確立している。

【参考文献】
土屋茂樹『ケースブック』、横田洋三『判決・意見Ⅱ』、喜多康夫『基本判例50Ⅱ』、岩沢雄司「アメリカ裁判所における国際人権訴訟の展開」『国際法外交雑誌』87巻2号(1988)、5号(1989)、畝村繁『英米における国際法と国内法の関係』第2編(法律文化社、1969)、岩沢雄司『条約の国内適用可能性』第4章(有斐閣、1985)。

(岩沢　雄司)

7 メデイン事件(Medellín v. Texas)

裁　判　所	米国連邦最高裁判所
判　　　決	2008年3月25日
出　　　典	*552 U.S. 491 ; 128 S.Ct. 1346

【事実】　原告メデインは、幼少期から米国で育ったものの、メキシコ国籍のみを保持していた。成人した後に犯した強姦殺人の罪でテキサス州の刑事裁判所により死刑判決が宣告され、1997年に確定してからは死刑囚として収監されていた。

2003年、メキシコは、メデインを含む50数名のメキシコ人死刑囚について、外国人の逮捕拘禁時に遅滞なく本国の領事館への通報を求めるウィーン領事関係条約36条に米国が違反したとして、同条約選択議定書に基づいて米国をICJに提訴した(アヴェナ等メキシコ国民事件⇒119)。ICJのアヴェナ事件本案判決は、同条約違反を認定し、上記メキシコ人死刑囚に対する有罪判断と量刑判断の双方について再審査と再検討を行うよう米国に命じた(2004年3月31日)。

メデインは連邦裁判所への人身保護請求において同判決を援用し、連邦最高裁は2004年に裁量上訴申立を受理して審理することにした。ところが口頭弁論前の2005年2月28日、ジョージ・W・ブッシュ大統領は、州裁判所にICJ判決の効力を認めさせる意向を表明する覚書を発出した。これを受けて、連邦最高裁はいったん請求を却下した(Medellin I: Medellin v. Dretke, 544 U.S. 660)。しかし、テキサス州の刑事上訴裁判所は、権力分立原理に違背する司法権への干渉だと大統領覚書を批判した上で、領事関係条約違反について適時に提起しなかったという手続的懈怠を理由に再検討を拒んだ(Ex Parte Medellin, 223 S.W.3d 315)。そのため連邦最高裁は、2007年に再び原告の請求について審理することとした。

次節で示すように、連邦最高裁は原告の主張を退けた(Medellin II: 本件判決)。その後、死刑執行の予告がなされたことから、メキシコはアヴェナ事件判決の解釈請求をICJに提起し、ICJは米国に対してメデインの死刑の執行停止のために必要な全ての措置を取るよう仮保全措置命令を出した(2008年7月16日)。また、連邦議会では、アヴェナ事件判決に国内的効力を付与する法案が提出された。しかしながら、テキサス州刑事上訴裁判所は人身保護請求を退け、連邦最高裁も死刑の執行停止請求を退けた(Medellin III: Medellin v. Texas, 554 U.S. 759)。けっきょく、メデインの死刑は予定通り2008年8月に執行された。

【判決要旨】1　ロバーツ長官の法廷意見(4裁判官同調)は以下の通りである。まず、自動執行的(self-executing)条約は、国内実施法なしに、批准されれば自動的に連邦法としての効力を

有する。これに対して、自動執行的でない条約は、それ自体では連邦法ではなく、その効力は国内実施法が決める。自動執行的であるためには、条約それ自体が自動執行的だと意図されており、かつ、そのようなものとして批准されていることが必要である。いずれにせよ、たとえ直接に私人に便益を与える内容であっても、明示的な文言のない限り自動執行的条約は私人に対して実体権や提訴権を生じさせない（法廷意見の脚注3）(pp.505-506)。

2　本件では、(1)領事関係条約の解釈適用をめぐる紛争についてICJの強制管轄権を認める同条約選択議定書、(2)国連憲章94条、そして(3)ICJ規程が関係する。これらのうちいずれかが、アヴェナ事件判決に国内裁判所を拘束する効力を付与するか否かが争点である（領事関係条約それ自体が自動執行力を有するか否かについては判断する必要がない）。第1に、領事関係条約選択議定書は、同条約の適用をめぐる紛争についてICJの強制管轄権を認めることを内容としており、本件紛争の開始時点で米国も加入していた。しかし、管轄権を認めたのみであって、ICJ判決の効力や履行確保についてはなんら規定していない(pp.507-508)。第2に、国連憲章94条は、加盟国がICJ判決に従うことを「約束」すると規定する。しかしながら、同条第2項では判決の不履行に対して安全保障理事会への付託を認めている。つまり、外交的対応を予定しており、ICJ判決それ自体が自動執行的でないことを示している(pp.509-511)。第3に、ICJ規程59条は、ICJ判決が当事者間の個別紛争についてのみ拘束力を有すると定める。この点、ICJにおける裁判の当事者となりうるのは国家だけであるため、私人であるメデインの米国内での権利には影響しない(pp.511-512)。以上要するに、これら3条約は米国にとって対外的な義務を生じさせるものの、ICJ判決が米国内で自動執行的だという根拠とはならない(pp.522-523)。

3　さらに、「礼譲の一般原則」に基づいて州裁判所にアヴェナ事件判決の効力を認めさせることによって国際義務を履行すると表明した大統領覚書についても、大統領が有する執行権によっては、自動執行的でない条約に自動執行力を付与することはできない(pp.525-527)。また、大統領は私権に影響するような行政協定を締結することを含む幅広い外交権限も有するものの、その権限の範囲は、長期間にわたる慣行を通して制度的に確立された行為に限定される。本件のように州裁判所の判断に介入するような行為は含まれない(pp.531-533)。なお、スティーブンス判事の結論同意意見は、法廷意見に賛成しつつも、国際義務を遵守するという米国の約束を反故にしてはならないと指摘し、国家の名誉を守るためにテキサス州が適切な対応をとって義務を果たすべきだと表明した(pp.533-538)。

4　次に、ブライアー判事（2裁判官同調）の反対意見は以下の通りである。まず、米国が締結した条約は連邦法と共に最高法規として州法に優越するとする最高法規条項（憲法6条2項）が州を拘束するか否かが問題なのである。自動執行的か否かについて判例では多面的な検討がなされてきたにもかかわらず、法廷意見は条約の文言に偏って論じている点が誤りである。領事関係条約選択議定書はICJでの裁判を通じた「強制的」な紛争処理を定めており、ICJ

規程に基づいてICJ判決は当事国を「拘束」するし、国連憲章94条に基づいて米国はそれに「従う」と「約束」した。この意味で、ICJ判決の履行は司法的性質を有する。たしかに条約の文言にそのことが明示されてはいないものの、それは各国の法制が多様であることからすれば当然であって、自動執行的でないという論拠にはならない (pp.551-553)。上述のような最高法規条項を有する米国においては、ICJ判決が必ずしも非自動執行的だとは言えず、ことアヴェナ事件判決については上記3条約に照らして自動執行的だと評価できる (pp.562-564)。

【論点】1　本件判決には、ICJ判決の国内法上の効力を含め、条約が「自動執行的」か否かの一般的な判断基準を米国連邦最高裁が初めて示したという意義がある。とはいえ、連邦政府が締結し、州の利益代表としての側面も持つ上院において承認されて批准された条約であるにもかかわらず、自動執行的でない限り拘束的な連邦法とならないとするのは、合衆国憲法6条2項の解釈として自明とは言えない。非自動執行的な条約も、連邦法ではあるが直接適用できないと述べたと再構成する方が自然であろう。また、裁判官の構成によっては異なる結果になった可能性もある。この意味で、本件判決は、先例として確立したとは言えず、さらなる明確化が必要である。特に、反対意見が指摘するように、各国法制が多様である中で、個々の条約において自動執行的であると明記することは稀であると言ってよい。法廷意見の脚注3のような不利な推定をすれば、事実上条約を自動執行的にすることをほとんど否定することとなりうる。とりわけ、米国では最高法規とされた条約であっても連邦法と等位であるため、自動執行的な条約であっても、連邦議会が望めば事後にその適用を否定することができる。とすれば、自動執行的であるための要件を連邦最高裁がここまで厳しく制限することの妥当性については、なおさら議論の余地があろう。

2　なお、本件の個別事情として、以下のような点には留意が必要である。第1に、メデインは取調べ開始前に黙秘権等に関するミランダ警告を受けていたところ、取調べの開始から3時間のうちに犯行を自白していた。そのため、仮にメキシコ領事館に遅滞なく通報されていたとしても司法判断の帰結に影響しなかっただろうと多数意見は解したのである (法廷意見の脚注1)。第2に、2005年の大統領覚書の発出直後、米国政府は領事関係条約選択議定書の受諾を撤回した。これはICJ判決や国際義務を遵守することの重要性を強調した米国政府や、法の支配を強調した反対意見の立場を弱めることとなった (Medellín III 法廷意見)。このような事情がなかった場合、結果が変わっていたかもしれない。

【参考文献】
小林友彦『百選Ⅱ』、松田浩道「憲法秩序における国際規範(1)」『国家学会雑誌』129巻5・6号 (2016)、アレックス・グラスハウザー「条約は権力の分立した連邦制の下でいかに「最高性」をもちうるのか」『比較法学』43巻2号 (2009)。

(小林　友彦)

8 モルテンセン対ピーターズ事件(Emmanuel Mortensen v. David Peters (Procurator-fiscal of Sutherlandshire))

裁　判　所	スコットランド刑事高等裁判所
判　　　決	1906年7月19日
出　　　典	*(1906) 8F. 93；3 BILC 754

【事実】　1889年スコットランド・ニシン漁業法第7条は、モーレー湾内におけるオッター・トロール漁法およびビーム・トロール漁法を禁止する権限をスコットランド漁業庁に付与し、同庁は施行規則10号(1892年)によって、同湾内でのこのような漁法を禁止した。英国在住のデンマーク人モルテンセンは、ノルウェー船籍の漁船ニオベー号の船長として、同湾の沿岸から3海里を越える水域でオッター・トロール漁法によりニシン漁を行ったとして、検察官ピーターズによりドーノック・シェリフ裁判所に起訴され、同裁判所は被告に対し50ポンドの罰金または15日間の拘禁刑に処する有罪判決を下した(1906年1月15日)。

　モルテンセンは、スコットランド刑事高等裁判所(High Court of Justiciary)に上訴し次のように主張した。①当該法令は英国国内法であって、英国臣民と英国領域内の外国臣民に対してのみ管轄権を与え、英国領域外にいる外国人に対しては適用がない。②問題の場所は英国領域内ではない。領域を決定する際、英国裁判所はコモン・ローの一部とされる国際法の原則を適用してきたが、国際法上領域管轄権は距岸3海里で終わり、モーレー湾を領域と認めるような国際法は存在しない。③1883年海洋漁業法は「英国諸島の排他的漁業限界」内において管轄権を与えており、この言葉の定義にあたり国際法に言及している。1883年北海漁業条約の署名国に関しては、問題の地点は英国領海外である。ノルウェーは北海漁業条約の署名国ではないが、制定法は違反容疑者の国籍によって異なった解釈をされてはならない(pp.96-98)。

　これに対して、被控訴人は次のように主張した。①関連法令の文言は一般的かつ明確であって、控訴人が主張するように外国人には適用できないとの解釈を行う余地はない。裁判所は明白な制定法の規定を適用せねばならず、立法府が権限踰越しているかまたは国際法に違反するかどうかを考慮すべきではない。②国際法が適用されるとしても、違反の場所は領水内である。③モーレー湾がすべての意味においては領域でないとしても、関連法令は漁業の保護を目的としたものであり、主権国家は有害な漁業方法を禁止し違反者に罰則を科す権限を有する(pp.98-99)。

【判決要旨】　裁判長ダネーディン卿は、以下のような判決を下した。

1　控訴人が英国船上の英国臣民であったなら、有罪判決が正当だったことは争われない。外国船上の外国人が有罪とされた先例はあるが、事件が10海里を越えない湾口に引かれた線から3海里内で起こった点で本件とは異なる。原審有罪判決はこの点を考慮せず、行為の場所がニシン漁業法別表が明文で定める限界内である事実にのみ依拠した(p.100)。

2　本裁判所は、外国国家が権利侵害とみなすかも知れないことを立法府が行ったかどうかの問題には関心がない。また本裁判所は、立法府の法が、国際法の一般に承認された原則に違反したので権限踰越であるかどうかを決定する裁判所でもない。貴族院および庶民院において正当に採択され、国王によって裁可された議会制定法は最高のものであって、本裁判所はその条項に効力を与えるよう義務づけられている(pp.100-101)。

3　本件法令のように、立法府が一般的な用語で違反の場所的限界を定めたのであれば、当該の場所においてすべての者に適用される立法が意図されていたという強い推定が働く。すべての者に適用されなければ禁止の目的が損なわれる場合には、この推定は一層強められる。英国臣民によるトロール漁を禁止しても他国の臣民にこの漁法が許されるならば、それは明らかに実効性をもたないであろう(p.101)。

4　国際法は諸国家の国際的な権利義務に関する理論の総体であり、スコットランド法の一部をなしている。本件行為地は3海里外であるがモーレー湾内にあり、それが領域内であることを示す少なくとも3つの理由がある。第1に、スコットランド法の学説によれば、主権者は大砲の射程内にある狭い海や湾を所有するとされてきた。第2に、スコットランド法は、同様の場所について権利主張を行ってきた。第3に、3海里限界を越えても陸地に囲まれた水域に対して立法する国の権利を認めた判例が多数ある。したがって、モーレー湾がすべての目的において領域内にあるという命題について決定するものではないが、英国議会がそこにおいて漁業規制の立法を行いえないとの控訴人の主張は認められない(p.102)。

5　北海漁業条約は、ここで問題となっている漁法を扱うものではない。ニシン漁業法が、漁業を臣民には認めて外国人には否定しているのであれば、条約との関係が問題となろうが、そこでは臣民と外国人は等しく扱われている(p.102)。

キラチー卿は、次のように判決する。立法府は国際法に違反することを意図していないという推定は、法令の用語が明白である場合には適用されず、また国際法では湾口10海里規則は確立していないから、問題の法令は国際法に違反していない(pp.103-104)。ジョンストン卿は、関連法令が排他的漁業権についてではなく漁業の規制権について規定しており、スコットランドの漁業法は狭義の領海に限定せず沿岸において漁業規制を実施してきたものであって、本件立法は一般的適用を意図していたことは疑いないと判決する(p.107)。サルヴェセン卿は、モーレー湾のような水域に対して排他的管轄権を主張した

諸国の事例を他国は黙認しており、英国議会による権利主張が他国に認められないとしても、それは裁判所の問題ではなく外務省の問題である、英国は北海漁業条約により当事国との関係では領域権を制約されるとしても、非当事国であるノルウェーとの関係ではより広範な権利を主張できると判決する (pp.108-109)。また、その他の裁判官は上記のいずれかの意見に同調する。

よって、本裁判所は控訴を棄却する (p.109)。

【論点】1　本件は、慣習国際法に対して英国の制定法が優位するとされたスコットランドの判例として有名である。しかし、英国では、慣習国際法がコモン・ローの一部を構成するとされている点と、1905年の事件発生当時、湾に関する慣習国際法が確立していたかどうかの点を明らかにしなければならない。

2　英国の裁判所は、19世紀後半以降、抵触する法律の優先順位を決定し、不文法たるコモン・ローに対して議会制定法が優位することを確認してきた。本件は、その典型的な判例として引用される。また裁判所は、本件判決にも述べられているように、裁判所と議会の権限配分についても明確にしてきた。判決が述べる理由によれば、本裁判所は、「議会制定法が、一般に承認された国際法の諸原則に矛盾するものとして権限踰越を構成するかどうかを決定する裁判所ではな」く、また、議会が正規の手続によって採択し国王が裁可した「議会制定法が最高のものであって、その条項に効力を認める義務がある」。

3　湾の法的地位が、本件事件発生当時 (1905年) に確立していたかどうか。1930年のハーグ国際法典編纂会議において、湾口に関する10海里規則が提案されたが、湾の入口の幅については見解が分かれた。本件の違反操業地点は、湾口が10海里を越えるモーレー湾の「入口に最も近い場所で幅が10海里を越えない最初の地点に」引かれた直線基線から3海里を越える場所であった。当時、湾口10海里規則が慣習国際法として確立していたとは考えられず、慣習国際法に違反した制定法の優位を認めた判例という本判決の位置づけには、再考の余地があろう。

4　この事件以後も類似の事件が起き諸外国からの抗議が続いたので、1909年に議会は新たな立法を行い、3海里外の海域での外国人による漁業に対しては、刑事訴追を行わず、その海域でとれた海産物のイギリスへの陸揚げと販売を禁止する措置にとどめた。

【参考文献】
高林秀雄『ケースブック』、山本良『国際関係法辞典』(三省堂、1995)。

(西井　正弘)

9　ＥＣ法の直接効果と優位性

A　ヴァン・ゲント・エン・ロース対オランダ国税庁事件(N.V. Algemene Ttansport-en Expeditie Orderneming van Gend & Loos v. Nederlandse administratie der belastingen (Netherlands Inland Revenue Administration))

B　コスタ対ENEL事件(Flaminio Costa v. Ente Nazionale Per L'energia Elettrica（ENEL))

　　　　裁　判　所　A・B ヨーロッパ共同体司法裁判所
　　　　先 行 判 決　A 1963年2月5日　B 1964年7月15日
　　　　出　　　　典　A ＊[1963] European Court Reports 1；
　　　　　　　　　　　　　　[1963] Common Market Law Reports 105
　　　　　　　　　　　B ＊[1964] European Court Reports 585；
　　　　　　　　　　　　　　[1964] Common Market Law Reports 425

A　ヴァン・ゲント・エン・ロース対オランダ国税庁事件

【事実】　1960年9月9日、オランダの会社ヴァン・ゲント・エン・ロース社が西ドイツから尿素ホルムアルデヒド樹脂を輸入し、8％の輸入税をオランダ国税庁より課せられた。この物品はEEC条約発効(1958年1月1日)当時の法律では関税率3％であったのに、その後の法改正によって分類が変更され、8％に改められた。ヴァン・ゲント社は、これは関税の引上げや新設を加盟国に禁止するEEC条約第12条(現欧州連合運営条約では削除、以下同じ)に違反するとして、同年9月20日ツァーダムの関税・消費税検査官に不服申立を行ったが翌1961年3月6日却下されたので、同年4月4日その決定の取消を求める訴えをアムステルダムの関税委員会(Tariefcommissie)(歳入問題について最終的管轄権を有するオランダの行政裁判所)に提起した。

　関税委員会は、当事者の主張はEEC条約の解釈の問題を含むとして、EEC条約第177条(現第267条)に基づいて、1962年8月16日ヨーロッパ共同体司法裁判所(以下、EC裁判所という)に次の2点について先行判決(preliminary ruling)を求めた。

　①EEC条約第12条は、加盟国の国内において直接効果を有するか。すなわち、国民は、本条に基づいて、加盟国の国内裁判所が保護しなければならない個人的権利を主張しうるか。

　②主張しうる場合、本件の8％の関税賦課は、EEC条約第12条違反の引上げに当たるか、それとも関税の合理的変更であって、禁止された引上げにはあたらないか。

　EC裁判所には、EC委員会の他に、ベルギー、西ドイツ、オランダ各政府が意見書を提出した。その中で、ベルギーおよびオランダ政府は、第1の質問はオランダ憲法の枠内における条約の適用に関する問題であるから、EC裁判所は管轄権を有しないと主張した。とくに、EEC条約規定のオランダ法に対する優位の問題は、国内裁判所の排他的管轄権の下にあり、ただ第169条(加盟国のEEC条約違反をEC委員会がEC裁判所に提訴する規定、現第258条)および第170条(加盟国が他の加盟国によるEEC条約違反をEC裁判所に提訴する規定、現第259条)の場合に、EC裁判所に付託されるに過ぎないと主張した。また、3国の政府とも、EEC条約第12条は加盟国に義務を課すだけで、加盟国の国民に対して権利を付与する効果

を有しないと主張した。

【判決要旨】　この問題を解決するには、条約の精神、全体的構造および文言を検討する必要がある (p.12)。

1　共同体の市民に直接影響を及ぼす共同市場を創設するその目的から、EEC設立条約は締約国間の相互的義務のみをつくり出す協定より以上のものであることがうかがえる。このことは、政府に加えて個人にも言及している条約前文によって確認されるし、加盟国と市民の両方に影響を及ぼしうる主権的権利を付与された機関を創設したことによってより明確に確認される。さらに、共同体に結合した諸国の国民は、欧州議会および経済社会評議会を通じて、共同体の活動に貢献することが求められていることにも留意すべきである (p.12)。

以上からして、共同体は、諸国家が限られた分野においてであるが彼等の主権的権利をそのために制限し、そしてその主体は加盟国のみでなく国民をも含む国際法の新しい法秩序を設立するものである。したがって、共同体法は、加盟国の法律とは独立して、個人に義務を課すだけでなく、権利をも与えるべく意図されている。これらの権利は、条約によって明示的に付与されている場合のみでなく、条約によって個人および加盟国や共同体機関に明確な形で課せられた義務からも生じうる (p.12)。

2　第12条の文言については、この規定は明白かつ無条件の禁止を設定する。この義務は、不作為義務で国内的措置に依存せしめるいかなる権限も加盟国に与えないで課せられている。この禁止は、その特質自体からして、加盟国とその国民の間の法的関係に直接効果を生じさせるに完全に適合している。第12条が義務の主体として加盟国を名指していることは、加盟国の国民がこの義務の受益者でありえないことを意味しない (p.13)。

3　加盟国による第12条違反に対する保障を第169、170条の手続に限定することは、加盟国の国民に個人的権利に対する直接の法的保護を否定することになる。条約に違反する国家の措置が執行された後で第169、170条に訴えなければならないというのでは、十分な効果が得られないおそれがある。自己の権利に対する個人の警戒心は、第169、170条の下での委員会と加盟国による保障に加えて、もう1つの有効な条約遵守のための監視をつくり出す (p.13)。

4　第2の質問については、第12条違反の問題を決定するには、条約発効の時点において実際に課せられていた関税を基礎としなければならない。したがって、適用される関税率の引上げのみでなく、当該産品を関税率の高いグループに分類し直す関税表の再編成も、第12条違反の関税の引上げにあたる (pp.14-15)。

B　コスタ対ENEL事件

【事実】　イタリア政府は、1962年12月6日の法律およびそれに続く一連の法令によって、

電力事業を国有化してENEL（電力公社）を設立した。国有化された従来の一会社の株主であったフラミニオ・コスタは、ENELの供給した電力の代金の支払を拒否して、ミラノの治安判事に、国有化法はイタリア憲法に違反するとともに、EEC条約第102、93、53、37条（現EU運営条約第124、113、削除、43条(2)(3)）に違反すると主張した。治安判事は、1964年1月16日EEC条約第177条（運営条約現第267条）に基づいてEC裁判所に先行判決を求めた（合憲性については、1964年1月21日に憲法裁判所に判断を求めた）。

イタリア政府は、意見書の中で、国内法を適用すべき義務を有する国内裁判所は、第177条を利用しえないから、治安判事の要請は「絶対に受理不可能である」と主張した。

【判決要旨】1　通常の国際条約と違って、EEC条約は、その発効と同時に加盟国の法秩序の一部分となり、国内裁判所が適用しなければならない固有の法体系を創設した。固有の機関、固有の人格、固有の法的能力と国際的平面における代表能力、そしてとくに主権の制限から生ずる実体的権限をもった無期限の共同体を創設することによって、加盟国は、限られた分野においてではあるが彼等の主権的権利を制限し、彼等の国民と彼等自身の両方を拘束する法の一体を創設したのである (p.593)。

2　共同体から生ずる規定の各加盟国の法への統合は、加盟国が、相互主義に基づいて受諾した法体系に対して、後の一方的措置を優位させることを不可能にする。もし共同体法の執行力が、後に制定された国内法に従って加盟国ごとに変わるならば、それは第5条2項（現第4条3項）に定める条約の目的の達成を危くせずにはおかないし、第7条（現第18条）の禁止する差別を引き起こさずにはおかない。また、もし署名国の後の立法行為によって異議を唱えうるのであれば、共同体を設立する条約の下で引き受けられた義務は、無条件のものではなく、条件的なものに過ぎなくなってしまう (pp.593-594)。

3　共同体法の優位は、第189条（現第288条）によって確認されている。同条によれば、規則は「拘束力を有し」、「すべての加盟国において直接に適用される」。いかなる留保にも服さないこの規定は、もし加盟国が共同体法に優位しうる立法措置によって一方的にその効果を無効にすることができるのであれば、完全に無意味なものとなる (p.594)。

これらすべての考察からして、EEC条約から生ずる法は、その特別かつ独特の性格の故に、その共同体としての性格が奪われることなしには、そして共同体の法的基礎自体が危くされることなしには、国内法のいかなる規定によっても無効にされない (p.594)。

4　EEC条約の下で生ずる権利および義務の加盟国による国内法体系から共同体法体系への委譲は、加盟国の主権的諸権利の恒久的制限を伴い、それに対して共同体法と一致しない後の一方的行為は打ち克つことはできない。したがって、EEC条約の解釈に関する問題が生ずる場合には常に、いかなる国内法の存在にもかかわらず、第177条が適用されな

ければならない(p.594)。

　5　各条文の解釈については、第102条(現第117条)および第93条(現第108条)は直接効果を有しないが、第53条(開業の権利に対する新たな制限の禁止)(現・削除)および第37条(商業的性格の国家独占における差別の禁止)(現第37条)は、国内裁判所が保護しなければならない個人的権利を創設する(pp.595-598)。

【論点】1　この2つの判決は、EC法の「直接効果」と「加盟国の国内法に対する優位性」という最も重要な基本原則を打ち立てたリーディング・ケースで、EC法のその後の発展の法的基礎を築いたものと評価されている。

　2　EC法の「直接効果」(direct effect)とは、個人(自然人および法人)がEC法の規定を国内裁判所で援用しうることをいい(判決の表現では、これをEC法規定が国内裁判所が保護しなければならない個人的権利を生じさせるという)、従来の条約の自動執行(self-executing)性と似た概念であるが、EEC設立条約のほとんどの条文は加盟国および共同体機関の権利・義務について定めているから、もしその解釈を通常の条約と同様に各加盟国の裁判所の判断にまかせるならば、私的独占行為を禁止する第85、86条(現第105、106条)などごく少数の条文を除いては、すべて直接効果を否定されるであろう。

　そこで、EC裁判所は、A事件およびそれに続く多くの先行判決により、EC法独自の判断基準によるEC法の「直接効果」理論を確立し、一定の要件を備えるEC法規定については、たとえそれが加盟国や共同体機関に義務を課する規定であっても、それに直接効果を認めたのである。その場合の要件は、次の3点である。

　①規定が明確かつ一義的であること。

　②その実施に条件や制限が付されていないこと。期限についての条件が付されている場合、たとえば過渡期間終了までに実施すればよい規定は、過渡期間が終了した時点(1970年1月1日)から直接効果を生じる。

　③その実施に共同体または加盟国の機関の追加的措置を必要としないか、必要な場合でも機関に裁量の余地がないこと(この要件は不作為義務について満たされやすいが、作為義務についても認められる)。

　3　判決は、最初EEC設立条約の条文についてこの効果を認めたが、続いてEC法の他の法源についてもその適用を拡充して行った。

　①規則は、EEC条約第189条により「一般的効力を有し、かつ加盟国の国内において直接適用される」から、当然に直接効果を有しうる可能性があるが、実際にはすべての規則の規定が直接効果を認められるわけではなく、上記の3要件を備えている規定しか直接効果を有しない。

　②決定は、その向けられた者に対して「すべての要素について拘束的である」から、加盟

国に向けられた決定も、3つの要件を備えておれば、それに違反する国家を相手どって個人が国内裁判所に訴えうる直接効果を認められる。

③命令は、個別のまたはすべての加盟国に対して発せられるが、第189条の規定上その実施の方式および手段は加盟国の裁量にまかせられているから、本来直接効果を有しえないように考えられるが、判決は命令についても上記の要件を備えているものについては直接効果を認めた。ただし、加盟国に対する関係についてのみで（垂直的直接効果）、他の個人に対する水平的直接効果は明確にこれを否定した。命令は、加盟国に対してしか拘束力を有さず、個人に義務を課することはありえないから、かかる個人に対して援用されることもありえないわけである。

④ECが締結した条約については、当該条約の精神（目的）、構造および当該規定の文言を分析して総合的に判断する立場から、ガット規定の直接効果を否定した他、自由貿易協定中のEEC条約規定に類似した条文について直接効果を否定した判決がある反面、旧植民地との連合協定の条文については直接効果を認めた判例が多い。

4　EC法の優位性の問題についても、もし通常の条約と同様に各国の国内裁判所の判断にまかされたならば、原加盟6カ国の間でさえ条約の優位を認めるオランダから二元論をとるイタリアまであるから、EC法の各国における効力はバラバラとなり、市場統合の実現は非常な困難に見舞われたことと思われる。ここに、B事件判決が、EC法の解釈の問題としてEC裁判所が一元的に判断し、憲法を含むすべての国内法に対して、そしてEEC条約の成立前の国内法のみでなく、事後の加盟国の立法に対しても、EEC条約規定が優位することを確立したことの重要性がある。そして、その後の判例において、EEC設立条約などの第1次法源のみでなく、規則・命令などの派生法（第2次法源）を含むEC法全体が憲法を含む国内法に優位することが確立した。

5　ただし、各加盟国の国内裁判所は、EC裁判所の確立したこの「EC法の優位」の原則を抵抗なく受け容れたわけではない。例えばフランスでは、破棄院はEC法の優位を比較的早く承認したが、コンセイユ・デタは長い間これを認めず、1989年のニコロ事件に至って初めて実質的に従来の判例を変更した。また、一般にEC法の優位を認めてきた西ドイツにおいても、連邦憲法裁判所は1974年に、EC法に包括的な人権カタログがなく人権保護が不十分であるとして、ドイツ連邦基本法の人権規定に違反するEC法の適用は認められないとした（いわゆるSolange I 判決）。しかし、その後、EC裁判所が法の一般原則として基本的人権をとり込んできたこと、1977年に欧州議会、理事会、委員会が人権に関する共同宣言を出したことなどを評価して、1987年にEC裁判所が基本権を保護する限りEC法の連邦基本法との適合性について判断しないとして、以前の判決を修正した（いわゆるSolange II判決）。こうして、1980年代の終わりまでには、すべての加盟国においてEC法の

優位が承認されたとみてよいであろう。

なお、英国は、伝統的に議会主権優位の立場から二元論をとっているが、EC加盟にあたり「EC加盟法」(European Communities Act)(1972年採択、93年改正)を制定して、EC法の直接効果や優位性など、EC裁判所が確立してきた原則を承認する旨を規定することによって、問題を立法的に解決した。

【参考文献】
大谷良雄『宮崎基本判例』、山手治之『ケースブック』、須網隆夫・中村民雄『EU法基本判例Ⅰ』、同『EU法基本判例Ⅱ』、山手治之「欧州共同体法の直接的適用性(1)(2)」『立命館法学』125・126合併号、127号(1976)、庄司克宏「欧州人権条約をめぐるEC裁判所の『ガイドライン』方式」『日本EC学会年報』5号(1985)、田村悦一「EC裁判所における基本権の保障」『日本EC学会年報』5号(1985)、北村泰三「EC法基本権規定の水平的直接効力(1)(2)」『熊本法学』77号、78号(1993)、山手治之「EC法におけるガットの地位」『国際法の新展開(太寿堂還暦)』(東信堂、1989)、大和正史「EC指令の直接的効力」『EC法と欧州連合の現状』(関西大学法学研究所、1995)、山根裕子『ケースブックEC法』(東京大学出版会、1996)、須網隆夫『ヨーロッパ経済法』(新世社、1997)、庄司克宏『新EU法 基礎篇』第6章(岩波書店、2013)。

(山手 治之・酒井 啓亘)

第3章

国際法の主体

第1節　国際法主体としての国家　　44
第2節　国際機構　　110
第3節　個　　人　　134

第1節 国際法主体としての国家
(1) 国家の成立と国家・政府承認

10 コソボ独立宣言事件(Accordance with International Law of the Unilateral Declaration of Independence in Respect of Kosovo)

諮問機関　国際連合総会
裁判所　　国際司法裁判所
勧告的意見　2010年7月22日
出　典　　ICJ(2010)403

【事実】　1990年代後半、セルビア共和国内でアルバニア系住民が多数を占めるコソボ自治州で独立闘争が激化し、欧米諸国によるセルビア攻撃の機運が高まった。1999年3月にNATOが開始した空爆は6月まで続いた。同年6月10日の安保理決議1244は、コソボの暫定行政のために国際文民プレゼンスを設立することを国連事務総長に許可し(第10項)、同項にしたがって国連コソボ暫定行政ミッション(UNMIK)が設立された。同決議が定める権限と責務の詳細は、暫定自治の憲法的枠組みについてのUNMIK規則(以下、憲法的枠組み)で規定された。そこでは、UNMIKの長である事務総長特別代表とコソボ暫定自治機構の責務が定められ、前者が後者を監視することになっている。暫定自治機構の一つとして、コソボ議会がある。2008年2月17日にコソボの独立宣言が採択され、「我々、民主的に選ばれた我が人民の指導者たちは、独立した主権国家であることをここに宣言する」と述べられた。独立宣言には、コソボ議会の構成員120名のうちコソボ首相を含む109名、および(議会構成員ではない)コソボ大統領が署名した。宣言は特別代表に送られず、暫定自治機構の公報でも公表されなかった。それに対して、セルビア共和国は、同宣言は法的効果を生まないと抗議した。そこで、2008年10月8日に国連総会は、「コソボ暫定自治機構による一方的独立宣言は国際法に適合する(in accordance with)か」について、ICJに勧告的意見を求める決議を採択した。ICJは、勧告的意見を与える管轄権を有し(全員一致)、意見の要請に応じる(9対5)とした上で、独立宣言は国際法に違反しなかったと結論した(10対4)(para.123)。

【意見要旨】1　本裁判所は、本要請について勧告的意見を与えるための管轄権を有する。本件要請についての管轄権行使を拒否するやむを得ない理由もない(paras.28, 48)。
　2　総会からの質問の範囲と意味について。総会は、独立宣言の国際法適合性についての意見を求めており、宣言の法的効果、コソボが国家性を得たか、コソボを独立国と認める国々による承認の有効性や法的効果も尋ねていない。本裁判所は、国際法がコソボに一方的に独立を宣言する積極的権限を与えたか、まして国際法が国家内の実体に一方的に分離する権限を一般的に与えているかについて、見解を求められていない(paras. 51, 56)。

3 独立宣言は一般国際法に適合するかについて。18世紀から20世紀前半までの国家実行全体としては、宣言を公布する行為が国際法に反することを示す例はない。20世紀後半には自決権が発達したが、自決権行使の文脈でない独立宣言も禁じられなかった。領土保全原則の適用は国家間関係に限定されるので、一方的独立宣言の禁止を含意しない。特定の独立宣言を非難した安保理決議の例があるが、違法性は宣言自体の一方的性格ではなく、違法な武力行使または他の一般国際法規範(特に強行規範)の違反から生じていた。したがって、一般国際法は独立宣言を禁止しないので、本件宣言は一般国際法に違反しない。なお、コソボ人民は独立国を形成する権利を有するかについて論議があるが、この問題を解決する必要はない。なぜなら、国家からの分離権の問題は、総会による質問の範囲を超えるからである (paras.79-84)。

4 決議1244の解釈手法について。条約法条約の条約解釈規則が指針を与えうる一方で、条約との相違により、安保理決議の解釈には他の要素の考慮が必要である。すなわち、関連する国連機関および決議の影響を受ける国の事後の実行のみならず、採択時に出された理事国代表の声明、同じ問題についての他の安保理決議の分析を求められうる。同決議の趣旨および目的は、原則としてセルビアの法秩序に取って代わり、かつコソボの安定を目指す、一時的かつ例外的な法的レジームを設立することだった。そして、それは暫定的に行われることが予定されていた (paras. 94, 100)。

5 独立宣言の作成者の正体について。独立宣言は、憲法的枠組みに基づき設立された暫定自治機構の一つであるコソボ議会の行為か否か。決議1244は、主に自治の暫定的枠組みの設立に関係するのみで、最終的地位プロセスの具体的な輪郭、ましてや成果については保留した。他方、独立宣言は、最終的地位交渉が失敗しコソボの将来が危機的だという、作成者の認識を反映している。したがって、作成者は、暫定的に作られた法秩序内で独立宣言が効果を生ずることを意図せず、むしろ、その外での意義および効果を意図した。加えて、アルバニア語の原文には、宣言がコソボ議会の成果物との言及がない。さらに、宣言の採択手続はコソボ議会の立法手続と異なっていた。宣言が公報での公表のために特別代表に送付されなかったことも、重要である。独立宣言への特別代表の沈黙は、宣言が暫定自治機構の行為とは考えなかったことを示す。したがって、宣言の作成者は、憲法的枠組みの中での暫定自治機構の一つとしてではなく、むしろ暫定行政の枠組み外でコソボ人民の代表として一緒に行動する者たちだった (paras.102-109)。

6 決議1244との適合性について。第1に、同決議は、最終的地位を確立するための長期的政治プロセスにつなげるべく、暫定的レジームを作ることを計画し、コソボの最終的地位やその達成条件を定めない。安保理の同時期の実行によれば、安保理が領域の恒久的地位のための条件を定める意図であれば、条件が決議に明記されていた。ゆえに、同決議は独立宣言の発布を排除しない。第2に、同決議は主に、事務総長や特別代表のような国

連機関および国連加盟国についての義務および許可を定める。以前のコソボ関連決議の多くはコソボのアルバニア系指導者への要求を含んだが、決議1244ではかかる言及はない。ゆえに、同決議は、独立宣言の作成者を拘束するような独立宣言禁止を含まない。以上より、独立宣言は同決議に違反しない(paras.114-119)。

　7　憲法的枠組みとの適合性について。既述の通り、独立宣言は暫定自治機構の発布でなく、また暫定機構が働く法秩序内で効果を生じることは意図されず、実際にも効果は生じなかった。ゆえに、独立宣言の作成者は、暫定自治機構の行動を規律すべく定められた権限および責務の枠組みに拘束されない。したがって、独立宣言は憲法的枠組みに違反しない(para.121)。

　8　結論。独立宣言の採択は、一般国際法、決議1244または憲法的枠組みに違反しなかった。その結果、同宣言の採択はいかなる適用可能な国際法規則にも違反しなかった(para.122)。

【論点】1　植民地など外国による支配下の人民が独立する権利は確立しているが(外的自決権)、既存国家内の住民集団が分離して独立する権利(分離権)を有しうるかについては論争がある。本件手続で諸国が寄せた意見は、この論点についての各国の見解を知ることができる点で貴重である。しかし、勧告的意見において裁判所は、総会の質問は独立宣言が国際法に適合するかに限定され、分離権の問題はその範囲を超えると解して、本論点について論じなかった。

　2　裁判所は、領土保全原則の適用範囲を国家間関係に限定する。しかし、国家内部の分離集団にも適用を広げる立場も有力であり、コロマ裁判官も同様の立場から勧告的意見を批判する(同裁判官反対意見　paras.21-24)。

　3　裁判所が、条約と安保理決議の解釈手法の違いを指摘したことが注目される。具体的には、後者では、関連する国連機関および決議の影響を受ける国の事後の実行、採択時に出された理事国代表の声明、同じ問題についての他の安保理決議の考慮も求める。

　4　裁判所が、国際法に「違反しない」ことと「適合する」ことを同視しているように見えることについて、シンマ裁判官は、ロチュース号事件常設国際司法裁判所判決〔⇒2〕が示した国際法秩序の同意主義的性格に基づくゆえに「時代遅れ」と批判する(同裁判官宣言paras.2-3)。

　5　コソボ共和国は、現在までに国連加盟国の約6割(日本を含む)から国家承認を得ているが、常任理事国ではロシアと中国が独立に反対しており、国連加盟の見通しは立っていない。

【参考文献】
山田哲也『百選Ⅱ』、櫻井利江「コソボ分離に関する国際法(1)-(4)」『同志社法学』62巻2、3号、63巻2、4号(2010-11)、同「領土保全原則の適用範囲」『同志社法学』64巻3号(2012)、郭舜「コソヴォに係る一方的独立宣言の国際法適合性事件」『北大法学論集』62巻1号(2011)、藤澤巌「コソボについての一方的独立宣言の国際法との適合性に関する勧告的意見」『千葉大学法学論集』26巻1・2号(2011)。

(山田　卓平)

11 ティノコ事件（Aguilar-Amory and Royal Bank of Canada Claims〔Tinoco Case〕）

当　事　国　英国／コスタリカ
裁　判　所　仲裁裁判所
判　　　決　1923年10月18日
出　　　典　1 RIAA 369

【事実】　1917年1月、コスタリカでは、ゴンザレス大統領の政府が、陸軍大臣ティノコにより倒された。ティノコは、政権についた後、選挙を行い、1917年6月新憲法を制定した。1919年8月、ティノコは引退して国外へ亡命し、彼の政府は9月に倒れた。新たな選挙が施行され、1871年の旧憲法が復活制定された。1922年8月22日、この憲法に基礎を置く議会は、法律41号（「無効法」）により、ティノコ政権期の1917年1月27日から1919年9月2日までの行政機関が私人と締結したすべての契約を無効とし、また、ティノコ政府による1919年6月28日の通貨発行のための法令を無効とした。

こうして、ティノコ政府により引き受けられた英国国民に対する一定の義務が、新政府により無効にされた問題に関して、外交交渉の末、英国およびコスタリカは、1922年条約を締結し、仲裁裁判により事件を解決すること、米国連邦最高裁判所長官タフト（William H. Taft）を単独仲裁裁判官とすることを取り決め、1923年3月7日、この条約の批准書が交換された。

英国は次のように主張した。第1に、ティノコ政府は、2年9カ月の間コスタリカの「事実上かつ法律上の（de facto and de jure）」唯一の政府であった、その間、他のいかなる政府もその主権を争わず、それは人民の同意を得て、全国を平和的に統治した。第2に、後継政府が、法令によりイギリス国民に影響を与えるティノコ政府の行為に対する責任を回避することは国際法に違反し、それ故「無効法」はそれ自身無効であり、ティノコ政府により有効になされた契約は、現コスタリカ政府により、履行されなければならず、無効にされた諸権利は回復されなければならない。

これに対して、コスタリカは次のように主張した。第1に、ティノコ政府は、国際法の規則に従った事実上の政府でも、また法律上の政府でもない、第2に、ティノコ政府の契約および義務は、その政府およびその行為が1871年憲法に違反したがゆえに無効であり、法的義務を生じさせない、第3に、英国は、ティノコ政府の承認を拒否してきたのであり、禁反言（エストッペル）の原則により、ティノコ政府がその後継政府を拘束する仕方で権利を付与しえたと主張することはできない。第4に、英国国民の請求は、カルボ条項を挿入した当該利権契約ないしコスタリカ国内法の規定に基づき、コスタリカの裁判所に提出さ

れるべきで、本国の干渉を求めることはできない。

【判決要旨】1 国家の同一性および政府の義務に関して、国際法の一般原則によれば、政府の変更は、国家の国際的義務にいかなる影響も与えない(ムーア、ボーチャードなどを引用。pp.377-378)。

2 ムーアは述べる。「政府の起源および組織は一般的に国内的議論および決定の問題である」と。証拠により、ティノコ政府は、実際の主権政府であったと判示せざるをえない。しかし、多くの指導的諸国家がティノコ政府の承認を拒否したこと、そして他の国家による承認は、政府の誕生、存在などの主要で最良の証拠であるとの議論がある。疑いもなく、他の国家による承認は、国際社会における政府の存在を立証するにあたって重要な証拠である。ティノコ政府は、20カ国により承認されたが、そのほかの国家の事情はいかなるものであったのかを検討する。国家人格(national personality)であると主張する政府に対する他国による不承認は、通常、その政府が国際法によりそのものとみなされるべき独立と支配を達成してこなかったという適切な証拠である。しかし、英国、フランス、イタリアがティノコ政府を承認しなかったのは、当時(第1次世界大戦中)これら諸国と同盟関係にあった米国のリーダーシップの故であり、かかる未承認は、国際法により設けられた基準に従って、ティノコ政府の事実上の性格に影響を与えない(pp.378-381)。

3 コスタリカは、ティノコ政府は、コスタリカ憲法に従って確立され、維持されなかったがゆえに、事実上の政府とは考えられない、と論ずる。以前の憲法に従わなければ、事実上の政府とはならないとすれば、国際法規則において、既存の政府の基本法に反する革命は、新たな政府を確立することができないことになる。これは事実ではない。「問題は、それが、その影響内にあるすべてによりその支配が承認され、それに代わる政府であるとする反対勢力がないような方法で、実際に自ら確立された政府であったか」、「それが、自らの管轄内において尊重される、政府が通常行うようなその権能を果たしているか」である(pp.381-382)。

4 未承認の効果、とりわけ、革命の結果としての事実上の政府に対する未承認の効果に関して、他の国家による未承認は、通常、ある政府が国際法上政府とはみなされないことの適切な証拠であるが、起源の違法性に基づく不承認は、国際法の公理ではなく、一般的に認められてきたものでもない。1907年、中米5カ国は、クーデタや革命による将来の政府を承認しない旨の条約を締結しているが、そのほとんどの締約国がティノコ政府を承認している(p.382)。

5 英国政府は自ら承認していないティノコ政府の行為が自国民に与えた損害について請求を提起しえないという主張に関して、国際法は、その種の禁反言の法理を認めていな

い。禁反言の法理は、自己の言動により請求者に損害を与えた者に対してのみ適用される。英国は、なるほどティノコ政府を承認してこなかったとはいえ、その立場を変更することができる。母国政府の未承認を知っていた英国国民が、母国政府の保護を求めうるかは、英国とその国民との間の問題である(pp.383-384)。

6 「英国国民は利権契約ないしコスタリカ国内法の規定により、この種の請求に対し母国政府の介入を求めることができなくなるか」という、いわゆるカルボ条項の主張に関して、かかる義務は当該政府を拘束しない(pp.384-386)。

【論点】1 本判決は、政府の形態が変更しても、それによって国家は変更しないという、国家の継続性、同一性を確認した上で、国際法における事実上の政府の基準を、実効的支配と政府としての通常の権能の行使に求めたことが注目される。これに関連して、判決は、未承認政府は、国際法上の政府とはみなされないか否かについて、他の国家による未承認は、その政府が国際法上の政府とはみなされない適切な証拠であるとしつつ、政府がクーデターや革命により成立するというその起源の違法性に基づく未承認は、国際法上一般に認められたものではない、としている。なお、本件に関連して、中南米諸国においては、20世紀初頭、革命やクーデターの頻発を防止するため、憲法秩序に違反して成立した政府を承認しないとする立憲主義的正統主義(いわゆるトバール主義)が提唱されたことがある。

2 本件は、また、未承認政府に対する外交的保護権に基づく請求の効果およびカルボ条項が問題とされた。この点で、「自国政府が承認していない政府の行為により自国民が損害を被った場合にも、母国は当該事実上の政府の後継者に対して国際請求を提起できること」を認め、「特定の政府が国際社会に入ることを承認ないし拒否した以上、その決定に関しては各国家は責任を負うべきである…と主張する向きもあるが、これが諸国家の一般的な同意を得た規則である、とする学説や判例が存在しないので、この規則を本件に適用することはできない」と述べたことは注目される。

【参考文献】
安藤仁介『ケースブック』、同「政府承認に関する最近の傾向について」『事例研究2』、小畑郁「「個人行為による国家責任」についてのトリーペル理論」『神戸商船大学紀要第1類・文科論集』36号(1987)、田畑茂二郎『国際法における承認の理論』(日本評論新社、1955)、芹田健太郎『普遍的国際社会の成立と国際法』(有斐閣、1996)、松田幹夫『国家責任』、王志安『百選Ⅰ』、臼杵英一『百選Ⅱ』。

(五十嵐　正博)

12 リンビン・タイク・ティン・ラット対ビルマ連邦事件

裁 判 所	東京地裁
判 決	1954(昭和29)年6月9日
出 典	下民集5巻6号836

【事実】 1943(昭和19)年、債権者の妻の父で当時駐日ビルマ国(現ミャンマー連邦共和国)大使であった訴外Aが、駐日ビルマ国総領事館に隣接する本件土地を日本人から買い取り、日本人B名義で登記していたが、この間にAが死亡、その妻および娘がビルマ法により本件土地を共同相続したが、Bはこの両名のために管理人として占有してきた。一方、リンビン・タイク・ティン・ラット(債権者)は1953(昭和28)年に右相続人両名から本件土地の所有権を譲り受けて来日し、Bから本件土地の引渡を受け、かつ売買名義で所有権の移転登記を経た。ところがビルマ連邦(債務者)は、Aではなくて同人によって代表される債務者が本件土地を買い入れたものであるから、その所有者は債務者であると主張して、債権者の所有権移転登記の抹消請求権保全のため本件土地について売買等一切の処分禁止の仮処分を東京地方裁判所に申請し、申請通りの決定を得てこれを執行するとともに、本件土地の周囲に「ビルマ政府所有地」なる標示板を立て、さらに建物を建築し植樹をしようと企てた。これに対して債権者は、ビルマ連邦(債務者)を相手どって、債務者の以上のような行為は、本件土地所有権および占有権に対する妨害であるとして、妨害排除のための仮の地位を定める仮処分の申請を東京地方裁判所に行ったのが本件である。その後債権者からの本案訴訟終了まで現状変更行為をしないようにという申入れに応じて、1954(昭和29)年債務者から債権者に対し、本件紛争の友好裡の解決、本件口頭弁論期日の1カ月程の延期の申入れがあったので、債権者はこれに応じた。ところが、債務者はこの間にビルマ連邦高等裁判所に債権者に対し本件土地につきいかなる外国裁判所にも訴を提起することを禁じかつ本件土地の処分行為を禁ずる旨の訴を提起するかたわら、先の1953年仮処分申請事件を取り下げ、かつビルマ連邦首都裁判所に前記の訴を提起したことを新聞等に広告し、1954年3月、本件土地の周囲に鉄条網を張り廻らした垣根を設置してしまった。

債務者は東京地裁の呼出しを受けたが出頭せず、答弁書その他の準備書面も提出しなかった。裁判所は債権者が保証金をたてることを条件として、その申請を認める判決をした。

【判決要旨】1 「ビルマ連邦が、数年前独立してその政府を有し特定地域の領土並に人民を統治し、同連邦の領事が我国に駐在していることは、当裁判所に顕著なるところにして、

ほかに同連邦が右領土並に人民を排他的に支配していない等の特別の事情の疎明のない限り、たとい我国において同連邦を正式に承認していないとしても、同連邦を以て民事訴訟における外国国家と一応認めるほかない。而して、国家は他国の権力作用に服するものでないので、民事訴訟に関しても他国の裁判権に服しないものというべく、このことは一般に承認されている国際法上の原則と認めることができる。これに従えば、外国国家たる債務者ビルマ連邦は我国の裁判権に服しないというほかない。然しながら、外国が条約によって他国の裁判権に服することを定めた場合および特定の事件につき他国に対し右原則上の特権を放棄してその国の裁判権に服する旨を表示した場合において、外国国家が他国の裁判権に服することあるはいうまでもない。また、不動産を直接目的とする権利関係の訴訟においては、その裁判権はその所在国に専属することが広く承認されているものと認められるので、これによるときは、かような訴訟については、外国国家が他国の裁判権に服することがあるものと言わねばならない。一般に国際裁判管轄については、未だ明確な国際法上の原則が認められないので、各国はその裁判権の限界につき自らこれを定めるほかなく、従ってかような定めがあるときは、たといそれが外国によって尊重されなくとも、国内法上はその効力を有し、外国国家に対し裁判権を有する結果となるは明なるも、我国においてはこれを定めた特別の規定がないので、国際上の慣行その他によりこれを判断するほかない。而して不動産については、それが従来所在国の領土主権の主要な対象であったので、互にこれを尊重することが国際間の礼譲とされ、かかる不動産を直接目的とする権利関係の訴訟はその所在国の裁判権に専属することが、長きに亘り多くの国により承認されて来たことを否認するに由なく、これは、その趣旨と経過に鑑み、唯一私人が当事者である場合に限らず、外国国家が当事者である場合にも自ら承認されて来たものと考えざるをえない」。よって、ビルマ連邦を債務者とする本件訴訟につき、我が国の裁判権があるものと考えざるをえない(839-841頁)。

　なお、外交使節およびその随員等の「居宅等の不可侵権はこれを尊重すべきことは、国際上の慣例というべきを以て、これと抵触する裁判権の行使は制限されるものと言うべきところ、…前記土地は債務者ビルマ連邦の総領事館に隣接する土地にして、現在右総領事館の敷地とは区画され総領事館の職員その他において何等これを使用している形跡のないことが認められるので、この限りにおいては前記土地を総領事館の敷地と言うに由なく、従って、右総領事館の職員が前記外交使節及びその随員に該当するか否かを判断するまでもなく、前記土地を不可侵権を有する居宅その他と認めるに由ない。然らば前記土地についての裁判権の行使につき何等の支障なきものといわざるを得ない」(841頁)。

　2　ビルマ連邦の総領事が当事者となっているが、「一般に国際法上総領事は外交上国を代表する権限がないものと解されるが、民事訴訟法上国を代表する権限ありや否やは一に

本国法たるビルマ連邦の法制によるべきところ、…右総領事が我国における私法上の行為につきビルマ連邦を代表して一切の裁判上の行為をなし得る権限のあることが、一応認められ、これを左右するに足る格別の証拠がない」(841-842頁)。

3 「進んで、本件口頭弁論期日の呼出状の送達の適否につき案ずるに、前記総領事が外交使節及びその随員として前記特権を有し、その居宅その他に不可侵権があるか否かは明でないが、仮に然りとせば前記国際上の慣例により前記総領事並にその居宅等に対しては民事訴訟法にいう送達は許されないものというほかないが、債務者ビルマ連邦が我国の裁判権に服すべき場合においては、その限りにおいては裁判権の行使を認めるほかないので、その代表者はたとい外交使節及びその随員としての特権を有しその居宅等に不可侵権があつても、これに対する送達を以て前記国際上の慣例に違反するものとは考えられない」ので、本件の呼出状は適法に送達されたものとなさざるをえない(842頁)。

4 本件申請についてみれば、債務者による妨害は「前記土地の占有権を妨げ債権者に甚しい損害を与え、その妨害の虞は急迫なるものと認めるほかないから、債権者には仮処分により右妨害の排除並に妨害を予防する必要あるものと考えざるを得ない」(843頁)。

【論点】1 本判決は、戦後成立したビルマ連邦について未承認であるが(東京高判1981〈昭和56〉年12月17日判時1034号91頁によれば、日本は1954〈昭和29〉年12月1日黙示的に承認したと言う)、裁判権免除の適用を認め、当事者能力を認めている。従来、新国家の承認の効果として、承認国の裁判所における訴訟、裁判権免除を認める学説が多かった(承認の創設的効果説によれば承認以前の免除は否定されうる)が、国内裁判例上も承認の有無によるその法的地位の違いを説くものも少なくなかった。一般に未承認国家が外国裁判所において原告として出訴することは認められなかったといってよいが、被告としては、その新国家の成立が客観的にみて明らかであれば、主権免除を認める例が増加しつつあった。つまり裁判権免除承認の効果を考えなくなってきていたが、この判決はこれに従ったものといえる。その後の動向は、この見解に従うものといえる。もっとも、国連主権免除条約に準拠した対外国民事裁判権法(平成21年法律第24号、平成22年4月1日施行)が、未承認国家に対しても適用されるのかは、定かではない。

2 主権免除の例外として、日本に所在する不動産に関する訴訟を認めるかという点であるが、伝統的な絶対免除主義に立った場合にも、その例外として不動産に関する訴訟が認められてきた。1928(昭和3)年の大審院判決〔⇒23〕もこれを認めていた。対外国民事裁判権法第11条も、日本国内にある不動産に係る外国等の権利又は利益等に関する裁判手続等については主権免除を認めていない。ただし、裁判権の行使が外国に対して行われる場合であっても、それに対する強制執行は当然に許されるものではなく、さらに主権免除

が認められるので、本件のような保全訴訟については執行が予定される場合には、(制限免除主義に立っても)国家の主権目的に使用される財産に対する強制執行は許されないのであるから、その点の考慮が必要であったが、本件を領事館の敷地ではないと認定しているので、立論としては正当であった。現在においては、外国等の有する財産について、対外国民事裁判権法第17条を参照されたい。

3 一般に国家への令状等の書類の送達について、1928(昭和3)年の大審院判決はその可能性を否定するが、多くの国でこれまで令状の外国使節団の公館への送達は裁判権の行使に当たるものとして国際法違反であるとされてきたことに従ったものであろう。しかし本件では、本国法であるビルマの法制を根拠として未承認国家の外交代表としての総領事に対する送達を認めている。(かつては、外国を相手方とする民事訴訟事件の申立に際しては、外務省を通じて応訴の意思を確認するものとされていたが(1974〈昭和49〉年4月15日最高裁民2第281号事務総長通達)、この扱いは、1994〈平成6〉年12月14日最高裁民2第425号事務総長通達により廃止された)。送達については、対外国民事裁判権法第20条が定めを置いている。

【参考文献】
播里枝『宮崎基本判例』、太寿堂鼎『ケースブック』、澤木敬郎『ジュリスト』205号(1960)、波多野里望『渉外判例百選(第二版)』(1986)、河野真理子『国際私法判例百選』(2004)、道垣内正人「前注〔国際裁判所管轄権〕」『注釈民事訴訟法(I)』(有斐閣、1991)、志田博文『裁判実務体系 第10巻 渉外訴訟法』(1989)、岩沢雄司『新・裁判実務体系 第3巻 国際民事訴訟法(財産法関係)』(2002)、飛澤知之『逐条解説・対外国民事裁判権法』(商事法務、2009)、水島朋則『主権免除の国際法』(名古屋大学出版会、2012)。

(櫻田　嘉章)

13　王京香対王金山事件

|裁　判　所|(a) 京都地裁|
|(b) 大阪高裁|
|判　　　決|(a) 1956（昭和31）年7月7日|
|(b) 1962（昭和37）年11月6日|
|出　　　典|(a) 下民集7巻7号1784|
|(b) 下民集13巻11号2232|

【事実】　もと日本人女性の王京香は、1949年、京都市において中国人王金山と婚姻し、中国国籍を取得し、日本国籍を喪失した。ところが、1952年1月頃から、夫の王金山は、他の女性と同棲し、妻の王京香に対して生活費も支給せず、これを遺棄してかえりみなくなったので、王京香は、夫を相手どり、離婚の訴を提起した。当時の法例第16条によれば、本件離婚は、離婚原因発生当時の夫の本国法によるが、一審の京都地方裁判所は、夫の本籍の存する中国吉林省長春市に現に行われている中華人民共和国政府の法律を夫の本国法として適用し離婚を認めた。そこで王京香は、日本への帰化の前提として中国国籍の離脱をはかったが、中華人民共和国法を適用した判決は中華民国によって承認されず、その国籍離脱が認められなかったので、慰謝料について不服として本件について控訴したところ、二審の大阪高等裁判所も、離婚は認めたが、一審と異なり、夫の本国法として中華民国政府の法律を適用した。

【判決要旨】(a)　中華民国では、第2次世界大戦後革命が進展し、本件離婚原因事実の発生する1952年以前にすでに夫の本籍地は中華人民共和国政府の支配圏内に入ったので、例えば国籍選択権が与えられ夫が中華民国国籍を選択したというような特別の事情のない本件では、「被告は現在同政府の支配圏内に本籍地を有することを紐帯として同政府と結ばれ、同政府の制定した法規その他その支配圏内に行われる法規が被告の本国法であると解すべきである。尤も我国は中華人民共和国政府を法律上も事実上も承認していないので、同国の法令を適用することが許されるか、将又台湾に現存する中華民国の法令を適用すべきかの点が問題となる。しかしながら、…元来国際私法は渉外的私生活関係の性質に最も適合する法律を発見し、以て私法の領域における渉外関係の法的秩序の維持を図ることを目的とするもので、承認された国家主権相互の調整に関するものではないから、国際私法上適用の対象となるべき外国法は承認された国家又は政府の法に限られるべき理由はない。国家又は政府の承認は、政治的外交的性質を有する国際法上の問題であつて、承認の有無は外国法の実定性にはかゝわりないことであり、未承認の一事をもつて或る一定の社会に一定の法が行われていることを否定する根拠とすることはできないから、国際私法上

の関係では、我国の裁判所は未承認の国家又は政府の法令をも外国法として適用」すべきで、本件では夫の本国法として中華人民共和国の法令を適用する(1787-1788頁)。

(b) 被控訴人の本国法が何かについては、見解が分かれる。①中華人民共和国の支配圏内にある本籍地を唯一の基準として同政府の制定した法規その他その支配圏内において行われている法規を被控訴人の本国法とする。一審判決が採用。②今日の中国を旧法例第27条3項(なお、法適用通則法第38条3項参照)のいわゆる不統一法国に準じて、夫の属する地方の法律を決定する。その場合、国際私法上、身分関係について夫の本国法の適用を定める趣旨は当事者の身分的生活関係に最も密接な関係を有する国の法律を適用しようとする点にあるから、2つの中国法のうちどれを夫の本国法と解すべきかについては、当事者がいずれの政府名義の国籍を有しているかまたはいずれの政府の支配を現に受け、あるいは過去に受けたかということ、もしくは、当事者の本籍の所在地がいずれの政府の支配圏内にあるか等の問題とは理論上別個に、機械的に以上の1つだけを基準とすることなく、一切の資料に基づいて、当事者がもっとも密接な身分関係をもつと認められる地方の法を選ぶ。③同一国家内に、立法権を異にする2つの政府が分立し、その一方のみを日本が承認しているときには、少なくとも地域的限定を含まない国籍を連結とする事項については、法律上の承認に外国法確定手段としての意義を認めなければならない。その根拠は、このような立法権の分立する外国に法廷地国によって承認された政府が存在する以上、国籍の決定については、裁判所は、執行部による承認行為に拘束されるとするのが、日本国籍法の認める三権分立の趣旨にもよく合致するからである。④国際法上、現在の中国は、革命政府が母国から分離独立して新国をつくり母国に対立する場合ではなく、一国内部に2つの政府が互に対立抗争する場合である。しかし事実上は、革命政府が新国を作って母国と対立併存する場合に準じ、中国人夫が、そのいずれの国籍を保有するかを決定し、その保有するものと認められる国籍を基準としてその本国法を決定し、かような意味の国籍問題の決定については、両政府間に何らの条約や協定もないので、国際法の一般原則に従い、新国の分離独立の場合に分離国の国境外において居住する母国国民は、新国および母国のうちのいずれの国籍を取得するかに関する法則を発見し、これに従う。すると、母国国民が、新国の分離独立の前後を通じて、新国の領土外に定住するか否かを基準とし、前者については、仮に新国領土内に本籍を有するとしても、新国の領土権に服するものではないから、新国の分離独立により、国際法上、当然には、母国国籍を離脱喪失して新国の国籍を取得することにはならず、たとえ新国が自国領土外にある母国国民に対し、新国の国籍を付与しようとも、このような国籍付与の法令が、新国領土外において効力を生ずるためには、その母国国民の居住する国家による承認が必要であり、他面また、新国の領土外にある母国国民が、新国の分離独立により、当然に母国国籍を失っていないにもかかわらず

(失うか否かはもっぱら母国の法令による)、分離独立した新国家が、かかる者に対し、その者の同意を得ないで一方的に分離国の国籍を付与することは、母国の在外自国民に対する人的管理権すなわち保護権の侵害となるから、新国が、かかる在外母国国民に対して、国際法上有効に、分離国国籍を付与するためには、分離国の一方的な意思表示だけでは足りず、その意思表示に対する母国国民自身の明示または黙示の承認(居住の意思をもってする分離国への帰還または渡航は暗黙の承諾とみなされる)が必要であり、その承諾のない限り、その者は引続き、母国国籍を維持するものである、というのが多数の国際判例および諸国の国内判例ならびに学説の支持するところである(2238-2240頁)。

　裁判所は、まず①は採用しない。その理由は、旧法例第16条が離婚について夫の本国法を適用すべきものとしている趣旨は、当事者は身分的生活関係に最密接関係を有する国ないし地方の法を適用するにあるので、本国法を、単に当事者が、いずれの政府の支配圏内にその本籍を有するかということを唯一の基準として機械的にこれを定めようとするものよりも、具体的場合の一切の資料を斟酌した上、当事者が最も身分的生活関係に密接な関係を有するものと認められる国ないし地方の法を選ぶことが、より法の趣旨に合致するものと考えられるからである。次に、②にも賛成し難い。旧法例第27条3項の規定は、同一国の内部において地域的に異なる内容の数法秩序の併存を認め合い、したがってその不統一国の内部に、何らかの形の準国際私法的な規定の存在する場合を予想しているのに反し、現在の中国においては、互に他の否定する関係にある2つの法秩序が、敵対関係において並び行われており、したがって中国の内部にはおよそ準国際私法の規定の存在する余地はまったくなく、それゆえ、旧法例第27条3項の規定する不統一国の場合と中国の場合とは全然その性質を異にするから、現在の中国の場合に、旧法例第27条3項を類推適用することは妥当ではないからである。③もまた支持することができない。なぜなら、国際私法上外国法を適用すべき場合に、裁判所は、自国政府による外交関係の処理(例えば自国政府による外国政府の承認または未承認)とは無関係に適用外国法の事実上の妥当性を決定すべきものである、との国際私法適用上の一般原則に対して、一国内における立法権分立の場合に、とくに例外を認めるべき理論上の根拠を発見し難く、また日本国憲法の認める司法権独立の原則からみても、私法関係に適用すべき準拠外国法の事実上の妥当性を決定する上に、日本国裁判所は日本国政府による外交関係の処理に左右されるべき筋合いはないものと解せられているからである。したがって、裁判所は、④を本件の場合にもっとも適切なものとする。したがって、中国人の夫が、「中共政府の分離独立の前後を通じ、日本国内に居住し、終始中華の法令に従つて生活を営み、中共政府の成立後も中華の法令の適用を欲している反面、中共政府による国籍の付与の申出を受諾する意思を有していないことが当審における被控訴本人尋問の結果によつて明かな本件においては、被控訴人が、中共政府の

出現によって――その本籍が同政府の支配圏内にあることまえに説明のごとくであるにかかわらず――、当然に中華の国籍を喪失する筈はなく、依然として中華の国籍を保有するものと解」すべきで、その本国法とは、明らかに中華民国の法である(2240-2242頁)。

【論点】1　国際私法(旧法例)によって本国法として指定された準拠法の所属国あるいは政府が日本により承認されていない場合に、その法律が適用された初めての事例である。一審判決は当時日本により承認されていなかった中華人民共和国政府の法令を適用している。たしかに、二審判決は当時日本が承認していた中華民国政府の法令を適用しているが、それは中華人民共和国政府を日本が承認していなかったことを理由とするのではなく、むしろ傍論においては適用すべき外国法の事実上の妥当性を基準とすること、つまり中華人民共和国の法令の適用性を認めている。本件のようないわゆる分裂国家については、当事者の本国法が準拠法として指定されている場合に、裁判所は政府の承認行為には拘束されないという見解をとるが、これは国際法上裁判所による未承認政府の法令の適用が日本による承認行為とはならないことを前提としている。

2　二審判決は、分離独立した新国家がその在外母国民に対して国際法上有効に分離国の国籍を付与するためには、当該母国国民の明示または黙示の承認が必要であり、その承認がない限りその者は引き続き母国国籍を維持するという国際法上の原則があるという。しかし、そのような一般国際法上の原則があるといえるかは疑問である。また、中国や朝鮮という分裂国家の法を本国法として指定したときに、承認の有無により本国法を決するという立場のほかに、①朝鮮・中国を国際私法上2国ととらえるか、②1国2法ととらえるかが分かれ、裁判例・学説の多数は、旧法例下では①を前提としていた。いずれの立場によって、法例の重国籍、不統一法国に関する規定が予想する事態でないとして、その準用によったり、あるいは条理によって解決することになるとされてきたが、改正法例及びそれを承継した法適用通則法によれば、結局は、最密接関係地法(本国法としての)を探求することになるが、その具体的基準については説が分かれている。

【参考文献】
播里枝『宮崎基本判例』、溜池良夫『ケースブック』、青木清『国際私法判例百選[第2版]』(2012)、溜池良夫「わが国際私法上中国人の身分問題に適用すべき法律」、同「朝鮮人の本国法として適用すべき法律」同『国際家族法研究』(有斐閣、1985)、同『国際私法講義[第3版]』(有斐閣、2005)、国友明彦『注釈国際私法　第2巻』(有斐閣、2011)。

(櫻田　嘉章)

14 ベルヌ条約事件

裁判所	(a) 東京地裁 (b) 知財高裁 (c) 最高裁第一小法廷
判　　決	(a) 2007(平成19)年12月14日 (b) 2008(平成20)年12月24日 (c) 2011(平成23)年12月8日
出　　典	(a) 民集65巻9号3329頁 (b) 民集65巻9号3363頁 (c) 民集65巻9号3275頁

【事実】　映画・映像関連会社であるX_1は、北朝鮮民主主義人民共和国(以下、北朝鮮)の行政機関X_2との間で、北朝鮮で作成された映画の日本国内における独占的な上映、放送などをX_1に許諾する契約を平成14年に締結した。しかしテレビ局を運営する日本法人Yがそのニュース番組において北朝鮮映画を使用したため、X_1とX_2は、当該行為がX_2の著作権とX_1の利用許諾権を侵害する不法行為であるとして損害賠償を請求した。本件で問題となる「文学的及び美術的著作物の保護に関するベルヌ条約」(以下、ベルヌ条約)は第3条(1)(a)において「いずれかの同盟国の国民である著作者」の著作物が同条約により保護されると規定している。同条約は、日本について昭和50年から、北朝鮮については平成15年からそれぞれ効力を生じている。周知の通り日本は北朝鮮に対し国家承認を行っていないため、未承認国の法的地位とそれに関連する多数国間条約の効果が本件における国際法上の論点となった。

【判決要旨】(a)　日本の著作権法第6条3号は、同法により保護される著作物として、「条約によりわが国が保護の義務を負う著作物」をあげている。本件映画著作物が著作権法による保護を受けるか否かは、この著作物が同号でいう著作物に当たるか否か、「すなわち、我が国が未承認国である北朝鮮に対してベルヌ条約上の義務を負担するか否かの問題に帰着する」。国は国家承認を受けることにより、「国際法上の主体である国家、すなわち国際法上の権利義務が直接帰属する国家と認められる」。他方で、承認を受けていない国は、「承認をしない国との関係においては、国際法上の主体である国家間の権利義務関係は認められない」から、当該未承認国が多数国間条約に加入した場合であっても、承認をしていない国との関係では「当該条約に基づく権利義務を有しないと解すべきことになる」。我が国と北朝鮮との間におけるベルヌ条約の法的地位についても同様に解される。他方で、ジェノサイド条約のように、多数国間条約が「個々の国家の便益を超えて国際社会全体に対する義務を定めている場合には、例外的に、未承認国との間でも、その適用が認められる」。なぜなら、それらの条約の条項は「国家間の合意の有無にかかわらず、国際社会における規範として成立し得る」からであり、「国家承認とは無関係に、その普遍的な価値の保護が

求められる」。しかし、著作権の保護は、ベルヌ条約の解釈上、普遍的価値を有するものとして位置づけるのは困難である。以上から、我が国はベルヌ条約第3条1項(a)に基づき北朝鮮の著作物を保護する義務を負わない。

(b) 「我が国政府は、北朝鮮を国家承認していないから、我が国と北朝鮮との間には、国際法上の主体である国家間の関係は存在しないとの見解を採っている」。「当裁判所は、日本国憲法上、外交関係の処理及び条約を締結することが内閣の権限に属するものとされている(憲法73条2号、3号)」から、「国家承認の意義及び我が国と未承認国である北朝鮮との国際法上の権利義務関係について、上記の政府見解を尊重すべきであるものと思料する」。また、原判決が説示する通り、ベルヌ条約において著作権の保護が国際社会全体における普遍的価値を有するものと解することはできない。

(c) 「一般に、我が国について既に効力が生じている多数国間条約に未承認国が事後に加入した場合、当該条約に基づき締約国が負担する義務が普遍的価値を有する一般国際法上の義務であるときなどは格別、未承認国の加入により未承認国との間に当該条約上の権利義務関係が直ちに生ずると解することはできず、我が国は、当該未承認国との間における当該条約に基づく権利義務関係を発生させるか否かを選択することができるものと解するのが相当である」。ベルヌ条約に北朝鮮が加入した際に、北朝鮮についての効力発生の告示はなく、外務省や文部科学省は、北朝鮮著作物についてベルヌ条約上の同盟国国民の著作物として保護する義務を負っていないという見解を示しているから、我が国は「同国との間における同条約に基づく権利義務関係は発生しないという立場を採っているものというべきである」。以上から、我が国は同条約3項(1)(a)に基づき北朝鮮著作物を保護する義務を負っておらず、本件映画は著作権法第6条3項で保護される著作物に当たらない。

【論点】1 新国家成立の際に、既存の国家が当該実体を国家として認めることを国家承認という。国家承認の法的性質をめぐっては、これまで2つの立場が対立してきた。一方の創設的効果説によれば、ある実体が国際法上の国家として成立するためには、国家性の要件を満たすだけではなく、他国から承認を受けることが必要である。他方の宣言的効果説によれば、ある実体は国家性の要件を備えさえすればそれによって国際法上の国家となり、国家承認はこれを確認するための宣言的なものにすぎない。現在では宣言的効果説が通説的見解であり、創設的効果説を支持する学説や国家実行を確認するのは困難である。したがって、一連の判決は説得的な議論を展開しているとはいえない。東京地裁も知財高裁もともに、北朝鮮が日本による国家承認を受けていないことを理由として、両国の間における国家間の権利義務関係の発生を否定しており、これは基本的には創設的効果説を採用するものと考えられる。しかし、通説と異なる見解を肯定する国際法上の根拠はあげられて

おらず、こうした判断は学説から批判されている。これに対し、最高裁判決の立場ははっきりしていない。国家承認の法的性質というよりは、多数国間条約における未承認国の地位の問題に焦点をあてて議論を展開しているものと考えられよう。

2　友好通商条約のような二国間の基本的関係を規定した条約を締結した場合、一般的にこれは黙示的な国家承認を構成するが、多数国間条約は不特定の国家と締結するため、その締結は必ずしも承認の意思に結びつかない。では、未承認国が多数国間条約に加入した場合、その国との間で権利義務関係は発生するのであろうか。本件において東京地裁および知財高裁は、未承認国との間に国家間の権利義務関係は発生しないという理解から、ベルヌ条約についても日本は北朝鮮著作物を保護する義務を負わないという結論を導いている。しかし、創設的効果説が支持されていない現状では、こうした議論を肯定することは難しい。これに対し最高裁は、未承認国との間における多数国間条約に基づく権利義務の発生について日本は選択することができると述べつつ、北朝鮮について同条約の効力発生の告示が行われていない事実などに依拠し、同条約上の権利義務の発生を否定した。なぜ日本はそのような選択をすることができるのか、最高裁はその根拠を指摘していない。条約に基づく権利義務関係の設定は国家の同意によってなされるものであるから、最高裁の判断も一義的に否定はできない。もっとも、私人の権利保護に関する国際民事紛争の処理においては行政府の政治的行為に依拠して判断すべきではないという批判もある。最高裁判決の妥当性についてもなお慎重な検討が求められる。

3　本件と類似の判例として、北朝鮮と日本との間で特許協力条約上の権利義務関係が発生するかどうかが問題となった平成23年9月15日東京地裁判決(判時2221号99頁)および平成24年12月25日知財高裁判決(判時2221号94頁)がある。前者の判決は、未承認国と承認を与えていない国との間の多数国間条約上の権利義務関係の発生については確立した国際法規が存在しないとしつつも、憲法73条を根拠に政府見解を尊重する本件知財高裁の立場に依拠し、特許協力条約に基づく権利義務関係の発生を認めなかった。後者の判決は、未承認国との間の多数国間条約に基づく権利義務関係の発生は選択可能であるとの本件最高裁の議論を明示的にとりつつ、やはり同条約に基づく権利義務関係の発生を否定した。ベルヌ条約事件において展開された一連の論法は、今後も踏襲されるものと考えられる。

【参考文献】
江藤淳一『速報判例解説』2巻(2008)、同誌11巻(2012)、臼杵英一『平20重判』(2009)、加藤陽『基本判例50Ⅱ』、濱本正太郎『百選Ⅱ』、同「未承認国との関係における多数国間条約の適用(1)(2・完)『法学論叢』171巻4号(2012)、171巻5号(2012)、北村朋史『平24重判』(2013)、横溝大『著作権判例百選[第4版]』(2009)、同誌[第5版](2016)。

(加藤　陽)

(2) 国家・政府の承継

15　オーランド諸島事件（The Legal Aspects of the Åland Islands Question）

諮問機関	国際連盟理事会
報告機関	国際連盟法律家委員会
報　　告	1920年9月5日
出　　典	*League of Nations, Official Journal Sp. Supp.*, No.3 (1920) 3

【事実】　オーランド諸島は、フィンランドとスウェーデンの間にあるボスニア湾入口の北バルト海に位置する戦略上重要な約6,500の島々や岩礁から成る諸島である。同諸島は1809年までフィンランドとともにスウェーデンの主権下にあったが、施政上の関係からフィンランドに編入されていた。同諸島は1808年にロシアに占領され、翌1809年のフレデリクスハム(Fredriksham)平和条約によって、フィンランドとともにロシアに移譲された。ロシアはすぐに同諸島に堅固な要塞を築いたが、1854年に勃発したクリミア戦争で英仏の陸海軍により破壊された。1856年のパリ平和条約に付属するものとして、同年、英国、フランス、ロシアの間でオーランド諸島非武装化条約が締結され、同諸島に要塞を築かないこと、また軍隊を駐屯させないことをロシアに義務づけた。

　本紛争は、第1次世界大戦末の混乱の中で、主として人民の自決権に関するウィルソンの理論と関わって発生した。1917年のロシア3月革命によるツアー政府崩壊に伴い、フィンランド人はロシアからの独立を、またオーランド諸島の住民の多くはスウェーデン系であったことからフィンランドから分離してスウェーデンへの統合を求める運動を始めた。スウェーデンも同諸島の自国への編入を希望した。1917年12月、フィンランドはロシアからの独立を宣言し、同諸島もフィンランドに含められることになった。同諸島の分離運動によって同諸島を失うことを恐れたフィンランド議会は、1920年5月、オーランド自治法を制定し、立法、行政、経済活動等の広範な自治を認め、分離運動の沈静化をはかろうとした。しかし、同諸島の住民もスウェーデンもこれを受け入れず、緊張が高まった。パリ平和会議は、オーランド問題につき何らの決定も行わなかったことから、英国は1920年6月、同問題を国際連盟規約第15条に基づいて連盟理事会に付託した。連盟理事会は法律問題を明らかにするために3名の法律家委員会を設置した。同委員会に、①オーランド諸島の帰属問題は規約第15条8項に規定する国内管轄事項であるかどうか、②オーランド諸島の非武装化に関する国際義務について現在の地位はどのようなものであるか、の2点が諮問された。

【報告要旨】1(1)　諮問事項①に関して、フィンランドは帰属問題は国内問題と主張するが、

連盟国が紛争を理事会に付託したという事実だけで当該紛争が国際的性質を付与され連盟の管轄権に服するとは考えられない。紛争が国際的性質を有するか、それとも国内管轄権に属するかの問題は、その本質的かつ特別の性質に関わるのである。

(2) 現代の政治思想において、とくに大戦以降、人民の自決の原則は重要な役割を演じているが、国際連盟規約の中ではそれが言及されていない。また、いくつかの国際条約は、この原則を認めているが、国際法の実定的規則として位置づけられるには十分でない。それゆえ、このような問題に関する2国間の紛争は、通常関係国の1つの国内管轄に残される問題である。

(3) しかしながら、通常の実定法規の適用が期待できない事情の下では、人民の自決の原則は活用されうることができる。自己の政治的運命を決定する人民の権利を承認するこの原則は、少数者の保護の原則と一致させられなければならない。少数者に広範な自由の付与に基づく妥協的性質の解決が、国際法概念に従って必要であるように思われ、また平和のためにも求められるのである。

(4) 以上に照らして、領域主権の観点から、フィンランド国におけるオーランド諸島の状態が明確かつ通常の性質のものであるのかあるいは一時的または十分に発展していない状態であるのかに関する問題が、決定されなければならない。この問題に答えるためには、フィンランドと同諸島の政治的・法的地位の発展を示す主要な歴史的事実が調べられなければならないが、戦時における新国家の承認、とくに交戦国によって与えられる承認に通常の時と同じ価値を付すことはできない。

(5) 以上のように、スウェーデン・フィンランド間の紛争は、もっぱら領域主権に依存する確定的な状況に関わるものではなく、オーランド諸島の政治的変動に起因する事実上の状況から生じたものであるから、国際法上もっぱらフィンランドの国内管轄権に属するものではなく、規約第15条4項の下で連盟理事会が勧告を行う権限を有する。

2 諸問事項②に関して、委員会はオーランド諸島の非武装化に関する1856年条約の規定はいまだに有効であると考える。スウェーデンは、同条約がオーランド諸島の領域に付着する「物的地役(real servitude)」を創設したと主張するが、国際地役の存在は一般に認められていない。しかし、オーランド諸島の重要性から、1856年の条約規定はヨーロッパ的性質を有している。この問題は、ヨーロッパの利益に関わる明確な決定(a definite settlement of European interest)の問題であり、単なる個別的・主観的な政治的義務の問題ではない。フィンランドは、独立宣言と他国からの承認を根拠にして、課された義務から逃れることはできない。1856年の条約規定は、オーランド諸島に対して、軍事的考慮に関する特別な国際的地位を構成している。

【論点】1 法律家委員会は、オーランド諸島のフィンランドからの分離とスウェーデンへの統合という形態での同諸島住民の自決の行使の要求を原則的に否定した。委員会の報告を受

け取った連盟理事会は、1921年6月24日に決議を採択して、オーランド諸島に対する主権がフィンランドに帰属することを認め、同諸島住民の外的自決権については何らの言及も行わなかった。しかし、同決議は、1920年の自治法にオーランド諸島住民のための新しい保護がフィンランドにより挿入されることを求めた。同決議採択の3日後の27日、オーランド諸島の自治とスウェーデン的性格の保障に関する規定がフィンランドとスウェーデンの間に締結された。そこでは、スウェーデン語の保護をはじめとして、不動産の売却、同諸島へのフィンランド人の移住、総督の任命、土地税収入の使用権、等に関する自治拡大の合意が取り決められた。なお、同協定の履行は、国際連盟によって監視・保障されることとされた。ここにおいて、緊張した両国の紛争は終結することとなった。このように、法律家委員会は、実定国際法上自決権の成立は認めなかったものの、広範な自治を付与することによって紛争を解決させた。なお、同諸島に関する自治法は、その後3度改正されて今日に至っている。

2 法律家委員会は、オーランド諸島に関する1856年条約の非武装化義務の承継を認めた。スウェーデンは、国際地役に関する理論を主張したが、学説や判例では一般にそれを認めていない。この理論とは別に、条約義務に関する国家承継が問題になるが、これまで一般に認められていた通説的な見解や慣行は、新国家は原則として先行国の条約上の義務を引き継がないで白紙の状態(*tabula rasa* principle, clean slate rule)で出発するが、例外として領域に付着する属地的な義務は引き継がれる、という考えに基づいている。しかし、法律家委員会が非武装化義務の承継を認める上で強調した論拠は、非武装化を定めたヨーロッパ的性格でありその客観的存在であったのであり、必ずしも属地的な義務を根拠にしたものではないことに留意すべきであろう。なお、1978年に採択された条約承継条約の第12条2項は、領域の使用または使用制限に関する権利義務であって、一群の国家またはすべての国家の利益のために条約によって確立され、かつ当該領域に付着するとみなされるものは、国家承継によって影響されないと規定した。

3 法律家委員会は、戦時における承認は、とりわけ交戦国が与えた承認には平時における承認と同じ法的効果を認めることができず、国家の領土の地位の決定は講和会議に委ねられるとしたことは注目される点である。

4 現在のオーランド諸島の住民は約2万9000人で、そのほとんどがスウェーデン語を母国語とする。1992年にフィンランドがECに加盟申請を行った際、オーランド諸島は自治法に基づいて、独自の地位を維持する権利を有していた。フィンランドの国民投票後(57%加盟賛成)、同諸島で行われた投票で73%がECの加盟に賛成した。

【参考文献】
田畑茂二郎『ケースブック』、同「新国家による条約の承継(その1)(その2)」『法学セミナー』188号、189号(1971)、孫占坤「国際法における『自治』の概念」『PRIME』8号(1998)。

(家　正治・酒井　啓亘)

16　光華寮事件

裁　判　所　(a) 京都地裁　　　　　(b) 大阪高裁　　　　　(c) 最高裁第三小法廷
判　　　決　(a) 1977(昭和52)年9月16日　(b) 1982(昭和57)年4月14日　(c) 2007(平成19)年3月27日
出　　　典　(a) 判時890号107　　　　(b) 判時1053号115　　　(c) 民集61巻2号711

裁　判　所　① 第2次第1審　京都地裁
　　　　　　② 第2次控訴審　大阪高裁
判　　　決　① 1986(昭和61)年2月4日
　　　　　　② 1987(昭和62)年2月26日
出　　　典　① 判時1199号131；判夕580号91
　　　　　　② 判時1232号119；判夕637号252

【事実】　第2次世界大戦末期の1945年4月、京都大学は当時の中国人留学生の集合教育のため、その宿舎として民間の所有者から不動産（土地および家屋）を賃借し、100名前後の留学生を居住させていた。同年8月、終戦とともに集合教育は廃止され、京都大学は引き続き賃料を支払うことができなくなったが、他に居住先を見つけることができなかった留学生たちは、この宿舎を光華寮と称してそのまま居住し続けた。宿舎の所有者は賃料を得られず、自ら使用もできなくなったので、光華寮を売却するための交渉を国税庁などと行ったが、成功しなかった。しかし、寮生たちの働きかけもあって、中華民国駐日代表団（1952年の日華平和条約発効後は中華民国大使館）が、1950年と52年に民間所有者との間に結んだ契約により光華寮を購入し、61年には所有権移転登記を完了した。ところが、中華民国は、1965年頃より、駐大阪領事館による光華寮の管理が阻害されているとして、家屋の明渡しないしは借用契約の締結を寮生に対して求めるようになり、寮生がいずれにも応じなかったために、1967年に入り光華寮の明渡しを求める訴えを提起した。

　本件審理中の1972年9月、日本政府は日中共同声明により、中国政府の承認の切替えを行った。このため、本件は一転して国際法上の争点をはらむ事件へと発展した。すなわち、同声明によって、日本政府は「中華人民共和国政府が中国の唯一の合法政府であることを承認」するとともに、「台湾が中国の領土の不可分の一部である」とする同国政府の立場を「十分理解し、尊重」するとの立場を明らかにした。これに伴い、日本政府は、それまで中国を代表する政府とみなしてきた中華民国政府との外交関係を終了させ、日華平和条約は終了したとの見解を示した。こうして、本件においては、次の2つが主要な争点となるに至った。第1は、原告・中華民国は、政府承認の切替え後も、日本の裁判所における訴訟当事者能力を有するかどうか。第2は、日本にある中華民国所有の不動産の所有権は、政府承認の切替えに伴い、中華人民共和国政府に移るかどうかである。

　これまで、本件に関しては下級審で4つの判決が出ているが、第1の争点については、いずれの判決も中華民国の訴訟当事者能力を認めた。ただし、差戻し後の京都地裁判決ではこの点に関する直接の判示はなく、差戻し後の大阪高裁判決は、当事者名を「台湾（本訴提

起時、中華民国)」と書き改めている。第2の争点については、第1次第1審の京都地裁判決は、光華寮の所有権は政府承認の切替えに伴い中華人民共和国政府に移ると判断した。しかし、これに対して、第1次控訴審判決は、政府承認の切替えの効果は光華寮の所有権に影響を及ぼさないと判断し、本件を京都地裁に差戻した。第2次第1審及び第2次控訴審の2つの判決はいずれも、第1次控訴審判決の示したこの判断を維持している。

本件はその後、最高裁が原判決破棄、差戻しの判断を下し、2018年12月31日現在は京都地裁に係属中である。以下では、第1次第1審の京都地裁判決及び第1次控訴審の大阪高裁判決の2つの対照的な判決の要旨と、最高裁の判決要旨を掲げておく。

【判決要旨】(a) 1　日本政府が中華人民共和国政府をもって中国における唯一の合法政府であると承認した以上、中華民国の当事者能力を問題としうるが、中華民国が現在なお台湾とその周辺諸島を支配し、事実上の国家形態をとっていることは否定できないので、対外的な私的取引より生じた紛争の解決を日本の裁判所に求めることは差し支えなく、中華民国の当事者能力まで否定する必要はない(109頁)。

2　光華寮は中国が在日中国人留学生のために取得した公有財産である。ある国家に革命が起こり新しい国家が成立したが、旧国家もその領土の一部を支配して事実上併存する場合、承認の変更が外国にある公有財産に対する支配権にどのような影響を与えるかは国際法上難しい問題である。しかし、日本政府は中華人民共和国政府を中国の唯一の合法政府であると承認した以上、中国の公有財産である本件建物に対する所有権は同政府に移り、中華民国政府の支配を離れたものと解される(109頁)。

(b) 1　本来、政府や国家の承認は多分に政治的な行為であって、承認を与える国の政府が当該の政府や国家との関係をどのように処理すべきかという見地からなされるものである。これに対して、国内裁判所は、国内における私的な法律上の紛争をどのように合理的に解決すべきかという見地から判断を下すのであって、その場合には、行政府の決定に基礎を置く承認の有無をそのまま判断の基礎とすることは必ずしも適切ではなく、承認以外の事実を考慮して、未承認ないし承認を失った事実上の政府にも当事者能力を認めて、紛争の合理的な解決をはかることが必要な場合がある。中華民国に関していえば、現在もなお台湾およびその周辺の小島群を国家的体制の下に現実に統治、支配している状況が事実として存在している。我が国が日中共同声明を軽視したり損じたりすることができないことはもちろんであるが、しかし、そのことは、我が国の国民が中華民国との間で私的な法律関係に入ることまでを禁ずるものではない。現に我が国において、中華民国との間に民間レベルの取引関係が存在し、中華民国がその取引に基づく私的な法律関係の当事者になっていることは公知の事実である。中華民国は、中国人留学生の宿舎として使用されて

きた本件建物の所有者となったが、その管理をめぐって寮生との間で対立したのであるから、本件が中華民国を当事者とする私的な法律上の紛争であることは明らかである。それゆえ、中華民国をその紛争の解決につき訴訟当事者として扱うことには合理的な理由があり、そのように扱ったとしても、事実上の政府である中華民国に対して認められることのある国際法上の地位や、それに由来する権利や義務を認めたことにはならないから、日中共同声明に反するとも言えない(117-118頁)。

2 一国内で内戦や革命により政府が完全に交替した場合には、前政府が所有した公有財産は、包括的に新政府に承継されるというのが国際法上確立した原則であるが、前政府が局地的に残存して、事実上の政府としてその地域で実効的な支配を維持しているといった不完全承継の場合には、第三国の領域内にある前政府名義の国有財産の扱いについては、法廷地の裁判所の判断にかかわり、必ずしも一定していない。しかし、これまでの先例から抽出できるのは、訴訟開始の時点では事実上の政府であったが、訴訟係属中に法廷地国によって合法政府として承認された場合、この新政府承認の遡及効は、従前の合法政府所有の財産のうち新政府が当時事実上の支配を及ぼしていた地域内に所在した財産についてだけ及び、当時事実上の支配を及ぼしていなかった地域に所在した前政府所有の財産については及ばず、新政府は、合法政府としての承認を受けた後も、かかる財産については当然にその承継の権利を援用できないとする基準である。この基準に従えば、現在なお、中華民国が台湾およびその周辺の小島群を現実に統治、支配している事実があるので、本件の政府承継は不完全な承継と少なくとも同一視できる。また、中華民国が本件建物の所有権を取得したのは、我が国から合法政府として承認されていた時期のことであるので、中華人民共和国政府の承認の遡及効は本件建物には及ばない。ただし、我が国の政府は、日中共同声明により中華人民共和国政府を中国の唯一の合法政府として承認したため、我が国にある中華民国名義の不動産のうち、その用途、性質上、中国を代表すべき国家機能に直接関わるものについては、中華人民共和国政府の要請があれば、その所有権の同政府への承継を認めるのが相当である。しかし、本件建物はかかる性質を有するものとは言えず、中華民国が本件建物に対する所有権を失うことはない。よって、原判決を取り消して、本件を京都地裁に差し戻す(118-119頁)。

(c) 1 本件提訴時に日本における国家としての中国(中国国家)の代表権は中華民国駐日本国特命全権大使が有していたが、1972年に日本政府が日中共同声明で中国国家の政府として中華民国政府に代えて中華人民共和国政府を承認したことに伴い、中国国家の国名が中華民国から中華人民共和国に変更されたという事実は公知の事実である。したがって、「本件建物の所有権が現在中国国家以外の権利主体に帰属しているか否かは別として、本件において原告として確定されるべき者は、本訴提起当時、その国名を「中華民国」として

いたが、本件が第1次第1審に係属していた昭和47（1972）年9月29日の時点で、「中華人民共和国」に国名が変更された中国国家というべきである」（715頁）。

2 日本政府は日中共同声明において中国国家として中華人民共和国政府を承認したのであるから、それまで中華民国駐日本国特命全権大使が有していた中国国家の日本における代表権の消滅は公知の事実というべきであり、この場合、民訴法37条で準用される同法36条1項所定の通知があったものと同視し、代表権の消滅は直ちにその効力を生ずる。本件のように外国国家の代表権が消滅した場合には上記代表権の消滅の時点で訴訟手続は中断するが、その後も原審（第2次控訴審）まで本件訴訟手続は続行されてきた（716-717頁）。「本件の訴訟手続は、昭和47（1972）年9月29日の時点以後、原告として確定されるべき者である中国国家について、訴訟行為をするのに必要な授権を欠いていた」のであり、「上記時点に立ち戻って訴訟手続の受継をさせた上で、第1審の審理をやり直させるために、第1審判決を取り消し、本件を第1審に差し戻す」（717頁）。

【論点】**1** 日本の裁判所では、未承認国が被告として当事者能力を認められたり〔⇒12〕、未承認国の法令の効力が認められたりした先例〔⇒13〕はあるが、本件のように、提訴後の裁判進行中に承認を取り消された政府に訴訟当事者能力を認めた事例は初めてのものである。中華民国の当事者能力について、第1次第1審判決の理由づけが十分かどうかはともかく、第1次控訴審の大阪高裁判決は、国内裁判所における出訴権を政府承認の効果とみる立場をとらず、政府の承認と外国法廷における当事者能力を直結する考え方を否認した。学説はこの判断を支持するものが多い。もっとも、中華民国の当事者能力を認めることは、「2つの中国」ないし「1つの中国、1つの台湾」を認めることになるとの批判もある。つまり、一貫して中国は1つであるとの立場に立つ日本にとって、日中共同声明以前は中国と言えば中華民国を指していたが、同声明発出以後、日本政府は中華人民共和国を中国と認めることを約束した。本件の当事者は中国という国家であって、その国有財産の承継が争点になっているので、中華民国の当事者能力は認められないという批判である。

2 ところで、第2次控訴審の大阪高裁判決は、当事者の名称を職権により「被控訴人 台湾（本訴提起時、中華民国）」と書き換えているが、このことは新たな問題を惹起したとは言えないかどうか。「台湾」というのは中国の一地域にある島の名称に過ぎない。一般に、当事者の表示を訂正する目的は、紛争解決のために有効適切な当事者を明確にするためであるから、誰を新たに表示するかの問題は、実質的な係争利益の帰属者は誰か、当事者適格をもつ者は誰かという判断に強く影響されると言われる。それだけに、わざわざ「台湾」に表示を訂正することが、なぜ有効適切な当事者の表示となるのかが問われざるをえない。最高裁判決の「別紙 当事者目録」ではさらに、「被上告人 旧中華民国 現中華人民共和国 中

国」と記載された。とりわけ最高裁判決では訴訟当事者能力が争点となったことから、当事者表示を職権で訂正することに対しては疑問視する向きもある。

3 第1次控訴審の大阪高裁判決が示した判断、つまり、本件は政府の不完全承継の場合にあたり、そうした場合には、承認を切り替えた外国にある旧政府所有の財産については、外交財産や国家権力行使のための財産を除き、旧政府が引き続き権利を維持しうるとの判断は、第2次第1審及び第2次控訴審の2つの判決においても維持されている。ただし、理由づけに関していえば、第1次控訴審の大阪高裁判決で触れられていた新政府承認の遡及効の問題については、その後の第2次第1審及び第2次控訴審の2つの判決は何らの言及もしていない。承認の遡及効は、新政府の行為をその活動の開始時に遡って有効とし、その効果の及ぶ範囲を、新政府の実効的支配下にあった地域の人と財産に関する行為に限定するものである。そうである以上、第1次控訴審の大阪高裁判決の判断とは異なり、光華寮を取得した旧政府の行為は承認の遡及効の問題とは関係がなく、承認の遡及効の限定は承継の範囲を限定する趣旨のものでもないとの見方もある。

4 いずれにせよ、第1次第1審の京都地裁を除く3つの下級審判決は、政府承継に関して従来から確立していた理論、すなわち政府が交替しても国家の同一性には変更がないので、旧政府所有の財産はすべて新政府に引き継がれるとみる理論（政府の完全承継）からすれば、新しい考え方を提示したものと言える。もっとも、そうした考え方が示されたのは、中華民国が台湾およびその周辺の小島群を現実に統治、支配している事実があるため、本件は完全承継の原則を適用すれば済むような、単純な政府承継の事例ではないと判断されたからにほかならない。たしかに、本件においては、適用しうる規則を発見することが容易ではない。台湾に中華民国と称する政府があるのは事実であって、この事実を国際法的にどう評価するかが、光華寮の帰属を判断する際重要なポイントになっているにもかかわらず、その評価基準は国際法上必ずしも明確にされてはいないからである。そのため、本件は、完全承継を原則とする政府承継と、完全承継と不完全承継の2形態がありうる国家承継の間に位置する、微妙なケースであると指摘されることもある。

5 他方、本件のいわば特殊事情という点で言えば、日本政府が日中共同声明によって拘束されていることも無視できない。言うまでもなく、同声明は、中華民国との間の民間交流までを禁止することを求めるものではない。しかし、日本は同声明により「中華人民共和国政府が中国の唯一の合法政府であることを承認」したのであって、この事実とともに、光華寮が日本にある中国という国家の国有財産であるという側面を重視するとすれば、本件を中華民国を一方当事者とする私的な紛争としてだけ性格づけうるかどうか。さらに検討すべき課題のように思われる。

6 最高裁判決は、日本政府による「中国国家」の政府承認の切換えと中華民国の代表権

の消滅が公知の事実であり、それゆえ第1次第1審で訴訟手続は中断されるべきであったとの立場をとった。この判決で初めて使用された「中国国家」の意味や、「公知の事実」の範囲など、政府承認切り替えに伴う原告代表権の消滅と訴訟手続の中断をめぐっては訴訟法上抵触法上の論点も提起されている。

【参考文献】
広部和也『昭52重判』666号(1978)、波多野里望『判時』909号(1979)、澤木敬郎『判タ』505号(1983)、広部和也『ジュリスト』890号(1987)、澤木敬郎・田中英夫・広部和也「座談会」『同上』同号、櫻田嘉章『法学教室』83号(1987)、吉岡進『判時』1274号(1988)、田中則夫『日本の国際法判例』89巻5号(1990)、同『同上』91巻1号(1992)、水島朋則『同上』110巻3号(2011)、安藤仁介『百選Ⅰ』、広瀬善男「光華寮訴訟と国際法」『明治学院・法学研究』46号(1990)、『光華寮問題をめぐって─中国の立場─』(北京週報社、1987)、安藤仁介「光華寮事件をめぐる国際法上の諸問題」『国際法の新展開(太寿堂還暦)』(東信堂、1989)、横溝大『判時』1987号(2008)、安藤仁介「訴訟当事者としての外国国家と政府承認の切換え」『民商法雑誌』137巻6号(2008)、植木俊哉『平19重判』1354号(2008)、小田滋「光華寮訴訟顛末記」『国際法外交雑誌』107巻3号(2008)、絹川泰毅『ジュリスト』1381号(2009)、玉田大『基本判例50Ⅰ』。

(田中　則夫・酒井　啓亘)

17　満州国の法的地位

裁　判　所	神戸地裁
判　　　決	2000(平成12)年11月27日
出　　　典	判時1743号108

【事実】　原告は、1943(昭和18)年1月10日、現役志願兵として姫路(歩兵第111連隊)に入営し、同年3月に日本国を出発し、同月28日、満州国三江省樺川県佳木斯に到着し、歩兵第39連隊に配属された。翌年7月25日、原告の所属する連隊に南方への動員命令が下り、原告らは8月5日に佳木斯を出発した。動員命令に際し、連隊からの指示で、原告は、150円が入金された通帳と印鑑を残留部隊の担当官に預け、実家への送付・送金を託したが、送付・送金方法および送付・送金の時期について、特段の取決めはされなかった。原告が預けた通帳と印鑑については、1945(昭和20)年4月17日、満州国牡丹江郵便局に郵便貯金として預け入れられ、額面149円65銭の本件払戻証書が発行され、その後本件払戻証書は1946(昭和21)年2月頃、原告の実家に到着した。原告の父は、本件払戻証書到着後、直ぐに豊岡郵便局に対して払戻請求したが、満州国は既に消滅したとの理由で扱い不能とされ、払戻しを受けられず、また、1946(昭和21)年10月17日に本邦に復員した原告も、実家に戻って間もなく、豊岡郵便局に払戻し請求をしたが、払戻しを受けられなかった。そこで原告は、被告の国に対し、金149円65銭およびこれに対する1948(昭和23)年1月1日から支払済み日まで年5分の割合による金員の支払いを求めて神戸地裁に提訴した。

【判決要旨】　日本国と満州国との間において、「満州国に於ける治外法権の撤廃及南満州鉄道附属地行政権の移譲に関する日本国満州国間条約(1937〈昭和12〉年条約第15号)」、「満州国に於ける治外法権の撤廃及南満州鉄道附属地行政権の移譲に関する日本国満州国間条約附属協定(乙)(1937〈昭和12〉年11月9日)」、「満州国に於ける治外法権の撤廃及南満州鉄道附属地行政権の移譲に関する日本国満州国間条約附属協定(乙)附属業務協定(1937〈昭和12〉年11月30日)」がそれぞれ締結され、1937(昭和12)年12月1日から、満州国内において、日本国で発行された通帳による郵便貯金の払戻しが開始され、その後、右附属業務協定了解事項に基づく両国郵政当局間の合意(「満州国郵便貯金の払戻に関する事務取扱開始の件(1939〈昭和14〉年1月21日)」)により、1939(昭和14)年2月1日からは、日本国内において、満州国発行の「儲金取款證書」による郵便貯金の払戻しが開始された(以下、右四合意を併せて「本件条約等」という)。しかしながら、条約は国家間の合意であって、その間に国際法上の拘束力をもつも

のであるが、二国間条約は、その一方の当事者が存在しなくなれば、拘束力を及ぼす対象を失い、国際法上当然に失効すると解されるところ、満州国が第2次世界大戦の終了に伴い1945（昭和20）年8月に消滅したことは、当裁判所に顕著であるから、本件条約等は右満州国の消滅により失効したことになる。

　また、満州国は、日本国が1931（昭和6）年9月18日の関東軍による柳条湖爆破事件に端を発して満州への武力侵略を進めた後に、満州に対する日本国の実質的独占支配を隠蔽するための仮装として設立されたものであり、形式的には独立国家の形態をとってはいたが、実質的には自主的独立的権限のない日本国の傀儡国家にすぎず、日本国の領土の一部であったといえ、このことは、日本国が、第2次世界大戦を終了するにあたって、満州国に対する日本国の支配が違法、すなわち、満州に対する管轄権が日本国にあったとの国際的な認識を受け入れたこと（日本国が受諾したポツダム宣言8項に「『カイロ宣言』の条項は、履行せらるべく」との文言があり、カイロ宣言には「満州、台湾および澎湖島のような日本国が清国人から窃取したすべての地域を中華民国に返還すること」との文言がある）から明らかであり、したがって、形式的には満州国郵政当局の発行した「儲金取款證書」も、実質的には日本国郵政当局が発行したものと同視できる、との原告の主張について、「満州国建国に至る経緯や日本国が満州国に対して強い影響力を有していたことから、直ちに、満州国の国家としての主体性が否定されるものではなく、また、本件全証拠によっても満州国郵政当局の発行した『儲金取款證書』が日本国郵政当局が発行したものと同視できると認めるに足りない」。こうして、原告の本件払戻証書に基づく額面額の払戻しを求める主位的請求は理由がない（109-111頁）。

【論点】1　本件における争点は、満州国が国際法上、国家としての地位を有していたか否かである。本判決は、「満州の国家としての主体性が否定されるものではなく」と述べている。本判決において、国家承認の問題は一切言及されていないが、満州国の法的地位については、とりわけ「不承認主義」との関係で論じられてきた。1931年9月18日、日本の関東軍参謀らが起こした満州事変の後、政府はやがて満州独立の方針を打ち出した。これに対して、翌年1月7日、米国務長官スチムソンは、1928年の不戦条約違反により取得された事態・条約・合意を承認しない旨を日中両国政府に通告した。しかし、3月1日には満州国の建国宣言がなされ、日本は、6月14日に衆議院が満州国承認決議を満場一致で可決し、9月15日の日満議定書調印により満州国を承認した（他に4カ国が承認）。他方、アメリカは1933年1月15日に満州国不承認を列国に通告し、国際連盟総会も、2月24日、賛成42、反対1（日本）、棄権1（タイ）で日中紛争に関する報告書を採択し、スチムソンの不承認主義を確認した。この不承認主義をめぐっては、第2次世界大戦以前において国家実行を伴わず、政策上の立場の表明とみなす説が多い。

2　満州国は、「形式的には独立国家の形態をとってはいたが、実質的には自主的独立的権限のない日本国の傀儡国家」であったとの原告の主張に関しては、国家承認の基準ないし要件という観点から、国際法において、ある実体が政策決定に関して、外国から組織的かつ恒常的にコントロールされている場合、その実体は国際法上の国家に値せず、それは、いわゆる「傀儡国家」であって、この意味において満州国は、伝統的国際法上の承認の基準に照らしても国家たる資格を有していなかった、あるいは、その傀儡性が明白であり独立性の事実的要件を欠いていた、とする説もある。いずれにしろ、現代国際法においては、伝統的国際法における実効性の原則を修正するものとしての、武力行使禁止原則と自決権に由来する合法性の原則から、これらに反して達成された事態(たとえば、獲得された領土)等の承認が違法となることについて異論はない。

3　本判決のように、満州国が存在し、第2次世界大戦後に消滅したと解するとすれば、同国が締結した条約について国家承継の問題が生ずる。その場合、満州国の消滅がいかなる性質の領域変更であるかがまず問われることになるが、満州は、ポツダム宣言の受諾により中国に返還された結果、外見的には、国家の領域全体が他国に吸収されその一部となる「併合」もしくは「編入」に類似したものとみなされることになろう。

【参考文献】
松井芳郎「日本軍国主義の国際法論―「満州事変」におけるその形成―」東京大学社会科学研究所編『戦時日本の法体制』(東京大学出版会、1979)、芹田健太郎『普遍的国際社会の成立と国際法』(有斐閣、1996)、王志安『国際法における承認』(東信堂、1999)、森川俊孝「満州国の地位」『ジュリスト』1202号(2001)、庄子陽子「「満州国」不承認の法的根拠に関する一考察」『法学研究年誌』10号(2001)、田中則夫『日本の国際法判例』102巻3号(2003)。

(五十嵐　正博)

18 旧ユーゴ諸共和国における国家承継 (the Conference on Yugoslavia Arbitration Commission Opinions)

諮問機関	旧ユーゴ和平会議議長
勧告機関	旧ユーゴ和平会議仲裁委員会
意　　見	意見9　1992年7月4日
	意見11～13　1993年7月16日
	意見14, 15　1993年8月13日
出　　典	92 ILR 203, 96 ILR 719, 723, 727, 729, 733

【事実】　旧ユーゴ紛争に対処するために、ECとその加盟国は1991年8月2日に宣言を発表し、和平会議を開催し、その枠内で仲裁手続を設けることを明らかにした。同年9月3日の宣言では、この会議の枠内で議長が仲裁に付託された問題を仲裁委員会に送付し、委員会の審議の結果は議長を通じて会議に返送されるものとされた。9月7日の会議で、旧ユーゴ6共和国の代表はこれらの取り決めを受諾した。仲裁委員会は当初、ECが指名する5加盟国の最高裁判所長官によって構成されたが、1993年1月27日の改組によりECが指名する3加盟国の最高裁長官と国際司法裁判所所長およびヨーロッパ人権裁判所所長が指名する各1名から構成されることとなった。仲裁委員会は、1991年11月29日から1993年8月13日までに、旧ユーゴの崩壊から生じた法律問題について合計15の意見を与えた。

　国家承継に関して和平会議議長から仲裁委員会に諮問された主なものは以下の通りである。①何を基礎に、いかなる手段によって旧ユーゴから生じる諸国家間に発生する国家承継の問題が解決されるか。②いかなる財産・責任が承継国間で分割されるか。③承継の期日はいつか。④関係国が協力しないとき、旧ユーゴの国家財産、文書、債務の分割についていかなる法原則が適用されるか。とくに、いかなる関係国の領域内にも所在しない財産あるいは交渉参加国の領域内の財産についてどうか。また、その管轄下に旧ユーゴの財産が存在した国は、いかなる条件の下にそれらの自由な処分を差し止め、またその他の保護措置をとることができるか。⑤戦争損害の賠償は国家財産、文書、債務の分配に影響をもたらすか。⑥ユーゴスラビア国立銀行(NBY)は、承継国間で分割される財産、権利、利益に影響を及ぼす決定を行いうるか。また、旧ユーゴ崩壊から生じる諸国の中央銀行はNBYによって結ばれた国際協定から生じる権利・義務を承継するか。

【意見要旨】　仲裁委員会から示された意見は、上記諮問事項の順に以下の通りである。

　1　国家承継は、1978年と1983年の国家承継に関する2つのウィーン条約に具現された国際法原則によって規律される。旧ユーゴの承継国は、衡平な解決を達成するべく合意により問題を解決しなければならない。国際機関における旧ユーゴの加盟国としての地位は、その設立文書に従って終了されなければならない。いかなる承継国も、旧ユーゴが有して

いた加盟国としての地位を、単独で主張することはできない(意見9) (92 ILR pp.204-205)。

 2　国家承継の第1の原則は、承継国間での協議、合意である。承継国の領域内に存在する国家の不動産は、その財産取得のための資金調達のいかんにかかわらず、その国に移転される。旧ユーゴに属したその他の国家財産、債務、文書は、その取得のための資金調達のいかんにかかわらず、承継国間で分配される。旧ユーゴ1974年憲法の下でその構成共和国の財産であったものはここには含まれない。また、「社会的所有」システムの下で、単一の共和国内で活動していた「協同労働組織」に属するものも含まれない。連邦レベルあるいは複数の共和国において公の権限を行使していた「協同労働組織」の財産は旧ユーゴの財産の一部として扱われる。公の権限を行使しない組織は、私企業として扱われ、国家承継の規則は適用されない(意見14) (96 ILR pp.730-732)。

 3　各新国家の承継日は、すべての関連状況に照らして判断される事実問題である。クロアチアおよびスロベニアについては、その独立宣言が発効した1991年10月8日が承継日である。マケドニアについては、新憲法が採択された1991年11月17日が承継日である。ボスニア・ヘルツェゴビナについては、独立に関する住民投票の結果が発表された1992年3月6日が承継日である。ユーゴスラビア連邦共和国(FRY) (セルビアおよびモンテネグロ)については、セルビアおよびモンテネグロが新憲法を採択し、関連の国際機関が旧ユーゴの崩壊過程が完了したと認めた1992年4月27日が承継日である(意見11) (96 ILR pp.720-722)。

 4　旧ユーゴの国家財産、文書、債務の衡平な分配の達成に、1または複数の承継国が協力を拒否することは、国際義務違反となり、当該国は損害を被った他の国による対抗措置を受けることもありうる。他の関係国は、それらの間で、これらの原則に合致する協定を締結することができる。この協定は、協力を拒否する国の権利を保全すべきである。そのような協定は、その協定の非当事国に対して拘束力をもたない。第三国は、これらの協定を実施する義務を負わないが、その主権の行使として国家承継の原則に従う協定を実施し、承継国の利益を保護するための暫定措置をとることができ、また、当該事項に関して権限ある国際機関の決定に従う義務を負うこともある(意見12) (96 ILR pp.724-726)。

 5　国家承継と国家責任に適用される規則は、国際法の別個の分野に属する。特段の合意あるいは国際機関の決定がない限り、戦争損害賠償の問題は旧ユーゴの承継国の間での財産・責任の分配に直接の影響を与えない。しかし、国家承継の規則の下で移転されるべき財産・責任と、戦争損害賠償とを相殺させる可能性は否定できない(意見13) (96 ILR pp.727-729)。

 6　NBYは旧ユーゴの国家権力の一部を行使していたから、旧ユーゴの崩壊によりNBYも同時に解体した。したがって、NBYは国家承継原則に従って承継国間で分割される財産、権利、利益に影響を与える決定を行う資格はない。旧ユーゴの機関としてNBYによってとられた決定から生じる権利・義務は、承継国に移転する。承継国の中央銀行がどのように

これらの権利を行使しおよび義務を履行するかは、当該承継国が決定する。銀行としての資格で行動したNBYによって結ばれた通常の合意は、当該合意の条件に従って解決されるべきであり、紛争となった場合には適切な裁判所に付託されるべきである(意見15) (96 ILR pp.734-737)。

【論点】1　仲裁委員会の諮問権限は当初は明確でなく、1993年1月27日の新しい委任条項で明示されたものであるが、FRYは2度にわたってとくに国家承継問題に関する委員会の管轄権を争った。これに対して委員会は1993年5月26日に、諮問機関としての委員会の権限は当事者の同意にではなく和平会議議長の付託の事実に基づくが、回答は勧告的性格のもので法的拘束力はなく、国際司法裁判所規程第38条1項dにいう「法則決定の補助手段」にあたるものだと答えた(96 ILR 713)。ここで委員会は国際司法裁判所の平和条約の解釈事件〔⇒141B〕を引用したが、そのことが示すように委員会の意見は同裁判所の勧告的意見にあたる性格を有すると言える。なお、委員会はこの種の意見を与えただけで、本来予定されていた争訟事件の仲裁に従事することはなかった。

2　国家承継に関する国際法原則について、ここで取り上げた意見が1978年の条約承継条約と1983年の国家財産等承継条約に大きく依拠していることが注目される。これらの条約の規定の一部は、既存の法の法典化というよりは漸進的発達に属するものと評価されてきたからである。とくに意見9は、国家承継は2つのウィーン条約に「具現された国際法の諸原則によって規律される」と述べた。もっとも意見13では、これらの諸条約はこの点で「若干の指針を与える」と、より控えめな評価にとどまった。

3　FRYは、自国だけが旧ユーゴの地位を引き継ぐものだと主張してきたが、すでに1992年5月30日の安保理決議757 (1992)では、国連加盟国の地位に関してこのような主張は「一般的に受諾されていない」ことに留意しており、ここで取り上げた意見もこうした主張を明確に否定した。安保理はさらに、同年9月19日の決議777 (1992)でFRYは旧ユーゴの加盟国としての地位を「自動的に継続することはできない」と述べ、総会も決議47/1で同じ見解を表明した。その後、FRYは新加盟国として国連加盟を認められ(2000年11月)、そして2001年6月には旧ユーゴの承継諸国間で承継問題についての協定が結ばれた(2262 UNTS pp.251-337)。

【参考文献】
中村義博「ユーゴスラヴィア問題の法的側面について」『外務省調査月報』2号(1994)、孫占坤「自決権と領土保全原則の関係(1)」『法政論集』153号(1994)、王志安「ユーゴスラビアの分裂と国家承認」『駒沢大学法学部法学論集』48号(1994)、森川俊孝「国家の継続性と国家承継」『横浜国際経済法学』4巻2号(1996)、五十嵐正博『百選Ⅱ』、苑原俊明『同上書』、王志安『基本判例50Ⅰ』、同『基本判例50Ⅱ』。

(樋口　一彦)

(3) 国家の権利義務

19 チュニス・モロッコ国籍法事件（Les décrets de nationalité promulgués en Tunisie et au Maroc（zone française）le 8 novembre 1921）

諮問機関　国際連盟理事会
裁判所　　常設国際司法裁判所
勧告的意見　1923年2月7日
出　典　　PCIJ Ser.B, No.4

【事実】　1921年11月8日、フランスにより、フランスの保護国であったチュニス（現チュニジア）とモロッコそれぞれにおいて国籍に関する法令が公布された。これらの法令は、チュニスまたはモロッコに生まれ、その父母の一方が同地域に生まれていれば、フランス国籍を付与し、兵役義務を課するものであった。英国政府は、これらの法令が英国国民に適用されることに反対し、この問題を仲裁裁判に付託することを提案したが、フランス政府が拒否したので、国際連盟規約第15条1項に基づいて、連盟理事会に事件を付託した。フランスは、本件で規約第15条8項を援用して、国籍の問題は「国際法上専ラ該当事国ノ管轄ニ属スル事項」に該当すると主張し、理事会の管轄を否定したので、理事会は、「1921年11月8日のチュニスおよびモロッコ（フランス地域）において公布された国籍法令、およびそれらの英国国民に対する適用に関するフランスおよび英国間の紛争は、国際法上もっぱら国内管轄事項に属するか否か（国際連盟規約15条8項）」について、常設国際司法裁判所の勧告的意見を求めた。

【意見要旨】　とくに注意されるべきは、「専ラ」の用語である。考察されるべき問題は、紛争の当事国の一が、法上、特定の行為をなし、または差し控える権限を有するか否かではなく、主張された管轄権が「専ラ」その当事国に属するか否かである。国家の管轄権は、国際法により定められた範囲内で「専ラ」であるとする議論も成り立ちうるが、第15条8項は、その意味においてではない。第15条8項にいう『『専ラ国内管轄ニ属スル事項』の文言は、なるほど複数の国家の利益に密接に関係するが、原則として、国際法により規律されない一定の事項を予期していると思われる。かかる事項に関しては、それぞれの国家が唯一の判定者である」。「ある事項が、専ら国家の管轄権に属するか否かの問題は、本来相対的なものであり、国際関係の発展に依存する。例えば、国際法の現段階において、国籍の問題は、裁判所の意見では、原則としてこの留保された分野に属すると考えられる」。国籍のように、原則として、国際法により規律されない事項において、他国に対する義務により、国家の権利が制限されることは起こりえる。そのような場合、原則としてもっぱら国家に

属する管轄権も、国際法の諸規則により制限される。第15条8項は、かかる規則を援用する国家に関して適用されないし、ある国家が一定の措置をとる権利を有するか否かの問題に関する紛争は、この場合国際的性質の紛争となり、8項の範囲外となる。第15条は、第13条による仲裁裁判に付されない国交断絶に至るおそれのある紛争は、連盟理事会に付託されるべきことの基本原則を規定するものであるが、連盟のこのきわめて広範な権限に関して、規約は国家の独立を保護する明示の留保を含んでおり、それが第15条8項である (pp.23-25)。

本件において、当事者により展開された主な論点は、次のものである。

1(1) フランスの法令は、フランス自身の領域ではなく、フランスの被保護国であるチュニスおよびモロッコのフランス地域の領域に生まれた者に関連する。国家領域内においてそのような法令を制定する国家の権限があるとして、問題は、同様の権限が被保護地域に関して存在するか否かである。保護国が、被保護国の領域内において有する権限の範囲は、第1に、保護関係(protectorat)を確立する両国間の条約に由来し、第2に、保護関係が第三国により承認された際の諸条件に由来する。国際法のもとで、保護関係がもつ共通の特徴があるが、それらが設立された特別の事情、およびその発展段階から生じる個別的な法的特徴ももつ。保護国が自国領域内における国籍問題に関して有する排他的権限が、被保護国の領域に及ぶか否かの問題は、国際法の観点からのすべての事情の検討に依存する。それゆえ、この問題は、もはや先に定義されたような国内管轄内の問題ではない (pp.27-28)。

(2) フランス政府は、保護国が被保護国の国内主権と共同して行使する公権力は、国際関係が基礎を置く主権そのものを構成し、それゆえ、保護国と被保護国は、両国間の協定により、国際法がその国家領域内で主権国家(souveraineté locale)により享有されると認めるあらゆる権限を、被保護国領域内において行使し、それらの間で配分することができる、と主張する。この主張は、英国政府により争われている。裁判所は、この種の協定の価値が第三国に関していかなるものであるかを決定するためには、国際法に依拠する必要があり、それゆえ、本件は、もっぱら国内管轄権に属する問題ではなくなったとみなす (p.28)。

2(1) 英国は、かつてのモロッコおよびチュニスとの条約により、英国国民は治外法権を享有し、他国の国籍を押しつけられないとし、フランスは、これらの条約は無期限に締結されたものであり、フランスの立法の下での立法、司法制度の確立は、治外法権の存在意義を失わせる新たな事情を創設したがゆえに、事情変更の原則により効力を失ったと主張する。この点で、条約の存続期間に関する国際法の原則に依拠することなしに、結論することはできず、したがって、本件は国内管轄権内の問題ではない (pp.28-29)。

(2) チュニスに関して、フランスは、英国政府が覚書により領事裁判権を放棄し、その後英仏間の取決めにより、チュニスにおける英仏間の新関係を承認したと主張するが、

78　第3章　国際法の主体

　これらの問題についての見解の相違の評価は、国際的な約定の解釈を含むものであり、それゆえ、この問題も国内管轄権内の問題ではない。この点、モロッコについても、同様である (pp.29-30)。

　3　英国は、チュニスに関し、フランスとの取決めなどにおける最恵国条項に依拠して、伊仏領事条約にある、イタリア人の国籍維持の規定が、最恵国条項の対象になると主張するが、フランスは、この条項がまったく経済上の意義しかもたないことなどを理由に反論する。この問題は、国内管轄権内の問題ではない (pp.30-31)。

　これらの理由により、裁判所は、1922年10月22日の国際連盟理事会決議において言及されている紛争は、国際法上もっぱら国内管轄に属する紛争ではないと考える。

【論点】1　本件は、国際連盟規約第15条8項にいう「国内管轄事項」に関する定義を与えたものとして重要である。すなわち、ある事項が国内管轄権に属するか否かは、本来相対的な問題であり、国際関係の発展に依存すること、国籍のように原則として国際法により規律されない事項であっても、他国に対する条約上の義務との関連で国際性を有することがあり、その場合、国内管轄権内の問題ではなくなる、とした。

　2　また、国内管轄権内に属する問題でも、条約の解釈、条約の存続期間、最恵国条項の適用など、国際法上の諸原則と関連する場合は、国内管轄権内の問題ではなくなることが明らかにされた。

　3　保護国と被保護国の権限関係は、第1に、保護関係を確立する条約に由来し、第2に、保護関係が第三国により承認された際の諸条件に由来することが明らかにされた。チュニスおよびモロッコは、伝統的国際法の下で、従属国としての国際法主体性を有するものとして扱われたが、国連創設当初、いずれも非自治地域となった。

　4　連盟規約上、勧告的意見要請の対象となるのは、現行の国連憲章や国際司法裁判所規程が規定する「法律問題」ではなく、「紛争」または「問題」であった。そのこともあり、本件では、勧告的意見が英仏両国の紛争解決のために使われた。常設国際司法裁判所にみられた典型的な「意見裁判」の一例である。

【参考文献】
『横田判例Ⅰ』、田中穂積『宮崎基本判例』、土屋茂樹『ケースブック』、金東勲「国際連合と国内管轄事項(1)(2)」『法学論叢』79巻2号、3号(1966)、皆川洸「国際裁判と国内管轄権の原則」『国際法外交雑誌』65巻6号(1967)、森川幸一「国家管轄権とその国際標準化」『国家管轄権』(勁草書房、1998)、大沼保昭『在日韓国・朝鮮人の国籍と人権』(東信堂、2004)、藤澤巌『百選Ⅱ』。

(五十嵐　正博)

20 ウィンブルドン号事件(Affaire du vapeur "Winbledon")

当 事 国	英国、フランス、イタリア、日本 v. ドイツ （訴訟参加 ポーランド）
裁 判 所	常設国際司法裁判所
判 決	1923年8月17日
出 典	PCIJ Ser.A, No.1

【事実】 1921年3月21日、フランスの海運会社が傭船した英国汽船ウィンブルドン号が、ダンチッヒ(現グダニスク)のポーランド海軍基地に宛てた弾薬および武器を積載してキール運河の入口にさしかかったとき、運河通航管理者により通航を拒否された。駐独フランス大使がドイツ政府に対して、ヴェルサイユ条約第380条に従ってウィンブルドン号の通航を許可するよう要請したが、ドイツ政府は、戦時禁制品の輸送を禁止する1920年のドイツ中立令が適用されることおよびヴェルサイユ条約第380条が中立令のキール運河への適用の障害とならないことを理由に、同船の通航を拒絶した。そこでウィンブルドン号は、デンマーク海峡を迂回して4月6日に目的地に到着した。しかし停泊および航路変更を余儀なくされ、13日遅延する結果となり金銭的損害を被った。1923年1月16日、英国、フランス、イタリアおよび日本(後にポーランドが訴訟参加)は、この事件をヴェルサイユ条約第386条の紛争解決手続きに従い、共同で常設国際司法裁判所に提訴した。ヴェルサイユ条約第380条を根拠に、以下のような判決を求めたものである。①ドイツ当局は、不法にウィンブルドン号のキール運河への自由な通航を拒否した。②ドイツ政府は、この行為の結果ウィンブルドン号が被った損害を賠償しなければならない。

【判決要旨】1 原告の請求の根拠であるヴェルサイユ条約第380条の文言は、明確かつ疑問を生じる余地はない。キール運河は、1919年まではドイツ領域に建設された内水路であったが、ヴェルサイユ条約の下ですべての国のバルト海への容易な通航を意図された国際水路となった。この新制度の下で、キール運河は、ドイツと平和的関係にある国家に属することを明示的な唯一の条件として、軍艦と商船の区別なく、すべての船舶に対し平等に開放されなければならない。条約は、右の条件を明示することによって、ドイツの将来の参戦可能性を予期し、敵国船舶の運河通航を拒否する権利を留保している。したがって、条約は、ドイツと平和的関係にある第三国間の紛争に際して運河通航の要件が変更されるべきであると考えたならばそれを明示したであろうが、意図的にそうはしなかった。自由通航が同盟国に限定されているその他の可航水路に関する第12部の諸規定の文言と比較すれば、第380条の起草者の意図は、運河をあらゆる時期にあらゆる種類の外国船舶に開放

しておくことであることがさらに明らかである(pp.22-23)。

　ヴェルサイユ条約の文言によって、平時と同様に戦時においてすべての国の船舶に対してキール運河の自由通航を認めることを、国際法上の地役権または契約義務のいずれによってであれ、ドイツ政府が義務づけられる場合、キール運河に関して有する主権の行使に対する重大な制約となることは事実である。この事実は、疑義ある場合そうした制約を生み出す条項を制限的に解釈する十分な根拠となるが、制限的解釈をもってしても第380条の明白な文言に反することはできない。もしすべての国籍の船舶に通航権を一般的に付与するのであれば、ドイツは戦時における中立国としての権利の行使を奪われ、予期しなかった主権の一部を放棄することを意味することになるので交戦国の1つに向けられた戦時禁制品の運河通航を認める義務を課せられることはないとの主張は、裁判所を納得させるものではない。この種の義務を設ける条約は疑いもなく、国家主権が一定の方法で行使されることを要求するという意味で国家の主権的権利に制約を課すものであるが、条約締結権は、国家主権の一属性である(pp.24-25)。

　スエズ運河およびパナマ運河に関する規定および先例は、交戦国の軍艦によると戦時禁制品を輸送する交戦国や中立国の商船によるを問わず、これら国際水路の使用が沿岸国の中立と両立しないとはみなされていないことを示している。さらに2つの公海を結ぶ人工的水路が永久的に全世界の利用に供される場合、交戦国の軍艦の通航でさえ水路を管轄する主権国家の中立を害するものでないという意味で、こうした水路は、自然的海峡と同一視されるとの一般的見解の例証にすぎない(pp.25-28)。

　ウィンブルドン号のキール運河通航を拒否する根拠として、中立国としての権利および義務ならびにドイツ中立令の規定を援用できるかどうかが問題となる。個別国家によって発せられた中立令は、平和条約の諸規定に優先しえない。戦時禁制品を輸送する中立船舶の通航は、第380条によって認められ、中立国として義務不履行とはならない。ドイツは第380条に基づく義務に反して自国の中立令を主張することはできなかった。キール運河は、平時におけると同様に戦時においても、ドイツと平和的関係にあるすべての国のあらゆる船舶に対するとまさに同様にウィンブルドン号に対して開放されるべきであった(pp.28-30)。

　2　ドイツがウィンブルドン号のキール運河通航を拒絶したことは不法である。この拒絶によって生じた損害に対してドイツは責任を有し、フランス政府に対して損害賠償金を支払わなければならない(p.33)。

【論点】1　本件は、ヴェルサイユ条約第380条の解釈を通じてキール運河が国際化されたことを明らかにした。さらに「ドイツと平和的関係にあるすべての国の商船と軍艦」に対して、

戦時および平時の区別なく、自由通航が認められると判断した。とくに商船に関しては、交戦国の一方に向けられた戦時禁制品の輸送も認められ、ドイツは中立国の権利義務を理由にこれを拒絶することはできないとした。ヴェルサイユ条約には、明示規定がないにもかかわらず戦時においても同じく自由通航を認めた点が注目される。

2 とくに戦時における運河の自由通航と沿岸国の中立義務の関係が問題となる。判決は、スエズ運河とパナマ運河の先例を検討することによって、同じくキール運河に関しても、沿岸国の中立の地位は戦時禁制品の通過によって害されるものではないと判断した。条約によって国際化された運河に中立法上の義務は優位しないものと考えた。戦時における国際運河の法的地位をより明確にしたものと言える。しかし、この判断も根本的にはヴェルサイユ条約第380条の解釈から導かれたものであるが、解釈にあたって締約国の意図をめぐり基本的な対立があった。反対意見は、とくに通商・通航に関する条約は平和状況を前提に一般的には締結されるものであって、明示規定なしに戦時に適用されると推定されないこと、また戦時に運河を開放させる義務があるとすれば、それに対応して運河の封鎖の禁止や交戦国軍艦の通航に関する条件および規制などの規定が存在しなければならないことなどを主張していた。キール運河の中立化が明示的に規定されていないことから、ポーランドと交戦中のヴェルサイユ条約当事国でないロシアに対して中立義務違反にならないとする明確な根拠が示されたといえるかどうか疑問である。また国際運河が自然的海峡と同一視されるとするのが一般的見解であるとの判決の解釈も問題となろう。

3 その他、判決はヴェルサイユ条約によってドイツに課せられたキール運河の自由通航を認める義務に関連して、条約義務と主権、国内法と条約の関係などについても一定の見解を示した。なお訴訟参加に関連して、ポーランドは、当初、裁判所規程第62条に基づく参加を申請したが、後に第63条の参加にきりかえた。裁判所は、同国の参加のためには、訴訟でその解釈が争われている条約の当事国であることを確認することで十分であるとして、第63条に基づく参加を承認した。

【参考文献】
『横田判例Ⅰ』、伊津野重満『宮崎基本判例』、中村道『ケースブック』、安藤仁介「スエズ運河自由航行の保障」『政法論集』2号(1968)、小森光夫「新パナマ運河条約における『通航の自由権』に関する一解釈をめぐって」『ジュリスト』717号(1980)、真山全「第二次大戦後の武力紛争における第三国船舶の捕獲(1)(2)」『法学論叢』118巻1号(1985)、119巻3号(1986)、東泰介『百選Ⅰ』、柴田明穂『百選Ⅱ』。

(糟谷　英之)

21 モロッコにおける米国国民の権利に関する事件（Case concerning Rights of Nationals of the United States of America in Morocco）

当　事　国　フランス v. 米国
裁　判　所　国際司法裁判所
判　　　決　1952年8月27日
出　　　典　ICJ (1952) 176

【事実】　1948年12月30日、モロッコのフランス統監命令により、モロッコのフランス地帯への輸入で、公認の通貨割当を伴わないものは、すべて許可を受けるべきことが定められた。こうして、1939年に導入されたモロッコへの輸入規制が復活した。もっとも、この規制は、フランスまたはフランス連合の他の地域からモロッコ国フランス地帯への輸入には適用されなかった。米国政府は、先の命令が、米国の条約上の権利を侵害し、フランスに有利な差別待遇を伴うものであると主張した。これに対して、フランスは、統監命令は有効であること、モロッコにおける米国民はこの命令に服すべきであることを主張し、国際司法裁判所に提訴した。

【判決要旨】1　1948年12月30日の統監命令に関するフランスの申立を棄却する（全員一致）。1906年4月7日のアルヘシラス一般議定書により、モロッコにおける差別を伴わない経済的自由の原則が認められ、この原則は、そのとき以前に確立されていた。1912年3月30日、フランスはモロッコとの保護関係を条約により確立したが、この点でいかなる変更もなく、米国を除くアルヘシラス議定書の署名国は、それに先立ってモロッコにおける経済上の平等待遇原則を受諾していた。フランスは、米国に対しても1918年11月14日付の書簡で、これを保証していた。フランスは、1912年の条約において、経済的事項では、モロッコでのいかなる特権的地位も与えられておらず、他の諸国はフランスに対してもそのような平等を享有する権利を保持している。1948年の統監命令は、フランスおよびフランス連合の他の地域からの輸入と、米国からの輸入を差別するものであり、米国がアルヘシラス議定書により取得した権利を侵害する (p.185)。

2　（モロッコ国フランス地帯における米国の領事裁判権の範囲に関して）米国は、1836年9月16日のモロッコとの条約の規定により、モロッコのフランス地帯において、米国市民または被保護者の間のすべての民事・刑事紛争において領事裁判権を行使することができる（全員一致）。米国は、また、アルヘシラス議定書により、領事裁判権に関する同議定書の規定により必要とされる限りで、モロッコのフランス地帯で、米国市民または被保護者の間のすべての民事・刑事紛争において領事裁判権を行使することができる(10対1)。上記を

除くほか、領事裁判権に関する米国の申立を棄却する(6対5)。

　フランスは、モロッコにおける米国民の特権は、1836年の条約第20、21条に限定され、第24条の最恵国条項はもはや援用しえない、と主張する。米国の主張によれば、1787年、1836年の条約により米国に付与された裁判権は、米国民の間で生じるすべての民事・刑事裁判権であり(第1の論点)、さらに、米国は最恵国条項の効果と慣習および慣例により、米国市民または被保護者が被告であるすべての事件において裁判権をもち、この裁判権は、1937年の英国の裁判権放棄に影響されず、米国により明示的または黙示的にも放棄されていない(第2の論点)。

　第1の論点について、フランスは「紛争(dispute)」の文言は民事事件に限られるとするが、モロッコにより以前締結された諸条約において、この文言が民事・刑事双方の紛争を含むものとして用いられたことは明らかであり、1787年、1836年の両条約が締結された当時、モロッコでは民事・刑事事件の間に明確な区別はなかったのであり、民事紛争と刑事紛争の両者を指すものと解釈すべきである(p.189)。

　第2の論点について、米国による6つの主張を検討する。第1に、モロッコのような国々との条約中の最恵国条項は、他の国々との間の条約の同様な条項に与えられる解釈と異なるというが、諸条約の最恵国条項はすべての国の平等待遇を目的とし、この主張は平等原則に反する。第2に、英国の領事裁判権の放棄はフランス地帯に限定され、スペイン地帯では維持されているから、モロッコを単一国として扱ってきた米国は、最恵国条項によりフランス地帯での裁判権をもつというが、これは、米国がフランス地帯において、英国の有しない裁判権をもつことになり、平等原則に反する。第3に、フランスとスペインは、1914年3月、11月の共同宣言により、それぞれの地帯における治外法権を放棄したが、モロッコはいずれの合意の当事国でもなく、スペインの権利は法的に存在するという。しかし、スペインは、1914年以後フランス地帯で領事裁判権を主張できなくなっており、この主張は認められない。第4に、1880年のマドリード条約により、モロッコにおける広範な領事裁判権が確認され、その結果、米国はその条約当事国として、最恵国条項とは無関係に、領事裁判権を行使する自主的権利を取得したというが、そのような確認をした条約規定は1つもない。裁判所は、その範囲を超えた「推論による解釈」を採用できない。第5に、モロッコにおける領事裁判権は、最恵国条項とは無関係に、アルヘシラス議定書により確認されているという。本議定書には、領事裁判権の行使を必然的に伴う規定があるだけであり、その限度で、米国はなお裁判権をもつだけである。第6に、モロッコにおける治外法権は、慣習と慣例に基づくというが、1787年から1836年までの150年間、米国の領事裁判権は条約に基づくものであり、「庇護事件」〔⇒3A〕で述べたような、立証の点でも十分な証拠は提出されていない(pp.191-201)。

3 米国は、モロッコのフランス地帯において、米国市民に対するすべての法令および規則の適用は、米国政府の同意を必要とする旨主張することはできないが、しかし、米国の領事裁判所は、米国政府が同意していない法令または規則を米国市民に適用することを拒否することができる(全員一致)。いわゆる「同意権」とは領事裁判制度のコロラリーにすぎず、したがって、米国は、フランス地帯における米国民へのモロッコ法令の適用には、すべて米国の同意が必要であると主張することはできない(pp.201-203)。

4 米国は、その反訴において、最恵国条項などを根拠に米国民に対する課税は同国の事前の同意を要すると主張するが、本議定書は厳格な課税規定を定めておらず、課税価格は税務当局により合理的に決定される(pp.203-207)。

【論点】1 本判決は、保護関係の下で、被保護国が国際法上の国家としての人格を保有していることを認め、保護国の権利は、保護条約により限定されることを明らかにした(チュニス・モロッコ国籍法事件〔⇒19〕参照)。また、保護関係に入る前に、被保護国により締結された条約の執行について、フランスは、モロッコが保護関係以前に締結した条約に拘束されるとした。さらに、国家承継との関係で、従属の地位から脱する国家は、先の母国によりとくにそのために締結された条約に依然拘束されるとした。

2 本判決は、最恵国条項の目的が、つねに関係国すべての間の平等待遇の確立と維持であることを明らかにした。

3 本判決は、条約の解釈に関して、「推論による解釈(construction by implication)」を採用することはできないとし、1950年の「平和条約の解釈事件」〔⇒141B〕(第2段階)において「裁判所は、条約を修正することではなく、解釈することをその任務とする」と述べた同裁判所の勧告的意見を確認した。

4 本判決は、「慣習及び慣例」について、1950年の「庇護事件」における「この種の慣習を援用する当事者は、この慣習が他の当事国を拘束するように確立していることを立証しなければならない」とした同裁判所の判決を引用し、米国の主張を否定した。

【参考文献】
山本草二『高野判例』、土屋茂樹『ケースブック』、村瀬信也「最恵国条項論(1) (2)」『国際法外交雑誌』72巻4号、5号(1974)、佐分晴夫「最恵国条項の史的研究」『法政論集』63号(1975)、佐分晴夫『百選Ⅰ』、松田幹夫『判決・意見Ⅰ』。

(五十嵐　正博)

(4) 主権免除

22 スクーナー船エクスチェンジ号事件(The Schooner Exchange v. McFaddon and Others)

裁　判　所	米国連邦最高裁判所
判　　　決	1812年2月24日
出　　　典	11 US (7 Cranch) 116 ; *6 AILC 463

【事実】　1812年7月にフランスの一軍艦が海難のためにフィラデルフィアに入港した際、米国国民マックファドンらは、同船は自分たちが所有するスクーナー船エクスチェンジ号であり、1810年にフランス皇帝の命により公海上で拿捕され、捕獲審検所の検定を経ることなく仏海軍に編入されたと主張して、ペンシルヴェニア連邦地方裁判所に同船の返還を求める海事訴訟を提起した。通常の被告召喚令状が発給、送達されたが被告は出廷せず、米国政府の命により出廷した地方連邦検事が申立の棄却を請求した。地方裁判所は原告の請求を棄却したが、控訴審において巡回裁判所は原判決を破棄し、同船を申立人に返却するように命じたため、司法長官が最高裁判所に上告した。

【判決要旨】1　裁判所の管轄権は、国の主権的権力の一部である。国が領域内で有する管轄権は排他的かつ絶対的であり、自己が課したものでないいかなる制限にも服さない。外部からの制限はどのようなものでも領域国の主権の縮減を意味し、その範囲内で制限を課した権力に主権を賦与することになろう。したがって、国がその領域内でもつ完全な権力に対する例外はすべて、その国自身の同意に基づくものでなければならない。この同意は明示的にも黙示的にも行うことができ、黙示の同意も同じ義務を生じさせる (p.464)。

2　世界は平等で独立した主権者によって構成され、それらの共通の利益は相互の交際によって促進されるから、すべての主権者は特定の状況の下では各自の領域内における絶対かつ完全な管轄権を、実際上緩和することに同意してきた。文明世界の慣行と受け入れられた義務とに一致しない方法で、突然かつ予告なしにその領域権を行使する国は、信義に反するものとみなされよう。この完全かつ絶対的な領域管轄権は等しく主権者の属性であり、領域外的な権力を与えることはできないから、外国主権者とその主権的権利をその対象とみなしているとは思われない。主権者はいかなる点でも他の主権者に従う義務はなく、自己またはその主権的権利を他国の管轄権内に置くことによって自国の尊厳を傷つけてはならないという最高の義務に拘束されているから、免除が明示的に認められているか黙示的に留保されていると信じるのでなければ、外国領域には入らなかったであろう (pp.464-465)。

3　主権者のこの完全な平等と絶対的な独立、および彼らの相互の交際を促すこの共通の利益が、あらゆる主権者がその完全で排他的な領域管轄権の一部の行使を放棄したと理解される一連の事例を生じてきた。第1は、外国領域内において主権者の身体を逮捕または抑留から除外することである。第2は、すべての文明国が外国の使節に認めている免除であって、このような免除がなければ、主権者は使節を外国に派遣することによって彼自身の尊厳を危機にさらすことになろう。そして第3は、主権者が外国君主の軍隊の自国領域通過を認めた場合には、彼はその領域管轄権の一部を譲許したと認められることである。この場合には管轄権を行使することによって、自由な通行を認めた目的が損なわれ、外国軍隊はその国の目的と義務とを遂行できなくなるから、自由な通行の許可は通行中の軍隊に対するすべての管轄権の放棄を意味するのである。このような通行の許可は個別的にだけでなく一般的にもなすことができるが、しかし、許可自体は推定することはできない。外国軍隊の通過は、通過される領土の主権者にとってしばしば著しく危険だからである (pp.465-469)。

4　陸軍に適用される規則は、友好国の港に入港する軍艦に等しく適用されるとは思われない。人が居住する地域を通っての軍隊の行進に伴う危害は、特別の許可なしに友好国の港への軍艦の入港を認めることによって当然には生じないからである。国家的理由によって国の港が軍艦に対して閉鎖される場合には、通常はそのような決定の通告が行われる。禁止がなければ友好国の港は平時関係にあるすべての国の公船に開放されているとみなされ、このような公船は領域国政府の保護下に入港していると推定される。ほとんどすべての場合に文明国間の条約は、緊急事態により余儀なく入港する船舶のためにこの趣旨の規定を置いており、この場合には主権者は協定により外国船の入港を認める義務を負う (p.469)。

私人が私用で外国に行きあるいは商船が貿易のために入港する場合に、もしもこのような私人または商船が当該国の管轄権に従うことをしないなら、それは社会にとって危険で法を違反の危機にさらし、外国の主権者はそのような除外を認める動機をもたない。しかし、武装公船の場合にはあらゆる点で状況が異なる。それは本国の軍事力の一部で、主権者の直接の指揮の下に行動し、主権者によって国家的目的のために使役される。主権者は、このような目的が外国の干渉によって損なわれることを防ぐ、多くの強力な動機を有する。慣行上も、開かれた港に入港した外国主権者の武装公船に対して国が管轄権を主張したことはない。したがって、友好国の港に入港した軍艦がその国の同意によって管轄権から免除されているとみなされるべきことは、公法の原則であると裁判所には思われる (pp.472-474)。

5　エクスチェンジ号は米国政府が平時関係にある外国主権者の用に供される武装公船であり、軍艦が一般に友好国の港に入港を認められる条件の下に米国の港に入港したものであるから、やむをえず入港している間友好的に振る舞う限りはこの国の管轄権から免除

されるという黙示の約束のもとに米国領域に入ったものとみなされねばならない。したがって、巡回裁判所の判決を破棄し、申立を棄却した地方裁判所の判決を確認する(p.475)。

【論点】1　本判決理由を執筆したマーシャル長官(Marshall, Ch. J.)によれば、本件は米国国民が米国領水内にある外国軍艦に対して国内裁判所において所有権を主張することができるかという、当時においては先例や制定法がほとんどない「未踏の道」に踏み込むものであった。したがって、本判決はわずかな先例および学説を別として主に理論的な考察に依存したが、外国国家とその財産は国内裁判所の管轄権から免除されるものであることをはじめて明らかにし、主権免除(国家免除)と呼ばれる国際法の原則を形成した重要な古典的判例として、その後しばしば引用されるようになった。

　2　19世紀には外国に対してはあらゆる場合に裁判権免除を認める絶対免除主義が支配的だったが、20世紀に入ると国の私法的行為については免除を認めなくてよいという相対免除主義(制限免除主義ともいう)が台頭し、第2次世界大戦後は多くの先進国の国内法のほか、1972年のヨーロッパ国家免除条約や2004年に国連総会が採択した国連国家免除条約も、基本的にはこの立場を採用した。本判決は免除を国の主権・平等に基礎づけているように読め、その意味では絶対免除主義に根拠を与えたものとしてしばしば引用されるが、領域内における国家の排他的な管轄権を前提として、裁判権の免除はこの原則に対する例外であるととらえている点をみれば、相対免除主義への道を閉ざしたものとは必ずしもいえないように思われる。

　3　本判決は傍論において外国の主権者および使節に認められる免除と並んで、領域通行を認められた外国陸軍に対する免除にも言及している。しかし、本判決が一国に駐留する外国軍隊の構成員の犯罪に対する刑事裁判管轄権の問題にとっても先例となりうるかどうかについては意見が分かれており、この点についても最近では領域国の裁判権は全面的に否定されるものではないとの見方が強まっている。

【参考文献】
太寿堂鼎『ケースブック』、川﨑恭治『百選Ⅰ』、臼杵知史『百選Ⅱ』、太寿堂鼎「国際法における国家の裁判権免除」『法学論叢』68巻5・6合併号(1961)、広瀬善男「国際法上の国家の裁判権免除に関する研究」『国際法外交雑誌』62巻3号(1964)、月川倉夫「外国軍隊の刑事裁判権」『産大法学』創刊号(1967)、太寿堂鼎「主権免除をめぐる最近の動向」『法学論叢』94巻5・6合併号(1974)、広部和也「国家免除条約草案の意義と問題点」『国際法外交雑誌』94巻1号(1995)、太寿堂鼎「民事裁判権の免除」『新・実務民事訴訟講座(第7巻)』(日本評論社、1982)、広部和也「最近における主権免除原則の状況」『国際法外交雑誌』104巻1号(2005)、水島朋則「国際法規則としての主権免除の展開と免除範囲との関係について」『国際法外交雑誌』107巻3号(2008)。

（月川　倉夫・坂元　茂樹）

23 中華民国に対する約束手形金請求為替訴訟事件

　　　裁　判　所　大審院第二民事部
　　　決　　　定　1928(昭和3)年12月28日
　　　出　　　典　『大審院民事判例集』7巻1128

【事実】　原告ら(2名)はそれぞれ、1923(大正12)年12月5日中華民国代理公使振出しで1924(大正13)年3月4日支払期日の額面2万円の約束手形の裏書き譲渡を受けたが、支払期日に支払を求めたところ、被告中華民国の申出を理由に支払を拒絶された。そこで原告らは中華民国を被告とし同国公使を法律上の代理人として本訴に及んだ。

　第一審東京地方裁判所は、外国使節は国際法上治外法権を有し、とくにその特権を放棄しない限り我が国の裁判権に服さないとし、訴状の送達は裁判権に基づく強制的処分であるので、特権を放棄しないものに対しては訴状を送達できないと述べる。職権調査による、司法省民事局長の回答書およびその添付書面によれば被告代表者中華民国公使は応訴の意思がなく、また、外務大臣に宛てた公使名義の文書の記載によれば外国使節の特権を放棄しないという意思が認められるので、本件訴状は被告に送達する方法はないとして、本件訴状の原告への差戻し命令を下した。

　これに対し第二審東京控訴院に抗告が行われた。抗告理由として、同公使はすでに特権を放棄する意思表示をしているのでこの点について争いがある場合は法廷において当事者の意見を聞いて判断するべきである、また、仮に後に中華民国公使が応訴の意思がないと表明しても、当初において中華民国を代表する公使が我が国手形法にのっとり本件手形を振り出した以上は、その時すでに右の特権を放棄し我が国の法に服することを承認したことは言うまでもない、と主張された。これらの点について東京控訴院は、国家は国際団体内においては互いに他国に対して自国を尊重させる権利を有するので、1国家は条約または特別な意思表示によるほかは当然に他国の法権に服することはなく、外交使節はその駐箚(駐在)国において治外法権を有しその特権を放棄しない限りその国の法権に服さないことを原則とすると述べ、本件においてそのような例外の事実はなく中華民国は我が国法に服さないので、これに訴状を送達して当事者間の訴訟を開始し進行することはできないと判示し、抗告を棄却した。

　これに対し原告らは、第1に公使館において公使代理が原告代理人に対し「法廷において力争抗議する旨言明」しており、応訴の意思の表明があったにもかかわらず、第一審がこの原告代理人の主張を排斥し、法廷外の第三者たる外務大臣の書面により応訴の意思なし

と判断し訴状を差し戻したのは不法である、第2に訴状の送達は公権力の行使ではないので、仮に中華民国に応訴の意思がないことが明瞭でも被告に訴状を送達するべきである、第3に本件手形行為を行った以上は我が民事裁判に服することを承認したものである、第4に原審が他国の裁判所において訴訟を行うことができないわけではないと述べたが、手形振出地の日本で応訴義務を否定する中華民国が第三国の法権に服すると考えられず、本件手形の振出地、支払地、振出人の住所がいずれも日本であるのに中華民国での訴訟の可能性を考えるのは国際手形法の原則や手形の本質に反する、などと主張し抗告した。

【決定要旨】　およそ国家はその自制による以外には他国の権力作用に服するのもではないので、不動産に関する訴訟等特別の理由の存するものを除き、民事訴訟に関しては外国は我が国の裁判権に服さないのを原則とし、ただ外国が自ら進んで我が国の裁判権に服する場合に限り、例外とすべきことは国際法上疑いのないところであり、このような例外は条約によって定めるか、当該訴訟につき、もしくはあらかじめ将来における特定の訴訟事件につき外国が我が国の裁判権に服すべき旨を表示するような場合において認められる。しかし、このような表示は常に国家から国家に対してなすことが必要であり、仮に外国と我が国臣民との間に民事訴訟に関して外国が我が国の裁判権に服する旨の取決めをなしても、その取決め自体によりただちに外国が我が国の裁判権に服する効果が生ずることはないと言わざるをえない。それゆえ、外国に対して我が国の臣民より民事訴訟の提起がある場合、すでに述べたような外国が我が国の裁判権に服するべき特別の事情が存する場合のほかは、我が国の裁判権は外国に対して存在しないので、当該訴訟が不適法であることはきわめて明確である。したがって、抗告人所論のように本件手形振出し行為によってこれに関する訴訟につき中華民国が我が国の裁判権に服する旨の当事者間の合意が仮に認められるとしても、これにより中華民国が我が国の裁判権に服する効果を生じさせないのでこの所論は採用できない。また、上記特別の事情がない場合にも一般の規定に基づき訴状を相手方に送達し期日を定めて当事者を呼びだし応訴の有無を、つまり本件では中華民国が我が国の裁判権に服する意思の有無を検討する機会を与えるべきとの所論については議論がないわけではないが、民事訴訟法により職権によってなされる訴状の送達および期日の呼出しはただちに我が国の国権の行使であるので我が国の国権に服さない外国に対してこれを強制できないことは言うまでもない。以上により大審院は原審の抗告棄却を是認した（1135-1136頁）。

【論点】1　本件は日本の裁判所で国家免除（主権免除）が問題となった最初のケースである。一般国際法上、国家は平等であり互いに他の国家の裁判所の管轄に服することを免除され

る。20世紀に入り社会主義国が登場し、資本主義国も変質し、国家が自ら経済活動を行うようになり、この活動にまで主権免除を認めると、取引の相手方たる私人を著しく不利な立場に立たせることとなるため、国家行為を権力行為(公法的行為)と職務行為(私法的行為)とに分け、前者にのみ免除を認めようという相対免除主義が有力となってきた。これに対し、国家活動一般に原則として免除を与える従来の考え方を絶対免除主義と言う。本件判決が言う「不動産に関する訴訟等特別の理由の存するものを除き、民事訴訟に関しては外国は日本の裁判権に服さないのを原則とし」とは、絶対免除主義の立場を示すものである。日本の裁判所ではこの判決の立場が長い間維持されてきたが、2006(平成18)年7月21日のパキスタン貸金請求事件判決〔⇒25〕で最高裁は相対免除主義を採用した。

2 国家免除は一方的に放棄することが認められており、自ら裁判を提起する場合はもとより、免除を放棄する意思をもって応訴(を承諾)すれば免除は放棄されたことになる。本件では免除の放棄があったか否かが争点となっている。原告が主張するように手形行為そのものが免除の放棄を含んでいると考えることはできない。しかし、公使館において公使代理が原告代理人に対し「法廷において力争抗議する旨言明」したことが応訴の承諾とは判断できないにしても、判決が言うように「このような表示は常に国家から国家に対してなすことが必要であ」るとまで厳格に考えるべきか否かについては議論がある。

3 また、訴状の送達および期日の呼出しは確かに国権の行使であるが、判決が言うようにそれをもって直ちに外国に対して行うことができないと考えるべきではなく、応訴する意思の有無を確認するための手段と考えるべきだとする主張も存する。なお、裁判権免除の放棄は強制執行の免除の放棄を含むか否かについては議論があり、含まないとする考えが有力である。

【参考文献】
播里枝『宮崎基本判例』、太寿堂鼎『ケースブック』、横田喜三郎『国際商事法務』1巻12号(1923)、山田正三『法学論叢』21巻6号(1929)、横田喜三郎『国際法外交雑誌』28巻6号(1929)、太寿堂鼎「国際法における国家の裁判権免除」『法学論叢』68巻5・6合併号(1961)、小田滋『渉外判例百選(第二版)』(1986)、江川英文『判例民事法(昭和三年度)』(民事判例研究会編、有斐閣、1930)。

(佐分　晴夫・酒井　啓亘)

24 フィリピン・アドミラル号事件 (The Philippine Admiral (Owners) v. Wallem Shipping (Hong Kong) Ltd. and another)

裁　判　所	英国枢密院司法委員会
判　　　決	1975年11月5日
出　　　典	*[1977] AC 373；64 ILR 90

【事実】　フィリピン・アドミラル号は、1956年の「日本とフィリピン共和国との間の賠償協定」第3条に基づき、第2次世界大戦の賠償取極の一部として、フィリピン共和国が日本から取得した外航船である。フィリピン共和国とマニラ・リベレイション社(以下、L社と略称)との間で同船の条件付売買契約が結ばれ、所有者として政府機関たる賠償委員会が登記され、L社にその運航が委ねられた。1972年12月、L社は、香港の海運代理業者テルフェアー社(以下、T社と略称)と傭船契約を結んだが、香港入港中に同船の修繕費をどちらが負担するかについて争いが生じた。L社は、傭船契約を破棄しようとした。そこでT社および同船に物品を供給してきたウォーレム・シッピング会社(以下、W社)は、対物令状(writ in rem)の発給を申請し、翌年6月に同船はT社の訴訟において差し押さえられた。香港最高法院の裁判官は、同船の競売と代金納付を命じた(1973年10月8日)。

フィリピン政府は、異議を申し立て、同船は賠償委員会の所有物であるとし、主権免除を主張した。海事裁判所主席裁判官は、これを認めて対物令状およびそれに続く訴訟手続を取り消す判決を下した(同年12月14日、17日)。これを不服とするT社・W社が控訴し、香港最高法院大法廷は、原判決を破棄した(1974年4月26日)。そこで、フィリピン政府は、英国枢密院司法委員会に上告した。

フィリピン共和国政府の主張は、次の諸点であった。①政府が同船を運航していたかどうかが主権免除の基準として挙げられるが、賠償委員会が所有していたので免除の対象となること。②ポルト・アレクサンドレ号(The Porto Alexandre)判決で述べられているように、国有船舶が商業目的や私的目的で使用されていても主権免除の原則の例外とはならないこと。③主権免除が認められるか否かは、実際の用途ではなくその目的により、船舶が公共の目的に使用されていれば対物訴訟の対象にならないことは、パルルマン・ベルジュ号(The Parlement Belge)事件判決(1880年)で明らかであること。それに対して、W社などは、アドミラル号の所有者がたとえ賠償委員会であっても、訴訟時までL社が占有しており、また貿易という私的目的に同船を使用していたので、主権免除の対象にならないと主張した。

【判決要旨】　上告棄却。

本委員会での論点は、次の3点である。①ポルト・アレクサンドレ号事件判決(英控訴院、

1920年)に従うべきか。②もし本委員会がその判決に従わないとしても、アドミラル号を純粋な貿易船とみなさず免除を認めるべきか。③もし同判決に従うとすれば、フィリピン政府が、L社の契約違反に対して責任を負わず、また同船の所有者であっても占有してはいないという事実から、ポルト・アレクサンドレ号事件の判例が本件に当てはまるのか(p.391)。

1 第1の問題について、1812年のスクーナー船エクスチェンジ号判決〔⇒22〕以降の判例、条約と学説を検討した。同判決では、米国連邦最高裁判所は、平時関係にある外国の軍艦に対し入港を認めた場合裁判所の管轄権を免除すべきであるとした(p.391)。パルルマン・ベルジュ号控訴審事件判決では、ⓐ外国の主権者を対人的に訴えることはできず、ⓑこの船舶は実質的に公共目的(郵便の運搬)のために用いられており、対物訴訟も起こすことはできないとして、裁判管轄権が免除された(pp.391-392)。ⓐについては、その後の多数の訴訟で確認されている(p.392)。ⓑについては、ポルト・アレクサンドレ号事件判決を検討する。同船は、ポルトガル政府の財産であり通常商業目的の航海に使用されていたが、1919年リバプールに向けて航行中にマージー河口で浅瀬に乗り上げ、同地のタグボートによる救助活動が行われた(pp.393-394)。控訴院は、パルルマン・ベルジュ号事件と区別しえないという理由で、免除を認めた。しかし、同判決では、商業に従事している国有船舶は「公共の用に供せられた」財産とみなさなければならないとは言っていない。控訴院は、同判決を誤って解釈し、免除を認めた(p.394)。国有船舶の免除に関するブリュッセル条約(1926年)は、国が所有または運航する航海船は、私有船と同じ責任と義務の規則に従う(第1条)としており、対物訴訟と対人訴訟に共に適用される(pp.394-395)。

2 クリスチナ号(The Christina)は、1937年内戦の際スペイン共和国政府により公海上で徴用され、カーディフ入港後、スペイン領事により船長以下乗組員が交替させられた。同船所有者によって、占有回復のために対物令状が申請されたが、判決(英貴族院、1938年)は免除を認めた。アトキン卿は、「一国の裁判所は、外国主権者をその意思に反して訴訟の当事者にすることはできない」と述べた(p.395)。ポルト・アレクサンドレ号判決の評価をめぐって意見が分かれた(p.396)。しかし、多数意見では、外国主権者をいかなる場合も訴えられないとする絶対的規則が、英国法においては確立されていないとされた(p.397)。

第2次世界大戦以降、外国の判決や国際法学者の見解においても、主権免除の絶対理論からより制限的な理論への移行がみられる。制限理論は、国家の行為を*jure imperi*(主権的または権力的)になされたものと、*jure gestionis*(私法的または職務的)になされたものとに区別し、後者には、対人訴訟においても対物訴訟においても、外国に免除を与えることを認めない(p.397)。最初の変化がみられたのは、メキシコ共和国対ホフマン(Republic of Mexico v. Hoffman)事件判決(米国連邦最高裁、1945年)である。メキシコの国有船舶が同国の民間会社により貨物運送のために運航され、収益の50％が政府に支払われる契約がなされていた。

本件は同船と米国漁船の衝突事故に関する事件であるが、メキシコ政府の占有と管理下にはないとの理由で、同船について、免除は認められなかった (pp.397-398)。

次の変化の画期は、1952年に米国国務省法律顧問代理から司法省に宛てられた「テイト書簡 (Tate Letter)」であり、以後、主権免除の制限理論に従うという国務省の政策が表明された。しかし、その後の米国の判例は、テイト書簡の政策とは異なり、主権免除を柔軟に認めるものが存在した (pp.398-399)。国際法の教科書によれば、コモンウェルス以外の国では、絶対免除主義を支持する国は少ない (p.400)。最後に、欧州審議会諸国が署名した「国家免除に関する欧州条約」(1972年) に言及する。英国は、同条約に署名したが、批准していない。条約は、対人訴訟について免除が認められない場合を列挙する。航海船については、1926年のブリュッセル条約で規定されており、本条約は適用されない (p.401)。

3 本委員会は、ポルト・アレクサンドレ号控訴審判決に従うべきでない有力な根拠がある。ⓐ控訴院はパルルマン・ベルジュ判決が適用されない事件であるにもかかわらずそれに拘束されると判断した。ⓑクリスチナ判決に参加した5人の裁判官のうち3人は、商業目的に従事する公船にまで免除を拡大することに疑問を呈した。ⓒ第2次世界大戦以後のコモンウェルス以外の諸国の見解は、商業用公船には免除を認めない傾向がある。ⓓ英国を含め大多数の西側諸国では、国家は商事契約に関して自国の裁判所では訴えられるのであり、外国を訴えることができないという理由はない (p.402)。ポルト・アレクサンドレ判決に従うべき唯一の理由は、対物訴訟と対人訴訟を区別して、後者を絶対理論に服せたままで前者に対して制限理論を適用するならば、不合理な結果を招くということである。商事契約において外国主権国家を相手どる対人訴訟を提起できないという規則は、英国の控訴院でも受け入れられてきた。貴族院が異なる決定をする見込みもほとんどない (p.402)。上告側弁護人は、制限理論を採用するにしても、裁判所は1926年条約と1972年条約の批准および英国法に編入するために必要な立法については政府に任せるべきだと論じた。この議論の説得力は認めるが、本委員会は、これを受け入れる用意はない。制限理論がより正義に合致していると思うので、その適用を妨げられるべきではない。以上の理由により、ポルト・アレクサンドレ判決に従うべきではない (p.403)。

4 次に取り上げるべき問題は、フィリピン・アドミラル号が単なる貨物船か、それとも公共の用に供された船舶 (ship *publicis usibus destinata*) かという点である。同船は、これまで貨物輸送により運送料を稼ぐ通常の商船として運航されていた。また、フィリピン政府は、同船を政府による使用に変更するとの大統領令にもかかわらず、従来の使途を継続しないとは主張していない。同船は、長年商業目的に使用されてきた。それゆえ、上告は棄却され、上告人は被上告人に対しその費用を支払うべきである (pp.403-404)。

5 上記2点の問題に関する本委員会の見解に鑑み、第3の問題は生じない (p.404)。

【論点】1 本件は、国家および国有財産が外国の裁判権に服さないとする主権免除に関する英国判例であり、長らく絶対免除主義を維持してきた同国が、制限免除主義に転換する1978年の「国家免除法」制定の直前に出された。その後、英国は、欧州主権免除条約を批准した。

2 本件は、英国枢密院司法委員会により、対物訴訟に新しい判例を開いたものである。英米においては、直接に人を相手どる対人訴訟と、物を相手としそれを通じて結局は所有者を法廷に引き出す対物訴訟の形式が存在する。対人訴訟についても、1978年1月に、ナイジェリア中央銀行訴訟(Trendtex Trading Corporation v. Central Bank of Nigeria)において、英国控訴院は、制限免除理論を適用する判決を下した。

3 19世紀には、国家の活動領域は公法的権力的活動に限られ、商業経済活動は私人に委ねられていたため、絶対免除主義が有力であった。20世紀に入り、社会主義国による国家貿易や資本主義国家も積極的に商業活動に参入するなど、国家の活動領域が拡大した。それに対して、伝統的な絶対免除主義では、国家と取引を行う民間企業に不利益を生じさせることとなり、本件判決は、制限免除主義への移行をまず判例で示したものである。

日本では、1928(昭和3)年の大審院決定〔⇒23〕で採用された絶対免除主義の判例を長年にわたり維持してきたが、日米通商航海条約(1953年)では制限免除主義を採用し(第18条2項)、2002年の横田基地夜間飛行差止等請求訴訟最高裁判決(最二判平14年4月12日民集第56巻4号729頁)〔⇒第2版22〕は、本件請求原因行為を、主権的行為であると判断し前記大審院決定を実質的に変更した。2006年の最高裁判決「パキスタン貸金請求事件」〔⇒25〕は、外国国家は「業務管理的な行為についても法廷地国の民事裁判権から免除される旨の慣習国際法はもはや存在しない」として、判例変更を明確に行った。

4 2004年国連総会は、「国およびその財産の裁判権免除に関する国際連合条約」を採択した。同条約では、関係国間に別段の合意がない限り、船舶を所有しまたは運航する国は、非商業目的以外のために使用していた場合、船舶の運航または貨物の運搬に関する訴訟手続において、管轄権を有する他国の裁判所で裁判権からの免除を援用できない(第16条1項・3項)とされ、政府船舶の商業目的での利用に対する主権免除を原則として否定した。

【参考文献】
太寿堂鼎『ケースブック』、同「国際法における国家の裁判権免除」『法学論叢』68巻5・6合併号(1961)、広瀬善男「国際法上の国家の裁判権免除に関する研究」『国際法外交雑誌』63巻3号(1964)、太寿堂鼎「主権免除をめぐる最近の動向」『法学論叢』94巻5・6合併号(1966)、広部和也「船舶に対する主権免除」『船舶の通航権をめぐる海事紛争と新海洋法秩序』2号(日本海洋協会、1982)、真山全「軍艦及び非商業目的のために運航する他の政府船舶の免除」『海洋法・海事法判例研究』1号(日本海洋協会、1990)、杉原高嶺「政府船舶に対する裁判権免除の展開」『法学論叢』140巻3・4合併号(1997)、太寿堂鼎「民事裁判権の免除」鈴木忠一・三ヶ月章監修『新実務民事訴訟講座』7巻(日本評論社、1982)、松田幹夫「制限免除主義の確立過程—イギリスの場合」『流動する国際社会の法(寺沢古稀)』(国際書院、1997)。

(西井　正弘)

25 パキスタン貸金請求事件

裁　判　所	(a)東京地裁　(b)東京高裁　(c)最高裁第二小法廷
判　　　決	(a)2001(平成13)年8月27日　(b)2003(平成15)年2月5日
	(c)2006(平成18)年7月21日
出　　　典	(a)民集60巻2551　(b)民集60巻2554　(c)民集60巻2542

【事実】　東京三洋貿易株式会社ほか(以下、Xら)は、パキスタン政府の代理人であるとされるA社との間で、パキスタンにコンピューター等を売り渡す旨の売買契約を締結した(紛争が生じた場合は、日本の法律に基づき、日本の裁判所で裁判手続を行う)。Xらは、目的物を引き渡した後、売買代金債務を消費貸借の目的とする準消費貸借契約を締結した(紛争が生じた場合は、日本の法律を適用する)と主張して、パキスタンに対して貸金元金等の支払を求めた。

【判決要旨】(a)　Xらの請求認容(欠席判決)。
　(b)　第一審判決取消し。Xらの請求却下。
　1　外国国家は、不動産に関する訴訟等の場合を除き、原則として日本の民事裁判権に服さない。国家免除は、条約等の国家間の行為として明らかにされるか、外国国家が自ら進んで日本の民事裁判権に服する場合に限り、放棄したと解すべきである。外国国家と私人との間の契約において日本の民事裁判権に服する旨の合意がされたことにより直ちに外国国家をして日本の民事裁判権に服させる効果を生ずることはない(2560-2561頁)。
　2　日本とパキスタンとの間で、条約等により国家免除の放棄は定めてはいない。パキスタンは国家免除法を制定して商取引等について裁判権免除の例外を認めているが、そのような事実のみによって、パキスタンが、日本に対して国家免除を放棄する旨表示したと理解し、又は国家免除を主張することが公平に反して許されないとは解されない。A社名義の注文書には日本の裁判所での裁判に同意する旨の定めがされているものの、その意思表示は、Xらに対してされたものであり、パキスタンから日本に対してされたものではない(2561-2562頁)。
　(c)　第二審判決破棄、差戻し。
　1　国家免除に関しては、かつては、外国国家は、法廷地国内の不動産に関する訴訟や、自ら進んで法廷地国の民事裁判権に服する場合を除き、原則として、法廷地国の民事裁判権から免除されるという絶対免除主義が広く受け入れられ、この考え方を内容とする慣習国際法が存在していたものと解される。しかしながら、国家の活動範囲の拡大等に伴い、国家の行為を主権的行為と私法的ないし業務管理的行為とに区分し、後者についてまで法

廷地国の民事裁判権を免除するのは相当でないという制限免除主義が徐々に広がり、現在では多くの国において、この考え方が採用されている（国連国家免除条約も同様）。このような事情を考慮すると、今日においては、外国国家は主権的行為について民事裁判権から免除される旨の慣習国際法の存在は引き続き肯認できるものの、私法的ないし業務管理的行為についても免除される旨の慣習国際法はもはや存在しない(2544-2545頁)。

2　国家免除は、国家が相互に主権を尊重するために認められたものであるところ、外国国家の私法的ないし業務管理的行為については、通常、日本の民事裁判権行使による当該外国国家の主権侵害のおそれはなく、免除を認めるべき合理的な理由はない。外国国家の主権を侵害するおそれのない場合にまで民事裁判権免除を認めることは、外国国家の行為の相手方となった私人に対して、合理的な理由なく司法的救済を否定するという不公平な結果を招くこととなる。したがって、「外国国家は、その私法的ないし業務管理的な行為については、我が国による民事裁判権の行使が当該外国国家の主権を侵害するおそれがあるなど特段の事情がない限り、我が国の民事裁判権から免除されない」(2545頁)。

3　外国国家は、条約等の国際的合意によって日本の民事裁判権に服することに同意した場合や、特定の事件について自ら進んで日本の民事裁判権に服する意思を表明した場合のほか、「私人との間の書面による契約に含まれた明文の規定により当該契約から生じた紛争について我が国の民事裁判権に服することを約することによって、我が国の民事裁判権に服する旨の意思を明確に表明した場合にも、原則として、当該紛争について我が国の民事裁判権から免除されない」(2545-2546頁)。

4　中華民国に対する約束手形金請求為替訴訟事件における1928(昭和3)年12月28日大審院決定〔⇒23〕は、以上と抵触する限度において、これを変更すべきである。

5　パキスタンの行為は、Xらの主張するとおりであるとすれば、「その性質上、私人でも行うことが可能な商業取引であるから、その目的のいかんにかかわらず、私法的ないし業務管理的な行為に当たる」。そうすると、パキスタンは、特段の事情がない限り、本件訴訟について日本の民事裁判権から免除されないことになる。また、パキスタンは、A社がその代理人であったとすれば、契約に含まれた明文の規定により、日本の民事裁判権に服する旨の意思を明確に表明したものとみる余地がある(2546-2547頁)。

【論点】1　国家免除について、日本では絶対免除主義の立場(中華民国に対する約束手形金請求為替訴訟事件〔⇒23〕)が長くリーディング・ケースとされてきた。横田基地夜間飛行差止等請求事件〔⇒第2版22〕において、最高裁が制限免除主義への移行を示唆していたが、その後も、本事件の第二審判決のように、なお絶対免除主義に基づく判例もあった。本事件において最高裁は、明示的に判例変更を行い、制限免除主義の立場を採った。

2 制限免除主義の下では、一般に主権的行為と業務管理的行為とが区別され、区別の基準として行為の目的や性質が主に挙げられてきた。一般に、外国国家の行為の目的を考慮に入れると、主権的行為とみなされやすく、性質のみを基準とする場合よりも広く免除が与えられることになる。目的を考慮する実行は必ずしも一般的ではなく、また、性質のみで判断する実行が国際法に違反するとは考えられていないことからも、行為の目的を考慮した広い国家免除を求める慣習国際法は存在していないと言える。本事件において最高裁は行為の性質のみを基準としたが、行為の目的を考慮に入れると、場合によっては絶対免除主義と実質的な違いがないということにもなりかねないため、最高裁の立場が制限免除主義に適合的である。

3 最高裁は、国家免除の放棄についても判例を変更し、条約等の国家間の行為による場合だけでなく、外国国家と私人との間の契約において日本の民事裁判権に服する旨の明文の規定がある場合にも、免除が放棄されたものと解するのが相当であるとした。そもそも、免除の放棄は国家の一方的法律行為であり、国家間の行為としてその意思が表示される必要があることには、ア・プリオリにはならない。実際にも、私人との間の契約における免除放棄の意思表示に従って免除を否定することが国際法に違反するとされた事例は存在しないように思われる。最高裁の立場は、国際法の観点からは特に争いのない点であろう（国連国家免除条約第7条1(b)も参照）。ただし、法廷地国の法律を準拠法とするだけでは免除放棄の意思表示とみなすことができないとすれば（例えば、同第7条2参照）、本事件のように売買契約には管轄裁判所が規定されているが準消費貸借契約には準拠法しか規定されていない場合については、判断が分かれる可能性がある。

4 本事件の最高裁判決後、国連国家免除条約に準拠する対外国民事裁判権法が2010年に施行されている。同法は、商業的取引に関する裁判手続について、外国国家が日本の裁判権から免除されないことを定めているが（第8条）、商業的取引かどうかを区別する基準については、特段の規定を置いていない。また、国家免除の放棄については、条約その他の国際約束に限らず、私人との契約により日本の裁判権に服することについて明示的に同意した場合にも、外国国家は裁判権から免除されないと定めている（第5条1項）。

【参考文献】
平覚『法学教室』314号(2006)、古谷修一『Law and Practice(早稲田大学)』1号(2007)、小寺彰『判時』1968号(2007)、三木素子『法曹時報』61巻6号(2009)、水島朋則『主権免除の国際法』(名古屋大学出版会、2012)第2章、松井章浩『基本判例50Ⅱ』。

（水島　朋則）

26 国家の裁判権免除事件(Immunités juridictionnelles de l'État)

当 事 国　ドイツ v. イタリア(訴訟参加ギリシャ)
裁 判 所　国際司法裁判所
命令・判決　(a) 反訴　2010年7月6日　(b) 訴訟参加　2011年7月4日
　　　　　　(c) 判決　2012年2月3日
出　　典　(a) ICJ(2010)310　(b) ICJ(2011)494　(c) ICJ(2012)99

【事実】　第2次世界大戦中にドイツ軍によってイタリアから追放され、ドイツで強制労働をさせられたとする者が、損害賠償を求めてドイツを相手取りイタリアで民事訴訟を起こした(フェッリーニ事件)。イタリア破毀院が、2004年の判決で、国際犯罪等を理由としてドイツの裁判権免除を否定し、その後、同様の訴訟がイタリアで提起され、同様の判決が下されることとなった。また、やはり第2次世界大戦中のドイツ軍によるギリシャでの殺人等をめぐる民事訴訟で、ギリシャ最高裁2000年判決も裁判権免除を否定していたが(ディストモ村事件〔⇒170A〕)、ドイツに賠償を命ずる判決がギリシャでは執行されず、イタリアで執行が求められた。イタリアの裁判所は、同判決は執行可能であるとし、イタリアにあるドイツの財産(Villa Vigoni：両国間の文化交流用センターの土地建物)に対して裁判上の抵当権を設定した。

　ドイツは、このようなイタリアの裁判所の措置が、国家免除に関する国際法に違反するとして、2008年に国際司法裁判所に提訴した。他方、イタリアは、ドイツの戦後賠償義務の不履行について2009年に反訴を起こした。いずれも管轄権の基礎は1957年欧州紛争解決条約であるが、同条約(両当事国の間では1961年4月18日に発効)は、その発効前の事実や状況に関する紛争には適用されないと定めている(第27条(a))。国際司法裁判所が2010年の命令でイタリアの反訴を受理不可能とした後、ギリシャが規程第62条に基づく訴訟参加を要請し、国際司法裁判所は2011年の命令で訴訟参加を認めた。なお、ドイツは1972年欧州国家免除条約の当事国であるが、イタリアは当事国ではなく、国連国家免除条約(未発効)については、本判決の時点で両国とも批准していなかった。

【命令・判決要旨】(a)　イタリアは、1947年の対伊平和条約において、ドイツ及びドイツ国民に対するすべての請求権を、イタリア及びイタリア国民のために放棄している。1961年の独伊協定に基づいて一定の賠償がなされてきたが、同協定は本事件で問題となっているイタリア国民の法的地位に影響を及ぼすものではない。また、これらのイタリア国民の法的地位は、対伊平和条約における請求権放棄の範囲と密接に関連している。賠償に関してドイツが制定してきた法律(2000年の「追憶・責任・未来」基金設立法等)において一部の犠牲者が賠償を受けなかったという事実によって、問題となっているイタリア国民への国際法上の賠償義務

に関して新しい紛争が生ずることにはならない。イタリアが反訴によって提起しようとしている紛争は、両当事国間における欧州紛争解決条約の発効前に存在した事実や状況に関するものである。イタリアの反訴は受理不可能である(13対1) (paras.26-33)。

(b) 訴訟参加を求める国は、裁判によって影響を受けることのある法律的性質の利害関係を特定し、どのようにその利害関係が影響を受けることがあるのかを示す必要がある。ギリシャは、そのような利害関係として、ギリシャの裁判所の判決とそれらをイタリアの裁判所が執行可能であるとしたことを指摘している。国際司法裁判所がドイツの請求について判断する上で、ギリシャの裁判所の判決について国家免除の原則に照らして検討することが必要となる可能性がある。このことは、ギリシャが裁判によって影響を受けることのある法律的性質の利害関係を有していることを十分に示している。非当事国としてのギリシャの訴訟参加(規程第62条)を認める(15対1) (paras.22-32)。

(c)1 国家免除が礼譲ではなく国際法によって規律されていることに両国は同意しているが、適用される条約がないため慣習国際法の存否が問題となる。関連する国家実行は、国内判例、国内制定法、条約起草過程での国家の発言等に見出され、法的信念は、免除請求国家や免除付与国家の主張等に反映されている。両国は、慣習国際法としての国家免除の存在については概ね合意している。適用する慣習国際法がドイツの行為時点(第2次世界大戦中)のものかイタリアでの裁判手続時点のものかについて両国は意見を異にしているが、ドイツの請求は裁判権免除の否定というイタリアの行為に関わることから、イタリアでの裁判手続時点の法を適用する(paras.52-61)。

2 ドイツ軍の行為は明らかに主権的行為であり、主権的行為には一般に裁判権免除が与えられる。イタリアは、免除の否定が慣習国際法に違反しない根拠の1つとして、法廷地国内での不法行為についての免除例外を援用するが、本事件の紛争は武力紛争時の軍隊の行為に限定されているため、この免除例外の適用可能性について答える必要はない。国連国家免除条約には欧州国家免除条約第31条(軍隊の行為に関する免除には影響を及ぼさない)に対応する規定がないが、国際法委員会草案の注釈等の起草過程やノルウェー等の批准時の宣言に照らせば、国連国家免除条約の不法行為免除例外規定(第12条)は、軍隊の行為に関する裁判権免除の否定を支持するものではない。武力紛争時の軍隊による不法行為については、法廷地国内での行為であっても裁判権免除を与える国内法や国内判例がある(ギリシャについては、ディストモ村事件後、特別最高裁判所が類似事件で裁判権免除を認めている)。この国家実行には法的信念が伴っており、慣習国際法は、武力紛争時の軍隊の行為に関する不法行為訴訟において裁判権免除を与えることを今日も求めている(paras.62-79)。

3 イタリアは、また、①国際人道法の重大な違反、②強行規範違反、③他の救済手段の不存在を根拠とする免除例外を主張する(para.80)。①については、先決的問題であ

る裁判権免除の有無を国内裁判所が判断するために本案(違反の重大性)に関する判断が必要になるという論理的問題があるが、いずれにせよ、そのような主張を支える国家実行がない(paras.81-91)。②は、強行規範と裁判権免除との間に抵触があることを前提とするが、裁判権免除は手続的性格をもち、問題の行為の合法・違法には関わらないため、抵触は存在しない。同様に、慣習国際法に従った裁判権免除の付与は、強行規範違反がもたらした事態の承認にも、その維持への協力にもならず、国家責任条文第41条に反しない(paras.92-97)。③についても、裁判権免除の付与を他の救済手段の存在にかからしめる国家実行が存在しない(paras.98-104)。①～③の累積効果による裁判権免除の否定も認められない(paras.105-106)。イタリアの裁判所によるドイツの裁判権免除の否定は、ドイツに対するイタリアの義務違反である(12対3)(paras.107-108)。

4　イタリアの裁判所が、イタリアにあるドイツの財産に対して裁判上の抵当権を設定した問題については、国家財産の執行免除に関する慣習国際法は、狭義の裁判権免除に関するものとは区別して適用されるため、ギリシャの裁判所による裁判権免除違反の有無を検討しなくても、イタリアの裁判所による執行免除違反の有無について判断することができる。国連国家免除条約第19条(判決後の執行免除)が、すべての面において慣習国際法を反映しているかどうかを決定する必要はなく、国家財産に対して執行措置をとるための条件(非主権的行為のための当該財産の使用、執行措置への明示的同意等)のいずれかを充たしていれば足りる。しかし、Villa Vigoniは、両国間の合意に基づいて組織・運営されており、ドイツの主権的行為のために使われている。他の条件も充たしておらず、問題の措置は、ドイツの免除を尊重するイタリアの義務に違反する(14対1)(paras.109-120)。

5　イタリアの裁判所が、ギリシャの裁判所の判決は執行可能であると宣言したことは、執行免除ではなく裁判権免除の問題である。ギリシャの裁判所による裁判権免除違反の有無については判断する必要がなく、また、本事件の当事国ではないギリシャの権利義務に関わるため、判断することができない。外国の裁判所が第三国に対して出した判決の執行可能宣言を求められた裁判所は、当該事件の性質を考慮して、当該第三国が、執行可能宣言を求められた国の裁判所において裁判権免除を享有するかどうかを検討しなければならない。既に示した理由により、イタリアの裁判所は、仮にディストモ村事件と同じものについて提訴がなされれば、ドイツに免除を与える義務を負っている。イタリアの裁判所が、ギリシャの裁判所の判決は執行可能であると宣言したことは、ドイツの裁判権免除を尊重するイタリアの義務に違反する(14対1)(paras.121-133)。

6　国際違法行為に対する国家責任に関する一般国際法によれば、国際違法行為について責任を有する国家は、その行為が継続している場合には、それを停止する義務を負っている(国家責任条文第30条(a))。その行為が終了している場合でも、賠償により、違法行為

が行われる前に存在した状態を回復する義務を負っている(同35条)。したがって、イタリアは、立法その他の自らが選ぶ手段で、国際法に違反するイタリアの裁判所の判決が効果を失うようにしなければならない(14対1)(para.137)。ドイツは、将来においてイタリアの裁判所が、第2次世界大戦中のドイツによる国際人道法違反に関する対ドイツ訴訟における裁判権行使を控えることを確保するために必要な措置をイタリアがとるように命ずることも求めている。しかし、一般論として、国家が、国際司法裁判所によって違法であると宣言された行為を将来において繰り返すとは考えられないため、再発防止の約束を命ずるのは、特別な事情により正当化される場合のみである。本事件においては、そのような事情は存在しないため、この点に関するドイツの請求は斥ける(全員一致)(para.138)。

【論点】1 国家の裁判権免除に関する制限免除主義とは、業務管理的行為と区別される主権的行為についてのみ免除を与えるものと一般に説明されてきた。他方で、一部の国内法や国連国家免除条約にある不法行為免除例外規定(法廷地国内での不法行為について免除を否定)は、文言上は国家の行為を区別していない。本事件では、このような免除例外が慣習国際法上認められるかどうかが争われたが、裁判所は、この問題に答えることなく、いずれにせよ武力紛争時の軍隊の行為については国家免除が与えられるとした。しかし、武力紛争や軍隊の行為について言及のない国連国家免除条約を文言に従って解釈すれば、不法行為免除例外規定は武力紛争時の軍隊の行為にも適用され、また、一部の国内法は、少なくとも法廷地国の同意を得ていない外国軍隊の行為については免除例外規定の適用対象とし、免除を否定する国家実行と見ることができる(ガヤ特別選任裁判官の反対意見も参照)。

2 国家免除に対しては古くから批判もあり、近年では、国際法上の強行規範違反(拷問等)について、また、人権条約が保障する「裁判を受ける権利」の観点から、国家免除を否定ないし制限すべきことが主張されてきた。フェリーニ事件やディストモ村事件〔⇒170A〕は、そのような流れの中に位置づけられる。もっとも、強行規範違反を理由とする免除否定論については、裁判所も述べるように、国家免除は手続規則であるため、実体法規則である強行規範との間には抵触は存在せず、また、免除の付与が強行規範違反を容認することにもならないことから、支持しがたい。他の救済手段の不存在を理由とする免除否定論(「最後の拠り所」論)は、国家の国際違法行為について当該国家が救済手段を設けていない場合に、被害者である私人の国籍国が外交的保護を行使できることと整合的な考え方ではあるが、国家実行においては受け入れられておらず、裁判所が「最後の拠り所」論を斥けたことは、現在の慣習国際法上の判断としては妥当であったといえよう。

3 国家免除のうち執行免除については、狭義の裁判権免除の場合と同様に、主権的行為のために使用されている財産(主権的財産)についてのみ執行措置からの免除を認める立

場が一般的である。難しいのは、問題となっている財産が主権的財産か否かの具体的な判断である。裁判所はVilla Vigoniがドイツの主権的財産であることは明らかであると述べるが、国連国家免除条約第21条が主権的財産として例示するもの（外交使節団用財産、軍事用財産、文化遺産等）と比較しても、そのようには思われない。本事件でイタリアが、抵当権の設定の抹消を裁判所が命ずることに異議はないとし、この点を特に争わなかったことに照らしても、実態としては、主権的財産ではないが執行免除を与えることに両国が（黙示的に）合意した結果と捉えるのが適当といえよう（国連国家免除条約第26条参照）。

4　国家免除に関する規定の遡及適用について、欧州国家免除条約は、訴訟の原因となった行為の時点を基準とする条約の不遡及を定めており（第35条）、本事件のように条約採択前の行為に基づいて提起された裁判には適用されない。他方、国連国家免除条約は、裁判手続開始時点を基準としており（第4条）、第2次世界大戦中の行為に基づく裁判であっても、提訴が条約発効後であれば適用される。このような両条約の違いについては本事件では争われなかったが、一部の国内法は行為時を基準とする不遡及を定めており、また、この意味での遡及適用に積極的な判例は米国以外には見られず、行為時を基準とする国家免除規則の不遡及を一般国際法は求めていると考える余地がある。なお、日本の対外国民事裁判権法は、国連国家免除条約に準じて提訴時を基準としている（附則第2項）。

5　裁判所は、イタリアによる国際法違反を認定した上で、イタリアに対し、立法その他の自らが選ぶ手段で、ドイツの国家免除を侵害する措置が効果を失うようにすることを命じた。本判決後、イタリアでは、裁判所が（国連憲章第94条や規程第59条等を援用しつつ）個別的に対処していたが、2013年1月の法律で、他国の特定の行為を民事裁判権に服させることを国際司法裁判所が否定した場合には、同じ行為について裁判官は手続のいかなる段階においても裁判権の欠如を判示すること、また、国際司法裁判所の判決に反する判決については、申立てによる取消しが可能であることを定めた。この規定については、イタリア憲法における一般的な人権保障や裁判を受ける権利と適合するかどうかが問題となり、イタリア憲法裁判所は当該規定が違憲であると判断した（2014年10月22日判決）。なお、イタリアは2013年5月に同条約に加入しているが、加入時の宣言において、同条約は軍隊や軍隊構成員の活動には適用されないという理解を表明している。

【参考文献】
水島朋則『主権免除の国際法』（名古屋大学出版会、2012）第7章、同『基本判例50Ⅱ』、同「欧州における『過去の克服』の現在―独伊戦後賠償に関わる国際司法裁判所判決の履行を違憲とするイタリア憲法裁判所判決を素材として」『法律時報』87巻10号（2015）、坂巻静佳「国際司法裁判所『国家の裁判権免除』事件判決の射程と意義」『国際法研究』1号（2013）、松田幹夫『判決・意見Ⅴ』。

（水島　朋則）

27 プリンツ事件（Hugo Princz v. Federal Republic of Germany）

裁　判　所　米国コロンビア特別区連邦控訴裁判所
判　　決　　1994年7月1日
出　　典　　*26 F. 3d. 1116 ; 33 ILM 1484

【事実】　米国国民でユダヤ人であるプリンツは、1939年に第2次世界大戦が勃発した当時17歳であり、家族とともにスロバキアに住んでいた。1942年ドイツが米国に対して宣戦したとき、すでにスロバキアは、ドイツの被保護国となっており、プリンツ一家の身柄はドイツに引き渡された。彼らはユダヤ人であったために、強制収容所に送られた。両親と姉妹は、収容所で殺されたものと思われる。プリンツとその弟たちは、ビルケナウに送られ、そこでドイツ会社の化学工場で働かされた。弟たちはそこで仕事中に怪我をして「病院」に送られ、餓死するまで放っておかれた。ワルシャワに送られたあと、プリンツは、ダッハウまで歩かされ、そこでまたドイツ会社の飛行機工場で働かされた。戦局がドイツに決定的に不利になるなか、彼らは、殺されるためにそこから貨物列車に詰め込まれて輸送された。その途中、米軍によって解放された。

　1955年にプリンツが西ドイツ政府に対して賠償を請求したときには、同政府は、彼が、ドイツ国民でも難民でもないことを理由にそれを拒否した。1965年、西ドイツ法の改正により、プリンツにも賠償受給資格が生じたと思われるが、彼は、期限内に申請しなかった。(西)ドイツ政府に直接に、また米国政府を通じて間接に、賠償を得るため働きかけた後、1992年、プリンツは、不法な拘禁、脅迫および暴行による損害ならびに精神的損害について賠償を、また、2つの工場での役務提供相当額の返還を求め、ドイツを相手どって米国の連邦裁判所に訴えた。

　第一審のコロンビア特別区連邦地方裁判所は、かつての無法国による争いの余地のない野蛮行為が問題になっているときには、1976年の外国主権免除法(以下、免除法)は適用の余地がなく、プリンツは米国市民であるがゆえに裁判による救済を受けることができるとして、管轄権を確認した。これに対してドイツが控訴したのが本件である。なお、本件判決に対して連邦最高裁判所は、上告許可令状を与えず、本件は確定した。

【判決要旨】　連邦地方裁判所判決破棄、事件を却下(2対1)。

　1　ドイツは、プリンツの損害発生時の主権免除についての法、つまり絶対免除主義の規則を適用すべきだと主張するが、免除法が適用されると仮定しても(以下、2〜4)、また、

損害時の法が適用されると仮定しても（以下、5）、いずれにしても管轄権が認められないことから、この点について判断する必要がない (pp.1169-1171)。

 2　プリンツは、会社への自らの労働力の貸与は商業活動だとし、ドイツは、私人が囚人を捕らえ拘禁することはないので、商業活動ではないと言う。しかし、問題の行為が「商業活動」かどうかについては、判断する必要がない。免除法上、その例外に当たるための要件として課されている「米国内への直接の効果」がないからである。判例から、「直接の効果」とは、他の事情の関与がなく、曲折や中断がなく生じたものでなければならない。労働力が米国に対する戦争遂行のために使われたことも、帰国後も苦しみが継続していることも、この基準を満たさない (p.1172f.)。

 3　法廷の友 (*amicus curiae*) たちは、ユス・コーゲンスに違反することによって、ドイツは免除を黙示に放棄した、と主張する。こうした文明世界の基本的要請を犯すことによって国家は主権者として取り扱われる権利を放棄した、というわけである。たしかに、ナチスの行為ほど大規模にユス・コーゲンスに反するものはない。しかし、そのような判例は引用されていない。判例および立法過程からは、要するに、黙示の放棄とは、外国政府がある時点で訴訟に服してもいいと表示したかどうかによるのである。しかし、ドイツがナチスの行為について裁判権免除放棄の意思を黙示にさえ表示したとは、証明されなかった (p.1173f.) (なお、ヴァルド裁判官の反対意見は、もっぱらこの3の点を対象とするものである)。

 4　免除法は、その制定当時に米国が当事国であった条約に別段の定めがある場合を留保している。かかる条約規定として、ハーグ陸戦条約の、占領地住民の国籍国に対する軍事活動への参加強制の禁止についての規定 (〔ハーグ陸戦規則〕第52条)、および、この規定に違反した場合の賠償支払義務の規定 (第3条) が検討対象となる。しかし、判例によれば、免除法のこの例外にあたるためには、かかる条約規定が免除法の規定と明らかに抵触する必要がある。上の規定のいずれもが個人に賠償請求権を保障したものでないことは、判例が一致して認めるところである (p.1175)。

 5　外国国家に対する訴訟について連邦裁判所に管轄を認める規定は、免除法制定時に、免除法で包括的に取り扱われていることを理由に削除された。この削除された規定を根拠にその後管轄が認められるという判例はない。したがって、プリンツが損害を受けた時点での免除の法、すなわち絶対免除主義が適用され、連邦地方裁判所の管轄権はない (p.1176)。

【論点】1　論理的には、主権免除が問題になる前の段階において、まず米国が本件について国際法上管轄権を有するかが問題になる。ところが、本件においては、国家の管轄権はそれ自体としては問題とされていない。これは、免除法が、そうした問題も取り込んだ形で規定していることを受けたものであるが、免除法の規定を単に適用するだけで十分かど

うかは問題となる。ただ、「商業活動」例外に関連して「直接の効果」について示された判断基準は、国家管轄権の限界を確定する上で参考になる。

2　本件の最大の争点は、ユス・コーゲンスの違反が免除法上の免除の黙示放棄にあたるかどうかであった。ユス・コーゲンスに直接反する意思表示が無効だとしても、その違反により、特定の意思（しかもその救済手続についての意思）が推定されることはない。この点についての結論は、最近の米国判例でも一致して認められている。

3　しかし、法廷の友や反対意見の趣旨はむしろ、ユス・コーゲンス違反によって主権免除を主張する資格を喪失する、ということにあり（第一審判決も同様）、この点は、免除法の解釈としては無理としても、国内立法論および国際法上の問題としては検討の余地がある。ただ、主権免除は、紛争処理手続についての規則であり、争われている実体問題の重要性が直接関連する事項ではない。ユス・コーゲンス違反（の主張）がそれだけで国家の手続的権利を奪う効果をもたらすとはいえないであろう。

4　本件の事実は、2008年の国連国家免除条約に代表される近年の国家免除規則の下では、不法行為例外（同12条）の文脈で議論されるものである。この場合、本件で議論された商業活動の要件は重ねて問われることはないことに注意が必要である。ただし、不法行為例外規則も領域外の行為については厳重に適用が排除されている。

5　主権免除は、国際礼譲の規則であって国際法上の原則ではないとも主張されている。反対意見はこの立場を明示している。しかし、一般には、国際法上の原則として認められており、紛争処理手続としては合理性をもっている。つまり、まず主張が向けられた国家の裁判所で争うことが、国家間紛争を未然に防ぐ上でも重要である。関連して、反対意見は、主権免除の例外性を強調するためにスクーナー船エクスチェンジ号事件〔⇒22〕を援用するが、そこで言われているのは、領域的裁判権からの例外性であり、領域的つながりのない本件の文脈と合致していない。

6　ハーグ陸戦条約の解釈について、判例を踏襲した判断が示されているほか、ユス・コーゲンスの一般的概念とその内容についても示唆するところがある（オランダ元捕虜等損害賠償請求事件〔⇒167〕）。

【参考文献】
岩沢雄司「アメリカ裁判所における国際人権訴訟の展開(1) (2・完)」『国際法外交雑誌』87巻2号、3号(1988)、同「国家免除」総合研究開発機構編『経済のグローバル化と法』(1994)、河野真理子「国家免除における制限免除の存立基盤」『国際私法年報』10号(2008)、水島朋則『主権免除の国際法』(名古屋大学出版会、2012)。

（小畑　郁）

(5) 管轄権の域外適用

28　Yahoo!オークション事件

(a)(b)(c) Ligue Contre le Racisme et l'Antisémitisme et Union des étudiants juifs de France c. Yahoo! Inc. et Société Yahoo! France
(d)(e)　Yahoo! Inc. v. La Ligue Contre le Racisme et l'Antisémitisme

裁　判　所	(a)(b)(c) パリ大審裁判所 (d)(e) アメリカ合衆国連邦地方裁判所(N.D. California)
命令・判決	(a) レフェレ(急速審理)命令　2000年5月22日 (b) レフェレ(急速審理)命令　2000年11月20日 (c) 判決　2003年2月11日　(d) 管轄権判決　2001年6月7日 (e) 判決　2001年11月7日
出　　典	(a)(b)(c) http://www.juriscom.net/ (d) 145 F.Supp.2d 1168.　(e) 169 F.Supp.2d 1181.

【事実】　カリフォルニアにサーバーのあるYahoo!オークションに、ナチ関連の物品が出品されていた。Yahoo!オークションはインターネット上のサービスであるため、ナチ関連物品の陳列が刑法により禁じられているフランスにおいても、インターネットを経由してこれら物品をコンピューターの画面上に表示させることが可能であった。そこで、反人種差別／反ユダヤ人排斥連盟(LICRA)とフランスユダヤ人学生連合(UEJF)などの団体は、サーバーからの関連データの削除とデータの破棄を求めて、フランスの裁判所に提訴した(action civile「付帯私訴」。犯罪によって生じた損害の賠償を求める訴え。刑事手続開始の効果を持つため、犯罪者の処罰を求めて提起されることが少なくない)。

【判決・命令要旨】(a)1　フランス領域内からyahoo.comにアクセスし、特にYahoo!のオークションサービスを提供するサイトを通じて、フランス領域内のパソコンの画面上にナチ関連の物品を表示することができることについては、争いがない。そして、販売目的でナチ関連物品を陳列することは、フランス刑法典R.645-2条に違反する。したがって、フランスにおいてこれら物品を画面に表示できるようにし、さらに、フランス領内にいる者がこれら物品の売買行為に参加できるようにすることによって、Yahoo!社は、フランス領域内においてフォート(faute「非行」とも訳される。フランス民法では、①損害、②フォート、③損害とフォートとの因果関係、の3要件の充足により、不法行為責任が成立する)を為したのである。このフォートは、故意によるものではないものの、フランスにおいてナチズムの流布を告発することを任務とするLICRAとUEJF(参照、1881年プレス自由法24条bis、48-2条)に損害を与えている。損害がフランスにおいて発生している以上、新民事訴訟法典46条(不法行為について、損害発生地裁判所の管轄権を定める)に基づき、本裁判所が管轄権を有する。

2　Yahoo!社は、フランスからのアクセスのみを制限するのは技術的に不可能だと主張する。しかし、IPアドレスによりフランスからのアクセスを制限することは可能であるし、

どこからアクセスされているのか判らない場合には一律にアクセスを拒否することも可能である。したがって、Yahoo!社は、ナチ関連物品が出品されているオークションサイトにフランスからアクセスできないようにしなければならない。

　(b)1　専門家の意見によれば、IPアドレスによりフランスからのアクセスを特定することは可能である(pp.4-15)。

　2　Yahoo!社は、既に、臓器・麻薬・児童ポルノなどのオークションへの出品を拒否している。ナチ関連物品についても出品を拒否することはほとんどコストを生まず、むしろ、出品拒否によってすべての民主社会が共有する倫理的・道徳的要請が充たされることになるであろう。したがって、Yahoo!社は2000年5月22日のレフェレ命令に従わねばならず、本命令から3カ月を経ても従わない場合には1日10万フランのアストラント(astreinte「罰金強制」とも訳される。債務履行遅延につき一定額の支払いを債務者に命ずることを内容とする間接強制)が科される(p.18)。

　(c)　Yahoo!社は、2001年1月にオークションサイトのシステムを修正し、ナチ関連物品の出品を受け付けないようにした。(b)のレフェレ命令を受けてYahoo!社は迅速に対応したのであり、通信自由法43-8条により、Yahoo!社の民事責任、また、Yahoo!社社長の刑事責任のいずれも、発生しない(2000年8月1日修正法。サーバー管理者は、サーバー内の特定のデータへのアクセスを妨げることを求める司法機関の命令に迅速に従わない場合にのみ民事または刑事責任を負う、と定める。当該条文は2004年6月21日のデジタル経済信頼法により廃止され、同法6条1項の2が類似の規則を定めている)(p.13)。

　(d)1　Yahoo!社は、(b)の命令は、アメリカ合衆国憲法および同国諸法に反するため、アメリカ合衆国内においては執行できない、との宣言判決を求めている。これに対し、LICRAおよびUEJFは、本裁判所は人的管轄権を有さないと主張する(p.1171)。

　2　本裁判所は、フランス裁判所の判決を執行することにおけるフランスの主権的利益を尊重する。しかしながら、フランスのその主権的利益は、アメリカ合衆国住民が享受する憲法的・法律的権利を保護するというアメリカ合衆国自身の主権的利益と比較考量されねばならない。比較考量の結果、本裁判所は本件につき人的管轄権を有すると結論づけられる(p.1178)。

　(e)1　アメリカ合衆国憲法修正1条は、観点(viewpoint)に基づく言論の規制を原則として禁じている。本件フランス裁判所の命令は、あまりに一般的であって、修正1条が求める厳格な審査に耐えるものではない(p.1189)。

　2　フランスは、どのような言論がフランスにおいて許容されるかを決定する主権的権利を有している。しかし、本裁判所は、アメリカ合衆国内で保護されている言論に萎縮効果を与えることによってアメリカ合衆国憲法上の保障を侵害する外国の命令を、執行することはできない。インターネット上の言論に関する国際的基準を定める法が存在しない現

状においては、外国判決・命令を執行すべしとする礼譲の要請よりも、憲法修正1条を遵守する本裁判所の義務が優位する (pp.1192-1193)。

【論点】1　国家が自国領域外において管轄権を行使する場合、執行管轄権については、他国領域内において当該領域国の同意なしにこれを行使することが国際法違反であることに、ほぼ異論はない(アイヒマン事件〔⇒96〕)。しかし、立法管轄権の限界については論争が絶えない。

　2　ある国の国内法の規制対象事実の一部が当該国内で生じる場合に当該国が(主観的・客観的)属地主義に基づく管轄権を行使できることに争いはなく(ロチュース号事件〔⇒2〕)、従来問題とされてきたのは、ある国の領域外で生じた事実の「効果」のみが当該国領域内に及ぶ場合の当該国管轄権行使(「効果理論」)であった。現在は、効果理論そのものは否定されず、その限界に議論が集中している(例えば、ティンバーレイン事件(米)、ジェンコー事件(EC)、ブラウン管カルテル事件(日))。

　3　これまで主として経済法(独占禁止法)分野で論じられてきたこの問題は、インターネットの登場および普及に伴い、より一般的な形で現れることになった。ある言論・表現行為がA国で違法とされる場合、インターネットに接続されたサーバーにその言論・表現を内容とするデータをアップロードすれば、アップロード行為がどの国からなされようとも、また、サーバーがどの国に位置していようとも、A国内でも当該言論・表現の閲覧ないし視聴が可能となるため、A国において違法行為がなされたと考えることも不可能ではない。ならば、A国の立法管轄権は、インターネットというバーチャルな「空間」を介して、世界中に及ぶのか。本件において、パリ大審院はこれに肯定的に答えた。ドイツ連邦通常裁判所も、類似の事例において同様の判断を示している(テーベン事件判決、2000年12月12日)。つまり、インターネットを介在させると、(効果理論ではなく)客観的属地主義に基づく管轄権行使にも制約がなくなるのである。

　4　さらに、本件のように、ある国においては人権として保護を受ける言論・表現活動が他国において差別的表現活動として違法とされる場合、問題は一層複雑になる。いわゆる「歴史修正主義」への法的対応は、「闘う民主主義」を選択するヨーロッパ大陸諸国(参照、ゲッソ法事件〈自由権規約委員会〉)と、表現の自由に重きを置くアメリカ合衆国や日本(人種差別撤廃条約4条(a)(b)への留保)とで、大きく異なっている。経済法分野においても、経済政策が諸国間で大きく異なる場合に管轄権域外行使紛争は先鋭化している(シベリア・パイプライン事件)。

　5　法規制が国ごとに異なることから生じるこれらの問題を回避するためには、法規制の国際基準の策定が必要であり、サイバー犯罪条約(2001年)はその嚆矢である。また、経済法分野においては、管轄権域外行使紛争を未然に防ぐための各国当局間協力制度の構築も試みられている(例えば、日米独禁協力協定)。

6 なお、(e)判決は上訴され、いくつかの中間的判断を経た結果、2006年の連邦控訴裁判所判決(433 F.3d 1199 (9th Cir. 2006), cert. denied, 126 S.Ct. 2332 (2006))により、Yahoo!が自発的にフランス裁判所の命令に従っている現状では紛争が成熟しておらず管轄権を行使できないなどの理由で、Yahoo!社の請求を確定的効力なしに(without prejudice)却下すべきとの命令と共に連邦地裁に差し戻された。

【参考文献】
王志安「サイバー空間と国際法」『駒澤法学』1巻2号(2002)、根岸哲「独禁法の国際的執行・協力」日本経済法学会編『経済法講座2』(2002)、石黒一憲「ボーダーレス・エコノミーへの法的視座(147)(148)」『貿易と関税』51巻9号・10号(2003)、渡邊卓也「インターネットにおける『アウシュビッツの嘘』の公開とドイツ刑法の適用」『早稲田法学』79巻2号(2004)、小寺彰『パラダイム国際法』第8章(有斐閣、2004)、根岸哲「判例批評(ブラウン管カルテル事件)」『民商法雑誌』154巻5号(2018)。

(濵本　正太郎)

第2節　国際機構

29　国連加盟承認の条件と手続

A　**国連加盟承認の条件(憲章第4条)事件**(Conditions de l'admission d'un État comme membre des Nations Unies (Article 4 de la Charte))
B　**国連加盟承認のための総会の権限事件**(Compétence de l'Assemblée générale pour l'admission d'un État aux Nations Unies)

諸問機関　国際連合総会
裁判所　A・B　国際司法裁判所
勧告的意見　A 1948年5月28日　B 1950年3月3日
出典　A ICJ(1947-1948)57　B ICJ(1950)4

【事実】　国際連合の加盟国となることの承認は、安全保障理事会の勧告に基づいて総会が決定する(憲章第4条)。しかし、国連発足直後の2年間には、15カ国からの申請に対して、4カ国が加盟を認められたに過ぎず、他の諸国は、安保理において加盟を認めるべき旨の勧告を得られず、加盟できなかった。国連は東西2つのブロックが対立して冷戦状態が始まっており、いずれの側も加盟承認の可否を政治的条件にかからしめ、またソ連は両陣営の国々の同時加盟を主張していた。1947年9月にポーランドおよびソ連は安保理で、ハンガリー、イタリア、ルーマニア、ブルガリア、フィンランドを一括して加盟承認を勧告するよう提案し、これに対して米、英、豪は、各国ごとに審査すべきことを主張した。結局、各国個別に審査したところ、東側3カ国は、安保理の多数を得られず、また西側2カ国にはソ連が拒否権を行使した。総会ではこうした安保理の状況に対して疑問が出され、1947年11月に国際司法裁判所に次の法律問題について勧告的意見を要請した。これに関して裁判所規程第66条に基づいて15加盟国と事務総長が書面により意見を提出し、さらに5カ国と事務総長が口頭陳述を行った。

　「国連加盟国は、憲章第4条の下で、ある国家に国連加盟国の地位を認めることについて、安全保障理事会または総会で投票するに際して、加盟の承認を同条1項に明示されていない条件にかからしめることは法上可能であるか。とくに、申請国が同条に定める条件を満たしていることを認めつつ、その賛成投票をその国と同時に他の国も国連加盟国として承認するという条件に従わせることができるか」。裁判所は、翌48年5月28日に、この2つの質問のいずれに対しても否定的な回答を与えた。また総会も、加盟国に対してこの意見に従って行動するよう求める決議を採択した。

　しかし、その後も安全保障理事会では新加盟承認の勧告が得られなかったため、総会は、1949年11月22日の決議であらためて裁判所に対して、「ある国が必要な多数の賛成を得られないか、またはいずれかの常任理事国が加盟承認を勧告する決議案に反対票を投じたため、安全保障理事会が加盟の承認を勧告しなかった場合に、憲章第4条2項の規定に基づき、

総会の決議によって、その国を国連加盟国として承認することができるか」について勧告的意見書を要請して、事態の打開を試みた。しかし、裁判所はこれにも否定的回答を与えた。これについて、加盟国8カ国と事務総長が書面で、さらに1カ国が口頭で陳述を行った。

【意見要旨】A1　まず、この意見要請は、投票自体や加盟国の意見表明の自由に関するものではない。また加盟承認条件の意味や範囲、要素を確定しようとするものでもない。質問は2つの部分から成っているが、総会の質問は、第4条1項の条件が限定的性格のものであるか、という1点に絞られるのであり、これが肯定されれば、加盟承認を同条に明記する以外の条件にかからせることはできないことになる。この質問は、実質的に条約規定の意味を確定すること、つまりここでは加盟条件の性格を決定するという解釈問題であり、これはまさに法律問題である (pp.60-61)。

この問題が政治的性格のものであることや、質問が抽象的な形でなされていること、また裁判所に憲章解釈権限がないことを理由に、裁判所の管轄権を否定する主張があるが、裁判所は司法的機能を有し、それを行使するものであって、憲章第96条と裁判所規程第65条に基づき、管轄権がある (pp.61-62)。

2　第4条1項に定める加盟承認条件は、①国家、②平和愛好的、③憲章義務の受諾、④その義務の履行能力および⑤履行意思、の5つである。第4条1項の自然の意味によれば、列挙された条件は網羅的であって、単に指針や例示的なものではない。これらの条件は必要かつ十分な条件である。また、これらの条件は必要最小限のものであって、その上に政治的考慮を付け加えることができるとする解釈は、あたかも既加盟国にそうした新しい条件について不確定で実質上無制限な裁量権限を認めてしまうことになり、加盟承認に関して、加盟国の地位と憲章の原則・義務の遵守とを密接な関係で定めた法規則の性質と両立しない。裁判所は、この条文が十分に明確であり、準備作業に依拠する必要はないと判断する。またこの解釈は安全保障理事会仮手続規則第60条の基礎ともなっている (pp.62-63)。

3　しかし、この条文は、条件を確認するための事実状況を評価する際の裁量を認めている。本条は、その条件について合理的かつ誠実に事実要素を考慮することを禁じていない。この条件は極めて広範かつ柔軟な性格をもっているため、かかる考慮は、加盟承認条件に関連する政治的要素を排除するものではない (p.63)。

4　また第4条1項が実質規則を定めるのに対し、2項は加盟承認の手続を定めている。それは、機構の判断やその評価の性格ではなく、加盟承認の形態を示しており、この手続における安保理と総会の各々の任務を定めたものである。また、たしかに両機関とも政治的機関であるが、かかる政治的機関であっても憲章規定を遵守しなければならない。さらに憲章第24条により安保理に与えられた政治的責任も一般的なものであって、加盟承認

という特別規則に影響するものではない。したがって第4条にかかげられた条件は、制限的性質を有する(p.64)。

5　質問の後半は、ある国の加盟承認に対する同意を他の国の加盟承認にかからせるという要求に関するものであるが、こうした条件は第4条とは関係がなく、外的な考慮を導入することになってしまう。また、第4条に従えば、いずれの国の加盟申請も個別の審査と表決の対象となる。したがってこうした条件は第4条の文言と精神に合致しない(9対6)(pp.64-65)。

B1　裁判所に求められているのは憲章第4条の解釈であるが、その前に本件に関する裁判所の管轄権と本件の政治性の主張について考慮する必要がある。管轄権については48年の意見で述べた通り、多数国間条約たる憲章の中の第4条の解釈は裁判所に与えられた司法権限の正当な行使である。また、本件意見要請は、条文の解釈を求める抽象的な形で記されており、本質的に裁判所に司法的な機能の行使を求めているのであって、意見要請に政治的性格を与えるものではない。したがって、裁判所が本件質問に答えることを避けねばならない理由はない(pp.6-7)。

2　本件質問は、安全保障理事会が、多数の賛成を得られないか常任理事国が拒否権を行使したために、勧告が行いえなかった場合に限られている。したがって問題は、安保理からのいかなる勧告もない場合に、総会が加盟承認を決定しうるか否かである。この点につき、第4条2項の文言は疑問の余地がない。条文は加盟承認を行う場合に安保理の「勧告」と総会の「決定」の2つを条件としており、当然のことながら決定に先立って勧告が必要である。この2つは、国連が判断を下すに不可欠な行為である。加盟承認は安保理の勧告に基づいてのみ、総会が決定しうる。条文はこの2つの機関それぞれの役割を定めており、加盟承認には両機関の協調的行動を条件としている。言いかえれば、安保理の勧告は、加盟承認が行われるための前提条件である(pp.7-8)。

3　ある加盟国からの書面による意見で、第4条2項の異なる解決の可能性が示唆されたが、裁判所の見解では、本条項の文言の自然で通常の意味は明白であり、憲章起草の準備作業を検討するまでもない(p.8)。

4　上記の結論は憲章の構造にも合致する。総会と安保理はいずれも国連の主要機関であり、安保理は総会に従属するものではない。また加盟国の地位に関して憲章は安保理と総会が協力して行動することを定めている。従来から両機関とも、総会は安保理の勧告に基づいてのみ加盟承認を決定できる、との意味に本条項を解釈してきた。総会手続規則第125条〔当時〕も、安保理が加盟承認を勧告した場合のみ加盟について審議し決定する旨を定めている。また同規則第126条〔当時〕は、安保理の勧告がない時、総会は将来の審議のために安保理に加盟申請を返送することができると定めており、この手続はこれまでに何

度もとられたことがある。安保理の勧告がない場合に総会に加盟承認権能を認めれば、安保理から憲章が安保理に与えた重要な権能を奪ってしまうことになり、この機構の枢要な任務の1つである新加盟の承認にあたって安保理の果たすべき役割をとるにたらないものにしてしまう (pp.8-9)。

　総会は「勧告がないことをもって『非好意的な勧告』があったものとみなし、これを基礎にして、総会が加盟承認決定をすることができる」という見解は、裁判所としては受け入れられない。サンフランシスコ会議の際にかかる非好意的勧告の可能性が主張されてはいるが、実行上はかかる勧告はこれまでに行われたことがない。第4条2項は、安保理の好意的勧告のみを想定しており、非好意的勧告は同条の定めるところではない。本件の質問の範囲は総会の権限範囲についてであり、総会は、安保理の表決の意味を修正して、それと反対の意味を与える権限は与えられていない。したがって、安保理が勧告は採択されなかったと考えるにも拘わらず、安保理によってなされた表決結果に勧告の性格を与える権限を総会に認めることはできない (12対2) (pp.9-10)。

【論点】1　憲章第4条1項に定められた条件は網羅的である。これが裁判所の結論である。第4条1項には①憲章義務の受諾、②義務の履行能力、③履行意思、④平和愛好的、⑤国家、の5つの条件がかかげられている。裁判所は、国家の新規加盟について、これらは必要かつ十分な条件であり、それ以外の条件をつけることは認められないとした。しかし、これら5つの条件は必ずしも明確な基準を備えていないから、結局各国が独自で判断を下すことになる。そこで、各条件もしくは5条件全体を判断するにあたって、現実に政治的考慮が働く可能性があり、裁判所も、諸条件が満たされているか否かの判断のために事実要素を合理的かつ誠実に考慮することができ、その意味で、関連する政治的要素を排除しない、とした。

　裁判所のこの立場に対しては、条件はこれですべてである、としながらも、政治的考慮の働く余地を認めていることは、条件の網羅性自体に疑問を抱かせることになる、という批判がある。政治的考慮を追加的条件とする反対意見の立場、とりわけ反対意見が、政治的考慮を働かせる際には憲章に従いかつ誠実に判断するよう述べていることとの差はどこにあるだろうか。

　2　第4条2項の解釈として、新加盟の承認には、安保理からの積極的な勧告が先に行われ、それに基づいて総会の決定が必要であることが明確になった。国連における総会と安保理の権限関係は、とくに平和と安全の維持の分野で重要な問題であるが、加盟承認手続においては両者は対等でありかつ相互補完的である。したがって、安保理が常任理事国の拒否権行使によって加盟承認の勧告を行いえない場合に、総会がその状況を一方的に評価

して、非好意的勧告があったものとみなすことは許されない。憲章の定める安保理の地位を侵すからである。

3 加盟承認に際しては、申請国を個別に取り扱って審査しなければならず、いわゆる一括加盟方式を裁判所は認めなかった。1955年に、滞っていた既申請国18カ国を対象として、加盟審査が行われたが、この時には、東西両陣営の妥協が成立して、16カ国の加盟が一度に認められて「一括加盟」と称されたが、手続的には18カ国について個別に表決を行ったものである。ちなみにこの時は、16カ国が「一括」されたが、日本とモンゴルは東西両陣営の調整の中で加盟承認が見送られ、日本の加盟は翌56年に持ち越された。

4 2つの意見によって裁判所は憲章を解釈するというその司法的任務を果たし、国連への加盟承認の条件および手続は明確になった。総会が2度の勧告的意見を求めるに際して、西側諸国は裁判所が何らかの法的便法を提示してくれるように期待したといわれる。しかし、これらの意見は行詰まり状態にあった加盟問題を実効的に解決するには役立たなかった。政治的考慮は完全には排除されなかったし、一括加盟という便宜的手段も一応否定され、拒否権行使による安保理の勧告の欠如という事態も結局は除去できなかった。加盟承認は、50年意見以後も進展せず、ようやく1955年になって、前述のように16カ国に一度に加盟を認めたが、これは基本的にはこの問題に対する東西両陣営の妥協によるものであった。

5 その他、条約解釈手段として、用語の自然な意味が明らかであるときは準備作業を参照する必要がないことや、勧告的意見手続に関連して、加盟国および事務総長が書面または口頭で意見陳述を行ったことが論点として挙げられよう。

【参考文献】
松田幹夫『高野判例』、宮崎繁樹『宮崎基本判例』、中村道『ケースブック』、松田幹夫『判決・意見Ⅰ』、皆川洸「国連加入問題に関する国際司法裁判所の勧告的意見について」『国際法外交雑誌』50巻2号(1951)、山形英郎『百選Ⅰ』。

(位田　隆一)

30　国連の職務中に被った損害の賠償事件(ベルナドッテ伯殺害事件)
（Reparation for Injuries suffered in the Service of the United Nations）

諮問機関　国際連合総会
裁判所　　国際司法裁判所
勧告的意見　1949年4月11日
出典　　ICJ(1949)174

【事実】　1948年のパレスチナ戦争の際、国際連合の調停官として現地で任務を遂行中のベルナドッテ伯爵(Count Folke Bernadotte、スウェーデン人)が、同年9月17日、エルサレム市内のユダヤ人支配地区において、他の監視員将校とともに殺害されるという事件が起こった。この問題を審理した第3回国連総会において、国連事務総長は、この種の不祥事の再発防止の措置を取る必要性と、国連が、責任を問われた国に対して損害賠償を求める必要とを説いたが、果たして国連にこのような権限があるかどうかをめぐって、種々の法的論議がなされた。このため、国連総会は、1948年12月3日に、以下の点について国際司法裁判所の勧告的意見を求める決議を採択した。

「Ⅰ．国際連合の職員が任務の遂行中に損害を被り、そのことにつき国家の責任が問われる場合に、国際連合は、責任を問われた法上または事実上の政府に対して、(a)国際連合に生じた損害につき、(b)被害者または彼を通じて資格を得た者に生じた損害につき、賠償を得るために国際請求を行う能力(capacity)をもつか。

Ⅱ．Ⅰ(b)の点についての回答が肯定的である場合には、国連のとる行動と、被害者の国籍国(本国)のもつ権利とを、どのように調和させるべきか」。

国際司法裁判所は、1949年4月11日の勧告的意見で、この諮問事項に対して肯定的回答を行った。それに基づき、事務総長は、同年12月1日の総会決議による授権を得て、イスラエルに対し、同国の支配下にある地域内での国連調停官殺害について、①国連に正式の陳謝、②犯人の逮捕と処罰、③損害賠償として5万4,628ドルを請求した(ちなみに、事務総長は、すでに被害者とその扶養家族に対して、補償金、医療費その他の費用を支払う措置をとっていた)。イスラエル政府は、国連からの請求に応じて、国連に対して正式に謝罪し、請求額の賠償金を支払った。

【意見要旨】1　国際連合は、国際法上国家がもつ国際請求を行う資格があるかという、諮問事項のⅠに答えるためには、裁判所はまず、国連は、加盟国に対して一定の権利をもち、かつその尊重を加盟国に要求できるような地位を、憲章上与えられているかという問題を検討しなければならない。換言すれば、国連は国際人格(international personality)をもつか

どうかの問題である。「国際人格」の語は、たしかに、学説上争いのある言葉である。しかし、ここでこの表現を用いたのは、「もし国連が国際人格をもつと認められれば、国連は、加盟国に対して義務の尊重を求める能力を具えた実体である」という意味においてである。国連憲章には、これについて明示に定めた規定は見当たらないから、憲章が国連をどのような性格のものとして捉えているかを考察する必要がある。各法体系における法主体 (subjects of law) は、その性質や権利の範囲において一様でなく、それぞれの社会の要請により内容を異にする。国際法は、国際社会の歴史的要請に応じて発展を遂げたのであり、国際的諸活動の増大の結果、国家以外のある種の実体 (entities) が国際場裡で活動する場合が生じた。その頂点をなすのが国際連合であり、国連はその憲章に掲げる目的および原則を達成するためには、国際人格を具えることが不可欠となっている。国連憲章は、国連を単に「諸国の行動を調和するための中心」とするにとどめず、固有の機関を備え、この機構と加盟国との間に一定の権利、義務の関係を生じる場合を予定し、これによって、一定の範囲で、国連に構成国とは別個の独立した地位を与えていることがわかる。また国連憲章は、国連に対して、国際の平和および安全の維持に関する政治的任務、経済的・社会的・文化的分野での国際協力を推進する任務を与えており、これらの機能を遂行し諸権利を享有することは、国連がかなり広範囲の国際人格をもち、国際場裡で活動する能力を具えることを前提にして初めて理解できる。国連は、国際機構の中で最も高度な型のものであるが、もしこれが国際人格をもたないとすれば、国連創設者の意図を実現することはとうてい不可能である。そこで、国連の構成国は、国連機構に一定の機能を与え、同時にそれに伴う義務や責任を委ねることにより、これらの機能が効果的に遂行できるために必要な権能を与えたのである。したがって、裁判所は、国連は国際人格者であるという結論に達する。もっとも、このことは何ら国連が国家と同一の法人格をもつというのではない。まして国連は「超国家」と呼ばれるものではない。その意味するところは、国連が国際法の主体であり、国際法上の権利・義務をもちうること、そして国際請求により、その権利を主張する能力をもつことである (p.179)。

2(1) 次に検討すべき問題は、国連のもつ国際法上の諸権利のなかに、諸問事項Ⅰに述べられたような国際請求を提出する権能が含まれているかどうかである。それは、国連職員が任務遂行中に被った権利侵害により生じた損害につき、賠償を得るため国家に対してなされる請求である。国家は、国際法上認められた国際的権利・義務を一般的に有するのに対して、国連のような国際機構の権利・義務の範囲は、その設立文書に明記または黙示された、または慣行上発展せしめられた、国連の目的と任務に依存する。諸問事項Ⅰは、2つの場合に分けられる。諸問Ⅰ(a) は、国連職員になされた加害行為の結果、国連自身に生じた損害の賠償に関するものである。国連に対する国際義務の不履行により、国連に損

害をもたらした加盟国に向かって、国連が国際請求を行う資格を持つことは疑いをいれない。諮問Ⅰ(a)にいう損害は、もっぱら国連自身の利益に生じた損害である。裁判所は賠償額の範囲の決定を要請されていないが、それは様々な要因により決まることで、そのなかには、国連が職員に支払った補償額が含まれるであろう(p.180)。

(2) 次に、諮問事項Ⅰ(b)の場合、すなわち、国連自身に生じた損害でなく、被害者本人、または本人を通じて権利を得た者(遺族等)の受けた損害の賠償を得るために、国連は国際請求権を行使できるかの問題が生じる。この場合、在外自国民に対する国家の外交的保護権の行使という伝統的な規則の存在は、国連による請求権の行使を否定する理由とはならない。しかし、国連による国際的請求権の正当づけの根拠を、国家の外交的保護権からの類推に求めることは正当ではない。国連憲章第100条に定める国連と事務職員との法的きずなは、国家とその国民の法的きずなに類するものではないからである。そこで問題の解決は、憲章の諸規定を国際法上の一般原則に照らして解釈する方法によるほかはない。憲章は、諮問事項Ⅰ(b)に述べられている種類の請求権を、国連に対し明文をもって与えていないが、しかし、一般国際法上、国連はその任務の遂行上不可欠な権限を黙示的に与えられているとみなければならない。国連は、これらの任務の遂行の必要上、その職員を紛争地域で危険な任務につかす必要があり、このような状況において職員が被った損害は、時として、その本国政府が外交的保護権に基づいて賠償請求を提起しない場合でも、国連は、職員に適当な保護を与えなければならないし、国連からの保護が期待できなければならない。職員がその本国の保護に頼るしか救済の方法がないとすれば、憲章第100条の原則に反し、職員の独立性を損なうことになるからである。このような理由から、国連は、一定の範囲内で、その職員に機能上の保護(functional protection)を与える措置を講じる能力があると、憲章上、必然的に推断される(p.184)。加盟国の義務違反の結果として職員が損害を受けたとき、国連が賠償を請求する場合には、国連は自らの権利、すなわち国連に対する加盟国の義務の尊重を求める権利を行使しているのである。

3 以上の考察は、国連の加盟国に対して妥当することは明らかであるが、非加盟国に対してはどうか(被請求国のイスラエルは、当時は国連に未加盟)。これは被告国が国連加盟国でないときは、その国は、正当に、国連が国際請求を行う資格を欠いていると抗弁できるかの問題である。この点についての裁判所の意見は、国際社会の大多数を占める50カ国(国連憲章の起草に参加した国)は、国際法に従って、国連という客観的な国際人格(単に加盟国のみによって認められた法人格ではない)をもつ団体を創りだす権能をもったのであり、またこの実体に国際請求を行う資格をも併せて認めたと考える(p.185)。したがって、裁判所は、被請求国が国連の加盟国であると否とを問わず、諮問Ⅰ(a)および(b)に対し、肯定的に答えるべきだとの結論に達する(諮問Ⅰ(a)に対する回答は全員一致で、また諮問Ⅰ(b)に対する

回答は11対4の多数で採択された)。

4 諸問事項Ⅱについて、被害者である職員が無国籍でなく、自己の国籍をもつときには、彼の本国が有する外交的保護権と、国連のもつ機能上の保護権との間に競合関係が生じる可能性がある。そのいずれに優先権が与えられるかについては、とくに国際法上の規則は存在しないが、国連憲章の第2条5項は国連に「あらゆる援助」を与える義務を加盟国に課している点に留意されねばならない。またこの種の競合関係は、一般的または特別の条約を結ぶことによって緩和ないし除去されるであろう。被害者が被請求国の国民である場合にも、国連の請求権を本国の権利と調和させる問題が生じうる。しかし、上述の考察からしてこの点は問題にならない。国連の賠償請求権は、被害者の国籍ではなくして、国連の職員としての地位に基づくものだからである。結論として、国連がその職員のために損害賠償の請求を行う場合、もっぱらこの機構に対する義務違反を根拠としてのみ請求できる。このようにすれば、国連の行動と犠牲者の本国が有しうる権利との衝突が防止でき、両者の請求間の調和を保障するであろう。さらに、この調和は、国連と個々の国家との間に締結される一般的または個別的協定によってもたらされるであろう(諸問Ⅱに対する回答は10対5) (p.186)。

【論点】1　本勧告的意見は、国際司法裁判所が国際連合の国際法人格性の問題を取り上げ、国連が国家と並んで国際法上の権利、義務の帰属する法主体であること、自らの権利を擁護するための国際請求権をも含めて、国際法人格者としての諸権能を保有することを認めた点に意義がある。すなわち、裁判所は、国連が国際請求を提出する能力の問題の考察に先立ち、国際機構の「国際法人格」や「法主体性」といった一般的概念を検討したのであり、本勧告的意見は、これらの概念を国際法上承認したリーディングケースとなった。裁判所が、国連のような国際機構について、その国際人格性を肯定したのは、いわゆる「黙示的権能(implied powers)の法理」によってである。すなわち、国連憲章には、この機構の国際法人格について直接に言及した規定はないが、このことはこれを否定する趣旨ではなく、ただこの機構が「超国家」的な性格をもつとの印象を与えるのを避けようとする政治的考慮からであった。裁判所はこの点を確認したものである。「黙示的権能の法理」によれば、国連憲章上明示の規定を欠いても、国連がその目的や任務を達成するためには、国際人格性の付与が不可欠であり、憲章の関連諸規定からも、憲章の起草者は国連に対して黙示的に与えたことが必然的に推断されるのである。もっとも、裁判所は、ある国際機構に国際法人格が認められるとしても、国際機構は国家と違って、それが具体的にどのような内容の権能を有するかは機構ごとに異なること、ある国際機構が享有する権能の範囲は、その設立条約に明示または黙示され、かつ事後の慣行により発展した「機構の目的と任務」によっ

て定まるとした。

2　そこで問題は、国際法人格をもつ国連の具体的権能の範囲であるが、裁判所は、その権能の1つとして、国連職員に対する加害行為により責任を問われた国家に対して、国際請求を提起する能力について検討し、諮問事項Ⅰ(a)の場合、すなわち、国連加盟国の国際義務違反により国連自身に生じた損害(国連が被害者の職員およびその遺族に対して支払った補償金も含まれる)のみならず、諮問事項Ⅰ(b)の場合、すなわち、被害者個人やその家族が被った損害についても求償する、あたかも国家の在外自国民に対する外交的保護権に相当する権能を国連に認めた。もっとも、裁判所は、外交的保護権における国家とその国民との関係を、国家とその職員との関係に類推することを避けながらも、この種の権限を「機能上の保護権」の名のもとに肯定したのであり、憲章上明文で認められていないこの種の権能を、国連の目的や任務の必要上、黙示的に推論したのである。このように、「黙示的権能の法理」によって、国連活動の必要から当然に導かれるとして国連の権限を広く解釈しようとする裁判所の態度は、のちの「国連のある種の経費」に関する勧告的意見〔⇒156〕において裁判所がとった態度と軌を一にする。もっとも、このような多数意見の国連憲章の解釈方法に対しては、少数意見で批判が加えられていることも見逃せない。例えば、ハックワース裁判官は、「黙示的権能の法理」は諮問事項Ⅰ(a)の国連自身が被った損害の場合には援用できても、諮問Ⅱ(b)の、不法行為の犠牲者またはその遺族に生じた損害に関わる請求については、外交的保護権は本来国家のみの権能であり、国連が職員の「機能的保護」を行う権限を必要的推断(necessary implication)によって導くことはできない。必要的推断が許されるのは、国連が加盟国から明示に与えられた権限のみであるとして、黙示的権能理論の適用に反対している(pp.196-204)。

3　裁判所は、被告国が国連の加盟国でない場合にも、国連の請求権は妨げられないとしたが、これは普遍的国際機構としての国連が、非加盟国に対しても対抗できる客観的国際法人格をもつことを認めたのである。

【参考文献】
筒井若水『高野判例』、宮崎繁樹『宮崎基本判例』、香西茂『ケースブック』、筒井若水『判決・意見Ⅰ』、植木俊哉『百選Ⅰ』、佐藤哲夫『百選Ⅱ』、吉田脩『基本判例50Ⅰ』、同『基本判例50Ⅱ』、佐藤和男「国際連合の損害賠償権に関する事件」『一橋論叢』36巻2号(1956)、川島慶雄「国際連合の法的性質についての一考察」『阪大法学』59・60合併号(1966)、植木俊哉「国際組織の概念と国際法人格」『国際社会の組織化と法(内田古稀)』(信山社、1996)、香西茂「国際機構の法人格」香西茂・竹本正幸・坂元茂樹編『プラクティス国際法』(東信堂、1998)。

（香西　茂・酒井　啓亘）

31　南西アフリカの国際的地位と国連の権限

A　国際的地位事件(International Status of South West Africa)
B　報告と聴聞に関する表決手続事件(Voting Procedure on Questions relating to Reports and Petitions concerning the Territory of South West Africa)
C　請願人聴聞の許容性事件(Admissibility of Hearings of Petitioners by the Committee on South West Africa)

諸問機関	国際連合総会
裁判所	A・B・C　国際司法裁判所
勧告的意見	A　1950年7月11日　B　1955年6月7日 C　1956年6月1日
出典	A　ICJ(1950) 128　B　ICJ(1955) 67 C　ICJ(1956) 23

【事実】　1968年6月、国連総会が地域の人民の願望に従って、以後ナミビアと呼ぶこととするまで、同地域は一般に南西アフリカと呼ばれていた。同地域は、1884年～85年に開催されたアフリカの植民地分割のためのベルリン会議において、ドイツの保護領とされた。第1次世界大戦の結果、ヴェルサイユ条約第119条によって、ドイツから主たる同盟および連合国のために分離された同地域は、国際連盟規約第22条に従って、南アフリカ連邦(1961年以降は南アフリカ共和国。以下、南アと略記)を受任国とするC式委任統治地域となった。第2次世界大戦後、国際連合のもとに信託統治制度が設けられ、旧委任統治地域は、すでに独立を達成した地域とパレスチナを除いて、すべて新制度の下に置かれたが、南アは同地域を新制度に切りかえなかった。国連総会は、1946年を手始めとして、同地域を信託統治制度の下に置くように勧告し続けたが、南アは委任統治制度に基づく義務は国際連盟の解散によって消滅したので、同地域に関する報告の提出も中止すると通告した。他方、多くの国連加盟国は、委任統治地域の国際的地位を委任国の一方的意思で変更することはできないと考えた。しかし、南アは1949年には「南西アフリカ問題修正法(South-West Africa Affairs Amendment Act)」を制定して、同地域を南アの第5州として併合しようとする措置をとるに至った。

　そのため国連総会は、以下の点について、国際司法裁判所の勧告的意見を求めた。南西アフリカの国際的地位、またそれに基づく南アの国際的義務はいかなるものか。とくに、①南アは南西アフリカに関して委任状の下の国際的義務を引き続き負っているか。②憲章第12章の規定は南西アフリカに適用されるか。③南アは南西アフリカの国際的地位を変更する権限を有するか。国際司法裁判所は、1950年7月、南西アフリカは南アの受任する委任統治地域であり、連盟規約第22条および委任状に定められた国際的義務をいぜんとして負い、委任統治に関する連盟の監督機能は国連によって遂行されるべきであるとする意見(以下、50年意見)を下した。

　総会は、1953年11月の決議によって、この委任統治としての監督機能を遂行するために、南西アフリカ委員会を設置し、同委員会に対して委任統治制度の手続にできるだけ従って

報告と請願の審査のための手続を準備するよう要請した。同委員会はそのための規則を作成したが、その規則の最後の部分である規則Fが同問題の表決手続に関して3分の2の多数決原則を採用していた。同規則は、1954年10月の総会によって採択されたが、南アはこれに強く反対した。すなわち、連盟時代の全会一致原則ではないことから、同国を当時以上の厳しい監督に服させることになるというのである。そのため、総会は以下の質問に関して第2次の意見を要請することとなった。①南西アフリカにかかわる報告と請願についての総会の決議は、憲章第18条2項の意味での重要問題として取り扱われるとする規則Fは50年意見の正しい解釈であるか。②そうでなければ、総会はどのような表決手続に従うべきか。

総会は裁判所の50年意見を尊重して委任統治としての監督機能を遂行しようとしたが、南アは国連に協力せず、とりわけ南西アフリカ地域住民の請願を国連に送付しないため、請願者に口頭聴聞(oral hearings)の機会を与えて直接にその説明を聴聞することが必要となった。なお、請願については連盟規約においても委任状においても予定されていなかったが、連盟理事会は委任統治地域の住民からの請願を認めた。しかし、それは受任国を通したものでなければならない書面請願という制限的なものであり、口頭による請願については連盟時代には認められなかった。そのため、口頭聴聞を与えることは、50年意見と両立するのかという再び同様な疑問が生じ、以下の質問につき総会は第3次の意見を求めた。総会によって設立された南西アフリカ委員会が、南西アフリカに関する事項について請願者に口頭聴聞を許容することは、50年意見と両立するか。

1955年と1956年の2つの勧告的意見で、裁判所はこれらの措置は委任統治の監督の程度を越えたものではなく、50年意見と矛盾しないという意見を表明した。

【意見要旨】A　質問の一般的問題は3つの個別的問題を審査することで十分な回答になることから、前者を分離して考察する必要はない(p.131)。

1　南アは、連盟が解散したので、委任状は消滅したと主張するが、規約第22条と委任状によりもたらされた法的状態の誤解に基づいている。連盟は国内法上の「委任者」ではなく、監督と管理の国際的機能を取得したに過ぎない。委任状は、地域住民と人道一般のために、1つの国際目的をもつ国際制度として創設されたものである。南アが主張するように、委任状が消滅したとすれば、その権限もまた消滅するはずである。委任状から生じる権利を保持しながら、そのもとの義務を否認することは正当化されえない(pp.131-133)。この義務は2種類ある。1つは地域の施政に直接関係し、規約第22条でいう「文明ノ神聖ナル信託」に相当するものであり、他は履行機関に関係し、規約第22条でいう「使命遂行ノ保障」に相当するものである。前者の義務は文明の神聖な信託の本質を具現し、その存在

理由は連盟の解散に関わりなく存在する。この見解は、憲章第80条1項の規定、連盟解散決議が委任状の終了について述べていないこと、および義務の存続を認める南ア自身の表明、によって確認される(pp.133-136)。次に後者の義務について、信託統治の下に置かれない委任統治地域に関する監督機能は明示的移管がなくとも国連に引き継がれる。監督の必要性が委任統治の下の監督機関がなくなっても存続するからである。具体的には、憲章第80条1項の意図する人民の権利の保護は国際的監督と報告義務がなければ実効的でないこと、連盟解散決議が連盟の監督機能の終了を認め、憲章第11、12および13章と規約第22条の相応性に留意していることは連盟の監督機能の国連への継承を前提としていること、によって確認される。以上のことから、南西アフリカは1920年に創設された委任統治地域である。それゆえ、総会によって行使される監督程度は委任統治制度のもとで適用された程度を越えてはならず、またこの点で国際連盟理事会が準拠した手続にできる限り従うべきである。この見解はとくに年報と請願に適用される(pp.136-138)。

 2 委任統治地域は憲章上自動的に信託統治制度の下に置かれない。憲章第75条および第77条に基づき信託統治協定によってその下に置かれる地域に適用される。南西アフリカは委任統治地域として憲章第12章に従って信託統治制度の下に置くことができる。この意味で第12章は南西アフリカに適用がある。しかし、憲章第75条および第77条は「この制度の下におかれる(as may be thereunder)」と任意的であり、憲章は信託統治協定によって南西アフリカを信託統治制度の下に置く義務を課すものではない(pp.138-140)。

 3 南西アフリカの国際的地位は、規約第22条および委任状に具現されており、委任状第7条により南アがこの地位または規則を一方的に変更する権限を有していないことは明らかである。委任状第7条が条項の変更に連盟理事会の同意を必要ならしめたことは、監督機関をこの目的のためにも活動させたということである。この監督機能は、質問(a)の回答により総会に属する。したがって、南西アフリカの国際的地位を決定し変更する権限は国連の同意を得て行動する南アにある(pp.141-143)。

 B 問題は、規則Fが50年意見における「総会によって行使される監督程度は委任統治制度の下で適用された程度を越えてはならず、またこの点で国際連盟理事会が準拠した手続にできる限り従うべきである」という文言の正しい解釈であるか否かである。この文章の前半が、総会の表決制度を含むものとして解釈しうるものであるか。「監督の程度」の文言は実質的監督の程度に関するものであり、総会の集合的意思が表明される方法、すなわち手続的事項として解さるべきでない。総会がその監督機能を行使する権限は憲章に基づいていると認めることによって、裁判所は、このような機能の行使に関する決議は、憲章の関連規定に、すなわち第18条の規定に従ってなされなければならないことを黙示的に認めたのである(pp.72-74)。次に、規則Fは引用文の後半に抵触しないであろうか。後半

は監督が行使される方法、すなわち性質上手続的な事項に関係する。しかし、裁判所が「手続」という文言を用いた時には、総会の表決制度は考慮されていなかった。表決制度は機関の構成と機能に関係するものであり、機関の構成の特徴をなすものである。全会一致規則が連盟理事会の特徴の1つであったのに対して、3分の2または単純多数決制による決定は総会の特徴の1つである。この2つの制度は異なる機関に固有のものであり、1つの制度は組織上の変更なくして他の制度に取り代えることはできない。したがって、投票制度は監督機能を行使する際に準拠する手続に含まれるものと考えるべきでない。また、「できる限り」という表現は、事物の性質上、総会は連盟理事会と異なる制度の下で活動することから、法的または実際的考慮によって必要とされた調整と修正を許容する意図を有している (pp.75-77)。

したがって、規則Fは50年意見の正しい解釈である。質問(a)が肯定されたので、質問(b)を審査する必要はない(p.77)。

C 質問の意味するところは、総会が委員会に対して請願者への口頭聴聞を許与する権限を認めることが合法であるか否かである (pp.25-26)。総会には、50年意見によれば、委任統治地域の施政の効果的で適切な監督を遂行する法的権限が与えられている。同意見の一般的な趣旨と意味は、効果的な国際監督の維持を通じて、文明の神聖な信託を擁護することを最高の目的としたことである。したがって、同意見の特定の文章を解釈するにあたって、意見の最高の目的または本文と両立しない意味を付すことは許されない (pp.26-28)。

ところで、連盟の制度のもとでは、常設委任統治委員会が請願者に口頭聴聞が許与したことはなかった。ところが、1923年に連盟理事会は、その監督機能をより効果的にするために請願権を導入した。そのことから、適当と認めるならば、理事会は常設委任統治委員会に対して請願者に口頭聴聞を許与する権限をもっていたというのが裁判所の意見である。なお、口頭聴聞の許与は、総会によって行使される監督の程度を越えることから、50年意見に反するとの意見がある。しかし、口頭聴聞の許与の結果として、委員会は請願の事項を判断するのによりよき立場に置かれるのであって、委任国の負担を増大させるものではない (pp.28-31)。また、受任国が50年意見の実施に協力しない事態から本件の問題が発生したものである。50年意見の中の「できる限り」という文言は、この種の事態に備えて予定されたのである (pp.31-32)。

したがって、総会が、請願者に南西アフリカ委員会が口頭聴聞を許与するよう授権することは、50年意見と矛盾しない (8対5) (p.32)。

【論点】1　50年意見において注目されることの1つは、委任統治の法的性質に関わって、国内法上の委任の観念の類推解釈をしりぞけて、委任状が文明の神聖な信託という国際目的

をもつ国際制度を生み出したとしたことである。そして、この委任統治の目的は国内法上の契約関係のそれをはるかに越えるものであるとして、これを連盟の解散にかかわらず義務が存続している根拠にしていることである。委任統治制度は、第1次世界大戦の戦勝国間の利害の対立の妥協の産物として生み出されたという側面はあるものの、それまでの赤裸々な植民地支配に代わって国際連盟という普遍的機構による一定の国際監督を認めた画期的な制度であり、また委任統治制度よりも一層充実した監督制度である信託統治制度とさらに新しく設けられた非自治地域制度が機能していることを踏まえれば、南西アフリカが連盟の解散にもかかわらず客観的な国際的地位を保有すると解釈した50年意見の意義は強調してもし過ぎることはない。しかし、この国際的制度が条約の効力と範囲を越えて客観的・物権的な制度になっているのかについて同意見は必ずしも明確にしていないと批判する見解も出されている。

2　50年意見は、連盟の監督機能が明示的に国連に移管されていないとしながらも、監督の必要性が依然として存在していることを根拠として、国連憲章や連盟解散決議を解釈し、監督機能は今や国連によって遂行されるべきであると肯定的に解釈した。憲章第12章の適用の可能性において、信託統治協定を交渉し締結する義務が直接的に明記されていない状況のもとで、裁判所の解釈は1つの論理的帰結である。しかし、同意見の理由だけで結論するのは疑問であり、より積極的な理由が必要であるとする批判も存在する。

3　50年意見の多数意見は信託統治制度の下に置く義務を否定しているが、憲章規定から協定の交渉・締結の義務を認める少数意見があることも注目される。

4　55年意見は、自らの勧告的意見について解釈を求められた最初の事例である。裁判所が50年意見の自然で通常の意味に加えて憲章第18条の意味、総会の表決手続の性質などを検討して解答したが、このような解釈方法について問題を提起する意見もある。なお、関連文書は手続的事項、表決制度をも予想しなかったか、なお疑問の余地は残っている。

5　56年意見も50年意見の解釈に関するものであり、意見は8対5と分かれた。多数意見は事件の背景の南アの非協力的態度を考慮したのに対し、少数意見は評価すべき対象は50年意見との両立性であり同意見の範囲外の考慮をすべきでないとしたからである。

【参考文献】
内田久司『高野判例』、大谷良雄『宮崎基本判例』、太寿堂鼎『ケースブック』、森喜憲『判決・意見Ⅰ』、桐山孝信『百選Ⅰ』、堀口健夫『百選Ⅱ』、田岡良一『委任統治の本質』（有斐閣、1941）、太寿堂鼎「西南アフリカの国際的地位」『法学論叢』64巻1号（1958）。

（家　正治・酒井　啓亘）

32 国連大学事件

裁　判　所　東京地裁
決　　　定　1977(昭和52)年9月21日
出　　　典　判時884号77

【事実】　債権者X女は、債務者(国際連合大学)に1976(昭和51)年10月4日から秘書として採用された。雇用契約によれば、雇用期間は3カ月で、特段の事情のない限り期間満了とともに1年間更新されるものとなっていた。しかるに債務者は、同年12月21日X女に対して、同雇用契約を1977年以降更新しない旨の意思表示をした。X女は、同更新拒絶は実質的解雇であり、何ら正当事由に基づかないものであって、解雇権の濫用ないし更新拒絶権の濫用として無効であり、1978(昭和52)年1月以降も依然として債務者の職員としての権利を有すると主張した。X女は、債務者に対してその旨の確認訴訟を提起する予定のところ、その判決確定に至るまで債務者の職員として取り扱われないのでは著しい損害を被るから、これに先立って本件地位保全仮処分の申請を提出した。裁判所は申請を却下した。

【決定要旨】1　まず、国連大学が国際連合とは独立した法人格(当事者能力)をもつか、につき検討する。国連大学は、1973(昭和48)年12月6日第28回国連総会において採択された国連大学憲章に基づき設立されたものであるが、この設立は国連憲章第7条2項、第22条に基づくものであり、したがって国連大学は国連の補助機関である。しかしながら、国連が「国連の特権及び免除に関する条約」により当事者能力をもつことは認められているが、国連大学についてはかかる条約上の規定は存在しないから、国連大学は単に国連の一機関であって、法人格(当事者能力)は国連のみに帰属すると解する余地がないわけではない。しかし、内部的にみると、国連大学憲章によって、国連大学は国連組織の中で自治を享有するものとされ、独立して国際的活動をする組織として定立されていることが認められ、また、我が国との関係においてみても、国連大学本部に関する国連と日本国との間の協定(1976〈昭和51〉年6月22日条約7号)は、国連大学が我が国において権利義務の主体として活動することを当然の前提として締結したものと考えられる。これらの事情によれば、国連大学は我が国法上独立した法人格として、訴訟上の権利能力を有するものと取り扱うのが相当であり、債権者が本件申請の相手方を国連大学とした点は、適法である。

2　次に、国連大学が訴訟手続の免除を享有するかについては、国連が国連憲章第105条、国連の特権及び免除に関する条約第2条2項により訴訟手続の免除を享有する旨定められ

ているのに対し、国連大学について特権免除を直接定めた条約はない。しかしながら、国連にそうした特権免除を認めた趣旨は、国連という国際機構をしてその目的達成のための国際社会における活動を全からしめるところにあり、そして国連大学は国連の目的を達成するためにその機関として設立されたものであるから、この国連特権免除条約の趣旨は、国連自体のみならず、かかる国連の機関についても（その機関が独立の法人格を有すると認められるときにも）免除特権を享有せしめる意味に解するのが相当である。したがって国連大学は、我が国法上、免除を明示的に放棄した特定の場合を除き、訴訟手続からの免除を享有するものと解するほかはない。

国連大学からは訴訟手続からの免除の確認の意思が伝達されたので、申請は却下を免れない。なお、本件に関するＸ女の救済は、国連組織内の異議申立手続もしくは行政裁判所の手続、または国連大学が定めるべき紛争解決手続（未設定である）によるほかない。

【論点】　国連自身の国際法上および国内法上の法人格ならびに特権免除については一般に認められているが、本件は、従来ほとんど取り扱われていない国連の補助機関、とりわけ「自治的機関(autonomous organ)」といわれるものの法的地位の問題である。

1　裁判所は、国連大学が国連総会決議により設立された補助機関であることを確認しつつ、国連大学憲章からその自治的独立的性格を、そして大学本部協定から日本における法主体性を引き出した上で、同大学が日本法上の独立した法人格を有し、訴訟当事者能力ありと認定した。本判決はまず、このように国連の補助機関に国内法上、国連とは別個の独立した法人格（訴訟当事者能力）を認めた点が、注目に値する。

2　この裁判所の推論には、国連の組織内部の関係ならびに国際法上および国内法上の法人格の混同がないだろうか。たしかに、国連大学憲章は国連自身と同大学との関係を規定しており、同大学の自治的性格もそこから認定することが可能であろう。しかし、これはむしろ両者の内部関係を示すべきものであって、「独立して国際的活動をする組織」として国際法人格を推量させる性格のものではない、という批判がある。他方、大学本部協定の諸規定も、そこから独立した法人格性を認めることもできるが、これに対する批判として、同大学はあくまで国連の一機関であることにとどまり、その枠内でのみ自治を享有すると解し、本部協定は、必ずしも大学と国連を峻別して法人格を認める趣旨ではないとする説がある。この説は、いくつかの国連内部機関が、経済社会理事会の補助機関としての地位を回避して「総会の機関」となることによって自治的機関と呼ばれる範疇の補助機関が登場してきた背景（例えばUNCTADやUNIDO）から推察している。通説も、補助機関は、特別の合意ある場合を除き、国連の一部分とし、独立の法人格を認めない。それによれば、大学本部協定は、国連大学がその責務を十分かつ効果的に遂行するために結ばれたもので

はあっても、同大学に国連とは独立した法律行為能力および訴訟当事者能力を認める趣旨でなく、同大学が国連を代表する機関として国連自身の有する行為能力を行使しているものと解しても不都合はないことになる。裁判所の推論と通説のいずれが合理的であろうか。

3 国連大学の免除特権について、裁判所は、同大学自身について直接に免除特権を認めた条約はないが、国連大学が国連の目的達成のための機関である以上、これにも免除特権を享有せしめるのが国連特権免除条約の趣旨である、とする。つまり、国連が免除特権を有するから国連大学もその内部機関として免除特権を享有する、というのである。

たしかに、国連大学が国連の一機関としての地位から国連特権免除条約の規定する免除特権を享有する、と解すること自体は正しい。問題は、はじめに国連大学に国連とは別個独立した法主体を認定するのであれば、免除特権についても同大学自身に対する特別の規定が必要とされるべきであり、いったん国連とは切り離しながら、免除特権に至って再び国連の傘の下にある機関であるとして、それゆえに免除特権が認められる、とするのは理論的にやや無理があるのではなかろうか。学説上は、前述の法人格の問題との関連で、最初から国連大学に独立の法人格を認めるのでなく、国連を代表して行動する内部機関として扱い、その結果国連自身の享有する特権免除を国連大学の行動にも適用するのが有力であり、海外のいくつかの判例もこのような立論に従っている。

4 なお、裁判所は国連大学に、最高裁判所および外務省を経由して、免除を求める意思を確認した。日本では国際機関について免除特権を確認する特定の手続は未だ定められていないが、本件は、外国を相手方とする民事事件における応訴意思確認手続(昭和49年4月15日最高裁判所民二第281号事務総長通達)を準用したものと考えられる。

5 本件は、日本における国際機関に対する裁判権免除の判例として意義がある。したがって本件のように国際機関とその職員の間の雇用契約に関する紛争は、本来国内裁判所でなく当該国際機関の救済手続によるほかはないのである。

【参考文献】
祖川武夫・小田滋『日本の裁判所による国際法判例』、宮崎繁樹『宮崎基本判例』、中村道『ケースブック』、太寿堂鼎「国際公務員の身分保障と行政裁判所」『法学論叢』71巻4号(1962)、澤木敬郎「国連大学の法人格の有無、並びに民事訴訟における、その当事者能力及び裁判権の免除特権」『ジュリスト』674号(1978)、横田洋三『昭53 重判』(1979)、位田隆一『増補判例辞典』(中川淳(編代)、六法出版社、1986)、小寺彰『渉外判例百選[第2版]』、横田洋三『百選Ⅰ』。

(位田 隆一)

33 ウェイト対ドイツ事件(Case of Waite and Kennedy v. Germany)

申　立　人　ウェイトおよびケネディ
被申立国　ドイツ
裁　判　所　ヨーロッパ人権裁判所
判　　　決　1999年2月18日
出　　　典　ECHR Reports of Judgments and Decisions 1999-I 393

【事実】　英国国民であるウェイトとケネディ(以下、申立人という)は、1977年以降、その雇用者である英国の会社から派遣されて、ヨーロッパ宇宙機関(以下、ESAという)がドイツで運営するヨーロッパ宇宙活動センターにおいてシステムプログラマーとして働いていた(1979年以降の契約関係のさまざまな変更はここでは無視してよい)。1990年に会社が申立人に両者間の契約の終了を通知したところ、申立人は、ドイツの労働法に従えばESAとの雇用関係が成立していると主張し、その雇用関係の存続の確認を求めてESAを相手どりドイツの労働裁判所で訴訟を開始した。

　1975年のESA設立条約と附属書Iによれば、ESAは、理事会が明示的に免除を放棄する場合を除き、裁判権および執行からの免除を享有する(但し、免除の援用が裁判の進行〈the course of justice〉を阻害し、かつ、ESAの利益を害さずに免除を放棄できる場合には、理事会は免除放棄の義務を有する)。ドイツの裁判所構成法によれば、国際法規則に従って裁判権免除を享有する者に対しては裁判権が及ばないため、労働裁判所はESAが主張する裁判権免除を認めた(この間、ESAの理事会は免除を放棄しないことを決定している)。

　連邦憲法裁判所への訴えも斥けられた申立人は、ヨーロッパ人権条約(以下、人権条約という)第6条1項(公正な裁判を受ける権利)を援用し、ヨーロッパ人権委員会に申し立てた。人権委員会は、1997年12月2日の報告書において、第6条1項の違反はないとの意見を表明した(17対15)。その後、事件は人権委員会によりヨーロッパ人権裁判所(以下、人権裁判所という)に付託され、人権条約第11議定書の発効に伴い大法廷に送られた。

【判決要旨】1　人権条約第6条1項は、すべての者に、その民事上の権利義務に関する請求を裁判所に提起する権利を保障しており、「裁判を受ける権利」を具現している。申立人は、ドイツの労働裁判所に訴えたものの、法の作用によりその訴訟が妨げられると述べられただけである。国内法が国際法規則に言及している場合を含め、国内法を解釈するのは第一次的には国内当局、特に裁判所であり、人権裁判所の役割は、そのような解釈の効果が人権条約と両立するかどうかの確認に限定される。そこで、ドイツの裁判所で免除の問題についての主張ができたという程度の裁判所の利用が、裁判を受ける権利の保障として

十分であったかどうかを検討する。この権利は絶対的なものではなく制限に服するが、権利の本質を害してはならない。さらに、その制限は、正当な目的を追求しない場合、また、用いられる手段と達成しようとするその目的との間に均衡性の合理的な関係がない場合には、第6条1項と両立しない（paras.50-59）。

2　国際機構への特権免除の付与は、国際機構が個々の政府から一方的に介入されることなく適切に機能することを確保するのに不可欠の手段である。設立文書等の下で国際機構に対し国家が一般に与える裁判権免除は、国際機構が適切に機能するために確立された長期にわたる実行であり、この実行の重要性は、現代社会のあらゆる分野における国際協力の拡張・強化の傾向によって高まっている。ドイツの裁判所がESAに適用した裁判権免除の規則は、正当な目的をもっている（paras.60-63）。

3　均衡性については、事件の状況に照らして評価しなければならない。ESAへの裁判権免除の付与が人権条約の下で認められるかどうかを決定する際に重要なのは、人権条約上の権利を実効的に保護するための合理的な代替手段を申立人が利用できたかどうかである。ESA設立条約と附属書Ｉは私法的紛争の解決のためのさまざまな方法を定めており、申立人はESA内部の独立した機関である不服申立委員会に訴えることができたし、また、そうすべきであった。さらに、ドイツ法上、雇用者である会社を訴えるという方法もある。国際機構の免除の正当な目的を考慮すると、国内労働法が定める雇用条件に関して国際機構を国内裁判に服させるような形で均衡性のテストを適用することはできない。そのような問題について国内法の適用を必ず求めるように人権条約第6条1項を解釈することは、国際機構の適切な機能を阻害し、国際協力の拡張・強化の傾向に反するであろう（paras.64-72）。

4　ESAに裁判権免除を与えることでドイツの裁判所はその評価の余地を越えなかった。申立人が利用できた法的代替手段を特に考慮すると、ESAとの関連でドイツの裁判所の利用を制限することが、裁判を受ける権利の本質を害した、あるいは、人権条約第6条1項の観点から見て不均衡であったとは言えない。同規定の違反はない（全員一致）（paras.73-74）。

【論点】1　ESAもその1つである国際機構には、設立文書や本部協定等により国内裁判手続からの免除が一般に認められてきたが、その根拠はどこにあるのだろうか。本件（同日のビア〈Beer〉対ドイツ事件も実質的に同じである）において人権裁判所は、国際機構が適切に機能するために免除は不可欠であるとし、免除を与える実行の重要性は、現代における国際協力の拡張・強化の傾向によって高まっていると指摘する。

2　他方で、国際機構の免除は、私人から国内裁判という救済手段を奪うものであり、それへの批判もなされてきた。その意味で、本判決の意義は、その結論はともかく、国際機構への裁判権免除の付与が人権条約に違反する可能性を示唆した点にも見出せよう。国

際法に従って国際機構等に免除を与える場合には人権条約上の問題は生じないという立場もあり得る。実際にヨーロッパ人権委員会はそのような見解を示していた(1988年12月12日・スパーンズ〈Spaans〉対オランダ事件〈イラン＝米国請求裁判所の免除〉)。

3　本判決で特に注目されるのが、人権裁判所が強調した「代替手段の存否」という基準である(もっとも、本件において合理的な代替手段が存在したという判断には異論もある)。その後、本判決に言及しながら、どのような代替手段が存在するかまで検討し(審理の公開性や決定の拘束力等)、実際に国際機構の免除を否定したベルギーやフランスの国内判例があり、紛争解決手続が未設定であることにふれつつも免除を認めた国連大学事件〔⇒32〕と対照的である。国際機構の免除に関する人権裁判所のその後の判例としては、この基準の適用を否定するものと(2013年6月11日・スレブレニツァの母協会〈Stichting Mothers of Srebrenica〉対オランダ事件〈国連の免除〉)、本判決に従ってそれを肯定するものがある(2015年1月6日・クラウゼッカ〈Klausecker〉対ドイツ事件〈欧州特許機関の免除〉)。

4　国内裁判所が人権条約の考慮から国際機構の免除を否定する場合、専ら人権条約との両立性を判断する人権裁判所の場合とは事情が異なり、免除を定めている条約の違反という問題が生ずる。もっとも、国際機構に対しては、裁判の進行を阻害する場合の免除放棄の義務(ESA設立条約附属書Ⅰ等)や私法的紛争の適当な解決方法を定める義務(国連特権免除条約第8条29項等)が課されていることがあり、それらを通じて人権条約との調和的な解釈を行うことは可能であろう。

5　いずれの点についても、人権条約第6条1項に類する自由権規約第14条1項の場合、また、国際機構ではなく外国国家の主権免除の場合にどの程度同じことが当てはまるのかも議論の対象となろう。ちなみに、主権免除との関係で同様の争点が提起されたアル＝アドサニ(Al-Adsani)対英国事件他(人権裁判所2001年11月21日判決)では、代替手段の存否という基準はほとんど考慮されなかった(この点に関して、国家の裁判権免除事件〔⇒26〕も参照)。

【参考文献】
平覚「国際機構の特権免除と国家主権」『世界法年報』10号(1990)、佐藤智恵「国際組織の裁判権免除と国際組織職員の権利保護」『一橋研究』28巻2号(2003)、水島朋則『主権免除の国際法』(名古屋大学出版会、2012)第8章・第10章、黒神直純「国際機構の免除と国際公務員の身分保障」『普遍的国際社会への法の挑戦(芹田古稀)』(信山社、2013)、坂本一也「国連平和維持活動に関わる国連の裁判権免除について」『岐阜大学教育学部研究報告・人文科学』64巻2号(2016)、岡田陽平「国際機構の裁判権免除と裁判を受ける権利」『国際協力論集』24巻2号(2017)。

（水島　朋則）

34 マジル事件(Applicabilité de la section 22 de l'article VI de la convention sur les privilèges et immunités des Nations Unies)

諮問機関	国連経済社会理事会
裁　判　所	国際司法裁判所
勧告的意見	1989年12月15日
出　　典	ICJ(1989)177

【事実】　国連差別防止および少数者保護小委員会(以下、「小委員会」)の委員であったルーマニア国籍のドゥミトル・マジル(Dumitru Mazilu)は、同委員会より、「人権と年少者」に関する報告書の準備を要請された。しかし、1987年の小委員会第39会期では、マジルからの報告書の提出はなく本人の出席すらなかった。その後、マジルは、ルーマニア政府から彼と家族に強い圧力がかかっていることを一貫して訴えた。小委員会の委員の任期終了を受けて、1988年には、ルーマニアの指名によりディアコニュ氏が選ばれた。しかし、国連の人権担当事務次長は、依然マジルが小委員会により報告書作成を委任されていることを確認した。同年の小委員会第40会期とその作業部会にマジルはまた現れなかった。国連事務総長がルーマニア政府と接触したところ、ルーマニアは、本件が国民と政府との国内問題であると主張した。同年8月30日に、小委員会は、国際連合の特権及び免除に関する条約(以下、「国連特権免除条約」)のマジル事件への適用可能性に関する勧告的意見を国際司法裁判所に求める決議案を検討した。翌年1月6日のルーマニア政府からの覚書では、マジル自身が深刻な心臓病を理由に退職を申し出たことが述べられ、また、法律問題に関して、ルーマニアは、本件には国連特権免除条約の適用可能性の問題は生じないと述べ、勧告的意見の要請にも反対した。1989年3月6日、国連人権委員会は、国連経済社会理事会(以下、「経社理」)が国際司法裁判所に勧告的意見を求めることを勧告する決議1989/37を採択し、同年5月24日、経社理は、この勧告を受けて国際司法裁判所の勧告的意見を要請する決議1989/75を採択した。諮問事項は、「小委員会特別報告者マジルの事件における国連特権免除条約第6条22項の適用可能性の法律問題」に関してであった。

【意見要旨】1　裁判所は、国連特権免除条約第8条30項に対するルーマニアの留保に基づく主張を検討する。1956年7月5日にルーマニアが右条約に加入した際の留保は次の通りであった。「ルーマニア人民共和国は、本条約の解釈または適用から生ずる紛争において、国際司法裁判所の強制的管轄権を規定する本条約30項の文言に拘束されないと考える。その紛争における国際司法裁判所の権限に関して、ルーマニア人民共和国は、国際司法裁判所に判決を求めてなされるいかなる紛争の付託のためにも、当該紛争のすべての当事者の同意があら

ゆる個々の事件において必要であると考える。この留保は、国際司法裁判所の勧告的意見が最終的なものとして受諾されると規定する同項に含まれた規定にも同様に適用可能である」。この留保により、ルーマニアは、国連がルーマニアとの紛争に関して、ルーマニアの同意なく勧告的意見を要請することはできないとし、裁判所に管轄権がないことを主張した。

これに対して裁判所は、勧告的意見が国連の指針を意図したものであるときには、国家の同意は、意見を与える裁判所の権限行使の条件とはならないと考える。ルーマニアは国連特権免除条約第8条30項への留保に依拠するが、同項は憲章第96条とは異なる次元と文脈での規定である。本件の勧告的意見を要請する決議には、30項について何らの言及もなされておらず、ルーマニア政府の留保に鑑みて、30項を援用しないという経社理の意図は明らかであった。当該要請は、同項のもとでなされているのではないので、裁判所は、同規定へのルーマニアの留保の効果を決定する必要はない (paras.29-34)。

2 国連特権免除条約第6条22項に関して、裁判所は、「人的」、「時間的」および「空間的」適用範囲について検討する。まず、「国際連合のための任務を行う専門家」の定義は存在しない。同条約の準備作業にもこの点について何らの指針もない。にもかかわらず、22項の目的は、国連職員以外の者に対して国連が任務を与えることができるようにするためであり、かつ、任務を独立して遂行するために必要な特権免除を保証するためであることは明らかである。実行上、国連は、特に国連の委員会の委員を22項にいう任務を遂行する専門家と見なしてきた。次に、同項によれば、専門家は、その任務に関連する移動に費やす時間を含めて、任務の期間中特権免除を享有する。問題は、専門家が移動を要する任務の最中にのみ22項によって包含されるのか、そのような移動を伴わない場合やそのような移動以外の場合も包含されるのかということである。「任務(mission)」という語は、広い意味を持ち、移動を伴うか否かに関わらず、ある者に任された職務(tâches)を含む。従って、22項は、移動に関わらず、任務に就くあらゆる専門家に適用がある。最後に、専門家の本国または居住する領域で特権免除が享有されるか。国連特権免除条約の当事国のいくつかは、自国民あるいは自国に居住する者に関して、第5条および第6条の規定についてわざわざ留保を付している。このことから、そのような留保がない場合、専門家は、その本国または居住する領域で条約上の特権免除を享有する。以上より、裁判所は、国連特権免除条約22項は国連が任務を与えた国連職員以外の者に適用可能であり、その者は自らの任務の独立した遂行に対して同項に規定された特権免除を享有する資格を有すると判断する (paras.44-52)。

3 小委員会の報告者や特別報告者は、小委員会により、研究の任務を与えられている。彼らの地位は、加盟国の代表でもなければ国連職員でもなく、彼らは、国連のために独立して研究を行うのであるから、彼らは、たとえ小委員会の現職の委員であろうとなかろうと22項にいう任務を遂行する専門家と見なされなければならない。よって、彼らは任務

遂行に必要な特権免除を享有する。マジルは継続して特別報告者の地位にあり、国連特権免除条約22項にいう任務を行う専門家と見なされなければならない。従って、同項は本件に適用可能である (paras.53-55)。

【論点】1　国際機構には、その機能の必要性から一般に特権免除が認められ得る。国連の場合、国連憲章第105条に基づいて国連と加盟国が国連特権免除条約を締結し特権免除の内容が定められているものの、時としてその内容に争いが生じ得る。本件では22項の適用範囲が問題となった。裁判所は、「行政的地位」ではなく「任務の性質」を基準とし、マジルのような特別報告者も「専門家」に含まれると判断した。この基準を用いて、本意見の後に裁判所は同条項の国連人権委員会の特別報告者への適用も認めている (1999年の「クマラスワミ」事件勧告的意見)。

2　本勧告的意見は、国連憲章第96条2項に基づいて経社理から提出された最初の要請である。経社理に対する勧告的意見要請の許可は、1946年12月11日の国連総会決議89(Ⅰ)により付与された。本件を複雑にしているのは、ルーマニアによる勧告的意見要請への同意の欠如と、国連特権免除条約第8条30項への留保である。前者について、裁判所は、同要請に対して回答を与えることが、国家はその同意なしに紛争の司法的解決を強制されないという原則を回避する効果を有しているか否かという1975年の西サハラ事件〔⇒76〕で明らかにした基準に触れ、本件はそのような効果を有していないとした。裁判所によれば、本件は、国連特権免除条約の「適用可能性 (applicabilité)」をめぐる見解の相違 (divergence) であり、同条約の「適用 (application)」に関する国連とルーマニア間の紛争 (différend) が問題ではない。従って、裁判所は、勧告的意見を拒否するいかなる理由も見当たらないと判断したのである。

3　とはいえ、本件は、実質的にはやはり国連とルーマニアとの間の紛争である。ここに、国連特権免除条約第8条30項の紛争解決条項を根拠に検討できない裁判所のジレンマがある。というのも、同条項に付したルーマニアによる留保のゆえに、経社理は、本要請主題を、条約関連規定の具体的事件への「適用」ではなく、「適用可能性」を一般的・抽象的に問うものに限定せざるを得なかったからである。もっとも、この点に関連して、事件の具体性を検討すべきであったとする小田裁判官の個別意見による指摘もある。なお、ルーマニアが付した勧告的意見による紛争解決条項に対する留保は、結局のところ、意見の拘束力を否認する効果しか有さない。シャハブディーン裁判官が個別意見で述べたように、当該留保によって、憲章第96条2項に基づく裁判所の管轄権は影響を受けないと考えられる。

【参考文献】
杉原高嶺「国際連合特権免除条約第6条22項の適用性（勧告的意見・1989年）」『国際法外交雑誌』90巻4号(1991)、横田洋三『判決・意見Ⅱ』。

（黒神　直純）

第3節　個　人

35　ダンチッヒ裁判所の管轄権事件(Jurisdiction of the Courts of Danzig)

諸問機関　国際連盟理事会
裁判所　　常設国際司法裁判所
勧告的意見　1928年3月3日
出　典　　PCIJ Ser. B, No.15

【事実】　ヴェルサイユ条約は、ダンチッヒ自由市(以下、自由市)内の鉄道の管理・運営権をポーランドに委ねるための条約の締結を予定していたが、この条約は1920年にパリで締結された(以下、パリ条約)。パリ条約は、①自由市の鉄道をポーランドの管理・運営に委ねること(第21条)、②同鉄道に雇用される職員、従業員および作業員の雇用や既得権の維持などに関する問題を、その後の協定により解決すること(第22条)、③パリ条約およびその後の協定などに関するポーランド・自由市間の紛争を、国際連盟が任命する高等弁務官(以下、弁務官)に付託すること、弁務官の決定につき、ポーランドおよび自由市は連盟理事会への上訴権を有すること(第39条)を定めた。

パリ条約第22条にいう協定は、1921年に「職員に関する最終協定」(以下、職員協定)として締結されたが、1925年以降、ポーランド鉄道局(以下、鉄道局)の勤務に移った自由市鉄道職員(以下、職員)は、職員協定に基づき鉄道局を相手方として自由市の諸裁判所に金銭請求訴訟を提起した。ポーランドは、1926年にかかる訴訟を認めず、かつ、その判決を履行する意思がない旨表明したが、これを不満とする自由市上院は、1927年1月12日に弁務官に次の趣旨の決定を求めた。①職員は、金銭請求訴訟に関し、それが職員協定または同協定第1条に基づく宣言に基づくものであっても、これを提起する権利を有する、②自由市裁判所はこの訴訟を審理する権限を有する、③したがって、鉄道局は自由市裁判所の管轄権を受諾し、かつ、その判決を執行する義務を負う。

弁務官は1927年4月8日に次の趣旨の決定を下した。(A)職員の勤務契約に基づく金銭請求は自由市裁判所の訴訟の対象となる、(B)しかし、職員協定の規定および同協定第1条に基づく宣言は、職員の勤務契約を構成する規定とみなすことはできず、したがって、それに基づく訴訟を裁判所に提起することはできない。

1927年5月、自由市政府は、この決定につき、パリ条約第39条に基づき連盟理事会に上訴した。連盟理事会は、同年9月の決議において常設国際司法裁判所(以下、裁判所)に対して次の問題について勧告的意見を求めた。「1927年1月12日のダンチッヒ政府の要請の結果下された1927年4月8日の弁務官決定は、──弁務官決定が同要請と合致しない限りにおいて──法律上十分な根拠を有すると考えるか」。

裁判所は、まず、意見が求められている範囲を確定し、自由市の要請に合致しない弁務官決定Bの部分について、自由市の鉄道職員に関してのみ意見を表明するとした。次いで、裁判所は、①職員協定の規定および同協定第1条に基づく宣言が職員の勤務契約を構成するか否か、②自由市裁判所の管轄権を承認し、かつその判決を執行する、鉄道局の義務の有無、③自由市裁判所の管轄権の範囲について次のような意見を述べ、27年の弁務官決定は、法律上十分な理由はないと結論した（全員一致）。

【意見要旨】1　ポーランドは、①職員協定は国際協定であり、当事国間の権利義務のみを創設する、②同協定は同国国内法に編入されておらず、関係個人の権利義務を創設しない、③同協定上の義務の不履行の責任は、自由市に対してのみ負うと主張する。自由市は、職員協定が鉄道局・職員間の法的関係を設定する勤務契約の一部であると主張する。したがって、争点は、同協定が、鉄道局・職員間の法的関係を規律するか否かである(p.17)。

国際協定たる職員協定は、原則として個人の権利義務を創設しない。しかし、当事国の意思によっては、国際協定が、国内の裁判所によって執行可能な、個人の権利義務を創設する場合もある。様々な規定が協定という形式をとることは、その文書の法的性質・効果を示す補強証拠となるが、決定的な証拠ではない。当事国の意思が決定的であり、その意思は、協定の適用状況を考慮しつつ、その内容により確認されうる(pp.17-18)。

職員協定の文言・一般的趣旨は、その規定が職員と鉄道局との関係に直接適用可能であることを示す。また、その内容によれば、同協定の目的は、鉄道局・職員間の関係を規律する特別の法制度を創設することにある。同協定の適用状況もこれを補強する。したがって、当事国の意図によれば、同協定は27年の弁務官決定(A)にいう勤務契約の一部を構成し、職員は同決定(A)に従い同協定に基づく訴訟を提起する権利を有する。なお、このような結論に達した以上、弁務官決定(B)にいう宣言の法的意義・効果を詳細に検討する必要はない(pp.18-23)。

2　この結論から、27年の弁務官決定(A)に従い、鉄道局は、職員協定に基づく訴訟に対する自由市裁判所の管轄権を承認し、かつ、その判決を執行する義務を負う。

3　次に、鉄道局に関する自由市裁判所の管轄権の性質・範囲を検討する。1921年の弁務官決定によれば、自由市領域内の鉄道局に関するすべての問題は同裁判所が管轄権をもつ。この決定は、職員が提起する訴訟を審理する同市裁判所の管轄権の法的基礎となる。この管轄権の範囲内にあり、かつポーランドとの関係において自由市を国際的に拘束する規則に反しない判決は合法であり、同国はこれを承認する義務を負う(p.25)。

職員の勤務契約に関係する金銭請求訴訟は、21年の弁務官の決定が確立する管轄権内に入る。管轄権は、その管轄権が及ぶ事案適用すべき実体法の決定権を含むから、この種

の訴訟に適用可能な実体法の決定権は自由市裁判所にある。また、当事国の意思によれば、職員協定は勤務契約の一部であり、同市裁判所により適用可能であるから、同市裁判所による同協定の適用は合法である。ポーランドが、同協定を国内法化していないことを理由に同市裁判所が同協定を適用しえないと主張するのであれば、この主張は国際協定上のポーランドの義務の不履行に依拠するものに等しく、認めることはできない(pp.26-27)。

【論点】1　この意見は、関連性を有するものの、理論的には異なる3つの文脈で参照されてきた。個人の国際法主体性、国際法と国内法の関係、および条約の自動執行性(直接適用可能性)の問題である。周知のように、学説上、個人の国際法主体性に関し、①国家のみを主体とする説、②個人のみを主体とする説、③一定の条件の下に個人をも主体とする説がある。裁判所によれば、条約は当事国間の権利義務を創設することを原則としつつ、個人のそれをも創設しうる。したがって、裁判所は①および②の学説を否定したと考えられる。とくに、裁判所が、条約による個人の権利義務の創設を肯定したことは重要である。

　次に、国際法と国内法の関係に関し、この意見が二元論を否定したとみる見方と、逆に二元論を採用したとみる見方がある。裁判所は、各国の憲法体制のいかんにかかわらず、条約が国内的効力をもつかどうかについて明確に述べていないから、このいずれの見解にも問題がある。

　最後に、この意見は、条約の自動執行性の概念またはその判定基準を示すものとして参照される。国内の裁判所による適用・執行可能な権利義務の創設を当事国が意図した条約(規定)が自動執行的な条約(規定)であり、また、国内裁判所における自動執行性の有無は当事国の意思によるというのである。しかし、この種の積極的意思が明確に表明され、確認されることはあまりなく、自動執行性の判定基準としては問題がある。

　2　この意見では、また、①条約解釈における当事国の意思の探求方法を示したこと、②条約上の義務の不履行を根拠として、相手方に対して条約の適用を否認する主張を行うことを否認したことなども注目される。

【参考文献】
『横田判例Ⅰ』、宮崎繁樹『宮崎基本判例』、安藤仁介『ケースブック』、岩沢雄司『条約の国内適用可能性』(有斐閣、1985)、戸田五郎『百選Ⅰ』。

(村上　正直)

第4章

領　土

36　パルマス島事件(Island of Palmas Case)

当　事　国　オランダ／米国
裁　判　所　常設仲裁裁判所
判　　　決　1928年4月4日
出　　　典　2 RIAA 829

【事実】　本件は、当時の米国領フィリピンのミンダナオ島サン・オーガスチン岬とオランダ領東インドの北端をなすナヌーサ群島との中間にある孤島パルマス島(Island of Palmas, Island of Miangas、ミアンガス島とも呼ぶ)の領有権をアメリカとオランダが争ったもの。1906年1月21日に同島を訪問したフィリピンのモロ州知事ウッド将軍がオランダ国旗に迎えられたのに驚いて本国政府に通知したのが事件の始まりで、それ以前にはアメリカまたはスペインとオランダとの間には同島をめぐる紛争は生じていなかった。事件発生後米蘭間に外交交渉が行われ、1925年1月23日に事件を常設仲裁裁判所に付託する特別協定が締結された。特別協定によれば、事件は当事国が選任する常設仲裁裁判所の1名の仲裁裁判官に付託され、国際法の諸原則および適用可能な条約規定に従って解決されるものとされた。手続は書面手続のみによるが、仲裁の過程で生じることがある手続問題は仲裁裁判官が決定する。両国はスイスのマックス・フーバー(Max Huber)を単独仲裁裁判官に指名し、仲裁裁定は1928年4月4日に下された。

【判決要旨】1(1)　当事国の主張の検討を行う前に、適用するべき実体法の一般問題として領域主権に関する規則を取り扱う。「国家間の関係においては、主権とは独立を意味する。地球の一部分に関する独立とは、他のいかなる国家をも排除して、そこにおいて国家の機能を行使する権利である」(p.838)。この原則は十分に確立してきたので、それは大部分の国際問題の解決に際して出発点とされるようになった。他方、領域主権はその結果として、自国領域内において他国とその国民の権利を保護する義務を伴う。なぜなら、領域主権を基礎とする空間の配分は「国際法がその擁護者である最低限の保護をすべての場所で諸国民に保障する」ことを目的とするからである(p.839)。

　(2)　領域取得の権原について言えば、領域主権を事情に応じた方法で表示することなしには国家は右の義務を履行することはできないから、「領域主権の継続的かつ平和的な行使は、権原として十分に有効である」(p.839)。司法制度が完備した国内法では抽象的な所有権を認めることが可能であるが、超国家的な組織に基礎を置かない国際法では領域主権を具体的な表示を伴わない抽象的な権利とみなすことはできない。もっとも、領域主権

の表示は時と場所の条件に従って異なった形態をとりうるのであり、条件によってはその断絶は権利の維持と両立しないわけではない(pp.839-840)。

2(1)　両当事国の主張の検討に移ってまず米国の主張を取り上げるなら、その主張の直接の基礎は、米西戦争を終結させた1898年12月10日のパリ条約第3条によるスペインからの割譲であるが、「スペインはそれ自身所持していた以上の権利を譲渡しえなかったことは明らかである」(p.842)から、問題はパリ条約の署名・発効という決定的期日において、パルマス島がスペイン領であったかオランダ領であったかという点である。したがって、米国が主張するスペインの権原を順次検討する。

(2)　まず発見については、パルマス島の発見から生じる原始的権原はスペインに帰属したと認めることができる。両当事国は法的事実はそれと同時代の法に従って評価されねばならないことに合意するから、発見の効果は16世紀前半に有効であった国際法規則によって決定されねばならない。しかし、当時の実定法によれば発見それ自体が法律上当然に領域主権を付与したという見解をとるとしても、主権が決定的期日においてなお存続していたかどうかという問題が残る。時期において異なる法体系のどれが特定の事例に適用されるのかという問題(いわゆる時際法)については、権利の創設と権利の存続を区別しなければならない。権利を創設する行為をその時点で有効だった法に従わせるのと同じ原則が、権利の存続は法の発展が要求する条件に従うべきことを要求する。19世紀の国際法では、先占は領域主権の基礎となるためには実効的でなければならない。したがって今日では、発見だけではパルマス島に対する主権を証明するには十分ではない。他方、発見は主権の決定的な権原ではなく「未成熟の」権原のみを創設するという見解をとるなら、このような権原は外部的な表示がなくても存在するが、19世紀以来支配的な見解によれば未成熟の権原は合理的な期間内に実効的支配によって補完されなければならず、他国による継続的かつ平和的な権威の行使に優越することはできない(pp.843-846)。

(3)　次いで条約による承認の主張について言えば、1648年のミュンスター講和条約は東西インドにおけるスペインとオランダの領域関係に関して「所有の原則」を基準とした。「所有」をどのように緩やかに解釈しても、それに単なる発見から生じる権利を含めることはほとんど不可能である。発見に基づく権原は当時すでに論争の的であったから、条約上それを認めるためには明文の規定を必要としたであろう。また、1715年のユトレヒト講和条約は、同条約によって修正された部分を除いてミュンスター条約の効力を維持した。スペインはこれらの条約の時点でパルマス島を所有していたことを証明しなかったから、同国がこれらの条約によって同島に対する主権の権原を取得したとの証明はない(pp.846-850)。

(4)　パルマス島に対してスペインが実効的支配を行ったとの証拠はなく(pp.850-852)、

米国が主張した地図の証拠価値について言えば、主権の問題の検討にあたって地図を考慮するためには最大限の注意が必要である。地図が法律上の証拠となるために必要な第1の条件は地理学上の正確性であるが、提出された地図の大部分はこの条件を欠いていた。いずれにしても地図は間接的な指示を与えるだけで、法律文書に附属する場合を除いて権利の承認または放棄を意味するような価値をもつものではない(pp.852-854)。

(5) 米国の主張に関して最後に隣接性に基づく権原の主張を取り上げるなら、そのような権原はときとして主張されることがあるが、実定法上の規則としての存在を証明することはできない。この原則によって島に関して特定の国家に有利な法律上の推定を行うことは、前述のような領域主権の性格と矛盾する。また、この原則は正確さを欠いており、その適用は恣意的な結果をもたらしうるから、領域主権の問題を決定するための法的方法として許容することはできない(pp.854-855)。

3(1) 次いでオランダの主張の検討に論を進めるなら、同国の主張は17世紀以来オランダ東インド会社と現地の首長との間の約定によってパルマス島に対するその主権が確立され、この主権は過去2世紀にわたって行使されてきたとするものである。オランダは東インド会社(1795年以後はオランダ国家)と現地の首長との間の多数の約定を証拠として提出したが、これらはほぼ同様の内容をもち、首長はその領国を宗主権者である会社またはオランダ国家から封土として授与されるとする。

16世紀の末以来、特許会社はその本国によって植民地を取得し統治する公権力を付与されており、東インド会社の行為は国際法上オランダ国家自身の行為とみなされねばならない。国家または会社と国際社会のメンバーとは認められていない先住民の首長との契約は国際法上の条約ではなく、条約から生じる権利義務を創設することはできないが、国際法が一定の状況の下では考慮に入れなければならない事実である。このような契約によって創設される法的関係は一般的に言って宗主国と附庸国との間のそれであって、植民地領域の内的組織の1形態であり、他国との関係を規律するためには、この関係は国際法が領域国に課する義務の履行を確保する権力の確立によって補完される必要がある(pp.835-859)。

(2) オランダによるパルマス島に対する主権の行使を示すものと主張される証拠を検討するなら、パルマス島における同国の主権を間接または直接に表示する行為は、とくに18世紀から19世紀初めにかけては多くはなく、継続的な行使の証拠には相当の欠落があるが、先住民だけが居住する遠隔の小島に対する主権の表示は頻繁であることを期待できないという事情のほかに、主権の表示は遠い過去に遡ることは必要ではなく、そのような表示が1898年に存在し、かつそれ以前に他国がそれを確認することができるほどの期間継続的で平和的に存続してきたことで十分である。1906年に米国によって行われるまでは、オランダによる領域権の行使に対する抗議が行われた記録はなく、オランダによる主

権の表示の平和的な性格は認めなければならない。また、オランダによる主権の表示は公然のものであり、同国はそれに関して他国に対して通知を行う義務を負うものではない。これに対して米国はスペインの承継国として、これと同等またはそれ以上強力な権原を提示することに失敗した(pp.862-869)。

以上のような理由により、仲裁人は「パルマス(またはミアンガス)島全体は、オランダ領の一部を構成する」と決定する(p.871)。

【論点】1　本件は、領域取得に関する国際法上の要件を明らかにした判例として著名であるが、それと並んであるいはそれ以上に、領域主権の本質を解明したものとしても注目されねばならない。すなわち判決によれば、領域主権とは「他のいかなる国家をも排除して、そこにおいて国家の機能を行使する権利」であるが、同時にそこにおいて他国とその国民の権利を保護する義務を伴う。こうして領域を単位として管轄権を配分することにより、国際法は地球上のあらゆる場所で諸国民に必要な保護を確保するのである。判決は国家のこの義務を基礎として、領域に対する権原としての実効的支配を強調したのであるが、この義務の考え方はコルフ海峡事件〔⇒42〕に受け継がれ、とりわけ地球環境の保護に関して注目されている「領域使用の管理責任」の概念を生み出すことになる。

2　このように、判決は領域取得の権原としては実効的支配を重視した。「領域主権の継続的かつ平和的な行使は、権原として十分に有効である」と判決は言う。本判決のこの判示もまた、東部グリーンランド事件〔⇒37A〕、マンキエ・エクレオ事件〔⇒37B〕など、その後の判例に大きな影響を与えた。もっとも、判決によれば、必要とされる実効的支配の程度は時と場所の条件によって異なるものである。本件ではパルマス島が先住民のみが居住する遠隔の小島であることが考慮されたが、判決が何よりも重視したのは決定的期日以前においてオランダの主権が争われず、かつ米国がオランダに優越する権原を提示しえなかったことであった。この意味で、判決は相争う主権主張の相対的な強さを比較衡量したのであって、発見、先占、時効—判決は時としてこのような言葉を使用したが—などの特定の権原にオランダの主権を基礎づけたわけではない。むしろ、判決が「主権の確立は緩慢な発展の、つまり国家による管理の漸進的な強化の結果でありうる」(p.867)と述べたことに照らせば、後にノルウェー漁業事件〔⇒43〕で採用される「権原の凝固(consolidation of title)」の考えがここでもとられていたとみられなくもない。

3　この点と関連して、判決は東インド会社ないしオランダ国家が現地の先住民の首長と結んだ約定が条約として主権移転の効果を持つことを否定した。このような約定は国際法が時として考慮に入れるべき事実であるが、それによって創設される法的関係は宗主国と附庸国との関係に擬せられる植民地領域の内的組織の1形態であり、他国との関係にお

いては実効的支配によって補完される必要があるとされたのである。「文明国」としての要件を備えていない先住民の国の国際法主体性を否定するこのような考え方は、20世紀前半までの通説的な理解に沿うものであるが、非植民地化の進展に従って一部からは批判されるようになり、国際司法裁判所の西サハラ事件勧告的意見〔⇒76〕ではこれとは異なる見解がとられた。

4 このほか本判決では、とくに領域紛争の解決に関わって重要な2つの手続原則についても、注目すべき指摘が行われている。その1つは時際法(intertemporal law)であって、判決はこの問題について一方では法的事実はそれと同時代の法に従って評価されねばならないことを認めながら、他方では権利の創設と権利の存続を区別して、後者については法の発展が要求する条件に従うべきだとした。時際法は国際法における法的安定性の要求と国際法の発展の要求との矛盾の、いわば結節点にある制度であるが、本判決のこの点に関する柔軟な態度は前者の立場からは強く批判されることになった。

判決が触れたもう1つの手続原則は、決定的期日(critical date or moment)である。紛争解決に当たって紛争の発生、解決手続への付託などの時点を決定的期日としてそれ以後の事実を解決のためには考慮に入れないとするこの制度についても、判決はパリ条約の時点をそれに選びながら、それ以後の事実についてもそれに先立つ時期に光を投げかける限りでは間接的に考慮に入れるべきだという比較的柔軟な態度をとった。

【参考文献】
『横田判例Ⅲ』ほか、東寿太郎『領土・国境紛争』、堀部博之『宮崎基本判例』、芹田健太郎『ケースブック』、同『百選Ⅰ』、柳原正治『百選Ⅱ』、小畑郁『基本判例50Ⅰ』、深町朋子『基本判例50Ⅱ』、山本草二「領域・空間の管轄と利用」『岩波講座基本法学3・財産』(岩波書店、1984)、松井芳郎「国家管轄権の制約における相互主義の変容」『国家管轄権―国際法と国内法―(山本古稀)』(勁草書房、1997)、芹田健太郎『島の領有と経済水域の境界画定』(有信堂高文社、1999)。

(松井 芳郎・酒井 啓亘)

37 領域権原としての実効的支配
A 東部グリーンランド事件(Legal Status of Eastern Greenland)
B マンキエ・エクレオ事件(The Minquiers and Ecrehos Case)

当事国	A デンマーク v. ノルウェー
	B フランス／英国
裁判所	A 常設国際司法裁判所
	B 国際司法裁判所
判決	A 1933年4月5日　B 1953年11月17日
出典	A PCIJ Ser. A/B, No.53
	B ICJ(1953)47

A 東部グリーンランド事件

【事実】 グリーンランド島は900年頃発見された。約1世紀後には植民活動が開始され、西海岸の南端につくられた2つの植民地は13世紀にはノルウェー王国に属していた。1380年、ノルウェーはデンマークと同君連合の下に結合したが、1814年のキール条約により、ノルウェー・デンマーク王は、グリーンランドなどを除くノルウェーをスウェーデンに割譲した。その後、デンマークはグリーンランドをその主権下にあるものとして扱ってきたが、植民活動は東海岸にまで及んでいなかった。第1次世界大戦中とその直後、デンマークは、グリーンランドに対する主権の承認をノルウェー(1905年にスウェーデンから独立)を含む諸外国に求めた。他の諸国はおおむね肯定的な回答を与えたが、ノルウェーは、1919年、いわゆるイーレン宣言により「この問題の処理に障害をもたらさない」旨を述べたものの、1921年には、東海岸における自国民の漁業と狩猟の自由を主張して上の承認を拒否したため、以後両国間で交渉が続けられた。1931年7月10日、ノルウェーは東部グリーンランドを先占し、この地域が自国の主権下にあることを宣言した。2日後、デンマークは、常設国際司法裁判所規程第36条2項の選択条項に依拠して同裁判所に提訴し、ノルウェーの宣言は現存の法律状態に違反し、違法かつ無効であるとの判決を求めた。デンマークの主張は、①デンマークが現在グリーンランドに対してもつ主権は、長期にわたって存在し、継続的かつ平穏に行使され、本紛争前に他国によって争われたことがない、②ノルウェー自身が条約その他によってグリーンランド全体に対するデンマークの主権を承認しており、今さらこれを争うことはできない、という2点にあった。一方ノルウェーは、グリーンランドにおけるデンマークの主権は植民地に限られており、ノルウェーが先占した地域はその外にある無主地(terra nullius)であると主張した。裁判所は、デンマークの請求を認める判決を下した(12対2)。

【判決要旨】1　デンマークの第1の主張は、特定の先占行為に基づくものではなく、常設仲裁裁判所のパルマス島事件判決〔⇒36〕でいう「その島に対する国家権能の平穏かつ継続的な発現に基づく」権原の申立である。割譲条約のような特定の行為または権原ではなく、

単に権能の継続的な発現に基づく主権の主張は、主権者として行動する意図および意思、その権能のある程度の現実の行使または発現、という2つの要素を含んでいなければならない。また、他国の主権主張の程度にも考慮を払うことが必要であり、とくに人口が希薄で人が定住していない地域については、他国が優越的主張を立証しない限り、主権的権利の行使はごくわずかなものであってよい (pp.45-46)。

2　10世紀に植民地が設けられたころ、近代的な領域主権の概念は成立していなかったが、13、14世紀におけるノルウェー・デンマーク王の権利は主権に相当し、それは植民地の消滅後も失われたとは解されない。1721年に植民地が再建された後は、グリーンランドの一部において主権的権利の発現と行使がある。そして、他国の主権主張がなく、植民されなかった地域の北極に似て接近し難い性質に留意すると、1814年までの時期に、植民地域に限らずグリーンランド全体に対し主権を有効に主張するに十分な権能の発現があったと認められる。なお、地図において慣習的に使われる地名は反証のない限り通常の意味に解すべきであるから、18世紀の諸文書で「グリーンランド」という言葉が西海岸の植民地のみを指して使われたとのノルウェーの主張は認められない (pp.46-52)。1814年のキール条約によってノルウェーはスウェーデンに割譲されたが、グリーンランドはデンマーク王の下に残された。その後デンマークが締結した多くの条約にグリーンランドへの不適用を定めた規定があることや、グリーンランド全域に適用される法令の制定、東海岸における各種利権の付与などの事実からみて、1915年までの時期に、植民地以外の部分に対しても主権を確立するために十分な権能の発現があったと認められる (pp.52-54)。1915年から1921年にかけてデンマークが諸外国に対して行った要求については、デンマークがグリーンランド全体に及ぶ現存の主権の承認を求めたのか、まだ自国に属さない地域への「主権の拡張」の承認を求めたのかが問題となるが、諸外国との往復書簡を個々の表現にあまりとらわれず全体として判断すれば、前者の目的であったと結論される (pp.54-62)。

3　デンマークの第2の主張について、裁判所は、3つの場合に、ノルウェーがグリーンランド全体に対するデンマークの主権を承認したと考える。第1に、1814年に両国間の結合が終了したとき、ノルウェーはグリーンランドに対するデンマークの主権を争わないことを約束している (pp.64-68)。第2に、ノルウェーとデンマーク間の2国間条約および両国が当事国である種々の多数国間条約において、グリーンランドはデンマークの一部またはその植民地として扱われている (pp.68-69)。第3に、1919年7月22日のノルウェー外務大臣イーレンのデンマーク公使に対する口頭の回答は、グリーンランドに対するデンマークの主権を確定的に承認したものとは言えないが、イーレン宣言による約束の結果として、ノルウェーは、グリーンランド全体に対するデンマークの主権を争わず、ましてや、その一部の先占を行わない義務を負った (pp.69-73)。以上の理由から、ノルウェーの先占の宣言

とこれに関してとられたいかなる措置も現存の法律状態に違反し、したがって違法かつ無効である。

B　マンキエ・エクレオ事件
【事実】　マンキエおよびエクレオは、英国領チャンネル諸島の1つジャージー島とフランス本土の間にある小島群で、19世紀の末以来、英国とフランスとの間でその帰属が争われていた。両国は1950年12月の特別協定においてこの問題を裁判で解決することに合意し、1951年12月5日、国際司法裁判所に訴えを提起した。

　請求の内容は、マンキエ・エクレオの島嶼と岩礁が領有の対象となりうる限りにおいて、それらに対する主権は両国のいずれに帰属するか、ということである。両国はともに、古来のないし原初的権原(ancient or original title)または実効的占有による権原に基づいて、領有権の存在を主張したが、裁判所は、双方から提出された証拠の相対的価値の評価を行った結果、英国の実効的占有による権原の主張を認めて、マンキエ・エクレオに対する主権が英国に帰属する旨の判決を下した(全員一致)。

【判決要旨】1　両当事国はいずれも、エクレオ・マンキエに対する古来のないし原初的権原を有し、その権原は常に維持されており失われたことはなかった、と主張した。したがって、本件は、無主地の主権取得に関する紛争の特徴を示すものではない(p.53)。英国は1066年のノルマンディー公ウィリアムによるイングランド征服から、他方フランスは1204年のフランス王によるノルマンディー征服から、自国の権原を引き出す。しかし、両国が同様に援用する中世の諸条約は、いずれの側の主張を立証するにも十分でない。英国は、古文書に基づき、問題の島群を含めチャンネル諸島が大陸ノルマンディーと区別される一体とみなされていたと主張し、この見解を支持する強い推定は成り立つが、マンキエ・エクレオに対する主権の問題は、これらの島群の占有に直接関連する証拠によって決定されるべきものである(pp.53-55)。フランスは、英国王はフランス王の家臣たるノルマンディー公の資格でフランス王の封地を保有していたのであり、1202年のフランス裁判所の判決によって、英国王の保有するすべての封地が没収されたと主張する。しかし、英国は、ノルマンディーに関するフランス王の封建的権原は名目的なものに過ぎないと主張し、上の判決の存在も争っている。裁判所は、この歴史的論争には立ち入る必要を認めない。たとえフランス王がチャンネル諸島に関して封建的権原を有していたとしても、その権原は、1204年以降の諸事件の結果失効してしまったに違いなく、後代の法に従って他の有効な権原により代替されていない限り、今日いかなる法的効果も生じないからである。決定的に重要なのは、中世の諸事件に基づく間接的推定でなく、マンキエ・エクレオの島

群の占有に直接関係する証拠である (pp.56-57)。

　2　そのような証拠許容のための決定的期日 (critical date) について、英国は紛争が具体化した1950年の特別協定の締結日を、他方フランスは1839年の英仏漁業条約の締結日を主張する。裁判所によれば、英仏漁業条約が定める共同漁業水域は同水域内の島群の主権の帰属に関係はなく、また1839年当時、両国の間にカキ漁業に関して意見の相違はあったが、問題の島群の主権に関する紛争はまだ発生していなかった。それが発生したのは、フランスが初めて主権を主張した1886年（エクレオ）と1888年（マンキエ）である。しかし、本件の特殊事情から、その後の行為も、関係当事国の法的地位を改善する目的でなされたものでない限り、裁判所によって考慮されるべきである (pp.59-60)。

　3　まず、エクレオに対する両当事国の主張を検討すると、エクレオは13世紀の初めイギリス王保有の封土であるチャンネル諸島の構成部分として扱われ、14世紀初めには同王が裁判権、課税権を行使した記録もある。19世紀初めから、カキ漁業の重要性が増すにつれて、エクレオとジャージーとの関係は再び緊密になった。それ以来、ジャージー当局は同島に関して様々な措置をとっており、それらの事実のうちで、裁判所は、とくに司法権、地方的行政権、立法権の行使に関する諸行為（刑事裁判の実施、教区税・地方税の徴収、エクレオ岩礁をジャージーの範囲内に含めて扱った措置など）に証拠価値を認める (pp.60-66)。他方フランスは、1886年に主権を主張するまで、有効な権原を保持していたことを示す証拠を提出していない。これらの事実に照らして、対立する主権主張の相対的な力を評価すると、裁判所は、エクレオに対する主権が英国に帰属すると結論する (pp.66-67)。

　次に、マンキエに対する両当事国の主張を検討すると、マンキエは17世紀の初めジャージーにおける封土ノワールモンの一部として扱われ、裁判権が行使された記録があり、また、エクレオについて提出されたものと同一の性質の様々な証拠から、英国は19世紀のかなりの期間と20世紀において、マンキエに関して国家的機能を行使してきたと認められる (pp.67-70)。フランスは、マンキエがフランス領ショーゼー島の属島とされてきたと主張するが、それは確認できない。マンキエの暗礁の外側における浮標の設置を含め、とくに19世紀から20世紀にかけての行為は、この小島群の主権者として行動するフランスの意思の十分な証拠とみなすことはできず、また、そのような行為は国家的機能の発現を含むとみなすことはできない。フランスが主権を主張したのは、1888年になってからである。このような事情から、マンキエに対する主権は英国に帰属すると判定する (pp.70-72)。

　【論点】1　この2つの判決は、1928年のパルマス島事件の仲裁判決とともに、領域取得の方法ないし領土紛争の解決基準として実効的占有がもつ意義を確認した重要な判例である。A事件では、デンマークの中心的主張は、特定の先占行為や割譲条約など明白な根拠に基づ

くものではなく、国家権能の平穏かつ継続的な発現に基づく権原の申し立てであり、この実効的占有の主張が認められた。他方B事件では、英仏ともに中世以来の固有の権原を主張したが、裁判所は、歴史的な権原も後の法に従って他の有効な権原により代替されなければ今日では法的効果がないとして、実効的占有に直接関係する証拠に決定的重要性を付与した。

2 A事件判決は、実効的占有に基づく領域取得の要件として、主権者として行動する意図および意思、国家権能のある程度の現実の行使または発現、の2点を明らかにした。どの程度の国家権能の行使が必要かは、他国の主権主張の有無ないし程度、係争地域の地理的条件や人口・定住の状況など、各場合の具体的事情によって異なる。本件では、これらの具体的事情をも考慮して、デンマークの諸行為が、植民地に限らずグリーンランド全体に対する有効な主権を確立するために十分なものと認められた。

3 B事件において、裁判所は、実効的占有を立証するため両当事国が提出した証拠にてらして、対立する主権主張の相対的な力を評価する。その際、裁判所は、英国が援用した様々な事実のうち、とくに司法権、地方行政権、立法権の行使に関する諸行為を国家権能の具体的発現として評価し、これに証拠価値を認めた。他方、フランスの行為が国家権能の発現とみなされなかったのは、そこに主権者として行動する意思の証拠が認められなかったからである。

4 B事件においては、証拠許容のための決定的期日の選定も争点の1つであった。裁判所は、主権に関する紛争が具体的に発生した日を一応の基準としつつも、本件では紛争発生のずっと前から徐々に国家活動が展開されてきて、紛争発生後もそれが中断せず継続している、という特殊事情に鑑みて、条件付ながら決定的期日以後の行為も考慮するとの柔軟な立場をとり、この期日の選定に決定的な意義を認めなかった。

5 A事件において、裁判所は、口頭の声明（イーレン宣言）が国家を拘束することを認めて、「外国の外交代表の要請に答えて、外務大臣がその権限に属する問題に関し政府の名において与えたこの種の回答は、彼の属する国を拘束することはまったく疑問の余地がない」と述べた。1969年の条約法条約は、同条約の適用上「条約」を書面の形式によるものに限っている（2条）が、これは口頭の合意の法的効力を否定する趣旨ではない。ただ、口頭の約束は証拠上の困難を伴いがちであるが、本件の場合は、イーレン外務大臣が自分の備忘録に回答を記していたので証明された。

【参考文献】
『横田判例Ⅱ』、森脇庸太『高野判例』、波多野里望『領土・国境紛争』、東寿太郎『同上書』、堀部博之『宮崎基本判例』、松井芳郎『ケースブック』、太寿堂鼎『同上書』、東寿太郎『判決・意見Ⅰ』、筒井若水『百選Ⅰ』、中谷和弘『基本判例50Ⅰ』、同『基本判例50Ⅱ』。

（中村　道・酒井　啓亘）

38 プレア・ビヘア寺院事件(Case concerning the Temple of Preah Vihear)

当 事 国　カンボジア v. タイ
裁 判 所　国際司法裁判所
判　　決　(a) 先決的抗弁　1961年5月26日　(b) 本案　1962年6月15日
　　　　　(c) 仮保全措置　2011年7月18日　(d) 解釈　2013年11月11日
出　　典　(a) ICJ(1961)17　(b) ICJ(1962)6　(c) ICJ(2011)537
　　　　　(d) ICJ(2013)281

【事実】　プレア・ビヘア寺院は、タイとカンボジアの国境をなすダングレク山脈の東方部に位置する古聖地たる寺院で(北方がタイ、南方がカンボジア)、本件判決当時には一部廃墟となっていたが、なお相当の美術的・考古学的関心がもたれ、巡礼地ともされていた。本件は、この寺院とその周辺地域プレア・ビヘアの帰属が争われたものである。

寺院周辺地域の国境については、フランス(当時カンボジアを含むインドシナの保護国)とシャム(タイの旧国名)との間で締結された1904年の国境条約があり、当該地域の国境は分水嶺に沿うこと(第1条)、および、フランス・シャム混合委員会が両国の国境の画定を行うこと(第3条)を定めていた。この規定に従って設置された混合委員会は、その作業を完了したようであるが、地図の作製は、その後シャム政府の要請でフランス当局によって行われ、1908年にシャム政府に交付された。この地図(以下、附属書Ⅰの地図)によれば、プレア・ビヘアはカンボジア側に含められていたが、1934～35年にシャムが独自に行った測量により、地図の線と真の分水嶺とが一致せず、同地域はシャム側に含まれるはずであったことが判明したとされる。しかしシャムは、その後も何ら問題提起を行わなかっただけでな

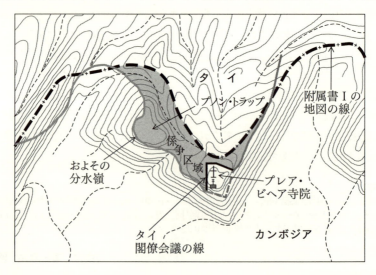

く、プレア・ビヘアをカンボジア側に含める地図を公式に用いてきた。第2次世界大戦後、フランスおよびカンボジア(1953年に独立)による照会・抗議にもかかわらず、タイは寺院に監視員や軍隊(警察隊)を駐留させた。1958年、タイとカンボジアとの間で初めてプレア・ビヘアを含む領土問題が討議されたが、タイ側が法的側面の討議を拒否したため、1959年10月6日、カンボジアがタイを相手に国際司法裁判所に一方的に提訴したものである。

カンボジアは、①プレア・ビヘア寺院地域に対する領域主権が自国に帰属することの宣言、②寺院に駐留するタイの軍隊の撤退、③タイが寺院からもち去った古美術品等のカンボジアへの返還(この点は訴訟中に追加)を求めた。これに対してタイは、先決的抗弁を提出したが、裁判所は、1961年5月26日の判決で自己の管轄権を確認し、本案については、1962年6月15日の判決でカンボジアの請求を認めた。

判決後タイは寺院から撤退したが、同年タイ閣僚会議の定めた線に沿って寺院とプレア・ビヘア高台の他の部分を隔てる有刺鉄線フェンスを設置した。その後カンボジアが寺院をユネスコの世界遺産とするよう要請し、2008年に認められたことなどを契機に、両国間の対立が再燃し、2011年には両国の衝突で死者や寺院への損傷が生じた。カンボジアは同年4月28日に、裁判所規程第60条に基づき1962年判決の解釈を求める請求を行うと共に、寺院区域からのタイ軍の即時無条件撤退や同区域におけるタイのすべての軍事活動の禁止などを求める仮保全措置の要請を行った。なお、本件解釈請求時にはタイの選択条項受諾宣言は失効していた。

【判決要旨】(a)1　カンボジアは、その請求の基礎を、主として裁判所規程第36条、タイによる選択条項受諾宣言(1950年5月20日)、カンボジアによる選択条項受諾宣言(1957年9月9日)に求めた。これに対してタイは、自国の宣言は無効であるとして、次のように抗弁した。1950年のタイの受諾宣言(裁判所規程第36条4項に従い1929年の宣言と同一の条件と留保の下で1929年・40年の宣言を1950年5月3日よりさらに10年間更新する旨を定める)は、1929年の宣言(1940年5月3日に10年の期限で更新し、1950年5月6日満了予定)を再更新する意図で行われたが、1955年の航空機撃墜事件の判決(規程第36条5項は国連憲章・裁判所規程の原署名国にのみ適用される)に従えば、1929年・40年の宣言は、タイが国連の原加盟国ではない(1946年12月16日に加入)ことから、1946年4月19日の常設国際司法裁判所の消滅によりすでに失効しており、そもそも更新しえなかったものである(pp.23-27)。

2　裁判所によれば、規程第36条5項は、規程当事国となる以外に何ら宣言国による新たなまたは特定の行為を必要とすることなく、当然に常設国際司法裁判所での受諾宣言を現裁判所での受諾宣言とみなすとの規定であるが、タイの場合には1950年に前記の宣言を行っており(この点でタイは航空機撃墜事件におけるブルガリアと異なる)、この宣言のゆえに

第36条5項の適用とは別の可能性を考えなければならない(p.28)。しかも、タイが1950年5月20日に宣言を行った時点で、1940年に更新した受諾宣言はいずれにせよ失効しているのであるから(1950年5月6日に期限満了)、1950年の宣言は新たな独立の文書である(p.29)。この宣言の真の意味と効果を決定するためには、通常の解釈規則を適用し、文言をその文脈から自然かつ通常の意味に解しなければならない。1950年の宣言は、それが国連事務総長に宛てられており(これが規程で唯一求められている要式である)、また規程第36条4項に言及していることから、規程第36条2項に従った国際司法裁判所の強制的管轄権の受諾以外の意味をもちえないし、これがその時点でタイが規程第36条に従って行いえた唯一の行為である。宣言中における、1929年・40年の宣言への言及は、強制的管轄権受諾の条件を示す簡便な方法であったと考えられる(pp.32-34)。以上の結論で管轄権の確認に十分であるので、これ以上の検討は必要なく、タイの上記の先決的抗弁を棄却する(全員一致)。

  (b)1　カンボジアの請求が主として前述の地図に依拠したのに対して、タイは次の3点において地図に基づく主張に異議を申し立てた。第1に、この地図は混合委員会の作業になるものではなく、拘束力がない、第2に、地図上の国境線と分水嶺の不一致は、混合委員会の裁量を超える重大な誤りである、第3に、タイは、ともかくプレア・ビヘアに関する限り、地図もそこに示された国境線も拘束力あるものとしては決して受け入れておらず、仮に地図を受け入れたとすれば、それは地図上の線が分水嶺に対応するように正確に引かれているとの誤った信念によるものである(p.21)。

  2　裁判所は次のように考える。(タイの第1の主張について)地図は混合委員会によって正式に承認されたことはなく、その作製時には何ら拘束力を有していなかった(p.21)。(タイの第2の主張について)たとえ地図上の国境線が真の分水嶺から逸脱していたとしても、地図は混合委員会の作製によるものではないというのであるから、そのような逸脱が混合委員会の裁量の範囲内か否かを議論しても無意味である。他方、政府自身は明らかにそのような逸脱を受け入れる権限をもっていたのであるから、問題は、両当事者が、地図およびそこに示された国境線を、プレア・ビヘア地域の国境画定作業の結果を示すものとして受け入れ、それによって地図に拘束力を与えたか否かである。この点についてタイは、異議を申し立てなかったというだけで、1904年条約の定める分水嶺からの逸脱に同意したことにはならないと主張するが、交付された地図はシャム政府関係者・専門家を含め広範囲に配布されたのであり、「もし地図に反対することを希望し、または地図について提起すべき重大な問題があるのであれば、合理的期間内に、シャム当局の側からの何らかの反応を必要とする、そのような状況にあったのは明白である。シャム当局は、そのときも、またその後も多年にわたってそうしなかったのであるから、黙認した(acquiesced)ものとみなされなければならない」(p.23)。実際、この地図には、シャム当局が地図は国境画定作業

の結果を表していないと考える場合には、反応を必要とする旨の表示があった。

3　(タイの第3の主張について)「当事者が自らの行為を通じて当該錯誤の発生に寄与した場合または当該錯誤を回避することができたであろうと思われる場合や、当事者が何らかの錯誤の発生の可能性を予見することができる状況に置かれていた場合には、同意を無効にする要素としての錯誤の抗弁は認められないというのが、確立された法規則である」が、地図に接したシャム当局者(混合委員会の委員も含まれる)の立場と資格だけみても、タイによる錯誤の抗弁は受け入れ難い(p.26)。

4　シャムは、その後1958年に至るまで、この地図について問題を提起したことはなく、1934-35年に独自の測量を行った後でさえ、プレア・ビヘアをカンボジア側に置く地図を公式に使用し続けた。シャムには、1925年と1937年に締結のフランスとの友好通商航海条約のための交渉や、とりわけ国境処理の問題を付託事項に含む1947年のフランス・シャム調停委員会など、問題を提起する機会は何度かあった。にもかかわらず問題を提起しなかった点について、タイは、自国があらゆる重要な時期にプレア・ビヘアを占有していたからであるとして、タイの官吏が現地で行った行政的な行為を挙げるが、地図に示された国境線に対する中央政府の一貫した態度が、そのような地方行政上の行為によって否認されると考えるのは困難である(pp.29-30)。この関連で最も重要なのは、1930年にシャムのダムロン殿下が寺院を準公式訪問した際に、フランス国旗の下でカンボジア駐在総督代理の公式接待を受けながら、かかる明白な主権の主張に対して何らの反応も示さなかった点であり、これによってシャムはプレア・ビヘアに対するカンボジア(フランス)の主権を黙示に承認したことになる(pp.30-31)。

5　以上の事実から導かれる結論として、裁判所は、たとえ(フランス当局から地図を受け取った)1908年の段階でシャムが地図とそこに示される国境線を受け入れたことについて何らかの疑義があったとしても、その後の一連の事実に照らせば、「タイが地図を受け入れなかったと主張することは、今や自らの行為によって排除される(precluded)」と考える(p.32)。タイは安定した国境という利益だけにせよ、1904年条約の利益を50年間にわたり享受してきており、フランスとカンボジアはタイによる地図の受諾を信頼した以上、タイが今になって国境処理に常に同意してきたことを否定することはできない。

6　裁判所は、両当事者による地図の受諾によって、この地図は条約上の処理に取り入れられ、その不可分の一部をなすに至ったと考える。1904年条約は、国境を分水嶺とするとの一般的指示に加えて、国境の画定を求めていたが、これは分水嶺の指示だけでは国境の確定性と終局性の点で不十分と考えたからであり、そのため国境の画定と地図に頼ることにしたのである(pp.33-34)。

7　以上の理由により、裁判所は、①プレア・ビヘア寺院がカンボジアの主権下にある

領域に位置することを認め(9対3)、②したがってタイは、寺院とその周辺のカンボジア領域(at the Temple, or in its vicinity on Cambodian territory)に駐留する軍隊・警察隊等を撤退させ(9対3)、③1954年の寺院占拠以来、寺院と寺院区域から持ち去った古美術品等をカンボジアに返還する義務を負う(7対5)。

(c) 裁判所は以下の仮保全措置を指示する。①両当事者に対し、寺院周辺の特定区域(暫定非武装地帯)から軍事要員を即時撤退させ、同地帯における軍事プレゼンスおよび同地帯に対する武力活動を慎むこと(11対5)、②タイに対し、カンボジアによる寺院への自由なアクセスを妨げないこと(15対1)、③両当事者に対し、協力を継続しASEANの視察員による暫定非武装地帯へのアクセスを認めること(15対1)、④両当事者に対し、紛争を悪化・拡大させるような行動を慎むこと(15対1)、などを指示する。

(d) 1 規程第60条にいう「判決の意義又は範囲について[の]争」とは、判決の主文(operative clause)か、主文と不可分の判決理由に関係していなければならない(para.34)が、両当事者間には、①1962年判決は拘束力を持つものとして附属書Iの地図の線が両当事者の国境線を構成すると判示したか否か、②判決主文第2項にいう「[寺院]周辺(vicinity)のカンボジア領域」の意義と範囲、③同項にいうタイの撤退義務の性質、の3点において紛争が存在する(para.52)。

2 1962年判決には次の3つの特徴がある。①1962年判決は国境の画定を行っていない、②判決自体に地図は附属していないが、判決の理由づけに地図が中心的な役割を果たした、③判決の扱った紛争は「寺院区域」の主権のみである(paras.76-78)。

3 主文第2項は、タイが撤退しなければならないカンボジア領域を明示していないが、1962年手続におけるタイ側証人の証言では、当時タイ警察の駐留地は寺院の北東にあり、ほかには(警察駐留地西方に住む1人の警備員を除き)タイの要員は寺院付近に存在しなかったから、「周辺」には少なくとも警察駐留地が含まれなければならない。また、寺院は容易に識別可能な地形(高台)上にあり、自然な理解によれば、「周辺」はプレア・ビヘア高台全体を含むことになるし、判決が地図に付与した重要性からして、カンボジアの領域は、北方は附属書Iの地図の線までであり、主文第2項は同高台全体を含むものと解される。他方、カンボジアはプノン・トラップ丘陵も「周辺」に含まれると主張するが、両者は別の地形であり、カンボジア自身も当時同丘陵を寺院区域として扱っていないし、当時タイの要員も同丘陵には存在しておらず、受け入れられない(paras.86-98)。

4 主文第2項にいう「[寺院]周辺のカンボジア領域」と同第3項にいう「寺院区域(area of the Temple)」は同じものであり、主文の3つの項の地理的範囲は同じである。主文第1項が「寺院はカンボジアの主権下にある領域に位置する」と述べたのは、第2項、第3項と同様、プレア・ビヘア高台のことである。1962年判決が拘束力を持って両国間の国境線を決定し

たかについては、プレア・ビヘア高台の主権のみが問題となっているので、検討不要である。第2項の義務が継続的義務かについても、タイは本件解釈手続においてカンボジアの領土保全尊重が継続的義務であることを認めており、検討不要である(paras.100-105)。

5　プレア・ビヘア寺院は今や世界遺産に登録されたのであるから、世界遺産保護条約の当事国として両国は協力して同区域を保護する義務がある。その関連でカンボジア側から寺院へのアクセス確保の重要性を強調する(para.106)。

以上の理由により、①裁判所は規程第60条に基づき管轄権を有し、要請は受理可能である(全員一致)、②1962年判決によれば、カンボジアがプレア・ビヘア高台の全域に対して主権を有し、したがってタイはそこに駐留する軍隊・警察隊等を撤退させる義務を有する(全員一致)(para.108)。

【論点】1　本件は、プレア・ビヘア寺院周辺地域の帰属が争われた事件であるが、関係国間に1904年の国境条約が存在し、しかも同条約に従った国境画定作業と関連する地図が存在したため、中心的な論点はこの地図をめぐる評価にあった。一般に、地図は、法的文書に付属している場合を除き、権利の承認・放棄の効果をもたず、法的文書に付属している場合であっても、条約文が優先する(ヴェルサイユ条約第29条、イタリアとの平和条約第1条など)とされる。本件地図は、条約に基づき国境画定を委ねられた混合委員会の作業終了後に、シャム政府の要請でフランス当局が作製したものであり、裁判所は作製時における地図の拘束力を否定した。

2　問題は、地図に示される国境線が、条約で国境をなすものとされた分水嶺とは異なっていた(と主張される)にもかかわらず、タイが長年にわたって異議を申し立てなかった点を、いかに評価するかというところにあった。裁判所は、この沈黙を地図の「黙認」と解し、その後の一連の行為に照らして「タイが地図を受け入れなかったと主張することは、今や自らの行為によって排除される」と判示した。この点を捉えて、一般に、本件判決は「禁反言(estoppel)」の原則を適用したものと言われる。

この原則は、英米法上、何らかの行為(沈黙を含む)によってある事実の存在を表示した者は、相手方がこれを信じて自己(当該相手方)の利害関係を変更した場合には、たとえ当該事実が存在しない場合であっても、その存在を否定することを禁じられる、というものである。しかし本件では、相手方であるカンボジア(フランス)がタイによる地図の承認を信じて自己の利害関係を変更したという顕著な事実は見出し難く、裁判所が厳格な意味での禁反言の原則を適用したのか必ずしも明らかでない。もっとも、禁反言の原則に関する見解は多様であり、本件においても、この原則を、以前の行為や態度と矛盾する主張は認められないとの趣旨(広義)に解した上で、単なる手続的(証拠上の)規則ではなく実体的規

則として法の一般原則の一部をなすとする主張もあれば(アルファロ裁判官の個別意見)、排除(禁反言)の原則は、強力な実体的国際法の手段であるが、相対的な真実を採用することになることからも慎重に適用すべきであるとして、この原則は、以前になされた明白な表示を信頼した相手国が、その結果として損害を被ったか、当該表示を行った国が何らかの利益を受けた場合に適用されると主張する者もある(スペンダー裁判官の反対意見)。

　裁判所は、その後の事件において禁反言の原則を厳格に解する姿勢を示している。例えば、1964年のバルセロナ・トラクション事件(管轄権)〔⇒125〕や1969年の北海大陸棚事件〔⇒46〕、1984年のニカラグア事件(管轄権)〔⇒157〕の判決では、禁反言の原則は、ある国がある制度を受け入れていることが、その国の行動や宣言等によって明白かつ継続的に示されるだけでなく、他国がかかる行動を信頼して自己(当該他国)に不利に働くような立場変更をしたか、あるいは何らかの損害を被ったというような場合を想定しているとした上で、いずれの事件においても、そのような事実は存在しないとして同原則の適用を否定している。なお、仲裁裁判では、2015年のチャゴス諸島海洋保護区事件で、禁反言の原則の適用によりランカスター・ハウス約束の法的拘束力を導いている。

　なお、本件では、地図がタイによって拘束力あるものとして受け入れられたか否かがポイントであって、それが黙認の法理等によって立証されたのであれば、それ以上に禁反言の法理を援用する必要はなかったように思われる。また、以上に述べた地図の法的な位置づけは、1986年のブルキナファソ・マリ国境紛争事件〔⇒39〕や1999年のカシキリ／セドゥドゥ島事件(ICJ(1999)1045)におけるICJの判決でも踏襲されている。

　3　タイは、地図を受け入れていないと主張しつつも、もし受け入れたとすれば、それは錯誤によるものであると主張したが、裁判所は、一定の場合につき錯誤は援用できないと述べた。この部分は、1969年の条約法条約第48条2項にそのままの形で取り入れられた。

　4　2011年になされた解釈請求については、同時に行われた仮保全措置要請との関係で議論が多い。第1に、以前に示された判決の「解釈」の請求に当たって、同時に仮保全措置を要請することが可能かという問題がある(ドノヒュー裁判官)が、緊急の事態を受けた解釈請求の場合は全くあり得ないともいえず、前例もある(アヴェナ事件〔⇒119〕)。しかし、解釈請求は当初の判決の管轄権を基礎としており、当初の判決を超えて新たな紛争を持ち込むことはできないところ、本件仮保全措置は新たな武力衝突の問題を扱っているように見える。それは、紛争の悪化・拡大を慎むよう命じた点にも表れている。

　第2に、両当事者に即時撤退すべしとした区域(暫定非武装地帯)についても、先例に照らして批判がある。仮保全措置において撤退や要員派遣の禁止等が命じられた先例では、「係争区域」(2011年国境地帯におけるニカラグアの活動事件)や「当事者の合意する地点」(ブルキナファソ・マリ事件)といった形で場所に言及し、具体的に場所が特定されていない。本件では、

緯度と経度を用いてその場所を人為的に特定し、しかもそれが主権の争われていない場所まで含むことから（自国領域からの撤退の命令となる）、裁判所の仮保全権限を超え、裁判所の正当性にかかわるとする反対意見がある（小和田、アル・ハサウネ、シュエ、ドノヒュー各裁判官）。特にICJの仮保全措置は拘束力を有するとされていることから、この点は重大である。

5　解釈判決自体については、カンボジアが「周辺」を附属書Iの地図の線と分水嶺の間の区域（プレア・ビヘア高台とプノン・トラップ丘陵を含む4.6km²）と、タイは閣僚会議の定めた線の区域（0.25km²）と主張した（paras.83-84）。裁判所はその中間をとって、高台の北方の境界線は附属書Iの地図の線と明言し、高台の北東および北西の境界も示したが、それ以外の両国の境界画定（丘陵の帰属を含む）は、解釈手続の対象外でもあり、未解決のままに残された。

【参考文献】
中村道『ケースブック』、山本良『百選Ⅰ』、岩間徹『百選Ⅱ』、東寿太郎『高野判例』、同『領土・国境紛争』、同『判決・意見Ⅰ』、同「禁反言の原則と国際法」『国際関係法の課題（横田鳩寿）』（有斐閣、1988）、櫻井大三「『プレア・ビヘア寺院事件』判決・再考」『人類の道しるべとしての国際法』（国際書院、2011）、同「国際法における禁反言の概念」『国際法外交雑誌』116巻3号（2017）、石塚智佐「ICJ判決の解釈請求における新傾向」『城西国際大学紀要』23巻1号（2015）。

（浅田　正彦）

39 ブルキナファソ・マリ国境紛争事件(Affaire du différend frontalier)

当　事　国　ブルキナファソ／マリ
裁　判　所　国際司法裁判所(特別裁判部)
命令・判決　(a) 仮保全措置命令　1986年1月10日
　　　　　　(b) 判決　1986年12月22日
出　　　典　(a) ICJ(1986)3
　　　　　　(b) ICJ(1986)554

【事実】　西アフリカに位置するブルキナファソ(紛争付託時の国名は上部ボルタ)とマリ共和国は、ともにフランスの植民地であったが、1960年に各々独立を達成した。植民地時代に行政区画がたびたび変更されたため、約1,300キロメートルにわたる両国の国境線は、不明確な部分を残していた。この問題は、1974年の武力衝突を契機としてアフリカ統一機構(OAU。現在のアフリカ連合)の仲介委員会で審議されたが、解決に至らなかった。そこで、1983年9月16日に、国境画定に関する紛争を国際司法裁判所特別裁判部に付託する特別合意が両国間で締結された。同合意により、裁判所は裁判所規程第31条および規則第35条に基づいて、両当事国から選出された特任裁判官各1名を加えた計5名による特別裁判部を設置する命令を出した(ICJ(1985)6)。

　ところが、1985年12月に両国国境付近で武力衝突が生じたため、両当事国は相次いで裁判所に事態の悪化を防止する仮保全措置要請を行い、裁判部は翌年1月10日に仮保全措置を指示した。両当事国はこれに従い、紛争地域から軍隊を撤退させることに合意した。裁判部は、12月22日に判決を下し、翌年4月9日に国境線画定作業を支援する3人の専門家を指名する命令を出した(ICJ(1987)7)。

【命令・判決要旨】　(a)1　本件において問題となっている権利は領域に対する当事国の主権的権利である。したがって、たとえ紛争を悪化させたり拡大させたりするおそれのある事態が勃発しても、東南部グリーンランドの法的地位に関する事件(PCIJ, Ser.A/B No.48)にもあるように、将来の本案判決の中で裁判部によって正当に認められれば、各当事国が主張する主権的権利の存在もしくは価値に影響を与えない(paras.15-17)。

　2　規程第41条により、各当事国の仮保全措置要請とは別に、裁判所および裁判部は、状況が必要と認めるときはいつでも紛争の悪化または拡大を防止するために仮保全措置を指示する権限を有する。とくに国連憲章第2条3項および第33条に基づき、付託された事態は、単に紛争の悪化または拡大だけではなく、国際紛争の平和的解決原則と両立しない武力行使を含んでいるため、必要に応じて司法の適正な運営を確保するための仮保全措置を指示する権限と義務が裁判部にあることは疑いない。また軍事活動の結果、最終判決に

必要な証拠が破壊されるおそれがある。紛争地域の人および財産ならびに両国の利益が回復しがたい損害の深刻な危機にさらされている状況により、裁判部が規程第41条に従って仮保全措置を指示することが必要とされている(paras.18-21)。ブルキナファソによる仮保全措置要請は将来の首脳会議まで軍隊撤退の問題は延期されるとする両国首脳による停戦宣言と両立しないとマリは主張するが、同宣言は軍隊撤退を拒否したのではなく、単に撤退の方式の問題を延期させたに過ぎない。したがって、各当事国の権利を保全するための仮保全措置を不要とするものではない(paras.23-27)。

3 裁判部は、全員一致で両政府に対して以下のことを指示する。①紛争の悪化または拡大、もしくは判決に従う他の当事国の権利の侵害といった行動をとらない、②証拠収集を阻害する行為を慎む、③両政府間の合意による停戦を引き続き遵守する、④本命令から20日以内に両政府間の合意により決定された地点まで自国軍隊を撤退させる、⑤紛争地帯の統治について、仮保全措置要請の原因となった軍事行動の前に存在していた状況を修正しない(para.32)。

(b) 1 特別合意第1条によれば、紛争主題は、マリ領コロ(Koro)および上部ボルタ領ジボ(Djibo)からベリ(Beli)地域に及ぶ一帯からなる紛争地域での上部ボルタとマリとの間の境界線である(para.2)。両当事国とも、地理的一体性のない部分の画定作業を意味する国境紛争(または国境画定紛争)と、地理的一体性をもつ地域全体に対する主権の帰属を目的とする領土帰属に関する紛争を区別し、本件を前者に属するものとみなしている。しかし実際は、本件を含めて大部分の場合、上記の区別は性質の違いというよりもむしろ程度の違いであり、いかなる画定も国境線の両側の土地を配分する効果をもつ(para.17)。

2 本件の国境画定に関する法的状況の特徴は、両当事国が過去30年間にアフリカで繰り広げられた非植民地化の過程で独立を達成したことにある。独立達成時に存在していた国境の尊重を厳粛に誓約すると宣言したアフリカ諸国首脳会議決議(1964年)を受けて、特別合意前文は、裁判部による紛争の解決が、「とくに植民地時代から引き継がれた国境線の不可変性という原則の尊重に基づいて」行われなければならないと規定する(para.19)。つまり国境画定に導く準拠法および法的論拠の出発点について、両当事国の合意があることは明白である。さらに裁判部は、ウティ・ポシデティス原則(*uti possidetis juris*)を無視することはできない。同原則の目的は、施政国撤退後に国境線をめぐる同胞争いによって、新国家の独立と安定性が危険にさらされることを防ぐことにある。新興アフリカ諸国が植民地国家によって確定された行政区域および境界線を尊重してきたという事実は、慣習国際法の原則の発生に寄与する単なる実行ではなく、一般的規則のアフリカにおける適用とみなければならない(paras.20-21)。アフリカにおける領域の現状維持は、独立闘争によって達成されたものを保持し、多くの犠牲によって獲得したものを大陸から剥奪してしま

混乱を防止するには最善の方法と見なされている。したがって、一見したところ、ウティ・ポシデティス原則は人民の自決権と抵触するようにみえるが、この原則は最も重要な法的原則の1つと位置づけられてきた (paras.25-26)。

3　両当事国は、規程第38条による衡平と善に基づく裁判をする裁判所の権限には合意していない。また国境線画定の分野において、海域画定の際にしばしば言及される「衡平原則」と同等の概念は存在しない。さらに両当事国が合意しなかったが故に、法に反した (contra legem) 衡平に訴える可能性も否定されなければならない。また裁判部は法を越えた (praeter legem) 衡平も適用しない。他方で裁判部は、法の下の (infra legem) 衡平、すなわち有効な法の解釈方法を構成し、かつその法の属性の一つである衡平の形態を検討する。裁判所がアイスランド漁業管轄権事件〔⇒110〕において述べたように「それは単に衡平な解決を見つける方法ではなく、適用可能な法から引き出される衡平な解決である」(para.28)。両国間の国境画定は明らかに国際法の問題であるが、両当事国ともその問題がフランス海外領土法 (droit d'outre-mer) というフランスの植民地法に照らして評価されなければならないことを認識している (para.29)。仏領西アフリカの一部であった両当事国の歴史に鑑みれば、裁判部に与えられた課題は、フランスの統治から引き継がれた境界線、すなわち独立時点で存在していた境界線を画定することである。正確な時点に関して両国間で相違が見られるが、独立時点で一定の国境線が存在したこと、および1959年1月以後国境線は変更されていないことについて意見は一致している (paras.31-33)。

4　マリ元首は1975年のOAU仲介委員会の法律小委員会による判断に従う旨の表明をしていたが、仲介委員会は法的拘束力のある決定はできないこと、小委員会は作業を終了していないことについては争いがなく、元首の宣言は一方的行為に過ぎない。核実験事件〔⇒5〕に示されたように一方的行為が法的義務を創設する場合があるが、それは当該国の意思によるのであって、本件の場合は事情が根本的に異なる (paras.37-40)。

5　両国国境の東端とニジェール国境線による三重地点 (point triple) を確定する権限について、境界線の終了地点が第三国の国境線に関わるからといって裁判部の管轄権は制限されない。裁判部は本件の国境線画定にあたり、その終了地点を明らかにするが、それはニジェールに影響を与える三重地点を決定することではない。第三国の権利は規程第59条により保護されており、本判決はニジェールに対抗しえない (paras.44-50)。国境紛争において地図は単なる外在的証拠に過ぎず、領域画定に当たって国際法上固有の法的効力を付与する資料とはならない。地図の証拠価値は補助的・確認的なものであって、挙証責任を転換させるほどの十分な法的推定は与えられない (paras.53-56)。

6　両当事国は植民地統治の実効性を援用したが、実効的統治とウティ・ポシデティス原則を基礎づける権原、すなわち行為と法との間に存在する関係については、次のように

言える。①行為が法と一致する場合、実効性の役割は法的権原から引き出される権利の行使を確認するに過ぎない。②行為と法が一致しない場合、法的権原を有する国家に優位性が与えられる。③実効性が法的権原を伴わない場合、実効性はつねに考慮されなければならない。④法的権原が関連する領域の広がりを正確に示すことができない場合、実効性は法的権原が実際にどのように解釈されるかを示す不可欠な役割を担う(para.63)。

7　両当事国は可能な限り証拠を提出したにもかかわらず、訴訟記録は一貫していないか、または不足しており、裁判部は事実を十分に認定したうえで決定する確信をもてない。このような状況において、証拠に関する規程上の権限(第48から50条)を行使して問題を解決することは不可能であり、また挙証責任に関する規則の体系的適用による解決も期待できない。したがってある村落の帰属について両当事国はともに挙証責任を負うのであり、ある特定の主張が証拠不十分であるという理由でしりぞけられたからといって、それと反対の主張が認められるわけではない(paras.64-65)。

8　裁判所は立法上の権原および行政上の諸文書について、順にその価値を検討するのが適当であると考え、地形学的要素を確定した後、係争地域の各地点を現在の地名に照らして地図上に位置づけた結果、国境線の画定を行い、本判決に添付する。その結果、裁判部は全員一致で、①A地点からM地点までの地理座標点を結ぶ線を両国の国境線と決定する。②後日、命令によって、特別合意第4条3項に基づく3名の専門家を指名する。

【論点】1　裁判所規程は、特定部類事件裁判部(第26条1項)、特定事件裁判部(第26条2項)および簡易手続部(第29条)の3つの裁判部を予定している。本件は特定事件裁判部による判決であり、1980年代にメイン湾海洋境界事件(ICJ(1984)246)、シシリー電子工業会社事件〔⇒127〕、領土・島・海洋境界紛争事件〔⇒145〕、そして2000年代になって、前記事件再審請求やベナン・ニジェール国境紛争事件が、この裁判部により審理されている。「小法廷」とも呼ばれる特別裁判部の特徴として、裁判官の人数や構成について当事国の意向が反映されやすい点、迅速な審理が期待される点などが挙げられる。裁判部の判決は裁判所が言い渡したものとみなされる(第27条)が、上述の特徴から仲裁裁判に類似するという指摘もある。

2　判例上、紛争悪化防止を指示する仮保全措置は否定されていないが(ニカラグア事件〔⇒157〕など)、本件は紛争悪化防止を唯一の内容とする点で特徴的である。規程第41条は「各当事者のそれぞれの権利を保全するためにとられるべき」仮保全措置を指示する権限を裁判所に与えている。裁判部は、仮保全措置命令の根拠として、軍事活動の結果による回復し難い損害が発生する危険性と判決に必要な証拠が破壊される危険性を挙げている。審理中の軍事衝突という特異な事件であったとはいえ、国境画定を目的とする判決に上記の理由が規程上合致するかという疑問が提起されている。

3 本件は両当事国の合意により、「独立達成時に存在していた国境」の尊重に基づく解決が求められた。裁判部は、この国境の不可変性の原則に関して、19世紀ラテンアメリカで最初に適用されたウティ・ポシデティス原則を検討した。そして同原則は領土の現状維持が非植民地化の過程で重要であったとするアフリカ諸国の立場を示して、非植民地化状況において普遍的に妥当する原則であると判断した。なお旧ユーゴ問題について、ECが設置した和平会議仲裁委員会の意見3は、本判決を引用して同原則の慣習法化を確認している(92 ILR 170)。もっとも、本件当事国の独立時に本原則がすでに慣習法として認識されていたか、また自決権との関係で同原則により分離独立運動を否定できるかについて問題が残る。

4 マリ元首の声明に対する法的拘束力について、裁判部は、一方的行為以外に拘束力ある意思の表明が不可能だった核実験事件〔⇒5〕とは事情が異なると判断した。北海大陸棚事件〔⇒46〕でも、一方的宣言による義務の受容の推定には消極的であり、一方的行為の法的拘束力については、当該国の意思が重視されるという立場を示した。

5 植民地統治の実効性(effectivités)と権原(title)の関係について、統治の実効的行為と法(ウティ・ポシデティス原則)が一致しているかどうかで結論は異なると判断したが、この考え方は、その後、カメルーンとナイジェリアの領土および海洋境界事件〔⇒150〕やリギタン島およびシパダン島に対する主権事件〔⇒40〕などで踏襲されている。

6 本件は裁判部も認めているように、正確な情報が著しく不足していた。したがって証拠の不十分性から、裁判部は「法の下の衡平」を適用した。もっとも、この「法の下の衡平」が単なる「衡平」による解決といかなる点で異なるのかについては、必ずしも明らかではない。

7 国境紛争における地図の証拠能力について、地図が、公文書と一体をなす附属文書といった関係国の意思を物理的に表現している場合、法的効力をもつことがあるが、本判決は、地図固有の価値から生じるわけではなく、あくまでも補助的・確認的なものに過ぎないと判断した。

【参考文献】
東寿太郎『判決・意見Ⅱ』、杉原高嶺「国境紛争事件——仮保全処置の申請」『国際法外交雑誌』88巻3号(1989)、同「国境紛争事件」『同誌』88巻5号(1989)、新納摩子「国際法におけるウティ・ポシデティスの再検討」『立命館法学』254号(1997)、荒木教夫「領土・国境紛争における地図の機能」『早稲田法学』74巻3号(1999)、吉井淳「領域帰属に関する紛争と国境画定紛争」『紛争解決の国際法(小田古稀)』(三省堂、1997)、三好正弘『百選Ⅰ』、齋藤民徒『百選Ⅱ』。

(西村　智朗)

40 リギタン島およびシパダン島に対する主権事件(Case concerning Sovereignty over Pulau Ligitan and Pulau Sipadan)

当 事 国　インドネシア／マレーシア
裁 判 所　国際司法裁判所
判 　 決　2002年12月17日
出 　 典　ICJ(2002)625

【事実】　ボルネオ島北東のリギタン島とシパダン島(以下、2島という)は無人だったが、マレーシアはシパダン島(0.13km²)に観光施設を建設し、2島は自国領であるとした。インドネシアも自国領と主張した。両国は国際司法裁判所の管轄権を受諾していなかったので、2島に対する主権がどちらにあるかを国際司法裁判所に付託する協定を1996年に締結した。

　インドネシアは、前文で「ボルネオ島内の蘭領と同島内の英保護国との間の境界を定める」とした1891年英蘭条約第4条の「境界線はボルネオ島東岸の北緯4度10分の地点からスバチク島を横切り同緯度に沿って東方に続くものとする。ボルネオ島の同緯度より北は英領北ボルネオ会社(BNBC)に、南はオランダに無条件に帰属する」との規定を根拠とした。そこでは境界線がスバチク島東岸で終わるとは規定されてないので、両国間の境界問題を包括的に解決しようとする同条約の趣旨と目的に照らすと、それは同島から東方に延びて2島まで続き、同緯度より南の2島はボルネオ島の付属として自国に帰属するとした。ただ、同緯度は海洋境界線ではなく、島などの領土分割線であり、同条約で2島の帰属が未決とされる合理性がないとする。さらにもし同条約上の権原が否認された場合には、ブルンガン王からの主権承継を主張するとした。

　マレーシアは2島に対する主権がスル王からスペイン、アメリカ、イギリス、自国へと承継されてきたとし、選択的に、もし2島がオランダ領であったとされた場合には、実効的支配によってその権原が自国に移ったと主張するとした。そして1891年条約第4条の「スバチク島を横切り」とは、同島西岸から始まり東岸で終わるという意味で、その東方にある2島は含まれないと主張した。

【判決要旨】1　条約法条約第31、32条は国際慣習法を反映したものである(para.37)。第1に、1891年条約第4条の「横切り」という文言から、境界線はスバチク島東岸で終わるとも、そこから東方に続くとも解されうる。もし「スバチク島東岸を超えて、イギリスの島とオランダの島とを区別する」と規定されれば曖昧でなかったのにそう規定されていないことは、マレーシアに有利になる(paras.41-43)。第2に、文脈について、1891年条約批准のためオランダ議会に提出された法案の付属「注釈メモ」の地図に、合意されたとされる線であるが、2島に触れられていない。しかも地図はイギリスに伝達されず、同国の反応もなかったので、それが黙認されたと言えな

い。したがって同地図は、条約法条約第31条2項の関係合意でも関係文書でもない(paras.46-48)。第3に、趣旨および目的について、1891年条約前文の「ボルネオ島内(in)」という文言からしてそれは同島より東方についてまで定める目的をもつものではなく、2島は同島に付属しない(para.51)。第4に、かくして準備作業や締結の際の事情を検討する必要はないが、この解釈の確証のため検討した結果は、インドネシアの立場を支持するものではない(paras.53-58)。第5に、後に生じた慣行について、オランダとの1893年約定でブルンガン王に帰属するとされた諸島と2島とは40海里も離れており、しかも同約定についてはイギリスに「第三者法益原則」〔⇒142(国際裁判と第三国)〕が適用され、オランダは一方的に援用しえない(para.64)。また1891年条約の「今後、境界線の正確な位置が決定される」との規定に基づく1915年英蘭協定の付属地図には1891年条約との不一致もあり、それは既存の境界線を具体化する単なる境界画定ではないし、スバチク島より東方に触れてもいない。かくして、1891年条約第4条は2島に対する主権を確定する領土分割線を決めたものではない(paras.88-91)。

 2　両国とも2島は無主地でないとし、インドネシアによる承継は否認されたので、マレーシアの権原承継を検討する。スル王が1878年にスペインに譲渡した島に2島の名はない。1900年米西条約でアメリカに譲渡された島にも2島の名はないが、スペインが2島に対して有していたかもしれない権利をこの条約によって放棄したことは確かである。1907年には英米交換公文で、北ボルネオ沿岸から3海里を超えたところにある島のBNBCによる管理の継続が合意された。1930年の英米条約も2島に触れていないが、それによりアメリカが2島に対して有していたかもしれない権利を放棄した。ところがアメリカは、2島への主権は主張してないので、それがイギリスに譲渡されたと明言できない。かくして、イギリスから独立したマレーシアによる権原承継の主張は認められない(paras.93-125)。

 3　両国とも条約上の権原を有しないので、実効的支配(effectivités)を考察する。東部グリーンランド事件判決〔⇒37A〕で、実効的支配に基づく主権の主張には、主権者として行動する意図と意思および主権の行使か表示が必要とされ、また他国による主権の主張が考慮されなければならないが、人口の希薄な地域については他国が優越する主権を主張していない限り主権の行使はわずかでよいとされた。考察される行為は、両国が権利を主張し始めた1969年(決定的時期)以前の行為であるが、それ以降であっても以前から続く行為であり、かつ自己の法的立場を有利にするためとられたものでない行為は考察される。その上で、2島に明確に言及した行為のみ、つまり、一般的な性格の立法的・行政的行為の場合にはその文言や趣旨から2島が特定される行為のみ、実効的支配を構成する行為とされる(paras.134-136)。

 4　オランダやインドネシアの海軍による偵察は、2島がその主権下にあるとみなしていたことを証明しない。しかも、群島基線を制定した1960年インドネシア法は両島に触れていない。一方、マレーシアによる実効的支配について、アメリカが2島に対して有していた

かもしれない権原を1930年条約で放棄した際、どの国も主権を主張せず、北ボルネオ国による管理に抗議しなかった。北ボルネオは1917年海亀保護令によりシパダン島等での海亀捕獲と卵の採取を許可制にし、1954年に出された許可の対象には2島が含まれていた。また1933年土地令によりシパダン島が鳥類保護区と宣言された。これらは島名を明示した立法的・行政的行為である。さらに、灯台の建設は必ずしも主権の表示とはみなされないが（マンキエ・エクレオ事件〔⇒37B〕）、小島の場合には主権の表示とみなされうる。マレーシアとイギリスの立法的・行政的行為は相当期間継続し、かつ2島に主権を行使する意思が示されている。また1962年にシパダン島、63年にリギタン島に灯台を建設した際、インドネシアはその土地が自国領であると指摘しなかった。かくして2島に対する主権は、実効的支配を根拠にマレーシアに帰属する（paras.137-149）。

【論点】1　本件は、東南アジアの国が付託合意により紛争を国際司法裁判所に付託した最初の例である。従来、それら諸国は西洋中心主義的な影響を避けるため、紛争を地域内で解決してきたが、本件では二国間交渉は停滞し、ASEANによる解決も期待できなかった。本判決により最初から2島はなかったとされたインドネシアは、何を失い、何を得たか。

　2　条約の趣旨や目的は、前文や目的規定の文言からしか読みとられないのか、それとも条約締結の趣旨や目的からも読みとられうるのであろうか。文言とは区別された趣旨や目的とは何か。そう問うと、可能な選択肢として判決があげた「横切り」の広い解釈により、境界線が2島まで続くと判断できたのではないか。

　3　実効的支配について、オランダ海軍のシパダン島上陸や艦載機のリギタン島偵察は立法的・規制的行為ではなく、主権者の意図や意思を示す行為に当たらず、また漁民の活動も主権表示行為でないとした。ところが、インドネシアの17,000島のうち14,000は名もなく無人で、意味をもつのは群島基線のための点としてだけである。同政府は最も外部の島に対する主権表示行為を求められることになった。

　4　小田裁判官は、真の争点は2島に対する主権ではなく、大陸棚境界線画定の問題であり、本件はその交渉における立場を有利にするためのものにすぎないとみる。しかし、本判決はその問題に予断を与えるものではなく、国連海洋法条約第83条の「衡平な解決」がなされるべきと付言した。

【参考文献】
松田幹夫『判決・意見Ⅲ』、奥脇直也『百選Ⅱ』、許淑娟「判例研究ICJ」111巻4号、芹田健太郎『島の領有と経済水域の境界画定』（有信堂高文社、1999）、吉井淳「領域帰属に関する紛争と国境画定紛争」『紛争解決の国際法（小田古稀）』（三省堂、1997）。

（松本　祥志・酒井　啓亘）

41 ペドラ・ブランカ事件（Sovereignty over Pedra Branca/Pulau Batu Puteh, Middle Rocks and South Ledge）

当　事　国　マレーシア／シンガポール
裁　判　所　国際司法裁判所
判　　　決　2008年5月23日
出　　　典　ICJ（2008）12

【事実】　ペドラ・ブランカ島はシンガポール海峡にある小島（19世紀に灯台が建設されている）であり、同島付近の海洋地形として、岩の集団であるミドルロックスおよび低潮高地であるサウスレッジがある。1979年にマレーシアが同島を自国領海内に表示する地図を作成し、これに対してシンガポールが抗議・修正を要請したことから紛争が顕在化した。本件は、両国が2003年に「ペドラ・ブランカ島および周辺の海洋地形に対する主権の帰属を決定すること」を紛争主題とする特別合意を締結し、国際司法裁判所に付託されたものである。

マレーシアは、同島の権原をジョホール王国からの承継であるとし、当該権原の譲渡や放棄もなされていない、と主張した（なお、ペドラ・ブランカ島、ミドルロックス、サウスレッジはそれぞれ別個に権原が成立したと主張）。これに対してシンガポールは、ペドラ・ブランカ島に関する英国の活動（同島への灯台建設等）およびシンガポールの活動により権原を取得したと主張し、口頭弁論時に英国による無主地先占も追加的に主張した（また、ミドルロックスとサウスレッジは、ペドラ・ブランカ島と一体であり、同島の取得に付随すると主張）。

裁判所はペドラ・ブランカ島とミドルロックスについてジョホール王国による原始取得を認めた（同権原はマレーシアが承継）うえで、前者については権原がシンガポールに移転したと判断した（後者は、権原移転がなくマレーシア領と判断）。また、サウスレッジについては、低潮高地であること理由に帰属を決定しなかった。

【判決要旨】1　ペドラ・ブランカ島に対してマレーシアが主張する「原始的権原（original title）」（ジョホール王国の原始取得）が法的根拠を有するかについて、①同島は、航行上の難所にあり「未知の地（*terra incognita*）」ではなかったこと、および②同島に対して他国の主権主張がなかったことから、ジョホール王国は、1840年代までペドラ・ブランカ島に対して「継続的かつ平穏な主権の表示（パルマス島事件仲裁判断）」という条件を満たした占有を行っていたと認定する（paras.60-69）。同海域に居住する「海の民」であるオラン・ラウト族への権威行使も「ジョホール王の古くからの原始取得を裏付ける」ものである（paras.70-75）。また、1824年から1840年の間の出来事（英蘭条約等）もジョホール王国の原始的権原に影響を与えるものではなく、1844年に灯台の建設が始まった時点において同島はジョホール王の主

権下にあった(paras.80-117)。

2　次に、1840年代以降の当事者の行動によって、ジョホール王国の原始的権原が英国あるいはその承継国であるシンガポールに移転され得るかを検討する。国際法上、主権の移転は関係国間の合意によって生じる。当該合意に特定の形式は要求されておらず、黙示的な合意も限定的な状況においてはあり得る。そして、その状況とは、他国の「主権者としての(à titre de souverain)」行為に主権国が応答することを怠った場合である(paras.118-122)。

これを踏まえて、本件において主権が移転されたか否かに関して検討されるべき当事国の活動は、①同島への灯台の建設をめぐる活動(1844–1852年)、②1852年から1952年までの活動、③1953年のシンガポール植民地長官とジョホール王国の英国人顧問官との間の書簡(「ジョホール政府はペドラの所有(owner-ship)を請求しない(para.196)」)、④1953年以降の活動、である。とりわけ、③1953年の書簡をめぐる一連の遣り取りは、「ペドラ・ブランカ島の主権に関する両国の理解の展開(the developing understanding of the two Parties)を判断するうえで重要性をもつものであ」り(para.203)、これら一連の遣り取りを解釈すると「1953年にはペドラ・ブランカ島の主権を持っていないとジョホール王国が認識していたこと、および同島の主権を英国が保持することをシンガポールは疑う理由がなかったことを示していると結論付けられる」(para.223)。そして、④1953年以降の英国・シンガポールの諸行為(海事事故の調査、渡航制限、軍事通信施設の設置および埋立提案)は、「主権者として」なされた行為を含むものであり、ジョホール王国およびマレーシアはそれらの行為に対して反論を行ってこなかった(paras.231-272)。

「以上の関連事実は、ペドラ・ブランカ島の権原に対する両国の立場の収斂的進展(a convergent evolution of the positions of the Parties)を反映するものであ」り、「シンガポールおよび英国の『主権者としての』行為およびそれに対する不作為を含めたマレーシアおよびジョホール王国の行為に照らして、1980年までにペドラ・ブランカに対する主権はシンガポールに移転した」(paras.273-277)。

3　他方、ミドルロックスについては、ジョホール王国が原始的権原を有しており、ペドラ・ブランカ島のように権原を移転させる効果を持つ特定の状況がないことから、権原はマレーシアに残る。また、サウスレッジは、低潮高地のため、それ自体は取得対象となる領域ではなく、その所在する領海の国に帰属する。ただし、同地形は、ペドラ・ブランカ島(シンガポール領)とミドルロックス(マレーシア領)の領海が重複する海域に位置しており、領海境界画定が裁判所の任務外のため、どちらの国に帰属するかは判断しない(paras.288-300)。

【論点】1　本件は、ペドラ・ブランカ島に対するジョホール王国の原始取得を認めた。この点は、「継続的かつ平穏な主権の表示」の判断に際して、非ヨーロッパ国家（ジョホール王国）による活動を評価したものと理解することができる。こうした理解は、「継続的かつ平穏な主権の表示」を権原に値するとした先例（パルマス島事件仲裁判断）が非ヨーロッパ国家の活動を想定していなかったことに鑑みると、形式論理的な無主地認定を排除するという点で植民地独立の時代に即した判断であるといえよう。ただし、「主権の表示」の内容を如何に理解するかという点に問題が残されており、多くの論者もその不明確性を指摘している。この点について本件における「主権の表示」の判断手法は、ジョホール王国の直接的な主権行使を検討しておらず、従来のICJ判例（西サハラ事件〔⇒76〕、リギタン島・シパダン島主権事件〔⇒40〕）の判断手法と必ずしも一致しないものとなっている（許『国家学会雑誌』を参照）。

2　本件において、ペドラ・ブランカ島の権原（ジョホール王国に原始取得され、マレーシアに承継）は、シンガポールに移転したと評価された。この点について、共同反対意見（アブラハム判事・ジンマ判事）は、シンガポールへの主権移転を正当化する法的根拠が不明確であると批判しており、学説においては黙認よる取得時効と解すべきとの立場もある（松田『判決・意見IV』も参照）。確かに、裁判所は「主権者としての」行為のみをもって「権原とみなし得る主権の表示」であるとは位置付けておらず、「両国の理解の展開」や「両国の立場の収斂的進展」という新たな概念を媒介することで移転を正当化しており、その法的位置づけは必ずしも明らかではない。また、「主権の表示行為」の範囲についても、灯台の建設や1953年の書簡を巡る遣り取りに決定的な重要性を与えているが、先例との整合性（エリトリア・イエメン仲裁判断では灯台の建設は主権とは結び付かないとされた）や当該行為の性質（旧宗主国内部のことであり、「主権」の表示とはいえない）から、上述の諸行為が「主権の表示」とみなし得るのかという点に批判の余地があり得る（許『百選II』を参照）。

3　なお、2017年にマレーシアが①英国公文書館での新史料の発見および②本判決に基づく領海境界画定を行う共同技術委員会の頓挫を理由として、ペドラ・ブランカ島およびサウスレッジの判示に対する①再審請求（2017年2月）および②解釈要請（2017年6月）をそれぞれ国際司法裁判所に提起し、本判決の履行をめぐって紛争が再燃したが、これら不服申立手続は2018年5月に合意により取り下げられた。

【参考文献】
許淑娟『百選II』、同「脱植民地における領域主権の移転の認定」『国家学会雑誌』123巻7・8号（2010）、松田幹夫『判決・意見IV』、深町朋子「領域に対する原始権原」『法学セミナー』765号（2018）。

（李　禎之）

第5章

海 洋 法

第1節　領　　海　　　　　　　　　　168
第2節　排他的経済水域と大陸棚　　　186
第3節　公　　海　　　　　　　　　　232

第1節　領　海

42　コルフ海峡事件（Affaire du Dètroit de Corfou）

当　事　国　英国 v. アルバニア
裁　判　所　国際司法裁判所
判　　　決　(a) 管轄権　1948年3月25日
　　　　　　(b) 本　案　1949年4月9日
出　　　典　(a) ICJ(1948) 15
　　　　　　(b) ICJ(1949) 4

【事実】　北コルフ海峡はアルバニア本土とコルフ島にはさまれ、アルバニアの領海をなすがギリシャとの国境に近く、本事件当時はギリシャの領土要求に起因する紛争のために緊張状態にあった。1946年5月に、北コルフ海峡を通航中の英国巡洋艦がアルバニアの沿岸砲台から砲撃を受けるという事件が起こり、これを巡って両国間で外交交渉が行われた。英国は海峡の無害通航は国際法上の権利であると主張し、アルバニアは外国の軍艦および商船は事前の通告および許可なくアルバニア領海を通航する権利を持たないと反論した。こうした状況のもとで同年10月22日に2隻の巡洋艦と2隻の駆逐艦からなる英国艦隊がコルフ海峡—同海峡はそれまで二度にわたって掃海され、英国はその安全を確信していた—を通航中に、一駆逐艦が触雷、大破し、これを救助し曳航中の別の駆逐艦も触雷して被害を受けたほか、多数の乗組員が死傷した。事件直後に英国からコルフ海峡を掃海する意図を通告されたアルバニアは、領海外で行われるのでない限りこれに同意しないと答えたが、英国艦隊は11月12-13日に掃海を行い22個の機雷を回収した。

　英国はこの紛争を安全保障理事会(以下、安保理)に付託、当時国連非加盟国であったアルバニアは本件に関し加盟国が負う義務を受諾することを条件に投票権なしで討論に参加するよう招請され、これを受諾した。安保理は1947年4月9日に、両国政府に対して「国際司法裁判所規程に従い本紛争を直ちに同裁判所に付託するように勧告する」決議22(1947)を採択した。英国はこの安保理決議に基づき、規程第36条1項を根拠に同年5月22日に事件を一方的に裁判所に付託した。アルバニアは7月2日付の裁判所宛の書簡で英国の提訴が不正規のものであることに抗議しつつも出廷する用意があると述べる一方、英国の請求の受理許容性を争う先決的抗弁を提出した。裁判所は1948年3月25日の判決でこの先決的抗弁を却下したが、この判決の直後に両国は付託合意を裁判所に通告し、①アルバニアは1946年10月22日にその領海で生じた爆発とそれによる損害につき、国際法上責任を有し賠償を支払う義務を負うか、②英国は10月22日および11月12、13日のアルバニア領海における同国海軍の行動によって、アルバニアの主権を侵害し満足を与える何らかの義務を負うか、という2つの問題について判断を求めた。

なお、本案判決において後の手続に留保された損害賠償額の算定については、1949年12月15日の判決はアルバニア欠席のまま英国の請求額の全額を認めた（ICJ(1949)244）。アルバニアがその支払を拒否したため、英国は第2次世界大戦中にドイツがローマからもち出したアルバニア国立銀行所有の貨幣用金をもって判決の履行を確保しようとしたが、この金の所属をイタリアと争う裁判について裁判所は管轄権を否定した〔貨幣用金事件⇒142A〕。

【判決要旨】(a)1　アルバニアは安保理の勧告を受諾し、それに基づいて規程に従い紛争を裁判所に付託する義務を承認する。この義務は規程に従ってのみ履行されうるが、裁判所はアルバニアが別の約束を行ったことを指摘する。英国は強制管轄権の存在を立証するために憲章と規程の規定を援用したが、裁判所はアルバニアの1947年7月2日の書簡が管轄権の自発的な受諾を構成すると考えるので、この点について意見を表明する必要はない。この書簡は、請求の受理可能性と裁判所の管轄権に関するすべての困難を除去する。書簡は「英国政府の行動のこの不正規性にもかかわらず、…裁判所に出廷する用意がある」と述べるが、この言葉は請求の手続的不正規性を根拠に後にその受理可能性について異議を申し立てる権利を放棄するものとしてしか理解できない。同書簡はまた、アルバニアは「本件における裁判所の管轄権を」受諾すると正確な言葉で述べており、これは裁判所の管轄権の自発的かつ疑うことができない受諾を構成する（pp.26-27）。

　2　裁判所に管轄権を付与するのは当事者の同意であるが、規程も規則もこの同意が特定の形式で表明されることを求めていない。アルバニアの主張は、一方的提訴は強制管轄権が存在する場合にのみ可能で、それ以外の場合は訴えは付託合意によってのみ提起しうるという前提に立つが、それは規程によっては支持されない主張である。請求訴状によって事件を付託することにより、英国はアルバニアに管轄権を受諾する機会を与え、受諾はアルバニアの書簡によって表明された。管轄権の受諾が付託合意により共同で事前に行われるかわりに、別個の引き続く行為によって行われることを妨げるものはない（pp.27-28）。

　以上の理由により、裁判所はアルバニアの先決的抗弁を却下する（15対1）(p.29)。

(b)1(1)　付託事項①にいうアルバニアの責任の基礎につき、英国は機雷敷設はアルバニア自身によって、あるいはアルバニアとユーゴスラビアの共謀の下に後者の軍艦によって行われたと主張したが、これらの主張は証明されておらず、裁判所に利用可能な情報に照らせば機雷の敷設者を知ることはできない。英国はまた、機雷敷設はアルバニアの了知なしには行うことはできなかったと主張する。アルバニア領海で発見された機雷原が英国軍艦を犠牲とする爆発を生じたという事実だけを理由として、機雷敷設の了知をアルバニアに帰することはできない。国が行う領域管理の事実からだけで、当該国は領域内で行われた違法行為またはその実行者を必然的に知っていた、もしくは知っていたに違いないと

結論することはできない。この事実は、それだけで他の状況と切り離しては、一応の責任を意味するものではなく挙証責任を転換するものでもない(pp.15-18)。

(2) 他方、国の排他的な領域管理の事実は、立証方法に関して意味をもつ。この排他的な管理のために、国際法違反の犠牲国は直接の証拠を提出することがしばしば不可能で、このような国は事実の推論と状況証拠により自由に依拠することを認められるべきである。このような間接証拠は、相互に結びついて論理的に単一の結論に導く一連の事実に基礎を置く場合には特別の重みをもつものとみなされる。事実の推論に合理的な疑いを容れる余地がない場合には、それらから証明を導くことができる。本件においては相互に補強しあう2系列の事実、すなわち第1に当時アルバニアは北コルフ海峡を厳しい監視の下においていたこと、第2に裁判所が現地に派遣した鑑定人の情報によれば、機雷敷設者はアルバニアの監視ポストから視認されたはずであることから、裁判所は10月22日の爆発を生じさせた機雷原の敷設はアルバニアの了知なしには行いえなかったものであると結論する(pp.18-22)。

2 アルバニア政府の義務は、航行一般の利益のために領海における機雷原の存在を通知し、接近しつつある英国軍艦に差し迫った危険を警告することにあった。このような義務は、戦時に適用される1907年のハーグ第Ⅷ条約にではなく、若干の一般的で十分に承認された諸原則、すなわち戦時においてより平時において一層厳しく要求される人道の基本的考慮、海洋交通自由の原則、および自国の領域をそれと知りつつ他国の権利を侵害する行為のために使用することを許さないすべての国の義務に基礎をおくものである。アルバニアは少なくとも、危険海域近辺の船舶に対して警告を発する時間的な余裕を有していたが、実際には災害を防ぐために何も行わなかったのであり、この重大な不作為はアルバニアの国際責任を引き起こす(pp.22-23)。

3 付託事項②に関して、裁判所はまず10月22日の英国海軍のアルバニア領海における行動がアルバニアの主権を侵害したかどうかを検討する。公海の2つの部分を結ぶ国際航行に使用される海峡において、国が平時にその軍艦を沿岸国の事前の許可を受けることなく通航させる権利を有することは、通航が無害であることを条件として、一般に承認されており国際慣行に合致する。条約に別段の規定がない限り、沿岸国はそのような海峡通航を禁止する権利を有さない。アルバニアは北コルフ海峡が地理的な意味で海峡であることを否定しないが、公海の2つの部分を結ぶ必要な航路ではないことを理由にそれが通航権が認められる国際海路であることを否定する。しかし、決定的な基準は公海の2つの部分を結ぶというその地理的な状況であり、またそれが国際航行に使用されているという事実である。この海峡が公海の2つの部分を結ぶ必要な航路ではなく、代替的な通路に過ぎないことも決定的ではない。したがって裁判所は、北コルフ海峡は平時において沿岸国が通航を禁止しえない国際海路に属するものと結論する。当時存在した緊張状態に鑑みて、ア

ルバニアは軍艦の海峡通航を規制することは正当化されても、通航を禁止しまたは特別の許可を要求することは正当化されないであろう。したがって、英国が事前の許可なく軍艦にこの海峡を通航させることによりアルバニアの主権を侵害したという主張を受け入れることはできない (pp.26-30)。

4(1) アルバニアはまた、英国軍艦の通航は無害ではなかったからアルバニアの主権を侵害すると主張した。コルフ海峡への軍艦派遣の目的は、単なる航行だけでなくアルバニアの態度を試すところにもあった。5月の砲撃事件以来外交交渉は進展せず、英国はアルバニアがその違法な態度を維持するかどうかを他の手段で確かめることを望んだ。英国のこの措置の合法性は、国際法が要求する態様によって行われる限りは争うことはできない。英国は、アルバニアが違法に拒否した通航権の行使を慎む義務はなかった (p.30)。

(2) したがって、通航の態様が無害通航原則と合致するかどうかを検討する。英国軍艦は爆発が生じるまでは戦闘隊形ではなく縦列を組んで航行し、砲は船首尾方向に向けられていた。乗組員は戦闘配置についていたが、5月の砲撃事件に鑑みればこの予防措置自体は不合理なものとは思われない。英国の意図は、アルバニアの態度を試すだけでなく、アルバニアが再び砲撃を行うことを差し控えるような武力の示威を行うことにあったに違いない。しかし、事件のすべての状況に鑑みれば、裁判所は英国の措置がアルバニアの主権を侵害するものであったと性格づけることはできない (pp.30-32)。

5 11月12日および13日のアルバニア領海における掃海活動については、英国は裁判所に提出する証拠を確保するための干渉理論の新たな特別の適用を主張した。裁判所はこの弁論を受け入れることはできない。裁判所は、主張されたこの干渉権は過去において最も重大な濫用を生み、現在の国際組織の欠陥がどうであれ国際法には場所を占めることができない力の政策の表現としかみることはできない。干渉は、ここでとられた形態においてはとりわけ許容し難い。それは事柄の性質上最も強力な国に留保され、容易に国際司法過程の歪曲に導きうるからである。英国は掃海活動は自己保存または自助の方法であるとも主張したが、裁判所はこの弁論も受け入れることができない。主権国家の間では、領域主権の尊重は国際関係の不可欠の基礎をなす。アルバニアの行動に鑑みれば英国の行動に情状酌量の余地はあるが、裁判所は国際法の尊重を確保するために、英国海軍の行動はアルバニアの主権を侵害するものだったと宣言しなければならない (pp.32-35)。

以上の理由により裁判所は、付託事項①に関して1946年10月22日にアルバニア領海で生じた爆発とそれから生じた損害につきアルバニアは国際法上責任を有する (11対5)、賠償額の算定は後の手続に留保する (10対6)、付託事項②に関しては、10月22日の英国海軍の行動によって英国はアルバニアの主権を侵害していない (14対1) が、11月12日および13日の英国海軍の行動はアルバニアの主権を侵害するものであり、裁判所のこの宣言が適切

な満足を構成する(全員一致)と判決する(p.36)。

【論点】1　本件の先決的抗弁判決は、応訴管轄(forum prorogatum)を確立した判例として著名である。管轄権の基礎を欠く一方的提訴に対して相手方が応訴し、あるいは管轄権を争うことなく本案手続をとった場合には裁判所の管轄権が確立するという応訴管轄の制度は、常設国際司法裁判所以来の先例を通じて確立してきたもので、裁判所の管轄権を拡大するべきだとの立場からは高く評価されてきた。本件ではアルバニアの書簡が管轄権受諾の表明と認められたが、実際の手続は付託合意を基礎として行われたことに注意する必要がある。なお、この制度は後に濫用されたので、裁判所は1978年の規則改正に際してこれを厳しく制限する新たな規定(第38条5項)を設けた。なお、フランスにおける刑事訴訟事件においてコンゴは、この裁判所規則第38条5項を援用してフランスに対する訴えを提起したが、フランスが2003年4月8日の書簡により裁判所の管轄権に明文で同意を表明したことによって、久方ぶりに応訴管轄が成立することとなった。本件は、コンゴが2010年11月5日付書簡で請求の撤回を通告し、フランスが同月8日付書簡で訴訟打切りに同意したため、総件名簿から削除された。実際に本案判決にまで至った最近の応訴管轄の事例としては、ジブチが、2006年1月10日、フランスが同国の予審記録の引渡しを拒否したのは1986年の両国間の刑事司法共助条約に違反すること、ジブチ大統領ほか2名に召喚状を発付したことは国際法違反であるとして、一方的に同裁判所に付託した刑事司法共助事件(2008年)がある。フランスは、同年7月25日付書簡で管轄権に同意したが、その際、当該同意は訴状の主題を構成する紛争についてのみ有効であり、そこで定式化された請求の範囲に厳格に限定されると主張した。しかし、裁判所は、訴状は全体として見なければならないとし、フランスの書簡を素直に読むと、フランスの同意はジブチの請求訴状2項にある「紛争の主題」に限定されるものでないとして、フランスの主張を退けた。

2　英国は、事件の裁判所付託を勧告した安保理決議は憲章第25条に従い拘束力を有するという理由で、規程第36条1項がいう国連憲章に特に規定する事項として本件の管轄権が成立すると主張した。裁判所はこの点について意見を述べなかったが、バドゥバン裁判官ら7名の共同個別意見は、勧告という語の通常の意味からしても管轄権を国の同意に基礎づける憲章と規程の構造からしてもかかる解釈は受け入れ難いとこれを批判した。

3　本案判決はアルバニアの国家責任の基礎を、機雷敷設の事実の了知を前提として一定の国際義務、とりわけ自国領域をそれと知りつつ他国の権利を侵害する行為のために使用することを許さない義務の違反に求めた。この意味で本判決は、パルマス島事件判決〔⇒36〕が一般的に認めた領域使用の管理責任の概念を一歩具体化したものとして注目される。すなわち本判決は、一方では事情の了知と結びついた危険警告義務の不履行という

義務違反にアルバニアの責任を基礎づけるとともに、他方では手続面で、国の排他的な領域管理を根拠に事実の推論と状況証拠へのより自由な依拠の許容という形で、被害国の挙証責任を軽減した。つまり本判決は、すでに伝統的な過失責任主義をそのままの形では維持しておらず、この点で個別意見および反対意見の批判を受けることにもなった。

4　本判決はまた、アルバニアの義務の淵源の1つとして「戦時においてより平時において一層厳しく要求される人道の基本的考慮」を挙げた(p.22)。判決はその具体的内容については触れていないが、この「人道の基本的考慮」はその後ニカラグア事件判決〔⇒157〕や核兵器使用の合法性事件〔⇒163〕において援用され、国際人道法の発展におそらくは本判決自体も予想していなかった影響を与えることになる。

5　本判決は、海峡以外の領海における軍艦の無害通航権については検討の必要はないとしたが、公海の2つの部分を結ぶ国際海峡において軍艦が無害通航権を有することは一般に承認されており国際慣行に合致すると判断した。しかし判決はこの判断を支持する国際慣行を何ら引用せず、反対意見はこの点に関する先例は不確定ではないかとこれを批判する。判決は通航権が認められる海峡を決定する基準としては、通航量や国際航行にとっての重要性というより公海の2つの部分を結ぶという地理的な状況と国際航行に使用されているという事実が決定的であるとした。なお、本判決の判断は、領海内の危険を公表する沿岸国の義務、国際海峡における無害通航停止の禁止などの点で、領海条約(第15条2項・第16条4項)や国連海洋法条約(第24条2項)といったその後の海洋法の発展に大きな影響を与えることになる。

6　本判決が、アルバニア領海で英国海軍が行った掃海活動に関して、それを干渉理論の特別の適用ないしは自己保存として正当化しようとした英国の主張を厳しくしりぞけたことも、例えばニカラグア事件判決において引用され、武力行使禁止原則と不干渉原則の発展に影響を与えることになる。本判決が10月22日の英国艦隊のアルバニア領海通航に示威の目的を認めつつも、英国は違法に拒否された通航権の行使を慎む義務はなかったと述べたことを根拠に、本判決は武力による自助を認めたものだとの解釈があるが、判決がここで検討したのは通航の態様の無害通航原則との両立性であって、英国の行動の武力行使禁止原則との関係での評価ではなかったことに注意する必要がある。

【参考文献】
名島芳・東寿太郎『高野判例』、島田征夫『宮崎基本判例』、林久茂『ケースブック』、横田洋三『判決・意見I』、田中則夫『百選I』、川島慶雄『百選I』、山本草二『国際法における危険責任主義』(東京大学出版会、1982) 125-136頁、杉原高嶺「Forum Prorogatumの形成とその機能」『国際裁判の研究』(有斐閣、1985) 1-71頁、同『海洋法と通航権』(日本海洋協会、1991) 65-73、81-90頁、佐藤義明「国際司法裁判所における強制的管轄権の意義」『本郷法政紀要』7号(1998)、山本良『百選II』、南諭子『百選II』。

(松井　芳郎・坂元　茂樹)

43　ノルウェー漁業事件(Affaire des pêcheries)

当　事　国	イギリス v. ノルウェー
裁　判　所	国際司法裁判所
判　　　決	1951年12月18日
出　　　典	ICJ(1951) 116

【事実】　ノルウェー北部海域はタラ、メバルなどの漁場であり、長い間もっぱらノルウェー人により漁業が営まれてきた。この海域に外国漁船が進出し出したのは20世紀に入ってからであり、とくに1920年代に蒸気船の発展により航行距離を伸ばした多数の外国トロール船が、改良された漁具を用いてノルウェー近海で漁業をするようになった。北海での漁業資源の枯渇も、この地域に英国・ドイツ漁船が進出する要因となっていた。30年代には、外国漁船の漁獲高がノルウェー漁船のそれを上回るような事態になった。こうした事態に危機感を募らせたノルウェー政府は、自国領海における外国船の漁業を禁止したが、領海の幅(ノルウェーは4海里領海を主張)を測る基線が不明瞭であったため、外国漁船、とくに英国漁船の拿捕事件が頻発した。英国は、1933年にノルウェーが不当な基線を使用していると抗議した。一方ノルウェー政府は、1935年7月12日に北部海域に漁業水域(実質的には領海)を画定する勅令を発布した。その勅令によれば、画定線は「本土、島および岩の上の基点を結ぶ直線基線と平行に引かれる」とされた。この勅令をめぐって両国は交渉に入ったが、満足できる解決策を見出せなかった。第2次世界大戦後拿捕事件が再発し、1949年9月28日、英国は国際司法裁判所規程第36条2項を根拠にこの紛争を裁判所に付託した。英国は、基線を決定する際に適用される国際法原則の宣言とノルウェーの英国漁船に対する干渉に関する損害賠償を求めた。

【判決要旨】1　本件の紛争の主題は、ノルウェーの1935年勅令により設定された領海画定が国際法上有効であるか否かである。適用可能な国際法上の定義、規則および原則を宣言することのみを求める英国の主張は容れられない。ノルウェーの4海里領海の主張は英国もこれを認めている。漁船拿捕に関わる損害賠償の問題も、必要ならば両国間で解決することが合意されている(pp.125-126)。

　2　英国は、ノルウェーの漁業水域画定に適用される一般国際法が存在すると主張する。本件で問題となっている沿岸水域には、12万にも及ぶ島、小島、岩礁および砂礁で構成される「シャーヤゴル」(skjærgaard)があり、ノルウェーの沿岸を真に構成するのはこの「シャーヤゴル」の外縁である。その海域は良好な漁場であり、最古の時代からノルウェー

人によって漁業が行われ、この地方の人々は漁業で生活の糧を得ていた。これらの現実を考慮して、英国の主張を検討しなければならない(pp.127-128)。

3　裁判所は、領海の幅をはかる基線として、低潮線が国家慣行において一般的に採用されていると認める。この基準について争いはないが、その適用について見解が分かれる。裁判所は、この低潮線が本土のそれか「シャーヤゴル」のそれかを決定しなければならない。「シャーヤゴル」は全体として本土と一体であり、したがって、ノルウェーの領海を画定する際にはこの「シャーヤゴル」の外縁こそを考慮しなければならない。これこそが、地理的現実に合致している。低潮線規則の適用方法の1つは並行線方式があるが、ノルウェー沿岸のように複雑な沿岸においては採用されえない。もう1つは円弧の包絡線方式であるが、これは法的に義務的なものではない。領海帯は沿岸の一般的方向に従うべしとする原則は、領海のいかなる画定にも有効ないくつかの基準を明らかにする。「この原則を適用するために、多くの国家が直線基線方式に従う必要があると判断し、しかもそれに対する他国からの原理的な異議もなかった。この方式は、低潮線上の適当な点を選択しそれを直線で結ぶものである」。英国は湾にのみ直線基線を引くことができると主張するが、認められない(pp.128-130)。

4　英国は、湾口10海里規則が国際法上の規則であるとの主張をなお放棄していない。しかしながら、「この10海里規則は国際法の一般規則としての権威を獲得してはいない。いずれにしても、10海里規則はノルウェーに対しては対抗できないように思える。ノルウェーはその沿岸に当該規則を適用しようとするすべての試みに対してつねに反対してきたのである」。また英国は、「シャーヤゴル」に引かれる直線基線についても、それが10海里を越えてはならないと主張する。しかし、国家慣行をみても、この点に関して一般的な法規則を定式化することはできない。さらに、直線基線の選択にあたっては、沿岸国が現地の諸条件を評価するのに最適な立場にある。裁判所は、ノルウェーの基線は例外的制度であるという英国の主張を認めない。以上より、英国の主張に限定するならば、1935年勅令に定められた基線は国際法に違反しないと判断する(pp.130-132)。

5　技術的に精確な規則が存在しなくとも、1935年にノルウェーが行った画定の国際法上の有効性を判断する一定の諸原則がある。「海域の画定は常に国際的側面を有しており、それが国内法に表明された沿岸国の意思のみに依拠するということはありえない。たしかに画定行為は、沿岸国のみがそれを行う権能を有しているという意味で、必然的に一方的な行為であるが、第三国との関係における当該画定の有効性は国際法に依存する」。この点に関して、領海の性質に固有な以下の3つの基礎的な考慮から、裁判所の判断を根拠づけるいくつかの基準が明らかになる。第1に、陸地に対する領海の密接な依存性であり、このことから沿岸国は、裁量を認められつつも、沿岸の一般的方向から相当程度逸脱する

ような基線を引いてはならない。第2に、ある海域とそれを分かちまたは囲む陸地の形状との密接な関連性である。よって基線の選択は、その基線の内側にある海域に内水制度が適用されるほどに、その海域と陸地部分とが十分に緊密な関連性があるようになされなければならない。最後に、純粋に地理的なもの以外で考慮されるのは、その現実性と重要性が長期の慣行により立証される地域特有の一定の経済的利益である(pp.132-133)。

6 ノルウェーは、1935年勅令が自国の伝統的な領海画定システムの適用に過ぎず、しかもこのシステムは一般国際法に反せず、地域の特殊性を考慮に入れた上で一般法を応用したに過ぎないと主張する。たしかに、1812年の勅令においては直線基線が使われるとの明示的規定はないが、19世紀から20世紀にかけての実行は、ノルウェーがそのように一貫して解釈してきたことを示す。このように解釈される1812年勅令の考え方は、ノルウェー沿岸の地理的特徴に合致し、国際法の諸原則に反しない。またノルウェーシステムは、沿岸の一般的方向に従い基線が引かれるとしており、国際法に合致している。英国は、このシステムが一貫して適用されてこなかったと主張するが、説得的な証拠は挙げられていない。以上より裁判所は、ノルウェーはその画定システムを、1869年以来本紛争が発生するまで、一貫して中断もなく適用してきたと結論する(pp.133-138)。

7 次に、国際法の観点からは、ノルウェーによるシステムの適用が外国の反対に遭遇したかを検討する必要がある。1869年および1889年の勅令の制定および適用に対しては、外国からいかなる反対もなかった。しかもこれらの勅令が明確で一貫したノルウェーシステムの適用である以上、このシステムそれ自体が一般的に認容され、この認容を基礎にした歴史的固定化(consolidation historique)によりすべての国家に対し対抗可能になったといえる。英国は、60年もの間、このノルウェーの慣行に異議を申し出ず、1933年に初めて基線に対して抗議をした。英国は、ノルウェーシステムの非公然性を理由に、歴史的権原に基づくこのシステムの英国に対する対抗力を否定するが、裁判所はこの主張に賛同できない。漁業に重大な関心をもつ沿岸国であり、海洋法に伝統的に深く関わってきた大国である英国が、1869年および1889年の勅令を知らなかったはずがない。「上記事実の公然性、国際共同体の一般的認容、北海における英国の地位、この問題に対する英国の関心そして長期にわたる沈黙は、いずれにしても、ノルウェー画定システムを英国に対して対抗可能にする」。以上より裁判所は、ノルウェーシステムにより確定している直線基線は、ノルウェーの特殊な地形により必要とされ、そして、本件紛争が生じる以前からこの方法は統一的で十分に長期的な慣行により確立しており、諸国はこれが国際法に違反しているとは認識していなかった、と結論する(pp.138-139)。

8 裁判所は、最後に、1935年勅令により引かれた基線が、上述したノルウェーシステムの方法に合致しているかを検討する。裁判所は、それに反する説得的な証拠がない限り、

1935年勅令により採用された線がノルウェーの伝統的システムに合致していると判断する。英国は、先に裁判所が挙げた領海画定を規律する諸原則に、いくつかの直線基線が違反すると主張する。しかし、沿岸の一般的方向に従うべしという規則は、数学的な精確さを有するものではなく、あくまでも沿岸の一般的方向に従うことを要求する。したがって、沿岸のある一部のみを検討するだけでは不十分であり、この部分の大縮尺海図にのみ依拠してはならない。英国が異議を唱える部分の基線と陸地の形状との乖離は、ノルウェー沿岸の一般的方向から逸脱しているとは言えない。もっとも、ノルウェーはこの部分に関して、歴史的権原を主張していたことを指摘しておく (pp.140-143)。

9　1935年のノルウェー勅令により採用された漁業水域画定のための方法は、国際法に反しない(10対2)。この方法の適用として上記勅令により設定された基線は、国際法に反しない(8対4) (p.143)。

【論点】1　本件判決は、海洋法の重要論点である基線と湾の問題について、画期的な判断を下した。裁判所は、直線基線が低潮線規則の1つの適用方式であるという論理でそれを正当化し、しかも直線基線の長さを規制する国際法規則は存在しないとした。直線基線を規律する国際法としては、「沿岸の一般的方向に従うべし」という原則を宣言するに止まった。湾口10海里規則の存在も、裁判所は否定した。この多数意見に対しては、それが当時の慣習国際法(もしくは多くの国家の実行)に逸脱しているとの批判(マクネア、リード両裁判官の反対意見)があったが、1930年ハーグ法典化会議でこれらの問題について合意ができていなかったという事実は、当該慣習法規範が少なくとも当時変容過程にあったことを示唆する。この判決は、従来ノルウェー等の少数派が主張していた規範内容に最大級の権威を与え、最終的に1958年領海条約においてそれを実定法化させる推進力となったのである。

2　現在基線に関して問題となるのは、裁判所により表明され領海条約および国連海洋法条約に規定されている、基線(とくに直線基線)を律する国際法規則の解釈・適用である。この問題は、漁業事件においても、例えば沿岸の一般的方向に従っているかを判断するために大縮尺海図を用いるか否か(多数意見とモー裁判官個別意見の対立)として議論された。理論的には、直線基線はそれが国際法上の諸条件を満たせば合法であり、対世的に対抗可能である。しかし、裁判所が示した基準はきわめて曖昧で、「経済的利益」の考慮のように主観的・相対的要素も含んでいる。したがって、直線基線をめぐる具体的紛争は、基線画定に第1次的判断権を有する沿岸国と、その海域に利害関係を有する関係国との間の対抗力の問題として実際上は処理されることになろう。その際、関係国の抗議や黙認が重要な判断要素となる。裁判所が、直線基線を含むノルウェーシステムの国際法上の合法性を確認したのみならず、他国の一般的認容、とくに英国の黙認に言及して結論を導いているのも、

以上のような理由によるものであろう。もっとも、裁判所が採用した黙認の法理は、とくに公然性の判断に関して問題が多い。

3 判決要旨4で裁判所が述べた傍論、すなわち湾口10海里規則が慣習法規則であるとしても、それに対して一貫して反対していたノルウェーに対してはその慣習規則は対抗できない、とした裁判所の見解は、後に学説上提唱されることになる「一貫した反対国」の法理の重要な実証的根拠となる。しかしながら、判決の当該部分のみを取り出すのではなく判決全体の構成および当事国の主張なども考慮して検討するならば、この判決が「一貫した反対国」の法理を根拠づけているとする議論には重大な疑義がある。より根元的には、この法理の理論的妥当性それ自体が問題にされなければならない。

【参考文献】
山本草二『高野判例』、島田征夫『宮崎基本判例』、林久茂『ケースブック』、尾﨑重義『判決・意見Ⅰ』、江藤淳一『百選Ⅰ』、森田章夫『百選Ⅱ』、中村洸「イギリス・ノルウェー漁業事件の国際法的意義」『国際法外交雑誌』56巻3号(1957)、吉井淳「直線基線の相対性と客観性」『摂南法学』13号(1995)、柴田明穂「『一貫した反対国』の法理再考」『岡山大学法学会雑誌』46巻2号(1997)、吉井淳「直線基線の最近の傾向」『世界法年報』17号(1998)、田中則夫「時の判例(国際法)直線基線の設定により日本の新領海になった海域での韓国漁船の操業(最高裁平成11.11.30決定)」『法学教室』236号(2000)、植木俊哉「ノルウェー漁業事件と直線基線」栗林=杉原編『海洋法の主要事例とその影響』(2007)、長岡さくら「国際法上の直線基線に関する各国の実行とその問題点」『福岡工業大学環境科学研究所所報』10巻(2016)。

(柴田　明穂)

44　テキサダ号事件

裁　判　所	(a) 和歌山地裁
	(b) 大阪高裁
判　　　決	(a) 1974(昭和49)年7月15日
	(b) 1976(昭和51)年11月19日
出　　　典	(a) 判時844号105
	(b) 判時844号102

【事実】　1966(昭和41)年11月29日、リベリア船テキサダ号(バハマに本店を置く海運会社所有の鉄鉱石運搬船)が和歌山県日の御崎灯台から北西方向、6.8海里付近の海上において日本船銀光丸(油タンカー)の左舷中央部に衝突し、その船体を破壊し乗組員10数名を負傷させた。衝突時のテキサダ号の当直士官と前直の士官の2人(いずれも日本人)がレーダー誤認と引継ぎ不十分という過失の競合によって国際衝突予防規則に基づく避航義務に違反しているとして業務上過失傷害・過失往来危険(艦船破壊)の罪に問われた。一審は刑法第1条の適用が可能と認め有罪とした。被告人が控訴したが棄却された。この後、上告が取り下げられ判決が確定した。

【判決要旨】(a)　弁護人の主張は、本件衝突場所は公海であり、我が国の領域に属しないから日本の裁判所には刑事裁判権がなく、もしあったとしても上記の罪は処罰の対象となる国外犯(刑法第2-4条)に該当しない、の2点である。被告人は日本国民で本件訴訟提起の際に日本国内に現存していたから刑事裁判権がある(執行管轄権の問題)。また国内犯として刑法の適用(立法管轄権)が可能である。すなわち①刑法第1条1項は領域内で属地的適用を規定し、②同条2項は日本船舶への1項の準用を定めている。まず②について、上記の罪は、日本船舶内で結果が発生している。①に関して本件衝突場所は紀伊水道内であり、湾に関する国際法規の類推適用により、あるいは歴史的湾の法理により紀伊水道は瀬戸内海の一部であることが認められる(裁判所はこの点で、大塚博比古・小田滋・大平善梧の3氏の鑑定を求めた)。したがっていずれかの根拠によって国内犯として刑法の適用があり有罪である(107-109頁)。

(b)　被告人の弁護人の控訴の趣意は、衝突の当時は、衝突場所は公海に属しており、また刑法第1条にいう「罪ヲ犯シタル」とは犯罪の行為がなされることを意味し、日本国外にある日本船舶内において単に犯罪の結果が発生したに過ぎない場合を含まないと解すべきであり、したがって刑法第1条は適用できず、原判決には明らかな法令解釈適用の誤りがある、というにあった。①紀伊水道を湾の法理の類推によって直ちに我が国の内水として認めることはできず、いわゆる歴史的水域の法理によって内水に該当すると解するのが

相当であり(この点で原判決とやや見解を異にしている)、②日本船舶内で結果が発生した行為は刑法第1条2項に定める場合にあたり、原判決を支持しうる(102-105頁)。

【論点】1　本件の争点は紀伊水道の内水性にある。
　(1)　紀伊水道、豊後水道および関門海峡の3海峡によって公海と連なる水域は内海と呼ばれる。内海は「古くから『湾』の場合を類推して法的地位が定められ、その沿岸がすべて同一国に属し、公海とのすべての通路が一定の幅員以下であるとき…内水とされる」。領海条約(ジュネーヴ)は1964(昭和39)年発効したが、我が国が加入したのは1968(昭和43)年7月であった(本件発生時には未加入)。領海条約第7条(10海里とされてきた湾口の長さを24海里と定めた)は「当時の慣習法とは相異した創設的条項と認めるのが相当であり」「形式理論としては…加入当事国のみを規律する特別国際法であるかもしれない」。しかし「領海条約第7条4項は、湾の幅員の点を除き、従前の慣習法を整理成文化したものと認められるが、一般に、慣習法のもつ不明瞭性不安定性相対性を克服するための成文法典化であるから、確認的条項も必然的に創設的性格を帯びるほかない」。控訴審は「原判決のいうようにすでに大多数の国家に法的確信を抱かせ、慣行として反復されて一般慣習法に生成していたといえるかどうか疑問である」として否定的に解している。
　(2)　歴史的権原については、国家の一方的行為の継続的な事態だけで、歴史的権原が形成されるのか、それとも、国家の慣行は、他国によって承認されるのでなければ、歴史的権原の形成を完成しえないのかという問題がある。非抗争性についての本判決の解釈は、「外国の一般的容認とは異議のない事実である」としたノルウェー漁業事件判決〔⇒43〕に沿ったもので妥当である。一審判決は歴史的権原に基づき内水と認められる水域として2つの要件を検討し肯定している。継続的な史的慣行として「本件の水域全体の沿岸は…終始わが国が領有し、その領土に囲まれた同水域には、…わが国民の海運、漁業その他の産業が進出し、…政治的統制、防衛軍事上の規制がなされ慣行によって…わが国の排他的権威のもとに従属して来ていると認められる」。その例として、英国に対する瀬戸内海領有宣言(1893〈明治26〉年)、瀬戸内海漁業取締規則(1909〈明治42〉年)、現行漁業法(いずれも紀伊水道を瀬戸内海に含めている)およびペリカンステート号事件(米国は事件の捜査を承認した)が挙げられている。非抗争性(外国からその特殊地位について争われないこと)について「水域の地理的条件のため…外国と紛争に至った事例がなく、他国の関心の外に置かれて来たのが実際とみられる。歴史的湾の性質上外国の明示ないし黙示の承認を要するとみるよりも、このような外国の関心外に置かれる状況にあることが非抗争性充足の典型と見ることができる」。控訴審判決は「内海もしくは湾の如く地理的に特殊な状況にある水域」については「歴史的水域」として内水たる地位をもちうることを指摘し、「要件としては継続的史的慣行の

方に重点をおいてよく…非抗争性については、諸外国からとくに争われないという消極的事実をもって足りる」と解している。法典化条約は国際法の漸進的発達を含み、この条約の成立は新たな一般法規の生成過程に入ったことを意味する。ことに領域の画定は沿岸国の一方的行為による。それゆえ湾口24海里規則については、大多数国がまだ条約に参加せず慣習法への転化が完了していなくとも、この規則の援用が争われることはないであろう。この点で一審判決は説得力をもつ。ただし内海は湾とは地理的形状を異にするから、歴史的水域（歴史的湾を含む）としてみる控訴審判決の方が正確である。歴史的水域は領海条約の対象外であり、慣習法によってのみ規律されている（第1次海洋法会議はこの水域の調査研究の必要を決議した）。なお、領海法（1975〈昭和52〉年）は紀伊水道を内水と明示、改正法の施行令（1997〈平成9〉年）はさらに外側に基線を引いた。

2 　刑法第1条2項について、両判決とも同じ解釈をとっている。「結果の発生を構成要件とする犯罪については…実行行為が国外地で行われ、結果が日本船舶内で発生した場合を含む」。この解釈はロチュース号事件判決〔⇒2〕を基礎とし公海上の衝突事件に適用されてきた。しかし、公海条約（1958年）及びその後の国連海洋法条約（1982年）は船舶の旗国と加害者の本国のみに管轄権を認め、上記解釈を否定した。本件では内水性を認定すれば、この点の議論は不要である。

【参考文献】
島田征夫『宮崎基本判例』、高林秀雄『ケースブック』、同『セミナー』、長田祐卓『百選Ⅰ』、中村洸「歴史的湾の制度・その法典化の構想」『法学研究』32巻9号(1959)、同「歴史的水域の制度の法典化について」同上誌38巻4号(1965)、大平善梧「瀬戸内海の法的地位」『青山法学論集』14巻4号(1973)、高林秀雄「紀伊水道の法的地位」『龍谷法学』8巻1号(1975)、波多野里望『ジュリスト』666号(1978)、小田滋『海の資源と国際法Ⅰ』(有斐閣、1971)41-53頁。

（林　久茂・坂元　茂樹）

45 韓国漁船拿捕事件

裁 判 所	(a)松江地裁浜田支部
	(b)広島高裁松江支部
	(c)最高裁第三小法廷
判　　決	(a)1997(平成9)年8月15日
	(b)1998(平成10)年9月11日
決　　定	(c)1999(平成11)年11月30日
出　　典	(a)判時1656号59
	(b)判時1656号56
	(c)刑集53巻8号1045

【事実】　日本は、1977年に領海法を制定し、領海の幅を3海里から12海里に拡張した。その後、1996年6月に国連海洋法条約の批准に合わせて領海法を改正し、領海の幅を測るための基線に直線基線を用いることを定めた。この新領海法に基づき、日本は、翌年より相当範囲にわたる沿岸において直線基線を引き(基線の変更)、日本の領海はかかる変更された基線より測定して12海里の幅をもつものとして新たに設定し直され、韓国の政府と漁業関係者に対して通報された。本件は、1997年6月9日に島根県の沖合海域で操業中の韓国漁船・第909テドン号が、外国人漁業規制法に違反するものとして拿捕され、乗組員が日本の裁判所に訴追された事件である。拿捕が行われた海域は、領海法の改正前は12海里領海の外側であったが、新領海法の下では直線基線が引かれ、そこから12海里が測定されたために、新たに日本の領海に組み入れられたところであった。外国人漁業規制法は、日本の領海において外国の漁船が操業することを禁止している(第3条)。

　ところで、日本と韓国は、1965年に日韓漁業協定を締結し、「沿岸の基線から測定して一二海里までの水域を自国が漁業に関して排他的管轄権を行使する」漁業水域として設定することを認めていた(第1条1項)。そして、この協定は、「一方の締約国がこの漁業に関する水域の設定に際し直線基線を使用する場合には、その直線基線は、他方の締約国と協議の上決定するものとする」(同条項但書)と規定するとともに、「漁業に関する水域の外側における取締り(停船および臨検を含む。)および裁判管轄権は、漁船の属する締約国のみが行ない、および行使する」(第4条1項)と規定し、漁業水域の外側の公海では旗国主義を適用する旨を確認していた。裁判所において、韓国漁船側は、韓国漁船が操業していた海域は協定に定める漁業水域の外側であると主張し、日本は直線基線を引くにあたって、協定第1条1項但書に定める協議をしていないために、新領海法は協定に違反するとも主張した。これに対して、検察側は、日韓漁業協定は漁業水域に関するもので、領海の設定に関する協定ではない。国際法上、領海の設定は基線の引き方を含め沿岸国の主権の行使に属する事項であって、韓国漁船が操業していた海域は、国連海洋法条約に合致した新領海法に基づき、適法に日本の領海とされたところであると主張した。

【判決要旨】(a)　憲法第98条2項は、日本が締結した条約および確立された国際法規を誠実に遵守することを要求しており、日本の領土や領海の中であっても、条約や確立された国際法規によって、日本の取締りおよび裁判管轄権が及ばないことがある。条約や確立された国際法規は常に法律に優先する効力をもつ。したがって、本件海域が日本の領海であることから直ちに、日本の取締権りおよび裁判管轄権が認められることになるわけではなく、日韓漁業協定がその例外を定めているのであれば、これらが否定されることとなる。検察官は、国際法上領海と漁業水域とはまったく異なる概念であって、漁業協定もこれを前提として規定していること、また、漁業協定第4条1項は日本の領海内における裁判管轄権を制限する規定ではない旨主張する。しかし、漁業協定が日本と韓国のいずれの領海にも属しない海域（公海）だけに限定した取り決めであると解することはできない。むしろ、漁業協定第1条は領海を除外する旨の明文の定めを置いていないことを考慮すると、同条にいう「一二海里までの水域」とは、領海を除き公海に限定されるものではなく、領海を含むものと解することができる（60頁）。

さらに、実質的に考えても、漁業協定が、基線から12海里までを漁業水域として設定することを認めた上、その外側における相手国に属する漁船の取締りおよび裁判管轄権を相互に放棄し、基線については原則として通常基線を採用し、直線基線を採用するには相手国との協議を要するとしているにもかかわらず、一方当事国が漁業水域より外側まで（例えば13海里まで）領海としたり、領海について直線基線を採用したりすることによって条約の効力を実質的に無意味なものとすることができるというのでは、漁業協定を締結した意味がなくなってしまう。少なくとも、漁業協定締結の時点でいずれかの国の領海でなかった海域について、その後に領海が拡大したからといって、漁業協定の適用がなくなると言うことはできない。したがって、本件海域は、新領海法の施行によって日本の領海とされたが、漁業協定第1条1項の漁業水域の外側であり、漁業協定第4条1項で取締りおよび裁判管轄権は漁船の属する締約国のみが行い、および行使するとされているのであるから、この点に関する限り条約である漁業協定が優先し、韓国の国籍を有する被告人が韓国船籍の漁船で漁業を行った本件公訴事実については、日本に取締りおよび裁判管轄権はない（61頁）。

(b)　本件海域が日本の領海内にある以上、これに対して日本の裁判管轄権が及ぶのは当然である。もっとも、日本が主権の行使に何らかの制限を認めている場合は別であるが、この点につき、原審は、日韓漁業協定第4条1項は、漁業水域の外側についてはそこが後に領海とされたとしても、日本の取締りおよび裁判管轄権を制限する規定であると解釈している。この解釈は、日韓漁業協定が公海だけに限定した取決めではなく、領海をも規制対象としたものであるとの理解を前提としているが、しかし、漁業水域と領海とは国際法上別個の概念であって、原審の解釈は失当である。漁業水域というのは、沿岸国の領海に接

続する公海の一定の水域で沿岸国が漁業に関して排他的権限を行使できるところであり、1960年代になって漁業水域設定の宣言やそれを規定する協定が続出し、国際法上の一般的な制度として定着したものである(57-58頁)。

　日韓漁業協定は、国際法上の漁業水域についての取り決めであり、領海を規制対象としたものではないのであるから、同協定第4条1項が日本の領海における主権の行使を制限する規定であると解釈することはできない。同条項は、漁業水域の外側すなわち公海における取締りおよび裁判管轄権については、公海自由の原則に従い旗国主義によるという、国際法上当然のことを確認したに過ぎないものである。沿岸国は、国際法に従い、自国の領海を独自に決定できる。弁護人は、日本が韓国との協議なしに直線基線を採用したことにつき、直線基線を採用する場合の協議義務を規定した協定第1条1項但書との関係で、その適用性に疑問がある旨主張するが、同条項は漁業水域の拡大手順につき規定したものであって、領海の拡大につき制約を定めたものではない。日本は国連海洋法条約に従って適法に領海を拡大したものであって、協定で定める漁業水域を拡大したものではないから、右の主張は失当である。

　なお、原判決は、条約と法律の優劣関係を問題としているが、本件海域は1997年1月1日から日本の領海となったから、それ以降は、日韓漁業協定第4条1項は本件海域にはそもそも適用の余地がないのであり、条約と法律との抵触という事態が生じることはなく、したがって、その優劣関係が問題となることもない。以上の理由により、原判決を破棄し、本件を松江地裁に差し戻す(59頁)。

　(c)　本件上告を棄却する。原判断はこれを正当として是認することができる。

【論点】1　本件は上告されたので、最高裁が職権で上告棄却の判断をした。差戻し後の松江地裁では、被告人が韓国へ戻り出廷して来ないため、判決の言い渡しができないままである。本件での争点は、韓国漁船が違法操業を行ったとされる海域が、日韓漁業協定を締結している韓国との関係において、日本の領海として認められるかどうかである。本件と類似の事件は、ほぼ同時期に長崎県の沖合海域でも発生した。長崎地裁(判時1648号158)と福岡高裁は、本件の広島高裁松江支部と同様の判断を示し、最高裁第三小法廷も本件決定と同じ日に、上告棄却の判決を下している(福岡高裁・最高裁とも判例集未登載)。

　2　松江地裁浜田支部の判決は、漁業水域の概念の理解や日韓漁業協定の解釈の仕方について問題をはらんでいる。同判決は、漁業水域と領海とは異なる概念だという検察官の指摘をしりぞけて、日韓漁業協定第1条にいう漁業水域は領海をも含むものと解釈し、同協定が領海をも規制の対象としたものであるとの判断を示した。しかし、この判断は漁業水域に関する初歩的な理解を誤っており、また、漁業協定が領海をも規制の対象にしてい

るというのも、採用し難い解釈と言うべきである。さらに、判決は、公海において旗国主義を適用することを確認した規定である協定第4条1項についても、その規定は漁業水域の外側についてはそこが後に領海とされたとしても、日本の取締および裁判管轄権を制限する規定であるかのように解釈したが、こうした解釈にも無理があると考えられる。

3　広島高裁松江支部の判決は、地裁判決が示した上記のような解釈については、それを是正したものと言える。もっとも、同判決は、日韓漁業協定は領海の設定とは直接関係がなく、領海の拡大につき制約を定める趣旨の協定でもないと判示したのであるが、果たしてそうした判示の仕方には問題がなかったかどうか。漁業協定は漁業水域に関する取決めであって、領海に関する取決めではないというのは、その通りである。しかし、漁業協定というのは何についての合意を交わしているものであるか。この点、1つは、沿岸国の排他的漁業権が認められる漁業水域の設定を相互に認め合うこと、もう1つは、その外側の海域では公海の自由を適用し操業の自由を認め合うことではないかと考えられる。そうだとすれば、2国間の漁業協定を締結している国が、自国の領海の範囲を漁業水域の外側の海域にまで一方的に拡張し、それまで相手国に認めてきた漁業水域の外側での自由な操業は、漁業水域の外側に拡張された領海部分ではもはや認めないとの態度をとるとすれば、漁業協定との抵触問題が生じざるをえないように思われる。高裁判決は漁業協定に示される合意内容を十分吟味していないのではないかという疑問が残る。

4　直線基線を含め、どのような基線を引くかは、国際法に定める要件に従うことを条件にして、沿岸国が決定しうる事柄である。ただし、本件では、日韓漁業協定第1条1項但書の効果が問題となった。同条項にいう基線は、領海を測るための基線とは別のものかどうか。本件では基線の数や種類の問題も提起されたと言える。日韓両国は、1996年に国連海洋法条約を批准するとともに、200海里排他的経済水域(EEZ)を設定するための国内法を制定した。両国は、同年5月より、1965年の日韓漁業協定に代わる新しい漁業協定の締結交渉を開始し、1999年1月に新漁業協定の批准書を交換した。新漁業協定に基づき、日本海の竹島周辺と東シナ海においては、両国の協議を通じて適切な資源管理が行われる暫定水域が設定されたが、それ以外の海域ではEEZの境界が画定され、両国はそれぞれ、自国のEEZにおける相手国の漁船に対する漁獲割当量を決定し、同水域で漁獲を行う相手国の漁船に対して許可および取締を行うことになった。

【参考文献】
中村洸『平9重判』(1998)、坂元茂樹「新領海法施行をめぐる一考察」『海洋法条約体制の進展と国内措置』2号(日本海洋協会、1998)、田中則夫「韓国漁船拿捕事件」『龍谷法学』31巻4号(1999)、坂元茂樹『平10重判』(1999)、田中則夫『平11重判』(2000)、吉井淳『百選Ⅰ』、富岡仁「日本の国際法判例」101巻3号。

（田中　則夫・坂元　茂樹）

第2節　排他的経済水域と大陸棚

46　北海大陸棚事件(North Sea Continental Shelf Cases)

当事国	西ドイツ／デンマーク　西ドイツ／オランダ
裁判所	国際司法裁判所
判決	1969年2月20日
出典	ICJ(1969)3

【事実】　北海の大陸棚資源の探査・開発活動が本格化するにつれて、北海に面する諸国は相互に自国に属する大陸棚の範囲を画定する必要に迫られていた。そのため、向かい合っている国の間では、大陸棚の境界を中間線によって画定する2国間条約が締結されていた(例えば、英国がノルウェー、デンマークおよびオランダとそれぞれ結んだ条約、デンマークとオランダ、ノルウェーとデンマークの条約など)。ところが、隣接している海岸を有する西ドイツとデンマークおよびオランダの間では、境界画定をめぐって紛争が生じた。デンマークとオランダの海岸線は北海に面して凸状に張り出しているのに対して、両国の間に位置する西ドイツのそれは凹状にくぼむ形状をしている。西ドイツは、1964年12月にはオラン

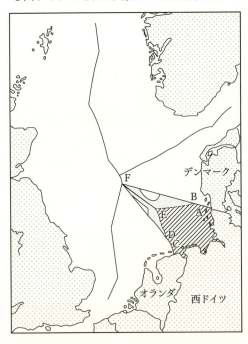

斜線部：等距離方式を適用した場合西ドイツに帰属する部分
網掛部：3国間交渉によって西ドイツに帰属が決まった部分

ダと(図のCDの線)、1965年6月にはデンマークと(図のABの線)、沿岸沖の一定地点までに限って、主として等距離方式に従って部分的な境界を画定する条約を締結したが、しかし、それ以遠の沖合の境界線については合意に達することができなかった。他方、デンマークとオランダは、1966年3月、西ドイツの沖合で北海の中心部に近い海域にある大陸棚の境界画定を等距離方式に基づいて行う条約を締結し(図のEFの線)、この境界線が西ドイツとの関係でも有効であると主張した。しかし、西ドイツは、その境界線は第三国である西ドイツには効力をもたないと反論した。そこで、これらの3国間で外交交渉が行われたが、結局、最終合意に到達できなかったので、1967年2月20日、事件は国際司法裁判所に付託さ

れた(図のBEDはデンマークとオランダが主張する等距離方式の適用による境界線。BFDは西ドイツが主張した境界線)。

　西ドイツ＝デンマークおよび西ドイツ＝オランダの特別合意書が裁判所に求めたのは、すでに条約に基づき部分的に合意された境界線を越えて「両国のそれぞれに属する北海の大陸棚区域に関して、両当事国間の境界画定に適用できる国際法の原則と規則は何か」を決定することであった。これらの3国は、特別合意書の中で、判決を受けて当事国間の合意に基づいて境界画定を行うことを約束した。裁判所は、1968年4月26日の命令により、西ドイツとデンマークおよびオランダがそれぞれ別個に付託した事件を併合した。デンマークとオランダは、本件には1958年の大陸棚条約第6条に定める国際法の原則が適用され、当事国間に合意がなく、かつ特別の事情も正当化されない限り、大陸棚の境界線は等距離方式に従って決定されるべきであって、西ドイツの海岸線の形状は他の方式の採用を必要とする特別の事情にはあたらないと主張した。これに対して、西ドイツは、等距離方式が多くの場合に採用されている原則であるとしても、それは慣習国際法の規則でないばかりか、大陸棚条約の当事国ではない西ドイツを拘束するものでもない。大陸棚の境界画定は、各沿岸国が正当かつ衡平な配分を受ける資格があるという原則に基づいて行われなければならないと主張した。国際司法裁判所は、1969年2月20日、11対6(西ドイツ側およびデンマーク・オランダ側の特任裁判官2名を含む)で次のような判決を下した。

【判決要旨】1　大陸棚の境界画定は、すでに沿岸国に属している区域の境界を設定するプロセスであって、沿岸国に属すべき区域を新たに決定することではない。大陸棚制度に関する最も基本的な規則は、大陸棚条約第2条に示されている。この規則の下で、大陸棚に対する沿岸国の権利は、大陸棚が海中へ向かっての領土の自然の延長を構成している関係から、領土に対する主権に基づいて、当然にかつ最初から(*ipso facto* and *ab initio*)存在する。したがって、境界画定にあたっては、正当かつ衡平な配分の原則が適用されるべきだとする西ドイツの主張は、大陸棚制度の基礎にある考え方と矛盾しており、そのままの形では受け入れることはできない(paras.18-20)。他方、デンマーク＝オランダは、境界画定は近接性の基準に基づき、他国より近いところにある区域を沿岸国に属させる方法で行われなければならず、この方法を実現できるのは等距離方式で引かれた境界線であると主張する(para.39)。しかし、近接性の観念よりももっと重要なのは、沿岸国の領土の海へ向かっての自然の延長または連続という原則である。海底区域は、それが沿岸国の近くにあるというだけでその国に属するものではない。国際法が大陸棚に対する法律上の権原を沿岸国に付与するのは、大陸棚が領土の延長または連続という意味において、沿岸国領域の一部とみなしうるからである。それゆえ、ある海底区域が沿岸国の領土の自然の延長を構成して

いないときには、いかに近くにあってもその沿岸国に属するものではない。等距離方式が有用である場合が少なくないとしても、等距離線を引いた場合、当該地域の海岸線の形状によっては、ある国の領土の自然の延長をなす大陸棚を他国に帰属させることになるなど、不合理な結果を招く場合もある。したがって、等距離方式は大陸棚制度に固有のものではない。実際、大陸棚制度の起源となったトルーマン宣言では、関係国の合意と衡平の原則に基づいて境界画定を行うべきことが指摘されていたに過ぎず、大陸棚条約の起草過程でも、等距離方式が大陸棚制度に固有のものと考えられたことはなかった（paras.43-47）。

  2 大陸棚条約第6条は、国際法委員会において、既存の法（*de lege lata*）としてではなく、あるべき法（*de lege ferenda*）として提案されたものである。一般的に言って、留保が許される条文は、純粋に条約上の規則である。これに反して、一般法または慣習法の規則については、国家の一方的な排除の権利の対象とはなりえないから、留保は許されない。大陸棚条約の第1条から第3条までの規定には留保が禁止されているので、これらの条文は慣習法の法典化とみなすことができる。しかし、第6条には留保が許されているので、この条文は慣習法の規則としてではなく、純粋に条約上の規則として制定された（paras.62-69）。検討されるべき問題は、第6条が条約上の規則であったとしても、その後における国家の慣行を通じて、慣習法の規則になったかどうかである。条約上の規則が慣習法になったというためには、自国の利益が特に影響を受ける国を含めて、当該条約への広範な諸国の参加が必要であるが、大陸棚条約に対する批准や加入の数はまだ十分ではない。時間の要素に関して言えば、短い期間しか経過していなくても、条約上の規則が慣習法化することはありうるが、そのためには、当該期間内において、自国の利益がとくに影響を受ける国を含む諸国の実行が広範かつ一様であり、さらに、その実行が法的信念に裏付けられたものであることが必要である。しかし、等距離方式に従って境界線を引く実行が、法の規則の存在によって拘束的なものになっている、という信念に基づいて展開されているといえる証拠はない。本件で援用された事例のほとんどは、向かい合っている国同士が中間線によって境界を画定したもので、隣接国間の境界画定に関する等距離方式の先例になるものではなかった。したがって、等距離方式を定める大陸棚条約第6条2項は、その制定の時点においてはもとより、その後においても、慣習法としての地位を有する義務的規則であるとは言えない（paras.70-81）。

  3 裁判所に求められているのは、大陸棚の境界画定を行うことではなく、境界画定を行うにあたって依拠すべき原則を示すことである。大陸棚の境界画定は当事国間の合意の対象とされ、合意は衡平の原則に従って達成されなければならない。かかる基本原則の下で、①当事国は合意に達する目的で交渉に入り、かつ交渉が有意義であるように行動する義務を負う。②当事国はすべての事情を考慮し、衡平の原則が適用されるように行動する

義務を負う。③大陸棚はその国の領土の自然の延長でなければならず、他国領土の自然の延長に侵入してはならない(paras.83-85)。大陸棚制度は自然的な事実の承認から生まれたので、この事実と法との関連が制度の適用にあたって重要な要素となっている(para.95)。大陸棚の境界画定については、義務的で命令的な規則がないので、衡平な結果を得るために種々の方法を用いることができる。以上の理由により、裁判所は次のように判決する。

①境界画定のために等距離方式を用いることは、本件の当事国間では義務的でない。

②すべての場合にその使用が義務的とされる、唯一の境界画定方式は存在しない。

③当事国間の境界画定に適用できる国際法の原則は次の通りである。ⓐ大陸棚の境界は、衡平の原則に従い、かつ、すべての関連ある状況を考慮に入れて、各当事国にその領土の海中へ向かっての自然の延長を構成する大陸棚のすべての部分を、他国の領土の自然の延長に侵入することなくできるだけ多く残すような仕方で、合意によって決定される。ⓑ前記の原則の適用上、境界画定が当事国に重複する区域を残す場合には、その区域は合意された割合で分割されるか、または、合意が成立しないならば、重複する区域について共同管轄、共同使用もしくは共同開発の制度が定められない限り、均等に分割される。

④交渉において考慮されるべき要因は次のものを含む。ⓐ海岸の一般的形状および特殊な特徴の存在。ⓑ大陸棚区域の物理的および地質学的構造ならびに天然資源。ⓒ沿岸国に属する大陸棚区域の広さと一般的方向に従って測られた海岸線の長さとの間の均衡性(para.101)。

【論点】1　本判決は、大陸棚の境界画定に関する最初の国際判例であり、その後に発生した海洋の境界画定事件に大きな影響を与えている。本判決の特徴の1つは、大陸棚に対する沿岸国の権利が「領土の自然の延長」という観念から導かれるものであると指摘した点にある。この観念自体は大陸棚条約には存在しないが、1982年の国連海洋法条約では、本判決の影響を受けて、大陸棚の定義に関する規定の中に取り入れられている(第76条)。ただし、国連海洋法条約の下では、この観念が沿岸国の権利を根拠づける唯一のものと言うことはできなくなった。200海里排他的経済水域の制度に象徴されるように、領海外の海中・海底の天然資源に対する沿岸国管轄権の限界が距離によって示され、大陸棚の定義に関しても同じ距離基準が導入されたからである。

2　本判決は、大陸棚の境界画定に関するいくつかの基本原則を明らかにした。中でもとくに、境界画定は衡平の原則に従い、かつ、すべての関連ある状況を考慮に入れて、合意に基づいて行われなければならないと判示した点は、重要な意義を有している。大陸棚の境界画定にあたって留意すべき基本的な考え方を初めて示したわけで、本判決がこの分野の紛争に関するリーディングケースといわれるゆえんである。もっとも、本判決の示し

た「領土の自然の延長」という観念、その延長部分をできるだけ多く残す仕方で境界を画定すべきとした判断、あるいは、等距離方式に関して示された本件での評価などについては、本判決に特有のものであると言わなければならない。本件以後、海洋の境界画定をめぐる紛争が多発し、一定の国際判例の積み重ねがみられるが、そうした判例から窺えるのは、境界画定を行うための一般的な基準はあらかじめ特定できず、衡平な解決をはかるためには、個別具体的に係争海域の特徴を考慮して境界画定を行うほかはないという傾向である。それゆえ、本判決の示した判断のすべてが普遍的な意義を有しているわけではない。

3 大陸棚条約第6条が慣習法化したかどうかを検討するにあたり、本判決が慣習法の成立要件を改めて論じた点も、その後頻繁に引用されるところとなっている。広範かつ一様な国家実行の中に、自国の利益がとくに影響を受ける国が含まれているかどうかという問題や、時間の要素の問題など、判決はかつて論じられていなかった問題を取り上げ、一定の考え方を新たに示したものと言える。判決は、慣習法の成立要件として、国家の一般的慣行と法的信念の存在という2つの要素を挙げている。この立場は、慣習法の成立を国家の黙示の同意に求める主観主義の理論とは異なり、客観主義の理論の系譜に属するものと言うことができる。なお、判決は、条約の規則に留保が許容されているかどうかを、当該規則が慣習法であるかどうかの判断基準としたが、この考え方には批判が多い。条約当事国の間において、合意に基づき特定の条約規定の適用を排除することと、当該規定が慣習法としての性格を有するかどうかの判断は、必ずしもつねに連動するものとは限らないからである。

4 本判決の後、当事国の間で外交交渉が行われ、1971年1月、西ドイツ=デンマークおよび西ドイツ=オランダ間でそれぞれ条約が締結されて、紛争は最終的に解決した。合意された内容は、西ドイツの大陸棚を北海の中心部まで認める代わりに、デンマークとオランダの大陸棚を西ドイツの大陸棚にくい込む形で画定するというものであった。

【参考文献】
尾崎重義『領土・国境紛争』、古賀衞『宮崎基本判例』、高林秀雄『ケースブック』、深町公信『セミナー』、尾崎重義『判決・意見Ⅱ』、小森光夫『百選Ⅰ』、高林秀雄「大陸棚制度と慣習国際法」『龍谷法学』2巻2-4合併号(1970)、小田滋『海の資源と国際法Ⅱ』(有斐閣、1972)327-363頁、兼原敦子「大陸棚の境界画定における衡平の原則(1)〜(3・完)」『国家学会雑誌』101巻7・8号、9・10号、11・12号(1988)、小森光夫「北海大陸棚事件と大陸棚の境界画定における衡平概念」栗林忠男・杉原高嶺編『現代海洋法の潮流(2)』(有信堂高文社、2007)。

(田中　則夫・坂元　茂樹)

47 英仏大陸棚事件（Case concerning the delimitation of continental shelf between the United Kingdom of Great Britain and Northern Ireland, and the French Republic）

当　事　国	英国／フランス
裁　判　所	仲裁裁判所
判　　　決	(a) 1977年6月30日
	(b) 1978年3月14日（解釈）
出　　　典	(a) 18 RIAA 3　(b) 18 RIAA 271

【事実】1　英国は、1964年に大陸棚条約を批准し、大陸諸国との間で境界画定のための予備交渉に入った。フランスも1965年に同条約に加入したが、第6条1項と2項にいう等距離原則は特別の協定が存在しない限り特別の事情が存在するビスケー湾等の海域には適用されない旨の留保を付した。英国はその翌年、これに対する異議を表明した。

　1970年、両国は境界画定交渉を開始したが、西経30分から西の区域について合意に達せず、1974年に両国政府首脳がパリで会談し、問題を仲裁裁判に付託することに合意した。翌年7月仲裁協定が調印され、5名の裁判官が任命された（裁判長エリック・カストレン〈フィンランド〉）。

　付託事項は、当事国間で適用される国際法の規則に従って「グリニッジ子午線西経30分より西側で、1,000メートル等深線までの、連合王国およびチャンネル諸島とフランス共和国との各々に属する大陸棚部分の間の境界線は何か」を決定することであった。

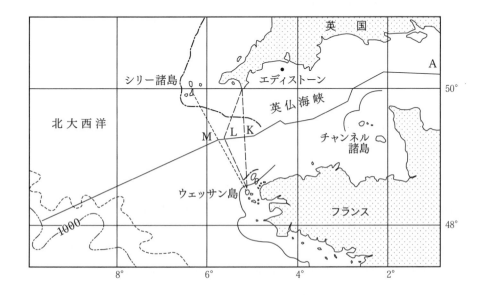

2 適用法について、英国は、大陸棚条約が両国間に有効な現行条約であり、その第6条が適用されること、第6条にいう「特別の事情」が存在する場合はフランスに立証責任があることを主張した。一方、フランスは、英国がフランスの留保に対して異議を申し立てたので、大陸棚条約は両国間に有効でないこと、両国間に適用されるのは自然の延長原則と衡平原則であること、(代替的に)大陸棚条約が適用されるとしても明白に留保された第6条は適用されないこと、第6条が適用されたとしてもチャンネル諸島と大西洋地区には特別の事情があるので等距離原則は適用されないこと、を主張した。

 本件で争われている海域の特徴として、両国沿岸海域に多くの岩礁や小島があること、両国は本土にはさまれた海域では相対国の位置関係にあるが、それより西側の海域では隣接国の関係にあることが挙げられる。そのため、両国は沿岸海域にある岩礁・島の法的地位について、それが直線基線や境界線の画定で自国に有利となるような主張を行った(両国の主張は、判決要旨中で要約)。

 判決(a)の後、1977年10月英国は判決(a)に用いられた境界線の描法について解釈請求を行った。裁判所は、境界線の計算に用いられた技術が判決(a)で判示した方法に反しないことを確認し、このために裁判を再開することは権限外として請求を退けた。

【判決要旨】(a) 1 大陸棚条約は第1条から第3条までを除いて留保を付することを認めており、他の当事国は、この留保を理由に留保国が当事国となることを争うことはできない。しかし、国はいかなる留保も受諾するよう義務づけられているのでもなく、自由に反応することが許されている。英国の異議表明は、両国間で大陸棚条約が効力を生じることを阻止する意図でなされたものではなかった。したがって、大陸棚条約は両国間で有効であるが、第6条に付された留保は、その留保の範囲でのみ第6条を不適用にする。留保によって適用が排除される領域では、慣習国際法の規則および原則が適用される。この関連で、フランスの留保が影響するのはチャンネル諸島周辺のグランビル湾だけで、それ以外の地域では大陸棚条約第6条が適用される(62、74項)。

 大陸棚条約第6条は等距離原則と「特別の事情」の規則を規定するが、これらは相反するものでなく、複合的な単一の規則であり、衡平な原則に従った境界画定を目的とする。慣習法の規則は、第6条の文言を解釈するために本質的な手段である。北海大陸棚事件〔⇒46〕では第6条が慣習法を表現したものとはみなされないと解釈された。しかし、それは凹状の海岸線に3国が隣接しているという特殊な事情によるものであった点に注意すべきである(84-86項)。

 2 北海大陸棚事件判決でいう自然の延長原則は、単一の大陸棚に2以上の国が接している場合の基本的規則を述べているに過ぎず、境界画定に関する問題を解決していない。

国際司法裁判所は、等距離原則を慣習法上義務的とみることを拒否したが、境界画定方式としての等距離原則を軽視しているのではない。等距離方式が衡平な結果を達成する手段として適切か否かを評価するためには、隣接国間の側線の境界と、相対国間の中間線の境界の違いに注意が払われなければならない(94、95項)。

　3　イギリス海峡区域では、両国が向かい合っており、中間線を境界とすることに合意しているので、適用法の問題はない。この区域で対立があったのは基線の問題で、例えばプリスマ港沖のエディストーン岩礁の地位について、フランスはそれが領海をもたない低潮高地であり海岸線の基点とすべきでないことを主張し、英国はそれを島として主張した。判決は、同岩礁が裁判の予備交渉で等距離線の基点として採用された事実などを理由に、基点として扱われるべきであると判示する(111、125、144項)。

　4　大西洋区域における適用方式について、フランスは、この区域において両国は相対する関係でないと主張し、英国は両国は相対しているので第6条1項が適用されると主張する。この地域の特徴は、大陸棚が両国の海岸の間にあるのではなく、横に並んだ両国の海岸から海側に向けて長く延びていることである。したがって、等距離線は海岸線の形状によって影響され、中間線の場合より不均衡な結果を生じやすい。フランスは、両国本土の海岸線の一般的方向が示す2つの線の二等分線を主張するが、これは陸地領土の海中への自然の延長という基本原則と合致しない(214-216項)。

　5　シリー諸島(英)が、ウェッサン島(仏)より若干西側にあるため、シリー諸島を考慮した等距離線は、英国本土を基準にした等距離線に比べて16度36分、約4千平方マイル歪曲する効果をもつ。この歪曲の要素は、第6条1項にいう「特別の事情」に相当する。これらの島を無視するのではなく、シリー諸島による不均衡効果を減少するように修正するべきである。裁判所は、シリー諸島がウェッサン島の約2倍の距離で本土から離れていることに注目し、等距離線の決定にあたってシリー諸島に半分効果を与えるものと決定する。英国本土とフランス本土の中間線を引き、さらにシリー諸島およびウェッサン島を基点とする等距離線と英国本土およびウェッサン島を基点として引かれた等距離線とが作る角度の二等分線を引く。この中間線と二等分線が交わる点をMとし、そこから西方に二等分線を引いて1,000メートルの等深線と交差する点までを境界線とする(243、253、254項)。

【論点】1　紛争当事国の一方が条約の規定について留保し、他方がそれに異議を表明していた場合、適用法が問題となる。フランスは、大陸棚条約加入書の付属書において、1958年以後に設けられた基線に基づく場合、水深200メートルを越える場合、特別の事情がある場合(フランスの見解ではビスケー湾、グランビル湾、ドーバー海峡、フランス本土北岸がそれにあたる)には等距離原則による境界線を認めない旨宣言していた。裁判所は、フランス

の留保が留保の限度で第6条の適用を排除し慣習法が適用されるとした。そして、グランビル湾にのみ留保の効果(特別の事情の存在)を認め、他の地域では等距離・中間線原則を適用した。一方、条約法条約第21条3項は、留保に対し異議を申し立てた国との関係では留保の限度において適用がないと規定する。この規定では、英国とフランスの間では第6条全体が適用されないのではないかと思われる。しかし、判決は実質的に第6条を適用し、留保とそれに対する異議は判決にほとんど影響を及ぼさなかった。

2 判決は、慣習法の適用が事実上第6条の適用と同じになるとして「等距離＋特別の事情」の原則を適用した。その結果、海岸線の方向や長さといった地形的要素を基準として、大陸棚を配分することになった。判決を全体としてみれば、一定の基準を適用したというより、紛争当事国に不満が生じないような衡平な配分を見出すことに重点が置かれたように思われる。北海大陸棚事件で示された、大陸棚の基本的な性格に基づく自然の延長原則とは異なり、当事者の合意を得るための「衡平」が基本原則となっているようである。しかし、何が衡平であるかについては明らかにされていないし、裁判所の裁量によって中間的解決がはかられたのではないかという印象が残る。

3 本件では島の取扱いが重要な焦点となった。第1に、エディストーン岩礁は島として認められなかったが、境界画定の基点となった。しかし、これは客観的基準によるのではなく、両国が合意により基点として採用していたという事実によるものである。第2にチャンネル諸島は、フランス本土に近接しているため、これに大陸棚を与えることは著しい不均衡を生じるという理由で、領海(および12海里漁業水域)のみが認められた。チャンネル諸島の位置を特別の事情と認めたわけである。第3に、英国本土西方にシリー諸島があることが等距離線に影響を与えた。判決は、フランスの主張を考慮して、この島に半分の効果のみを与えた。島の「半分効果」はその後の判決でも適用された。しかし、「島」がこのような効果をもつための要件(面積、距離、人口など)は、いずれの判決でも明らかにされていない(国連海洋法条約第121条参照)。

判決の年の10月、英国はチャンネル諸島の12海里漁業水域部分の境界について、判決の解釈および範囲に関する申立を提出した。審理の結果、判決が示した原則と境界線の違いが認められ、漁業水域の境界線が修正された。両国は1983年に協定を結び、この判決に従い海域の境界を画定した。

【参考文献】
尾崎重義『領土・国境紛争』、芹田健太郎『ケースブック』、井口武夫『百選Ⅰ』、芹田健太郎『島の領有と経済水域の境界画定』(有信堂高文社、1999) 75-120頁。

(古賀　衞・坂元　茂樹)

48 チュニジア・リビア大陸棚事件 ((a) Continental Shelf (Tunisia/Libyan Arab Jamahiriya), (b) Application for Revision and Interpretation of the Judgment of 24 February 1982 in the Case concerning the Continental Shelf (Tunisia v. Libyan Arab Jamahiriya))

当 事 国　チュニジア／リビア
裁 判 所　国際司法裁判所
判　　決　(a) 本案　1982年2月24日
　　　　　(b) 再審・解釈請求　1985年12月10日
出　　典　(a) ICJ(1982) 18
　　　　　(b) ICJ(1985) 192

【事実】　チュニジアとリビアの大陸棚境界は画定されていなかったが、リビアは1955年に海底石油に関する法律を制定し、1968年に大陸棚石油開発コンセッションを認可した。チュニジアも1964年に同様にコンセッションを認可した。1974年、両国は各々異なる境界線を想定して、境界地域の大陸棚についてコンセッションを認可したため、重複区域に対する請求の競合が生じた。両国は特別合意を結んで、紛争を国際司法裁判所に付託した。付託事項は、①大陸棚区域の境界画定に適用可能な国際法の原則および規則は何であるか、②両国の専門家が困難なく境界画定を行いうるように、前記の原則および規則の適用のための実際的方法を明示すること、であった。また、その規則および原則について判決する際に衡平原則、関連事情、海洋法会議における最近の傾向を考慮に入れることが要請された。両国には国籍裁判官がいないので、リビアはヒメネス・デ・アレチャガ(ウルグアイ)を、

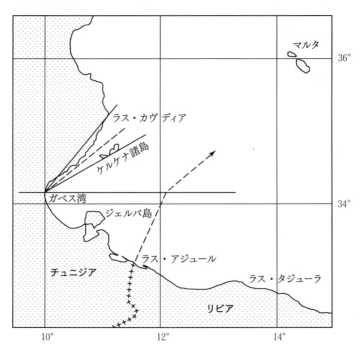

チュニジアはエベンセン(ノルウェー)を特任裁判官に指名した。

1981年1月、マルタが訴訟参加申請を提出した。裁判所規程第62条は、裁判によって影響を受けることのある「法律的性質の利害関係」を有すると認める国は訴訟参加を申請できる旨規定する。さらに、裁判所規則第81条2項は、「参加の明確な目的」、および参加要請国と事件当事者の間の「管轄権の根拠」を参加申請に記載するよう規定する。チュニジアとリビアは、本件管轄権の根拠である特別合意では、両国以外の大陸棚区域の境界画定について裁判することを認めていない、と主張した。裁判所は、マルタの申請が管轄権の根拠をもたず、参加の目的が一方に有利な弁論を行おうとするものであり、事件当事者の立場を不安定にするとの理由で申請を棄却した。境界画定の場合、近隣国が訴訟参加を求めることが多いが、裁判所は「利害関係」、「目的」の要件を厳密に解する傾向がある。

境界について、チュニジアは、陸地領土の自然の延長は他国の自然の延長を侵してはならない、と主張した。リビアは、この地域の大陸棚がアフリカ大陸の延長であること、自然の延長の方向は大陸棚と陸塊の地質学的および地理学的関係によって決まるのであり、海岸の一部の偶発的方向によって決まるのではないことを主張した。

本案判決後の1984年、チュニジアは判決に対する再審請求、解釈・訂正の請求を提出した。チュニジアの主張は、次の通りであった。①再審請求　1968年3月のリビア閣僚評議会決議がコンセッション137号の北西境界線を定めていたという決定的事実が、判決後に発見された(裁判所規程第61条1項)。②解釈請求と訂正請求(2次的請求として)判決主文で、第1区域の境界線は北緯33度55分、東経12度を通るとされたが、チュニジアの許可区域に侵入するので北緯33度50分、東経12度59分53秒に訂正するべきである。③判決において第1区域と第2区域を分ける線はガベス湾の最西端を通る緯線であり(主文以外で)その線は北緯34度10分30秒と判示されたが、34度5分20秒が正しい。

これに対して、リビアは、申し立てられた事実をチュニジアが知らなかったことはチュニジアの過失によること(裁判所規程第61条1項但書)、その事実は第61条1項にいう「決定的要素となる性質をもつ」ことを示さなかったことを理由として、この請求の受理可能性を否定した。

【判決要旨】(a)1　北海大陸棚事件〔⇒46〕における陸地領土の自然の延長という概念は、沿岸国の権利の物理的対象を明確にするが、同一大陸棚に隣接する国との間では権利の正確な範囲を決定するのに適切でない。自然延長が法的権原の根拠であるという原則は、隣接国境界画定のための基準を提供しない。

境界画定は、あらゆる関連事情を考慮に入れて、衡平な原則に従って行わなければならない。衡平な結果を生み出すために考慮されるべき関連事情とは、両国の海岸線の関係(一

般的方向、関連部分の長さ）、ケルケナ諸島の存在、両国の国境と紛争発生以前の行為である。ラス・アジールから海岸線にほぼ垂直に引かれた、北側経線から東へ約26度の線は、両国が石油開発のためコンセッションを認めた区域の境界でもあって、事実上の境界線をなしている(85-96項)。

2　本件では、ガベス湾においてチュニジアの海岸線の一般的方向が急激に変わるという特徴がある。この特別事情を考慮すれば、沿岸区域と沖合区域を別個に取り扱うことが要求される。そこで、一般的方向の変化を画する点としてガベス湾の最西端地点の緯度を基準として2つの区域に分ける。第1の区域（セクター）では、ラス・アジールの国境地点から北から東に26度の角度で引いた線が領海の外縁と交差する点から始まり、ガベス湾最西端の点の緯線と交わる地点までを境界線とする。第2の区域では、その地点から、ガベス湾最西端の点からラス・カヴディアへ引いた線とケルケナ諸島の海側の海岸に引いた線とによって作られる角度の二等分線に平行な線(北東52度)をたどって、第三国と合意される点までとする(124-129項)。

(b)1　申し立てられた評議会決議はリビアの官報等で公表されたものであり、チュニジアがコンセッション137号の正確な座標を知ろうとすれば入手可能であった。したがって、規程第61条の「過失によらなかった場合に限る」という条件が欠けている(38、39項)。それゆえ、規程第61条に基づく1982年判決の再審請求は受理できない(全員一致)(69項(A))。

2　規程第60条により特別協定に基づいて解釈請求を受理することは可能である。第1区域における問題の地点はラス・アジールから26度の線を示すために便宜的に選ばれたものなので、チュニジアの請求は目的をもたず、判決の必要がない(全員一致) (49、50、52項、69項(d)(e))。

3　区域を分けるガベス湾最西端の点の緯度として裁判所が34度10分30秒に言及したことは実際的手段に過ぎず、当事者を拘束するものではない。ガベス湾の最西端が北緯34度5分20秒にあるというチュニジアの主張は、採用することができない(全員一致)。緯度の決定は当事国の専門家に委ねられる。当事国の合意による付託がないので、裁判所が専門家によって決定することには理由がない。

【論点】1　本件は、国連海洋法条約の実質が確定した後の最初の海洋境界画定事件で、国際司法裁判所がどのような判断を示すか注目された。結果は、両国の従来の慣行（コンセッション協定の前提として事実上設定された境界線）を尊重しながら、海岸線の形状に基づく衡平の考慮によって決した。両国の海岸線が横に並んでいる第1区域では、ほぼ海岸線に垂直な線を選んだが、これは両国が以前に石油開発コンセッション協定で許可した区域の境界と一致する。第2区域について裁判所は、チュニジアの海岸線が屈曲してリビアの海岸線

とL字型の関係になる点に着目した。屈曲の曲がり角の緯度を基準に第1区域と第2区域を区分したが、これを基準とする必然性は示されなかった。そのため、反対意見では、多数意見は単に海岸線の長さを基準にして幾何学的に分割し、利害の調整を行っただけとの批判が出された。

2　この判決は、北海大陸棚事件〔⇒46〕、英仏大陸棚事件〔⇒47〕の判決を引き継ぎながら、さらに具体的な境界画定原則を示した。とくに、チュニジアの海岸線の方向の変化に着目し、両国の海岸線の関係を近地点と遠地点に分け、各々に異なる基準を示したこと、島の存在が関連事情として実質的意味をもつ場合について基準を示したことは、その後の判決にも影響を及ぼした。しかし、その結果、海岸線の方向や形状が重視され、北海大陸棚事件で大陸棚の基本的性質を結びつけて論じられた自然延長原則(海底の形状・地質の重視)は後退することになった。

3　本件では、第三国の参加申請とか、再審・解釈請求、(代理人・特任裁判官であった)裁判官の裁判参与回避など、裁判所規程中の訴訟手続に関する規定の適用が争われ、その要件について一定の解釈が示された。この点も、本件の意義として注目すべきであろう。

なお、両国は、1989年にこの判決を実施するための協定を締結した。

【参考文献】
芹田健太郎『ケースブック』、松田幹夫『判決・意見Ⅱ』、芹田健太郎『島の領有と経済水域の境界画定』(有信堂高文社、1999)121-158頁。

(古賀　衞・坂元　茂樹)

49 オデコ・ニホン・S・A事件

裁 判 所	(a) 東京地裁
	(b) 東京高裁
判　　決	(a) 1982（昭和57）年4月22日
	(b) 1984（昭和59）年3月14日
出　　典	(a) 行集33巻4号838
	(b) 行集35巻3号231

【事実】1　原告オデコ・ニホン・S・Aは、国土総合開発株式会社資本の子会社と米合衆国オデコ社の共同出資によってパナマで設立された法人で、海底石油およびガス井の掘削、開発を事業目的とする。1970年、原告はオデコ社が西日本石油開発会社から請け負った油井の掘削作業に関わる権利義務を譲り受けた。また、1973年、原告は帝国石油会社の試掘権に基づき、エッソ・アブクマ社から試堀井の掘削作業を請け負った。原告はこれらの契約に基づき、1971年から73年の間に、島根県、山口県および福島県等沖合いの大陸棚で合計13本のリグ掘削作業を行い、その対価として合計1,540万ドル（当時約48億円）の収入を得た（課税対象所得は6億7千万円）。

2　日本の法人税法によれば、外国法人は、国内源泉所得を有するときは法人税を納める義務がある。この「国内源泉所得」には、「国内において行なう事業から……生ずる所得」が含まれる（法人税法第138条1号）。東京国税局は、この規定にいう「国内」とは、我が国の課税権の及ぶ地域全体を指すものと解し、原告が掘削作業を行った地域は我が国が鉱物資源の探査開発に関して主権的権利を有する大陸棚内にあるとして、法人税の課税処分を行った。原告はこれに対して異議申立を行い、さらに国税不服審判所に対して審査請求を行った。しかし、いずれも認められなかったので、被告による行政不服審査手続の違法を理由に、課税処分の取消を求めて訴訟を提起した。

3　原告側の主張（地裁段階）は、以下の通り。①所得の淵源たる業務活動はもっぱら公海上のリグにおいて行ったものである。②課税権は国の主権を構成する権利であり、国の領域内に限って適用される。③沿岸国が大陸棚に対する主権的権利を行使するためには、権利行使に先立って主権的権利を享受する旨の対外的意思表示を行う必要があり、それを行っていなかった。④日本は大陸棚条約の採択にあたって反対票を投じた。従来の意思表示を取り消す旨を対外的に表示しない限り、主権的権利を主張することは禁反言の法理上許されない。⑤主権的権利は大陸棚の天然資源を探査し開発することに限定された権利であり、請負契約に基づく役務の提供は含まれない。⑥課税権を行使するためには国内立法措置が必要である。大陸棚における所得に対して課税することは、憲法第84条にいう「あらたに租税を課」すことに該当し、そのための法律が必要である。

4　これに対して、被告は以下の通り主張する。①北海大陸棚事件〔⇒46〕の判決が明言するように、主権的権利は慣習法に基づいて沿岸国が当然に有するもので、その行使について対外的意思表示を要するものではない。②生物資源に対する主権的権利を否定した日本の立場は、当然に我が国が鉱物資源に対する権利行使まで許されないことになるわけではない。③主権的権利は、役務提供行為を含む鉱物資源の探索、開発に関する一切の事項に及ぶ。権利の対象が採掘権者の探索、開発行為に限られるとすれば、権利の行使そのものが不可能となる。④主権的権利をどのような方法で具体化するかは、もっぱらその国の判断に委ねられている。我が国では既存の国内法令の適用が可能と考えられる。

【判決要旨】(a)1　掘削作業が行われた地域に日本の課税権が及ぶかについては、まず、大陸棚に関する慣習国際法の存在を検討しなければならない。トルーマン宣言を先駆とする各国の権益主張や国連国際法委員会における審議を通じ、大陸棚に関する国際法が次第に形成されてゆき、大陸棚条約とその後の国家実行は、大陸棚条約第1条ないし第3条の中に織り込まれた大陸棚制度の基本理念を、慣習国際法上の規則となし、それは国際司法裁判所の北海大陸棚事件判決により確認された。したがって、日本は大陸棚条約に加入していなくても、大陸棚を探索し鉱物資源を開発する主権的権利を行使することができる。

2　大陸棚に対する主権的権利は、主権の一側面たる課税権を当然に含む。主権的権利は、探索、開発またはこれらに関連する活動を対象とする限り、領域主権の延長であり、活動によって生じた所得を国内源泉所得として課税することができる。大陸棚に対する権利は、領域主権の公海海底区域への延長という概念に基づく国家固有の権利であって、明示的な宣言に依存するものではない。したがって、日本が大陸棚に関する対外的意思表示をしてないことは、権利の享有を妨げない。日本が大陸棚条約に反対したのは、生物資源の問題のためであった。大陸棚制度は、地下鉱物資源とりわけ海底石油の沿岸国による開発独占の問題として論じられてきた。鉱物資源の開発と魚類の捕獲とは本来異質のものであって、これを同じ制度に従わしめる必然性はないから、生物資源を主権的権利の対象とすることに反対の態度をとったからといって、鉱物資源に対する主権的権利の行使が許されなくなるいわれはない。

3　大陸棚に対する主権的権利は、鉱物資源の探索、開発に必要とされる一切の権利を包含し、その実質において主権と異なるところのない包括的権能であって、当然に課税権を含み、それに関連して提供される役務の対価をも課税対象にすることができる。

4　あらたに租税を課す場合に特別の立法措置を必要とすることは、憲法第84条の要求するところであるが、大陸棚における法人税法の適用は、施行地域が日本の属地的管轄権の及ぶ範囲と同じであることによるものであって、特別の立法措置を要するものではない。

(b)　控訴を棄却。確立した慣習法により、海底およびその下の鉱物資源を探索、開発する目的の範囲内で、日本国の領土主権の自然的な延長である主権的権利がおよび、この権利には探索、開発事業から生じた所得に対する課税権も含まれるというべきである。したがって、慣習国際法の成立により、当然に日本国沿岸の大陸棚は、法人税の「施行地」となったと解すべきである(その他は、地裁判決と同旨)。

【論点】1　日本国憲法第98条2項は、確立された国際法規は「誠実に遵守する」ことを必要とすると規定する。この規定は、慣習法が国内裁判で直接適用されることを認める根拠として援用されてきた。本件でも、大陸棚条約に加入していない日本が、大陸棚における事業に課税権を行使できるかどうかが争われ、裁判所は慣習法の適用を根拠にそれを認めた。大陸棚に対する権利は、沿岸国の実効的先占や明示の宣言に依存せず成立するため、本件では特別の立法がなくても既存の法人税法の適用が認められた。この論理は明解であるが、結果として、大陸棚条約を批准しないで条約中の都合の良い部分だけを選んで適用することにならないかという疑問を生じる。

　2　裁判所は、法人税法の適用が領域管轄権の範囲拡大の結果であり、新たな立法は必要ないという立場をとった。税の新設ではなく適用空間の拡大に過ぎないというものだが、そうするといずれの法令が自動的に適用されるかという問題を生じる。例えば、船舶の取締に関する法令は、当然に大陸棚上の石油開発施設にも適用可能であるか検討の余地がある。主権的権利として認められた開発活動に必要な範囲で、沿岸国の法令が適用されると考えるべきであろう。

【参考文献】
高林秀雄『セミナー』、西村弓『百選Ⅰ』、山本草二「大陸棚の開発活動と国内法令の適用関係」『日本の海洋政策』2号(外務省、1979)、河西直也『昭57重判』(1983)、中村洸『昭60重判』(1986)、古賀衞『百選Ⅱ』。

　　　　　　　　　　　　　　　　　　　　　　　　(古賀　衞・坂元　茂樹)

50 リビア・マルタ大陸棚事件（Continental Shelf（Libyan Arab Jamahiriya/Malta））

当事国	リビア／マルタ
裁判所	国際司法裁判所
判決	1985年6月3日
出典	ICJ(1985)13

【事実】　マルタは、マルタ島など住民のいる主島4つと居住者のいないフィルフラ岩礁から成る島国である。同国の北約43海里にイタリアのシチリア島、南約183海里にリビアがそれぞれ位置する。1965年、マルタはリビアに対して、中間線に基づいて大陸棚の境界を画定することを提案したが、1973年になってリビアは中間線による境界画定を認めない考えを明らかにした。かくして、両国は、1976年に両国間の大陸棚の境界画定に関する紛争を国際司法裁判所に付託することを定めた付託合意に署名し、1982年7月19日付の通告によって付託合意を裁判所に通知した。

　裁判所に判断が求められたのは、両国に属する大陸棚区域の境界画定に対し国際法のいかなる原則および規則が適用されるか、ならびに、両国が協定により困難なく当該区域の境界画定を行うには、この原則および規則が実際にはどのように適用されるか、という問題であった。両国は、付託合意の中で、裁判所の判決の後に、判決に従いそれぞれの大陸棚区域を定める協定を締結するための交渉を行うことに合意していた。リビアは、その申立において、大陸棚の境界画定は、衡平な結果を達成するために衡平原則に従いかつすべての関連事情を考慮に入れて、合意により行われるべきであるとし、本件の大陸棚区域には基本的断絶（リフト・ゾーン）が存在しているので、境界画定基準は自然の延長原則から導き出すことができると主張した。また、リビアは、等距離方法の適用は義務的ではなく、衡平原則を適用するにあたっては、両当事国の海岸線の長さの著しい相違を考慮する必要があり、両当事国の大陸棚の範囲と海岸の関連部分の長さとの間における合理的な程度の均衡性という要素が反映されるべきであるとも主張した。他方、マルタは、本件に適用可能な国際法の原則および規則は、大陸棚の境界画定が衡平な解決を達成するために国際法に基づいて行われなければならないというものであり、この原則および規則は、マルタの基線上の最も近い点とリビアの海岸の低潮線から等距離にある中間線という方法によって適用されると主張した。

　ところで、本件では、1983年10月23日にイタリアが訴訟参加許可の要請を行った。イタリアは、本件で争われている大陸棚区域の中には明らかに自国が権利を有する区域があるので、自国は裁判所規程第62条にいう「法律的性質の利害関係」を有すると主張した。

しかし、リビアとマルタはイタリアによる参加要請に異議を唱えた。そこで、裁判所は、1984年3月21日、まずこの件に関して、イタリアの参加を認めれば、リビア、マルタの同意なしに、原当事国とイタリアとの間の法的関係についても判決を下さざるをえず、これは新たな紛争の導入をもたらすことになるので、イタリアの参加要請は認められないとの判断を下した。ただし、裁判所は、イタリアおよび地中海地域の他の諸国家の法的利益の問題を完全に無視できないため、イタリアの主張する権利は裁判所規程第59条により保護されなければならず、また、将来の本案判決においては、当該区域で権利を主張している他の国の存在を考慮に入れなければならないとの判断も示した(11対5。ICJ(1984)3)。

【判決要旨】1 裁判所は、付託合意の内容からみて、1つの境界画定線を指示することを妨げられない(para.19)。他方、イタリアおよび地中海地域の他の諸国家の法的利益を考慮に入れなければならないので(para.20)、本件判決の対象区域を第三国の請求に関らない区域(東経13度50分と15度10分の間)に限定する(para.22)。本件が慣習国際法によって規律されること、また、国連海洋法条約(以下「新条約」という)の規定の中には慣習国際法を表明したものがあることについて、当事国の見解は一致している(para.26)。大陸棚に対する権原およびその定義(第76条)の問題と、その境界画定(第83条)の問題は別個のものではあるが相互補完的でもある(para.27)。新条約は達成されるべき目標について定めているものの、その目標を実現するための手段については沈黙しており、特定の内容を持った基準の策定は締約国または裁判所に委ねている。1982年のチュニジア・リビア大陸棚事件〔⇒48〕の判決も言うように、裁判所は衡平原則に基づいて本件を決定しなければならず、衡平原則の適用の結果は衡平でなければならない(para.28)。

 2 新条約は、大陸棚と排他的経済水域(以下「EEZ」という)の制度は連結するものであることを示している。大陸棚に対する権利は、EEZを宣言すればEEZの海底に対しても有することになる。それゆえ、大陸棚の境界画定に関して考慮すべき関連事情の1つは、その国に属するEEZの法的に許容される範囲である。このことは、大陸棚の概念がEEZの概念に吸収されてしまったことを意味するのではなく、両概念に共通である沿岸からの距離などの要素により大きな重要性が付与されねばならないことを意味する(para.33)。さらに、距離を権原の基礎とするEEZ制度は、国家実行によって慣習法の一部となった。法的および実際的な理由から、今や距離基準が大陸棚に対しても適用されねばならない。ただし、このことは、自然延長概念が距離概念にとって代わられたことを示すものではない。自然延長と距離の概念は対立するものではなく、相互補完的なものであり、両者は大陸棚の法的概念においてなお本質的要素である(para.34)。

 3 大陸棚の境界画定は、衡平原則に従い、すべての関連する事情を考慮して、衡平な結

果を達成するように行われなければならない(para.45)。北海大陸棚事件判決〔⇒46〕は、衡平原則に従って行われる境界画定は、大陸棚の範囲とその海岸線の長さとの間において合理的な程度の均衡性をもたらすべきであると述べている(para.55)。均衡性は考慮されるべき要因の1つであるが、境界画定に適用される国際法の原則および規則ではない(para.57)。境界画定線を引くための予備的かつ暫定的な段階においても、等距離方法の使用が義務的であるということはできない(para.43, para.63)。しかし、裁判所は、等距離方法の衡平な性格が、向かい合った海岸をもつ国家間で境界画定を行う場合においてとくに強調されたことに注目する。そういった点から、まず、向かい合った海岸の間に暫定的に中間線を引くことが、最終的に衡平な結果を達成する上で最も思慮ある方法である(para.62)。また、等距離線の衡平性の程度は、若干の小島、岩礁および沿岸の小突起によって生じる不均衡な効果を除去できるかどうかにかかっている。裁判所としては、この点を考慮し、フィルフラ小島は暫定中間線を引く際に考慮に入れないことが衡平だと考える(para.64)〔⇒51、53〕。

 4 次に、両当事国の関連海岸を比べると、その長さにおいて相当な不均等が存在し、その程度は境界線を引くにあたって考慮すべき関連事情を構成する。リビアの関連する海岸(ラス・アジールからラス・ザルク付近まで)は192海里であり、マルタのそれは24海里である。この相違を考慮すれば、中間線はリビアの側により広い大陸棚区域を帰属させることになるよう修正されるべきである(para.68)。また、本件の全般的な地理的状況が考慮されなければならない。本件は、中部地中海の南岸区域と北岸区域の間の境界画定でもあり、マルタはこの北岸区域の南方に位置し、限定された海岸区域を有している。マルタのこの地理的位置は、考慮されるべき関連事情をなす(para.69)。こうした状況に照らせば、境界画定線は、衡平な解決を達成するために、マルタの海岸に接近するように調整することが必要である(para.71)。その場合、まず最初に、そのような移動の最大限度を決める必要がある。そこで、マルタ諸島をイタリア領土の一部と仮定することにより、リビアとシチリアの間におけるマルタ諸島を評価すれば、リビアとマルタの間の衡平な境界線は、リビアとシチリアとの間の観念的な中間線より南側でなければならないので、マルタとリビアの中間線を北へ緯度的に24分移動した線を、北への調整の最大限度とすることが適当である(para.72)。

 境界画定の次の段階は、境界線の北への移動範囲の決定である。その際、2つの重要なパラメーターがある。1つは、北への移動の最大限度が約24分であること、もう1つは、両国の海岸の間の距離が相当あること(緯度にして約195分)である。裁判所は、これらの点を考慮し、2つの外的パラメーター(中間線とその北側24分の線)の間の距離のおよそ4分の3を北へ移動した境界線が、あらゆる事情の下で衡平な結果を達成すると結論する。それゆえ、裁判所は、衡平な境界線は中間線を北へ緯度18分移動させた線であると決定する(para.73)。最後に均衡性の検討が残るが(para.74)、両当事国にそれぞれ帰属する大陸棚区

域において、衡平の一側面としての均衡性の基準の要件が満たされていないといわれるほどの、何らかの明白な不均衡は存在していない(para.75)。

 5 以上の理由により、裁判所は、この判決で定められた限界内における両当事国の大陸棚区域に関し次のように決定する(14対3)。

 (1) 本判決を実施するにあたり、合意により行われるリビアとマルタの大陸棚区域の境界画定に適用される国際法の原則と規則は、以下の通りである。①境界画定は、衡平原則に従い、かつすべての関連事情を考慮して、衡平な結果を達成するように行われねばならない。②各当事国に属すると考えられる大陸棚区域は、その海岸から200海里を越えてはいないので、境界画定に関するいかなる基準も物理的意味での自然延長の原則から引き出すことはできない。

 (2) 本件において、衡平な境界画定を達成するにあたって考慮されるべき事情および要因は、次の通りである。①両当事国の海岸の一般的形状、その海岸の対向性および全般的地理的状況における両国の関係。②両当事国の関連海岸の長さの不均等および両海岸間の距離。③沿岸国に属する大陸棚の範囲と海岸の関連部分の長さとの間の過度の不均衡を避ける必要性。

 (3) かくして、境界画定の第1段階として、マルタの関連海岸(フィルファーラ岩礁を除く)の低潮線およびリビアの関連海岸の低潮線よりそのいずれの点をとっても等距離にある中間線を引き、次にこの線を上記の事情および要因に照らして調整することによって衡平な結果を達成することができる。中間線の調整は、その線を緯度にして18分北へ移動することによって行われる(para.79)。

【論点】1 裁判所は、本件において、法の発展により、国家は自国に属する大陸棚がその地質学的特徴に関係なく200海里にまで及ぶと主張できるとして、地質学的一体性に基づく法的権原としての自然延長概念を距岸200海里までの海底について否定した。これは新たに発展してきたEEZ制度の大陸棚制度への影響を評価したものである。裁判所は、新条約に定められた大陸棚の境界画定に関連する規定を慣習国際法の証拠として採用した。とくに第76条1項について、大陸棚制度は、200海里の距離基準を媒介としてEEZ制度と連結していると解し、またEEZ制度は距離を権原の基礎とする規則とともに、国家実行によって慣習法となったとみなしたのである。そして、法的および実際的理由から、今や距離基準が大陸棚に対しても適用されねばならないとして、200海里内の海底に関する限り、大陸棚の法的権原は距離基準によるとした。

 2 他方、裁判所は、200海里内において自然延長概念を否定しておきながら、なお大陸縁辺部が200海里まで延びていないところでは、「その物理的起源にかかわらずその歴史

を通してますます複雑かつ法的な概念となってきた自然延長は、そこまでの海底の物理的性格に関係なく、部分的に沿岸からの距離によって明確化される」として、自然延長概念を残そうとした。けだし、前者の地質学的意味での自然延長概念に対し後者の法的意味での自然延長概念を残そうとしたのは、200海里を越えて延びる大陸縁辺部の存在を考慮してのものと思われるが、元来その地質学的性質に基づき法的概念として自然延長概念が認められた点に鑑みると、200海里内においてもこの法的自然延長概念を残そうとしたことに対し批判は多い。いずれにせよ本判決は、このような法的意味での自然延長概念を残しはしたが、200海里を越えない大陸棚区域のいかなる境界画定基準も、物理的意味での自然延長原則から引き出すことはできないとして、200海里内の海底区域に関する限り、大陸棚の境界画定において、これまで大陸棚の地質学的特徴との関連性を認めてきた判例と訣別した点に重要な意義がある。この点で、日本の場合、中国との大陸棚境界画定に関して大きな法的影響を与える判決といえよう。

3 裁判所は、境界画定線を引くための予備的かつ暫定的段階としてであっても、等距離方法の使用が義務的であるといったことは受け入れられないとした。しかし他方、本件での境界画定線の指示において、等距離方法の衡平な性格というものは、境界画定が向かい合った海岸を持つ国家間において行われる場合においてとくに著しいと判断し、これら向かい合った海岸の間に中間線を引くことが、暫定的措置として最終的に衡平な結果を達成するために最も思慮ある方法であると述べた。英仏大陸棚事件〔⇒47〕、メイン湾海洋境界事件および本件において、境界画定にあたってまず最初に等距離中間線が引かれた点に鑑みると、少なくとも向かい合った海岸を有する国の間においては、関連事情の有無を考慮することを条件に、暫定的に中間線を引くことが、衡平な解決を達成する上で有益であるとの考え方が確立してきた〔⇒54〕。

4 なお、裁判所は、イタリアの訴訟参加を却下しておきながら、同国の権利主張区域を除く形で、判決の対象区域を限定した。この結果、実質的には、訴訟当事国以外の国の主張が裁判に影響を与えることになった。本判決に対する反対意見はこの点を問題にしている。今後、訴訟参加を認める基準の明確化とともに紛争解決の効率化・迅速化の面から訴訟参加制度の柔軟な運用が望まれる。

【参考文献】
尾﨑重義『判決・意見Ⅱ』、深町公信『百選Ⅰ』、小田滋『国際法外交雑誌』84巻1号(1985)、杉原高嶺、同上誌、88巻1号(1989)、井口武夫「最近の海洋区域をめぐる国家間の境界画定に関する国際法の動向」『東海法学』13号(1994)、三好正弘「大陸棚境界画定準則に関する一考察」『海洋法の新秩序(髙林還暦)』(東信堂、1993)、波多野・広部『判決と意見Ⅲ』、横田・広部・山村『判決と意見Ⅳ』、横田・東・森『判決と意見Ⅴ』。

(牛尾　裕美)

51 ヤン・マイエン海域境界画定事件（Case concerning Maritime Delimitation in the Area between Greenland and Jan Mayen）

当 事 国	デンマーク v. ノルウェー
裁 判 所	国際司法裁判所
判　　決	1993年6月14日
出　　典	ICJ(1993)38

【事実】 1988年8月16日、デンマークは、国際司法裁判所において、同国領であるグリーンランドとノルウェー領であるヤン・マイエン島の間の海域境界画定に関する紛争について、ノルウェーを相手として訴を提起した。デンマークは、裁判所の管轄権の根拠を、両国による規程第36条2項に基づく管轄権受諾宣言に求めた。

グリーンランドの総人口は約55,000人であり、その約6％が東部グリーンランドに居住している。漁業産業は、グリーンランドの労働力の4分の1を雇用しており、総輸出収入の80％を占める。ヤン・マイエン島は、グリーンランド東岸より約250海里離れているが、定住人口はなく、測候所や通信施設などの職員約25名が随時居住するのみである。東部グリーンランドと同島の間の海域では、グリーンランドとノルウェーの漁船による捕鯨やシシャモ等の漁業が営まれていたが、ノルウェー船は、同島ではなく、ノルウェー本土を基地として活動していた。この海域の水深は場所により異なるが、そのほとんどは2,000メートルほどである。

デンマークは、裁判所に対し、以下のことを要請した。①グリーンランドは、ヤン・マイエン島に対する関係において、完全な200海里漁業水域および大陸棚に対する権利を有するとの判決を宣言すること。②グリーンランドとヤン・マイエンの間の水域におけるグリーンランドの漁業水域および大陸棚の境界を画定する単一の線を、グリーンランドの基線より200海里の距離に引くこと。③②の線が引けない場合には、国際法に従い、同水域における両国の漁業水域および大陸棚を画定する線が引かれるべきところを決定し、その線を引くこと。それに対して、ノルウェーは、裁判所が以下のとおり判決し宣言することを要請した。①中間線は、ヤン・マイエンとグリーンランドとの間の区域における、ノルウェーとデンマークの間の大陸棚および漁業水域の関連部分の画定を目的とする境界を構成すること。②デンマークの請求は根拠を欠きかつ無効であり、その申立は棄却されること。

【判決要旨】1(1)　ノルウェーは、グリーンランドとヤン・マイエンとの間で境界はすでに確立していると主張するので、この点につきまず検討する(para.22)。

(2)　両国は、1965年に、大陸棚の画定に関する協定を締結しており、その第1条は、

中間線を大陸棚の境界とすることを定めているが、この協定条文の解釈から、それは第2条においてとくに言及されたスカゲラックおよび北海の一部以外の海域の境界を画定することを意図したものではないと判断される。また、1965年協定は、その趣旨および目的に照らしてかつその文脈において理解されなければならないが、1965年までに、両国とも、水深200メートルまたは開発可能な限度という1958年大陸棚条約第1条に基づく大陸棚の定義をその国内法に導入しているのであり、このことは両国が、1965年の時点において、グリーンランドとヤン・マイエンとの間の大陸棚の境界画定の必要性を念頭に置いていなかったことを示している。さらに、両国の事後の慣行、とりわけフェロー諸島区域における両国の境界を画定する1979年の協定において1965年協定への言及がまったくみられないことは、1965年協定第1条の一般的適用を両国が意図していないことを示している (paras.23-30)。

(3) ノルウェーは、両国が当事国である1958年大陸棚条約第6条1項を取り上げ、そこに規定する「特別の事情」に1965年協定がまったく言及していないことは、それが存在しないことの両国による宣言であること、また、そうした事情は実際には存在しないこと、したがって中間線が画定線であるべきことを主張するが、裁判所の見解では、1965年協定は特別の事情が存在しないことについて合意しておらず、したがって中間線が境界となるということにはならない (paras.31-32)。

(4) ノルウェーは、デンマークの国内立法および外交活動などにみられる行動を取り上げ、それらからデンマークの中間線による境界画定の承認の事実を導き出すが、裁判所は、それらの行動がデンマークによる中間線の承認を意味するとは考えない (paras.33-39)。

(5) 以上のことから、裁判所は、大陸棚にせよ漁業水域にせよ、当事国間において中間線境界が「存在している」とは考えない (para.40)。

2(1) 裁判所に大陸棚と漁業水域の双方に適用される単一の海洋境界画定線の決定を求めるか否かについて両当事国間に合意がないので、裁判所は、適用される2つの法規範、すなわち、大陸棚の境界画定に関する1958年条約第6条と漁業水域の境界画定に関する慣習法とを個別に検討する。しかしながら、第6条は、慣習法を考慮しないで、あるいは、漁業水域境界もまた問題となっているという事実とまったく無関係に、解釈され適用されることはできない。第6条における「等距離・特別事情規則」は、どちらも衡平原則に基づく画定を要求する点においては、大陸棚の境界画定に関する慣習法との間に実質的相違を見出すことは困難である。また、漁業水域や経済水域の境界を画定する慣習法も、大陸棚に関するそれと同様に、衡平原則に基づく解決をその目標としているのである (paras.41-48)。

(2) 大陸棚の境界画定に関して、はじめに双方の領海基線の間に暫定的に中間線をとり、次に「特別の事情」が「他の境界線」を必要としているかどうか検討することが適当である。

こうした方法は、1958年条約第6条とも慣習法とも、そしてこうした問題に関する先例とも一致する。この方法は、漁業水域の境界画定に関しても、適切な出発点となる(paras.49-53)。

(3) 1958年条約は、裁判所に、何らかの「特別の事情」について調査することを求めている。特別事情は、等距離原則を無制限に適用することから生ずる結果を修正することのありうる事情である。一般国際法は、「関連事情」の概念を用いてきたが、この概念は、境界画定プロセスにおいて考慮されることが必要な事実と表現することができる。この両概念は、それぞれ異なる起源をもつものであるが、どちらも衡平な解決を達成することをその目標としている。したがって、大陸棚、漁業水域あるいはそれらを統合する単一の境界画定のいずれの場合であれ、向かい合っている海岸の間において、等距離・特別事情の規則が衡平原則・関連事情の規則と同様の結果をもたらすとしても、驚くにあたらない(paras.54-56)。

3(1) 一見したところ(*prima facie*)、向かい合っている海岸についての中間線による境界の画定は、とくにそれがほぼ平行であるときには、概して衡平な解決をもたらす。しかしながら、関連する区域の各海岸の長さの不均衡を考慮することもまた必要である。本件において、グリーンランドの海岸の関連する部分の長さは、ヤン・マイエンのそれと比較して9倍以上であるので、等距離方式をそのまま適用することは、明白に不釣合いな結果を生じる。海岸の長さの不均衡に照らして、ヤン・マイエンの海岸により近づいた境界画定がなされるように、中間線は調整または移動されなければならない。しかしながら、このことは、関連する海岸の長さとそれぞれに帰属する海域との関係を直接かつ算術的に適用することを意味するものではない。それゆえ、デンマークが主張するように、グリーンランドの海岸からの200海里線を境界とすることは適切ではない。ヤン・マイエンの海岸も、グリーンランドの海岸と同様に、その基線から200海里の限界までの海域に対する潜在的権原を生じさせる。グリーンランド東岸に完全な効果を与えた後に残る区域のみノルウェーに帰属させることは、ヤン・マイエンの権利、そして衡平の要請にも反することになろう。境界線は、ノルウェーの主張する中間線とデンマークの主張する200海里線の間に定められなければならない(paras.64-71)。

(2) 裁判所は、脆弱な漁業に依存する社会に対する漁業資源への衡平なアクセスの問題を検討しなければならない。この区域における主要な漁業資源はシシャモであり、それは区域の南部に集中している。中間線境界を採用することは、その区域のほとんどをノルウェーに帰属させるため、デンマークにシシャモ資源に対する衡平なアクセスを保障することにはならず、したがってこの理由からも、中間線が東方に調整または移動される必要がある(paras.72-76)。

(3) デンマークの主張する、グリーンランドとヤン・マイエンとの人口および社会経済的要因の違い、さらにグリーンランドの人々の区域にもつ愛着という「文化的要因」、そ

してノルウェーの主張する安全保障上の利益は、考慮要因とはならない(paras.79-81)。

4(1) 裁判所は、画定線決定方法についての一般的指示を与え具体的決定は当事国の将来の合意に委ねるべきであるとのノルウェーの主張は、紛争の決着という裁判所の任務を果たすことにはならないから受け入れることはできない。裁判所は画定線を決定すべきである(para.89)。

(2) 大陸棚については、その長さに対応して中間線が東側に移動される必要はなく、他の考慮により調整がなされたとしても、それは衡平な結果に到達する必要から裁判所に付与された裁量の範囲内である。漁業水域については、権利重複区域の南部の資源に対する衡平なアクセスが、中間線の調整または移動により確保されねばならない。裁判所は、本件において大陸棚および漁業水域に同一の境界線を画定することは、双方に適用される法の適切な適用であると判断する(para.90)。

(3) 画定線は、中間線と東部グリーンランドからの200海里線との間に位置し、双方の線の交差するA点からアイスランドの主張する200海里線上のD点とB点の間となる。こ

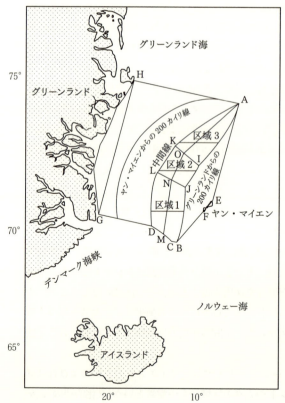

の線を定義するため、そして漁業資源への衡平なアクセスを確保する目的で、請求重複区域は、それぞれ南から北へ第1区域、第2区域、第3区域と呼ばれる、3つの部分に分けられる(para.91)。

(4) 第1区域が主要な漁場であるので、両当事国はこの区域の漁業資源に対する衡平なアクセスを享受しなければならない。このため、B点とD点との中間にM点をとり、第1区域を等分に分割するように、線分J、L上のN点とを結ぶ線が引かれる。第2区域および第3区域については、海岸の長さの著しい不均衡という事情から、衡平原則を適用することにより適切な結果が得られる。裁判所は、請求重複区域全体を等分することはこの事情に重きを置き過ぎることになると考えるので、第1

区域を等分に分割したことを考慮して、線分 I、K 上に I と O との距離が O と K との距離の 2 倍となるように O 点を定め、第 2 区域を線分 ON で分割し、第 3 区域を線分 OA で分割することが適切であると考える (paras.92-93)。

5 以上の理由により、裁判所は、14 対 1 で、当該区域におけるデンマークとノルウェーの大陸棚および漁業水域を区分する画定線は、図 A、O、N、M、を結んで引かれるべきことを決定する (para.94)。

【論点】1 本件は、海洋境界画定紛争が、一方的付託により国際司法裁判所に係属した初めての事例である。裁判所の管轄権の存在については両国に争いはなかったが、裁判所への要請事項については【事実】にみるように、不一致があった。しかし、裁判所は、当事国の請求が一致しないことをもって申立をしりぞけることをせず、また「宣言」判決にとどめることもしないで、画定線の具体的決定を行っている。そうすることが紛争を決着させるという自らの任務の遂行になるとする、裁判所の役割に対する積極的判断である。

2 裁判所は、本件に適用される法を検討し、1958 年の大陸棚条約第 6 条の「等距離・特別事情規則」および慣習法上の「衡平・関連事情規則」、漁業水域に関する慣習法、さらに国連海洋法条約における関連規定のいずれも、衡平原則に基づく画定を要求するという点において異ならないとした。そして、はじめに双方の領海基線からの中間線をとり、次に特別の事情が他の境界線を必要としているか検討するという方法は、そうした法の要求さらに先例にも合致するものとした。こうして、この判決は、向かい合っている沿岸国の間における境界画定紛争解決の先例として、またその問題に関する今後の規範形成に与える影響という点において、注目に値しよう。

3 中間線を修正する特別な事情の有無は、本件において最も議論となった点である。裁判所は、海岸線の長さの不均衡および漁業資源への衡平なアクセスについて特別な事情と認めたが、その他の社会経済的要因、文化的要因、安全保障上の利益等については、区域の帰属の問題は地理的要因にのみ基づき決定されるとして、それを認めなかった。本判決において唯一反対意見を述べたデンマークの特任裁判官であるフィッシャーはこの点を批判している。しかし結局のところ、「何をもって衡平とするか」の問題は、具体的事件に応じて決定されるほかなく、今後の判決や国家実行の集積に委ねられるべき問題と言えよう。

【参考文献】
松田幹夫『判決・意見 II』、酒井啓亘「判例研究 ICJ」95 巻 5 号、富岡仁「グリーンランドとヤン・マイエン間の海域境界画定に関する事件」『名経法学』7 号 (1999)、青木隆『百選 I』、江藤淳一「海洋境界画定に関する国際判例の動向」『国際問題』565 号 (2007)、富岡仁『百選 II』。

(富岡　仁・坂元　茂樹)

52 サイガ号事件 (The M/V "Saiga")

当事国	セントビンセント v. ギニア
裁判所	国際海洋法裁判所
判決	(a) 即時釈放　1997年12月4日
	(b) 本　案　1999年7月1日
出典	(a) ITLOS(1997)16
	(b) ITLOS(1999)10

【事実】(a)　1997年10月27日、セントビンセントを旗国とするタンカー、サイガ号は、ギニアの排他的経済水域(以下、EEZという)において3隻の漁船にバンカリング(燃料補給行為)を行った。翌28日に、同船は、ギニアのEEZ外の地点で、ギニア税関の巡視艇により拿捕され、同船とその乗組員は抑留され、積荷は当地で荷揚げされた。セントビンセントは、ギニア当局はこのような措置をとる管轄権をもたず、抑留の理由も旗国に通報されず、国連海洋法条約第73条2項に違反する、と主張した。11月13日、セントビンセントは、ギニアを相手どり、海洋法条約第292条に基づき同船とその乗組員の迅速な釈放を求めて、国際海洋法裁判所に提訴した。

原告は、裁判所に対して、当該船舶、積荷、乗組員が、いかなる保証金の支払をも要件とせずに、直ちに釈放されることを確定すべきであると申し立て、また、海洋法条約第56条に基づき沿岸国はEEZにおいて限定的で特定の権利を行使しうるが、被告は、合理的な保証金その他の保証の提供による船舶と乗組員の迅速な釈放のための関連規定に従わず、条約の許容範囲を越えてEEZにおける管轄権を不法に行使した、と主張した。他方、被告は、いかなる違法行為も手続違反も犯しておらず、自国の権利保護のための抑留措置であるとして、原告の訴えを却下するよう裁判所に申し立てた。さらに、被告は、原告代理人資格と船主の同一性について疑義を表明し、また、原告により合理的な保証金等の保証は何ら提供されておらず、当該船舶の拿捕は条約第111条に基づく追跡権の行使によるものであって、条約第73条違反はなく、第292条は適用されえないと主張した。

本件について、裁判所は、原告の請求では簡易手続裁判部へ付託することを求めていたが、被告の同意が得られず、全員廷で扱うこととし、11月27、28日の両日に当事者の口頭弁論を行い、12月4日に即時釈放の判決を下した。

(b)　1998年2月20日、被告は同日付の原告との交換公文(「1998年合意」)を国際海洋法裁判所に通知し、両国は本件の付託を、すでに1997年12月22日に開始されていた仲裁裁判所から同裁判所に変更することに合意し、同日、国際海洋法裁判所はこれを了承した。同裁判所は、国内判決執行停止に関する暫定措置命令(1998年3月11日)に続いて、サイガ号拿捕の妥当性に関する本案の審理に入った。

原告は次のように主張した。(1)被告の行為は、海洋法条約第56条2項、第58条等に規定する原告とその旗を掲げる船舶の航行の自由およびそれに関する合法的な海洋使用に関する権利を侵害した、(2)海洋法条約第33条1項(a)に規定された例外を除くほか、被告の関税および密輸禁止法は被告のEEZには適用できない、(3)被告は海洋法条約第111条に規定する追跡権を適法に行使しておらず、賠償責任を負う、(4)被告は、1997年12月10日付けの40万米ドルの保証金の提供および12月11日のクレディスイスの確認後もサイガ号およびその乗組員を速やかに釈放しなかったことにより、海洋法条約第292条4項および第296条に違反している、(5)被告は、同国の刑事裁判所およびその手続において原告をサイガ号の旗国として召喚することにより、同国の条約上の権利を侵害している、(6)被告は即座に陸揚げされた軽油に相当する米ドル額を返還すること、(7)被告は上記の結果生じた損害に利子を含めて賠償する責任を負う、(8)被告は訴訟費用および原告が被った費用を支払うべきこと、と主張した。他方、被告は、裁判所に、原告の主張を受理不可能として却下するか、さもなくば、原告の主張を逐一否定する判決を求めた。
　国際海洋法裁判所は、管轄権および受理可能性、被告の行為の合法性、賠償問題などについて審理し、99年7月1日、判決を下した。

【判決要旨】(a)1　原告、被告とも海洋法条約の当事国であり、釈放問題を他の裁判所へ付託する合意はなかった。船舶とその乗組員の釈放請求は船舶の旗国またはこれに代わるものによってなされうるのであって、被告は原告が当該船舶の旗国であることを争っておらず、海洋法条約第292条に基づき、請求について管轄権を有する(paras.37-45)。
　主要な争点は、請求は受理可能かどうか、すなわち、請求が同条約第292条に定める他の要件の範囲内にあるかどうかである。船舶と乗組員の釈放手続は、遅滞なく、国内および国際的な手続との関係を調整して行なわれ、釈放請求は他の手続に優先する。本裁判所は、釈放問題のみを扱い、国内裁判所の本案手続を害してはならない。釈放手続は、本案の付随手続とは異なり、分離・独立した手続である(paras.46-50)。
　2　原告は、海洋法条約第292条の非限定的解釈の立場をとり、条約上の明文規定のほか、国際法に違反する船舶の拿捕にも同条が適用される、と主張した。検討すべき問題は、EEZにおける漁船へのバンカリングは、沿岸国の同水域における生物資源の探査開発等のための主権的権利の行使の範囲内に入る規制活動として考えられるか、である。もしそうだとすれば、バンカリングに関する沿岸国規制の違反は、同水域における漁業その他の活動の規制のための法律・規制に違反することになる。そのような違反として主張された船舶・乗組員の拿捕は同条約第73条1項の範囲内に入り、船舶・乗組員の釈放は同条2項に基づく沿岸国の義務となる。釈放が沿岸国により実施されない場合に、同条約第292条が援

用される。当該船舶の釈放請求の受理可能性のためには、結論的に、同条約第73条2項の不遵守の主張が立論できるか十分になるほどと思わせるものであることで、十分である。他方、被告は、当該船舶の拿捕は国際法に適合し、その釈放は同条約第292条に基づいて請求できない、と主張した。その理由として、燃料補給は関税法違反とみなされ、それは接続水域において行なわれ、拿捕は同条約第111条に基づく追跡権の行使により実行されたゆえに正当である、と主張した。しかし、本件手続のためには、被告の行動は同条約第73条の枠内で考えられ、同条に基づく原告の主張は十分に根拠がある (paras.53-71)。

3 保証金その他の金銭上の保証の提供は、海洋法条約第292条適用の根拠となる関連規定上の要件であるが、同条の手続を可能とするための要件ではない。沿岸国が同条約第73条の規定を遵守しなかったという理由で拿捕された船舶の旗国が同条約第292条を援用するためには、保証金等の提供が実施されていることを要しない。本件において、被告が抑留を通報せず、保証金問題の協議を拒否している状況下で、保証金の未提供について原告に責任があるとはいえない (paras.76-78)。

4 以上の理由から、次のように判決する。①海洋法条約第292条に基づき、原告により付託された請求を取り扱う管轄権を有する (全員一致)。②請求は受理可能である (12対9)。③被告はサイガ号とその乗組員を抑留から速やかに釈放しなければならない (12対9)。④釈放は合理的な保証金その他の保証の提供の後に実施されねばならない (12対9)。⑤保証は、サイガ号から荷揚げされた燃料油の額、信用状または銀行保証の方式で、あるいは当事者が合意すればその他の方式で提供される、40万米ドルの額からなる (12対9) (para.86)。

(b) 1　本件の管轄権については当事国間に異論なく、98年合意と海洋法条約第286条、287条および288条に基礎づけられる。被告の管轄権に対する抗弁は暫定措置段階で提起されたが、本件では繰り返されておらず、98年合意が本件に関する管轄権の基礎を提供すると陳述している。かくして、紛争に関する管轄権を有する (全員一致) (paras.40-45, 183)。

2　被告は、多くの受理可能性に対する抗弁を提起している (para.46)。サイガ号の登録問題に関する抗弁については、(a) 仮登録証が終了し本登録証が発行されるまでの間、サイガ号の原告船籍が消失していたとは認められず、(b) 本件の特別状況下では、原告の行動はサイガ号が自国船籍を有していると結論するに十分である。かくして、拿捕時にサイガ号は原告に未登録であったという被告の抗弁を退ける (18対2) (paras.55-74, 183)。

次に、原告とサイガ号との間の真正関係の不存在に関する抗弁については、海洋法条約第94条の解釈、および被告が提出した証拠は被告の主張を正当化するには不十分であると判断する。かくして、拿捕時に原告とサイガ号との間に真正な関係が存在しなかったという抗弁を退ける (18対2) (paras.75-88, 183)。

さらに、国内救済問題に関する抗弁については、原告による申立ては外交的保護権に基

づくものでなく、国家の権利侵害に関するものなので、国内救済完了の原則は本件において適用されないと判断する。かくして、被告の抗弁を退ける(18対2) (paras.89-102, 183)。

　3　原告は、サイガ号は被告の国内法に違反しておらず、被告の国内法は条約と両立しないことを理由に、当該拿捕は違法であると主張する。他方、被告は、同船拿捕の理由を密輸禁止法違反とし、拿捕の合法性を主張する。裁判所は、被告の国内法の適用に際して、被告が条約と一般国際法に従って行動したか否かを検討し、さらに、国内法と条約との両立性について決定する管轄権を有する。被告は、サイガ号に対する措置の法的根拠に関して、自国の慣行以外に主張を裏付ける証拠を提示しておらず、同国の関税に関する諸法の適用が条約上正当化されるかどうか問題である。さらに、被告は、関税域内におけるバンカリングの禁止の法的基礎は海洋法条約第58条に見出されると主張し、「公益」と「緊急状態」の観念に依拠するが、前者は同条約第56、58条と両立せず、後者に関しても十分に立証していない。かくして、被告は条約上の原告の権利を侵害した(18対2) (paras.110-136, 183)。

　4　このほか、継続追跡権について、海洋法条約上の要件は累積的で、合法的な追跡権が行使されるためにはすべての要件が満たされなければならないが、本件の場合、いくつかの要件が満たされていない。かくして、本件において、被告が追跡権を適法に行使する法的根拠は存在せず、被告は、サイガ号の拿捕に際して追跡権行使に関する条約規定に反して行動した(18対2) (paras.139-152, 183)。また、サイガ号の停船・拿捕の際に行なわれた実力の行使については、海洋法条約では停船時における実力の行使について規定していないが、国際法上、実力の行使をできる限り回避し、それが不可避な場合は、状況において合理的かつ必要な限度内でなければならない。実力の行使は最後の手段であり、その場合でさえも、適当な警告が当該船舶に発せられ、人命が危険にさらされないようにあらゆる努力が払われるべきである。だが、被告は、サイガ号の停船・拿捕に際して、国際法に反して過度の強制を行使し、原告の権利を侵害した(18対2) (paras.153-159, 183)。

　さらに、損害賠償については、原告は権利侵害から直接被った損害や損失について賠償を求める権利を有する。したがって、被告は原告に対して、利子を含め、賠償金212万3357米ドルを支払う(18対2) (paras.167-177, 183)。また、各当事国はそれぞれ自らの訴訟費用を負担しなければならない(13対7) (paras.181-182, 183)。

【論点】1　本件では、サイガ号が拿捕された時点でセントビンセントに有効に登録されていなかったことから原告が当事者適格を有するかどうかが問題となった。被告ギニアは、暫定登録が期限を過ぎていたことおよび旗国と船舶との間の「真正な関係」の不存在を根拠として、セントビンセントがサイガ号の旗国としての地位を有さないことを主張して、受理可能性を争った。裁判所は、サイガ号の暫定登録が期限を過ぎていたことに関して、海

洋法条約第91条は国に船舶に対する国籍付与について排他的管轄権を付与しており、その要件は各国が国内法で決定できるとした。また裁判所は、セントビンセントは、サイガ号が拿捕された時点で、同国の国籍を有していることを国内法規定や船舶表示等を提示して立証責任を果たしたとして、ギニアの主張を退けた。また、「真正な関係」の不存在については、船舶の国籍に関する同条約第91条の目的は、船舶の旗国の義務のより効果的な履行を確保することにあり、船舶の旗国における登録の有効性を他国が争うための基準を設けるものではないとして、これを退けた。

2 本件では、セントビンセントはギニアが停船・拿捕にあたって過度のかつ不合理な実力の行使を行ったと主張したことにより、海上での法執行活動に伴う「実力の行使」の妥当性が問題となった。1929年のアイム・アローン号事件〔⇒57〕、1961年のレッドクルセイダー号事件〔⇒136B〕とともに、本判決はこの問題に関する重要な判例といえる。裁判所は、海洋法条約第293条により適用可能な国際法は、「実力の行使をできる限り回避し、それが不可避な場合は、状況において合理的かつ必要な限度内でなければならない」ことを命じていると判決した〔⇒55ガイアナ・スリナム事件〕。

3 本案判決の争点の一つは、EEZにおける他国のバンカリング（燃料補給行為）に対して沿岸国の規制が及ぶかどうかであった。判決は、沿岸国の関税法令の適用にあたって、海洋法条約第33条で通関上の法令違反を防止する権限を明示に認める接続水域とEEZを同一視できないとしながらも、EEZにおける漁船へのバンカリングを漁業に関する主権的権利の行使の範囲に含めて、即時釈放を定めた海洋法条約第292条適用の基礎としてのEEZにおける沿岸国の法令の執行を定めた海洋法条約第73条の適用を導き出している。沿岸国のEEZにおける漁業管理の一環としては規制を認めているのである。実際、日本が1996年に制定した「排他的経済水域における漁業等に関する主権的権利の行使等に関する法律」第2条では船舶への補給を「漁業等付随行為」に含め、第9条で漁業等付随行為に係る船舶ごとに農林水産大臣の承認を受ける体制を構築した。

【参考文献】
古賀衞『百選Ⅰ』、山本草二「沿岸国裁判権への介入とその限界」『海洋法条約体制の進展と国内措置』2号(1998)、牧田幸人「国際海洋法裁判所の争訟権限と判決」『島大法学』42巻2号(1998)、高林秀雄『国連海洋法条約の成果と課題』(東信堂、1996)230-233頁、田中嘉文「M/Vサイガ号事件本案判決について」『一橋研究』24巻4号(2000)、古賀衞「海洋紛争と国際海洋法裁判所──サイガ号事件を中心に──」『西南学院大学法学論集』33巻1・2・3合併号(2001)、水上千之「国際海洋法裁判所のサイガ号(第2号)事件と継続追跡権」『海上保安大学校50周年記念論文集』(2002)。

(牧田　幸人・坂元　茂樹)

53 カタールとバーレーン間の海洋境界画定および領土問題
(Délimitation maritime et questions territoriales entre Qatar et Bahreïn)

```
当 事 国   カタール v. バーレーン
裁 判 所   国際司法裁判所
判   決   (a) 管轄権(1)   1994年7月1日
          (b) 管轄権(2)及び受理可能性  1995年2月15日
          (c) 本案  2001年3月16日
出   典   (a) ICJ(1994)112  (b) ICJ(1995)6  (c) ICJ(2001)40
```

【事実】　カタールとバーレーンは、19世紀末からイギリスの保護下にあり、両国とも1971年に独立した。保護関係は対外的権限をイギリスに委ねるもので、両国の首長は内政に関する権限を保持した。領土の帰属は独立前から争われていた。独立後、サウジアラビアのファハド国王が仲介を試みたが解決に至らなかった。その後、海洋法の変化により境界画定問題が加わった。本件は、領土帰属と海洋境界画定が同時に裁判された点に特徴がある。

1986年、バーレーンが係争地ジバール礁に人工島を建設しようとした。これに対してカタールも軍隊を派遣し、武力衝突の危険が生じた。ファハド国王が再度仲介に乗り出し、「すべての紛争事項は、両国を拘束する最終決定のために国際司法裁判所に付託される」ことを提案した。両国はこれに従い具体的手続きについて交渉したが、合意にいたらなかった。

1988年、両国の王位継承者間の信書によってバーレーンが次の提案をした。「当事者は、国際司法裁判所に対して、当事者間で紛争事項でありうる領域的権利その他の権利又は利益に関するあらゆる事項を裁判すること、並びに海底、地下及び上部水域からなる各々の海域の間に単一の海洋境界線をひくことを請求する。」(バーレーン定式)

1990年、両国外務大臣はドーハで会合し、両国がバーレーン定式を受諾したことを示す議事録(ドーハ議事録)に署名した。しかし、裁判所への付託合意にはいたらなかった。

1991年、カタールは国際司法裁判所に本件を一方的に付託した。カタールは、請求の根拠として1987年の交換書簡および1990年のドーハ議事録をあげた。バーレーンは、これらの文書は一方的付託

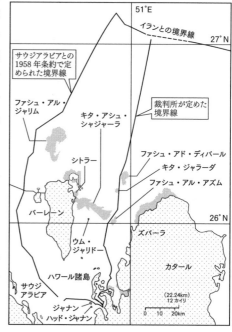

218　第5章　海洋法

を認める合意ではないと反論し、裁判所の管轄権を争った。

　国際司法裁判所は、1994年の判決(a)でドーハ議事録の効力を認め、付託文書の再提出を求めた。両国代理人は付託文書の合意に向けて交渉したが、付託事項および手続について合意が成り立たず、各々が覚書の形で意見を裁判所に提出した。1995年判決(b)は、ドーハ議事録に基づく管轄権の有無およびカタールの訴状の受理可能性について判断した。

【判決要旨】(a)1　1990年議事録は、6カ月の期間内に紛争の解決を見出す任務をファハド国王に委ね、さらに、1991年5月以後に国際司法裁判所が紛争を取り上げることができる状況について述べている。したがって、この議事録は会合の単なる記録ではない。議事録は、当事者が同意した約束を列挙しており、国際法上の権利および義務を創設する。
　バーレーンは、それに署名した以上、「政治的了解を記録する声明」に同意したに過ぎず国際的協定に同意する意図がなかった、と言える立場にない(paras.25, 27)。
　2　以上により、裁判所は、①1987年のサウジアラビア国王がカタールおよびバーレーンの首長各々と交わした書簡ならびに1990年の議事録は、当事者の権利義務を創設する国際的合意であることを認定する(15対1)。②当事者は、同議事録において「バーレーン定式」として言及される文書に述べられるように、紛争全体を裁判所に付託することを約束したと認定する(15対1)。③当事者に紛争全体を裁判所に付託する機会を与える(15対1)。④当事者がこの目的のために行動する期限を1994年11月30日とする(15対1) (para.41)。
　(b)1　ドーハ議事録は、「紛争事項」の問題を解決することによって紛争解決に向けての決定的な一歩を表していた。ドーハ議事録第2項の本文は、文脈上その用語に与えられる通常の意味に従いかつ議定書の趣旨および目的に照らして解釈すれば、裁判所への一方的付託を許すものであった。したがって、裁判所は紛争を裁判する管轄権を有するものと考える(paras.40, 44)。
　2　バーレーンは、カタールが紛争の範囲を訴状にあげられた問題のみに限っていることについて非難した上で、カタールの訴状の受理可能性を争う用意がない旨を法廷で述べた。カタールは、バーレーン定式で述べられているように紛争全体を裁判所に付託した。それは、1994年にバーレーンが提出した覚書で述べられた紛争と異ならない(paras.47, 48)。
　以上により、裁判所は、①この紛争を裁判する管轄権を有する(10対5)。②1994年11月30日に定式化されたカタールの請求は受理可能である(10対5) (para.50)。
　(c) 1　バーレーンは、カタールが提出した82の文書の信頼性について異議申立を行った。裁判所は、問題文書の信頼性について判断することなく、両者の書面をそのまま公表することを決定した(para.23)。
　2　18、19世紀、ズバーラは、この地域のいくつかの首長国による争奪の対象となっ

た。1867年にバーレーンがカタールを攻撃しカタールが報復した時、イギリスが間に入り、翌年バーレーンの新首長との間で協定を結んだ。この協定において、イギリスはバーレーンが武力でズバーラを取得することを認めないことが記されていた。その後、この地域はオスマン帝国の勢力下に入ったが、1913年に署名されたイギリスとオスマン帝国の条約で、オスマン帝国政府がカタール半島に対する請求権を放棄すること、両国政府は同半島がサーニー家によって統治されることに合意すること、が規定されていた。この条約は批准されなかったが、裁判所は、署名されたが批准されなかった条約は、署名時における当事者の了解を表現すると考える。それゆえ、裁判所は、カタールがズバーラに対する主権を有することを認定する(全員一致)(paras.89, 252(1))。

3 ハワール諸島とジャナン島の問題は別に扱う。ハワール諸島をめぐる紛争は、この地域で石油探査が始まった1930年代に生じた。イギリスの駐在政務官は、バーレーンとカタールの首長に宛てた1939年の書簡で、同諸島がバーレーンに属するという決定を伝えた。これは仲裁裁定ではないが、法的効果をもたないことを意味しない。

以上により、裁判所は、バーレーンがハワール諸島に対する主権を有することを認定する(12対5)(para.252(2)(a))。カタールの船舶は、ハワール諸島と他のバーレーンの島嶼の間のバーレーン領海において慣習法によって与えられる無害通航の権利を享有する(全員一致)(para.252(2)(b))。

4 ジャナン島およびハッド・ジャナンは、低潮時につながることについて当事者の意見が一致するので、2つを1つの島として取り扱う。1947年にイギリスの駐在政務官が両首長に宛てた海底の境界に関する書簡では、ジャナン島に対するバーレーンの主権的権利を認めず、同島がカタールに属するものとして境界線を引いた。これは、イギリス政府が1939年決定の有権的な解釈を示したものと考える。それゆえ、裁判所は、カタールがハッド・ジャナンを含むジャナン島に対する主権を有すると認定する(13対4)(paras.164, 165, 252(3))。

5 境界画定の適用法について、両国ともジュネーブ海洋法諸条約の当事国ではなく、バーレーンのみが国連海洋法条約を批准している。それゆえ、慣習法が適用されるが、両当事国は、国連海洋法条約の関連規定が慣習法を表わしていることに同意している。

同条約第15条は慣習法的性格を有しているとみなされるべきである。これは、しばしば「等距離・特別の事情」原則といわれる。広く行われている方法は、まず暫定的に等距離線を引き、それを特別の事情に照らして調整の必要があるかどうかを検討することである。

6 等距離線の基点を決定するため、関連性のある海岸線を確定しなければならない(para.176)。カタールは、小島を無視する本土・本島間の境界を主張する。他方、バーレーンは、自国が事実上の群島国であり、海洋法条約第47条に基づいて群島基線をひく権利を有すると主張する。これに対して、カタールは海洋法条約の群島制度が慣習法になって

ないと反論する。バーレーンは正式に群島水域を宣言したことがないので、群島基線を採用しない(paras.181-183)。

7　裁判所は、暫定的境界線を引き、それを矯正する特別の事情が存在するかどうかを検討する。問題となるのは、小島と礁(干潮で水面上に出る低潮高地)の存在である。

キタ・ジャラーダは、海洋法条約第121条1項にいう島の定義に合致する。したがって、等距離線をひく際に考慮に入れられるべきである。このように小さな島では、同島に関してバーレーンが行った活動(標識の建設、油井掘削の許可、石油利権協定の認可、魚網使用免許)は、同国が主権を主張するのに十分である。それゆえ、バーレーンは、キタ・ジャラーダに対する主権を有することを認定する(12対5)(paras.197, 252(4))。

8　ファシュ・アド・ディバール(ディバール礁)は高潮時に水没する低潮高地である。それが本土から12海里以内に位置するならば、領海の基線として用いることができる。しかし、領海外にある場合、それ自体では領海をもたない。低潮高地が2国の領海が競合する区域にある場合、原則としてその低潮線を領海の測定のために用いることができる。

低潮高地は領有できるかどうか、条約からは明らかでない。低潮高地の専有について慣習法を形成する画一的かつ広範な国家実行はないが、低潮高地が島と同じ地位をもたないことは明らかである。低潮高地は、等距離線を引く目的上は無視されなければならない。

9　ファシュ・アル・アズム(アズム礁)が低潮時にシトラー島とつながるかどうかについて、両国が提出した資料からは明らかでない。これをシトラー島の一部とみなすと、等距離線はカタール側に偏って著しい不均衡を生じる。低潮高地とみなすと、等距離線はディバールの西側を通る。どちらの仮定によっても、ディバール礁の大部分または全部が等距離線のカタール側に入る。このことから、境界線はキタ・ジャラーダとディバール礁の間にひくのが適当と考える。裁判所は、ディバール礁がカタールの領水内に位置し、同国の主権の下に入ると認定する(全員一致)(paras.218-220, 252(5))。

10　カタールは、海岸線の長さがカタール対バーレーンで1.59対1であり、この比率を考慮に入れることを主張するが、これはハワール諸島がカタール領土であることを前提にしている。裁判所は、ハワール諸島がバーレーンに属すると判示したので、両国の関連する海岸線の長さはほぼ同じになり、海岸線の長さの不均衡を調整する必要はない。

大陸棚・排他的経済水域の部分について特別の事情をなしうるのは、ファシュ・アル・ジャリム(ジャリム礁)の存在である。これは、その一部がバーレーンの領海内にある低潮高地である。これによって等距離線を調整すると不衡平な結果を生じるので、裁判所は、ジャリム礁は境界線の決定に対して効果をもつべきでないと決定する(paras.241-248)。

以上により、両国間の海域における単一の境界を第250項(42ポイントの座標を示す)に示すようにひくことを決定する(13対4)(para.252(6))。

【論点】1　当初のカタールの請求は、自国が望まない争点を除外していた。管轄権の成立後も、訴答書面で原告と被告の請求事項の間にずれがあり、裁判所が争点を調整することによって積極的にその役割を広げた。国際司法裁判所は、通常、厳密に当事者が提出した付託事項にそって裁判を進めるが、本件では積極的に自ら付託事項を定義している。これは、いわゆる司法消極主義からの転換を意味するのだろうか。

　2　領土の帰属については、保護国であったイギリスの文書が大きな役割を果たした。当時の保護国の判断は被保護国に対して有権的であったからであるが、実効的支配や当事者の行為などからまったく外れて、かつての保護国の決定に頼る判断は、(裁判所は否定しているが)ウティ・ポシデティス原則の変則的な適用ではないだろうか。

　3　領海の範囲では相対国の関係で、大陸棚・排他的経済水域の範囲では隣接国の関係で等距離線を基本にする海洋境界画定が行われたが、比較的狭い範囲なので等距離線によるひずみが少なかった。この判決が日本周辺などのように広い海域の境界についても先例となるかどうかは、別途に検討の余地があろう。

　4　裁判所は、暫定的に等距離線をひき、修正すべき特別の事情を検討する方法を用いた。その際の特別の事情とは、暫定的境界線によって一方があまりに大きくなるかということであった。いわば裁判所の目分量で不均衡性を判断して、それを「特別の事情」として考慮したように思われるが、客観的な基準を示したといえるであろうか。

　5　判決では、島の帰属が大きな影響を与えた。南部海域では、ハワール島とジャナン島を分け合ったことにより、境界線はその中間線となり、ハワール諸島とカタール本土間も中間線がひかれた。ハワール島より北の海域では中間線・等距離線を原則にしたため、基点の位置が基本的な問題になった。とくに、バーレーンに帰属するいくつかの小島がカタール本土との間にあり、判決は、それらの島とカタール本土との間で等距離線をひいた。

　北部海域では、島と低潮高地の間を通るように境界線をひき、そこから両国の本島と本土を基準に沖合いに向かって等距離線をひいている。これらの考慮は、境界線によって衡平な結果が得られるかどうかということであった。一方に対して著しく不均衡になるような境界線は認められなかった。

【参考文献】
坂元茂樹「判例研究ICJ」97巻4号、同「判例研究ICJ」105巻4号。

　　　　　　　　　　　　　　　　　　　　　　　　　　　　（古賀　衞・坂元　茂樹）

54 黒海海洋境界画定事件(Maritime Delimitation in the Black Sea)

当 事 国　ルーマニア v. ウクライナ
裁 判 所　国際司法裁判所
判　　決　2009年2月3日
出　　典　ICJ(2009)61

【事実】　ルーマニアとウクライナは、閉鎖海である黒海の北西の海岸に面し、ドナウ川の河口を挟んで南北に隣り合う。黒海北岸の中央からクリミア半島が南に張り出しているために、両国間には、隣接する海岸と向かい合う海岸の両方が存在する。また、ドナウ川の河口付近から東の沖合へ約20海里の地点には、面積約0.17km²、周囲約2000mのサーパント島(ウクライナ領)がある。両国は、1997年に善隣協力条約を締結し、その追加協定で、黒海における大陸棚と排他的経済水域(EEZ)の境界画定協定の交渉に合意した。しかしながら1998年に開始された交渉は2004年9月に至っても妥結しなかった。そこでルーマニアは、追加協定4条(h)(合理的な期間内ただし交渉開始から2年以内に合意が締結されない場合に、いずれかの当事国の要請に基づき国際司法裁判所で問題を解決することに合意する)を援用し、2004年9月16日に国際司法裁判所に紛争を付託した。

　両国間の紛争は大陸棚とEEZに単一の境界線を引くことである。裁判所は、2003年国境制度条約において両当事国が合意した点を起点とし、サーパント島周辺の12海里領海円弧を両国の海岸からの等距離線の交点までたどり、その後は両国の各基点からの等距離線に従って進み、第三国の権利が影響しうる海域に至る箇所で終了する単一の境界線を決定した。なお、本判決は、国際司法裁判所初の全員一致判決である。

【判決要旨】1　両国はともに国連海洋法条約の当事国であり、本件海洋境界画定の原則は、国連海洋法条約第74条1項及び第83条1項により決定される(para.41)。

　2(1)　まず大陸棚・EEZに対する権利を生みだす海岸を決定することが重要である(para.77)。ルーマニアについては、海岸全体が関連海岸であり、海岸の一般的方向を考慮してその長さは約248kmである(para.88)。ウクライナについて、裁判所は、「陸地が海洋を支配する」と、関連海岸は他の国の海岸の投影と重複する投影を生み出さねばならないという2つの原則を想起する(para.99)。これにより、ルーマニアの海岸の投影との重複を生み出さないカルキニツカ湾の海岸などが排除される(para.100)。サーパント島の海岸は非常に短く海岸全体の長さに実質的な違いをもたらさない(para.102)。以上により、ウクライナの関連海岸の長さは約705kmであり、ルーマニアとウクライナの関連海岸の長さの比は1：2.8である(paras.103-104)。

(2) 「関連海域」という法的概念が、境界画定の方法の一部として考慮されねばならない。関連海域は、第1に一定の海洋区域を含み、第2に境界画定の最終段階での不均衡の検証に関わる(para.110)。本件では、関連海岸に含めた海岸が投影する区域を関連海域とする。関連海域の南端は、両国の権原が重複する区域までを含む(para.114)。

2　海洋境界の画定方式は、1985年のリビア・マルタ大陸棚事件〔⇒50〕において概要が示され、ここ数十年の間に精緻化されてきた。第1に、幾何学的に客観的でありかつ画定区域の地理にふさわしい方法で暫定的な境界線を引く。これは隣接海岸の場合には等距離線、向かい合う海岸の場合には中間線である(para.116)。第2段階として、衡平な解決を達成するために、暫定的な等距離線の調整・移動を必要とするような関連事情の有無を検討する(para.120)。最終の第3段階では、これらを踏まえて引かれた線が、関連海岸の長さの比と関連海域の比の間の明らかな不均衡のために、不衡平な結果をもたらしていないかを検証する(para.122)。

3(1)　まず、暫定的な等距離線を引くための基点を特定する。全ての点をつなぎ合わせた線が海岸の一般的方向を反映するような箇所が選ばれる(para.127)。ルーマニアの海岸は、ほぼ直角に向きを変えるサカリン半島、及びクリミア半島側に最も突き出した海岸上に位置するスリナ堤防の陸側の終点を基点とする(paras.129-141)。ウクライナの海岸は、隣接する海岸ではスリナ堤防の対岸にあるツガンカ島の南東の端、向かい合う海岸では、クリミア半島西岸に張り出しているタルハンクト岬とヘルソネス岬を基点とする。サーパント島を基点として選択することは適当ではない。サーパント島は本土から20海里離れた場所に単独で位置しており、ウクライナの海岸を構成する周辺諸島の1つではない(paras.142-149)。以上により特定された基点に基づき、暫定的な等距離線を引く(para.154)。

(2)　次に、両当事国の主張する以下の関連事情を検討する。①海岸の長さの比：本件では顕著な乖離はない(paras.158-168)。②黒海の閉鎖性と既存の画定：本件ではトルコ・ブルガリア間及びトルコ・ウクライナ間に合意された海洋境界が存在するが、それらを考慮しても等距離線の調整は必要ではない(paras.169-178)。③サーパント島の存在：サーパント島が潜在的にもつ大陸棚・EEZへの権利は、ウクライナ本土の海岸から生じる権利に包摂される。ゆえに同島の存在は等距離線の調整を求める事情とはならない(paras.179-188)。④当事国の行動(paras.189-198)、⑤切断効果(paras.199-201)、⑥当事国の安全保障上の考慮(paras.202-204)のいずれも、調整を必要とする事情とはならない。

(3)　最後に、以上により引いた等距離線が、重大な不均衡をもたらしていないかどうかを、関連海岸の長さと関連海域の配分に照らして検証する(para.210)。これは概算に留まる(para.212)。本件において、裁判所は海域全体の地形を参照することにより評価する(para.213)。ルーマニアとウクライナの関連海岸の長さの比は約1：2.8、関連海域の比は1：2.1である(para.215)。これは本件の画定線に変更を要することを示唆するものではない(para.216)。

【論点】1　大陸棚・EEZの境界画定に関して、国連海洋法条約第74条及び第83条は、特定の画定方式に言及していない。他方で、判例においては、1985年リビア・マルタ大陸棚事件〔⇒50〕が、まず暫定的な等距離線を引き、続いてその調整・移動を必要とするような関連事情の有無を検討するという方式を採用し、1993年ヤン・マイエン海域境界画定事件〔⇒51〕が、これを大陸棚と漁業水域の双方に採用して以降、この2段階方式(等距離／関連事情方式)が定着していた。本判決は、従来の2段階方式に、過去の判例では関連事情の1つに含められることもあった均衡性の検証を独立した最終段階として加え、新たに3段階方式として示した点で注目される。この方式は、国際司法裁判所の後の判決においても踏襲されている。

2　3段階方式の下では、関連海岸・関連海域の特定が必須であり、本判決はこれらの意義とその特定方法を明確化した。裁判所は「海岸の投影の重複」という基準を採用し、またこれらが具体的な画定行為の前提をなすとともに、画定の最終段階における均衡性判断にも関わることを確認した。なお、本件では関連海域に第三国の権原が関連する区域を含めており、これは先例とは一貫しないが(例えば1985年リビア・マルタ大陸棚事件〔⇒50〕)、裁判所は、均衡性の検証に用いる目的で当事国の権原が重複する区域を特定するだけでは、第三国の権原には影響しないとして、自らの判断を正当化している。

3　本件では、サーパント島の扱いが焦点の1つとなった。裁判所は、サーパント島の大きさや位置から同島は海岸の一部や基点を構成しえないとして、等距離線の考慮要素から同島を排除した。暫定的な等距離線を引く前の段階で小規模な海洋地形を排除するこの手法は、海洋地形の地位など境界画定に直接影響しない問題を回避しうるものとされる。しかしながら、暫定的な等距離線が既にある種の修正を施されていることになるため、等距離線を出発点とする境界画定方式の客観性を損なう恐れがあるとの指摘もある。

4　本件では、関連海岸の比(1:2.8)と配分された海域の比(1:2.1)との間に不均衡はないとされた。均衡性の検証について、学説上は、客観性を欠くとしてその有用性に批判が多いが、裁判実践においては、衡平な解決が達成されたかどうかの検証であって、数学的に厳密な均衡は必要ないとされてきた(本判決もどの程度であれば不均衡となるかを説明していない)。もっともその後の判例では、関連海岸の比と海域の比を数値で示すことが一般化しており、一定の客観化傾向を見て取ることができる。

【参考文献】
江藤淳一『百選Ⅱ』、加々美康彦『基本判例50Ⅱ』、一之瀬高博『判決・意見Ⅳ』、村瀬・江藤編『海洋境界画定の国際法』(2008)、江藤淳一「海洋境界画定における関連事情の考慮」『国際法外交雑誌』107巻2号(2008)。

(竹内　真理)

55 ガイアナ・スリナム事件(Arbitral Tribunal Constituted Pursuant to Article 287, and in Accordance with Annex VII, of the United Nations Convention on the Law of the Sea in the Matter of an Arbitration Between: Guyana and Suriname)

当 事 国　ガイアナ v. スリナム
裁 判 所　国連海洋法条約附属書Ⅶ仲裁裁判所
仲 裁 判 断　2007年9月17日
出　　　典　30 RIAA 1; https://www.pcacases.com/web/sendAttach/902

【事実】ガイアナとスリナムは南米大陸北東部に位置し大西洋に面してコーランタイン(Corentyne; Corantijn)川を挟んで隣りあう。1957年以降、英国とオランダはガイアナとスリナムの沖合海域の開発に関するコンセッションを付与してきた。国境の北端を始点に、オランダは真北から東に10度の方角の線までの海域を、英国は真北から東に32度の方角の線までの海域を含めていたことから、コンセッション対象海域の一部が重複する事態となった。このような事態は1966年と1975年の両国の独立後も続いた。カナダの資源開発会社CGXは、1998年にガイアナからコンセッションを付与され、1999年には国境の北端を始点に真北から東に34度の方角の線までの海域で地震探査を行っていた。ところが、2000年6月、スリナムは軍の警備艇を派遣してCGXの石油掘削装置と掘削船に接近し、同船に対して海域から12時間以内に退去するよう命じた。同船の乗組員は石油掘削装置を切り離し、海域から退去した。これ以降CGXが同海域に戻ることはなかった。この事件の発生以降、両国はさまざまな形で外交交渉を行ったものの、解決には至らなかった。以上の背景を踏まえ、2004年2月24日、ガイアナは国連海洋法条約(以下、「条約」)第286条、第287条および附属書Ⅶに従って仲裁手続を開始した。

【仲裁判断要旨】1　領海の境界画定について。ガイアナは、「地点61」を始点として真北から東に34度の方角に12海里までの「歴史的な等距離線」を主張し、スリナムは、コーランタイン川の出入りを管理する航行上の要請が特別事情にあたるとし、「1936地点」を始点として真北から東に10度の方角に12海里までの境界線を主張した(paras.237-245, 281-294)。裁判

所は、「航行の利益は特別事情を構成するとされてきた」ことを認め、「1936地点／地点61」を参照点として地点1を設定した上で、これを始点として真北から東に10度の方角に3海里までを境界線とした(paras.306-307)(前頁図地点1-地点2参照)。さらに3海里から12海里までの境界画定については、3海里までの境界線を自動的に延長すれば沿岸国の航行と管理という特別事情が損なわれると指摘し、3海里までの境界線の終点が大陸棚と排他的経済水域の単一境界線の始点と最短距離で結ばれるとした(paras.314, 323)(前頁図地点2-地点3参照)。

2 大陸棚および排他的経済水域の境界画定について。両国はいずれも暫定等距離線が衡平な解決にならないとして、ガイアナは、「地点61」を始点として真北から東に34度の方角に200海里までの単一境界線を主張し、スリナムは、「1936地点」を始点として真北から東に10度の方角の線が「地理上の現実」を反映すると主張した(paras.373, 246, 261)。裁判所は、条約第74条および第83条が「衡平な」解決を求めており、判例・国家実行は暫定的に等距離線を引いて衡平な解決のために関連事情に照らして調整することで一致しているとした上で、暫定等距離線の調整を正当化するような海岸の地形は存在せず、特に石油開発に関する行動は従来の判例において関連事情と認められていないことから、関連事情は存在しないと判断し、関連海岸と関連海域の比例性もほぼ同じであると確認し、領海の12海里の限界の交差地点を始点として200海里までの等距離線が単一境界線になると結論づけた(paras.342, 377-390, 392, 399-400, 488)(前頁図地点3-地点20参照)。

3 スリナムの武力行使または武力による威嚇について。ガイアナは、2000年6月のスリナムの行動が条約第279条、国連憲章第2条3項および4項の違反にあたると主張し、スリナムは、国内法に基づく法執行であって武力行使に至ることはなく、たとえスリナムの行動が国際義務に反していたとしてもそれは合法な対抗措置であると反論した(paras.425-431,441-443,446)。裁判所は、「法執行活動において回避不可能、合理的かつ必要な場合には国際法の下で実力(force)を行使できる」という議論を認めつつ、スリナムの行動は「命令が遵守されない場合には実力(force)が行使されうるという明示の威嚇を構成」するものであり、「単なる法執行活動というよりは軍事行動(military action)の威嚇に近」く、それゆえ「条約、国連憲章および一般国際法に反する武力の行使の威嚇(threat of the use of force)を構成する」と認定した(paras.445,439,488)。裁判所は他方で、「対抗措置は武力行使を含まないことが十分に確立した国際法の原則である」と指摘して、スリナムの反論を斥けた(paras.445-446)。

4 条約第74条3項および第83条3項違反について。第1に、実際的な性質を有する暫定的な取極を締結するためにあらゆる努力を払う義務に関して、両国はそれぞれお互いの義務違反を主張した(para.471)。裁判所は、スリナムのCGX事件までの強硬な姿勢はこの義務の違反を構成すると判断し、ガイアナもまた試験掘削計画の通報を怠ったことなどによりこの義務に違反したと認定した(paras.474-477)。第2に、最終的な境界画定の合意への到

達を危うくしまたは妨げないためにあらゆる努力を払う義務に関しても、両国はそれぞれお互いの義務違反を主張した(paras.479, 483)。裁判所は、海洋環境に対する「恒久的な損害」という観点から、地震探査は許容されるものの試験掘削はガイアナの義務違反になるとし、また、「紛争海域におけるスリナムの武力による威嚇は…最終的な境界画定の合意への到達を危うくした」と判示した(paras.479-482, 484)。

【論点】1　航行の利益と航行の管理が領海の境界画定における特別事情にあたることが示された。本件ではコーランタイン川右岸に両国の国境線が引かれているという背景から、川と河口を自国の内水とするスリナムには航行の利益と航行を管理する必要性が認められる。

　2　大陸棚・排他的経済水域の境界画定方式は国際判例を踏襲するものである。1985年のリビア・マルタ大陸棚事件判決〔⇒50〕以来、暫定等距離線を引いて関連事情によってこれを調整する二段階方式が採用されてきた。本仲裁判断は、一定の方角に直線の境界線を引くという両国の主張を斥け、この方式を忠実に適用して境界を画定した。

　3　仲裁判断は、法執行活動における実力(force)の行使が合法となる要件を示しつつ、スリナムの行動は「単なる法執行活動」ではなく「軍事行動の威嚇」だと判断した。近年の判例では法執行活動における実力の行使(または武器の使用)(use of arms)は国連憲章にいう武力の行使(use of force)とは異なる概念であることが次第に明らかにされており(漁業管轄権(スペイン対カナダ)事件〔⇒149〕、サイガ号事件〔⇒52〕)、これに従えば、本件はスリナムの行動を国連憲章にいう武力の行使の枠組みで位置づけたと理解できよう。スリナムの行動は境界未画定海域で行われており、そもそもスリナムに法執行権限があるかどうか明確でないという背景も指摘できる。もっとも、スリナムの行動が「軍事行動の威嚇」さらには「武力の行使の威嚇」にあたることの積極的な理由は示されておらず、この点には曖昧さが残る。

　4　条約第74条3項および第83条3項の解釈が明確化された。境界未画定海域における行動に対する一定の指針として重要な意義がある。実際的な性質を有する暫定的な取極を締結するためにあらゆる努力を払う義務については、「誠実に交渉する義務を課す」ものであること、最終的な境界画定の合意への到達を危うくしまたは妨げないためにあらゆる努力を払う義務については、「紛争海域におけるすべての活動を排除する意図ではない」ことが示された。後者の義務についてはさらに、許容される活動と許容されない活動を区別するにあたり「恒久的な損害」または「恒久的な物理的変更」という基準が明らかにされた。

【参考文献】
加々美康彦『百選Ⅱ』、下山憲二「国際判例紹介(10)ガイアナ及びスリナムとの間の仲裁事件(ガイアナ共和国対スリナム共和国)(2007年9月17日国連海洋法条約附属書Ⅶに基づいて設立された仲裁裁判所判断)」『島嶼研究ジャーナル』6巻2号(2017)156-163頁。

(阿部　達也)

56　富丸事件 (The "Tomimaru" Case)

当　事　国	日本v. ロシア
裁　判　所	国際海洋法裁判所
判　　　決	2007年8月6日
出　　　典	ITLOS (2005-2007) 74

【事実】　日本船籍を有する富丸は、ロシア当局からスケトウダラおよびニシンの漁獲許可を得てベーリング海のロシア排他的経済水域(EEZ)内で漁獲を行っていた。2006年10月31日、富丸が同海域で漁獲中であったところ、ロシア漁業監督船の検査を受けた。ロシア監督官は、富丸内で操業日誌に記載されていないスケトウダラを発見した。そこで、富丸はさらなる検査のためにロシア沿岸まで来ることを求められ、そこでの検査の結果、操業日誌に記載されていないスケトウダラがさらに発見されたほか、漁獲が許可されていないヒラメ・エイ・タラなども見つかった。そこで、ロシア検察は、ロシアEEZ内における無許可漁獲等に関する罪を定めるロシア刑法第253条2項を根拠として富丸の船長に対する刑事手続を11月8日に開始し、当該刑事手続の開始をウラジオストク日本総領事館に12月1日付け書簡で通知した。富丸はロシアに抑留され、積み荷のうち違法とされる漁獲分については没収され、それ以外の漁獲は富丸の船主により売却され、売上げは船主が受領した。そして、船長以外の乗組員には帰国が認められた。さらに、刑事手続とは別に、富丸の船主に対して、やはりロシアEEZ内における無許可漁獲等を禁じる行政法規に対する違反手続が11月14日に開始された。

　富丸の船主は、12月8日に、富丸の釈放のための保証金を定めるようにロシア検察に要請した。検察は、12月12日に保証金額を880万ルーブルと伝えた。この額は支払われていない。また、富丸の船主は、行政法規違反手続を扱っていたペトロパブロフスク=カムチャツキー連邦裁判所に、同手続との関連での保証金を定めることを要請した。同裁判所は、12月19日の決定により、ロシア行政法上、保証金を支払った場合に船舶を釈放する手続はないとして、この要請を斥けた。さらに、船主による要請とは別に、日本政府も富丸と船長の釈放の要請を何度も行った。

　12月28日にペトロパブロフスク=カムチャツキー連邦裁判所は行政法規違反手続に関して判決を下し、約286万ルーブルの罰金と富丸およびその装備一式の没収を命じた。船主はカムチャツカ地方裁判所に控訴したが、同裁判所は2007年1月24日の判決で富丸の没収に関する一審判決を支持した。船主は、3月26日に上告した。日本が本件を国際海洋法裁判所(ITLOS)に提訴した時点では、その上告はロシア最高裁に係属中であった。4月9日

にロシア連邦資産管理局は、富丸をロシア連邦の資産とする政令を発した。

船長に対する刑事手続に関して、ペトロパブロフスク＝カムチャツキー連邦裁判所は、50万ルーブルの罰金と900万ルーブルの損害賠償を命じる判決を5月15日に下した。船長は、損害賠償は支払わなかったものの罰金を納付し、5月30日に帰国を認められた。刑事手続の控訴審はITLOSでの本件手続時点で係属中であった。

日本は、国連海洋法条約第73条2項および第292条に基づき、富丸の迅速釈放を求めて7月6日にITLOSにロシアを相手取って提訴した。書面手続の後、7月21日および23日に口頭審理が開かれた。口頭弁論において、両国は以下の主張を行った。

ロシアは、カムチャツカ地方裁判所により富丸の没収が確認された以上、国連海洋法条約第292条に基づく訴えの目的は失われ、本件は受理可能性を欠く、と主張した。ロシアによれば、ロシア法上、カムチャツカ地方裁判所が一審判決を支持した段階で富丸の没収は法的に確定しており、それに従って連邦資産管理局が富丸をロシア連邦の資産とした、ということであった。

これに対し、日本は、行政法規違反手続が最高裁に係属中である以上、没収は確定していない、と主張した。ロシアは、ロシア法上、最高裁に手続が係属していることはカムチャツカ地方裁判所判決の効力を妨げない、と述べるが、日本は、最高裁はカムチャツカ地方裁判所判決を取り消し得るとして、没収は確定していないと主張した。また、富丸の船籍についても、仮に富丸がロシアに没収されたのだとしても、それにより日本が国連海洋法条約に基づく迅速釈放を求めることができなくなるとすれば迅速釈放制度の意義が失われる上、船舶の所有権と船籍とは別の問題であって、富丸は日本船舶であり続けている、と主張した。

口頭審理終了後、7月26日に、ロシア連邦最高裁は富丸船主による上告（行政法規違反手続）を却下した。これを受けて、日本は、口頭弁論において日本がなした主張のうち、少なくとも迅速釈放義務に関する基本的問題についての見解を示すよう、裁判所に要請した。

【判決要旨】1　没収が船舶の国籍に影響するかの問題と、没収により迅速釈放要請がその目的を失うかの問題とを区別して議論する（para.69）。

2　前者の問題については、船舶の没収は当該船舶の船籍の変更を自動的にもたらすものでない。没収により船舶の所有権に変更が生じるが、所有権と船籍とは別の問題である。国連海洋法条約第94条に定められた旗国の機能の重要性、および第292条の迅速釈放手続における旗国の役割の重要性に鑑み、所有権の変更が自動的に船籍の変更や喪失を招くとはいえない。なお、本件において、ロシアは富丸の船籍を変更させるために没収をなしたのではないことに留意する（para.70）。

3　次に、没収により迅速釈放要請がその目的を失うかどうかを検討する。そのためには、迅速釈放制度の趣旨目的、および、第292条3項が、迅速釈放手続は「国内の裁判所の係属する船舶又はその所有者若しくは乗組員に対する事件の本案には、影響を及ぼさない」と定めていることを考慮する必要がある(paras.71-73)。

既にモンテ・コンフルコ号事件で述べた(ITLOS Reports 2000, p.86, para.70)ように、国連海洋法条約第73条は、沿岸国が自国法令の遵守を確保する利益と、船籍国が保証金と引き換えに船舶および船員の迅速な釈放を確保する利益とのバランスを定めている。船舶の没収は、このバランスを崩すようなやり方でなされてはならない。没収の決定は、船舶の抑留の暫定的性質を終了させ、迅速釈放手続の目的を失わせる。没収の決定は、船主が沿岸国国内法に基づく司法手続を利用することを妨げたり、船籍国が迅速釈放手続を利用することを妨げたりするような方法でなされてはならない。まして、没収は、適正手続の保障に関する国際規範に反するような手続によってなされてはならない。とりわけ、正当化しがたい速やかさをもって没収がなされる場合、第292条の実施が害されることになろう。一方で、第292条の目的を達成するためには、船籍国は合理的期間内に迅速釈放手続を利用しなければならない(paras.74-77)。

船舶没収の決定がなされたとしても、迅速釈放手続の趣旨目的に鑑み、沿岸国国内裁判所に事案が係属している間は、ITLOSは迅速釈放の申立を審理することができる。本件では、ロシア最高裁の決定により、国内裁判所における手続は終結した。同決定後、日本は、富丸没収措置の暫定的性質に関する主張を維持しておらず、また、ロシアにおける手続が適正手続の保障に関する国際規範に反するとも主張していない。本件において迅速釈放手続を進めるならば、国内手続を終結させる決定に反することとなり、国家管轄権の行使に介入することにより、第292条3条に反してしまうこととなろう(paras.78-80)。

4　以上の理由により、日本の本件請求はもはや目的を失い、裁判所がそれについて判断することは適切ではなくなった(para. 82)。

【論点】1　国連海洋法条約第292条に基づく迅速釈放手続については、そこにいう「合理的な保証金」の算定する際の考慮要素と、沿岸国により船舶が没収された後も同手続を利用することができるかどうかとが主たる問題であった。このうち、前者については、サイガ号事件([⇒52])に始まる一連の判例の中で次第に明らかになりつつあり、とりわけ、本件富丸事件と同時に審理され同日に判決が下された豊進丸事件(ITLOS (2005-2007)18)において、違反の重大性を考慮することが示されたことにより、判例の流れはほぼ固まったといえる。そして、富丸事件では、もう一つの問題である没収の扱いについて重要な判断が示された。

2　違法行為を行った船舶の没収と迅速釈放制度とは、根本的に矛盾し得る。船舶が没収されてしまえば、船主が当該船舶の所有権を剥奪されるため、釈放されて船主に返還されるべき船舶が存在しなくなってしまう。他方で、没収されたならば迅速釈放制度は利用できないとするのであれば、沿岸国による「迅速な没収」を誘発して迅速釈放制度の趣旨が害される恐れも否めない。この難問について、本判決は、没収された場合には迅速釈放制度は利用できなくなるという原則を述べつつ、没収手続は適正手続に関する国際規範を遵守するようになされねばならない旨を述べた点で注目に値する。

3　【事実】に記した日付から明らかなように、本件において日本の迅速釈放請求が速やかになされたとは言い難い。国連海洋法条約上の迅速釈放制度を利用するのは国家であり、政府が決定しさえすれば直ちにITLOSに訴えることが法的には可能であるとしても、実際のところ、漁業に従事するのは民間船舶であり、漁業者・船主・業界団体等の意向を集約してからでなければ提訴することは困難である。それに時間がかかってしまうと結局制度が利用できなくなることを示した例でもある。

4　もっとも、そのような事情があったため、結果的に日本の請求が斥けられることになるであろうことは提訴時点で予見可能であった。この点、没収の際には適正手続に関する国際規範を遵守すべきことを日本が口頭弁論において強調したこと、口頭弁論後にロシア最高裁が決定を下した際、日本は迅速釈放制度に関する基本問題について裁判所が見解を示すことを求めたことに留意されたい。

【参考文献】
佐古田彰「【資料】国際海洋法裁判所『富丸事件』(早期釈放)2007年8月6日判決」『西南学院大学法学論集50巻4号(2018)、同「【資料】国際海洋法裁判所『豊進丸事件』(早期釈放)2007年8月6日判決」『西南学院大学法学論集50巻2・3号(2018)、田中則夫「49 グランド・プリンス号事件」『判例国際法(第2版)』(東信堂、2006)、濱本幸也「国際海洋法裁判所の船舶及び乗組員の早期釈放事案」『国際協力論集』15巻1号(2007)、坂元茂樹「即時釈放制度と沿岸国裁判権」『海上保安国際紛争事例の研究』3号(2002)。

（濱本　正太郎）

第3節　公　海

57　アイム・アローン号事件 (S.S. "I'm Alone")

当　事　国　カナダ（英国）／米国
決 定 機 関　英米合同委員会
決　　　　定　(a) 中間　1933年6月30日
　　　　　　　(b) 最終　1935年1月5日
出　　　　典　3 RIAA 1609

【事実】　1929年3月20日カナダ船アイム・アローン号は、米国沿岸から3海里外であって沿岸から1時間航程内の海域において、米国沿岸警備艇に停船・臨検を求められたが逃走した。米警備艇は同号の追跡を継続しつつ他の警備艇の協力を求め、3月22日追跡に加わった他の警備艇は、停船を拒否する同号を沿岸から200海里離れた海域において撃沈した。同船とその積荷は失われたが、乗組員は1名の死亡を除いて救助された。

英米間には、1924年に「英米酒類密輸取締条約」（以下「英米条約」と略称）が締結されており、英米条約第2条は、被擬船の速度で米国沿岸から1時間航程内にある英国船に対して、米国が酒類の密輸を取り締まるために臨検、捜索を行いうることを規定していた。カナダは、上記撃沈行為は国際法違反であるとして米国に対し損害賠償を請求したが、米国は、英米条約によって認められた合法的な行為であると主張した。

英米条約第4条には、米国の密輸取締権限の濫用により被害を受けた英国船による損害賠償請求は、両国より1名ずつ任命される2名の委員により構成される合同委員会に付託され、その報告書は尊重されるべきことが規定されており、本紛争はカナダの請求により、同条に従って、合同委員会に付託された。カナダは、アイム・アローン号が米警備艇に臨検を求められた地点は、英米条約で定められた1時間航程外であったこと、たとえ1時間航程内であったとしても、継続追跡権の行使となるには追跡が領海内から開始されねばならないこと、追跡は継続していなければならず、途中で警備艇が交代した場合には継続追跡権の行使とみなされないこと、継続追跡権は、被擬船の臨検、捜索、拿捕までの権限を認めるものであり、撃沈まで許すものでないこと、を主張した。それに対し、米国は、同号に臨検を求めたのは英米条約で定められた1時間航程内であったこと、英米条約は、継続追跡権が1時間航程内から開始されることを禁じていないこと、最初に追跡を開始した警備艇が継続して追跡をしているのであるから、他の警備艇の協力を得ても継続追跡権の行使となること、撃沈の原因は同船の船長による停船の拒否にあるのであり、最後の手段として撃沈することは英米条約の認めるところであること、さらに、同船は、カナダ法人が所有しカナダに登録されているが、その実質的な所有・管理者は米国人であること、を主張した。

【決定要旨】(a)　1933年6月30日に合同委員会は、この事件の先決的問題に関する合同中間報告書を提示した。

1　委員会は、アイム・アローン号および同船を所有した法人の持株の実質的あるいは最終的所有権、さらに、同船の管理、運用およびその従事した業務の実態の調査が、委員会の勧告を考慮する際の基礎となると考える(p.1614)。

2　米国沿岸から1時間航程内にある違反船に対する米国による継続追跡権の行使が英米条約上許容されるか否かについては、委員会はいまだ最終的な合意に至っていない(p. 1614)。

3　米国がこうした状況の下で継続追跡権をもち、また英米条約第2条に基づく権利を行使することができると仮定しても、そのことは米国による同船の撃沈まで許容するものか否かについては、米国は、英米条約に基づき、被擬船の捜査に伴う必要かつ合理的な力は行使することができ、その結果として偶発的に沈没に至ったとしても非難されることはないが、委員会は、被擬船の意図的な撃沈は、英米条約のいかなる規定によっても正当化されるものではないと考える(p.1615)。

(b)　1935年1月5日に合同委員会は、以下の勧告を含む合同最終報告書を提示した。

1　委員会は、その合同中間報告書において、アイム・アローン号の撃沈は、英米条約のいかなる規定によっても正当化されないと判断した。委員会は、さらに、同船の撃沈は国際法のいかなる原則によっても正当化されないことをここに付言する(p.1617)。

2　委員会は、同船は、カナダに登録された英国船であるが、建造以来これまで米国に対する酒類の密輸に使用されてきたこと、さらに、1928年9月から撃沈されるまで、同船は、もっぱら米国人の集団により事実上は所有・管理されており、とくに事件当時は彼らにより運航され積荷の取扱いおよび処分までその指示のもとにあったという事実を確認する。委員会は、以上の事実から、船舶および積荷の損害に関しては賠償が支払われるべきではないと考える(pp.1617-1618)。

3　しかしながら、米国沿岸警備隊による同船舶の撃沈行為は、すでに述べた通り違法であるので、委員会は、米国が公式にその違法性を認め、カナダ政府に対して謝罪すべきであり、さらに、この違法行為に対する金銭的償いとして、米国はカナダ政府に対し25,000ドルを支払うべきことを勧告する(p.1618)。

4　委員会は、同船の船長および乗組員は、米国への酒類の密輸および販売の違法な謀議に参加していなかったので、彼らの利益のために、米国はカナダ政府に対して総額25,666ドル50セントの賠償を支払うべきことを勧告する(p.1618)。

【論点】1　沿岸国は、自国法令の違反を行った外国船を公海上にまで追跡して臨検・拿捕することができるという継続追跡権の法理は、19世紀における船舶性能の向上に伴う沿岸

国法益保護の必要性を背景として、学説、学会決議、国家実行等において主張されてきたが、この事件は、そうした法理の形成期において継続追跡権を認めた事例として注目される。

2 本件においては、継続追跡権の内容と限界に関して以下の3点、すなわち、①1時間航程内の海域からの継続追跡権の行使が可能か、②追跡は同一船舶で行われねばならないか、③継続追跡権の行使は被擬船の撃沈まで許容するか、が問題となった。このうち①②については、報告書において直接の回答が示されなかった(ただ、報告書が米国による被擬船の撃沈行為以外を賠償の根拠としていないことから、①②については暗黙に肯定しているように思われる)。なお、①について、国連海洋法条約第111条1項は、当該接続水域の設定によって保護される権利の侵害に限定して追跡権を認めており、また同条2項は排他的経済水域または大陸棚に適用される沿岸国の法例違反がある場合にも準用すると定め、②についても、同条6項は、船舶のみならず航空機をも対象として追跡を引き継ぐことを認めているので、現在では条約上確定した問題である。これに対し③については、報告書は、追跡権の行使にあたっての強制停船のための実力の行使は、必要かつ合理的な範囲に止まらなければならず(ただし、その過程での偶発的沈没を除く)、被疑船の意図的な撃沈まで認めるものではなく、そのことは英米条約のみならず国際法のいかなる原則によっても正当化されえないと明確に否定することにより、追跡権行使の実体的限界に言及している。

3 さらに、委員会が、米国の違法行為責任に基づく損害賠償額の算定に関して、船舶の国籍のみでなく船舶の実質的所有権者および船舶の管理・運用の実態まで遡って調査するという方法を採用したこと、そしてその結果、船舶および積荷の損害に関しては、同船が実質的に米国人により所有・管理されていたことを理由に賠償を認めず、それに対し船長および乗組員については、違法な謀議に参加していないことを理由に損害賠償を認定するという結論を導き出したことは興味深いところである。

【参考文献】
高林秀雄『ケースブック』、横田洋三『国家責任』、村上暦造「法執行と実力行使」『海洋法・海事法判例研究』第3号(日本海洋協会、1992)、村上暦造『百選I』、高林秀雄『領海制度の研究(第三版)』(有信堂高文社、1987)188-197頁。

(富岡　仁・坂元　茂樹)

58 マグダ・マリア号事件 (Compania Naviera Panlieve S.A. v. Public Prosecutor〔The Magda Maria〕)

裁　判　所	(a) オランダ最高裁判所
	(b) ハーグ控訴裁判所
判　　　決	(a) 1984年1月24日
	(b) 1986年5月29日
出　　　典	(a) 101 ILR 409；16 NYIL 514
	(b) 101 ILR 415；20 NYIL 349

【事実】 1958年以来ヨーロッパにおいては、北海やバルト海を中心に、沿岸に隣接する公海上の船舶や大陸棚の海床に設置された正規の免許を受けない放送局からの、沿岸国国民に向けてのラジオやテレビの放送(海賊放送)行為が多く発生し、諸国はその規制に苦心してきた。

1981年オランダは、公海上にある船舶からの自国民による無許可の放送を禁止する1904年電信電話法第3条の規定に1名あるいは複数のオランダ国民が違反したという嫌疑により、公海上にあるマグダ・マリア号を臨検・拿捕するとともに、同船にある放送設備を押収した。それに対して原告は、オランダ法上設備の押収はそれが国際法に違反しないことを条件として認められているのであり、マグダ・マリア号は拿捕の時点においてはパナマ国旗を掲げていたのであるから、オランダの行為は公海上にある船舶に対して旗国に排他的管轄権を付与する1958年の公海条約第6条1項の規定に違反すると主張して、船舶と放送設備の返還を求めてハーグ地方裁判所に訴えた。

ハーグ地方裁判所は、オランダは、慣習国際法に基づき、被疑者である自国民を逮捕するために公海上においてマグダ・マリア号を臨検し、自国の港に引致して放送設備を押収することはできるが、船舶を拿捕することはできないとの判決を下した。裁判所の判決の根拠となったのは、公海上にある無許可放送に従事する船舶を臨検し自国領海に引致した1962年のデンマークの先例と、公海上にある船舶からの無許可放送に従事する者に対して、その者の国籍国以外が公海上において当該船舶を臨検・拿捕し設備を押収する権限を認める条約草案が、第3次国連海洋法会議に参加する大多数の海洋国により支持されたという事実である。

原告は最高裁判所に上訴し、最高裁判所は、原判決を破棄し、本件をハーグ控訴裁判所に差し戻した。ハーグ控訴裁判所は、最高裁判所判決を支持し、原告勝訴とした。

【判決要旨】(a)1　国連海洋法条約草案の規定および公海上にある無許可放送に従事する船舶のデンマークによる拿捕の先例がオランダによる放送設備の押収の慣習国際法上の根拠

となるとする地方裁判所の判断は誤りである。前者は、無許可放送に従事する船舶に対する管轄権を旗国以外の関係国に付与するものであるのに対して、後者は無国籍船舶に対する管轄権行使の事例であるから、それぞれを同一に論ずることはできない。

2 たとえ慣習国際法上放送設備の押収が許されるとしても、オランダの行為は公海上にある船舶に対する管轄権を旗国に排他的に付与している公海条約第6条1項に違反する。同条は、国際条約または公海条約に明文の規定がある場合を例外とするが、オランダの行為はこの例外のいずれにも該当しない。

3 したがって、マグダ・マリア号が臨検を受けた際にパナマ国旗を掲げていたことが確認されるならば、オランダは同船に対していかなる管轄権ももたないのであって、地方裁判所の判断は本件におけるこうした側面の考慮を欠いている。

(b) 1 臨検・拿捕の時点において、マグダ・マリア号はパナマに登録されパナマ国旗を掲げていた。

2 オランダ政府は、マグダ・マリア号に対して自国国旗を掲げる権利を付与するパナマの決定を評価する自由をもたない。

3 船舶は、国旗の掲揚と船舶の登録に関する条件を決定する権利を旗国に付与している公海条約に反しない限り、船籍を失うことはない。このことは、そうした権利を終了させる権限を旗国がもつことを意味する。

4 マグダ・マリア号の臨検・拿捕の時点において、同船に付与された権利を取り消しまたは停止するいかなる行動もパナマによりとられていなかった。

5 「真正な関係」の概念は、パナマに対し旗国としてその管轄権を有効に行使することのみを義務づけるものであり、パナマにより付与された自国国旗を掲げる権利の承認等を行う権限をオランダ政府に与えるものではない。したがって、マグダ・マリア号は合法的にパナマ国旗を掲げていたのであるから、オランダは、公海上において同船を臨検し放送設備を押収する権限を国際法上もたない。

【論点】1 本件は、無許可放送に従事する公海上にある外国船舶に対する沿岸国による管轄権の行使が国際法上認められるか否かが、国内裁判所で争われた事例である。一審のハーグ地方裁判所は、1962年の先例と国連海洋法条約草案を根拠として同船の臨検および港への引致そして放送設備の押収は慣習国際法上許容されるとしたが、船舶そのものの拿捕は否定した。それに対して最高裁判所は、地方裁判所の依拠する1962年の先例は無国籍船に関する事例であって本件とは無関係であること、また国連海洋法条約草案について、それが慣習国際法となっているかはともかく、公海条約第6条1項の例外とはなりえないとして、同船に対するオランダの管轄権の行使を否定した。地方裁判所が慣習国際法の成

立を認定することにより同船に対する管轄権の存在を一部認容したのに対し、最高裁判所は直接それには答えず、もっぱら公海条約の解釈により管轄権否定の結論を導き出しており、両者の異なる判断方法が対照的である。

2　ハーグ控訴裁判所における差戻し審においては、マグダ・マリア号が臨検・拿捕の当時パナマに登録されていたことが認定されたので、検察側は同船のパナマ船籍の保持について、①パナマ法上の有効性および②「真正な関係」の欠如を理由としてそれが違法であり同号が無国籍となることを主張した。しかし、控訴裁判所は①については公海条約上オランダにパナマの船籍付与に関する決定を評価する権限がないとし、さらに②については、「真正な関係」の概念はパナマに有効に管轄権を行使することを義務づけるのみであって、オランダ政府がその有効性を評価する立場にないとして検察側の主張をしりぞけている。これに関しては、公海条約第5条の起草過程で、船舶の国籍の他国による承認の条件として「真正な関係」の存在を求める提案が否決された経緯からみても、公海条約の解釈としては、妥当であると言えよう。しかし、「真正な関係」の欠如を理由として、他国が船籍国による外交保護権の行使を否認する場合はありうる(ノッテボーム事件〔⇒124〕)。

3　本件は公海条約の下における事件であり、その解釈が主要な論点となったために沿岸国の管轄権が否定されたが、その後の国連海洋法条約(第109条、第110条)においては、公海からの無許可放送に従事する者に対する管轄権(船舶の臨検・拿捕、行為者の逮捕・訴追、放送機器の押収)の行使が、船舶の旗国の他、設備の登録国、当該者が国民である国、放送を受信することができる国、許可を得ている無線通信が妨害を受ける国に対しても認められており、国連海洋法条約上は沿岸国に管轄権が存在することに疑問の余地はない。

【参考文献】
山本草二「海賊放送局の取締りとその限界」『成蹊大学政治経済論叢』18巻1・2合併号(1968)、河西直也「公海からの無許可放送の取り締まり」『新海洋法制と国内法の対応』3号(日本海洋協会、1988)、水上千之『船舶の国籍と便宜置籍』(有信堂高文社、1994)198-235頁。

(富岡　仁・坂元　茂樹)

59 南極海捕鯨事件(Whaling in the Antarctic)

当 事 国　オーストラリア v. 日本(訴訟参加ニュージーランド)
裁 判 所　国際司法裁判所
命令・判決　(a)2013年2月6日(訴訟参加命令)　(b)2014年3月31日(判決)
出　　典　(a)ICJ (2013) 3　(b)ICJ (2014) 226

【事実】　捕鯨取締条約(ICRW) (1946年採択、1948年発効)第8条は、「科学的研究のために(for purposes of scientific research)鯨を捕獲し、殺し、及び処理することを認可する特別許可書」を発給することを当事国に認めている。ICRWは、実体規定を、条約の不可分の一部をなす付表(Schedule)に置いている(第1条1項)。付表の改正は、各当事国の代表からなる国際捕鯨委員会(IWC)により4分の3以上の多数決で採択される(第3条2項)。改正は、異議を申し立てる当事国には適用されない(第5条3項)。また、IWCは勧告を採択することができる(第6条)。特別許可は、1980年代以降、IWCが採択した「ガイドライン」に従って、IWCにより設置された科学委員会の審査を受けることとされている。そのガイドラインは、2005年には「附属書Y」に、2008年からは「附属書P」に、まとめられている。

　1982年に、IWCは商業目的での捕獲頭数上限を0とする商業捕鯨モラトリアム(付表10(e))を採択した。日本は異議を申し立てたが、米国排他的経済水域における日本船舶による漁業に関する米国との交渉を経て、1985年に異議を取り下げ、商業捕鯨モラトリアムに拘束されることとなった。

　付表10(e)は、商業捕鯨モラトリアムは科学的知見に基づいて再検討されるべきと定めている。日本は、それに必要な科学的情報を得るためとして、ICRW第8条に基づく調査捕鯨を南極海で行うこととし、1987年より南極海鯨類捕獲調査(JARPA)を、2005年からは第二期南極海鯨類捕獲調査(JARPA II)を行い、ミンククジラ等を捕獲して調査を行った。

　オーストラリア(豪)は、JARPA IIはICRW第8条にいう「科学的研究のために」なされておらず、したがって南極海における日本による捕鯨は付表10(e)等に違反する、と主張し、2010年5月31日に日本をICJに訴え、特任裁判官を指名した。書面手続中の2012年11月20日に、ニュージーランド(NZ)がICJ規程第63条に基づく訴訟参加を宣言した。これに先立つ2010年12月10日に、豪・NZ両外相は、NZが日本を相手に提訴して紛争当事者となるならば、ICJにNZ国籍の裁判官が在任していることにより豪が特任裁判官指名権を失うおそれがあるため、NZは提訴せず訴訟参加を行う、との共同声明を発表していた。

　口頭弁論において、鑑定人(ICJ規程第43条5項、ICJ規則第63条～65条)として、Marc Mangelカリフォルニア大学サンタクルーズ校教授およびNick Gales豪南極計画主任研究員

(以上、豪指名)、Lars Walløeオスロ大学名誉教授(日本指名)が陳述を行った。

【命令・判決要旨】(a)1　日本は、豪・NZ外相共同声明に言及しつつ、NZが参加することにより異常な状況が生じると主張する。ICJ規程第31条5項およびICJ規則第36条1項は、複数当事国が「同一利害関係」にあり、かつその複数当事国のいずれかの国籍を有する裁判官が在任している場合には、その複数当事国のうちの他の国は特任裁判官を指名できないとしているにもかかわらず、NZがICJ規程第63条に基づく参加をすることにより、手続的平等を確保するためのこれら規定が迂回されてしまう、という(para.17)。しかし、NZが参加しても訴訟の「当事者」にはならない以上、豪とNZとはICJ規程第31条5項の意味での「同一利害関係にある当事者」ではあり得ず、参加国国籍を有する裁判官の在任は、原告の特任裁判官指名権に影響しない(para.21)。

2　以上の理由により、全員一致で、ICJ規程第63条2項に基づくNZの宣言は受理可能と認める(para.23)。

(b)1(1)　豪は、裁判所の管轄権の根拠としてICJ規程第36条2項に基づく日豪両国の強制管轄権受諾宣言を援用する。日本は、豪の宣言に付された留保(「海域(領海、排他的経済水域、大陸棚を含む)」の境界画定に関係しもしくは関連する(concerning or relating to)いかなる紛争、または、境界画定までの間、それら海域のいずれかの紛争海域における、もしくは、それら海域に隣接する紛争海域における開発から生じ、その開発に関係しもしくはその開発に関連するいかなる紛争」を除外)を援用し、裁判所は管轄権を持たないと主張する(paras.31-35)。

(2)　強制管轄権受諾宣言への留保については、その文言と宣言国の意図とを調和させる解釈を探求せねばならない(〔アングロ・イラニアン石油会社事件⇒71A〕、〔カナダ漁業管轄権事件⇒149〕)。豪の留保は一体として読まれねばならず、「または」以下の後半部分は前半部分と密接に関係しており、後半部分についても海洋境界画定紛争の存在が前提となる。JARPA IIが、豪が主権を主張し、日本がそれを否定する「豪南極領土」沿岸海域でもなされていることはたしかであるが、日本は同地域において主権的権利を主張しておらず、日豪間には境界画定紛争は存在しない。以上より、日本の管轄権抗弁を斥ける(paras.36-41)。

2(1)　ICRW第8条は、条約の趣旨目的および付表を含む条約の他の条項に照らして解釈されねばならない。前文から、ICRWの目的は、鯨類の保全とその持続可能な利用である。付表の改正やIWCによる勧告は、このいずれかを強調することはあるとしても、趣旨目的それ自体を変更することはない(paras.55-56)。

(2)　まず、特別許可の対象活動が科学的研究を含むものであるかどうかを検討する。

つぎに、それら活動が科学的研究「のために(for purposes of)」なされているかを検討し、その際、致死的手法を用いるにあたって、調査計画の構造や実施のあり方が、調査計画に示された目的を達成することとの関連で合理的であるかどうかを考える。この評価基準(standard of review)は客観的なものである(para.67)。

(3) ICRW当事国が第8条の特別許可を発給すると決定する際、当該調査計画における致死的手法の採用が「科学的研究のため」であるとの判断を必然的に前提とする。したがって、裁判所は、そのような決定の客観的基盤については特別許可発給国が説明するものと考える(para.68)。

3(1) 第8条にいう「科学的研究のために」の、「科学的研究(scientific research)」と「のために(for purposes of)」とは累積的要件であり、調査計画が科学的研究を含むものであっても、それらが科学的研究「のために」なされるのでなければ、第8条の範囲には含まれない(para. 71)。

(2) ICRWは「科学的研究」を定義していない。豪は、Mangel鑑定人の見解に従い、ICRWにいう「科学的研究」には不可欠な要素が4つあると主張する。第1は検証可能あるいは明確な仮説であり、これについては鑑定人の間で基本的に意見の一致がある。第2は、致死的手法は非致死的手法が利用できない場合にのみ認められる、という要素である。豪は、これを支持するものとしてIWCの決議を挙げる。うち、コンセンサスで採択された決議1986-2と附属書Pは、致死的手法を用いる際には非致死的手法では不十分かを検討すべき旨述べているが、非致死的手法が利用できない場合にのみ致死的調査を用い得るとまでは述べていない。他方、コンセンサスで採択されたのではない決議1995-9は、非致死的手法では明らかにならない根本的に重要な問題がある例外的な場合にのみ致死的調査が認められると勧告している。しかし、全ての条約当事国の支持を受けていない文書は、条約法条約31条3項(a)あるいは(b)にいう後の合意や合意を確立する後の実行を構成しない。また、鑑定人全員が、科学的研究において致死的調査はあり得ると述べている。第3はピアレビューであるが、ICRW付表30は、科学委員会による評価という、ピアレビューとは異なる評価法を定めている。第4の、鯨類資源への悪影響を避けるべきという点については紛争当事国・参加国間に一致がある。もっとも、JARPA IIについては、それが鯨類資源に悪影響を及ぼすとは豪も主張していない。以上より、豪の主張する4つの要素は不可欠とはいえず、また、「科学的研究」について一般的な定義を示す必要もない(paras.73-86)。

4(1) 科学的研究「のために(for purposes of)」という要件との関連では、JARPA IIの構造や実施が当該計画に示された目的を達成するために合理的であるかどうかを検討する(para.98)。JARPA IIの4つの目的(鯨類資源量等のデータにより南極海生態系変動の指標を得る、鯨種間競合モデリングを通じて将来の管理目的を構築する、系群境界の移動を調査する、ミンククジラ管理手続の改善に資する)は、附属書Y・附属書Pにおいて特定された調査類型の範囲内であり、

したがってJARPA IIの下での活動は、広い意味で「科学的研究」といえる。問題は、JARPA IIにおける捕鯨活動が科学的研究「のために」なされているかである(paras.114-118, 127)。

(2)　非致死的手法ではクジラの内部器官を調べられないことに争いはなく、JARPA IIで求められているデータの少なくとも一部については非致死的手法は現実的でない。致死的手法により得られるデータの信頼性については鑑定人間に争いがあるが、科学的見解の相違といえる。したがって、この限りでは、JARPA IIにおける致死的手法の採用は不合理とはいえない(paras.128-135)。

(3)　しかし、非致死的手法により調査目的を達成できるか検討すべきと勧告するIWC決議やガイドラインがあり、日本はそれら決議等に適切な配慮をする義務があることを受け入れていることなどから、JARPA II調査計画において、非致死的手法の実行可能性が検討されるべきであった。口頭弁論中に、裁判官から、JARPA IIの捕獲頭数の決定に際して非致死的手法の実行可能性について毎年どのような検討を行っているかについて日本に対して質問があった。日本は2つの文書を示したが、いずれもJARPA IIに関する非致死的手法の実行可能性を扱ったものではなかった(paras.136-141)。

(4)　致死的調査の規模は、捕獲頭数で示される(para.145)。ナガスクジラおよびザトウクジラについては、JARPA IIは年各50頭の捕獲を予定している。JARPA II計画書はこの算出のために2つの要素を考慮に入れているが、ミンククジラ捕獲頭数算定のためには5つの要素を考慮している。また、調査期間6年を前提に捕獲頭数を決定するのが望ましいとしつつ、12年を前提として決定している。さらに、調査の精度の観点からはナガスクジラ・ザトウクジラとも年131頭捕獲すべきとしつつ実際には年50頭としているが、調査の精度を落とすことについての説明はない。Walløe鑑定人は、ナガスクジラの主たる生息域はJARPA IIの対象海域外であること、および、日本が用いる船舶の設備の制約上小型のナガスクジラしか捕獲できない、という問題を指摘した。これら問題は、JARPA IIが全体としてその目的を達成するために合理的であるかどうかに疑いを持たせるものである(paras.174-181)。

(5)　ミンククジラについては、性成熟年齢調査に必要な捕獲頭数については詳細に説明されているものの、それ以外の調査要素との関連ではわずかな情報しか示されていない。また、Mangel鑑定人が、JARPA IIが目指す精度の調査はミンククジラの捕獲頭数を減らしても達成できる上、捕獲頭数を減らして精度を落としても構わないとも述べたのに対し、日本は反論していない。また、ミンククジラについては調査期間を6年として捕獲頭数を算定しているが、なぜ6年とするのかについての日本の説明は変遷しており一貫性に欠ける(paras. 188-191)。

(6)　日本は、商業捕鯨であれば商品価値の高いマッコウクジラなどを捕獲するはずだ

がJARPA IIではミンククジラをもっぱら対象としている、と述べる。しかし、ミンククジラの商品価値については、日本の水産庁長官が2012年10月に衆議院においてミンククジラの肉は「お刺身なんかにしたときに非常に香りとか味がいいということで、重宝」されており、「ミンククジラを安定的に供給していくためにはやはり南氷洋での調査捕鯨が必要だった」と述べている（para.197）。

（7） JARPA IIでは、妨害活動などの理由により、想定された捕獲頭数よりも遥かに少ない頭数しか捕獲されていない。日本は、少ない捕獲頭数でも調査期間を延長すれば有意義な研究が可能であると主張する。だとすれば、年間850頭のミンククジラを捕獲することがそもそも合理的なのか、という疑いが生じる（paras.199-209）。

（8） 以上より、JARPA IIの構造と実施は調査計画に示された目的を達成するために合理的であるとの証拠は示されておらず、JARPA IIにおける致死的調査のために発給された特別許可は、ICRW第8条1項にいう「科学的研究のため」のものではない、と結論する（para. 227）。

5　日本がICRW第8条1項に基づく特別許可を将来発給することを検討する際には、本判決の理由付けと結論とを考慮に入れることが期待される（para.246）。

6　以上より、裁判所は管轄権を有し（全員一致）、JARPA IIのための特別許可発給はICRW第8条1項の範疇に収まらず（12対4）、日本は付表10（e）に違反しており（12対4）、日本はJARPA IIに関連するいかなる許可等をも撤回しなければならない（12対4）。

【論点】1　ICJ規程第63条に基づく訴訟参加の際の特任裁判官の扱いについて本件のような結論を採ると、実質的に同一利害にある国が極めて有利な立場に立つことになる。他方、第63条に基づく訴訟参加国は紛争当事国ではないため、ICJ規程・規則の解釈としては本件のような結論もやむを得ない。

2　本件以前は、専門家の発言をコントロールしたい紛争当事国は、専門家に発言を求める際、反対尋問を受ける鑑定人（ICJ規則第65条）に指名するのではなく、弁護団の一員としてきていた。しかし、そのような実行は専門家の中立性という観点からは疑問であり、パルプ工場事件〔⇒132〕においてICJにより批判された。これを受けて、本件では両国とも専門家を鑑定人として指名した。反対尋問の過程で、【要旨】に示したように日本指名鑑定人が日本に不利な発言をしているが、豪指名鑑定人も将来の調査捕鯨の容認（判決パラグラフ246）を導く発言を反対尋問の中でしており、反対尋問により鑑定人の中立性が確保されることが実証された。

3　科学的判断のできない裁判所としては、日本の説明の「合理性」を詳細に検討した。その際、説明内容の適切さという側面のみならず、「理由を示すことができる（reasonable）」かという側面にも着目し、被告たる日本に証明責任があるとも読める判断を示した上で、

日本による説明が欠けていることを問題視した。

4　IWCの決議のような条約機関による拘束力なき決議の意義について、全会一致ないしコンセンサスで採択された決議は条約法条約第31条3項(a)(b)(に反映される慣習法規則)との関連で意義を有し、かつ、条約当事国は条約機関に協力する義務を負うことから、非拘束的な決議にも適当な配慮を払うべきとされている。

5　本判決では、豪の原告適格(locus standi)については一切議論されていない。日本がそれを争わなかったからだという見解もあるが、請求の受理可能性は職権探知事項であって紛争当事者が合意により決定できる事項ではなく、ICJは豪の原告適格を認めたと理解できる。本判決は、訴追か引渡しかの義務事件〔⇒128〕判決の後に出されていることに留意されたい。

6　日本は、本判決を受けて直ちにJARPA IIを終了させた。その上で、2015年10月6日に、それまでのICJ強制管轄権受諾宣言を廃棄し、海洋生物資源の調査・保存・管理・開発に関する紛争を除外する留保を付した宣言を改めて行った。さらに、2018年12月26日にICRWからの脱退通告を行ったため、2019年6月30日をもってICRWから脱退することとなる(ICRW第11条)。

【参考文献】
松田幹夫『意見・判決V』、奥脇直也「国際法における主権的裁量の意義変化―捕鯨判決の規範的位相」『国際法研究』4号(2016)、高柴優美子「条約解釈プロセスと国際司法裁判所規程63条に基づく訴訟参加―南極における捕鯨事件を題材として」『世界法年報』35号(2016)、高島忠義「南極海捕鯨事件に関するICJ判決について(1)(2・完)」『法学研究』89巻4号、5号(2016)、石井敦・真田康弘『クジラコンプレックス―捕鯨裁判の勝者は誰か』(東京書籍、2015)、稲本守「南極海調査捕鯨に関する国際司法裁判所判決」『人間科学研究』12号(2015)、坂元茂樹「捕鯨取締条約における『科学的研究』の意義」『日本海洋政策学会誌』5号(2015)、同「国際法の観点から見た南極捕鯨事件判決」『日本水産学会誌』81巻6号(2015)、佐藤哲夫「捕鯨事件にみる国際組織の創造的展開」柳井俊二・村瀬信也(編)『国際法の実践―小松一郎大使追悼』(信山社、2015)、山下菜美子「判例研究　国際司法裁判所『南極における捕鯨』訴訟判決」『環境法研究』40号(2015)、「焦点：捕鯨判決と調査捕鯨の行方」『国際問題』636号(2014)、奥脇直也「捕鯨裁判の教訓」『日本海洋政策学会誌』4号(2014)、大谷良雄「南極海捕鯨判決事件(上)(中)(下)」『時の法令』1953号、1955号、1957号(2014)、小林賢一「国際司法裁判所『南極における捕鯨』裁判」『法学新報』120巻9・10号(2014)。

(濱本　正太郎)

⑥ 南シナ海事件(In the Matter of the South China Sea Arbitration)

当 事 国　フィリピン v. 中国
裁 判 所　国連海洋法条約附属書Ⅶ仲裁裁判所
判　　決　(a) 管轄権・受理可能性　2015年10月29日
　　　　　(b) 本案　2016年7月12日
出　　典　PCA(20151)1, PCA(2016)1

【事実】　2013年1月22日、フィリピンは中国を相手取って、国連海洋法条約(以下、海洋法条約)第15部および附属書Ⅶに基づく仲裁裁判を開始した。フィリピンが提起した紛争は、第1に、中国は南シナ海における九段線内のすべての水域に主権的権利や管轄権を主張するが、こうした主張は海洋法条約と両立しない。第2に、南沙(スプラトリー)諸島の海洋地形の権原取得、すなわち、中国が実効支配している南沙諸島の礁や低潮高地は領海や排他的経済水域(以下、EEZ)、さらには大陸棚をもたず、スカボロー礁などは海洋法条約のいう「人間の居住又は独自の経済的生活を維持することのできない岩」(第121条3項)であるので、領海しか持ちえないと主張した。つまり、海洋法条約の解釈・適用をめぐる紛争、いわゆる権原取得紛争(entitlement dispute)として提起した。

　中国は、2006年に海洋法条約第298条1項に定める紛争につき義務的紛争解決手続から除外する旨の宣言を国連事務総長に寄託していた。その結果、海洋境界画定に関する紛争、歴史的権原に関する紛争および軍事的活動に関する紛争は附属書Ⅶに定める仲裁手続で解決する途が閉ざされていた。そこで、フィリピンはこの管轄権の制限をかいくぐるために、中国が主張する権利は島を含む陸地から測られた水域に対してのみ主張できるとして、中国が実効支配している南沙諸島の礁や低潮高地は海洋法条約に基づくEEZや大陸棚を有することができる島なのか、それとも第121条3項でいうそれらを有しない岩なのかを争う権原取得紛争として紛争を提起した。このほか、第3に、南シナ海における中国の行動の違法性について、第4に、中国による紛争の悪化および拡大行為について訴えた。

　中国は、裁判に欠席する戦術を取り、管轄権を争う先決的抗弁も、本案に関する答弁書も提出せず、口頭弁論にも欠席した。他方で、中国外交部の2014年の「見解書(Position Paper)」において、中国とフィリピンの間には海洋法条約の紛争処理手続以外の方法で紛争処理をする合意ができていた、またフィリピンの請求主題は、海洋境界画定に関するものであって中国の上記宣言により仲裁裁判所の管轄権から除外されると述べるとともに、在オランダ中国大使が判事に書簡を送付し、法廷外で裁判所の管轄権を争った。

【判決要旨】(a)1　裁判所は、中国の見解書および書簡につき実質的に管轄権に関する請願

60 南シナ海事件　245

(手続規則第20条)を構成するとみなすことを決定した(para.123)。

2　海洋法条約第288条は、裁判所の管轄権を「この条約の解釈又は適用に関する紛争」に制限している。したがって、裁判所は、第1に、当事国間に海洋法条約の解釈または適用に関する紛争が存在するか否か、第2にこうした紛争が海洋法条約の解釈適用に関する紛争であるか否かを決定することが求められている(paras.30-31)。

中国は、第1に、「仲裁裁判の請求主題の本質は南シナ海における海洋地形の領域主権にかかわり、海洋法条約の範囲を超えており、海洋法条約の解釈適用に関するものではない」と主張する。第2に、たとえ当事国の紛争が海洋法条約内の紛争であったとしても、本件紛争は海洋境界画定の不可分の一部であり、中国が宣言した選択的除外に該当すると主張する(para.133)。第1については、フィリピンは主権の決定を求めていないし、明示にかつ繰り返しそれを控えるように求めた(para.153)。第2については、権原取得の存在に関する紛争は、当該権原取得が重複する海域における境界画定紛争とは別個のものである。海洋境界は、相対するまたは隣接する沿岸を有し、権原取得が重複する国の間でのみ画定され得るものである。これに対して、権原取得に関する紛争は重複が無くても存在し得る(para.156)。したがって、裁判所は、本訴訟のすべての申立においてフィリピンによって提起された問題につき、海洋法条約の解釈適用に関する当事国間の紛争が存在すると確信する(para.178)。

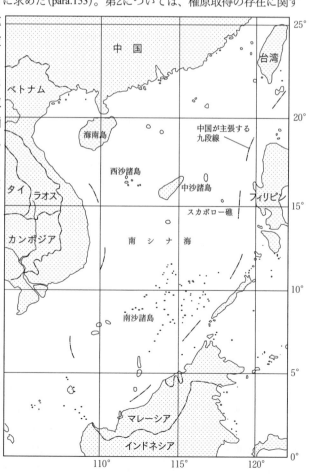

3　中国は、ASEANとの「南シナ海における関係国の行動に関する宣言(DOC)」が友好的協議および交渉による紛争解決の相互義務を課しており、条約第281条にいう「合

意」であると主張する(paras.202-206)。他方、フィリピンは、第1に、DOCは拘束力を有する合意ではなく、非拘束的な政治文書である。第2に、第281条では協議および交渉を永遠に行うことは求められない。第3に、(拘束力を有していたとしても)DOCは第15部第2節の紛争解決手続を明示に排除していない。第4に、中国はDOCを無視する自身の行動についてDOCを適用することはできないと反論する(paras.207-211)。

DOCは「確認する(reaffirm)」という文言を多用しており、締結状況や当事国の後の慣行から見ても、紛争解決に関して法的拘束力のある合意を作る意思は当事国にはなかった。当事国間の紛争解決は永遠に要求されるものではない。また、第281条の「当該紛争の当事者間の合意が他の手続の可能性を排除していない」の解釈について、第281条は明示的な排除を要求しているが、DOCは条約第15部への紛争付託を明示的にも黙示的にも排除していない。DOCは第281条に関し裁判所の管轄権を阻害しない(paras.212-219)。裁判所は、よりよい見解は、第281条はさらなる手続の排除につき明示の表明を要すると考える(para.223)。

4 裁判所は全員一致で、A．仲裁裁判所は海洋法条約附属書Ⅶに従って適切に組織されている。B．本件審理に対する中国の不出廷は、仲裁裁判所の管轄権を奪うものではない。C．本件仲裁を開始したフィリピンの行為は、手続の濫用を構成しない。D．その不在が仲裁裁判所の管轄権を奪うような不可欠な第三国は存在しない。E．2002年の中国・ASEAN間の南シナ海における当事国の行動宣言などは、海洋法条約第281条または第282条の下で、海洋法条約第15部2節において利用可能な強制的な紛争解決手続に訴えることを排除しない。F．当事国は、海洋法条約第283条で要求されている意見の交換を行った。G．仲裁裁判所は、本判決に示された条件に従い、フィリピンの申立3、4、6、7、10、11および13を検討するための管轄権を有する。H．仲裁裁判所がフィリピンの申立1、2、5、8、9、12および14を検討するための管轄権を有するか否かの決定は、もっぱら先決的な性質を有するものでない争点の検討を含むものであるため、当該申立について判断を下す管轄権の検討を本案に留保する。I．フィリピンの申立15の内容を明確にし、その射程を狭めるよう、同国に命じた上で、申立15についての仲裁裁判所の管轄権に関する検討を本案に留保する。J．本仲裁判決で決定されていないあらゆる争点についてのさらなる検討および命令を留保する(para.413)。

(b) 1 第298条1項(a)(ⅰ)における管轄権の除外は歴史的権原を伴う紛争に限定されており、中国は南シナ海の水域に対する歴史的権原を主張しておらず、むしろ権原に満たない一群の歴史的権利を主張している。裁判所はフィリピンの申立の1と2を検討する管轄権を有する(para.229)。中国は南シナ海の九段線内の水域における生物資源および非生物資源に対する歴史的権利を主張している。そこで裁判所は、海洋法条約に反し、かつ海洋法条約の発効前にすでに確立されていた資源に対する権利の保全を海洋法条約が許すかどう

かを検討する (paras.232-235)。

2　中国の関連する権利が、九段線内の生物資源および非生物資源に対する歴史的権利の主張を構成する限りにおいて、裁判所は中国のこの見解に賛成することはできない。海洋法条約は、同条約と合致しない歴史的権利を保全または保護するいかなる明示の規定も含んでいない。逆に、海洋法条約は、それに両立しない限度において、従前の権利や合意に優先する (para.246)。中国の「九段線」内の生物資源および非生物資源に対する歴史的権利の主張は、海洋法条約が規定する中国の海域の限界を超える限度において海洋法条約と両立しないと結論する。したがって、中国の海洋法条約への加入および同条約の発効により、「九段線」内の生物資源または非生物資源について中国が有していたかもしれないいずれの歴史的権利も、法の問題として、かつ中国とフィリピンの間において、海洋法条約が規定する海域の限度によって取って代わられた (paras.261-262)。申立1に関して、裁判所は、海洋法条約は課せられた限界を超えない限度で、南シナ海における海洋権原の範囲を定めていると結論する。申立2に関して、裁判所は、「九段線」によって囲まれた南シナ海の海域に関して、中国の歴史的権利、または他の主権的権利または管轄権に対する主張は海洋法条約に違反し、法的効果をもたないと結論する (paras.277-278)。

3　第121条において、岩は島の一カテゴリーである。島とは、地質学上または地形学上のいずれの限定もなく、「自然に形成された陸地」と定義される。地形の名称は、それが人間の居住または独自の経済的生活を維持することができるかどうかに関して指針を与えない。第121条3項における「できない」の文言の使用は、能力 (capacity) の概念を示している。地形に現在居住していないという事実は、当該地形に居住できないことを証明していない。当該地形に経済的生活がないという事実は、経済的生活を維持できないということを証明していない (paras.481-483)。裁判所の見解では、第121条3項における居住という用語の使用は、その地形に定住することを選んだ複数の人々の一過性でない存在を意味している。裁判所の見解では、「居住」という用語はまた、一般に人の集団または共同体による居住を意味する (paras. 489-491)。人間の居住または独自の経済的生活のいずれかを維持できる島は、EEZおよび大陸棚の双方に対する権利を有する。しかし、経済活動が人間によって行われ、人間は経済活動または生計を立てることが可能でない場所に滅多に居住しない。したがって、2つの概念は、第121条3項の文法上の構造とは無関係に、実際の問題としては結びついている (paras. 496-497)。「独自の」の要素は、解釈に最も重要な要素である。それは、ある地形それ自体が独立した経済的生活を支える能力を有しなければならないことを明確にしている。当該能力に関して、地元住民が関与していない、外部の資源の投入に主に依存したり、または採取活動の対象として純粋に利用したりすることは含まれない (para.500)。

4　裁判所の見解では、第121条3項の文脈で検討すべき要素は次の2つの側面である。第

1に、地形の分類制度——完全な権原を有する島、岩、低潮高地、水面下の地形など——の文脈に、岩と完全な権原を有する島が存在する点である。第2に、第121条3項は、EEZ導入の背後にある目的に照らして解釈されなければならない。裁判所は、土地の埋め立てによって岩を完全な権原を有する島に変えることはできないと考える。地形の地位は、その自然状態に基づいて評価されなければならない。人間の居住または経済的生活を維持できない岩を、技術や外部的な材料を用いることで完全な権原を有する島に変えることが認められるとするなら、制限規定としての第121条3項の目的は阻害されるだろう(paras.507-509)。EEZの目的とは、国家の管轄権をその沿岸に隣接する海域を超えて拡大すること、および沿岸国住民の利益のために、これら海域の資源を保存することにある(para.513)。

5　裁判所は、第121条3項の起草者が関心を持った人間の居住とは、EEZが導入されたことで利益を受ける一部住民の居住を意味していたと考える(para.520)。「人間の居住」という用語は、地形に故郷(home)を設け、そこに留まることのできる人たちの安定的な共同体と理解されるべきである。「独自の経済的生活」という用語は、人間の居住という要件に関係しており、この2つはほとんどの場合密接に関連することになる(paras.542-543)。第121条3項の条文は選択的であり、EEZおよび大陸棚を有する権原が高潮地形に認められるためには、人間の居住または独自の経済的生活のいずれかを維持する能力があれば十分である。ただし、実際問題として、裁判所は、海洋地形に人間の安定した共同体が存在する場合に、通常、当該地形は、独自の経済的生活を有していると考える(paras.542-544)。人間の居住または独自の経済的生活を維持する地形の能力は、事例ごとに評価しなければならない(para.546)。

6　裁判所の見解では、スカボロー礁は第121条3項の適用上「岩」である(para.554)ジョンソン礁も、クアテロン礁も、ファイアリー・クロス礁も、ガベン礁(北側)も、マッケンナン礁もまた、第121条3項の適用上の岩である(paras.557-569)。

7　国際法上、伝統的漁業または零細漁業を行う私人の権利は保護されてきた。この権利は、既得権の観念に由来する。この権利は国家に帰属するのではなく、伝統的にある海域で漁業を行ってきた私人または共同体に帰属する。スカボロー礁で行われていた漁業の少なくとも一部は、そうした性質を有するものであった(paras.800-804)。2012年5月以降に中国がフィリピン漁業者による操業を完全に禁止したことは、伝統的漁業権を尊重する義務と整合しない(para.812)。

8　海洋法条約第192条は、海洋環境を保護・保全する一般的な義務を課しており、これは将来的な損害からの海洋環境の「保護」と現在の状態を維持・改善するという意味での「保全」の双方を含み、海洋環境を悪化させない義務を含む(para.941)。第194条は「海洋環境の汚染」を防止、削減および規制するための措置に関する規定である。第192条と第194

条は、国家自身が行う活動について義務を課すのみならず、自国の管轄・管理下にある活動が海洋環境を害さないことを確保するよう相当な注意を払う義務を課している。第194条5項は「稀少又は脆弱な生態系」の保護・保全に関するものであり、この規定は第12部の目的が狭い意味での海洋汚染の規制に限られないことを示している(paras.944-945)。第197条は海洋環境の保護・保全のための協力義務を定めており、また南シナ海のような半閉鎖海については第123条も地域的な協力を定めている(para.948)。

中国は人工島の建設活動によって、第192条の海洋環境を保護・保全する義務に違反し、海洋環境を汚染する浚渫の実施によって第194条1項に違反し、さらに同条5項の下での稀少・脆弱な生態系および絶滅危惧種等の生息地を保護・保全する義務にも違反した。また、中国は、人工島の建設にあたって南シナ海に面する他の国と協力・調整を行わなかったことから、第197条および第123条の下での協力義務違反があった。さらに環境影響評価を実施する義務に関し、人工島建設活動の規模と影響に鑑みれば、中国政府が「海洋環境に対する重大かつ有害な変化をもたらすおそれ」があると信じていなかったことは合理的にありえず、第206条の違反があった(paras.989-991)。

9 中国の法執行船の運航態様は「海上における衝突の予防のための国際規則に関する条約(COLREGS)」上の規則の違反にあたる。同規則は一般的に受け入れられている国際的な規則、手続および慣行を構成するものであるから、同時に第94条(旗国の義務)の違反にもあたる(para.1105)。

10 紛争が紛争解決手続に継続している間には、紛争を悪化・拡大させない義務が海洋法条約および一般国際法上存在する(para.1173)。本件においては、第1にミスチーフ礁において既成事実が作り出されたことによって仲裁判決の実施が両当事者にとって困難となり、またミスチーフ礁の原状回復を不可能にする点で、第2に海洋環境に対して回復不能な損害を与えた点で、そして第3に地形の自然状態に関する証拠を恒久的に破壊し、仲裁裁判所による判決をより困難にした点で紛争を悪化・拡大する行為があった(paras.1177-1179)。

【論点】1 管轄権判決において、裁判所は、第281条の「当該紛争の当事者間の合意が他の手続の可能性を排除していない」の解釈について、同じく海洋法条約附属書Ⅶに基づくみなみまぐろ事件(豪州・NZ対日本)仲裁判決(2000年)の解釈と異なる解釈を採用した。みなみまぐろ事件では、「裁判所の見解では、第16条(みなみまぐろ保存条約の紛争解決条項)における手続の明示の排除がないことは決定的ではない」(para.57)とし、「他の紛争手続の黙示の排除で第281条にとって十分である」との解釈が採用されたが、今回の判決は、「排除につき明示の表明」が必要であると判例変更している。

2 本案判決は、南シナ海のいわゆる九段線内において中国が主張する歴史的権利または他の主権的権利・管轄権に対する主張は海洋法条約に違反するとして認めなかった。海洋法条約は、それが課する制限を超える歴史的権利または他の主権的権利・管轄権に優先するというのである。判決は、中国の「歴史的権利」のフィリピンに対する対抗力(opposability)を否定したのみならず、対世的(erga omnes)にこうした主張の法的根拠が海洋法条約上存在しないことを明言した点で極めて重要である。

1998年に制定された中国の「排他的経済水域及び大陸棚法」第14条は、「この法律の諸規定は、中華人民共和国の歴史的権利に影響を与えるものではない」と規定する。しかし、国際司法裁判所が、ノルウェー漁業事件判決(1951年)において判示したように、「海域の画定は常に国際的側面をもち、それは単に沿岸国の国内法に表現された意思に依存し得ないものである。画定行為は、沿岸国のみがそれを行う権能を有しているから、必然的に一方的行為であるのは事実だが、他国に対する画定の効力は国際法に依存している」ことを忘れてはならない。

3 判決は、本件対象海域(南シナ海南部の南沙諸島海域および同東部のスカボロー礁周辺海域)において中国が領有を主張する島嶼、岩礁、環礁などの海洋地形はいずれもEEZおよび大陸棚を有しない岩あるいは低潮高地にすぎず、中国の権利主張およびその行使は国際法上の根拠を欠くと判決した。

判決は、第121条の解釈として、「高潮地形」という上位概念を設定し、島および岩はその下位概念と位置付けた。その結果、「第121条において、岩は島の一カテゴリーである。島とは、地質学上または地形学上のいずれの限定もなく、『自然に形成された陸地』と定義される」(para.481)と述べて、第121条の解釈にあたって、第1項と第3項の関係について、いわゆる「結合説」を採用した。すなわち、第1項の島の基準を満たせば、第3項の岩の基準から解放されると解釈するのか(いわゆる「分離説」)、第1項の基準を満たし、かつ第3項の基準を満たすもの(いわゆる「結合説」)のみが「完全な権原を有する島」とされるのかという点について、仲裁判決は後者の立場を採用した。こうした結合説は、国際司法裁判所においても2012年の領土海洋紛争事件(ニカラグア対コロンビア)でも採用されていた。

4 本判決は、第121条3項が定める「人間の居住又は独自の経済的生活」の解釈を真正面から取り上げた判決として、重要である。判決は、「人間の居住」または「独自の経済的生活」のいずれかの要件満たしていればいいとしながらも、実際問題として、人間は経済的生活を営むことができない高潮地形には住まないとして、「独自の経済的生活」は「人間の居住」という要件に関連しているとし、両者を結び付けて理解している。

さらに、「人間の居住」の要件として安定的な共同体の存在とその地形が「故郷」になっていることを要求し、公務員のみが常駐する高潮地形は「人間の居住」に当たらないとした。

また、EEZの目的は地元住民の利益のために資源を保存することにあるとする。こうした判決の解釈については、EEZ制度の機能のうち、過度に海洋資源の独占権につき強調しすぎたきらいがあるとの批判がある。

 5　中国は、フィリピンの提訴後、仲裁裁判への出廷を拒否するのみでなく、南沙諸島海域における人工島の設置や環礁の埋立てによる飛行場建設など、領有権主張の既成事実化を進めた。仲裁判決は、そうした造成工事は対象海域の海洋環境に破壊的かつ長期的な損害をもたらすものであるとし、海洋法条約第192条、第194条1項および5項、第197条、第123条、第206条に違反すると認定した。同時に、そうした活動は国際紛争処理に関わる紛争悪化防止義務に違反すると認定した。注目されるのは、本判決が、①主張される権利侵害をより深刻なものとする行為、②紛争処理手続の目的を失わせる行為、③紛争処理手続の進行を重大に阻害し解決の見込みを失わせるような行為を、紛争悪化防止義務の具体的基準として示したことである。

 6　中国は、判決後も、判決は「無効、違法であり受け入れられない」と公言した。仲裁判決は拘束力をもつものの(海洋法条約第296条1項・附属書Ⅶ第11条)、判決を強制執行する仕組みが海洋法条約にはないため、判決後も中国がこれらの岩礁を実効支配する状況に変化はない。仲裁判決直前の2016年6月25日、中国は、ロシアとの間で「国際法の促進に関するロシア連邦と中国人民共和国の宣言」を公表し、「ロシア連邦と中華人民共和国は、紛争の平和的解決の原則を再確認」する一方で、「国はみずからが合意する紛争解決手段と紛争解決メカニズムを通じてみずからの紛争を解決しなければならないという確固たる確信を表明する」(5項)と述べ、一方的提訴を紛争の平和的解決の原則から排除されている。

【参考文献】
坂元茂樹『日本の海洋政策と海洋法』第13章・第14章(信山社、2018)、田中則夫「国連海洋法条約附属書Ⅶに基づく仲裁手続―フィリピンv.中国仲裁手続を中心に―」浅田・酒井・加藤編『国際裁判と現代国際法の展開』(三省堂、2014)、玉田大「フィリピン対中国事件(国連海洋法条約附属書Ⅶ仲裁裁判所)管轄権及び受理可能性判決(2015年10月29日)」『神戸法学雑誌』66巻2号(2016)、濱本正太郎「南シナ海仲裁判断の射程―法的根拠、経緯、その意義を見る」『外交』39号(2016)、岩月直樹「南シナ海仲裁判決と国際紛争の平和的解決」『法学教室』435号(2016)、許淑娟「国際法上の島の定義と国内法制度―南シナ海仲裁と沖ノ鳥島をめぐる日本の対応を中心に―」『論究ジュリスト』19号(2016)、西本健太郎『平28重判』(2016)、兼原敦子「南シナ海仲裁判断(本案)にみる国際法の妥当性の論理」『国際問題』659号(2017)、西本健太郎「南シナ海仲裁判断の意義―国際法の観点から」『東北ローレビュー』4号(2017)、李禎之「南シナ海仲裁手続の訴訟法的含意」『国際法外交雑誌』117巻2号(2018)。

(坂元　茂樹)

第6章

外国人の法的地位

第1節　外国人の出入国　　　254
第2節　庇護権と犯罪人引渡　　270
第3節　外国人の権利・国有化　293

第1節　外国人の出入国

61　ムスタキム事件 (Moustaquim Case)

申　立　人	ムスタキム
被申立国	ベルギー
裁　判　所	ヨーロッパ人権裁判所
判　　　決	1991年2月18日
出　　　典	ECHR Ser.A, No.193

【事実】　ムスタキム (以下、申立人という) は、モロッコ国民であるが、2歳になる前に父が住むベルギーに母とともに移り住んだ。以来居住許可を得て継続的にベルギーに住んでいた。彼は、18歳のとき、147件の窃盗および強盗に関わったとして、少年裁判所の処分に付され、同裁判所は、うち26件について通常裁判所に管轄を委ねた。結局、このうち22件について有罪とされ、総計約2年3カ月の実刑判決を受けて、1年6カ月刑に服した。この間、法務大臣の付託を受けた外国人問題諮問委員会は、申立人の追放について法的には正当化できるが不適当であるという意見を提出したが、出所後彼を10年間追放するとの王令が発せられた。申立人の父は、国務院に執行停止と取消を求めて訴えたが、いずれもしりぞけられ、申立人はベルギーを出国した。しかし、モロッコには向かわず、スペイン、スウェーデンなどに住んだ。この間、追放後施行された新国籍法の規定に基づき、ベルギー国籍の取得宣言をしたが、追放後居住していないとの理由でこの宣言は受理できないとされた。追放後約5年を経過して、精神状態の不調を訴える彼に療養の機会を与えることなどを理由として、追放令を停止する王令が発せられ、その後申立人はベルギーに帰り居住許可を得ている。申立人は、追放中に、この処分がヨーロッパ人権条約 (以下、条約という) 第8条 (家族生活・私生活の尊重)、同条と結びついた第14条 (差別の禁止)、第3条 (非人道的待遇の禁止)、第6条 (公正な裁判) および第7条 (遡及処罰の禁止) に違反して行われたとして、ヨーロッパ人権委員会に申し立てた。同委員会は、適用可能でないとした第6条に基づく不服を除きすべてを受理した後、第8条のみの違反を認定する報告書を採択し、事件をヨーロッパ人権裁判所 (以下、人権裁判所) へ付託した。

【判決要旨】1　申立後、追放令の停止等の措置は、追放されていた5年間に被った損害をぬぐい去るものではないので、ベルギー政府 (以下、被告という) の訴訟目的消滅の主張は認められない (para.33)。

2　申立人の家出および収監によっても、両親・兄弟との家族関係を絶ったとは認められないので、家族生活への介入があり、第8条2項によってこれが正当化できるかが判断さ

れなければならない (paras.36-37)。本件追放は、「法律に従っ」たものであり、第2項に掲げられた目的を追求するものと認められる (paras.38-40)。「民主社会において必要」との要件については、被告は、申立人の犯したとされる犯罪の数の多さ、服した刑の重大さ、および少年裁判所の監護下においても犯罪を繰り返したことなどを援用して、とくに再犯の危険を強調する。たしかに、締約国は、外国人の入国、滞在および追放を管理する権利を行使して、公序を維持することに関心を有し、これは決して軽視されない。しかし、第8条1項に規定する権利に対する介入が問題になっているときには、差し迫った社会的必要とくに追求する目的との比例性を有することを示さなければならない (para.43)。申立人が犯したとされる犯罪は、すべて未成年の間に犯されたものである。また、このうち、刑事処分のため審理された26件は、約11カ月という比較的短期間の間に犯され、これらの被疑事件の最後のものと追放令との間には3年余りという比較的長い期間が経過しており、この間申立人が拘禁されていなかった期間もかなりある (para.44)。他方、申立人の近親者はすべてベルギーに長期にわたって居住しており、兄弟のうち1人はベルギー国籍を取得していたし、3人はベルギーで出生した。申立人自身も2歳になる前にベルギーに来て、家族とともに約20年間そこで居住している。モロッコには休暇旅行で2度帰ったことがあるに過ぎない。学校教育はすべてフランス語で受けた (para.45)。これらの事情を考慮すれば、家族生活の尊重について、本件処分が比例していないことは明らかであり、この点で第8条の違反がある (para.46) (7対2)。よって、この処分が申立人の私生活の尊重の権利を侵害したかどうかについては、判断する必要がない (para.47)。

3　第8条と結びついた第14条について言えば、申立人のベルギー国民との関係での差別の主張については、条約の第4議定書第3条に確認されているように、国民には追放されない権利があるのであり、それと比較可能性はない。また、欧州共同体国民との関係での差別の主張については、同共同体は特別な法秩序であるから、この区別には客観的で合理的な根拠がある (全員一致) (paras.48-49)。

4　第3条および第7条については、申立人はこれらの規定の違反の主張を繰り返さなかったので、人権裁判所には、これらについて判断する必要はない (全員一致) (para.50)。

5　申立人による、追放の結果職に就くことができなかったことによる第50条 [現41条] に基づく金銭的損害の補償の請求については、その因果関係は認められず却下する。精神的損害の補償および訴訟手続のための費用の返還を認める (7対2) (paras.52-59)。

【論点】1　外国人に対して国家が追放処分をする自由は、国際法によって広く認められてきた。人権諸条約も外国人の追放については、直接的には、手続的保障および集団的措置の禁止を規定するにとどまっている (市民的及び政治的権利に関する国際規約 (以下、自由権規約)

第13条、条約の第4議定書第4条および第7議定書第1条など参照)。しかし、このことは、追放措置が他の権利の侵害を引き起こすことによって人権諸条約の違反となりうることを排除しない。本件においては、外国人の追放について国家が管理する権利を確認しつつ、家族生活の尊重の権利への介入を伴うときは、その裁量は縮小すると判断された。

2 本件において被告や一部の裁判官は、申立人が「家族生活」を有していたかどうかについて疑いを提起した(ビンシュレール-ロベール、ヴァルティコス両裁判官の反対意見)。人権裁判所は一般に、「家族生活」の終了を簡単には認めない。本件においても、本人の意思による家出があったとしても、それによって家族関係を絶ったとは認められなかった。

3 しかし、ごく幼いときにベルギーに来て長期にわたり居住していること、国籍国との実質的つながりがほとんどないこと、といった要素は、例えば両親や兄弟がいないという場合でもありうることであり、本件判決において、「家族生活」と直接関係のない要素が考慮されているのは否定できない。人権裁判所は、こうした要素を、むしろ同じく条約第8条に規定される「私生活」との関係で考慮することもある(1996年のC対ベルギー事件判決)。

4 このアプローチをさらに推し進めると、滞在国との(国籍国とのそれを凌駕する)実質的つながりをもつ外国人を1つのカテゴリーとしてとらえ、国民に準ずるような、例えば追放を制限する一定の地位が認められると解することができる(なお、日韓法的地位協定第3条参照)。他方において、本件では、国籍取得の機会を奪われたという申立人の主張は、考慮される余地がなかった。なお、そもそも滞在の不法性がしばしば問題となる自由権規約の文脈〔⇒92Aウィナタ事件〕とは異なり、条約では、定住した移民とその子孫が問題となることが多い。

5 本件では、重大な犯罪歴が関わっているが、外国人の追放は、過去の行為に対する制裁とはみなされていないことに注意が必要である。制裁と性格づけるならば、申立人の言う国民との間の差別が問題となり、「刑事上の罪の決定」に該当して公正な裁判の保障(条約第6条、自由権規約第14条)が及ぶと解されるからである。

6 そのほか、訴訟目的の消滅の基準、欧州共同体の性格、賠償の認められる金銭的損害の範囲などが論点となりうるが、近年の人権裁判所判例では、比例性の基準とその適用に論点が集中しており、考慮要素が提示される例もある(2001年のブルテイフ判決)。

【参考文献】
阿部浩己「出入国管理と家族生活の保護」『法学セミナー』447号(1992)、薬師寺公夫「犯罪人引渡し及び退去強制に対する人権条約の制限(1)」『立命館法学』231・232合併号(1994)、徳川信治「自由権規約と家族概念」『立命館法学』237号(1995)、馬場里美「出入国管理における『私生活及び家族生活を尊重される権利』」早稲田法学会誌50号(2000)、同「外国人の在留と私生活・家族生活の尊重」『ヨーロッパ人権裁』、村上正直「外国人の追放と家族の利益の保護」『世界人権問題センター研究紀要』7号(2002)。

(小畑　郁)

62　マクリーン事件

裁　判　所	最高裁大法廷
判　　　決	1978(昭和53)年10月4日
出　　　典	*民集32巻7号1223頁；判時903号3頁

【事実】　米国籍者マクリーン(以下、X)は、1969年5月10日出入国管理令(以下、令という)第4条1項16号に該当する者としての在留資格をもって在留期間を1年とする上陸許可を受けた。Xは、入国後A語学学校に英語教師として雇用されたが、17日間で同校を退職、B語学学校に再就職した(無届)。また、Xは、いわゆる外国人ベ平連(「ベトナムに平和を！市民連合」)に所属し、同年6月から12月までの間に計9回にわたりその定例集会に参加した。さらに、1970年7月までの間、出入国管理法案反対運動、ベ平連定例集会及びベトナム反戦運動等に参加した。なお、Xが参加した集会、集団示威行進等はいずれも、平和的かつ合法的活動の域を出ず、Xの参加の態様は、指導的または積極的なものでもなかった。

　Xは、1970年5月1日法務大臣(以下、Y)に対して1年の在留期間の更新を申請した。Yは同年8月10日に出国準備期間として9月7日まで120日間の更新を許可した。Xはさらに同年8月27日に9月8日から1年の在留期間の申請を更新したが、Yは同年9月5日付でこの更新を許可しないとの処分をした。そこでXは、この処分の取消を求めて出訴した。

　東京地裁は、Xの請求を認めたため(行集24巻3号187頁)、Yが控訴した。他方東京高裁は、一審を破棄し、Xの請求を棄却した(行集26巻9号1055頁)。そこで、Xは上告した。

【判決要旨】　上告棄却。

　1　「憲法22条1項は、日本国内における居住・移転の自由を保障する旨を規定するにとどまり、外国人がわが国に入国することについてはなんら規定していないものであり、このことは、国際慣習法上、国家は外国人を受け入れる義務を負うものではなく、特別の条約がない限り、外国人を自国内に受け入れるかどうか、また、これを受け入れる場合にいかなる条件を付するかを、当該国家が自由に決定することができるものとされていることと、その考えを同じくするものと解される…。したがって、憲法上、外国人は、わが国に入国する自由を保障されているものではないことはもちろん、…在留の権利ないし引き続き在留することを要求しうる権利を保障されているものでもない」(1230頁)。

　2　令の規定は、Yに「一定の期間ごとに当該外国人の在留中の状況、在留の必要性・相当性等を審査して在留の許否を決定させようとする趣旨」であり、更新事由の有無の判断

第6章　外国人の法的地位

をYの裁量に任せ、その裁量権の範囲を広汎なものとする趣旨である。したがって「上陸拒否事由又は退去強制事由に準ずる事由に該当しない限り更新申請を不許可にすることは許されないと解すべきものではない」(1231頁)。

　3　Yの「裁量権の性質にかんがみ、その判断が全く事実の基礎を欠き又は社会通念上著しく妥当性を欠くことが明らかである場合に限り、裁量権の範囲をこえ又はその濫用があったものとして違法となるものというべきである」。よって裁判所は、Yの判断についてそれが違法となるかどうかを審理、判断するにあたっては、当該判断はYの裁量権の行使としてされたものであることを前提として、その判断の基礎とされた重要な事実に誤認があること等により当該判断が全く事実の基礎を欠くかどうか、又は事実に対する評価が明白に合理性を欠くこと等により当該判断が「社会通念に照らし著しく妥当性を欠くことが明らかであるかどうかについて審理し、それが認められる場合に限り」、当該判断は「裁量権の範囲をこえ又はその濫用があったものとして違法であるとすることができる」(1232頁)。

　4　「憲法第3章の諸規定による基本的人権の保障は、権利の性質上日本国民のみをその対象としていると解されるものを除き、わが国に在留する外国人に対しても等しく及ぶものと解すべきであり、政治活動の自由についても、わが国の政治的意思決定又はその実施に影響を及ぼす活動等外国人の地位にかんがみこれを認めることが相当でないと解されるものを除き、その保障が及ぶものと解するのが、相当である」(1233頁)。

　5　「外国人の在留の許否は国の裁量にゆだねられ、わが国に在留する外国人は、憲法上わが国に在留する権利ないし引き続き在留することを要求することができる権利を保障されているものではなく」、令上Yが「その裁量により更新を適当と認めるに足りる相当の理由があると判断する場合に限り在留期間の更新を受けることができる地位を与えられているにすぎないものであり、したがって、外国人に対する憲法の基本的人権の保障は、右のような外国人在留制度のわく内で与えられているにすぎないものと解するのが相当であって、在留の許否を決する国の裁量を拘束するまでの保障、すなわち、在留期間中の憲法の基本的人権の保障を受ける行為を在留期間の更新の際に消極的な事情としてしんしゃくされないことまでの保障が与えられているものと解することはできない」(1233頁)。

【論点】1　日本国憲法では明文規定のない外国人の法的地位および政治的自由に関する保障が争われたリーディングケースである。外国人に対する憲法上の人権の保障は「権利性質説」が適用されることを本判決は明らかにした。内外人平等主義を求める国際人権法の流れに対して、外国人の人権保障が国内的にもどこまで実現されるかが問題となる。

　2　国際慣習法上、外国人の入国の許否は国家の自由裁量であり、特段の条約の定めがない限り、外国人の入国の自由は保障されないというのが判例・学説上も確立している。「特

段の条約の定め」につき、各国は、通商航海条約や自由貿易協定など二国間条約あるいはEUにおけるシェンゲン協定など多数国間条約を締結して、出入国に関する各国の裁量権を制限、撤廃し、相互に相手国民の出入国を保証することが行われている。なお、これまで、二国間条約であっても、通商航海条約における最恵国待遇条項によって国別に受入枠を設けることは事実上困難であったが、WTO協定附属書1B「サービス貿易一般協定」第5条の2に基づき、経済連携協定や自由貿易協定で「ヒト」の受入枠を設けることができるようになった。

　3　外国人の入国の許否にかかる国家の裁量は、無制限に認められるものではなく、恣意的な諾否の権能までも認めるものではないとされる。またこの裁量は、入国の自由に関連してというよりも、主要には外国人に在留資格の付与にかかわる局面において生じるものであり、実際には在留期間更新あるいは再入国等、何らかの理由ですでに日本に滞在する者の在留する権利に関連して争われる。本件は、外国人の入国の自由がないことから直ちに、在留する権利および引き続き在留することを求める権利が憲法上保障されないことを示した。

　4　在留期間の更新を適当と認めるに足りる相当の理由の有無と法務大臣の裁量権の関係について、第一審は、「少なくとも令5条1項11号ないし14号に準ずる事由があるか否かを考察すべきであって、かかる事由もないのにされた更新不許可の処分は裁量の範囲を逸脱するものと解され」るものとし、Xの政治活動によって、Xの「在留が日本国民および日本国の利益を害する虞があるとは考えられず」、また、「実質的に在留資格外の活動に従事したと断ずることもできない」にもかかわらず、在留期間中の活動を理由として在留期間更新を不許可処分としたことは、「社会観念上著しく公平さ、妥当さを欠」き、「日本国憲法の国際協調主義および基本的人権保障の理念にかんがみ…裁量の範囲を逸脱する違法の処分」であるとした。これに対して最高裁は、当該個人の活動のみならず、当該個人の事情以外の国内外の情勢等の事情を考慮要因として認め、法務大臣に対して事実上無制約な自由裁量を認める。しかしながら、在留期間中の正当な権利行使が在留延長の拒否事由となりうるとすれば、それは外国人の人権保障に萎縮効果をもたらすことになるとの批判もある。

　5　本件判決では憲法上外国人も人権享有主体として認められるとされたが、その政治活動の自由についてはどうか。このことは、一般に参政権が国民固有の権利であることと関係する。本件判決は、政治活動のすべてが外国人に禁止されるわけではないことを確認した。しかしながら、その権利の保障は、在留制度の枠内としており、その活動が消極的な材料として扱われることを否定しなかった。この最高裁の立場は、首尾一貫していないとの批判は免れない。とりわけ、本件の政治的表現が外国人に認められる範囲を超えたも

のであるかどうかが問題となる旨の上告理由が述べられていたにもかかわらず、最高裁はこれに答えなかった。

6 その後最高裁は、特に定住外国人に対する地方選挙権が憲法上否定されないとの判断を下しており(最三小1995〈平成7〉年2月28日判決、民集49巻639頁)、選挙権は国民のみに限定されるとする通説とは異なる判断をした。このことは選挙権の行使の前提となる政治的な表現の自由が外国人に対しても一定の拡大をみせたと見ることもできる。とはいえ、本判決で言及された抽象性の高い広範な裁量権を法務大臣に認める論旨は、在留期間更新や在留特別許可を争う事案では、依然として一般論として援用されている。しかしながら、自由権規約、難民条約や児童の権利条約など人権条約を日本が批准したことによって、本判決の論旨の前提が変容していることに留意する必要がある。権利性質説の下において外国人の権利を制約する理論(国民主権論・国家主権論等)を克服する時期にきているといえよう。

【参考文献】
北村泰三『宮崎基本判例』、山崎公士『セミナー』、南博方『判例評論』178号(1973)、碓井光明『自治研究』50巻11号(1974)、押切瞳『法律のひろば』29巻6号(1975)、宮崎繁樹「在日外国人の政治的人権と退去強制」『法学セミナー』285号(1978)、関野昭一「在留期間更新不許可処分判決をめぐって」『ジュリスト』682号(1979)、村瀬信也「政治活動を理由とする外国人の在留期間更新不許可処分と法務大臣の裁量の範囲」『ジュリスト』695号(1979)、斎藤靖夫『憲法判例百選Ⅰ[第三版]別冊ジュリスト』130号(1994)、日比野勤「外国人の人権(1)(2)(3)」『法学教室』210号、217号、218号(1998)、弘中惇一郎「外国人と政治活動」『人間を護る』(信山社、1997)、申惠丰『百選Ⅰ』、岡田正則・古谷修一・渡辺彰悟「対談『マクリーン判決を乗り越える』」『Law & Practice』2号(2008)、泉徳治「マクリーン事件最高裁判決の枠組みの再考」『自由と正義』62巻2号(2011)。

(德川 信治)

63 崔善愛事件

裁 判 所	(a) 福岡地裁
	(b) 福岡高裁
	(c) 最高裁第二小法廷
判　　決	(a) 1989(平成元)年9月29日
	(b) 1994(平成6)年5月13日
	(c) 1998(平成10)年4月10日
出　　典	(a) 訴月36巻5号756
	(b) 行集45巻5・6合併号1202
	(c) 民集52巻3号677

【事実】 原告は1959年に大阪市で生まれた在日韓国人で、1969年6月17日に、永住許可取得のために、1965年の日韓法的地位協定第1条1項に従って、1945年8月15日以前から引き続き日本に居住している母の直系卑属であるとして永住許可申請を行い、同年10月1日に法務大臣はこれを許可した。その後、1981年1月の7回目の確認申請の際に指紋押捺を拒否し福岡地方裁判所小倉支部において有罪判決を受け、さらに、翌年の確認申請の際にも再度押捺拒否をした。原告は、1986年に大学院留学のために米国向け再入国許可を申請したが、法務大臣はこれを不許可とし、その後原告は、再入国許可を得ないまま同年8月に出国し1988年に帰国した。その間、原告は、引き続き協定永住許可身分をもち日本に永住するという意思を表示するための行動をとっていた。しかし、帰国時、協定永住資格があるので入国できるはずだという原告の主張は入国審査官により退けられ、原告は入管法所定の審査手続を経て、本来入国資格のないものに対する例外的措置である法務大臣の裁決の特例という特別在留許可(180日間)を得ることになった。本件は、原告が、法務大臣に対して再入国許可申請の不許可処分の違法性、国に対して協定永住資格存続の確認および慰謝料請求を争って提起した訴訟である。

　原告の主張は、以下のとおりである。第1に、原告は、協定永住資格を有する在日韓国人であり、原告の海外渡航の権利は、日本国憲法第22条、さらには市民的および政治的権利に関する国際規約(以下、自由権規約という)第12条4項の「自国に戻る権利」により基本的人権として保障されている。他方、指紋押捺制度は、それ自体日本国憲法第13条、第14条、自由権規約第7条、第17条1項および第26条に違反するものである。被告法務大臣の再入国不許可処分は、指紋押捺拒否を理由として原告の基本的人権である海外渡航の権利を侵害するものであって、明らかに違憲・違法である。第2に、原告は、日本における永住意思を明確に表明したうえで海外渡航したのであり、渡航後も日本国における協定永住資格を保有している。第3に、原告は違法な処分を受けたことにより多大な心労を味わったのであり、慰謝料100万円および遅延損害金の支払いを求める。

　一審の福岡地裁判決は原告の請求を一部却下、一部棄却、原告が控訴した福岡高裁判決

は、一部取消、一部請求認容、一部控訴棄却、これを受けて原告および法務大臣の双方が上告した。ここでは、地裁判決および高裁判決を中心に自由権規約第12条4項の「自国に戻る権利」に関連する問題に焦点をあててみていくことにする。

【判決要旨】(a)1　協定永住資格存在確認の訴えについては、以下のような理由で、棄却する。すなわち、協定永住資格は在留資格の一態様であり、その存続には、当該外国人と本邦との場所的結合状態の維持、つまり、本邦に在留していたことが必要である。原告は再入国許可を受けずに本邦から出国したことにより、協定永住資格を喪失した(781頁)。また、自由権規約第12条4項は「自国」に戻る権利を保障しているが、用語の通常の意味に従って解釈すれば(条約法に関するウィーン条約第31条1項)、同規約の「自国」とは、「国籍国」と解釈するのが自然である。「定住国」も含ませようとするのならば条約法に関するウィーン条約第31条4項にいう「特別の意味」を有するものということになるが、それには、同条によれば、「当事国がこれに特別の意味を与えることを意図していたと認められる場合」に該当しなければならない。しかしながら、審議過程では、「定住国」または「永久的居住」という用語の定義づけ、永住資格の要否、国籍国と定住国とが異なる場合の扱いなどの事項について、審議された跡は何も窺えず、当事国が「自国」に「定住国」の意味をも与える意図があったとは到底認められない(782-783頁)。さらに、国家は、特別な条約がない限り、外国人の入国(再入国)の許否について自らの自由裁量により決定できるものであり、外国人の入国(再入国)は、「権利」として保障はされていない。憲法第22条2項に規定される移住の自由には、日本国民の一時的な海外渡航の自由が含まれるが、外国人の入国(再入国)の点については何も触れておらず、これをもっぱら立法に委ねている(783-784頁)。以上から考えて、原告は、協定永住資格を喪失したといえる。

　2　入国不許可処分の違法性に関しては、原告は本件処分の前提となる在留資格を喪失したのであるから、本件処分を取り消しても、改めて再入国許可処分を受ける余地はなく、原告は訴えの利益がなく、取消を求める訴えは不適法であるので却下する(784頁)。

　3　損害賠償の訴えはそれ自体独立の訴えとしての要件を備えていると認められるので、本件処分の適法性を判断する必要がある(785頁)。外国人のみに指紋押捺を課すことは合理的な根拠があり、原告が指摘する憲法および自由権規約に違反していない(785-788頁)。本件処分は、指紋押捺拒否とそれによる有罪判決を受けた事実の認定においてその基礎を欠いたものではなく、また、原告の行為は意図的な外国人登録法違反の行為であるから、出入国管理ときわめて密接な関係があり、外国人登録に指紋押捺を適法に行わない限り再入国を不許可とすることが社会通念上著しく妥当性を欠くものとまでは言えない。従って、本件処分が違法であるとは言えず、損害賠償請求は棄却する(790-791頁)。

(b) 1　控訴人(原告)の協定永住資格については、原審と同じ理由により、消滅していると判断する(1220-1224頁)。

2　再入国不許可処分に関しては、処分が違法として取り消されたとしても現に在留資格を有していない控訴人に対し再入国許可をする余地がないと被控訴人が主張することは、信義誠実の原則に反し不公正なので、訴えの利益を認める(1225頁)。本案に関しては、協定永住者は他の在留外国人とは質的に異なり、再入国許可処分の法務大臣の裁量の範囲も、前者の場合は後者の場合に比べて一定の制約がある(1230-1232頁)。また、2回目の指紋押捺が本件処分時に重要性を失っていたこと、控訴人の永住の意思、指紋押捺拒否の理由、留学の重要性も考え合わせると、本件不許可は、控訴人に対してはあまりにも過酷な処分として比例原則に反しており、裁量の範囲を超えて濫用があったものとして、違法といわざるを得ない(1232-1234頁)。

3　損害賠償については、本件処分が違法であると、当時法務大臣において当然知り、または、知りうべきであったとはただちに言えないので、認められない(1234-1235頁)。

(c)　再入国不許可処分の取消を求める訴えの利益は失われており、その部分について原告の上告を棄却する(678-680頁)。本件処分が行われた当時の社会情勢や在留外国人および出入国の公正な管理の必要性、法務大臣の広範な裁量権を考えると、原告の立場を考慮してもなお、本件処分において法務大臣による裁量権の逸脱、濫用はなく、本件処分を違法なものとは言えない。原告の法務大臣に対する慰謝料の請求は棄却する(783-786頁)。

【論点】1　本判決は、外国人の中でも、日韓法的地位協定上の永住資格を持つという特別な立場にある者の再入国の権利について扱っている。同じく指紋押捺拒否による再入国不許可処分の事件である1992年の森川キャサリーン事件最高裁判決(集民166号575)では、原告は在日9年で日本人と結婚した米国人であったが、その生活の本拠地が日本であるということへの考慮はされなかった。それに対して、本件控訴審は、協定永住資格者の法的地位が「歴史的経緯もふまえて日本国民とほとんど異ならない地位にまで高められている」ことから「再入国許可処分の法務大臣の裁量の範囲に他の在留資格者における場合に比し、一定の制約がある」ことを導いており、また、同時に、協定永住資格者は、「他の在留外国人とは質的に異なる資格を有してい」るというように、外国人一般とも、定住外国人一般とも区別した特別の存在であるとの判断を示した。

2　国際法上の外国人の入国(再入国)の権利については、第一審および控訴審とも、国家の自由裁量および国内事項であると述べている(マクリーン事件〔⇒62〕)。自由権規約第12条4項の「自国」の解釈については、「定住国」を含むという見解を、第一審、控訴審とも否定した。定住国に帰る権利の明文化は、1985年の「外国人の権利宣言」においても議論に

なったところであり、また、1988年の「出国帰国の権利宣言草案」においては、日本政府が強固に反対していた問題である。しかしながら、1998年に自由権規約委員会が採択した、日本政府の第4回定期報告書に対する最終所見では、入管法第26条の規定は規約第12条2項および4項に抵触するという意見が出されている。すなわち、委員会は日本に、「自国」という言葉は「国籍国」と同義ではないということを想起するように求め、日本で生まれたコリア系の人のような永住者については、再入国の許可を取得する必要性を廃止することを要請した。さらに1999年に同委員会が出した第12条に関する一般的意見27でも、「自国」は「国籍国」より広いことが述べられている。同意見に影響を与えたのは、1996年に出されたスチュワート事件に関する自由権規約委員会の見解(CCPR/C/58/D/538/19993)であるが、同事件はカナダに在住するイギリス人がカナダからの追放措置を第12条4項、第17条および第23条違反であると申し立てていたものであった。委員会はその見解において、第12条4項に関して、「自国」という概念は正式な意味における国籍に限られるものではなく、少なくとも、ある特定の国に関する特別のつながりまたは請求のために単なる外国人とは考えられない人、例えば国際法に違反して国籍を奪われた人や国籍国が他の国に編入されたがその国の国籍は否定されている人などを包摂すること、さらに、同条項の文言は、他のカテゴリーの長期的な居住者、特に居住国の国籍を取得する権利を恣意的に奪われた無国籍者なども包摂する幅広い解釈を許していること、また、移民法にしたがってある国にやってきた人の場合は、その国が国籍の取得に非合理的な障害を課している時には、出身国の国籍を維持していても移住先の国を自国と考えることができること、などの見解を示した。この基準を用いるとしたら、本件の原告の場合は、移民ではなく、少なくとも日本と特別のつながりをもつ長期居住者として単なる外国人とは考えられない人ということができるであろう。なお、2012年の入管法の改正により、外国人登録制度の廃止と在留カードの導入、在留カード所持者に対するみなし再入国許可制度が導入された。

3 指紋押捺に関しては、1994年の大阪高裁判決(指紋押捺拒否国家賠償事件〔⇒87〕)、とは異なり、本件は違憲ではないと判断した。

【参考文献】
芹田健太郎「『自国』に戻る権利」『ジュリスト』893号(1987)、岡本雅享「「出国・帰国の権利宣言」と定住外国人の居住国に帰る権利」『法律時報』62巻7号(1990)、本多滝夫『平6重判』(1995)、芹田健太郎『永住者の権利』(信山社、1991)、萩野芳夫「判例研究　外国人の人権—国籍・出入国・在留・戦後補償—」(明石書店、1996)32-90頁、崔善愛「『自分の国』を問いつづけて」(岩波書店、2000)、岡本雅享「永住者の帰国権をめぐる国際的潮流と再入国許可制度」『法律時報』80巻2号(2008)、坂元茂樹『人権条約の解釈と適用』第9章(信山社、2017)。

(中坂　恵美子)

64 ジャッジ事件 (Roger Judge v. Canada)

申　立　人	ロジャー・ジャッジ
被申立国	カナダ
審査機関	自由権規約委員会
見　　　解	2003年8月5日
出　　　典	RHRC (2003-II) 76

【事実】　通報者の米国民ロジャー・ジャッジは、1987年6月12日第一級殺人罪で米国ペンシルベニア州の裁判所において電気いすによる死刑を宣告された(その後致死注射に変更)。ところが2日後には逃亡しカナダに不法入国した。その後、カナダで犯した強盗の罪により、1988年8月8日懲役10年が宣告され、さらに1993年6月15日カナダからの退去強制処分が決定された。通報者は、1997年11月10日カナダの大臣に対して退去強制処分の停止とともに、引渡し条約に基づく引渡しが行われる場合には、米国に対して死刑不執行の保証を求めるよう要請した。しかし、これらの要請は却下された。そのため、通報者は、当該却下決定の再審査を求めて連邦裁判所に提訴し、退去強制処分の執行停止と、カナダでの拘留及び米国への退去強制処分のカナダ憲章違反の認定を求めた。通報者の請求は1998年6月23日に理由を明示されないまま却下された。さらにケベック高等裁判所に同じ訴訟を提起したが、却下された。そこで通報者は同年8月7日に本通報を行ったが、同日カナダは通報者の米国への退去強制処分を執行した。

【見解要旨】1　まず委員会は本通報に対する次のような受理可能性判断を行った。
　(1)　米国における死刑執行が予見される間のカナダにおける拘留が死刑の順番待ちを意味し第7条及び第10条の違反であると通報者は主張するが、カナダでの服役は死刑の順番待ちではなく、強盗に関する10年の服役である。よって選択議定書第2条及び第3条に基づき受理不能である(7.4項)。
　(2)　逃亡者に対して控訴する権利を制限している米国法の存在があり、退去強制を行うことが第14条5項及びそれに伴う第6条の違反を構成するとの主張に関し、当事者により提供された文書によれば、通報者が逃亡者となった後は控訴の範囲が限定されたものの、判決及び刑罰が米国の裁判所において再審理されたことが確認できる。それは死刑の事件に関しては制定法上の義務である。これらの文書によれば、第一級殺人の罪及び死刑を支持するに必要とされる要素及び法が検討された。このような事情において、第14条5項に基づく権利が侵害され、それによって退去強制処分が規約第6条の侵害を構成するという主張は証明されていない(7.7項)。

(3) 第14条5項に基づく主張は受理不能であるにもかかわらず、委員会は受理可能でありかつ本案審理を行うことを必要とする2つの問題が生じていると考える。本件の問題の重大性ゆえに、当事者には本案で見解を表明するために意見を出す機会を与えられるべきである(7.8項)。

2(1) 1つ目の問題は、カナダが死刑廃止国であるという事実の下で、死刑不執行の保証がない状態で通報者を死刑を宣告された国に退去強制処分とすることが、第6条の生命についての権利、第7条にいう非人道的取扱いの禁止または第2条3項にいう効果的な救済措置を受ける権利を侵害することになるかである。この点について委員会は次のように述べた。

キンドラー事件〔⇒69B〕では委員会は次のように見解を述べた。規約第6条1項を2項とあわせて解釈すれば、死刑廃止国から死刑を宣告された国への犯罪人の退去強制処分それ自体は、規約第6条の違反を構成するものではない。本件において、通報者の規約上の権利が米国において侵害されるという真の危険性が存在しない限り、引渡しそれ自体がカナダによる侵害を構成するものではない。保証の問題についても、第6条の文言は、必ずしもカナダに対して引渡しの拒否または保証を求めることを要請しているわけではなく、こうした要請は、少なくとも引渡国によって検討されるべき問題である(10.2項)。

委員会は、一貫した先例を確保するべきであることを認めるが、例外的な場合も存在する。それは、規約に保護される権利の適用範囲の再検討が要請される場合であり、つまり、生命についての権利といった権利の最も基本的なものに関わる場合、とりわけ事実上かつ法上の重要な発展、国際世論における変化が存在するような場合である。前述の先例は10年前の判断であり、それ以降死刑廃止に賛成する広範な国際的なコンセンサスが存在し、また死刑存置国でも死刑を執行しないとのコンセンサスが広がりつつあることに留意する。重要なことは、キンドラー事件以降、カナダ自身が引渡し請求国において死刑を宣告されかつカナダから引渡される者の保護を確保するため国内法を修正する必要性を認めていたことである。カナダ最高裁は、例外的事情以外では、死刑に直面する国への引渡しに先立ち、死刑を適用しないとの保証を政府は求めなければならないと判断している。委員会は、規約は生ける文書として解釈されるべきであるし、規約に基づき保護される権利は今日的状況の中でかつそれに照らして適用されるべきであると考える(10.3項)。

第6条の適用を検討するに当たり、条約法条約第31条1項にしたがって解釈しなければならない。第6条1項は生命の保護を目的とする一般的規則を述べる。死刑廃止国はあらゆる状況下でも死刑廃止の遵守をこの項で義務付けられる。第6条2項から6項は明白に第6条1項を回避するためのものである。さらに2項から6項は死刑に関する二重の機能を定める。ひとつは、死刑という生命についての権利の例外を設けること、もうひとつは、そ

の例外の範囲に限界を設けることである。これら条件を充たす死刑のみが例外である。2項の冒頭にあるように、この例外は死刑存置国のみが享受する。いったん死刑を廃止した国には、個人が死刑廃止の真の危険性にさらされないようにする義務がある。よって、退去強制であれ、引渡しであれ、死刑が宣告されると合理的に予想される場合には、死刑不執行の保証なしに自国管轄の下から個人を国外退去させることはできない(10.4項)。

　以上のように第6条1項及び2項を解釈することによって、死刑廃止国及び死刑存置国は異なる取扱いをうける。しかしながら、それは規定の文言自身によって不可避的な結果なのであり、妥協の中で起草されたのである。起草過程において、廃止を規約の主要な原則の1つとしつつも、他方で一定の諸国では死刑は存続しており廃止は困難であるということが表明されていた。死刑は、多くの代表団によって、「例外」あるいは「必要悪」と見られていたのである。よって、第6条1項に定める規則を広く解釈するとともに、死刑に関わる2項を狭く解釈することが論理的であろう(10.5項)。

　以上の理由によって、死刑廃止国であるカナダは、第2選択議定書には批准していないものの、死刑不執行の保証なしに米国に国外退去したことによって、第6条1項にいう生命についての権利を侵害したと認定される。カナダは死刑を科してはいない。しかし、死刑を宣告された国に退去強制をすることによって、カナダは通報者に対する死刑執行を可能ならしめる決定的な連結を確定したのである(10.6項)。

　(2)　2つ目の問題は、通報者が退去強制処分の執行停止請求却下を求める訴訟をケベック控訴裁判所に提起する前にカナダが通報者を死刑を宣告された国への退去強制としたことは、さらなる救済措置が閉ざされたことを意味し、第6条、第7条及び第2条3項に違反することとなるかである。これについて委員会は次のように述べた。

　本件では、ケベック高等裁判所の決定の数時間後通報者の退去強制処分を執行した。これはケベック控訴裁判所に訴える権利の行使を阻害する目的であったと考えられる。控訴裁判所は本案で判決を再審理できたであろうことをカナダ自身が認めている(10.8項)。

　権利を保護するための上訴制度の利用機会を付与することなく、死刑存置国への退去強制処分を決定したことは、カナダがすでに死刑を廃止していることを考慮すると、規約第2条3項と合わせて規約第6条の違反を構成する(10.9項)。

　第6条1項の単独の及び第2条3項と合わせての違反を認定したので、第7条の違反を審理する必要はない(10.10項)。

【論点】1　国連の犯罪人引渡しモデル条約第3条は、引渡し請求国において非人道的な取扱いを受ける可能性がある場合、又は引渡し請求国において自由権規約第14条に定める刑事手続きの最低限保障が得られない可能性がある場合、これを引渡しの絶対的拒否事由と

してあげる。犯罪人引渡し制度において、引渡し拒否事由のひとつとして引渡し請求国内での死刑執行可能性をあげるものは、ヨーロッパ犯罪人引渡し条約においてみることができる。本件はこの問題が人権条約上の問題として争われた事件である。

2　自由権規約をはじめとして欧州人権条約や米州人権条約といった人権条約は、死刑制度の廃止を明示してはいない。死刑制度の廃止は、自由権規約第2選択議定書等の追加的な議定書によって義務付けられるに過ぎない。欧州人権裁判所によるゼーリング事件判決〔⇒69A〕および自由権規約委員会によるキンドラー事件〔⇒69B〕の見解は、これら議定書の批准国が少ないなかで、死刑存置国の死刑制度そのものではなく「死刑の順番待ち現象」に対して判断したものであり、自由権規約委員会によるウー事件は、青酸ガスによる執行方法に対して、これらが非人道的取扱いであるか否か、つまり規約第7条違反であるか否かを判断したものである。これに対して、本件では死刑制度そのものが規約第6条の問題として争われ、委員会はこれまでの先例を変更した。

3　その先例変更の根拠として援用されたA.R.J.事件(No.692/1996)及びG.T.事件(No.706/1996)では、ともに被通報国が第2選択議定書を批准していた。しかし、本件は、第2選択議定書を批准して条約上死刑を廃止した国ではなく、国内法上死刑廃止を行った国による死刑存置国への退去強制の事例であり、死刑不執行の保証なしの退去強制が規約第6条違反を構成することを明らかにした。これは、国内法上であれいったん死刑を廃止した場合には、死刑が領域外においても科せられないことを規約第6条上求められることとなり、事実上死刑存置国への退去強制ができないことを示す。

4　カナダは、犯罪人の退去強制処分の場合と引渡しの場合においては判断が異なるべきであると主張する。それは、前者は退去強制を行う国における犯罪に基づいて行われるものであって、退去強制先の国における犯罪との関連性がなく、後者は引渡し請求国における犯罪に関連して行われる行為であるからである。委員会は、これらを区別する実質的理由がないものとして判断した。これによって実質的な偽装引渡しのような慣行についても規約上の義務から逃れられないことを示した。しかしながら、カナダが懸念したのは、犯罪者の人権擁護によって自国が「犯罪者の天国」となることである。犯罪者を処罰するという社会の一般的利益の保護と個人の人権保護との公平なバランスの確保の問題が残される。

5　規約解釈に当たって委員会は、条約法条約第31条を援用し、自由権規約を「生ける文書」として解釈することを提示する。これに関して、規約違反が発生した時に適用可能な法に照らして評価されなければならないと締約国は主張するが、委員会は、人権保護は変化するし、規約の権利の意味は原則として検討される時点で解釈されるべきであるとした。このように、解釈が日々変化する「生ける文書」をどの時点で解釈するかも問題となろ

う。また死刑廃止にかかわる条約の批准国の増加や死刑存置国の死刑不執行の動き等、国際社会の死刑廃止の流れをどこまで条約の解釈に反映させることが可能か論点となる。さらには、条約解釈に当たっての起草過程の位置づけなども論点となろう。

6　委員会は、規約違反の認定で重要な要素となる「真の危険性」(必然かつ予見可能な結果)を、本件の場合では追放される当該個人の受入国の意図と受入国における同様の事件でのこれまでの行為によって導き出される、とする。しかしながら、この基準の判断を個別国家が行い、規約に基づく行動を行うことは、相手国の国内管轄に関する事項の判断にかかわるだけに、とりわけ規約未批准国の場合には困難が伴う。

7　死刑不執行の「保証」は、結果の確保までは要求されず、予見可能性の回避まで求められるに過ぎない。委員会は、違反認定した後、この違反に対する救済を通報者に対してどのように与えたかを報告することを要請した。本件では、通報者はすでに死刑判決を受けた米国に所在しており、死刑が科されないような努力を外交ルートで確保することを求めたことになる。

8　一般的に委員会は生命についての権利に関する危機が迫った場合には、被通報国に対して、委員会の見解が提出されるまで死刑の不執行または引渡し若しくは追放措置の一時停止を求める暫定措置を要請する。本件では、通報者の代理人が委員会に申立を通報したその日に被通報国が米国に退去強制したためその行使ができなかった。

【参考文献】
薬師寺公夫「犯罪人引渡し及び退去強制に対する人権条約の制限(1)」『立命館法学』231・232合併号(1994)、古谷修一「犯罪人引渡と請求国の人権状況に対する評価(1)(2・完)」『香川法学』15巻4号(1996)、16巻3・4号(1997)、北村泰三『国際人権と刑事拘禁』(日本評論社、1996)、薬師寺公夫「犯罪人引渡しと人権」田畑茂二郎編『21世紀世界の人権』(明石書店、1997)、古谷修一『百選Ⅰ』、坂元茂樹『人権条約の解釈と適用』第3章(信山社、2017)。

（徳川　信治）

第2節　庇護権と犯罪人引渡

65　尹秀吉事件（ユン・スウギル）

裁　判　所　(a) 東京地裁
　　　　　　(b) 東京高裁
　　　　　　(c) 最高裁第二小法廷
判　　　決　(a) 1969（昭和44）年1月25日
　　　　　　(b) 1972（昭和47）年4月19日
　　　　　　(c) 1976（昭和51）年1月26日
出　　　典　(a) 行集20巻1号28
　　　　　　(b) 判時664号3
　　　　　　(c) 判タ334号105

【事実】　原告尹秀吉（大韓民国籍）は、韓国政府の日本留学生募集に応募し合格して、留学許可を待つうちに朝鮮戦争の勃発により留学の希望が果たせない状況となったので韓国を密出国し、日本に密入国した。原告は1960年9月頃から在日本大韓民国居留民団（以下、民団）栃木県本部事務局長となった。その在職中、原告は韓国社会大衆党の党員である訴外Aを同本部団長に推薦、さらに選挙運動を指導し、同人を団長に当選させた。また、同党員で民族日報社の社長として南北朝鮮の平和統一を主張していた訴外Bが特殊犯罪処罰特別法上の反国家的行為をなしたとして朴政権により逮捕、起訴されると、Bの助命運動を展開した。また原告は韓民栃木新報の編集長として同新報紙上に朴政権反対、Bの死刑反対の主張を繰り返し掲載した。その他原告は日本社会党栃木県支部からの親善の申出を受諾し、同党主催の労働者慰安演芸会に民団として2万円を寄附した。1961年8月頃になって、原告は密入国の疑いで東京入国管理事務所に収容され、外国人登録令第16条1項1号に該当し、退去強制の対象となる者と認定された。それに対し原告は口頭審理を請求したが、特別審理官により認定に誤りなしとの判定を受けた。原告はさらに法務大臣への異議申立を行ったが棄却され、1963年6月22日付で送還先を韓国とした退去強制令書の発付処分を受けた。原告は以下のように主張して、東京入国管理事務所主任審査官を相手どり、処分の取消を求めて提訴した。

① 原告は政治犯罪人であり、政治犯罪人を本国へ引き渡してはならないことは確立した国際慣習法であるゆえに、本件処分は国際慣習法に、ひいては確立された国際法規を誠実に遵守すべきことを規定する憲法第98条2項に違反し、さらに政治犯罪人の不引渡を規定する逃亡犯罪人引渡法第2条に違反する。すなわち原告は、社会団体の重要な職位にある者として国家保安法指定の反国家団体（韓国社会大衆党、民族日報、日本社会党が該当すると原告は主張する）の事情を知りながらその団体に同調して活動を行ったのであって、特殊犯罪処罰特別法第6条（死刑、無期または10年以上の懲役）、反共法第4条および集会臨時措置法第1条に、各々違反している。原告は本国政府によって起訴されまたは有罪判決を受け

てはおらず、引渡を請求されてもいないが、送還の後に処罰される蓋然性が認められる以上、原告は政治犯罪人として処遇されねばならない。原告は退去強制処分を受けたのであり引渡が行われるのではないが、退去強制処分は原則として本国への送還を意味し（出入国管理令第53条）、実際原告の送還先は韓国とされている。とすれば退去強制と本国への引渡とは実質的に異ならないのであって、退去強制についても政治犯罪人不引渡の原則は適用されねばならない。

② 原告は政治難民であり、政治難民を迫害の待つ国へ送還してはならないことは確立した慣習国際法であって、その意味でも本件処分は慣習国際法ひいては憲法第98条2項に違反する。前記の刑罰法規の存在と原告の言動により、原告が政治的理由で本国において迫害を受ける十分な根拠があると言うことができる。

③ 法務大臣の本件裁決は、特別在留許可についての裁量権の逸脱ないし濫用である。法務大臣は出入国管理令第50条1項3号により、「許可すべき事情があると認めるとき」には特別に在留を認めることができる。原告は本件処分まで10年間日本において平穏に生活し、日本国の公安や利益を害したことはない。歴代法務大臣は政治犯罪人や政治難民を迫害の待つ国に送還しない旨言明しており、本件処分までの数年間毎年2千数百人に特別在留が許可されているにもかかわらず、申立を棄却した裁決は裁量権の逸脱ないし濫用であり違法である。

本件は最高裁判所に上告されたが、最高裁判所は控訴審の東京高等裁判所判決を支持して上告を棄却したので、以下では東京地方裁判所判決と東京高等裁判所判決のみに触れる。

【判決要旨】(a) 原告に対する退去強制令書発付処分を取り消す。

1 政治犯罪人不引渡は過去一世紀来、国際慣習となっていると認められる。国際法上、国家は外国人の出入国を自由に規律しうるが、その中でとりわけ政治犯罪人について、多くの学説が「不引渡の原則」を掲げ、多くの条約、国内法令が「引き渡すことはできない」など義務的命令的に規定し、実際にも引渡が拒絶されてきていることは、政治犯罪人は引き渡してはならないという規範が歴史的社会的に定着してきたことのあらわれである。政治犯罪人の引渡には政治的利害がからむことが多いが、普通犯罪を伴わない純粋な政治犯罪についてはその処罰のために引き渡してはならないという意識が固まってきているということができる。とりわけ第2次世界大戦後において、国際連合憲章、世界人権宣言、国際人権規約などを通じて国際法が人権の尊重に重点を置くようになるに従って、政治的便宜の考慮を押さえて不引渡が「原則」として法的な意味をもつようになったと考えられる。それは政治犯罪が本国において行われると外国において行われるとを問わない。政治犯罪の概念はたしかに多義的で不確定ではあるが、厳格に純粋の政治犯罪にあたるもので、しか

も手続的要件として本国から政治犯罪処罰のための引渡請求があるか、あるいは政治犯罪につき有罪判決を受けるか、起訴されるか、逮捕状が出ているか、少なくとも被請求国において客観的にこれらと同視すべき程度に処罰の確実性があると認められる事情があるなど本国における処罰が客観的に確実である場合であれば、実体的、手続的な確定作業は困難ではない。では原告は純粋の政治犯人であると認められるか(62-67頁)。

2　原告が日本国内で行った韓国人死刑囚の助命運動は、単なる人道的見地を越えて韓国の政権を非難する運動であり、間接的に南北平和統一を主張し、北朝鮮の平和攻勢に同調あるいはこれを助けたものと解されるのであって、特殊犯罪処罰特別法第6条の処罰の対象となると認められる。また同法は韓国領域外における行為にも適用される。同条項が処罰の対象とする行為は、もっぱら韓国の特殊な政治秩序に対する侵害行為であるから、純粋な政治犯罪である。さらに、原告が有罪判決を受けたとか、起訴されているとか、原告に逮捕状が発せられているといった事実はないとしても、朴政権成立以来の、多数の国民が思想犯として処罰されているなどの韓国の情勢に照らせば、原告は韓国において相当の処罰を受ける客観的確実性があることは否定できない(67-72頁)。

3　退去強制先を原告の本国である韓国とした本件処分は、形式上韓国への引渡そのものではないが、退去強制令書の執行は送還先への送還をもってなされるのであって、実質は引渡と何ら異なるところはないので、政治犯罪人不引渡の原則は本件処分のような退去強制にも適用されると解される。ゆえに本件処分は国際慣習法と、確立された国際法規の遵守を規定する憲法第98条2項に違反し、違法である(72-73頁)。

(b)　原判決を取り消す。

1　原審の大平善梧鑑定によれば、政治犯罪人不引渡の原則は、自由と人道に基づく国際慣行であるが、未だ確立した国際慣習法であるとは認められない。国際法上政治犯罪人を引き渡さないのは国家の権能であり義務ではない。また我が国の逃亡犯罪人引渡法(1964年の改正前の規定。改正前には相互主義の保障のもとに条約の有無に関わらず引渡を行う旨の規定はなかった)は条約の有無を問わず政治犯罪人の不引渡を規定したものとは認められない。また政治難民をその意に反して迫害の待つ国に引き渡してはならないことは国際慣習法として確立していないことについては、原審の大平、高野雄一および小田滋各鑑定人の見解の一致するところである。よって、被控訴人が政治犯罪人またはそれに準ずる者あるいは政治難民とみなされるとしても、本件処分が国際慣習法に、ひいては憲法第98条2項に違反するという主張は受け入れられない。また政治犯罪人不引渡の原則が慣習国際法として確立しているとした高野鑑定においても、政治犯罪人不引渡の原則が適用されるには逃亡者が当該政治犯罪のため有罪判決を受けまたは起訴されている事実あるいは引渡が少なくとも事実上当該政治犯罪の処罰のために請求されていることの証明(当該犯罪について逮捕

状が出ている事実の証明など)が必要である。客観的にせよ単に将来本国で処罰を受けるおそれがあるとか、犯罪人として引渡請求を受けたり逮捕状が発せられるおそれがあるというだけでは不十分である。この点からしても被控訴人が政治犯罪人不引渡の原則を適用される政治犯罪人でないことは事実関係から明らかである(4頁)。

　2　ただ、被控訴人の韓国への送還が人道上許されないものであるのか否かを検討する余地は残されており、そのため、送還された場合処罰されることが客観的に確実であるか否かを検討する必要があるが、Aの韓国社会大衆党への所属は一時的なもので、また同党がもはや壊滅していることや、民団が韓国政府から敵性団体とみなされるような団体ではないことに照らせば、被控訴人がAを推薦したことで韓国において処罰されることは確実とは言えない。またBが死刑判決を受けたのは単に南北平和統一を主張したからではなく、北朝鮮から資金を得ていたことが問題となったからであるが、被控訴人は、Bが北朝鮮の利益をはかるような者ではないと信じてもっぱら人道的立場から助命運動を行ったものと認められる。日本社会党が韓国政府から敵性団体とみなされているという証拠は、法律上も判例上も存在しない。韓国において何人を政治犯罪人とするかは同国が決定すべき問題であり、他国がみだりに韓国人を同国の政治犯罪人と断定することは、その可能性が疑う余地なく顕著な場合を除き許されないと考える(5頁)。

　3　退去強制処分は密入国者を送還する手続で、政治犯罪人不引渡の原則とは性質を異にする別個の処分であって、引渡と同視することはできない(6頁)。

　(c)　上告を棄却。

【論点】1　第一審判決は、政治犯罪人不引渡の原則が慣習国際法であり、かつ国家は政治犯罪人を本国に引き渡さない義務を負うということを日本の裁判所が初めて認めた判例である。上級審では否定されたが、政治犯罪人不引渡が慣習国際法上の原則となっていることを否定する学説は今日少数である。慣習国際法となっていることが肯定されるとして国家は政治犯罪人について不引渡の権能をもつにとどまるのか、その義務を負うのかについても諸説は分かれるが、領域主権から導かれる国家の庇護権に対して政治犯罪人不引渡が独自の意義を有するとするならば、不引渡は義務であると考えねばならないであろう。1957年のヨーロッパ犯罪人引渡条約も、不引渡を義務的に規定している(第3条1項)。しかし、同条約についてヨーロッパ審議会閣僚委員会が作成したExplanatory Reportは、条約交渉中、不引渡を義務として規定することをすべての代表団が受け入れたわけではなかったため、当該条項について留保を認めることとしたという趣旨を記している。

　2　第一審判決において裁判所は、慣習国際法としての政治犯罪人不引渡の原則は純粋の政治犯罪の場合のみに適用され、いわゆる相対的政治犯罪(普通犯罪が政治的な目的や意図

の下に行われる場合)には適用されないと指摘している。逃亡犯罪人引渡法第2条1・2号の下での相対的政治犯罪への不引渡原則の適用については、張振海事件〔⇒68〕を参照。

3　本件の場合韓国から実際に引渡請求があったわけではなく、争点となった処分は退去強制である。第一審判決は、本件の場合退去強制令書の執行が実質的に引渡と異ならない(いわゆる偽装引渡)と判断した。退去強制令書執行後に政治犯罪人であるという認定の下に処分違法の判断がなされた事例として、柳文卿事件(東京地裁1969年12月8日判決。ただし東京高裁〈1971年3月30日判決〉は処分を適法とした)がある。

4　第二審判決は、何人を政治犯罪人とするかは本国の決定することであるという立場をとった。国内法上どのような行為を犯罪と規定し、何人を犯罪人と判断するかは、各国の決定すべき事柄であるが、何人が「政治」犯罪人であるかの判断は、犯罪人引渡の場面においては被請求国に留保されるべきであり、そうでなければ政治犯罪人不引渡の原則自体意義を失うことにもなる。日韓犯罪人引渡条約第3条(c)は「引渡しの請求に係る犯罪が政治犯罪であると被請求国が認める場合」引渡を行わないと規定し、政治犯罪の認定権能が被請求国にあることを明らかにしている。また日米犯罪人引渡条約第4条1項(1)は、「引渡しの請求に係る犯罪が政治犯罪である場合」、引渡を行わないとしつつ、「この規定の適用につき疑義が生じたときは、被請求国の決定による」としている。

5　いわゆるノン・ルフールマンの原則について、第二審以後では、同原則は慣習国際法上の原則となっていないと判示された。ノン・ルフールマンの原則は難民の保護に関連するあらゆる諸条約に規定されており、今日では慣習国際法規則となっているという説が強い。ノン・ルフールマンの原則が、条約上の引渡義務に優先するか否かについては議論がある。例えば1979年の人質をとる行為に関する国際条約は、当該行為の防止・処罰に関する国際協力と普遍的管轄権を規定する一方、当該条約に基づく引渡請求が、人種・宗教・国籍・民族的出身または政治的意見を理由とする訴追・処罰を目的としたものだと被請求国が信ずる根拠がある場合には引渡を行ってはならないと規定し(第9条1項(a))、難民条約上難民の資格を有する者の引渡を禁じている。なお、出入国管理及び難民認定法第53条3項も、ノン・ルフールマンの原則を国内法化している。

【参考文献】
西俣昭雄『宮崎基本判例』、芹田健太郎『ケースブック』、戸田五郎『セミナー』、西井正弘『判例辞典』(1983)、久保敦彦『国際関係法辞典』(2005)、小田滋「亡命論ノート」『法律時報』41巻4号(1969)、高野雄一「退去強制と政治亡命の法理(1)(2・完)」『法学セミナー』158号、159号(1969)。

(戸田　五郎)

66 Z事件

裁　判　所	(a) 東京地裁
	(b) 東京高裁
	(c) 最高裁第二小法廷
判　　　決	(a) 2003(平成15)年4月9日
	(b) 2004(平成16)年1月14日
	(c) 2004(平成16)年5月28日
出　　　典	(a) 判時1819号24
	(b) 判時1863号34
	(c) 判例集未登載

【事実】　原告Z（ミャンマー国籍）は、ミャンマー（ビルマ）の少数民族であるロヒンギャ族に属し、学生時代に民主化運動に参加し警察に逮捕された経歴をもっていた。原告は、1996(平成8)年9月、他人名義の旅券を所持して日本に到着し、出入国管理及び難民認定法(以下、法)第6条所定の上陸の申請をしたが、法第7条1項1号に適合しないとして退去命令を受け、出国した。原告は、1998(平成10)年3月、再び上陸申請を行ったが、入国審査官は上陸のための要件に適合していると認定できないとして、原告を特別審理官に引き渡した。引渡しを受けた特別審理官は、同年4月、原告に対して退去命令書を交付した。しかし、原告は、出国を拒否し、法第61条の2第1項所定の難民認定を申請した。

　しかし、法務大臣は、難民認定をしなかった。これに対し、原告は、本件不認定処分に対する異議の申出をしたが、同年10月、異議の申出には理由がない旨の裁決を受けた。他方、入国審査官は、これに先立ち、原告は法第24条5の2に該当する旨の認定をし、原告にこれを告知した。これに対し、原告は、口頭審理を請求した。特別審理官は、同年5月、口頭審理を実施した上で、入国審査官の上記認定に誤りがない旨の判定をし、原告にこれを告知した。原告は、ただちに、法務大臣に対し、異議の申出を行った。法務大臣は、6月、上記異議の申出には理由がない旨の裁決をし、これを受けて、主任審査官は、原告に本件退去裁決の告知をするとともに、原告をミャンマーに送還する旨の退去強制令書を発付した。原告は、1998(平成10)年7月、法務大臣および主任審査官を被告として、本件退去裁決および本件退令発付処分の取消しを求める訴訟を提起するとともに、同年11月には、再審査請願をし、また、翌年1月には、法務大臣を被告として、本件不認定処分の取消しを求める訴訟を提起した。

　ところが、法務大臣は、2002(平成14)年2月、原告が難民であることが判明したとして、本件不認定処分を取り消し、同年3月、原告を難民と認定し、難民認定証明書を原告に交付した。法務大臣は、その理由として、「原告は、諸般の証拠等に照らし、1996(平成8)年12月、ヤンゴン大学付近で発生した学生デモの指導的地位にあり、そのため、本件不認定処分時において、政治的意見を理由に迫害を受けるおそれがあったものと認められる」と述べた。また、法務大臣は、原告に対し法第61条の2に基づく在留特別許可を行った。

そこで、原告は、法務大臣による先の難民不認定処分等は、事実誤認に基づく違法な処分であり、これによって損害を被ったとして、国家賠償法に基づく損害賠償を提起した。

【判決要旨】(a) 法第61条の2第1項は、法務大臣は、難民認定申請者の提出した資料に基づき、その者が難民である旨の認定を行うことができる旨を定め、法第61条の3(現第61条の2の14)第1項は、法務大臣は、難民認定申請者から提出された資料のみでは適正な難民の認定ができないおそれがある場合等には、難民調査官に事実の調査をさせることができる旨を定めている。これらの規定は、難民認定申請に当たっては、第一次的には、難民認定申請者自身が、自らが難民であることについての証拠を提出すべきことを定めたものと解される(38頁)。

もっとも、国籍国において迫害にさらされている難民が、難民該当性を裏付けるための客観的資料を十分に整えた上で国籍国を脱出し、難民認定申請に及ぶことはむしろ期待し得ないので、このような難民に対し、難民該当性に関する厳格な立証責任を課することは相当ではないし、当該難民認定申請者の国籍国における一般的な政治状況や社会状況等については、法務大臣においても資料を収集することが可能であり、また、当該申請者自身の供述やその提出資料を手がかりとして資料を収集することも可能である(38頁)。

これらのことを考慮すると、上記規定が、難民認定申請者に対し、訴訟におけるのと同様の意味での立証責任を課したものであって、難民該当性についての立証義務は専ら当該難民認定申請者にあり、この義務が尽くされない限りは、難民認定を受けられないものと解するのは相当ではなく、法務大臣においても、難民認定申請者自身の供述内容や、その提出資料に照らし、必要な範囲での調査を行う義務がある(38-39頁)。

法務大臣としては、当該難民認定申請者が置かれた状況に正当な配慮を与えた上で、必要があれば、補充的な調査を遂げた上で難民該当性についての判断を行うべき義務があり、このような義務は、当該難民認定申請者に対する法的義務でもある(39頁)。

原告の供述内容は、決して信用性に乏しいものではなく、疑問点を問い質し、弁解の機会を与えた上で、公正かつ慎重な評価、吟味を加えれば、信用に値するとの判断に至ることが十分に可能であったものである。難民審査官は、原告の難民認定申請を退去強制を免れるためのものとの疑念にこだわり、これを解消させるに足りる事情が存したにもかかわらず、原告の供述の疑問点や不審点ばかりに目を向けた可能性が高く、その結果、十分な質問をすることすらせず、原告の供述についての公正かつ慎重な評価、吟味を欠いたまま、誤った判断に至ったものといわざるを得ない(45頁)。

法務大臣が、このように難民調査官の調査結果に不十分かつ誤った点があったにもかかわらず、これを看過して自らも誤った判断に至ったのは、難民認定申請者が置かれた状況

に対して正当な配慮を与え、その供述内容を公正かつ慎重に評価、吟味するという法務大臣の法的義務に違反したためであるといわざるを得ないのであり、法務大臣の行為には違法性があったというべきである。上記義務違反が生じたことがやむを得ないといえるような事情の存在もないことから、法務大臣には過失もあったといわざるを得ない(45頁)。

本件不認定処分は、国家賠償法上も違法であり、それについても過失が認められるので、被告は、本件不認定処分によって生じた損害を賠償すべき義務がある(45頁)。

(b) 法第61条の2第1項は、難民であることの資料の提出義務および立証責任は申請者が原則として負担するものと解すべきである。国籍国において迫害を受けた事実等については、多くの場合、申請者その他の限られた者しか知り得ない、他国の出来事であるから、難民に該当することを証する資料については、法務大臣が積極的にこれを調査し、収集することには自ずから限界があることや、難民であるかどうか真偽不明の場合には、申請者を難民と認定すべきであるとするのは不合理であることからも根拠づけられる(35-36頁)。

被控訴人は、〔法第61条の2の3(現第61条2の14)第1項〕の規定をもって、難民認定権者である法務大臣の積極的かつ十分な補充調査義務を課した規定であると主張する。しかしながら、この規定の趣旨は、難民認定申請者は、多くの場合、切迫した状況の下で国籍国を追われ、他国に入国を希望する者であるから、事柄の性質上、自身が難民であることを明らかにする客観的資料を持ち合わせていることは少なく、資料の中心をなすのが申請者自身の供述証拠であるため、法務大臣が難民かどうかについての判定を適正に行うためには、一般にはそのための資料が不足しているため、難民問題の専門家である難民調査官に、必要な資料を収集させることによって、難民認定の判断がより適正に行われることを期するための規定と理解すべきである。したがって、これをもって、法務大臣に一般的な調査義務があることを定めた規定と解することはできない。また、規定の文言上も、「調査させることができる。」とし、「調査しなければならない。」と定めていないことからみても、被控訴人の主張するように解すべき理由はない(36頁)。

被控訴人は、法務大臣は当初から、被控訴人を不法入国者と決めつけて、その供述内容の些細な矛盾や変遷をあげつらい、必要な補充調査もせずに本件不認定処分を行ったものであって、本件不認定処分には法の解釈適用を誤った違法があると主張する。しかしながら、法務大臣の難民不認定処分が事実の評価を誤ってなされていようとも、そのことから直ちに国家賠償法第1条1項にいう違法な行為があったとの評価を受けるものではなく、法務大臣が難民認定を行うに際して、職務上当然尽くすべき注意義務を尽くさなかったために、誤った難民不認定処分をしたと認められる場合にはじめて上記評価を受けるものと解するのが相当である(36頁)。

より具体的にいえば、本件不認定処分をした当時、法務大臣において、収集していた資

料に基づいて行った本件不認定処分が、当該資料に基づく判断としては著しく相当性を欠くものであったとか、あるいは、一般的に見れば当該資料だけでは適切な判断が不可能であったのに、調査を尽くさないまま本件不認定処分をしたというように、認定権者として通常尽くすべき注意義務を著しく欠いたために本件不認定処分をしたと評価できる場合であってはじめて、国家賠償法第1条1項にいう違法があると解すべきである(36-37頁)。

被控訴人の行動や供述内容には、看過し難い矛盾点や不自然な点が多々存在することに照らしてみれば、被控訴人の供述については、軽々には信用することができない疑問点が多々ある。そうすると、本件不認定処分時までに控訴人が収集した資料によっては、被控訴人の難民該当性を認めるには足りないものであり、法務大臣がその職務上の通常尽くすべき注意義務を尽くすことなく漫然と本件不認定処分をしたものとは認められないから、到底、本件不認定処分に国家賠償法第1条1項にいう違法があったということはできない(39項)。

(c) 上告を棄却する。原判断はこれを正当として是認することができる。

【論点】1 本判決は、難民該当性の立証責任や供述の信憑性評価、さらには法務大臣の調査義務を論じた判決として注目される。難民条約(1951年)は、立証責任や立証基準を含め難民の認定手続については締約国の立法裁量に委ねている。日本では、出入国管理及び難民認定法がこれを定め、法第61条の2第1項は、申請者が難民であることの立証責任を負い、法務大臣が「その提出した資料に基づき」難民認定を行うと定めている。なお、本法における難民認定は、申請者が難民条約に定める難民の要件を具備しているかどうかを法務大臣が有権的に確定する事実確認行為であり、その裁量行為ではないとされる。

2 日本の司法当局は、難民認定処分の性格を受益処分と捉える。行政事件訴訟法第7条は、「行政事件訴訟に関し、この法律に定めがない事項については、民事訴訟の例による」と規定しており、民事訴訟法の原則が事実の証明について当てはまることになる。つまり、司法の論理は、申請者は、本来は本邦に在留する資格がないという現状を変えて、難民認定により在留資格等の利益的取扱いを受けるのであるから、申請者がその受益要件のすべてを高度の蓋然性で証明すべきだというのである。しかし、本国の迫害から逃れてきた申請者に、難民条約にいう「迫害を受けるおそれがあるという十分に理由のある恐怖」(第1条A(2))につき、立証基準として、合理的に疑いを容れることができないほどの高度の蓋然性の証明を要求することが、申請者の置かれた証明環境の特殊性を考えたときに、現実的な要求であるかどうか疑問が残る。また、「十分に理由のある恐怖」という場合は、未来に何が起こるかという予見の確実性を問題としており、事柄の性質上、高度の蓋然性の証明を立証基準とするのは不可能を強いるおそれがある。なお、米国連邦最高裁は、カドーサ＝フォンセカ事件(1987年)で、「優越的な蓋然性」というより緩やかな立証基準を採用した。

3 第二審は、「難民であるかどうか真偽不明の場合には、申請者を難民と認定すべきであるとするのは不合理である」と判示した。日本の裁判所は、国連難民高等弁務官事務所(UNHCR)の難民認定ハンドブックにある、「申請者の説明が信憑性を有すると思われるときは、反対の十分な理由がない限り、申請者には灰色の利益が与えられるべきである」という、いわゆる「灰色の利益論」を採用していない。日本の司法は、難民不認定処分を、「その提出した資料から難民でないと確認される場合と、難民であるとも難民でないとも確定的には確認できない(真偽不明)場合との双方含む概念」(東京地裁平成16・2・5判決)と理解する。第二審はこの立場を採用した。このように、日本の司法には、申請者の供述を裏付ける証拠を要求するとともに、供述の細部における矛盾、食い違いを重大視し、時間の経過による記憶の変化の可能性などを無視して、供述の完全な一致を求める傾向がある。

その意味で、第一審判決の「原告の供述内容は、決して信用性に乏しいものとして断定してしまえるようなものではなく、むしろ、疑問点を問い質し、弁解の機会を与えた上で、公正かつ慎重な評価、吟味を加えれば、信用に値するとの判断に至ることが十分に可能であった」との指摘は、難民認定における供述の信憑性評価のあり方について傾聴に値する。

4 第一審判決は、法第61条の2の3(現第61条の2の14)第1項が法務大臣に補充調査義務を課したと解した。しかし、同項の規定振りからは、条文解釈としては、調査権限の付与と解するのが自然のようにも思える。つまり、第二審判決が指摘するように、「調査させなければならない」とか、「調査させるものとする」という法務大臣に調査義務を課したと解される表現は条文上採用されていない。さらに、同項の条文の表現から見ると、「法務大臣は、…難民調査官に事実の調査をさせることができる」となっており、法務大臣がみずからの認定をより適正なものとするために、専門的知識を有する難民調査官に調査させることができるという趣旨に読める。その意味で、同項の解釈としては第二審判決が妥当といえよう。

5 本件は、退去裁決および退令発付処分の取消しと難民不認定処分の取消しを求める訴訟の過程で、法務大臣が一転して原告を難民と認定し在留許可を与えたため、原告は、法務大臣による先の難民不認定処分等が、事実誤認に基づく違法な処分であり損害を被ったとして、国家賠償法に基づく損害賠償訴訟を提起した。これに対し、第一審は原告の訴えを認め、第二審は逆に国の立場を支持した。本件は上告されたが、最高裁はこれを棄却し、第二審の判決を支持した。

【参考文献】
阿部浩己『人権の国際化―国際人権法の挑戦』(現代人文社、1998)、新垣修「国際難民法の開発と協力―難民認定における証明について」難民問題研究フォーラム編『難民と人権―新世紀の視座』(現代人文社、2001)、本間浩「破綻国家からの難民に関する諸問題―難民認定における迫害主体をめぐる諸問題を中心にして―」『国際法外交雑誌』104巻1号(2005)、児玉晃一『難民判例集』(現代人文社、2004)、坂元茂樹『人権条約の解釈と適用』第10章(信山社、2017)。

(坂元 茂樹)

67 退去強制手続における収容と難民――執行停止申立事件

申　立　人　X
相　手　方　東京入国管理局主任審査官
裁　判　所　東京地裁
決　　　定　2001（平成13）年11月16日
出　　　典　訟月48巻9号2299

【事実】　Xはアフガニスタン国籍を有するハザラ人である。Xは2001年にアフガニスタンから複数国を経て7月ごろ日本に不法入国し、同年8月に難民認定を申請した。Xは10月に入管と警察に摘発され、Xが出入国管理及び難民認定法（以下、法）第24条1号に該当すると疑うに足りる相当の理由があるとして、主任審査官（Y）は収容令書を発布した。Xは、同令書発付処分およびそれに基づく収容が、難民の地位に関する条約（以下、難民条約）に違反し、同令書の執行によりXに回復困難な損害が生ずるなどとして、行政事件訴訟法（以下、行訴法）第25条に基づきその執行停止を申し立てた。東京地裁は、本案事件の第一審判決言渡しがあるまで同令書の執行停止を決定した。

【決定要旨】1　行訴法第25条3項の「本案について理由がないとみえるとき」については、以下のように判断する。法が定める収容令書の発付・執行要件は容疑者の法第24条各号該当可能性のみである（法第39条）。しかし、難民条約第31条2項は、同条1項にいう難民に対し不必要な制限を課することを禁止する。難民条約は国内法的効力があるから、主任審査官は、収容令書発付に際し法第39条所定の要件に加え、対象者の難民該当可能性を検討し、その可能性がある場合には、難民該当蓋然性の程度や、移動制限の要否を検討する必要がある。すなわち、収容令書発付の可否の検討段階で、対象者が難民該当可能性がない場合や、不法入国以外の退去強制事由がある場合、対象者の身柄が不安定で移動制限なしには難民認定に関する事実調査が困難になるなど移動制限の必要がある場合には、同令書発付が可能であるが、一定程度の難民該当可能性がある場合には、その蓋然性の程度との比較から収容の必要性の有無を検討し、必要性があるときにのみ同令書の発付・執行が可能と解すべきである（2300-2302頁）。

　Xには一定程度難民該当可能性があることなどから、令書発付に際し、この蓋然性との相関関係において、収容が必要な移動制限といえるかの検討が必要である。これを検討するに、Xは生活の本拠が日本にはなく、処分時に身元保証人などもなかったから、難民認定手続や退去強制手続における出頭確保の点で疑問があり得た。しかし、①Yは収容令書発付に際してこの種の事情を考慮せずに同令書の発付をしたこと、②Xの居住地に変化は

ないこと、③入国後早期に難民認定を申請し、入管の出頭要請にも応じていること、④その後Xの身柄が不安定になった事情もないことなどから、Xの収容の必要性はない。従って、本件収容は、検討されるべき要件の検討を欠いてなされ、また、これを検討しても、本件処分が法第39条および難民条約第31条2項に反する可能性があるから、「本案について理由がないとみえるとき」には該当しない(2302-2306頁)。

2　行訴法第25条2項の「回復の困難な損害を避けるため緊急の必要があるとき」の「回復の困難な損害」とは、処分による損害が原状回復又は金銭賠償が不能であるとき、又は金銭賠償が可能でも損害の性質・態様にかんがみ原状回復が社会通念上容易でない場合をいう。本件処分によるXの損害は身柄拘束にあるが、①身柄拘束自体が人権の重大な侵害であり、重大な精神的・肉体的損害を与える。②特に、難民認定申請者の場合は、収容が難民認定や他国への入国許可を得るための活動を阻害するおそれがある。以上の如き損害は後の金銭賠償が不可能であるか、社会通念上原状回復が容易でない損害にあたる(2306頁)。

Yは、行政処分又はその執行自体から発生する損害につき、当該処分の根拠法が当該処分の結果として当然に発生することを予定しているものである限り、「回復の困難な損害」とはいえないとする。しかし、回復困難か否かと、その損害が処分の結果として当然発生するか否かは必ずしも一致しないから処分や損害の性質、Xの事情等を考慮して当該損害の回復困難性の有無を検討すれば足りる。行訴法の文言上も、この解釈は可能である(2306-2307頁)。

3　Yは概ね次の理由により、本件執行停止が行訴法第25条3項にいう「公共の福祉に重大な影響を及ぼすおそれがあるとき」という要件に該当するという。①収容令書の安易な執行停止は執行不停止原則に反する。②本案訴訟の係属中、容疑者の収容ができず、入管行政の長期停滞を招く。③正規在留外国人が法の管理を受け、また、法第54条の仮放免の場合でも制約があるのに対し、収容令書の執行停止は、退去強制事由該当性が疑われる者を放任状態のまま在留させることになる。また、仮放免の場合の如き保証措置をとり得ないから逃亡により収容令書執行を不能にする事態が予想され、不法残留者による濫訴を誘発・助長する。④同令書の執行停止により退去強制手続を支障なく行うことが困難となる。⑤行訴法は民訴法上の仮処分を排除しているにもかかわらず、執行停止は民訴法上の仮処分による仮の地位を付与したのと同様の結果となる(2308-2309頁)。

しかし、①執行停止は行訴法第25条所定の要件判断を経てなされ、その中にはXの難民該当蓋然性や移動制限の必要性の有無などの判断も含まれるから、Yの危惧には理由がない。また、②執行停止が行訴法上の制度である以上、その制度の利用は同法による仮処分の排除と抵触しない。③その余の主張は、執行停止の一般的影響をいうものであって具体性がない。むしろ、Yの態度は法運用に際して上位規範たる難民条約の存在を無視する

に等しく、国際秩序に反し、ひいては公共の福祉に重大な悪影響を及ぼす(2309頁)。

【論点】1　本決定に対しYは即時抗告し、東京高裁は本決定を取り消した(2001〈平成13〉年12月18日。訟務月報48巻9号2310頁)。最高裁は、Xの許可抗告につき、Xに退去強制令書が発付・執行されたから、本件収容令書は失効し、その執行停止を求める利益は失われたとして、Xの抗告を棄却した(2002〈平成14〉年2月28日。訟務月報48巻9号2294頁)。なお高裁決定は、「回復の困難な損害」とは、被収容者の身体的状況や収容場等の環境などにより、自由の制限や精神的苦痛等の不利益が収容による通常の程度のものを超える特別の損害をいうとする。

2　自由権規約委員会は、規約第9条との関係で難民認定申請者の収容に関する判断を示してきた。その第9条1項解釈は次のようである。①恣意性概念は、法令違反よりも広く、不適切性や不正義などを含む。②恣意性の有無は主に拘禁の必要性(逃亡・証拠隠滅の防止など)の有無による。③拘禁は拘禁目的との均衡性を要し、目的達成可能なより非侵害的方法がないことの証明が必要である。④拘禁は拘禁理由がある期間に限られ、そのため拘禁継続の可否の定期的審査が必要である。⑤拘禁理由は抽象的・一般的なものでは足りず、特定個人に特有の理由の提示が必要である。また、第9条4項につき委員会は、⑥行政機関の自由剥奪措置は司法審査を受けなければならず、また、⑦第4項の拘禁の合法性審査は、拘禁の国内法令との適合性にとどまらず、規約との適合性に及ぶという。

3　地裁決定は、難民条約が入管法にない収容要件を課す場合には、主任審査官は当該要件該当性の有無の検討も必要であるという。この判断は当然ではあるが重要である。これによれば、規約にいう必要性の有無などの要件を導き出すことも可能となる。

4　執行停止申立は、日本で規約第9条4項の迅速な合法性審査に相当する訴訟類型の1つである。地裁決定の論旨は、規約や委員会解釈とより適合的であるが、この立場は裁判例では少数である。むしろ、高裁決定の立場が多数であり、また、収容の個別的必要性が詳細に検討されることもあまりない。この法運用と規約との整合性には疑問がある。

5　2004年の入管法改正により、一定の要件を満たす難民認定申請者に仮滞在許可が付与され、当該者の収容はないことになった。また、同年の行訴法改正により、「回復の困難な損害」は「重大な損害」に改められた。両改正法の運用を見守る必要がある。

【参考文献】
武田真一郎「退去強制令書の執行停止申立てと『回復の困難な損害』」『判時』1888号(2005)、児玉晃一編『難民判例集』(現代人文社、2004)、大橋毅「収容執行停止申立事件」『国際人権』13号(2002)、申惠丰「退去強制手続における収容と難民条約」『平13重判』(2002)、村上正直「犯罪人引渡」国際法学会編『日本と国際法の100年 第5巻 個人と家族』(三省堂、2001)。

（村上　正直）

68　張振海事件

裁　判　所　東京高裁
決　　　定　1990(平成2)年4月20日
出　　　典　高刑集43巻1号27

【事実】　張振海は、1989年12月16日、北京発上海経由ニューヨーク行きの中国国際航空公司CA981便(乗客乗員合計223名)に乗客として搭乗し、飛行中、同機を爆破すると機長らを脅迫してハイジャックした。同機は当初韓国に向かったが、同国への着陸を拒否されたため、燃料切れによる墜落の危険が生じ、やむなく福岡空港に緊急着陸した。着陸後、張は同機から突き落とされて重傷を負い、病院に収容された。

　同月23日北京市公安局から張に対して逮捕状が発せられ、その後、中華人民共和国(以下、中国という)から日本に対して仮拘禁の請求があり、同月31日張は逃亡犯罪人引渡法(以下、法という)第25条1項による仮拘禁許可状により仮拘禁された。そして翌年2月22日中国から引渡しの請求があり、翌日東京高等検察庁検察官から東京高等裁判所に対し、法第8条により本件引渡審査請求がなされた。

　本件引渡審査において、張とその補佐人は、本件ハイジャック行為の動機として、天安門事件への参加という政治的理由による迫害から逃れるための政治亡命を挙げ、それゆえ右ハイジャック行為が法にいう政治犯罪にあたると主張し、さらに、本件引渡しは双罰性(双方可罰性)の要件および特定性の原則(特定主義)に反し、また市民的及び政治的権利に関する国際規約(以下、自由権規約という)ならびに難民の地位に関する条約(以下、難民条約という)の規定にも違反するなどと主張したため、論点は多岐にわたることとなった。東京高等裁判所は、結局すべての論点について、張とその補佐人の主張をしりぞけ、「本件は、逃亡犯罪人を引き渡すことができる場合に該当する」と決定した。

　張は、本件引渡審査に先立ち難民認定を申請し(1990年2月27日不認定処分)、また本件決定に対し最高裁判所へ特別抗告(同年4月24日棄却決定)、さらに本件決定に基づく同月23日の法務大臣による引渡命令の執行停止の申立(同月25日却下決定、同月27日抗告棄却決定、5月1日特別抗告棄却決定)など、あらゆる法的手段を尽くしたが、結局、同月28日東京拘置所において中国官憲に引き渡された。そして同年7月18日、北京市中級人民法院は張に対して公共交通危険罪(中国刑法第107条)により懲役8年、政治的権利剥奪2年の判決を言い渡した。

【決定要旨】1　本件ハイジャック行為(引渡犯罪)が、法上、犯人の引渡しを禁じられている

政治犯罪にあたるか否かを決するために、まず法第2条1号（および2号）が規定する政治犯罪の意義、範囲を検討する。「一般に、政治犯罪とは、一国の政治体制の変革を目的とし、あるいはその国家の内外政策に影響を与えることを目的とする行為であって、その国の刑罰法規に触れるものをいい、通常、純粋政治犯罪と相対的政治犯罪（関連的政治犯罪）とに分けられる」(44頁)。そして前者の犯罪については、引渡しを行わないのが国際的慣行であると認められるが、後者については、各国の解釈が必ずしも一致していない。「したがって、前記法条の解釈にあたっては、事案毎の個別的事情を多角的に検討し、その行為がどの程度に強く政治的性質を帯びているか、それは政治的性質が普通犯的性質をはるかに凌いでいるかを明らかにした上で、健全な常識に従って個別的に判断するほかはない。その判断にあたって比較的重要なメルクマールになると思われるのは、差しあたり、その行為は真に政治目的によるものであったか否か、その行為は客観的に見て政治目的を達成するのに直接的で有用な関連性を持っているか否か、行為の内容、性質、結果の重大性等は、意図された目的と対比して均衡を失っておらず、犯罪が行われたにもかかわらず、なお全体として見れば保護に値すると見られるか否か等の諸点である」(44-45頁)。

本件引渡犯罪は民間航空機に対するハイジャックであるから純粋政治犯罪にはあたらない。本件ハイジャック行為が相対的政治犯罪と言えるか否かについて、前述のメルクマールに照らして検討する。まず本件行為は「犯行自体又はその波及効果として、国の政治体制の変革や内外政策に影響を与えることその他を直接の狙いないし目的とするものでは」なく、「国家に対して向けられた犯罪行為という政治犯罪に特有の性質をほとんど持っておらず、主として民間人に向けられた犯罪行為」である。次に本件行為は「客観的には、本人の逃亡効果以外に、政治目的との間で直接的な有用性ないし関連性を有していたとは認められない」(66頁)。中国からの脱出目的が、天安門事件に関与したことによる政治的な迫害を回避する点にあったとすれば、その限りで犯行の動機にある程度政治的な事情が関係していると言うことはできるが、犯行の動機に政治的事情が関係していれば直ちに全体として政治犯罪になるとは考え難い。最後に、「本件ハイジャック行為によって生じた侵害行為の深刻さと、本人がこれによって最終的に目指した目的とを対比した場合、その間に必要な均衡が保たれていないことが本件ではきわめて明白」(67頁)である。「脱出手段として民間航空機をハイジャックするというような、多数の者に対するきわめて危険性が高く重大な犯罪行為にでるときは、両者間の均衡が余りに失われ過ぎる点からみて、政治犯罪としての保護を受け難くなるのはやむを得ない」(68頁)。こうして「本件は、政治的性質が普通犯罪的性質をはるかにしのぎ、そのために逃亡犯罪人引渡法上保護を要する犯罪であるとは認められない」(70頁)ため、法第2条1号の政治犯罪にはあたらない(66-70頁)。

2 法第2条3号および4号の定める双罰性の要件について、本件ハイジャック行為に対

する両国の処罰規定を検討すると、日本において右行為は航空機の強取等の処罰に関する法律第1条の罪にあたり無期または7年以上の懲役刑により処罰されるので同条4号の要件を満たす。一方、「中国での処罰状態、すなわち、同国ではハイジャックに対して類推定罪と呼ばれるような罰則適用が実際に正当なものとして行われ、その結果、長期三年以上の拘禁刑にあたる罪としての処罰が行われているとの事実を認定し、この処罰状態は、わが国の逃亡犯罪人引渡法が、引渡犯罪を一定以上の刑の重い罪に限ることとした要件を満たしていると判断することが、それだけで直ちに、わが国の憲法規定その他による法秩序と積極的に抵触し違法としなければならないものとまではいえない」(42頁)から、同条3号の要件を満たしている。したがって、本件は双罰性の要件を具備している(35-42頁)。

3 本件引渡請求が、法第2条2号に該当するか否か、すなわち中国刑法第79条、第107条により確定されるハイジャック行為とは別の政治犯罪について審判などする目的でなされたものと認められるか否かについては、そのような審判を危惧する補佐人の主張に根拠がないわけではない。しかし、中国政府が1990年4月3日付の日本政府宛口上書において「中国側は本件を政治目的によるものと理解せず、また本人が引き渡される前に犯したハイジャック罪以外の罪について、その刑事責任を追及しないことを公式に表明」(72頁)した事実は「中国政府の正式保証」と認められ、これを国際慣行上信用すべきである(70-73頁)。

4 補佐人は、張が中国に引き渡された場合、自由権規約第7条の趣旨に反した扱いを受けることが予見され、また公正な裁判を求める国際的な準則を保障していない中国の刑事裁判手続により非人道的な取扱を受けるおそれが強いなどの理由から、法第10条1項2号の「逃亡犯罪人を引き渡すことができない場合」に該当すると主張する。しかし同号にいう引き渡すことができない場合とは、「引渡しの請求が引渡条約に基づかないものである場合には、もっぱら法第二条各号に該当する場合を指すと解釈され、引渡しの当否に影響するその他の事由、例えば(中略)逃亡犯罪人にかかる請求国の刑事手続が特に人権保障に欠けるものでないかどうか等の点についての判断は、法務大臣の審査・決定事項とされてきた」(76頁)。こうして引渡審査手続における法務大臣と裁判所の判断権限の分担の枠組みを踏まえると、「本件の犯人を、人権保護に関する一般的事実状態に問題があり、国際人権規約の定める趣旨に反する扱いがされるかも知れないとの疑いが解消されない国へ引き渡すことが、同規約を批准しているわが国の態度として相当であるか否かの点について、当裁判所は直接判断したり触れたりするものではない」(73-77頁)。

また張は、中国に引き渡された場合、死刑に処せられる可能性があり、さらに同国では死刑適用の過程で非人道的な取扱がされる可能性があるため、張を中国に引き渡すことは自由権規約第7条違反であると補佐人は主張するが、前述の中国政府の口上書によれば死刑が適用される余地はまったくない(77-78頁)。

5 難民条約にいう難民である張を、迫害のおそれがある中国に引き渡すことは、難民条約に違反するという補佐人の主張については、「本件は、民間航空機に対するハイジャック事犯であって、重大な犯罪と考えられるべきものであり、かつ、政治犯罪にあたらない」(80頁)ため、同条約第1条F項(b)に該当し、同条約の適用を受けえない場合であると認めるほかない(78-80頁)。

【論点】1 本件は、法上の政治犯罪概念の適用問題について裁判所が判断した初めてのケースである。本件決定が採用した政治犯罪の一般概念は、おおむね日本の通説的立場に沿ったものである。また決定は、相対的政治犯罪の場合、法上の政治犯罪にあたるか否かについては、事案ごとに、当該「行為がどの程度に強く政治的性質を帯びているか、それは政治的性質が普通犯的性質をはるかに凌いでいるか」を個別的事情に照らして判断するほかはないとし、その判断基準として「比較的重要なメルクマール」を3点挙げている。これは「優越性の基準」と呼ばれ、妥当なものと評される。

ところで決定は、本件引渡犯罪が相対的政治犯罪にあたるか否かを判断するにあたって、まず最も重要なこととして本件が民間航空機をハイジャックし多数の人々を危険にさらした犯罪であるという点を強調した上で、右のメルクマールに照らして検討を加える。このような決定の論理展開に対しては、裁判所のようにハイジャック犯罪の危険性や重大性を前提に議論を始めるとすれば、政治犯罪性を否定する結論は目にみえているが、その結論は、航空機の不法な奪取の防止に関するヘーグ条約作成の際、政治的動機によるハイジャックについて不引渡しの余地が残されたことと相容れないとの批判がある。

また右メルクマールに照らした検討結果について、1952年のカウィッチ他事件にみられるように国外脱出行為はそれ自体大きな政治的性格をもつ場合があるにもかかわらず、決定は中国からの脱出行為そのもののもつ意味につき検討していないことが指摘される。さらに本件の場合、ハイジャック行為は国外逃亡手段に過ぎず、真の論点は、逃亡理由である天安門事件への関与など中国での活動の検討にあったとする見解がある。これについて決定は、天安門事件への関与を、「犯行の動機に」関係した「ある程度政治的な事情」として、本件引渡犯罪(ハイジャック行為)の政治犯罪性の判断にあたり考慮したに過ぎなかった。

2 双罰性の要件について最も争われたのは、引渡請求国である中国においてハイジャックに対し類推定罪と呼ばれる罰則適用の行われていることが、近代刑法の基本原則である罪刑法定主義に反するのではないかという点であった。これについて決定は、「仮に、中国の法解釈にわが国やその他の国と違っている点があるとしても、そうした違いは独立国家間のことであるという事柄の性質上ある程度はやむを得ない」(39-40頁)とし、前述の通り中国での「処罰状態」に基づき、双罰性の要件を満たしているとした。これに対しては、

当該行為の法的評価を行う最終的な権利は引渡被請求国にあるので、被請求国の立場での、より積極的な判断をすべきであった旨の批判がある。

3　引渡しが自由権規約に違反するか否かについて、決定は、引渡審査手続における法務大臣と裁判所の判断権限の分担を前提として論じ、引渡し後の人権保障の問題といった「引渡しの当否に影響するその他の事由」についての判断は「将来の事実の予測を内容とすることであるから、証拠による司法的認定に適さず、むしろ行政的判断に適している」(76頁)ため法務大臣の審査・決定事項であるとして、引渡しの当否につき自由権規約上の観点から判断する裁判所の権限を否定した。この決定の立場については、以下の問題点が指摘される。

第1に、この立場は、本件決定に基づく法務大臣の引渡命令に対する執行停止申立事件の東京地裁決定(1990年4月25日)の解釈と食い違っている。また同地裁決定に対する抗告事件の東京高裁決定(同月27日)は、同地裁決定を基本的に踏襲する立場をとり、その上で、本件引渡しが自由権規約および難民条約に違反するかどうかについて、すでに本件決定は「配慮をめぐらしている」という。この点について、現に決定は、本件が難民条約第1条F項(b)に該当するか否かを検討するかたちで、本件引渡しへの難民条約の適用について判断している。そこで、決定は一方で自由権規約についての判断権限を否定しながら、他方で難民条約について判断している点において首尾一貫しないと批判される。

第2に、決定が、「将来の事実の予測を内容とすること」を理由として法第2条各号以外の事由についての裁判所の判断権限を否定したことについて、そのような「将来の事実の予測」が必ずしも司法的審査に不適当とはいえないとする立場から、決定の消極的姿勢が批判され、あるいは外交的配慮を重視する行政府に人権的判断を委ねることが問題として指摘される。

最後に、そもそも自由権規約第7条の規定が犯罪人引渡しを規律する効果をもつか否かについて、決定は消極的解釈を採用するが、学説にはこれに同調する立場のほか、拷問や非人道的取扱などの重大な人権侵害のおそれのある国への引渡しも、非人道的取扱いとして禁止されるとする見解もある。

【参考文献】
北村泰三『百選Ⅰ』、岡田泉「日本の国際法判例」93巻1号、高野雄一「張振海引渡事件・高裁決定批判」『ジュリスト』959号(1990)、芹田健太郎『判例評論』384号(1991)、本間浩「ハイジャックと政治犯不引渡し原則」、今井直「国際人権の国内的政権」阿部浩己「犯罪人引渡しと難民認定」『法学セミナー』433号(1991)。

(岡田　泉・坂元　茂樹)

69 不引渡事由としての人権の重大な侵害
A ゼーリング事件 (Soering Case)
B キンドラー事件 (Joseph Kindler v. Canada)

申　立　人	A ゼーリング　B キンドラー
被 申 立 国	A 英国　B カナダ
裁　判　所	A ヨーロッパ人権裁判所
審 査 機 関	B 自由権規約委員会
判　　　決	A 1989年7月7日
見　　　解	B 1993年7月30日
出　　　典	A ECHR Ser.A, No.161
	B RHRC (1993) 138；ORHRC (1992/93-Ⅱ) 559

A ゼーリング事件

【事実】　ゼーリングは、ドイツ連邦共和国(以下、西ドイツという)国民であり、米国ヴァージニア州で殺人を犯し、英国に逃亡中別件で逮捕された。米国は、英国との逃亡犯罪人引渡条約(以下、英米条約という)に基づき、同人の引渡を英国に求めた。その後、西ドイツも、英国との逃亡犯罪人引渡条約に基づき、引渡を求めた。この事件については、英国は刑事裁判管轄権を有しておらず、米国は属地主義、西ドイツは属人主義に基づき刑事裁判管轄権を有している。また、英国と西ドイツでは原則として死刑は廃止されているが、ヴァージニア州ではそうではなく、ゼーリングは、死刑の適用のある罪で起訴されていた。英国は、引渡請求の順に従って、また事件の状況全体を考慮して、米国の請求について審理を進めた。英米条約によると、被請求国では死刑が適用されない犯罪については、請求国が死刑を執行しないという保証を与えない場合には、引渡を拒否することができる。米国は、英国の死刑不適用の希望を裁判官に伝えるというヴァージニア州郡検事の証明書を英国に通知した。英国の治安判事裁判所は、内務大臣の請求に応じて、引渡までの拘禁を命じた。ゼーリングは、これに対して、人身保護令状および司法審査申立許可の請求を高等法院合議法廷に提起したが、いずれもしりぞけられ、この決定に対する上訴許可の請求も貴族院によりしりぞけられた。これを受けて、内務大臣は、ゼーリングの米国への引渡命令に署名した。もっとも、ヨーロッパ人権委員会(以下、人権委員会という)、続いてヨーロッパ人権裁判所(以下、人権裁判所という)の仮保全措置の指示に従って、実際にはこの決定は執行されていなかった。ゼーリングは、自らの米国への引渡によって、とりわけ「死の順番待ちdeath row」現象の犠牲になることが予見され、それはヨーロッパ人権条約(以下、条約という)に違反すると主張して、人権委員会に申立をした。人権委員会は、英国国内における手続が条約違反の主張についての実効的救済(条約第13条)を与えるものではなかった点についてのみ条約違反と認定する報告書を作成し、事件を人権裁判所に付託した。英国、次いで西ドイツも事件を人権裁判所に付託した。

【判決要旨】1　引き渡されない権利それ自体は条約により保障されていないが、引渡の結

果として条約上の権利が侵害されるならば、締約国の条約上の義務は免れられない。潜在的違反について判断を下すのは異例ではあるが、被るかもしれない侵害が重大かつ回復不能のものであることから、条約規定の実効的保障のために必要である。第3条が条約の基本精神をなすものであることを考慮すれば、「逃亡犯罪人が、引き渡されれば請求国で拷問または非人道的もしくは体面を汚す待遇もしくは刑罰を被る真の危険に直面することを信ぜしめる十分な根拠が示されるならば、逃亡犯罪人を引き渡すという締約国の決定は、第3条の問題を引き起こしうるし、かくして条約に基づく国家の責任を生じさせうる」（para.91）。本件については、まず、米国による「保証」にもかかわらず郡検事が死刑を求刑する方針であることから、死刑宣告と「死の順番待ち」の真の危険があると認められる。次に、死刑自体については、第3条は、それを許容する第2条と調和するよう解釈されなければならないから、一般的に死刑を禁止するものと解釈することはできない。最後に、本件での予想される「死の順番待ち」については、死刑宣告から執行まで平均して6年から8年間、厳しい拘禁条件の下で死の恐怖に耐えなければならないこと（自発的な上訴による手続の長期化についても被告人に責を負わせるのは酷である）、ゼーリングが犯行時18歳という若年であり、精神的にも不安定であったこと、刑罰を確保するという犯罪人引渡の目的は、西ドイツへの引渡により達せられることを考慮し、本件引渡決定は、執行されれば第3条に違反すると認定する（paras.80-111）。

2 ヴァージニア州における死刑判決に対する上訴手続の大部分において法律扶助が得られないから第6条3項(c)の保障が確保されないとの主張については、請求国において甚だしい裁判拒否を被るとの危険がある場合、例外的に引渡決定が第6条の問題を引き起こすことは排除されないが、本件においてそのような危険は認められず、この点で第6条3項(c)の問題は生じない（paras.112-113）。

引渡手続において精神医学上の証拠が考慮されなかったことについての不服は、人権委員会手続では未提出のものであるから、人権裁判所にはこの問題を扱う管轄権がない（paras.114-115）。

3 人権裁判所は、いずれにせよ第13条の違反はないことを理由に、英国による第13条の不適用の申立について判断を回避する。つまり、英国の裁判所は第3条の文脈で述べられたような不服を審査する権限を有していないという主張については、英国政府は、引渡事件における判例法上の「非合理性の基準」は、非人道的待遇の深刻な危険があることが証明される国への引渡決定を裁判所が破棄することを可能にするものであると述べており、人権裁判所は、それに満足する。また、裁判所が執行停止を命ずる権限を有していないことも、実際に逃亡犯罪人が高等法院合議法廷への提訴およびその決定に対する上訴の決定以前に引き渡されているとは示されておらず、実効性を損なうものではない。よって第13

条違反はない(paras.116-124)。

 4 ゼーリングは、判決の執行のために締約国に具体的な指示を与えるよう求めるが、人権裁判所には、条約上、このような追加的指示を与える権能はない。英国により争われなかったので、英国にはゼーリングが負担した訴訟費用を全額支払う義務がある(以上いずれの判断の結論についても全員一致)(paras.125-128)。

B キンドラー事件

【事実】 キンドラーは、米国国民であり、ペンシルヴァニア州で殺人を犯し、陪審により死刑の勧告を受けた(同人によると、この勧告は裁判所を拘束する)。しかし刑の宣告を受ける前に逃亡しカナダに不法入国した。カナダは、死刑を一部の軍事関係犯罪を除き廃止している。また、この事件については刑事管轄権を有していない。米国はカナダとの逃亡犯罪人引渡条約に基づき引渡を請求した。同条約も英米条約と同様の「保証」についての規定を設けている。ところが、カナダ法務大臣は、本件について米国に対して保証を求めないことを決定した。これを不服とするキンドラーの訴えは、最終的にカナダ最高裁に係属したが、同裁判所は彼の引渡はカナダ人権憲章に違反しないと判断した。キンドラーの市民的及び政治的権利に関する規約(以下、自由権規約という)選択議定書に基づく通報は、同日登録された。自由権規約委員会の特別報告者はただちにカナダに仮保全措置を要請したが、即日彼は米国に引き渡された。

【見解要旨】1 カナダは、本件は締約国の管轄外で起こる違反を主張するものであるから場所的に受理不能であると主張するが、締約国が管轄下でとった措置の必然的かつ予見可能な結果として別の国の管轄下で規約の違反が生ずるならば、締約国自身の自由権規約違反が問題となりうる。カナダはまた、引渡は意図的に規約の適用範囲外とされたのであって、事項的に不受理とすべきと主張するが、規約の各規定の違反はなお問題としうるから各条ごとに検討する。自由権規約第13条(外国人の追放についての手続的保障)については、引渡についても一般的には適用可能であるが、この規定の違反を根拠づける議論は見出しえなかった。自由権規約第6条(生命権)および第7条(非人道的な待遇・刑罰の禁止)については、具体的事実との関係で問題となりうるので、この両条文に関する限りにおいて通報を受理する(paras.6.1-7)。

 2(1) 第6条については、まず、その第1項は、最も重大な犯罪について死刑を科すことを禁止していない第2項とあわせて読む必要がある。したがって、キンドラーが米国において第6条2項の違反の真の危険にさらされるかどうかが問題であるが、彼の犯した犯罪は、予謀殺人(premeditated murder)であって最も重大な犯罪であり、彼は犯行時18歳を越えていた。またカナダの裁判所において詳細な審理が行われており彼の有罪判決に関するあ

らゆる証拠が審査された。この状況に照らせば、第6条1項からは米国への引渡を拒否する義務は生じない。次に、一般的に死刑を廃止している事実により、カナダには引渡を拒否する、あるいは、保証を求める義務が生ずるかどうかについては、もし、引渡決定が保証なしに恣意的にまたは略式になされたならば、自由権規約第6条に違反するであろう。しかし、法務大臣は、保証を要求する議論を審査したうえで決定したのであり、さらに、カナダが保証を求めなかった理由、すなわち、殺人犯の「天国」になってしまうことを避けたいということも考慮すれば、この点から違反は認められない(paras.14.3-14.6)。

(2) 「死の順番待ち」現象が第7条に違反するかどうかについては、人権委員会は、キンドラーの個人的事情、死刑囚の拘禁の具体的条件、死刑執行の方法を考慮し、この文脈で、人権裁判所のゼーリング事件についての判決を注意深く考慮する。この事件と本件とは、引き渡される者の年齢と精神状態の点で異なっており、また、キンドラー側は、ペンシルヴァニア州における執行までに要する時間や拘禁の条件、さらには執行の方法について具体的な主張をしなかった。自由権規約委員会はさらに、死刑廃止国からの別の引渡請求は本件ではなかったことにも留意する。したがって、第7条の違反は認められない(paras.15.2-15.3)。

(3) 最後に、カナダが特別報告者の仮保全措置の要請に従わなかったことは遺憾である。

【論点】1　引渡後の待遇の人権基準との不適合を犯罪人引渡拒否事由とする実行は、スイス、フランスなどにおいて、1980年代に入って展開され始めた。A事件では、このような流れを受けつつ、引渡後の待遇が人権条約に合致しないならば、被請求国による引渡の決定はその条約の違反となりうる、という原則が明示された。B事件は、この原則が地域的な規則にとどまらないことを示した。このように、送還後に人権の重大侵害が待っている場合に、送還が禁止されるという原則は、犯罪人引渡に限定されず、国際法原則としても確立しつつあるノンフールマン原則の一部である(同原則を明示的に認めるものとして、拷問等禁止条約3条も参照)。

2　両事件ともに、請求国の将来の違反が直ちに被請求国の違反となるとは判断されていない。A事件では、中核的な人権の侵害のみが被請求国の義務違反を引き起こすことが示唆されている。やはり、直接の人権侵害と引渡による間接的な人権侵害、管轄権を有する犯罪への対応と管轄権を有しない犯罪への対応とは、同視することはできない。前者の区別については責任に関連する原則(とりわけ将来の危険がどれほど具体的か、回復不可能なものか、という基準)の適用が、後者の区別を乗り越えるためにはいわば「公序」の違反であるという論理が、必要とされるであろう。

3　犯罪人引渡制度の、犯罪の鎮圧のための国際協力という公益性は、人権条約の適用上、どう考慮されるか。A事件において西ドイツへの引渡可能性が考慮されたことに対し

て、第3条の禁止の絶対的性格を弱めるという批判がある(人権委員会の意見、なお、人権裁判所は1996年のチャハル事件でこの点を自ら修正した)。引渡制度は、偽装引渡を排し、適正な手続に従って処罰を確保しようとするものでもある。だとすれば、各国の引渡法や引渡条約の中に人権条約の基準を読み込むこともあながち無理ではなかろう(なお、1990年の犯罪人引渡に関するモデル条約第3条(f)(g)参照)。凶悪犯の避難所となってしまうという被請求国の懸念についても、ある程度は引渡制度の運用によって解決を追求しうるであろう。この関係で、A事件において、死刑不適用のより確実な保証を取り直すという形で判決が履行されたことも注目される。

4　自由権規約自体は死刑を禁止していないが、自由権規約第2選択議定書は死刑を禁止する(条約と条約第6議定書の関係も同様)。このような状況の下で、一般に死刑に対する規制が強化されている。死刑廃止国は死刑の再適用を禁止されるとの解釈がある(自由権規約6条2項導入句も参照)。これらから、死刑廃止国が死刑の待つ国へ引渡すことは規約第6条や条約第2条に違反するとの解釈も有力である(両事件の少数意見)。自由権規約委員会は、2003年のジャッジ事件〔⇒64〕の見解で、B事件の判例を変更し、このような解釈を採用した。

5　死刑執行の態様については、A事件では、「死の順番待ち」が状況によっては条約第3条違反となると判断され、B事件でもその判断が踏襲されている。なお、自由権規約委員会は、1993年のウー対カナダ(Ng v. Canada)事件において、カリフォルニア州のガスによる処刑方法は不必要な苦痛を与えるから同州への引渡は自由権規約第7条に違反すると判断した。

6　被請求国内での引渡決定に至る手続について、A事件では、引渡後の待遇の条約適合性を実質的に審査しうるかどうか、不服申立手続が引渡決定を実質的に停止させうるかどうかが、「実効的救済」(条約第13条)であるかどうかの判断にあたって考慮されたが、この点のその後の人権裁判所判例の発展は著しい。

7　そのほか、時間的受理可能性(請求の成熟性)、人権条約の解釈方法論(とりわけ準備作業の位置づけ)、非当事国の制度についての事実認定、仮保全措置の効力、判決の執行と被害者の救済方法など、多岐にわたる論点が挙げられよう。

【参考文献】
薬師寺公夫「犯罪人引渡し及び退去強制に対する人権条約の制限(1)」『立命館法学』231・232合併号(1994)、同「犯罪人引渡しと人権」田畑茂二郎編『21世紀世界の人権』(明石書店、1997)、古谷修一「犯罪人引渡と請求国の人権保障状況に対する評価(1)(2・完)」『香川法学』15巻4号(1996)、16巻3・4合併号(1997)、同『百選Ⅰ』、同「ノン・ルフールマン原則と犯罪人引渡」『ヨーロッパ人権裁』、北村泰三「国際人権法判例研究(2)」『熊本法学』64号(1990)、同『国際人権と刑事拘禁』(日本評論社、1996)、同「犯罪人引渡しと人権基準の要請」『国際法外交雑誌』98巻1・2合併号(1999)、同『百選Ⅱ』、村上正直「ノン・ルフールマン原則と退去強制」『ヨーロッパ人権裁』、小畑郁『ヨーロッパ地域人権法の憲法秩序化』(信山社、2014)。

(小畑　郁)

第3節　外国人の権利・国有化

70　ニーア事件(L.F.H. Neer and Pauline Neer(U.S.A.)v. United Mexican States)

当　事　国　米国／メキシコ
裁　判　所　一般請求権委員会
判　　　決　1926年10月15日
出　　　典　4 RIAA 60

【事実】　メキシコのドゥランゴ州グアナセヴィ村付近の鉱山で監督者として雇用されていた米国人ポール・ニーアは、1924年11月16日の夜8時頃、妻とともに同村から帰宅中、武装した一群の人々に制止され、彼らと会話中、銃撃を受け殺害された。妻には会話の内容はわからなかった。米国は、この殺害により妻と娘は10万ドルの損害を被ったとして、遺族のためにメキシコに対し請求を提出した。その根拠として、メキシコ当局には犯人の訴追に関し是認できないほどの注意の欠如または機敏な捜査の欠如があった、と主張された。

【判決要旨】1　殺害事件がメキシコ当局に通報された後の当局の注意の欠如または機敏な捜査の欠如について言えば、事件後の早朝に当該当局は実際にとった行動よりは一層精力的かつ効果的な方法で行動できたかもしれない。ドゥランゴ州の司法長官特別代理人もグアナセヴィの裁判官の解任を提案した州知事も、この点は認めているように思われる。しかし、委員会の意見では、より積極的かつ効率的な手続を追求できたかもしれないと判断することと、右の記録により国際違法行為を構成するほどの注意の欠如と機敏な捜査の欠如とが提示されていると判断することとは別の事柄である(p.61)。

2　この種の国際違法行為と国家主権の一部をなす権限の不十分な行使との間の境界を決定する一般的定式を編み出すことは困難だと委員会は認める。すべての事例において「裁判拒否」の問題に決定を下せるような精密で確固とした定式をあらかじめ定めることは実際的ではないとムーアは述べている。ラプラデルとポリティスも、「裁判拒否」の曖昧で複雑な性質は定義を拒絶すると述べている。「裁判拒否」を裁判所の行為だけでなく行政および立法当局の行為にも適用するような広い意味にとらえるべきか、司法当局の行為に限定した狭い意味に用いるべきかは問題ではない。なぜなら後者だとしても、『裁判拒否』の名称で司法当局の行為に適用されるのと同じ理由づけが、「裁判拒否」とは別の名称で、行政および立法当局の是認できない行為に適用されるからだ。厳密な定式を述べることはしないが、委員会の意見では、前述の学者から一歩進むことはできるし、「(第1に)政府の行為の適切性は国際基準に照らして判断すべきであり、(第2に)国際違法行為を構成するため

には、外国人の取扱が、非道な行為(an outrage)、悪意(bad faith)、故意の義務の懈怠(wilful neglect of duty)、または、およそ合理的で公平な人ならすべての人が不十分だと認めるほどに国際基準にはるかに及ばないほどの政府の行為の不十分さに達しているべきである」と述べることはできる。不十分さが賢明な法の不十分な執行から生じるのか、国内法が当局に国際基準に適合する権限を与えていないという事実から生じるのかは、問題ではない(pp.61-62)。

　3　グアナセヴィ地方当局による別の手続の方がより効果的だったといえるかどうかについて決定するのは、本委員会のような国際裁判所の任務ではない。反対に責任の根拠から、委員会の審理は、①メキシコ法を執行する当局が、非道な方法で、悪意により、自らの義務を故意に怠るように、または不適切な行為が明白な程度に行動したか、それとも、②メキシコ法が当局に対して任務遂行を適切に行うことを不可能としていたかのいずれかについて納得のいく証拠があるかどうかという点に限られる。第2の点を立証する試みはなされていない。第1の点については、委員会はメキシコの代理人が提出した警察および司法当局の十分な記録により、これを否定する。ただし、もっと良い手段がとられていたかもしれないという点を委員会の意見として再度述べざるをえない。右の記録から、地方当局は11月16日事件当日の夜、殺害現場に行き検屍したこと、17日には裁判官がニーア夫人を含め若干の証人を調べたこと、捜査が数日続いたこと、被疑者が逮捕されたこと、証拠不十分でその後被疑者が釈放されたことが明らかである。米国の代理人は、反証で、個人的印象または推測を述べた宣誓供述書以外には何も提示しなかった。本件の全記録に照らせば、委員会は、メキシコ当局に犯人の訴追と処罰においてメキシコに責任ありといえるような注意の欠如または機敏な捜査の欠如があったと判断することはできない。したがって、委員会は米国の請求を却下する(p.62)。

【論点】1　本件のように自国領域内で私人の犯罪により外国人の身体に損害が生じた場合に領域国が国際責任を負わねばならないのは、国が「相当の注意」をもって私人行為を防止しなかったか、または注意したにもかかわらず事故が発生した後に加害者の逮捕や訴追・処罰を怠った場合である。この場合国が責任を負う根拠については、私人行為がそのまま国に帰属するわけでも、犯罪を行った私人に国家が加担したから(黙示的加担説)でもなく、あくまで国家機関自らが国際法上の義務に違反したことにある、という考え方が今日ではほぼ定着している。本件判決も私人の殺害行為自体にではなくそれと関連したメキシコ当局の行為に責任の所在を求めているが、私人行為に対して国家が国際責任を負う根拠をきわめて明確に指摘したのは本委員会の同年11月のジェーンズ事件判決である。

　2　本件で米国は、メキシコには、犯人訴追のための措置が認め難いほど遅れた、被疑

者を警戒させ逃亡を可能にするほどのあけすけな捜査があったなど、犯人の訴追、処罰のための十分な措置をとらなかった点で裁判拒否があったと主張した。裁判所が訴訟の受理を拒否したり、裁判手続が適正でないとか、外国人のゆえに判決が不当である場合、さらには判決の執行が適正でないなど、外国人に対して必要な司法上の保護が与えられないことを「裁判拒否」というが、この概念の理解をめぐっては見解に相違がある。本件でも裁判拒否は司法機関のみならず行政機関の行為にも適用されるとした米国のニールセン裁判官と他の裁判官の間に意見の相違が生じたが、「裁判拒否」という名称問題を別とすれば、私人の犯罪行為に関連してメキシコ地方当局の捜査・訴追手続に是認できない行為があればメキシコの国家責任が生じるという点では裁判所の意見は一致していた。

3　1で述べた外国人の待遇に関する国家の「相当の注意」義務については、注意の相当性に関して従来より国際標準主義と国内標準主義(内外人平等主義)とが対立してきた。「政府の行為の適切性は国際基準に照らして判断すべきで」あるとした本件判決はしばしば国際標準主義の立場を表明した先例として援用される。「国際違法行為を構成するためには、外国人の取扱いが、非道な行為、悪意、故意の義務の懈怠、または、およそ合理的で公平な人ならすべての人が不十分だと認めるほどに国際基準にはるかに及ばないほどの政府の行為の不十分さに達しているべきである」という本判決が採用した国際基準の定式は、本委員会の後の事件にも踏襲されている。同時に本判決は、国家が国際基準に適合しない場合として、①そもそも国内法自体が当局に国際基準に適合する権限を与えていない場合と、②国内法が国際基準に合致していてもその法の執行が不十分な場合とがあることを指摘した。要するに、領域国は外国人の保護について、国際基準に合致する法制度や法手続を整備し、かつ、それらの法制度・手続を適正に執行することの双方が求められている。それゆえに、国際標準主義と国内標準主義の対立は深刻であり、もっぱら領域内の外国人の身体・財産に生じた損害に着目して国家責任を法典化しようとした試みはこれまでのところすべて失敗している。本件で裁判所は、上記①の点は主張されなかったとして審理せず、②に関しては、メキシコ地方当局の犯人の訴追と処罰については、不十分な点があったことを意識的に指摘したものの、全員一致で、国際基準に照らしてメキシコに責任がありとするほどの注意の欠如や機敏性の欠如はなかったと判断した。

【参考文献】
広部和也『国家責任』、安藤仁介「国家責任に関するアマドール案の一考察」『変動期の国際法』(有信堂、1973)、田畑茂二郎『国際法Ⅰ』(有斐閣、1973)417-431、434-441頁。

(薬師寺　公夫)

71 イラン石油国有化事件

A アングロ・イラニアン石油会社事件(Anglo-Iranian Oil Co. Case)
B アングロ・イラニアン石油会社対出光興産事件

当事国	A 英国 v. イラン
裁判所	A 国際司法裁判所　B (a) 東京地裁　(b) 東京高裁
命令・判決	A (a) 仮保全措置命令　1951年7月5日
	(b) 管轄権　1952年7月22日
	B (a) 1953(昭和28)年5月27日　(b) 1953(昭和28)年9月11日
出典	A (a) ICJ(1951) 89　(b) ICJ(1952) 93
	B (a) 下民集4巻5号755　(b) 下民集4巻9号1269

A　アングロ・イラニアン石油会社事件

【事実】　第2次世界大戦後、国際社会において資源ナショナリズムの風潮が高揚した。イランにおいても石油国有化運動が激化して、1951年3月7日、コンセッション協定の尊重を唱えるラズマラ・イラン首相が暗殺された。その後、石油国有化を主張するモサデグが首相に就任し、3月15日、石油国有化法がイラン議会において満場一致で可決された。アングロ・イラニアン石油会社(以下、ア社という)はこの石油国有化措置を不服としてコンセッション協定第22条に基づいて仲裁裁判による紛争解決を提案したが、イラン政府によって拒絶された。1951年5月26日、英国政府は外交的保護権を行使し、国有化をめぐる紛争を国際司法裁判所に提訴した。7月5日、裁判所は英国政府の要請により管轄権の審理に先立って仮保全措置を指示した(10対2)が、9月27日、イラン政府はア社のアバダン製油所を強制的に接収した。英国政府はこの仮保全措置の履行を求めて国連の安全保障理事会に提訴した。しかし、安全保障理事会は10月19日、管轄権が未確定であることを理由にして審議の延期を決定した。1952年7月22日、裁判所は管轄権を否認し、英国の申立を却下した(9対5)。

　1954年8月、イラン新政権がア社に対して総額2,500万ポンド(10年年賦)の補償を支払うことに同意して、事件は最終的に解決した。

【命令・判決要旨】(a)　裁判所は、英国の請求が国際裁判管轄権外にあるとアプリオリに認められないことを理由として、両国政府に対して①本案判決の履行を確保するため相手方当事者の権利を侵害する行為を防止すること、②紛争を重大化ないし拡大する行為を防止すること、③会社の営業活動を妨害する措置を防止すること、④監督委員会の合意による変更の場合を除いて、イランにおける会社の活動が1951年5月1日以前の経営陣の指揮の下に継続されることを確保すること、⑤そのために前記監督委員会を両国政府の同意により設置すること、を暫定措置として指示する (pp.93-94)。

　(b) 1　裁判所の管轄権は、裁判所規程第36条2項に基づいて行われた両国の強制管轄権受諾宣言を基礎とし、これら2つの宣言が一致する限りにおいてのみ設定される。本件において、裁判所は範囲が一段と制限されているイランの宣言に依拠しなければならない。イランの宣言によれば、裁判所はイランによって受諾された条約または協約の適用に関す

る紛争についてのみ管轄権を有することが認められる。さらに、その紛争はイランが宣言批准後に受諾した条約または協約の適用に関する紛争に限定されている。文理的観点から考察すれば、裁判所の管轄権がイランによって宣言批准前に受諾された条約または協約を含むとする主張も成り立つが、裁判所は強制管轄権受諾当時のイラン政府の意思を十分考慮に入れ、条約の自然にして合理的な読み方と調和する解釈を追究しなければならない。イラン政府の明白な意思はイランが宣言批准前に受諾した条約または協約の適用に関する紛争を裁判所の管轄権から除外することにあった (pp.103-106)。

2 イランの受諾宣言に使用されている条約または協約という用語は、英国がイランに対して援用しうる権利を規定する条約に限定されている。英国が最恵国条項を通じて第三国間の条約上の利益を均霑(きんてん)しうるためには、基本条約としての当該最恵国条項を含む英国・イラン条約を援用することができるのでなければならない。第三国間の条約は「他人間の行為 res inter alios acta」であり、英国とイランの間に何ら法的効果を発生させるものではない。したがって、英国が裁判所の管轄権を設定するために第三国間の条約を援用することは認められない (pp.108-109)。

3 1933年、イラン政府とアングロ・ペルシャ石油会社の間に結ばれた契約は1国の政府と1外国会社の間のコンセッション契約に過ぎず、イラン政府と英国政府との間にいかなる直接契約関係も存在しない。イランがこの契約に基づき会社に対して主張しうるいかなる権利も英国に対して請求できないし、また会社に対して負ういかなる義務も英国に対し履行を要求しうるものではない。この法的状態はコンセッション契約が連盟理事会の周旋によって交渉され、締結されたという事実によって変更されるものではない (p.112)。

B アングロ・イラニアン石油会社対出光興産事件

【事実】 1953年4月、出光興産株式会社は、イランにおいて国営会社ナショナル・イラニアン石油会社から石油を買い受け、それをタンカー日章丸によって日本に輸入して川崎市所在の油槽所に保管した。ア社はイランの石油国有化措置の違法性を理由として東京地方裁判所に同石油の処分を禁止する仮処分を申請した。裁判所は5月27日、ア社がイランの石油国有化法によってイランにおける石油採掘権とその他のコンセッション協定上のすべての権利を喪失しており、同石油に対して所有権を主張しえないと判示して、ア社の申請を却下した。ア社はこの一審判決を不服として東京高等裁判所に上訴したが、裁判所は9月11日控訴を棄却した。

【判決要旨】(a)1 1933年の利権協約はその当事者の一方が1国の政府ではなく1外国会社であることから、国際条約またはこれと同一の性質を有する国際間の協定とはみなされない。

それは1国政府と1外国会社との間に結ばれた石油採掘に関する私契約に過ぎない。国有化法の制定施行は、かかる私契約に優先しその効力を排除する（762-763頁）。

2　外国人財産の収用には正当な補償が即時に支払われなければならないが、本件のような国有化の場合、収用される権益の規模と内容からして、補償の確定的な支払意思の表明と具体的準備が行われる事実により収用に対する補償があるものとみなすことができる（764-766頁）。

3　第三国の裁判所が外国の行為を無効と判定し、その効力を否定しうる確立した国際法原則が存在するとは断定できない。我が国の秩序を侵害しない限り、国家主権の尊重と国際礼譲の要求するところにより、外国が国益に合致するものとして制定した法令やその効果を否定することはできない（764頁）。

(b)1　イラン政府とア社との協約は、当事者の一方が1国の政府ではなく英国に本店を有する外国会社であることから考えれば、国際条約またはそれと同一の性質を有する国際間の協定と認めることはできず、1国政府と1外国会社との間に締結された石油採掘権に関する私法上の契約と認めるのが相当である。会社が協約に基づいて権利を行使していた土地は国際法上のいわゆる租借地であるとは言えず、会社は単にイラン南部での石油採掘に関する鉱業権とそれに付随する精油販売などの私法上の権利を有するに過ぎない（1280頁）。

2　外国人財産が補償を受けて収用されることは国際法の確立した一般原則として認められている。その補償については、「十分にして、有効かつ即時の補償」を支払わなければならないことは、国家実行、判例、学説によって確認されている。イランの石油国有化法がイランの国益に合致するものとして制定されたものであることが一応認められ、また補償を支払って収用するものであることから、その補償が「十分にして、有効かつ即時の」補償であるか否かを判断して、国有化法の有効、無効を審理することはできない（1282頁）。

3　第三国の裁判所は外国が形式上適法に制定した法律の有効無効を判断してこれを認めないことができるか否かについて従来の各国の判例は積極と消極とに分かれており、外国の法律の効力を無効であると判定しうる国際法原則は確立していない。協約第31条3項はイランが一方的に協約を破棄することを禁止していることから、イランが石油国有化法によって会社の協約上の権利を収用した行為は、一応同条項に違反した行為と認めることができる。しかし、協約が単純な私法上の契約であることから、かかる契約不履行の場合に適用される法規はイランの国内法である。石油国有化法の性質から考えて、国有化法そのものが無効であると解することはできない（1283頁）。

【論点】1　国際司法裁判所は、英国の申請がイラン政府のコンセッション協定違反と裁判拒否による国際法違反を基礎としている限り、それがまったく国際裁判管轄権外にあるとアプリオリに認めることはできないと判示している。しかし、裁判官の中には、裁判所が

暫定的にしろ本案管轄権を確定しない限り仮保全措置を指示すべきでないとする反対意見が存在することは注目に値する。

2 国際司法裁判所の管轄権は紛争当事国の合意を基礎としている。国家は裁判所規程第36条2項に基づいて裁判所の強制管轄権を受諾する。この受諾宣言は同一の義務を受諾する国との関係においてのみ効力を有する。本件において、国際司法裁判所は相互主義を条件として内容の一段と制限的なイランの宣言を管轄権決定の基礎としている。

3 条約の解釈については一般に条文を重視する文言主義解釈、当事国の意思を重視する意思主義解釈、条約の目的を重視する目的論的解釈などがある。本件において、国際司法裁判所は条文の文字の配列、文章の構成などに重きを置いた文理解釈の方法をとらず、当事国の意思を重視した解釈方法を採用している。異なる結論に到達するためには特別のかつ明白に立証しうる理由が提示されなければならない。

4 最恵国条項は、条約の一方の締約国によって第三国に与えられた恩恵が自動的に他方の締約国に均霑されることを特徴としている。しかし、最恵国待遇を受ける権利は最恵国条項を規定する条約に基づくものであり、第三国に与えられた待遇の根拠となる条約に基づくものではない。

5 国際司法裁判所はイラン政府とア社の協定が1国の政府と1外国会社のコンセッション契約に過ぎず、イラン・英国政府間に契約上の相互関係は存在していない、と判示している。

6 東京地方裁判所は国際司法裁判所の見解を踏襲し、協約の一方の当事者が1国の政府ではなく1外国会社であることから、それが国際条約と同一の性質を有する国際間の協定とはみなされず、石油採掘に関する私契約に過ぎないと判示している。この見解は東京高等裁判所によっても踏襲されている。

7 国家が補償の支払を条件として外国人財産を収用することは、とくに条約上別段の規定がなされていない限り国際法上違法とはみなされていない。この点、東京高等裁判所は、補償が十分、有効かつ即時でなければならないことは国家実行と判例と学説によって確認されているが、イランの国有化法が補償を支払って収用するものであるので、十分、有効かつ即時の補償を基準としてイランの国有化の有効、無効を審理することはできないと判示していることは注目に値する。

8 東京高等裁判所は、外国が形式上適法な手続を経て制定した法律の効力を判定しうるか否かについて、各国の判例が分かれており確立した国際法原則は存在していない、と判示している。一般的に第三国の裁判所は外国の領域内において一応有効に完結した法的行為について判断を差し控える例が多い。

【参考文献】
杉山茂雄『高野判例』、安藤仁介『ケースブック』。

(川岸　繁雄・坂元　茂樹)

72 リビア国有化事件

A **BP事件**(BP Exploration Company(Libya)Limited v. The Government of the Libyan Arab Republic)
B **TEXACO事件**(Texaco Overseas Petroleum Company and California Asiatic Oil Company v. The Government of the Libyan Arab Republic)
C **LIAMCO事件**(Libyan American Oil Company(Liamco)v. The Government of the Libyan Arab Republic)

裁 判 所　仲裁裁判所
裁　　定　A 1973年10月10日　B 1977年1月19日　C 1977年4月12日
出　　典　A 53 ILR 297　　　B 53 ILR 389　　　C 62 ILR 141

【事実】　1971年12月7日、リビア政府は英国がイランによるペルシャ湾口3島の軍事占領を阻止しなかったことに対する報復として国有化法を制定し、英国のブリティッシュ・ペトロリアム会社の完全子会社ブリティッシュ・ペトロリアム・エクスプロレーション会社（以下、BPという）の資産と権益を完全国有化した。BPは1960年に米国市民ハントよりコンセッション65の2分の1の不可分権を取得し、50年間リビアにおいて石油を探査、採掘、販売する排他的な権利を付与されていた。したがって、BPはこの国有化法がコンセッション協定の基本的な義務違反であり、恣意的かつ差別的であって国際法違反を構成するとして、同協定の仲裁裁判条項に基づき紛争を仲裁裁判に付託することを提案した。しかし、リビア政府は国有化の権利が国家の絶対的な権利であると主張し、仲裁手続の開始を拒絶した。1972年4月28日、国際司法裁判所長はBPの要請により、協定第28条の規定に基づき紛争を審理決定する単独仲裁裁判人として西スウェーデン控訴裁判所長グンナル・ラーゲルグレンを指名した。

　その後、リビア政府は国営会社リビアン・ナショナル石油会社を通して外国石油会社の一定資本を取得し石油産業の経営と開発と生産に実質的に参加する方針を策定した。そして、リビア政府は最終的な決定権を確保するため石油コンセッションへの51％の即時の資本参加と純簿価に基づく補償の支払をめぐって外国石油会社との交渉を開始した。しかし、外国の大手石油会社はリビア政府の国有化と生産削減の警告にもかかわらずこの参加条件の受諾を拒否した。1973年9月1日、リビア政府は一方的な立法措置によってテキサコ・オーヴァシーズ石油会社（以下、TOPCOという）、カリフォルニア・アジアティック石油会社（以下、CALASIATICという）、リビアン・アメリカン石油会社（以下、LIAMCOという）など外国石油会社9社の財産と権利と資産の51％を国有化した。TOPCOとCALASIATICはリビア政府に対してコンセッション協定第28条の仲裁裁判条項に従って問題を仲裁裁判に付託することを提案した。しかし、リビア政府は国有化が国家の主権行為であり、国有化国以外の裁判所によって裁判されうる性質のものではないと主張して、仲裁手続に参加することを拒否した。

翌年2月11日、リビア政府は米国における石油消費国会議の開催に抗議して、米国の上記石油会社3社の財産と権利と資産を完全国有化するに至った。LIAMCOはこの国有化措置が政治的な動機に基づいており、差別的かつ没収的であり国際法違反を構成すると主張して、協定第28条に基づいて紛争を仲裁裁判に付託することを要請した。しかし、リビア政府は補償が国有化法において規定されていることを根拠としてその要請を拒絶した。その結果、国際司法裁判所長は協定第28条の規定により紛争を審理決定するためTOPCOとCALASIATICの要請に対してニース大学法学部ルネ=ジャン・デュプイ教授、そしてLIAMCOの要請に対してベイルートの法律顧問ソブヒ・マハマッサニ博士をそれぞれ単独仲裁裁判人として指名した。しかし、リビア政府がいずれの仲裁裁判にも参加しなかったため、仲裁裁判所はそれぞれ欠席判決を言い渡した。

【裁定要旨】A1　原告の財産と権利ならびに利益の収用は政治的な目的のために行われ、恣意的かつ差別的であり国際法違反を構成する。さらに、国有化後も補償が支払われておらず、収用は没収的である (p.329)。

　2　収用が完結した場合、それは終局的であり、訴訟で争うことのできない行為である。いかなる国家もかかる行為を破棄し原状回復を与えることは認めていない (p.353)。

　3　国際法と英米両国の契約法に共通な条理原則によれば、国家がコンセッション協定を破棄し外国会社の資産を国有化した場合、所有者が国家に対して協定の特定履行ないし契約上の権利の原状回復を請求する権利は認められていない。唯一の救済手段は損害賠償請求訴訟である (p.354)。

　4　コンセッション協定は国有化法によって終了し、仲裁裁判所の管轄権と原告の損害賠償請求権の基礎としてのみ効力を有する (p.354)。

　5　リビア石油法第1条は地下に埋蔵されている石油の所有権が国家に帰属すると規定している。したがって、国有化後に生産された石油の所有権に関する原告の請求権は認められない (p.355)。

　6　原告はリビア政府の違法行為に対して損害賠償を請求する権利を有している。かかる損害賠償の性質と範囲は本仲裁手続の第2段階において決定することとする (p.355)。

　B1　当事者は仲裁裁判に適用される法を自由に選択することができる。当事者間に合意がない場合には、裁判所が仲裁裁判に適用される法または法体系を決定しなければならない。本件において、当事者の意思は仲裁裁判を国家主権から免除することにある。したがって、本仲裁裁判は直接国際法によって規律されなければならない (p.436)。

　2　契約とは法的な権利義務を設定する当事者の意思の合致である。コンセッション協定は形式上一応リビア政府と原告との間の意思の合致を表明しており、契約としての性

質を有する。コンセッションの契約的性質は、国家実行と国際法学説によって認められている。本件において、コンセッション協定は真に契約であると認めるのが相当である (pp.438-441)。

　3　コンセッション協定の拘束力は協定に適用される法によって決定される。本件の場合、協定はその第28条により国際法に共通なリビアの国内法の諸原則によって規律され、かかる一致が認められない場合には、法の一般原則によって規律解釈されなければならない (pp.441-452)。

　4　コンセッション協定は法の一般原則をその準拠法として指定することによって国際化される。その他、協定が解釈適用に関する紛争を仲裁裁判に付託することを規定する場合と協定が性質上経済開発協定の部類に属する場合、コンセッション協定は国際化されることになる。その場合、協定は国際法に基礎を有し、国際法上の拘束力を有する。このように国家と私人の契約が国際法秩序に位置づけられた場合、私人は契約を解釈履行するため一定の範囲において国際的な能力を認められ、国際法主体として契約上の権利を援用することが認められる (pp.453-459)。

　5　行政契約がリビア法において特殊な契約類型として認められている。契約が行政契約としての性格を付与されるには、公益のために契約を変更解除する権限が行政機関に与えられていなければならない。本件において、協定はリビア政府が協定の契約上の権利を一方的に改廃することを禁止している。このような安定化条項は、行政契約の重要な特徴である当事者の基本的な不平等性を否定するものである (pp.463-467)。

　6　国有化の権利は今日確立した国際法上の原則である。国有化の権利は国家の領域主権の発現にほかならない。本件において、協定は国有化を禁止していない。しかし、協定が特定の条項によって安定化されたり直接国際法によって規律される場合、国家が国有化によって協定を一方的に破棄することは認められない (pp.469-471)。

　7　リビア法に共通な国際法原則によれば、原状回復は契約上の債務不履行に対する通常の制裁手段である。原状回復はそれが不可能な場合にのみ適用を除外される。リビア政府は契約上の義務を特定履行しなければならない (pp.507-509)。

　C1　石油コンセッションは経済開発協定である。それは公益事業または天然資源開発のために国家が私人との間に締結するものであり、基本的に契約的性質を有する (p.169)。

　2　国家は公共の必要性と完全な補償の支払を条件として私有財産を収用することができる (p.183)。

　3　財産権には有体財産と無体財産がある。協定上の権利は国際判例上無体財産として類別されている。合意尊重の原則は通常の契約のみならずコンセッション協定にも適用される。協定は私人と国家を等しく拘束する (p.192)。

4 無差別の原則は国有化の合法性の条件として国際法の理論と実践において確立している。また、国有化の権利は補償の支払を条件としている。この義務はリビア国有化法において承認されている(pp.194-196)。

5 天然資源を国有化する権利は主権的である。コンセッション上の権利の国有化はそれ自体差別的でなく、かつ他の違法行為を伴わない限り違法とはみなされない。国家は協定の期間満了前の終了に対して補償を支払わなければならない(pp.196-197)。

6 原状回復は履行不能の場合に適用を除外される。履行不能は国際法において一般的である。リビア政府は国有化による契約解除に対して補償を支払わなければならない。この補償は最小限、国有化された全資産と施設と経費を含む有体財産の価値としての「現実損害」を含まなければならない。しかし、コンセッションの権利としての無体財産に関する限り、補償の範囲とその決定方式、ならびにその決定に「逸失利益」が含まれなければならないか否かについて国際法原則は確立していない(pp.198-202)。

7 米国を中心とした国家実行は、収用に対して「迅速、十分かつ実効的な」補償が支払われなければならないと主張している。しかし、「逸失利益」を含む「十分な」補償は今日絶対的な一般原則としては認められていない。また、学説上「完全かつ事前の補償」基準も絶対的なものとはみなされておらず、むしろ「適切かつ衡平な」補償が支持されている。衡平はリビア法と国際法において等しく補完的な法源として認められている。したがって、「衡平な補償」が本件において妥当かつ正当な補償方式である(pp.206-210)。

8 リビア政府はLIAMCOに対してその工場設備とコンセッション上の権利の損失ならびに訴訟費用と経費に関する衡平な補償として総額8,008万5,677米ドルと全額支払いまでの利率5％の損失補償を支払わなければならない(p.218)。

【論点】1 コンセッションは一国の企業が他国の天然資源を開発する目的で現地の政府と締結する契約を意味する。LIAMCO仲裁裁定において、仲裁裁判所はコンセッション協定がこの契約的性質を補強するために当事者の合意による場合を除いて協定を変更または破棄することを禁止していると判示している。

2 国際法上、公益、無差別、補償の原則が国有化の合法性の要件として主張されてきたが、これらの原則がすべて国有化の合法性の要件とみるのが適当であるか否かは問題である。LIAMCO仲裁裁定は、無差別の原則が学説や国家実行において一般的に認められているが、公益の原則については国家が自由に公益のために必要であるか否かを決定しうることから、国有化の合法性を決定する基準として認めることはできない、と判示している。

3 国家がコンセッション協定を一方的に改廃しないことを保証するために国内法を協定の締結時点に凍結する安定化条項や、国家の主権的権限の行使による協定の一方的な

破棄を禁止する不可変性条項が協定に挿入されることがある。TOPCO＝CALASIATIC仲裁裁定はこの種の安定化条項に関わる国際仲裁裁判史上初めて、国家が国有化によるコンセッション協定の破棄に対して協定を特定履行しなければならないと判示したことはとくに注目に値する。

　4　国有化の合法性の要件として、従来より「迅速、十分かつ実効的な」補償が国家実行と国際法学説において主張されてきた。しかし、1962年に国連総会が採択した「天然資源に対する永久的主権」決議(1803〈XVII〉)は、国有化の場合に国家が所有者に対して国内法と国際法に従って「適当な補償」を支払わなければならない、と規定している。この点、LIAMCO仲裁裁定において、仲裁裁判所が「衡平な補償」原則を適用しリビア政府に対してLIAMCOに一定額の補償を支払うよう裁定したことは注目に値する。本件において、リビア政府はまず1974年11月、BPに対してコンセッション65における利益の国有化から生じたすべての問題を完全かつ最終的に解決するため1,740万ポンドを即時に支払い、同社がリビア政府に対するすべての仲裁手続を取り下げることに合意した。また1977年9月、リビア政府はTOPCOとCALASIATICと協定を結び、それぞれに約6,700万米ドル相当の原油を15カ月にわたって供給し、両社が国際仲裁手続を終了することに合意した。さらに、1981年3月、リビア政府がLIAMCOとの間にも解決協定を締結して事件は最終的に解決をみた。

【参考文献】
川岸繁雄『ケースブック』、多喜寛「石油コンセッション契約の国際化」『法学』43巻4号(1980)。

　　　　　　　　　　　　　　　　　　　　　　　（川岸　繁雄・坂元　茂樹）

73 アモコ国際金融会社事件（Amoco International Finance Corporation, Claimant v. The Government of the Islamic Republic of Iran, National Iranian Oil Company, National Petrochemical Company and Kharg Chemical Company Limited, Respondents）

裁　判　所　イラン・米国請求権裁判所
裁　　　定　1987年7月14日
（部分裁定）
出　　　典　*15 Iran-US CTR 189 ; 83 ILR 501

【事実】　ハルク化学会社（Khemco、以下ヘムコという）は、1966年7月12日、スイスのアモコ国際株式会社（Amoco、以下アモコという）とイランの国営会社ナショナル石油化学会社との間に結ばれた協定（ヘムコ協定）に基づくイランの合弁会社として設立された。アモコは米国のアモコ国際金融会社の完全所有子会社である。アモコとナショナル石油化学会社はそれぞれヘムコの株式の2分の1を保有していた。ヘムコはイランの硫黄、天然ガス液、液化石油ガスを生産販売するために天然ガス処理加工工場を建設することを目的としていた。ヘムコ協定によれば、協定は条文の明白な意味において解釈され、かつイランの法令に従って規律解釈されなければならない。また、イランの法令は協定と一部または全部と抵触する限り法的な効力を認められない。さらに、協定は当事者が双方の合意による場合を除いて同協定を無効化、修正または変更してはならない、と規定していた。

　1978年から翌1979年初頭にかけてのイランの政情不安はヘムコの企業活動の中断とヘムコに勤務するアモコの社員の撤退を余儀なくさせた。1979年6月と7月、イラン政府、ナショナル・イラニアン石油会社とナショナル石油化学会社はヘムコの経営からアモコを事実上排除する措置をとった。他方、ヘムコの株式売却に関する当事者間の交渉が失敗し、1980年1月8日、イラン革命評議会はイランの石油産業国有化に関する単一条項法を公布した。その結果、特別委員会が石油大臣によって設置された。同委員会の任務は1951年の石油産業国有化法に反する石油協定を無効化し、同協定の締結と執行に関する請求権を解決することにあった。同年12月24日、石油大臣はアモコに対してヘムコ協定が単一条項法により無効化されたことを通知した。

　アモコ国際金融会社はイラン政府、ナショナル・イラニアン石油会社、ナショナル石油化学会社とヘムコを相手どり、1981年のアルジェ宣言に基づいて設置されたイラン・アメリカ請求権裁判所にヘムコにおけるアモコの財産を回復する訴訟を提起した。1987年7月14日、第3裁判部（裁判長ヴィラリー（仏）、ブラワー（米）およびアンザリ（イラン））は部分裁定において、ヘムコにおいてアモコが保有する株式利益の収用に対してイラン政府がアモコ国際金融会社に補償を支払わなければならないと裁定した。1990年5月18日、アモコ国際

金融会社はイラン政府、ナショナル・イラニアン石油会社、ナショナル石油化学会社、ヘムコとの間に解決協定を結び、請求権解決宣言に従って保証勘定より6,000万米ドルの支払を受け、ヘムコ協定の破棄に関する訴訟上の請求を取り下げることに同意した。6月15日、裁判所は当事者の要請により解決協定の履行を命令した（全員一致）。

【判決要旨】1　アモコ国際金融会社は請求権解決宣言に規定された米国国籍の要件を満たしている。したがって、裁判所は同社が完全所有する外国子会社のために付託した間接請求に対して管轄権を有する(paras.13-14)。

2　1978年と翌1979年初頭におけるイランの情勢は不可抗力の事由に相当する。しかし、ヘムコ協定は不可抗力の効果として協定を終了するのではなく、協定義務の履行を停止するに過ぎない。協定は不可抗力の事態発生後も有効であった(paras.81-82)。

3　収用の合法性は国際法の基準に従って決定されなければならない。本件の収用に関する請求に適用される規則は1955年条約と慣習国際法である。同条約は両国間に有効に締結され、両国民の保護と安全に関する規定として現在なお有効である。条約法に関するウィーン条約によれば、事情の根本的な変化が発生した場合、あるいは条約の重大な違反があった場合にも条約はそのことによって自動的に終了することにはならない(paras.87-100)。

4　1955年条約は有体財産と無体財産を収用の対象として規定している。条約の法的保護は条約当事国の国民にのみ適用される。スイス会社アモコはかかる保護を援用しえない。本件における原告はアモコを完全所有する米国の親会社アモコ国際金融会社である。請求権解決宣言は国民の請求権として、国民が株式その他の財産上の利益を通して間接的に所有支配する会社の請求権を規定している(paras.105-110)。

5　1955年条約が特別法として一般法である慣習国際法に優先する。しかし慣習国際法は条約の解釈適用上条約の欠缺を補完するものとして有益である。国家が公益のために外国人財産を国有化する権利は現在天然資源に対する永久的主権の原則を否定する国家によっても一致して容認されている。1955年条約は財産が公共の場合を除くほか収用してはならないと規定している。それは公共目的の収用が合法的であることを間接的に認めている。また、条約は合法的な国有化の他の要件として正当な補償が迅速に支払われなければならないと規定している。補償の原則が慣習国際法の一般原則として広く認められているが、慣習国際法は補償の性質と額、支払条件の決定について必ずしも確定していない(paras.112-117)。

6　1955年条約は補償額が収用時または収用前に決定されなければならないと規定していない。それは十分な準備が適時に行われなければならないと規定しているに過ぎない。

この十分な準備とは補償が国際法の要件に従って実際に決定され、支払われる十分な保証を収用財産の所有者に与えなければならないという意味に解するのが相当である。単一条項法の規定はこの要件を満たしている。また、差別が収用に関する慣習国際法によって禁止されていることは広く認められている。しかし、同一の経済部門において他の企業が収用されなかったことのみを根拠として、ある企業の収用が差別的であったと結論することはできない。さらに、合法的な収用の要件としての公共目的については明確な定義が国際法上確立していない。単一条項法の制定は、イランの石油産業国有化の実施という明白な公共目的に基づく措置であると言わなければならない(paras.136-146)。

7 ヘムコ協定の準拠法はイランの国内法である。協定は若干の規定がイランの国内法と抵触する場合にも法的効力を有すると規定している。しかし、そのことは協定がイランの国内法の適用を除外することを意味するものではない。さらに、協定の準拠法に関する条項はその将来を保証しておらず、通常の意味における安定化条項であるとは言えない。また、協定はナショナル石油化学会社が協定を一方的に無効化、改正または変更することのみを禁止しているのである。したがって、イラン政府を拘束する安定化条項はヘムコ協定には含まれていない。国家は私人との契約に拘束されるが、公益のための措置が私人の契約上の権利に対してとられた場合、私人は公正な補償を受ける権利が認められる。国家が国有化の権利を私人との契約によって制限することは可能である。しかし、この制限は明示的に行われ、かつ比較的限られた期間に限定されなければならない。ヘムコ協定の有効期間(35年)が経済的にも法的にも「比較的限られた期間」であるとみることはできない(paras.154-182)。

8 補償に適用される国際法規則は収用の法的性質によって異なる。したがって、合法的な収用と違法な収用は明確に区別されなければならない。違法な収用の場合、国家は現物賠償か金銭賠償によって原状を回復しなければならない。この賠償には「将来の得べかりし収益」の損害が含まれなければならない。しかし、合法的な収用に対する補償基準は継続企業としての収用時における企業の完全価値でなければならない。この完全価値には企業の「将来の見込み」が含まれる。しかし、「将来の見込み」は生じた損害としての現実損害の一部を構成し、「失われた収益」、すなわち逸失利益の一部である「将来の得べかりし収益」の損害と同一ではない。1955年条約は収用の補償基準として「正当な補償」を規定している。それは一般に収用財産の完全価値に相当するものと解され、実際に換価できるもので行われなければならない(paras.192-207)。

9 市場価値は合法的な国有化の補償を評価する基準として主張される。そのような価値を決定する市場が存在しない場合、純帳簿価額や再取得価格、割引現金利益算定方法が代替的な評価方法として支持されてきている。しかし、割引現金利益方法は現実損害より

も逸失利益を重視しており、違法な国有化に対する金銭賠償を評価する場合に有益である。他方、純帳簿価額方法は容易かつ客観的であるが、有体財産のみを考慮し継続企業価値の一要素である、契約上の権利、特許、ノウハウ、のれん、商業上の見込みなどの無体財産を考慮していない。本件の場合、イラン政府はアモコ国際金融会社に対して1979年7月31日現在のヘムコの継続企業価値の2分の1相当額を国有化の正当な補償として支払わなければならない(paras.217-341)。

【論点】1　アルジェ宣言はイランの在テヘラン米国大使館事件〔⇒114〕を解決するための合意に関するアルジェリア政府の一方的宣言である。それは一般宣言と請求権解決宣言から成っている。一般宣言はイラン政府が米国国民の人質監禁前の状態を回復し在米イラン凍結資産の返還を受けることを規定し、請求権解決宣言はイラン・米国請求権裁判所の設立とその管轄権と手続を規定している。裁判所は国際仲裁裁判所として主にイランに対する米国国民の請求と米国に対するイラン国民の請求を解決することを任務としている。裁判所は米国政府とイラン政府が指定する6人の裁判官とそれらの裁判官が合意により選定する3人の裁判官によって構成される。

　2　国家が自由意思で締結した条約は、一般国際法としての慣習国際法と内容が異なる場合でも原則として一般に有効なものとして認められる。本件において、裁判所は1955年条約が両国の関係における特別法であり、一般法としての慣習国際法に優先するが、慣習国際法は条約の不明確な意味を明確化したり、条約規定の解釈や適用を補足するものとして有益である、と判示している。

　3　外国人財産の収用に合法性が認められるためには、特定の外国人を他の国民と差別しないという条件が必要である。このような無差別原則には自国民と区別して外国人の財産のみを収用してはならないということと、外国人相互の間にも差別を設けてはならないということが含まれる。本件において、被告は差別的収用が国際法上違法であることを認めている。国家は国有化政策を段階的に実施することを認められており、同一の経済部門における他の企業が収用されなかったことのみを根拠としてある企業の収用が差別的であったとは結論しえない。

　4　準拠法の問題はコンセッションの効力や解釈または履行を規律する国際私法上の問題である。本件において、ヘムコ協定は協定がその条文の明白な意味において解釈され、かつイランの国内法に従って規律解釈されなければならない、と規定している。したがって、裁判所によれば、ヘムコ協定が性質上国際法によって規律されなければならないという主張は認められないのみならず、そのような解釈は協定の明白な意味に明らかに反することになる。

5 「迅速、十分かつ実効的な」補償原則は、米国を中心とした先進国によって国有化に関する補償基準として主張されている。この点、本件において、裁判所が合法的な国有化と違法な国有化を区別し、継続企業価値の概念を合法的な国有化の補償基準として採用していることはとくに注目に値する。しかし、ブラワー裁判官は補足意見において、ヘムコにおけるアモコの利益の収用が①1955年条約の規定に従って収用の際またはそれ以前に補償を決定するための十分な準備がなされなかったこと、②収用がイランを法的に拘束する安定化条項の規定に違反していることから違法であると述べている。この補足意見によれば、収用財産の所有者はその完全価値に基づいて補償を受ける権利が認められ、契約上の権利についても「将来の収益能力」が「逸失利益」として財産の完全価値に含められなければならないことになる。

【参考文献】
位田隆一「開発の国際法における国有化紛争の解決」『法学論叢』132巻4-6合併号(1993)。

(川岸　繁雄・坂元　茂樹)

74 AMT事件(American Manufacturing & Trading, Inc. v. Republic of Zaire)

裁　判　所　仲裁廷
仲 裁 判 断　1997年2月21日
出　　　典　36 ILM 1534（1997）；Journal du droit international 243（1998）

【事実】　デラウェア州設立の米国法人AMTは、自らがその株式の94%を保有するザイール（現コンゴ民主共和国）現地法人SINZAに対して、ザイール軍の一部部隊が1991年から1993年の間に略奪による損害を与えたことによりザイールが米・ザイール投資保護条約（1984年署名、1989年発効。以下BIT。）に違反したと主張して、損害賠償を求めて同条約に基づく仲裁を提起した（paras.1.01-1.05）。同条約第7条2項は、投資紛争解決条約（ICSID条約）に基づく仲裁による紛争処理を定めている。申立人はHeribert Golsongを仲裁人に任命したが、ザイールが仲裁申立登録後90日を経過しても仲裁人を任命しなかったため、ICSID条約第38条に基づき投資紛争解決国際センター（ICSID）議長が、Kéba M'bayeおよびSompong Sucharitkulを仲裁人に任命し、後者を仲裁廷の長とした（paras.2.02-2.04）。

【判断要旨】1　ザイールは仲裁廷の管轄権を争っている。慎重に検討した結果、管轄権抗弁と本案とを併せて検討することとする（para. 4.09）。

2(1)　仲裁廷の管轄権は、ICSID条約とBITとに基づく。ザイールは仲裁廷の管轄権を争っている。まず、事項的管轄権を検討する。ザイールは、紛争は同国とSINZAとの間に存在しており、AMTとの間には紛争は存在せず、したがって仲裁廷はAMTの申立につき管轄権を持たない、と主張する。しかし、BIT第1条3項は同BITにおける「投資財産（investment）」を「直接または間接に所有または支配されるあらゆる種類の投資」としており、その例として「会社（company）」や「株式（shares of stock）」を挙げている。したがって、ザイールの抗弁は受け入れられない（paras. 5.07-5.16）。

(2)　次に、両当事者がICSIDへの紛争付託に同意したかを検討する。米・ザイール間にはBITがあるが、それだけでは十分ではなく、両紛争当事者による仲裁への同意という要件はやはり残る。BITはBIT当事者間の合意である。ICSID条約第25条1項は「両紛争当事者」がICSIDへの紛争付託に同意すべきことを定めており、この「両紛争当事者」とは（2つの）国家のことではなく、いずれかの国と他国の国民（投資家）とを指す。さらに、BIT第7条2項は、いずれのBIT当事国も投資紛争をICSIDにおける調停または仲裁に付すことに同意する、と定めている。これにより、両国はそれぞれICSIDの管轄権を受諾している。

そして、BIT第7条4項(b)は、(4項(a)に基づき投資家がICSID調停または仲裁に同意する場合)調停または仲裁のいずれを用いるかにつき両紛争当事者が合意できないときには投資家の選択に従う、と定めている。これらの規定を見るに、ICSIDにおいて紛争を処理することについての両紛争当事者の同意は、米・ザイール間の合意(BIT)から直ちに生じるとはいえない。したがって、紛争当事者たるBIT当事国にICSIDでの紛争処理を受け入れさせる権利を相手国国民(投資家)に与えているBIT第7条4項を適用する必要がある。本件では、BIT当事国の国民(法人)であるAMTがICSIDでの手続を選択した。このAMTの意思と、BITに示されたザイールの意思とにより、ICSIDの管轄権を設定するために必要な同意が成立したのである (paras. 5.17-5.23)。

3(1)　紛争の実体面では、まずBIT第2条に定められる投資家の待遇義務が問題となる。同条は、投資家に対して「公正かつ衡平な待遇(fair and equitable treatment)」や「保護と保障(protection and security)」を与えることなどを定めている。この条項によりザイールに課される義務は注意義務であり、すなわち、ザイールは、投資家がそこに定められる待遇を享受することを確保するために必要なあらゆる措置を執らねばならず、自国立法を根拠として当該義務から免れることはできない。また、この条項が定める義務は、国際法によって求められる最低注意義務(the minimum standard of vigilance and of care)を下回るものではない (paras. 6.04-6.06)。

(2)　本件の具体的状況の下で、本条項に照らしてザイールが具体的に執るべき措置はどのようなものであったか、また、ザイールはそれら措置を実際に執ったか、という問に対し、ザイールは何ら答を示していない。仲裁廷としては、本件で問題となっている投資財産に対する保護を確保するための措置を一切執らなかったことによりザイールの義務違反が生じることを指摘すれば十分である。ザイールは、自らが保護の義務を負うAMTの投資財産を害する出来事を防止できなかったことにつき責任を負う (paras. 6.07-6.08)。

(3)　ザイールは、SINZAに対して、同種の状況下にある自国民・自国企業よりも不利な待遇を与えてはいない、と主張する。その事実自体はそのとおりだとしても、ザイールが国際法が定める最低基準に明白に違反したことに変わりはない。むしろ、ザイールが第三国に対しても国際法違反をなしたとさえいえよう。ザイールの責任は、AMTがザイール領域内でなした投資の保護を確保するために必要なあらゆる手段を執ることがなかったという事実それ自体により生じるのである (paras.6.10-6.11)。

4(1)　ザイールによるBIT違反が認定されたため、損害賠償額の算定をしなければならない。AMTは、BIT第3条の収用規定に定められている「被収用財産の公正市場価額」を損害賠償額とし、同価額には第3条の定めるとおり収用日を起算点とするその時点での国際的利率を含む、と主張する。本件は収用の事案でも収用に類する事案でもない。しかし、

いずれにせよ、仲裁廷は、破壊された財産あるいはAMTによる損失の現実の市場価額を算定しなければならない。AMTは、投資環境が安定的な理想的国家において実行可能な利子を損害賠償額に含めることを主張しているようである。しかし、本件においては、ザイールも主張するとおり、同国はこの時期極めて不安定な環境にあったため、得べかりし利益や喪失利潤について根拠ある算定をすることはできず、AMTの主張する算定方法を支持することはできない(paras.7.03-7.17)。

(2) 仲裁廷は、1991年から1993年の間にSINZA社が被った被害額を算定するために独立専門家を任命した。同専門家の算定によれば、その損害額は4,452,500米ドルである(para.7.19)。AMTはこの評価額を争っているが、ザイールは何ら見解を示していない。仲裁廷は、本件の事情を総合的に考慮し、その裁量に基づき、利子を含めて900万米ドルを損害賠償額と決定する。

5 Golsong仲裁人(申立人任命)はBIT第2条4項ではなく同第4条(戦時等に生じた損害の補償)の違反を認定すべきであったとする個別意見を、M'baye仲裁人(ICSID議長任命)は損害賠償額を400万米ドルとすべきであったとする宣言を、それぞれ付している。

【論点】1 本仲裁判断は、1990年代後半以降急激に増加した、条約に基づく投資家対国家仲裁の嚆矢として重要である。条約に基づく投資家対国家仲裁の初めての例は1990年に仲裁判断の示されたAAPL対スリランカ事件であった。ただし、同事件ではスリランカが仲裁廷の管轄権を争わず、したがって管轄権の根拠については議論されなかった。本仲裁判断は、条約に基づく投資家対国家仲裁の管轄権の根拠を明示的に議論した初めての事例として重要である。

2 国家間で締結される投資条約の多くには、一方の投資家が他方の国家を仲裁に訴えることを認める条項が置かれている。条約当事国は、当該条約の当事国となることにより、当該条約に定めるところの紛争を仲裁で処理することに同意する。そして、投資家は、紛争が発生した後で、仲裁申立をすることにより、当該条約の規定に従った仲裁手続に同意する。この時間差のある2つの同意により、仲裁廷の管轄権を基礎づける仲裁合意が成立するのである。これにより、投資家は投資受入国と自ら交渉することにより仲裁条項を含む契約を締結する必要がなくなり、二国間投資条約や投資章を含む自由貿易協定(FTA)(経済連携協定(EPA))などが1990年代以降数多く締結されたことと相まって、投資家対国家仲裁が激増することとなった。1990年代前半までは年に1件あるかないか程度であった仲裁申立が、2010年代に入ると年50件を超えるようになっているのである。この結果、リビア国有化事件〔⇒72〕、アモコ国際金融会社事件〔⇒73〕のような契約に基づく投資家対国家仲裁の重要性は、理論的にも実践的にも大幅に減少するに至っている。

3 本件では、投資受入国たるザイールのBIT違反が問われた。これは、本件BITが、仲裁で扱われるべき投資紛争を基本的にBIT違反に限定している（第7条1項）からである。どの範囲で仲裁廷の管轄権が認められるかは基礎となる条約の定めに依存し、条約によっては当該条約違反以外に関する紛争についての仲裁をも認めると読めるもの（例、日・スリランカBIT第11条）や、特定の事項についてのみ仲裁を認めるもの（例、日中BIT第11条2項）もあるため、注意が必要である。

4 本件では、BIT第7条の定めるところに従い、ICSID条約に基づく仲裁手続が用いられている。この場合は、BITとICSID条約という2つの国家間条約に基づく仲裁が成立することとなる。どのような仲裁手続を用いるかは、仲裁の基礎となるBITやFTA/EPAなどの規定次第である（⇒〔139〕参照）。

5 本件における条約違反認定は、被申立国ザイールが反論らしい反論を行わなかったため、ごく簡単に行われており、特に問題もない。他方、投資紛争処理実務において死活的重要性を持つ損害賠償額算定においては、独立専門家の任命（ICSID条約第44条の一般的権限に基づく）などの工夫がなされているが、仲裁廷の判断も、M'baye仲裁人の宣言も、結論に至る具体的な根拠は示していない。この点、近年の仲裁判断においては、種々の会計上の技術を用いたより丁寧な判断がなされるようになってきている。

【参考文献】
森川俊孝「投資条約における国家と投資家との間の国際仲裁の法的メカニズムと機能」『国際法外交雑誌』100巻1号（2001）、小寺彰（編著）『国際投資協定』（三省堂、2010）、西元宏治「国際投資法体制のダイナミズム」『ジュリスト』1409号（2010）、濵本正太郎「第11章 投資条約仲裁」谷口安平・鈴木五十三（編）『国際商事仲裁の法と実務』（丸善雄松堂、2016）、濵本正太郎「65スリランカAAPL事件」『判例国際法（第2版）』（東信堂、2006）。

（濵本　正太郎）

第7章

個人の地位

第1節　自決権と民主主義　　　316
第2節　少数者と先住民の権利　334
第3節　人　　権　　　　　　　343
第4節　国際犯罪　　　　　　　390

第1節 自決権と民主主義

75 ナミビア事件（Legal Consequences for States of the Continued Presence of South Africa in Namibia（South West Africa）notwithstanding Security Council Resolution 276（1970））

諮問機関　安全保障理事会
裁判所　　国際司法裁判所
勧告的意見　1971年6月21日
出典　　　ICJ（1971）16

【事実】　1966年の南西アフリカの国際的地位に関する国際司法裁判所の判決〔⇒144〕は、原告の訴訟資格を否認して事実上南アフリカ（以下、南アと略す）を勝訴に導いた。そのために、南アの委任統治国としての義務違反を法的に明確にし、南西アフリカの非植民地化を進めようとしてきた国連にとってこの判決は大きなショックとなった。

しかしこの判決を契機に、その年国連総会は、南アが南西アフリカに対して負っている義務を履行していないことを宣言して、委任状が終了したこと、今後は国連が南西アフリカに対して直接責任を負うこととし（決議2145(XXI)）、翌67年には直接責任を果たすために国連南西アフリカ理事会（後に国連ナミビア理事会）の設置を決定し（決議2248(S-V)）、68年の総会決議で、南西アフリカを地域人民の希望に従って「ナミビア」と呼び改めることにした。さらに総会からの再三の要請に応えて、安全保障理事会も69年3月に決議を採択して、南アが委任統治を終了してただちに施政を撤廃するよう要請した（決議264(1969)）。

他方、総会の決定は無効であるとして南アは一貫してこれらを無視する姿勢をとり続けたので、安保理は70年1月に、委任状終了後に南アがとったすべての行為は違法かつ無効であるとの宣言を行う（決議276(1970)）とともに、7月には、ナミビア地域に対する南アの権限の承認を意味するようないかなる関係をも控えることを要請し（決議283(1970)）、さらに国連憲章第96条1項に基づき、国際司法裁判所に対して次の問題について勧告的意見を求めることを決定した（決議284(1970)）。

「安全保障理事会決議276(1970)にもかかわらず、南アフリカがナミビアに引き続いて存在することの諸国に対する法的効果はどのようなものか」。

【意見要旨】1　提出された問題の本案を審理する前に、裁判所は南ア政府によって申し立てられた異議を検討する（para.19）。

(1)　南アは、①決議の投票において、2常任理事国が棄権したこと（憲章第27条3項参照）、②憲章第32条に基づき、南ア政府が紛争当事国として、安保理の討議に投票権なしで参加すべく勧誘されなければならなかったこと、のために勧告的意見を要請した安保理決

議は無効であると主張する。しかし、常任理事国の自発的棄権は決議採択の障害とはならないことは、一貫した一様な解釈であり、加盟国によって一般に受け入れられ国連の一般慣行を証明している。また、安保理はナミビア問題を「紛争(dispute)」ではなく「事態(situation)」として扱ってきており、第32条の適用を受けないので南アの異議は認められない(paras.20-26)。

(2) また南アは、たとえ裁判所が意見を与える権限を有しているとしても、安保理の意見要請が南アと他の国家との間に存在する紛争の法律問題と関係しているので、司法的適正(judicial propriety)の問題として、その権限の行使を拒否すべきであるという。しかし安保理の要請は、国家間で係争中の法律問題には関係しておらず、安保理自身の決定の結果や意味について裁判所の法的助言を求めているだけであり、その異議は認められない。したがってまた、裁判所規則第83条に基づいて南アが要請した特任裁判官の任命についても認められない(paras.27-35)。

2 こうして意見要請は適正に係属するので、裁判所は提起された問題の検討に進む。

(1) 南アはC式委任統治が実際には併合と大きく異ならないと解釈するが、1950年の勧告的意見〔⇒31A〕で述べたように、委任統治制度の最も重要な2つの原則は、無併合の原則と委任統治下の人民の福祉と発展が「文明ノ神聖ナル使命」を構成するとの原則である。「神聖ナル使命」とは、住民の利益のために行使されるという意味を含み、この目的のために国際連盟は監督の国際的権能を引き受けた。この使命のコロラリーとして、履行の保障、つまり受任国による年報の提出とそれを審査する常設委員会の設置(規約第22条7、9項)および住民による請願(1923年の理事会決議)が制度化されたのである。つまり、規約および委任状の関連条項は、委任統治の目的を達成するための確定的な法的義務を確立するものであることに疑いの余地はない(paras.42-52)。

(2) 1919年の制度を考察するにあたっては、裁判所は国連憲章、植民地独立付与宣言(総会決議1514(XV))など、この半世紀に生じた変化を考慮しなければならず、その解釈はその後の発展によって影響されずにはおれない。さらに国際文書は、その解釈の時に広く行き渡っている法制度全体の枠内で解釈され、適用されなければならない。本件が関係する分野において、過去50年間に重要な発展がもたらされた。これらの発展は、「神聖ナル使命」の最終目的が、関係人民の自決と独立であったことについてほとんど疑いを残していない。他の分野と同じくこの分野において、一群の国際法規が非常に豊富になっており、裁判所がその任務を忠実に果たそうとするならば、これを無視することはできない(paras.53-54)。

3 次に裁判所は、連盟の消滅と国連の誕生によって生じた事態を考察する。国際連盟は、委任統治の監督機能を行使するよう委ねられた国際組織であり、委任統治の欠くべからざる要素であった。しかし、「神聖ナル使命」の遂行のために設立された制度が、その目

的の達成前に消滅するとは推定できず、受任国および監督者の責任は相補いあうものであり、いずれか一方の消滅はこの制度の存続に影響を与えるものではない。こうした配慮が国連憲章第80条1項にいう「すべての人民」の権利の保護規定にある。連盟国は、連盟の解散を行うに際して、委任状が連盟の解散とともに取り消され、または無効にされたことを宣言しなかったし、または暗黙にさえ受け入れなかった。それどころか1946年4月18日の委任状に関する決議の第4項は、明らかにその継続を想定したものである。また、憲章第80条1項は受任国の義務を維持していたのであるから、国連はこの義務の履行を監督するための適当な機関となっていたのである。したがって、憲章第10条により、南アは、南西アフリカの施政を、受任国が提出するかまたは他の源から得られる情報に基づいて、総会の審査に服することに合意したのである。報告義務が連盟理事会から国連総会へ移譲されたことは、総会に与えられた権限の単なるコロラリーに過ぎない。国際連盟の消滅とともに委任状も失効するという理論は、事実上、国連の監督に服する義務はないという主張と不可分であり、またその逆も同様である。したがって、提起された主張の双方またはいずれか一方、すなわち委任状は失効しておりおよび(または)国連による国際監督に服する義務はないという主張は、南アのナミビアにおける存在が根拠とする制度そのものを破壊することになるであろう(paras.55-81)。

4 このようにして樹立された国際関係を規律する基本原則の1つは、自らの義務を否認する当事者はこの関係から引き出される権利を保持するものとは認められえないということである。1962年の判決〔⇒144〕が述べたように、委任状は事実上も法律上も条約の性質をもつ国際合意であるから、総会の行動を検討するにあたっては、違反を理由とする条約関係の終了を規律する国際法の一般原則を考慮する必要がある。この点に関して条約法に関するウィーン条約(以下、条約法条約という)が定める規則は、多くの点で現存の慣習法の法典化とみなすことができよう。総会決議2145(XXI)は、南アが事実上委任状を「否定」した(条約法条約第60条3項(a))ものと宣言し、条約の目的を破壊する故意で執拗な義務違反の場合に条約を終了させる権利を行使したものである。委任状に関してもこの一般原則の適用が排除されているとは考えられず、連盟の承継者としての国連は監督機関としての資格において、受任国の行動について判断しそれに従って行動する権限を有することは疑いない(paras.91-103)。

5(1) 総会は決議2145(XXI)によって委任状を終了させたが、南アの撤去を確保するのに必要な権限をもたないので、安保理の協力を要請し、それに応じて安保理は決議276(1970)を含む諸決議を採択した。

安保理決議の法的効果について、憲章第25条は憲章第7章の下に採択される強制措置にのみ適用されると主張されたが、むしろその権限が実際に行使されたか否かの問題は、解

釈さるべき決議の文言、決議に至る審議、援用された国連憲章規定、その他法的効果を決定する際に助けとなるすべての事情を考慮して決定されるべきものであり、決議276(1970)は、憲章の目的および原則に合致し、第24、第25条に従って採択されたと結論できる(paras.106-113)。

(2) 国連の権限ある機関が行った、状況は違法であるという拘束力ある決定は次のような帰結に導かずにはおかない。①南アは、違法であると有効に宣言されたと裁判所が認定した状況の創設と維持に責任を有するから、これを終了させる義務を有する。②国連加盟国は、南アのナミビアにおける存在の継続の違法性および無効性を承認し、この点に関して南アに支持または援助を与えない義務を負う。③非加盟国に関しては、憲章第24、25条によって拘束されることはないが、決議276(1970)の2項と5項において、国連がナミビアに関してとっている行動に援助を与えることが要請されている。裁判所の見解では、委任状の終了および南アがナミビアに存在していることの違法性の宣言は、国際法に違反して維持されている事態の合法性を対世的に阻止するという意味においてすべての国家に対抗することができる。したがって、非加盟国は安保理の決定に従って行動することが必要となる(paras.117-126)。

以上の理由により、裁判所の意見は以下の通りである。

① 南アがナミビアに引き続き存在することは違法であるので、南アは直ちにナミビアの施政を撤廃し、同地域の占拠を終了させる義務を負っている(11対2)。

② 国連加盟国は、南アのナミビアにおける存在の違法性とナミビアに代わってまたはナミビアに関してなされた行為の無効性を承認し、またかかる存在と施政の合法性の承認を意味しまたかかる存在と施政に支持または援助を与えるいかなる行為、とくに南ア政府とのいかなる取引もやめる義務を負っている(11対4)。

③ 国連加盟国でない国家は、ナミビアに関して国連がとった行動に、上記②の範囲内で、援助を与える義務を負っている(11対4)(para.133)。

【論点】1 裁判所が勧告的意見を付与する権限がある場合でも、司法的適正の問題として意見付与を拒否すべきであるとの見解は、常設国際司法裁判所の東部カレリア事件〔⇒141A〕以来しばしば提起され争われてきたが、南アは、この東部カレリア原則を援用して意見要請を拒否すべきことを主張した。しかし裁判所は、意見が南アと他の諸国との紛争解決手段としてではなく、安保理自身の政策についての法的助言であるとして南アの主張を拒否しただけでなく、南アの特任裁判官の選任も認めなかった。また意見要請を断るためには「決定的理由」が必要であるとした平和条約の解釈事件〔⇒141B〕を踏襲した。これは後の西サハラ事件〔⇒76〕にも引き継がれ、核兵器使用の合法性事件〔⇒163〕では東

部カレリア事件が例外的事例と位置づけられ、パレスチナ占領地における壁構築の法的効果事件〔⇒165〕ではそれが踏襲された。こうして司法的適正の観点からは、裁判所は東部カレリア事件を除いて1度も勧告的意見付与を拒否したことはない。

2　本意見で最も注目されるのは、自決権の法的権利性に関してである。これまでの南西アフリカに関する裁判所の意見・判決ではまったく言及されていなかったからである。本意見は国際連盟の時代の委任統治制度にいう「文明ノ神聖ナル使命」の発展的解釈として、人民の自決と独立を承認し、さらに国際連合の非自治地域での自決原則の適用、植民地独立付与宣言への言及によって、実質上、自決権を法的権利として承認した。この見解は西サハラ事件にも受け継がれ、また東ティモール事件〔⇒142C〕では、自決原則は*erga omnes*な性格をもつものであり、現代国際法の重要な原則の1つをなすと認めた。

3　ところで、1966年の南西アフリカ事件判決では、裁判所は委任統治制度を法的に正しく理解するためには、この制度が成立した時点の法的構造と状況を背景としなければならないとして、いわゆる「時際法」論を採用し、後年の発展を考慮に入れることを否定していた。この点で、本意見とは正反対の解釈方法をとっていたことも注目しておく必要がある。

4　本意見は、委任状を条約の性質をもつ国際文書ととらえ、その上で条約法条約第60条（条約違反に基づく条約の終了）を国際慣習法として、国連総会決議による委任状の終了を合法と認めた。ここには①委任状を条約として性格づけることの適否、②第60条の規定が慣習法だということは大枠において認められるとしても、すべての部分が慣習法規則なのかどうか、③総会決議が委任統治を終了させたのだが、そもそも決議にこうした決定を行う権限があり、またそれには拘束力があるのか、④総会は条約法条約第60条を援用する際の手続（第65、66条）を踏んでいないのではないか、といった問題点がある。

5　安保理の決議の拘束力について、従来は第7章にかかわる決定についてのみ拘束力を認めるという説が一般的であったが、本意見では決定が行われた事情を考慮して、それ以外の場合でも拘束力があることを認めた。しかし、これに対してはなお反対意見も根強く、議論は分かれている。

【参考文献】
小寺初世子『ケースブック』、森喜憲『判決・意見II』、古川照美『百選I』、桜井利江『百選I』、中野徹也『百選II』、石塚智佐『基本判例50II』、広瀬善男「民族自決権と国連の機能」『法学研究』204号（1973）、中野進「ナミビア（南西アフリカ）問題における国際連合の役割と限界(1)～(3・完)」『中京大学社会科学研究』6巻2号（1986）、7巻1号、2号（1987）、家正治『ナミビア問題と国際連合』（神戸市外国語大学研究所、1984）107-125頁、中野進『ナミビアと自決権』（天の川銀河研究所、2015）。

（桐山　孝信）

76 西サハラ事件(Sahara Occidental)

```
諮問機関    国際連合総会
裁 判 所    国際司法裁判所
勧告的意見  1975年10月16日
出  典     ICJ(1975)12
```

【事実】 西サハラは大西洋岸に面したアフリカ大陸の北西に位置し、北をモロッコ、南をモーリタニアに挟まれている。面積は266,000㎢、住民は遊牧民が多く正確な人口はわからなかったが、1974年に施政国スペインが行った調査では10万人弱とされた。この地域は19世紀末以来スペインの植民地であり、スペインが国連に加盟した後、1960年には植民地独立付与宣言(総会決議1514(XV))が適用される地域とされた。他方、一足早く独立を回復したモロッコは、いわゆる「大モロッコ主義」を掲げて西サハラを含む周辺地域の領有を主張していた。モロッコの領有権主張の対象となっていたモーリタニアは1960年に独立することとなり、今度は自らが西サハラに対する領有権を主張することとなった。モロッコ、モーリタニアはともに、国連総会で西サハラ住民の自決権を尊重して非植民地化を早急に実現するように要求する決議に賛成していたが、施政国たるスペインはそれを遅らせていた。ところが70年代にはいると、西サハラ地域内で民族解放団体が生まれつつあることが明らかになり、それに応じてモロッコは政策を転換して西サハラに対する自国の領有権を強調するようになり、スペインとの間で領土紛争の様相を呈するようになった。しかしスペインは住民の自決権を尊重すると主張してモロッコとの交渉を回避し、他方モロッコは、モーリタニアを誘って、この問題を国際司法裁判所で明確化しようとした。その結果、総会は74年に決議3292(XXXIX)を採択して「国際司法裁判所に対して、総会決議1514(XV)に掲げられた諸原則の適用を害することなく、次の問題に関して早急に勧告的意見を与えるように要請する」と述べ、次のような内容の諮問を行った。

① 西サハラ(リオ・デ・オロおよびサキェト・エル・ハムラ)は、スペインにより植民地とされた時に無主地(terra nulius)であったか。

この第1の問題に対する答えが否定的であるならば、

② この地域とモロッコ王国およびモーリタニア体(l'ensemble mauritanien)との間の法的結びつきはどのようなものであったか。

なお裁判所は、スペインとモロッコとの間で西サハラをめぐる法律的紛争が存在しており、要請された問題はこれに関連するとして、モロッコに特任裁判官の任命を認めたが、モーリタニアについてはそれを認めなかった。

【意見要旨】1　総会の要請に答える前に、いくつかの手続的問題について検討する。

　(1)　裁判所の管轄権に関しては、国連総会が提出した問題は法律問題ではなく、事実問題あるいは純粋に歴史的ないし学術的価値をもつ問題に過ぎないと主張され、また勧告的意見は権利義務に関するものあるいはそれらの発生や変更、消滅に関して、または国際機関の権限に関して与えられるべきものだと主張された。しかし、総会が付託した問題は法律用語で作成され、国際法上の問題を提起している。この問題に答えるには事実の確認が必要になるが、法と事実の両側面を含む問題もまた、憲章および規程にいう「法律問題」である。また憲章と規程のいかなる規定も、勧告的意見を要請する総会の権限にせよそれを引き受ける裁判所の権限にせよ、現存の権利義務に関する法律問題に限っていない。したがって、裁判所には意見要請を審理する管轄権がある (paras.12-22)。

　(2)　このように、本件において裁判所は管轄権を有するが、司法的適正の観点からこれを行使するべきかどうかという問題が残る。規程第65条1項の文言は許容的であり、勧告的意見を与える管轄権は裁量的である。しかし、国連の主要な司法機関としての裁判所は、かつて意見要請を断るためには「決定的理由」が必要であると述べた〔⇒141B〕。この点についてスペインは、裁判所は当事者の同意を得て紛争を解決する場合にのみ管轄権を有するとの原則を回避する目的で利用されていると主張する。たしかに、関係国の同意が欠如していることによって、勧告的意見を与えることが適当でない場合はありうるが、本件は東部カレリア事件〔⇒141A〕とは事情を異にしており、総会が裁判所に提出した法律問題は、特定紛争の処理という枠よりも一層広い枠内に位置づけられる。つまり、意見要請の目的は総会が西サハラの非植民地化に関する任務を適当に遂行する助けとなる意見を裁判所から得ることにある。また、諮問は西サハラに対する領土主権の帰属に関する問題を提起し、その司法的解決に国が同意することはつねに必要であるとスペインは主張する。しかし決議3292(XXIX)は、施政国としてのスペインの現在の法的地位を承認しており、また、その権原の有効性も問題とされてはいない。さらにスペインは、裁判所が関連ある事実に関して司法的判定を下すことができるほどの情報を有していないという。この点、東部カレリアの地位に関しては、スペインの言うような情報の不足が意見を与えることを妨げたことを認める。しかし本件では、関係国をはじめ、国連事務総長も情報を提供した結果、勧告的意見を与えるに十分な根拠と情報が存在するのであって、スペインの異議はいずれも認められない (paras.23-47)。

　(3)　裁判所は、諮問事項への回答は目的を欠くから、要請内容については検討できないと宣言するように求められた。この見解を評価するためには、総会の非植民地化政策を規律する基本原則等を検討する必要がある。人民の権利としての自決原則と、すべての植民地状況を速やかに終了させるためのその適用は、植民地独立付与宣言（総会決議1514

(XV))に明記され、総会決議1541(XV)や友好関係宣言はその実施の諸形態を明らかにし、これら諸決議は関係人民の願望を考慮する基本的必要性を繰り返して承認した。人民が自由に表明した意思を尊重する必要性と定義される自決原則の有効性は、若干の事例において総会が当該地域の住民と協議しなかったという事実によっては、影響を受けない。西サハラにおいて総会が促進しようとする非植民地化もまた、自由に表明した意思によって将来の政治的地位を決定する西サハラ住民の権利を尊重するものであり、彼らの自決権は諮問された問題の基本的前提をなす。しかし自決権実現の形態と手続に関しては総会に裁量の余地があるので、この点に関して裁判所が与える意見は総会に法的要素を提供することになり、したがって目的を欠くとは言えない。以上のような理由により、裁判所は本件においては総会の意見要請を拒否するべき「決定的理由」は存在しないと判断する(paras.48-74)。

2 こうして裁判所は、提出された2つの問題を順次審査する。諮問事項①にいう「スペインにより植民地とされた時」とは、スペインがリオ・デ・オロに対するその保護関係を宣言した1884年に始まる時期を指す。その際「西サハラは…無主地であったか」という文言は、その時期に通用していた法を考慮して解釈されるべきである。先占は法的には、割譲や承継と違って主権を原始的に獲得する手段であったので、当該地域が無主地であることは有効な先占の不可欠の条件であった〔⇒37A〕。法律家の間の意見の相違がどのようなものであるにせよ、ここで考慮される時期の国家実行から、社会的および政治的組織を有する部族や人民の居住する地域は無主地とみなされていなかった。むしろ一般的には、それらに対する主権は、原始的権原としての無主地の先占により一方的にではなく、現地首長と結ばれる合意によって承継取得されうるものと考えられていた。そしてこの保護関係の宣言は、スペイン・アフリカ協会が現地部族の首長と結んだ合意に基礎を置くものであり、またスペインは無主地に対する主権を取得したとは主張しなかった。したがって、第1の問題に対して否定的回答を与える(paras.75-83)。

3(1) 諮問事項②にいう「法的結びつき」は、西サハラの非植民地化のために従うべき政策に対して影響を及ぼしうる法的結びつきを指していると解釈される。また当該地域および住民の社会的・政治的組織の特殊性を考慮するが、②に対する答えを決定的に導き出すものは、過去の出来事から間接に推論されることではなく、スペインにより植民地とされた時の、またそのすぐ前の期間中の西サハラにおける権能の実効的行使に直接関係のある証拠である。これらの証拠の評価にあたっては、スペインによる植民地化当時のモロッコの、領域にではなくイスラームという共通の宗教的結びつきに基礎を置くという特別の性格を考慮しなければならない。モロッコはこの点について、主権の内的表明および国際的承認を示すとされるいくつかの証拠を提出したが、裁判所の意見では、これらはモロッ

コが西サハラに対して領域主権を行使しており、それが国際的に承認されていたという主張を支持するには十分ではない。もっとも、それらはモロッコのスルタンとこの領域に居住する若干の部族との間に、忠誠の法的結びつきが存在したことを示すものである (paras.84-129)。

(2) 他方、モーリタニアは当時は国家としては存在しなかったから、ここで裁判所が取り上げるのは国家主権のそれではなく、その他の法的結びつきである。モーリタニアは、当時は現在のモーリタニアと西サハラを含む地域はモーリタニア体の不可分の一部であり、モーリタニア体は歴史的、宗教的、言語的等の結びつきによって統一されていたと主張する。しかし裁判所の見解では、モーリタニア体はそれを構成する部族とは区別される法人格を有しておらず、当時においてモーリタニア体と西サハラとの間には主権または忠誠の結びつきは存在しなかった。もっとも、当時この地域の遊牧民が、モーリタニア体と西サハラとの間の法的結びつきを構成する若干の権利を有していたことは否定できない (paras.130-152)。

しかしいずれにせよ裁判所は、西サハラの非植民地化にあたっては、決議1514(XV)の適用、わけても、地域人民の意思の自由かつ真正な表明による自決の原則の適用を変更するような性質をもつ法的結びつきが存在していたことを確認しなかった (paras.162)。

これらの理由によって、裁判所は、①に関しては13対3により、②に関しては14対2により、勧告的意見の要請に応じることを決定し、①については、全員一致により、西サハラは、スペインにより植民地とされた時には無主地ではなかったという意見であり、②については、モロッコとの法的結びつきについては14対2、モーリタニア体との結びつきについては15対1で先に述べた意見を表明する (para.163)。

【論点】1 本意見は、平和条約の解釈事件〔⇒141B〕、ナミビア事件〔⇒75〕を踏襲し、「決定的理由」がないことを根拠に意見付与が司法機関として適当である（司法的適正がある）とした。もっとも「決定的理由」は事例ごとに異なるから、司法的適正の問題は頻繁に生じる。

2 本意見はナミビア事件に続いて、国際法上自決権が確立していることを認めたと解される。意見は、このナミビア意見を援用しつつ、さらに西サハラ人民の自決権を認める国連総会決議を肯定的に引用することによって、実質上自決権を国際法上確立した権利として認める立場をとった。ナミビア意見と本意見のこのような読み方は、後に東ティモール事件〔⇒142C〕で確認される。ただし、自決権が、いわゆる非自治地域人民に限定して認められたのか、「すべての人民」の権利として認められたのかは明確ではない。本件の意見や各裁判官の個別的意見、裁判所に提出された法学者の意見などを総合してみると、前者のように限定的に解釈する必要はないが、むしろ問題は「すべての人民」が誰を指すのか

は、そのつど検討されなければならないところにある。この点について裁判所は、パレスチナ占領地における壁構築の法的効果事件〔⇒165〕で、自決権に関して「パレスチナ人民」の存在はもはや争点ではないと述べる。

3　無主地に対する先占の法理に関して、本意見は、スペインが西サハラを植民地にした当時通用していた法の適用を行ったうえで(いわゆる「時際法」)、当該地域は無主地ではなかったことを全員一致で認めた。しかし従来は、当時締結された現地住民との保護関係の設定条約そのものが、国際法主体ではないものとの約束として国際法上効力をもたず、先占の準備行為としての価値しかもたないものと言われてきた。本意見は「法律家の間の意見の相違がどのようなものであるにせよ」として、反対意見の存在を認めるが、関係当事国のいずれも、とくにスペイン自体が無主地に対する先占と認めていなかったことを重視したように思われる。

4　本意見は当該地域の特殊性を強調して、モロッコとは一部の部族との間に「忠誠の結びつき」を、モーリタニアとの間では「土地に関する一定の権利」を認めたが、両国ともに領土主権の結びつきは認めなかった。しかしこうした特殊な地域での領土主権の結びつきとは一体いかなるものかについては、明確にしなかった(できなかった)。実際に検討されたのは国家権能の実効的行使に直接関係のある証拠についてであり、かつて裁判所がマンキエ・エクレオ事件〔⇒37B〕で採用した方法である。その意味では、本意見は国際法が前提としてきた国家観・領土主権の観念を事実上踏襲していることになる。

5　ところがこうした曖昧な表現のために、自国との「結びつき」を認められたとして、モロッコは本意見が出された直後に西サハラへの「緑の行進」を開始し、モーリタニアとともに西サハラを占領することになった。その後西サハラ内部で成長した民族解放団体「ポリサリオ戦線」が「サハラ・アラブ民主共和国」の独立を宣言し、モロッコとの闘争にはいった。つまり本意見を契機に西サハラ問題は解決の方向ではなく、武力を伴う国際紛争へと発展したのである。その後、安保理決議690(1991)に基づき国連西サハラ住民投票監視団(MINURSO)が設立され、西サハラ人民が独立するかあるいはモロッコとの統合を選ぶかについての住民投票が計画されたが、実施手続や難民送還問題についての意見の相違があって住民投票は実現しておらず(2018年現在)、モロッコが西サハラ領域の過半を実効支配している。

【参考文献】
関野昭一『領土・国境紛争』、堀部博之『宮崎基本判例』、家正治『ケースブック』、同『百選Ⅰ』、桐山孝信『百選Ⅱ』、東寿太郎『判決・意見Ⅱ』、太寿堂鼎『国際法上の先占について』『法学論叢』61巻2号(1955)、桐山孝信『自決権行使と領有権問題(1)(2・完)』『法学論叢』117巻1号、3号(1985)、家正治『国際連合と民族自決権の適用』(神戸市外国語大学研究所、1980)115-152頁。

(桐山　孝信)

77 ケベック分離事件(Reference re Secession of Quebec)

諮問機関	枢密院における総督
裁判所	カナダ連邦最高裁判所
意見	1998年8月20日
出典	37 ILM 1340

【事実】 連邦国家カナダの1州を構成するケベックでは人口の8割がフランス系で、言語的・文化的なアイデンティティの確立を求める動きが強く、1960年代以降は近代化の進展に伴ってナショナリズムが高揚し、1976〜85年には独立を主張するケベック党が政権を握った。1980年には政治主権の獲得をめぐって連邦政府と交渉する権限を州政府に認めるための州民投票が行われ、結果は否に終わったが、現行の連邦制に対する不満は根強く、1867年英領北アメリカ法を改正して初めてカナダ独自の憲法となった1982年憲法に対しても同州は反対の態度を維持した。1987年には、ケベックを「独特な社会」であることを認めるなど同州への歩み寄りを示した憲法協定(ミーチ・レーク協定)が合意されたが、いくつかの州が批准を行わず未成立に終わる。

このような中で、総督は1996年9月30日の枢密院令により、連邦最高裁判所に対して以下の3点の諮問を行った。①カナダ憲法上、ケベックの議会、立法府または政府はカナダからのケベックの分離を一方的に行うことができるか。②国際法、とりわけ国際法上の自決権は、ケベックの議会、立法府または政府に対してカナダからのケベックの分離を一方的に行う権利を与えるか。③この点に関して国内法と国際法の間に矛盾がある場合には、カナダにおいてはどちらが優先するか。

【意見要旨】1 国内裁判所が「純粋に」国際法上の問題に答えることについて疑義が提起されたが、本件において当裁判所は国際裁判所として行動するのではなく、カナダの連邦制の将来に関する法律問題について国の裁判所としての資格で意見を与えるものである。過去の多くの事件において当裁判所は、カナダの法体系の中で当事者の権利義務について決定するために国際法を参照してきた(paras.16-23)。

2 諮問事項①がいう「カナダ憲法」とは1982年憲法だけでなく、憲法的権限の行使を規律する明文・不文のすべての規則および原則の全体系を意味し、本件に関わる憲法の基本原則は連邦主義、民主主義、立憲主義と法の支配、および少数者の権利の尊重である。民主主義の原則と結びついた連邦主義の原則からすれば、ケベック州民の明確な多数が分離を支持する場合には、連邦を構成するすべての当事者の間に交渉を行う相互の義務が生じ

る。2つの正統な多数、つまりケベック住民の多数とカナダ全体の多数の各代表は、分離の可否および条件をめぐって先の憲法原則に従って理にかなった交渉を行わなければならず、ケベック州が憲法上一方的に分離を行う権利は認められない(paras.32-105)。

3(1) 諮問事項②に関して、国際法上主権国家の構成部分が一方的分離の権利をもたないことについては審理の過程で意見の一致をみた。分離はとくに禁止されておらず、とくに禁止されていないことは許されると主張されたが、国際法は国の領土保全を重視し新国家の形成については国内法に委ねているので、一方的分離が憲法と両立しない場合には、国際法は人民の自決権に従うことを条件にこの結論を認めるものと思われる(paras.109-112)。

(2) 人民の自決権の存在は今や条約において大変広範に認められているので、それは国際法の一般原則と考えられる。国際法は自決権を「人民」に与えているが、その正確な意味は不明確である。「人民」の自決権を規定する文書の多くは同時に「国民」や「国家」に言及しているが、これらの用語の並列は、「人民」が必ずしも国の住民の全体を意味するものではないことを示す。ケベックの住民は「人民」の定義とされるものの多くを共有しているが、このことは必ずしも諮問事項②を解決することにはならない(paras.113-125)。

(3) 人民の自決権は通常は「内的」自決を通じて実現され、「外的」自決権は最も極端な事例においてしかも注意深く限定された状況においてのみ生じる。国際法上の自決原則は、現存の国家の領土保全の枠内で発展してきた。国の領土保全の維持と自決を達成する「人民」の権利の間には、必ずしも矛盾はない。その領域に居住する人民を平等・無差別に代表し国内的に自決原則を尊重する政府を有する国家が、国際法上領土保全を保護される資格を有する。しかし、「外的」自決権が認められる限定された状況が存在する。外的自決権を行使する植民地人民の権利は、疑われていない。外的自決権が生じるもう1つの明確な事例は、植民地以外の文脈において人民が外国の支配または搾取に服している場合である。内的に自決権の有意味な行使を妨げられている場合には、人民は最後の手段として分離の形で自決権を行使する資格があるという主張も行われている(paras.126-134)。

(4) ケベックの住民は統治へのアクセスを否定されていると言うことはできず、彼らは立法、行政および司法上の制度に公正に代表されている。国際文書で用いられる表現によれば、カナダは「人民の同権と自決の原則に従って行動し、それゆえ差別なくその領域に属するすべての人民を代表する政府を有する主権独立国家」である。したがって、「人民」の定義がどうであれケベック州の住民も、また、ケベックの議会、立法府または政府も、国際法の下で一方的にカナダから分離する権利を有さない(paras.135-139)。

4 国際法は一方的分離の積極的権利を認めないとしても分離を禁止もしておらず、領域に対する実効的支配が確立されたなら、そのような政治的現実には国際的承認が与えら

れるだろうと主張された。他国による承認は国家性の獲得にとっては理論的には必要ではないが、実際的にはそれは新国家の国際社会における存続を左右する。しかし、国際的承認は分離の日に遡及して分離の「法的」権利の淵源となるものではない(paras.140-146)。

5 諸問事項①および②に対する答えに鑑みて、諸問事項③にいう国内法と国際法の間の矛盾は生じない(paras.147)。

【論点】1 本件は、国内裁判所の、しかも判決ではなく諮問意見ではあるが、独立国の一部を構成する住民の自決権の問題を本格的に扱った、これまでのところ唯一の司法判断として注目される。旧ユーゴ和平会議の仲裁委員会が与えた1992年1月11日の意見2は、クロアチアおよびボスニア・ヘルツェゴビナにおけるセルビア系住民の自決権を否定して彼らは国際法上の少数者の権利を有すると判断したが、理由を一切挙げなかった(92 ILR 167)のに対して、本意見は国際人権規約共通第1条などの条約規定、国連総会決議やCSCEの諸文書、そして学説——とくにカッセーゼ(Antonio Cassese)の説に大きく依拠した——を詳細に検討した上で結論を導いている。

2 本意見は、自決権は現存の国家の領土保全の枠内で発展してきたのであって、通常は「内的」自決をもって充足され、「外的」自決は極端な事例において例外的にのみ認められるものと判断した。このような例外として、本意見は植民地人民の場合とそれ以外の形で外国支配のもとに置かれている人民の場合を挙げ、それ以外に人民が内的自決を否定されている場合にも触れたが、いずれにせよケベック住民はこの例にはあたらないとして、第3の事例に関する最終的な判断は行わなかった。以上のような見解は、1990年代になってからの分離闘争の高揚を前にした、西欧諸国の自決権論の通説的な理解に依拠する。

3 このほか、本意見はカナダの連邦制を前提としてではあるが、民主主義的権利としての自決権が他の住民の民主主義的権利や少数者の権利との関係で有する限界を指摘した点でも、注目される。

【参考文献】
苑原俊明「『人民』の自決権——分離か統合か——」『国際研究論集』1巻3・4合併号(1988)、2巻1号(1989)、同『百選Ｉ』、王志安『基本判例50Ｉ』、岩崎美紀子『カナダ現代政治』(東京大学出版会、1991)1章、3章、王志安「ケベックの分離独立と国際法の課題」『政治学論集』49号(1999)、松井芳郎「試練にたつ自決権」『転換期国際法の構造と機能(石本古稀)』国際書院(2000)。

(松井　芳郎・薬師寺　公夫)

78 繁栄党事件(Case of Refah Partisi and Others v. Turkey)

申　立　人　繁栄党・エルバカン繁栄党議長ほか党幹部2名
被申立国　トルコ
裁　判　所　ヨーロッパ人権裁判所
判　　　決　2003年2月13日
出　　　典　ECHR Reports of Judgements and Decisions 2003-II 209

【事実】　トルコ共和国憲法は、厳格な政教分離(世俗主義)原則を規定し、かつ、憲法諸原則に違反する政党を解散する権限を憲法裁判所に付与している。同裁判所は、1997年5月、連立与党の第一党であった繁栄党(福祉党)が、宗教に基づく多元的法体系への移行や国家法へのイスラム法(シャリーア)の導入を主張するなど、世俗主義の憲法原則に違反する活動の中心となっているとみなして、同党を解散し、党議長等の政党活動を一定期間、禁止した。このような措置を不服とした繁栄党および党議長等は、結社の自由を定めたヨーロッパ人権条約第11条などへの違反を理由として、ヨーロッパ人権裁判所に提訴した。一審の第三法廷判決が違反の存在を認定しなかったため、原告側は、同条約第43条および裁判所規則第73条に基づいて上訴し、大法廷で審理されるに至った。

【判決要旨】1　繁栄党解散などの措置は、原告の結社の自由への干渉である(para.50)。かかる干渉が第11条違反とならないためには、それが、「法律で定められている」こと、同条2項に列挙された「正当な目的」のうちの1つあるいは複数を追求するものであること、それら目的の達成のために「民主的社会において必要」であること、という3つの要件を満たしていなければならない(para.51)。

2　「「法律で定められている(prescribed by law)」という表現は、第1に、問題となっている措置が国内法に根拠を持つことを要請する。それは、また、当該法律の質にも関係するのであって、その法律が関係者にアクセス可能であること、および、ある行為が引き起こすであろう結果を、状況に応じて合理的な程度において——必要ならば、適切な助言を得て——予見することが可能であるよう、十分な明確さをもって、その法律が規定されていることを要請する」。ただし、「自由裁量を認めている法」であっても、「自由裁量の射程とその行使の方法が十分明確に示されているなら、それ自体としては、この要請と相容れないものではない」(para.57)。本件では、政党解散の基準に関する法律規定が、解散決定の直前に違憲・無効とされたことから、原告側は、その基準を予見できなかったと主張している。しかし、憲法裁判所が、その権限において憲法違反の活動を認定し、憲法規定に従って解散を決定したこと(para.59)、トルコ共和国においては、法律と憲法とが矛盾する場合

には、憲法裁判所は、違憲の法律ではなく、憲法規定を適用すべきであること(para.61)、繁栄党は、法制度に詳しい大政党であること(para.62)、などから、原告は解党のリスクを合理的に予見できたとみなされる。したがって、当該干渉は法律で定められたものである。

3 「トルコの民主的体制に対して世俗主義が持つ重要性に鑑みれば、繁栄党の解散は、第11条に列挙された正当な目的のいくつか、すなわち、国の安全と公共の安全をまもること、無秩序若しくは犯罪を防止すること、他の者の権利と自由を保護すること、を追求するものとみなされる」(para.67)。

4 民主主義は、「ヨーロッパの公秩序の基本的特質」であって、「ヨーロッパ人権条約によって意図されている唯一の政治モデルであり、この条約と両立しうる唯一のものと思われる」(para.86)。政党は、民主主義体制において根源的な役割を担うものであって(para.87)、ヨーロッパ人権条約の規定する表現の自由や集会および結社の自由などを享受するが、その自由は無条件に行使しうるものではない。政党が「法律における変更、あるいは、国家の法律的・憲法的構造における変更」を助長するような活動を行うためには、つぎの2つの条件を満たす必要がある。「第一に、目的のために用いられる手段が合法的かつ民主的でなければならない。第二に、提案された変更が、それ自体、基本的な民主主義原則と両立しうるものでなければならない」。「このことから必然的に導かれることとして、その指導者が暴力を煽り、民主主義を尊重しない政策、あるいは、民主主義の破壊や民主主義において承認された権利と自由の侮辱を目的とする政策を提唱するような政党は、それを根拠として課された処罰に対して、ヨーロッパ人権条約の保護を求めることができない」(para.98)。ただし、「〔ヨーロッパ人権条約〕第11条に規定された例外は、政党に関する場合には、厳格に解釈されなければならず、ただ説得的でやむをえないような根拠によってのみ、そのような政党の結社の自由への制限は正当化される。第11条2項の意味における必要性が存在したかどうかを決定する際、締約国は、限られた評価の余地(limited margin of appreciation)しか持たない」(para.100)。

繁栄党解散などの措置が「民主社会にとって必要」なものであったかどうかを判断するにあたり、まず、(1)それが「切迫した社会の要求(pressing social need)」に応じたものであったかを検討し、つぎに、(2)それが、処罰として、「追求されている正当な目的に均衡する(proportionate)」ものであったかをみる。

(1) 繁栄党は、解散当時、多くの議席を得ていた上に、世論にも強く支持されており、単独で政権を獲得することによって、その政策を実現する現実的な可能性を有していた(paras.107-108)。繁栄党は、その党規約や連立政権の綱領においては、民主主義の基本原則に反するような憲法制度変更を提唱しているわけではない(para.111)が、党議長や党幹部、党所属の政治家等の反憲法的な言動などは、原則として、党の政策を示すものとみな

されるべきである(paras.112-115)。

(i) 宗教に基づく多元的法体系の導入を唱えた党議長のスピーチは、党の政策を反映するものとみなされる(para.117)。小法廷判決も述べているように、多元的法体系は、「すべての法律関係に、宗教に基づく個人間の区別を導入し、すべての人を、その宗教的信条によって分類し、個人としてではなく、宗教運動への忠誠に応じて、権利と自由を与えることになるだろう」。「そのような社会モデルは、二つの理由によって、ヨーロッパ人権条約体系と両立し得ないと考えられる」。「第一に、個人の権利と自由を保障するものとしての、また民主社会において多様な信仰と宗教の実践を公平に組織するものとしての国家の役割を、それは廃止するであろう。というのも、上述の国家の役割を果たすにあたって国家が定めた規則ではなく、関係する宗教によって課される法の静態的な規則に従うことを、諸個人に義務づけるからである。…第二に、そのような体制は、民主主義の基本的原則のひとつである公的な自由の享受における諸個人間の無差別、という原則を明白に侵害するだろう。宗教または信仰により、公法・私法のすべての領域において、諸個人のあいだで取り扱いに区別を設けることは、ヨーロッパ人権条約のもとでは、とりわけ、差別を禁止する第14条のもとでは、あきらかに正当化できない」(para.119)。

(ii) 党議長や党幹部、党所属の国会議員の発言から、イスラム法(シャリーア)に基づく体制を構築する党の意図が明らかとなっている(paras.120-122)。「シャリーアは、ヨーロッパ人権条約に規定されているような民主主義の基本原則と両立しない」。小法廷も述べているように、「シャリーアは、宗教によって規定された教義と宗教規則を忠実に反映しており、静態的かつ不変である。政治領域における多元主義や公的自由の不断の発展などのような原則は、それと相容れない。…シャリーアに基づく体制を支持しながら、同時に、民主主義と人権の尊重を宣言することは難しい。シャリーアは、とりわけ、その刑事法・刑事手続や、女性の法的な地位に関する規則、宗教的指針に従って私的・公的生活のすべての領域に介入するそのやり方において、ヨーロッパ人権条約から明確に逸脱している。…ヨーロッパ人権条約締約国にシャリーアを導入することを意図しているとみられるような行動をとる政党は、この条約の全体を基礎づけている民主主義の理想に同意している団体とはみなしえない」(para.123)。

(iii) 党議長や党所属政治家の発言などから、繁栄党は、政策実現のために暴力に訴える可能性を排除していないとみなされる(para.129-130)。

繁栄党の政策プランが、「民主的社会の概念と両立していなかったこと、また、繁栄党がそれらのプランを実行にうつす現実的な機会があったために、民主主義への危険が、より具体的で切迫したものとなっていたことにかんがみれば、〔トルコ〕憲法裁判所が原告に課した罰則は、限定的な評価の余地しか締約国には残されていないということを考慮して

も、「切迫した社会の要求」を満たしていたとみなすのが合理的であろう」(para.132)。

(2) 政党の解散などの措置は、非常に厳しいものであるから、最大限に深刻な事例においてのみ許容されるが、この事例においては、かかる措置は、目的に対して均衡を失したものではない(para.133-134)。

繁栄党解散などの措置は、「切迫した社会の必要」を満たし、「追求される目的に均衡する」ものであるから、ヨーロッパ人権条約第11条2項の意味で、「民主的社会において必要」であったとみなしてよい(para.135)。

したがって、第11条の違反はなかった(para.136)。

【論点】1 国家の政教分離政策と自由権が衝突する事例であり、その意味では、たとえば、フランスのコンセイユ・デタなどで争われた公立学校におけるスカーフ着用の禁止に関する事例と類似しているが、問題となる局面は異なっている。後者で問われるのは、少数派であるイスラム教徒と国家との関係であり、そこでは宗教的寛容という観点から、「政治からの宗教の解放」としての信教の自由の問題が重視される。しかし、本件では、支配的宗教であるイスラム教の影響を、統治機構の中枢から排除する可能性が問われているのであり、ここでは、「多数派宗教団体からの国家の解放」としての政教分離が、問題の中核をなす(参照：樋口陽一『憲法』創文社、1992年、210-213頁)。

2 内部において宗教を根拠とする紛争を克服し、宗教を手がかりとした外部からの介入を排除することによって、世俗的な領域支配を確立した近代国家にとって、政教関係は、国家のあり方の根幹にかかわる問題である。ヨーロッパ各国は、それぞれの歴史的文脈のもとで、多様な政教関係を形成してきた。厳格な政教分離を採るフランスなどのほか、スペインやドイツ、イタリアなどのように、政教協約(コンコルダート)によって特定の宗教団体に特別の地位を認める国家もある。また、ギリシャやイギリスは、国教会制度を採る。このように歴史的に規定された各国のさまざまな政教関係について、ヨーロッパ人権裁判所および人権委員会は、その条約適合性の判断を回避する傾向にあることが指摘されている(小泉「トルコ憲法における政教分離と民主主義」下記参考文献、100頁)。トルコ共和国は、建国以来、フランスをモデルとする厳格な政教分離原則を採用してきたが、それは軍やエリート主導の「上からの政教分離」であって、それに反発する民衆の側の「イスラム復興」運動と政治的対抗軸を形成してきた。

3 政教分離が、多数派宗教からの政治の解放を目的とするかぎり、国民の多数派による民主的な選択とのあいだに緊張関係が生じることは避けられない。民主的・合法的手続きによって与党第一党となった繁栄党に対し、トルコ憲法裁判所が、政教分離の憲法原理を根拠として、解散を命じたことは、この緊張関係を先鋭なかたちで現実化したのである。このような措置を正当化するにあたり、被告であるトルコ政府は「たたかう民主主義」論を

援用した（第三法廷2001年7月31日判決、para.62）。「たたかう民主主義」とは、憲法上の自由と権利を享受する全体主義政党が合法的手続きによって政権につくことで民主制が崩壊した戦間期ドイツ・イタリアの歴史への反省に立つ考え方であり、民主主義を破壊しようとする者に憲法上の保護を認めないことを旨とする。本件判決も、「民主的社会の理想と価値を弱体化し破壊するためにヨーロッパ人権条約の規定に依拠することは、何人にも、許可されてはならない」(para.99)という「たたかう民主主義」の観点から、第11条2項を解釈し、繁栄党解散措置を許容したといえる。

4 ヨーロッパ人権裁判所は、従来、民主主義社会における政党の重要性を強調し、政党解散措置を厳格に審査してきた。それゆえ、トルコ憲法裁判所による政党（統一共産党・社会党・自由民主主義党）の解散措置が問題となった3つの先例においては、人権裁判所は、その措置が、目的に対して均衡を失しているゆえに「民主的社会において必要」という要件を満たしていないと判断し、第11条違反を認定したのである（トルコ統一共産党事件、1998年1月30日判決；社会党事件、1998年5月25日判決；自由民主主義党事件、1999年12月8日判決）。本件において、「民主的社会において必要」という要件について異なった判断を下した理由としては、繁栄党が現実に単独政権を樹立する可能性があったこと、その反民主主義的政策が、党規約・綱領等の文言ではなく、実際の活動を通じて明らかになっていたこと、などが挙げられるだろう。さらには、各国の政教関係の根幹に関わる措置については、なるべく判断を避けるという、ヨーロッパ人権裁判所の姿勢が関係しているとみることもできる。

5 本件は、「たたかう民主主義」の観点を採っていることから、繁栄党の反民主主義的性格を論証する必要があった。そのため、繁栄党の政策である宗教に基づく多元的法制度やシャリーアを、民主主義に反するものと断じている。Kovler裁判官はこの点を批判する意見を付し、繁栄党の活動がトルコ憲法上の中核的原則である世俗主義に反していることを根拠とすれば足りる、と主張する(Concurring Opinion of Judge Kovler)。たしかに、固有の歴史的事情を背負っている政教関係に関しては各国の憲法的決断を尊重する、という判断もありえたはずで、あえて「たたかう民主主義」論を採って、イスラムの伝統である多元的法制度やシャリーアを「反民主主義的」と評価する必要はなかったようにも思われる。

【参考文献】
徳川信治『ヨーロッパ人権裁Ⅱ』、宮沢俊義「たたかう民主制」同『法律学における学説』（有斐閣、1978）151-175頁、小泉洋一「ヨーロッパ人権条約とフランスの宗教的自由」『甲南法学』42巻1・2号(2001)89-146頁、小泉洋一「トルコ憲法における政教分離と民主主義―政教分離とイスラム主義政党―」『甲南法学』44巻1・2号(2003)23-93頁、西片聡哉「集会・結社の自由の制約に対する欧州人権裁判所の統制」『国際人権』13号(2002)99-103頁。

（西 平等）

第2節　少数者と先住民の権利

79　オミナヤク事件(Bernard Ominayak, Chief of the Lubicon Lake Band v. Canada)

申　立　人	オミナヤク(ルビコン湖部族首長)
被 申 立 国	カナダ
審 査 機 関	自由権規約委員会
見　　　解	1990年3月26日
出　　　典	RHRC(1990-II)1；ORHRC(1989/90-II)381

【事実】　カナダのアルバータ州北部に居住する先住民族の1つであるルビコン湖部族は、古くから狩猟や漁労の生活を続けてきたが、近年になってカナダ政府は、この地域での石油・ガス開発やパルプ生産のための森林伐採など、土地の商業利用を私企業に認めはじめた。先住民族側は、1970年のインディアン法および原住民の土地の権利に関する1899年の第8条約によって地域原住民がその伝統的な生活を継続するための権利が認められていると主張し、1975年10月に州の土地登記所への申立を行ったのをはじめとして、連邦裁判所や州の裁判所への仮差止命令の要請などを行ったが、いずれも棄却された。そこで1984年2月14日、部族を代表して、首長であるオミナヤクが、開発が地域の環境や部族の経済的基盤を破壊していることを理由に、自由権規約第1条違反の通報を行った(通報番号167/1984)。この間、部族側はアルバータ州控訴裁判所へも控訴していたが、棄却されたのでさらにカナダ最高裁に上告した。しかしこれも1985年3月14日には棄却された。

1987年7月22日、委員会は通報を許容し、両当事者にさらに情報や所見の提出を求めたので、通報者は、生存権が脅かされていること(規約第6条)、非人道的な取扱いを受けていること(第7条)、カナダの裁判所で公正な裁判がなされていないこと(第14条1項および第26条)などの違反も追加して申し立てた。

これに対してカナダ政府は次のように主張した。①当該部族はカナダにおいて国内的救済を尽くしていない。本件に関連して部族は3つの訴訟を提起したが、通報の時点ではそのうちの1つしか確定しておらず、他の2つは係争中である。またカナダ政府は81年に部族に対して問題の解決案を提示し、通報後の86年には1,500万カナダドルを裁判その他の費用として「好意によって」当該部族に支払うなど、裁判以外の交渉も行っている。②開発が進められても部族には回復不可能な損害はないこと、国内的救済を遅らせているのはむしろ部族側であり、国内救済完了の要件に関する許容判断を再審査するよう要請する。③当該部族は規約第1条にいう「人民」を構成しておらず、選択議定書に基づく通報は個人にのみ認められ、また個人に対してなされた権利侵害についてのみなされる。

【見解要旨】1　委員会は、本件の状況で実効的な救済は緊急の差止命令を得ることであり、現状の保全なしには、本案の最終判断が部族側に有利なものでも、生活様式や生存手段を回復することができなくなり、効果のないものとなるという通報者の主張に留意し、現状において利用しうる実効的救済手段は存在しないと判断する。しかし委員会は、通報者が、人民に与えられた権利を扱う規約第1条に具現された自決権侵害の犠牲者であるとして、個人として選択議定書に基づいて請求を行うことはできないと考える。しかしながら、委員会は付託された事実が第27条を含む規約の他の条項に基づいて、問題を提起するかもしれないことに留意する。したがって委員会は、規約の第27条やその他の規定に基づいて問題を提起するかもしれない限りにおいて通報が受理されると決定する。当事国に対し、オミナヤクとその他の部族構成員に対する回復不可能な損害を回避するために仮措置をとることを要請する (paras.13.1-14)。

2　カナダは、国内救済手続完了の要件に関して許容判断を再審査するよう要請した。しかし争点は、訴訟の道が、崩壊の危機に瀕しているとされる伝統的文化的な生活を救済したり回復したりするための有効な方法に相当するかどうかである。委員会は、訴訟が選択議定書第5条2項(b)の意味での有効な救済にあたるとは確信しない。このような次第で委員会は通報の許容についての先の決定を支持する (para.31.1)。

3　すべての人民は規約第1条の下で自決権を有するが、ルビコン湖部族が人民を構成するかどうかの問題は、選択議定書の下では委員会に委ねられる争点ではない。選択議定書は、個人がその権利を侵害されたことを主張しうる手続を規定している。それらの権利は規約の第3部、第6条から第27条までに規定されている。しかし類似の影響を被ったと主張する個人の集団が、集団的に通報を提出することに対してはいかなる異議も存在しない。通報は、当初第1条違反の点から提起されたが、主張の多くは第27条に基づく争点を示している。通報が許容されて以後になされた規約の他の条項についての重大な違反に関する申立は、真摯な考慮に値するほどには実証されていない (paras.32.1-32.2)。

4　長年にわたる不公正と近年の開発は、ルビコン湖部族の生活様式や文化を脅かし、それらが継続する限り第27条の違反を構成する。他方、当事国はある救済策によって事態を改善するよう提案しており、委員会はその救済策を規約第2条の意味で適切なものとみなす (para.33)。

【論点】1　本件ではカナダ国内での裁判が終了する前に通報が寄せられたが、委員会はそれを許容した。国内的救済とは「実効的で利用可能な」手段を意味し、本件の場合、仮差止命令が認められなかった時点で回復不可能な損害が発生する可能性があり、よって通報者は救済手段を尽くしたと委員会は判断した。これに対してウェンナーグレン委員の個別

意見は、国内裁判所での係争中の問題は、それに裁定が下るまでは国際的申立として審理されないというのが国内救済手続の内容であると主張した（APPENDIX II）。

 2　本件は、選択議定書の下で集団の権利である自決権の違反を申し立てることが可能かどうかが争点となった。従来この点については、「人民」の代表たる資格が疑問とされて非許容となった事例があり（ミクマク対カナダ、RHRC（1984）200）、その反対解釈として、人民を正当に代表している個人からの通報であれば許容されうると主張することも可能であり、通報者もそのように主張した。しかし委員会は、選択議定書が予定する違反申立は第6条から第27条までの個人の権利侵害に関するものという限定を加え、自決権の違反申立については一般的に拒否する立場に立った。これはその後の事例でも再確認されており、特に南チロル事件（RHRC（1991）320）では、選択議定書の下では自決権に関するいかなる請求も提出しえないとの認定の先例とされた。さらに少数者の権利に関して出された委員会の一般的意見（意見番号23(50)、1994年4月6日採択）でも、自決は選択議定書に基づいて審査できる権利ではないとする。

 3　他方で、部族の伝統的生活様式の破壊を継続するならば規約第27条に違反するという判断を行うことによって、委員会は実質的には集団の権利に対する違反の申立を認めることとなった。自決権と少数者の権利との関係をどのように捉えるかは大きな問題である。従来少数者の権利について許容されていたものは、同じくカナダを当事国としたラブレース事件があるが、それは個人が少数者としての権利を侵害された場合の判断であった（RHRC（1979）166）。これに対して本件では、類似の侵害を被った個人が集団として通報を提出することは問題がないとすることによって、結果として第27条が集団の権利を保障する側面もあることを認めた。こうしてみると本見解は、第27条を用いて、先住民族に社会的経済的権利を自由に追求するという意味での自決権を認めたと言えないこともない。他方で、旧ユーゴ仲裁委員会の意見第2が、少数者の権利は強行規範であると述べていることも（92 ILR 167）、集団としての権利の承認という観点から注目される。

【参考文献】
宮崎繁樹「許容性決定に関する概観」『規約先例集2』、苑原俊明「先住民族と政治的自決権」『国際研究論集』6巻1号（1993）、西立野園子「第1条」、「第27条」宮崎繁樹編著『解説国際人権規約』（日本評論社、1996）、桐山孝信「人権規約のなかの自決権」香西茂・山手治之編集代表『現代国際法における人権と平和の保障』（東信堂、2003）、申惠丰『国際人権法（第2版）』（信山社、2016）424－426頁。

（桐山　孝信）

80 マーボ事件 ((a) Mabo and Another v. State of Queensland and Another (b) Mabo and Others v. State of Queensland)

裁 判 所	オーストラリア連邦最高裁判所
判　　決	(a) 第1マーボ事件　1988年12月8日
	(b) 第2マーボ事件　1992年6月3日
出　　典	(a) 83 Austral. LR 14 ; 112 ILR 412
	(b) *107 Austral. LR 1 ; 112 ILR 457

【事実】　オーストラリアにおいて、植民地の土地は「1788年のその最初の入植のときから国王に属し、これまで属してきた」(1848年のニュー・サウス・ウェールズ州最高裁判決)と考えられてきた。無主地に対する先占の法理に基づくものであった。

オーストラリア先住民、アボリジニによる土地請求権訴訟の最初の判決(いわゆる「ゴーブ土地権事件」、北部準州最高裁判決)がなされたのは1971年であった。本件は、北部準州のアボリジニが、連邦政府が鉱山会社に賃貸した土地について、その権原が「記録できない昔から」存在し、オーストラリアのコモン・ロー上の権利であると主張し、彼らの伝統的土地におけるボーキサイト採掘の制限を求めたものである。本判決は、アボリジニ世界において、法として認識可能ないかなるものも存在しなかったという主張を明確に否定しつつも、コモン・ロー上の先住権原(native title)の理論は、明示の制定法がある場合を除き、「入植された植民地」(「征服された植民地」と区別される)においていかなる地位も有しなかった、と結論した。

1982年、クイーンズランド沖のトーレス海峡にあるマレー諸島のメリアム族に属するマーボほかは、クイーンズランド州を相手どり、連邦最高裁に訴訟を提起した(いわゆる「第1マーボ事件」)。原告の主張によれば、太古からメリアム族は継続してそれら諸島を占有し、享有してきたのであり、また彼ら自身の社会的および政治的組織を伴う共同体を設立してきた。諸島は、1879年に、クイーンズランド植民地の一部として国王の主権の下に入ったとはいえ、次のことに従って、その土地に関する原告の権利には影響しない、すなわち、彼らの地方的慣習(慣習による所有権)、彼らの元来の先住権原(伝統的な先住権原)、およびそれら諸島に対する現実の占有、使用および享有(用益権的権利)である。最高裁は、1988年、クイーンズランド州法は、1975年の人種差別撤廃法(連邦)に違反するとして、州法は失効しなければならない、と判示した。しかしながら、メリアム人民が土地に対する権利をもつか否かについての決定はしなかった。

本件(いわゆる「第2マーボ事件」)では、次の宣言が求められた、すなわち、(1)メリアム人民は、次のことに基づいてマレー諸島に対する権利を有する。①所有権者として、②所有者として、③占有者として、または④その土地を使用しおよび享受する資格あるものとし

て。(2)マレー諸島は、1962年土地法(クイーンズランド)および以前の王領地土地法の意味において、「王領地」ではなく、これまでもなかった。(3)クイーンズランド州政府は、メリアム人民の権原を消滅させる資格を有しない。

【判決要旨】1 裁判所は、先の宣言の要請に対して以下のように判断する(6対1)。マレー諸島における土地は、クイーンズランド州の1962年土地法5節の意味における王領地ではない。メリアム人民は、対世的に、マレー諸島の土地の所有、占有、使用および享有の権利を有する。メリアム人民の権原は、その権原を消滅させるため有効に行使されるクイーンズランド州議会の権限およびクイーンズランド州総督の権限に従属するが、ただし、これらの権限のいかなる行使も連邦法に抵触しない限りにおいてである。

  2 ブレナン裁判官は、「主権の取得」について検討し、国際司法裁判所の「西サハラ事件」〔⇒76〕に言及したのち、もしも、人の居住する土地が無主地として分類されうる国際法の概念が、もはや一般的な支持を集めないならば、そのような無主地概念に依拠するコモン・ロー概念は、人種差別時代の遺物であるから変更すべきと述べた(p.28)。

  3 ブレナン裁判官は、また、国際法における人権基準との関連を指摘して、過去において、入植植民地の先住民の土地に対する権利および利益を承認することを拒否するために提出された正当化がどのようなものであれ、この種の不正で差別的な理論は、もはや受け入れられないとし、とりわけ、国際法が普遍的な人権の存在を宣言する場合がそうであって、市民的および政治的権利の享有における不当な差別に基礎をおくコモン・ローの理論の再考の必要を主張した(p.29)。

【論点】「第2マーボ事件」に関する国際法上の論点は、次のようなものである。

  1 伝統的国際法において、国家がいずれの国にも属していない「無主地」を、領有の意思を示し、実効的に占有することにより、領域として取得することが、「先占」という領域取得の権原として認められていた。本件において、いく人かの裁判官が国際司法裁判所の「西サハラ事件」に言及したことが注目される。

  2 もっとも、本判決は、オーストラリアの主権は「入植」により取得され、実際にかかる主権はオーストラリアの裁判所において異議を申し立てられえないことを確認した。

  3「第2マーボ事件」判決後、先住権原法(連邦)が制定された。その後、連邦最高裁により先住権原に関する2つの重要な判決が出されている。1つは、1995年の西オーストラリア政府による先住権原を消滅ないし制限する試みに対する「西オーストラリア対連邦事件」であり、他は、1996年の土地に対する一定の権利の付与、とりわけ牧畜のための賃貸借契約が、先住権原を消滅させたのか否かが争われた「ウイック族事件」である。前者におい

て、裁判所は、連邦の先住民権原法の有効性を支持し、西オーストラリア州の立法は、先住権原法および連邦の人種差別撤廃法に矛盾するがゆえに無効であるとした。後者において、裁判所は、4対3の多数で、牧畜のための賃貸借契約は必然的に先住民の権原を消滅させるものではないと判示した。

これら2つの判決の後、オーストラリアにおいては、先住権原よりも鉱山や牧畜経営者の権利を優先させるべきか否かの問題が、政治上の一大争点になり、1998年先住権原修正法の制定に導いた。国連人権小委員会の特別報告者ダエス女史は、この修正法が先住権原を消滅するために行使され、かくして実際に裁判所により承認された法的権利のほとんどを無効にするかもしれない、との懸念を表明した。そして、1998年、最高裁は、フェージョ判決において、全員一致で、先住権原は単純不動産権(fee simple)の付与により消滅したと判示するに至った。

4　オーストラリアは、原則として、国際法(条約)に国内的効力を与えるためには特別の立法を要する、いわゆる「変型方式」をとる。人種差別撤廃法(連邦)は、人種差別撤廃条約に国内的効力を与えるものである。本判決において、州の立法により消滅させる権限の行使に対して今日課せられる主要な制限は「連邦議会の有効な立法の最高性から導かれ」、「1975年の人種差別撤廃法(連邦)の諸規定はコモン・ロー上の先住権原を消滅ないし縮小させる州または特別地域の立法権限に対する重要な制限を提供する」ものとされた。また、国際法が国内法に変型されていなくとも、国際法はコモン・ローの発展に対する正当かつ重要な影響を及ぼすのであり、国際法が普遍的な人権の存在を宣言する場合、とりわけそうである、と述べられたことが注目される。

5　国連総会は、1993年を世界の先住民の国際年とし、さらに、国際先住民年の終了にあたって、1994年12月10日に始まる10年間を世界の先住民の国際の10年とする宣言を行った。また、国連人権委員会は、「先住民の権利」に関して、「先住民の権利に関する世界宣言」などの審議を継続している。日本における「二風谷ダム事件判決」〔⇒81〕は、自由権規約第27条(少数民族の権利)をも援用しつつ、アイヌ民族が先住民であることを認め、アイヌの文化を不当に軽視ないし無視しているとしてダム建設にかかわる土地収用法における事業認定を違法と判示した。

【参考文献】
齋藤憲司「オーストラリア先住民に関する法制度の歴史と動向」『外国の立法』32巻2・3合併号(1993)、苑原俊明「先住民族の権利」『国際研究論集』国際法学会編『人権』(日本と国際法の100年第4巻、三省堂)(2001)、村上正直「オーストラリアに対する人権条約の影響」『国際法外交雑誌』98巻1・2号(1999)、桜井利江「国際法における先住民族の権利(一)・(二)」『九州国際大学法学論集』5巻2・3号(1999)・8巻3号(2002)、五十嵐正博「オーストラリアにおける先住民の権利」『現代国際法における人権と平和の保障』(田畑茂二郎先生追悼論文集下巻)(東信堂、2003)71-97頁。

(五十嵐　正博)

81 二風谷ダム事件

裁　判　所　札幌地裁
判　　　決　1997(平成9)年3月27日
出　　　典　判時1598号33

【事実】　本件は、北海道日高地方を流れる沙流川の総合開発事業に関わる二風谷(にぶだに)ダム建設工事に伴って、収用の対象とされた土地の所有者である原告らが、土地収用に関する裁決の取消を求めたものである。このダム建設によって大きな影響を受けるとされる二風谷地域は、1995年12月時点で500名弱の住民がいたが、その約7割以上がアイヌ民族であったというだけでなく、長くアイヌ民族の伝統文化が保存されてきた「聖地」とも呼ばれてきた。

　この地域の開発に関連して、建設大臣は、1978年に沙流川水系工事実施計画を改定した後、1983年には本件ダムの建設に関する基本計画を策定した。この計画を受けて北海道開発局が、ダム用地となっている土地の所有者と用地取得交渉にはいったが、原告ら一部地権者との間で交渉が難航した。そこで開発局長は、土地収用法第16条に基づき二風谷ダム建設等の事業認定を申請し、建設大臣は1986年に事業認定を行った。その後、北海道収用委員会は、1989年に収用対象となる本件土地に対して収用裁決(権利取得裁決および明渡裁決の両方を含む)をした。これに対し原告らは、本件収用裁決について土地収用法第129条に基づく審査請求をしたが、1993年、建設大臣は審査請求を棄却する裁決をしたので、収用裁決の取消を求めて札幌地裁へ提訴した。訴訟では国が被告への参加人となっている。

　原告らの主張は、ダム建設の事業認定がアイヌ民族およびアイヌ文化に対する影響を考慮しておらず、土地収用法第20条3号にいう「事業計画が土地の適正且つ合理的な利用に寄与するものであること」という要件を満たしていない違法なものであり、これに続く収用裁決も違法であるので、取り消すべきだとする。

【判決要旨】1　収用裁決取消にあたって、先行する事業認定の違法性が承継されるかという点について、先行処分の適否は先行処分がなされた当時を基準として判断し、先行処分に違法があった場合には、その違法は当然に後行処分に承継されると解する(36頁)。

　2　そこで、先行処分たる事業認定の適否を判断する。その際考慮されるのが、土地収用法第20条3号に規定する要件であるが、その要件は、事業計画の達成によって得られる

公共の利益と事業計画により失われる公共ないし私的利益とを比較衡量し、前者が後者に優越すると認められるかどうかによって判断される。本件において、得られる公共の利益は、洪水調節、流水の正常な機能の維持、各種用水の供給および発電などであり、後者の失われる利益は、少数民族であるアイヌ民族の文化である。これに対して被告は、少数民族の文化享有権は、他の考慮すべき事情に比べて優先順位を与えられるものと解する根拠はないと主張するので、この利益の法的性質について検討を加える(43頁)。

3　少数民族の文化享有権が有する法的性質について、自由権規約を批准し公布している我が国においては、アイヌ民族は、文化の独自性を保持した少数民族としてその文化を享有する権利を同規約第27条で保障されているのであって、我が国は憲法第98条2項の規定に照らしてこれを誠実に遵守する義務がある。また憲法第13条には、原告らの属する少数民族たるアイヌ民族固有の文化を享有する権利が保障されていると解することができる。もっともいずれで保障されている権利も公共の福祉による制限を受けるのであるが、その人権の性質に照らし制限は必要最小限度にとどめられなければならない(44頁)。

4　規約第27条は「少数民族」とのみ規定しているから、民族の先住性は要件ではないが、当該少数民族が先住民族の場合には、一層の配慮を要することは当然である。ここで「先住民族とは、歴史的に国家の統治が及ぶ前にその統治に取り込まれた地域に、国家の支持母体である多数民族と異なる文化とアイデンティティをもつ少数民族が居住していて、その後右の多数民族の支配を受けながらも、なお従前と連続性のある独自の文化およびアイデンティティを喪失していない社会集団であるということができる」。次にアイヌ民族がこの先住民族であるかどうかについて判断すれば、アイヌの人々は、前記のとおり定義づけた「先住民族」に該当する(44-45頁)。

5　以上のところを総合すると、事業認定庁である建設大臣は、得られる利益が失われる利益に優越するかどうかを判断するために必要な調査、研究などの手続を怠り、本来最も重視すべき諸要素、諸価値を不当に軽視ないし無視し、アイヌ文化に対する影響を可能な限り少なくするなどの対策を講じないまま、安易に前者の利益が後者の利益に優越するものと判断したものであり、認定庁に与えられた裁量権を逸脱した違法があると言うほかない。したがって、本件事業認定は土地収用法第20条3号に違反し、その違法は本件収用裁決に承継されると言うべきである。しかし、すでにダム本体が完成し湛水している現状においては、裁決を取り消すことにより公の利益に著しい障害を生じると言わざるをえず、行政事件訴訟法第31条1項(いわゆる事情判決に関する規定)を適用して、原告らの請求をいずれも棄却するとともに、本件収用裁決が違法であることを宣言する(48-49頁)。

【論点】1　本件では、土地収用法第20条3号の解釈に際して、憲法第13条とともに自由権規

約が参照された。中でも自由権規約第27条は、少数民族に属する者の文化享有権を具体化したものとして言及されている。つまり、形式的には、国内法の解釈を行うための手段として国際法規を間接的に適用しているのだが、当該規定の内容と形式について検討しないで第27条を適用しており、実際には直接適用されたといってよい。なお、アイヌ民族が第27条にいう少数者であるということについては、国も自由権規約第40条に基づく1991年の第3回報告で「差し支えない」とし、また本件訴訟でも少数者であることを認めた争いのない事実である。

2 他方で、第27条を国内法にみられるのと同じ「公共の福祉」を用いて制限されるとしたことには問題が残る。自由権規約の規定は制約がある場合には「法律で定める制限であって公共の安全、公の秩序、公衆の健康若しくは道徳の保護」など明文化されており(第18、第19、第21、第22条など)、これに対して第27条にはそのような文言がない。したがって権利濫用や他の権利との衝突の場合だけが考慮されるべきであり、公共の福祉といった抽象的・一般的な制約には服さないと考えられる。

3 判決は「土地、資源及び政治等についての自決権であるいわゆる先住権まで認めるかどうかはともかく」(45頁)として先住民族の自決権を承認しなかったが、先住民族としての認定を利益衡量の際の加重要素としており、国際的な先住民族の権利保障の動向にも注意を払っている。これに関しては、1997年5月に「アイヌ文化の振興並びにアイヌの伝統等に関する知識の普及及び啓発に関する法律」(いわゆるアイヌ新法)が成立したが、そこではアイヌの民族性は認めたものの、先住性については言及がなく、国会での附帯決議で認められたに過ぎなかった。しかし2007年9月に国連総会が「先住人民の権利に関する国際連合宣言」を採択して、先住人民の自決権を承認したことを踏まえて、2008年6月に国会の衆参両議院は、アイヌを先住民族として認めることを政府に求める決議を全会一致で可決した。なお、本判決は控訴されずに確定した。

【参考文献】
今井直『百選I』、孫占坤『百選II』、寺谷広司『基本判例50I』、同『基本判例50II』、田中宏『国際人権』8号(1997)、常本照樹「アイヌ新法の意義と先住民族の権利」『法律時報』69巻9号(1997)、同「先住民族と裁判—二風谷ダム判決の一考察」『国際人権』9号(1998)、同「アイヌ民族に関する法と裁判」阿部昌樹ほか編『グローバル化時代の法と法律家』(日本評論社、2004)、岩沢雄司「二風谷ダム判決の国際法上の意義」『国際人権』9号(1998)、苑原俊明『ジュリスト』1135号(1998)、萱野茂・田中宏編『アイヌ民族二人の叛乱—二風谷ダム裁判の記録』(三省堂、1999)、中村睦男『アイヌ民族法制と憲法』(北海道大学出版会、2018)。

(桐山　孝信)

第3節 人権

82 無料の通訳援助
A　リューディック事件（Affaire Luedicke, Belkacem et Koç）
B　大麻取締法違反、関税法違反事件

申　立　人	A　G. リューディック、M. ベルカセムおよびA. コス
被 申 立 国	A　西ドイツ
裁　判　所	A　ヨーロッパ人権裁判所　B　東京高裁
判　　　決	A　1978年11月28日　B　1993（平成5）年2月3日
出　　　典	A　ECHR Ser. A, No.29 B　東京高等裁判所（刑事）判決時報44巻1-12号11に抄録、外国人犯罪裁判例集55に要旨掲載

A　リューディック事件

【事実】 申立人リューディック（G. Luedicke）、ベルカセム（M. Belkacem）およびコス（A. Koç）（各英国、アルジェリア、トルコ国籍）はそれぞれ西ドイツ（当時。以下「ドイツ」とする）の裁判所で起訴された。彼らはドイツ語が不自由であったために、法廷では通訳を付けられ、有罪判決とともに通訳料を含む訴訟費用の支払いを命じられた。申立人は、通訳料の徴収は法廷で無料の通訳を受ける権利を規定したヨーロッパ人権条約第6条3項(e)に反するとして各々別にヨーロッパ人権委員会に申立を行った。委員会は1977年5月18日の報告書で、第6条3項(e)の違反があるとの意見を表明した。

【判決要旨】1　ヨーロッパ人権条約第6条3項(e)の「無料（free, gratuitement）」という文言の意味するところは明確かつ決定的であり、通訳料の、条件付き免除でも支払猶予でもなく、完全な免除を規定している（para.40）。

2　ドイツ政府によれば、第6条3項は刑事「被告人」に公正な裁判を保障することを目的としており、確定判決以後には同条項の保障は及ばないのであって、有罪確定後被告人から通訳料を徴収することは妨げられないと言う。しかし、かような解釈をとれば、法廷で使用される言語に精通していない者を精通している者に対して不利に取り扱うことになり、第6条3項(e)の効果のほとんどをそこなう。更に、通訳料を支払わされるおそれがあることで、被告人が通訳なしで公判に臨むことを選ぶようなことになれば、第6条の保障する公正な裁判そのものが確保できなくなることは否定できない。以上により、有罪判決を受けた者に通訳料の支払いを命ずることは、第6条3項(e)の通常の意味に反するのみならず同条項および全体としての第6条の趣旨および目的にも反する（paras.41-46）。

3　では第6条3項(e)が保障する通訳を受ける権利はどこまで及ぶのか。政府側は口頭弁論に限られると主張する。しかし同条項の英語正文は「裁判所において使用される（used in court）」言語を理解しない者について通訳を受ける権利を保障しているのであって、同条項の保障は口頭弁論にとどまらない。その保障は、公正な裁判の保障のために被告人が理解する必要があるあらゆる書面および陳述に及ぶ（paras.47, 48）。

以上により裁判所はドイツ政府に同条項違反ありと認定し、ドイツ政府に、リューディックに対する通訳料返還を命ずる（主文2，4）。

B 大麻取締法、関税法違反事件

【事実】　ナイジェリア人である被告人は、大麻取締法および関税法違反の容疑により逮捕、起訴された。被告人は公判では英語を使用し、通訳の補助を受けた。一審では懲役4年、罰金100万円の判決を受けたが、被告人は量刑不当を主な理由として控訴した。また併せて、同判決が刑事訴訟法第181条1項本文に基づき、国選弁護人および通訳の費用を含む訴訟費用を被告人に負担させるとした点についても、市民的及び政治的権利に関する国際規約（自由権規約）第14条3項(d)（被告人が十分な支払い手段を有しない場合「自ら費用を負担することなく」弁護人を付される権利）および(f)（被告人が法廷で使用される言語を解さない場合「無料で」通訳の援助を受ける権利）に反し、その点でも原審判決は破棄されるべきである旨主張した。控訴審の東京高等裁判所は原判決を破棄し、懲役2年6月、罰金50万円等を言い渡したが、以下では判決中、国選弁護人費用および通訳費用の負担に関する部分のみ紹介する。

【判決要旨】1　自由権規約第14条3項(d)前段は、「自ら選任する弁護人を通じて」防御する刑事被告人の権利を規定しているが、自ら選任した弁護人の費用を被告人が負担すべきことは当然である。後段の「司法の利益のために必要な場合には、十分な支払手段を有しないときは自らその費用を負担することなく、弁護人を付されること」の趣旨は、十分な支払手段を有しないがゆえに弁護人の援助が受けられない事態を避けるために、訴訟進行の過程で被告人に費用を負担させることなく弁護人を選任するというところにあるのであって、有罪が確定した場合にもなお訴訟費用を負担させてはならないという趣旨のものとは解されない。

　2　他方で、通訳費用は国選弁護費用とは異なる特徴が認められる。日本において通訳の援助を受ける権利は、自動執行性を有する自由権規約によって初めて成文上の根拠を持つに至ったものであるが、被告人が裁判所で使用される言語を理解できなければ裁判の実質は失われるという認識の下で、成文上の根拠がないにもかかわらず長く法廷慣行として認められてきた。

　3　弁護人の援助を受けることは必ずしも裁判にとって不可欠の要素ではなく、弁護人費用は「十分な支払手段を有しないとき」以外被告人が負担するのが原則であるのに対し、通訳の援助を受ける権利には例外がない。また自由権規約第14条3項(d)が「自らその費用を負担することなく」と規定しているのに対し、同項(f)は「無料で」という用語が用いられていることに留意すべきである。前者は被告人以外の者（「公費で」と規定する憲法第37条2項の場合は明らかに国）が費用を負担することを予定しており、それ故に後日の求償が問題とな

るのに対し、後者は文字通り無料であって、被告人以外の者が立替払いを行うということを前提としていない。更に、後者の場合、被告人の支払能力の有無にかかわらず無料とされるのであって、それは通訳費用が本来被告人の負担すべきものでないことを示しているというべきである。

4　以上を総合して、自由権規約第14条3項(f)の規定する無料で通訳の援助を受ける権利は無条件かつ絶対的なものであって、有罪確定後といえども、刑事訴訟法第181条1項本文により被告人に通訳費用の負担を命じることは許されないと解する。

【論点】1　裁判所での通訳・翻訳にかかわる問題は、外国人犯罪の増加とともに日本でも表面化してきている。A事件は、ヨーロッパ人権裁判所におけるこの問題に関するリーディングケースである。ドイツは1989年に、判決に合致するよう法改正を行っている。自由権規約第14条3項(f)はヨーロッパ人権条約第6条3項(e)とほぼ同じ規定であるが、自由権規約委員会は、第14条に関する一般的意見(general comment)13(21)（1984年4月12日採択）において、無料で通訳を受ける権利は訴訟の結果とは関係がないと述べて、ヨーロッパ人権裁判所と同様の解釈を示している。

2　通訳に関して、日本の判例は分かれている。B事件と対照的に、浦和地方裁判所1994年9月1日決定は、自由権規約の「無料」とは、公費で通訳を付すことを規定したもので、「刑事上の罪の決定」が確定した後の段階まで通訳料を被告人に負担させないことを含むものではないとしている。

3　起訴状謄本に翻訳文を付すべきか否かが争われた事件では、東京高等裁判所は1991年9月18日の判決において、翻訳文を添付しないことで被告人の防御権が侵されるとは認められず、公判冒頭の起訴状朗読の際に通訳がなされれば足りると判示した。地裁レベルでの判例もほぼ同様である。ヨーロッパ人権裁判所における同様の事例として、カマシンスキー事件(ECHR Ser.A, No.168)が挙げられる。裁判所はA事件判決を踏襲して、ヨーロッパ人権条約第6条3項(e)の保障は口頭弁論だけでなく書面手続にも及ぶとしつつ、被告人が訴追の内容を理解し、自らを防御することが可能であるならば、あらゆる書面を翻訳することまでは要求されていないと述べ、本件では起訴状交付の際翻訳文は添付されていなかったが、申立人は口頭で十分に説明を受けているとして、第6条3項(a)および(e)の違反を認定しなかった。なお、この判決で裁判所は、法廷で通訳を付ける当事国の義務に関連して、その義務は通訳を選任することに止まらず、通訳が適正であるように一定の監督を及ぼす必要があるとも述べている。

【参考文献】
阿部浩己『ヨーロッパ人権裁』、北村泰三『国際人権と刑事拘禁』（日本評論社、1996）、田中康代「国際人権法における通訳人を求める権利について」『法と政治』47巻4号（1997）。

（戸田　五郎）

83 サンデー・タイムズ事件(The Sunday Times Case)

申　立　人　タイムズ社(Times Newspapers Ltd.)
被申立国　英国
裁　判　所　ヨーロッパ人権裁判所
判　　　決　1979年4月26日
出　　　典　ECHR Ser. A, No.30

【事実】　英国の製薬会社ディスティラーズ(生化学)社(以下、D社という)は、政府の許可を得て、サリドマイドを含む薬品を主として妊娠中の女性の鎮静剤として製造・販売したが、当該薬品を服用した女性が出産した子供約450人に重度の障害が表れた。そのため、1962年以降、D社の過失を問う一連の訴訟が提起され、一部は和解に至ったが、1971年初頭現在389件についてなお和解交渉中であった。

.英国の日曜紙サンデー・タイムズ紙は、1972年9月24日の記事で、当時交渉中であった和解案を批判し、また近日中にサリドマイドの製造と治検等を検証する記事を掲載する旨予告した。D社は、訴訟の係属中にかような記事を発表することは裁判所侮辱を構成すると法務長官に申し立てた。法務長官はこの申立を受けて高等法院に対し予告されている記事の掲載差止命令を求め、その請求は1972年11月に認められた。その間、同紙はサリドマイド問題に関する記事を多数掲載し、議会でもサリドマイド児救済基金設立のための立法が議論され始めた。その中で、10月8日にLWT(London Weekend Television)が放送したサリドマイド児の境遇を取り扱った番組や、12月に入ってデイリーメール紙が掲載したサンデー・タイムズの差止対象記事と同様の記事は、差止の対象とはならなかった。サンデー・タイムズ側は差止命令に対し控訴し、1973年2月16日、控訴院は命令を取り消す決定を行ったが、貴族院は同年7月18日の判決で、予告記事の掲載は当事者間の和解交渉を含めた係属中の訴訟手続につき公衆に予断を与える可能性があるとして、高等法院の判断を支持した。サンデー・タイムズ側は、1974年1月19日にヨーロッパ人権委員会に申立を行い、サリドマイド問題に関する記事の差止命令は、ヨーロッパ人権条約第10条(表現の自由)に違反するなどと主張した。

【判決要旨】1　本件では条約の保障する表現の自由に対する公共当局の介入があったことは明白である。裁判所は当該介入が第10条2項に規定される3つの要件(法律によるものであること、正統な目的を持つものであることおよび当該目的のために民主社会において必要なものであること)を満たしているか否かを確定しなければならない(para.45)。

2　裁判所侮辱は制定法ではなくコモンローに由来するものであるが、裁判所は、「法律

による(prescribed by law)」という文言における「法律」は制定法だけでなく不文法をも含むと解する。「法律による」という文言は、第1に、市民がある事件において適用される規範について十分に知らしめられていなければならないということ、第2に、ある行為が伴う結果について、市民が適切な程度において予見できることが必要である。予見可能性の問題に関して、高等法院と貴族院が採用した裁判所侮辱に当たるか否かの判断基準は、英国の判例等に既に現れており、問題の記事がそれに抵触する可能性があることは、申立人において十分予見可能であったと考えられる。よって裁判所は、本件における表現の自由への介入は「法律による」ものであったと判断する(paras.47-53)。

3　裁判所は、裁判所侮辱に関する法規則および本件の差止命令は条約第10条2項の「司法の権威」の維持という正統な目的を有するものと解する。では、本件の表現の自由への介入はこのような目的のために「民主社会において必要」なものであったのだろうか。「必要な」と言う文言は「差し迫った社会的必要」の存在を意味している。条約の保障する諸権利の確保に第一義的な責任を負うのは各当事国であるが故に、第10条2項は当事国に対し、「評価の余地」を残しているが、他方で裁判所は表現の自由に対する制限が第10条の保障と両立するか否かの最終的な判断権を与えられている。当事国の「評価の余地」は条約実施機関による監督と密接に関係しているということであり、実施機関の監督は立法のみならずその適用にも及ぶ(paras.57-59)。

4　ところで当事国の「評価の余地」の範囲は、第10条2項に列挙されている制限の目的の各々について同一ではない。例えば「道徳」に比べて、「司法の権威」という概念ははるかに客観的であって、当事国の法制度においてかなりの程度共通の基盤がある。従って、「司法の権威」の場合には「道徳」の場合よりも実施機関の監督は広範に及び、それだけ当事国の「評価の余地」は限定される(para.59)。

5　では、本件の表現の自由への介入は「差し迫った社会的必要」に対応し、その目的と均衡したものであるのか。表現の自由は民主社会において不可欠の基本的要素の1つであり、そのことは司法運営の分野においても否定されない。マスメディアには、適正な司法運営を害しない限り、裁判の場に上っている問題について情報と意見を提供する任務があり、公衆はそれを受け取る権利を有している。サリドマイド禍とその責任の所在が当時、議会でも議論になるなど、疑いなく公衆の関心事であった一方で、差止命令の時点で和解交渉が既に原告有利に進んでおり、記事が特にD社への圧力になったとはいえないこと、当該記事が原告にのみ有利な証拠や主張を取り上げていたわけではなく、受け取り方は読者によりまちまちであったと考えられることに鑑みれば、本件差止命令は、十分に差し迫った社会的必要に対応したものとは認められない。従って、申立人の表現の自由に対する介入は民主社会において必要なものではなかったと認定される(paras.62-67)。

【論点】1　ある国内法規定又は国内当局による人権制限行為が人権条約規定と合致しているか否かの判断に当たって、ヨーロッパ人権条約実施機関は、その最終的判断権は自らにあるとしながら、締約国に「評価の余地」を認めるという構成を行ってきた。基本的人権の制限を行う際、その必要性について具体的状況に基づいて判断するのに、国内当局は条約実施機関よりも適した立場にあり、また国内当局は当該国内における基本的人権の保障に第一義的責任を有している。従って国内当局にはそのような判断に当たって「評価の余地」が認められる。ヨーロッパ人権条約起草時に人権裁判所の設置に消極的であった諸国は少なくなく、条約発効後も実施機関に対する信頼が万全のものではなかったという事情がその背景にある。しかし、特に1970年代以降、ヨーロッパ人権裁判所は、いわゆる「発展的解釈」を展開させ、締約国に共通の人権保障標準が存在すると認定される場合には、当事国の「評価の余地」を狭く解釈してきており、本件は報道の自由に関するその代表的判例である。

2　裁判所侮辱（法廷侮辱）はコモンロー諸国に固有の制度であり、他のヨーロッパ人権条約締約国の国内法には類似の制度は存在していない。それはコモンローに由来し、特定の事件についてまたは一般的に司法運営を妨げまたは攪乱する行為を防止し、処罰することを目的としている。ヨーロッパ人権裁判所は、条約第10条2項が当該制度の存在を認めているとしつつ、その運用如何によって条約違反となりうるという見解を明らかにした。

3　報道機関等の表現の自由に対する制限の正当性について、ヨーロッパ人権裁判所は、情報を伝える報道機関等の任務とともに、それを受け取る公衆の権利（知る権利）をも考慮すべきであるとし、報道される事柄が公衆の関心事項であるか否かもまた、制限の正当性の基準の1つとなるという判断を下した。裁判所は、同様の論点を本件のほか、リンゲンス事件（ECHR Ser. A, No.103）、バルフォード事件（22 Feb. 1989, ECHR Ser. A, No.149）等において取り扱ってきているが、判旨はほぼ一貫している。雑誌記事に関して政治家に対する名誉毀損が問題となったリンゲンス事件では、政治家等公の立場にある者がその立場において報道等の対象となる場合には専ら第10条が問題となりプライヴァシーの権利を規定する第8条との関係は問題とならず、政治家自身の名誉の保護に対して、公衆の知る権利が優先すると判示している。雑誌記事による裁判官の名誉毀損が論点となったバルフォード事件では、裁判所の構成など制度に関わる批判と裁判官個人に対する批判とは区別すべきで、前者は公衆の関心事項であり自由な論議は妨げられてはならないと判示されている。

【参考文献】
江島晶子『ヨーロッパ人権裁』、北村泰三「ヨーロッパ人権条約と国家の裁量」『法学新報』88巻7・8合併号(1982)、F. スュードル（建石真公子訳）『ヨーロッパ人権条約』(有信堂高文社、1997)第3章Ⅲ、西片聡哉「表現の自由の制約に対する欧州人権裁判所の統制」『神戸法学年報』17号(2001)。

(戸田　五郎)

84 フィラルティーガ事件（Dolly M.E. Filartiga and Joel Filartiga v. Americo Norberto Pena-Irala）

裁　判　所	米国第2巡回連邦控訴裁判所
判　　　決	1980年6月30日
出　　　典	630 F.2d 876

【事実】　原告はパラグアイ国民の医師とその娘である。原告の息子（弟）（当時17歳）は、1976年にパラグアイにおいて当時警視正の地位にあった被告によって誘拐され、殺害された。原告父はパラグアイの長年にわたる反政府活動家であり、息子は父の反政府活動に対する報復として拷問を受け、殺された。事件後、原告は、パラグアイの裁判所で被告に対する刑事手続を開始したが、同手続の中で被告の内縁の妻の子が、自分の妻との不倫の現場に遭遇して思わず殺してしまったと証言した。しかし原告は、被害者の死体には拷問を受けた明らかな痕があったと、この証言に反駁した。1978年に原告娘は渡米し、ワシントンに居住し始め、政治亡命を申請した。同年に被告も、内縁の妻を伴って渡米し、滞在許可なくニューヨークに居住し始めた。それを知った原告娘の通報に基づき、米国入国管理局は被告らを逮捕し、国外追放を命じた。被告の逮捕直後、原告は被告を相手取って、その不法行為に対して1,000万ドルの損害賠償を求める民事訴訟をニューヨークの連邦地方裁判所に提起した。同時に、被告の追放処分の執行停止も求めた。被告は、外交特権は主張しなかったが、フォーラム・ノン・コンビニエンスの理論に基づき、裁判管轄権がないと主張した。これに対して原告は、自国での民事手続は無意味であると主張する。原告は、米国連邦裁判所の管轄権の根拠を、主に1789年の「外国人不法行為法」に求めている。この法律は、「〔連邦〕地方裁判所は、諸国民の法又は合衆国の条約に反して行われた不法行為に関してのみ、外国人による民事訴訟に対して第1次裁判管轄権を有する」と規定する。ニューヨーク連邦地裁は、国家による自国民の取扱いを規律する法は「諸国民の法」に含まれないとした連邦控訴裁判所の先例に拘束されるとして、裁判管轄権を否定した。この決定に対して、原告が控訴したのが本件である。なお連邦地裁は、追放処分の執行停止を判決後48時間に限ってしか認めなかったので、その後被告はパラグアイに追放された。

【判決要旨】1　本件に「法廷の友」として参加したNGOは、控訴人の請求は「合衆国の条約」から直接発生すると主張したが、控訴人自身はそのような主張を支持するにとどめ、条約やその他の国際人権文書を、独立の法源ではなく、慣習国際法の証拠として援用した。そこで問題は、被控訴人の行為が「諸国民の法」に反するかである（p.880）。

諸国民の法は、学説、諸国の実行、又は判決を通じて確認すべきである。裁判所は、1789年当時でなく、今日の世界諸国間に存在する国際法を解釈しなければならない。国連憲章は、国家による自国民の取扱いは今日では国際関心事項であることを明らかにしている。国連憲章によって全ての人に保障された「人権及び基本的自由」の範囲に関して普遍的な合意はないが、その保障が最低限、拷問を受けない権利を含むことについては現在では異論がない。拷問の禁止は、世界人権宣言によって証明され定義されているように、慣習国際法の一部となった。特に関連があるのが拷問禁止宣言である。国連の宣言は、憲章の下で構成国が負う義務を明確にしているので重要である。宣言は遵守の期待を作り出す。この期待が国家実行によって徐々に正当化されることによって、宣言は国家を拘束する慣習国際法になりうる。世界人権宣言は全体として慣習国際法の一部になったと結論する学者もある。拷問は人権諸条約の中でも一様に禁止されている(米州人権条約、自由権規約、及びヨーロッパ人権条約)。また拷問は、米国及びパラグアイを含む55カ国以上の国の憲法によって明示的または黙示的に禁止されている。こうして、諸国の実行・判例・学説の検討に基づき、当裁判所は、国家機関が拘禁中の者に対して行う拷問行為は、国際人権法の確立した規範、従って「諸国民の法」に反すると認定する。国家と国民の関係に関しては国際法の違反は生じない旨の当裁判所先例中の傍論は、国際法の現代の慣例及び慣行と明らかに適合しない。国際法は、全ての人に自国政府に対する基本的権利を付与している。民事責任に関する限り、拷問を行う者は、海賊同様、全ての人類の敵となったのである (pp.880-885, 890)。

2 諸国民の法は米国憲法の採択と同時に米国のコモン・ローの一部となったので、外国人不法行為法は、「合衆国の法」の下で生じる事件に対して合衆国に裁判管轄権を認める合衆国憲法第3条に反しない。諸国民の法は議会が定義した限りにおいて合衆国の法の一部となる、という被控訴人の主張は受け入れられない。被控訴人が援用した国家行為理論は、原審で主張されておらず控訴事項ではないが、国家機関の憲法に反する行為が国家行為と言えるかは疑問だ。フォーラム・ノン・コンビニエンス理論は、原審で検討されていないので判断しない (pp.885-890)。

3 このように、本件には連邦の裁判管轄権が及ぶので、裁判管轄権の欠如を理由に本請求を却下した原審判決を覆し、本件を原審に差し戻す (p.878)。

【論点】1 米国の裁判所は、1980年頃までは、概して国際人権法に基づく訴えに消極的だった。1952年に、カリフォルニア州最高裁判所は、フジイ事件において、国連憲章の人権規定は自動執行的 (self-executing) でないと判示した。その後、国連憲章の人権規定を直接援用する訴えは、米国裁判所によって次々としりぞけられた。このような米国裁判所の消

極的な姿勢は、1980年の本判決を機に大きく変わる。

　2　世界人権宣言は、国連総会の決議であり、形式上は法的拘束力を持たない。しかし、国連の内外で諸国により圧倒的に支持されてきたことにより、少なくともその一部は慣習国際法になったという説が、最近では有力に唱えられている。本件で裁判所が指摘するように、世界人権宣言の全体が慣習国際法(及びユス・コーゲンス)になったと考える人もいる。しかし裁判所は、世界人権宣言それ自体の法的拘束力を認めたわけではなく、慣習国際法の成立を根拠づける証拠の1つとして世界人権宣言を援用したにすぎない。なお裁判所は、国連の宣言が慣習国際法となるためには、それを支持する国家実行がなければならないことを認めた。

　3　長い間、国際人権法は、条約の形でしか存在しないと考えられてきた。しかし、米国における国際人権訴訟の展開を受けて、国際人権法は、慣習国際法の形でも存在することを認める人が多くなった。本件で裁判所は、国家と国民の関係に関しては国際法の違反は生じないという当裁判所の説示は、国際法の現代の慣行と適合しないことをはっきり認めた。そして、国家実行、裁判例、学説などを詳しく検討したうえで、拷問は現在では慣習国際法によって禁止されていると結論した。その後、1987年に公刊された『対外関係法に関する第三リステイトメント』は、個々の人権ごとに慣習国際法となったかを検討する考え方を採用し、拷問のほか、ジェノサイド、奴隷取引などの行為を国際法に違反する行為として列挙した。

　4　米国は、1980年代終わりまで主要な人権条約を批准しなかった。その後、いくつかの人権条約を受け入れたが、当該条約規定は自動執行的でないという宣言を付けることが多かった。このように、米国には人権条約を直接援用できない特有の事情があり、それが慣習国際法としての人権という考え方を発展させた。

　5　上記判決を受けて、連邦地裁は1984年に被告に1,000万ドルの支払を命じる判決を下した(ただし、被告がパラグアイに追放されてしまっていたので、判決は執行されなかった)。本件は、慣習国際人権法の存在を認めそれを国内で直接適用した、世界でも類をみない国内判例と言える。

　6　アメリカ最高裁は2013年キオベル事件で、外国人不法行為法は域外には適用されないと推定されると判示して、外国や外国人が域外で行った行為に対する訴訟に歯止めをかけた。

【参考文献】
山崎公士『百選Ⅰ』、岩沢雄司「アメリカ裁判所における国際人権訴訟の展開」『国際法外交雑誌』87巻2号(1988)、5号(1989)、阿部浩己・今井直・藤本俊明『テキストブック国際人権法(第2版)』(日本評論社、2002)41-50頁。

　　　　　　　　　　　　　　　　　　　　　　　　　　　　　　　(岩沢　雄司)

85 旧自国民に対する補償
A ゲイエ事件(Ibrahim Gueye et al. v. France)
B 在日韓国人元日本軍属障害年金訴訟事件

申　立　人	A ゲイエ他
被申立国	A フランス
審査機関	A 自由権規約委員会
裁　判　所	B 最高裁
決定・見解	A (a) 受理可能性 1987年11月5日　(b) 見解 1989年4月3日
判　　　決	B 2001(平成13)年4月5日
出　　　典	A RHRC(1989)189；ORHRC(1988/89-Ⅱ)408　B 判時1751号68

A ゲイエ事件

【事実】 通報者はゲイエほかのセネガル人元フランス兵士である。彼らはフランスの1951年の軍年金法の下でフランス人元兵士と平等な年金を受給していたが、74年および79年の法改正の結果、フランス国籍者と区別され受給する年金額がフランス人元兵士より低い水準に凍結された。彼らはこれらのフランス法が人種差別にあたり、自由権規約第26条(法の前の平等)に違反すると主張した。

　フランス政府は、①年金受給権は自由権規約が認める人権ではなく、規約第26条の差別事由には国籍が含まれていないから通報は規約の規定と抵触する、②フランスは規約の選択議定書批准にあたり自由権規約委員会の管轄権を議定書がフランスに効力を発生する日以降に生じた事件に制限する宣言を付した、として通報の受理可能性をまず争った。さらに本案についても、①国籍喪失はセネガルの独立によるものであり、②アフリカ諸国在住の退役軍人・家族の実態をフランス当局が確認することは困難である、③フランスと旧植民地の経済的、財政的および社会的諸条件は大きく異なる、などの理由を挙げて、差別にあたらないと主張した。

【決定・見解要旨】(a) 通報は受理できる(para.6)。

　1　委員会は、規約第26条の下では委員会の審査が年金受給権に関連した差別の主張にも及ぶことを認めてきている(para.5.2)。

　2　委員会は、当該国につき規約が効力を生ずる前に発生した人権侵害については審査できない。ただし、効力発生の日以降にも継続している違反または効力発生の日以降にそれ自体が規約違反となるような効果をもたらす侵害については別である。フランスの宣言によって、委員会には、フランスに議定書が効力を生じた84年5月17日以前において通報者が差別の被害者であったか否かを審査する権限はないが、年金受給権に関する法律および決定の通報者に対する継続的な適用に関連した作為または不作為の結果として、同日以降に規約の違反があったかどうかを決定することは委員会の任務である(para.5.3)。

　(b) 1　締約国が通報者に対して人種差別を実行したという証拠はない。委員会は、国籍

それ自体は第26条が掲げる差別禁止事由の中に含まれていないこと、および、規約は年金についての権利それ自体を保護していないことに留意する。第26条の下では、法の平等な保護における人種、皮膚の色、性、〔中略〕出生または他の地位等のいかなる理由による差別も禁止される。本件では独立に伴い取得した国籍に関連して区別がなされた。委員会の意見では、これは「他の地位」に該当する。ただし、合理的で客観的な基準に基づく区別は第26条でいう禁止される差別に該当しない(para.9.4)。

2 通報者の取扱いが合理的かつ客観的基準に基づいていたかを決定する上で、委員会は、通報者への年金給付にとって決定的なのは国籍でなく、過去に彼らが提供した役務だということに留意する。彼らはフランス市民と同一条件でフランス陸軍に従軍し、セネガル独立後も国籍はセネガルとなったが年金受給権については14年間フランス人と同一に扱われていた。年金給付の基礎となるのは、彼らとフランス人としてとどまった兵士がともに提供した同一の役務であるから、事後に生じた国籍の変更はそれだけでは異なる取扱いの十分な正当化事由とは考えられない。フランスとセネガルの間の経済的、財政的および社会的諸条件の相違も適正な正当化事由として援用できない。セネガルに居住するセネガル国籍の退役兵士とセネガルに居住するフランス国籍の退役兵士を比べてみれば、彼らは同一の経済的、社会的条件を享受すると考えられる。しかし、彼らは年金受給資格上の取扱いが異なる。最後に、単なる行政上の不便とか年金受給権の濫用のおそれという理由は、不平等な取扱いを正当化するために援用できない。したがって、通報者に対する取扱い上の区別は、合理的でかつ客観的な基準に基づいているとは言えず、84年5月17日以降に効果を生じている限りにおいて規約が禁止する差別に該当する(para.9.5)。

B 在日韓国人元日本軍属障害年金訴訟事件

【事実】 日本軍の軍属として公務に従事中に負傷し障害の状態になった在日韓国人である原告X1とX2は、1991年11月に戦傷病者戦没者遺族等援護法(以下、援護法という)に基づき障害年金の請求をしたところ、厚生大臣が、「戸籍法の適用を受けない者については、当分の間、この法律を適用しない」と定めた同法附則2項(戸籍条項)を根拠に各請求を却下した。そこで原告らは、同法附則2項が在日韓国人の軍人軍属を不当に差別するもので憲法第14条および国際人権規約に違反しているなどとして、各処分の取消しを求めて訴訟を提起した。東京地裁が請求を棄却し(判時1505号46)、東京高裁も控訴を棄却した(判時1659号35)ので、X1とX2は上告した。最高裁は、次のように判示して、上告を棄却した。

【判決要旨】1 援護法附則2項の趣旨は、「援護法制定当時、それまで日本の国内法上で朝鮮人及び台湾人としての法的地位を有していた人の国籍の帰属が分明でなかったことなど

から、これらの人々に援護法の適用がないことを明らかにすることにあったものと解される」。「それまで日本の国内法上で朝鮮人としての法的地位を有していた軍人軍属が援護法の適用から除外されたのは、これらの人々の請求権の処理は平和条約により日本国政府と朝鮮の施政当局との特別取極の主題とされたことから、上記軍人軍属に対する補償問題もまた両政府間の外交交渉によって解決されることが予定されたことに基づくものと解されるのであり、そのことには十分な合理的根拠があるものというべきである。」「日本の国籍を有する軍人軍属と平和条約の発効により日本の国籍を喪失し朝鮮国籍を取得することとなった軍人軍属との間に区別が生じたとしても、それは以上のような根拠に基づくものである以上、援護法附則2項は、憲法14条1項…に違反するものとはいえない」(71頁)。

2　1965年の日韓請求権協定の締結後、「日本国政府は、同協定第2条2項(a)に該当する在日韓国人の軍人軍属の補償請求については、これらの人々が援護法の適用から除外されている以上、法律上の根拠を有する実体的権利ではないから同項にいう『財産、権利及び利益』には当たらず、同条3項により大韓民国政府の外交的保護権は放棄されており、同協定により解決済みであるとの立場をとり、他方で、大韓民国政府は、在日韓国人戦傷者の補償請求権は日韓請求権協定の解決対象には含まれておらず、同協定2条2項(a)にいう『財産、権利及び利益』に該当するものと解釈しており、…大韓民国の国内法による保障の対象から除外した。そのため、これらの在日韓国人の軍人軍属は、その公務上の負傷又は疾病等につき日本国からも大韓民国からも何らの補償もされないままに推移した。その結果として、日本人の軍人軍属と在日韓国人の軍人軍属との間に公務上の負傷又は疾病等に対する補償につき差別状態が生じていたことは否めない」(71頁)。

3　「ところで、軍人軍属等の公務上の負傷若しくは疾病又は死亡のような戦争犠牲ないし戦争損害に対する補償は、憲法の予想しないところというべきであり、その補償の要否及び在り方は、事柄の性質上、財政、経済、社会政策等の国政全般にわたった総合的政策判断を待って初めて決し得るものであって、これについては、国家財政、社会経済、戦争によって国民が被った被害の内容、程度等に関する資料を基礎とする立法府の裁量的判断にゆだねられたものと解される。」「日韓請求権協定の締結後の経過や国際情勢の推移等にかんがみると、援護法附則2項を廃止することをも含めて在日韓国人の軍人軍属に対して援護の措置を講ずることとするか否かは、大韓民国やその他の国々との間の高度な政治、外交上の問題でもあるということができ、その決定にあたっては、変動する国際情勢、国内の政治的又は社会的諸事情等をも踏まえた複雑かつ高度に政策的な考慮と判断が要求されるところといわなければならない。これらのことからすれば日韓請求権協定の締結後、上告人らを含む在日韓国人の軍人軍属に対して援護の措置を講ずることなく援護法附則2項を存置したことは、いまだ上記のような複雑かつ高度な政策的な考慮と判断の上に立っ

て行使されるべき立法府の裁量の範囲を著しく逸脱したものとまでいうことはできず、本件各処分当時において憲法14条1項に違反するに至っていたものとすることはできない」(71-72頁)。

【論点】1　2つの事件は、元軍人軍属の年金支給につき旧植民地出身者に対して国籍を理由とする不利な取扱いをしたことが、自由権規約第26条または日本国憲法第14条1項に定める差別禁止原則に違反するか否かが争われた点で共通性をもつ。ブレークス事件〔⇒86A〕の【論点】で指摘するように、規約第26条は、それ自体自律的な権利を定め、公の当局が規制しおよび保護するあらゆる分野の法上および事実上の差別を禁止するというのが委員会の確立した見解である。したがって、第26条違反の審査は、年金受給権に関連した差別にも当然及ぶ。またゲイエ事件では、「国籍」に基づく差別が規約第26条の禁止する差別に該当するか否かも争点となった。第26条は差別禁止事由の中に「国籍」を列挙していないが、委員会は国籍も「その他の地位」にあたるという解釈を採用した。

2　自由権規約第26条および憲法第14条1項は、差別を禁止するが、合理的で客観的な基準に基づく区別まで禁止するものではない。2つの事件では、第二次世界大戦にフランス軍または日本軍に従軍した元植民地出身の軍人軍属に対して、植民地独立による国籍の違いを理由に年金または障害年金の給付に関してフランス国籍または日本国籍を有する者との間に区別を設けたことの合理性が問われた。

A事件の自由権規約委員会は、フランスが支給する年金が旧植民地出身の軍人が提供した役務に対する対価としての性格を有することを重視し、居住地における生活費の違いなど経済的・社会的な諸条件に基づく合理的な区別ではなく専ら「国籍」を理由とした支給額の区別は、行政上の実態把握の困難さや不便を理由としても合理化できず、自由権規約第26条に違反すると認定した。

他方、B事件の最高裁判決は、戦争犠牲または戦争損害の補償のような憲法が予想していない補償の要否および在り方は、事柄の性質上総合的政策判断を待ってはじめて決し得るもので立法府の広範な裁量的判断に委ねられているという考えに立つ。その上で援護法附則2項については、①独立まで日本の国内法上朝鮮人としての法的地位を有していた軍人軍属を援護法の対象から除外したのは、これらの人々の請求権の処理が平和条約により日本国政府と朝鮮の施政当局との特別取極の主題とされたことによるものであるから、十分な合理的根拠があった、②日韓請求権協定の締結後、在日韓国人の軍人軍属に対して援護措置を講ずることなく同条項を維持したことも、いまだ複雑かつ高度に政策的な考慮と判断の上に立って行使されるべき立法府の裁量の範囲を著しく逸脱したものとはいえない、という理由で憲法第14条1項に違反しないと結論した。同判決は、台湾人元日本兵戦死傷補償請求権事件の最高裁判決(1992年4月28日3小、判時1422号91頁)を踏襲するもので

あった。援護法附則2項に基づく区別の正当化根拠として、B事件の東京地裁および東京高裁判決は、戦後処理が特別取極の主題とされていたこと以外に、国民が等しく受忍しなければならなかった戦争犠牲または戦争損害の特殊性、本来国籍国が主要な責任を負う生活援助法としての援護法の性格にも言及したが、最高裁判決は上記①および②を主要な根拠とした。また東京地裁判決は、自由権規約に定める平等条項も「憲法第14条1項と同趣旨」であるから本件附則が規約違反とはいえないとし、自由権規約委員会のゲイエ事件見解に言及した東京高裁判決も、同見解は「フランス国籍であり、フランス国の軍務に従事し、セネガル国が独立した後もフランス人の退役軍人と同様に年金を受給していた事案についてのものであり、いわゆる戦後処理に基づき分離独立した地域の住民に関し、平和条約に特別の定めがされている本件とは事案を異にするから、右の採択が前示の判断を左右するものではない」と判示した。最高裁判決は、憲法判断のみを行い、その余の上告理由については「原審の判断は、正当として是認することができる」とのみ述べた。もっとも、最高裁は、日韓請求権協定後の状況に関する判示②のように、立法裁量権の限界を逸脱したといえるほど著しい不平等状況には達していないから憲法第14条1項の平等原則違反には該当しないと判断したが、自由権規約委員会は日本報告に対する1993年の最終見解（総括所見ともいう）において、援護法附則2項に関連して懸念を表明しており、自由権規約第26条の平等原則につき「立法裁量権の限界を逸脱したといえるほど著しい不平等状況」に至らなければ同条の違反にあたらないとみなすか否かは定かでない。

　なお、2002年に「平和条約国籍離脱者等である戦没者遺族等に対する弔慰金等の支給に関する法律」が制定され、援護法とは立法趣旨を異にするが、平和条約国籍離脱者等である戦没者等遺族及び重度戦傷病者遺族に対し、死亡した者一人につき弔慰金260万円を支給し、また、平和条約国籍離脱者等である重度戦傷病者に対し、一人につき見舞金200万円及び重度戦傷病者老後生活設計支援特別給付金200万円を支給するものとされた。

　4　自由権規約委員会が個人通報を受理できるのは、訴えられている国につき選択議定書の効力が発生した日以降に生じた人権侵害についてである（時間的管轄）。しかし委員会では、効力発生の日以降にも継続している違反または効力発生の日以降にそれ自体が規約違反となるような効果をもたらす侵害の場合は、通報を受理する実行となっている。

【参考文献】
西海真樹『百選Ⅰ』、中村道『セミナー』、萩野芳夫「台湾人元日本兵の補償事件をめぐって」『ジュリスト』778号(1982)、東寿太郎、同上誌862号(1986)、中川淳司、同上誌1091号(1996)、在間秀和『国際人権』7号(1996)、山本草二「国際法の国内的妥当性をめぐる論理と法制度化」『国際法外交雑誌』96巻4・5合併号(1997)、小山千蔭『国際人権』9号(1998)。

（薬師寺　公夫）

86　社会権の平等適用
　A　ブレークス事件(S.W.M. Broeks v. The Netherlands)
　B　塩見事件

申　立　人	A　ブレークス
被申立国	A　オランダ
審査機関	A　自由権規約委員会
裁　判　所	B　最高裁第一小法廷
決定・見解	A　(a) 受理可能性 1985年10月25日　(b) 見解 1987年4月9日
判　　　決	B　1989(平成元)年3月2日
出　　　典	A　RHRC(1987)139；YHRC(1987-Ⅱ)293　B　訟月35巻9号1754

A　ブレークス事件

【事実】　オランダ人ブレークスは、1979年に廃疾で看護婦を解雇されたが、75年の発病以後オランダ社会保障制度から給付(廃疾と失業に関して)を受けていたところ、当時の失業給付法第13条1項(1)の規定に基づいて80年6月をもって失業給付を打ち切られた。同規定は既婚の女性は「主たる家計支持者」または夫と永久的に別居した者に該当しない限り失業給付を申請できないと定めていたが、本件は、ブレークスが同規定を性による差別にあたり、「市民的及び政治的権利に関する国際規約」(以下、自由権規約という)第26条に違反するとして、自由権規約委員会(本委員会)に通報したものである。

　オランダ政府は、①自由権規約第26条の適用範囲は市民的および政治的権利に限られる、②通報者の主張は「経済的、社会的及び文化的権利に関する国際規約」(以下、社会権規約という)の第2条、第3条および第9条に関係し、かつ社会権規約は独自の実施手続を設けているから、社会保障に関する苦情を本委員会で処理することは両規約および選択議定書の趣旨と合致しない、としまず通報の受理可能性を否定した。さらに同政府は、①仮に自由権規約第26条が適用されるとしても、経済的、社会的分野の国内法については、国は第26条により、法を定期的に検討し、差別的要素があればそれを漸進的に除去する義務を負うに過ぎない、②失業給付法第13条1項(1)の規定は、有職既婚男子のほとんどすべてを主たる家計支持者とみなせた法制定当時の実際の社会経済状況を考慮した合理的なもので、通報者の失業給付申請時点でもこの状況に本質的変化はなかったから第26条違反には該当しないし、社会保障における男女平等の漸進的実施を求めたEC理事会命令(78年)に従ってオランダが85年に失業給付法第13条1項(1)を改正したことによって前記判断が覆されるものではない、と主張した。

【決定・見解要旨】(a)　社会権規約が定める報告書の審議は、選択議定書第5条2項(a)にいう同一の問題が審議されている場合には該当せず、また社会権規約等が保護する権利に関係するという理由だけで、自由権規約違反の請求を受理不可能と宣言することもできない。国内的救済が尽くされたことでは両当事者に一致があり、第26条の範囲についてはこの

時点で意見を述べる必要はないから、通報は受理できる (paras.6.2-6.5)。

(b) 1　特定の対象事項が人種差別撤廃条約などの国際文書でカヴァーされているとしても、自由権規約はなお適用できる。社会権規約第2条の規定は、自由権規約第26条の完全な適用を害しない (para.12.1)。

2　第26条の範囲を決定するために、委員会は同条の文脈によりかつその趣旨および目的に照らして、第26条の各要素の「通常の意味」を考慮する。第26条は第2条で定めた保障の単なる重複ではない。第26条は、世界人権宣言第7条の差別なき法の平等な保護の原則に由来し、「公の当局が規制しおよび保護するいかなる分野の法上または実行上の差別をも禁止する」(para.12.3)。第26条は社会保障法の制定を要求しないが、社会保障立法を行うときには第26条に適合しなければならない。問題は、オランダで社会保障を漸進的に確立すべきかどうかにあるのではなく、社会保障法が第26条に定める差別禁止に違反しているかどうかにある (paras.12.4-12.5)。

3　「法の前の平等と差別なき法の平等な保護とについての権利は、取扱い上のあらゆる区別を差別的だとするわけではない。合理的かつ客観的基準に基づく区別は、第26条が意味する禁止される差別には該当しない」(para.13)。失業給付法第13条1項(1)は、失業給付の受給のために既婚女性には主たる家計支持者であることの証明を求め、男性にはこれを求めていないから、地位というより実際には性による区別であって、既婚女性を既婚男性に比べて不利な立場に置くものである。このような区別は合理的とは言えず、1985年の法改正 (84年12月に遡及) により国もこれを実際に認めたように思われる (paras.14-15)。

4　委員会は、当事国が意図的に女性を差別したのではなく、失業給付法の差別的な規定をその後除去したことに留意する。当事国は、差別の終止に必要な措置をすでにとったが、なお当事国は通報者に対し適当な救済を提供すべきである (para.16)。

B　塩見事件

【事実】　1934年大阪で朝鮮人として出生した一審原告 (上告人) は、幼少時失明し国民年金法の定める廃疾認定日 (原告の場合、同法施行日の1959年11月1日) 当時同法別表一級に該当する廃疾の状態にあった。70年に日本国籍を取得した原告は、72年に大阪府知事に対して国民年金法第81条に基づく障害年金 (経過的福祉年金としての障害福祉年金) の受給資格者としての裁定を請求したが、原告は廃疾認定日において日本国籍者たる要件を欠いていたとして却下された。本件は同処分の取消請求訴訟である。

一審 (行集31巻10号2274) および控訴審 (同35巻12号2220) の判決は、まず、明示の規定はないが国民年金法第81条の経過的障害福祉年金にも同法第56条の補完的障害福祉年金と同様、同条1項但書の国籍要件が適用されると解すべきだとした後、国籍条項の憲法第25条

および第14条1項との適合性につき判断した。判決は多少根拠を異にするが、社会保障施策における立法府の広い裁量権、国民に対して福祉の保障をはかる責任は国籍国の責任であり他国の責任ではないとする原則の今日における通用性、日本国籍保有の判断時点を廃疾認定日に固定することの事務の画一的処理の点での合理性などを理由として、国籍要件は憲法第25条および第14条1項には違反しないとした。そこで原告は、条約や国連総会決議などを援用して、原判決は歴史の流れと国際法規に反し、憲法第98条2項、第25条、第14条などの解釈を誤った不当なものだとして本件上告に及んだ。なお、日本の難民条約、難民議定書への加入に伴う81年の国民年金法の改正により国籍条項は撤廃された。以下最高裁の判決は国際法上の論点を中心に触れる。

【判決要旨】1 社会保障上の施策において在留外国人をどのように処遇するかにつき、国は特別の条約の存しない限り、その政治的判断によりこれを決定することができるのであり、限られた財源のもとで福祉的給付を行うにあたり、自国民を在留外国人より優先的に扱うことも許されるべきことと解される。したがって、国民年金法第81条1項の障害福祉年金の支給対象者から在留外国人を除外することは立法府の裁量に属す事柄とみるべきであり、その給付に関して廃疾認定日である制度発足時の日付において日本国民であることを要すると定めることは合理性を欠くものではない。国民年金法改正の効果を遡及させる特別救済措置を講ずるかどうかも、もとより立法府の裁量事項に属する(1759-1760頁)。

2 社会保障の最低基準に関する条約第68条1項は「外国人居住者は、自国民居住者と同一の権利を有する」と定めるが、その但書は「専ら又は主として公の資金を財源とする給付又は給付の部分及び過渡的な制度については、外国人及び自国の領域外で生まれた自国民に関する特別な規則を国内の法令で定めることができる」と定めており、全額国庫負担の国民年金法第81条1項の障害福祉年金に関わる国籍条項が同条約に違反しないことは明らかである。また、社会権規約第9条は「この規約の締約国は、社会保険その他の社会保障についてのすべての者の権利を認める」と規定しているが、これは締約国において、社会保障についての権利が国の社会政策により保護されるに値するものであることを確認し、右の権利の実現に向けて積極的に社会保障政策を推進すべき政治的責任を負うことを宣言したもので、個人に対し具体的権利を付与すべきことを定めたものではない。これは社会権規約第2条1項が権利の完全な実現を漸進的に達成することを求めていることからも明らかである。したがって、同規約は国籍条項を直ちに排斥する趣旨のものとは言えない。さらに、社会保障における内国民および非内国民の均等待遇に関する条約は、我が国は未だ批准しておらず、世界人権宣言、障害者の権利宣言などは加盟国に対して法的拘束力を有するものではない。

以上から、国籍条項が所論の条約、宣言などに抵触することを前提とする憲法第98条2項違反の主張はその前提を欠く (1760-1761頁)。

【論点】1　自由権規約第2条やヨーロッパ人権条約第14条が、もっぱら当該条約で定める権利および自由について、人種、皮膚の色、性などによる差別を禁止するのに対して、自由権規約第26条は、法の前の平等および差別の禁止を一般的に定める。しかし国際人権規約が市民的および政治的権利を定める自由権規約と経済的、社会的および文化的権利を定める社会権規約とに分けられたことから、社会権規約が定める権利については自由権規約第26条が定める差別禁止原則は適用されないとする見解もあって、第26条の適用範囲については解釈が分かれていた。A事件の委員会見解は、自由権規約第26条が「公の当局が規制しおよび保護するいかなる分野の法上または実行上の差別をも禁止する」と述べて解釈の対立に決着をつけた。委員会の一般的意見18も、「第26条はすでに第2条が定める保障の単なる重複ではなく、それ自体が自律的な権利である。第26条は公の当局が規制しおよび保護するいかなる分野の法上および事実上の差別も禁止する」、「第26条の差別禁止原則は自由権規約に定める権利に限られない」と述べており、第26条の性質と適用範囲に関する委員会の解釈は確立したと言ってよい。

　2　締約国は自由権規約の諸規定を即時実施する義務を負うという点では学説、委員会の実行とも一致している。自由権規約第26条の適用が社会権にも及ぶということは、社会権自体の実現は、社会権規約第2条にそって漸進的達成が認められるが、ひとたびそのための措置がとられるときには、即時実施義務としての差別禁止原則（ただし不合理な差別について）が遵守されなければならないということを意味する。A事件の委員会見解も、問題は、オランダで社会保障を漸進的に確立すべきかどうかにあるのではなく、社会保障法が第26条に定める差別禁止に違反しているかどうかにある、と述べてこの点を確認している。B事件も、自由権規約第26条の適用が問題になりえたケースである。

　ところで差別禁止原則については、単に自由権規約第2条および第26条に定める差別禁止だけでなく、社会権規約第2条2項が定める同原則も締約国に即時実施義務を課すものだという見解が学説上有力である。社会権規約委員会も一般的意見3で社会権一般の実現の漸進性と対比して差別禁止原則の即時的効果を確認している。したがって、塩見事件の最高裁判決が、社会権規約第2条1項が権利の漸進的達成を認めているという理由をもって、国籍条項も直ちに排斥されないという解釈を導き出した点（塩見第2次訴訟大阪地裁判決〈判タ355号18〉も同旨）には批判がある。

　3　差別禁止原則がいう「差別」の意味について、自由権規約委員会の一般的意見18は「人種、皮膚の色、性、言語、宗教、政治的意見その他の意見、国民的または社会的出身、財産、

出生または他の地位等に基づくあらゆる区別、排除または制限であって、あらゆる人が平等な立場ですべての権利および自由を認識し、享有しまたは行使することを妨げまたは害する目的または効果を有するものをいう」と述べる（社会権規約委員会の一般的意見20も参照）。ここに示された差別事由はあくまで例示であり、国籍も許容されない差別事由に該当する。この点は、ゲイエ事件〔⇒85A〕の自由権規約委員会見解が、自由権規約第26条は国籍自体を禁止される差別事由に定めていないが、同条がいう「その他の地位」に入るという解釈をとったことや、同委員会の一般的意見15が一般に規約上の人権は相互主義や国籍とは関係なくすべての者に適用されるとしていることからも確認できる。なお日本政府は日本の国家報告の検討に際して、自由権規約第2条および第26条の「国民的出身 (national origin)」は国籍を含むという見解をとった。

　A事件の自由権規約委員会見解が述べるように、「法の前の平等と差別なき法の平等な保護とについての権利は、取扱上のあらゆる区別を差別的だとするわけではない。合理的かつ客観的基準に基づく区別は、第26条が意味する禁止される差別には該当しない」。委員会の一般的意見18は、「合理的かつ客観的基準に基づく区別であって、かつそのねらいが規約の下で正当な目的を達成しようとするもの」は差別に該当しないとする。委員会の事例をみれば、この基準が満たされたか否かは、問題となる立法その他の措置をとった事情、目的、区別の根拠や対象、目的と採用された手段・方法の均衡性、さらに自由な意思選択の有無などに照らして判断されている。もっとも、A事件で、委員会は性に基づく差別の明白性のためか、右の基準を満たさない差別にあたるかどうかについての詳細な根拠づけは行っていない。なおA、B双方の事件は、問題となる措置が合理性基準にどの時点で抵触するようになったのか、合理性の判断にあたり一般的な国家構成員の意識などをどう評価するのかといった問題も提示している。

　4　A事件で委員会は、自由権規約の解釈にあたって条約法に関するウィーン条約第31条1項に示された解釈原則を採用した。自由権規約は条約法条約効力発生以前の条約であるから条約法条約第31条1項の解釈原則を直接的に適用することはできない。第31条1項の解釈原則を慣習法規とみなしたものと思われるが、根拠は述べられていない。

【参考文献】
德川信治『百選Ⅰ』、申惠丰『百選Ⅱ』、中井伊都子『基本判例50Ⅱ』、升味左江子「通報No. 172/1984」『規約先例集2』、薬師寺公夫「日本の国際法判例」92巻3号、多谷千香子「社会権規約委員会」『国際人権』2号(1991)、德川信治「自由権規約無差別条項の機能(1)(2完)」『立命館法学』230号(1993)、234号(1994)、安藤仁介「規約人権委員会による自由権規約第26条の解釈・適用とその問題点」『安藤仁介先生著作集』(信山社、2018)第Ⅰ部第4章、岩沢雄司『条約の国内適用可能性』(有斐閣、1985)6章、申惠丰『人権条約の現代的展開』(信山社、2009)。

（薬師寺　公夫）

87 指紋押捺拒否国家賠償事件

```
裁 判 所  大阪高裁
判  決  1994(平成6)年10月28日
出  典  判時1513号71
```

【事実】 X(控訴人・原告)は、協定永住許可を受けた在日韓国人二世であり、本件逮捕当時、韓国青年会支部の幹部であった。Xは、1984(昭和59)年頃から指紋押捺制度撤廃運動に参加し、1985年2月に区役所に対し外国人登録証明書の引替交付申請をした際、市職員から求められた指紋押捺を拒否した。京都府警桂署は、Xの押捺拒否について捜査を開始し、86年2月以降、事情聴取のために5回にわたり出頭を求めたが、Xは出頭しなかった。そのため、同署主任警察官(Y1)は京都地裁に本件逮捕状請求を行い、裁判官Aは逮捕状を発付した。その翌朝Xは自宅で逮捕され、その後、京都地検に送致され、同日夕刻に釈放された。

Xは、Y1、京都府(Y2)および国(Y3)に対して、①外国人の指紋押捺義務を定めた外国人登録法(1987年改正前のもの)が憲法第13条および第14条や、「市民的及び政治的権利に関する国際規約」(以下「規約」という。)第7条および第26条に違反すること、②Xに対する逮捕状請求・発付が違法であることなどを理由に、慰謝料などの支払などを求めた。第一審・京都地裁は、1992年(平成4)3月にXの請求をすべて棄却したため、Xは控訴した。

大阪高裁は、①本件逮捕状請求が違法であるとしてY1の過失を認定し、Y2の賠償責任を認め、②本件逮捕の必要性を否定し、逮捕状発付についてAの過失を認定し、Y3の賠償責任を認めた(Y1およびAの個人責任は否定)。次いで、裁判所は、指紋押捺制度の合憲性および規約適合性の有無が慰謝料額に影響を及ぼすとして、慰謝料額算定に必要な範囲でこれを判示した。裁判所は、指紋押捺制度が違憲ではないとした後、Xによる規約違反の主張に関し、①規約の直接適用性および規約解釈の方法と、②規約第7条違反および第26条違反の有無の各論点について次のように判断した。

なお、1992年の外国人登録法改正により、「日本国との平和条約に基づき日本の国籍を離脱した者等の出入国管理に関する特例法」にいう「平和条約国籍離脱者」および「平和条約国籍離脱者の子孫」(以下「国籍離脱者等」という。)に対する指紋押捺制度は廃止された。

【判決要旨】1 規約は、原則として「自力執行的性格」を有し、国内で直接適用が可能であるから、規約に抵触する国内法は無効である(86頁)。

2 「条約法に関するウィーン条約」(以下「条約法条約」という。)は遡及効をもたず、規約には適用がない。しかし、同条約は慣習国際法の法典化条約であるから、同条約が定める解

釈規則に従って規約を解釈をしなければならない。その際、自由権規約委員会の「一般的意見」や「見解」、ヨーロッパ人権条約の規定やヨーロッパ人権裁判所の判例などは、同条約第32条にいう「解釈の補足的な手段」となる(86-87頁)。

　3　用語の通常の意味に従うとともに、自由権規約委員会やヨーロッパ人権裁判所の解釈などを総合して勘案すると、規約第7条にいう「品位を傷つける取扱い」とは、公務員の積極的・消極的関与のもとに個人に肉体的・精神的苦痛を与える行為であり、その苦痛の程度が「一定の程度」に達しているものをいう。指紋押捺行為は肉体的苦痛を与えるものではないが、押捺者に精神的苦痛を与えることはありうる。しかし、その苦痛の程度は「一定の程度」に達せず、「品位を傷つける取扱い」には該当しない(87-88頁)。

　もっとも、指紋押捺制度の規約第7条適合性判断において、「国籍離脱者等」には特別の考慮を要する。「国籍離脱者等」の居住・身分関係は国民と同程度に明確であり、押捺強制の実質的必要性は乏しく、したがって、押捺強制により「国籍離脱者等」が抱く屈辱感などは一般の外国人よりも強く、それが「一定の程度」に達していると疑う余地がある。ただし、①押捺強制の必要性の減少は徐々に生じたものであること、②押捺制度廃止のためには、代替手段の検討・開発や、押捺制度を廃止する外国人の範囲の決定などの法的・政治的問題があること、「一定の程度」に達した時期の特定が困難であることなどから、本件発生当時に、この制度が規約第7条違反であったとは断定できない(88頁)。

　4　規約の趣旨や自由権規約委員会の解釈などを総合して勘案すると、指紋押捺制度は国籍に基づく区別であって、外国人と国民との間の平等な立場での人権・自由の享受を妨げる効果をもつから、この制度が、区別の基準が合理的かつかつ客観的で、合法的な目的を達成するためのものではない場合には、規約第26条に違反する。同一人性の確認というこの制度の目的は合理的であり、規約上も合法である。また、①一般に外国人は身分事項が不明確であること、②この制度が不正登録などの多発を契機に導入され、その効果もあったことなどの事情に鑑みれば、区別の基準は合理的かつ客観的なものである。したがって、指紋押捺制度は規約第26条に違反しない(88-89頁)。

　しかし、指紋押捺制度の規約第26条適合性判断においても、「国籍離脱者等」には特別の考慮を要する。すなわち、これらの者に対する押捺強制の実質的理由は乏しく、区別の基準の合理性を疑う余地がある。ただし、この実質的理由の減少は徐々に生じたうえ、法改正には前記のような様々な問題があるから、規約違反の時期は特定し難く、本件発生当時に、この制度が規約第26条違反であったとは断定できない(89頁)。

【論点】1　一般的に日本の裁判所は、人権条約やその適用に消極的である。その中にあって、本判決は、1996年の徳島地裁判決と、その控訴審である1997年の高松高裁判決〔⇒93〕、および2004年の大阪地裁判決(判時1858号79)とともに、周到な条約解釈を示すものとして

重要である。

　2　従来の裁判例では、規約の直接適用可能性を明示しないものが多いが、本判決は、上記の徳島地裁判決、高松高裁判決および大阪地裁判決とともに、規約の直接適用可能性と、規約と抵触する国内法規定の違法性を明言した。ただ、本判決は、規約またはその規定の直接適用性の有無の判断基準を示していない点で問題がある。

　3　本判決は、条約法条約の解釈規則に基づいて規約解釈を行った。同条約にも漸進的発達に属する規定もあり、個々の規定についてその慣習法性の有無を検討する必要がある。しかし、国際司法裁判所やヨーロッパ人権裁判所、米州人権裁判所、自由権規約委員会なども、同条約の解釈規則を援用することもある。例えば、国際司法裁判所のリギタン島およびシパダン島に対する主権事件判決(2002)〔⇒40〕は、条約法条約の解釈規則が慣習国際法を反映したものであるとして、1891年の条約の解釈を行っている(para.37)。従って、本判決がこれに依拠して規約を解釈したことには問題はない

　4　本判決では、ヨーロッパ人権裁判所判決という、条約履行監視機関(以下「条約機関」という。)の条約解釈が、規約解釈において決定的な役割を演じている。日本の裁判例では、条約機関の条約解釈は法的拘束力はないとして、これを考慮しないものも多いことからみれば、本判決は積極的評価に値する(法的拘束力がないとする議論については、2004年の大阪地裁判決(判時1858号87)が法的拘束力の有無と条約解釈の問題は別であると判示しており、参考になる)。また、本判決は条約機関の解釈などが条約法条約第32条にいう「解釈の補足的な手段」にあたるとする。国際司法裁判所の「パレスチナ占領地における壁構築の法的効果」勧告的意見(2004)〔⇒165〕もこれにあたることを示唆している(同意見paras. 108-111)が、学説や裁判例はわかれており、それが妥当かどうかはより一層の検討が必要である。

　5　日本の裁判例では、指紋押捺制度を規約違反としたものはない。本判決も同様であるが、「国籍離脱者等」へのこの制度の適用が規約違反の疑いがある状態にあり、これを考慮して損害賠償額を算定した点で従来の裁判例を一歩進めた。もっとも、同制度の規約適合性を正面から判断しなかったことや、立法裁量論類似の手法を規約違反の有無の文脈で用いたこと疑問視する見解もある。

　6　XおよびY2・Y3は最高裁に上告した。1998(平成10)年の最高裁第二小法廷判決(判時1661号70)は、本件逮捕状の請求・発付に違法はないとして、本判決の中のY2・Y3の敗訴部分を破棄し、かつ、その部分に関するXの上告を棄却した。

【参考文献】
岩沢雄司「日本における国際人権訴訟」杉原高嶺編『紛争解決の国際法』(三省堂、1997)、山下泰子『百選I』およびそこで引用されている文献、岩沢雄司「自由権規約委員会の規約解釈の法的意義」世界法年報 29巻(2010)。

（村上　正直）

88 緊急事態におけるデロゲーション

A アクソイ対トルコ事件(Aksoy v. Turkey)
B 国家人権委員会対チャド事件(Commission nationale des droits de l'Homme et des libertés v. Chad, Communication 74/92)

申　立　人　A アクソイ　B 国家人権委員会
被 申 立 国　A トルコ　B チャド
裁判所(委員会)　A ヨーロッパ人権裁判所　B アフリカ人権委員会
判決(決定)　A 1996年12月18日　B 1995年10月11日
出　　典　A ECHR Reports of Judgments and Decisions 1996-VI, 2260 ; EHRR, Vol.23
　　　　　B ACHPR http://www.achpr.org/communications/decision/74.92/

A　アクソイ対トルコ事件

【事実】　事件の背景として、トルコ南東部において、1985年頃よりクルド労働党(PKK)勢力とトルコ軍の間で大規模な衝突が生じ、11州のうち10州において緊急事態令が発動されていた。トルコ国籍の被害者アクソイは、テロ活動に関与しているPKK関係者であるとして、1992年11月26日に警察によって突然逮捕され、同年12月10日に釈放されるまでの約2週間、正当な法的手続も保障されぬまま、断続的に拷問を受け、劣悪な環境下での長期の拘留状態に置かれた。1993年5月、被害者本人によりヨーロッパ人権委員会に対して人権侵害の申立が付託されたが、その申立の取り下げを脅迫する何者かにより、被害者は殺害され(1994年4月)、その後被害者の父が当該申立を引き継いだ。ヨーロッパ人権委員会は、1994年10月19日、本件申立を受理可能と判断し、ヨーロッパ人権裁判所において、ヨーロッパ人権条約第3条(拷問・非人道的取り扱いの禁止)、第5条3項(逮捕拘留の条件)、第6条1項(公正な裁判)および第13条(効果的救済)等の違反の有無について争われた。トルコ政府は、条約第15条に基づき緊急事態下における第5条の義務からのデロゲーションを主張した。ヨーロッパ人権裁判所は、第5条3項をめぐるデロゲーションに関して、次のような点を検討し、その違反が存在するとの結論を下した。

【判決要旨】1(1)　緊急事態の認定とそれにともなうデロゲーションの範囲については、当該国家政府に第一義的な判断権があり、広い評価の余地(margin of appreciation)が与えられている。しかしその国家裁量は無制限ではなく、裁判所は、緊急事態の程度や期間と、デロゲーションの対象となる権利との相互関係を判断する(para.68)。

(2)　申立人も争っていないように、事件当時、トルコ南東部でPKKの関与するテロ活動が横行し、同地域が緊急事態下に置かれていたと認定する(paras.69-70)が、裁判官または司法官憲の面前に連れていかれることもなく、少なくとも14日間も拘留されていたことは、たとえ緊急事態下においても正当化されうるものではない(para.78)。

(3)　被害者は拘留中、例えば人身保護令状などの保護措置を全く受けられない状況に

置かれており、これは当時の緊急事態状況に鑑みても、裁量範囲を逸しており、第15条に基づいて正当化できるデロゲーションとは言えない(paras.79-84)。

2　被害者が警察から拘留中に身体に加えられた扱いは「拷問」にあたり第3条違反であるとともに、トルコ政府が国内法にのっとって検察官による事実調査を遂行しなかったこと、および、被害者が国内裁判所において公正な裁判を受けることができなかったことは第13条に違反する。またこれらの違反認定により、第6条1項については、別個に違反の有無を検討する必要はない。

B　国家人権委員会対チャド事件

【事実】　事件当時チャドでは、国家公安部隊と反政府勢力との間の内戦状態にあり、大規模な人権侵害が行われていた。ジャーナリストら(国籍等不明)が、正体不明の政府公安機関関係者とみられる者たちに暴行を受け、野党のメンバー数名も、公安機関により恣意的に逮捕されたが、裁判手続を保障されなかった。アフリカ人権委員会への本件通報では、具体的には、ママドゥという人物(職業等不明)およびチャド人権同盟副代表のベトゥディが、拘束中に非人道的扱いを受け軍部により暗殺されたことが、アフリカ人権憲章第4条(生命に対する権利)、第5条(拷問、残虐な非人道的扱いの禁止)、第6条(身体の自由と安全)および第7条(公正な裁判)に反するかが争われた。

【決定要旨】　チャド政府側から本件通報の審査に対するなんらの協力(情報提供、チャド国内での委員会による調査実施)も得られないことから、通報を受理可能とする。本案について、事件当時チャド国内は内戦状態にあり、政府が軍部等の国家機関に対するコントロールを失っていたが、たとえ政府或いは政府機関が直接に人権侵害に関与せずとも、侵害状況を放置することはアフリカ人権憲章第1条の趣旨に反する。そして、「アフリカ人権憲章においては、ヨーロッパ人権条約、米州人権条約および自由権規約と異なり、たとえ国家の緊急事態においても、締約国は、憲章上のいかなる義務からのデロゲーションも認められない」(para.21)。チャド政府側から全く回答がなされない状況を考慮に入れ、通報者の主張を受け入れ、憲章第4条、第5条、第6条および第7条違反を認定する。

【論点】1　2つの事件はともに、内戦状態等の緊急事態において、国家の安全を回復するために、当該国家の管轄下におかれている者の権利を制限し、国家が人権遵守義務から免れること(デロゲーション)が、条約(憲章)上認められるかどうかが争点となっている。人権条約におけるデロゲーション条項は、1947年国連人権委員会による国際人権規約の起草過程でのデロゲーション条項の英国提案に起源を遡るとされ、1950年のヨーロッパ人権条

約(第15条)、1966年の自由権規約(第4条)、1969年の米州人権条約(第27条)にそれぞれデロゲーション条項が規定された。

2 デロゲーションの可否を考える場合、「デロゲートできない権利」が何であるかを明らかにする必要がある。ヨーロッパ人権条約では第15条2項においてデロゲートできない権利を定めており、それに該当すると規定された同条約第3条について、A事件においては、被害者が拘留中に受けた拷問は例え国家の緊急事態下においても認められないとして違反が認定されている。

3 その一方で、「デロゲートが可能な権利」であっても、個別状況に応じてデロゲーションが認められない場合がある。条約第5条は「デロゲートできない権利」とは位置づけられていないが、A事件では、緊急事態における国家の安全回復という目的と、権利制限措置との均衡性が、デロゲーションが正当化できるかどうかの指標として検討されている。裁判所は、ブラニガンおよびマックブライド対英国事件判決(No.14553,14554/89)(Report of Judgement and Decisions, Series A. vol.258)やアイルランド対英国事件判決(No.5310/71)(Report of Judgement and Decisions, Series A. vol.145)を引用し、拷問を伴う約14日間の拘留は不当に長く、また保護措置の欠如も緊急事態に根拠を求めることはできないと判断した。

4 B事件において述べられているように、アフリカ人権憲章にはデロゲーション条項は規定されていない。これは旧植民地時代の圧政や民族紛争による深刻でかつ大規模な人権侵害に苦しんできたアフリカの歴史を背景に持つ、アフリカ人権憲章の特色のひとつであると言えよう。しかしながら、どのような経緯で憲章にデロゲーション条項が挿入されなかったのかを十分に解明することができる資料はなく、むしろ憲章の義務規定や制限条項から、デロゲーションを読み込むことができるとの見方もある。人権条約の解釈・適用において、「デロゲートできない権利」の種類の増加(量的拡大)と強行規範等の質的に強い規範との同一視から生じる規範の拡大(質的強化)が指摘されている。その一方、(デロゲートできない)絶対的権利という観点では、緊急事態に限らず、比例性原則の適用において、当該権利に一定の制約が認められるとする議論があることも注目される。

【参考文献】
今井直『ヨーロッパ人権裁』、寺谷広司『国際人権の逸脱不可能性―緊急事態が照らす法・国家・個人』(有斐閣、2003)、小畑郁「人権条約機関における人権概念と判断手法―比例原則の位置づけと意義を中心に―」『比較法研究』75号(2013)、前田直子「麻薬所持容疑者に対する吐剤の強制投与と公正な裁判に対する権利―ジャロー対ドイツ事件(ヨーロッパ人権裁判所大法廷2006年7月11日決定)」『国際人権』19号(2008)、北村泰三「非常事態における人権保障」『熊本法学』41号(1984)、戸田五郎「人権諸条約のderogation条項(1)(2・完)」『法学論叢』117巻6号(1985)、119巻1号(1986)。

(前田　直子)

89 ロイジドウ事件(Case of Loizidou v. Turkey)

申　立　人　ロイジドウ
被申立国　トルコ
裁　判　所　ヨーロッパ人権裁判所
判　　　決　(a) 先決的抗弁　1995年3月23日
　　　　　　(b) 本　　　案　1996年12月18日
出　　　典　(a) ECHR Ser.A, No.310
　　　　　　(b) ECHR Reports of Judgments and Decisions 1996-VI, 2216

【事実】　1960年に独立したキプロスは、多数派ギリシャ系住民と少数派トルコ系住民による対立がつづき、1974年、ギリシャへの併合を目指す軍隊内グループがクーデターを起こしたのに乗じて、トルコが出兵し、首都ニコシア以北の北部を占領した。この結果、南のギリシャ系住民の地域と北のトルコ系住民の地域という形で、分断状況が生じた。トルコ系住民は、トルコ軍を後ろ盾に分離をすすめ、1983年には、「北キプロス・トルコ共和国」として独立を宣言した。これに対して、国連安保理は、決議541(1983)を採択して、この独立宣言の無効を確認し、不承認を求めた。実際、トルコ以外のいかなる国もこの「共和国」を承認していない。同占領地域内には、本件本案判決当時も3万人以上のトルコ軍兵士が駐留しており、彼らは、主要交通経路を常に巡回し、経路上に検問所を設けている。
　申立人ロイジドウ夫人は、キプロス北部のキレニア出身で、そこにいくつかの土地を所有していた。彼女は1972年に結婚して以後ニコシアに住んでいるが、トルコ軍の占領直前に、キレニアの自分の土地の1つに家族の住居を設けるため建設作業に着手していた。トルコ軍の占領後は、自分の土地に全く近づくことができず、占領地域内に入ったところで阻止され、拘束されて送り返されたこともあった。彼女は、かかる状況が財産権侵害をもたらしているとして、ヨーロッパ人権条約第1議定書(以下、議定書)第1条違反などを主張して、1989年7月22日、ヨーロッパ人権委員会(以下、委員会)に申立を行った。
　トルコは、1954年以来ヨーロッパ人権条約(以下、条約)の締約国であるが、選択的であった委員会の個人申立受理権限(旧第25条)およびヨーロッパ人権裁判所(以下、裁判所)の管轄権(旧第46条)のいずれも認めていなかった。1987年1月28日に前者の、1990年1月22日に後者の受諾宣言を寄託したが、これらの宣言には、次のような制限・条件がつけられていた。すなわち、第25条宣言には、「トルコ共和国憲法が適用される領域内における行為」に関するものへの限定(領域的制限)、条約の一定条項のトルコ憲法に適合した解釈を求めるという条件(実体的制限)および同宣言の寄託の日より後に生じた事実に関するものへの限定(時間的制限)が、第46条宣言には、同様の時間的制限のほか、「トルコ共和国の国境内で行われた管轄権の行使」に関するものへの限定および委員会がその権限をトルコに与えた通

りに行使したことという条件が付されていた。

委員会は、1991年3月4日の受理可能性決定で、第25条宣言に付された制限のうち、実体的および領域的制限を無効とし、にもかかわらず同宣言自体は有効と解して、申立を受理した。しかし、1993年7月8日に採択した報告書では、いかなる条約違反も認定せず、裁判所にも事件を付託しなかった。裁判所には、キプロスが1993年11月9日事件を付託した。裁判所は、大法廷において事件を審理した。

【判決要旨】(a)1　原告政府はキプロス共和国の国際的に承認された政府であり、その原告適格は認められる。手続を濫用したとの主張は委員会手続でなされていないので、裁判所においては、禁反言原則により認められない(全員一致)。また、トルコは、事件は「北キプロス・トルコ共和国」の行為に関するものであり、自らは被告適格がないと主張するが、被告適格性は、締約国の裁量に属するものではなく、本件では、トルコが被告である(paras.39-52)。

2(1)　トルコの場所的先決的抗弁については、まず、条約第1条の「管轄」の範囲が問題となるが、その概念は、締約国の国家領域に限定されるものでない。たとえば、犯罪人引渡や追放の場合にも、条約上の国家の責任が生ずる(ゼーリング事件など〔⇒69A〕)。条約の目的を考慮して、裁判所は、締約国の責任は、軍事行動の結果として国家領域の外の地域で実効的支配を行っているときには、生じうると解する(16対2) (para.62)。

(2)　次に、選択条項受諾宣言に付された領域的制限の効力が問題となるが、第25条・第46条は条約システムの実効性にとって不可欠の規定であって、それらの解釈においては、人権の集団的実施を目的とするという条約の特別の性格が考慮されなければならない。また、条約は、現在の条件に照らして解釈されなければならないという判例上の解釈原則は、実体規定のみならず手続規定にも適用される(paras.70-71)。

第25条・第46条の各2項は、各宣言を特定の期間を付して行うことを明示に認めている。また、これらの規定は、委員会・裁判所の権限の遡及的適用を締約国が否認できると、一貫して解釈されている。第25条はこれ以外の制限を明示的には認めておらず、第46条は相互条件のみを明示に認めている。もし、実体的・領域的制限がこれらの規定の下で認められているとすれば、締約国は条約実施に関する別個の制度に自由に服しうることになるが、そのようなシステムは、「ヨーロッパ公序の憲法的文書」である条約の実効性を減ずることになる。実体的・領域的制限の否認は、締約国の条約締結後の実行においても一貫している(paras.74-81)。

国際司法裁判所(以下、ICJ)規程第36条に関する実行に照らして宣言への制限は予定されていたという主張は、かかる一貫した国家実行により反駁される。また、ICJは、世界中

のかつ国際法のどの分野にも関係する紛争に対処し、条約のような立法条約に関して直接の監視機能を果たすことに役割が限定されていない。このような文脈の基本的な相違により、ICJの実行から条約実行は区別されなければならない (paras.82-85)。

非本土領域について条約の適用を宣言する第64条 [現第56条に相当] には、これら領域について個人の申立受理権限を認めることを別に宣言する規定（同第4項）があるが、この規定から、第25条等について領域的制限が許されるとはいえない。第64条は、非本土領域に関して条約上の完全な責任を負うためのものであり、その目的は第25条と異なる (paras.86-88)。

よって、条約の性格を考慮し、目的に従った通常の意味による解釈により、本件領域的制限は無効である (para.89)。

(3) 宣言自体の効力を宣言に付された無効な制限から分離可能性の問題は、宣言寄託後のトルコの言明により判断されてはならない。他の締約国による一貫した実行により、トルコは、制限が無効と判断されうることを知っていたはずである。にもかかわらず、宣言することによって、トルコは、制限は無効とされつつ宣言自体は有効と判断される危険をあえて冒したのである。条約制度の特別な性格により、分離可能性があると判断する (paras.90-98) (以上、(2)(3)について16対2)。

3 裁判所の管轄権を、同宣言の寄託日 (1990年1月20日) の後に生じた事実に対するものに限定する時間的制限については、その効果は認められる。しかし、複雑な法的・事実的問題が生じるので、時間的抗弁は、本案に併合する (全員一致) (paras.102-105)。

(b) 1 申立人の財産権に対する侵害が、トルコの第46条宣言の寄託日以降も継続する「継続的侵害」を構成すれば、時間的制限にもかかわらず裁判所の管轄権は認められるが、それは、申立人が同日以降も本件土地の法的所有者とみなせるかどうかにかかっている。この点でトルコは、当該土地所有権の喪失過程は、1974年に始まったが、1985年5月7日の「北キプロス・トルコ共和国憲法」第159条により不可逆的な収用となった、と主張している。同条は、1975年2月13日に放棄されたと認められるすべての不動産は同共和国の財産とする、と規定している。しかし、国連安保理決議をはじめとする国際実行から、国際社会は「北キプロス・トルコ共和国」を国際法上の国家とみなさず、キプロス共和国政府がキプロスの唯一の正統政府であることは明白である。この背景に照らして、この「憲法」の規定に条約の適用上有効性を認めることはできない。したがって、申立人は、本件土地の合法的所有者であり、時間的抗弁は却下される (11対6) (paras.41-47)。

2 軍事行動の結果として領域外のある区域に実効的支配を及ぼしている場合、この区域内において、条約上の権利を保障する義務が、この支配が直接的なものであれ下部地方行政機関を通じた間接的なものであれ、生ずる。北キプロスにおいて多くの軍隊が従軍中

であることから、トルコ軍がこの区域において実効的支配を及ぼしていることは明白である。この支配により、トルコは、「北キプロス・トルコ共和国」の政策・行動に責任を負う。かかる政策・行動により影響を受けた者は、条約第1条の適用上トルコの「管轄」内にある（11対6）(paras.52-57)。

　3　申立人は、トルコが財産へのアクセスの拒否を通じて、自らの財産権、とりわけ財産を平和的に享有する権利を徐々に害してきていると主張しているのであるから、不服の内実は、移動の自由の問題に解消されるものではない。そして、本件の継続的なアクセスの拒否は、自らの財産のコントロールや使用・享有の可能性をすべて喪失させるものであり、議定書第1条に基づく彼女の権利への介入と見なされなければならない。トルコは、この介入を正当化するいかなる主張を行っていないので、議定書第1条の違反があると認定される（11対6）(paras.60-64)。

　4　申立人は、1972年以降結婚してニコシアに住んでおり、本件土地にはまだ自らの「住居」を有していないので、住居の尊重をうける権利を規定する条約第8条の違反はない（全員一致）(paras.65-66)。

【論点】1　本件で裁判所は、条約の文脈において、実施機関の権限を選択条項を通じて認める構造になっていても、受諾宣言において実体的・領域的制限を付すことはできず、かつかかる制限が無効とされても、受諾宣言の有効性には影響を及ぼさないとした。このように解するにあたって、締約国が条約実施について別個の制度に自由に服することは条約システムの目的を害するということを根拠とした。この文脈で、裁判所は、条約を「ヨーロッパ公序の憲法的文書」と呼んだ。たしかに、憲法適合的解釈を条件とするといった実体的制限については、この根拠はあてはまるが、領域的制限についてはどうか。条約自体、非本土領域に関する個人申立の受理については別の宣言を要するとしている。少なくとも結果としては、植民地のような公式の支配の場合は、個人の申立権を否認する可能性が与えられているのに対し、トルコの北キプロス支配のような非公式のものについては認められないという不均衡は否定しがたい。なお、裁判所は、認められる制限の明示性も根拠としているようにも読めるが、「期限を付して」行うことができるという文言は、少なくとも原初的には、宣言自体の有効期間についていうものであって、宣言で認める実施機関の審査対象を時間的に限定できるということを意味しているわけではない。

　自由権規約委員会が1994年に採択した一般的意見24は、同委員会の規約解釈権に影響を及ぼす留保は認められないとしている。こうしてみると、実施制度について包括的に受け入れるか否かの選択肢しか認めないという考えは、人権条約のいわゆる客観的性格の反映ともいえそうである。もっとも、条約の選択条項受諾宣言に付された制限の問題につい

ては、裁判所は以前は判断を避けるかのような行動をとっていた。本件における判断は、1994年に選択条項制度を廃止するよう条約を改正する第11議定書が採択されたという事情を抜きにしては、考えにくい。

2　選択条項受諾宣言のこのような取扱いは、宣言への制限の付加を自由に認めてきたICJ規程での実行とは乖離しており、国際司法機関の非階層的併存の弊害の例として挙げるむきもある。しかし、裁判所は、文脈の相違を理由に区別し、条約のみに妥当する解釈として展開しており、本件判決自体が、ICJ判例を害するとはいえないであろう。

3　締約国の責任の範囲を定める「管轄」の概念について、本件判決は、軍事行動にともなう事実的な実効的支配のもとでの直接・間接の行為が関わる場合にも広げることを明確にした。しかし他方で、領域外の軍事行動それ自体から直接に責任が生ずるとは判断しておらず、管轄概念の拡大には慎重な立場がとられている。この点、ユーゴスラビアに対するNATOの空爆が問題となったバンコビッチ他事件（2001年12月12日裁判所〈大法廷〉決定）では、かかる実効的支配までは存在しないことおよび条約適用区域外であることを理由に、管轄下にないとして申立を却下している。後者の理由に対しては、判例の一貫性について疑問が提起されている。

4　申立人の財産権に対する介入が1990年1月20日以降に及ぶ「継続的侵害」であって、裁判所の時間的管轄に属するかどうかについては、裁判所内でも最も意見が分かれた。法廷意見は、「北キプロス・トルコ共和国」に対する国際的不承認から直接に財産権喪失行為の無効を引き出し、侵害の継続性を認めた。しかし、同「共和国」の地位についてより立ち入った判断が必要であり、とりわけ私権の処理については政権の合法性が直ちに影響を及ぼすとはいえないとの反対意見や、財産へのアクセス拒否は、1974年の境界線の閉鎖という行為の自動的な帰結であって、継続的侵害とはいえないとの反対意見も付された。

5　本件における財産へのアクセスの拒否は、移動の自由の問題に吸収されるのではないか、というもっともな疑問もあり、委員会の違反不認定は、これを理由とする。

【参考文献】
戸田五郎「ヨーロッパ人権条約とトルコの地位」『国際法外交雑誌』91巻5号(1992)、小畑郁『ヨーロッパ地域人権法の憲法秩序化』(信山社、2014)、安藤仁介「人権諸条約に対する留保の一考察」『法学論叢』140巻1=2号(1996)、吉原司「国際紛争処理機関の併存に関する一考察」『関西大学法学論集』53巻2号(2003)、富田麻理「バンコビッチ他対ベルギー他16か国」『国際人権』15号(2004年)、前田直子「時間的管轄における『継続的侵害』概念」『社会システム研究』6号(2003)、同『ヨーロッパ人権裁』、徳川信治「国際人権規約実施過程にみる時間的管轄」『国際法外交雑誌』103巻1号(2004)。

（小畑　郁）

90 バリオス・アルトス事件(Barrios Altos Case)

申　立　人　バリオス・アルトス
被申立国　ペルー
裁　判　所　米州人権裁判所
本 案 判 決　2001年3月14日
出　　　典　Inter-Am. Ct.H.R.(Ser.c)No.75(2001)；41 ILM 93

【事実】　1991年11月3日の深夜、ペルーの首都リマのバリオス・アルトス地区近隣のビルの一室でビル改修の資金集めのために開かれていたパーティーに、重装備した覆面の6名が2台の警察車両で乗り付けて乱入し、無差別に発砲して15名を殺害、4名に重傷を負わせた。

本件調査のために議会内に調査委員会が設置されたが、報告書の公表前に議会は解散され、新議会はその後本件を取り上げなかった。1995年になって検察が2名の陸軍将校を告訴したことを受けて、軍当局の妨害にもかかわらず裁判官が捜査を開始したが、その矢先にペルー議会は突如恩赦法第26479号を可決し、1980年から1995年の間に人権侵害に関わった軍や警察関係者および市民の免責を決定した。これにより別件で収監されていた本件の容疑者も釈放された。

さらにこの恩赦法の合憲性が高等刑事裁判所で争われることになると、議会は、恩赦は裁判によって覆されることはなくその適用は義務的であるとする第二の恩赦法第26492号を可決した。これにより本件捜査の打ち切りが確定した。

犠牲者を代理する国家人権調整官らから、これら恩赦法の米州人権条約との整合性に関する申立を受けた米州人権委員会は、審査の結果その廃止などを勧告したが、ペルー政府が従わなかったため、本件を米州人権裁判所に付託した。

ペルーでは1980年代初頭から反政府武装組織のゲリラ活動が活発になり、合法・違法を問わず治安部隊や警察によるその鎮圧作戦が展開された。とくに1990年からのフジモリ政権の初期に存在したコリーナ部隊は、陸軍情報部の人員で構成され、国家情報局の指揮下で超法規的処刑を行なったが、本件もそのうちの1件である。2000年の政権交替後、新政権は真相究明委員会を設立し、1980年以降の反体制勢力と治安部隊の双方が関与した政治的暴力の解明を進めると同時に、米州人権裁判所の管轄権の受諾を改めて確認し、国連の事実調査団の訪問を受け入れるなど、国際的にも協力的な姿勢を見せている。

【判決要旨】1　ペルーは、死亡した15名に関して米州人権条約第4条(生命への権利)、重傷を負った4名に関して第5条(人としての待遇を受ける権利)の侵害の責任を負う(para.39)。

2　国際人権法により逸脱されえない権利の侵害であるとして禁止されている、拷問や超法規的・即決処刑また強制的失踪などの重大な人権侵害の捜査とその実行者の処罰を妨

げる目的をもつすべての恩赦規定は許容されえない。ペルーの恩赦法は、米州人権条約第8条1項が定める裁判所の審理を受ける権利を妨げ、第25条の司法的保護を受ける権利を侵害している。また本件実行者の捜査・逮捕・訴追などを妨げた点で第1条1項（権利を尊重する義務）に違反している。さらに条約に違反して、このような公務員の恩赦を定めた法律を可決したこと自体、第2条（条約上の権利に国内法上の効果を与える義務）に違反している。したがってこれら恩赦法は法的効力を欠くので、もはや本件の捜査または実行者の特定と処罰の障害とはなりえず、また他の人権侵害事件に関しても適用されえない(paras.41-44)。

　3　被害者とその家族および犠牲者の遺族が事件の真実を知らされてこなかったのは明らかである。しかしながら、本件において、真実を知る権利は、条約第8条と第25条が規定している捜査と訴追を通じて、国家の権限ある機関から人権を侵害した事件とそれに対応する責任についての説明を得る権利に包摂される(paras.47-48)。

　4　3カ月以内に、ペルーと米州人権委員会および犠牲者、その家族あるいは法廷代理人の相互の合意により賠償が決定されなければならない。合意に至らない場合には、裁判所が賠償の範囲及び額について決定する(para.50)。

【論点】1　本件は、1999年7月に米州人権裁判所の管轄権受諾の撤回を米州機構に通告したペルーが、政権交代によりその決定を取り消し、再度管轄権の受諾を確認した直後の判決である。新政府が本件の事実とそれに基づく責任を完全に認めた上で当事者との補償合意の基礎となる本案判決を求めた点で特徴的である。米州人権裁判所の手続き規則上、国家が申立の事実を受け入れる場合には、裁判所はそのような事実への同意(acquiescence)とその法的効力が受け入れられるかどうかを判断した上で、事実の検討に立ち入ることなく、適切な賠償や補償を決定することになる(第52条2項)。

　2　これまでの判決において米州人権裁判所は、第2条が定める米州人権条約上の権利および自由が国内的に効果を持つように立法その他の措置をとるべき国家の義務の中には、それら権利および自由を侵害するような法律の廃止も含まれると繰り返し述べてきた。さらに「国際法上、人権条約を批准した国家は自らが引き受けた義務の遵守を確保するために必要な国内法の改正を行わなければならないという慣習法が確立している」(「最後の誘惑」事件判決 Inter-Am.Ct.H.R.(Ser.C) No.73 (2001), para.87、2001年2月5日) と述べて、条約上の権利が実効的に実施されるための国内法の改廃の必要性を強調してきた。

　本件で問題となった法律は、政権にある者が自らのために制定したいわゆる「自己恩赦法」であり、和平プロセスの結果として民主的基礎と合理的範囲を持ち、対立する陣営の訴追を排除する恩赦法とは根本的に異なる。たとえ和平を構築し国家の再建に資する恩赦法でも、人間の尊厳を完全に無視し人類の良心に反するような重大な人権侵害には適用されてはなら

ないというのが、裁判所のこれまでの立場である。人権侵害の捜査と実行者の処罰を妨げる国内法システムは、その管轄下にあるすべての者の基本的権利を尊重し、そのために必要な手段を講じる条約上の義務に違反している。したがってペルーの恩赦法は、条約が保障する権利を侵害しており、またそもそもそのような立法を行い、それを維持して来たこと自体も条約義務の違反を構成するので、法的効力を持たないというのが裁判所の判断である。

3 なお、本案判決後米州人権委員会の要請を受けた裁判所は、当該恩赦法の無効は本件に限定されるものではなく、一般的効果を持つことを確認した解釈判決を出している(Inter-Am.Ct.H.R.(Ser.C)No.83(2001)、2001年9月3日)。

4 米州人権裁判所に本件を付託する際、米州人権委員会は、第13条の思想および表現の自由の中に「あらゆる種類の情報および考えを求め、受けおよび伝える自由」が含まれているので、事件の捜査・訴追・裁判および処罰が行われなかったことによって本件申立人らは第13条が保障する真実を知る権利も侵害されたと主張した。これに対して裁判所は、第13条のもとで真実を知る権利を援用する可能性を明確に否定したわけではないものの、この権利は、国家が第8条と第25条にしたがって明らかにした人権侵害の事実の説明を受ける権利に包摂されるとした従来の立場を踏襲し、独立の権利としての真実を知る権利の侵害は認めなかった。

この点では、ヨーロッパ人権裁判所が、ヨーロッパ人権条約第13条が保障している人権侵害を受けた者が効果的救済を得る権利の中に、実効的な捜査による実行者の特定と処罰に加えて、親族が捜査過程に実効的にアクセスする権利をも読み込む解釈を行って、事実上真実を知る権利を認めているのと対照的である。

5 この判決以降、ペルーでは200件以上の裁判手続きが再開され、アルゼンチンやチリでも、かつての恩赦法を遡及的に無効とする判決が出された。国際的に免責(impunity)に対する批判が高まる中で、旧ユーゴ国際刑事裁判所の判決や安全保障理事会をはじめとする国連諸機関の見解なども、免責をもたらす恩赦法は国際法上の重大な犯罪を処罰する国家の義務と両立しないと重ねて強調してきている。2005年に国連人権委員会において新しくされた「免責と闘う行動を通して人権の保護・促進するための諸原則」は、国民的和解や和平の条件となる恩赦でも、国際法の重大な侵害を行なった者には適用されず、被害者が賠償を受け取る権利には影響しないことを確認した(原則第24)。米州人権裁判所が本案ではじめて恩赦法を扱った本件が、免責と闘う国際社会に与えた影響は大きい。

【参考文献】
内田みどり「米州人権保障システムとフジモリ政権—ペルー恩赦法への判決を中心に」『和歌山大学教育学部紀要』54巻(2004)、田中高「〈研究ノート〉暴力と和解、真相究明と恩赦について：中米の例」『国際研究』14巻(1998)。

(中井　伊都子)

91 LGBTの人権
A トゥーネン事件(Nicholas Toonen v. Australia)
B クリスティン・グッドウィン事件(Case of Christine Goodwin v. the United Kingdom)

通報者・申立人	A N.トゥーネン	B	C.グッドウィン
被通報国・被申立国	A オーストラリア	B	英国
審査機関・裁判所	A 自由権規約委員会	B	ヨーロッパ人権裁判所(大法廷)
見解・判決	A 1994年3月31日	B	2002年7月11日
出典	A RHRC(1994)226	B	ECHR Reports of Judgments and Decisions 2002-VI 1

A トゥーネン事件

【事実】 オーストラリアのタスマニア州刑法は、成人男性間の同意に基づく性行為を犯罪と位置づけていた。通報者は、関連規定が通報者の私生活への違法な介入を構成しており、また性的指向による差別的取扱いがなされているとして、自らが市民的及び政治的権利に関する国際規約第2条1項、第17条および第26条違反の被害者であると主張した。男性間の同性愛行為を犯罪とする法規定はかつて他のオーストラリア諸州等においても存在していたが、本件の時点ではタスマニア州にのみ残存していた。

【見解要旨】1 成人の私的な同意に基づく性行為が自由権規約第17条のプライバシーの概念に包摂されること、通報者が実際にタスマニア法の存在に影響を受けていることについては争われていない。委員会は、問題の刑法規定が10年にわたり執行されていないとはいえ、通報者のプライバシーに「介入」していると考える(para.8.2)。

2 私生活への介入は、法律で規定されたものであっても、介入の態様がその目的と均衡しかつ目的の達成に必要なものであること、すなわち合理的なものであることが必要である。タスマニア当局は、問題の刑法規定はHIV/AIDS感染を防ぐ目的を有しているので、公共の保健と道徳に基づいて正当化されると主張している。委員会は、同性愛行為を犯罪とすることをHIV/AIDSの防止という目的達成のための合理的な手段とみなすことはできない。更に、タスマニアを除くオーストラリア全土で同性愛を犯罪とする法律が廃止されていること、当のタスマニアにおいても問題の規定の存廃についてコンセンサスがないことに留意し、および、当該規定が現在執行されていないことは、それが道徳の保護に不可欠であると考えられていないことを示しているということを考慮して、委員会は、当該規定が本件の状況において合理性の基準を満たしておらず、トゥーネン氏の私生活に恣意的に介入するものであると結論する(paras.8.3-8.6)。

3 連邦政府は、性的指向が第26条の下で「他の地位」とみなされうるか否かについて委員会の指針を求めているが、同様の論点は第2条1項の下でも提起されうる。委員会としては、性的指向は第2条1項と第26条の「性」に含まれると考える(para.8.7)。

4 以上により委員会は、規約第2条1項との関連で第17条1項違反があると認定する。

本件の場合関係法規定を廃止することが第2条3項(a)に基づく実効的救済となる。第26条の違反の有無について別に検討する必要はない(paras.8.9-8.11)。

B　クリスティン・グッドウィン事件

【事実】　申立人は男性として出生したが、性同一性障害のため女性としての性自認に基づく生活を志望し、1990年に性別適合手術を受けた。性の変更を法的に承認しない英国の法制度によりヨーロッパ人権条約第8条の私生活尊重の権利および第12条の婚姻の権利等を侵害されているとして申立を提起した。

【判決要旨】1　本件では申立人の私生活尊重の権利を確保する被申立国の積極的義務の存否が論点となる。「尊重」の概念にこの積極的義務は内包されているが、この文言の意味は明確ではなく締約国の実行や状況が異なることに照らせば、締約国には広い評価の余地が認められる。積極的義務の存否の判断の際には、社会の一般的利益と個人の利益との公正な均衡に配慮する必要がある(paras.71-72)。

2　裁判所は従来から英国における性同一性障害者の地位に関する事件を取り扱ってきているが、従来、現行の出生登録制度の変更等の積極的義務の存在を認定せず、また性の変更に一般的な法的承認を与えないことで英国が評価の余地を逸脱しているとはいえないと判示してきた。しかしその一方で裁判所は政府に対し、性同一性障害者が直面している重大な問題を意識してこの分野における適切な法的措置の必要性を継続的に検討することを要請してきた。条約解釈は「今日の状況に照らして」行われねばならない(para.73-75)。

3　1998年のシェフィールド事件(Reports of Judgments and Decisions 1998-V 2012)判決の時点では、締約国内部で性の変更の法的承認についてコンセンサスが生じつつあったが、同判決では法的承認が婚姻、認知、プライバシー等の領域に対して及ぼす影響にどのように対処するかについて共通のアプローチが欠如していることに注目して違反認定を行わなかった。それは現在もなおあてはまるが、本件では、裁判所は性同一性障害者の新たな性の法的承認に向けた国際的潮流が継続しているという、明白かつ争えない事実に重きを置く(para.85)。

4　性の変更の法的承認に伴って家族法や社会保障等の分野で諸問題が生ずるとしても、克服不可能な問題はない。また性同一性障害者は多大な対価を支払って性自認に基づく生活を選択しているのであって、性同一性障害者の尊厳ある生活を可能にするために社会が一定の不便宜を受忍することは期待できる(para.91)。

5　以上の考察に基づき裁判所は、当該問題はもはや評価の余地内のものであると主張できないと認定する。また、申立人が性の変更の法的承認を得るという利益に対して比較考量されるべき重要な公共の利益の要素はない。よって、英国政府は申立人の私生活を尊重していないという点で第8条に違反していると認められる(para.93)。

6　第12条が明示的に「男女」の婚姻の権利に言及していることは事実であり、裁判所は同種の事件において従来第12条違反を認定してこなかったが、本件の時点においては、この文言が純粋に生物学的基準に基づく性を指しているという見解には説得されない。性同一性障害者は生物学上の異性との婚姻を否定されていないので、婚姻の権利を奪われているとはいえないという主張は恣意的である。本件申立人は男性との婚姻のみを望んでいてそれを行うことができていないのであって、申立人は婚姻の権利の本質を侵害されている。裁判所は、本件において第12条違反があったと結論する (paras.100-101)。

【論点】1　男性間の同性愛行為を犯罪とする法制度に関する事件は、ヨーロッパ人権条約の下でも1980年代以降いくつか見られる。それらの事件でヨーロッパ人権裁判所はヨーロッパ人権条約第8条違反を認定している (ダジョン事件、ECHR Ser. A No.45、ノリス事件、Ser. A, No.142など)。

2　A事件で自由権規約委員会は、性的指向は自由権規約第2条および第26条において「他の地位」ではなく「性」に含まれるという見解を示した。その趣旨は必ずしも詳しく述べられていないが、性を単に生物学的特徴だけではなく、心理的側面をも含む概念として捉えたものと見ることができる。

3　ヨーロッパ人権裁判所は、1980年代から英国を被申立国とする性の変更に関する事例をいくつか取り扱って来ているが、B事件で初めて、被申立国が評価の余地を逸脱しているとして違反認定を行った。裁判所は、一定の人権保障水準を要求するヨーロッパの共通標準が確立していると判断した時点で国家の評価の余地を狭く解し、当該標準に合致しない国家に対し条約違反を認定してきているが、共通標準が徐々に形成される過程にある場合、裁判所は、判決で条約違反認定を行わないまでも、確立しつつある標準への一定の配慮を被申立国に求めることがある。B事件以前の諸事件で、裁判所は英国政府に対し、性の変更の法的承認に向けて継続的に検討を行うよう求めていた。

4　ヨーロッパ共通標準の存否の判断にあたっては、ヨーロッパ人権条約各締約国の国内状況の他、締約国が関係する国際文書の締結状況も判断材料とされる。B事件判決では、関連国際文書としてヨーロッパ連合で2000年に採択されたヨーロッパ基本権憲章の第9条が参照されている。同条は「婚姻を行い家族を形成する権利は当該権利の行使を規律する国内法に従って保障されるものとする」と規定しているが、裁判所はこれをヨーロッパ人権条約第12条と比較して、基本権憲章では「男女」への言及が意図的に除かれたと判断している。

【参考文献】
建石真公子『ヨーロッパ人権裁』、谷口洋幸「性同一性障害者の性別訂正と国際人権法」『社会科学研究所年報』(中央大学)7号(2003)、同「国際法における性的指向・性別自認と人権」『法学新報』116巻3・4号(2009)、同「『同性婚』の権利：欧州人権条約を中心に」『国際人権』28号(2017)。

（戸田　五郎）

92 退去強制による家族への干渉
A ウィナタ事件(H. Winata et. al. v. Australia)
B イラン人一家退去強制事件

申 立 人　A ウィナタ夫妻
被申立国　A オーストラリア
審査機関　A 自由権規約委員会
裁 判 所　B 東京高裁
見　　解　A 2001年7月26日
判　　決　B 2004(平成16)年3月30日
出　　典　A RHRC(2001-II)199
　　　　　B 訟月51巻2号511

A ウィナタ事件

【事実】 通報者はX1(1956年生)とX2(57年生)(以前はインドネシア国民。通報時には無国籍者)であり、被害者は、X1 X2と、X1 X2の息子であり、オーストラリア国民であるX3(88年生)である。X1は85年に、X2は87年にオーストラリアに入国したが、いずれもビザの有効期間を超えて不法残留した。X1 X2は同地で知り合い、同棲関係に入り、88年にX3が出生した。X3は、98年にオーストラリア国籍を取得した。その取得の翌日、X1 X2は、インドネシアにおける迫害のおそれを理由に保護ビザを申請したが、認められず、行政不服審査なども成功しなかった。そこで、X1 X2は、X1 X2のインドネシアへの追放が規約第17条、第23条1項および第24条1項違反になるとして、本件通報を行った。

【見解要旨】1　締約国による家族構成員の追放は、規約第17条1項にいう、当該者の家族生活への干渉となり得るが、家族の一構成員が締約国に残留する権利があるというだけでは、追放措置が干渉とはならない。本件のように、子どもが両親に同行し又は締約国に残留するかのいずれであっても、長期にわたって定着してきた家族生活の実質的な変更を生ずるおそれのある場合には、追放措置等は、家族に対する干渉となる(paras.7.1-7.2)。

2　本件干渉は法令に基づく措置であるから、残る問題はその恣意性の有無である。締約国による不法滞在者への追放は規約上正当である。また、子どもの出生や子どもによる当該国の国籍取得の事実は、それだけでは、父母の一又は双方の追放を恣意的なものとするに十分ではない。従って、不法残留者の追放については締約国に広い裁量がある。

しかし、締約国の裁量は無制限ではない。本件の場合、X1 X2には14年以上の居住歴があり、また、X3は出生以来締約国で成長し、普通の子どもとして同国の学校に通学し、それに付随する社会的関係を発展させてきた。この期間に鑑みれば、追放が恣意的なものとならないためには、自国の出入国管理法の執行のためというだけではなく、両親の追放を正当化するそれ以上の追加の諸要素を示す責任が締約国にはある。本件では、それが示されていない。従って、通報者の追放措置は、①X1、X2およびX3に関して、第23条に関連して第17条に反する、家族に対する恣意的な干渉となり、②X3に関して、未成年者

としての必要な保護措置を提供しなかったことから、第24条1項違反にもなる(para.7.3)。

B　イラン人一家退去強制事件

【事実】　被控訴人らは、いずれもイラン国籍をもつ夫婦(X1およびX2)とその長女および二女(X3およびX4)である。X1は1963年に、X2は66年に、X3は88年にイランで出生した。X1は90年に、X2 X3は91年に来日し、いずれも在留期限後も不法残留をし、96年に日本でX4が出生した。X1は、日本で不法に就労して家族の生計を立てていたが、99年に入管当局に出頭し、在留特別許可(「特在」)を申請した。2000年、入国審査官はX1らの退去強制事由該当性を認定し、特別審理官もこれを支持し、さらに、法務大臣も、X1らの異議に理由がない旨の裁決を行い、主任審査官はX1らに退去強制令書を発付した。X1らは、本件裁決・処分の取り消しを求めて提訴し、第一審・東京地裁は、03年に比例原則違反などを理由に本件処分を取り消した(判時1836号46頁)。これに対し、法務大臣は控訴した。

【判決要旨】1　慣習国際法上、国家には外国人受入義務はなく、特別の条約がない限り、外国人受入の可否や条件を自由に決定し得る。憲法にも外国人の入国権や在留権を認める規定や、入国・在留承認義務を課す規定はない。特在に関する入管法第50条1項3号も特段の許可事由はないから、特在の拒否に関する法務大臣の裁量権は極めて広範である。従って、大臣の判断が全く事実の基礎を欠き又は社会通念上著しく妥当性を欠くことが明らかであるなど、大臣の裁量権の逸脱・濫用の場合に限って、大臣の判断は違法となる。

　2　この判断枠組みに従い法務大臣の裁量権の逸脱・濫用の有無を検討する。X1らの主な主張は、①イランに生活基盤がないこと、②イランと日本との文化・宗教の相違などから、イランでの生活はX3 X4の精神状態に深刻な影響を及ぼすこと、③X1らの長期の平穏・公然たるに在留に鑑み、X1らの在留継続否認により得られる国の利益はないこと、④本件裁決がX3 X4の最善利益を考慮しておらず、児童の権利条約第3条1項に違反すること、⑤同種事案で特在が許可された例があり、憲法14条の平等原則に違反することである。

　①につき、X1 X2のイラン出国や不法残留・不法就労は自発的意思によるから、生活基盤の喪失は自己責任の問題である。また、X1 X2にはイランに生活基盤がある。②につき、X3 X4にはイランでX1 X2やその親族から援助や庇護が期待できること、本件裁決当時にX3 X4は可塑性に富む年齢であることなどから、X3 X4がイランに順応することが著しく困難とはいえない。③につき、X1 X2の不法残留・不法就労は計画的であり、公正な出入国管理秩序を害するものであるから、X1らへの特在の否認により保護すべき利益がある。従って、長期間の平穏・公然たる在留や、日本での生活基盤の喪失がX1らに有利な考慮事項とはいえず、それを考慮せずに退去を強制しても社会通念上著しく妥当

性を欠くとはいえない。④につき、憲法上外国人には在留権はなく、慣習国際法上も外国人の在留の拒否を国家の裁量に委ねていること、児童の権利条約第9条4項が退去強制による児童と父母の分離を予定していることからみて、同条約にいう児童の最善利益も、在留制度の枠内で考慮されるべきものであるから、X3 X4の最善利益の不考慮により本件裁決が違法となるとはいえない。⑤につき、特在付与の可否は、諸般の事情を総合的に考慮して個別的に決定されるべきものであり、家族構成の類似性のみで平等原則に反するとはいえない。以上の他に裁量権の逸脱・濫用を認めるに足りる証拠はないから、本件裁決に違法はない。

【論点】1　国際法上、国家の広範な裁量が認められてきた出入国管理分野にも、近年、人権条約が規制を及ぼしている。A事件は、委員会が、家族・子どもの利益の観点から追放措置を規約違反とした最初の事例である。A事件には反対意見もあったが、委員会解釈はその後も踏襲されている。ヨーロッパ人権裁判所でも、同様の判断が確立している。

2　B事件判決は、マクリーン事件最高裁判決〔⇒62〕に依拠し、慣習国際法規則や、憲法および入管法の解釈から、出入国に関する法務大臣の広範な裁量を認める。B事件判決の論理展開は、退去強制事案に関する典型例である。ただ、それは、「特別の条約がない限り」である。人権条約も「特別の条約」になり得るから、人権条約の解釈が問題となる。

3　B事件判決では、児童の権利条約が退去強制を認めていることから、同条約にいう最善利益原則も在留制度の枠内で考慮される一事項にとどまるという。規約が援用される同種事案でも、退去強制を容認する規定(第13条)を根拠に同様に理解されることが多い。しかし、A事件で委員会は、欧州人権裁判所とともに、規約と慣習国際法とは異なることを認めるから、この解釈と日本の裁判例のそれとの整合性が問題となる。

4　B事件判決によれば、特在の拒否にあたって必ず考慮すべき事項や、被退去強制者に有利に考慮すべき特定事項などはない。しかし、他の国家の裁判例では、児童の最善利益を強制的考慮事項とすべき旨の判断があり、A事件では、長期間の居住歴を通報者に有利な事情と理解する。ヨーロッパ人権裁判所も同様であり、条約機関の判断と日本の裁判例のそれとの整合性が問題となる。この点、B事件の東京地裁判決の論理展開は条約機関のそれと基本的に一致し、その意味で参照に値する重要な判決である。

【参考文献】
亘理格「退去強制手続の構造と取消訴訟　上・下」判例評論549・550号(2004)、空野佳弘「周鵬宇事件控訴審判決」『国際人権』14号(2003)、村上正直「外国人の追放と家族の利益保護」世界人権問題研究センター『研究紀要』7号(2002)、同「Winata v. Australia事件」『国際人権』13号(2002)、馬場里美「出入国管理における『私生活及び家族の生活を尊重される権利』」『早稲田法学会誌』50巻(2000)、村上正直「外国人の出入国と家族の保護」神余・星野・戸崎・佐渡編『安全保障論』(信山社、2015)所収。

（村上　正直）

93 受刑者接見妨害国家賠償請求事件

裁　判　所	(a) 徳島地裁　(b) 高松高裁　(c) 最高裁第1小法廷
判　　　決	(a) 1996(平成8)年3月15日　(b) 1997(平成9)年11月25日 (c) 2000(平成12)年9月7日 　　（①原告による上告事件第528号　②被告による上告事件第529号）
出　　　典	(a) 判時1597号115　(b) 判時1653号117　(c) 訟月47巻2号327

【事実】　受刑者Xは、1990(平成2)年4月以降、徳島刑務所に拘禁されている懲役刑受刑者である。Xは、受刑中に、同刑務所職員から暴行を受けたなどとして、弁護士であるYらを訴訟代理人として、国を被告とする損害賠償請求訴訟を提起した。原告の訴訟代理人Yらは、暴行事件訴訟の主張立証のために、同刑務所でXとの接見を求めたところ、刑務所長は、刑務所職員の立会いと接見時間を30分以内とするという条件を付した。ときには、接見が不許可となったり、中止させられたりしたこともあった。なお、監獄法(事件当時)第45条2項は、「特ニ必要アリト認ムル場合」を除き、受刑者の親族以外との接見を禁じている。また、同法第50条は接見の立会い等の制限を法務省令に委任しているが、監獄法施行規則第121条は、接見時間を30分以内とし、同第127条1項は接見に際して刑務所職員の立会いを求めている。例外は、いずれも所長が、「処遇上其他必要アリト認ムルトキ」(第124条)と「教化上其他必要アリト認ムルトキ」(第127条3項)に限られている。そこで、受刑者Xと訴訟代理人Yらは、これら刑務所の措置に対して、監獄法および監獄法施行規則によるかかる接見妨害は、国際人権規約自由権規約第14条1項および憲法第32条が保障する裁判を受ける権利に違反し、精神的苦痛を受けたとして、国に対し慰謝料の支払を求めた。

【判決要旨】(a)1　わが国において、条約は批准・公布によりそのまま国法の一形式として受け入れられ、特段の立法措置を待つまでもなく国内法関係に適用され、かつ、条約が一般の法律に優位する効力を有することを定めているものと解される。もっとも、わが国が締結した条約の全てが右の効力を有するものではなく、その条約が抽象的・一般的な原則あるいは政治的な義務の宣言にとどまるものであるような場合は、それを具体化する立法措置が当然に必要となる。ところで、B規約は、自由権的な基本権を内容とし、当該権利が人類社会のすべての構成員によって享受されるべきであるとの考え方に立脚し、個人を主体として当該権利が保障されるという規定形式を採用しているものであり、このような自由権規定としての性格と規定形式からすれば、これが抽象的・一般的な原則等の宣言にとどまるものとは解されず、したがって、国内法としての直接的効力、しかも法律に優位する効力を有するものというべきである。

B規約14条1項は、そのコロラリーとして受刑者が民事事件の訴訟代理人たる弁護士と接見する権利をも保障していると解するのが相当であり、接見時間及び刑務官立会いの許否についてはなお一義的に明確とはいえないにしても、当該民事事件の相談、打ち合わせに支障を来すような接見に対する制限は許されないというべきである。したがって、監獄法及び同施行規則の接見に関する条項も右B規約14条1項の趣旨に則って解釈されなければならないし、法及び規則の条項が右B規約14条1項の趣旨に反する場合、当該部分は無効といわなければならない。

　2　監獄法45条1項、2項は、受刑者との接見は原則的に親族に限定し、刑務所長が特に必要があると認めた場合には、親族以外の者との接見を許可することができると規定し、受刑者と親族でない者との接見については刑務所長の裁量に委ねた形になっているが、B規約14条1項及び憲法の趣旨並びに接見の権利の重要性に鑑みると、これが全くの自由裁量であると解することはできず、前記のとおり、接見に対する制限においては、処遇上及び刑務所内の規律秩序維持上の必要があるか否か、その制約が合理的な範囲内にあるか否かの判断については一定の厳格さが要求されるのであって、本件のように民事事件の訴訟代理人たる弁護士との接見は原則として許可すべきであり、特段の事情がないのに接見を拒否することは、裁量権の範囲を逸脱し違法となると解すべきである。

　(b) 1　B規約草案を参考にして作成されたヨーロッパ条約では、B規約14条1項に相当するその6条1項で、同規約と共通する内容で公正な裁判を受ける権利を保障しており、右条約に基づき設置されたヨーロッパ人権裁判所におけるゴルダー事件においては、右6条1項の権利には受刑者が民事事件を起こすために弁護士と接見する権利を含む、との判断が、また同裁判所におけるキャンベル・フェル事件においては、右面接に刑務官が立会い、聴取することを条件とする措置は右6条1項に違反する、との判断がなされている。そこに含まれる一般的法原則あるいは法理念についてB規約14条1項の解釈に際して指針とすることができるというべきである。また、被拘禁者保護原則は国連総会で採択された決議であって、「法体系又は経済発展の程度の如何にかかわりなく、ほとんどの諸国においてさしたる困難もなく受入れうるもの」として専門家によって起草され、慎重な審議が行われた後に積極的な反対がないうちに採択されたものであることを考慮すれば、被拘禁者保護について国際的な基準としての意義を有しており、条約法条約31条3項(b)に該当しないものであっても、B規約14条1項の解釈に際して指針となりうるものと解される。

　以上の諸事情を勘案すれば、B規約14条1項は、その内容として武器平等ないし当事者対等の原則を保障し、受刑者が自己の民事事件の訴訟代理人である弁護士と接見する権利をも保障していると解するのが相当であり、接見時間及び刑務官の立会いの許否については一義的に明確とはいえないとしても、その趣旨を没却するような接見時間の制限が許さ

れないことはもとより、監獄法及び同法施行規則の接見に関する条項については、右B規約14条1項の趣旨に則って解釈されなければならない。

2　当該民事事件が、当該刑務所内での処遇ないしは事件を問題とする場合には、刑務所職員が立ち会って接見時の打合せ内容を知りうる状態では十分な会話ができず、打合せの目的を達しえないことがありうることは容易に理解しうることであって、そのような状態で訴訟を進めなければならないとすれば、受刑者であることゆえに訴訟において不利な立場に置かれ、訴訟における「武器の平等の原則」に反し、裁判の公正が妨げられることになるのであるから、30分以上の打合せ時間の具体的必要性が認められる場合に、相当と認められる範囲で接見時間の制限を緩和しなかったとき、また、接見を必要とする打合せの内容が当該刑務所における処遇等の事実関係にわたり、刑務所職員の立会いがあっては十分な打合せができないと認められる場合に、刑務所職員の立会いなしの接見を認めなかったときには、裁量権の行使を逸脱ないしは濫用したものと解するのが相当である。

(c)（①判決）1　接見時間を30分以内と定めた監獄法施行規則121条本文の規定及び接見に監獄職員の立会いを要する旨を定めた規則127条1項本文の規定が憲法13条及び32条に違反するものでないことは、最高裁（1970〈昭和45〉年9月16日大法廷判決・1983〈昭和58〉年6月22日大法廷判決・1950〈昭和25〉年2月1日大法廷判決）の趣旨に徴して明らかである。また、右各規定が、B規約14条に違反すると解することもできない。

（②判決）1　刑務所における接見時間及び接見度数の制限は、多数の受刑者を収容する刑務所内における施設業務の正常な運営を維持し、受刑者の間における処遇の公平を図り、施設内の規律及び秩序を確保するために必要とされるものであり、また、受刑者との接見に刑務所職員の立会を要するのは接見を通じて観察了知される事情を当該受刑者に対する適切な処遇の実施の資料とするところにその目的がある。したがって、具体的場合において処遇上その他の必要から30分を超える接見を認めるかどうか、あるいは教化上その他の必要から立会を行わないこととするかどうかは、いずれも、当該受刑者の性向、行状等を含めて刑務所内の実情に通暁した刑務所長の裁量的判断にゆだねられているものと解すべきである。以上の理は、受刑者が自己の訴訟代理人である弁護士と接見する場合でも異ならない。

【論点】　本件の各判決は、2005（平成17）年の「刑事施設及び受刑者の処置等に関する法律」成立以前の旧監獄法に基づく受刑者への接見交通権の制限が問題となった事件である。

1　条約の自動執行（self-executing）という用語は、従来、条約がそれ以上の措置の必要なしに国内において適用されるという条約の直接適用可能性と、条約が何らの立法なしに自動的に国内的効力をもつという2つの意味で用いられてきた。たしかに、日本では、条約

はすべて批准・公布されれば国内的効力をもつが、そのことと、裁判所が条約を直接に適用できるかどうかという問題は別個の問題である。徳島地裁は、自由権規定としての性格と規定形式から、本規約が抽象的・一般的な原則等の宣言にとどまるものではなく、国内法としての直接的効力、しかも法律に優位する効力を有することを認め、自由権規約第14条1項の自動執行性と直接適用可能性を承認した判決として注目を集めた。

　この判決の論理に従えば、条約が法律に優位する効力をもつ以上、旧監獄法や旧監獄法施行規則は自由権規約との「条約適合性」が問われることになる。

　2　条約の解釈については、条約法条約第31条が解釈の一般規則を定めているが、文脈とともに考慮すべきものとして、その第3項(b)で「条約の適用につき後に生じた慣行であって、条約の解釈についての当事国の慣行を確立するもの」や同項(c)で「当事国の間の関係において適用される国際法の関連規則」を挙げている。徳島地裁と高松高裁の判決は、自由権規約第14条1項が受刑者と弁護士との民事訴訟における接見についてどのような権利を与えているかの解釈にあたって、同項と文言が類似するヨーロッパ人権条約第6条1項を、条約法条約第31条3項(c)の観点から、同規約の解釈にあたって、指針となりうると判断した。さらには国連総会の決議である国連被拘禁者保護原則18を、同条約3項(b)に該当するといえるかどうか疑問が残るとしながらも、同規約の解釈にあたって指針となるとの判断を示した。

　3　自由権規約第14条1項は、「公正な審理」を要求するが、刑事上の罪の決定の場合には第3項でその要件を明記しているが、「民事上の権利及び義務の争いについての決定」については必ずしも明示していない。しかし、個人通報事例の中で、自由権規約委員会は、「公正な審理」の概念には、武器平等、対審制の原則の尊重及び迅速な手続の尊重があるとし(Sandra Fei v. Colombia事件)、武器平等の原則の要素として、「武器平等の原則は、手続の双方の当事者が自己の主張の準備のために十分な時間及び便益をもたなければならず、これは翻って、この主張を準備するために必要な文書へのアクセスを必要とする」(Paul Perterer v. Austria事件)との見解を示している。また、ヨーロッパ人権裁判所は、「対立する私的利益に関する訴訟については、『武器平等』は、各当事者が自らの主張を(その証拠とともに)、相手方との関係で実質的に不利とならない条件の下で、提示するための合理的機会が与えられなければならないことを黙示するという委員会の見解に同意する」(Dombo Beheer B.V. 事件)と判示している。訴訟準備を行えないような接見制限は、武器平等の原則に反し、ひいては受刑者の公正な裁判を受ける権利を侵害するというのが、人権条約の実施機関の立場である。徳島地裁および高松高裁の判決は、こうした人権条約の発展を、監獄法および同施行規則の適用にあたって反映しようとした例といえよう。

　4　最高裁判所は、もっぱら憲法解釈に終始したが、裁判において原告が主張したように、

ヨーロッパ人権裁判所においては、被拘禁者が拘禁施設の処遇又は懲罰等について異議を申し立てる場合に弁護士との接見交通を拒否ないし不当に制限する場合には、ヨーロッパ人権条約第6条1項が保障する裁判所へのアクセス権の侵害にあたるとの判決がくだされている(ゴルダー事件判決)。特に、本件では刑務所側を実質的な相手方とする訴訟代理人との接見が問題とされており、在監目的の考慮の必要性は否定しないものの、最高裁が引用した未決勾留者の新聞閲読制限をめぐる大法廷判決等と同列に論じられる問題であるかどうか疑問なしとしない。受刑者といえども公正な裁判を受ける権利があり、訴訟準備において武器平等の原則が確保されるよう監獄法や関係省令の運用が図られるべきであろう。なお、2005年5月、監獄法は改正され、「刑事施設及び受刑者の処遇等に関する法律」が公布された。

5　最高裁判所の判決の背後には、憲法は条約に優位するという国内の効力順位を前提に、憲法の条約適合的な解釈の必要性はないとの姿勢が垣間見られる。一般に日本の司法では、自由権規約が詳細な規定を置いていても、それらは憲法を超えた人権保障をしておらず、憲法に包摂されるという論理が採られる。それ故、問題になるのは、条約の憲法適合性であるということになる。しかし、こうした姿勢で、国内において、自由権規約をはじめ日本が数多く締結している人権条約の趣旨を具体的に実現しうるかどうか疑問なしとしない。人権条約の発展をどのように日本の憲法解釈に取り込んでいくのか、換言すれば、憲法と条約との調和という大きな課題が残された判決といえよう。

【参考文献】
村上正直『百選Ⅱ』、『法科大学院ケースブック国際人権法』9章(2006)、岩沢雄司『条約の国内適用可能性』(有斐閣、1985)、北村泰三『国際人権と刑事拘禁』第7章(日本評論社、1996)、同「自由権規約の解釈方法と裁判所」『季刊刑事弁護』14号(1998)、金子武嗣『国際人権』8号(1997)、芹田健太郎『平8重判』、愛知正博『平9重判』、海渡雄一『国際人権』10号(1999)、前野育三『平12重判』、片山巖『法律のひろば』54巻2号(2001)、米倉由美子『国際人権』12号(2001)、只野雅人『判例評論』509号(2001)、山中俊夫『現代刑事法』3巻8号(2001)、西尾憲子『法学新報』109巻7・8号(2003)。

(坂元　茂樹・薬師寺　公夫)

94 小樽入浴拒否事件

裁　判　所　札幌地裁
判　　　決　2002(平成14)年11月11日
出　　　典　判時1806号84

【事実】　小樽市所在の被告株式会社Aが経営する公衆浴場Oでは、ロシア人船員らによる迷惑行為が行われ、他の利用者からの苦情が寄せられたことから、Aは同年8月18日以降、「外国人の方の入場をお断りいたします。JAPANESE ONLY」という看板を掲げ、一律に外国人の利用を拒否した。日本に在住するアメリカ国籍の原告Jおよびドイツ国籍の原告Bは1999年9月に家族らと共にOを訪ねたが、同従業員から外国人入浴拒否の説明を受けた。原告らは、自分たちが日本人女性と結婚し長年日本で生活している旨を述べ入浴を認めるよう従業員を説得したが入浴はできず、後日、支配人を訪ね、外国人一律入浴拒否を改めるように申し入れたが受け入れられなかった。また、アメリカ国籍である原告Hも2000年12月に同様に入浴を拒否された。彼らのうち、原告Jは、2000年9月に帰化の許可を受け、日本国籍を取得し、10月にOを訪ね運転免許証を示し日本人であることを説明したが、外見上は日本人であることがわからないことを理由に再び入浴を拒否された。

このような、外国人の入浴拒否に関して、被告小樽市に対して、市民から、苦情や入浴拒否をなくすために必要な対策を採るよう要求が出されたりしていた。それに対し、同市は1998年10月以降、この問題を検討するための会議等を主催し、その結果として、Oおよび同様の入浴拒否を行っていた公衆浴場Rに対して、トラブルの場合の市の協力体制を提案したうえで外国人の受け入れを要請する、ホームページ上で本件に関する事実経過と市の対応を記載し市民の理解と協力を請うなどの措置を採った。その後、2000年3月にはRが外国人の入浴を認めるようになり、小樽市は一店のみ入浴拒否を継続しているOの経営者Aに対して、同年4月に市長名で外国人を受け入れるように要望書を送付した。

以上のような状況において、原告J、B、Hは、Aに対して、入浴拒否が、憲法第14条1項、自由権規約第26条、人種差別撤廃条約第5条(f)、公衆浴場法第4条に違反しており不法行為を構成するとして、民法第709条、同第710条にもとづく損害賠償および名誉毀損に対する謝罪広告を、小樽市に対して、人種差別撤廃条約第2条1項(d)、同第6条、民法第709条、国家賠償法第1条、民法第710条に基づく損害賠償を請求した。一審はAに対する損害賠償請求を認め、Aに対する謝罪広告および小樽市に対する損害賠償請求を棄却した。それに対し、Aが原告らに対する損害賠償責任について、Jが小樽市の損害賠償責任についてそれぞれ控訴をし、前者に関してはJ、BおよびHが附帯控訴をした。札幌高

裁は2004年9月16日の控訴審判決で原判決を相当とし、AおよびJの各控訴、ならびにJ、BおよびHの附帯控訴をいずれも棄却したので、以下では札幌地裁判決について述べることにする(2005年4月7日に最高裁で上告が棄却された)。

【判決要旨】1　憲法14条1項は、公権力と個人との間の関係を規律するものであり私人相互間の関係を直接規律するものではない。自由権規約および人種差別撤廃条約は国内法としての効力を有するとしても、その規定内容からして憲法と同様に公権力と個人との間の関係を規律し、又は、国家の国際責任を規定するものであり、私人相互の間の関係を直接規律するものではない。しかしながら、私人の行為によって他の私人の基本的な自由や平等が具体的に侵害され又はそのおそれがあり、かつ、それが社会的に許容しうる限度を超えていると評価されるときは、私的自治に対する一般的制限である民法1条、90条や不法行為に関する諸規定により、私人による個人の基本的な自由や平等に対する侵害を無効ないし違法として私人の利益を保護すべきである。憲法14条1項、自由権規約および人種差別撤廃条約は、前記のような私法の諸規定の解釈にあたっての基準の1つとなりうる。本件入浴拒否は国籍による区別ではなく、外見が外国人に見えるという、人種、皮膚の色、世系又は民族的もしくは種族的出身に基づく区別、制限であると認められ、憲法14条1項、自由権規約26条、人種差別撤廃条約の趣旨に照らし、私人間においても撤廃されるべき人種差別に当たる。AはOに関して、財産権の保障に基づく営業の自由が認められているが、Oは公共性を有する公衆浴場であり、希望する者は国籍、人種を問わず、その利用が認められるべきであり、他の利用者に迷惑をかける利用者に対しては利用を拒否できるのは当然であるが、すべての外国人の利用を一律に拒否するのは明らかに合理性を欠くものというべきである。したがって、本件のAによる入浴拒否は不合理な差別であり社会的に許容しうる限度を超えているものといえ、違法であって不法行為に当たる(pp.91-92)。

　2　地方公共団体である小樽市の人種差別撤廃条例等の制定義務に関しては、個別の市民の権利に対応した関係での法的義務を負うものではない。人種差別撤廃条約第2条1項の前文および(d)の規定により、小樽市が公権力の一翼を担う機関として人種差別を禁止し終了させる義務を負うとしても、それは政治的責務にとどまり、個々の市民との間で、条例を制定することによって具体的な人種差別を禁止し終了させることが一義的に明確に義務付けられるものではない。また、同条約6条は手続的保障に関する規定であり、これによって小樽市が差別撤廃条例の制定を義務付けられることはない。さらに、差別撤廃条例の制定以外の施策に関しては、原則的に小樽市の裁量に委ねられているといえるが、例外的に考えても小樽市がすでに行った以外の有効な施策は想定しがたく、同市に違法というべき不作為は認められない。

　3　原告らは人種差別より人格権を侵害され、精神的苦痛を受けたので、被告Aは損害

賠償の義務があるが、原告らの社会的名誉が毀損されたとまでは認められない。(p.94)

【論点】1　本判決は、自由権規約および人種差別撤廃条約の私人間適用に関して、間接適用の立場を明確に示したものである。1999年10月12日の静岡地裁浜松支部判決（判時1718号92頁）が、「個人に対する不法行為に基づく損害賠償請求の場合には」、「（人種差別撤廃）条約の実体規定が不法行為の要件の解釈基準として作用する」という表現を用いて、私人間における条約の間接適用の手法を初めて示したが、本判決では直接適用の否定も明言した。自由権規約および人種差別撤廃条約が「国内法としての効力を有するとしても」と述べているが、これは、裁判規範としての国内的効力、いわゆる「自動執行性」の問題に関する指摘である。本判決は間接適用の手法を選んだことにより、「自動執行性」基準に関する判断が不必要となった。ヘイトスピーチに関する2013年10月7日の京都地裁判決（判時2208号74頁）では、人種差別撤廃条約第2条1項および6条によって締約国の裁判所は効果的な救済措置を確保する義務を名宛人として直接負っているという見解が示されたが、その控訴審である2014年7月8日の大阪高裁判決（判時2232号34頁）では間接適用の立場がとられた。

　2　条約第2条1項(d)による締約国の義務に関して、判決はこれを政治的責務ととらえ、また、立法義務を否定した。立法義務に関しては、学説では、原則的にはないとしながらも、一定の条件の下ではありうるという考え、日本社会の現実と照らし合わせて明らかに必要であるという考えがある。人種差別撤廃委員会は、2001年、2010年、2014年と繰り返し日本政府の定期報告に対する最終見解で人種差別を禁止する特別法の制定を促している。2002年に政府が提出した「人権擁護法案」には雇用や一定の私人による人種差別行為を禁止する条文が考えられていたが、廃案となった。2016年に制定されたヘイトスピーチ解消法は禁止を定めるものではない。判決は、また、第6条を手続的保障に関する規定と捉え、これによって小樽市が差別撤廃条例の制定を義務付けられることはないと判示し、前述の静岡地裁判決が、「第6条に従い、…国または団体に対してその不作為を理由として少なくとも損害賠償その他の救済を採りうる」と述べたのとは異なる判断をした。

　3　本件の差別は人種による差別と捉えられたが、国籍が理由であったとしても、人種差別撤廃条約の下で禁止される差別と考えられる（人種差別撤廃委員会一般的勧告30参照）。

【参考文献】
中井伊都子『百選Ⅱ』、佐藤文夫「公衆浴場入浴拒否と人種差別」『ジュリスト』1246号（2003）、高田映「人種差別撤廃条約の私人間的適用」『平11重判』、阿部浩己「外国人の入店拒否と人種差別撤廃条約の私人間適用」『ジュリスト』1188号（2000）、金東勲『国際人権法とマイノリティの地位』（東信堂、2003）246-309頁、有道出人『ジャパニーズ・オンリー――小樽温泉入浴拒否問題と人種差別』（明石書店、2003）、村上正直『人種差別撤廃条約と日本』（日本評論社、2005）、申惠丰「入居差別と人種差別撤廃条約―私人間差別撤廃のための立法措置の必要性について」『青山法学論集』50巻2号（2008）。

（中坂　恵美子）

第4節　国際犯罪

95　第2次世界大戦と国際軍事裁判
A　ニュールンベルグ裁判(War Crimes Trials at Nuremberg-In re Goering and others)
B　東京裁判(War Crimes Trials at Tokyo-In re Hirota and others)

被　告　人	A ゲーリング他23名	B 広田弘毅他27名
裁　判　所	A 国際軍事裁判所	B 極東国際軍事裁判所
判　　　決	A 1946年10月1日	B 1948年11月12日
出　　　典	A 13 AD 203	B 15 AD 356

【事実】A　1945年8月8日ロンドンにおいて、第2次世界大戦における全連合国の利益を代表する英米仏ソ4カ国政府は「ヨーロッパ枢軸国の主要戦争犯罪人の訴追および処罰に関する協定」を締結した。同協定は、特定の地域に限定されない犯罪を行った主要な戦争犯罪人を裁くための国際軍事裁判所の設置を定めた。そして同協定に附属する国際軍事裁判所条例は、同裁判所の組織、管轄権および裁判手続等を規定した。

同条例第6条は、裁判所の管轄に属する犯罪として3種類の罪を列挙していた。それらは「平和に対する罪、すなわち侵略戦争もしくは国際条約、協定もしくは誓約に違反する戦争の計画、準備、開始もしくは遂行、またはこれら各行為のいずれかを達成するための共同の計画もしくは謀議への関与」、「戦争犯罪、すなわち戦争の法規または慣例の違反。この違反は、占領地に属しもしくは占領地内にある文民たる住民の殺害、虐待、もしくは奴隷労働もしくは他の目的のための移送、捕虜もしくは海上にある者の殺害もしくは虐待、人質の殺害、公有私有財産の掠奪、都市町村の恣意的破壊、または軍事的必要により正当化されない荒廃化を含む。ただし、これらに限定されない」、そして「人道に対する罪、すなわち、犯罪の行われた国の国内法に違反すると否とを問わず、本裁判所の管轄に属するいずれかの犯罪の遂行として、もしくはこれに関連して行われた、戦争前もしくは戦争中のすべての文民たる住民に対する殺害、殲滅、奴隷化、移送および他の非人道的行為、もしくは政治的、人種的もしくは宗教的理由に基づく迫害行為」である。

1945年10月18日に提出された起訴状には、次の4種類の訴因が列挙されていた。すなわち、訴因第1として上記3種類の罪を犯す共同の計画もしくは謀議の立案もしくは実行への関与、訴因第2として平和に対する罪、訴因第3として戦争犯罪、訴因第4として人道に対する罪である。被告人らはドイツの政府、軍部の指導者、外交官、あるいはナチス党の党首や幹部などであった。判決では、19名が有罪（絞首刑12名、終身禁錮3名、禁錮20年2名、同15年1名、同10年1名）、3名が無罪とされた。残る被告人のうち1名は自殺し、また1名は病気のため審理から除外された。

B　1946年1月19日連合国最高司令官は、「極東国際軍事裁判所設置に関する特別宣言」を発し、同時に一般命令第1号により極東国際軍事裁判所条例を制定した（同年4月26日一般

命令第20号により同条例は改正された)。同条例第5条は、裁判所が平和に対する罪を含む犯罪につき訴追された極東戦争犯罪人を審理し処罰する権限を有すると定め、裁判所の管轄に属する犯罪として、平和に対する罪、通例の戦争犯罪、および人道に対する罪を列挙した。これらの犯罪の定義は、Aの国際軍事裁判所条例第6条の定義と比べ若干の変化はあるが、本質的に異なるものではない。

1946年4月29日の起訴状は55に及ぶ訴因を挙げていたが、それらは3種類に分けられ、第1は平和に対する罪に関するもの(訴因1〜36)、第2は殺人に関するもの(訴因37〜52)、第3は通例の戦争犯罪および人道に対する罪に関するもの(訴因53〜55)であった。被告らは、4名の内閣総理大臣を含む元閣僚、軍部の指導者、外交官などであった。被告28名のうち、2名は結審前に病死し、1名は病気のため免訴となり、判決は、残る25名全員を有罪(絞首刑7名、終身禁錮16名、禁錮20年1名、同7年1名)とした。なお判決は裁判官の全員一致によるものではなく、11名の裁判官のうち5名が個別意見または反対意見を付した。

【判決要旨】A1　条例の法は決定的であり、本裁判所を拘束する。条例は戦勝国の恣意的な権力行使ではなく、その制定当時に存在した国際法の表現であり、その限りでは、それ自体国際法に寄与するものである(p.207)。

2　平和に対する罪について、弁護側は罪刑法定主義に基づく抗弁を行った。しかし、「法なければ犯罪なし」という法格言は主権を制限するものではなく、一般的な正義の原則である。条約や誓約を無視し近隣諸国を警告もなく攻撃した者たちを処罰するのが正義にもとると主張することは、明らかに不当である。なぜなら、そのような情況において攻撃者は自分が違法行為をなしていることを知っているはずであり、彼を罰することは正しくないどころか、もし彼の違法行為が処罰されないまま済まされるなら、それこそ不正なのである(p.208)。

不戦条約に署名または加入した諸国は、政策の手段として戦争に訴えることを将来に向かって無条件に非とし、明示的にそれを放棄した。国家の政策の手段としての戦争を厳粛に放棄したことは、このような戦争が国際法上違法であり、かつこのような戦争を計画し実行する者が犯罪を行いつつあるのだ、という命題を必然的に含んでいる(p.209)。

3　条例第6条にいう戦争犯罪は、すでに国際法上戦争犯罪として認められたものであり、1907年ハーグ陸戦条約附属規則や1929年ジュネーヴ捕虜条約の諸規定に違反する。これらの違反が犯罪をなし、それについて有罪とされた個人を処罰しうることは、十分確立しており、議論の余地がない。1907年ハーグ陸戦条約は総加入条項により本件に適用がないと申し立てられる。しかし、1939年までに同条約附属の陸戦規則は、すべての文明諸国により承認されており、条例第6条にいう戦争の法規慣例を宣言するものとみなされた(p.212)。

4　1939年の戦争開始以前、ドイツでは政府に敵対するかもしれない文民に対する迫害、抑圧および殺害の政策がきわめて容赦なく実施された。同時期にユダヤ人迫害が行われた

ことは、まったく疑う余地がない。人道に対する罪を構成するには、戦争の勃発以前の当該行為が、裁判所の管轄に属するいずれかの犯罪の遂行として、もしくはこれに関連して行われたものでなければならない。それらの行為の多くは目を背けさせる恐ろしいものではあるが、上記のいずれかの犯罪の遂行として、もしくはこれに関連して行われたものであることは、十分証明されなかった。それゆえ1939年以前の行為が条例の意味における人道に対する罪であったと一般的に宣言することはできないが、1939年の戦争開始以後は、戦争犯罪が大規模に行われ、それらは同時に人道に対する罪でもあった。そして起訴状に挙げられた非人道行為で戦争開始以後に行われたものが戦争犯罪に当たるものでなければ、それらはすべて侵略戦争の遂行として、もしくはこれに関連して行われたものであり、それゆえ人道に対する罪をなすものであった(p.213)。

5 国家行為を行う者は国家主権の理論により保護されるとの申立は、却下されなければならない。国際法上の犯罪は人によって行われるのであって、抽象的団体によって行われるのではない。そのような犯罪を行った個人を処罰することによってのみ、国際法の規定は執行できる。一定の情況の下で国家代表者を保護する国際法原則は、国際法により犯罪として非難されている行為には適用できない。その行為を行った者は、適切な裁判による処罰を免れるために、公職の陰に隠れることはできない(p.221)。

条例の真髄は、個人が個別国家の課す国内的忠誠義務を超えた国際的義務を負うということである。戦争法に違犯する者は、国家権力に従って行為した場合といえども、その国家が行為の授権に当たり国際法上認められた権限を逸脱したならば、免除を受けることはできない(pp.221-222)。

B1 〔判決は、上の判決要旨Aの項目1、2および5の主要部分などを引用した後で、次のように述べる。〕ニュールンベルグ裁判所の以上の意見およびその意見に到達した推論に、本裁判所は完全に同意する(p.363)。

2 弁護側は、降伏文書とポツダム宣言の下で裁判が予期されていた犯罪は、ポツダム宣言の当時に国際法により認められていた戦争犯罪だけであるから、それは条例第5条(ロ)にいう通例の戦争犯罪だけである、という理由で裁判所の管轄権を争う。しかし侵略戦争はポツダム宣言の当時よりはるか前から国際法上の犯罪だったのであり、弁護側の試みる条例の制限的解釈の根拠はない(p.363)。

3 侵略戦争または違法な戦争を遂行する共同謀議は、この犯罪を行おうとする合意に2人またはそれ以上の者が参加したときに生じる。通例の戦争犯罪と人道に対する罪を犯す共同謀議は、条例では犯罪とされていない。平和に対する罪以外には、いかなる罪を犯す共同謀議についても、条例は管轄権を与えていない(＊pp.1040-1041)。

すでに1928年以前から、日本は武力の行使によって進出しなければならないという共

同謀議が存在した。侵略戦争を遂行するためのこれらの広範な計画、そしてこれらの侵略戦争の長期にわたる複雑な準備と、これらの戦争の遂行は、1人の人間の仕事ではなかった。実際、侵略戦争を遂行する共同謀議または侵略戦争を遂行すること以上に重大な犯罪を想像することはできない。なぜなら、その共同謀議は世界の人民の安全を脅かし、その遂行はこれを崩壊させるからである。そのような共同謀議から起こりそうな結果、そしてその遂行から必ず起こる結果は、無数の人間に死と苦痛がもたらされるということである（＊pp.1123-1126）（＊のついた箇所の出典は、Friedman, Leon(ed.), The Law of War -A Documentary History- Vol.II, Random House / New York(1972)）。

【論点】1　両判決とも、裁判所の管轄権の根拠は条例にあるとし、また条例はその制定当時の国際法を表わしているとした点では一致している。しかし条例そのものを制定しうる法的権限の問題については、議論が分かれる。まずAニュールンベルグ裁判の場合、判決では条例の制定は、ドイツ占領国による主権的立法権の行使として説明された。このような根拠づけは多数説により支持されている。これに対して少数説は、ドイツの無条件降伏が軍事的意味しかもたず、ドイツ占領国はハーグ陸戦規則第3款により拘束されるため、ドイツに対し主権的立法権なるものをもちえないと論じる。その結果、ニュールンベルグ裁判は戦争犯罪の訴追に関してのみ一般国際法に適合するという。

　一方B東京裁判の場合、判決は、条例制定の根拠について具体的には述べていない。学説上は、根拠として、戦争犯罪人処罰への言及を含むポツダム宣言および同宣言の実施に関する連合国最高司令官の権限を認めた降伏文書がもち出される。

　2　両裁判における最大の論点は、罪刑法定主義をめぐる問題であり、議論は平和に対する罪に集中した。弁護側は、第2次世界大戦開始の時までに平和に対する罪の概念が国際法上確立しておらず、裁判は事後法による処罰を求めるものであり、罪刑法定主義に反すると主張した。また侵略戦争の定義はなされていないばかりか、1928年の不戦条約に違反した戦争は違法行為ではあっても犯罪とされたものではなく、これに対する刑罰も規定されていないとした。両判決は、侵略戦争が国際法上違法でありかつ犯罪であるという命題を不戦条約は必然的に含んでいる、という立場を採用した。学説上は、世界の新秩序が建設されようとする転換期において、しかも恣意的裁判が行われるおそれが少ない国際裁判の場合には、罪刑法定主義を適用することは絶対の要請ではないとする見解もある。しかし国際裁判における罪刑法定主義の適用を根本から否定する立場はほとんど存在しない。そこで判決に対しては、条例が事後法でないことを十分に論証していないとの批判がなされた。

　3　人道に対する罪も両裁判所の条例で規定された新しい概念であり、本来はある国の政府が自国民に対して行った残虐行為を犯罪とする発想から生まれた。ところが条例の定義では、「裁判所の管轄に属する犯罪の遂行として、もしくはこれに関連して」行為が行わ

れることを罪の成立要件としているので、この概念の独自性に疑問が生じることとなった。また判決〔要旨A4〕は、1939年の戦争開始以後行われた戦争犯罪と人道に対する罪の概念上の区別を十分に説明していないことから、人道に対する罪の概念の不明確さが指摘されている。さらにこの罪自体が国際法上の犯罪となっていたことを、両判決とも十分に論証していないため、この罪も事後法であるという批判が加えられた(なお、Bの判決では人道に対する罪で有罪とされた者はなかった)。

4　両判決は、条例は侵略戦争の遂行等の共同謀議のみを犯罪とし、戦争犯罪および人道に対する罪の共同謀議は犯罪としていないと解釈した。しかし、そもそも共同謀議概念は英米法に特有のものであり、他の法体系には存在しないことから、国際法上の犯罪となっていないのはもちろん、文明国によって認められた法の一般原則でもないとして、その処罰が罪刑法定主義に反することを主張する見解がある。

5　両判決の先例としての評価は、第2次世界大戦後、国連における法典化作業の中で確立されていく。両裁判所の条例と判決で承認された国際法原則は、国連総会で確認され(決議95(Ⅰ))、国際法委員会により定式化された(1950年「ニュールンベルグ諸原則の定式化」)。こうして平和に対する罪、戦争犯罪、人道に対する罪という3種類の国際法上の犯罪について個人の刑事責任を追及すべきであるとする原則は、国連の法典化作業に組み込まれていった(「人類の平和と安全に対する犯罪に関する法典草案」)。こうした動きと並行して採択された条約としては、1948年の集団殺害(ジェノサイド)罪の防止および処罰に関する条約や、1968年の戦争犯罪および人道に対する罪に対する時効不適用に関する条約等がある。

一方、国際刑事裁判所(ICC)設立に向けての国連の作業は、1954年以降長期にわたり中断していたが、1990年代に至って復興し、1994年に国際法委員会でICC規程草案が採択され、結局1998年ローマの外交会議においてICC規程が成立した。同規程は、集団殺害罪、人道に対する罪、戦争犯罪、および侵略の罪をICCの管轄権の対象として規定し、それぞれ定義を与えている。ただし、侵略の罪の定義については、当初合意に達しなかったため、将来の規程改正に委ねられていたが、2010年のローマ規程検討会議(カンパラ)は、侵略犯罪に関する第8条の2および第15条の2、第15条の3の追加等の改正を行い、管轄権行使の条件を定めた。この改正と2017年の規程当事国会議の決定に基づきICCの侵略の罪に対する管轄権の行使が2018年7月17日から可能となった。

【参考文献】
大沼保昭『百選Ⅰ』、金子利喜男『宮崎基本判例』、竹本正幸『ケースブック』、高柳賢三『極東裁判と国際法』(有斐閣、1948)、横田喜三郎『戦争犯罪論』増訂版(有斐閣、1949)、細谷千博・安藤仁介・大沼保昭編『国際シンポジウム／東京裁判を問う』(講談社、1984)、藤田久一『戦争犯罪とは何か』(岩波新書、1995)。

(岡田　泉・薬師寺　公夫)

96　アイヒマン裁判（Attoney-General of the Government of Israel v. Adolf Eichmann）

　　　　　裁　判　所　イスラエル最高裁判所
　　　　　判　　　決　1962年5月29日
　　　　　出　　　典　36 ILR 5

　【事実】　アドルフ・アイヒマン（1906年生まれ）は、1941年3月に「ユダヤ人問題および排除」担当のゲシュタポ（秘密国家警察）第4課Ｂ4の長となり、同6月にはユダヤ人抹殺の「最終的解決」の指令を受けた。そして以後この「最終的解決」計画について中心的役割を果たした。

　アイヒマンは、リカルド・クレメントの偽名で1950年以後アルゼンチンに居住していたが、1960年の5月11日にブエノスアイレスからイスラエルに連れ去られた。アルゼンチン政府は、この拉致がイスラエルによるアルゼンチンの領域主権の侵害であるとして、イスラエルの責任を追及し、そしてアイヒマンの帰国および責任者の処罰を求めた。この両国間の紛争は、通常の外交交渉では解決できず、アルゼンチンは、国連安全保障理事会にこの紛争を付託した。安全保障理事会は、決議138（1960年6月23日）において、この行為がアルゼンチンの主権を侵害するものであるとし、イスラエル政府に対して国連憲章および国際法に従った適切な事後救済を行うよう求めた。両国政府は1960年8月3日にこの決議を受け入れる共同声明を発表し、この事件から生じた両国間の紛争は決着した。

　イスラエルに拘束されたアイヒマンの取調べは約1年に及んだ。そして1961年4月11日にエルサレム地方裁判所でアイヒマンの裁判が始まった。アイヒマンは、イスラエル国内法である「ナチおよびナチ協力者（処罰）法」（1950年）により訴追されたが、その内容は、ユダヤ人に対する罪、人道に対する罪、そして戦争犯罪を行った者を死刑にすること、そして「敵対組織」の構成員を有期刑にすることである。アイヒマンはこれらの罪を犯したものとして15の訴因により起訴された。アイヒマンは、その申し立てられた事実についてはほとんど争わなかった。しかし、裁判所の管轄権について多くの理由により異議を述べた。このアイヒマンの異議には以下の主張が含まれていた。①「ナチおよびナチ協力者（処罰）法」はイスラエル建国以前の行為を処罰する事後法である、②領域主権の原則により、犯罪処罰の権利は犯罪発生地国に限られ、または、犯罪者の本国に限られる、③当該行為は、その行為時において、国家行為であった、④被告人は上官の命令で行動した下級職員だった、⑤被告人はイスラエルの裁判管轄権内に国際法に違反して連れてこられたのであり、裁判所は管轄権を行使すべきでない。1961年12月12日のエルサレム地方裁判所はこれらのアイヒマンの主張を認めず、死刑判決を下した。アイヒマンは、最高裁判所に上告した

が、1962年5月29日に最高裁はこの被告人の主張をしりぞけ、地裁判決を確認した。この判決後アイヒマンはイスラエル大統領に恩赦を求めたが、しりぞけられ、1962年5月31日に死刑が執行された。

【判決要旨】1　①について、罪刑法定主義の原則は、慣習国際法規則とはなっていない。この原則は、多くの国の憲法および刑法典に規定されているけれども、普遍的に受け入れられているものではない。この原則の意義までは否定しないが、本件被告人の行為の重大性からするとこの原則を本件に適用することは道義的にも許されるべきではない (pp.281-283)。

　2　②について、まず第1に、外国人によって、外国においてなされた行為に適用される刑法の制定は領域主権原則に反すると被告人は主張するけれども、そのような慣習国際法規則は存在しない。国家の刑事裁判権行使を禁ずる明確な国際法規則がある場合にのみ、国家は裁判管轄権行使を禁じられる。

　さらに、単にイスラエルがこの1950年法を制定するに際して国際法上の禁止がない、ということにとどまらず、イスラエル国会はこの法律の制定により国際法の目的を実現しようとしている。すなわち、第1にこれらの犯罪は国際犯罪であり、国際法によって禁止され、個人の刑事責任を伴うものであること、そして、第2にこれらの罪のとくに普遍的な性格こそがその犯罪を裁判し処罰する権限をすべての国に与えるのである (pp.283-304)。

　3　③について、国家行為の理論は、人道に対する罪のような国際法により禁止されている行為については適用されない。ニュルンベルク裁判所条例第7条でもジェノサイド条約第4条でもこの国家行為を理由とする抗弁は否認されている (pp.308-312)。

　4　④について、上官命令の抗弁を認めるかどうかについての確立した国際法は存在していなかった。したがって、この抗弁を認めないとするニュルンベルグ裁判所条例第8条も、そしてイスラエルの1950年法も国際法に反するものではない。さらに本件については、被告人がその命令を拒否することにより差し迫った生命の危機があったと認定することはできない。被告人は自らに与えられた任務を進んで熱心に行っていたのである (pp.313-319)。

　5　⑤について、被告人は犯罪人の引渡としてアルゼンチンから引き渡されたのではないから、裁判所は被告人の裁判管轄権内に入れられた状況について考慮する必要はない。国際法の観点からは、その領域主権を侵害された国はその主権侵害を許すこともでき、犯人を自国領域に戻すという要求を含む諸要求を放棄することもできる。1960年8月3日のイスラエル・アルゼンチンの共同声明はアルゼンチンがこの諸要求を放棄したことを意味する (pp.304-308)。

【論点】1　本件においてイスラエル裁判所は、その裁判権の根拠を主として普遍的管轄権に依拠した。裁判所は、この普遍的管轄権を行使できる根拠として、国際法上その行使の明確な禁止規定がないことと、当該犯罪(ジェノサイド罪、人道に対する罪そして戦争犯罪)の国際犯罪としての性質に基礎づけた。裁判所が述べるように、これらの犯罪が国際社会全体の関心事であり、国際社会の利益を侵害するものであることから、これを国際犯罪と性格づけ、すべての国に裁判管轄権が認められるということは十分説得的である。ただ、ジェノサイド条約第6条の解釈として、この第6条は自国領域内でなされたジェノサイド犯罪を将来訴追すべき締約国の条約上の義務を述べているに過ぎないものであり、他のすべての国が普遍的管轄権を慣習国際法上もっている、とこの判決当時言えたかどうかについては疑問も残る。

2　裁判所は罪刑法定主義の原則の適用を否定したが、これはあくまで国内刑法の適用の側面についてであって、当該行為が個人に刑事責任をもたらしうるという国際慣習法が成立していたことを前提としている。

3　アイヒマンをアルゼンチンからイスラエルに連れ去ったのは、イスラエルの国家機関に相当する者であるとされた。このことによりイスラエルによるアルゼンチンに対する領域主権の侵害が生じ、この両国間の紛争はイスラエルによる謝罪により決着している。このイスラエルによるアルゼンチンに対する領域主権侵害は、しかし、アイヒマンに対するイスラエルの刑事裁判権行使を否定するものとは考えられなかった。

4　エルサレム地方裁判所の判決も、この最高裁判所の判決とほぼ同旨である。ただし、裁判権の根拠として普遍的管轄権のほかに、イスラエルとユダヤ人との間のつながりから、保護主義および消極的属人主義による刑事裁判権が存在することを、より強調している。

【参考文献】
金東勲『ケースブック』、J・ロビンソン「アイヒマンと裁判権」『法律時報』32巻11号(1960)、中島博「アイヒマン裁判の背景と問題点」『国際問題』15号(1961)、桜木澄和「アイヒマン裁判と国際刑法」『法学セミナー』63号(1961)、塚本重頼「アイヒマンの裁判」『自由と正義』13巻2号(1962)、小谷鶴次「アイヒマン裁判と国際刑法」『修道法学』3巻1号(1979)、古谷修一「普遍的管轄権の法構造」『香川大学教育学部研究報告(第Ⅰ部)』74号(1988)、75号(1989)、稲角光恵「ジェノサイド条約第6条の刑事裁判権(1)(2・完)」『名古屋大学法政論集』168号、170号(1997)。

(樋口　一彦)

97　タジッチ事件(The Prosecutor v. Dušco Tadić a/k/a/"dule")

裁判所　旧ユーゴ国際刑事裁判所
判　決　(a)第一審裁判部管轄権決定　1995年8月10日　(b)上訴裁判部管轄権決定　1995年10月2日
　　　　(c)第一審裁判部本案判決　1997年5月7日　(d)第一審裁判部量刑判決　1997年7月14日
　　　　(e)上訴裁判部本案判決　1999年7月15日　(f)第一審裁判部第二量刑判決　1999年11月11日
　　　　(g)上訴裁判部量刑判決　2000年1月26日　(h)上訴裁判部再審請求却下決定　2002年7月30日
出　典　(a) ICTY Judicial Reports (1994-1995) 63　(b) ICTY Judicial Reports (1994-1995) 353
　　　　(c) ICTY Judicial Reports (1997) 3　(d) ICTY Judicial Reports (1997) 575
　　　　(e) 38 ILM 1518 (1999)　(f) 39 ILM 117 (2000)
　　　　(g) 39 ILM 635　(h) 41 ILM 1328 (2002)

【事実】　ユーゴスラビア社会主義連邦共和国(以下、旧ユーゴと略称)は、民族、宗教、言語などを異にする住民が複雑に入りくんで分布する多民族国家であったが、1980年代後半における経済的行きづまりと冷戦終結による社会主義陣営・国家の解体の流れの中で民族間の緊張が高まり、1991年から92年にかけて、スロベニア、クロアチア、マケドニア、ボスニア・ヘルツェゴヴィナ(以下、ボスニアと略称)の各共和国が相次いで独立を宣言した。しかし、こうした連邦構成共和国の独立は、各共和国における多数派民族と少数派民族との間の対立を増幅し、彼らの間で、および少数派民族が多数を占めている他の共和国との間で、武力紛争を引き起こすことになった。とりわけボスニアでは、ムスリム(イスラム教徒、人口の40％)主体の政府に対して、セルビア人(セルビア正教、32％)とクロアチア人(カトリック、18％)が、それぞれユーゴスラビア連邦共和国(92年4月にセルビア共和国とモンテネグロ共和国により結成された。以下、新ユーゴと略称)とクロアチア共和国の支援を受けて、三つ巴の争いを繰り広げ、それぞれの支配地域から他民族住民を排除するため、大規模、計画的かつ組織的な殺人、抑留、拷問、強姦、追放などが行われるようになった。

　こうした事態に対して国連安全保障理事会は、EC(のちEU)と協力して和平の実現に努めると同時に、国際人道法違反行為の即時停止を繰り返し要求し、違反者は個人として責任を問われる旨警告してきたが、ついに1993年5月23日の決議827で、国連憲章第7章に基づく措置として臨時の裁判所を設立することを決定した。同決議で採択された裁判所規程によれば、この裁判所(旧ユーゴ国際刑事裁判所〈ICTY〉と略称される)は、1991年1月1日以後旧ユーゴの領域内で行われた①1949年ジュネーヴ諸条約に対する重大な違反行為、②戦争の法規または慣例に対する違反、③集団殺害犯罪(ジェノサイド)、④人道に対する犯罪、の4つについて、責任を有する個人を訴追する権限を有する。裁判所には第一審裁判部と上訴裁判部が置かれ、被告人には無罪の推定や弁護人を依頼する権利、自己に不利な証人を尋問し、自己のための証人の出席を求める権利など、防御の十分な権利が保障される。上記の犯罪行為に関して、この国際裁判所は国内裁判所に優越し、各国の国内裁判所に対して、手続のいかなる段階においても、国際裁判所の権限に服することを正式に要請する

ことができる。刑罰は拘禁刑に限られ、死刑は科されない。

本件の被告人デュスコ・タジッチ(Duško Tadić)は、ボスニアのプリイェドル地区オマルスカ収容所の看守兵であったが、1992年5月23日から同年末にかけて同収容所内外でムスリムおよびクロアチア人に対して行った攻撃、拘禁、殺人、虐待が、上記の①、②、④の犯罪行為にあたるとして、1995年2月13日に起訴された。本裁判所は欠席裁判を認めていないが、タジッチ被告はたまたまドイツで逮捕され、本裁判所に身柄を引き渡されたため、本裁判所において公判手続がとられた最初の事件となった。

弁護側はまず、本裁判所の管轄権すなわち被告人の行為を裁く権限の有無を争い、(1)このような裁判所は条約または国連憲章の改正によって設立されるべきであり、安保理決議で設置するのは違法である、(2)国際裁判所が国内裁判所に優越するのは主権の侵害であり、被告人には自国の裁判所で自国法による裁判を受ける権利(召還拒否権)がある、(3)被告人が訴追されている①②④の犯罪類型はいずれも国際的武力紛争における犯罪であり、被告人の行為は仮に立証されたとしても国内的武力紛争における行為であるから、裁判所には管轄権がない、と主張した。しかし、裁判所はこの抗弁を却下し、本案審理に進んで被告人を有罪とした。

【判決要旨】(a) 第一審裁判部は、次のように述べて、管轄権に関する弁護側の異議を却下した。

1 弁護側の主張(1)について。本裁判所には安保理による裁判所設置の合違法性を審査する権限はない(para.5)。憲章第7章は安保理に広範な権限を付与しており、裁判所設置という措置も排除されていない(para.27)。本裁判所を設置した安保理の決定の有効性は政治的性質の問題であって、司法審査になじまない(para.24)。裁判所が独立かつ公平であるかどうかは、誰がその裁判所を設立したかではなく、その規程や裁判官、審理方法で決まる。「法律で設置された」裁判所(自由権規約14条)とは、合法的に設置された裁判所という意味であって、裁判所が事前に設置されていることを要求するものではない(paras.32-37)。

2 (2)について。被告人は国家ではないから主権侵害を主張する立場にない。関係当事国であるボスニアとドイツは裁判所の管轄権を認め、協力しているのであるから、主権侵害には当たらない(para.41)。本裁判所に付託されるのは個別国家の利害を超えた普遍的性質の犯罪であり、このような犯罪行為については国家の主権的権利が国際裁判所の管轄権に優越するべきではない(para.42)。

3 (3)について。①②の犯罪の構成要件は規程自身で定められており、そこでは国際的武力紛争の存在は要件とされていない(paras.50,58-60)。また、④の犯罪は国際的武力紛争と国内的武力紛争のいずれにも適用される(para.83)から、結局、裁判所は、旧ユーゴ紛争

が国際的武力紛争か国内的武力紛争かに関わりなく、管轄権を有する。

 (b) 上訴裁判部は、以下のように述べて、(a)に対する弁護側の上訴を棄却した。

 1　弁護側の主張(1)について。本裁判所は安保理による裁判所設置の合法性を審査する権限を有する(para.22)。安保理は広範な裁量権を有しており、憲章第41条における制限は「兵力の使用を伴わない」ということだけであるから、裁判所の設置という司法的な措置をとることも可能である(paras.32-38)。弁護側は、自由権規約第14条1項を根拠として、裁判所は「法律で設置された」ものでなければならないと主張するが、この原則は国内における刑事司法運営にのみ適用されるものであり、三権分立の確立していない国際社会では、裁判所が権限ある機関によって適正に設立され、公正な裁判手続が保障されていれば、「法律で設置された」ということができる。本裁判所はこれらの要件を満たしているから、同条に違反するものではない(paras.42-47)。

 2　(2)について。本裁判所では被告人は十分な防御権を保障されているから、国家主権の侵害を理由とした抗弁を行うことも許されるが、本件では、関係当事国であるボスニアとドイツが本裁判所を支持し、協力しているから、主権の侵害にはならない(paras.55-56)。さらに、犯罪の性質が普遍的・国際的なものである場合には、国内で通常犯罪として扱われたり、国際的な刑事責任から被告人を保護するために訴追されるおそれがあるので、誠実な訴追を確保するためには、国際裁判所に優越権が与えられなければならない(paras.57-58)。召還拒否権は、公正な裁判の保障のない特別法廷が設置されるのを阻止することを目的とした原則であるが、本裁判所では公正な裁判の保障が完全に与えられているから、本裁判所に優先的裁判権を認めてもこの原則に違反しない(paras.62-63)。

 3　(3)について。旧ユーゴ紛争は国際的側面と国内的側面の両面をもつ(para.77)。①の犯罪は、「ジュネーヴ条約に基づいて保護される人又は財産」に対して犯された時にのみ訴追されるが、これらの人又は財産が保護されるのは国際的武力紛争の渦中においてのみであるから、結局、①は国際的武力紛争において行われた行為にのみ適用される(paras.80-81)。②は、①③④によってカバーされない人道法のすべての違反をカバーする一般条項であるが、1930年代以降、国際的武力紛争と国内的武力紛争との区別がしだいに緩和され、今日では、戦争の法規・慣例(現代の用語法では国際人道法)の基本原則は、国際的、国内的を問わずすべての武力紛争に適用され、その違反は個人の刑事責任を伴うと考えられるようになった(paras.91,97,127-129)。④については、「人道に対する罪」が国際的武力紛争の存在を要件としていないことは、今日では確立した慣習国際法規則である。慣習国際法上は武力紛争の存在さえ要件とされていないのであるから、これはむしろ構成要件を一層狭く定義したもので、罪刑法定主義に反しないことは明らかである(para.141)。

 (c) 裁判所の管轄権が確認されたことから、第一審裁判部は本案審理を進め、以下の

ような有罪判決を下した。

1 文民(民間人)に対する殺害や拷問、虐待は、被害者が「紛争当事国又は占領国の権力内にある者でその紛争当事国又は占領国の国民でない者」である場合にのみ、ジュネーヴ第4条約(文民条約)の重大な違反行為となる。しかし、1992年5月19日以降ボスニアのセルビア人勢力は、その資金や人員、装備、補給などを新ユーゴに強く依存していたが、個々の作戦行動が新ユーゴの「実効的支配」の下で行われたとまでは言えず、したがって、本件被害者たちは他国の権力内にあったとは言えないから、ジュネーヴ第4条約で「保護される者」に該当しない(para.607)。よって①に基づく訴因についてはすべて無罪。

2 ②に基づく訴因に関しては、「紛争当事国又は占領国の国民でない者」という要件は必要とされておらず、「敵対行為に直接に参加しない者に対して」「武力紛争の過程で行われた」という要件が満たされているので有罪(para.617)(ただし、若干の訴因については証拠不十分により無罪)。

3 ④の犯罪が成立するためには、「武力紛争において」「文民に対して直接に」「広範囲又は組織的に」「政策の推進のために」「差別的理由」で行われたという要件が必要であるが、これらの要件はすべて満たされているので有罪(para.660)。

(d) (c)の有罪認定に基づいて第一審裁判部は20年の拘禁刑を宣告し、被告人に対する管轄権の委譲を本裁判所がドイツに要請した日以降の未決拘禁日数を算入することとした。

(e) (c)に対して弁護側、検察側の双方が上訴し、(d)に対して弁護側が上訴したので、上訴裁判部はまず(c)に対する上訴に対して次のとおり判決し、(d)に対する上訴については後の手続きに先送りした。

1 弁護側は上訴理由として、ボスニア国内のスルプスカ共和国政府およびプリイェドル市当局の妨害・非協力によって、十分な証拠・証人を得ることができず、被告人の「公正な裁判を受ける権利」が害されたと主張するが、第一審裁判部は弁護側の立証を助けるためにあらゆる努力をした。他方、弁護側は、訴訟手続の一時中断など公正な裁判が期待できないときにとりうる措置を何も要求しなかった。第一審で必要な防御をしないでおいて、上訴審で審理のやり直しを求めることはできない。よって弁護側上訴棄却(paras.53,55)。

2 検察側は上訴理由として、(c)判決は国際司法裁判所(ICJ)のニカラグア事件判決〔⇒157〕で示された「実効的支配」という基準を適用して、本件被害者らはジュネーヴ第4条約で「保護される者」に該当しないとしたが、国家責任ではなく個人の刑事責任が問われている本件では「明白なつながり」という基準が適用されるべきであり、それによれば、ボスニアのセルビア人勢力の行為は新ユーゴ軍に帰属し、本件被害者はジュネーヴ第4条約で「保護される者」に該当すると主張する(paras.69-72)。上訴裁判部の見解によれば、国家

責任が問題となる場合と個人の刑事責任が問われる場合とで基準が異なるわけではないが(para.98)、私人の行為が国家に帰属するのは当該行為の実行を指示する具体的な支配命令関係がある場合だけであるとする「実効的支配」基準は誤りである。純粋な個人の行為の場合には国家の具体的な指示・命令が存在していなければならないが、武装集団その他の軍事的組織の場合には、当該集団が他国の「全般的支配」の下にあるだけでよい(para.137)。ボスニアのセルビア人勢力は、新ユーゴの「全般的支配」の下にあったから、新ユーゴの事実上の国家機関と見なされる。よって、本件の被害者らは他国の権力内にあったことになり、ジュネーヴ第4条約で「保護される者」に該当するから、①に基づく訴因についても有罪(paras.162,167)。

3　ヤスキチ村における5人の男性殺害事件につき、第一審裁判部は被告人が殺害に加わった証明がないとして無罪としたが、殺害は被告人の参加する武装集団によって実行されたものであり、被告人は被害者らに非人道的行為を行うという共通の目的を持って行動し、その過程で殺害が行われる可能性を予見できたのであるから、「共通の目的」の法理により有罪(paras.230-233)。

4　検察側は、④の犯罪(人道に対する罪)が成立するために「純粋に個人的な動機によるものでない」という要件は必要ではなく、また、「差別的理由」が必要とされるのは④の犯罪の一部(規程第5条(h))についてだけであり、その他の行為類型については必要ではないと主張する。この主張は、裁判所規程の文言および先例に合致する正しい解釈であり、受け入れられる(paras.271-272,305)。

(f)　(e)で有罪とされた新たな訴因につき、第一審裁判部は25年の拘禁刑(ただし、(d)の刑期と並行服役となるので全拘禁期間は25年となる)を宣告し、被告人に対する管轄権の委譲を本裁判所がドイツに要請した日以降の未決拘禁日数を算入することとした。

(g)　(d)および(f)に対する弁護側の上訴に対し、上訴裁判部は次のように判決した。

1　被告人の階級は低く、指揮官等ではないことを考慮して、20年の拘禁刑に減刑する(paras.55-58)。

2　被告人がドイツで逮捕されたのは本件と同一の犯罪行為を理由としてであるから、ドイツで最初に逮捕された日以降の未決拘禁日数を刑期に算入する(paras.38,75)。

(h)　弁護人の一人が被告人の利益に反する不当な行動をとっていたことが判明した(法廷侮辱罪で有罪)との理由で被告人が再審を請求したが、上訴裁判部は、有罪判決に影響を与える新規の決定的証拠には当たらないとして、請求を棄却した。

【論点】1　個人が国際法違反を理由として国際的な裁判所で直接その刑事責任を追及されるのはきわめて異例なことであり、第2次世界大戦直後のニュールンベルグ裁判および東

京裁判〔⇒95〕以来初めてのことである。本件の場合には、戦勝国という絶対的な権力を背景としないで戦争犯罪人の処罰が行われるようになった点が画期的であるが、安全保障理事会の決議によって臨時の裁判所が特設され、急遽裁判が行われることになった点では、やはり異例さが目立つ。そこで本件では、(1)安保理にこのような裁判所を設立する権限があるのか、また、このような特設裁判所で裁判を行うのは法の支配に反しないか、(2)裁判所はいかなる法を適用して裁判を行うのか、旧ユーゴ紛争に適用される国際人道法規則は何か、が強く争われることになった。

 2 前者の論点について、第一審裁判部は、本裁判所には本裁判所自身の設置の合違法性を審査する権限はないとの理由で弁護側の申立を棄却したが、上訴裁判部は、審査権限を肯定したうえで、安保理は憲章第41条の下でいかなる措置をとるかについて広範な裁量権を有するとの理由で、本裁判所の設置を合法とした。もっとも第一審裁判部も「コメント」という形で同旨の見解を表明しているから、安保理決議によって裁判所を設置できるという見解は両裁判部に共通のものと言ってよい。しかし、安保理が有する強制権限は、平和を脅かす個別の具体的な行為又は事態を阻止又は停止させる警察的な執行権限であって、法の遵守・実現を目的とするものではない。広範な裁量権があるとはいえ、安保理のとりうる措置は、当該平和を脅かす行為・事態を阻止又は停止させるために直接必要な最低限の措置に限られるのであって、刑事処罰を確保する、そのために裁判所を特設するという一般予防的な措置が、そうした限度内のものかどうか疑問が残る。

 3 安保理による裁判所の設置は、公正な刑事司法の実現という観点からも問題となる。本裁判所の設置は裁判所が「法律で設置された」ものであることを要求する自由権規約14条1項に違反するという弁護側の申立はこの点を突いたものであるが、上訴裁判部は、本裁判所が国連の権限ある機関によって適正に設立され、公正な裁判手続が保障されていることを理由として、この申立を退けた。しかし、裁判所が「法律で設置された」かどうかという問題と、公正な裁判手続が保障されているかどうかとは別個の問題であって、安保理という執行機関により事後に特設された裁判所での裁判が、公正な刑事司法の原則を逸脱していないかどうか、なお検討の余地がある。匿名証人の容認など、裁判手続・運営が本当に公正であったかどうかも、改めて検証してみる必要があろう。

 4 第2の論点は、旧ユーゴ紛争の法的性質とも絡んで当初から本裁判所の最大の難関とされていた問題である。もともと国際人道法は国際的な武力紛争を規律するためのルールであって、内戦など国際的性質を有しない武力紛争には、ジュネーヴ条約共通第3条や1977年第2追加議定書に規定されているような一部の基本的なルールしか適用されない。したがって、旧ユーゴ紛争における国際人道法違反を処罰しようというのであれば、まず旧ユーゴ紛争の法的性質を決定し、適用される国際人道法規則の範囲や内容を確定しなけ

ればならないのであるが、旧ユーゴ紛争では国際的要素と国内的要素が錯綜している上に、何が国際的要素かも時期により場所により異なるため、紛争の法的性質を決定するのは容易ではない。

　そこで第一審裁判部判決は、①②④のいずれの犯罪類型についても国際的武力紛争の存在は要件とされていないとして、紛争の法的性質の問題に立ち入るのを回避したが、上訴裁判部中間判決は、①の犯罪については国際的武力紛争の渦中で行われた場合にのみ処罰の対象になると判示した。本案判決においても、第一審裁判部は、ICJのニカラグア事件判決［⇒157］で示された「実効的支配」基準に従って、ボスニアのセルビア人勢力の行為は新ユーゴに帰属しない（その結果、本件被害者らはジュネーヴ条約によって「保護される者」に該当せず、被告人は①については無罪となる）と判断したが、上訴裁判部は、「実効的支配」基準は誤りであり、ボスニアのセルビア人勢力は新ユーゴの事実上の国家機関と見なされる（本件被害者らはジュネーヴ条約によって「保護される者」に該当することになる）として、有罪の結論を導き出した。

　私人の行為がいかなる場合に国家の行為と見なされるかについて、ICJニカラグア事件判決は、資金、装備、訓練等が提供されたというだけでは足りず、当該行為の実行を指示する具体的な支配命令関係の存在が必要であるとした（「実効的支配」基準）が、上訴裁判部は、個人の場合と武装集団の場合とを区別し、後者については、国家の「全般的支配」の下で行動していれば、個々の行為について具体的な指揮・命令がなくても、すべて当該国家の行為と見なされるとしたのである。

　近年、ICJのほかに国連海洋法裁判所や各地の人権裁判所、国際刑事裁判所、旧ユーゴ・ルワンダ国際刑事裁判所など、多数の裁判機関が設立されているが、それに伴って、各種裁判機関の間で同一の法規則について異なった解釈適用が行われるのではないかという危惧の念が表明されている。本件は、そうした「国際法の分断化」という現象を顕在化させた1つの事例ということができよう。

【参考文献】
大西央子「タディッチ事件」『国際人権』11号（2000）、樋口一彦「旧ユーゴスラビア国際刑事裁判所タジッチ事件」『琉大法学』65号（2001）、岡田泉・藤田久一『百選Ⅰ』、岡田泉『百選Ⅱ』、岡田泉「旧ユーゴ国際刑事裁判所の設置に関する一考察」国際法学会編『日本と国際法の100年第9巻　紛争の解決』（三省堂、2001）、木原正樹『基本判例50Ⅰ』、浅田正彦「非国家主体の行為の国家への帰属」『国際法外交雑誌』111巻2号（2012）、川岸伸「非国際的武力紛争の国際化に関するICTY判例の形成と展開」静岡大学『法政研究』21巻2号、22巻1号（2017）。

（松田　竹男）

98 アカイェス事件(Prosecutor v. Jean-Paul Akayesu, Case No.ICTR-96-4-T)

裁 判 所　ルワンダ国際刑事裁判所
判　　決　第一審裁判部判決　1998年9月2日
出　　典　ICTR Report of Orders, Decisions and Judgements 1998 ; 37 ILM 1401(1998)

【事実】　1994年、ルワンダ政府とルワンダ愛国戦線(RPF)の間の軍事的政治的闘争が一般住民間の部族対立へと発展する中、被告人ジャン＝ポール・アカイェスがギタマラ地方のタバ市長として在任中、タバ市では2,000人以上のツチ人が殺害された。被告人は、同年4月19日にツチ族の殺害を奨励する演説を住民の前で行った。また被告人は市庁舎内又は近辺で行われたツチ族に対する性的暴力を許容し、殺人および暴行に立会い又は命令した。被告人は、3つのジェノサイド罪(正犯、共犯、直接かつ公然の扇動)、7つの人道に対する罪(殲滅、殺人、拷問、強姦、その他非人道的行為)、並びに5つの1949年ジュネーヴ諸条約共通3条および第2追加議定書違反(殺人、残虐な待遇、個人の尊厳に反する行為、特に強姦、品位を損なう取扱等)の容疑でルワンダ国際刑事裁判所に訴追されたが、全容疑について無罪を主張した。

【判決要旨】　被告人は、ジェノサイドの共犯および共通3条の違反については無罪、並びにその他の容疑については有罪と裁判所は判定する。

　1　歴史的にツチ族とフツ族間の対立は、ドイツおよびベルギーの植民地政策下での部族差別を経て、独立および国権をめぐる闘争過程で激化した。裁判所は、ルワンダにおいてツチ族に対するジェノサイドが1994年に行われていたと認めるが(para.126)、当該一般的な認定は被告人の刑事責任の評価を行う本件に影響しない(para.129)。

　2　ジェノサイド罪、人道に対する罪、並びに共通3条および第2追加議定書違反は、その目的および構成要件並びに保護法益を異にするため、同じ一連の事実について複数の犯罪の容疑を併存させることは合法である(para.469)。

　3　ジェノサイド罪の対象とされうる集団は、政治的および経済的集団といった個人の任意的決断を通じてその者が参加する自由な集団は含まない(para.511)。「ジェノサイド条約起草者の意図は、安定的かつ不変的ないずれかの集団の保護を確保することであり、当該意図を尊重することが重要である」(para.516)。1994年のルワンダにおいてツチ族は「民族集団」を構成すると裁判所は考えるが、いずれにしろ、ツチ族は安定的かつ不変的な集団であった(para.702)。ジェノサイドの意図は、同一集団を対象とした組織的な犯罪遂行の全般的な状況で行われる行為、並びに行為の規模、性質、計画性、組織性、および特定の集

団以外を犯罪対象から排除している事実等から推定されうる(para.523)。被告人は自らの演説によりツチ集団の破壊をもたらすに必要な民衆の心理状態を直接的に作り出す意図があり(para.674)、ジェノサイドの直接かつ公然の扇動に該当する。被告人は、ジェノサイド罪の正犯として責任を有し、同一行為について同時に正犯と共犯ではありえない(para.700)ため、同罪の共犯については無罪と認定する。

4 規程3条の人道に対する罪は、①非人道的であり、身体又は精神的若しくは肉体的健康に対して重い苦痛を与え又は重大な傷害をもたらし、②広範又は組織的な攻撃の一部として③文民たる住民の構成員に対して行われ、④国民的、政治的、民族的、人種的又は宗教的根拠といった一以上の差別的な根拠に基づいて行われた行為である(para.578)。②につき、規程の仏語正文では「広範かつ組織的な」攻撃とされるが、英語正文に基づき広範又は組織的な要件のいずれか一方で足りる。被告人が行った殺人および殺人の命令、拷問、性的暴力の幇助および教唆、殲滅、強姦、およびその他の非人道的行為はこれに該当する。

強姦とは「強制的な状況下で人に対して行われる性的な性質の身体的侵害」であり、強姦を含む性的暴力とは、同状況下で「人に対して行われる性的な性質のいずれかの行為」を指し(para.598, 688)、犯行態様により拷問、人道に対する罪、ジェノサイド罪を構成しうる。ツチ族女性に対する性的暴力は、重大な肉体的および精神的危害を加えるものであり、ツチ族を破壊する意図をもって行われた。

5 ジュネーヴ4条約および追加議定書は、敵対行為の勃発についてその権限上責任を有する者又は敵対行為に参加した者を主に対象とする(para.630)。「ジュネーヴ諸条約及び追加議定書の義務及び責任は、通常、交戦当事者の一方の軍事指揮下にある軍に帰属するすべての階級の個人、並びに上官又は公務員若しくは公の権限を有する者又は政府を事実上代表する者として戦争努力を支援し又は遂行することが正当に委任されかつ期待されている個人に適用される」(para.631)。軍隊構成員のみならず文民も国際人道法違反の責任を負うことが確立しており(para.633)、これらの法規が戦闘員と文民に等しく適用される(para.634)。しかし本件では被告人の行為と武力紛争との関連性、および被告人が武装勢力の一員であったこと又は権限上責任を有する地位にあったことについて合理的な疑いを超える立証を欠く(para.643)ため、被告人の責任は認められない(para.644)。

【論点】1 ジェノサイド罪を処罰した初の国際刑事裁判機関の判決であり、国際刑事法上の強姦を初めて定義した判決である。ジェノサイド罪の正犯および扇動並びに人道に対する罪の合計9つの容疑について有罪と認定した本判決に基づき、被告人に終身刑が宣告された(量刑判決1998年10月2日)が、検察および被告人の双方は上訴した。上訴審判決(2001年6月1日)は、被告人の主張すべてを棄却したが、検察の主張の一部を認め、(1)共通3条の責任

対象者の限定を否定、(2)差別的理由を人道に対する罪の要件ではなく裁判所の管轄権の制限事由と認定、並びに(3)規程6条の「扇動」は「直接かつ公然に」行われる必要はないことを明示し、本判決による法解釈の誤りを正した。

2　国際的な裁判機関として初めてジェノサイド罪について個人に有罪を宣告した本判決（国内裁判の先例は、〔⇒96〕）は、同罪の定義および構成要件を詳述しており同罪が関係する裁判では指針判決として援用されている。同罪の要件である「集団を全部又は一部破壊する意図」は自白がない場合には立証困難であると考えられ、長年同罪の訴追および処罰の障害の1つであったが、本判決により一定の事実から推定することが認められた。しかし、「集団内における出生を妨げることを意図する措置」の例示（父性社会では母親と異なる集団に属する子の誕生を意図した強姦による強制妊娠（para.507）、並びに脅威又はトラウマにより後の出産を阻止する強姦などの精神的措置も含む（para.508））、並びに、フツ族と同じ国籍・人種・言語・文化・宗教を有するツチ族が保護対象の集団を構成するか否かの判断において示した集団の範囲などは、拡大解釈を導くとの批判もある。

3　ルワンダ国際刑事裁判所規程3条が定める人道に対する罪は、武力紛争の存在が要件として明記されていない点並びに上記②および④の要件が追加されている点で、旧ユーゴ国際刑事裁判所規程上の同罪（〔⇒97〕）と異なる。本判決が同罪の判断において上記④の差別的な理由を要件としたのは法解釈の誤りであるとして検察は上訴したのに対して、上訴審は、迫害を除く同罪の一般的な要件としては否定したが、規程により本裁判所の管轄権は差別的な理由に基づく同罪に限定されると判示した。

4　強姦は、人道に対する罪として旧ユーゴおよびルワンダ国際刑事裁判所の規程で初めて明文で認められたが、本判決はさらに進んで、拷問等禁止条約を範とした比較的広い定義を定めた上、実行態様によりジェノサイド罪並びに共通3条および追加議定書の違反も構成しうると判示して、性的暴力への非難を強めた。

5　共通3条および追加議定書違反について、本判決は非国際的武力紛争中に文民により文民に対して犯された犯罪の責任問題を扱った。本判決が軍隊構成員のみならず文民も責任を負うと認めた点は評価されるが、公務員又は政府代表者など公的権限を有する者に限定する解釈は不適切と批判される。この点、本判決の上訴審判決は、特定の分類に属する者に限定する根拠はないとして第一審裁判部の解釈の誤りを認めた。

6　重要な地位又は重大な責任を有する者の裁判を行ったルワンダ国際刑事裁判所では終身刑が最高刑であったのに対し、ルワンダの国内裁判所では同時期に犯された類似の犯罪に対して死刑が宣告された点は、量刑上、均衡を欠くとの批判もある。

【参考文献】
稲角光恵『百選I』、佐藤宏美『百選II』。

（稲角　光恵）

第8章

国家機関

99 元外国公使館雇員事件

```
裁 判 所   大審院
判   決   1921(大正10)年3月25日
出   典   『大審院判決録刑事之部』27輯187
```

【事実】 1919(大正8)年10月31日天長節祝賀のために外国使節を招いて夜会が開かれることになっていた外務大臣官邸付近で、大音響が起こり、世人を驚かせた。これは、外務省官舎通用門付近の溝の中に置かれた時限装置付ダイナマイトの風呂敷包みが爆発したもので、これによって若干の者が負傷した。その後の捜査で、ダイナマイトは、中国公使館のコック張金海とロシア大使館コック米鋭の2人に頼まれて、ロシア大使館雇員の渋谷三吉がしかけたものと判明した。捜査当局は、まず11月21日ロシア大使館の同意を得て、渋谷を引致し取り調べた。張と米については、外務省および司法省と交渉の末、ロシア大使館と中国公使館から両名を召喚して訊問し、26日両名を東京監獄に収監した。翌1920(大正9)年3月23日予審判事の決定により、渋谷を免訴、張と米を東京地方裁判所へ起訴した。この事件は、外国大公使館に勤務する外国人の犯罪に関わるものであったので、新聞報道にも規制が加えられ、11月22日夕刻容疑者らしき者が捕えられたという記事が載っただけで、その後何らの報道もなく、翌年3月になって突然予審判事の決定が報道された。被告は、東京地裁および東京控訴院の判決(1920(大正9)年12月6日)に不服で上告した。大審院は、1921(大正10)年3月25日、この上告を棄却した。

【判決要旨】1 外国使臣およびその従者等が有する不可侵権は、単にその資格または身分関係を有する者が在留国の法律適用によってその生命、身体、自由、名誉等に対して侵害を受けない特殊の権利であるにとどまり、これによっていかなる犯法行為でも敢行する自由を許容されているものと解すべきものではない。それゆえ、その行為がもしも在留国の法律に照らして犯罪を構成するものであれば、当然それは犯罪行為とみなさざるをえない。

2 考えてみるに、一国の統治権がその作用を領土全体に及ぼすべきことは、国家存立の必然の結果であって、しかも、前述のような特権を認めるのは、国際上の必要に基づく慣例にほかならないのであるから、その結果として統治権の作用に多少の制限を受けても、そのために、その特権者を在留国の統治権から完全に離脱させ絶対の自由行動を行うことを可能にするものでないことは明らかである。したがって、その者の行った犯罪行為は、その本来の性質を失うものではない。

3　外国使臣およびその従者等が有する不可侵権は、特定の資格または身分関係に随伴するものであるから、その資格または身分関係を保有する限りは、その犯罪行為に対して在留国の裁判権行使は停止され訴追することはできないけれども、その資格または身分関係を喪失したときは、公訴時効にかかっていない限り、在留国の裁判権によってその者を訴追することができる。

4　そうであるとすれば、原判決が、上述の説明と同じ趣旨で、被告両名が起訴された当時すでに外国使臣の従者という特別の身分関係を失っている事実を認めて、被告の申立を却下したのは正しい。論旨は理由がないので、上告を棄却する。

【論点】1　被告の弁護人は、その上告趣意書において、国際法上外国使臣とその従者は在留国において不可侵権と治外法権とを有すると主張した。そして、その両者について、次のように詳説した。すなわち、不可侵権とはそれらの者が在留国の被治者でないので在留国の統治権に服従することなく、したがって外国使臣とその従者は、在留国の法を守る義務を負わないだけでなく、課税その他一切の統治行為に従う義務を負わないのである。犯罪は、法を守る義務を負う者がその義務に違反する行為であり、法を遵守すべき義務を負う者は被治者である。不可侵権者は、被治者ではないので、法を守る義務を負わないし、義務違反の行為もありえない。それゆえ、不可侵権者たる外国使臣とその従者は、在留国の法の犯罪者となりえない。他方、治外法権は、在留国の法の犯罪人となっても、その国の裁判を受ける義務はない、ということである。不可侵権者は、在任中は在留国法の犯罪人となりえないのであるから、在留国における在任中の行為について治外法権の問題を生ずることはない。治外法権の問題が生ずるのは、就任前の行為が在留国法の犯罪となり、その裁判の確定する前に就任した場合である、と。

しかし、大審院は、外国使臣とその従者が有する不可侵権は単に在留国によってその生命身体名誉等を侵害されないというだけであって、いかなる犯罪行為をも行う自由を許容されているものと解すべきではなく、その身分を有する間は在留国の裁判権の行使を受けないにとどまる、とした。不可侵権と治外法権の区別と意味については、当時の学者の間でも必ずしも意見が一致しておらず区々であったので、弁護人のような見解がでるのもやむをえないことであったと思われる。今日では、治外法権の語は、一般的には用いられず、身体・住居の不可侵権や裁判権・行政権からの免除の語が使用されるので、誤解を招くことは少なくなっている。外交使節団の職員が接受国の法令を尊重すべき義務は、1961年の外交関係条約第41条にも明記されている。

2　大審院は、特権享有者について、使節団の長とその他の職員を区別せずに、一律に論じている。当時の慣習国際法では、使節の本国の国民である使用人は、少なくとも刑事・

民事の裁判権からの免除を享有するという見解もあったが、この点は必ずしも明確ではなかった。1961年の外交関係条約は、料理人や運転手などのサービス職員については、特権を制限し、公の任務遂行にあたって行った行為についてのみ裁判権からの免除を認めている。したがって、本件被告の行為は公務遂行とは無関係であるから、今日では、接受国の刑事裁判権に服することは明らかである。

3　判決は、外交使節団の構成員としての身分を喪失したときは、公訴時効にかかっていない限り在留国の裁判権に服し訴追される、とした。そこでは、身分喪失後に訴追しうる行為を区別せず、一律に論じている。しかし、今日の国際法では、訴追できる行為と訴追できない行為とを区別しており、外交関係条約第39条2項は、「使節団の構成員として任務を遂行するにあたって行なった行為についての裁判権からの免除は、その者の特権及び免除の消滅後も引き続き存続する」として、任務遂行の行為と個人的行為とを区別している。なお、ピノチェット仮拘禁事件〔⇒103〕で英国貴族院は、元国家元首は、在職中、国家元首の公的資格で行った行為については、外交関係条約第39条2項に定める元外交官と同等の刑事管轄権からの免除を享有するとしたが、拷問禁止条約に定める拷問行為は元首の任務を遂行するにあたって行った行為とはいえないとした。

4　判決は、外交使節団の構成員たる身分を喪失すると同時に、特権の享有も終了する、と考えているようにみえる。外交関係条約第39条2項は、「任務が終了した場合には、その者の特権及び免除は、通常その者が接受国を去る時に、又は、接受国を去るために要する相当の期間が経過したときは、その時に消滅する」と規定して、任務終了の時期と特権享有の期間が同一ではなく、後者が長いことを明らかにしている。この事件では、使節団職員の身分を失うと同時に収監し起訴しており、その間に相当の期間の経過はなかったと思われる。

5　外交使節団の構成員が有する特権・免除は放棄することができる。ロシア大使館雇員の渋谷については、同大使館の「同意」を得たうえで取調べが行われた。この「同意」は、特権免除の放棄を意味するものと考えてよいであろう。外交関係条約第32条も放棄について規定している。なお、本事件当時は、外交使節団構成員でも、派遣国国民であるか接受国国民であるかによって違った取扱いがなされていたかどうか明らかでない。外交関係条約第38条では、この点を明確にしている。

【参考文献】
海妻玄彦『「外交使節の不可侵権」に関する研究集録』『国際法の諸問題（前原還暦）』（慶應通信、1963）、横田喜三郎『外交関係の国際法』（有斐閣、1963）21-29、314-368、386-431、441-451頁。

（竹本　正幸・坂元　茂樹）

100　神戸英水兵事件

　　裁　判　所　(a) 神戸地裁
　　　　　　　　(b) 大阪高裁
　　判　　　決　(a) 1952(昭和27)年8月5日
　　　　　　　　(b) 1952(昭和27)年11月5日
　　出　　　典　(a)『慶應義塾創立125年記念論文集 法学部政治学関係』(1983) 402
　　　　　　　　(b) 裁時119号4

【事実】　神戸に入港中であった英国軍艦ベルファスト号の乗組員水兵スミスとスティンナーの両名は1952(昭和27)年6月28日、休養のため上陸を許され、神戸市内のバーで飲酒し所持金を使い果たして、大宮忠夫の運転するタクシーに乗り、大宮所有の現金約1700円を奪った。大宮の知らせを受けた神戸市警は全市に警戒線を張り、乗りすてた車を発見し、その附近のバーで犯人を逮捕した。英国憲兵の執拗な引渡要求にもかかわらず、7月2日に神戸地方検察庁によって起訴され、8月5日神戸地方裁判所は強盗罪のかどで、両名に懲役2年6月の実刑判決を言い渡した。その間、神戸駐在英国領事が両名を微罪処分として釈放するようたびたび要求し、判決の翌日には英国外務省も、1952年5月31日付英国大使宛の吉田書簡を引用しつつ、さらに判決が犯行の性質からみて不当で均衡を失したものとして抗議してきた。その後、本件は大阪高等裁判所に控訴されたが、11月5日同高裁は懲役2年6月執行猶予3年の判決を下した。

【判決要旨】(b) 1　独立国家の主権は国家最高の権力で、その領域内のすべての人と物を支配しうるのを原則とし、領域内においては自国民であると外国人であるとを問わず支配の対象とする。この原則は、その国家の意思に基づく条約その他の合意、または確立した国際法規等による明確な事由がある場合にのみ、これを制限することができる。主権の一作用である刑事裁判権もこの原則に従うもので、駐留米軍に関するものは日米安保条約に基づく行政協定という条約による制限があるが、本件のように公務外で上陸中の乗組員の犯罪に、条約その他我が国の刑事裁判権を制限する明確な事由は認められず、したがって本件は刑法適用による処断をなすべきで、英国軍艦の乗組員であることを理由としての我が国裁判所の刑事裁判権の否定は当を得ない。

　2　日英親善の使命を帯びて来航した公式儀礼艦たるベルファスト号は、一般軍艦のもつ特権のほか、国際礼譲に基づく特殊の国際法上の地位を保有すると被告側弁護人は主張するが、ベルファスト号は英国政府から公式儀礼艦として派遣されたという確証がなく、仮に儀礼艦であってもその乗組員に対し、刑事裁判上、他の軍艦の乗組員と別異な取扱をすべき国際慣習が確立しているとは認め難い。

3　吉田書簡は、対日平和条約発効後、日本国と国連加盟国の間で協定が成立するまでの間国連加盟国軍隊構成員などの刑事事件に関する取扱方針を日本国政府から申し入れたもので、公文交換の形式をもとっておらず、日本側の一方的通報にとどまっているので、これを条約その他の国家間の合意としての法的拘束力を有するもの、ということはできない。しかも吉田書簡の内容は、①国連加盟国軍隊の構成員の裁判権は国際法や国際慣習の準則に従って行使される、②軍隊の駐留区域外で行われた犯罪事件については①について不明確な点がある場合には、日本国政府と関係国との間の協議により事件ごとに決定される、③日本国当局は罪を犯したこれら軍隊構成員を逮捕した時は、④を除いて犯人を所属国軍当局に引き渡すよう取り計らう、④特別の事由がある場合、日本国当局は犯人を拘置しつつ前記②の協議を直ちに行う、というもので、同書簡は単に行政機関の権限においてなしうべき事項に関してとられるべき措置を明らかにしたに過ぎないのであって、司法機関である裁判所の裁判権の行使に制限を加えるような内容を何ら含んでいない。

4　対日平和条約発効後90日以内に日本領域内に来航した占領軍たる英国水兵の犯罪は、資格を失った大使・公使等の外交使節の場合に準ずるもので、占領軍として従来有していた特権は直ちに喪失すべきいわれはないから、撤退猶予期間中は、旧占領軍に対して日本の裁判権はこれを行使しえず、被告人に対して裁判権を有しない、と弁護人は主張するが、平和条約にいう連合国の占領軍とは、条約発効当時、日本国の領域またはその附近にあって日本占領の任務に従事していた陸海空軍を指すもので、ベルファスト号は、右平和条約の効力発生前より本件神戸来航の直前まで朝鮮水域における戦闘任務に従事していて、日本占領の任務に就きその後任務終了撤退準備中のものであったことを肯定するに足る何らの証拠もない。

【論点】1　独立国の一般的な国家の権利はその領域内のすべての人と物を支配しうるが、外国の国家機関のある種のものについては制限が課される。それら国家機関が外国に赴く時に、滞在国において行政権や裁判権の行使から免除を受ける慣習がある。慣習法上この特別待遇を受ける国家機関の主要なものは、元首・外交使節・軍隊・軍艦である。国際法上の通説は、平時に外国の要請または承認によって外国の領土または領水に入った軍隊または軍艦は、滞在国の民事・刑事の裁判権を免がれるとする。また、外国軍艦の乗組員が公務のため承諾を得て上陸中に行った犯罪について本国が裁判権を行使するべきことも、ほぼ学説は一致している。裁判所は、英水兵事件は休養のため上陸中の犯行であり、1928年の万国国際法学会決議「平時外国港にある船舶並びにその乗組員の地位に関する規則」も駐在国に刑事裁判権を認めており、日本国の刑事裁判権を制限する明確な事由は認められない、とした。一時的に寄港した軍艦乗組員の犯罪が、乗組員相互間の暴行などの

場合には、刑事裁判権を行使しても差し支えないが、諸国の実行ではこの権利を行使せずに犯人を軍艦に引き渡す例も多いとされる。

2　吉田書簡の法的性質についてみると、裁判所は「条約その他の国家間の法的拘束力をもつものでない」としたが、国際法上の法律行為には、1国の意思表示からなる一方的行為が含まれる。つまり国家の権利放棄は一方的行為によってなしうるわけで、吉田書簡が対外的に日本を拘束する一方的行為たりうるか否かは、同書簡の内容いかんによると思われる。その点同書簡は、一方において国連軍将兵の私的犯罪に対する裁判権を日本に留保する意図を表明しつつ、他方において犯人の引渡しの問題について、彼らの所属軍に引き渡すように努力することを述べた政策の一般的ステートメントであり、対外的に日本を拘束する一方的行為たる性質をもたない。

3　裁判所は、ベルファスト号が日本と連合国との平和条約にいう占領軍に該当しない、とした。本件は、同条約第6条(a)にいう占領軍の撤退猶予期間中に生じた出来事であった。しかし、旧占領軍は同条約の発効後、即時の撤退が困難なことを予想して猶予期間が与えられたに過ぎず、この場合の旧占領軍には、特別協定のある場合を除いて慣習国際法が適用される。外交官の任期終了後退去に必要な期間に、引き続き認められる特権・免除とは性質・根拠を異にするので、裁判所が慣習国際法に基づき英水兵を日本の裁判権に服せしめたのは正当な措置であるといえる。

4　日米行政協定(改訂後は在日米軍の地位協定)では、NATO協定と同様に、裁判権が両国間に競合する場合、米軍側に第1次裁判権があるのは、もっぱら米国の法益に対する侵害および公務執行中の犯罪についてであり、その他は日本国当局に第1次裁判権があると定める。そのため1957年のジラード事件(相馬カ原農婦殺害事件)では、「公務執行中」とはいかなる場合を指すかが論争点となり、これをきっかけに具体的場合につききわめて細目的・技術的な点まで日米間で合意されるに至った。今後は、NATO方式の協定にみられる競合裁判権と裁判権の放棄(不行使を含む)の制度を通じて生み出される実行が諸国家間にどのような統一的慣行をもたらし、それが従来の国際慣習との関連でどのような新しい国際慣習法を形作っていくか注目される。

【参考文献】
関野昭一『宮崎基本判例』、月川倉夫『ケースブック』、高野雄一『ジュリスト』17号(1952)、横田喜三郎「軍艦乗組員に対する裁判権」『国際法外交雑誌』51巻6号(1953)、田岡良一「六月二九日事件」『法学論叢』58巻4号(1953)、大平善悟「軍艦乗組員の外国領土における地位」『国際法外交雑誌』51巻6号、52巻3号(1953)、内山正熊「第二英国水兵事件」『慶應義塾創立125年記念論文集　法学部政治学関係』(慶應通信、1983)。

(月川　倉夫・坂元　茂樹)

101　外交官に対する訴状送達事件

裁　判　所　東京高裁
決　　　定　1970(昭和45)年4月8日
出　　　典　下民集21巻3・4号557

【事実】　抗告人(本訴の原告)は、在日アラブ連盟代表者と称するアラブ連合共和国(1958〜1971年、1971年以降はエジプト・アラブ共和国)の大使館員に対しその所有する建物をアラブ連盟の館邸として貸与していた。1969年8月に建物明渡請求事件を東京地裁に提起したところ、同裁判所は、被告が治外法権を享有するものであって訴状を送達しえないとの理由で、訴状を却下するとの命令を同年9月29日に抗告人代理人に送達してきた。そこで、抗告人は、①原命令に、何ゆえに相手方が治外法権を享有するものであるかの理由が記載されていない、②相手方は、在日アラブ連盟代表者であり治外法権を享有すると称しているが、日本政府は右連盟を正式な国際機関と承認していない以上、その職員として治外法権の享受を認められるものではない、③相手方が外交使節の随行員であり治外法権の享有を認められたものであったとしても(アラブ連合共和国大使館の館員であることは抗告人も認めるところ)、外交使節ならびに館員は国際法上館邸に関する訴訟については治外法権を享有しえない、との理由により原命令の不当性を主張して抗告に及んだ。東京高裁は、次の理由で原命令を取り消した。

【決定要旨】1　被告は「アラブ連合共和国大使館の外交職員で外交官の身分を有するものであることが明らかであるから、外交関係に関するウィーン条約(1964〈昭和39〉年6月26日公布条約第14号、アラブ連合共和国も同条約の批准国である。)第31条1項により、原則として接受国である我が国の民事裁判権からの免除を享有するものであるが、他方、同条約同条同項には、接受国の領域内にある個人の不動産に関する訴訟(その外交官が使節団の目的のため派遣国に代って保有する不動産に関する訴訟を含まない。)等、例外として、外交官が接受国の民事裁判権に服する場合が列挙されているばかりでなく、右の例外に当らない場合であっても、外交官に対する前記裁判権からの免除は、派遣国においてこれを放棄することができるのである(同条約第32条1項)」。

2　そこで、本訴の受訴裁判所たる原審の裁判官は、本訴状を審査するに際し、本訴が、被告において「民事裁判権からの免除を享有する場合の例外に当るか否かを調査し、該当するとすれば本訴状を同人に送達すべきことは勿論、該当しない場合であっても、派遣国

であるアラブ連合共和国が同人に対する我が国の裁判権を放棄するか否かを確かめることを要するものと解するのが相当である(ちなみに、右放棄の意思の確認手続については、1965〈昭和40〉年8月26日最高裁判所民二第608号事務総長通達参照)」。

3 「しかるに、記録によれば、原審裁判官は単に本訴の被告が治外法権を享有するものであるとの理由から本訴状の被告に対する送達が不能であると判断し、本訴状を却下したのであって、右の調査及び確認手続を尽くしたものとは認め難く、既にこの点において原命令には違法がある」。

【論点】1 被告が特権免除(原審では「治外法権」の用語が使用されているが、これは不正確である)、具体的には接受国の民事裁判権の免除を享有する地位にあるか否かを確認しなければならない。被告は、特権免除を有するためには、外交使節団の構成員、特に外交官であるかまたは日本において外交特権に類似した一定の特権免除が認められた国際機関の職員でなければならない。後者に関して、日本は国連特権免除条約の当事国(1963年に加入)であるので、国連職員に対して一定の特権免除を付与しなければならない。しかしながら、本件で被告の主張するアラブ連盟は、国連のようにその職員が特権免除を享有する正式な国際機関として日本が承認していないので、当該機関の職員として特権免除を主張することができない(2009年9月に日本政府はアラブ連盟担当大使を任命した)。他方、原告も認めているように、被告はアラブ連合共和国大使館の外交職員であり、外交官の身分を有するので、被告が特権免除を享有するとの原審の記述部分は適切である。

2 訴状の提起時に日本およびアラブ連合共和国の両国が加盟しており、本件の法的根拠となる外交関係条約(1964年発効)の条文解釈が求められる。第31条1項に規定されているように、外交官は原則として民事裁判権からの免除を享有するが、「接受国の領域内にある個人の不動産に関する訴訟」(同項(a))については、免除を享有しない。これは、免除の目的が「個人に利益を与えることにあるのではなく、国を代表する外交使節団の任務の能率的な遂行を確保する」(前文)ことにあることからすれば、当然のように思われる。ただし、個人の不動産といっても、接受国の法律によって外国による不動産の取得が許されないために、派遣国は使節団の目的のために使用する不動産を外交官の個人名義にして保有することがある。そのような場合に免除を与えるために、第31条1項(a)は、民事裁判権が免除されない訴訟の中に「その外交官が使節団の目的のため派遣国に代わって保有する不動産に関する訴訟を含まない」と規定した。そこで本決定が指摘したように、右の規定がその事由に該当するか、言い換えれば、被告が個人目的のためではなく、アラブ連合共和国の大使館の業務の一環としてアラブ連盟の任務を分担するために当該建物を賃貸しているかを確認する必要がある。

抗告人は、民事裁判権が免除されない場合として「館邸に関する訴訟」を指摘したが、その根拠として、横田喜三郎著『国際法Ⅱ』(法律学全集56、1958)を援用している。もっとも、同書は、外交関係条約の採択以前の状況を記述したもので、当該条約の採択後に出版された同『新版国際法Ⅱ』〈1972〉では、「館邸に関する訴訟」への言及は削除されている。抗告人は、「館邸に関する訴訟」だから民事裁判権が免除されないと判断するのではなく、外交関係条約の条文規定に基づいて使節団の目的に合致していないから免除されないと主張すべきであった。

3　外交官が裁判権から免除される場合であっても、派遣国は、その免除を放棄することができる(第32条1項)。本条項は、派遣国の外交使節団の任務の能率的な遂行と裁判権の免除から受ける接受国の不利益を調整するための規定であり、条約採択会議で採択された「民事請求権の審議」に関する決議は、自国の外交使節団の任務の遂行が妨げられないときは派遣国に免除を放棄することおよび放棄しないときには民事請求権の正当な解決をもたらす最善の努力を払うことを勧告している。したがって、民事裁判権が免除される場合であっても、派遣国が自国外交官に対する免除を放棄するか否かを前記の最高裁事務総長通達に従って、確認する手続が必要である。もっとも、民事裁判権からの免除の放棄は、判決の執行についての免除の放棄を含まない(同条4項)。

4　訴状を受けた裁判長は、適式な訴状であればこれを被告へ送達する(旧民訴法第229条)ことになるが、本件のように被告が外交官の場合、その民事裁判権の免除の有無がまず判断されなければならない。免除の場合であれば、主権行使の一態様である訴状送達は許されないが、派遣国が外交官の免除を放棄して応訴するか否かの確認手続は認められる。従来、主権免除に関する絶対免除主義の立場から、事務総長通達に従って外国の応訴の意思を有するか否かを確認する手続きを取ってきた。受訴裁判所は裁判権が免除されないと判断した場合、あえて応訴意思の確認をする必要はないが、当該通達は、外国を相手方とするすべての民事事件について応訴意思の確認を取るべきとの誤解を与えかねないことから、2004年4月20日に廃止された。制限免除主義の下で、受訴裁判所が、必要に応じて、最高裁・外務省経由で外国の応訴意思を確認する。

以上のことから、「抗告理由の当否につき審究するまでもなく、原命令を取り消す」との本決定は、妥当なものと思われる。なお、本件は、東京地裁に差戻し後、1972年3月16日に抗告人の取下げにより終結した。

【参考文献】
『事例研究4』115-130、215-217頁、欧龍雲『ジュリスト』511号(1972)、横田喜三郎『外交関係の国際法』(有斐閣、1963)314-352頁、林潤『民事法情報』167号(2000)。

(岩本　誠吾)

102 トカレフ事件

裁　判　所	(a) 東京地裁
	(b) 東京高裁
判　　決	(a) 1988（昭和63）年4月25日
	(b) 1994（平成6）年2月22日
出　　典	(a) 家裁月報40巻9号77
	(b) 判タ862号295

【事実】　トカレフは、旧ソ連のロシア連邦共和国で生まれたロシア人で、1923（大正12）年ころ日本に入国して以来、日本で生計を立て、第2次世界大戦後ソ連国籍を取得した後も、引き続き日本に居住し、1984（昭和59）年11月3日、94歳で死亡した。彼は、生前にいったん自己所有の建物を旧ソ連に遺贈する旨の遺言（第1の遺言）をしたが、その後、その建物を賃貸していた主治医Xに本件土地建物を遺贈することを含む公正証書遺言（本件遺言）をした。トカレフの死後、Xは、本件遺言書に基づき本件土地建物について所有権移転登記を行った。旧ソ連は、第1の遺言によって本件土地建物の所有権を取得したとして、Xに対し、本件土地建物について所有権移転登記および引渡しを求めた。Xは、第1の遺言は本件遺言によって取り消されたものとみなされ、Xが本件遺言によって本件土地建物の所有権を取得したと主張した。これに対して、旧ソ連は、本件遺言の作成手続に違法があることと、遺言当時トカレフが意思能力を欠いていたこととともに、次のような理由を挙げた。すなわち、日本国駐在の旧ソ連総領事は、1984年1月30日トカレフについて、ロシア連邦共和国民法第15条の「精神病または精神薄弱のために、自己の行為の意義を理解するか、またはそれを支配することのできない市民」に該当する行為無能力者と認定し、禁治産宣告をしたが、この禁治産宣告は、旧ソ連の国内法上審査権限と管轄を付与され、日本法によってもその権限を承認された本国の国家機関である日本国駐在のソ連総領事によって、本国法所定の手続に準拠して適法に行われたものであるから、本件遺言は禁治産者の遺言に関する日本民法第973条の定める方式に従うべきところ、これに従っていないので無効である、と。

　第一審判決は、旧ソ連の請求を棄却したので、原告（原審口頭弁論終結後ロシア連邦が控訴審において本件訴訟手続を承継した）が控訴したが、それも棄却された。

【判決要旨】(b) 1　国際法上、特定国家の国家機関による公権力の行使が可能なのは、その国の領土主権の及ぶ範囲、すなわち自国領域内に限られるのが原則であり（属地的管轄権）、自国民であっても、その者が他国の領域内に居住・滞在している限り、その者はもっぱら居住地国の主権に服するのであって、本国は原則として当該国民に対し公権力を行使する

ことができず、とくに居留地国の同意がある事項についてのみ例外的にその行使を許容されることがありうるに過ぎない。そして、外国に領事官を派遣することは、接受国の同意を必要とし、その権限も派遣国と接受国との間の条約等による合意もしくは接受国の同意が得られた範囲に限定される。1963年の領事関係に関するウィーン条約(以下、領事関係条約という)でも、領事官の他国領域内における職務権限については、裁判権の行使にわたる事項は一切認めていない。禁治産宣告は、国家機関が個人の行為能力に制限を加える行為であり、公権力、とくに広義の裁判権の行使たる国家行為であるから、領事官がこれを他国の領土主権の下で自国民に対して行うことは原則として認められず、とくに当該接受国の同意がある場合に限り例外的に許容されるに過ぎないと解される。

2 そこで、日本国駐在の原告の領事官が禁治産宣告を行うことの可否につき、接受国たる日本国の同意の有無が問題になるところ、領事関係条約は、ソ連はこれに加入していないので問題とする余地がないばかりでなく、禁治産宣告については何ら言及していないから、その加入国である日本国について概括的な同意の存在を認めることはできない。次に、日ソ領事条約は、領事官の接受国内における職務権限の範囲に関して、第29条1項前段において「領事官は、その領事管轄区域内において、この部に定める職務を遂行する権利を有する」との規定を置くとともに、第30条ないし第42条において個別的かつ詳細にその内容を列挙している。その各規定の定め方からすると、それらの列挙事項は明らかに制限的列挙であると解されるところ、その中には禁治産宣告に関する規定は存在せず、かえって、第37条は領事官に後見人の推薦の権限のみを認めるにとどまっている。その規定の趣旨に照らすと同条約は、禁治産宣告はもとよりこれに付随する後見人の選任についても、その権限を領事官に対して許容する趣旨ではなく、これをあえて列挙事項から除外したものと解するのが相当である。なお、原告は、同条約第29条1項後段の「接受国の法令に反しないその他の領事事務」の中に右の権限が含まれると主張するが、この規定は、右の制限的列挙事項以外の付随的事項で、当該事務の性質上特に接受国の法令において領事官の権限として許容されていることが明白な事項を指すものと解されるところ、日本の国内法上禁治産宣告の権限を領事官に委ねることを認める法令は存在せず、したがって、この点に関する原告の主張は認められない。このように、日ソ領事条約においても、日本国駐在の原告の領事官につき禁治産宣告の権限を承認する旨の規定は存在せず、ほかに日ソ間において領事官の右権限を定めた取決めが存在しない以上、国際法の原則に従い、ソ連総領事には日本国内において在日ソ連人に対し、禁治産宣告を行う権限は認められない。

3 領事官の権限に関するソ連の国内法である領事憲章は、領事官に対し、接受国内の自国民についてソ連の裁判または審理機関としての職務権限を与えている(第31条、第33条)が、この権限については、当該接受国との関係において「居住地の国の法律で禁止されて

いない場合」との制限が付されているところ、我が法令、日ソ領事条約およびソ連の領事憲章の解釈上、日本国駐在のソ連総領事に在日ソ連人に対する禁治産宣告の権限を認めることはできない。そして、本件禁治産宣告は、日本国内における禁治産宣告についての裁判権を排除されている日本国駐在のソ連領事官が在日ソ連人に対して行った禁治産宣告であるから、本国において権限ある当局によってなされた禁治産宣告と同視することはできず、結局、外国の禁治産宣告の承認の問題も生じない。

【論点】1 本件は、外国の領事官が、日本国内で行った禁治産宣告の効力が争われた日本初の事件であり、原告がソ連邦(ロシア共和国)である点でも注目される。まず、判決は、ソ連総領事が在日ソ連人トカレフにした禁治産宣告の効力を判断するにあたって、国家機関の公権力が及ぶ範囲は自国領域内に限られるという原則(属地的管轄権)から出発し、外国の領事官が接受国で公権力を行使するためには、接受国の同意が必要であるが、禁治産宣告は公権力、とくに広義の裁判権の行使たる国家行為であるから、日本の同意がある場合に例外的に許されるにすぎないとする。禁治産宣告の法的性質については、それが非訟事件であるので、他の領事職務と同様に、行政作用とみる意見もある。しかし、公権力の定義を広義に理解すれば、行政作用もそれに含まれることになろう。

2 領事関係条約は、領事の職務事項に裁判権の行使が含まれないことの証拠として言及されている。ソ連は加入していないので問題とする余地がないのは、判決のいう通りであるが、それに言及することによって論旨を曖昧にするのではと危惧される。

3 日ソ領事条約についての解釈は、きわめて厳格である。たしかに、第37条の規定ぶりからみると、禁治産宣告の権限は否定されていると言えよう。本条は、日米と日英の領事条約にはない規定である。また、旧ソ連圏諸国間の領事条約が後見人等の選任権をも認めていたのに対して、推薦権のみを認める本条の規定は、旧ソ連と非ソ連圏諸国の間または非ソ連圏諸国間で主として採用されたものであったからである。他方、第29条の「その他の領事事務」については、日本の領事官には禁治産宣告の権限は認められていないが、外国領事官が自国民に対して禁治産宣告をするのを禁止する明文の規定はないのであるから、「その他の領事職務」に禁治産宣告を含める解釈も許されるべきであるとの意見もある。

【参考文献】
田中則夫「日本の国際法判例」92巻1号、高桑昭『ジュリスト』928号(1989)、溜池良夫、同上誌935号(1989)、森田章夫、同上誌1068号(1995)、横田喜三郎『領事関係の国際法』(有斐閣、1974)55-69頁。

(竹本　正幸・坂元　茂樹)

103 ピノチェット仮拘禁事件（Regina v. Bow Street Metropolitan Stipendary Magistrate and others, *ex parte* Pinochet Ugarte）

裁　判　所　英国貴族院
判　　　決　1999年3月24日
出　　　典　*[1999] 2 WLR 827；[2000] 1 A.C. 147

【事実】　1973年9月のクーデターで軍事政権を樹立した後、自ら大統領となり反対派に対する殺人、拷問、誘拐、人質など大規模な人権弾圧を指揮・命令したピノチェット（日本では一般にピノチェト）は、国家元首辞任後の1998年英国に病気療養で滞在中、国際刑事警察機構を通じたスペインの国際逮捕状に基づき英国で発付された2つの仮拘禁令状により逮捕された。スペインは同年11月に公式の犯罪人引渡請求を英国に対し行い、内務大臣は引渡手続を開始した。本件は、これより前にピノチェットが仮拘禁の司法審査と人身保護令状を求めて英国高等法院に訴えたことに端を発する。

　事件を審理した高等法院は、同年10月28日、2つの仮拘禁令状の取消しを命じた。理由は、①第1令状は、チリでのスペイン人の殺害などスペインの受動的属人主義に根拠を置くが、英国はこの主義を採用していないので双罰性の原則を充足していない、②第2令状に掲げるいくつかの犯罪は双罰性の原則を満たしているものの、ピノチェットは元国家元首として英国の刑事手続から免除される、というものであった。

　事件は早速貴族院に上訴され、同裁判所(5人の裁判官)は11月25日、3対2で仮拘禁は適法として上訴を認める判決を行った。貴族院多数意見は、第2令状に掲げる罪(1976年以降の殺人の共同謀議、1982年以降の人質とその共同謀議、1988年1月以降の拷問の共同謀議)のうち、1989年犯罪人引渡法上の引渡犯罪に該当するのは1988年刑事裁判所法第134条1項に定める拷問罪と1982年人質法第1条に定める人質罪だけだと認定した後、1978年国家免除法第20条に基づいて、元国家元首は在職中の行為につき元外交官が外交関係条約第39条2項により任務遂行行為につき認められているのと同等の刑事裁判権からの免除を享受するが、拷問や人質は国際法上国家元首の任務遂行行為とはみなしえないとしてピノチェットの引渡手続からの免除を否定した。他方少数意見は、外見上公的権限を行使してなした行為は任務遂行行為であり、国際犯罪には慣習国際法上元国家元首に認められてきた免除が適用されないとする普遍的な規則は存在せず、また拷問等禁止条約にいう公務員には国家元首は含まれておらず人質条約も国家元首の免除を排除していないとした。

　この判決に対しピノチェットは、裁判官のうち1名は本件に訴訟参加が認められたアムネスティー・インターナショナル（AI）と関係があり裁判官の構成が不適切であったとして

判決の破棄を求めた。貴族院は、1990年1月15日、1名の裁判官がAIの下部機関の理事だという事実から本件の裁判官としての資格を欠いていたとして判決を破棄し、新たに構成される裁判官で事件を再審理することを決定した。7名の裁判官から成る貴族院は、1999年3月24日に6対1で公訴当局の主張を認め、引渡手続の継続を支持する判決を言い渡した。ただし、引渡犯罪については内務大臣の再考を求めた。以下、多数意見を代表するブラウン・ウィルキンソン裁判官の意見に即して判決要旨を述べる。

【判決要旨】1　犯罪人引渡法第2条にいう双罰性の原則を満たすためには、請求国領域内で行われた犯罪はそれが英国で生じたとすれば12カ月以上の拘禁刑に該当し、請求国の域外で行われた犯罪は同等の行為が同様の事情において英国でも域外犯罪として12カ月以上の拘禁刑により処罰できなければならない。スペインが引渡犯罪として掲げるもの（殺人、殺人未遂、拷問、人質およびそれらの共同謀議など）には1973年以前に遡るものもあるが、英国で犯罪として処罰できなければならない時点は、引渡請求時点ではなく当該行為が実行された時点である(pp.836-839)。

2　スペインが普遍主義を根拠に域外犯罪について引渡を求めているのは拷問と人質の罪である。域外の拷問が英国で犯罪となるのは刑事裁判法第134条が効力を発生する1988年9月29日以降であるから、拷問またはその共同謀議の嫌疑で双罰性の要件を満たすのは同日以降の行為に限定される。人質行為法が定義する人質は他の者を強要するために人質をとる行為をいうが、本件での嫌疑は他の者に危害を加えるという脅迫を用いて被拘禁者を強要した行為であるから人質の定義に該当しない。他方スペインが属地主義を根拠に引渡犯罪に掲げたスペインの領域内での殺人、その未遂および共同謀議、ならびに、1988年9月29日以前にスペインで行われた同国で拷問を実行するという共同謀議については、その実行時点でそれらが英国内で生じていたとすれば英国法上犯罪となるから双罰性の原則を満たす(pp.839-840)。

3　国家免除法第20条2項に基づき元国家元首は、在職中国家元首の公的資格で行った行為については、外交関係条約第39条2項に定める元外交官と同等の刑事管轄権からの免除を享有する。しかし拷問等禁止条約に定める拷問行為は元首の任務を遂行するにあたって行った行為とは言えない。大規模な拷問は人道と強行規範に対する国際犯罪となっており、チリも拷問禁止が強行規範だと認めている。拷問等禁止条約第1条に定める「公務員その他の公的資格で行為する者」から国家元首を除外するのは条約の意図に反する。また同条約は普遍的管轄権を設定し、引渡または処罰の原則 (*aut dedere aut punire*) を導入したから、同条約の効力発生後は、その当事国は拷問罪を行った公務員を引き渡すか訴追しなければならない。拷問は定義上公務員型の犯罪であること、命令を実行した者のみに責任を問う

のが条約の意思だとは認め難いこと、任務終了後に残存する事項的免除は国家の公的行為を保護する性質を有するから仮に拷問につき元元首が事項的免除を認められるならおよそすべての元公務員も免除を認めなければならなくなること、などからみて拷問行為につき元国家元首に免除を認めることは条約目的および規定と相容れない。したがって、同条約が英国につき効力を発生し、英国、スペイン、チリ間にともに条約が適用されるようになった1998年12月8日以降、ピノチェットは拷問とその謀議の罪につき事項的免除の対象とはならない。他方スペインでの殺人と殺人の共同謀議の罪については、従来認められてきた免除原則の適用を排除することに諸国が同意したという証拠はない。

　以上により、1988年12月8日以降においてピノチェットは拷問に関する共同謀議を遂行するため拷問〔単発的拷問を含む〕に関与したという主張に限り上訴を認め、犯罪人引渡手続を進めることを承認する。ただし、引渡犯罪の範囲については内務大臣の再考を求める (pp.840-848)。

【論点】1　本件は、国際犯罪に対する普遍的管轄権を根拠に外国の元国家元首を自国裁判所で訴追することを決めた国からの犯罪人引渡請求に応じて、容疑者滞在国の裁判所が彼を(イキ)し、引渡手続を進行させることを容認したおそらく世界で初めてのケースである。もっとも貴族院判決は、1988年12月以降の拷問の罪に局限する形でのみ犯罪人引渡手続の進行を認めたから、仮に引渡しがなされてもスペインは特定性の原則(ヨーロッパ犯罪人引渡条約第14条参照)により英国が認めた引渡犯罪以外には訴追できなくなる。もっとも、ピノチェット事件では、同人の病気のため引渡手続が中断され同人は2000年3月にチリに送還され、2006年12月に死去した。

　2　判決は、双罰性の原則をいう場合、引渡犯罪は引渡請求時ではなく当該犯罪の実行時に被請求国の法律で犯罪となっていなければならないと解釈した。ヨーロッパ犯罪人引渡条約や日米犯罪人引渡条約などには時効の完成に関する規定や一事不再理の規定があることを考慮すれば、この解釈は英国法にとどまらず一般性をもちうる。拷問行為は従来の英国刑法上でも犯罪であり、したがってスペインで実行された拷問や殺人の共同謀議につき属地主義を根拠として引渡しが請求された部分については、これが英国で生じたと仮定しても従来の刑法で双罰性の要件は満たされる。しかし、チリで生じた拷問またはその共同謀議につき普遍主義を根拠に引渡しが請求された部分(域外犯罪)については、英国法上も当該域外犯罪に対する刑事管轄権が設定されていなければならず、英国が域外拷問行為につき普遍的管轄権を設定するのは、拷問等禁止条約を国内法化した刑事裁判法第134条が施行された1988年9月29日以降のことである。双罰性の原則は犯罪の実体面のみならず、刑事管轄権の面でも双方可罰性という要件を満たすことを要求する(ヨーロッパ犯罪人引渡条約第7条2項、日米犯罪人引渡条約第6条1項、日本の逃亡犯罪人引渡法第2条5号参照)。なお、拷問等禁止条約第8条

4項は「第四条の犯罪は、締約国間の犯罪人引渡しに関しては、当該犯罪が発生した場所のみでなく、第五条1の規定に従って裁判権を設定しなければならない国の領域内においても行われたものとみなされる」と定めるが、この規定をどう解釈するかが問題となろう。

3　本件で最大の争点となったのは、元国家元首の刑事裁判権からの免除である。現職の国家元首については、公的行為であれ私的行為であれ慣習国際法上国家元首は人的免除(immunity ratio personae)を享受し、外国の民事および刑事管轄権から免除されるというのが通説的見解で各国の裁判例もほぼこの考え方に沿っている(なお逮捕状事件〔⇒104〕参照)。他方、元国家元首については在職中の公的行為については引き続き免除を認められるが、私的行為についてはもはや免除を享受できないというのが有力説である。この免除を事項的免除(immunity ratione materiae)と性格づけ、国家の公的行為を保護することが免除の目的であるとみる点ではほぼ諸裁判官の意見は一致していた。英国国家免除法第20条1項は、国家元首には外交関係条約が外交官に付与している免除に必要な変更を加えた免除が与えられると定めており、判決は、外交関係条約第39条2項を参照して、元国家元首は在職中元首として行った任務遂行行為については引退後も引き続き免除を享受すると解釈した。そこで、在職中の行為が元首の任務遂行行為に該当したかどうかが免除上重要な争点となり、多数意見は拷問が任務遂行行為ではないという見解を採用した。しかし、拷問が任務遂行行為ではないとする論理構成には少数意見(Goff判事意見参照)からの批判がある。また元首が犯した普通殺人等には従来の免除が引き続き妥当するとした判決部分との間に整合性がとれない。むしろ多数意見が免除を否定したより根本的な根拠は、拷問を国際犯罪と認め、公務員の地位に拘わらず行為者を有責とし、かつ普遍的管轄権を設定した拷問等禁止条約の目的(Millett判事、Saville判事、Phillips判事意見参照)と免除、または広範で組織的な文民に対する拷問を禁止する慣習国際法規則(Hope判事意見参照)と免除は相容れないという点にあったと言える。国際犯罪に対する普遍主義は免除を凌駕するという考え方は元首の国際犯罪を裁く国際刑事裁判所の管轄権の考え方(国際刑事裁判所規程第27条)とは一致するが、この考え方を貫けば現職の国家元首の人的免除は引き続き完全であるという考え方はとれない。

【参考文献】
島田征夫『百選Ⅰ』、同「ピノチェト—元首の犯罪は裁けるか」、『法学教室』221号(1999)、稲角光恵『百選Ⅱ』、森下忠「ピノチェトの引渡問題(1)(2)」『判例時報』1675号、1678号(1999)、薬師寺公夫「国家元首の国際犯罪と外国裁判所の刑事管轄権からの免除の否定」『国際人権』12号(2001)、藤田久一「国家元首と犯罪—ピノチェト事件をめぐって」『関西大学法学会誌』45巻(2000)、田原洋子「ピノチェト事件における拷問に対する普遍的管轄権の問題——九九九年三月二四日付英国貴族院判決を手がかりに」『広島法学』30巻3号(2007)、水島朋則「国際犯罪と外交特権免除の交錯」『国際問題』No. 592(2010)。

(薬師寺　公夫)

104　逮捕状事件（Affaire relative au mandat d'arrêt du 11 avril 2000）

　　当　事　国　　コンゴ民主共和国 v. ベルギー
　　裁　判　所　　国際司法裁判所
　　命令・判決　　(a) 仮保全措置命令　2000年12月8日
　　　　　　　　　(b) 判決　2002年2月14日
　　出　　　典　　(a) ICJ（2000）182
　　　　　　　　　(b) ICJ（2002）3

【事実】　ベルギーは、1993年6月の法律で、1949年のジュネーヴ条約等の重大な違反について、「それが行われた場所に関わりなく」ベルギー裁判所は管轄権を有すると定めた。1999年2月にはこの法律を改正し（国際人道法の重大な違反の処罰に関する法律）、ジェノサイド罪と人道に対する罪を対象に加えるとともに、人の公的な地位に伴う免除を理由としてこの法律の適用が妨げられることはないとした。

　2000年4月11日、ベルギーの予審裁判官は、コンゴ民主共和国（以下、コンゴという）の外務大臣であるイェロディアがその就任前の1998年8月（当時は官房長）にコンゴで行った演説が、人種的憎悪を扇動するもので、ジュネーヴ条約等の重大な違反および人道に対する罪にあたるとして、逮捕状を発付した。逮捕状には、ベルギーを公式に訪問している国家代表には執行免除（不逮捕）を認めなければならず、これに違反する場合には国家責任が生じ得ると記されていた。逮捕状は、後に諸外国に送付され、コンゴは2000年7月12日にそれを受け取った。問題とされている犯罪がベルギーとの関連をもたないことから、これはベルギーによる普遍的管轄権の行使であると言われる。

　これに対してコンゴは、他国領域での国家権力の行使を禁止する原則や主権平等原則の違反（普遍的管轄権の問題）および外務大臣の免除の違反を主張し、逮捕状の破棄を求めて2000年10月17日に国際司法裁判所に提訴した。同日、コンゴは、逮捕状が出されているためにイェロディアが外国を訪問できず、その任務を遂行できなくなっているとして、逮捕状の破棄命令を含む仮保全措置を申請した。請求訴状においては曖昧であった国際司法裁判所の管轄権の基礎として、コンゴは、仮保全措置の口頭手続の段階で両国の選択条項受諾宣言を援用した。

　仮保全措置の口頭手続中の2000年11月20日にイェロディアは外務大臣から教育大臣となり、2001年4月15日以降はいかなる閣僚職にも就いていない。なお、国際刑事警察機構の赤手配書（これは、手配書申請国への被手配者の引渡を目的として、その身柄の拘束を加盟国に求めるものである）の申請をイェロディアについてベルギーが行ったのは2001年9月のことであり、判決の時点で赤手配書は発行されていなかった。

【命令・判決要旨】(a)　ベルギーは、イェロディアが教育大臣になったために請求の目的が消滅したと主張するが、逮捕状は破棄されておらず、職務は変わったが同じ人物を対象としており、口頭手続でのコンゴの主張から判断しても請求の目的は消滅しておらず、本件を総件名簿から削除しない(全員一致)。コンゴが管轄権の基礎を明確に示したのは遅かったとしても、両国の選択条項受諾宣言については両国ともに知っていることであり、手続的公正の原則および適正な司法運営に対する重大な毀損とはならず、これらの宣言は管轄権の一応の(*prima facie*)基礎を構成する。しかしながら、イェロディアが、外務大臣よりも外国訪問の機会の少ない教育大臣になったため、コンゴの権利の回復不可能な侵害や状況の緊急性は認められず、仮保全措置の指示は必要でない(15対2)(paras.51-72)。

(b)1　ベルギーは、イェロディアが閣僚職を離れたことを理由として、両国間に法律的紛争はもはや存在せず裁判所は管轄権をもたないこと、請求の目的が消滅したこと、本件の主題が変更されたこと、また、請求が外交的保護の形となったにもかかわらず国内救済が尽くされていないことを主張する。しかし、裁判所の管轄権の有無を判断する基準となる提訴の時点で紛争は存在していたし、コンゴが逮捕状の違法性の確認、精神的損害の賠償、逮捕状の破棄を求める一方で、ベルギーは、国際法違反はないとしてこれに反論しており、請求の目的も消滅していない。本件逮捕状の発付・送付が国際法に違反するか否かという主題にも変わりはなく、また、コンゴは自国民保護の一環として行動しているわけではないので国内救済原則は問題とならない。裁判所の管轄権や請求の受理可能性に関わるベルギーの抗弁はいずれも認められない(15対1)。さらにベルギーは、コンゴが最終申立において外務大臣の免除の違反に議論を限定しているため、裁判所は普遍的管轄権の問題について判断できないと主張する(*non ultra petita* 規則)。しかし、この規則によって、その問題について判決主文で述べることはできないとしても、必要に応じて判決理由の中で扱うことは妨げられない(paras.22-44)。

2　ある事項について国が国際法上管轄権を有している場合にはじめてその管轄権行使に関する免除の問題が生じ得るので、論理的には免除の問題は管轄権の検討の後ではじめて援用され得る。しかし、コンゴの最終申立を考慮し、ベルギーが逮捕状を発付・送付する管轄権を国際法上有していると仮定した上で、そのような発付・送付によって外務大臣の免除に違反したか否かをまず検討する(paras.45-46)。

3　国際法上、外交官や領事官と同様に、国家元首・政府の長・外務大臣のような上級国家職員が他国において民事および刑事管轄権からの免除を享有することは確立している。本件で裁判所が検討するのは現職の外務大臣の刑事管轄権からの免除と不可侵のみであるが、これについては、明確な規定をもつ条約がないので慣習国際法に基づいて処理しなければならない。慣習国際法上、外務大臣の免除は、その個人的な利益のためにではな

く、国のための任務の自由な遂行を可能にするために与えられる。したがって、免除の範囲を決定するためには、その任務の性質を検討しなければならない。外務大臣は、その任務の遂行にあたり外国訪問を頻繁に求められ、自国政府と絶えず連絡をとらなければならず、また、国家元首や政府の長のように、その任務遂行の事実のみをもって自国を代表する資格が国際法により認められている。このような任務に照らせば、外務大臣は、その在任中、外国において完全な刑事管轄権からの免除と不可侵を享有する。ベルギーが主張するような、公的な資格でなされた行為と私的なそれとの区別や、外務大臣就任前の行為と在任中の行為との区別をすることはできない。外務大臣が逮捕されれば、そのような区別に関わりなく任務の遂行が阻害されるのである。さらに、司法手続にかけられる可能性のみでも、任務の遂行上求められる外国訪問を思いとどまらせ得る(paras.47-55)。

　4　ベルギーは、戦争犯罪や人道に対する罪の場合には現職の外務大臣であっても免除は認められないと主張するが、そのような例外が慣習国際法上存在することは国家実行からは導き出されない。国際的な刑事裁判所の関連規定や判例からも、国内裁判所の場合にそのような例外があるとは言えない。なお、国内裁判所の管轄権に関する規則と管轄権免除の規則とは区別しなければならず、ある犯罪について条約で管轄権が拡張されても慣習国際法上の免除は損なわれない。もっとも、管轄権免除は不処罰を意味するものではなく、外務大臣は、①自国の刑事管轄権からの免除は国際法上享有せず、②自国が免除を放棄する場合には免除を享有せず、③その職を離れた後は、就任前や退任後の行為の他、在任中の行為であっても私的な資格でなされたものについて他国の裁判所で裁かれ得、また、④国際的な刑事裁判所での訴追の対象となり得る(paras.56-61)。

　5　それでは、本件逮捕状の発付・送付は外務大臣の免除に違反したのか。発付については、公式訪問の場合は例外とされているにせよ、ベルギーでの逮捕を認めるものであり、逮捕状は執行力を有する。送付については、コンゴの国際関係上の行動に影響を及ぼし得、また、ベルギーはそれが他国に逮捕を義務づけるものではないと主張するが、それでも逮捕につながる可能性があった。したがって、逮捕状の発付あるいは送付のみで外務大臣の刑事管轄権免除と不可侵に違反したと言える(13対3)(paras.62-71)。

　6　これらの義務違反はベルギーの国際責任を生ぜしめるが、このような裁判所の結論が、コンゴの精神的損害を賠償する一種の満足を構成する。しかし、本件においては、違法性の確認のみでは「違法行為がなかったならば存在したであろう状態」は回復されない。逮捕状は、イェロディアが外務大臣でなくなったとはいえ違法なままである。ベルギーは、自らが選ぶ手段で逮捕状を破棄し、送付先にそのことを知らせなければならない(10対6)(paras.72-77)。

【論点】1　国際法上、どの国家機関が、どの程度において外国の刑事管轄権からの免除や不可侵を享有するのだろうか。現職の外務大臣について裁判所は、慣習国際法上、完全な免除と不可侵が認められるとした。関連する国家実行が少なく、実際には国家実行の分析からというよりは外務大臣の任務遂行上の必要性から導き出されたこの「慣習国際法」には、その認定の仕方に疑問が残るが、裁判所のように外務大臣を国家元首と同様に扱うのであれば、一部の犯罪については現職の外務大臣の免除にも例外があるというベルギーの主張は、少なくとも今日の段階では立法論にとどまろう。

　2　本件によって、外務大臣の免除と不可侵の範囲について一定の明確化がなされる一方で、そのような免除や不可侵を享有する者の範囲という別の問題が残されることとなった。外国訪問の必要性等、裁判所が外務大臣の免除や不可侵を根拠づける上で指摘するものの多くは、例えば他の大臣にもあてはまるからである。2001年の国際法学会(アンスティテュー)の決議(国家元首・政府の長の国際法上の裁判権免除と執行免除)が、当初の草案にはあった外務大臣への言及を含んでいないのは、まさにそのような考慮からであった。なお、現在、国際法委員会(ILC)が「外国の刑事裁判権からの国家職員の免除」に関する条文草案の作成作業を進めている。

　3　裁判所は、外務大臣の免除の享有がその不処罰を意味しないことを強調する。処罰の現実性はともかく、とくに議論を呼んでいるのが、退任後は、在任中の私的行為について他国の裁判所で裁かれ得るとの指摘(③)であり、反対解釈から、公的行為についてはすべて免除されることになるとして、ピノチェット仮拘禁事件〔⇒103〕とも対比した上での批判がある。しかし、傍論にすぎない①から④の列挙を例示的なものと捉える余地はあるし、「私的」行為についてもさまざまな解釈があり得よう。また、国際的な刑事裁判所での訴追(④)に関する本判決後の注目される展開として、国際・国内の複合的裁判所であるシエラレオネ特別裁判所が、自らを「国際的な」裁判所と性格づけて外国国家元首の免除を否定したことや(2004年5月・テイラー事件)、国際刑事裁判所(ICC)が活動を開始し、スーダンのバシル大統領やリビアのカダフィ大佐に対して逮捕状を発付したことが挙げられる。

　4　外務大臣が免除や不可侵を享有するとした場合、逮捕や審理を行うことはその違反であろうが、裁判所が言うように逮捕状の発付や送付もそれに違反するのだろうか。一般に、逮捕の際に呈示されるまで被疑者は逮捕状が発付されていることを知らないとすれば、逮捕状の発付自体は、逮捕を恐れさせ、任務遂行を阻害するという効果をもたないので、その限りで免除や不可侵に違反しないと言えよう。その意味では、逮捕状の発付をコンゴ等に知らせたこと(逮捕状の送付)は問題となり得るが、外国に対する民事訴訟における訴状の送達は違法ではないとの立場もあり(リンビン・タイク・ティン・ラット対ビルマ連邦事件〔⇒12〕および中華民国に対する約束手形金請求為替訴訟事件〔⇒23〕の【論点】参照)、これに照らせ

ば、逮捕状の送付も免除の違反ではないと考える余地がある。

5　国際人道法違反について普遍的管轄権の行使が国際法上認められるかどうかについて、裁判所は判断せず、個別意見等で示された見解もさまざまで、この問題は未解決のまま残された。ただし、イェロディアがベルギーにいなかったために言われる「不在普遍的管轄権」という分析枠組については、「不在」時点を区別して考えてみても(ヒギンズ裁判官他の共同個別意見)、国際法の観点からは不要のように思われる。犯行時であれば、そもそも普遍的管轄権の定義に含まれており、逮捕状発付時について言えば、発付時にたまたま被疑者が国内にいるか否かを基準として国際法上の規制がなされているようには思われず、審理時の不在(欠席裁判)であれば、本件には当てはまらないが、それは普遍的管轄権以外の場合にも生じ得る手続的保障の問題だからである。

6　裁判所がベルギーに命じた逮捕状の破棄についても議論がある(本判決後、ベルギーは本件逮捕状を執行の対象から外して逮捕状としての効力を失わせたようである)。逮捕状は「違法なままである」という裁判所の表現は、その破棄が「違法行為の中止」であることを思わせるが、もはやイェロディアが閣僚の地位にないにもかかわらず違法性が継続しているとみることは困難である。他方、ホルジョウ工場事件〔⇒118〕への裁判所の言及は、むしろ「原状回復」であることを示唆する。しかし、逮捕状の違法性はイェロディアの地位と結びついていたため現在では原状回復は不可能であるとも考えられ、その場合には、逮捕状の破棄は「満足」の一形態として理解するほかないであろう。

7　本判決後、ベルギー法の関連規定は国際法上の免除の適用を排除しないとの解釈を破毀院が示すとともに(2003年2月・シャロン事件)、2003年4月の法律改正は、「国際法によって確立された制限」において免除を認めた。また、この改正は、被疑者不在の場合の管轄権を明示的に認めつつも、厳格な手続的制約を課している。さらに、この法律を廃止して関連規定を刑法典等に組み込んだ同年8月の法律は、外国の国家元首・政府の長・外務大臣等が国際法に従って訴追を免れるとし、また、公式訪問中のこれらの者に対しては強制行為をとることができないと規定している。なお、関連する違反の訴追は、居住者を含む形で拡張された積極的・消極的(受動的)属人管轄権に基づいて行われることになり、普遍的管轄権は、ベルギーにそれを義務づける国際法規則がある場合に限定されている。

【参考文献】
河野真理子「判例研究ICJ」102巻2号、玉田大『国際人権』14号(2003)、植木俊哉「個人による国際人道法違反の行為の処罰と国際法上の特権免除」『武力紛争の国際法』(東信堂、2004)、樋山千冬「ベルギー『国際人道法の重大な違反行為を処罰する法律』」『外国の立法』207号(2001)、森下忠「ベルギーの国際人道法違反処罰法」『判例時報』1781号(2002)、村上太郎「国際人道法の重大な違反の処罰に関する1993/1999年ベルギー法(1)(2・完)」『一橋法学』2巻2号、3号(2003)、森喜憲『判決・意見Ⅲ』、水島朋則『百選Ⅱ』、同『主権免除の国際法』(名古屋大学出版会、2012)第11章・第12章、洪恵子『基本判例50Ⅱ』。

(水島　朋則)

第9章

条　約

105 上部シレジア事件 (Affaire relative à certains intérêts allemands en Haute- Silésie polonaise)

当　事　国　ドイツ v. ポーランド
裁　判　所　常設国際司法裁判所
判　　　決　(a)管轄権　1925年8月25日
　　　　　　(b)本案　　1926年5月25日
出　　　典　(a)PCIJ Ser.A, No.6
　　　　　　(b)PCIJ Ser.A, No.7

【事実】　1922年5月15日、ドイツ・ポーランド間に上部シレジア割譲に関するジュネーヴ条約が成立した。ポーランドは、1920年にヴェルサイユ条約第256条により、自国領内のドイツの財産および所有物を譲渡される旨の法律を制定しており、この法律を上部シレジアにも適用することとして、実際、1922年7月3日に同地域のホルジョウにある工場に属する財産を収用した。ポーランドは、また1924年12月30日に同地域にある一定の大農地所有者に対して農地の収用通告を行った。こうしたポーランドの措置をジュネーヴ条約に違反したものであると判断したドイツは、1925年5月15日に同条約第23条（裁判管轄条項で同条約の第6条から第22条の規定の解釈に関する紛争について常設国際司法裁判所の管轄権を認めている）に基づき常設国際司法裁判所に訴えを提起し、ポーランドによる条約違反の確認と同国が一定の措置を講じるよう命じるとともに、農地収用がジュネーヴ条約に違反するものであることを宣言するよう求めたのであった。ポーランドは、管轄権と受理可能性の抗弁を行ったが、裁判所は、ポーランドの主張を認めず、本件を受理すべきものとした。次いで1926年5月25日の判決（本案）によって、ポーランドの措置がジュネーヴ条約の規定に適合していなかったとした。なお、この裁判所は両国の国籍裁判官を含む11人で構成された。当該判決は、ポーランドの国籍裁判官を除く10名の裁判官の支持を得て成立した。

【判決要旨】(a)　ポーランドは、①裁判所への提訴前にはドイツとの間で紛争は存在していない、②両国の意見の相違に関する紛争は、1920年のポーランド法の解釈に関するものであり、ジュネーヴ条約が規定する紛争に該当しない、③係争中の財産はヴェルサイユ条約第256条の下でドイツの承継国であるポーランドに所属しており、ジュネーヴ条約は適用できないので、この事件は裁判所の権限外のものである、④裁判所は、本件と関連する訴訟を扱っているドイツ・ポーランド混合仲裁裁判所（上部シレジア会社などがパリにある同裁判所に訴訟を提起していた）での判決が下るまで本訴訟を受理できないことなどを理由に裁判所の管轄権を争った。

　①については、ジュネーヴ条約第23条は外交交渉が提訴の前提条件とは規定しておらず、第6条から第22条の解釈および適用から生じる意見の相違が存在すると当事国が判断

すれば提訴は可能である。②については、第23条の「意見の相違」は第6条から第22条の適用範囲に関する意見の相違を含んでいる。③については、ジュネーヴ条約はポーランドが援用するヴェルサイユ条約や他の条約の規定の解釈なくして適用し難いが、これらのことはジュネーヴ条約適用の先決的または付随的な問題でしかなく、こうした他の国際的合意を解釈することが裁判所の権限内にあることは明らかである。④については、2つの訴訟はその内容や訴訟当事者について同一とはいえず、さらには2つの裁判所は同一の性質を有するものではない。以上の理由により、裁判所は本件についての管轄権を有する (pp.13-27)。

(b) 1 　本案審理の中でもポーランドは裁判所の管轄権を争った。その理由として、①ドイツの申立がジュネーヴ条約第6条から第22条の解釈および適用についての意見の相違に関係しない、②1920年のポーランド法が当該条約の規定に合致しているか否かという審理は同条約第2条2項 (一定の事項については国際裁判所による審理に委ねられないことを規定) に反する、③ドイツの求める判決の抽象的性格は裁判所規程第59条と両立し難いということを挙げた。しかし、裁判所はこれらの理由を採用できない。③に関しては、ポーランドが言及した裁判所規程第59条は純粋に宣言的な判決を排除しておらず、この条の目的は、単に裁判所の認めた法原則が、特定の事件において、他の国家または他の紛争に対して拘束力を有するのを妨げるに過ぎない (pp.16-19)。

2 　裁判所によれば、ジュネーヴ条約の収用に関する規定とその文脈から、ポーランド領上部シレジアのドイツ人の私的財産・権利・権益に対し与えられる待遇は、国際法の一般原則が認めるものでなければならず、収用は第7条以下の規定で定められた条件の下においてのみ合法であり、1920年のポーランド法の関連条文の適用は条約違反である判断する。「1920年法は、ヴェルサイユ条約、1918年の休戦条約、スパー議定書によってポーランドが獲得した権利に基づいており、ジュネーヴ条約により影響されない」などとポーランドは主張するが、休戦条約およびスパー議定書については、ポーランドは当事国ではなく、したがってそれらの文書から権利を得ることはできない (pp.27-29)。ヴェルサイユ条約については、同条約は「主権変更の際には私権が尊重されねばならない」という原則を認めており、1920年法を正当化する根拠として同条約第256条を用いることはできない (p.31)。また、上部シレジアに対する主権の譲渡前にドイツが自己の権利を濫用して、ホルジョウ工場の所有権等を移転したとされる点についても、そのような濫用は推定されえない (p.30)。そして大農地の収用に関するポーランドの通告がジュネーヴ条約第6条以下に合致するか否かという点について、裁判所は、同条約が規定する収用できる農地の要件を確認し、通告を受けた個々の大農地をその要件に照らして審査した。その結果、収用対象とされた10の大農地のうち、ドイツの請求が認められるもの5件、一部のみ認められるもの1件、請求が棄却されるもの3件、請求目的を喪失したもの1件となる (p.82)。

【論点】1　第三国(ポーランド)に対する条約の効力について、裁判所は、条約はその当事国のみを拘束するのであり、疑いのある場合、第三国のためにそれからいかなる権利も引き出せないことを認めた。たしかに原則として条約は第三国に対してその同意なくしては義務も権利も創出できないということには普遍的合意が存在する。しかし、現実には第三国の権利や義務を規定する条約が存在している。問題は、「合意は第三者を害しも益しもせず(*pacta tertiis nec nocent nec prosunt*)」の原則が国際法上、何らかの例外を認めているかということである。学説においては、第三国の同意(付随的合意)がつねに必要であるとする考え方と、第三国に権利を与える条約に関しては、こうした同意は必要ないとする考え方が存在する。一方、条約法条約は権利を与える場合と義務を課す場合を区別し、第三国の権利発生については、同意しない旨の意思表示がない限り、第三国の同意が推定される(第36条)と規定した。実際には、第三国についての権利・義務を同時に規定する条約が多いことから、こうした区別には批判もある。

　2　裁判所は、ポーランドの主張するドイツの権利濫用を認めなかったが、「この場合、権利の濫用のみが譲渡行為を条約違反となしうる」と述べ、権利濫用が国家による国際義務違反となりうることを認め、挙証責任については、それを主張する側にあるとした。実際、いくつかの国際条約(例えば、国連海洋法条約第300条および国連公海漁業実施協定第34条)は、権利の濫用を慎む義務を規定しているし、国内裁判所の判決の中には、権利濫用論に基づいた例も存在する。しかし、国際裁判においては、この原則に基づく諸国の主張はみられるものの〔⇒106自由地帯に関する事件〕、濫用禁止原則を適用した事例は存在しない。この原則自体、国際関係に適用しうるだけの明確性を欠いている、この原則を援用するまでもなく信義誠実の原則、他国の利益への合理的配慮などを援用して解決可能である、などとする批判が存在する。

　なお、後に判決の履行について再び両国が争い、ドイツが新たに訴えを提起することになった〔⇒118ホルジョウ工場事件〕。

【参考文献】
『横田判例Ⅰ』、久保敦彦『百選Ⅰ』、経塚作太郎「条約と第三国」『国際法の基本問題』(有斐閣、1986)、臼杵知史「国際法における権利濫用の成立態様(1)(2・完)」『北大法学論集』31巻1、2号(1980)、小森光夫「条約と第三者効力と慣習法の理論(1)～(3)」『千葉大学法経研究』9号(1980)、10号(1981)、12号(1982)、名島芳『国際法における権利濫用』(酒井書店、1966)61-140頁。

(福田　吉博・坂元　茂樹)

106　自由地帯に関する事件（Affaire des zones franches de la Haute-Savoie et du Pays de Gex）

当　事　国	フランス／スイス
裁　判　所	常設国際司法裁判所
命　　　令	1929年8月19日、1930年12月6日
判　　　決	1932年6月7日
出　　　典	PCIJ Ser.A, No.22, Ser.A, No.24, Ser.A/B, No.46

【事実】　1815年11月20日のパリ条約などにより、上部サヴォア県とジェックス郡の一部のフランスからスイスへの割譲が認められた。そして、ジュネーヴとの関係で同地域に関税を課さない自由地帯を設けることが定められた。ところが、1919年のヴェルサイユ条約は、第435条2項により1815年の条約規定が現状に適合しないことを認め、自由地帯に関してフランスとスイス間で両国が適当と認める条件に従ってその地位を決定することを認めると規定した。この規定の附属書には、1919年5月に交換された両国の公文が挿入されていた。スイスは、この中で「自由地帯に関する規定が現状に適合しない」とする部分に留保を行った。その後、スイスはこの条約に署名したが、国民投票の結果、批准しなかった。他方、フランスは、1923年2月に自由地帯の廃止に関する法律を採択し、同年11月10日より施行されることをスイスに通告した。スイスは、フランスの行動に抗議し、常設国際司法裁判所に事件を提訴することを提案した。その後フランスは、通告通り関税境界線を国境に設置した。結局、両国の合意に基づき訴訟が提起されることになった。

　裁判所は、1929年8月19日の命令において、ヴェルサイユ条約第435条の意味は、フランス・スイス間で自由地帯の地位を決定すべきであるとするにとどまり、それを廃止したり、廃止を目的とするものではないと述べた。そして、自由地帯に適用される「新しい制度」を両国間で決定するための期間を1930年の5月1日までとした。しかし、直接交渉の結果、合意が困難であることが明白となり、問題が裁判所に付託された。裁判所は、1930年12月6日のさらなる命令で、両国間での交渉による解決を求め、1931年7月31日までを交渉期間と定め、不調の場合には、一方の当事者の請求により裁判所が判決を下すとした。そして、両国間での交渉が失敗した後、1932年6月7日の判決で裁判所は、先の第435条の解釈を再確認し、自由地帯を回復するために関税境界線を後退させるようフランスに命じた。

【判決要旨】1　裁判所が判断せねばならない主要な問題点は、ヴェルサイユ条約第435条が①自由地帯に関する以前の諸規定を廃止したのか、それとも②廃止するのを目的とした（または、廃止する義務を設定した）のかということであった。①について言えば、同条2項は、自由地帯に関する規定はもはや現状に適合しないので、フランス・スイス間でその地位を

決定すべきであるとするだけであり、この現状不適合の帰結が廃止であるとは述べていない。また、第435条全体からみても、条約の言葉が「廃止」を当然に生ぜしめる理由はない。さらに、スイスは、ヴェルサイユ条約の当事国ではないので、自らが同意した限りにしか条約は拘束しない。この点につき、スイスは、「自由地帯に関する諸規定が現状に適合しない」という言葉の受諾はその廃止に同意したと結論されることを欲しないと公文で述べており、スイスが自由地帯の廃止に同意していないことは明らかである。かくして、裁判所は、ヴェルサイユ条約は自由地帯の制度を廃止しなかったと判断する (Ser. A/B, No.46, pp.139-142)。

　2　②について、廃止の義務が存在するには、公文の条件に従い第435条を黙認することでスイスが廃止合意の成立に協力することを約束したか、その廃止にスイスの同意を必要としていないということでなければならない。第1点については、第435条は、両国が適当と考える条件で合意するよう求めているに過ぎず、前もってその合意の内容について何ら決定されてはいない。したがって両国が合意すれば自由地帯の存廃が可能である。この規定の文言を廃止の義務を含んだ委任の意味に解するとしても、スイスは委任を強制されない。スイスは、公文によって、明らかに自由地帯の関税制度変更に反対しているからである (pp.143-144)。第2点についてみると第435条の条文とその起草状況をみる限り、自由地帯へのスイスの権利の存在を前提としていると考えられる。その理由としては、①スイスの同意が必要ないなら、ヴェルサイユ条約の締約国が自己の権威に基づき自由地帯の廃止を宣言しなかったということは理解し難いこと、②同締約国がスイスの公文を条約中に挿入したこと、③自由地帯を設立した諸文書の全体およびその作成状況からすると関係国の意図が自由地帯への権利をスイスのため創設することにあるのが明白であることなどが挙げられる。かくして、第435条は、自由地帯の廃止を目的とはしていない (pp.144-149)。

　3　裁判所により、自由地帯を維持するスイスの権利は承認されたが、フランスは、1932年にスイスの同意なく自国の関税線を創設しており、自由地帯に関する諸文書に従って関税線を後退せねばならない。自由地帯の制度は、当事者の合意により変更されなかったので効力を維持し続けねばならない。関税線の後退は、政治的国境でのその他の税金を徴収するフランスの権利に影響を与えるものではない。自由地帯が維持されるので、その地帯の生産物がスイスの関税線を自由にまたは低率の関税で通過しスイスに輸入されるために規定が設けられねばならない。最後に、裁判所は、フランスの関税線の後退が実現される期日を1934年1月1日と定める (pp.171-172)。

【論点】1　本件は、同一事項(自由地帯に関する事項)を規定する新旧条約の効力をめぐる事件である。しかし、一方の当事者であるスイスが新条約(ヴェルサイユ条約)を批准しなかったため、新条約は、スイスが同意した程度においてしか拘束しないと考えられた。そして

裁判所は、新条約が第三国であるスイスに拘束力を有するにはその同意を得ることが原則であることを確認した。条約法条約は、一般規則として、条約は第三国に対してその同意なくして義務または権利のいずれをも創設しない（第34条）と規定している。そして、さらに同条約は、義務を課す条約と権利を付与する条約とを区別して規定しており、本件に関連する前者については、第三国の書面による明示的受諾を義務発生の条件（第35条）と、後者については、反対の意思表示がない場合には第三国の同意（受諾）は推定される（第36条2項）とした。前者に課された条件は、後者に比し、より厳格なものと言える。この条約の草案を採択した国連国際法委員会では、「条約はそれのみの力によって非当事国について義務を創出するものではない」ことが一致して支持された。

2　フランスは、自由地帯を設立する規定を失効させるに足る大きな事情変化の存在を主張した。そして、「1815年にジュネーヴ州は、いかなる点からみても自由貿易地域であって、当時の関税線の後退は、ジュネーヴ地域と自由地帯を1つの経済単位としたのであり、1849年のスイス関税の設定は、この経済単位を破壊し、自由地帯が設立されるに至った状態を終了させた」という事実を援用した。一方、スイスは、①主張される事実は、その継続を前提として条約を締結したものではない、②フランスは、「事情の変化」が明らかになった後、不当に長期間これを主張しなかったなどと反論した。判決は、フランスの立場を正当化するには「自由地帯設立に諸国が賛成する決定を行ったのは、ジュネーヴにおける関税の不存在を考慮してであったことを立証する必要があるが…この主張を支持するものが存在しない」などとしてフランスの主張をしりぞけた。裁判所は、主張が事実によって支持されないので、事情の変化により条約が失効したとは言えないとの立場をとったのであり、事情変更の原則自体についての判断を下さなかった。裁判所の立論は、この原則の存在を前提とした論理構成をとっているとも思われる。条約法条約は、条約の終了原因として「事情の根本的変化」を挙げ、厳格な要件のもとでの援用を認めている（第62条）。なお学説上の対立もあり、今日まで、この原則の適用が国際社会において具体的に認められた例は存在しない。しかし、アイスランド漁業管轄権事件（管轄権）〔⇒110〕およびガブチコボ・ナジマロシュ計画事件〔⇒112〕において、国際司法裁判所は第62条が慣習法を表現したものとみなした。

【参考文献】
『横田判例Ⅱ』、小川芳彦「国際法委員会のコメンタリー(3)」『法と政治』19巻4号(1968)、田畑茂二郎「国際法における事情変更の原則」『法学セミナー』1月号(1972)、坂元茂樹「条約法条約における事情変更の原則(1)～(3)」『琉大法学』30号(1982)、32号(1983)、36号(1985)、薬師寺公夫「同一事項に関する相前後する条約の適用(1)」『立命館国際研究』6巻4号(1994)。

（福田　吉博・坂元　茂樹）

107　ジェノサイド条約に対する留保事件(Réserves à la Convention pour la prévention et la répression du crime de génocide)

　　　　　諮問機関　国際連合総会
　　　　　裁　判　所　国際司法裁判所
　　　　　勧告的意見　1951年5月28日
　　　　　出　　　典　ICJ(1951) 15

【事実】　第2次世界大戦の戦前・戦中にかけてナチス・ドイツがユダヤ人に行った集団殺害のような非人道的行為が2度と繰り返されないようにとの決意から、第1回国連総会は、ジェノサイド(集団殺害)を国際法上の犯罪であると宣言し、処罰のための条約草案の準備を経済社会理事会に勧告した。草案の提出を受けた第3回国連総会は、1948年12月9日の決議260A(III)により、「集団殺害罪の防止及び処罰に関する条約」(以下、ジェノサイド条約という)を採択し、これを署名のために開放した。同条約には留保規定はなかったが、この条約の批准、加入にあたって、旧ソ連など8カ国が第9条(国際司法裁判所の義務的管轄)を中心に留保を付し、それに対し一部の署名国が異議を唱えた。この条約の寄託者である国連事務総長は、右の留保付き署名にいかなる法的効果を与えるべきかの指示を国連総会に求めた(なお、ポーランド、ルーマニアを除く諸国は第9条への留保を後に撤回した)。

　国連総会は、討議の結果、1950年11月16日の決議478(V)により、国連国際法委員会に「多数国間条約に対する留保」について研究を委嘱するとともに、国際司法裁判所に、ジェノサイド条約に対する留保をめぐる3つの問題について勧告的意見を要請した。すなわち、①留保を表明した国は、1または2以上の条約当事国がその留保に異議を申し入れたが、他の当事国は異議を申し入れなかった場合には、その留保を維持したままで条約当事国とみなされるか。②第1の問題が肯定的に答えられる場合には、留保を表明した国と、(a)その留保に異議を申し入れた国、および、(b)その留保を受諾した国との関係において、留保の効果はいかなるものか。③留保に対する異議が、(a)条約をまだ批准していない署名国、(b)署名または加入の権利があるが、まだそうしていない国によって申し入れられた場合には、第1の問題に対する答に関して、その異議の法的効果はいかなるものであるか。

　裁判所は①の問いに対して肯定的な回答を与え、留保の許容性の基準として新たに留保と条約目的との「両立性の基準」を示した。他方、国際法委員会は1951年に国連総会に提出した報告書で伝統的な「全員一致の原則」を支持する立場をとった。

【意見要旨】1　総会決議の文言から、裁判所が回答を求められているのはジェノサイド条約に関する問題に限定される。3つの問題は、純粋に抽象的性質のものであり、特定の国

の留保やかかる留保に対する異議に言及するものではない。第1の問題は、留保国は、留保に関し締約国間に意見の相違があるとき、その留保を維持したままで条約当事国とみなされるかというものである。国は、その条約関係において、同意なしには拘束されない。したがって、いかなる留保もそれに同意が与えられない限り、その国に対して対抗できないことは十分に確立されている。契約の観念に直接触発されたこの概念は、1つの原則として争えない価値をもつ。しかし、ジェノサイド条約については、その適用を柔軟にする様々な事情に言及する必要がある。とりわけ、この条約がその後援により締結された国連の普遍的性格と同条約第11条が想定するきわめて広範な参加、より一般的な留保の慣行や、若干の締約国が留保に反対しても留保国を条約当事国とみなす慣行の存在にみられる多数国間条約の運用における柔軟性の要請、さらに、ジェノサイド条約は最終的に全会一致で承認されたとしても、一連の多数決の結果であることが指摘されなければならない。多数決の原則は、多数国間条約の締結を容易にするとしても、ある国々にとっては留保の表明を必要とするかもしれない。この観察は、最近の多数国間条約に対する多数の留保によって確認される。多数国間条約中に留保規定がないことから、留保が禁止されると結論するわけにはいかない。多数国間条約の性質、その目的、規定、作成と採択の方法は、留保の有効性および効果はもちろん、留保を表明する可能性を決定するために考慮されるべき要素である (pp.20-22)。

2(1)　裁判所は、ジェノサイド条約に対し留保を行うことにつき、国連総会で了解があったと認める。あとは、いかなる種類の留保および異議が許されるかを決定すればよい。この問題の回答は、ジェノサイド条約の特殊性に見出されなければならない。ジェノサイド条約は、総会によっても、締約国によっても、明らかに普遍的な範囲をもつ条約として意図された。かかる条約の目的もまた考慮されなければならない。条約は明らかにもっぱら人道的かつ文明的な目的のために採択された。かかる条約では、締約国はそれ自身の利益というものをまったく有しない。締約国は、1つの共通の利益、つまり当該条約の存在理由であるところの高邁な目的の実現をめざしているに過ぎない。したがって、この種の条約では、国家にとっての固有の利益や不利益、または権利と義務との間の完全な契約上の均衡について語ることはできない (pp.22-23)。

(2)　ジェノサイド条約の趣旨および目的は、総会とそれを採択した国々の意図ができるだけ多数の国々を参加させる点にあったことを示唆している。1または2以上の国を条約から完全に除外することは、その適用範囲を制限することになるだけではなく、その基礎にある道徳的、人道的原則の権威を害することになるだろう。締約国が、ささいな留保に対する異議によって、そうした結果が生ずることをたやすく認めたとは考えにくい。しかし、締約国が、できるだけ多数の参加国を確保するという空しい追求のために、条約の

目的そのものを犠牲にすることを意図したともなおさら考えられない。このようにして条約の趣旨および目的は、留保を行う自由にも、それに異議を唱える自由にも限界を設ける。加入に際して留保を行う国およびそれに対して異議を唱えるべきだと考える国の態度につき基準を提供すべきものは、その留保と条約の趣旨および目的との両立性である(p.24)。

3(1) 国は主権によって任意の留保を付したままジェノサイド条約の締約国となることができると主張されたが、裁判所はこのような見解を支持することはできない。国家主権の考えのこのように極端な適用は、条約の趣旨および目的の完全な無視に導きうることは明らかである(p.24)。

(2) さらに、条約の絶対的一体性の概念が国際法の規則になっているとは思われない。留保に対する異議の効果という法律問題が、解決ずみであると結論するわけにはいかない。〔1927年連盟理事会決議の〕行政慣行の存在それ自体は決定的な要素ではない。また同時に米州諸国の間では異なる慣行が存在していることも指摘しておく必要がある。以上により、第1問は、その抽象性のために、絶対的な回答を与えることができない。留保の評価およびそれに対する異議の効果は、各々の場合の個別事情に依存する(pp.24-26)。

4 第2問の検討に移る。条約の各当事国は留保の有効性を評価する権限があり、この権限を個別にかつ独自の観点から行使する。いかなる国家も同意を与えていない留保によって拘束されることはないから、必然的に、留保に異議を唱える国は条約の趣旨および目的という基準の枠内でその個別の評価に基づき、留保国を条約当事国であるとみなしたり、またはみなさないことになる。見解の相違から不都合が生じるのは事実であるが、それは条約の趣旨および目的との両立または非両立により判断を下すべき締約国共通の義務によって緩和される。次に裁判所は、第3問はあらゆる場合に生じうるとみなす。たとえジェノサイド条約の準備に参加した国といえども、まだ条約当事国となる手続をとらない段階で、他国を排除しうるとは考えられない。署名国の場合は、これと異なる。署名は条約に参加する第一歩を構成し、かかる暫定的な地位は、批准までの間、署名国に予防措置として留保に異議を唱える権利を付与する(pp.26-28)。

5 以上の理由により、ジェノサイド条約に関する限り、第1問については、条約の1または2以上の当事国によって異議が唱えられたが他の当事国によっては異議のない留保を行い、これを維持する国は、その留保が条約の趣旨および目的と両立するときは条約当事国とみなされうる。両立しないときは条約当事国とはみなされえない(7対5)。第2問については、①ある条約当事国が条約の趣旨および目的と両立しないとして留保に異議を唱えるとき、同国は留保国を条約当事国でないとみなしうる。②他方、条約当事国がその留保を条約の趣旨および目的と両立するとして受諾するとき、同国は留保国を条約当事国とみなしうる(7対5)。第3問については、①条約未批准の署名国による留保への異議は、批准

によってはじめて法的効果をもつが、その時まで、その異議は単に署名国が将来とる態度の通告として役立つに過ぎない。②署名または加入の資格をもつが、まだ署名も加入も行っていない国による留保への異議は、法的効果をもたない(7対5) (pp.29-30)。

【論点】1　留保をめぐる議論は、従来もっぱらその許容性をめぐって争われてきた。条約が明示に留保を認めている場合を除いて常にこの問題が生じる。これについては、これまで対照的な2つの慣行(連盟慣行と汎米慣行)が行われてきた。連盟慣行とは、留保が有効に成立するためには、他のすべての当事国の同意を必要とする考え方であり、別名、「全員一致の原則」と呼ばれる。これに対し汎米慣行とは、米州機構が採用した地域的慣行で、留保国と留保異議国との間には条約関係は成立しないが、連盟慣行とは異なり、当該異議によって留保国は条約参加を拒否されることなく、留保受諾国との間で留保された部分を除いて条約関係の成立を認める考え方である。前者が条約規定をすべての当事国にひとしく適用しようとする条約の一体性を強調する制度であるのに対し、後者はできるだけ多数の国を条約に参加させたいとする条約の普遍性に重きを置く制度である。

　国際連合は当初、連盟慣行に従っていたが、本件において、国際司法裁判所は、「全員一致の原則」を単なる連盟の行政慣行とし、ジェノサイド条約に限定しながらも、許容性の基準として、新たに留保の内容と条約目的との両立という「両立性の基準」を示した。同基準は、それまでの国家実行や学説に基礎を置かない新しい基準であったが、その後、ジェノサイド条約を離れて、次第に多数国間条約に対する留保の一般規則として受け入れられていった。本意見は今日の留保制度の出発点となった重要な意見である。

　2　ジェノサイド条約の勧告的意見は7対5という僅差の意見であったが、共同反対意見を書いた4名の裁判官は、「第1の要件となるのは、すべてを犠牲にした普遍性ではない。むしろ、崇高な重要性をもった共通の義務を受諾することである。国際社会のためには、条約のすべての義務を絶対的かつ無条件に受諾した国の希望に反し、異議にもかかわらず条約文言の修正を主張する国に当事国となることを許すよりも、それらの国を当事国として失うほうが望ましい」と述べて、多数意見が条約の普遍性を強調したのに対し、条約の一体性を尊重すべきだとした。興味深いのは、本事件の場合、多数意見と反対意見はまったく同じ前提(すべての人類の利益を追求するという本条約の目的)から出発し、両者はまったく反対の結論(留保は許される／いや許されない)に到達していることである。今から考えれば、多数意見がいわば人権条約の定立の時代の意見として人権条約の普遍性を確保したいという欲求に導かれていたのに対して、反対意見は人権条約の具体的適用を視野に入れて論じている点に違いがあったように思われる。

　3　同時期に研究を命じられた国際法委員会は、両立性の基準を批判し、「この基準は、

ジェノサイド条約の諸規定を2つに分類している。すなわち、条約の趣旨および目的を形成する規定とそうでない規定である。少なくとも通常、当事国は条約を全体として一体なものと考えるのであり、いずれの規定に対する留保も、条約の目的を阻害するとの推定が合理的である」として全員一致の原則を支持していたが、同委員会はその後の条約法条約の最終草案(1966年)では両立性の基準を採用した。さらに1969年の条約法条約によって、それは一般規則となった(第19条)。もっとも、条約法条約が採用した両立性の基準は、国際司法裁判所の「留保を行う自由にも、またそれに異議を唱える自由にも、条約の目的が限界を設ける」という見解とは異なり、異議についてはかかる限定を行っていない。つまり、条約目的と両立しないという理由以外の異議も許されている。

 4 条約法条約における「留保の有効性」について、いわゆる許容性学派と対抗力学派の対立が起こっている。前者は、他の規定に対する第19条の規定の優越を主張し、許容されない留保は無効であり、第20条以下の受諾・異議のシステムにかからないと主張する学派である。つまり、許容性と対抗力を混同してはならず、対抗力の問題は許容される留保に関してのみ生ずると言うのである。これに対して、後者は、留保が他の締約国の受諾・異議によって一元的にかつ個別的に処理されている現状から、留保の有効性はもっぱら他の締約国が受諾するか否かにかかっていると主張する学派である。つまり、許容性と対抗力を一体のものと考えるのである。その結果、対抗力学派によれば、当事国の受諾は留保の許容性の指標として役立つが、許容性学派においては同意は許容性の指標として機能しないことになる。

 5 条約法条約採択後の人権条約の実施機関の実行も加わって、留保の許容性の認定権が締約国にあるのか、それとも実施機関にあるのかという新たな問題が生じた〔⇒108ベリロス事件〕。こうした議論の背後には、個人に権利を付与する人権条約では、国家間の義務の相互性の原則が機能しないので、相互主義の典型的な現れである留保規則の適用は不適当であるとの認識が潜んでいる。2011年国際法委員会が採択した「条約の留保に関する実行ガイド」は、実施機関がその権限の範囲内で、国が条約に付した留保の許容性を評価できるとした(3.2項)。

【参考文献】
東寿太郎『高野判例』、経塚作太郎『宮崎基本判例』、東寿太郎『判例・意見Ⅰ』、中野徹也「条約法条約における留保の『有効性』の決定について(1)(2・完)」『関西大学法学論集』48巻5・6合併号(1998)、49巻1号(1999)、小和田恆「条約法における留保と宣言に関する一考察」『国際法、国際連合と日本(高野古稀)』(弘文堂、1987)、小川芳彦『条約法の理論』(東信堂、1989)69-180頁、坂元茂樹『条約法の理論と実際』第2章(東信堂、2004)。

(坂元 茂樹)

108　ベリロス事件(Belilos Case)

申　立　人	ベリロス
被申立国	スイス
裁　判　所	ヨーロッパ人権裁判所
判　　　決	1988年4月29日
出　　　典	ECHR Ser.A, No.132

【事実】　ベリロス(Marlène Belilos)夫人(以下、ベリロスという)は、ローザンヌに居住するスイス市民であった。ローザンヌが属するヴォー州では、軽微な犯罪の訴追および刑の言渡しの責任を1名の専門的行政職員または上級警察職員に委任しうる法(以下、1969年法)が制定され、ローザンヌには罰金を科す権限が付与された警察委員会が置かれていた。1981年5月29日、ローザンヌ警察委員会は、無許可デモに参加したことで警察一般規則に違反したとの市警察の報告書に基づき、本人欠席のまま200スイスフランの罰金をベリロスに科した。これに対して同人は、警察委員会の管轄権を争い、かつデモへの参加を否定し、決定の破棄を求める申立を行った。警察委員会は、被告、報告書を作成した警察官、デモに参加していないとの証言を行った被告側の証人(前夫)から聴取を行った後、ベリロスの主張をいずれもしりぞけ、関係当事者不在のままに先の金額を減じた120スイスフランの罰金と訴訟費用として22スイスフランの支払を命じた。

　これを受けてベリロスは、当該決定を無効と宣言するよう求める申立をヴォー州裁判所の刑事破毀部に提出した。その主張によれば、先の決定は法律で設置された独立のかつ公平な裁判所によって審理を受ける権利を規定するヨーロッパ人権条約(以下、条約)第6条と両立せず、また、スイスが条約に加入する際に付した留保は、刑事破毀部による司法審査が不十分なので、行政上の当局がとくに自らの訴訟の裁判官である場合には、こうした決定は許されないとした。さらに、少なくとも同人の前夫を審問し、事実を決定し直すように求めた。しかし、同刑事破毀部は、同年11月25日、公正な裁判の司法的要素はスイス法上十分に保障されていると判示した。スイスが行った宣言――「スイス連邦評議会は、第6条1項にいう公正な裁判の保障とは、…該当者の刑事上の罪の決定に関する公の当局の行為または決定に対する司法機関による最終的統制を確保することを専ら意図したものと考える」――により、たとえ行政当局の決定につき裁判所に付託しうるのが本案そのものではなくても、当該決定の合法性の審査に限定されている条約第6条の要件を満たしているし、また、同法廷の手続が、口頭弁論や証拠調べがなく書面手続のみで行われるという事実は、条約第6条に反するものではないとして、この申立を棄却した。

　ベリロスは、この判決を不服として連邦裁判所に公法上の上告を行った。その申立によ

れば、スイスの解釈宣言によっても、警察委員会のような行政当局が刑事上の起訴の本案を決定する権限を付与されておらず、そうした管轄権は司法審査が最終的に利用しうる場合にのみ認めうるものであるとする。刑事破毀部と連邦裁判所は、通常、事実問題の再審査が認められないという限定的な権限しかもっていないので、本件では司法機関の最終的統制が確保されていない。さらに、警察委員会は自らの訴訟の裁判官として行為している、というものだった。しかし、1982年11月2日、連邦裁判所は、①ヨーロッパ人権裁判所も、公正な裁判の保障は手続全体に照らして評価すべきだとして、行政当局の決定が司法機関の最終的統制に服する限り条約第6条1項に合致すると認めているし、また②同項は、手続の適正さのみならず、法の適用の過誤および裁量権の濫用を審査できる司法機関に上訴を提起することが認められている場合には、事実を再審査する十分な権限までをも要求していないとして、上告を棄却する判決を下した。1983年3月24日、ベリロスはヨーロッパ人権委員会に請願を行い、法および事実の双方の問題を決定できる十分な管轄権をもつ、条約第6条1項の意味における独立のかつ公平な裁判所で審理を受けなかったとの苦情を申し立てた。委員会は、1985年7月8日、この申立を受理可能と宣言するとともに、翌1986年5月7日の報告書において、条約第6条1項の違反があったとの意見を全員一致で採択した。

　申立人による最終申立は、①申立人が条約第6条1項違反の犠牲者であることを公式に宣言すること、②スイスが申立人に科した罰金を取り消すこと、③スイスは、罰金を科すこととなる訴訟手続では、警察委員会が今後事実の最終認定を行う権限をもたないことを確保し、1969年法を改正するためのすべての必要な措置をとること、および④訴訟費用の支払を求めた。これに対して、スイス政府は、まず許容性につき、①本申立は、スイスが条約第6条1項の下で引き受けた国際約束と両立しないので、裁判所は本件の本案を審理する管轄権をもたないとの先決的抗弁を行った。また本案につき、②条約第6条1項に関するスイスの解釈宣言は有効に受諾された留保の法的効果を生ぜしめ、したがって当該規定の違反は何ら存在しない、と主張した。

　結局、判決はベリロスの主張を認めるのであるが、本判決全体を通じての最大の争点は、①スイスの解釈宣言が果たして留保にあたるかどうか、②仮に留保だとして、条約第64条(現第57条)が禁止する一般的性格の留保にあたるかどうか、であった。

【判決要旨】1　スイス政府は解釈宣言に依拠して、本申立はスイスが条約第6条1項で引き受けた国際約束と両立しないと主張する。申立人ベリロスは、当該宣言は留保ではないと主張する。委員会も同様に、当該宣言は留保の効果をもたない単なる解釈宣言であるとの結論に至った。他方、スイス政府は、当該宣言は「条件付き」解釈宣言であるとする。それは、結果的に、条約法条約第2条1項(d)の意味における留保の性質をもつと主張する。ス

イスの慣行では、条約の条文の真の意味について疑いがある場合は、連邦評議会は、関係条文の法的効果を変更するために解釈宣言を付すように勧告する。すなわち、本件におけるスイスの2つの宣言は、留保と同一の効果をもつ。さらに同政府は、スイスの批准書に含まれた留保と解釈宣言が通知されたとき、欧州審議会事務総長および他の当事国から何らのコメントもなかったことを指摘する。スイス政府は、当該宣言が黙示的に受諾されたと推論するというのである。裁判所は、この分析に同意しない。被寄託者および当事国の沈黙は、条約機関から独自の評価を行う権限を奪うものではない(paras.38-47)。

2 「解釈」と記述された宣言が「留保」とみなされなければならないか否かという問題は、とくに本件においては困難な問題である。なぜなら、スイス政府は、同一の批准書に留保と解釈宣言の双方を付しているからである。ヨーロッパ人権条約では留保のみが言及されているが、若干の国は必ずしも明確に区別することなく解釈宣言を付している。かかる宣言の法的性質を確定するためには、実体的内容を決定しなければならない。したがって、裁判所は、当該解釈宣言の有効性を、留保の場合と同様に、〔一般的性格の留保を禁止する〕条約第64条(現第57条)の文脈に照らして検討することとする(para.49)。

3 条約第64条の下での留保または適当な場合には解釈宣言の有効性を決定する裁判所の権限は、本件において争われていない。裁判所が管轄権をもつことは条約第45条(現第26条)・第49条(現第32条)および第19条から明らかである。したがって、裁判所は、スイスによる宣言が条約第64条の要件を満たしているか否かを確認しなければならない(paras.50-51)。

条約第64条(現第57条)の「一般的性格の留保」とは、とくに、あまりにも曖昧でまたは広い文言で表現され、その正確な意味および範囲を決定することができない留保をいう。条約第64条(現第57条)1項は精密さと明確さを要求している。要約すれば、スイスの宣言の文言は留保が一般的性格のものであってはならないとの規則に違反する。条約第64条(現第57条)2項の目的は、とくに他の締約国および条約実施機関に対して、関係国が明示に排除した条約規定の範囲を越えて留保が適用されないような保証を提供することである。要するに、当該宣言は、条約第64条(現第57条)の2つの要件を満たしておらず、その結果、それは無効と判示されなければならない。同時に、スイス政府も自らそうみなしているように、宣言の有効性に関わりなく条約に拘束されることは疑いがない。さらにスイス政府は、裁判所の当該宣言の有効性を決定する権限を承認していた。したがって、同政府の先決的抗弁は認められない(paras.55-60)。

4 申立人は、条約第6条1項違反の被害者であると主張する。同人によれば、ローザンヌ警察委員会は「独立のかつ公平な裁判所」ではなく、さらに、ヴォー州裁判所の刑事破毀部も連邦裁判所も、行政機関である警察委員会による事実認定を再審査できないので、十

分に広範な「司法機関による最終的統制」を与えていないとする。人権裁判所の判例法によれば、「裁判所」はその司法機能によって特徴づけられる。警察委員会は、ヴォー州法で司法機能を付与されたが、同委員会の委員は他の部局に戻れる上級公務員であり警察組織の一員とみられがちである。かかる状況で、申立人が同委員会の独立性と公正性に疑問を抱くのは正当であり、同委員会は条約第6条1項の要件を満たしていない。刑事破毀部の管轄権も条約第6条1項の適用上十分ではない。また連邦裁判所は、その権限が州裁判所の決定に恣意性がなかったことを確保することに限定されており、事実問題を再検討しなかった。したがって、警察委員会の段階でみられた欠陥を事後的に救済することは不可能であった。要するに条約第6条1項の違反があったのである(paras.61-73)。

【論点】1　本判決は留保と解釈宣言の区別の基準として、条約法条約第2条1項(d)の留保の定義──「条約の特定の規定の自国への適用上その法的効果を排除しまたは変更することを意図して行う声明」──を用いた。いわゆる法的効果説を採用している。こうした立場は、すでに1982年のテメルタシュ事件でヨーロッパ人権委員会によってとられていた。同委員会は、「人権条約により拘束されることへの同意の条件として提示され、かつ条約規定の法的効果を排除または変更しようと意図される場合、かかる宣言は何と呼ばれようと留保に該当する」との意見を述べた。こうした区別は、国連海洋法条約でも採用され、同条約では留保は禁止しながらも解釈宣言を許している(第309条、第310条)。しかし、具体的事例において、両者をその法的効果の点から一義的に区別することはきわめて困難である。なお、2011年、国際法委員会が採択した「条約の留保に関する実行ガイド」は，解釈宣言を、国が、「条約または条約の一定の規定の意味もしくは範囲を特定または明確化することを意図して単独に行う声明」と定義した(1.2項)。留保と解釈宣言の区別基準は、「留保としてまたは解釈宣言として単独に行う声明の性格は,、表明国が発生させることを意図する法的効果によって決定される」(1.3項)とした。

　2　人権条約は、他の条約とは異なり履行監視制度を含んでいる。そこで、これらの実施機関が留保の許容性(または有効性)を判定する権限をもつかどうかが問題となる。すでに1982年のテメルタシュ事件で人権委員会は、ヨーロッパの人権公序の集団的保障の必要性と条約の実施機関の存在を根拠に、判定権が実施機関にあるとの意見を表明していたが、本判決は、ヨーロッパ人権裁判所がかかる判定権をもつことを確認した初めての判決である。その後も、同裁判所は、ロイジドウ事件(1995年)〔⇒89〕で、個人の申立権や裁判所の管轄権を受諾する宣言に付されたトルコの留保を無効とした。

　こうした判決の影響を受けて、自由権規約委員会は、一般的意見No.24(52)で、「人権条約は個人への権利付与に関するものである。国家間の相互性の原則が入り込む余地はな

く、伝統的な留保規則の適用は不適当である。国家は留保に対する異議に何らの法的利益を見出さないので、必然的に、特定の留保が規約の目的と両立するかどうか決定するのは委員会となる。人権条約の特殊性ゆえに、留保と規約の目的との両立性は客観的に確立されなければならず、委員会はこうした作業を行うのにとりわけ適当な立場にある」と述べ、留保の許容性について委員会に判断権があるとの見解を表明した。これに対し、異議が人権条約の留保を処理するのに不適当だとしても、規約に定めていない権限を委員会がもつことにはならないし、留保問題の処理は最終的には当事国全体で決定すべきであるとの立場に立つ英・米・仏の3国は反対意見を表明した。しかし、実際に、委員会は、トリニダード・トバゴからの個人通報事例に関して、同国の選択議定書第1条に対する「委員会は、死刑宣告を受けた受刑者の通報を受理しおよび検討する権限を有しない」との留保を無効と判断した〔⇒109ロウル・ケネディー事件〕。

　たしかに人権条約には他の条約にはみられない特徴がある。人権条約の目的と両立しない留保が行われた場合、異議申立国は、異議によって留保国の国民に対する自らの条約上の義務を免れることはできないし、また条約関係を認めないとの異議が制裁として機能するわけでもない。「この種の条約では、国家の固有の利益や不利益または権利と義務との間の完全な契約上の均衡について語ることができない」（ジェノサイド条約に対する留保事件・ICJ勧告的意見〔⇒107〕）という特徴がある。

　3　人権条約の実施機関により無効とされた留保の効果は、かかる無効な留保を伴った批准書または加入書までを無効とするのであろうか。換言すれば、留保の無効の認定は条約に拘束されることへの国家の同意をも無効にするかという問題である。本判決それに続くロイジドウ事件〔⇒89〕は、留保の無効は条約の批准や受諾宣言の有効性には影響を与えないとの立場を採用した。本件ではスイス政府の同意が確認されていたので問題はないが、そうでなければ、留保を否定された上で当事国となることを求められる結果となり、条約法が基礎を置く同意原則が損なわれることになるであろう。

【参考文献】
山崎公士『ヨーロッパ人権裁』、同「人権条約に対する留保」『香川法学』3巻1号(1983)、薬師寺公夫「人権条約に付された留保の取り扱い」『国際法外交雑誌』83巻4号(1984)、同「人権条約に付された解釈宣言の無効」『立命館法学』210号(1990)、戸田五郎「ヨーロッパ人権条約とトルコの地位」『国際法外交雑誌』91巻5号(1992)、安藤仁介「人権関係条約に対する留保の一考察」『法学論叢』140巻1・2合併号(1996)、坂元茂樹「人権条約と留保規則」『国際人権』9号(1998)、薬師寺公夫「人権条約の解釈・適用紛争と国際裁判」『紛争解決の国際法(小田古稀)』(三省堂、1997)、同「自由権規約と留保・解釈宣言」『転換期国際法の構造と機能(石本古稀)』(国際書院、2000)。

（坂元　茂樹）

109 ロウル・ケネディー事件(Kennedy vs. Trinidad and Tobago)

申　立　人　ロウル・ケネディー
被申立国　トリニダード・トバゴ
審査機関　自由権規約委員会
決　　　定　1999年11月2日
出　　　典　RHRC(2000-II)258

【事実】　1987年、通報者は謀殺罪で起訴された。1審、2審ともに有罪の判決が下り、死刑を宣告された。判決を不服とした通報者は、枢密院司法委員会に訴えたが、それも却下された。これにより、利用し得るすべての国内的な救済措置を尽くしたので、本件を自由権規約委員会(以下、委員会という)に通報した(pp.258-259, paras.1-2.3)。

トリニダード・トバゴは、市民的及び政治的権利に関する国際規約の選択議定書(以下、議定書という)に対して、次のような留保を付していた。
「委員会は、死刑囚に関する通報であって、その者の訴追、抑留、裁判、有罪の判決、刑又は死刑の執行に係る及び関連する事項についてのそれを受理し及び検討する権限を有さない」。

同国はこの留保を援用して、委員会は自身の権限を逸脱して、本件通報を登録しており、かかる行動は無効かつ拘束力を有さないと主張した(pp.263-264、paras.4.1-4.2)。

これに対して通報者は、次のように反論した。かかる留保は、広範囲にわたる事案を、委員会に検討させないと主張するものであり、議定書により委員会に付与されている通報を検討する権限を著しく損なう。したがって、かかる留保は、議定書の趣旨および目的と両立しないので、委員会が本件通報を検討することは妨げられない(p.262, para.3.14)。また、留保の有効性を決定するのは締約国ではなく、委員会がその有効性および効果を決定しなければならない(p.264, para.5)。

委員会は、通報者の主張をほぼ全面的に認容し、本件通報を受理した(p.266, para.7)。

【決定要旨】1　一般的意見No.24(52)(以下、一般的意見という)で述べたように、委員会が、市民的及び政治的権利に関する国際規約(以下、自由権規約という)および議定書に対して付された留保の有効性を解釈し、決定する。トリニダード・トバゴは、委員会が権限を逸脱して、本件通報を登録したと主張しているが、委員会には、留保により受理できなくなるか否かを決定すべく、通報を登録する権限がある。たしかに、上述の留保が有効ならば、委員会に、本件通報を検討する権限はない。まず、委員会は、かかる留保を有効に付すことができるか否かを決定しなければならない。議定書には、留保の有効性を規律する規定が存在しないので、条約法条約第19条および慣習国際法上の諸原則に従い、議定書の趣

旨および目的と両立する限りは、留保を付すことができる(p.265, paras.6.4-6.5)。

2 一般的意見で、委員会は、議定書により委員会に付与されている権限を排除することを目的とする留保は、その趣旨および目的と両立しないとの見解を表明した。議定書の機能は、自由権規約が定める諸権利に関する主張を、委員会の前で検討できるようにすることだからである。本件の留保は、自由権規約の特定の規定との関係ではなく、自由権規約全体との関係で、死刑囚からの通報を委員会が検討することを妨げようとするものである。しかし、このような一定の範疇の個人を選び出し、その範疇に属する者には、他の人々が享受している手続的保護よりも劣った保護しか与えないとする留保も認められない。かかる留保は、自由権規約および議定書に規定されている基本的な諸原則に反する差別にある。それゆえ、議定書の趣旨および目的と両立するとみなすことはできない。したがって、委員会が、本件通報を検討することは妨げられない(pp. 265-266, paras.6.6-6.7)。

【論点】1 本件は、委員会が、一般的意見にそくして、規約の締約国が議定書に付した留保の有効性を検討した初めての事例だった。一般的意見では、当該締約国が付した留保の有効性を決定することは、次のような理由により、委員会の責務であるとの立場が採られていた。すなわち、実体義務に相互性が欠けているという人権諸条約の特殊性から、規約の締約国は、他の締約国が付した留保に対し、異議を申し立てることに法的利益を見出さない。それゆえ、異議が申し立てられていないからといって、締約国がその留保を受諾できると考えているとは限らない。また、自由権規約第40条および議定書にもとづく任務を遂行するにあたって、委員会の権限が留保によりどの程度制限されるのかを確認するために、留保と自由権規約の趣旨および目的との両立性について判断せざるをえない。これに対して、米・英・仏は、委員会に留保の有効性を決定する権限はないなどの理由で異議を唱えていた。本件で、委員会は、個人通報手続において、通報を検討する権限に係る留保の有効性を決定する権限が自らにあることを確認し、これら諸国の異議を退けるかたちとなった。なお、国際法委員会が作成した「条約の留保に関する実行ガイド」(以下、実行ガイド)によれば、締約国と並んで、委員会のような条約の履行を監視する機関も、「権限の範囲内で」、留保の許容性を「評価する(assess)」ことができる(実行ガイド3.2)。もっとも、かかる「評価」がどのような効力を有するかは、当該機関に与えられている権限による。委員会のように、法的拘束力のある決定を下す権限を有さない機関が行う許容性評価に、法的拘束力はない。こうして、自らを設立した条約により与えられた「権限の範囲内で」、留保の許容性を「評価する」権限があるとする委員会と、留保に対する受諾または異議という形で示される締約国の「評価」とは異なる「決定」に拘束されかねないことを強く懸念する上記諸国の双方に配慮したガイドになっている。

2　トリニダード・トバゴは、次のような事情により、本件で問題となった留保を付した。1994年、イギリスの枢密院司法委員会は、ジャマイカに関する事件で、死刑の宣告から執行までの期間が5年を越えているときは、ジャマイカ憲法第17節に違反する『非人道的な若しくは品位を傷つける刑罰若しくは他の取扱い』にあたる」との判決を下した。トリニダード・トバゴの憲法にも類似の規定があることから、同国は、憲法に反することなく死刑を執行できるようにするために、上訴プロセスを迅速に処理しなければならなくなった。そこで同国は、死刑に関する事件を迅速に処理し、かつ登録から8カ月以内に終わらせるとの言質を得るために、委員会の委員長および事務局と協議した。しかし、言質を得られなかったので、同国は議定書を廃棄し、留保を付して、再度加入した (p.264, para.6.3)。本件の多数意見は、この留保により死刑囚が通報できなくなる点を差別的とみなし、議定書の趣旨および目的と両立しないとした。他方、反対意見は、憲法上の制約のゆえに、死刑囚とそれ以外の個人による通報を区別して扱うに足る客観的根拠が存在するので、この留保は許容されるという。結局、トリニダード・トバゴは、再度議定書を廃棄せざるをえなくなり、死刑囚以外の個人も、通報の機会を失うことになってしまった。同国が留保を付した事情とこの結果を考えると、多数意見は、厳格にすぎたように思われる。

3　一般的意見は、留保が許容されない場合、「通常」、かかる留保を付した国に対して、引き続き自由権規約の効力がおよぶとしていた。多数意見は、議定書についてもこの考え方をあてはめ、トリニダード・トバゴは留保の利益を得られず、引き続き議定書に拘束されるので、本件通報を検討できるとした。他方、反対意見によれば、。留保が認められなければ、議定書を批准または加入しなかったことが、きわめて明白な場合は、「通常」でない結果が生じる。本件は、まさにこのような事案であり、委員会が同国の留保を両立しないと決定したならば、同国は議定書の締約国でなくなるというべきだったとされる。この点につき、実行ガイドは、有効でない留保を付した国は、「留保の利益を受けることなく、締約国とみなされる。ただし、当該国がこれと異なる意図を表明しているとき、またはかかる意図が確認されるときは、この限りではない」(4.5.2) としている。こうして、実行ガイドは一般的意見および多数意見と同じ原則から出発している。しかし本件では、事実関係からして、「異なる意図」を「確認」できる。したがって、このガイドにより本件が処理されたならば、反対意見と同じ結論になる可能性が高いと思われる。

【参考文献】
安藤仁介「人権関係条約に対する留保の一考察」『法学論叢』140巻1・2合併号(1996)、坂元茂樹「人権条約と留保規則」『国際人権』9号(1998)、薬師寺公夫「自由権規約と留保・解釈宣言」『転換期国際法の構造と機能(石本古稀)』(国際書院、2000)、同「自由権規約選択議定書に付した留保の無効」『立命館法学』271・272合併号(2000)。

(中野　徹也)

110 アイスランド漁業管轄権事件(Fisheries Jurisdiction Case)

当 事 国	英国 v. アイスランド
裁 判 所	国際司法裁判所
命令・判決	(a)仮保全措置命令　1972年8月17日 (b)管轄権　1973年2月2日 (c)本案　1974年7月25日
出　　典	(a)ICJ(1972)12 (b)ICJ(1973)3 (c)ICJ(1974)3

【事実】　アイスランドは、1958年に一方的に漁業水域を12海里に拡大したが、このため同水域で操業していた英国の漁船とのトラブルが絶えなかった。そこで両国は、1961年に交換公文をかわし、英国は今後12海里の漁業水域に異議を唱えない代わりに、将来の漁業管轄権の拡大に際し紛争が生じた場合、いずれか一方の当事国の要請により国際司法裁判所に問題を付託することに合意した。その後、アイスランドに誕生した新政府は、1971年、漁業水域を50海里に拡大する政策声明を行い、翌年には同国議会でその実施を決議した。同政府は、先の交換公文は終了したものとみなすとし、50海里漁業水域を定める新規則の公布の決定を英国に通告した。これを受けて英国は、上記交換公文に基づき、1972年4月14日に問題を国際司法裁判所に付託した。公布されたアイスランドの1972年7月14日の新規則が、同年9月1日から同国の漁業水域を50海里とし、すべての外国漁船の操業を禁止するに及んで、英国は、同年7月19日仮保全措置を申請した。

　仮保全措置命令後も、アイスランドは、終始、欠席戦術を取り続け、裁判所に宛てた外務大臣書簡において、1961年の交換公文の有効性を争い、管轄権を認めない旨通告した。しかし、裁判所は、1973年2月2日の判決で管轄権を確認した。その後、両国は1973年11月13日の交換公文により「漁業紛争暫定協定」を締結し、紛争解決までの間、いずれの政府の法的立場や権利を害することなく、英国漁船による係争水域内での年間漁獲高を約13万トンとする合意に達した。この間も、アイスランドはその法的立場を変更せず、裁判についても依然として欠席戦術を取り続けた。英国が、裁判所に判決を求めたのは、①アイスランドによる50海里に及ぶ排他的漁業管轄権の主張は国際法上の根拠を欠き無効であること、②アイスランドは、1961年交換公文で合意された限界を超える公海から英国漁船を一方的に排除し、それらの活動に一方的制約を課しえないこと、③保存を理由に上記公海の水域での漁業活動に制限を課す場合には、両国はその必要と程度を誠実に共同調査し、漁業に特別に依存する国としてのアイスランドの優先的立場と、同水域で伝統的利益と既得権をもつ英国の立場を両立させるよう当該水域での漁業制度確立のために交渉する義務があること等であった。なお本件については、旧西ドイツもアイスランドを提訴した。

裁判所は事件を併合しなかったものの、その判決はいずれも同日にほぼ同様の内容が下されているので、英国との紛争のみを取り上げることとした。

【判決要旨】(a) 一方当事者が出廷しないことは仮保全措置の指示を妨げるものではなく、1961年の交換公文の紛争付託条項により一応の（*prima facie*）管轄権の基礎があり、アイスランドによる規則の即時実施は英国の権利に回復し難い損害を与えるおそれがあるので、裁判所は、①両国が紛争を悪化させまたは拡大するおそれのある措置をとらないこと、②アイスランドが英国船舶に対し12海里外の漁獲活動を理由に、行政上、司法上およびその他の措置を慎むこと、③英国が「アイスランド海域」での自国船舶の年間漁獲高を17万トンに制限するよう保証することを命ずる（14対1）(paras.11-26)。

(b)1 アイスランドは、裁判所書記に宛てた1972年5月29日の外務大臣書簡で、「1961年の交換公文は、はなはだ困難な状況の下で行われ、当時英国海軍は、1958年にアイスランド政府が設定した12海里漁業水域に反対するため武力を行使していた」と述べた。この陳述は、交換公文を当初から無効にするという趣旨のあからさまに言わない強迫の非難と解される。事実、英国政府はそうしたものとして扱った。国連憲章において含意され、条約法に関するウィーン条約（以下、条約法条約という）第52条に承認されているように、現代国際法の下で武力による威嚇または武力の行使により締結された合意が無効であることはほとんど疑いをいれない。同様に明らかなのは、裁判所としては、十分な証拠を欠いた漠然とした一般的な非難を基礎としては、こうした重大な告訴を審査できないということである(para.24)。

2 また同書簡で、アイスランドは、「同国を囲む海域における漁業資源の増大してやまない開発から生じる変化した事情」に言及している。また、1972年2月15日の同国議会の決議は、「変化した事情のために、1961年の交換公文はもはや適用されない」と述べる。これらの陳述において、アイスランド政府は、事情の変化を理由とする条約終了の原則に根拠を置こうとしている。国際法は、当事国に条約を受諾させた事情の根本的変化は、その変化がその条約の課する義務の範囲を根本的に変えることになった場合には、一定の条件の下で、影響を受ける当事国に条約の終了または停止を主張するための根拠を提供しうることを認める。この原則およびその従う条件と例外は、条約法条約第62条に具体化されており、それは多くの点で、事情の変化による条約の終了という主題に関する現存慣習法の法典化とみなしてよい。当該条文に具体化された基本的要件の1つは、事情の変化が根本的変化であったことを要することである。その変化は、義務的履行を最初に引き受けたものとは本質上異なるものにする程度まで、果たされるべき義務の負担を増大させたものでなければならない。裁判所がここで関係している義務については、この条件はまった

く満たされていない。アイスランドが主張する事情の変化は、1961年の交換公文で課せられている裁判義務の範囲を根本的に変えたということはできない(paras.35-43)。

3　英国は、事情の変化に関するアイスランドの主張には欠陥があると主張する。この法理は、条約を自動的に消滅させ、また一方当事国による一方的廃棄を許すように作用するものでは決してない。それは、終了を要求する権利を付与し、そしてその要求が争われるならば、この法理が働くための条件が存在しているか否かを決定する権限をもつ何らかの機関にこの紛争を付託する権利を付与するように作用するだけだという。本件では、変化した事情の法理の手続的補足物は、すでに1961年の交換公文に定められており、それは、明確に当事者に対しアイスランドの漁業管轄権の拡張に関する紛争が発生する場合には、本裁判所に訴えることを要求している(paras.44-45)。

以上の理由により、裁判所は、英国が提出した請求を受理し、紛争の本案審理を行う管轄権をもつと認定する(14対1)(para.46)。

(c)1　1973年の漁業紛争暫定協定は、当事国の権利を害することなく締結された一時的な取決めの性質をもつのであり、いずれの当事国の請求の放棄も規定していない。裁判所の任務は司法機能を果たすことにあり、当事国がその法的立場を維持しながら、事件の再発防止を目的とする取決めを結んだという理由だけで、裁判を行うことを拒否してはならない(para.38)。

2　1961年交換公文の裁判付託条項は、「アイスランド周辺の漁業管轄権の拡大」に関する紛争につき管轄権を付与するものである。両当事国間の紛争は漁業資源に関する互いの権利の程度と範囲および資源保存措置の適否についての意見の不一致を含んでおり、それは上記紛争の一態様である。ところで、1960年の第2次海洋法会議以後、2つの概念が慣習法化した。第1は漁業水域の概念であり、同水域において国家は領海とは別個に排他的漁業管轄権を主張できる。基線から12海里までの漁業水域の拡大は今や一般に承認されている。第2は、沿岸漁業に特別に依存している沿岸国のための隣接水域における優先的漁業権の概念であり、この優先は同一漁業の開発に従事する他の国に対して効力をもつのである。争点であるアイスランドの規則は、排他的権利の要求であり優先権の概念を超えている。優先権の概念は、他国のすべての漁業活動を排除するものではない。それはある種の優先性を含むが原告のように長年当該水域で漁業に従事してきた国の競合的権利の消滅を含むものではない。1972年のアイスランドの規則およびその実施方法は英国の漁業権を無視しており、アイスランドの一方的行動は沿岸国を含むすべての国が漁獲の自由を行使するにあたって他国の利益に対し合理的な考慮を払うとする公海条約第2条に規定された原則の違反となる。したがって、50海里に及ぶ排他的漁業管轄水域を設定する1972年規則は英国に対抗できない(paras.47-67)。

3 本件紛争の衡平な解決に達するためにはアイスランドの優先的漁業権と英国の伝統的漁業権を調和させることが必要である。いずれの権利も絶対的なものではない。したがって、たとえ裁判所がアイスランドの漁業水域の拡大が英国に対抗できないと判断しても、英国が係争水域においてアイスランドに対して何ら義務を負わないというのではない。両国は互いの権利および漁業保存措置を十分に考慮する義務がある(paras.67-72)。

最もふさわしい紛争解決方法は交渉である。その目的は、漁獲制限、割当量ならびに「禁漁水域、許可船舶の数量と型式および合意された条項の管理形式に関係ある制限」を調整することであり、これは漁場に関する詳細な科学的知識を必要とする。これらが当事国により所有されていることは明らかである。こうしてこの義務は当事国の互いの権利の性質そのものから生まれる。両国は、係争水域における相手国の権利に妥当な考慮を払い、それにより漁業資源の衡平な配分を実現せねばならない。それは単に衡平な解決を発見するということではなく、適用すべき法から生じる衡平な解決を発見することである(paras.73-78)。

以上の理由により、裁判所は、①アイスランドの排他的漁業権を50海里まで一方的に拡大する1972年規則は、英国政府に対抗することができない、②したがって、1961年交換公文で合意された12海里外と1972年規則に明記された50海里までの水域から、英国漁船を一方的に排除することはできないと決定する(10対4)。また、③両国政府は、これらの水域での漁業権をめぐる紛争を衡平に解決するために誠実に交渉を行う義務があり、④交渉にあたり、とくに(a)同水域でのアイスランドの優先的配分権、(b)同水域の漁業資源に対する英国の確立した権利、(c)これらの資源の保存と衡平な解決に対する他国の利益に妥当な考慮を払う義務、(d)両国の上記の権利は、同水域での漁業資源の保存と開発およびそれに対する他国の利益と両立する限度で行使されるべきこと、(e)北東大西洋漁業条約の設ける機関または国際交渉の結果として当該資源の再調査を継続し、科学的その他の情報に照らして、保存や開発のため必要な措置を共同で検討する義務を考慮に入れることを決定する(10対4) (para.79)。

【論点】1　伝統的国際法は、国家代表者に対する強制はともかく、国家そのものに加えられた強制は、戦争終結の際の講和条約の有効性を確保するという実践的考慮からこれまで条約の無効原因とはしなかった。しかし、武力行使が違法化された現代にあって、条約法条約はこれを無効原因とした(第52条)。国際司法裁判所は、本事件で、現代国際法の下で武力による威嚇または武力の行使による国に対する強制による条約が無効であることは疑いないとして、本条に対する支持を表明した。また、アイスランドが援用した事情変更の原則は、事情が著しく変化した結果生じた条約当事国間の利益の不均衡を是正するという

合理性をもつにもかかわらず、強制的な裁判管轄権をもつ機関が存在しない国際社会では条約義務回避の口実として濫用の危険性があることがたびたび指摘されてきた。これまでも終了原因として認めるべきか否か争われてきたが、条約法条約はきわめて制限的な形であるものの条約の終了原因として採用した（第62条）。裁判所は、それを慣習法の法典化として支持すると同時に、同条は一方的終了を許さず手続上の制限に服するとした。

2　アイスランドの1972年規則は国際法上の根拠を欠き無効であるとの判決を請求した英国に対し、裁判所は、同規則は英国に対して対抗できないと判示し、当該規則の合法性の問題については直接答えなかった。裁判所がこうした態度をとったのは、当時の国際社会が200海里排他的経済水域という新たな慣習法規則の形成の過渡期にあったからであると推察される。国際司法裁判所が、排他的経済水域はすべての側面が慣習法に結晶化していないものの現代国際法の一部であると判示するのは、わずか8年後の1982年のチュニジア・リビア大陸棚事件〔⇒48〕においてであり、その3年後の1985年のリビア・マルタ大陸棚事件〔⇒50〕では排他的経済水域の制度は慣習法化したと判示するまでに至っている。

3　裁判所が交渉命令判決を与えたのは本件が唯一ではなく、他に1969年の北海大陸棚事件判決〔⇒46〕と上記のチュニジア・リビア大陸棚事件がある。これら2つの事件で、国際司法裁判所は、交渉を裁判に訴えるための前提としてとらえるのではなく、裁判の結果当事者に交渉を命ずるという、いわゆる交渉命令判決を下した。しかも両事件では、当事国の付託合意によって判決を受けて交渉することが事前に合意されていたこと、交渉義務が大陸棚という法制度に内在する義務であるとの確認が行われたことが注目される。これらの事件と比較すると、本件では訴訟当事国の一方の英国の請求訴状で交渉命令判決が求められた点、漁業権の調整にあたっての衡平な解決は、当該漁場に対する知識、経験をもつ当事国同士がふさわしく、それぞれの権利の性格が交渉義務を伴うと認定された点に特徴がある。

【参考文献】
芹田健太郎『ケースブック』、山村恒雄『判決・意見Ⅱ』、関野昭一「アイスランド漁業管轄水域事件Ⅰ・Ⅱ・Ⅲ」『國學院法學』11巻3号(1973)、12巻1号(1974)、13巻3号(1975)、山本草二『国際漁業紛争と法』(玉川大学出版部、1976)139–160頁、佐伯富樹『英国・アイスランド漁業紛争』(泉文堂、1979)、杉原高嶺『国際裁判の研究』(有斐閣、1985)135–155頁、坂元茂樹「国際司法裁判所における『交渉命令判決』の再評価(1)、(2・完)」『国際法外交雑誌』96巻3号(1997)、98巻6号(2000)。

(坂元　茂樹)

111 リビア・チャド領土紛争事件(Affaire du différend territorial Jamahiriya arabe Libyenne/Tchad)

当事国	リビア／チャド
裁判所	国際司法裁判所
判決	1994年2月3日
出典	ICJ(1994)6

【事実】 第2次世界大戦前はイタリアの植民地であったリビアは、大戦終了後、連合国による統治を経て、1949年の国連総会決議289(Ⅳ)に基づき1951年12月に独立を達成し、その後、1955年に南部国境についてフランスと友好善隣関係条約(以下、1955年条約という)を結んだ。またチャドは、大戦前はフランス植民地(仏領赤道アフリカ)の一部であったが、1958年よりフランス共同体内の自治共和国となり、1960年8月独立した。

1973年、リビアは、1935年にフランスとイタリアの間で締結された議定書を根拠に、チャドとの国境付近に位置するアウズ地帯(Aouzou Strip)を占領した。これに対抗してチャドは1976年リビアとの国境を閉鎖した。1989年、両国は領域紛争解決枠組条約(以下、1989年条約という)を締結し、翌年1990年8月31日にリビアが、そして9月1日にチャドが、それぞれ相手国を一方的に提訴した。裁判所は、両当事国の提訴の根拠が1989年条約であることから、同一の紛争を合意付託したものとみなす命令を出した(ICJ(1990)149)。

【判決要旨】1 リビアは、両国間に国境が画定されておらず、そのため本件を領土の帰属に関する紛争と位置づけている。チャドは、国境線は存在しており、その国境線を明確にする紛争と理解している。チャドは1989年条約に加えて、1955年条約も管轄権の根拠として挙げるが、両当事国とも1989年条約に基づいて裁判所の管轄権を認めていることに争いがないため、1955年条約に基づく管轄権の問題を審理する必要はない(paras.21-22)。

2 両当事国とも1955年条約の有効性については争っていない。当該条約が当事国領域間の国境線を画定しているか否かを決定するために、裁判所は同条約第3条と同条が言及する附属書を検討する(paras.36-38)。条約法条約に反映されている国際慣習法に従い、「条約は、文脈によりかつその趣旨および目的に照らして与えられる用語の通常の意味に従い、誠実に解釈されなければならない」と裁判所は考える。解釈は、とりわけ条約の文言に基礎を置かなければならないが、補足的手段として、条約の準備作業や締結の際の事情といった手段に頼ることができる(para.41)。

3 1955年条約第3条によれば、当事国は、「国境は若干の国際文書に由来するものであることを…承認する(reconnaissent)」。この「承認する」という言葉は、法的義務を引き受け

たことを意味する。国境を承認するということは、本質的には国境を「受け入れる」こと、すなわちその存在から法的帰結を引き出すことであり、それを尊重し、将来にわたり異議を唱える権利を放棄することである (para.42)。リビアは、1955年条約による当事国の意図は、国境が存在しない場合は、条約は国境を生み出さないことであると主張したが、裁判所は、1955年条約第3条はすべての国境問題の解決を目的としていたと考える。当事国の明白な意思は、附属書Ⅰの中で言及されている文書が当事国のすべての国境線を決定することである。このような解釈は、1955年条約の締結の事情を考慮することによって補強される。いわゆる実効性 (l'effet utile) の原則は、国際判例によって一貫して確認されてきた (paras.43-51)。

4 当事国が1955年条約第3条によって共通の国境を画定したいと考えていたと結論づけた結果、裁判所は、1955年条約附属書Ⅰに掲げられる国際文書から導き出されるリビアとチャド (1955年当時のリビアと仏領赤道アフリカ) の国境線について検討する。国境線の東の最終点が東経24度にあることは明らかであるが、西については、リビア、ニジェール、チャドの三重地点を決定することを裁判所は要請されていない (para.63)。

5 国境線は1955年条約から導き出されると結論づけられ、どこに国境線があるかも確定した後、裁判所は国境線の問題に対する当事国の後の態度を考察する。後の合意は、フランスとリビア間、またはチャドとリビア間のいずれにも1955年条約から導き出された国境線について異議を差し挟んでいない。フランスは国連総会に提出した1955年の報告書の中でチャド領域を1,284,000平方キロメートルとしていたが、リビアはこれについて争わなかった。一方チャドは、自国領域にアウズ地帯が含まれているという立場を繰り返し主張していた (paras.66-69)。

6 また1955年条約第11条により、同条約の有効期間が20年とされているにもかかわらず、当該条約は恒久的国境線を画定していたとみなさなければならないと裁判所は考える。1955年条約の中には合意された国境線が暫定的なものであるとは示唆されていない。この国境の確立は当初より、1955年条約の運命とは別に独自の法的生命を有する事実である。一度合意されれば条約の有効期間後も国境線の安定は維持されるという原則は、プレア・ビヘア寺院事件〔⇒38〕、エーゲ海大陸棚事件 (ICJ(1978)3) で繰り返し確認されている。このように条約によって確立された国境は、条約自体には必ずしも認められない永続性を獲得する (para.72)。

7 当該条約は、合意された国境線を含んでいるという結論により、先住民から受け継いだ権原に基づくとするリビアによって主張された「紛争地帯」の歴史を考慮する必要性はなくなる。さらに本件において、領域上または国境上の問題の条約による解決を争ったのは、承継国ではなく原締約国であるリビアであるので、ウティ・ポシデティス原則や

1964年にアフリカ統一機構(OAU。現在のアフリカ連合)が採択したカイロ宣言の適用可能性を審議する必要性はない(para.75)。

以上の理由により、裁判所は以下のように判決する。①リビアとチャドの国境線は、1955年条約によって画定される(16対1)、②当該国境線は、東経24度と北緯19度30分の交点、東経16度と北回帰線の交点、東経15度と北緯23度の交点を直線で結んだ線によって形成される(紛争地域はチャドに帰属する)(16対1)(para.77)。

【論点】1　*pacta sunt servanda*原則の帰結として、条約はその国家の意思として通常の意味に従い誠実に解釈しなければならない。しかも解釈すべき用語は、文脈によりかつその趣旨および目的に照らして解釈されなければならない。このような条約解釈規則の原則は、本件以前も繰り返されてきたが(例えば、国連加盟承認のための総会の権限事件〔⇒29B〕)、裁判所は、1989年7月31日の仲裁裁判判決事件〔⇒140B〕に引き続き、特に条約法条約第31条が慣習法であることを確認した。この立場は、カタールとバーレーン間の海洋境界画定および領土問題事件〔⇒53〕やオイル・プラットフォーム事件〔⇒158〕でも踏襲されている。他方で、裁判所は、実効性の原則という条約目的の実現にとって有効な解釈を行えることも、国際判例(フランス・ギリシャの灯台事件〈PCIJ Ser.A/B No.62〉やナミビア事件〔⇒75〕など)によって確立していると判断している。

2　国境線の安定性に関して、たとえ条約が有期限であっても、国境線の画定ははじめからそれ自身法的な生命を保持している。逆に条約の失効とともに国境線の有効性も失われるとすれば、この基本的原則は侵害される。この見解は裁判所が従来から維持しているアプローチである。

3　本判決後、紛争当事国の合意により、1994年5月4日に安全保障理事会は決議915を採択し、紛争地域からのリビア軍撤退を監視する国連アウズ地帯監視団(UNASOG)が配置された。その結果、リビアは同月31日に正式にアウズ地帯をチャドに返還した。このように、本件は国際司法裁判所による判決の履行を確保するために、平和維持活動が新しい役割を担った例として注目される。

【参考文献】
国際司法裁判所判例研究会「判例研究ICJ」97巻1号、吉井淳「領域帰属に関する紛争と国境画定紛争」『紛争解決の国際法(小田古稀)』(三省堂、1997)、坂元茂樹『百選Ⅰ』、同『条約法の理論と実際』第5章(東信堂、2004)、西元宏治『百選Ⅱ』、東寿太郎『判決・意見Ⅲ』。

(西村　智朗)

112　ガブチコボ・ナジマロシュ計画事件 (Case concerning Gabčíkovo-Nagymaros Project)

当　事　国　ハンガリー／スロバキア
裁　判　所　国際司法裁判所
判　　　決　1997年9月25日
出　　　典　ICJ(1997)7

【事実】　チェコスロバキアとハンガリーは、1977年9月16日、ダニューブ河のガブチコボ（上流、スロバキア領）とナジマロシュ（下流、ハンガリー領）に電力生産、洪水対策、航行の改善を目的とするダムを建設・運用する条約に署名した（以下、77年条約という）。1983年、両国は77年条約を修正し、発電所の稼働をさらに4年間延期する議定書に署名した。その後、1989年2月6日署名の議定書で計画の進行を促進することに合意した。しかし、ハンガリーは、環境に対する影響を根拠に、同年5月以降作業を中断し、同計画の放棄とガブチコボでの作業の一時停止の要請を行った。ところが、チェコスロバキアは同作業を継続し、1991年、部分的に計画を修正し、のちにヴァリアントCとして知られる「暫定的解決」をとった。ハンガリーはヴァリアントCの建設と運用に異議を申し立てるとともに、1992年5月19日、77年条約の終了を通告した。翌1993年1月1日スロバキアが独立し、同年4月7日、ハンガリーとスロバキアは、この問題を国際司法裁判所に付託する特別合意に署名した。

特別合意での主たる請求主題は、①ハンガリーは、ナジマロシュ計画における工事および77年条約が同国に責任を帰属させているガブチコボ計画の一部における工事を中断し、のちに放棄する権利をもつか、②チェコスロバキアは1991年11月に「暫定的解決」に進み、92年10月からこのシステムを運用する権利をもつか、③ハンガリーによる77年条約の終了通告の法的効果はいかなるものか（第2条1項）、そして、本条1項の質問に対するその判決から生ずる両当事国の権利義務も含めた法的効果はいかなるものか（同条2項）というものであった。

【判決要旨】1　ハンガリーは、いくつかの工事を中断または放棄したが77年条約自体の適用は停止していないとして、その行動の正当化として「生態系上の緊急状態」に依拠した。さらに同国は、自らの行動は条約法にのみ照らして評価されるべきではなく、そもそも条約法条約はその第4条により77年条約には適用されないとした。他方、スロバキアは、条約義務の履行停止や終了の根拠を条約法以外に求めることに反対した。条約法条約は77年条約に適用されないが、その多くの規定は既存の慣習法規則を反映しており、特にこれは条約の無効、終了および運用停止に関する第5部に当てはまるとする。同国は、また、緊急状態は条約法で認められた条約義務の運用停止事由を構成しないと主張した（paras.39-44）。

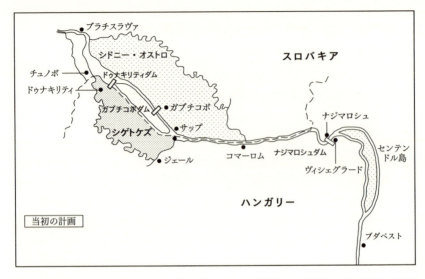

当初の計画

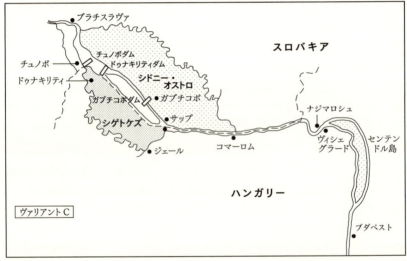

ヴァリアントC

　本件で両当事国は、緊急状態の存在を国連国際法委員会(ILC)の国家責任条文草案第33条で定めた基準に照らして評価することで一致している。草案第33条に述べられた諸要件は慣習法を反映している。計画で影響を受ける地域の自然環境に対するハンガリーの懸念は、草案第33条の意味での当該国の「不可欠な利益」に該当する。しかし、それだけでは緊急状態の構成要件たる「危険」が客観的に存在することにはなりえない。「危険」がありえるという単なる懸念だけでは不十分で、かかる「危険」は同時に「重大」で「急迫」したものでなければならない。1989年に「重大」で「急迫した」「危険」が存在し、自らがとった措置

がそれに対応する唯一のものであったということが証明されない限り、ハンガリーの主張には説得力がない。しかし、同国のいう危険は重大であるかもしれないが、1989年の時点で「急迫した」ものではない。また、1989年に77年条約の実施に伴う緊急状態が存在したことが証明されているとしても、ハンガリーは、自ら引き起こした作為もしくは不作為により、条約義務の不遵守を正当化するために当該緊急状態に依拠することができない。裁判所は、ハンガリーは、77年条約および関連文書が同国に帰属させているナジマロシュ計画およびガブチコボ計画の一部についての作業を1989年に中断し、その後放棄する権利をもたなかったと認定する（paras.49-59）。

2(1)　スロバキアはヴァリアントCの建設を正当化するために条約の「近似的適用の原則」（一方当事者の行為により文字通りに適用できない法的文書は、条約の主要な目的にもっとも近似した方法で適用されるべきである）を援用した。またスロバキアは、チェコスロバキアの行為が合法であったと考えるが、たとえそうでないと裁判所が判断したとしても、ヴァリアントCの実施は対抗措置として正当化されると主張した。他方、ハンガリーは、ヴァリアントCは77年条約の重大な違反であり、また条約の「近似的適用の原則」は国際法上存在しないし、さらに、ヴァリアントCは対抗措置のための国際法上の要件、とりわけ均衡性の要件を満たしていないと主張した。スロバキアは、南西アフリカ委員会による請願人聴問の許容性事件〔⇒31C〕でのローターパクト裁判官の個別見解を援用して、「近似的適用の原則」を取り上げ、これが国際法の原則であり、かつ法の一般原則であると主張した。しかし、このような原則がたとえ存在しているとしても、それは問題となる条約の範囲内でしか用いられないため、国際法の原則または法の一般原則かどうかを判断する必要はない。ヴァリアントCは、77年条約の基本的な条件に合致していない。同条約の特徴は、単一かつ不可分な運用作業システムを構成する共同投資としての水門システムの建設であり、一方的行為では実行できない。ヴァリアントCは、本来の計画との外観上の類似性にもかかわらず、その法的性格はまったく異なるものである。したがって裁判所は、チェコスロバキアがヴァリアントCを実施する際に、77年条約を適用していたのではなく、逆にその規定に違反していたのであり、国際違法行為を行っていたと結論する（paras.67-78）。

(2)　ヴァリアントCの実施がハンガリーの違法行為に対する対抗措置として阻却されるには一定の条件に合致していなければならない。第1に、先行する他国の国際違法行為に対抗してとられるもので、当該国家に向けられたものでなければならない。ヴァリアントCは、ハンガリーによる工事の中断と放棄に対応したもので、同国に向けられたものであることは明らかである。また、ハンガリーの行為も国際違法行為であることは明らかである。第2に、被害国は、違法行為を行った国に対して、当該行為を中止するか、またはそれに対する補償を要求しなければならない。裁判所の見解では、対抗措置の効果は、被っ

た侵害に比例したものでなければならない。1929年の常設国際司法裁判所のオーデル河国際委員会事件判決が述べるように、「航行可能な河川についての利益共同体は、共通の法的権利の基礎となり、その本質的特徴は当該河川の全行程の利用におけるすべての沿岸国の完全な平等性と、いかなる沿岸国も他の沿岸国の関係において特恵的な特権をもちえないということである」。国際法の現代的な展開は、国際水路の非航行的利用に関する1997年条約の採択にみられるように、国際水路の非航行的利用に関するこうした原則を強化してきた。チェコスロバキアは、ハンガリーに対して何度もその条約上の義務の履行を開始するよう要請していた。しかし、チェコスロバキアは、一方的に資源を管理することで、ダニューブ河の天然資源の衡平かつ合理的な分配を得る権利をハンガリーから奪い、国際法が要求する均衡性を尊重しなかった。チェコスロバキアによるダニューブ河の転流は均衡を失しており、合法的な対抗措置とは言えない (paras.82-87)。

　裁判所は、チェコスロバキアが、1991年11月において、同国による最終的な決定に予断を与えない工事を行うことに限定する限りで、ヴァリアントCを行う権利をもっており、他方で、同国は1992年からヴァリアントCを運用する権利をもたなかったと認定する (para.88)。

　3　ハンガリーは終了通告の合法性と有効性を支持するものとして、①緊急状態の存在、②77年条約の後発的履行不能、③事情の根本的変化の発生、④チェコスロバキアによる77年条約の重大な違反、⑤国際環境法の新しい規範の発展という5つの根拠を提示した。スロバキアはそれぞれの根拠について争った (para.92)。

　①につき、裁判所は、たとえ緊急状態が存在していたとしても、それは条約の終了原因とはならず、単に条約を履行しなかった国家の責任免除のために援用されるに過ぎないと判断する。②につき、ハンガリーは条約法条約第61条に依拠し、同条でいう「条約の実施に不可欠である対象」とは物理的な対象に限らず、法的制度をも含むと主張した。しかし、裁判所は、ハンガリーの解釈はその条文にも条約法条約採択の外交会議の意図にも合致しないと考える。③につき、ハンガリーは条約法条約第62条に依拠し、根本的な変化として、「社会主義統合」概念の消滅、「作業の単一かつ不可分な運用制度」の一方的計画への置き換え、共同投資の基礎が市場経済の導入で覆ったこと、環境法の発展等を挙げた。裁判所の見解では、77年条約締結時の支配的な政治状況は認めるが、そうした状況は両当事国の同意の不可欠の基礎を成したり、履行される義務の範囲を変更するほどのものでない。環境に関する知見や環境法の新たな発展がまったく予測不可能であったとは考えられない。さらに第15条、19条、20条により、77年条約をそうした変化に適応させることも可能であった。ハンガリーが主張した事情の変化は、個別的にも集合的にもかかる性質をもたず、計画遂行のために引き続き履行されるべき義務の範囲を根本的に変更する効果をもたない。④につき、ハンガリーは条約法条約第60条を援用した。ハンガリーは、チェコスロバキア

はヴァリアントCの建設と運用により、また交渉に入らなかったことで77年条約第15条、19条および20条に違反したと主張した。裁判所がすでに認定したように、チェコスロバキアは1992年10月にダニューブ河の水を迂回運河に転流して初めて77年条約に違反したのであり、その運用に先立つ工事については違法な行為はなかった。それゆえ、裁判所の見解では、1992年5月19日のハンガリーによる条約の終了通告は時期尚早であった。チェコスロバキアによる条約の違反はいまだ生じておらず、したがってハンガリーは77年条約を終了させる根拠として条約の違反を援用する権利をもたない。⑤につき、ハンガリーは、環境保護に関する国際法の新たな要求により77年条約の履行が排除されたと主張する。他方、スロバキアは、環境法で生まれたいかなる発展も77年条約を無効にする強行規範を生み出していないと主張する。両当事国とも77年条約締結以後に環境法の強行規範が出現したとは主張しておらず、条約法条約第64条を検討する必要はない。ハンガリーもチェコスロバキアもともに77年条約上の義務を遵守しなかったが、この相互的な違反行為は条約を終了させたり、その終了を正当化するものではない。以上の結論に照らして、1992年5月19日のハンガリーによる終了通告は、77年条約および関連文書を終了させる法的効果をもたない(paras.101-115)。

4　特別合意第2条2項により、裁判所は1項の質問に対する判決の法的効果を決定することが求められている。問題は、スロバキアがチェコスロバキアの承継国として77年条約の当事国となったかどうかである。ハンガリーは、2国間条約で一方の当事国が消滅した場合に自動承継を規定した国際法規則は存在しないし、同国は1978年の条約の国家承継条約(以下、78年条約という)に署名も批准もしておらず、そもそも同34条の「自動承継の概念」は一般国際法の宣明ではないと主張した。さらに、77年条約は78年条約第11条の意味での「境界制度に関する権利義務」を設定する条約ではないし、また「地役的条約」でもないので、78年条約第12条の「領域に付着しているとみなされる」権利を設定するものでないと主張した。本件で関係するのは77年条約の特殊な性格であり、78年条約第34条が慣習法であるかどうかについて議論する必要はない。ただし、78年条約第12条は慣習国際法を反映したものであり、当事国もこれを争っていない。77年条約の内容からすると、77年条約は78年条約第12条の意味での領域的制度を設定したものとみなされなければならない。77年条約はダニューブ河の一部に付着した権利義務を創設し、国家承継により影響を受けず、1993年1月1日にスロバキアを拘束するようになった(paras.116-123)。

また環境に与える同計画の影響が重要な問題であることは明らかである。環境保護では、損害が回復不可能なだけに予防が要求される。過去20年間で、多数の文書に新たな規範や基準が述べられ発展してきた。経済発展を環境保護と調和させる必要性が持続可能な開発という概念に適切に表現されている。当事国はガブチコボ発電所の稼働が環境に与える

影響を改めて考えるべきである(para.140)。

【論点】1 本事件で両当事国は、条約法と国家責任法の関係について詳細に論じたが、裁判所は2つの国際法分野は異なる妥当範囲を有するとして深く立ち入らなかった。そして、ハンガリーが援用した緊急状態の存在について、当時法典化作業中のILCの国家責任条文草案第33条の諸要件に照らしてそれを否定した。国際司法裁判所が、第1読が終わったに過ぎないILCの条文草案(現行の国家責任条文第25条)を慣習法を反映したものと認定したことは注目される。なお、違法性阻却事由に関する国家責任条文草案を援用した判決としては、他にレインボウ・ウォーリア号事件仲裁判決〔⇒117〕がある。

2 本事件でハンガリーは、自らによる77年条約の終了通告の正当化のために条約法条約の3つの終了原因を援用した。ハンガリー、チェコスロバキアが条約法条約の当事国となったのは1987年であり、77年条約には直接適用されないにもかかわらず、裁判所は先の3つの終了原因に関する条約法条約の各条文(第60条から第62条)を逐語的に適用した。そこには、当該条文が多くの点で慣習法を宣言した規則であるとの裁判所の判断があった。

3 両当事国の議論で環境問題が前面に提示され、国際環境法の問題を本格的に扱う国際司法裁判所の最初の事件として注目を浴びたにもかかわらず、判決ではこの点についての詳細な議論は認められない。ハンガリーによるガブチコボ・ナジマロシュ計画の遂行は適切な環境影響評価なしに行いえないとの主張は、裁判所に持続可能な発展の原則、予防原則および協議義務の法的地位についての検討を暗に要請したものであったが、裁判所はこれらの問題について終始慎重な態度をとり続けた。

4 本判決の主文(2) Bは、ハンガリーとスロバキアに交渉命令判決を下したが、両国の交渉は不調に終わり、特別合意第5条3項の「当事国が6カ月以内に合意に達しえない場合、いずれかの当事国は、判決を実施する態様を決定する追加的判決を下すよう裁判所に要請することができる」という条文に基づき、スロバキアは1998年9月3日に追加判決の申請を行い、2018年12月現在、事件は係属中である。

【参考文献】
酒井啓亘「判例研究ICJ」99巻1号、兼原敦子「国家責任法の『一般原則性』の意義と限界」『立教法学』55号(2000)、河野真理子「ガヴチコヴォ・ナジュマロシュ計画事件判決の国際法における意義」『世界法年報』19号(2000)、同「条約違反と条約の継続性に関する一考察」『紛争解決の国際法(小田古稀)』(三省堂、1997)、岩月直樹「現代国際法上の対抗措置制度における均衡性原則」『立教法学』78号(2010)、山田卓平『国際法における緊急避難』(有斐閣、2014)。

(坂元　茂樹)

第10章

国家責任

第1節　国家責任の成立　　　　　　466
第2節　違法性の阻却又は対抗措置　　474
第3節　国家責任の解除　　　　　　　486
第4節　国際請求の提出と外交的保護　500

第1節　国家責任の成立

113　ザフィロ号事件（D. Earnshaw and others（Great Britain）v. United States〔The Zafiro case〕）

当　事　国	米国／英国
裁　判　所	仲裁裁判所
判　　　決	1925年11月30日
出　　　典	*6 RIAA 160, 1925-26 AD 222

【事実】　ザフィロ号はもともと英国商船であったが、米西戦争の始まった1898年4月、香港に待機していた米国海軍アジア艦隊のデューイ司令官により購入され、海軍の物資輸送船とくに燃料用石炭などの補給船として用いられた。同号には米国海軍のピアソン士官が乗り組んで、デューイ司令官からの命令の伝達と執行監視にあたった。ただし乗組員は、ほとんど全員が英国商船当時のまま引き継がれ、船長、航海士などの上級船員は英国人、水夫たちは中国人であって、水夫たちの指揮・監督は上級船員に委ねられていた。それはデューイ司令官の作戦に必要な範囲で、英国や日本や中国など中立国の港湾に出入りすることを容易にするためであった。

　ところで、米国艦隊がマニラ湾の海戦でスペイン艦隊に大勝した1898年5月1日、同湾のカヴィテ港に所在するマニラ船架会社の家屋に居住していた従業員アーンショーほか2名は家族とともに戦火を避けるため、当会社のフィリピン人警備員や中国人従業員に後事を託して居宅を離れた。他方で5月4日、カヴィテ港へ石炭積込みに出向くよう命令を受けたザフィロ号は、マニラ船架会社の突堤に繋留した。そしてピアソン士官と船長がスペイン側砲台の視察のためザフィロ号を離れたところ、乗組員の監督を託されていた1等航海士は非番の水夫半数に対し、監督者を付けずに上陸許可を与えた。こうして上陸した水夫たちはアーンショーほかの居宅に侵入し、家財を略奪・損壊した。もっとも、後事を託されていたマニラ船架会社のフィリピン人警備員や中国人従業員なども、この略奪・破損行為に加わった。

　この事件は、他の多くの事件とともに、1910年8月18日にワシントンで署名された英米間の特別協定により、3名の裁判官で構成される仲裁裁判所に付託された。

【判決要旨】1　ザフィロ号は米国商船として登録されていたが、その事実は、同号の行為に対して米国が責任を負うことを妨げない。米国側はザフィロ号が公船とみなされない証拠として、多くの先例を引用したが、それらは公船の主権免除に関わるものであって、ザフィロ号の事件とは直接につながらない。しかし、その中には、船舶に免除を与えるか否

かを決定すべき基準は、当該船舶を何人が所有するかではなく、当該船舶が従事している任務の性格および当該船舶が使用されている目的だ、とする先例が含まれている。裁判所にとって重要なことは、事件の当時ザフィロ号はデューイ司令官の艦隊の一部としてマニラ湾で補給船として使用されており、かつ乗組みの米国海軍士官および水夫を監督する上級船員を通して同司令官の指揮下にあった。つまり、米国海軍士官がザフィロ号の行動を指揮・命令する権限を行使し、船長は乗組員を監督してその命令を執行する機関となっていた。これらの事実は、ザフィロ号が単なる商船であって、その行為につき米国が責任を負わない、という主張と相容れない (p.162)。

米国の主張するように、ザフィロ号は1907年のハーグ第7条約に掲げる「改装商船 (converted merchantman)」のすべての要件を満たしていない。しかし同条約は、私掠船 (privateer) から改装商船を区別し、後者に軍艦の地位を付与することを目的としたものであって、ザフィロ号事件には適用されない (pp.162-163)。

2　事件当時の状況に鑑みて、監督者を付けずに水夫たちを上陸させた上級船員の行為には、「重大な過失」(highly culpable) があり、その結果生じた居宅および家財の略奪・損壊に対して米国は責任を負う。ザフィロ号がマニラ船架会社の突堤に繋留してのち、海軍士官と船長はスペイン側砲台を視察するために離船し、その間の乗組員の監督を1等航海士に委ねた。その時すでにフィリピン人たちが陸上で略奪・破壊行為を手掛けていたことは、当該士官および上級船員たちは目にしていたはずである。そうした状況下で、会社の家屋のある場所へ監督者を付けずに水夫たちを上陸させた行為には重大な過失がある、と言わなければならない (pp.163-164)。

もっとも、非番で上陸した水夫たちの行為について政府は責任を負わない、とも主張された。だが、警察などの政府機関によって通常の秩序が維持されている港へ水夫たちを上陸させる行為と、この事件が生じたような時と場所で監督者なしに水夫たちを上陸させる行為とを、同一に論じることはできない。当時スペイン人たちはすでにカヴィテ港から退去しており、警察や軍による陸上の治安体制は機能しておらず、米国海軍以外に乗組員の行動を監督できる機関は存在しなかった。さらに中国人水夫たちの性格や無防備の財産の所在を勘案すれば、水夫たちの監督責任者には特別な「注意 (diligence)」が必要であった。そのため、通常の情況では適切であったかもしれない行為が、過失となったのである (p. 164)。

3　略奪・破壊の結果として生じた損害につき、アーンショーほか2名の請求に対して、総額6,000ドル余りの賠償金を与える。ザフィロ号の水夫たちの手になる損害額を厳密に算定して、マニラ船架会社のフィリピン人警備員や中国人従業員などの手になる損害額を総額から差し引くべき挙証責任を、英国側に負わせるべきか否かが問題となる。損害の大半がザフィロ号の水夫たちの手になり、他の者の手になる損害を特定し難いので、総額を

米国の責任に帰さざるをえない。ただしその点を考慮して、総額に利息を付ける請求は認めない (pp.164-165)。

【論点】　この判決は、国家責任をめぐる「過失」を認めた先例として、よく知られている。しかし、上にみたように、それ以外の論点をも含んでいるので、順を追って検討しておこう。

1　第1に判決は、商船として登録されたザフィロ号の行為に対し米国は責任を負わない、とする主張をしりぞけ、この事件にとって重要な事実は、ザフィロ号が米国海軍アジア艦隊の一部を構成し、司令官の指揮下に補給船として使用されていたことである、と指摘して、米国の責任を認めた。その過程で判決は、公船の主権免除の問題に触れ、船舶に主権免除を与えるか否かを決定すべき基準は、当該船舶の所有権の所在ではなく、その任務の性質と使用の目的であると述べたが、これは主権免除に関する相対免除主義に通じる考え方として、注目に値しよう。

2　もっとも判決の核心は、水夫たちの略奪・破壊行為に対する米国の責任を認めるにあたり、彼らの性格、陸上における治安体制の欠如、無防備な財産の所在などを勘案すれば、監督者を付けずに水夫たちを上陸させた上級船員の判断には、予期された事態を避けるべき注意義務を怠った「重大な過失」がある、と指摘した点に求められる。より一般的にいえばこの判決は、非番で上陸した水夫たちの行為が私的な性格のものだとしても、彼らを監督すべき国家機関の側に、私人の行為が第三者の法益を侵害しないように確保すべき注意義務があること、その義務を怠った「過失」は国際法に違反すること、そうした国際義務の違反に対して国家責任が問われること、を明らかにした先例である。

3　最後にこの判決は、アーンショーなどの居宅・家財に対する略奪・損壊行為が部分的に、ザフィロ号の水夫以外の者によってなされた事実を否定しなかったが、一方で、損害額の厳密な挙証責任を英国側に負わせることを避けるとともに、他方で、認定された損害額に対する利息加算の請求をもしりぞけた。この点においても、この種の事件における損害額の認定方法および認定基準を明らかにした1つの先例として、意味がある。

【参考文献】
石本泰雄『ケースブック』、松田幹夫『国家責任』、河野真理子『国際関係法辞典第2版』(三省堂、2005)。

（安藤　仁介・薬師寺　公夫）

114 在テヘラン米国大使館事件 (Case concerning United States Diplomatic and Consular Staff in Tehran)

当 事 国　米国 v. イラン
裁 判 所　国際司法裁判所
命令・判決　(a) 仮保全措置命令　1979年12月15日
　　　　　　(b) 判　　決　　1980年5月24日
出　　典　(a) ICJ(1979) 7　(b) ICJ(1980) 3

【事実】　1953年のクーデターにより復位した国王（シャー）は、1979年のイラン革命により打倒され、ホメイニ師が政権を握った。ホメイニ師による改革が進む中、国外に脱出していたシャーが、病気療養のために米国への入国を認められた。それを契機として、1979年11月4日、イランの首都テヘランにある米国大使館周辺で大規模なデモ行進が生じ、過激派学生が大使館に侵入し、大使館員および米国国民を人質に取るという事件が発生した。事件当時イラン外務省にいた米国代理公使は、イラン当局に対し再三にわたり、大使館員の安全確保を要請したが、大使館の明渡しおよび人質救済の措置はとられなかった。同日、タブリズおよびシラズにある米国領事館も、学生たちの攻撃を受けたが、休館中であったため館員が人質に取られることはなかった。11月29日、米国は、外交関係条約、領事関係条約、外交官等保護条約、イランとの友好条約および国連憲章を根拠に、イランを相手どり、国際司法裁判所へ提訴した。請求内容は、人質の解放、損害賠償および実行者の処罰であった。原告は、人質の解放、大使館の明渡しを求める仮保全措置も要請した。被告は裁判所に出廷しないという戦術をとった。ただ、裁判所への書簡で、「25年以上にわたって米国がイランの国内問題に対して行ってきた介入という全体的な問題」があり、人質問題は「その中の周辺的で2次的な問題に過ぎず」、国家主権に関わる全体問題を抜きには論じることができないのであって、「単なる条約解釈の問題ではない」と主張した。裁判所は、1979年12月15日、原告の主張を認める仮保全措置を命令した。米国は、11月10日より出入国管理法違反のイラン学生の国外退去、11月12日よりイラン石油の購入停止、11月14日よりイランの在米資産の凍結など様々な一方的措置をとった。しかし依然として人質が解放されなかったため、仮保全措置命令後の1980年4月24日、米国は海軍のヘリコプターを使い人質救出作戦を行ったが失敗に終わった。安全保障理事会への報告の中で、この作戦を国連憲章第51条に基づく自衛措置であり、自国民救済のための人道目的の措置であると説明した。5月24日、判決が下されたが、最終的な解決はアルジェリアの仲介を待って、1981年1月19日に達成された。

【命令要旨】　被告の欠席により仮保全措置の指示が不可能になるわけではない (para. 13)。

原告が管轄権の基礎としている外交関係条約選択議定書、領事関係条約選択議定書、友好条約、および外交官等保護条約は、一応(*prima facie*)管轄権の基礎を提供している(paras.14-21)。仮保全措置を指示すれば、本案の主題を決定することにならないかが問題となる。仮保全措置が当事者のそれぞれの権利を保全することを目的とするものである以上、本案と関連していて当然である(para.28)。次に、仮保全措置は、一方当事者の権利だけでなく両当事者の権利を保全するものでなければならないかが問題となる。裁判所規程第41条は明文で「いずれかの」(either、公定訳では「各」)当事者の権利を保全することになっており、かつ裁判所規則第73条は一方の当事者からの要請を含意している。したがって、仮保全措置の要請はその性質上一方的なものである(para.29)。

「国家間関係において外交使節団及び公館の不可侵ほど基本的な必要条件はない。…とりわけ、外交官の身体の安全や訴追からの免除を保障する義務は、不可欠で、無制限で、外交官が国家を代表する性質上も外交任務上も外交官に固有のものである。」(para.38)。しかし現在、生命および健康に危害がもたらされかねない状況にあり、回復不可能な損害が生じる可能性が大である(para.42)。裁判所は、仮保全措置指示の必要性を認め、イランに対し、大使館の明渡し、人質の解放、米国外交領事職員に対する特権免除の付与を命じ、さらに両当事者に対し紛争を拡大激化させないように命じる(para.46)。

【判決要旨】1　イランが出廷しなかったため、裁判所規程第53条が適用され、裁判所は請求が事実上十分に根拠をもつことを確認しなければならない。大使館占拠が続いているため、イランにある公館、館員および外交文書を利用することができないが、コルフ海峡事件[⇒42]で述べたように、「裁判所は[出廷当事国の主張の]詳細について正確に検討しなければならないわけではない」。本件事実は、公知の事実となっており、様々なところから情報を得ることができ、米国の主張は、事実に関し十分根拠をもっている(paras.11-13)。

2　イランからの書簡について検討する。国際的に保護される者を人質に取る行為を、周辺的な問題であるとか2次的な問題であるということはできない。また、「紛争に他の側面が含まれていたとしても、そしてたとえそれが重要なものであったとしても、それだけを理由に紛争の一側面を裁判することができなくなる」わけではない(para.36)。「主権国家間の法律的紛争は、その性質上、政治的背景の中で生じることが多く、長期的で広範な政治的紛争の中の一側面でしかないことが多い」。しかし、そのことを理由に、裁判所は法律的紛争を判断すべきでないという主張が行われたことはない(para.37)。

3　本件については、安全保障理事会でも審理の対象とされているが、裁判所と安全保障理事会が同時にそれぞれの責務を果たしていることは異常ではない。国連憲章第12条が総会に課しているような制限は、裁判所には存在していない。「法律的紛争を解決する

ことは、国連の主要な司法機関である裁判所の任務」であり、「裁判所が法律的紛争を解決することは、紛争の平和的解決のために重要な要因になりうるのであり、時には決定的な要因にもなりうるのである」(para.40)。

4　外交関係条約議定書および領事関係条約議定書が管轄権の基礎となる。館員でない2人の米国国民については、両議定書だけでなく、友好条約も管轄権の基礎となる。ただし、原告が被告に対して対抗措置をとったことにより、原告が友好条約を援用しうるかどうか。この措置は被告が重大で明白な国際法違反を行ったと原告が信じたためにとったものである。「いずれにせよ、一方当事者が条約違反を行ったことにより、その条約中の紛争の平和的解決に関する条文を違反国が援用することができなくなるということはない」(para.53)。

5　本案に関する事実は、2つの観点から検討しなければならない。第1は、問題となっている行為をイラン政府に帰属させることができるかどうかである。第2は、問題となっている行為が、国際法上イランの負っている義務と両立するかどうかである(para.56)。

(1)　まず事件の第1段階において、過激派学生がイラン国の職員として、あるいは機関として公的地位を有していたとすることはできない。したがって、大使館を攻撃し、侵入し、人質を取る行為をイランに帰属させることはできない。「過激派学生の行為をイランに直接帰属させるためには、過激派学生がイラン国の権限ある当局から具体的な任務を与えられ、国家のために行動していたことが立証されなければならない」が、過激派学生と国家機関との間にそのような関係は認められない(para.58)。しかしながら、イランは、大使館攻撃に関してまったく責任がないというわけではない。と言うのは、イラン自身の行為が、国際義務に違反しているからである。イランは、米国大使館および領事館、館員、公文書および通信手段の保護、ならびに館員の移動の自由を確保する適当な措置を講じなければならない絶対的義務を負っていた(para.61)。「こうした義務は、ウィーン外交関係条約およびウィーン領事関係条約上の契約的な義務というだけでなく、一般国際法上の義務でもある」(para.62)。イランが必要な措置をとらなかったことは、単なる過失や、適当な措置を欠いていたということではすまされない問題であり、明白で重大な義務違反を構成する(paras.63, 67)。

(2)　事件の第2段階は、大使館占拠が完了して以降である。イランにはあらゆる努力、あらゆる手段を講じ占拠を終了させなければならない義務があった。しかしながらそのような措置はとられなかった(paras.69-70)。加えて、イランの様々な政府筋より、学生による占拠を承認することが表明されている。ホメイニ師自身が明瞭に大使館および領事館占拠と人質行為を支持した。1979年11月17日には、ホメイニ師署名の政令が発せられた。これは、正統政府が学生の行為を承認した証である。そして、大使館占拠および人質行為を続ける政策の発表である。これにより、事態の法状況は根本的に変化した。つまり、「大使館占拠および人質行為が国家の行為へと変容した」のである(para.74)。

6 イランの行為を正当化する特別な事情が存在するであろうか。イランは、米国が25年以上にわたりスパイ活動を行い、国内問題への介入を行ってきたと述べるが、このことは立証されておらず、たとえ立証されたとしても、イランの行動を正当化できない。なぜなら「外交法自身が外交領事館使節員による違法行為に対する防衛として、あるいは違法行為に対する制裁として、とりうる必要な措置を規定しているからである」(para.83)。外交関係条約第9条および領事関係条約第23条1項および4項はペルソナ・ノン・グラータを規定し、外交特権の濫用に対する救済策を与えている。さらに、極端な方法としては、外交関係の断絶もある。「外交法の規則は、自己完結的な制度なのである」(para.86)。「違法に人の自由を奪い、身体的拘束を与え、困難な状況に追い込むことは、国連憲章の原則と両立しないだけでなく、世界人権宣言に盛り込まれた基本原則とも両立しないことは明らかだ」(para.91)。

7 原告が行った人質救出作戦は、いかなる動機によるものであれ、国際関係における司法過程への尊重を害する行為である。裁判所は、仮保全措置命令の中で両当事者に対し紛争を拡大激化させないよう命じたことを想起する(para.93)。しかし、この行為の合法性について裁判所に申し立てられているわけではない。またこの問題は、イランの行為に対する評価とは無関係である(para.94)。裁判所は、国際条約および確立した一般国際法上の義務違反を認定し、イランの国家責任ならびに賠償義務を認める。その上で、人質の解放、出国の保証、大使館および領事館の明渡し、および館員の身分保障を命じる(para.95)。

【論点】1 イランの不出廷により裁判所はイランからの書面および口頭の陳述を得ることができず立証に困難が生じたが、公知の事実という考え方を採用した。イランは裁判所に書簡を送り一方的に見解を表明し、裁判所もその見解を検討したが、裁判所規程第53条により裁判所は請求が事実上も法律上も十分根拠をもつことを確認する義務を有していることから職権で検討したのである。しかし通常の裁判手続に従っておらず問題を残した。ニカラグア事件〔⇒157〕で明らかにされたように、欠席当事者も訴訟当事者であることに変わりなく、裁判に従わなければならない義務を有している。

2 イランの主張は伝統的な政治的紛争理論に依拠しているように思われる。しかし裁判所は、法律的紛争も政治的な背景の中で生じることを前提に、この考え方を否定した。国際紛争が法的側面と政治的側面とを同時に有していることから、司法機関と政治機関の両方に係属する可能性が高いが、裁判所は、裁判所と安全保障理事会への同時係属を容認した。しかしこの点については争いがある。

3 国家責任の発生には、国際義務に違反する行為の存在とその行為の国家への帰属が必要である(国家責任条文第2条参照)。私人の行為は国家に帰属しないのが原則である。そ

うであっても、私人の行為に関連して、国家の側に国際法上の防止義務違反がある場合には、国家責任が発生することが確認された。イラン政府が外交関係条約第22条2項や第29条が規定する「適当な措置」をとらなかったことで、イラン自身の行為(この場合不作為)によって国家責任が発生したのである。その上、私人の行為を国家が承認した場合には、国家に帰属することが明らかにされた。国家責任条文第11条でこの原則が採用された。この事件で裁判所は、第1段階と第2段階を区別し、第2段階においては政府による承認により私人の行為が国家の行為へ「変容」した。承認以降の行為が国家機関の行為と認定されたようである。しかし、国際法委員会が作成した国家責任条文コメンタリーによれば、承認は遡及的な効果を持つものと理解されている。この理解からすれば、本件第1段階における私人の行為もイランに帰属することになるが、その点について本件判決からは明瞭に読み込むことはできない。

4 裁判所は、救出作戦に関し、司法への尊重を害する行為と非難したが、自国民保護のための武力行使の合法性については判断しなかった。反対意見の中には、仮保全措置違反の行為であると認定し、損害賠償額の減額などの措置をとるべきとの意見があった。しかしイランが出廷しなかったためにこの問題を裁判所が検討することはなかった。

5 自己完結的制度とは、外交法上、必要な救済策が規定されており、それ以外の対抗措置はとりえないという考え方である。しかし、米国も国外退去、イラン石油の購入停止、在米イラン資産の凍結などの対抗措置をとっており、一般国際法上の対抗措置が禁じられているわけではない。また、自己完結的制度といわれる場合でも、紛争解決方法の特定化など、条約ごとに様々な制度が存在しており、概括化は困難である。また本件のように国家が組織的にスパイ活動や国内問題への介入をしている場合には、ペルソナ・ノン・グラータを宣し外交官を交代させても真の問題解決にならないと主張する者もいる。

【参考文献】
波多野里望『判決・意見Ⅰ』、兼原敦子『百選Ⅰ』、大森正仁『百選Ⅱ』、萬歳『基本判例50Ⅰ』、同『基本判例50Ⅱ』、山形英郎「国際司法裁判所における欠席裁判(1) (2・完)」『法学論叢』125巻2号、126巻1号(1989)、同「国際法における伝統的な政治的紛争理論の再検討」『現代法学の諸相』(岡山商科大学法経学部創設記念論集) (法律文化社、1992)、杉原高嶺「同一の紛争主題に対する安全保障理事会と国際司法裁判所の権限」『紛争解決の国際法(小田古稀)』(三省堂、1997)、山本良「国際法上の『自己完結的制度』に関する一考察」『国際法外交雑誌』93巻2号(1994)、薬師寺公夫「国際法委員会『国家責任条文』における私人行為の国家への帰属」『国際社会の法構造:その歴史と現状』(東信堂、2003年)、松田竹男「現代国際法における在外自国民の保護」『国際取引と法(山田還暦)』(名古屋大学出版会、1988)。

(山形　英郎)

第2節　違法性の阻却又は対抗措置

115　復仇の要件

A　ナウリラ事件(Responsabilité de l'Allemagne à raison des dommages causés dans les colonies portugaises du sud de l'Afrique〔Naulilaa Case〕)

B　スィズニ事件(Responsabilité de l'Alemagne à raison des actes commis postérieurement au 31 juillet 1914 et avant que le Portugal ne participât à la guerre〔The Cysne Case〕)

当　事　国	A・B　ポルトガル/ドイツ
裁　判　所	A・B　仲裁裁判所
判　　　決	A 1928年7月31日　B 1930年6月30日
出　　　典	A 2 RIAA 1011　B 2 RIAA 1035

【事実】　第1次世界大戦後、英・仏・ポルトガルなどの同盟および連合諸国(以下、連合国という)とドイツとの間で結ばれたヴェルサイユ平和条約は、その第297条、第298条で敵国内にある私人の財産・権利および利益の処理の仕方を定め、さらに同条付属書第4条では、各連合国が自国領域内にあるドイツ国民の財産やその売却代金などを、自国民に対するドイツ国民の賠償額や金銭債務の支払、または当該国が戦争に参加する以前にドイツ政府または官憲の行為によって生じた請求の支払に充当することを認め、その請求額はギュスターヴ・アドール氏または別に設けられる混合仲裁裁判所の任命する仲裁人が査定すべき旨定めていた。そこでポルトガルは、同付属書第4条に基づいて、次のような請求を提出した。

　A　ポルトガルが連合国の側に立って第1次世界大戦に参加したのは1916年3月9日であるが、ポルトガルがまだ中立国であった1914年10月19日、ドイツ領南西アフリカ(現在のナミビア)から食料輸入交渉のため隣接するポルトガル領アンゴラ(現在のアンゴラ)に向かったドイツの役人1人と軍人2名が、ポルトガル軍のナウリラ基地で殺害されるという事件が起こった。そこで、南西アフリカ駐在のドイツ軍は、これに対する復仇として、ナウリラ基地および国境近くにあるポルトガル軍の基地数カ所を攻撃・破壊したが、ポルトガルは、これを中立国領土に対する違法な侵入・攻撃として、賠償を要求した。

　B　1915年5月28日、ポルトガルからイギリスのニューポート港に向けて航行中のポルトガル船籍の商船スィズニ号が、ドイツ軍の潜水艦によって捕獲され、その場で爆破、沈没させられた。捕獲の理由は、ドイツが絶対的禁制品に指定していた鉱山用木材を輸送していたことであったが、ポルトガルは、「専ラ戦争用ニ供セラルベキ」物資ではない鉱山用木材を絶対的禁制品に指定するのは1909年ロンドン宣言第23条に違反するものであり、さらに捕獲した中立船舶を破壊するのは同第48条に違反すると主張した。これに対してドイツは、鉱山用木材を絶対的禁制品に指定することはロンドン宣言違反ではあるが、それは英国による同様の違反に対する復仇措置として正当化され、また、スィズニ号の破壊

はロンドン宣言第49条で例外的に破壊が認められた場合に該当すると主張した。

【判決要旨】A　復仇は、加害国の国際法違反行為に対して、救済の要求が満たされない場合に被害国によってとられる自力救済行為である。それは、加害国に賠償の支払または原状回復をさせ、それ以上の加害行為を阻止することを目的とした行為であって、それに先立つ国際法違反の行為が存在しない場合には違法となる。復仇と加害行為との間の均衡性に関しては、最近学説に動揺がみられるが、今次大戦の経験に照らして形成されつつある国際法は、明らかに合法的復仇の概念を制限し、その過剰を禁止する傾向にある(p.1026)。

本件についてみてみると、ナウリラ基地におけるドイツ人殺害事件は通訳のミスによる偶発的な事件で、ポルトガル側には国際法に違反する行動はなかったから、ドイツによる復仇の抗弁は認められない。さらに、たとえポルトガルの側に国際法違反行為があったとしても、ドイツの主張は次の2つの理由でしりぞけられる。第1に、復仇は救済の要求が満たされない場合にのみ合法であるが、ドイツは救済の要求を行っていない。第2に、国際法は復仇と加害行為がほぼ均衡していることを要求していないとしても、まったく均衡を失した復仇行為は明らかに過剰かつ違法であるところ、ナウリラ事件とそれに続く6回の復仇行為の間には明白な不均衡がある(pp.1027-1028)。

B　ドイツの潜水艦は、捕獲した中立船舶を破壊することが許される例外的状況にあったが、スィズニ号の捕獲そのものは違法であった。なぜなら、復仇が許されるのは、それに先立つ国際法違反の行為を行った国に対してのみだからである。ポルトガルによる国際法違反行為は立証されておらず、ドイツが援用しているのは英国およびその同盟国による国際法違反行為だけであるから、ドイツはポルトガル国民との関係ではロンドン宣言第23条に違反する権利を有しない。したがって、スィズニ号の積荷を絶対的禁制品と認定することは国際法に違反する。鉱山用木材を条件付禁制品に指定することはロンドン宣言に反しないが、その場合にも、スィズニ号の積荷が捕獲を許される仕向地あてに輸送されていたとは認められないから、スィズニ号の船体および積荷の破壊はロンドン宣言第33、第34条に違反し、違法である(pp.1056-1057)。

【論点】1　分権的な性格をもつ国際社会では、国際紛争を義務的かつ効果的に解決する一般的な制度・手続が存在しないため、一定の条件の下で、被害国自身の手による自力救済が認められてきた。復仇(reprisals)はそうした自力救済手段の1つで、他国の国際法違反行為によって権利・利益を侵害されたと主張する国は、当該違法行為の中止または救済を得るための手段として、自らも加害国に対して一定の国際法違反行為を行うことが許される。復仇は、すでに侵害された法益の回復・救済を目的とする点で、現に行われつつある違法

行為(武力攻撃)の停止を目的とする自衛と区別され、また、それ自身も国際法違反の行為である点で、同じく他国の国際違法行為や非友好的行為に対してとられる措置であるが、それ自身は合法的な行為である報復(retorsion)と区別される。

2 ここで取り上げた2つのケースは、復仇の要件を定式化した古典的な先例として有名であり、とりわけナウリラ事件判決は、国際法違反の行為が他国の国際違法行為に対する復仇として違法性を阻却されるためには、①それに先立つ相手国の国際違法行為が存在すること、②相手国の国際違法行為に対する救済の要求が満たされていないこと、③復仇行為は相手国の国際違法行為と均衡を失するものであってはならないこと、という3つの要件を満たさなければならないことを明確にした。また、スィズニ事件判決では、復仇行為は国際違法行為を行った当の相手国に対して発動されなければならず、第三国に向けられてはならないことが明確にされた。

3 ところで、ここで取り上げた2つのケースも含めて、復仇に関する先例の大部分は武力の行使を伴うものであったが、武力行使が違法化された現代国際法においては、武力行使を伴う復仇が許されないことはいうまでもない。そこで最近では、武力行使を連想しがちな復仇という用語に代えて、対抗措置(countermeasures)という用語が一般的に使われるようになっている。また、国連国際法委員会が2001年に採択した国家責任に関する条文によれば、対抗措置は、武力不行使の義務の他、基本的人権を保護する義務、復仇を禁止する人道的性質の義務、一般国際法の強行規範に基づく義務にも影響を与えない(第50条1)。

復仇(対抗措置)は、自己の権利・利益が侵害されたと主張する国が一方的にとる措置であるから、とかく濫用されがちであり、1978年の米仏航空業務協定事件〔⇒116〕でも、均衡性の要件の適用方法や紛争解決手続との関係が大きな問題になった。そこで、前記の国家責任に関する条文は、米仏航空業務協定事件の仲裁判決を踏まえて、紛争解決手続との関係についても若干の規定をおいている。

【参考文献】
横田洋三「ナウリラ事件」『国家責任』、中谷和弘『百選Ⅰ』、山下恭弘『百選Ⅱ』、松井芳郎「国際法における『対抗措置』の概念」『名古屋大学法政論集』154号(1994)、長谷川正国「対抗措置の適用可能性をめぐる若干の問題」『現代企業法の諸相(中村・金澤還暦、第1巻)』(成文堂、1990)所収。

(松田　竹男)

116 米仏航空業務協定事件(Case concerning the Air Services Agreement of 27 March 1946 between the United States of America and France)

当事国	米国／フランス
裁判所	仲裁裁判所
判決	1978年12月9日
出典	18 RIAA 415 ; 54 ILR 303

【事実】 1946年3月27日の米仏航空業務協定(1960年改正、以下協定という)の下で米の指定業者として米西海岸―ロンドン―パリ路線を運行していたパンナム航空は、1978年に機種をロンドンでボーイング747から同727に交換して一時中断していた運行を再開すると仏当局に通告した。仏当局は協定違反だとしてこれを拒否、米はこの解釈を争ったが、パンナムは機種を交換して運行を行い、その結果仏当局が同年5月3日オルリー空港に着陸したパンナム機からの乗客の降機を認めず、同機にロンドンに引き返すように命じるという事件が起こった。両国は問題の仲裁付託に原則的に合意したが、米民間航空局はパンナムに対する制限が解除されない限りエールフランスの一定の米国便を同年7月12日から禁止するという命令を発した。両国は7月11日に付託合意を締結し、①協定の下でパンナムはロンドンで機種を交換して西海岸―パリ路線を運行する権利を有するか(結論に拘束力あり)、②問題の状況の下で米国は民間航空局が命じたような措置をとる権利を有したか(結論は勧告的報告)、という2つの問題を仲裁に付託したので、民間航空局の命令は実施されなかった。仲裁裁判所はリップハーゲン(オランダ、裁判長)、エーリック(米)およびルテール(仏)で構成された。

【判決要旨】1 付託合意において仏は①につき、米は②についてそれぞれ裁判所が裁定を下すことに留保を表明し、各々この点を争った。①について仏はパンナムがパリの行政裁判所に訴えた裁判が係属中なので、国内的救済が完了するまでは裁判所は①を取り上げるべきでないと主張したが、国際法委員会の国家責任条文草案によれば、本件で争われているのは外国人の待遇に関わる結果の義務ではなく、航空運輸業務に関わる政府間の行為の義務であるから、国内的救済完了の原則の適用はない(paras.19-32)。他方②について、米は当該命令は実施されず仏に損害は生じていないからこの点は現実の紛争事項ではないと主張したが、2つの争点は不可分の関係にあり、ともに航空業務協定の目的に関わるものであるから、裁判所は②について意見を述べないなら義務を果たしたことにはならない(paras.33-42)(全員一致)。

2　①に関しては、協定附属書に規定のない第三国における機種交換については、協定の条文全体に照らして解釈しなければならない。協定は締約国に広範な裁量権を認めており、米の指定業者はサービスが継続的であって別個のサービスを構成しない限りロンドンで機種を交換して西海岸－パリ路線を運行する権利を有するのであって、この判断は交渉の文脈と後の慣行によって支持される (paras.45-71) (2対1)。

3(1)　②に関しては、今日の国際法においては他国による国際的義務の違反が存在すると考える国は、一般国際法上の武力行使制限の限界内で対抗措置により自国の権利を確認する資格を有する。対抗措置の均衡性の原則については、均衡性の判断はせいぜい近似値としてなしうるに過ぎず、国家間の紛争では関係会社が被った損害だけでなく主張される違反から生じる原則の問題も考慮に入れなければならない。本件の場合、多数の航空協定を通じて実施されている米の航空運輸政策の枠内で考えるなら、米の措置は仏の措置と比べて明白に不均衡だったとは思われない (paras.72-83)。

(2)　対抗措置と紛争解決手続の関係について言えば、対抗措置の目的は当事国間の平等を消極的な形で回復し、彼らが解決を求めて交渉を継続するよう奨励することにある。対抗措置は紛争を悪化させる危険を含むから、最大限の節度をもって用いられるべきであり紛争解決の真の努力を伴うべきであるが、国際関係の現状では交渉継続中に対抗措置を禁止する規則を定立することは可能ではない。仲裁または司法的解決の手続が存在する場合にも、事件がそれらに付託されるまでは対抗措置に訴える権利は放棄されないが、裁判所が行動を開始しかつ仮保全措置を命じるならば対抗措置の権限は消滅し、現存の対抗措置の終了をもたらす場合もありうる。本件の場合は協定第10条が仲裁付託を規定するが、それが実施に移されるまでは対抗措置は排除されない。対抗措置に訴える国は仲裁の促進のために全力を尽くさねばならないが、米はこのことを行った。したがって、米は当該の措置をとる権利を有していたと判断される (paras.84-99) (全員一致)。

【論点】1　本件は、当事国が付託合意で2点について裁判所の判断を求めながら、同時に各々について裁判所が判断を下すことにつき留保を表明するという特異な形をとったが、これは付託すべき争点について当事国が合意できなかったためである。①に関して裁判所は、航空業務協定は直接政府間の権利義務を定めるものだから国内的救済完了原則は適用ないものと判断した。これは同原則の例外に関する通説的な理解に基づくが、この際に裁判所が義務の性質分類に関して国家責任条文草案 (当時は第1読草案) に依拠したことが注目される。ただし、最終的に採択された条文ではこの分類は削除された。

2　争点①に関しては、協定附属書は一定の場合に締約国領域における乗換えを認めるが、第三国における機種の交換については規定しない。そこで裁判所は、協定全体の条文

に照らして解釈を導き出しついで協定の背景をなす国際民間航空全体の文脈および協定実施に関する締約国の後の慣行に照らしてこれを確認するという方法をとった。このような場合には通常は準備作業に依拠して締約国の意思を確認するという方法がとられる（条約法条約第32条参照）が、本件訴訟では当該争点に関する準備作業は開示されなかったと言う。この点について、ルテール裁判官は協定が第三国における乗換えについて規定しないのは締約国の意見の不一致のためで、このような場合にはシカゴ国際民間航空条約の一般規則、とくに領空主権の規則が適用される結果、第三国における機種の交換には仏の同意が必要であるとの反対意見を付した。つまり多数意見とルテール裁判官とは、協定解釈の方法をめぐってたもとを分かったことになる。

3　争点②における対抗措置に関する判断は、本件裁定の中でも最も注目を集めた。対抗措置とは従来復仇と呼んだ制度であるが、本件裁定が用いたこの用語は国際司法裁判所の判決や国際法委員会の国家責任条文草案に取り入れられ、復仇に代わって急速に一般化した。伝統的国際法の時期から合法的な復仇の要件とされてきたもの〔⇒115〕のうち、本件裁定は均衡性の原則と実効的な紛争解決手続が存在する場合の対抗措置の制限という2つの要件を取り上げた。前者の原則は十分に確立したものであるが、均衡性をはかる基準など実際の適用には多くの困難があるので、積極的な形でよりも本件裁定のように消極的な形で定式化することが多い。本件裁定は均衡性をはかるにあたって関係会社が被った（であろう）損害だけでなく原則の問題をも考慮する必要があると述べたが、この点については均衡性の原則の適用をより柔軟にするという積極的な評価と、主観的な要素を導入してその適用を恣意的にするという批判とがある。なお、国際法委員会が採択した国家責任条文第51条は、本判決ではなくて国際司法裁判所のガブチコボ・ナジマロシュ計画事件判決〔⇒112〕をふまえて、この点については積極的な定式化を採用した。後者の要件に関しても本件裁定は対抗措置を広く認める見解をとって、当事国間に紛争解決の手続が存在しても、その手続が実際に発動され仮保全措置が命じられるまでは対抗措置をとる権利は失われないとした。この問題は国際法委員会における国家責任条文草案の起草過程でも最も激しい議論を呼んだものであり、同委員会が2001年に採択した条文では、紛争解決手続との関係で対抗措置をとる権利に若干の制約を課すこととした（第50条2(a)、第52条3）。

【参考文献】
岩月直樹『百選Ⅱ』、長谷川正国「条約違反に対する対抗措置(1)〜(3・完)」『福岡大学法学論叢』32巻3・4合併号(1988)、34巻2-4合併号(1990)、35巻1-3合併号(1991)、松井芳郎「国際法における『対抗措置』の概念」『名古屋大学法政論集』154号(1994)、岩月直樹「対抗措置制度における均衡性原則の意義」『社会科学研究』54巻1号(2003)、中谷和弘「国際航空輸送の経済的側面に関する国際裁判」『国際法外交雑誌』103巻2号(2004)。

　　　　　　　　　　　　　　　　　　　　　　　　（松井　芳郎・薬師寺　公夫）

117 レインボウ・ウォーリア号事件

A 国連事務総長裁定(Case concerning the Differences between New Zealand and France arising from the Rainbow Warrior Affair)

B 裁定の履行に関する仲裁裁判(Case concerning the difference between New Zealand and France concerning the interpretation or application of two agreements concluded on 9 July 1986 between the two States and which related to the problems arising from the Rainbow Warrior Affair)

当事国	A・B ニュージーランド／フランス
裁定機関	A 国際連合事務総長
裁判所	B 仲裁裁判所
裁定・判決	A 1986年7月6日　B 1990年4月30日
出典	A *19 RIAA 197; 74 ILR 241　B *20 RIAA 215; 82 ILR 499

A 国連事務総長裁定

【事実】 1985年7月10日、フランス(仏)の核実験に対する抗議行動のためニュージーランド(NZ)のオークランド港に停泊していた環境団体グリーンピース所有のレインボウ・ウォーリア号(英船籍、以下RW号)が、仏国の対外治安総局(DGSE)所属のマファール少佐とプリュール大尉等が仕掛けた爆弾により破壊され、オランダ人乗組員1名が死亡する事件が発生した。事件後、偽造したスイスの旅券を所持していた両名がNZ警察に逮捕され、起訴された。仏政府は、当初事件への関与を否定していたが、新聞報道で事件が暴露され国防大臣の引責辞任、DGSE長官の解任へと事態が発展するにおよび、9月22日、首相声明でDGSEの命令に従って同局の機関員がRW号を沈没させたことを公式に認めるとともに、外相のNZ首相宛書簡で仏政府は事件から生じた損害を賠償する用意があることを表明した。この後、両国間で各レベルの交渉がもたれたが、オークランドの裁判所が11月22日にマファール少佐およびプリュール大尉に対し、故殺と船舶の故意の破壊の罪で各10年の禁錮刑を言い渡したこともあり、両名の処遇、賠償の範囲などをめぐって交渉は行詰まり状態になった。さらに仏政府が1986年1月にはNZからの輸入品に対して厳しい検査を開始したり、4月にはECに対しNZ産バターの輸入禁止を要求することを示唆したため事件は貿易問題にも波及する様相をみせた。1986年5月オランダ首相が両国の紛争を国連事務総長に委ねるよう要請し、6月19日両国は同時に発表された声明で、RW号事件がもたらした両国間の一切の問題を国連事務総長に付託し、当事国がともに衡平と認めるような裁定(ruling)を求めること、ならびに両国は事務総長の裁定に従うことに合意した。

【裁定要旨】 1　仏首相はNZ首相に対し1985年7月10日の仏機関員によるRW号への国際法違反の攻撃に対し公式かつ無条件の陳謝を行うべきである(p.213)。

2　NZは金銭賠償を求め、仏は一定の金銭賠償を支払う用意がある。しかし、NZは900万米ドルを下回らない額を主張し、仏は400万米ドルを上回らない額を主張した。NZが

被った一切の損害に対する金銭賠償として仏政府は700万米ドルをNZ政府に支払うべきだ (p.213)。

3　仏政府は2名の即時返還を求め、仏が陳謝と金銭賠償を行う用意を示した以上、両名をNZで服役させることはできないと主張した。NZは、RW号を沈めた行為は国際法の違反だけでなくNZでの重大な犯罪行為であり、両名の釈放はNZの司法制度の一体性を損なうと主張した。NZは仏との交渉過程で両名の監禁とその検証を条件としてNZ外で服役させる可能性を考慮する意思を示した。付託された任務を遂行するために、対立する双方の立場を尊重し、調和させるような解決方法を見出さなければならない。そこで、①NZ政府は両名を仏軍当局に引き渡し、両名はその後直ちにヨーロッパ外の孤島にある仏軍施設に3年の期間移されるべきである、②両名は両国が同意した場合を除き、いかなる理由があれ島を離れることができない。島への滞在中、軍関係者、家族、友人を除くいかなる者からも隔離され、報道関係者との接触は方法を問わず一切禁止し、この条件を厳に遵守すべきである、③仏政府は両名の処遇につき3か月ごとにNZと事務総長に完全な報告を行わなければならない、④NZ政府の要請がある場合、両政府の合意により、合意した第三者による仏軍施設の訪問を認めることができる、⑤仏領ポリネシアのハオ〔現地読み〕島を最終移送地とすべきだ、と裁定する (pp.213-214)。

4　貿易問題については、①仏は、1987年、88年のNZ産バターの英国への輸入に対し、それがEC委員会の提案の枠内である限り、反対すべきでない。②仏は、羊肉等に関するNZとEC間の貿易協定の実施を損なう措置をとるべきでない (pp.214-215)。

5　この裁定の結果締結される諸協定の解釈・適用に関する紛争であって、外交交渉で解決しないものを、一方の政府の要請により、この裁定に定める条件に基づいて仲裁裁判に付託することを定めた協定を結ぶべきだ (p.215)。

6　両国政府は、以上の裁定を盛り込んだ拘束力ある諸協定をできる限り速やかに締結し、発効させるべきである。これらの協定には、陳謝、賠償支払い、両名の移送に関する約束が遅くとも1986年7月25日までには実施される旨を定めるべきである (p.215)。

B　裁定の履行に関する仲裁裁判

【事実】　国連事務総長の裁定を受けて、仏とNZは1986年7月9日に3つの交換公文に合意した。その内第1の交換公文で、仏は、裁定に従い、NZからマファール少佐とプリュール大尉の引渡しを受けた後、両名を最低3年間仏領ハオ島の軍施設に移送・隔離し、NZの同意なく島から離れることをいかなる理由があれ禁止することなど、事務総長裁定(上記3)に示された内容を履行する旨を約束した。また第3の交換公文で、両国は、第1・第2の交換公文の解釈・適用に関する紛争で外交的に解決できないものについては、一方の請求によ

り仲裁裁判に付託することを約束した。

両名は、1986年7月23日にハオ島に移送されたが、仏は、まずマファール少佐を彼の病状の検査と治療の緊急の必要性を理由に、NZの同意を取り付けられないまま、1987年12月14日不可抗力を根拠に一方的にハオ島からパリに輸送し医療検査を受けさせた。NZは移送の緊急性を疑問だとしたほか、同少佐の検査と観察期間終了後のハオ島への送還を求めたが、仏政府は1988年3月11日に同少佐を健康上の理由により本国帰還とする処分を行い、その後彼は、仏本土で勤務し昇進した。続いて、仏はNZに対し、プリュール大尉が高齢妊娠のためハオ島以外での特別看護が必要だと通告し、この件でNZと交渉中の1988年5月5日から6日にかけて、父親の危篤という人道上の理由を根拠に、同大尉を一方的にパリへ移送した。父親の死亡後も、仏政府は同大尉を仏本土にとどめ彼女は1988年12月に子どもを出産した。

1988年9月22日、NZは第3の交換公文に基づき本件を仲裁裁判に付託することを要求した。同交換公文に基づき、裁判官にはキース（NZ任命）、ブルダン（仏任命）およびヒメネス・デ・アレチャガ（両国の合意、ウルグアイ、元ICJ所長）の3名が任命された。1989年2月14日、両国間に仲裁裁判に関する補足協定が締結された。同補足協定は、裁判所の決定が3つの交換公文、この補足協定ならびに国際法の規則に基づいて行われることなどを定めた。

NZは、仏が、①両名の離島につきNZの同意を誠実に求めなかったこと、②両名をハオ島から離島させたこと、③両名のハオ島不在を現在も継続していることにより、NZに対する義務に違反したと主張し、第1交換公文に従って、3年の隔離期間の未実施期間ハオ島に再送還させるよう請求した。他方、仏はNZのすべての請求を棄却するよう求めた。

【判決要旨】1 本件の決定には、条約法および国家責任法に関する双方の慣習法が適用できる。条約の誠実な履行義務の違反、特に重大な義務違反の有無を決定するためには条約法条約第26条、第60条が関係し、条約終了の法的効果については同条約第70条が関係する。他方、違法性阻却事由、条約違反の法的効果、違反に対する救済は国家責任法に属する。国際法は不法行為責任と契約責任を区別しておらず、国際義務の違反は一様に国家責任と賠償義務を生じさせる。条約法条約の若干の規定の適用可能性は認められるが、本件における違法性阻却事由の有無および妥当な救済の問題は国家責任法に基づき回答される（para.75）。

2 ILC国家責任条文草案〔第1読案〕に掲げる違法性阻却事由の内、不可抗力は抵抗し難い力または予期できない外部の出来事により義務に従うことを選択の余地なく絶対的または実質的に不可能にすることを意味するから本件には適用できない。遭難状況は国際義務に従うことが極度の危険状況によりできない場合をいうが、遭難は人の生命の危険以外に

も身体的尊厳など人の基本的権利の保護にも適用される。遭難は国家機関の地位にある者またはその者の管理下にある者に生じる緊急状況を指し、国の緊急状態のように国家自体または国の死活的利益に対する重大で急迫した危険状況に関係するものではない。本件で仏のとった行動を正当化するには、医療その他の極度に緊急の例外状況が存在すること、移送を正当化した緊急性が消滅した段階で速やかにハオ島への再送還と原状回復を行うこと、NZの同意を得る誠実な努力がなされたこと、の3つの要件が満たされなければならない (paras.76-79)。

マファール少佐の本土移送については、仏が主張した事情が証明されたならば移送に同意が与えられたであろうことを示す。ハオ島で彼の検診を行うことができなかったことにつきいずれの当事者にも過失や誠意を疑う要素はなく、移送後NZ医師もしばらく詳細な検査の必要性を黙認していたから、緊急移送の違法性は阻却される。したがって、①ハオ島からの同少佐の移送により仏はNZに対する義務に違反していない (2対1)。しかし、仏医師の検査結果およびNZ医師の報告書は88年2月12日以降同少佐の緊急医療事態は消滅し、仏には彼をハオ島に再送還する義務が生じていたことを証明する。彼を仏本土に留め置く医学的正当化事由は存在せず、②仏は同少佐のハオ島再送還を命じなかったことにより2月12日以降NZに対し重大かつ継続的な違反を行った (全員一致) (paras.80-88)。

プリュール大尉の本土移送については、NZとの交渉が順調に進んでいたにもかかわらず、仏は父親の危篤という新たな事情をもち出して、③NZの同意を誠実に求めなかったことにより、ならびに、④一方的に同大尉を本土移送した点で第1交換公文の重大な違反を構成する (いずれも全員一致)。しかも、5月16日以降も医学的証明もなく彼女をパリに留め置いたことは第1交換公文の趣旨および目的の実現に不可欠の規定の重大かつ継続的な違反である。したがって、⑤仏は、ハオ島への再送還を命じなかったことによりNZに対する義務の重大で継続的な違反を行った (全員一致) (paras.89-101)。

3 ハオ島への両名の移送は86年7月22日に開始された。第1交換公文に定められた特別の制度は、最低限3年の期間を意図しており、89年7月22日に終了した。したがって、⑥両名をハオ島に留め置く仏の義務は同日に終了した (2対1)。仏は7月22日以前に生じた違反につき継続的に責任を負うが、現在もなお国際義務に違反しているとは言えない (paras.102-106)。

4 仏の違反はNZに新たな非物的損害を発生させた。この損害はNZとその司法・執行当局の威厳を侮辱する心理的、政治的、法的性質の損害であり、NZは妥当な救済を受ける権利を有する。両名のハオ島への再送還を求めるNZの請求は、裁判所に対し原状回復というより違法な不作為の停止を求めたものであるが、この命令を行うためには、違法行為が継続的性質を有し、かつ、違反された規則がなお有効であることが要件となる。とこ

ろが、現時点ではもはや仏は両名をハオ島に隔離する義務を負っていないからNZの請求は認められない。したがって、⑦両名をハオ島へ再送還することの宣言と命令を求めるNZの請求は受け入れることができない（全員一致）(paras.107-114)。次に裁判所は、物的損害が生じていなくとも、重大な心理的、法的損害を内包する国際義務違反には金銭賠償の支払いを命じることができる。しかしNZが金銭賠償を請求しなかったため、裁判所は金銭賠償支払いの命令をしないことを決定した。他方、違反を宣言することによる満足は、とくに国家に対する心理的、法的損害の場合の広義の賠償形態として慣行上確立しており、裁判所は4件の仏の重大な義務違反を宣言し公表する。よって、⑧裁判所の決定により公にされた仏のNZに対する条約義務違反の非難は本件の事情の下ではNZが被った法的、精神的損害に対する妥当な満足を構成する（全員一致）(paras.115-123)。なお以上の決定に照らし、RW号事件の公正で最終的な解決を援助することを意図して、⑨裁判所は両国国民の友好関係を促進する基金を設定し、仏が200万米ドルに等しい額を基金に拠出することを勧告する（全員一致）(paras.124-128)。

【論点】1　事件Aで両国は、国連事務総長の衡平で原則的な(equitable and principled)裁定(ruling, règlement)を要請し、かつこの裁定が拘束力をもつ(binding)ことに合意した。本件は多分に政治性を帯びた紛争であり、国連事務総長裁定の法的性質については、仏が仲介(médiation)、NZが仲裁裁判(arbitration)とする性格づけを行っていたこともあって、学者の間でも、義務的仲介とする見解、政治的仲裁裁判とみる見解、従来の分類に該当しない本件に特殊の解決形態だとする見解など、意見が分かれる。国連事務総長の裁定は、国際法を厳格に適用して各争点に判定を下したというより、事務総長が両国の立場を尊重しその調和をはかるための友誼的解決案を提示したものとみられている。もっとも当事国の合意があれば衡平と善に基づく仲裁裁判は可能であり、両当事国が裁定に予め法的拘束力を付与していた点を重視する見解は、本件裁定を仲裁裁判の範疇に含める方が合理的だとみる。

2　事件Bにおいて、NZは、条約義務の不履行を正当化できるのは条約終了または運用停止の原因がある場合に限られると主張し（本件の場合、後発的履行不能）、他方仏は、条約義務の不履行は国家責任上の違法性阻却理由が援用される場合には、違法性を阻却されると主張した。仲裁裁判所は、重大な義務違反が存在するか否かの認定や条約終了の法的効果などについては条約法の規則が関係するが、国際法では不法行為責任と契約責任は区別されておらず、条約義務違反の場合にも違法性阻却事由や違反の法的効果は国家責任法により解決されると判示した。同種の問題は、ガブチコボ・ナジマロシュ計画事件〔⇒112〕でも重要な論点となった。

3　仲裁裁判判決は、本件のマファール少佐の移送につきILC国家責任条文草案（第1読案

段階)の違法性阻却事由の内、遭難が適用されるとした。違法性阻却事由の適用を認めた数少ない判例である。もっとも判決は、遭難が慣習国際法上の違法性阻却事由として確立しているかどうか、慣習法上の遭難の内容は何かにつき、十分説明しているとは言えず、ILC条文草案を現行法のように扱ったことには批判もある。またキース裁判官は、同少佐移送時に身体を脅かす極度の遭難状況があったとする点には同意できないとした。

4 判決は、マファール少佐の緊急医療事態の消滅後の仏滞在および父親死亡後のプリュール大尉の仏滞在をともに第1交換公文上の義務に対する重大で継続的な違反と認定した。交換公文は、両名をハオ島に最低3年間(for a period not less than three years)移すことを定めていた。そこで、NZは右義務は最低3年間両名をハオ島に隔離する義務を意味するところ、両名の仏本土移送により右義務の履行が妨げられたのであるから仏には原状回復として両名をハオ島に再送還する義務があると主張し、キース裁判官もこれを支持した。しかし、裁判所多数意見は仏の主張を支持して、交換公文に基づく仏の隔離義務は、両名がハオ島に移された1986年7月22日に始まり3年経過後の1989年7月22日に終了したと解釈し、かつ、NZの請求は原状回復というより継続する違法行為の停止を求めたものだと性格づけた上で、違法行為の停止は義務存続期間を越えて命令できないと判示した。判決の交換公文の解釈の仕方および請求の性格づけについては学者の中にも批判的意見がある。

5 両名の再送還の請求をしりぞけた裁判所は、NZが本件で被った精神的・法的被害に対する最適の賠償形態は、裁判所による仏の国際義務違反の宣言だとみなしたが、同時に物的損害を伴わない精神的・法的損害についても裁判所は金銭賠償を命じる権限を有するという見解をとった。ただし、本件ではNZの請求がないことを考慮して金銭賠償は命令しなかった。ところが裁判所は、事件の最終的解決のため、付託合意では授権されていなかった基金創設および仏による資金提供勧告を行った。判決は、勧告の根拠としてNZが提案し仏が反対しなかったこと、以前にも例があることを挙げるが、この機能については議論のあるところである。

【参考文献】
香西茂『百選Ⅰ』、同「レインボウ・ウォーリア号事件と国連事務総長の裁定」『法学論叢』125巻1号(1989)、湯山智之『百選Ⅱ』、同『基本判例50Ⅰ』、松隈潤『百選Ⅱ』、長谷川正国「レインボウ・ウォーリア号事件の解決」『福岡大学法学論叢』34巻1号(1989)、同「レインボウ・ウォーリア号事件再論」『福岡大学法学論叢』36巻1-3合併号(1991)、坂元茂樹『条約法の理論と実践』第5部(2004)。

(薬師寺　公夫)

第3節　国家責任の解除

118　ホルジョウ工場事件（Affaire relative à l'Usine de Charzów）

当　事　国	ドイツ v. ポーランド
裁　判　所	常設国際司法裁判所
判　　　決	(a) 管轄権　1927年7月26日
	(b) 本　案　1928年9月13日
出　　　典	(a) PCIJ Ser.A, No.9
	(b) PCIJ Ser.A, No.17

【事実】　第1次世界大戦を終結させたヴェルサイユ条約に基づく住民投票によって、上部シレジア地方の一部はドイツからポーランドへ割譲され、割譲に伴う諸問題を処理するため1922年5月15日両国間でジュネーヴ条約が結ばれた。ジュネーヴ条約第6条には、同条約にとくに定める場合を除くほか、ポーランドはその地域に所在するドイツ人またはドイツ人の支配する会社の財産・権利・利益を収用できない、と規定されていた。ところが、これより先の1920年7月、ポーランドは国内法を制定して地域内に所在するドイツの国有財産を国庫に帰属させることを定め、1922年7月にはホルジョウ窒素工場を収用し、国庫に帰属させる措置をとった。

　ポーランドがホルジョウ窒素工場をドイツの国有財産として収用した背景には、次のような事情があった。すなわち1915年3月、ドイツとバワリア（＝バイエルン）窒素会社との間で結ばれた契約により、後者はホルジョウに窒素工場を建設してその経営にあたり、前者は建設のための土地を購入するとともに工場と付帯設備の所有者となったのである。もっとも、1919年12月ベルリンで上部シレジア窒素会社が設立され、ホルジョウ窒素工場と付帯設備および土地に関する一切の権利はドイツから新会社に譲渡された。ただし工場の経営は、引き続きバワリア窒素会社が担当した。そこでドイツは上部シレジア窒素会社はドイツ人の支配する会社であって、その財産たるホルジョウ窒素工場を収用する措置はジュネーヴ条約に違反すると主張し、同条約第23条の規定に基づいて1925年5月15日この事件を常設国際司法裁判所へ提訴した。

　ポーランドは裁判所の管轄権を争ったが、裁判所は同年8月25日の判決（判決番号第6。以下、第6判決と表記）でこれをしりぞけて本案の審理へ進み、翌26年5月25日の判決（第7判決）でドイツの主張を認めた〔⇒105〕。

　その結果、ジュネーヴ条約の違反から生じた損害の賠償をめぐって両国間で交渉が進められた。だが交渉はまとまらず、ドイツは1927年2月8日、再度ジュネーヴ条約に基づいて賠償の支払を求める請求を常設国際司法裁判所へ提起した。裁判所は同年7月26日の判決（第8判決）でポーランドの抗弁を排して自らの管轄権を確認し、さらに翌28年9月13日の

本案判決(第13判決)でドイツの請求をおおむね認めた。この管轄権判決と本案判決については、項目を改めて検討する。

なお、この間、裁判所は1927年11月21日の命令で、3,000万マルクの支払を求めたドイツの仮保全措置命令の請求を棄却し、また同年12月16日の判決(第11判決)で「第7判決、第8判決の解釈」を求めたポーランドの請求に対し、「それらの判決は、ドイツから上部シレジア窒素会社へのホルジョウ窒素工場の譲渡を無効と宣言する判決を求める権利をポーランドに留保するものではない」と判示している。ついでながら第13判決が出されてのち、裁判所の命令により損害額を算定すべき専門家委員会が調査を開始したが、1928年11月12日ポーランドと上部シレジア窒素会社の間で紛争解決に関する協定が結ばれ、それに基づくポーランド=ドイツ間の同月27日付交換覚書により係争中の事件を取り下げる合意が成立した。裁判所はそれを受けて、1929日5月25日の命令で訴訟の終了を宣言した。

【判決要旨】(a)　ドイツの提訴に対しポーランドは、①ジュネーヴ条約第23条は同条約第6～22条の「解釈と適用から生じる意見の相違〔=紛争〕」につき常設国際司法裁判所の管轄権を認めているが、ここにいう紛争は「当該条項の違反に対する賠償に関わる紛争」を含まない、②仮に前者が後者を含むとしても、私人の権利侵害に関する請求についてジュネーヴ条約は特別裁判所を設けているから、当事者はそこへ提訴すべきである、との2つの理由を挙げて、常設国際司法裁判所の管轄権を争った(p.20)。

1　①については、すでに第6判決と第7判決で判示したように、第6～22条の解釈と適用から生じる紛争は「特定の規定の適用が適正であったか否かに関する紛争のみならず、…当該規定に違反する状況をもたらす作為または不作為にかかわる紛争をも含む。国際法の一般原則によれば、約束の違反は適切な形態の賠償をなすべき義務をもたらす。したがって、賠償は条約違反の必然的な結果であり、〔賠償について〕条約自体に明示の規定が置かれる必要はない。条約違反に対する賠償に関わる紛争は、それゆえ、条約の適用に関わる紛争である」。したがって、ポーランドの抗弁をしりぞける(pp.20-21)。さらに、国際連盟規約第13条および常設国際司法裁判所規程第36条の規定には「条約ノ解釈」、「〔条約〕違反ニ対スル賠償ノ範囲及性質」と並んで、より重要な「国際義務ノ違反ト為ル事実ノ存否」に対する裁判所の管轄権が規定されている。すでに第6判決と第7判決において、ジュネーヴ条約第6～22条の違反の存否を決定するために管轄権を行使した以上、それより重要でない「違反ニ対スル賠償ノ範囲及性質」に対する管轄権を否定することはできない(p.23)。

2　②については、ポーランドのいう特別裁判所としては、上部シレジア仲裁裁判所とドイツ=ポーランド混合仲裁裁判所が挙げられる(p.26)。しかし上部シレジア仲裁裁判所は、ジュネーヴ条約第2章の規定する事項に関する裁判所であって、第3章に含まれる第6

条の規定する事項に関する裁判所ではない(p.28)。またドイツ＝ポーランド混合仲裁裁判所は、同条約第22条の規定する「正規の収用」を取り扱う裁判所であって、本件のような同条約に違反する収用を取り扱うべき裁判所ではない(p.29)。常設国際司法裁判所が第7判決で判示したように、ジュネーヴ条約第3章に規定する根本原則の1つは、所有者に事前に告知しかつ権限ある裁判所で陳述の機会を与えることなく、収用手続をとってはならない、というものである。しかるに1920年7月のポーランドの国内法のもとでホルジョウ窒素工場を収用した際に、この手続はとられなかった。このように自らジュネーヴ条約に違反することにより、上部シレジア窒素会社が同条約に規定する手続をとることを妨げたポーランドは、当該会社が同条約に規定する手続をとらないという事実を、援用することはできない(pp.30-31)。

　(b)　ドイツは上部シレジア窒素会社について6,005万6,000マルク、バワリア窒素会社についてについて2,017万9,000マルクなどの具体的な賠償額および支払方法を提示したほか、ポーランドが硝酸アンモニアを一定期間ドイツ、米国、フランス、イタリアに輸出しないこと、また上部シレジアにおける社会保険を根拠としてドイツの賠償に関する相殺を主張しえないこと、を裁判所が認めるように請求した(pp.12-13)。これに対してポーランドは、賠償の額と支払方法に関するドイツの請求を棄却すること、ドイツ(政府)の保有する上部シレジア窒素会社の株式をポーランドに引き渡すこと、相殺に関するドイツの請求を認めないこと、などを裁判所に請求した(pp.15-16)。双方の請求に対する判決要旨は、以下の4点に整理することができる。

　1　まずポーランドは、当初ドイツが私人たる2つの窒素会社に対する賠償を請求しておきながら、ジュネーヴ条約の違反によりドイツ自身がこうむった損害の賠償を請求することは、紛争の対象を変更するものである、と指摘した(pp.25-26)。しかし、ドイツの請求は第7判決に基づいており、ジュネーヴ条約に定める義務の不履行によって自らが受けた損害の賠償に関わるものである(pp.26-27)。国際法上の義務不履行に基づく損害賠償の請求が、国際法に違反する行為によって自国民のこうむった損害に対する賠償請求の形態をとることは、しばしばみられる現象であって、この事件でドイツはその形態を選んだ。だが、そのことによって、請求が1国家から他の国家に向けられたものであるという性格は変更しない。この場合、「私人のこうむった損害は、…国家の受けた損害と同種のものではない。私人のこうむった損害は、国家が受け取るべき賠償を算定するための便宜的な基準を提供するに過ぎないのであ」り、ドイツが請求の対象を変更したわけではない(pp.27-28)。

　2　次に、ホルジョウ工場の収用によって上部シレジア窒素会社がこうむった損害額を決定すべき原則について、検討する(p.46)。ポーランドが当該会社を収用する権利をもっていたならば、賠償額は収用時における会社の資産額プラス賠償支払日までの利息に限定

されるであろう。しかしながら第7判決によれば、ホルジョウ工場の収用はジュネーヴ条約に違反する「違法な収用」であるので、この原則は適用されない。国際慣行や仲裁裁判先例によれば、「違法行為に対する賠償は、当該行為のあらゆる結果をできるかぎり拭い去り、その行為がなかったならば存在したであろう状態を回復すべきである。したがって原状回復、それが不可能であれば、原状回復に相当する価値に見合う金額の支払、そして必要であれば、原状回復やそれに代わる金額の支払によっては補填されない損害の補償—それが、国際法に違反する行為に対する賠償額を決定すべき原則である」(p.47)。

3 ただし、ホルジョウ窒素工場の収用により上部シレジア窒素会社とバワリア窒素会社とが被った損害について、ドイツは個別に算定し請求を提出しているが、第6判決で指摘された通り、同工場に対する両会社の利益は相互に依存しかつ補完し合っている。したがって、それを勘案した金額の一括払いが適切である(pp.48-49)。もっとも、賠償額に関して両当事国の提出した証拠は必ずしも満足できないので、専門家を任命しかつその調査を待って、具体的な金額および支払方法を決定することとする(pp.49, 51)。

4 なお、硝酸アンモニアの輸出停止に関するドイツの請求と、上部シレジア窒素会社の株式引渡に関するポーランドの請求は、いずれも十分な理由がないので、これを棄却する。また、いわゆる相殺に関するドイツの請求については、裁判所がこの問題について決定することはジュネーヴ条約の下で求められていない。

【論点】 この判決は、国際法上重要ないくつかの原則を指摘しているが、ここでは以下の5点を検討しておこう。

1 まず管轄権判決は、第6、第7の両判決を前提として、「約束の違反は、その違反から生じた損害に対する賠償義務をもたらす」という一般原則を述べている。そして、条約自体にこの義務が明記されていない場合にも、条約違反は賠償義務をもたらすので、条約義務の違反に関する当事国間の紛争は、当然、義務違反から生じる賠償に関する紛争をも含む、と結論している点が注目されるべきである。

2 管轄権判決はまた、ポーランド自身がジュネーヴ条約の規定に違反して、上部シレジア窒素会社のホルジョウ工場を収用しておきながら、当該会社が同条約に規定する混合仲裁裁判所へ提訴しなかった事実(この裁判所は「正規の」つまり「違法でない」収用を取り扱う権限をもつ)を援用することは許されない、と判示した。より一般的に言うと、相手方の条約義務履行を妨げた当事国は、その不履行を相手方に対して援用することはできないことになる。

3 本案判決は、条約違反により、一方で私人が被った損害と他方で国家が受けた損害の関係に触れ、前者は後者を算定するための便宜的な基準を提供するのみであって、両者

は別個のものである、と論じている。たしかにこの伝統的な議論は今日でも、外交的保護制度の説明に用いられる。しかし、人権保障や投資保護の分野で個人が外国を直接に国際法廷へ提訴できるシステムが広がりつつある現状を考慮して、この議論を再吟味する必要はないだろうか。

　4　さらに本案判決は、損害の賠償額を決定する原則について、合法な収用の場合には収用時の資産の価格プラス支払日までの利息でよいが、違法な収用の場合には原状回復かそれに見合う金額の支払、プラスそれでカヴァーされない損害を挙げた。この原則の考え方は基本的には適切であろう。ただし、第2次大戦後の新独立国による外国人資産の国有化にみられるように、この原則を具体的な事例に適用する際には、収用の規模や社会的・歴史的な背景、収用国の財政的能力など、種々の関連事情を考慮に入れることが肝要である。

　5　4に関連して、本案判決が損害額の「一括払い」を提示したことは興味深い。外人資産の大規模な国有化の場合、この方法が選ばれることが少なくないからである。もっとも、損害額の規模や収用国の財政的能力などを勘案すれば、長期にわたる分割払が現実的な場合も考えられよう。

【参考文献】
『横田判例Ⅰ』、東寿太郎『百選Ⅰ』、兼原敦子『百選Ⅱ』、加藤信行「自国民の対外紛争」『紛争解決の国際法（小田古稀）』（三省堂、1997）、川﨑恭治『国際関係法辞典第2版』（三省堂、2005）。

　　　　　　　　　　　　　　　　　　　　　　　（安藤　仁介・薬師寺　公夫）

119　アヴェナ等メキシコ国民事件((a)Avena and Other Mexican Nationals, (b) Request for Interpretation of the Judgement of 31 March 2004 in the Case concerning Avena and Other Mexican Nationals)

当　事　国　メキシコ v. アメリカ合衆国
裁　判　所　国際司法裁判所
命令・判決　(a) 仮保全措置命令 2003年2月5日　(b) 判決 2004年3月31日
　　　　　　(c) 解釈請求仮保全措置命令 2008年7月16日　(d) 解釈請求判決2009年1月19日
出　　　典　(a) ICJ(2003)77　(b) ICJ(2004)12　(c) ICJ(2008)311　(d) ICJ(2009)3

【事実】　米国の各州における総勢54名(後に申立を52名へ変更)のメキシコ人死刑囚について、米国による領事関係に関するウィーン条約第36条の違反が問題となった事件である。2003年1月9日にメキシコが提訴した。

　メキシコは口頭弁論において大要次のような宣言を裁判所に求めた。米国は、逮捕後遅滞なく領事通報・面接の権利を当該メキシコ人に告知することを怠り、領事保護に関するメキシコと当該個人の権利を奪ったことにより、領事関係条約第36条1項上の義務に違反した。また、彼らに対する有罪判決・刑の宣告についての実効的な審査および再検討を行わず、恩赦による減刑で代替し、「手続的懈怠」理論などを適用して第36条1項違反を無視していることにより、第36条2項の義務の違反がある。以上の義務違反により、メキシコは原状回復により完全な賠償を得る権利を有する。この原状回復は、当該死刑囚への判決の無効化や、第36条違反が後の手続に影響を与えないために必要なすべての措置をとる義務を含む。判決が無効化されない場合には、米国は、自ら選択する手段により、それらの判決の実効的な審査および再検討を行う。米国は、第36条違反を停止し、36条遵守確保のために十分な措置をとることの適切な保証を与えなければならない。なお、メキシコは提訴と同時に、死刑執行猶予を命じる仮保全措置命令を申請した。

　命令(a)・判決(b)ともに、メキシコの主張の多くを認めた。しかし、米国は連邦制であるゆえに、州によっては判決(b)の実施が進まなかった。そこでメキシコは、ICJ規程第60条に基づいて判決(b)の解釈を要請し、同時に、死刑執行日が迫っていたメデジン氏を含む5名が判決解釈手続中は執行されないために必要な措置をとるよう米国に指示する仮保全措置を要請した(2008年6月5日)。裁判所は同年7月16日に仮保全措置命令(c)、2009年1月19日に判決(d)を出した。

【命令・判決要旨】(a)　米国は、3名について、本手続における終局判決までに刑を執行されないことを確保するために、必要なすべての措置をとらなければならない。

　(b)1　本件の管轄権は、領事関係条約選択議定書に基づく。米国は、管轄権への抗弁として、米国の刑事司法制度についての審理は管轄権の濫用であることや、メキシコの請求

は米国の裁判所の独立性を害することなどを主張しているが、裁判所がどこまで踏み込むかは本案の問題であり、管轄権の妨げにならない (paras.27-35)。受理可能性への抗弁として、米国は本裁判所が国内刑事裁判の上訴審になってしまっていると主張するが、これも本案での救済内容の判断次第である。また、米国は国内救済の未完了も主張する。本件は、個人の権利侵害により、領事派遣国の権利の侵害が引き起こされ、また派遣国の権利侵害から個人の権利侵害が引き起こされうる点で、国家の権利と個人の権利の相互依存という特殊状況である。メキシコは、自身の名での申立の形で、直接的にかつ第36条1項(b)上の個人の権利の侵害を通して被った自身の権利侵害についての判断を裁判所に求めることができる。国内救済完了義務は、このような請求には適用されない (paras.36-47)。

2 次に、本案の検討に移る。第36条1項(b)違反認定のためには、第1に当該個人の国籍がメキシコのみであったこと、第2に「遅滞なく」の意味が問題となる (para.52)。前者については、メキシコが提出した証拠に対して米国は反証していない。次に後者の問題を検討する。第36条1項(b)は、①個人の権利 (本条項の権利について遅滞なく告知)、②領事機関の権利 (当該個人の要請があればその拘禁について遅滞なく通報)、③接受国の義務 (当該個人から領事機関への通信を遅滞なく送付) の3つの要素からなる (para.61)が、本件では3番目の要素は問題にならない。そこで、第1の個人の権利から検討を始める。「遅滞なく」の文言により、外国人とわかり次第または、おそらく外国人であると考える根拠があるときにはできるだけ早く情報を知らせる義務が課せられる。本件事実に照らせば、51名に対して米国はこの義務を果たさず、個人の権利を侵害している。第2に、領事機関の権利については、49名のケースで侵害がある (paras.91-97)。

さらに、第1項(b)の違反により、第1項(a) (領事官に通信面接を許す義務)と第1項(c) (領事官の訪問権)の違反が生ずる。一部の死刑囚を除いて、第1項(c)の弁護人斡旋権も侵害されている (paras.102-105)。

加えて、メキシコは、有罪判決・刑の宣告についての実効的な審査および再検討が行われていないことにより、第36条2項の義務の違反を主張する。この点、3名については、有罪判決・刑の宣告が終局的であり、第36条2項の違反がある (paras.107-114)。

3 次に、上記の違反の法的結果の検討に移る。ホルジョウ工場事件本案判決〔⇒118〕によれば、「賠償は、違法行為の全ての結果を拭い去り、もしその行為がなかったとしたならば存在したであろう状態を回復するものでなければならない」。この点、ラグラン事件判決〔⇒148〕で本裁判所は、陳謝だけでは不十分とし、手段選択は米国に留保しつつも第36条違反を考慮して死刑囚への判決を審査および再検討する義務を判示した。本件でも同様の義務が生ずる。本件の争点は、第36条違反についてであって、判決の是正自体ではない。第36条違反が究極的に有罪判決および厳しい刑罰に繋がったか否かの問題は、

米国の裁判所における刑事手続と不可分であり、米国の裁判所こそが、条約上の権利侵害を考慮しつつ、判断すべきである。従って、メキシコが主張するように、判決の無効が唯一の救済だと考えるべきでない。メキシコは逮捕状事件判決〔⇒104〕(逮捕状の取消を要求)を援用するが、本件は逮捕状事件とは異なる。なぜなら、逮捕状事件では、逮捕状による国際法違反自体が紛争主題だったので、逮捕状の取消が適切な法的結果だったが、本件では、判決自体が国際法違反というわけではないからである。同様の理由により、領事通報前に得られた自白証拠の不採用の申立も斥けられる。この問題は審査の過程で、米国の裁判所で検討されるべきである。この過程においては、領事関係条約上の権利侵害が完全に重視されることが重要で、司法手続こそが適しており、恩赦による減刑では不十分である(paras.115-143)。

違法行為の停止の申立については、当該死刑囚に対する第36条の継続的違反が証明されていないので、斥けられる。再発防止の保証の申立については、米国の第36条遵守の約束がその申立に応えているとみなされるべきである(paras.144-152)。

(c) 米国は、メデジン氏〔⇒7〕ら5名のメキシコ国民が2004年判決に従って審査および再検討を受けない限り、5名が解釈請求判決まで死刑執行されないことを確保するために必要なすべての措置をとるものとする(para. 80)。

(d) メキシコの主張は、2004年判決の「意義又は範囲」ではなく、当事国の国内法秩序における判決の効果という一般的問題に関わるので、ICJ規程第60条で裁判所に与えられる管轄権の外である。したがって、メキシコの解釈請求を受け入れられない(paras. 45-46)。しかし、メデジン氏の死刑執行により、米国は2008年の仮保全措置命令の義務に違反した(para. 53)。

【論点】 特に判決(b)について以下論ずる。

1 国家権利の侵害と私人の利益・権利の侵害がお互いの原因になりあっている場合への国内救済完了規則の適用・不適用の基準に関して、裁判所は詳しく議論することなく、本規則の適用を排除した。この判断に対しては、複数の裁判官が異論を唱えた。判決後の2006年にILCが作成した外交的保護条文第14条3項は、私人の損害が請求の優越的な基礎の場合に本規則が適用されると規定した。

2 領事関係条約第36条1項(b)は個人の権利も含むとする一方で、人権(1999年米州人権裁判所勧告的意見参照)か否かの判断は避けられた。これらは、ラグラン事件判決を踏襲している。

3 メキシコはILC国家責任条文第35条の原状回復の定義(「違法行為前に存在したであろう状態の回復」)を最大限利用し、領事関係条約第36条違反以前の状態への回復、すなわち死

刑判決の無効化などまで求めた。それに対して裁判所は、原状回復か否かのカテゴリー分けに必ずしも執着することなく、ホルジョウ工場事件本案判決で判示された一般原則に立ち戻って、第36条違反に起因する損害のみを取り除くことを目指した。そこで第36条違反を考慮した上での審査を米国に命じるにとどまり、その実現が確保される限りでの手段選択の自由を認めた(但し、恩赦による減刑では不十分)。第36条違反の結果の除去と米国の刑事司法制度への配慮という2つの要請のバランスをとる結果になっている。

4 違法行為の停止義務の申立は、継続的違反が証明されていないとして斥けられた。再発防止の保証義務の申立については、ラグラン事件判決を参照して、米国の第36条履行努力表明により満たされているとされた。

【参考文献】
松田幹夫『判決・意見Ⅲ』、松田幹夫『判決・意見Ⅳ』、小林友彦「メデイン事件」『百選Ⅱ』、山田卓平「国際違法行為の法的効果」浅田正彦他編『国際裁判と現代国際法の展開』(三省堂、2014)。

(山田　卓平)

120 ディアロ事件（Affaire Ahmadou Sadio Diallo）

当 事 国　ギニア共和国v. コンゴ民主共和国
裁 判 所　国際司法裁判所
判　　決　(a)先決的抗弁判決　2007年5月24日　(b)本案判決　2010年11月30日
　　　　　(c)賠償判決　2012年6月19日
出　　典　(a)ICJ (2007) 582　(b)ICJ (2010) 635　(c)ICJ (2012) 324

【事実】　ディアロ氏（ギニア共和国国籍、以下D氏）は、1964年に現コンゴ民主共和国（前ザイール）に移住し、1974年に有限責任会社アフリコム・ザイール社（設立準拠法ザイール法、以下A1社）を、また1979年には有限責任会社アフリコンテネール・ザイール社（設立準拠法ザイール法、以下A2社）を設立し、業務執行者（gérant）となった（A2社は1980年に共同出資者が撤退し、組合持分はA1社60％、D氏40％となった）。1980年代末に上記2社は取引相手（ザイール国やその公社を含む）と関係が悪化し、債権回収のために法その他の措置に訴えたが、本件訴訟時点でも紛争の多くは未解決であった。D氏は、1988年から1989年にかけて逮捕・拘禁されたが不起訴・釈放になった。ところが、1995年10月、ザイール首相はD氏が同国の公序及び経済秩序等を侵害したとして国外追放を命じた。同年11月5日D氏は、追放のため逮捕・拘禁され、一時釈放されたが再逮捕され1996年1月31日にギニア共和国（以下、ギニア）に向け追放された。キンシャサ空港で作成された文書には、「入国拒否」と記載された。1998年12月、ギニアは、選択条項受諾宣言を根拠にコンゴ民主共和国（以下、コンゴ）をICJに提訴し、①D氏の恣意的逮捕と追放、領事関係条約上の権利の侵害、屈辱的及び品位を傷つける取扱い、D氏の設立会社の経営権等の剥奪、コンゴその他の負債者に対する債権回収業務の妨害などの国際違法行為により、コンゴはギニアに責任を負うこと、②コンゴはD氏が被った侵害又はそれによりギニアが被った侵害に対し完全賠償する義務を負い、賠償は金銭賠償の形態をとること、などを求めた。これに対しコンゴはまず、①ギニアが保護しようとする権利はD氏ではなく2社に属すからギニアは当事者資格がない、②国内的救済手段が尽くされていない、という先決的抗弁を提起して請求の受理可能性を争った。

【判決要旨】(a)　先決的抗弁判決

1　D氏の個人の権利（逮捕・拘禁、追放）に係る請求。個人の権利に関する国際法の発展により、外交的保護の事項的範囲は、外国人の待遇だけでなく国際人権保護にも拡大された (para.39)。国内的救済完了の原則は確立した慣習国際法規則であり、コンゴはD氏の追放については国内的救済が尽くされていないと主張するが、同国国内法は「入国拒否」は訴訟の対象とならないと定めているほか、追放につき利用できる効果的救済手段をコンゴは

示すことができなかった(para.42-47)。

　2　D氏の出資者としての直接の権利に係る請求。本件は、資本が株式で代表される公開の有限会社に関係したバルセロナ・トラクション事件(以下、BT事件)〔⇒125〕と異なり、資本が組合持分(parts sociales)で構成される有限責任会社に関係するが、国際法上の問題は、2社がその構成員とは独立した法人格をもつか否かにある。コンゴ法は、有限責任会社に独立の法人格を与え、出資者(associé)の財産を会社の財産から完全に分離し、出資者は出資の範囲内でのみ責任を負うから、会社が存続する限り出資者は法人財産に対して権利を有しない。出資者に対して国際違法行為となるのは、コンゴが同国法に定める出資者の直接の権利(Direct rights)を侵害する場合である(paras.60-64)。ギニアは、D氏の出資者及び業務執行者としての直接の権利に対する違法行為が訴訟の主題となる場合には、本件の当事者資格を有し(para.65-67)、この権利侵害はD氏の退去強制に由来するから効果的救済がないことは前述のとおりである(para.74-75)。

　3　2社の会社の権利に対する代替請求。BT事件以降、ICJは、国際法上会社の外交的保護権は会社の国籍国にあるという一般原則の例外について判断する機会をもたなかった。代替保護論は、会社に対する違法行為が会社の国籍国により行われたときには、投資保護条約等の救済手段を利用できない場合に、最後の手段として会社の保護を株主の本国に認めるが、国家実行及び国際裁判所の決定を見る限り、代替保護を例外的に認める慣習国際法があるとはいえない(paras.87-89)。他方、ILC外交的保護条文11条(b)項に定める限定的な代替保護(違法行為国での会社設立が事業を行う前提条件として課された場合にのみ代替を認める)が慣習国際法規則となっているかという別個の問題はあるが、本件では2社は、コンゴ法人の取得を同国で事業を行なう条件として課された証明がない(paras.91-92)。

よって、①D氏個人の権利の保護に係る請求は受理でき(全員一致)、②D氏の2社の出資者としての直接の権利の保護に係る請求も受理できる(14対1)が、③2社の会社の権利の侵害に係るD氏の保護に係る請求は受理できない(14対1)(para.98)。

　(b)　本案判決

　1　D氏の個人の権利の保護。

　①1988年から1989年までのD氏の逮捕・拘禁に係る請求。本請求は、先決的抗弁判決後になされ、申述書と無関係の請求だから受理できない(8対6)(para.32, 42-45, 165)。

　②1995年から1996年までのD氏の逮捕・拘禁及び追放措置に係る請求。(i)退去強制が自由権規約(以下、規約)13条及びアフリカ人権憲章(以下、憲章)12条4項の義務と両立するには、法律に基づいて決定されること以外に、関係国内法が両条約の他の要件に適合し、かつ、恣意的でないことが必要である。この解釈は、自由権規約委員会の先例に裏付けられる。ICJは、規約の解釈について自由権規約委員会の解釈を模範にすることを義務づけ

られていないが、条約の適用を監督するために特設された独立機関が採用した解釈に重みを与えるべきであり、地域的人権条約の適用についても条約設置機関の採用した解釈に適正な考慮を払わなければならない(paras.65-67)。本件追放は、1983年立法令に定める出入国管理委員会への事前の諮問なしに決定され、また法令の定めに反してD氏のどの活動が公序を脅かすかを具体的に示さなかった点で、「法律に基づいて」決定されてはおらず、D氏に「やむを得ない理由」を示すことなく防御の機会も与えなかった点で、規約13条及び憲章12条4項に違反した(paras.73-74, 165. 全員一致)。(ii)コンゴ国内法令が追放の執行を逃れようとする者については48時間を超えて拘禁を延長できるが最長8日を超えてはならないと定めているにも拘わらず、D氏が追放の執行を逃れようとしたか否か、拘禁の必要があったか否かを48時間ごとに審査することなく長期の拘禁をした点で、D氏の逮捕・拘禁は法律で定める理由及び手続によっていない(paras.77-79)。コンゴは追放の理由を提示できておらず、D氏が債権回収に努めていた事実を無視できない事情の下では追放のための逮捕・拘禁は恣意的であった上、逮捕・再逮捕時に規約9条2項の告知要件が守られなかった(paras.82,84)。よって、コンゴは規約9条1項及び2項、憲章6条に違反した(para.165.全員一致)。

③領事関係条約36条1項(b)の違反。領事の支援を求める権利を告知する責任は逮捕当局にあるところ、口頭で告知したとのコンゴのあまりにも遅い回答は信用できず、コンゴには同条項の違反があった(paras.91, 95-97, 165. 13対1)。

2 D氏の出資者としての直接の権利の保護。A1社とA2社はザイール(コンゴ)法に基づく有限責任会社であり、A1社はD氏が唯一の出資者となった後も法人格を維持した(paras.99, 108)。コンゴ法上、会社の解散は総会のみが決定できるが、このための総会が開かれた形跡はなく、D氏は業務執行者及び出資者として完全に2社を支配しているところ、会社は別個の法人格を有するので、D氏が出資者として有する直接の権利についてのみ審理する(paras.113-114)。

①コンゴ法は同国領域内での総会開催を義務づけるが、出資者は代理人や書面等によって投票権を行使できるので、コンゴは、D氏の退去強制によって彼が自ら総会に出席し投票することを妨げたが、この妨害は総会に出席し投票する権利の剥奪にはあたらない(paras.121-123,126)。

②(i)業務執行者の任命は会社の責任で出資者の権利ではなく、(ii)同被任命権については、D氏は現在も業務執行者の地位にあるから権利侵害はなく、(iii)業務執行者は代理人に業務執行を委任することができ、A2社では実際に代理人が行動しているから、業務執行者の任務行使の権利を侵害したとはいえず、(iv)業務執行者を罷免されない権利については、罷免のための総会が開かれておらず、D氏が法的には2社の業務執行者にとどまっており、しかもこの権利は業務執行者の権利である限度で会社の権利であるから、請求は

認められない(paras.132-139)。

③経営の監督・監視権については、仮にD氏に監査人の資格があり、彼の拘禁と追放が経営の監督・監視を困難にしたとしても、業務執行者の監督・監視権を妨げたとまではいえない(paras.147-148)。

④出資者1人の有限責任会社の場合も会社は株主とは別個の人格をもつという原則が妥当する。会社の権利・資産・負債は出資者のそれとは区別され、組合持分は出資者が合有し会社の資本を表示するが会社の資本とは区別され、持分所有者に配当に対する権利又は会社清算時に支払われる金銭を受け取る権利等を付与する。しかし配当又は会社清算の手続がとられた事実はなく、D氏の2社の組合持分に対する権利の侵害は認められない(paras.155-158)。結局2社の出資者としての直接の権利の侵害はなかった(para.165.9対5)。

3　賠償　本件の事情特に人権侵害の基本的性質及びギニアの金銭賠償請求に照らし、D氏が被った侵害に関するギニアへの賠償は金銭賠償の形態である(para.161)。判決日より6箇月以内に合意のない場合には、金銭賠償問題はICJにより決定される(para.165.全員一致)

(c)　賠償判決

①非物的侵害については、コンゴの違法行為がD氏に相当の心理的苦痛及び評判の損失をもたらしたと結論することが合理的である(para.21)。非物的侵害に対する補償額は衡平の考慮に基づくところ、85000米ドルが適当な補償額と考える(paras.24-25, 61. 15対1)。

②物的侵害につき、ギニアはリストアップしたD氏の個人財産につき損失の程度、違法行為との因果関係、財産価値を証明しておらず、コンゴでの処分も考慮すれば衡平に基づく補償額裁定が適切であり、賠償額は10000米ドルである(paras.31-33, 61.15対1)。

それ以外の請求は認められない。D氏に外交的保護を行使したギニアに対する裁定額は、D氏が被った侵害に対する賠償の提供を意図したものである(para.57)。

【論点】1　本件は、もともと、ギニア国籍のD氏がザイール(現コンゴ)で同国法に基づき設立した有限責任会社の財産及び出資者であるD氏の財産がコンゴの国際違法行為(恣意的なD氏の逮捕・拘禁、追放)によって損害を被ったことを理由に、ギニアが外交的保護権を行使した事件である。A1社とA2社は、バルセロナ・トラクション事件のBT社とは異なり株式会社ではなく、一種の組合形式の有限責任会社で、D氏が実質上、単独の出資者であり業務執行者であった。しかし、ICJ(先決的抗弁判決)は、BT事件判決を踏襲して、有限責任会社の財産及び損害と出資者のそれは区別され、会社が受けた損害に対する外交的保護権は、会社の国籍国にあるという原則を適用した。この点BT事件判決は、会社の国籍国が国際違法行為国である場合には法人のヴェールを剥いで株主の国籍国に外交的保護権を認める可能性を示唆したが、本先決的抗弁判決は、慣習国際法上このような例外は未だ確立して

いないとし、外交的保護条文11条(b)項に定める限定された事情の下での例外が慣習国際法化しているか否かは別個の問題となりうるが、本件では同条項に定める特殊な事情は存在しなかったと判断した(なおマユー判事の宣言参照)。

そこで、ICJは、会社の損害とは区別されるD氏の出資者としての直接の権利が侵害されたか否かを審理し、総会への出席権と投票権、業務執行者への被任命権、経営の監督・監視権、配当及び清算金に対する権利等を出資者の直接の権利と認めたが、ICJ本案判決は、代理人等による権利行使の可能性も含めればD氏の逮捕・拘禁及び追放によってこれらの直接の権利が侵害されたとはいえないという結論を出した。しかし、これには4人の判事の反対意見がある(アル・ハサウネ、ユスフ両判事の共同反対意見、ベヌーナ判事とマユー判事の各反対意見)。

2 本件は、D氏に対する外交的保護権を行使する上で、外国人の取扱いに関する義務違反よりも人権条約の義務違反を援用したという性格が強いが、ICJ本案判決は、上記1とは対照的に、国際人権条約の積極的な解釈・適用を行ない、D氏の人権条約上の個人の権利が侵害されたことを認定した。審理にあたりICJは、自由権規約委員会及びアフリカ人権委員会による条約解釈につき、それらに拘束されることはないが人権条約実施機関の先例に十分な重みを与えるべきだと述べて、人権条約解釈の統一性を維持する姿勢を示した。本件事実は容易に関連人権条約規定の違反を認定しうるものであったが、ICJは恣意性等の解釈について人権条約実施機関の先例と一致する解釈を採用した。さらに賠償判決において、D氏が被った精神的損害の算定に関して衡平に依拠しつつ、各人権条約実施機関の豊富な先例に依拠して賠償額を算定したことは注目に値する。ICJ本案判決及び賠償判決は、D氏個人の人権が侵害されたことを認定したが、ギニアの外交的保護権行使に係る事件であるため、個人の人権が侵害されたことの法的効果については直接言及してはいない(トゥリンダーデ分離意見参照)。しかし、外交的保護権を行使したギニアに対する賠償額の裁定がD氏の被った侵害に対する賠償の提供を意図したものだということにあえて言及することによって、外交的保護条文19条(c)にも配慮したことを暗に窺わせている。この判決部分は、賠償額の個人への移転義務に言及した欧州人権裁判所キプロス対トルコ事件賠償判決にも影響を与えた。

【参考文献】
玉田大『基本判例50Ⅱ』、篠原梓『判決・意見Ⅳ』、同『判決・意見Ⅴ』、広瀬善男『外交的保護と国家責任の国際法』(信山社、2009)、西村弓「国際法における個人の利益保護の多様化と外交的保護」『上智法学論集』49巻3・4号(2006)。

(薬師寺　公夫)

第4節　国際請求の提出と外交的保護

121　外交的保護権の性格
　A　マヴロマチス事件
　　(a) 第1事件(Affaire des concessions Mavrommatis en Palestine)
　　(b) 第2事件(Affaire des concessions Mavrommatis à Jérusalem)
　B　マヴロマチス特許改訂事件(Affaire des concessions Mavrommatis à Jérusalem（Réadaptation）)

　当　事　国　　A・B ギリシャ v. 英国
　裁　判　所　　A・B 常設国際司法裁判所
　判　　　決　　A (a) 1924年8月30日　(b) 1925年3月26日　B 管轄権 1927年10月10日
　出　　　典　　A (a) PCIJ Ser.A, No.2　(b) PCIJ Ser.A, No.5　B PCIJ Ser.A, No.11

【事実】A　ギリシャ人マヴロマチスは、第1次世界大戦が開始された1914年10月29日前から、エルサレムにおける鉄道、電力および水道の各事業に関するコンセッション（特許）をトルコ政府より得ており、ヤッファにおいても同様のコンセッションを1916年1月28日に正式に許可されていた。第1次大戦後、パレスチナは英国の委任統治の下に置かれるとともに、未発効のセーヴル条約に代わるローザンヌ条約第12議定書で同地域における戦前のコンセッションが維持されることになった。マヴロマチスは上記コンセッションの維持とその実施を英国政府に求めていたが、パレスチナ行政庁および英国政府はユダヤ人ルーテンベルグに対してもパレスチナにおけるコンセッションを付与し、その一部がマヴロマチスの権利と競合することが判明した。このためギリシャは、1924年5月13日、パレスチナ委任状第26条に基づき、委任統治受任国である英国を相手に、パレスチナ行政庁および英国政府がマヴロマチスのコンセッションを承認しなかったという同第11条違反の判断と、それにより生じたおよそ23万ポンドの損害について賠償を求める訴訟を常設国際司法裁判所に提起した。これに対して英国は先決的抗弁を提出し、裁判所による管轄権行使には、受任国と他の連盟加盟国との間の紛争であること、交渉によって解決されえない紛争であること、委任状の条項の解釈または適用に関する紛争であることが必要であるという委任状第26条の要件が満たされていないため、本件では裁判所には管轄権がないと主張した。裁判所は同年8月30日判決（第1判決）で、ヤッファのコンセッションについては英国の先決的抗弁を支持したが、エルサレムのコンセッションに関しては管轄権を認めて本案審理に移り、続く1925年3月26日判決（第2判決）で、当該コンセッションの有効性、英国の義務違反とそれに基づく損害賠償、ならびに第12議定書第4条に基づくコンセッションの再適合（新しい経済状態にあわせてそれまでのコンセッション契約の内容を改訂すること）の可能性について判断を示した。

　B　その後、マヴロマチスと英国植民地財務担当官との間で契約改訂交渉が行われ、1926年2月25日に新たなコンセッション契約が締結された。これに基づきマヴロマチスは

パレスチナ行政庁に事業計画を提出したが、同行政庁は契約が定める期限までにこれを承認しなかった。こうした事業の妨害が委任状第11条違反にあたるとして、ギリシャが損害賠償を求める訴訟を常設国際司法裁判所に提起したのに対し、英国は先決的抗弁を提出した。

【判決要旨】A(a)1　紛争とは一般に、「法もしくは事実の点に関する不一致であり、2つの人格間における法的見解もしくは利益の衝突」(p.11)であり、本件訴訟もこの特徴を有する。当初はマヴロマチスと英国という個人と国家の間の紛争であったが、ギリシャがこの紛争を取り上げることにより、ギリシャ対英国という国家間紛争となった。「自国民が他国の国際違法行為により侵害を受け、通常の手段では満足を得ることができない場合に、その本国が自国民を保護する権利を有するというのは国際法の基本原則である」(p.12)。外交上の活動や国際裁判において自国民に代わって事件を取り上げるとき、現実には国家は自らの権利を行使し、国家自身が申立人となる。したがって、本件はギリシャと英国間の紛争であり、委任状第26条における受任国と連盟加盟国との間の紛争である。

　2　外交交渉が成功するかどうかは相対的なものである。交渉には必ずしも一定量の通牒や電報が必要なわけではなく、対話が開始されていれば十分であって、それもごく短いもので足りる。一方当事者が明確に譲歩を拒否するような場合には、外交交渉によって紛争が解決しえないのは明白である(p.13)。

　3　ギリシャが援用した委任状第11条で本件に関わる部分は第1項前段であり、それによると、パレスチナ行政庁は、受任国の受諾した国際義務に反しない限り、国の天然資源、公共事業の「公的所有もしくは管理を設定する完全な権限」を有する。仏文では、同行政庁に与えられた権限はあらゆる形式の管理に関する決定を含むことになり、コンセッションを付与したり無効にする権利もこれにあたるが、英文での「公的管理」は、公的機関が公に所有されていない企業を引き継ぎ、その政策を命じるという意味でより制限的なものである。2つの条約文が同等の権威を有し、一方が他方より広い意味を有する場合、これらの調和をはかり、当事国の共通の意思と合致するように制限的な解釈を採用しなければならない(p.19)。本件でパレスチナ行政庁がルーテンベルグに付与したコンセッションは、天然資源の開発、公共事業の運営を目的としており「公的管理」システムを適用したものであるから、第11条の範囲内に入る。同条は受任国に国際約束と両立した権限行使を要求しており、ここにはローザンヌ条約第12議定書から生じる国際義務が含まれる。同議定書の基本原則は1914年10月29日前に結ばれたコンセッション契約の維持なので、マヴロマチスに関しては、その条件を満たすエルサレムのコンセッションの維持が英国の国際義務となり、これをめぐる紛争は裁判所の管轄権の範囲内にある (pp.23-29)。

4 ギリシャは本件申立時にローザンヌ条約の批准書を寄託していなかったが、同条約第12議定書は義務違反発生の時点にかかわらずそれが規定する権利の保護を目的とするため、発効前の違反にその効果が及ぶのでなければ実効性は存在しない。また裁判所の管轄権は国際的なものであり、様式に関する争点は国内法の場合と同程度に重要視する必要はない(pp.33-34)。以上により、裁判所は、エルサレムにおけるマヴロマチスのコンセッションをめぐる紛争についてのみ管轄権を有する。

(b)1 英国の主張によれば、マヴロマチスはトルコ政府との契約締結時にトルコ人と誤認され、当該契約は錯誤により無効であり、またローザンヌ条約第12議定書第9条にいう他の締約国国民にあたらない、同条はトルコから分離した地域を取得した国はトルコ人の権利・義務を他の締約国国民に対して継承すると規定しており、本件では本条の適用は受けないという。しかし、コンセッション権者が本件で負う義務は会社の設立であり、国籍よりも技術的金銭的能力が重視されたのであって、トルコ国籍はこの契約の必須条件ではない。また同条は受益者の真正な国籍を意図しており、マヴロマチスが「他の締約国」ギリシャの国籍を有する以上、契約への誤記を理由に利益を認めないことはその精神に反する。したがって契約は有効であり、第9条が適用される(pp.29-32)。

2 ルーテンベルグには、英国植民官とのコンセッション契約第29条により、自己の権利と抵触する既存のコンセッションを無効にして適正な補償を支払うよう英国高等弁務官に要請する権利があるが、彼はこの権利を放棄する旨の書簡を英国植民省に送付し、英国政府もこれを認めたため、マヴロマチスの権利を尊重する義務が残った。また、コンセッション維持を確保する第12議定書の諸条項は同議定書第9条の結果として適用され、この第9条はトルコから分離された領域を承継した国家についてトルコの権利義務を1918年10月30日にまで遡って承継させる規定であるから、未発効のセーヴル条約や批准前の第12議定書の効力を検討する必要はなく、英国には同議定書が対象とするコンセッションを維持する義務が上記契約締結時においてすでに存在していたとみなされる。ところがルーテンベルグに収用要請権を付与したことで、彼のコンセッションが有効な限りはいつでも他のコンセッションが無効にされる可能性が生じた。これは既存のコンセッション権者の権利を侵害することになるため、この要請権条項を認めたことは受任国の義務に違反する。もっとも、ルーテンベルグは当該要請権を放棄し、また交渉時に英国が示唆したマヴロマチスのコンセッションの収用可能性は友好的解決を目的とするに過ぎず、英国は収用に関するいかなる決定も行わなかったため、実際には収用要請権の付与ではマヴロマチスに損失は生じなかった。したがってギリシャの損害賠償請求は棄却される(pp.32-45)。

3 第12議定書調印日(1923年7月23日)前にコンセッションの適用が開始されていれば、同議定書第4条により契約は新しい経済状態に再適合されうるが、そうでない場合には第

6条により受益者は契約の解消と調査費用の補償を請求しうる。文言上、草案では「実行開始」だったのが最終的にはそれより広義の意味の「適用開始」となったこと、事業やコンセッションの適用開始ではなく契約の適用開始とされていることから、当該契約条項上の何らかの行為がなされていれば適用開始とみなされるのであり、マヴロマチスも現にそうした行為を行っていた。また契約の維持という基本原則を規定した第1条と密接に関連することから第4条が一般的規則であるのに対し、第6条はその例外に過ぎない。既得権の保護という本議定書のシステムと調和させるには第6条を制限的に解釈するのが唯一の方法である。したがってマヴロマチスのコンセッションには第4条が適用され、契約は新しい経済状態に再適合される(pp.45-50)。

B1 英国は、先の第2判決が遵守されたかどうかを決定する管轄権は裁判所にはないと言う。この問題は本件の管轄権を規律する条項について第1、第2判決が認めた事実に関わるが、そのことから当該2つの判決と本件が一連のものとみえようとも、本件で管轄権が付与されているということにはならない(pp.13-14)。

2 上記2つの判決で確立した解釈によれば、公的管理を設定する完全な権限の行使の結果として第12議定書違反が生じた場合にのみ、裁判所は委任状第26条に基づき管轄権を有する。したがって本件事実がそうした完全な権限の行使を構成するかが問題となる。1926年の契約でパレスチナ行政庁に留保された権限は公共事業を委ねられた私企業に関する行政権限の範囲内にあり、公的管理を設定する完全な権限の行使という性格を当該契約に付与するには不十分である。それ故、先の第2判決が示した基準に照らせば、この契約によるマヴロマチスへの新たなコンセッションの付与や再適合のためのその他の措置は完全な権限の行使ではなく、一定期間内に計画が承認されなかったということもそうした権限の行使ではない。またギリシャは、ルーテンベルグに付与されたコンセッションが当該承認の法的障害になったことを主張しなかった一方、マヴロマチスの水利用に対する異議をルーテンベルグが自ら放棄するまで後者へのコンセッション許可を延期しなかった英国の消極的行為を敵対行為とみなし、委任状第11条に違反するという。しかし同条は、コンセッション権者との交渉を利用しこれに圧力を加えて、第12議定書により保護されていると主張する他のコンセッション権者に利益を与える義務を受任国に課すものではない。したがって、本件は委任状第11条と関係がないので裁判所の管轄権に属さない(pp.20-23)。

【論点】1 第1判決では、自国民が外国の領域において身体や財産を侵害された場合、本国はその外国に対し当該自国民に適切な救済を与えるよう外交手段により請求できるという、いわゆる国家の外交的保護(制度)が国際法の基本原則であるとされた。この保護措置は国家の権利であって、自国民である私人の損害を通じ国家自身の権利が侵害されたこと

により国家と私人の紛争が国家間紛争へ転化するという外交的保護の基本的性格は、本件をリーディング・ケースとして後の判例(セルビア公債事件〔⇒123〕、バルセロナ・トラクション事件〔⇒125〕他)でも繰り返し確認されている。もっとも本件においては、ギリシャが自己の損害賠償ではなく自国民マヴロマチスの損害賠償を請求していることなどから、この事件が実際には国内法上の紛争であったとみなす見解もある。

ところで私人の身体や財産の侵害に対しては、近年、ヨーロッパ人権裁判所や投資紛争解決国際センター(ICSID)などのように、人権や投資の保護の分野において私人が一定の条件の下で国際機関に直接紛争を付託する権利を認める制度が現れており、この限りで国家の外交的保護権との関係が問題となりうる。これを背景として国連国際法委員会(ILC)が1998年より開始した外交的保護に関する法典化作業の結果、2006年に外交的保護条文が国連総会において採択されたが、その第2条においても外交的保護は国家の権利と再確認されており、本判決の原則が維持されている。なお、ICJでもラグラン事件〔⇒148〕で個人の権利を扱う機会があり、同本案判決は、領事関係条約第36条1項にいう領事と通信する派遣国国民の権利を個人の権利と認めた上で、ドイツによる外交的保護権の行使も個人の権利を提出するものとみなしたが、外交的保護権を依然として国家の権利としている点ではその国家的性格をあらためて確認している(さらに人権との関係については、2007年ディアロ事件ICJ先決的抗弁判決〔⇒120〕も参照)。

2 また第1判決では、「紛争」とは「法もしくは事実の点に関する不一致であり、2つの人格間における法的見解もしくは利益の衝突」と定義され、これが最近でも国連本部協定事件勧告的意見〔⇒6B〕、東ティモール事件判決〔⇒142C〕などで踏襲されてきた。平和条約の解釈事件勧告的意見〔⇒141B〕では定義の客観化がはかられているが、本件での定義については、「不一致」や「利益の衝突」と「紛争」の区別が不十分であり、定義をなしていないという批判(南西アフリカ事件管轄権判決〔⇒144〕モレリ裁判官反対意見参照)もある。またICJの最近の判例では、核軍縮義務事件〔⇒151〕のように、本判決の「紛争」の定義を維持しつつ、原告国との見解の相違を被告国が認識していたことを「紛争」存在の要件とする傾向があることには注意を要する。

3 第1判決での論点の1つは、「交渉によって解決されない紛争」の定義の問題であった。仲裁条項など紛争を裁判に付託する旨規定する条項では、一般に、外交交渉により解決されない場合に紛争が裁判に付託されるとすることが多く、本判決はその場合の一定の基準を示したものと言える。これに対しては、事前の交渉が十分にあったかどうかということや、そうした交渉の存在認定に関する裁判所の裁量的判断について疑義が表明された(フィンレー、ムーア、ペショア各反対意見参照)。本判決で示された基準は、在テヘラン米国大使館事件〔⇒114〕や国連本部協定事件などその後の判例でも確認されているが、実際には、

明確な譲歩拒否があったかどうかは微妙な場合もあり、裁判所の個別的な判断に委ねられる結果、この点は裁判所が自らの管轄権の範囲を積極的にとらえるか、消極的にとらえるかに関わることにもなろう。

4 さらに第1判決で裁判所は、同一効力を有する正文間で意味が異なる場合、当事国の共通の意思と合致する制限的な解釈を採用したが、これは、そうした場合には制限的な意味を有する正文がつねに選択されることを原則としたものと解されるべきではない。条約法条約第33条4項は、「すべての正文について最大の調和が図られる意味を採用する」と規定するにとどまり、そのILC草案コメンタリーも本判決が制限的解釈の採用を推定する原則を定めたものとする見方に反対しているように、本判決の意義は、当事国の共通意思の合致を前提として条文間の調和を求めたという点にあると考えられる。

5 なお、第1判決では、裁判所の管轄権は様式上の争点であるが、国際的なものであることから国内法の場合と同程度の重要性は不要とされた。国際法上の様式に関する事項には国内法ほど厳格な取扱いを求めないというこうした考えは、その後、いわゆるマヴロマチス・ドクトリンと呼ばれ、裁判管轄権だけでなくICJへのアクセスにも適用されることになった(2008年のジェノサイド条約適用事件(クロアチア対セルビア)先決的抗弁判決参照)。

6 第2判決で裁判所は、マヴロマチスに現実の損失がなくても英国の義務違反を認定する一方、損害賠償については現実の損失を要件とみなした。国際違法行為の存在については具体的な損害の発生をその要件とするかどうかで問題となるが(なお、2001年国家責任条文第2条参照)、本判決は、外国人への侵害に関する国家責任の場合、非物質的損害では損害賠償請求は国際法上認められないことを示したものと言える。この点は、損害の存在が賠償の基礎となるという意味で、ホルジョウ工場事件本案判決〔⇒118〕でも確認されている。

7 その他本件では、管轄権と本案の関係(第1判決と第2判決、前記2判決とB判決)、批准前の条約に対する義務違反と裁判所の管轄権、条約の一般的規則と例外規則の解釈など、様々な論点が提供されている。

【参考文献】
『横田判例Ⅰ』、経塚作太郎『宮崎基本判例』、土屋茂樹『ケースブック』、川岸繁雄『セミナー』、加藤信行『百選Ⅰ』、萬歳寛之『百選Ⅱ』。

(酒井 啓亘)

122 テキサス北米浚渫会社事件(North American Dredging Company of Texas(U.S.A.) v. United Mexican States)

当　事　国　米国／メキシコ
裁　判　所　一般請求権委員会
判　　　決　1926年3月31日
出　　　典　4 RIAA 26

【事実】　米国の私企業であるテキサス北米浚渫会社は、1912年にメキシコ政府とサリナ・クルス港の浚渫工事を請け負う旨の契約を結んだが、同契約の第18条には「契約者…は、本契約の履行に関して、メキシコ国内のあらゆる事項につきメキシコ人とみなされる。本契約に関わる利益および業務について、契約者は、メキシコの国内法に定める以外の権利および権利強制手段を請求または享受することはできず、また、メキシコ人に与えられる以外の権利を享受することもできない。したがって契約者は、本契約に関連するあらゆる事項につき外国人としての権利を喪失し、本国外交機関の介入はいかなる条件のもとでも許されない」という文言で、いわゆるカルボ条項が挿入されていた。契約締結後、同社はさっそく浚渫工事を開始したが、翌1913年2月にウエルタ将軍によるクーデタが発生した以後は、メキシコ政府による支払がなされなくなった。そのため同社は結局契約を打ち切って撤退することになったが、未払工事代金やメキシコ政府による浚渫機材の差押えなどによって、23万ドル余りの損害を被った。

　ところで、米国・メキシコ両国は、それぞれの国民が相手国政府に対して有する請求権問題を処理するため、1923年に条約を締結して、3名の委員から成る一般請求権委員会を設置した。同条約第1条によれば、この委員会の管轄権は「1923年9月8日以前に、いずれかの締約国の国民が相手国に対して自国政府の介入を求めた請求」ならびに同日以後にいずれかの政府が委員会に提出した請求に及ぶものとされ、また、「委員会は、いかなる請求についても、〔国内的〕救済の完了を要求する国際法の一般原則を適用することによって、これを却下してはならない」ものとされていた(第5条)。そこで、テキサス北米浚渫会社による損害賠償請求もこの委員会に提出されたが、メキシコは、①契約の不履行に基づく請求は本委員会の管轄に属さない、②いわゆるカルボ条項を含む契約に同意した者は、当該契約に関する請求を国際的な委員会に提出する権利を失う、という2つの理由で委員会の管轄権を争った。

【決定要旨】1　契約上の請求が本委員会の管轄内に含まれることはイリノイ中央鉄道会社

事件に対する同委員会の判決で判示ずみである(para.2)。

2　委員会はカルボ条項の効力という問題に正面から取り組む決意を表明する。問題はある特定の契約中のカルボ条項を丸ごと肯定または否定することではなく、「一方において国家の管轄権という主権的権利と、他方において自国民を保護する主権的権利との間の適切なバランス」を求めることである。本件契約中の第18条についても、同条を支持すれば政府の保護権はすべて放棄されたことになるとか、国際法の規則は国家に対してのみ適用される〔から、私人にはこのような約束をする資格がなく、同条は無効である〕という両極端の意見があるが、重要なことは本契約第18条の真の意味を明らかにすることであり、同条によって放棄された権利、放棄されなかった権利は何かを明らかにすることである(paras.4-6)。

第18条中の「本契約に関連するあらゆる事項につき」という文言から、次のように解釈される。①会社は、本契約の履行、解釈、強制に関して、国際的な救済手段が利用可能な唯一の救済手段であるかのように振る舞う権利を放棄した、②会社は、本契約の履行、解釈、強制以外の事項に関しては、米国人として有する権利を放棄しなかった、③本契約に由来するか否かを問わず、国際法違反の行為に対して本国政府の保護を求める権利を会社は放棄していない、④会社は、国際法違反に対して自国民を保護する政府の権利を放棄しなかったし、放棄することもできなかった。つまり会社は、「本契約の履行、解釈ならびに本契約に基づく業務の遂行に関しては、本国政府の援助を必要とせず、また援助を求めも、受入れもしない」と約束したのであり、会社がこのような約束をしても、本国政府の外交的保護権を侵犯するものとは考えられない(paras.14-15)。

3　ところが会社は、このような約束をしておきながら、メキシコの法や当局に訴えて救済を得ようとはまったくしなかった。委員会の認定によれば、会社は、「契約および契約上の権利を解釈するよう国内裁判所に訴える代わりに、自己の独断的主張によって、契約上の義務から免れたと宣言」し、また、契約の第7条にも拘束されないと宣言して、メキシコ政府が契約の履行確保のための担保物と考えていた浚渫機を強制的に撤去してしまった。要するに会社は、第18条を守る意思もないのに、契約を獲得するために同条を利用しただけなのである(para.18)。

ところで、本委員会を設立した1923年条約の第1条によれば、同条約署名前に生じた請求が本委員会の管轄権の範囲内に入るためには、相手国に対する介入のために、1923年9月8日以前に自国政府に提示されるか、または、同日以後は、いずれかの政府によって本委員会に提出されなければならない。しかし、本件請求は、テキサス北米浚渫会社がメキシコ政府と結んだ契約の解釈または履行に関する請求であり、このような請求に関して、会社は、契約第18条により、自国政府の介入を求めないことを約束したのであるから、会

社は、相手国に対する介入のため、本件を自国政府に「正当に」提示することができない。よって本件は、本委員会の管轄権内に入らない。国内的救済完了の原則の適用を排除した条約第5条は、第1条によって管轄権を認められた請求にのみ適用される規定で、本件請求には適用されない(paras.19-20, 25)。

【論点】1　19世紀後半から20世紀初頭にかけて中南米諸国では政情不安や財政危機が相次ぎ、そのために損害を被った欧米諸国民(個人または会社)を保護するため、彼らの本国政府が介入する例が頻発し、武力によって損害賠償を取り立てる例も多数みられた。そこで、アルゼンチンの著名な国際法学者で外交官でもあったカルボは、外国人の請求については関係国の国内裁判所のみが管轄権を有し、本国政府の外交的保護を求めてはならないという、いわゆるカルボ・ドクトリンを提唱した。この考えは中南米諸国の圧倒的な支持を受け、以後これら諸国の憲法や国内法で規定されるとともに、これら諸国が外国人と契約を締結する際にも、とくにその旨を規定した条項が挿入されるようになった。コンセッション契約中に挿入されたこうした条項は、一般にカルボ条項と呼ばれている。

2　しかし、欧米諸国では、カルボ条項は無効であるとの説が有力であった。外交的保護権は国家自身の権利であって、私人が外国との契約中で勝手に放棄することはできないと考えられたからである。これに対して本件は、カルボ条項に部分的な効力を認めた先例として有名である。すなわち、本件決定は、外国人の請求を契約の解釈・実施に関するものと国際法違反に基づくものとに区分し、前者については私人による外交的保護不請求の約定を有効なものと認めたのである。もっとも、本件における会社側の請求は契約の解釈・適用に関するものだけではなかったし、契約第18条における外交的保護権の放棄は明らかに全面的なものであるから、本決定の論旨にはいささか独断的なところがある。また、カルボ条項を根拠に国内的救済の完了を不必要とした条約第5条の適用を排除できるかどうかも疑わしいが、国内的救済完了の原則を重視して外交的保護権の濫用に警告を与えた先例として、本件決定はその後の仲裁判決などにおいておおむね好意的に評価されている。

【参考文献】
安藤仁介『ケースブック』、尾崎重義『国家責任』、川岸繁雄『百選Ⅰ』、山野勝由「ラテン・アメリカにおける外交保護権問題」『外務省調査月報』4巻10号(1963)。

(松田　竹男)

123　セルビア公債事件(Affaire concernant le paiement de divers emprunts serbes émis en France)

当　事　国	フランス／セルブ・クロアト・スロベーン
裁　判　所	常設国際司法裁判所
判　　　決	1929年7月12日
出　　　典	PCIJ Ser.A 20/21

【事実】　第1次世界大戦前にフランス国内で発行されたセルブ・クロアト・スロベーン王国(以下、セルビア)公債を所持するフランス人(以下、債権者)は、戦後フランの価値が下落したためその公債の支払を金フランで支払うよう求めた。しかし、セルビアが紙幣フランによる支払を主張したため債権者は権利を侵害されたとしてフランスに訴えた。フランスは、この訴えに基づきセルビアと外交交渉を行ったが、両国の意見は一致しなかった。そこで、1928年両国は常設国際司法裁判所に以下の問題について判決を求める特別合意書を付託した。①セルビアは、5種の公債を紙幣フランで償還することができるか、②反対に、セルビアは、指定された場所において公債およびその利子を金または外国通貨によって支払う義務があるか。

【判決要旨】1　連盟規約第14条、裁判所規程第34条からいって裁判所へ係属する事件は、国際的性質をもった付託当事者間の紛争でなければならないが、合意書を厳密にみると本件はセルビアと債権者との争いである。同様に国家の権利であると主張してその国民の権利を裁判所に付託したマヴロマチス事件〔⇒121A〕は、国際的合意の違反に基づくものであって債務者の義務というもっぱら国内法上の問題を扱う本件とは異なる。しかし、セルビアがフランスによる外交交渉を拒絶することなく反論を展開したことによって両国間に意見の相違が生じ、規約第14条、規程第34条に規定された国家間の紛争が生じたのである(pp.16-19)。

　裁判所の本来の機能は、国際法に従って争いを決定することであり(裁判所規程第38条)、事実と国内法の問題である本件はこの点で問題となる。しかし、規程第36条2項は、「認定されれば国際義務の違反となるような事実の存在」に関する法的紛争に対し、諸国家は裁判所の強制管轄権を認めることができると規定している。これは、純粋に事実に関する紛争であっても、明らかにされるべき事実が国際的義務違反を構成することに当事国が同意することがあるからである。さらに、二国が同意している場合には紛争が事実の問題というよりもっぱら国内法の問題に関係しているとしても、そのことによって裁判所の管轄権は影響を受けない。特別合意による付託について規定する第36条1項は、これを支持するものである(p.19)。

　2　金による支払は公債の特定箇所にのみ明記されており、他では金と特定することなく

フランとなっている。しかし、特別の文言は一般的表現を支配するので、特定されていないところがあっても金フランという特別の規定の効力が減じられるわけではない(p.30)。

金フランは存在しないといって契約上の文言をしりぞけるべきではない。「金フラン」の使用の意図は公債の信用性の確保にあった。また、これまでもこれはパリなどの都市で使用されており、ラテン同盟条約でも規定されている。適切で安定した支払のために、金フランは公債契約にふさわしい、よく知られた標準価値として存在していた。金フランは、フランス法によれば1000分の900の純度で6.45161gの金の20分の1である(pp.32-34)。

3　大戦前、大戦中、フランス通貨の価値は、金ベースと比較しても変わらない、あるいは、少しの相違しかなかった。しかし、大戦後、フランス通貨は大幅に下落したが、それでもなお公債の支払は、フランス紙幣で行われていた。このことからセルビアは、エストッペルの原則により、紙幣フランによる支払の法的効果を争うことができないと主張している。しかし、金フランを求める行動の遅れは、外交交渉を求める多数の債権者による共同行動や両国による外交交渉に時間が必要だったため、権利の否定を導くものではない。よって、債務国の地位に変更はなく、セルビアの債務ははじめに引き受けた通り残っており、それは公債契約中に明確にされているので、本件ではエストッペルの原則を適用する十分な根拠はない(pp.37-39)。

4　戦争は重大な経済的結果をもたらすが、だからといって公債の法的義務に影響するものではない。セルビアは、戦争という不可抗力により債務履行を実質的に不可能とする事態が発生したと主張するが、公債契約は金フランの標準価値を示しており、それに従えば同等の額のフランの支払いは可能である(pp.39-40)。

5　セルビアは、公債の義務はフランス法に従うので、それによれば金条項は無効であるとする。しかし、国際法の主体としての国家間の契約ではない契約の準拠法は、国内法であり、公債が発行された状況からいって準拠法はセルビア法である(pp.40-44)。

準拠法がセルビア法であるという事実は、フランスで支払われる通貨がフランス法の下にあるということを妨げるものではない。国家は一般に自国通貨を規制する権限を与えられている。フランスは、国内の契約に関しては金条項は無効だが、国際的な契約の場合その限りではないと主張しており、よって金条項に従って義務が履行されることをフランス法は妨げていない(pp.44-47)。

以上により、債権者は金フランによる支払を受ける権利があり、その支払については、金フランの価値を1000分の900の純度で6.45161gの20分の1に相当するものとして、両国間で決定されるべきである(pp.48-49)。

【論点】1　裁判所は、国家と私人間の契約に関する紛争であっても、私人の属する国家が

その私人の訴えを取り上げ外交交渉を行い、契約を行った国家もその交渉を拒絶しなかった場合、両国家の意見の相違をもって国家間の紛争が生じたといえると判断した。その上で、紛争がもっぱら国内法上の問題であっても「認定されれば国際義務違反となるような事実の存在」に関する紛争であれば裁判所の管轄権が及ぶ、という裁判所規程第36条2項の規定から裁判所の管轄権を認めた。しかし、ペショア(反対意見)はこれが選択条項であり、本件の争いは国家と他国の私人間の契約の問題であって国際的義務違反となるような事実がないとして裁判所の管轄権を否定した。また、ノバコビッチ(反対意見)もマヴロマチス事件〔⇒121A〕がローザンヌ条約の適用であるように、外交的保護権が認められた他の事件は国際的合意に関する紛争であるのに対して本件は純粋に契約上の問題であり、さらに国内的救済手続が尽くされていないとして判決を批判した。なお、パネベジス＝サルズチスキス鉄道事件(PCIJ Ser.A/B, No.76)で裁判所は、国内的救済が尽くされていないことを理由にエストニアの請求を斥けた。

2　金条項について裁判所は、公債契約において「金フラン」が使用された意図から解釈し、公債の支払は公債契約時の金の標準価値に従って評価すべきであるとした。これに対してブスタマンテ(反対意見)およびペショアは支払はフランス民法典に従って支払時の価値によって行わなければならないとして判決を批判した。

3　セルビアは戦争の勃発により債務の履行が不可能になったと主張した。しかし、裁判所は確かに戦争はセルビアの債務履行を困難にしたが金フランと同等の紙幣フランの支払いは可能であり、当該義務を行うことを実質的に不可能とする状況は発生していないとしてこの主張を斥けた。国際法委員会による国家責任条文第23条では国際義務の不履行が不可抗力による場合、国家の行為の違法性は阻却されると規定されている。本件では、そもそも不可抗力となるような「義務の履行を実質的に不可能とする」事態ではないと判断された。

4　裁判所は、国家が主権国家としての権能を行使するのではない場合、国家による契約の準拠法は国内法であるとし、本件では公債がセルビア法の下にセルビアによって契約されていること、セルビアが公債を他の国の法に従わせようとした明示の規定も他の状況もないことなどから準拠法はセルビア法であるとした。それに対し、支払われる通貨は支払が行われる場所の法に従うとして、フランス法の下で金フランによる支払をセルビアに命じた。

5　ブラジル公債事件(PCIJ Ser.A, No.20/21)においても同趣旨の判決が下された。

【参考文献】
『横田判例Ⅰ』、竹本正幸『ケースブック』、田畑茂二郎「外交的保護の機能変化(1)・(2)」『法学論叢』52巻4号(1946)、53巻1・2合併号(1947)、山本草二『国際法〔新版〕』(有斐閣、1994)89、654頁、櫻井大三、「常設国際司法裁判所判例における禁反言の問題状況」『國學院大學紀要』52巻(2014)。

(岡田　順子)

124 ノッテボーム事件(Affaire Nottebohm)

当　事　国	リヒテンシュタイン v. グアテマラ
裁　判　所	国際司法裁判所
判　　　決	(a) 管轄権 1953年11月18日
	(b) 第2段階 1955年4月6日
出　　　典	(a) ICJ(1953)111
	(b) ICJ(1955)4

【事実】　ドイツ国籍であるノッテボームは、1905年中米のグアテマラに渡り、本紛争の基礎をなす事件が発生する1943年まで、グアテマラに居を構えて商業・金融業などの事業に携わっていた。彼は第2次世界大戦の始まる直前にドイツに渡り、大戦開始直後の1939年10月9日にリヒテンシュタインに帰化申請を行った。同国国籍法の帰化条件の1つに3年間同国内に居住することが課せられていたが、彼は帰化税および共同体加入金を支払うことによって「特別の考慮に値する場合」の特例に該当するとして、この条件を免除された。彼は同月13日に帰化を許可された後、リヒテンシュタインの旅券およびグアテマラ総領事の査証を受けて、グアテマラに入国し、事業を再開した。彼の国籍変更はグアテマラの外国人登録簿に記載された。

しかしながら、ドイツと交戦関係にあったグアテマラは、1943年彼を敵国人として逮捕、身柄を米国に移送、彼は同国で抑留された。彼の抑留中彼の財産の没収に関する訴訟がグアテマラで開始された。1946年解放されたノッテボームは、グアテマラに入国しようとしたが、拒否され、やむなくリヒテンシュタインに赴いた。結局1949年にグアテマラは戦争によって生じた事項の清算に関する法律を制定して、彼の全財産を没収した。

そこで、ノッテボームの要請に応じてリヒテンシュタインは、1951年12月17日にノッテボームの財産返還とリヒテンシュタインに対する損害賠償の支払を求めて国際司法裁判所に提訴した。

同裁判所は、まず、1953年グアテマラによる先決的抗弁を却下し(全員一致)、本事件に関する裁判管轄権を確認した。1955年同裁判所は、本案について判決し、11対3をもって、リヒテンシュタインに外交的保護権を主張する権限がないと判示した。

【判決要旨】(a)　グアテマラは1947年1月27日、リヒテンシュタインは1950年3月29日、それぞれ国際司法裁判所規程第36条に基づく同裁判所の義務的管轄を受諾する宣言を行っていた。しかしながら、グアテマラの宣言の期限は5年間であったため、同宣言は1952年1月26日24時をもって失効した。そこでグアテマラは、その時点からグアテマラに影響を

与える事件を取り扱い、決定する裁判管轄権が国際司法裁判所にはない、と主張する。さらに同国は、規程第36条6項が同条2項の適用の場合に限定され、受諾宣言の失効には裁判所の判断権が及ばないからリヒテンシュタインによる1951年12月17日付託の請求が受理不能であると主張する (pp.112-115)。

規程第36条6項は、何ら制限がない場合、裁判所が自らの管轄権を決定する権利を有するという一般国際法上の原則を示している (p.119)。

訴状が受理された時点では、グアテマラとリヒテンシュタインの宣言書は、いずれも有効であった。グアテマラの宣言書は、そこに規定されていた期間の終了によって効力を失うが、このことは、裁判所の管轄権を決定するものではない。

その後において、請求訴状の依拠した宣言の1つに定められた期限が満了しても、それは規程により与えられた権限の行使には無関係であり、正規に提訴され、かつ、他の理由で管轄権の欠如ないし請求の受理不能が証明されない限り、裁判所は権限を行使しなければならない。期限の満了とか廃棄による宣言の事後的失効というような非本質的事実によって、すでに設定された管轄権を奪うことはできない (pp.122-123)。

 (b)　リヒテンシュタインは、①ノッテボームの帰化が国際法に違反しないこと、さらに、②ノッテボームのために行われる同国の請求が受理可能であることを主張する。他方、グアテマラは、①ノッテボームの帰化がリヒテンシュタイン法上正当なものではなく、②国籍に関する一般に承認された国際法原則にも合致せず、さらに③中立国国民の地位を得たいがための詐欺的方法によるものであるため、リヒテンシュタインが外交的保護権を行使できず、リヒテンシュタインの請求が受理不能であることを主張する。

以上から、裁判所は、ノッテボームに関するリヒテンシュタインの請求の受理可能性を判断しなければならない。したがって確認すべき本質的問題は、その国籍の取得が他の諸国によって承認されなければならないか、である。よって裁判所は、①リヒテンシュタインの本請求に関する、かつ、すべての国による承認ではなく、グアテマラによる「承認」が存在したかどうか、②ノッテボームに付与されたリヒテンシュタイン国籍が、国際法に基づき、グアテマラに対して有効に援用できるかどうか、の問題に限定して考えなければならない (pp.11,16-17)。

1　リヒテンシュタインは、グアテマラがこれまで当該帰化を承認してきた行為を援用して、エストッペルを主張する。しかし、彼のリヒテンシュタイン国旅券へのグアテマラ総領事による入国査証の付与や外国人登録簿の記載事項訂正、といった行為はすべて、外交的保護を行うこととは関係なく、グアテマラにおける外国人の取締に関するものである。つまり、グアテマラ当局と1私人との関係であり、政府間の関係が設定されたわけではない。また、リヒテンシュタインの利益を海外で代理する、スイス領事に対するグアテマラ

の回答で重要な事実は、同国が1944年12月20日付の回答で、グアテマラに居住しているドイツ国民ノッテボームが、その常居所を変えないでリヒテンシュタイン国籍を取得したことを承認できない旨を明確に宣言したことである。リヒテンシュタインが彼のために外交的保護を行使する資格を承認するグアテマラの行為を、裁判所は見出すことができない(pp.17-19)。

2 次に、裁判所は、リヒテンシュタインのノッテボームへの国籍付与が、グアテマラに対して、保護を行うリヒテンシュタインの資格を承認すべき義務を直接伴うもの、つまりグアテマラに対抗できるものであるか決定しなければならない。

国籍付与は、国の国内管轄権に属する。しかし、裁判所が決定すべきことは、当該付与が、国内法秩序内ではなく、国際法の平面で国際的効果を生じるかどうかである(pp.20-21)。

国家実行、仲裁裁判および司法裁判の判決ならびに学者の意見によれば、国籍は、結びつきという社会的事実、つまり権利義務の相互性と結合された存在、利益、感情の真正な結合関係を基礎とする法的きずなである。国籍は、それを付与される個人が直接法律により、また当局の行為の結果として、他のいかなる国の人民よりも、事実上国籍を付与する国の人民と一層密接に結びついている事実の法的表現を構成するといってよい。国籍は、1国により付与された場合、彼を国民とした国とその個人の連結を法律的用語で表わされるものである場合のみ、その国に、他国に対して保護を行う権利を与えているに過ぎないのである。外交的保護および国際裁判手続による保護は、国の権利を護るための手段である。

ノッテボームとリヒテンシュタインとの間に事実上存在する結びつきは、彼への国籍付与を実効的なもの、つまりその社会的事実の正確な法的表現とみなすことができるかどうかが問題となる(pp.23-24)。

帰化は、軽々しくなされるべきことではない。頻繁に起こることでもない。それは、忠誠義務の紐帯の切断と新たな忠誠義務の設定を伴う。ノッテボームは、帰化申請時ドイツ国民であり、家族もドイツに居住し、かつ家族との事実上の関係が保たれていた。当該帰化申請が、戦争状態にあったドイツとたもとを分かつ意思に動機づけられたものであることを示すものは何もない。彼は34年間グアテマラに定住し、利害関係の本拠をおいていた。帰化の後も1943年戦時措置により退去させられるまでグアテマラを利害関係と事業の本拠としていた。その後同国に帰国しようとしたが、入国拒否をされたためその苦情を申し立てている。他方、ノッテボームとリヒテンシュタインとの事実上の結合は、きわめて希薄である。帰化申請時には、彼は住所もなく、長期滞在もしていない。帰化後そこに定住する意思は示されなかった。そればかりか、グアテマラに帰国する意思を示した。1946年にリヒテンシュタインに赴いたが、それはグアテマラに入国拒否をされたからである。リヒテンシュタインにおいて彼の経済的活動がなく、また彼の利益および事業をそこに移

転する意思表示もない。リヒテンシュタインとノッテボームとの間に認められる唯一の関係は、先の一時滞在と、兄弟の1人が居住していることだけである。以上の事実は、ノッテボームとリヒテンシュタインとの間にはいかなる帰属のきずなも存在せず、他方で彼とグアテマラとの関係においては、長期に渡る密接な結合関係が存在したのであって、しかも帰化によって少しも弱められなかったことを明確に示している。この帰化は、グアテマラのような立場にある国によって尊重が尊重すべきとされる上で、重大な行為に必要とされる真正さに欠けている。それは、国際関係において一般にとられている国籍概念を顧慮することなく与えられた。帰化は、ノッテボームがリヒテンシュタイン国民の一員として法的承認を受けるというよりは、むしろ彼の敵国国民としての地位を中立国国民としての地位に変更させ、リヒテンシュタインの保護を受けるために申請されたのである。よってグアテマラはこうした状況において与えられた国籍を承認する義務を有しない。したがってリヒテンシュタインは、グアテマラに対してノッテボームを保護する資格を有さず、その請求は、以上の理由により受理できない(pp.24-26)。

【論点】1　管轄権判決において、国際司法裁判所の管轄権の基礎となる選択条項受諾宣言の失効と裁判の継続の問題が争われた。ひとたび有効に提訴され、裁判所に係属された場合には、その後の宣言の全部または一部を終了させる相手国の一方的行為や、宣言の失効によっても、裁判は影響を受けないことが、この判決によって確認された。この原則はノッテボーム原則と呼ばれる。

　2　本件は、個人の国籍と国家の外交的保護権との関係についての重要な論点を含んでいる。裁判所は、二重国籍から生じる紛争の場合に適用される、いわゆる真正結合理論を提起し、真正でかつ実効的な国籍を基礎として外交的保護権の行使の可否を検討した。しかし、例外的な帰化手続きおよび被告国たる居住国との強い結びつきの存在というノッテボームのもつ特殊事情が考慮された点に留意する必要がある。

　3　1930年の「国籍法の抵触についてのある種の問題に関する条約」第1条は、「何人が自国民であるかを自国の法令によって決定することは、各国の権限に属する。右の法令は、国際条約、国際慣習および国籍に関して一般的に認められた法の原則と一致する限り、他の国により承認されなければならない」と定める。この規則を国際法の原則として適用するならば、まずリヒテンシュタインの国籍付与が、国際法上妥当なものであったのかどうか、検討されるべきであるとの反対意見がある。

　4　本判決が援用した真正結合理論が実定国際法上の規則であるのか問題となった。判決は、その点については言及せず、単に二重国籍の場合における抵触の問題の判断基準を本件においても援用して判断した。しかしながら、本件は二重国籍の抵触の問題ではな

い。本質的に異なった事件に移し替えることは認められないのではないかとの反対意見がある。さらに本件は、国籍付与の国内的効果と国際的効果の分離を行った上で外交的保護権の問題に検討を加える手法を採用している。判決は、国籍付与の要件設定が主権国家の権限内であることを認めつつも、その国籍に基づいて外交的保護権を行使することが必ずしもすべての場合に認められるわけではないとの立場を採用した。これは合理性をもつが、それにより、ノッテボームは、無国籍者と同じ地位に置かれ、どの国からも外交的保護を受けることができない状況となることについて問題を残している。

5　本件請求の基礎となった事件は、グアテマラによるノッテボームの財産没収である。とすれば、仮に真正結合理論を適用するにしても、ノッテボームに損害が発生した1949年の時点を決定的期日として考えるべきではないかとの反対意見もある。判決は、1939年から1946年までの時期に生じた事項、とくにリヒテンシュタインの国籍付与の国際的効果に着目した。

6　2006年にILCが採択し、国連総会がテークノートした外交的保護条文は、経済のグローバライゼーション化および移民の増加がある今日の状況では、真正結合理論を厳格に適用することは外交的保護の利益を受けない人々が発生するとし、本条文第4条は本理論を採用していない。

【参考文献】
田畑茂二郎「外交的保護の機能変化(一)(二)」『法学論叢』第52巻4号(1946年)、53巻1-2号(1947)。金城清子『高野判例』、深津栄一『宮崎基本判例』、小川芳彦『ケースブック』、薬師寺公夫『セミナー』、波多野里望『判決・意見Ⅰ』、深津栄一『法学紀要(日本大学)』4巻(1962)、大友健児『東海大学論叢商経研究』26号(1971)、皆川洸『国際法判例集』、小畑郁『百選Ⅰ』、山崎公士『百選Ⅱ』。

(德川　信治)

125　バルセロナ・トラクション事件

(a) Case concerning the Barcelona Traction, Light and Power Company, Limited
(b) Affaire de la Barcelona Traction, Light and Power Company, Limited

　　当　事　国　　ベルギー v. スペイン
　　裁　判　所　　国際司法裁判所
　　判　　　決　　(a) 管轄権 1964年7月24日　(b) 第2段階 1970年2月5日
　　出　　　典　　(a) ICJ(1964)6　(b) ICJ(1970)3

【事実】　バルセロナ・トラクション社(1911年カナダ法に準拠して設立されトロントに本店を置く持株会社。以下BT社という。)は、カタロニアでの発電と配電網を開発するためスペインに多数の子会社を設立し、その内3社(エブロ社、カタロニア・ランド社等)は設立準拠法国をカナダとし登記事務所もカナダに置いたが、他(バルセロネーザ社等)は設立準拠法国と登記事務所所在国をスペインとした。ベルギー政府によれば、第1次大戦終了後BT社の株式資本の殆どはベルギー国民(自然人または法人)の所有となった。同グループはスペイン内戦勃発時にはカタロニアの電力需要の主要部分を供給していた。

　BT社はカナダのナショナル・トラスト社(以下NT社)を受託会社として社債(一部ペセタ債で大半はポンド債)を発行し、ポンド債の利払いはスペインで営業する子会社からのBT社への送金で賄われた。利払いはスペイン内戦のため1936年に中断した。1940年スペイン為替管理局の許可でペセタ債の利払いは再開されたが、ポンド債の利払いは、スペインに真正に導入された外貨の支払にあてるという証明がないとの理由で為替管理局が外貨送金を許可しなかったため再開できなかった。

　1948年2月9日、ポンド債を取得した3人のスペイン人が利息未払いを理由にBT社の破産宣告をレウス裁判所に申請し、同裁判所は2月12日に同社の破産を宣告し、管理人(commissioner)と暫定管財人(provisional receiver)を任命し、BT社、エブロ社、バルセロネーザ社の資産の差押を命じた。エブロ社の全株とバルセロネーザ社の普通株の全部がスペイン外で保有されていたため、これらの株式の占有は物理的占有を伴わない形式的占有とみなされた。管理人は直ちに2社の主要役員を解任し、暫定管財人はスペイン人取締役を任命し2社を正常化したと宣言した。この後申立人は占有その他の措置を他の子会社にも広げた。他方BT社、NT社、子会社等が不服を申し立てスペイン裁判所の管轄権を争ったこと等により、スペインでの手続の進行はいったん中断した。1949年6月バルセロナ控訴裁判所は、債権保有会社の請求に基づき、管轄違いの抗弁の訴訟進行停止効を解除して、破産管財人(trustees)を選任する債権者集会の開催を認める判決を下した。選任された破産管財人は、子会社の新株券の発行とスペイン外にある株券の失効、エブロ社とカタロニア・ランド社の本店をバルセロナとする決定を行った。1951年8月、破産管財人は子会社の株

式全部(新発行の株券)をそれに付随する権利とともに売却する許可を裁判所から得、1952年1月の競売で新設のフェクサ社がこれを購入し、同社がスペインにあるBT全企業の完全な支配権を取得した。BT社、NT社、BT社の最大株主だったベルギーのシドロ社などがスペインで多数の訴訟を提起したが、いずれも成功しなかった。

　破産宣告以降、英国、カナダ、米国、ベルギーがスペインに対して外交的抗議を行った。カナダは1952年まで一連の覚書で抗議を行い(54、55年は非公式レベルで接触)、当初はBT社、NT社、エブロ社に対する裁判拒否を後にはエブロ社につき2国間協定の違反を主張したが、その後私的当事者間の合意解決を望んだ。1950年スペイン、カナダ、英国間に委員会が設けられ、3国政府は1951年に外貨送金を不許可としたスペイン政府の措置を正当とする共同声明を行った。ベルギーはこの声明を不満とし、仲裁裁判等による紛争解決を提案したがスペインが拒否したため、1958年9月、スペインの国際違法行為によって生じたBT社の損害賠償を求めて国際司法裁判所(以下、ICJという)に一方的に提訴した。その後両国の私的当事者間の交渉が行われたためベルギーはいったん訴訟を取り下げ、1961年に事件は総件名簿から削除された。しかし右の交渉が決裂後、ベルギーは1962年9月に今度はBT社のベルギー人株主が被った損害の賠償を求めて再びICJに提訴した。

【判決要旨】(a)1　ICJの1961年の訴訟打切り命令によりベルギーはもはや訴訟を提起できないとスペインは主張するが、訴訟取下げは別段の意思が明確に表明されない限り、新たな訴訟の提起を妨げない。ベルギーの取下通告は当初の申立に限定されており、スペインはこの取下通告がそれ以上の効果をもつことを反証しなかったこと等によりこの抗弁は却下する〔12対4〕(pp.18-26)。

　2　ベルギーは1927年裁判調停条約第17条4項とICJ規程第37条を本件に対するICJの管轄権の根拠とする。他方スペインは、常設国際司法裁判所(以下、PCIJという)の解散に伴い1927年条約第17条4項のPCIJへの紛争付託義務は失効したから、解散後にICJ規程当事国になった同国にはICJ規程第37条を適用できないという。ICJ規程第36条5項と異なり、第37条の目的は、予想されたPCIJの解散により既存の多数の裁判条項が機能不全に陥ることを防ぐために、ICJ規程当事国間においては条約中のPCIJへの言及を自動的にICJと読み替えることにあった。第37条は、ICJ規程当事国間に有効な条約が存在し、同条約中に紛争のPCIJ付託が定められている場合には、ICJ規程当事国間に生じた紛争であれば、適用される。したがって、PCIJの解散で1927年条約の裁判条項が失効することはありえない(pp.26-39)。

　副次的にスペインは、1927年条約第17条4項の義務は、規程第37条により修正されたのだから、同国の国連加盟以降の紛争にのみ適用されると主張するが、義務的裁判への紛争付託義務は一時的に実施手段を欠いていただけで義務は存続していたのだから1927年条

約の効力発生以降に生じたすべての紛争に適用される。スペインの第2の抗弁を却下する〔9対7、10対6〕(pp.39-40)。

　3　原告適格性および国内的救済完了に関する抗弁は本案に併合する〔10対6〕(pp.41-46)。

　(b)　ベルギー政府の請求を棄却する〔15対1、12名が以下の理由による〕。

　1　国は領域内に外国投資を受け入れる場合法の保護を与えなければならず与えるべき待遇につき義務を負うが、この義務は絶対的なものではない。国際社会全体に対する義務と外交的保護の分野で他の1国に対して生じる義務の間には本質的区別をすべきである。前者は、関連する権利の重要性に鑑みすべての国がその保護に法的利益をもつもので、国際社会全体に対する義務(obligations erga omnes)である。義務の履行が外交的保護の対象となるような義務はこれと同一ではない。この義務の違反につき請求を提起するためには、国はまず自国が請求を提出する権利を有することを証明しなければならない。本件ではベルギー人株主の権利の侵害によりベルギー国の権利が侵害されたかどうかが問題である。この問題は外交的保護に関する一般原則により決定しなければならない(paras.33-36)。

　2　国際法は国内法領域で生じた制度である法人という実体を認めなければならない。会社および株主の取扱に関する国の権利につき国際法は固有の規則を確立していないが、この権利につき法的問題が生じる場合国際法は常に国内法の関連規則を参照しなければならない。法人という構造の基本的特質は、法人の性質をもつ事項については、会社の名において行動する役員を通じて、会社のみが行為できるという点にある。法人が被る違法行為により株主にもしばしば被害が生じるが、この事実だけでは会社と株主にともに賠償請求権があるということにはならぬ。専ら会社の権利のみを侵害する行為は、たとえ株主の利益に影響が及ぼうとも、株主に対する責任が問題になることはない。ただし、違法行為が株主の直接的な権利に向けられる場合は別である。配当請求権、総会での議決権、解散後の残余資産分配請求権など国内法は会社の権利とは区別される株主の権利を定めており、この株主の権利が侵害される場合株主は訴訟を起こす固有の権利を有する。しかし本件でベルギーは、自国の請求の根拠を株主の直接的権利に置いていないので、ベルギーの請求を越えてこの問題を審理することはできない(paras.37-49)。

　3　ベルギーは、会社に対する他国の違法行為に関連して株主本国の外交的保護権を否認する国際法規則は存在しないと言う。しかし株主本国の外交的保護権を明示に認めた国際法規も存在しない。国際法の沈黙を株主の有利なように解釈することはできない。

　ベルギーは一定の事情がある場合「法人のヴェールを剥ぐ」ことが正当化できると主張する。国内法では、法人の特権の濫用を防いだり、第三者を保護するために、また例外的に株主を保護するために法人のヴェールを剥ぐことがある。この手続は国内法上例外的なものだが、同様の目的のため国際法でも認めることができる。そこで本件の場合に一

般原則を排除する特別の事情、すなわち、①会社が存在しなくなったとか、②会社の本国が会社のために行為する能力を欠く、といった事情が認められるかどうかを検討する(paras.51-64)。

①については、BT社はスペインの全資産を喪失し、カナダでも財産保全措置の下に置かれ、暫定管財人と管理人(manager)が任命されて、経済的には完全に麻痺状態となった。しかし法人としての行為能力を失っていないし、会社の権利および株主の利益を擁護することが法上できなくなったわけでもない。BT社は、暫定財産管理の下で活動に制約があるとはいえ、会社としての法的能力を維持しそれを行使する権限がカナダ裁判所の任命した管理人に付与されていることは疑いがない。したがって、①の事情は存在しない(paras.65-68)。

②については、まずカナダが法上BT社の本国であるかどうかを検討する。法人の外交的保護権を国に割り当てる際に、国際法は個人の国籍を規律する規則の類推に限定的にのみ依拠する。伝統的規則は法人の外交的保護権を法人の設立準拠法国および登記事務所所在国に帰属させる。この2つの基準は長期にわたる実行と多数の国際文書により確認されてきている。若干の国は、自国法に基づき設立された法人が本店、経営または支配の中枢を領域内にもっているとか株式の多数を自国民が所有している場合にのみ外交的保護権を行使する実行を採用しており、こうした場合にのみ法人と国家の間には真正な連関があるという主張もある。しかし、法人の外交的保護という特定の領域では、真正な連関という絶対的基準は一般的な支持を得ていない(paras.69-70)。本件で、BT社の設立者はカナダ法に準拠して法人設立を求めただけでなく50年以上もカナダ法の下で会社を継続した。同社はカナダに登記事務所、貸借勘定および株主名簿を維持した。役員会は多年にわたりカナダで開催され、会社はカナダ税務当局の記録簿に登録されている。したがって、緊密で永続的な連関が確立され半世紀以上にわたり固められてきている。BT社のカナダとの連関はかくも多様であり、カナダ国籍性は一般的承認を得ている。1948年以来カナダ政府はスペイン政府に対し数多くの抗議をしてきており、これはBT社に対する外交的保護権の行使にあたるから、本件は外交的保護権が拒否された事例に該当しない。ある時点でカナダは事件が私人間の交渉で解決されるべきだとしてBT社のために行動することを停止したが、カナダはなお外交的保護権を行使する資格を保持している。外交的保護は国家の権利であり、外交的保護を行使するかどうか、それをどの手段でどの程度行使するかの唯一の判断者は国家であり、国家は完全な行動の自由をもつ。したがって、裁判所に対するベルギー政府の訴訟提起がBT社と株主を救済する唯一可能な方法だという主張には根拠がない(paras.71-84)。

4　外交的保護に関する規則はそれを行使する国と行使される国の同意に基づく。法の

現段階では、株主の保護は条約規定または私的投資家と投資受入国の特別合意に訴えることが必要である。本件ではかかる協定は存在していない。衡平を考慮するとしても、少数株株主と多数株株主を保護上差別できないから、株主の外交的保護を認めれば多数の競合する外交的請求へと道を開き国際経済の安定性を損なう。外国で会社を設立する際に設立者は受入国の税制その他の利益を考慮するのだから、この利益を、会社と株主の保護が株主の国籍国以外の国に委ねられることから生じる危険とバランスさせても衡平を欠くとはいえない。衡平を根拠にベルギーの原告適格を認めることはできない(paras.85-101)。

5　当事者適格を否認したので、事件のその余の側面につき判決することはない(para.102)。

【論点】1　第2段階判決は、その導入部分で国際社会全体に対する義務と外交的保護の分野で他の1国に対して生じる義務とを区別する必要性を強調した。この意図は、後者の義務違反につき請求を提出できるためには請求国は自国の権利が侵害されたことを示さなければならないとする点にあった。もっとも本判決はしばしば、その保護にすべての国が利益を有する「国際社会全体に対する義務」という概念を認めた先例として援用される。現行の一般国際法上、民衆訴訟は認められていないとする南西アフリカ事件判決〔⇒144〕があるが、国際社会全体に対する義務という概念はジェノサイド条約適用事件判決で承認され〔⇒147〕、国家責任に関する国際法委員会の検討作業でも被害国の概念に反映されるなど次第に定着しつつある。実際ICJは、訴追か引渡しかの義務事件判決〔⇒128〕で、拷問禁止条約規定の対世的義務(obligation erga omnes partes)としての性格を認めて直接被害国以外の条約当事国の当事者資格を認めた。

2　本件では法人に対する外交的保護権と株主に対するそれとの関係が争点となった。株主固有の権利が直接侵害される場合には株主の本国が外交的保護権を行使できることは本判決も一般論として認めたといえるが、この問題は本件の争点ではなかった。本件では国際違法行為により会社の権利が侵害された場合に株主の本国に外交的保護権が認められるかどうかが争点となった。判決は、法人の権利と株主の地位を峻別する国内法制度を重視する立場から、右の場合法人の外交的保護権は法人の本国にあり、確立した国際法規則によれば法人の本国とは法人の設立準拠法国および登記事務所所在国だとした上で、ノッテボーム事件判決〔⇒124〕が提示した「真正な連関」という基準は法人の外交的保護については一般的支持を得ていないと判示した。もっとも本件ではカナダとBT社の結合は多面的・持続的であり、真正な連関に関する判決の言及は不必要だったとする意見(ペトレン=オネヤマ裁判官)があるほか、個別意見や反対意見の中には、判決は国内法上の法人と株主の区別(権利と利益の峻別)に依拠し過ぎているが、国家の外交的保護権は自国民を通じて国家自身が被った侵害に対する請求であるから、法人の自国性(national character)の決定につき国

家は設立準拠法や登記事務所の所在といった形式的連関だけでなく主張される侵害行為の態様や会社と株主の結合型態により他の連結要素も考慮できる(リップハーゲン裁判官)、国民経済が実際に悪影響を受ける国が訴訟を提起する権利をもつ(グロ裁判官)、または外交的保護権を行使できるためには請求国との間に実質的な連関が存在しなければならない(フィッツモーリス、ジェサップ、パディラ・ネルヴォ裁判官など)とする見解が相当数表明された。

判決は前述の視点から会社に対してなされた違法行為により株主の「利益」に影響が及んでも株主本国には違法行為の救済を求める外交的保護権はないとする立場をとったが、国内法の類推から2つの例外的場合にのみ「法人のヴェールを剥ぐ」可能性を認めた。しかし、裁判所が指摘する例外事由、すなわち、①会社の存在停止と、②会社本国の外交的保護能力の欠如はともに本件では認められないとした。その際、会社の消滅についてはBT社の事実的要素よりも形式的法的存在を重視しており、この点には批判的見解もある。他方、個別意見の中には敵産管理や国有化の際の先例や国家実行を分析して、株主の本国が直接外交的保護権を行使できるとする見解もあったが、判決は、これらの分野での例は一般法というより特別法だとみなした(なおシシリー電子工業会社事件参照〔⇒127〕)。株主本国の外交的保護権については、判決の立場に対して、国際違法行為を行った国が会社の設立準拠法国である場合などのほかにも一定の事情があれば国は自国民たる株主のために外交的保護権を有するとする見解(ジェサップ裁判官)や、国際法は財産、権利、利益の間に明確な区別を設けておらず、株主の地位を全体として保護法益と認めて外交的保護の対象とみなせるという見解(田中裁判官)も表明されている。またこれと関連して個別意見では国籍継続原則の適用可能性についても言及がなされた。法人または組合の外交的保護権に関するその後の国際法の発展については、国際法委員会が2006年に採択した外交的保護条文ならびにディアロ事件判決〔⇒120〕を参照されたい。

3 ICJ規程第36条5は、PCIJ時代の選択条項受諾宣言は特別の宣言なしにICJの管轄権受諾宣言とみなされる旨を定める。航空機撃墜事件判決は、この第36条5が国連の原加盟国にしか適用できないとする解釈をとった。他方本件の管轄権判決は、ICJ規程第37条についてはPCIJの解散の前後を問わず、すべての国連加盟国に等しく適用されるとする解釈をとった。この解釈には批判的意見もある。

【参考文献】
波多野里望『高野判例』、平覚『宮崎基本判例』、川岸繁雄『ケースブック』、安藤仁介『セミナー』、筒井若水『判決・意見Ⅰ』、小城剛『法学新報』78巻1-3合併号(1971)、位田隆一『百選Ⅰ』、川﨑恭治『百選Ⅱ』、玉田大『基本判例50Ⅰ』、広瀬善男「会社の外交的保護」『明治学院論叢 法学研究』187号(1972)、川岸繁雄「株主の外交的保護」『神戸学院法学』5巻4号、6巻1号(1975)、内ヶ崎善英「外交的保護と株主の概念」桐蔭法学7巻2号(2001)。

(薬師寺　公夫)

126 インターハンデル事件(Affaire de l'Interhandel)

当 事 国　スイス v. 米国
裁 判 所　国際司法裁判所
判　　決　1959年3月21日(先決的抗弁)
出　　典　ICJ(1959)6

【事実】　1942年米国は対敵通商法に基づいて「ジェネラル・アニリン・アンド・フィルム社(以下、G.A.F.という)」の株式を接収した。米国によれば、同株式は実際には敵国ドイツの会社「イー・ゲー染料」が所有し、スイス会社「イー・ゲー化学」を通じてG.A.F.を支配していた。スイスによれば、「イー・ゲー化学」は、「イー・ゲー染料」と独・米開戦前の1940年6月に関係を終了し、「インターハンデル社(以下、イ社という)」と社名変更した。1945年スイス補償局の調査ではイ社とイー・ゲー染料との関連は見出せず、在スイスのイ社の資産は封鎖されなかった。1945年10月には米国の主張に基づいてスイス補償局によるイ社の資産の仮封鎖が行われたが、補償局の再調査でも、同社の敵性は認められなかった。

その後1946年にスイス・米・仏・英間でワシントン協定が結ばれ、在スイスドイツ資産の精算と在米スイス株式の封鎖解除が定められ、混合委員会が設置されて仲裁裁判を含む紛争処理方法が定められた。これに基づき1948年1月にスイス再審庁はイ社資産の封鎖を遡及的に取り消した。1948年5月スイスは、この決定とワシントン協定とを援用して米国にイ社資産の返還を求めたが、米国は同再審庁決定が米国での接収資産に対して効力を有さないと主張した。イ社自身も1948年10月に米国裁判所に提訴したが、訴訟の進展はみられなかった。この状況の中でスイスは、米国との外交交渉を試みたが成功せず、1956年に1931年スイス・米条約による仲裁もしくは調停またはワシントン協定に基づく仲裁による解決を提案した。しかし、1957年1月に米国はこれを拒否し、同時にイ社が米国での訴訟に最終的に敗訴した旨通知した。スイスは、1957年10月2日に選択条項受諾宣言に基づき、国際司法裁判所に在米イ社資産の返還および代替的に米国の仲裁または調停付託義務の宣言を申し立てた。米国は、4件の先決的抗弁を提出して、裁判所の管轄権を争った。

【判決要旨】　原告敗訴(先決的抗弁容認、管轄権否定)。

1　第1の先決的抗弁は、米国の選択条項受諾宣言が、「同日以降に発生する」紛争についてのみ管轄権を認めているところ、本件紛争は同宣言発効の1946年8月26日以前に生じており、裁判所は管轄権がない、とする。しかし、スイスがイ社株式について初めて米国に

返還要求を行ったのは、1948年1月のスイス再審庁の決定以後のことであり、それまでは両国間に本件に関する紛争はなかったと考えるべきである。紛争を生じさせるに至った事実や事態は、紛争自体と混同されてはならない。仲裁・調停への付託義務についても、米国がスイス提案を拒否したのは1957年1月である。第1抗弁を却下する（10対5）(pp.20-22)。

　2　第2の先決的抗弁は、スイスがもし被告なら、スイスは米国に相互主義を援用して、裁判所の管轄権受諾義務を免れるであろうから、相互主義に基づき本件においても裁判所に管轄権がない、とする。しかし、相互主義は、裁判所の管轄権をより広く受諾した国が他方当事国の行った管轄権受諾に対する留保を主張することを許すもので、ある国、本件では米国が、相手方当事国つまりスイスがそれ自身の宣言に与えていない制限を主張することまで認めることはできない（全員一致）(pp.22-23)。

　3　第4抗弁は管轄権に関連するので、受理許容性に関する第3抗弁の前に検討する。第4抗弁は国内管轄事項に関する抗弁である。抗弁 b)は、イ社の資産に関する米国の措置は米国の国内管轄権に属する、と言う。しかし、「資産」や「封鎖解除」の意味および戦時敵産の差押・留置のイ社への適用可能性の問題は、国際法、とりわけ交戦国と中立国の関係を規律する国際法の解釈の問題であって、この抗弁は認められない（10対5）(pp.23-25)。

　抗弁 a)は、米国が選択条項受諾宣言の際の留保により、イ社株式の米国による売却処分は米国の判断によれば本質上米国の国内管轄事項である、とする。しかし、この抗弁は株式の売却に限定されており、またこれに関する国内訴訟も再開されたため、次の第3抗弁の判断とも併せて、この抗弁は目的を欠いている（14対1）(pp.25-26)。

　4　第3抗弁は、イ社が利用しうるすべての国内救済を尽くしていない、との抗弁である。これにつき、米国最高裁は、1957年10月の移送令状（writ of certiorari）によりイ社の訴訟の権利を回復し、地裁に差し戻しており、現在訴訟係属中である。国際的手続が開始される前には、国内的救済が尽くされていなければならない、との規則は、確立した国際慣習法規則である(pp.26-27)。

　スイスは、イ社への措置が下級機関ではなく米国政府自身の行為であること、また米国裁判所は国際法適用権限がないことを理由に挙げて、この規則の例外を主張しているが、対敵通商法はかかる場合の救済を認めており、また米国裁判所も国際法とくにワシントン協定のような行政協定を適用する権限がある。さらにスイスは、再審庁決定は国際判決であり、本件はその履行を求める訴訟とするが、同庁決定がイ社の在スイス資産に関わるものであるのに対し、本件は在米資産を対象としており、まさに国内的救済完了の原則が適用される。第3抗弁容認（9対6）(pp.27-29)。

【論点】1　国際裁判は当事国の同意を前提とし、本件のように一方的提訴の場合は、先決

的抗弁として裁判所の管轄権が争われることが多い。米国は4つの先決的抗弁を提出した。先決的抗弁は1つでも認められれば、管轄権を排除するのに十分である。

2　本件で最も重要な論点は、国内的救済完了原則である。裁判所は、国内的救済完了原則が慣習国際法上十分に確立された規則と位置づけた上で、この原則の適用除外の可能性について、①侵害行為が下級裁判所ではなく政府自身による場合でも、それに対する国内的救済手続があるとき、②国内裁判所が、国際法を適用する権限のある場合、③自国民の権利侵害(イ社の株式接収)に起因して、国家の権利の直接の侵害があっても(スイス再審庁の決定の不履行および仲裁・調停付託義務違反)、請求の最終目的が自国民の権利保護である場合には、いずれもこの原則が適用されること、を明らかにした。しかし③については、国内的手続の完了と条約(ワシントン協定)違反とは別個の問題であるとする見解がある。また①について、スイスの本件提訴は、米国政府が行った米国での訴訟終了の通知に基づいているが、裁判所はこうしたスイスの立場を考慮しなかった。なお、この国内的救済完了原則の抗弁は、受理可能性の問題として扱われているから、この抗弁で裁判所の管轄権が否定されたわけではない。このように先決的抗弁についてはまず管轄権、ついで受理可能性を審理する順となる。

3　紛争発生期日に関して、判決は、紛争自体と紛争に至る事実および事態との区別を強調し、本件紛争は1948年5月にスイスが米国に在米イ社資産の返還を要求し、同年7月に米国が拒否したことにより発生した、とした。

4　選択条項受諾宣言に関する相互主義の効果について、裁判所は、より広い管轄権を認めている国が、制限的な管轄しか認めていない国に対してその制限を主張することはできるが、その逆は認められない旨、明確に判示した。

5　本質上国内管轄権内にある事項と米国自身が判断する旨の留保、いわゆる自動的留保の有効性について、裁判所は判断を示さなかった。この抗弁は仮保全措置段階でも主張されたが、そこでも判断を避けた。反対・個別意見(ローターパクト、クレスタッド、アルマンド・ウゴン、スペンダー)では、自動的留保を無効とするものがある。

6　敵性財産の処理は国内管轄事項との抗弁につき、裁判所は、戦時の敵性財産の差押・留置という「行為」の性質ではなく、「財産」自体の性質が問題であることを判示した。

【参考文献】
高野雄一『高野判例』、太寿堂鼎『ケースブック』、広部和也『判決・意見Ⅰ』、木村實『百選Ⅰ』、加藤信行『百選Ⅱ』。

(位田　隆一)

127 シシリー電子工業会社事件(Case concerning Electronica Sicula S.p.A. (ELSI))

当　事　国　米国v.イタリア
裁　　判　　所　国際司法裁判所(特別裁判部)
判　　　　決　1989年7月20日
出　　　　典　ICJ(1989)15

【事実】　シシリー電子工業会社(ELSI)はイタリアで設立された会社で電子部品を生産していた。米国のレイソン社とその子会社のマクレット社(米両社)はELSIの株式を事件直前の1967年には100%所有していた。経営状況の悪いELSIを建て直すために米両社は一部労働者の解雇を行い、これによりストライキ・工場占拠が行われた。68年3月の段階でELSIは「正常な清算」をすることがイタリア法上可能だとしたが、イタリア政府は破産申請義務があるとした。同月、財政危機を認識したELSI取締役会は同社の活動停止を決定し、労働者の解雇通知が行われた。このような状況下で、4月にパレルモ市長はELSIの工場と関連施設の6カ月の徴用命令を出した。これに対しELSIは、徴用命令により工場の管理権を失い、負債の支払不能に陥ったとして破産申立を行い、5月に破産決定がなされ、競売でイタリア政府系の電気通信会社(ELTEL)により廉価で購入された。破産の処理手続は85年11月に終了したが、その資産はELSIの見積よりはるかに少なく、その大部分は銀行、労働者等の債権者に支払われ、株主の米両社には何ら支払われなかった。他方、ELSIはパレルモ市長の徴用命令に対し、68年6月に行政審査請求を行い、翌年8月にパレルモ知事は徴用命令を無効とし、この判断は大統領によって支持された。70年4月に破産管財人はイタリア内務大臣とパレルモ市長に対し徴用から生じた損害賠償を求める訴訟を提起し、控訴審では逸失利益の一部が認められ、75年に破棄院でもこの判決が支持された。

　87年に米国は米伊友好通商航海条約(以下、「条約」という)第26条の裁判条項を根拠に、イタリアによるELSIの工場と資産の徴用により生じた紛争の訴状を国際司法裁判所に提出し、特別裁判部での審理を要請し、イタリアが同意した。

【判決要旨】1　イタリアは米両社が国内救済を尽くしていないので、本件は受理できないと主張した。これに対し米国は「条約」の裁判条項が国内救済規則に言及していないので本件にはこの規則は適用しないとするが、裁判部は、慣習国際法の重要な規則が、それを排除する意思を明示する文言がないときに、暗黙のうちに排除されたとみることはできない。さらに、本件は米国自身の「条約」上の権利侵害の宣言判決を求めるもので国内救済規則の適用はないと米国は主張したが、裁判部は、本件において主張された「条約」違反の紛争が米両社について主張されたものとは異なる独立の紛争とはみることができない。米国はまた、

イタリアが外交交渉中に国内救済完了に関する抗弁をしなかったことはエストッペルを構成すると主張するが、漫然とした外交上の意見交換における特定の問題への不言及からエストッペルを引き出すのは困難である。以上から本件には国内救済規則が適用される。本件で米両社が受けたとされる損害はELSIの資産の徴用命令から生じた。国内救済はELSIのみが行いうるものであり同社は県知事に徴用命令の不当性を訴えた。同社の破産後は国内救済の追求は破産管財人の任務となりパレルモ市長等を訴え、控訴審、破棄院で一部が認められた。イタリアの裁判所に提起された請求の実体は本質的に米国が本裁判部に提起した請求そのものである。したがって、国内救済がなお尽くされていないとすればそれはイタリアが立証しなければならない。これまでの訴訟では「条約」は言及されなかったが、それは米両社によってではなく破産管財人によって争われたからである。国内救済の規則は、国内裁判とは異なる当事者間に異なる規則を適用する国際裁判に適合する形式と議論により国内裁判所で請求が行われることを要求はしない。請求の本質部分が権限ある裁判所に提出され、国内法と国内手続が認める限り追求され、そして請求が認められなければ十分である。イタリアは米国会社が国内裁判所に訴訟を提起できたとするが、それを立証するのはイタリアの責任でありイタリアはそれを果たさなかったと考える(paras.50-63)。

2 米国は、違法な徴用により資産を正常な形で清算する株主の固有の権利が害され、「条約」第3条2項の、各締約国の国民・会社は他の締約国の会社を組織し、支配し、経営することが認められなければならない、という主旨の規定に違反すると主張した。徴用措置は会社を支配し経営する権利の最も重要な部分の行使を妨げたことになる。国内法令に従う旨の規定が存在しても、国内法に合致した行為が条約違反となる可能性を排除するものではなく、条約上の権利が侵害されたか否かは条約の意味と目的に照らして具体的に検討する必要がある。しかし事実認定によれば、米両社が徴用により奪われたとする正常な清算処理の可能性は推論に過ぎず、裁判部はイタリアによる「条約」第3条2項の違反に相当するものを見出すことはできない(paras.64-101)。

3 「条約」の第5条1・3項は、締約国の国民は相手国において身体、財産について不断の保護と安全を受け、国際法によって要求される完全な保護と安全を受け、それは内国民待遇と最恵国待遇を含むと規定していた。米国によれば、イタリアはELSIの労働者による工場の占拠を黙認することにより資産の低下と清算作業を妨げ、これらの規定に違反した。第5条1項の「財産」は株主の場合、「株式そのものを越えて会社やその資産に及ぶかどうか疑問がありうるが、裁判部は本条の規定によって保護される『財産』は徴用の対象となった工場と施設ではなく、ELSIの実体そのものであるという米国の主張の基礎に立ち問題を検討する」。証拠によれば、占拠がELSIの利益を著しく害したと認められず、当局が与えた保護が国際法、最恵国待遇、内国民待遇を下回ったことは証明されなかったと判断する(paras.102-112)。

4　「条約」第5条2項は締約国の国民、会社の財産は相手国において正当な法の手続と正当で実効的な補償の迅速な支払なしには収用されない、と規定していた。米国はイタリアの徴用とその後の行為が偽装された収用であると主張した。「条約」の収用が偽装された収用を含むとしても、厳密に言えば米両社がその株式を保有するだけのイタリア会社の収用をも含むか否かがなお問題であるが、本条約に付された議定書が、「条約」第5条2項の規定は国民、会社が直接、間接に有する利益にも及ぶとしている。しかし、最も重要な要素であるELSIの財政状況と工場の閉鎖等についての株主のその後の決定を無視して、最終的な結末がイタリア当局の作為と不作為の結果であったとは簡単には言えない(paras.113-119)。

5　追加協定第1条は、締約国の国民、会社は他の締約国において、とくに①そこで設立または獲得が認められた企業の実効的支配および経営を妨害するか、または②このような企業や投資により合法的に得られた権利や利益を害することになる恣意的または差別的措置に服さないとしており、米国はイタリアの徴用措置は①②に反すると主張する。追加協定第1条は「とくに」と述べているので、徴用それ自体が恣意的あるいは差別的行為であったか否か検討しなければならない。ある行為が国内法上違法であってもそれが直ちに国際法上の違法を意味するものではない。裁判部は、市長の徴用命令を無効とした知事の決定やそれを検討したパレルモ裁判所や控訴院裁判所の判断は市長の行為を恣意的であったとするものではないと判断する(paras.120-130)。

6　「条約」第7条は締約国の国民、会社は相手国において不動産またはそれに関連する利益を取得・所有・処分することが許されると規定し、米国はイタリアの行為はこれに違反すると主張する。「不動産またはそれに関連する利益」は米国の会社がイタリアの系列会社を通じて有する間接的な所有をも含むかという問題があるが、裁判部は含むとする米国の主張が「条約」の一般的な目的により適合するので、共感できる。しかし、米両社の有するELSIの財産の処分権を奪ったのは徴用ではなく不安定なELSIの財政状態であった(paras.131-135)。

以上により裁判部は、イタリアが提起した受理可能性の抗弁を却下する。また、イタリアは米国により主張された「条約」と追加協定のいかなる違反も犯さなかったと判断する。したがって米国のイタリアに対する損害賠償請求を棄却する(para.137)。

【論点】1　本判決は国内救済規則について次の重要な判断を示した。①国内救済規則は黙示的には排除できない、②条約違反の申立であっても実質的に私人の請求を取り上げる場合は国内救済規則が適用される、③国内救済の規則は請求の本質部分が権限ある裁判所に提出され、追求され、認められなければ十分であり、国際裁判に適合する形式と議論により請求される必要はない、④③以上に国内救済の道が開かれていると主張する場合は主張する側が挙証責任を負う。このうち③と④について、国際法と国内法と構造が異なることから③の定式が一般的には成り立つが、後述のように本件では会社の権利と株主の権利と

の区別が重要となるので、会社およびその破産管財人による救済手続で足りるとされうるかどうか、また④のように株主自身による救済の可能性については可能とするイタリアに挙証責任を負わせてよいかが問題となりうる。

2　本件の最大の争点であり問題点は、イタリアのシシリー電子工業会社に対してとられた措置により侵害された米国民株主であるレイソン社とマクレット社の利益が一般国際法および通商条約を根拠に外交的保護権によりどこまで保護されうるかである。バルセロナ・トラクション事件判決〔⇒125〕で国際司法裁判所(ICJ)は、会社に対する不法行為が株主に損害を与えても、株主の固有の(国内法上の)「権利」を侵害しない限り株主に対する外交的保護権は生じないとした。ディアロ事件先決的抗弁判決〔⇒120〕でICJは、ディアロ氏が実質上単独の出資者であり業務執行者となっていた組合形式の有限責任会社の場合にも、会社に対する外交的保護権は会社の国籍国にあるとした。この事件では一般国際法の適用が問題となり、裁判所は、会社や株主の取扱に関して国際法が独自の規則を確立していないため国内法が参照されなければならないとし、国内法上の権利を問題とした。しかし、本件では「条約」と追加協定により保護される権利・利益が問題となった。裁判部は会社と株主の保護法益を区別する立場に立ちながらも、①「条約」第5条1項の「財産」が「株主の場合に株式そのものを越えて会社やその資産に及ぶか疑問がありうる」とか、②「条約」第7条の「不動産またはそれに関連する利益」が米国の会社自身が所有する不動産ではなく、その会社がイタリア系列会社を通じて有する間接的な所有も含むかという問題があるが含むとする説に共感できる、などと曖昧な表現を使い、他方で、③米両社の有するELSIの財産の処分権を奪ったのは徴用ではなく不安定なELSIの財政状態であったと事実認定を行い、保護法益の存在を否定することにより、本件の最大の争点に明確な法的判断をすることを回避したと考えられる。

3　これに対し小田裁判官は個別意見で、バルセロナ・トラクション事件判決を引用し、会社の権利と株主の固有の権利の区別という法の一般原則を「条約」と追加協定は修正しておらず、それらによっては株主の固有の権利は保護されないと解する。その上で、「条約」には一方の当事国の国民により他方の当事国において組織し参加し支配する会社には最恵国待遇と内国民待遇が与えられる旨を規定した条文があるので、これにより米国は米国民の支配するイタリア会社(ELSI)の保護を求めるべきだとする。

【参考文献】
関野昭一『判決・意見Ⅱ』、杉原高嶺「判例研究ICJ」90巻1号、内ヶ崎善英『百選Ⅰ』、西村弓『百選Ⅱ』、小田滋「通商条約における外資系会社」『ジュリスト』958号(1990)、中谷和弘「シシリー電子工業株式会社事件と国際裁判に関する若干の考察」『法学協会雑誌』109巻5号(1992)、萬歳寛之「国家責任法における個人損害」『国際経済法と地域協力』(信山社、2004)97-131頁。

(佐分　晴夫・薬師寺　公夫)

128 訴追か引渡しかの義務事件(Questions concernant l'obligation de poursuivre ou d'extrader)

当　事　国　ベルギー v. セネガル
裁　判　所　国際司法裁判所
命令・判決　(a)　仮保全措置命令　2009年5月28日
　　　　　　(b)　判決　2012年7月20日
出　　　典　(a)　ICJ (2009) 139　(b)　ICJ (2012) 422

【事実】　チャドのアブレ元大統領は、その大統領在職期間(1982-90年)に拷問行為や非人道的な取扱いによる大規模な人権侵害を行ったとされ、2000年、被害を受けたと主張するチャド国民及びベルギーとの重国籍者が、アブレの亡命先のセネガルとベルギーの国内裁判所でアブレを告訴した。セネガルのダカール控訴裁弾劾部は、同年7月、セネガル法では人道に対する罪の処罰規定がなく、外国人が外国で行った拷問行為への裁判権の行使が認められていないことを理由に請求を退けた。他方、ベルギーでは、2005年に予審判事が人道に対する罪や拷問罪などを理由に国際逮捕状を発布してセネガルにアブレの身柄引渡しを求め、セネガル当局もアブレを逮捕したが、国家元首の任務遂行過程での行為については裁判権を免除するというダカール控訴裁弾劾部の決定により引渡手続は停止した。その後セネガルは問題をアフリカ連合(AU)に付託し、2006年にはAU首脳会議の決議に従って国内法を改正したが、本件の刑事手続は進まなかった。

このためベルギーは、2009年2月19日、拷問等禁止条約(以下、「条約」)30条と裁判所規程の選択条項受諾宣言(ベルギーは1958年6月17日、セネガルは1985年12月2日に受諾)を管轄権の根拠として、セネガルがアブレについて刑事手続を開始する義務を負うこと、訴追しない場合にはアブレをベルギーに引き渡す義務をセネガルが負うことを確認することを求めて提訴した。また、提訴直前にセネガル大統領がアブレの出国を容認したとして、ベルギーは、提訴と同時に、最終判決までの間アブレをセネガル当局の監視下に置いてセネガルから出国させないようにする仮保全措置の指示を裁判所に要請した。

【命令・判決要旨】(a) 1　仮保全措置は、原告が依拠した条項が裁判所の管轄権の根拠を一見して(prima facie)構成していれば指示し得る(para.40)。両当事国とも「条約」を批准しており(ベルギーは1999年6月25日、セネガルは1986年8月21日)、提訴時に「条約」の解釈適用に関する紛争が存在していた。「条約」30条1項にいう2つの要件(交渉で解決できないことと、仲裁要請から6か月以内に仲裁組織について当事国間で合意に達しないこと)は、ベルギーの交渉の試みが結果を伴わず、また2006年6月20日付ベルギー口上書が仲裁の明瞭な申込みで、これに触れた2007年5月8日付ベルギー口上書をセネガルが受領していることから、いずれの要件

も充足される。したがって、裁判所は30条での管轄権を一見したところ有する (paras.46-54)。

　2　仮保全措置の指示権限は、判決までの間、各当事国の権利の保全を目的としており、「要請された仮保全措置と本案に関して裁判所に係属した訴訟の主題である権利との間に関連性が確立されなければならない」。そして、当事国が主張する権利が「少なくとも蓋然性を有する (appairaissent au moins plausibles)」のであれば、裁判所は仮保全措置を指示し得る (paras.56-57)。本件でベルギーの主張する権利は、「条約」の解釈の範囲内に基礎づけられており蓋然性を有する。アブレがセネガルを出国すればベルギーの主張する権利に影響を及ぼしかねないため、裁判所は仮保全措置を指示し得る (paras.60-61)。

　3　仮保全措置を指示し得るのは、緊急性がある場合、つまり「回復しがたい侵害により係争権利に生じる現実の急迫した危険が存在する場合」だけである (para.62)。口頭弁論でセネガルはアブレの出国を認めないと公式に宣言し、ベルギーも自国が主張する権利に回復しがたい侵害の危険の存在は明らかではないことを認めている。したがって、仮保全措置を指示しなければならない緊急性は存在しない (paras.68-73)。以上から、本件では裁判所が仮保全措置の指示権限を行使する状況にはない。

　(b) 1　紛争は、一方当事者の主張に他方が積極的に異議を唱えることで存在する。その認定は客観的に行われ、事実に基づき実体的に判断される。紛争は原則として提訴時に存在していなければならない (para.46)。「条約」5条2項 (裁判権設定) の解釈適用に関する紛争は提訴時に終了していたので管轄権はない (para.48)。6条2項 (予備調査) 及び7条1項 (事件付託) の義務違反についてはセネガルが積極的に異議を唱え、現在まで紛争が存在する (para.52)。引渡し義務をめぐる慣習国際法上の紛争は提訴時には存在しなかった (para.55)。30条1項の要件も充たされていることから、裁判所は6条2項及び7条1項の解釈適用に関する紛争を扱う管轄権を有しており、選択条項受諾宣言に基づく紛争について管轄権の問題を判断する必要はない (paras.56-63)。

　2　「条約」の趣旨・目的によれば、締約国は、共有された価値の観点から、拷問行為の防止及び処罰の確保を共通利益とする。予備調査義務と事件付託義務は自国領域内での被疑者の存在で発生し、他の「条約」締約国はすべて被疑者所在地国の当該義務の履行に共通利益を有するのであり、この共通利益は、問題の義務が他の「条約」締約国すべてに負う義務という「条約締約国間の対世的義務 (obligations *erga omnes partes*)」であることを意味する (para.68)。「条約」上の関連義務の遵守という共通利益により、「条約」締約国はいずれも他の締約国に違反の停止を請求する権利を有する。したがって、6条2項及び7条1項に基づくベルギーの請求は受理可能である (paras.69-70)。

　3　予備調査の義務履行には被疑者の関与を示す事実の収集や他国との協力が必要で、その手段の選択は締約国に委ねられるが、被疑者が領域内にいることが判明すれば速やか

に手続がとられなければならない。そうしたことを示す資料は提出されておらず、セネガルは6条2項の義務に違反した(paras.83-88)。

4　7条1項の義務は事件を付託する義務で、引渡請求の有無と無関係である。「条約」上、引渡しは被疑者所在地国の選択の問題だが、訴追は国際義務であり、その違反は国家責任を引き起こす違法行為である(paras.94-95)。時間的管轄権について、拷問禁止は慣習国際法であり、強行規範となっているが、「条約」上の訴追義務は、条約法条約28条(条約の不遡及)や、「条約」の起草過程、拷問等禁止委員会の判断で確認されるように、「条約」発効前の行為には適用されない(paras.99-101)。また、セネガルの7条1項違反というベルギーの主張については、ベルギーが「条約」締約国となった後の2000年以降のセネガルの行為を援用しているので責任の追及は可能であり、これは6条2項違反の場合も同様である(paras.102-103)。セネガルの義務の実施に西アフリカ諸国経済共同体(ECOWAS)司法裁判所の決定は影響を与えず、財政上の困難もAUへの問題付託も手続の遅延を正当化しない。条約法条約27条により、セネガルは自国の国内法も国内裁判判決も義務違反の正当化のために援用できない。7条1項の義務は「条約」の趣旨・目的と合致して合理的な期間内に実施されるが、セネガルは、最初にアブレが告訴された2000年には義務実施に必要なあらゆる措置を速やかにとるべきであったのに、その不作為により7条1項義務に違反している(paras.112-117)。

5　セネガルは6条2項及び7条1項違反により国際責任を負い、国家責任に関する一般国際法に従って継続的違法行為を中止しなければならない。セネガルは、アブレを引渡さない場合は、訴追のため権限ある当局に遅滞なく事件を付託しなければならない(para.121)。

【論点】1　本件仮保全命令では、本案権利の存在が「蓋然性」を有していなければならないとされた。当事国が主張する権利が「少なくとも蓋然性を有する」という定式化がなされたのはこの仮保全命令が初めてで、その後の仮保全命令で踏襲されている(プレア・ビヘア寺院事件解釈請求事件〔⇒38〕など)。仮保全措置の目的拡大による要請の濫用への歯止めのため裁判所が指示要件の厳格化を図ったものだが、その内容の不明確さや適用の不確かさなどからその効果はなお限定的である。

2　本件判決では拷問禁止が慣習国際法であり、しかも強行規範であるとされた。2000年代から裁判所では特定の規範を強行規範とする判例がみられ(コンゴ対ルワンダ武力行動事件、コソボ独立宣言事件〔⇒10〕、国家の裁判権免除事件〔⇒26〕)、この判決もその延長線上にあるが、強行規範の論証がなされておらず、慣習国際法との関係も不明確である。

3　ベルギーの当事者適格について、裁判所は、共通利益を実現するという「条約」では問題の義務はすべての締約国に課されており、その義務違反に対して他のいかなる締約国も当該違反行為の中止を求める権利を有するという「条約締約国間の対世的義務」という概

念に基づきベルギーの当事者適格を正当化した。対世的義務はバルセロナ・トラクション事件〔⇒125〕以降、いくつかの判例でも言及されてきたが(東ティモール事件〔⇒142C〕、パレスチナ占領地における壁構築の法的効果〔⇒165〕)、「条約締約国間」に限定した対世的義務への言及は本件が初めてである。強行規範違反の行為防止を共通利益とした「条約」の特殊な性格からこの対世的義務を認めたICJの立論に対しては、手続的には国家通報手続で義務不履行の追及は足り、裁判条項への留保も認められている(30条2項)ことから、すべての締約国に責任を追及する権利が認められているわけではないという批判がある。

　4　裁判所は、条約義務が対世的な性格であれば、条約締約国はその地位にあるというだけで当該義務の違反についてその中止を違反国に求める資格を有すると判断した。判決理由では国家責任条文第48条には明示に言及されていないが、実質的には同条に規定されている「被侵害国以外の国による責任の援用」を認めたものである。本件の「条約締約国間の対世的義務」について、裁判所が拷問の禁止を強行規範と認定したことを強調して同条1項(b)の「国際社会全体に対して負う義務」とする見解もあるが、拷問等禁止条約第6条2項と第7条1項を条約上の義務としてその違反が認定されていることからすると、ここでは多数国間条約の全締約国に対する義務であり、国家責任条文第48条1項(a)の「国の集団に対して負う義務」に該当する。

【参考文献】
酒井啓亘『百選Ⅱ』、竹内真理『基本判例50Ⅱ』、篠原梓『判決・意見Ⅳ』、同『判決・意見Ⅴ』、玉田大「国際司法裁判所　引渡又は訴追義務の問題に関する事件」『岡山大学法学会雑誌』59巻1号(2009)、渡辺豊「引渡か訴追かの義務に関する事件」『新潟大学法政理論』46巻2号(2014)、水島朋則「拷問禁止条約における当事国間対世義務と普遍管轄権について」『名古屋大学法政論集』255号(2014)、萬歳寛之『国際違法行為責任の研究』第7章(成文堂、2015)。

(酒井　啓亘)

第11章

環境の保護

第1節　越境環境損害　　　　　　536
第2節　環境汚染の予防　　　　　　541
第3節　環境保護と貿易・投資　　　552

第1節　越境環境損害

129　トレイル溶鉱所事件(Trail Smelter Case)

当　事　国　米国／カナダ
裁　判　所　仲裁裁判所
判　　　決　(a) 中間判決 1938年4月16日
　　　　　　(b) 最終判決 1941年3月11日
出　　　典　3 RIAA 1907

【事実】　1896年、米国との国境付近のカナダ領トレイルに溶鉱所が建設された。同溶鉱所は、鉛および亜鉛を精練していたが、その過程で亜硫酸ガスも発生させていた。1906年から同溶鉱所を運営しているカナダの民間会社は、生産量の増大を狙って1925年と1927年に2つの高い煙突を建設したが、それにより亜硫酸ガスの発生量も増加した。その結果、米国ワシントン州の農作物や森林に損害が生じたとして、1927年、米国はカナダに正式に抗議を行った。1909年の米英国境水条約第9条に基づき、1928年、事件は国際合同委員会に付託された。同委員会は1931年に、翌年1月1日までの損害は35万ドルであると算定して、同会社に対して賠償金の支払と亜硫酸ガス削減装置の設置とを勧告する報告書を満場一致で採択した。しかしながら米国は、それでもなお不十分であるとして、1933年にカナダとの交渉を再開した。結局、1935年に両国間で特別合意が成立し、「トレイル溶鉱所の操業から生じる問題の解決のための協定」(以下、「協定」という)が締結され、事件は仲裁裁判(ホスティー〈ベルギー〉裁判長、ウォーレン〈米国〉、グリーンシールズ〈カナダ〉の各裁判官)により解決されることになった。「協定」第3条に基づき、裁判所は次の4点につき決定を求められた。①溶鉱所がワシントン州に引き起こした損害は、1932年1月1日以降も生じているか、また生じているとすれば、それに対してどのような賠償が支払われるべきか。②前述の損害が生じている場合には、溶鉱所は将来も損害発生を慎むよう要求されるか、また要求されるとすれば、それはどの程度か。③②の回答に鑑み、溶鉱所はどのような措置またはレジームをとるべきか。④②、③に従い溶鉱所が下した決定を理由として、どのような賠償または補償が支払われるべきか。他方、第4条によれば、裁判所は、国際法とともに同種の問題を処理する際に米国でとられている法と慣行を適用すること、またすべての関係当事者にとって正当な解決に到達するという両国の願望に考慮を払うこと、とされていた。当初は、1938年に裁判所はすべての判断を下すはずであったが、十分な科学的データがそろうまで最終的判断は差し控えたいとの裁判所の意向を両当事国が受け入れた結果、判決は1938年と1941年の2回に分けて行われることになった。裁判所は、1938年の中間判決で、1932年から37年までの間に損害が発生したとして、それに対して7万8,000

ドルの支払をカナダに命じるとともに、損害防止のための暫定的レジームを決定した。また1941年の最終判決では、越境汚染損害を防止する領域国の義務が慣習国際法上存在すると明言するともに、将来の損害防止のための恒久的レジームを決定したが、1938年以降は損害の発生はなかったと判断してそれに対する賠償の支払は認めなかった。

【判決要旨】(a)1　米国がカナダに対して請求した7つの損害賠償項目のうち、賠償が認められるのは、1932年1月1日以降1937年10月1日までの間に発生した①開墾地およびそこにおける改良工事、②未開墾地およびそこにおける改良工事、に対する損害のみである。かかる損害額の算定のために、裁判所は、米国裁判所が同種の事件で用いている方法を採用する。結論として、7万8,000ドルの賠償金がカナダから米国に支払われなければならない。また、その賠償金には、判決の日から実際の支払日までの間、年6分の利息が課されうる。③家畜および⑦商企業に対する損害は、それらの損害と溶鉱所からの煤煙との因果関係が明確でない。④ノースポート町における財産に対する損害については、その損害の立証が不十分である。⑤主権を侵害して米国に対してなされた違法行為に関する損害については、その項目の下で請求された米国の調査費用は、「協定」第3条の「トレイル溶鉱所によって引き起された損害」には該当しない。⑥35万ドルの賠償金に対する未支払の利子に関する損害についても、賠償義務の不履行はなかったため、それに対する賠償は認められない。本判決は、これ以降、本裁判所による変更または修正に服することはない(pp.1924-1933)。

　2　最終判決があるまで、溶鉱所は損害の発生を自制しなければならない(p.1934)。

　3　情報不足のため、溶鉱所の操業に対する恒久的レジームは現時点では決定できないので、暫定的レジームのみを定める(p.1934)。

　(b)1　米国は、1932年1月1日から1936年6月30日までの間に自国が支出した費用［上記賠償項目⑤］に関する裁判所の決定を再考するよう要請したが、この点に関して裁判所が最終的回答を与えようと意図していたことは疑いがない。そこで、第1の問題は、中間判決のこの判断が既判力を有するかである。「協定」は、国際法を排除してまで米国の法と慣行を適用することは求めておらず、その上、米国の法と慣行は、「同種の問題」すなわち生活妨害(nuisance)に関する法についてのみ採用されることになっている。したがって、既判力およびその例外の問題は、国際法により規律されることになる。既判力は、本質的かつ確立した国際法規則である。本件では、既判力認定のための伝統的3要素(当事者、目的、訴因)が同一であるので、既判力が存在することは疑いがない。また、米国は、中間判決が調査費について法の実質的誤認を犯したという理由で再審を求めているので、本裁判所のように、明示的に再審を行う特別の権限が与えられていない場合に再審を行えるかが第2に問題となる。この問題に関して、先例は不統一であるが、中間判決はすべての問題に

最終的な回答を与えたわけではなく、したがってまだ裁判所はその任務を終えてしまったわけではないので、再審権は否定されていないと判断する。第3の問題は、本件において再審が許容されるべきかであるが、米国が主張するような法の単なる誤認は、国際法上、再審理由とはされていない。重要なのは、関連条約の見落しまたは終了した条約への判決の基礎づけ等の、法の「明白な(manifest)」誤認が存在したかどうかであり、米国が主張する特別合意の解釈の誤りは、「明白な」誤認とは言えない。以上の理由から、米国の申立はしりぞけられなければならない(pp.1948-1957)。

2　1937年10月1日以降1940年10月1日までの間に、作物や樹木その他に引き起された損害は立証されなかった。他方、同期間中の米国の調査費についてみてみると、「協定」第13条によれば、両国政府は本訴訟に関する費用を各自支払うことになっており、事件の調査、訴訟準備、立件のために米国が支出した費用は、それがいかなる性質のものであれ、「協定」発効後はこれを訴訟提起費用と認める。米国は、調査費は、作物や樹木に対する損害と同じく損害を被った結果であると主張したが、損害を被った結果を改善するための費用と、損害の存在、原因、範囲を確定するための費用とは根本的に異なる。さらに、国家が自国民のために私的請求を取り上げて国際訴訟を提起する時、当該国民が国内裁判で要した費用をその請求の中に含ませることはあるが、政府自らがその立件の準備のために要した費用を請求したり、その請求が認められたりした例はない。以上より、前記期間中には損害は発生しておらず、したがって損害賠償は認められない(pp.1957-1962)。

3　溶鉱所が将来的に損害発生を(どの程度)慎むよう要求されるかという問題の回答が、米国法に基づくべきか国際法に基づくべきかは、ここでは解決される必要はない。なぜなら、大気汚染の問題において州の準主権的権利を処理する際に米国の従ってきた法は明確であり、また国際法の一般的諸規則に合致しているからである。この問題、ならびに溶鉱所がどのような措置をとるべきかという問題に関して結論するにあたり、裁判所は、「すべての関係当事者にとって正当な解決に到達する」という両国の願望を考慮した。大気汚染や、それに最も類似した水汚染の問題を扱った国際裁判は存在しないが、両方の汚染に関して、米国最高裁判所の一定の判決が、国際法のこの分野における指針として正統にみなされうる。と言うのは、最高裁判所が連邦の州際間の紛争または州の準主権的権利に関する紛争を処理する際に確立した先例は、国際法上それに反対する規則が優勢とならず、かつそれを排除する理由が米国憲法に内在する主権に対する制限から何ら示されえない場合には、国際的な事件においても類推によりその先例に従うことは合理的だからである。米国法の諸原則と同様、国際法の諸原則の下では、事件が甚大な結果をもたらしその損害が明白かつ説得的な証拠によって立証される場合には、いかなる国も、他国の領域・財産・人身に対し煤煙による損害を惹起するような方法で自国領域を使用したりその使用を許し

たりする権利を有しない。事件の諸事情に鑑み、裁判所は、カナダ自治領は溶鉱所の行為に対して国際法上責任があると考える。したがって、「協定」における約定はさておき、本判決において決定されるようなカナダ自治領の国際法上の義務に溶鉱所の行為を合致せしめるよう注意を払うことは、カナダ自治領政府の義務である。コロンビア河峡谷の現在の状況が続く限り、溶鉱所はいかなる損害の惹起をも慎まなければならない。かかる損害の賠償は、「協定」第11条に従って行動する両国政府の合意するような方法で確定されなければならない(pp.1962-1966)。

　4　裁判所は、汚染濃度が一定値を越えれば一定額が支払われるという米国の提案を注意深く検討したが、この提案を受け入れることはできない。そのようなレジームは、溶鉱所の操業を不当にかつ不必要に妨げるであろうし、「すべての関係当事者にとって公正な解決」とはならないであろう。その代わり、硫黄酸化物の発生防止のために溶鉱所は裁判所が定める以下のレジームに従わなければならない(p.1974)。

　5　裁判所の見解では、上述のレジームは、現在の論争の原因をおそらく取り除くであろうし、将来ワシントン州に発生する重大な性質のいかなる損害をもおそらく防止する結果となるであろう。しかしながら、何らかの損害が1940年10月1日以降発生していたか、または将来発生する場合には、ここで規定された規則に溶鉱所が従わなかったため発生したのか、それともそのレジームを維持したにもかかわらず発生したのかに関係なく、両国政府が「協定」第11条の規定に従い賠償請求処理の取極めをするときに限りかかる損害に対して賠償が支払われる(p.1980)。

【論点】1　自国領域内で発生した汚染が他国領域内にまでおよび損害を発生させるという現象は、科学技術の発展に伴い深刻化してきた問題であり、その意味では非常に新しい問題である。本判決以前にも、自国領域内の活動によって他国の権利侵害が発生することを防止する領域国の義務を認めた国際判決は存在したが、この越境汚染という文脈におけるものはなかった。本判決は、「国際法の諸原則の下」でも、私人の活動によって越境汚染損害が発生することを防止する国家の義務が存在すると明言した点で、画期的な意義を有する。本判決はカナダの賠償責任を認めたが、その際過失の問題に言及しなかったとして、これをカナダの無過失責任を認めた判決であると解する説もある。しかし本判決によれば、この防止義務は、カナダが「注意を払う」義務であり、したがって、その義務違反が生じるためには「相当の注意」の欠如すなわち過失が要件とされているのである。また、この義務は、「明白かつ説得的な証拠により立証される甚大な損害」を防止する義務であるので、「甚大な(serious)」損害の発生も義務違反が生じるための要件とされている。この2つの要件は、今日でも慣習国際法上基本的に維持されている。

2 最終判決は、「当該レジームを維持したにもかかわらず」損害が発生した場合でも、カナダに対してその損害に対する賠償の支払を命じている。この点をとらえて、本判決をいわゆる「適法行為に対する国際的責任」を認めた先例と解する論者もあるが、本判決は、賠償請求処理の取決めが締結される場合にのみ賠償の支払を義務づけている。

3 米国の国内法上の原則に多くを依拠している点で本判決の国際法上の先例としての価値を疑問視する論者や、米国の連邦制度の特徴を考慮せずにその先例を国際紛争へ適用したとして本判決を批判する論者もあるが、米国の国内法や国内判決の類推を用いる際の裁判所の態度は非常に細心かつ自制的である。

4 「協定」第4条で「正当な解決」の必要性が強調されていることも影響してか、本判決は、両国の「衡平な利用」を考慮してしばしば「利益衡量」を行っている。しかし裁判所は、「甚大な」損害を防止する義務の緩和、すなわち防止すべき損害のレヴェルの引上げは認めていない。これは、最終判決で援用された米国最高裁判所諸判決において一貫して採用されている立場でもある。

5 本判決では、米国の調査費の請求は認められなかったが、損害の防止・最小化または事後救済のための費用として調査費を請求する余地もあったのではないだろうか。

【参考文献】
坂場敏雄『宮崎基本判例』、太寿堂鼎『ケースブック』、尾崎重義『国家責任』、富岡仁『セミナー』、臼杵知史『百選Ⅰ』、石橋可奈美『百選Ⅱ』、遠井朗子『基本判例50Ⅱ』、月川倉夫「国際河川流域の汚染防止」『国際法外交雑誌』77巻6号(1979)、繁田泰宏「原子力事故による越境汚染と領域主権(1)(2・完)」『法学論叢』131巻2号(1992)、133巻2号(1993)、山本草二『国際法における危険責任主義』(東京大学出版会、1982)115-124頁、松井芳郎『国際環境法の基本原則』(東信堂、2010)62-80頁。

(繁田　泰宏)

第2節　環境汚染の予防

130　ラヌー湖事件（Affaire du lac Lanoux）

当　事　国　フランス／スペイン
裁　判　所　仲裁裁判所
判　　　決　1957年11月16日
出　　　典　*12 RIAA 285 ; 24 ILR 101

【事実】　ラヌー湖は、スペインとの国境に近い、ピレネー山脈南側斜面のフランス領内に位置している。この湖には、フランス領内に源を有しその領内のみを流れる河川だけが流れ込んでおり、その湖の水は、フォン・ヴィヴ川からのみ流れ出てカロル川に注いでいた。カロル川は、フランス領内を通ってスペイン領内へと流れており、スペイン領内でセーグル川に合流しエブロ川へと続いていた。フランスとスペイン間の国境は、1856年、1862年、1866年に結ばれたバイヨンヌ条約によって確定されたが、1866年に結ばれた同条約追加議定書では、両国間の水利用に関する規則が定められていた。

　フランスがラヌー湖の水を自国領域内でアリエージュ川に転流して大西洋に流すという計画は、1917年以来、両国間で議論の対象となってきた。スペインは、同年、同計画に関する事前通告と合意の必要性とをフランスに通告し、フランスも、翌1918年に事前通告、また1920年には合意による解決、をスペインに約束していた。その後、この問題を処理するための交渉は、第2次世界大戦によっていったん中断されたが、1949年に再開され、同年、両国間で、混合技術者委員会の開催と、両国が別段の決定に合意するまでの現状維持とが合意された。同委員会は同年8月に開催されたが、何ら成果を上げられずにいたところ、翌1950年に、フランス電力会社が、ラヌー湖の水をアリエージュ川に転流し、増大する落差を利用して発電を行うという計画を立て、同国産業省に許可を求めた。同計画によれば、転流された水は、アリエージュ川とカロル川とを結ぶトンネルによって、完全にカロル川に還流されることになっていた。しかし、スペインはなおこの計画に反対し、1953年に前記委員会の再度の開催をフランスに要請した。これにフランスが同意したため、同委員会が1955年8月に開催されたが、何ら成果が得られなかったため、さらに特別混合委員会が同年12月と翌年3月に開催された。しかし、これも成果を上げることができず、フランスが同計画の実施を一方的に通告してきたため、スペインは、1929年7月10日の仲裁裁判条約に基づき仲裁裁判をフランスに要求した。その結果、1956年11月19日、マドリードで付託合意書が調印され、ジュネーヴに仲裁裁判所（ペトレン〈スウェーデン〉裁判長、ボラ〈スイス〉、ルテール〈仏〉、ドゥ・ヴィッシェール〈ベルギー〉、ドゥ・ルナ〈スペイン〉の各裁判官）が設置されることになった。

スペインは、付託合意書の中で大要次の2点を主張した。第1に、本計画により、カロル川への水の還流を人間の意思に物理的に依存せしめつつ、ラヌー湖流域の自然状態の変更がなされる結果、一方当事国のみが事実上優位な立場に立つことになるが、それはバイヨンヌ条約と議定書に規定する両締約国の平等に反する。第2に、本計画は、その性質上、一般利益に影響するため、議定書第16条(政府間協力)に関わる事項であり、したがってその実施のために両国の事前の合意を必要とする。

他方、フランスは、本計画は水の完全な還流を保証するためスペインの権利は何ら害されないし、また議定書は事前の合意までは求めていないとしてこれに反論した。

【判決要旨】1　当該事業とその影響の大部分は、フランス領内にあり、議定書第8条により同国の領域主権に委ねられている水域に関係している。同条は、「合意された修正がある場合」には領域主権に服さない旨の留保も設けているが、バイヨンヌ条約と議定書の規定のいくつかは、当該修正中の最も重要なものを含んでいる。当該修正は、主権の減損となるがゆえに厳格に解釈されるべきとの主張は、認められない。領域主権は推定の役割を演じる。領域主権は、その起源が何であれすべての国際義務に従わねばならず、そのような義務にのみ服する。したがって、問題は、本件においてフランスが負う国際義務を決定することである(pp.300-301)。

2　付託合意書により提起された問題は、バイヨンヌ条約と議定書のみに関係する。明確な規定は解釈を必要としないが、規定が解釈を必要とする場合には、国際法に従ってこれを行う。国際法は絶対的かつ硬直的な解釈方法を認めないので、ピレネー諸条約の形成を導いた精神ならびに慣習国際法の諸規則を考慮に入れることができる。裁判所は、バイヨンヌ条約と議定書が、明示的に他の規則に言及しているかまたは当事国の明確な意図により修正されている場合にのみ、同条約と議定書から逸脱することができる(p.301)。

3　本件は、2つの根本的問題に還元されうる。①フランスの計画がバイヨンヌ条約と議定書上のスペインの権利を侵害するか。②もし侵害しない場合には、本計画の実施は、同条約と議定書により事前の合意に服せしめられるがゆえに、または議定書第11条(事前通告)の他の諸規則が遵守されていなかったがゆえに、同条約と議定書の違反となるか(pp.301-302)。

(1)　まず①に関して検討する。本件の場合、第10条(通常利用後の余剰水の配分)の問題の解決は必要ではない。実際、フランスによる水の完全な還流のおかげで、だれも水の享有において被害を被らない。もっとも、その事業は、カロル川の水の決定的な汚染をもたらすとか、還流された水が、スペインの諸利益を害しうる化合物、温度、その他の特性を有するとの反論もありえたであろうし、その場合には、スペインは、議定書に違反して自

国の権利が侵害されたと主張しえたであろう。しかし本件では、このような申立の痕跡は何もない。また、フランスの計画は、測定器具や還流装置の欠陥のために、ラヌー湖からカロル川への自然の水供給に見合う水量の還流を実際上確保しえないと主張されえたかもしれない。しかし、計画された事業が、同種の他の事業とは別の性格や危険を有するとは主張されなかったし、相隣関係または水利用において異常な危険をもたらすことも明確には肯定されなかった。すでにみたように、水の還流のための技術上の保証は、可能な限り満足のゆくものであるので、予防措置にもかかわらず事故が発生するとしても第9条（国際水路の適正利用）の違反を構成しない(pp.302-303)。

　次に裁判所は、スペインの別の論拠を検討する。これは、第1に、他方当事国の同意がない場合には、転流分と還流分とが等しくても2河川間での水の埋合わせは禁止される、第2に、他方当事国の同意がない場合には、事実上の不平等により権利侵害を物理的に可能とする行為はすべて禁止される、という主張を含むと思われる。まず第1点であるが、確かに自然地理学的観点からすれば、各河川流域は「1つのまとまり」を構成するが、流域としてのまとまりは、法的平面においては、人間的現実に一致する限りでしか認められない。水は、その性質上代替可能なものであるから、人間的欲求という観点からは性質不変の返還対象物たりうる。フランスが計画する還流を伴う転流は、社会生活の必要性に従って整備された全般的状況を変えないので、バイヨンヌ条約と議定書には違反しない。次に第2点であるが、樹立されるレジームを決して損なわないとフランスは誓約しており、悪意は推定されないという一般的かつ十分に確立された法原則も存在する。その上、バイヨンヌ条約は、事実上の平等ではなく法的平等しか設けていない。いずれにせよ、同条約と議定書の中にも、慣習国際法の中にも、自己の正当な利益を守るために行動する国家が、国際的誓約を破って、実際上隣国に重大な損害さえも与えかねないような状況に自らを置くことを禁止する規則を見出すことはできない。以上により、裁判所は①の問題に否定的に回答する(pp.303-305)。

　(2)　②の問題に関して、スペインは、第1に、他の利害関係国と事前の合意に到達する義務、第2に、議定書第11条で定められた他の諸規則を尊重する義務、がフランスに課されると主張する。一般に、ある分野における管轄権の行使を両国間の合意という条件に依拠せしめることは、一国の主権に対して本質的な制約を課すことになるので、明確で説得力ある証拠が存在する場合にしか認められない。そのため、国際慣行においては、予備交渉により合意条件を探ることを諸国家に義務づけるにとどめるという、それほど極端ではない解決策が好まれている。このいわゆる「合意交渉義務」の実在性は、疑問の余地のないものであり、例えば、会談の不当な打切り、異常な遅延、予定された手続の無視、反対の提案や利益を考慮することの徹底的拒否、信義誠実の諸規則の違反の場合には、制裁が課

544　第11章　環境の保護

されえる(pp.306-307)。

　まず第1の義務について検討する。ピレネーの伝統的な法にも、慣習国際法や法の一般原則にも、バイヨンヌ条約と議定書は事前の合意を要求しているとの解釈を有利に導く証拠は存在しないので、それを要求する規則は条約からのみ生じえる。ここで第1に問題となるのは、バイヨンヌ条約と議定書である。もし締約国が事前合意の必要性の制度化を望んでいたならば、議定書第11条で事前通告義務のみの言及にとどめることはなかったであろう。通告義務は、通告を受けた国家の同意を得る義務までは含まない。通告の目的は、相手国の拒否権行使を認めることではなく、自国の沿岸住民が補償を受ける権利と自国の一般利益との保護を、相手国に可能ならしめることにある。他方、議定書第15条(両国の地方自治体間協力)と第16条の規定は、事前の合意までは要求しておらず、水利用に関して一般利益が関係する場合には、協議し両国が各自の行動を調整する義務を定めたに過ぎない。第2に問題となるのは、1949年の合意である。本合意により、フランスは現状維持を約束したが、それは混合技術者委員会が何らかの現実的活動を行うという条件つきのものであった。同委員会は、1955年8月をもって、調査・交渉の手段としては消滅しており、したがって同委員会の存在と結びついた誓約もまた消滅している(pp.307-314)。

　次に第2の義務について検討する。議定書第11条は、1つ目に事前通告義務、2つ目に補償請求処理・関連利益保護のための機構設立義務を課す。まず1つ目の義務であるが、隣国が行う事業の影響を被る危険にさらされた国家は、自国の利益の唯一の判定者であり、その隣国が発議しないなら、計画目的たる事業や許可に関する通報を要求する権利を否定されない。いずれにせよ、フランスが通報義務を遵守したことは争われていない。次に2つ目の義務であるが、ここでの第1の問題は、何が保護されるべき「利益」かの決定である。その性質いかんにかかわらず、行われる事業により影響を受けるおそれのあるすべての利益を、それが権利に相当しないとしても考慮に入れる必要があり、それのみが議定書第16条の文言、ピレネー諸条約の精神、現在の国際慣行における傾向と合致する解決法である。第2の問題は、これらの利益が保護されうる方法の決定である。信義誠実の諸規則によれば、上流国は、関連する様々な利益を考慮に入れる義務、自国自身の利益の追求と両立しうるあらゆる満足をそれらの利益に与えようと努める義務、自国が他の沿岸国の利益と自国自身の利益とを両立させることに真の関心を抱いていることを示す義務を負う。本件のすべての事情に鑑み、フランスの計画は議定書第11条の諸義務にかなうものと判断する(pp.314-317)。

【論点】1　本判決は、基本的にはバイヨンヌ条約とその議定書の解釈問題のみを扱ったものであるが、その解釈を行う際にしばしば慣習国際法を参照しているので、環境に関連す

る国際法を一般的に考察する際にも非常に示唆を与えるものとなっている。本判決においては、たとえ潜在的には越境損害の危険を内包する活動であっても、何ら現実的損害が発生しない場合には、それを相手国の同意なしに一方的に行うことも慣習国際法上禁止されないと判示された。ただし、これは通常の危険性を有する活動を念頭に置いた判示であり、「異常な危険をもたらす」活動の場合には、善隣原則によって禁止される場合がありうることもほのめかしている。他方、裁判所は、相手国に何らかの現実的損害が発生する場合には、その相手国の同意なくして当該活動を行うことが禁止されるかについては、何ら判断していない。しかし、フランスの転流量が議定書第10条により同国に割り当てられる水量よりも少ない場合には同条の違反は生じないであろうということ、また下流国を甚大に害するような方法で河川の水を変更することを上流国に禁ずる原則がたとえ慣習国際法上存在するとしても、本件ではカロル川の水の変更が何らなされないので、そのような原則は本件には適用がないこと、に言及している点が注目される。

2 本判決は、もし水の汚染等が発生していたならば、議定書上のスペインの権利の侵害が生じえたであろうと述べている。議定書第12条は、水の自然状態を変化させることを禁止しており、汚染の場合には同条違反が生じると裁判所は考えていたのではないかと推測される。汚染により他国の権利侵害が生じる可能性を認めている点で重要である。

3 裁判所は、議定書第15、16条は、事前の合意までは要求していないが協議義務は課していると判断し、慣習国際法上の交渉義務の存在にまで言及している。国連国際法委員会(ILC)の2001年「危険活動から生じる越境損害の防止」条文案第9条で規定された、当事国間での損害防止レジーム樹立のための協議義務の根拠を与えるものとして、本判決が援用されるゆえんである。

4 裁判所は、最近の国際慣行および信義誠実の諸規則に鑑み、すべての関連利益を考慮する義務が存在すると述べる。国際水路の衡平利用原則の本質を考える上で示唆に富む。

【参考文献】
月川倉夫『ケースブック』、石橋可奈美『百選Ⅰ』、西村智朗『百選Ⅱ』、児矢野マリ『基本判例50Ⅱ』、繁田泰宏「『国際水路の衡平利用原則』と越境汚染損害防止義務との関係に関する一考察(1)(2・完)」『法学論叢』135巻6号(1994)、137巻3号(1995)、月川倉夫「国際河川の水利用をめぐる問題」『変動期の国際法(田畑還暦)』(有信堂高文社、1973)、臼杵知史「『危険活動から生じる越境損害の防止』に関する条文案」『同志社法学』60巻5号(2008)、松井芳郎『国際環境法の基本原則』(東信堂、2010)81-101頁。

(繁田　泰宏)

131 MOXプラント事件(The MOX Plant Case)

当　事　国　アイルランド v. 英国
裁　判　所　国際海洋法裁判所
命　　　令　暫定措置命令　2001年12月3日
出　　　典　ITLOS(2001)95

【事実】　英国核燃料会社(BNFL)は、1970年代から、アイリッシュ海に面したセラフィールド施設において核燃料廃棄物の再処理を行っていたが、1993年、MOX燃料(酸化プルトニウムと酸化ウランの化合物)を製造する新たなプラントの建設許可申請を政府に提出し、これが許可され建設が1996年に完了すると、続いて操業許可申請を提出した。まず英国政府は、操業計画の環境的側面についてヨーロッパ原子力共同体(Euratom)条約第37条に従って欧州委員会に諮問を行い、委員会は環境への影響は無視しえる程度であるとして1997年に計画を承認した。さらに英国政府は、Euratom指令96/29に従って、健康への悪影響を上回る経済効果の有無について1997年から調査を行い、操業計画の経済的正当性を肯定する報告書を受けて、2001年10月3日に操業許可を決定した。

　アイルランドは、1997年当初から英国の計画に異議を唱え、2001年6月15日に、プラントの経済的正当化に関する報告書の開示を求めて、北東大西洋海洋環境保護条約(OSPAR条約)の下での仲裁手続を開始した。さらにアイルランドは、操業許可後の10月25日、国連海洋法条約の汚染防止義務や協力義務の違反の認定、およびその帰結としてのMOXプラントの操業差止めを求めて、海洋法条約附属書Ⅶに基づく仲裁裁判所の設置を要請し、併せて仲裁裁判所が構成されるまでの間の暫定措置の要請を行った。暫定措置については、海洋法条約第290条5項に従い、2週間後に国際海洋法裁判所に付託された。英国に対する暫定措置としてアイルランドが求めたのは、①MOXプラントの操業許可の保留、②MOXプラント関連の放射性物質を領海および主権的権利の及ぶ水域に出入させないこと、③紛争解決を妨げる行為を慎むこと、④アイルランドの権利を侵害する行為を慎むことであった。裁判所は、アイルランドの求める措置には緊急性がないとする一方で、職権に基づく暫定措置を決定した。

【命令要旨】1　海洋法条約第290条5項の下で暫定措置を定めるには、まず附属書Ⅶ仲裁の管轄権が推定されねばならない。抗弁として英国は第1に、本紛争の問題は拘束力ある紛争解決手続を備えたOSPAR条約やEuratom条約などにより規律されており、海洋法条約第282条の適用により、附属書Ⅶ仲裁の管轄権は排除されるという。しかし、OSPAR条約他の紛争解決手続は、それぞれの協定の解釈適用に関する紛争を扱うものであって、海洋法

条約のそれではない。仮にOSPAR条約他が海洋法条約と類似又は同一の権利義務を定めているとしても、それらは互いに別個の存在であり、文脈や趣旨目的に照らして異なった解釈を付されうる。そして、本件紛争は海洋法条約の解釈適用に関わるものであるから、海洋法条約上の紛争解決手続のみがこれを扱うことができる。以上により第282条は本件に適用されない(paras.31-53)。英国は第2に、条約第283条の下での紛争の平和的解決についての意見交換が行われていないという。しかし、締約国は、合意が成立する見込みがなくなったと自ら判断するときには意見交換を継続する義務を負わない。これらの考慮に加え、アイルランドが援用している海洋法条約規定は附属書Ⅶ仲裁の基礎を与えているように見えるので、管轄権が推定される(paras.54-62)。

2　次に問題となるのは、仲裁裁判所が構成されるまでの間、暫定措置を必要とするような、事態の緊急性があるかどうかである。アイルランドは、本件には予防原則が適用されるので、立証責任が英国に転換されると共に、緊急性の要件が緩和されると主張する。英国は、予防原則は適用されず、またアイルランドは損害を立証していないという。裁判所は、口頭弁論において英国が2002年10月までMOX燃料の搬出および使用済み核燃料の搬入を行わないと保証した事実に照らし、仲裁裁判所が構成されるまでにアイルランドの求める暫定措置を必要とするような事態の緊急性はないと考える(paras.63-81)。他方で、協力義務は海洋法条約第12部および海洋環境の保護に関する一般国際法上の基本原則であり、そこから生じる権利は暫定措置の下での保全に値する。裁判所規則第89条5項により職権に基づく暫定措置が認められているので、慎慮(prudence and caution)の要請に基づいて、裁判所は、仲裁裁判所が構成されるまでの間、アイルランドと英国とが協力し、MOXプラント操業の影響についてさらなる協議を行うよう決定する(全員一致)(paras.82-89)。

【論点】1　本件は、環境保全を理由とする差止め訴訟に関連した暫定措置命令である。まず問題となったのは、他の条約の紛争解決手続の存在により附属書Ⅶ仲裁が排除されるか否かである。裁判所は、他の条約上の紛争解決手続が海洋法条約の解釈適用に関わらないという理由として、たとえ同一の権利義務が規定されているとしてもそれらは解釈上別個の存在であるという。そうすると、一見して他の条約の権利義務を巡って生じている紛争であっても、その紛争が海洋法条約の権利義務にも関連しており、かつ当該他の条約が明示に海洋法条約の手続を排除していない場合には、条約第282条は適用されず、海洋法条約上の紛争が別途成立することは妨げられないことになる。もっともこの見解には、いわゆる法廷地漁り(forum-shopping)を奨励することになるという批判も多い。暫定措置の段階で管轄権の問題にどこまで踏み込めるかについては議論があるが、少なくとも、裁判所の見解は、海洋法条約第15部が当事国の選択する紛争解決手続を海洋法条約上の手続に優先させている

ことの意義を失わせるものであるという指摘(ネルソン裁判官)は考慮に値するだろう。

2 原告被告の間では、予防原則の適用が争点となった。予防原則とは、一部の環境条約に取り入れられているもので、環境に対する重大な損害が存在する場合に科学的不確実性を以って行動をとらない理由としてはならない、という内容を持つ。原告は予防原則の適用により暫定措置の要件である緊急性が緩和されると主張したが、裁判所は、原告の主張する暫定措置にはそもそも緊急性がないとして、緊急性と予防原則の関係について検討しなかった。他方で裁判所は、協力義務から生じる「手続的権利」(トレヴェス裁判官)については、「慎慮」の要請のみに依拠することで暫定措置を決定しており、緊急性の要件を厳格に適用していないように見える。裁判所は、他の事件の暫定措置命令においても、保存措置の効果について科学的不確実性があるとしつつも緊急問題として措置を取るべきであるとし(みなみまぐろ事件〔⇒155〕)、また、土地改良が水域に及ぼす効果についての影響評価が行われていない状況で海洋環境への悪影響の可能性が排除できないとして措置を決定している(マレーシア・シンガポール間のジョホール海峡埋立事件〈2003年〉)。こうしたことから、環境保全が問題になる場合には必ずしも緊急性の要件を厳格に適用しないという裁判所の一般的傾向を指摘できるかもしれない。しかし、裁判所は、いずれの事件でも予防原則という言葉を慎重に避けており、これらの例を以って慣習法上の原則としての予防原則が適用されたとまで言うことはできない。他方で、本件両当事者が対立していたのは予防原則の適用可能性についてであり、適用基準や法的効果については隔たりがあるものの、その存在自体は争われていない。予防原則の本質は立証責任の転換にあるという見解(ヴォルフラム裁判官)もあり、今後の実行を通じてこの原則の機能が明らかにされる必要があるだろう。

3 本命令後に構成された附属書Ⅶ仲裁は、2003年6月13日の裁判長宣言において、EC裁判所が本紛争を扱う可能性があり両裁判所の判決が競合する恐れがあると述べ、こうした状況が「裁判機関の間にあるべき相互の尊重と礼譲の要請」に反するとして、ECの法的立場が明白になるまで手続を停止する旨決定した。事案を付託されたEC裁判所は、2006年5月30日の判決(European Court Reports 2006 I-04635)で、本事案に関連する国連海洋法条約の規定は、ECの法秩序の一部であってその解釈適用についてはEC裁判所が排他的な管轄権を有するのであり、アイルランドが附属書Ⅶ仲裁において手続を開始したことはEC条約292条の違反であると判示した。その後アイルランドが附属書Ⅶ仲裁手続からの離脱を正式に表明したのを受けて、同仲裁は2008年6月6日の命令において本手続の終了を決定した。

【参考文献】
杉原高嶺「国連海洋法条約の紛争解決手続」『法学論叢』146巻3・4号(2000)、河野真理子「環境に関する紛争解決と差し止め請求の可能性」『日本と国際法の100年第6巻 開発と環境』(2001)、白杵知也「核物質の海上輸送と国際法」『明治学院法学研究』76号(2003)、高村ゆかり「国際環境法におけるリスクと予防原則」『思想』963号(2004)。

(竹内 真理)

132　パルプ工場事件(Pulp Mills on the River of Uruguay)

```
当 事 国    アルゼンチン v. ウルグアイ
裁 判 所    国際司法裁判所
命令・判決   (a) 仮保全措置 2006年7月13日  (b) 仮保全措置 2007年1月23日
          (c) 判決 2010年4月20日
出   展    (a) ICJ(2006)113  (b) ICJ(2007)3  (c) ICJ(2010)14
```

【事実】　アルゼンチンとウルグアイはモンテビデオ条約(1961年)を締結し、ウルグアイ河の国境を定めた。同条約7条に基づき、1975年、両国はウルグアイ河規程(75年規程)を締結し、ウルグアイ河の航行・工事、水の利用や汚染を規律する規則を定め、同河の最適かつ合理的利用のための共同機関としてウルグアイ河管理委員会(CARU)を設置した。75年規程7条は、河川事業実施国について通報義務を定め(手続的義務)、同41条は規則制定義務や相互通知義務を定める(実体的義務)(para.190)。河の左岸に2つのパルプ工場を建設するにあたり、ウルグアイはCARUに十分な情報を提供せず、工場建設・操業に関する環境許可を発給した(paras.42-44)。そこで、アルゼンチンはICJに提訴し(2006年5月4日)、①75年規程上の手続的義務(環境影響評価を行う義務等)に違反し、②同規程上の実体的義務(河の水環境に影響を生じさせない義務)にも違反すると主張した。管轄権の根拠はICJ規程36条1項および75年規程60条1項(裁判条項)であった。なお、アルゼンチンとウルグアイはお互いに仮保全措置を申請したが、ICJはいずれの申請についても、回復し得ない損害となるような急迫した脅威が存在しないため、仮保全措置命令は認められないとして却下した。

【判決要旨】1　75年規程上、手続的義務を遵守することによって実体的義務を履行することになることはない。手続的義務の違反が直ちに実体的義務の違反となることもない(para.78)。第1に、75年規程7条により、締約国は、事業計画が他方締約国に対する「重大な損害」をもたらし得る場合、CARUに通報する義務を負う。同条の活動を企画する国は、他方の国に重大な損害を与える作業か否かをCARUが予備的に評価するのに十分な計画を有する場合、これを速やかにCARUに通報することが求められる(para.105)。本件でウルグアイは、何度もCARUから要請を受けたにも拘わらず、75年規程7条1項の情報をCARUに送らなかった。そのため、ウルグアイは同条の手続を遵守せずに、2つの工場について初期環境認可を付与した(para.106)。第2に、75年規程7条2、3項により、他国に重大な損害を引き起こし得るすべての計画についての環境影響評価は、CARUを通じて、他方締約国に通報されなければならない(para.120)。ウルグアイは、同条のもとで、CARUを通じてアルゼンチンに当該計画を通報する義務を負うが、これを遵守していない(para.122)。

第3に、75年規程12条の交渉義務に関しては、一方の国に対する重大な損害を防止するための協力メカニズムが進行中である場合、計画開始国は問題の作業を認可せず、実施しない義務を負う(para.144)。交渉期間終了前に工場の建設を認可したことから、ウルグアイは75年規程12条の交渉義務の遵守も怠った。以上より、ウルグアイは、75年規程7条から12条の手続的義務に違反する。

2　第1に、環境影響評価の実施義務が問題となる。河川の水環境保護と保全を目的とした75年規程41条の義務を履行するため、締約国は越境損害を起こす可能性のある活動について環境影響評価を実施しなければならない。「特に、共有資源に対して、計画事業が国境を越えて深刻な悪影響を及ぼす危険が存在する場合、環境影響評価を実施することが一般国際法の義務であることは、近年、広く受け入れられた国家実行であり、この実行に従って41条の義務を解釈しなければならない」。さらに、河の制度または河の水質に影響を及ぼし得る作業を計画する当事国が、その事業の潜在的な影響について環境影響評価を行わなければ、相当の注意およびそれが含意する警戒及び防止の義務が履行されたとみなすことはできない(para.204)。なお、環境影響評価の範囲・内容については、75年規程にも一般国際法にも明示的に定められていない。両国とも、越境環境影響評価に関するエスポ条約の当事国ではなく、国連環境計画(UNEP)の目標と原則は当事国を拘束しない。従って、提案された開発の性質および規模、生じ得る環境への悪影響、環境影響評価を行う際に相当の注意を払う必要性を勘案して、個別事案で必要とされる環境影響評価の具体的な内容は、各国の国内法または事業許可プロセスによって決定される。環境影響評価は事業実施前に行われる必要があり、操業後は、事業が終了するまで継続的に監視することが求められる(para.205)。本件のウルグアイの環境影響評価に関しては、水利用上の利便性や自然環境への影響を考慮して、工場建設用地が複数の候補地から選定されていることから、環境影響評価の実施義務に違反していない。第2に、排水の有害物質が基準を超えているという十分な証拠はなく、また水質・生物多様性・大気への影響についても明確な因果関係は立証されていない。

3　手続的義務に関してウルグアイの違反行為を裁判所が認定すること自体が、アルゼンチンに対するサティスファクションを構成する。違法行為は終了しており、その停止を命じる理由はない。ウルグアイは、交渉期間終了後、工場の建設および操業を禁止されておらず、75年規程の実体的義務に違反しなかったことから、工場の解体を命じることは手続的義務違反の適切な救済とはならない。75年規程の不履行の再発防止の保証をウルグアイに命じることが必要となるような特別の状況は存在しない。

4　ウルグアイは、75年規程7条から12条に基づく手続的義務に違反し、この違反に関する裁判所の宣言が適切なサティスファクションを構成する(13対1)。ウルグアイは、75

年規程35条、36条および41条に基づく実体的義務に違反していない(11対3)。

【論点】1　本判決は、環境影響評価に関して重要な判断を示した。第1に、環境影響評価の実施義務を「実体的義務」と位置付け、さらに一般国際法上で確立したと述べる。すなわち、75年規程41条(a)の解釈にあたって、「計画された事業活動が国境を越える相当な悪影響を生じさせ得る危険がある場合に環境影響評価を行うということは、近年、諸国間で極めて広く受容されていることから、現在では一般国際法上の義務(requirement. 仏語正文は une obligation)であるとみなされ得る実行であり、この実行に基づいて[同条文は]解釈されなければならない」(para.204)という。従来、リオ宣言原則17やエスポ条約等の多くの国際条約で環境影響評価の実施が定められてきた。また、国際法委員会(ILC)の「危険な活動から生ずる越境損害の防止に関する条文」草案(2001年)においても、同様の規定が設けられている(7条)。ただし、環境影響評価の実施義務が一般国際法上の義務として確立したか否かが争点とされたことはあるものの、ICJはこの点を明示してこなかった(核実験事件再検討事件命令、ガブチコボ・ナジマロシュ計画事件〔⇒112〕)。そのため、「一般国際法上の義務」として環境影響評価の実施義務を認めた本件判決はこの点で画期的である。第2に、判決は、環境影響評価の実施義務の不履行は「相当の注意義務」の不履行となることを明らかにした(para.205)。換言すれば、環境影響評価の実施義務が相当の注意義務、越境環境損害防止義務の履行の一要素であると判断されている。第3に、環境影響評価は、計画事業の実施に先立って行わなければならず、事業開始後も、環境影響の継続的監視が求められる。第4に、他方で、環境影響評価の範囲と内容については、開発の性質と規模、生じ得る環境への悪影響、環境影響評価を行う際に相当な注意を払う必要性を勘案しつつ、最終的には各国の裁量に委ねられているため、当該義務の違反が認定される可能性は大きくない。

2　判決によれば、事前通報・事前協議という手続的義務の違反の帰結としての賠償(reparation)としては、違法性認定の宣言的判決がサティスファクションを構成する。コルフ海峡事件判決〔⇒42〕以来採用されている賠償方式であるが、手続的義務の違反の場合にもこの手法が用いられることが明らかにされた。他方で、手続的義務の違反が常にサティスファクションで責任解除されると解する点には、批判も見られる。また、再発防止の保証については、「特別の状況」の内容について明らかにされていない。

【参考文献】
玉田大「ウルグアイ河のパルプ工場事件(仮保全措置命令2006年7月13日)」『岡山大学法学会雑誌』56巻2号(2007)、同「ウルグアイ河のパルプ工場事件(仮保全措置命令2007年1月23日)」『岡山大学法学会雑誌』57巻1号(2007)、岡松暁子『百選Ⅱ』、髙村ゆかり『基本判例50Ⅱ』、鳥谷部壌「国際司法裁判所　ウルグアイ河パルプ工場事件(判決2010年4月20日)」『阪大法学』61巻2号(2011)。

(玉田　大)

第3節　環境保護と貿易・投資

133　米国マグロ輸入制限事件(United States Restrictions on Imports of Tuna)

当　事　国　EEC、オランダ v. 米国
審査機関　GATT紛争解決小委員会
報　　告　1994年5月20日
出　　典　33 ILM 839

【事実】　東部熱帯太平洋では、キハダマグロがイルカの下を回遊する習性があるため、巾着網でイルカを包囲することによりキハダマグロを捕獲するという漁法が伝統的に行われ、多数のイルカが混獲・殺害されてきた。米国は1972年の海洋哺乳動物保護法(MMPA)とその改正法で、海洋哺乳動物の捕獲および輸入を原則として禁止し、①米国の管轄に服する人および船舶による、ならびに、米国の管轄下の水域における海洋動物の混獲数の上限を設け、漁業を許可制とし、②当局は、米国の基準を越えて海洋哺乳動物が混獲される商業漁業技術で捕獲された魚およびその加工品の輸入を禁止しなければならないとした。そこで当局は、東部熱帯太平洋で巾着網漁により捕獲されたキハダマグロとその加工品については、米国に輸出しようとする国は、海洋哺乳動物の混獲について米国と同等の規制計画を採用していること、および、その国の漁船による混獲の平均率が米国漁船の平均率の125％を越えないことなどを求め、これらの基準を満たさない国(直接輸出国)からのキハダマグロとその加工品の輸入を禁止し、第3国からのそれらの輸入についても、当該第3国(中継国)が米国による輸入禁止対象国からのキハダマグロとその加工品の輸入を禁止しなければ、禁止されるとした。これは92年に、過去6カ月輸入禁止対象国から輸入していないという要件に緩和された。

　イルカの殺傷数を減少すべきだという国際的合意と技術の発達により同地域のイルカ殺傷数は86年に133,000頭であったものが、91年には27,000頭にまで減少し、その数は安定した。東部熱帯太平洋でマグロ漁を行うほとんどの国(米、メキシコ、ベネズエラを含む)が参加する全米マグロ委員会は86年に監視員計画を導入し、それらの諸国は92年には99年に殺傷数を5,000頭以下にする協定を締結した。

　1990年8月に米国政府は、メキシコ、ベネズエラ等からの巾着網漁による東部熱帯太平洋産のキハダマグロとその加工品の輸入を禁止し、その後、禁止措置は一度は撤回されたが、後に裁判所の命令により再びメキシコからの輸入が禁止された。さらに、その輸入禁止措置の3カ月後には「中継国」からの輸入も禁止された。

　メキシコの申立によりGATTの紛争解決小委員会は、米国の輸入禁止がGATTに違反するという報告を1991年8月16日に当事国に提出したが、米国の反対で採択されなかった(30 ILM 1594)。そこで、EECおよびオランダ領アンティリスのためにオランダがそれぞれ92

年に米国に協議を申し出、協議が不調に終わると締約国団に紛争解決小委員会の設定を申請し、認められた。この小委員会は次のような報告書を94年5月20日に紛争当事国に示した。これも米国の反対で採択されなかった。

【報告要旨】1　EECおよびオランダ(両国)には直接輸出国に対する規制措置は適用されていない。米国は、自国の貿易が影響を受けていない措置を争うことはできないと主張する。しかし、締約国が関税交渉で約束するのは貿易量ではなく競争条件であり、また、法令が実際に適用されているか否かにかかわらず、その法令が行政府にGATTの義務に違反することを義務づける命令的なものである場合は、その法令のGATT違反を認定した先例があるので両国はこれを争うことができる。

2　両国はGATT第3条の内国民待遇規定により正当化されないと主張する。すなわち、GATT第3条の内国民待遇は、同種の産品の取扱いの比較を要求するのであり、直接輸出国および中継国への輸入禁止措置(両措置)は産品そのものには影響を与えない生産方法による取扱いの差別であるから、第3条は適用されない(米国はこの点をメキシコとの事件で争ったがこの事件では争わなかった)。

3　米国の輸入禁止は第11条の「禁止又は制限」にあたるので、第11条に違反する。米国はその禁止を有限天然資源保存措置として第20条(g)により正当化できると主張する。第20条は正当と認められない差別待遇の手段となるような方法でまたは国際貿易の偽装された制限となるような方法で適用しないことを条件として例外措置を認めている。(g)では「有限天然資源保存に関する措置。ただし、この措置が国内の生産又は消費に対する制限と関連して実施される場合に限る」と規定されている。第20条(g)は文言からも起草過程からも保存される有限天然資源の存在する場所を限定することを支持するものはないので、米国がその管轄権内で自国民および船舶に東部熱帯太平洋のイルカの保存政策をとることは第20条(g)が適用される政策の範囲内である。以前の紛争解決小委員会の見解通り、(g)の「関する」は「主な目的とする」という意味に解するべきであり、「…関連して」とは「国内の生産又は消費に対して制限をすることを主な目的として」と解するべきである。また、第20条は例外規定であるから狭く解するべきである。米国によってとられた両措置は輸出国(中継国の場合は原輸出国)が政策を変更しなければ目的を達しない。締約国が自国管轄権内でとる政策を変更させるために他の締約国が貿易措置をとることができるように第20条を解すれば、締約国間の権利義務のバランスを著しく損ない、GATTは貿易の多国間枠組たりえなくなるのでそのような措置は第20条(g)により正当化できない。

4　米国は当該両措置を第20条(b)によっても正当化できるとする。(b)は「人、動物又は植物の生命又は健康の保護のために必要な措置」と規定する。「必要な措置」とは、GATT

の規定に適合的または不適合な程度がより低い他の措置をとることが合理的に期待できない場合を意味するという以前の解釈を支持する。(g)で述べたのと同じ理由で、米国の両措置は(b)の必要な措置とは言えない。

5　米国は中継国に対する措置が第20条(d)の「この協定の規定に反しない法令の遵守を確保するために必要な措置」にあたるとするが、原輸出国に対する禁止がGATT第11条に違反するので、その実施のための措置は(d)によって正当化されない。

したがって米国の両措置はGATTに違反するので、小委員会は米国が上記の措置をGATTの義務に適合的にするように要請することを締約国団に勧告する。

【論点】1　この事件はメキシコ(【事実】の項参照)の事件とともに自由貿易の推進が環境保護と対立する側面があることに注目を集めることとなった著名な事件である。メキシコの事件で小委員会は第20条は自国管轄権外の有限天然資源への適用に否定的な見解を示しながら、「たとえ〔それが〕……認められるとしても」、として、第20条について本件と同様の解釈を行った。本件では第20条の自国管轄権外への適用を認めたと言われるが必ずしも明確ではない。第20条の解釈自体はそれまでの先例に従ったものと言えよう。

2　WTOになってからも米国は大気清浄化のためのガソリン品質規制に関わるいわゆるガソリン事件(WT/DS2/R, 1996, WT/DS2/AB/R, 1996)やウミガメの混獲を制限するための米国エビ輸入制限事件〔⇒134〕でGATT違反を申し立てられた。ガソリン事件の上級委員会報告は、第20条の(g)を緩やかに解釈しガソリンの品質規制を(g)の措置にあたるとしたが、同条柱書の「正当と認められない差別待遇の手段となるような方法で又は国際貿易の偽装された制限となるような方法で適用しない」という条件に違反するとして、米国の一方的措置のGATT適合性を否定した。米国エビ輸入制限事件の上級委員会報告もこの解釈を支持したが、同事件の勧告および裁定の実施に関する紛争解決了解第21条5項に基づく小委員会報告(WT/DS58/RW,2001)は、上級委員会報告採択後の米国の努力を評価し、限定的ではあるが、自国領域外の環境保護(ウミガメ保護)のために米国が一方的措置をとることをGATT第20条により認められると判断し、上級委員会もこれを支持した(WT/DS58/AB/RW, 2001)。

【参考文献】
布施勉『百選Ⅰ』、平覚・清水章雄『ガット・WTO法』、平覚「メキシコ・米国間のイルカ・マグロの紛争に関する1991年のGATT小委員会報告」『商大論集(神戸商科大学)』45巻3号(1993)、村瀬信也「ガットと環境保護」『国際経済法』3号(1994)、江藤淳一「東太平洋のキハダマグロ漁におけるイルカ混獲問題」『東洋法学』38巻2号(1995)。

(佐分　晴夫・薬師寺　公夫)

134 米国エビ輸入制限事件(United States - Import Prohibition of Certain Shrimp and Shrimp Products)
A インド、マレーシア、パキスタン、タイが米国を訴えた事件(United States - Import Prohibition of Certain Shrimp and Shrimp Products)
B マレーシアが米国を再度訴えた事件(United States-Import Prohibition of Certain Shrimp and Shrimp Products: Recourse to Article 21.5 of the DSU by Malaysia)

当　事　国　A(a)インド、マレーシア、パキスタン、タイ v. 米国　(b)米国 v. インド、マレーシア、パキスタン、タイ
　　　　　　B(a)マレーシア v. 米国　(b)マレーシア v. 米国
審査機関　A(a)WTO小委員会　(b)WTO上級委員会　B(a)WTO小委員会　(b)WTO上級委員会
報　　　告　A(a)1998年5月15日　(b)1998年10月12日　　B(a)2001年6月15日　(b)2001年10月22日
出　　　典　A(a)WT/DS58/R　(b)WT/DS58/AB/R；38 ILM 118
　　　　　　B(a)WT/DS58/RW　(b)WT/DS58/AB/RW；41 ILM 149

【事実】A　1987年以降、米国は、1973年の米国絶滅種法(公法93-205)に基づき、絶滅のおそれのある種としてワシントン条約附表Ⅰにも記載されているウミガメをエビの底引き漁により殺傷しないよう、ウミガメの殺傷が相当生じている地域で、承認されたカメ排除装置(Turtle Excluder Devices(TEDs))を使用することを米国のエビ底引き漁船に義務づけている。1989年に制定された米国公法101-162の第609条(以下、第609条という)は、とりわけウミガメに悪影響を及ぼすおそれにある漁業を行っている国々とウミガメ保護のための協定を結ぶよう交渉を開始することを米国国務長官に要求するとともに、ウミガメに悪影響を及ぼすおそれのある技術を用いて獲られたエビの輸入を禁止した。1991年の指針では、輸入禁止措置は、カリブ海／西大西洋諸国に限られ、3年間の猶予期間が設けられていたが、1996年の指針ですべての国に拡大された。ただし、指針では、①管轄権下の水域にウミガメが存在しないか、専ら伝統的手法でエビを捕獲しているなどの理由でウミガメへの脅威を生じさせないと認証された国と、②米国と同様のウミガメの偶発的捕獲を規制する計画を定め、かつ、偶発的捕獲率が米国漁船のものと同様であるという証明を行い、認証を受けた国には、輸入禁止措置は適用されない。この米国のエビの輸入禁止措置について、1996年から1997年にかけて、インド、マレーシア、パキスタン、タイが世界貿易機関(WTO)紛争解決機関に小委員会設置の申立てを行った。

小委員会は、第609条が数量制限を禁じるGATT第11条1項に反し、一般的例外を定めるGATT第20条(b)と同条(g)のもとで正当化しえないとした。米国は、この第20条の解釈はWTO協定上根拠がなく先例とも合致しないと、上級委員会への申立てを行った。

B　米国は、A事件の紛争解決機関による裁定と勧告を受け、第609条を改正せず輸入禁止措置を残したまま、第609条実施の改正指針を出した。マレーシアは、米国が、紛争解決機関の裁定と勧告を遵守しなかったとして、紛争解決了解第21条5項に基づき小委員会の設置を求めた。

小委員会は、A事件の上級委員会報告で示された条件、とりわけ、多国間協定締結に向けた真摯で誠実な努力を継続するという条件が満たされている限りで、改正指針により実

施される第609条は、GATT第20条のもとで正当化されるとした。この小委員会の報告についてマレーシアが上級委員会への申立てを行った。

【報告要旨】A （小委員会）GATT第20条柱書の条件は第20条各号に適用されるので、第20条柱書の検討を最初に行う。第20条柱書は、その文脈とGATTおよびWTO協定の趣旨および目的に照らして解釈すると、多角的貿易体制を害しないことを条件に、加盟国がGATTの規定から逸脱することを認めるものである。一定の政策をとることを製品の市場アクセスの条件とする措置が許容されるように第20条柱書が解釈されるならば、1994年のGATTとWTO協定の下での貿易関係の安定性と予見可能性が脅かされ、1994年のGATTとWTO協定は加盟国間の貿易の多角的枠組としてもはや機能しない(para.7.45)。第609条は、規制計画と偶発的捕獲の点で米国と同等と考えられる保全政策を輸出国がとることを米国市場へのアクセスの条件とする措置であり、こうした措置は、同様の条件の下にある国家間での正当と認められない差別待遇となり、第20条のもとで許容されない(paras.7.48, 7.49, 7.62)。

　（上級委員会）**1**　小委員会が、①第20条の解釈に際し、紛争解決了解第3条2項が定める「解釈に関する国際法上の慣習的規則」に従って、条文をその文脈において読み、条約の趣旨および目的に照らして検討しなかったこと、②第20条の例外の濫用防止という柱書の趣旨および目的を検討せず、例外の濫用となるような「方法」で問題の措置が適用されたかを検討しなかったことは問題である(paras.114-116)。こうした問題点は、小委員会が第20条の検討手順を誤ったことによる。米国ガソリン事件上級委員会報告が示すように、第20条の検討は2段階からなり、まずは、第20条各号のもとで措置の暫定的な正当化が可能かを検討し、次に、柱書のもとで措置を評価する。こうした手順は、第20条の基本的構造と論理に基づくものである(paras.117-119)。米国の定める保全政策を輸出国が採用することを米国エビ市場へのアクセスの条件としているので第609条は正当化されないと小委員会は判断しているが、こうした特徴は、第20条の例外のいずれかに該当する措置に共通する側面であり、それをもって先験的に措置は第20条のもとで正当化できないとする解釈は、第20条の例外を意味のないものにしてしまう(paras.121)。

　2　第1段階として、第609条が、第20条(g)のもとで暫定的に正当化されうるかを検討する。まず、米国の措置が対象とするウミガメが第20条(g)の意味での「有限天然資源」に該当するか。「有限天然資源」は、環境の保護への国際社会の現在の関心に照らして解釈される必要がある。WTO協定前文も、持続可能な開発という目標を明示的に承認し、環境保護が国内的、国際的な政策目標として重要かつ正当であることを十分に認めている。そうした観点から「天然資源」の定義は発展する。これまでの小委員会報告も魚類を「有限天然資源」と認めており、また、絶滅のおそれのある種を定めるワシントン条約付表Ⅰにウ

ミガメが含まれ、ウミガメが「有限」であることに議論の余地はない(paras.127-134)。次に、措置は有限天然資源の保存「に関する」ものであるか。第609条とその実施指針の適用範囲は、ウミガメの保全という政策目標に関して不相応に広範ではなく、とられた手段は、合理的にその目的と関連し、手段と目的の関係は緊密で実際のもので、米国ガソリン事件と同様に実質的なものである(paras.135-142)。第3に、問題の措置が国内の生産または消費に関する制限と関連して実施されるか。米国漁船にはウミガメを捕獲する可能性のある場所でTEDsの使用が義務づけられ、違反すれば罰金を科し、重大な違反の場合エビの漁獲を押収する権限が米国政府に与えられているので、米国ガソリン事件において示された平等取扱の要件(requirement of even-handedness)を満たしている(paras.143-145)。

3 第20条柱書は、同じ条件の下にある国家間での「任意の差別待遇」「正当と認められない差別待遇」「国際貿易の偽装された制限」となるような方法で措置が適用されてはならないことを要求する。第1に、措置の適用が、GATTの実体的義務との不適合を生じさせる差別待遇とは性質が異なる差別待遇をもたらし、第2に、その差別待遇が性質上任意または正当と認められないものであり、第3に、差別待遇が同じ条件の下にある輸出国間、輸出国と輸入国との間で生じる場合に、措置は、「任意の差別待遇」「正当と認められない差別待遇」「国際貿易の偽装された制限」となる(para.150)。

4 柱書を解釈する際に、柱書の文脈の一部として、持続可能な開発の目的に従って世界の資源を最も適当な形で利用することを考慮して環境の保護を追求すると定めるWTO協定前文を考慮することが適当である。柱書は、第20条の例外を援用する加盟国の権利とGATTのもとでの他の加盟国の実体的権利との間の権利義務の均衡を維持する必要性をWTO加盟国が承認したものである。柱書は、法の一般原則でもあり国際法の一般原則でもある信義誠実原則の表れでもあり、権利の濫用を禁止し、誠実な、すなわち合理的な権利の行使を要求する。したがって、柱書の解釈は、本質的に、第20条のもとで例外を援用する加盟国の権利と、GATTのもとでの他国の権利との間に均衡線を引くことである(paras.151-160)。

5 第609条は、他の加盟国の多様な条件を考慮せず、米国漁船に適用するのと本質的に同一の規制計画を採用することを他の加盟国に要求し、また、米国で使用が義務づけられているのと効果が同等なTEDsを使用する底引き漁船が捕獲しても、認証されない国の水域で捕獲されたエビの輸入を認めていない。差別待遇は、同じ条件の下にある国が異なる待遇を受ける場合だけではなく、輸出国の条件に照らして問題の措置の適切さが考慮されていない場合にも生じる(paras.161-165)。また、WTO協定、貿易と環境に関する閣僚会議決定、アジェンダ21、リオ宣言、生物多様性条約などの文書が、環境保護と持続可能な開発の達成のために多国間で調整し、協力して努力する必要性を承認しているにもかかわらず、米国は、一方的な輸入禁止を実施する前に、ウミガメを保護する国際協定の締結交渉に十分な努力を行

わなかった。米国が締結したウミガメの保全に関する米州条約は、一方的な輸入禁止措置以外の方法で正当な政策目標を担保する代替的な行動が米国には合理的に可能だったこと、また、輸入禁止措置の実施前に、米国がその他の諸国と同様の協定を交渉する真摯な努力を行わなかったことを示している。ある国とは真摯に交渉し、他の国とは真摯に交渉しないのは、差別的であり正当と認められない (paras.166-172)。TEDsを使用する政策、認証制度、認証の決定が、輸出国の参加なしに一方的に行われていること、TEDsを段階的に導入する期間や技術移転努力の水準についても国家間に差別待遇が生じていることなどの累積的効果を考慮すると、こうした待遇の違いは、正当と認められない差別待遇である (paras.173-176)。

6 第609条は、輸出国での条件に照らした適切さを検討することなく、米国の計画と本質的に同一の計画を採用するという単一の厳格な条件を課している。さらに、米国の認証過程は透明性と予見可能性を欠いており、申請が却下された輸出国には、基本的な公正と適正手続が否定されている。GATT第10条3項は、WTO協定上の義務を遵守する措置について一般的に適正手続の要件を定めており、協定上の義務の例外を意図する措置について基本的な適正過程の厳格な遵守が要求されるのは合理的である。米国の認証過程の透明性の欠如と一方的性質は、貿易規制の透明性と手続的公正の最低基準を定める第10条3項の精神に明らかに反する。したがって、米国の措置は、「任意の差別待遇」となるような方法で適用されており、第20条柱書の条件に反している。

7 米国の措置は、第20条のもとで正当化されず、協定のもとでの義務に措置を適合させるよう紛争解決機関が米国に要求するよう勧告する (paras.187, 188)。

B1 (上級委員会) マレーシアは、第20条柱書の条件を満たすには、国際協定を交渉する真摯で誠実な努力を示すのでは十分でなく、国際協定を締結する必要があると主張したが、努力、資源の投資、投入されるエネルギーについて同等な交渉の努力がなされる限りで、任意のまたは正当と認められない差別待遇とはならない可能性が高いだろう。柱書の条件を満たすのに多国間協定の締結を必要とすることは、米国の義務の履行について、米国が交渉する締約国が拒否権を有することとなり合理的ではない (paras.115-124)。

2 マレーシアは、米国が一方的に定める政策と基準の遵守を米国市場へのアクセスの条件としていることを主たる理由に、米国の措置は柱書の条件を満たしていないと主張した。本質的に同一の計画の採用を市場アクセスの条件とするのと、効果において同等の計画の採用を条件とするのでは決定的な違いがあり、後者の場合は、採用しうる計画について輸入国に十分な柔軟性を与えている (paras.135-144)。

3 以上から、改正指針で実施される第609条は、小委員会報告が言及する条件、とりわけ、多国間協定締結に向けた真摯で誠実な努力を継続するという条件が満たされる限りで、第20条のもとで正当化されるという小委員会の報告を支持する (paras.153, 154)。

【論点】1　貿易の自由化と環境保護との調整が問題となる中で、本件は、自国の管轄権下にない地域の環境（ウミガメ）を保護するために、ウミガメに悪影響を及ぼす方法で獲られた産品（エビ）の輸入を禁止した、国際的合意に基づかない米国の一方的で域外的効果を有する貿易制限措置のWTO協定適合性、とりわけ、一般的例外を定めるGATT第20条との整合性が争われた事件である。

2　本件に先立つ同種の貿易制限措置のGATT適合性が問題となった事件（例えば、米国マグロ輸入制限事件〔⇒133〕）では、第20条は、他の加盟国の管轄権内でその政策の変更を強制するような貿易措置を許容するものではなく、そのような解釈を行えばGATTの多角的枠組を崩壊させるとして、加盟国のこうした一方的措置を認めない立場をとってきた。本件Aの上級委員会報告は、加盟国の一方的な貿易制限措置であっても、一定の条件を満たせばWTO協定上許容されうることを認めるもので、小委員会と上級委員会の従来のアプローチを大きく修正するものである。

3　本件Aの上級委員会は、第20条の解釈方法について、2段階アプローチ、すなわち、第1段階として、問題の措置がまず第20条の各号の例外事由に該当するかを検討し、該当する場合には措置の適用方法が第20条柱書の要件を満たしているかを検討するという方法をとることを確認した。こうした立場は、その後の本件Bの小委員会報告、上級委員会報告やアスベスト事件小委員会報告などでも支持されている。さらに、本件Aの上級委員会は、米国ガソリン事件などの先例をふまえ、第20条、とりわけ、柱書の解釈を明確にし、環境保護目的で加盟国が一方的にとる貿易制限措置がWTO協定と適合するための要件を明らかにした。

4　こうした上級委員会の判断は、貿易自由化の多角的枠組の維持を重視し第20条を厳格に解する立場から、緻密な解釈を行いながらもWTO協定の枠内で環境保護の要請に応えようとする立場への転換を図ったものと評されている。他方で、生産工程・生産方法（process and production methods; PPM）規制を目的とする国家の一方的な貿易制限措置を許容するこうした判断は、紛争解決了解の定める権限を越えて、WTO協定上の加盟国の権利と義務を変更するものであり、多角的貿易体制を揺るがすおそれがあるとの批判もある。

【参考文献】
中川淳司「GATT/WTOと環境保護」水上千之・西井正弘・臼杵知史編『国際環境法』（有信堂、2001）、中川淳司「WTO体制における貿易自由化と環境保護の調整」小寺彰編著『転換期のWTO』（東洋経済新報社、2003）、平覚「『貿易と環境』に関する紛争の解決におけるWTO上級委員会の『創造的』役割」阿部昌樹・佐々木雅寿・平覚『グローバル化時代の法と法律家』（日本評論社、2004）、平覚「WTO体制と非貿易的価値」中川淳司・清水章雄・平覚・間宮勇著『国際経済法』（有斐閣、2004）、川島富士雄「WTO法」、小寺彰「WTO法」、高島忠義「百選Ⅱ」、同「貿易レジームと環境レジームの交錯」『国際法外交雑誌』107巻2号（2008）、同「WTOと多数国間環境条約の貿易制限措置」『ジュリスト』1254号（2003）、平覚「WTO紛争解決手続における適用法」『大阪市立大学法学雑誌』54巻1号（2007）。

（髙村　ゆかり）

135 ケムチュラ事件(Chemtura Corporation v. Canada)

裁 判 所	NAFTA11章下の仲裁裁判所
判 決	2010年8月2日
出 典	https://www.italaw.com/cases/249

【事実】　ケムチュラは、米デラウェア州法下で設立された米国の会社であり、その本社は、米コネティカット州メドルベリーに置かれていた。ケムチュラ・カナダは、カナダのノヴァ・スコシア州法下で組織されたケムチュラの完全所有間接子会社であり、その製造施設は、カナダのオンタリオ州エルミラに置かれていた。

　ケムチュラ・カナダのエルミラ工場は、菜種(canola)種子を含む様々な種子を処理するために用いられるリンデン(lindane)を基礎とする製品等の種子処理製品を製造していた。リンデンは、カナダ市場で1938年に初めて登録された殺虫剤である。1998年に、米国との貿易上の懸念から、カナダの菜種栽培者達とリンデンを基礎とする殺虫剤の4つの登録者(原告も含む)は、交渉のテーブルに着いた。リンデンは、米国では菜種種子処理用としては認められていなかったので、自分達の菜種産品が米国に輸出できなくなることを懸念していたのである。その後、1998年11月26日に合意(以下、撤回合意(withdrawal agreement)と呼ぶ)がなされ、その4つの登録者は、1999年12月31日までに、リンデンを含有する登録された菜種種子処理剤のラベルから菜種用との記載を自主的に外し、また2001年7月1日以降は菜種用リンデン含有製品とリンデン処理菜種種子は使用禁止とすることとした。

　害虫管理規制局は、カナダにおける害虫コントロール製品の規制に責任を有する連邦機関である。同局は、1999年から2001年にかけて、リンデンを基礎とする殺虫剤の特別見直しを行い、それら殺虫剤製品の登録は、健康上の懸念から抹消又は停止されるべきであると結論づけた。その後2001年に、同局は、リンデンを含有する殺虫剤に対する原告のライセンスを終了させた。原告からの請求に従い、前記特別見直しを審査するための審査委員会が、2004年から2005年にかけて設置された。その審査委員会の報告書に従い、害虫管理規制局は、2006年4月26日から2008年9月30日にかけてリンデン含有殺虫剤の規制の再見直しを行ったが、前回同様の結論に至った。

　原告は、リンデンを基礎とする殺虫剤に関する害虫管理規制局の特別見直しは、不備かつ不公正なものであったし、その上カナダ政府は、法に従って特別見直しの再見直しを受けようとする原告の試みをも妨げたと主張した。原告はまた、2001年7月1日以降リンデン処理種子の作付け禁止という同局の決定、及び代替製品の登録に対して迅速な取扱いを

行わなかったことは、撤回合意の際に同局が行った、代替製品の登録に便宜を図るとの約束に反していると主張した。さらに原告は、自社のリンデンを基礎とする殺虫剤の登録を同局が不公正に抹消したとも主張した。

　原告は、これらの措置が、北米自由貿易協定(North American Free Trade Agreement: NAFTA)1105条(待遇に関する最低基準)と1103条(最恵国待遇)の違反であると主張した。原告はまた、リンデンを基礎とする殺虫剤の登録抹消は、NAFTA1110条(収用)違反であるとも主張した。これらの違反に対し、原告は、7859万3520米ドルの損害賠償を求めた。

　本件では、後に国際司法裁判所裁判官となったケンブリッジ大学教授James R. Crawford氏(オーストラリア)が、被告カナダ側仲裁裁判官として選任されたこともあり、国際公法上の論点にもかなりの考察が加えられている。なお、原告ケムチュラ側仲裁裁判官はCharles N. Brower氏(米国)、裁判長はGabrielle Kaufmann-Kohler氏(スイス)であった。

　本件において裁判所は、原告ケムチュラ側の全ての請求を棄却すると共に、原告に対し、68万8219米ドルの仲裁費用全額と被告カナダ側が負担した弁護費用の半額分288万9233.80カナダドルの支払いを命じた。

【判決要旨】1　裁判所の管轄権について言えば、NAFTA1105条及び1110条に関して争いはないが、1103条に関して被告は争っている。被告によれば、原告の申述書には、仲裁意図の通知には見られなかった、全く新たな最恵国理論を示す1103条に関する請求が提起されているという(paras.99-100)。確かに、仲裁意図の通知においてなされた1103条に関する主たる議論は、1103条の最恵国条項を通じて他の条約から公正衡平待遇を潜り込ませることに関するものではなかった。しかしながら、そこで言及された事実は、1103条下の請求を支持して原告の申述書の中で参照された事実とほぼ同じものであったし、新たに提起された議論に応える被告の能力も何ら害されてはいない。したがって裁判所は、NAFTA1103条下で原告が提起した請求に関しても管轄権を有すると結論する(paras.103-105)。

　2　NAFTA1105条1項は、次のように規定する。「各締約国は、他の締約国の投資家の投資に、公正衡平待遇と完全な保護及び安全とを含む、国際法に従った待遇を与える」(para.117)。本条は、慣習国際法上の外国人の待遇に関する最低基準を規定するものであるとする北米自由貿易委員会の解釈ノートに従って、解釈されねばならないが(para.120)、国際的な最低基準の内容を確定する際に、慣習国際法の発展を考慮に入れる(para.122)。裁判所は、特に次の理由から、本条の違反はなかったと判断する。第1に、1998年にリンデンは、カナダも当事国である残留有機汚染物質に関するオーフス議定書(1979年長距離越境大気汚染条約の付属議定書である)において、その使用が6つの特別な場合に制限され、リンデンの再評価が求められていた(paras.135)。2009年5月には、リンデンは、残留有機汚染物

質に関するストックホルム条約の下での廃絶すべき化学物質のリストに含められている(para.136)。したがって、リンデンを基礎とする農薬に関する害虫管理規制局の特別見直しは、自らの任務を遂行するために、またカナダの国際義務の結果として、なされたものであり(para.138)、同特別見直しが、悪意で又は適正手続の基準に違反して行われたことを原告は証明することができなかったと裁判所は考える(para. 162)。第2に、撤回合意が、2001年7月1日以降、同局がリンデン処理種子の作付けを許可するという合理的な又は正当な期待を生じさせたことを原告は立証していない(para.179)。第3に、同局は、リンデンを基礎とする農薬の自主的廃止による段階的廃止措置を申出るか否かに関する裁量を持ち、その裁量を行使するに当たり、原告を全ての影響を受ける登録者と同様に扱ったことに鑑みるならば、同局による登録抹消は、懲罰的とはみなされ得ない(para.192)。第4に、同局は、原告の代替製品(Gaucho CS FL)の登録プロセスを不公正に遅延させてもいない。原告が代替製品を登録する際に遭遇した遅延は、同局と原告の双方の責めに帰すものであり(para.218)、それは米国環境保護局で原告が直面する遅延と同様のものであった(para.220)。遅延に関する不公正な行動パターンは示されていないし、たとえその遅延を個々考えるとしても、NAFTA1105条の違反となるような、害虫管理規制局側の悪意又は不公正さを証明するには不十分である(para.224)。

　3　原告は、NAFTA1103条を通じて、より公正かつ衡平な待遇を規定する条項を含む、カナダが締約国である他の条約の恩恵を受けることができると主張した(para.226)。同条1項は、次のように規定する。「各締約国は、投資の設立、取得、拡大、経営、遂行、活動、売却又はその他の処分について、同様の状況において他の締約国又は非締約国の投資家に与えるよりも不利でない待遇を、他の締約国の投資家に与える」(para.232)。この点に関し、原告がNAFTA1103条を通じてそのような条約から恩恵を受け得るかどうかに拘わらず、カナダの措置がこれらのより公正かつ衡平な待遇を規定していると主張された条項に違反したことを原告は証明していない(para.236)。

　4　カナダの行為は、NAFTA1110条下の収用を構成するものでもない。同条1項は、次のように規定する。「いずれの締約国も、次の場合を除くほか、自国領域内で他の締約国の投資家の投資の直接又は間接の国有化又は収用を行ってはならず、またそのような投資の国有化又は収用と同等の措置(以下「収用」という)をとってもならない。(a)公共目的で、(b)無差別の基礎に立ち、(c)法の適正手続及び1105条1項に従い、(d)本条2項から6項に従って補償の支払いがなされる場合」(para.241)。ある措置が収用を構成するか又は収用と同等であるためには、当該措置が、投資家から投資を実質的に奪う必要がある(para.242)。ここで投資とは、原告のカナダの子会社であるケムチュラ・カナダであることに、両当事者は合意している(para.258)。リンデン製品からの売上は、ケムチュラ・カナダの全売上

の比較的小さな部分であったため、害虫管理規制局による原告の投資に対する干渉は、「実質的」とはみなされ得ない(para.263)。さらに、同局の措置は、人の健康と環境を守るために行われた非差別的措置であるため、カナダの規制権限(police powers)の有効な行使を構成し、収用を構成し得るものではなかった(para.266)。

【論点】1　リンデンは、ベンゼンと塩素の化合物で、有機塩素系殺虫剤の一種である。各種の害虫に対して接触毒、食毒、燻蒸毒作用を有し、日本では1949年から水田や果樹や野菜の害虫防除とともに、蠅、蚊、蚤など衛生害虫の防除にも広く大量の製剤が使用されてきた。リンデンは、自然界で分解しにくいため食物連鎖で生物濃縮され、最終的に人体へ蓄積するおそれがあるとして、1968年にハンガリーで使用制限、1971年に日本で使用禁止がなされ、その後、欧州諸国をはじめ世界各国でリンデンの使用制限・禁止が進められてきた。米国でも、本件紛争が発生した1998年当時、リンデンを菜種種子に用いることは禁止されていたが、これは、菜種種子に対するリンデン使用の許可が、経済的理由から申請されなかったためである。菜種種子以外の様々な作物へのリンデンの使用は、米国では1940年代以来許可されてきていた。その後、2001年から2002年までに6種(大麦、小麦、ライ麦、オーツ麦、とうもろこし、さとうもろこし)の種子処理用リンデン使用を残してリンデン登録者による自主的な登録取消しがなされてきたが、2006年7月に、その6種へのリンデン使用が再登録の適格性を欠くとの結論が米国環境保護局から出されるまでは、リンデンは実際に米国において使用されてきていた。この観点からすれば、本件原告の行為を、本国米国で認められない有害な農薬を他国で売ろうとした規制逃れ的行為と決めつけるのは、やや行き過ぎであろう。リンデンは、他の代替的農薬よりも、はるかに安価で効果的であるとして、一定の評価を得ていたことは事実である。(なお、原告を含む米国リンデン登録者が、上記6種へのリンデン殺虫剤の登録取消しを自主的に申し出たとの声明を、2006年8月に米国環境保護局は出している。)

　2　本件で問題となったカナダ害虫管理規制局によるリンデンの特別見直しは、環境条約上の義務を誠実に履行するためにとられた措置であり、悪意で又は適正手続に違反して行われたものではないと、裁判所は判断した。この文脈において言及された環境条約とは、1998年残留有機汚染物質に関するオーフス議定書と2009年残留有機汚染物質に関するストックホルム条約(POPs条約)の2つである。確かに、ストックホルム条約は、リンデンの廃絶を求めているが、同条約は、本件で問題とされたカナダの行為の最終時点(2008年9月30日)においてもまだ存在していなかった。他方、オーフス議定書では、リンデン使用が許容される6つの場合が列挙されていたが、そのうちの1つが、本件で問題となった種子処理目的であった。したがって、本件紛争発生時、カナダに課されていた国際義務は、

菜種種子処理目的でのリンデン使用禁止義務ではなく、オーフス議定書上のリンデン使用見直し義務ということになる。ある環境条約において、有害物質の使用禁止義務までは規定できなくとも、その使用の見直し義務さえ規定できれば、国際投資紛争をめぐる裁判において、一定の効果(悪意又は適正手続違反の不存在の証拠として援用され得るという)を持つことが示された例として、本件は特筆に値する。

3 その他、判決の以下の4点が注目される。①NAFTA1105条に関し、北米自由貿易委員会の解釈ノートに従いつつ、国際的な最低基準の確定の際に、慣習国際法の発展を考慮に入れるとした。②NAFTA1103条を通じて、カナダが締約国となっている他の条約で、より有利な公正衡平待遇を規定するものを援用する余地を否定しなかった。③NAFTA110条下の「収用」を構成するためには、投資家から投資を「実質的に」剥奪する必要があるとしつつ、全売上高に占めるリンデン製品の売上が比較的小さいことを理由に、「実質的な」剥奪なしと判断した。④人の健康と環境を守るための非差別的措置であることを理由に、カナダ害虫規制管理局の措置が、カナダの規制権限(police powers)の有効な行使であり、「収用」には当たらないとした。これらの点を総合的に見れば、本判決は、人の健康及び環境の保護の要請と投資家の投資保護の要請との適正なバランスをはかったものとの肯定的な評価が可能であろう。

【参考文献】
石川知子「農薬の登録抹消に係る被申立国の一連の行為が公正衡平待遇義務違反及び収用を構成しないとされた例」『JCAジャーナル』58巻4号(2011)、「8 Chemtura事件：環境保護を理由とする政府による農薬の登録抹消措置が条約上の義務に違反しないとされた事例」『投資関連協定事例集』経産省HP。

(繁田　泰宏)

第12章

紛争の平和的解決

第1節　審査および調停　　566
第2節　仲裁裁判　　574
第3節　司法的解決　　588
第4節　国際裁判と日本　　637

第1節　審査および調停

136　国際審査
A　ドッガー・バンク事件(L'incident de la mer du Nord〔Dogger Bank Case〕)
B　レッド・クルセイダー号事件(The Red Crusader Case)

当　事　国	A 英国／ロシア　B デンマーク／英国
機　　　関	A・B 国際審査委員会
報　　　告	A 1905年2月26日　B 1962年3月23日
出　　　典	A Scott 609(original French), 404(English)；2 AJ 931 B 35 ILR 485

A　ドッガー・バンク事件

【事実】　北海事件またはハル事件とも呼ばれる。日露戦争の際に極東に派遣されることになったロシアのバルチック艦隊(司令官ロジェストウェンスキー)が、1904年10月21日から翌日にかけての夜間に北海中央部にあるドッガー・バンクを航行中、そこで操業中の英トロール船団(ハルに基地を置く)を日本の水雷艇と誤認して砲撃し、1隻沈没数隻破壊、さらに漁船員2名死亡6名負傷の損害を与えた。その後遭難者を救助せず航行を続けた。英国内ではロシア艦隊の行動とくに司令官を非難する世論が高まり、英国政府はロシア政府に対して陳謝、被害者に対する賠償、責任者の処罰、将来についての保証を要求した。ロ司令官の報告書は水雷艇による攻撃を弁明するだけで、ロシア政府もこの報告書を伝達するにとどまり英国の要求に対して明確な態度を示さなかった。英国海軍は艦隊の集結を命じ、ロシア艦隊に対決する構えをとった。当時ロシアと同盟関係にあったフランスは、英露開戦により自国が戦争にまきこまれるのを懸念し、この紛争が事実に関する見解の相違に基づいていることに鑑み、国際紛争平和的処理条約(ハーグ、1899年)に規定する国際審査委員会に付託することを提案した。英露両国政府はこの提案を受けて11月25日サンクト・ペテルブルク宣言によって、①国際審査委員会は5名で構成し、英露両国から各1名の海軍高級将校を任命し、仏米両政府にも各1名の将校の任命を要請する、第5番目の委員は右の4名の委員の合意で選任するが、合意が得られない場合にはオーストリア皇帝にその選任を依頼する、②委員会は北海事件に関する一切の状況、およびとくに責任の所在、ならびに責任が立証されたときは英露両国または他国の国民に対する責任の程度に関する問題について審査し報告する、③手続規則は委員会が定める、④委員会の決定はすべて多数決による、などを合意した。この合意に基づいて、オーストリア海軍高級将校を含めて構成された5名の委員会は1905年2月26日に報告書を提出した。ロシア政府はこの報告を認め、3月9日英国に対して被害を受けた英国民への賠償金として6万5千ポンドを支払い、事件は解決した。

136 国際審査

【報告要旨】 ロシア艦隊は出航前から日本の水雷艇の夜間攻撃に備えるよう警告を受けていた。10月20日ノルウェー沖で給炭のため停泊中に、水雷艇を見たとの情報が入ったため予定より早く出発した。翌21日輸送船カムチャツカは、機関故障のため、遅れて孤立していた。同船は午後8時遭遇したスウェーデン商船を水雷艇と誤認して発砲し、その旨を無線で司令官に報告した。この情報から艦隊は22日午前1時ごろ襲撃を受けることになると誤想した。司令官は攻撃を受けた場合の砲撃許可を命じた。委員会はこれを事件の発端となったが戦時における当然の措置であると評価する(para.7)。22日予定時刻ごろ最後尾の戦艦隊が数海里の範囲に分散していた英トロール船団約30隻の操業水域にさしかかった際、司令官が座乗する旗艦スワロフの当直士官は接近中の無灯火の船を視認し、見張員が水雷艇と判断し、艦隊に発砲が命じられた。次の目標についても同様であった。砲撃は十数分間続き英船団に被害を与えた。また巡洋艦オーロラが被弾した点については後続艦によるものと推定される。委員会の多数委員は砲撃およびその結果に対する責任はロ司令官に帰せられるべきであると判断する(paras.13-14)。艦隊の発砲の対象が何であったかを決定する十分明確な証拠を有しないが、漁船団が敵対的行為を行わなかったことは明白である。漁船団の中にもその付近にも水雷艇はいなかったので、司令官による発砲命令は正当ではなかった。司令官は終始漁船とわかった船に対する砲撃を避けるために一切の措置を講じたと認める。しかし司令官がドーバー海峡通過中に国籍不明の漁船が救助を必要としている旨を沿岸諸国に通報しなかったのは遺憾である。これらの事実にかかわらず司令官または艦隊員の軍事的資質と人格に不信をなげかけるものではない(paras.16-17)。

B レッド・クルセイダー号事件

【事実】 英国・デンマーク間交換公文(1959年)はフェロー諸島の領海基線から6海里の青色線の内側の海域での英国船の漁業を禁止していた。1961年5月29日夜、英国のトロール船レッド・クルセイダー号が、同海域で漁業を行っていたとの理由でデンマークのフリゲート艦ニールス・エベセンによって停船を命じられ拿捕された。レッド・クルセイダーはフェロー諸島にある裁判所で審判を受けるために、ニールス・エベセンに従ってトールスハーヴンに回航することを命じられた。拿捕を確実にするためにニールス・エベセンから士官と下士官の2名がレッド・クルセイダーに派遣されていた。レッド・クルセイダーはニーセス・エベセンに従って進行した後、拿捕から逃げるため進路を変更した。ニールス・エベセンは追跡し発砲した。レッド・クルセイダーは船首・マスト・レーダー設備に軽微な損害を受けたが逃亡を続けた。両船は、フェロー諸島とオークニ諸島とのほぼ中間の公海上で、訓令により事態の処理に向かった英国海軍のフリゲート艦(トループリッチ)と漁業監視船(ウートン)に遭遇した。漁業監視船から5名の士官がニールス・エベセンに赴き、

第12章 紛争の平和的解決

洋上会議が行われたが、その結果、レッド・クルセイダー内に拘束されていたデンマークの乗組員2名をニールス・エベセンに返送し、レッド・クルセイダーはフェロー諸島に連行されることなく、基地アバディーンに向かった。この会談の報告を受けたデンマーク政府は、ニールス・エベセンに対し、スコットランド沖3海里までレッド・クルセイダーを追跡し、その拿捕を象徴するため暫時その地点にとどまるよう指示した。漁業取締におけるトラブルを避けるために、英国側の要求によって、デンマーク乗組員が小型武器を携帯していなかったことがデンマーク側の悪感情を高める結果になった。デンマーク・英国両国政府は交渉の結果、事件の事実に関する意見に差があることを認め、デンマーク政府の提案により国際審査委員会を設置することに合意した。1961年11月15日の交換公文の内容の主要点は次のようであった。審査委員会はシャルル・ド・ヴィシャー教授（ルーヴァン大学）、アンドレ・グロ教授（フランス外務省顧問）、モーレンブルフ海将（オランダ船舶監督長官）で構成し、ド・ヴィシャー教授を委員長とする。委員会の任務は次の事項について調査し報告することとされた。①1961年5月29日夜、レッド・クルセイダーが拿捕されるに至った事実（同船が青色線の内側で漁業していたか、漁具を格納しないでいたかを含む）、②拿捕の状況、および③拿捕後、レッド・クルセイダーがアバディーンに到着するまでに起こった出来事。審査の手続は委員会が自主的に決定すること、両国政府は委員会評決の終結性を認めることも合意された。11月21日にハーグで開かれた委員会は申述書、答弁書の提出を求め、翌年3月5日から16日まで口頭弁論、証人、鑑定人の尋問が行われ、23日に報告書を両国政府に伝達した。両国は相互に一切の請求権を放棄することで事件は最終的に決着した。

【報告要旨】1　レッド・クルセイダーの拿捕に導くに至った事実と拿捕の状況に関しては、委員会は次のように認定する。5月29日の夜、十数分間にわたって青色線の内側でトロール網が水中に投じられていた事実にもかかわらず、同船がそこで漁業を行っていた証拠は確認できない。レッド・クルセイダーはその間、青色線内において漁具を格納していなかった。ニールス・エベセンによる数回の停船信号は、すべて青色線の外側で発せられた(p.495)。

　2　拿捕と英国軍艦との遭遇の間の出来事については、委員会は次のように判断する。レッド・クルセイダーは拿捕されていた。同船の船長は途中で変心して逃亡を企て、当初は正当に受容した官憲の管轄権を回避しようとした。船長はこの間、デンマークの士官と兵士を隔離する措置をとり、彼らをアバディーンに連行する意図をもっていた。砲撃が開始されたのは30日午前3時22分であるが、3時23分以前には停船信号は発せられなかった。その後午前3時40分までの射撃は命中させる意図のない警告射撃であったが、この時点以後3時53分までの射撃はレッド・クルセイダーを狙って行われた。ニールス・エベセンの

指揮官は、無警告で固体弾を発射したこと、および、その必要性が証明されないのに機銃の実弾射撃によってレッド・クルセイダー内の人命に危険を生ぜしめたことの2点において、正当な実力行使の限界を越えていた。当時の状況は、このような暴力的行為を正当化できない。別の手段によってレッド・クルセイダーを停船に応じさせ、以前には受け入れていた正常な手続に復帰させることが可能であった。英国政府が提出していたレッド・クルセイダーへの損傷に対する修理費については、デンマークの代理人は妥当なものであると認めていた(pp.495-499)。

3 英国軍艦との遭遇後の出来事に関しては、デンマークは隔離拘束されていたニールス・エベセン乗組員の返還にかかる不当性と英軍艦トルーブリッジによる返還への干渉について争っていたが、これらの点についてデンマークが主張を取り下げたこと、若干の誤解があったが返還が最善の解決法であったと判断されることを考慮し、委員会は、英国軍艦は両船の間の暴力を避けるためにあらゆる努力を行ったのであり、このような態度と行為は非難されないと評定する(pp.499-500)。

【論点】1 紛争解決は一般に係争事実を客観的に確定する事実認定(fact-finding)とこの事実に関わる法規則を選定し適用する法認定(law-finding)という相互に関連する二面性をもっている。審査制度は事実認定のみを行い、法認定とそれに伴う責任問題の処理は当事国に委ねられているのが特徴で、この点で他の紛争解決手段と区別されている。国際審査が解決手段の1つとして定型化されたのは国際紛争平和的処理条約(1899年、1907年改正)においてである。ここに紹介された事例Aはその最初の適用例であり、Bは最新の事件であるが、いずれも審査の有効性を証明し、その後の審査制度の展開に影響を及ぼした。

2 事例Aは日露戦争時の政治的緊張に際して大国間の紛争を回避できたことで高く評価された。これに関して1899年条約の適用上、次の2点が注目された。①条約では審査は「名誉・重大な利益に関しない〔非政治的〕紛争」に用いられることになっていたが、本件は「事実上の見解の相違」に着目し、それに限定することで紛争の非政治化に成功した。②報告書の効力は単に事実認定にとどまり仲裁裁判の性質を有しないとされるが、本件では「責任の所在」をも付託事項に含め(英国の強い主張による)、また両国が報告書を受諾することで、事実上仲裁判決に代わり迅速に事件を解決できた。

本件で手続規則の採択に手間取ったことから、第2回ハーグ平和会議(1907年)において改正が行われ、本件の手続規則をモデルとしてかなり詳細な規則(条約第3章)が規定され、現行条約となった。この条約による審査としてタヴィニアーノ号事件(1911年)、タイガー号事件(1917年)、トウバンチア号事件(1922年)などがあるが、いずれも戦時に交戦国軍艦が中立船を攻撃、捕獲した事件である。戦時で、かつ事実関係の確認が困難な海上事件で

審査が有益であったことを示している。

　3　事例Bは平時における漁業事件において初めて適用され、審査が効果的手段であることが高く評価されたケースである。本件における審査は条約第3章に定めるハーグ方式と次の点が異なっている。①委員会の構成について、海軍高級将校が多数を占める過去の例と違って、多数が法律家から選任され、しかも全委員が紛争当事国の国民である国籍委員ではなかった。この構成は「公平誠実ナル審査」（第9条）をより可能にしたと評価される。②ハーグ方式（第26条）では訊問は委員長により行われることが規定されているが、本件では英米法式の代理人による反対迅問制が採用された。③付託合意では委員会の任務は「調査し報告する」となっており、事実認定に限られているが、報告書は事実の法的評価をも含んでいる。例えば、拿捕の合法性を示唆し、発砲の違法性を認定し、その結果生じた損傷の修理費の負担にまで言及し、英軍艦の行動を非難できないと判断している。審査過程における両当事国の主張にも法的評価が入っており、また委員会の権限の拡張に対して両国から何らの異議も出されなかった。事実認定はその性質上、法認定と分離しきれない面をもっていること、また本件では法的評価への言及が解決を促進したことが指摘される。④報告書の終結性のみならず公表も両国間であらかじめ合意されており、世論の鎮静化にも有効であった。

　これらの点からみて、本件の審査はやや仲裁裁判の色彩をもっていたと言える。本件当時、漁業水域6海里の当否（1960年の海洋法会議以後、12海里水域の慣行が成長していた）について両国間で対立しており、この問題の議論が審査を用いることで回避されたと言える（翌年デンマークは一方的に12海里に拡張した）。本事件の評価を踏まえて、国連海洋法条約（1982年）は特別仲裁裁判所による審査制度を設けた（附属書Ⅷ）。

　4　ハーグ条約は状況に応じ柔軟に適用されてきたが、適用例はそれほど多くない。それは調停や裁判などの他の手段が整備されてきたこと、また国際機関による審査（事実調査）が採用されてきたことによるとみられる。

【参考文献】
『横田判例Ⅲ』、竹本正幸『ケースブック』、林久茂『ケースブック』、林久茂『セミナー』、中村洸『百選Ⅰ』、同「国際紛争における非司法的解決手続の意義」『ジュリスト』782号（1983）、同「国際紛争の解決手段としての事実審査」『法学研究』56巻3号（1983）、田岡良一『国際法Ⅲ（新版）』（有斐閣、1973）23-27頁、田畑茂二郎『国際法新講下』（東信堂、1991）75-79頁、村上暦造『領海警備の法構造』（中央法規、2005）33-41頁。

　　　　　　　　　　　　　　　　　　　　　　　　　　　（林　久茂・浅田　正彦）

137 ヤン・マイエン調停事件(The Continental Shelf Area between Iceland and Jan Mayen)

当 事 国　アイスランド／ノルウェー
機　　関　調停委員会
報　　告　1981年5月19日(アイスランドへ掲示)
　　　　　1981年5月20日(ノルウェーへ掲示)
　　　　　1981年6月決定
出　　典　*27 RIAA 1 ; 20 ILM 797; 62 ILR 108

【事実】　1980年5月28日アイスランドとノルウェーは、漁業と大陸棚問題に関する協定を締結した。同協定において、ノルウェーはアイスランドの200海里経済水域の主張を認めた。アイスランドは、ヤン・マイエン島に近接する区域にあるアイスランドの200海里水域をこえる大陸棚に対する権利をも主張したが、これについては合意されなかった。ヤン・マイエン島は、アイスランドの北東約290海里にある人間の居住する火山島であって、ノルウェー領である。

　両国は、上記協定第9条により、アイスランドとヤン・マイエン島との間の大陸棚境界画定の問題を継続交渉とし、調停委員会に付託することとした。委員会は、上記問題に関する勧告を提出することを任務とするが、勧告の作成に際して、この海域におけるアイスランドの強い経済的利益、地理上および地質上の要素、その他の特別の事情を考慮するものとされた。また、委員会の勧告は全会一致で採択され、それは両国を拘束するものではないが、今後の交渉に際して両国により合理的考慮が払われるべきものとされた。委員会はリチャードソン(米)を委員長とし、アンデルセン(アイスランド)、エベンセン(ノルウェー)の3名により構成されたが、いずれも第3次海洋法会議において各国の代表を務めている。

【報告要旨】1　委員会は裁判所ではない。その任務は、全員一致の意見により、付託された問題について衡平で受諾可能な解決をもたらす勧告を両国政府に対して行うことである。しかしながら、委員会は、そうした解決を可能にするたしかな指針を得るために、多くの国家実行や判例を検討した(p.23)。

　2　島の制度について規定する1980年8月27日の海洋法条約草案第121条は、国際法の現状を反映していると考えられるので、ヤン・マイエンは島であるとみなされねばならない。したがって、それは、領海、経済水域および大陸棚に対する権利をもつ(p.10)。

　3　大陸棚の境界確定についての国家実行は、海洋法条約草案にみられるように、事実の状況により様々なアプローチをとる。地質専門家の報告書より判断すると、自然の延長の概念に基づくアプローチはヤン・マイエンに対して適切であるとは思われない(pp.22-

23)。等距離方式、比例性の概念および他国の経済水域に位置する島に対する囲繞方式などのそれ以外のアプローチは、すべて衡平な解決に到達する試みを反映するものである。本件においては、200海里経済水域に関するアイスランドとノルウェーによる協定が、すでに中間線を越えてかなりの区域をアイスランドに与えているという事実、およびこの区域における資源存在可能性についてさらに一層の調査と探査が必要であるという事実を考慮したアプローチがとられるべきである (pp.23-24)。

　4　大陸棚について経済水域とは異なる境界線を提案するよりも、委員会は、炭化水素の生産の現実的見通しのあるすべての区域(特定区域)を実質的に対象とする、共同開発協定を採用することを勧告する。共同開発の対象となる特定区域は、緯度、経度の座標により標示され、アイスランドの200海里経済水域の画定線をノルウェーとの境界線とする面積約45,475km²であって、その約70パーセントは、アイスランドの経済水域の北に位置する。共同開発協定は、石油探査の資金と経験においてノルウェーが優っているという事実、およびアイスランドにとっての炭化水素の必要性を考慮するものでなければならない (pp.24-25)。

　委員会は、初期段階における区域の共同探査、そしてその結果さらに探査、掘削および開発活動が必要と判断された場合には、両当事国と石油会社の間で共同事業取極を伴うコンセッション契約の交渉を行うことを勧告する。アイスランドの経済水域の境界線の北の区域においてはノルウェー法が適用され、南の区域においてはアイスランド法が適用されるが、共同事業取極により、両国はそれぞれ相手国側区域における事業に関して25パーセントの利益を取得する権利をもつものとする (pp.25-32)。

　開発費用に関して、委員会は、初期段階における探査の費用はノルウェーにより負担され、開発段階における費用は、それぞれの国家参加の持分に比例して、両国により負担されるべきことを勧告する (pp.32-34)。

【論点】1　近年、大陸棚や経済水域(漁業水域)制度の確立に伴って、海の境界画定をめぐる問題が多発している。そうした問題が、当事国の間で解決されないとき、国際司法裁判所や仲裁裁判所の判決を得て解決された例はこれまで多くみられるが、本件は、それが国際調停により解決された唯一の事例である。

　言うまでもなく、裁判は法を基準として法的拘束力のある決定を下す紛争解決手続であるのに対して、調停は必ずしも法を基準とせず、また当事国を法的に拘束するものでもなく、より広い視野から当事国の利害関係を調整し、双方にとって受諾可能な案を提示することにより、紛争の解決に導く手続である。本件において、そうした調停のもつ特徴は、委員会が、①勧告の作成に際してアイスランドのもつ特殊事情を考慮するよう求められたこと、②大陸棚について経済水域と異なる境界を決定することなく、地質学的データに基

づいて、炭化水素生産の現実的見通しのある区域を指定して、そこにおける共同開発を勧告したこと、そして、③共同開発協定においてアイスランドにきわめて有利な条件を提示したこと、などに表れている。そこには、法の発見とその適用を任務とする裁判によっては到達することのできない、柔軟かつ現実的な解決方法が勧告されているといえよう。

2　もちろん、委員会は、勧告を導くにあたって国際法、国家実行や判例を検討していないわけではない。むしろそれらについて詳細に検討し、①ヤン・マイエン島は、国連海洋法条約第121条に基づき島であると考えられるので、領海、経済水域および大陸棚に対する権利をもつこと、②自然の延長の概念に基づくアプローチは、ヤン・マイエン島に対してとることは適切ではないこと、③等距離方式、比例性の概念および他国の経済水域に位置する島に対する囲繞方式などはすべて衡平な解決に達する試みを反映するものであること、を指摘している。本件においては、そうした検討を行いながら、アイスランドの200海里経済水域のノルウェーによる承認、そしてこの区域の資源存在可能性についての探査の一層の必要性という事実を考慮して、そして「アイスランドとノルウェーとの間の協力および友好関係を一層促進させようとの希望を込めて」、大陸棚について境界を画定することなく、共同開発協定の締結を勧告している点に特徴が表れているのである。

3　本件は、その後両国により調停委員会の勧告に沿った大陸棚に関する協定が締結されることにより解決をみた。国連海洋法条約は、その紛争を解決する手段として司法的解決とともに調停による解決を用意している（附属書V）が、本件は、そうした解決方法が有益であることを示す1つの事例であるといえよう。

【参考文献】
青木隆『百選Ⅰ』、同「資料　グリーンランドとヤンマイエンとの間の区域における海洋確定に関する事件（デンマーク対ノルウェー）判決」『法学研究』（慶應義塾大学）67巻8号（1994）、同「資料　アイスランドとヤンマイエンとの間の大陸棚区域に関する調停」同65巻11号（1992）、富岡仁『百選Ⅱ』、酒井啓亘「判例研究ICJ」95巻5号、中村洸「国際紛争における非司法的解決手続の意義」『ジュリスト』782号（1983）、石和田靖章（訳）、中村洸（解説）「ヤン・マイエン島とアイスランド東部との間の海域—地質報告」『季刊海洋時報』44号（1987）、中村洸「排他的経済水域と大陸棚の関係」『海洋法の歴史と展望（小田還暦）』（有斐閣、1986）。

（富岡　仁・薬師寺　公夫）

第2節　仲裁裁判

138　エリトリア／イエメン仲裁裁定（Eritrea-Yemen Arbitration Phase I: Territorial Sovereignty and Scope of Dispute; Phase II: Maritime Delimitation）

当　事　国	エリトリア／イエメン
裁　判　所	常設仲裁裁判所
判　　　決	第1段階　1998年10月9日　第2段階　1999年12月17日
出　　　典	第1段階　22 RIAA 209　第2段階　22 RIAA 335

【事実】　エリトリアとイエメンに挟まれたスエズ運河につながる航路の要衝、紅海南部海域に位置する無人島の領域主権をめぐり、1995年、両国間で紛争が発生した。翌年10月3日、紛争の仲裁裁判への付託が合意され、第1段階では「国際法の原則、規則及び実行、特に歴史的権原に従って」紅海諸島の領域主権を決定し、第2段階では「領域主権問題において成立する意見、国連海洋法条約及びその他の関連要因を考慮し」海洋境界を画定することが規定された（仲裁協定第2条）。裁判官としてエリトリアはシュウェーベル及びヒギンズを、イエメンはハイエット及びエル・コシェリを、以上の4裁判官がジェニングズを裁判長として指名した。両岸間の距離は北部では150海里、南部では24海里である。諸島は不毛で一部を除き定住者はいないが、諸島及びその周辺海域は漁業活動、中継地または避難目的で超記憶的時代から両沿岸地域の漁民に使用されてきた。

ローザンヌ条約（1923年）第16条は旧オスマン帝国領土及び諸島のすべての権利及び権原は「関係当事国により決定される」と規定するが、本件諸島の権原に関し、同条約は明確にしていない。第1段階では両当事国海岸に挟まれた海域のすべての島の領域主権について、地理的要因及び実効性に関する証拠に基づいて判断し、第2段階では関連事情を考慮して等距離線を調整し、単一の海洋境界を画定した。第1及び第2段階判決ともに全員一致による。

【判決要旨】第1段階　1　エリトリアはローザンヌ条約に基づき、諸島は無主物（*res nullius*）となり取得の対象となったが、その権原は現在エリトリアが位置する領土の主権変動に伴って移転し、最終的に1993年独立国となったエリトリアに承継されたと主張する。イエメンは諸島の権原は中世イエメン（*Bilad el-Yemen*）にあり、オスマン帝国時代にも同権原は存続し、同帝国崩壊に伴いイエメンに復帰したと主張する（paras.13-54）。

2　決定的期日については双方から議論が無い（para.95）。

3　イエメンはウティ・ポシデティス（*uti possidetis*）原則を援用し、紅海の諸島を含むオスマン帝国時代の行政単位の境界線が、新独立国イエメンの国境線として転用されたと主張するが、①オスマン帝国時代の正確な行政的境界線に関する証拠が不十分であり、②ローザンヌ条約第16条と相いれず、③時際法の問題があり、④法的にも地理的にもラテン・

アメリカに限定して適用された同原則が第一次大戦直後の中東に生じた法律問題の解釈に適切に適用できるかという問題がある (paras.96-100,122)。

4(1) 古来の権原とはいわゆる歴史的権原を指すが、イエメンの主張では、事実上の占有ではなく法律上の問題であり、明らかに確立された権利の意味で用いている。他方、時効、黙認または長期間の継続的占有により創設され、または凝固した権原も歴史的権原と言われる (paras.105-107)。

(2) イエメンは、諸島には中世イエメン領土の一部として固有のかつ不可譲の主権が及んでおり、この古来の権原はイエメンのオスマン帝国への併合による影響を受けずに存続し、同帝国崩壊とともに復帰したと主張するが、①中世イエメンの支配は紅海海域には及んでおらず、②領域主権概念は中世イエメンにとって全く未知の概念であり、③権原の復帰という理論は国際法の一部として確立しておらず、④第一次大戦後、イエメンは歴史的権原を明示する地位になかった。ゆえに復帰理論は適用されない (paras.116-125)。

(3) しかし歴史的考慮に法的重要性が全くないと解釈してはならない。数世紀間も通用してきた紅海南部の漁業資源の伝統的開放という状況は、両岸の住民による諸島の共同使用とともに、領域主権には至らない「国際使役 (*servitude internationale*)」の一種として歴史的凝固プロセスを通じて両当事国に有利になる、特定の「歴史的権利」を創設しうる重要な要素である。歴史的権利は紅海両岸の住民の利益のために数世紀にわたって存在した共有物 (*res communis*) の特定の側面を支える法的基礎を提供する。上記の社会的経済的及び文化的パターンは、西洋国際法の基本的特徴となった領域主権原則を無視する、古典的イスラム法概念と完全に調和した。しかしオスマン帝国は19世紀前半に紅海周辺の諸国を直接的にまたは宗主国としての統治を通じて支配し、欧州で有効な現代的規則を採用した。

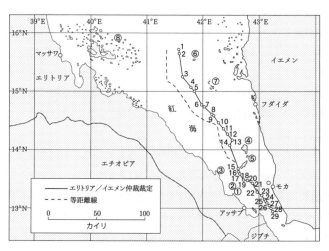

この現代国際法に従い、領域主権の法概念はほとんどの国家権力の基礎になり、紅海の状況はもはや新たな現実の法的結果から逃れることはできなくなった(paras.126-131)。

 (4) エリトリアの主張についても、戦間期に諸島におけるイタリアの権原が承認された事実はなく、権原の承継は認められない。歴史的権原に関する証拠は多量であるが、そのほとんどは矛盾かつ混乱し、両当事国とも権原を立証していない(paras.136-137)。

 5 両当事国は実効性についてもまた議論している。マンキエ・エクレオ事件判決〔⇒37B〕のように古代の権原を証明するための証拠に決定的重要性を与えられない場合、判決の主要な根拠となったのは比較的最近の使用及び占有の歴史である。そこで本件でも、比較的最近の国家機能及び政府権限の継続的かつ平和的表示の証拠について検討する。これは権原の漸進的凝固とも呼ばれるが、提出された証拠は物理的活動及び行為だけではなく、第三国の世評(repute)、意見そして態度を含む(paras. 450-451)。

 6 沿岸の島は、相手方がより根拠ある権原を表示することができない限り、従物として海岸の付属物とみなす。地理的要因を証拠の不明確さを補うために考慮するのは的確である(paras.458-466)。

 7 モハバカー及びヘイコック諸島に関し、エリトリア本土との地理的近接性は説得力をもち、またイエメンはより優位な権原を立証していない。加えて後者の諸島については、歴史的にアフリカ沿岸の管轄権が及んでいたと推測され、近年でもイエメンの行為は伸張していない。サウス・ウェスト・ロックはイタリアにより管轄権が主張されたことがあり、歴史的にもアフリカ沿岸における管轄権の東部境界地点とみなされていた。ゆえに以上の3諸島には、エリトリアの領域主権を認める(paras.467-484)。

 中間線海域に位置するズカール島及びハニーシュ諸島の島群全体としての国家権限の発現については、イエメンの証拠が優位にあり、エリトリアからの抗議も受けていない。ゆえにイエメンの領域主権を認める。例えばイエメンによる観光関連プロジェクトへの免許発行等の行為は、国家権限の行使とみなされる。殊にハニーシュ諸島については、①オスマン帝国時代にはアラビア沿岸と同一の管轄権内にあり、アラブ側への最終的返還を記載する外交記録があり、②証拠の地図を総合的に見れば、イエメンへの帰属を示唆する広範な世評が認められる。なお巡回及び航海日誌については優劣付け難く、石油協定については領域主権の証拠とならないと判断する(paras.485-508)。

 アルタイル島及びズバイル諸島の島群は人の定住に適さない孤島につき、東部グリーンランド事件判決〔⇒37A〕に従い、「極めてわずかな証拠」があれば決定しう る。イエメンによる灯台建設と維持管理活動に関連し、1989年ロンドン灯台会議での参加国の間に同諸島におけるイエメンのプレゼンス継続という世評が見出される。以上から、イエメンの領域主権を認める(paras.509-524)。

8　西洋の領域主権の思想は、イスラムの伝統の中で育ち現代国際法とは大きく異なる領土概念に慣れ親しんでいる人々にとっては馴染みがない。地域的法的伝統の正しい評価は判決を下すために必要である。イエメンに帰属する主権は、両国の漁民のための自由なアクセス及び享受を含む、同地域の伝統的漁業制度の永久化を伴う。イエメンはこれらの諸島での主権行使の際、この貧しいが勤勉な人々の生活と生計に資するために同制度の保護を保証しなければならない (paras.525-527)。

  第2段階　1(1)　第1段階での伝統的漁業制度は永久化すべきとする判決の核心は、伝統的漁業活動が両岸国民にとって重要であると判定されたことにある。そのような重要性があるとしても、当事国の漁業活動は境界画定という課題には関係しない。いずれの当事国も、相手方が提案した境界線が自国民の漁業活動に破局的または不公平な結果をもたらすことを証明するのに成功していない (paras.62-72)。

  (2)　イエメンへの帰属を認めた諸島の周辺海域は漁民によって漁業だけではなく中継地、避難地として特別に使用されてきた。これらの特別な要因は法が保護すべき地域的伝統を構成する。伝統的漁業制度は両国漁民に零細漁業 (artisanal fishing) に従事する権利を付与する。イエメンがこの権利に影響する規制措置をとるときはエリトリアの同意を要する。同制度は本法廷によって画定される国際的境界線に影響されることはない。また同制度によって海洋境界が条件づけられることもない (paras.95-110)。

  2　適用法としての「その他の関係要因」は均衡性、非蚕食 (non-encroachment)、島の所在その他衡平さに影響しうるあらゆる要因を含むと認められる (para.130)。

  3　境界線は単一かつ汎用であるべきで、向かい合った海岸の場合には実行可能な限り中間線または等距離線とすることが衡平である。境界画定の範囲については、第三国の権利主張を考慮すべき海域に侵入しないように北端と南端とを定める (paras.131-137)。

  4　エリトリアのダハラック諸島及びイエメン沿岸の一部諸島に直線基線を認める。アルタイル島及びズバイル諸島には、いかなる効果も与えない。ズカール島には12カイリ領海を認める。中部及び南部海域では中間線は領海境界となる (paras.138-164)。

  5　均衡性について、イエメンとエリトリアとの海岸線比は1：1.31、海域比は1：1.09となる。ゆえに決定した境界線は不均衡ではない (paras.165-168)。

【論点】1　歴史的または古代の権原について、判決はオスマン帝国において19世紀前半にイスラム法制度から現代国際法へ法体系が転換したことを明示し、主権的権原という近代西洋的概念が、イスラム的な中世社会に由来すると言うのは「時代錯誤」とも指摘する。マンキエ・エクレオ事件〔⇒37B〕判決は、中世の封建的権原は後代の法に従って他の有効な権原により代替されていない限り、今日いかなる法的効果も生じないと述べた。

2 ウティ・ポシデティス原則について第1段階判決要旨3に示す理由により適用を否定した。植民地時代の行政的境界線が不明確な場合について、ブルキナファソ・マリ国境紛争事件〔⇒39〕判決は、実効性は法的権原が実行においてどのように解釈されるかを示す実質的役割を果たすとし、領土・島・海洋境界紛争事件〔⇒145〕判決は、植民地統治の実効性の評価により補完しうるとした。

3 近接性の原則は領域主権取得のための根拠として確立していないが、本件では証拠と比べて地理的状況に明白性があるとして一定の重要性を与えた。対岸の当事国がより明白で優れた権原を示すことがない限り、地理的に近接する沿岸国に島が帰属するとした。

4 伝統的漁業制度はイエメンの領域主権を認めた諸島及び海域において両国漁民が自由なアクセス並びに漁業及びその関連活動をする権利を含む。判決はこの権利のエリトリア漁民への保障をイエメンに義務付ける。またイエメンは同制度に影響するいかなる規制措置もエリトリアの同意なしにはできない。その点でイエメンの主権を制限する。同制度は国家実行ではなく、紅海地域の漁民の慣習に由来する制度であり、国際法とも国内法とも異なる。同制度が主権を制限する理由について、判決は「当該地域のイスラム法概念に従う」と述べる。グリスバダルナ事件判決(1909年)は、現実に存在しかつ長期にわたって存続してきた事態はできる限り変更しないことが確立した国際法原則であると論じた。国連海洋法条約第51条は群島水域について伝統的漁業を理由とする国家主権の制限を規定している。

伝統的漁業制度に関連し、海洋境界画定条約及び先住民族の権利保護に関する条約において、水域の地位変更にかかわらず、関係領域集団の漁業を含む伝統的生活様式の保護が図られた先例はある。後者の場合、国家主権の制限は人権の枠組みで説明されている。なお、伝統的漁業制度は海洋法に従って画定される境界による影響を受けない。またヤン・マイエン海洋境界画定事件〔⇒51〕の場合とは異なり、本判決は伝統的漁業を海洋境界画定に影響を与える要因とはみなしていない。

【参考文献】
芹田健太郎『島の領有と経済水域の境界画定』(有信堂、1999)、村瀬信也・江藤淳一共編『海洋境界画定の国際法』(東信堂、2008)、松井芳郎『国際法学者がよむ尖閣問題』(日本評論社、2014)。

(櫻井　利江)

139　仲裁判断の取消

　A　**Sempra事件**（Sempra Energy International v. Argentina）
　B　**Yukos事件**　（Russian Federation v. Veteran Petroleum Ltd.; Russian Federation v. Yukos Universal Ltd., Russian Federation v. Hulley Enterprises Ltd）

裁　判　所	A　ICSID特別委員会　　B　オランダ・ハーグ地方裁判所
決定・判決	A　2010年6月29日　　B　2016年4月20日
出　　　典	A　ICSIDウェブサイト (https://icsid.worldbank.org/) B　オランダ国内裁判例集ウェブサイト (https://www.rechtspraak.nl/) （裁判例記号ECLI:NL:RBDHA:2016:4230で検索）

【事実】A　米企業Sempra社は、1996年以来、アルゼンチンにおける子会社を通じて、ガス流通業に投資を行っていた。アルゼンチンは、外国資本を呼び込むため、1990年代初頭に数々の外資優遇策を立法化し、その中には、公益事業免許保有者に米国消費者物価指数に基づく料金の調整権を与えることなどが含まれていた。ところが、1990年代末より経済・金融危機を経験したアルゼンチンは、それら優遇策を次々に撤廃した。Sempra社はそれにより米・アルゼンチン投資保護条約（BIT）（1991年11月14日署名、1994年10月20日発効）の違反が生じたとして、損害賠償を求めて同BITに基づく仲裁をICSIDに申し立てた。アルゼンチンはBIT11条の安全保障例外や慣習国際法上の緊急避難を主張したが、仲裁廷はアルゼンチンの主張を退け、BIT2条(a)（公正衡平待遇条項）および同条(c)（義務遵守条項）の違反を認定し、損害賠償を命じた（2007年9月28日仲裁判断）。アルゼンチンは、これに対し、ICSID条約52条に基づく取消を申し立てた。

　B　Veteran社・Yukos Universal社・Hulley社は、それぞれ、キプロス法や英マン島法に基づいて設立された法人であり、ロシア企業Yukos社の株主であった。Yukos社は、1993年にロシア大統領令により株式会社として設立され、1995年から96年にかけて完全に民営化された、世界10位以内に入る石油天然ガス企業であった。ところが、Yukos社CEO（同社の主たる株主でもある）が2003年ごろロシア大統領を公然と批判するようになってから、同社はロシア当局による脱税捜査の対象となり、同CEOは逮捕され、Yukos社は破産宣告を受け清算されることとなった。これを受けて上記3社はエネルギー憲章条約（ECT）（1994年12月17日採択、1998年4月16日発効）に基づく仲裁申立を行った。その当時、ロシアは同条約に署名はしたが批准はしておらず、同条約45条1項に従って、「to the extent that such provisional application is not inconsistent with its constitution, laws or regulations（公定訳は「自国の憲法又は法令に抵触しない範囲で」）」同条約の暫定適用を受けていた。この規定に基づき、ロシアは、ロシア国内法とECTとが抵触する場合にはロシア国内法が優越すると主張したが、仲裁廷は、"to the extent that..."の意味は、条約の暫定適用という手法そのものが国内法と抵触するかどうかという意味であり、ロシア国内法が条約の暫定適用を認めている以

上、ECTの個々の規定がロシア国内法と牴触するかどうかを検討する必要はない、として、管轄権を認めた（2009年11月30日管轄権判断）。その後、ロシアによる条約違反を認め、500億ドル超の巨額の損害賠償を命じた（2014年7月18日最終判断）。ロシアは、同仲裁判断の取消を求めてオランダ・ハーグ地方裁判所に提訴した。

【決定・判決要旨】**A1** 仲裁廷の管轄権への同意は、国家についてはBITによって、投資家については仲裁申立によって、それぞれ与えられる。そして、BITが投資家を害する行動を許容している場合は、BITによって通常投資家に与えられる保護は与えられない（paras. 186-187）。

2 原仲裁判断は、まず、アルゼンチンの危機対応が慣習法上の緊急避難要件（国家責任条文25条に反映）を充足していないことを認定し、続いて、米・アルゼンチンBIT11条の要件と慣習法上の緊急避難要件とを切り離すことはできないため、BIT11条の適用可能性を検討することは必要でも可能でもない、と述べた（paras. 193-196）。しかし、国家責任条文25条は違法性阻却事由の規定であり、したがって違法行為の存在を前提としている一方で、BIT11条は、同条が適用される場合には同条に定める措置はBIT上の義務と矛盾しないこと、すなわち違法行為のないことを定めている。このように、国家責任条文25条とBIT11条とはそれぞれ極めて異なる状況を扱っており、BIT11条の適用条件を国家責任条文25条（に反映されている慣習法）が定めると考えることはできない（paras.197-200）。

3 そこで、法の誤りがICSID条約52条1項(b)にいう権限踰越を構成するかを検討せねばならない。ICSIDの先例によれば、仲裁廷が適用すべき法を適用しなかった場合には権限踰越が認められるのに対し、法適用の誤りは取消の根拠とならない。原仲裁判断は、仲裁廷が適用すべき法を適用しなかったことを示している。仲裁廷は、まず第一に適用すべきはBIT11条ではなく国家責任条文25条に反映された慣習国際法だと判断したのであり、この点において、適用すべき法の特定とその適用とに関する根本的な誤りを犯しているのである。したがって、仲裁廷はBIT11条に基づいて判断しておらず、それにより権限踰越をなした（paras.207-209）。

B1 本件仲裁の仲裁地はハーグであるため、オランダ民事訴訟法に基づきハーグ地裁が仲裁判断取消申立につき管轄権を有する（para. 5.3）。

2 ECT45条1項の"to the extent"は、仏語正文では"dans la mesure où"、独語正文では"in dem Maß"である。これらの表現は、ロシア側の主張を支持する。さらに、同項が"regulations"（政令）に言及していることにも注目を要する。条約の暫定適用というような重大な問題が委任立法である政令によって決定され得るということは考えがたい。他

方で、条約の個々の規定の政令との抵触の有無を検討することは十分にあり得る。さらに、ECTの第7部のみの暫定適用について定める45条2項(c)は、ECTが45条1項に基づき暫定適用される場合には、ECT第7部は当該国の法令(laws and regulations)に抵触しない範囲で(to the extent)適用される、と定めている。この規定ぶりもロシア側の主張を支持する(paras.5.11-5.17)。ECTの趣旨目的等を考慮しても仲裁廷の解釈は誤りであり、ECTの個々の規定についてロシア法との抵触の有無を検討しなければならない(paras.5.19-5.23)。

3　そこで、投資家対国家仲裁の根拠条項たるECT26条とロシア法との抵触の有無を検討する。ロシア法専門家の意見も考慮して、ロシア外国投資法とECT26条とは整合的でないと結論する(paras.5.32-5.65)。

4　以上の理由により、2009年11月30日の管轄権判断を取り消し、したがって2014年7月18日の最終判断も取り消す(paras. 6.1, 6.4, 6.7)。

【論点】1　投資条約仲裁判断の取消手続は、ICSID条約に基づく仲裁とそれ以外の仲裁の場合とで大きく異なる。ICSID条約は、取消手続を条約上定めており(52条)、取消に関していかなる国の国内法も一切関係しない。ICSID条約は執行についても条約上の定めを置いている(54条)。他方、ICSID条約以外の手続を用いる仲裁の場合、その執行は1958年の外国仲裁判断承認執行条約に基づいてなされることが通常予定されているため(参照、ECT26条5項(a)(ii))、法的にはいずれかの国の国内法上の仲裁として扱われる必要があり、仲裁地の決定がなされる。B事件では国連国際商取引委員会(UNCITRAL)の仲裁規則(1976年版)が手続規則とされており(ECT26条4項(b)。ロシアはICSID条約当事国でない)、同規則16条に基づきハーグが仲裁地とされた。したがって、仲裁判断の取消についてはオランダ法が適用され、取消請求の審理はオランダ裁判所によりなされる。ここでいう「仲裁地」は、各国の仲裁法あるいは国際民事訴訟法にいうところの法的な「仲裁地」であり(参照、日本の仲裁法1条)、仲裁人が会合を持ったり口頭弁論が開かれたりする物理的場所とは何ら関係ないことに注意を要する。

このように、ICSID条約に基づく取消手続と、それ以外の仲裁の場合に適用される取消手続とでは、実体法も手続法も異なることから、取消有無の判断に差が生じ得る。とりわけ、仲裁判断取消の要件は各国ごとに異なるため、ICSID条約以外の仲裁の場合には、仲裁地の選定は実務的に極めて重要な問題となる。

2　ICSID条約は、52条に取消の要件を定めている。「取消」という用語から、また、52条に定められた要件から、取消を行う特別委員会は上訴審として機能するのではなく、したがって原仲裁判断の実体判断についての再審査を行う権限はないと理解されている。ところが、仲裁判断取消要件として代表的な「権限踰越」については、仲裁廷が適用する権限

のない法を適用したり(積極的権限踰越)、適用せねばならない法を適用しなかったり(消極的権限踰越)する場合を含むところ、「適用すべき法を実際には適用しなかったといえるほど大幅に法の解釈適用を誤る場合」も消極的権限踰越に含まれるとの考え方もあり、特別委員会の態度次第では実質的に原仲裁判断の実体判断の再審査がなされてしまうおそれがある。現に、ICSID成立初期の契約に基づく仲裁の取消において既にそのような傾向が見られ、強い批判を受けて特別委員会は取消権限を抑制的に行使するようになっていた。

　ところが、条約に基づく仲裁が急増した〔⇒74〕のを受けて、おそらくは条約解釈の統一性を確保するとの目的から、再び原仲裁判断の実体判断の再審査に踏み込むような取消決定がいくつか見られるようになった。A事件はその例である。この傾向もやはり強い批判を受け、現在では改めて特別委員会は実体判断の再審査を避けるようになっている。

　3　A事件の投資家は、取消決定後、紛争を改めてICSID仲裁に付託したが、紛争当事者間に和解が成立し、仲裁手続は終了した。B事件は、2019年1月現在、ハーグ控訴裁判所に係属中である。

【参考文献】
濱本正太郎「投資協定仲裁判断例研究(15)」『JCAジャーナル』57巻10号(2010) (A事件)、濱本正太郎「投資協定仲裁判断例研究(65)」『JCAジャーナル』62巻3号(2015) (B事件の原仲裁判断)、早川吉尚「投資協定仲裁判断例研究(81)」『JCAジャーナル』63巻8号(2016) (B事件)、河野真理子「投資紛争解決国際センターにおける仲裁判断のコントロール」『国際法外交雑誌』97巻1号(1998)、濱本正太郎「投資協定仲裁の公的性質とICSID仲裁判断取消制度の新展開」『法学論叢』170巻4・5・6号(2012)、森下哲朗「第8章　仲裁判断の取消し」谷口安平・鈴木五十三(編)『国際商事仲裁の法と実務』(丸善雄松堂、2016)。

（濱本　正太郎）

140 仲裁裁判判決の無効

　　A　スペイン王仲裁裁判判決事件（Case concerning the Arbitral Award Made by the King of Spain on 23 December 1906）
　　B　1989年7月31日の仲裁裁判判決事件（Affaire relative à la sentence arbitrale du 31 Juillet 1989）

当　事　国	Aホンジュラスv.ニカラグア　Bギニア・ビサウv.セネガル
裁　判　所	A・B国際司法裁判所
判　　　決	A 1960年11月18日　B 1991年11月12日
出　　　典	A ICJ(1960) 192　B ICJ(1991) 53

A　スペイン王仲裁裁判判決事件

【事実】　1894年10月7日、ホンジュラスとニカラグアは、両国間の国境紛争を処理するためにガメス・ボニラ条約を締結した。同条約では、混合国境委員会を設置すること(第1条)、同委員会が解決できなかった問題は仲裁裁判所に付託すること、そして上訴を認めないこと、仲裁裁判官は両国が各1名を任命し、この2名がもう1人の裁判官を駐グアテマラ外交使節団の中から選任すること(第3条)、駐グアテマラ外交使節団の中から裁判官を探し尽くしたにもかかわらず選任できなかった場合には、他の外国の要人または中央アメリカの要人から選任できるもの(第5条)とされていた。1900年から1901年にかけて、混合国境委員会は会合をもったが、国境線の一部を画定することはできなかった。そこで残りの国境線を画定するために仲裁裁判所を組織することになり、両当事国は各1名の仲裁裁判官を選任した。両名は、第3の仲裁裁判官としてメキシコ代理公使を選任したが、本国召還となった。次に、メキシコ公使を選任したが健康上の理由で辞退された。1904年10月2日、スペイン王1人で構成される仲裁裁判所を設置することで合意した。10月17日、スペイン王は裁判官となることを受諾し、1906年12月23日、国境画定判決を下した。1912年、ニカラグアはスペイン王選任の有効性について異議を申し立てた。

【判決要旨】　ニカラグアは、仲裁裁判官の選任方法が有効でない理由として、駐グアテマラ外交使節団から仲裁裁判官を探し尽くしていないことを挙げた。「仲裁裁判所を組織する任務を遂行するために、関連条文を解釈し適用することは仲裁裁判官の権限内」にあり、「仲裁裁判官が駐グアテマラ使節団から裁判官を探し尽くしたか…、あるいはそのような手段を選択可能な手段とみなし、しかも成功する見込みがないと考えたか、いずれであったとしても、仲裁裁判官は関連条文を遵守したという点で合意し、裁判官としてスペイン王を選任する方向で合意したという事実がある」(p.206)。さらに、ニカラグアは、「判決日から1912年3月19日までの間に、両国間の国境画定紛争は仲裁裁判という方法により最終的な解決を見たと述べ、ホンジュラスに対し満足の意を表明していた」(pp.212-213)。こ

のように、ニカラグアは、「明示的な宣言により、あるいは行態により判決を有効なものと承認したのであり、もはやこの承認に反することを行ったり、判決の有効性に異議を申し立てたりすることはできない」(p.213)。次に裁判所は、仲裁裁判判決自身の有効性審査に進むものであるが、「仲裁裁判判決は上訴の対象ではなく、…本裁判所は上訴審として検討することはできない」のであって、本裁判所は、「決定が正しかったのか、間違っていたのかについて判断を求められているわけでもない」(p.214)。

ニカラグアは、「スペイン王がガメス・ボニラ条約に違反し権限踰越を行ったために判決は無効である」と主張した (p.214)。第1に、スペイン法および勅令を考慮に入れなかったこと、第2に、第2条6項により国境画定の裁量権が与えられていたのは国境画定委員会のみで、仲裁裁判官にはそのような裁量権はないこと、第3に、地図や測量図、その他の文書を検討する際に、本質的な過誤があることであった。しかし第1に、「仲裁裁判官は、歴史的な考慮と法的な考慮に基づいて」判断している (p.215)。第2に、第2条6項は、仲裁裁判官にも裁量権を付与している (p.215)。第3に、文書がもつ証拠的価値について裁判官が行った評価は、問題にすることはできない (pp.215-216)。したがって、ニカラグアの主張に根拠はない。最後に、ニカラグアは、判決の中に「ふれられていないところ、矛盾するところ、そしてあいまいなところがあること」から、判決を履行できないと主張した (p.216)。河口について画定されていないとか、国境線の中で数km画定されていない箇所があるという。しかし河口においてもタールベーク原則が適用されることから画定に問題はなく、画定されていない箇所もない (pp.216-217)。よって、スペイン王が下した仲裁裁判判決は有効で、拘束力を有しており、ニカラグアは履行する義務がある (p.217)。

B 1989年7月31日の仲裁裁判判決事件

【事実】 1960年、フランスの自治共和国セネガルとポルトガル領ギニアビサウとの間の海洋境界画定を行うために、フランスとポルトガルが協定を締結した。それによると、「領土の国境線と低潮線の交点から240度の直線を引き、領海の外縁までについてはそれを境界線とする」と規定され、「接続水域と大陸棚については、領海を画定する直線を同一方向に延ばした線で画定する」と規定されていた。両国の独立後、海洋紛争が発生した。セネガルは1960年協定が有効であると主張し、ギニアビサウは否定した。排他的経済水域のような新しい概念が登場してきたからである。そこで、1985年仲裁裁判協定を締結し、第1に、1960年協定が法的効力を有するか、第2に、「第一の問題に対する回答が否であった場合」、海洋境界を画定する線は何かという問題を仲裁裁判所に付託した。1989年7月31日、仲裁裁判所は、2対1の評決により、1960年協定の法的効力を確認した。しかし、多数派のバルベリス裁判長が宣言を付し、1960年協定は排他的経済水域や漁業水域に関

しては法的効力がないと述べ、これは「一部肯定の回答であり、一部否定の回答」であると述べた。そして「仲裁裁判所は、第1の問題に一部否定の回答をしたとすれば、第2の問題について回答する権限が一部」あり、「両国間の排他的経済水域または漁業水域を画定する権限を有していたことになるだろう」と述べたのである (para.19)。しかも、ベジャウィ裁判官は、反対意見の中で、「多数派の存在について根本的な疑念を抱いてもしかたがない」と述べたのである (para.20)。そこでギニアビサウは判決の有効性を争った。裁判長の宣言は判決と矛盾するものであり、真の意味で多数派による判決が下されたわけではなく、判決は不存在であり、第2の問題について回答していないので無効であると。

【判決要旨】1　「海洋境界画定という実体問題に関する紛争と仲裁裁判所が下した判決に関する紛争とは異なるものであること」について当事者間で合意があり、本件は後者に関するものである。そして「本件は、仲裁裁判判決の上訴という形式が意図されているのではなく、再審の請求が意図されているわけでもない」(para.24)。A事件で述べられたように「仲裁裁判判決は上訴の対象ではない」という判決文を引用した (para.25)。判決言い渡し時においてグロ裁判官が欠席したことについては、「判決の評決時に投票に参加した」ことについて争いがない以上、「判決の有効性に影響を与えるものではない」(para.29)。

2　まず裁判所は、ギニアビサウの主張である「判決の不存在」について検討する。バルベリス裁判長が考えたことは、「第1の問題に対する仲裁裁判所の回答は、彼のことばを使えば、『一層正確に表現することができた』もの」であり、裁判長が採用した判決の書き方の方が「好ましい書き方ではあっても、必ず採用しなければならない書き方ではなかった」。したがって、裁判長の書き方からして、仲裁裁判判決との間に矛盾はない (paras.30-32)。たとえ矛盾があったとしても、評決時に裁判長が賛成の立場をとったという事実に勝るものではない。「裁判官が宣言や個別意見の中で判決と異なることを表明したとしても、裁判官の投票行動の有効性に影響がない」のである (para.33)。

3　次に裁判所は、権限踰越および理由付けの不十分さについて検討する。仲裁裁判所が第2の問題に回答しなかったというギニアビサウの主張には、3つの議論がある。

(1)　仲裁裁判所は、第2の問題に回答しないという決定を行ったかどうか。仲裁裁判所は、判決の第87段落で、「第2の問題に回答するよう求められていない」と述べたが、本来であれば、第2の問題には回答しないという決定を、判決主文に含めるべきである。残念ながら、そのような方式がとられなかったが、第87段落、その文脈、そして裁判長の宣言からして、「仲裁裁判所は、第1の問題に対して肯定の回答をしたので、第2の問題について回答しなくても良いと…決定したことは明瞭である」(paras.40-41)。

(2)　理由付けが十分であったかどうか。仲裁裁判所は、判決の第87段落において、そ

れまでに達した結論と仲裁裁判協定第2条の文言を勘案して、第2の問題に回答しないという決定を行った。この理由付けは簡潔であるが、仲裁裁判所が第2の問題について回答しないと決定した理由を確認することは困難ではない。理由付けは「明確であり正確である」(paras.42-43)。

(3) 第2の問題に踏み込まないという決定の理由付けは有効であるか。この問題には、2つの問題がある。(i)第1の問題に対する回答にかかわらず、第2の問題に回答しなければならない、(ii)第1の回答は一部否定であったことから、第2の問題には回答しなければならないとギニアビサウはいう。(i)について、「国際裁判所は、自己の管轄権について決定する権利を有しており、…管轄権について定めている法文書を解釈する権限を有している」(ノッテボーム事件〔⇒124〕)(para.46)。その上で、「裁判所は、仲裁裁判所の権限に関し、仲裁裁判協定に複数の解釈があるかどうか、そしてその中のどれが望ましい解釈であるかについて決定する必要はない」のであって、「そのようにすれば、裁判所は、本件訴訟を上訴として扱うことになり、無効確認訴訟として扱うことにはならない」。裁判所は、「仲裁裁判所が、自己の管轄権を超えたために、あるいは自己の管轄権を行使しなかったために、仲裁裁判協定によって与えられた権限の明白な違反があったかどうか」を確認するだけでよい(para.47)。さて「第2条の『第1の問題に対する回答が否であった場合』という最後の文言は、最初ギニアビサウによって提案されたのであり、この文言は断定的な文言である」(para.50)。もしも仲裁裁判所が第2の問題に回答すべきであるというのであれば、「第1の問題に対する回答を『勘案して』第2の問題に回答するものとする」といった表現を使うことができたはずである(para.51)。ギニアビサウは、仲裁裁判協定の前文からして、仲裁裁判の目的が海洋境界画定に関する紛争を解決することにあり、包括的な海洋境界画定をしなければならないという。しかし起草過程を研究すれば、「第1の問題に対する回答が肯定であった場合、一部の海洋境界しか画定されないことになるが、この場合について…両当事者間で合意がなかった」。したがって、起草過程からも、第2条の通常の意味を確認することができる(para.54)。(ii)について、仲裁裁判所は第1の問題に回答を与え、1960年協定の法的効力を確認したことから、「一部画定を行った」。この回答は「第1の問題に対して完全な回答でありかつ肯定的な回答で」あり、したがって「仲裁裁判所は第2の問題に回答する権限はなく、…明白な違反を行っていない」(paras.57-60)。

4 最後に、地図を添付しなかったことに関して述べる。確かに、仲裁裁判協定第9条2項で裁判所の決定には「地図上で境界線を示すこと」が含まれている。しかし、仲裁裁判所は、境界線を測地線(geodesic line)ではないと述べており、航程線(loxodromic line)でなければならないことになる。仲裁裁判所は、第2の問題に回答しなかったのであるから、地図上に他の境界線を示す必要はなかったのである(paras.61-63)。

【論点】1　仲裁裁判は終局であり、判決は拘束力を有し既判力を有しており、上訴を許さない。したがって、国際司法裁判所は、上訴審としてではなく、無効確認訴訟を行う裁判所として訴訟を取り扱った。つまり、仲裁裁判が取り扱った実体問題について触れることなく、仲裁裁判所が仲裁裁判条約によって与えられた権限を踰越したかどうかについて判断したのである。仲裁裁判判決が無効となるのは、裁判官に権限踰越があった場合、判決が理由を欠いている場合、仲裁裁判条約が無効であった場合などがあげられる。仲裁裁判官が権限を行使しなかった場合も権限踰越となる。しかし、権限踰越が認められるためには「明白な違反」がある場合だけである。なぜなら、仲裁裁判官は、自己の権限がどこまであるのかを確認する権限(管轄権確認権限)を有しているためである。1958年国連総会で採択された仲裁裁判手続に関するモデル規則では、権限踰越による無効の抗弁を容認し、国際司法裁判所への付託を認める規定をおいている。

　2　A事件に関しては、仲裁裁判官の選任に関して重大な疑義がある。仲裁裁判所は3名で構成されることが意図されていたが、スペイン王1人による裁判となったからである。しかも、駐グアテマラ外交使節団のメンバーすべてにあたり仲裁裁判官を選任できない場合に限って、それ以外から選任できると記されていたことも問題となる。「明白な違反」がなかったと言えるであろうか。裁判所は、事実上、ニカラグアの黙認あるいはエストッペルの法理により、仲裁裁判判決の有効性を確認したと言える。

　3　B事件では、判決言い渡し時における裁判官の欠席、裁判長の宣言、境界画定を行わなかったことなどを総合的に判断して権限踰越があったという共同反対意見があった。また、B事件の真の紛争は、排他的経済水域も含めたすべての海洋境界画定をめぐる紛争であった。当事者のこうした意図が、仲裁裁判所の名称「海洋境界画定に関する仲裁裁判所」や仲裁裁判協定の目的規定に示されていることから、包括的な境界画定を行わなかった点で権限踰越があったと主張するティエリー裁判官の反対意見があった。事実、別訴として、海洋画定を求める訴えがギニアビサウにより国際司法裁判所に提起された。

【参考文献】
堀部博之「宮崎基本判例」、森脇庸太「高野判例」、山村恒雄「判決・意見Ⅰ」、森喜憲「判決・意見Ⅱ」、杉原高嶺「仲裁判決(1989年)事件(本案)」『国際法外交雑誌』92巻3号(1993)、田岡良一「国際裁判官の権限踰越」『法学』8巻7号(1939)、同「仲裁々判に於ける上訴の問題」廣濱善雄編『法及政治の諸問題』(1939)、杉原高嶺「国際裁判における管轄権踰越論と判決の効力」『法学』52巻5号(1988)、長谷川正国「国際司法裁判所による国際仲裁裁判の位置づけ」杉原高嶺編『紛争解決の国際法』(1997)、中村秀之「裁判所の「権限踰越」による判決の無効」『早稲田政治公法研究』64号(2000)、玉田大「国際裁判における権限踰越論(1)(2)」『法学論叢』149巻6号(2001)、150巻5号(2002)。

（山形　英郎）

第3節　司法的解決

141　国際裁判と当事国の同意

A　東部カレリア事件（Le Statut de la Carélie orientale）
B　平和条約の解釈事件（Interprétation des traités de paix conclus avec la Bulgarie, la Hongrie et la Roumanie）

諮問機関　A 国際連盟理事会　B 国際連合総会
裁判所　　A 常設国際司法裁判所　B 国際司法裁判所
勧告的意見　A 1923年7月23日　B (a) 1950年3月30日　(b) 1950年7月18日
出　典　　A PCIJ Ser.B, No.5　B (a) ICJ (1950) 65　(b) ICJ (1950) 221

A　東部カレリア事件

【事実】　東部カレリアはフィンランドに接続するソ連領土の一部である。1920年の両国のドルパット平和条約は、フィンランドが占領した同地域の2つの村からの撤兵を定めるとともに、その村の自治について定め（第10条、第11条）、さらに、その自治内容を明確にした「東部カレリアの自治に関するロシア代表の宣言」が講和会議の署名議定書に含められた。その後、その自治に関するソ連の義務違反の問題が生じたことから、とくに同宣言の拘束力をめぐって両国の間に紛争が生じた。フィンランドはこれを国際連盟の理事会に訴えた。理事会は、ソ連がこれに反対する状況下で、同平和条約の第10条と第11条およびソ連代表の宣言がソ連に対して履行義務を負わせるものかどうか、という点について、1923年4月、常設国際司法裁判所に勧告的意見を求めることを決定した。ソ連は改めてこれに反対した。本件はソ連の国内問題であり、また、連盟加盟国の多数がソ連政府を承認していない状況では連盟と裁判所の審理は公平ではありえないという。

【意見要旨】1　ソ連代表の宣言が、フィンランドの主張するように、ソ連に履行義務を負わせるものかどうかは、そのような約定がなされたか否かにかかるので、それは事実の問題である (p.26)。本件は両国の現実の紛争に関係している。ソ連は連盟の加盟国ではないので、その同意なしに連盟規約の定める紛争解決の手続（第12-16条）は適用されない。国際法上、いかなる国もその同意なしに紛争解決の手続を強制されない。本件についてソ連は明確に同意を拒否しているので、裁判所は意見の要請に応えることはできない (pp.27-28)。

2　勧告的意見の付与を困難とさせるもう1つの重要な理由がある。前述のように、ソ連の宣言の性質の問題は事実の問題である。これに答えるためには、両国の主張を根拠づける証拠が必要である。しかし、ソ連が審理を拒否する状況では、両国の合意したものが何であったのか、ということを判断しうるか疑問である (p.28)。

3　裁判所は紛争の解決ではなく、意見の諮問を受けていることを承知している。しかし、このことは上の考慮を変えるものではない。諮問された問題は抽象的な法律問題ではなく、

両国の紛争の本質的争点に直接に関係しており、それは本件の基礎となっている事実の審査を通してのみ答えられるものである。本問題に答えることは、実質的に両国の紛争を決定することに等しくなる。裁判所は、意見の付与に際しても裁判所の活動を律する基本的規則を逸脱することはできない (pp.28-29)。

B 平和条約の解釈事件

【事実】 第2次世界大戦後、一部の連合国(主として英国と米国)は、ブルガリア、ハンガリー、ルーマニアにおいて平和条約に違反する人権と基本的自由の侵害があるとして、同条約に定める委員会の解決手続に付託すべきことを求めた。この条約委員会は、各紛争当事国が任命する委員と両国の合意によって任命される第3の委員(合意がないときは国連事務総長の指名する委員)の3名によって構成されるものとされた。しかし上記東欧3国は、英米のいう人権侵害の主張は事実無根であるとして、自国の委員の任命を拒否した。

この問題を取り扱った国連総会は、1949年、次の諸点について国際司法裁判所の勧告的意見を求めることを決定した。①上記3国と連合国との間に平和条約の紛争解決条項が適用される紛争は存在するか。②上記①の回答が肯定されるとき、東欧3国は条約委員会への自国の委員の任命を含めて紛争解決条項を実施する義務があるか。③②の回答が肯定的であるとき、その回答から30日以内に関係当事国が自国の委員を任命しない場合、事務総長は他の当事国の要請により第3の委員を任命しうるか。④③が肯定されるとき、一方の当事国が任命する委員と事務総長指名の委員で構成される委員会は、条約に定められた拘束力のある決定を下しうる委員会といえるか。

【意見要旨】(a) 本意見では、まず上の諸問のうち①と②を取り上げる。その前に、先決的問題として、2点について異議が出された。第1は、本件は東欧3国の国内管轄事項に属する、とするものである。しかし、裁判所に諮問されたものは平和条約の紛争解決条項の解釈に関する問題であるので、この抗弁は認められない (pp.70-71)。第2の抗弁は、関係国の同意なしに裁判所は意見を与えることはできない、とするものである。この抗弁は、訴訟事件と勧告的意見とを混同している。前者においては紛争当事国の同意は管轄権の基礎をなすが、勧告的意見は助言的なものであって拘束力を有しないので、いかなる国も——国連加盟国であるかどうかを問わず——国連が必要とする意見の付与を妨げることはできない。裁判所の意見は国家に対してではなく、それを要請する機関に与えられる。こうして、国連の1機関である裁判所は、意見の付与を通して国連の活動に参与するのであって、原則として、それは拒否されるべきではない (p.71)。

また、裁判所の意見権限は許容的なものであるから、意見を拒否すべき事情の有無を検

討しなければならない。本件の状況は、常設国際司法裁判所の東部カレリア事件とは大きく異なっている。後者は関係国の実際の紛争と直接に関係しており、また事実問題の解明の困難さもあった。しかし、本件の諮問は関係国の紛争の本案に関係するものではなく、たんに平和条約の紛争解決手続の適用にかかわるものに過ぎない (p.72)。

諮問の①は紛争の存否である。これは客観的に決定される。外交資料を検討すると、一部の連合国と東欧3国との間には、条約義務の履行問題をめぐって明確に対立する状況が生じている。よって、国際紛争の発生が認められる (pp.74-75)。そして、この紛争は平和条約の人権規定をめぐるものであるから、本条約の紛争解決条項が適用されるものである (p.75)。諮問②は、この紛争条項の実施義務の問題である。本件では一方の当事国から、条約規定に基づいて、条約委員会への紛争の付託が要請された。この場合、もし他方の当事国が委員会の設置について協力義務がないとすれば、条約の定める解決方法は完全に無意味なものとなる。よって、東欧3国は、自国の委員の任命を含めて、条約規定を実施する義務がある (pp.76-77)。

(b) 本意見は、上の意見(a)から30日以内に東欧3国による自国委員の任命がなかったことから、残る諮問事項に答えるものである。諮問の③は、一方の当事国が自国の委員を任命しないときに事務総長は第3の委員を指名しうるか、というものである (pp.226-227)。条約はこの解釈を認めていない。本条約の自然で通常の解釈によれば、各当事国の委員が任命されたのちに第3の委員を任命することが意図されている。これが仲裁裁判の通常の任命方法でもあって、そうでなければ、2名構成の委員会を認めることになるが、これは条約が想定した委員会ではない (p.227)。

こうして、本件では一方の側の任命拒否によって条約委員会の創設が不可能となるが、このことは事務総長の権限の行使を正当化するものではない。義務違反から生ずる国際責任と委員会の不成立は、それぞれ異なる問題である。裁判所の役割は条約を解釈することであって、それを改訂することではない。この点との関係で、条約解釈の実効性の原則が主張されたが、しかし、それによって条約の文言と精神に反する意味を与えることは許されない (pp.228-229)。以上の理由により、諮問の③は否定的に回答される。④の回答は、それゆえ不要となる (pp.229-230)。

【論点】1 勧告的意見は、その要請権限のある国際機関からの諮問に基づいて与えられる。その手続においては、訴訟事件のように国家が「当事者」として存在することはない。したがって、ここでは国家の同意は、原則として問題とならない。しかし、諮問された問題が特定の国家間の紛争に深く関連することがある。この場合、当該関係国の同意が必要かどうか、ここに取り上げた2つの事例はこの問題に直面したものである。関係国の反対を理

由に一方は意見の付与が拒否され、他方は反対にもかかわらず与えられた。この違いはいかなる理由によるものか、また、そこには裁判所の態度の変更があるのかどうか、これらが重要な論点となる。

　2　事件Ａでの意見の拒否理由は、おおよそ次の3点にまとめられる。①ソ連は連盟の加盟国ではないので、連盟規約に定められた紛争解決手続は同国の同意なしには適用しえない（意見制度は規約第14条に規定）。②ソ連政府の審議拒否により、東部カレリアの自治に関する同国政府の宣言によって両国間にどのような合意が形成されたかという事実問題の解明が困難となる。③本件の諮問はフィンランドとソ連の紛争の主要な争点に直接に関係しており、これに回答することは実質的に紛争を決定することに等しくなる。以上のうち、とくに③の理由は、勧告的意見の要請が国家間の紛争の解決に向けられるときは、当該紛争当事国の同意なしに意見を付与することはできないとの立場を表明したものと解され、連盟時代には、これは「東部カレリア原則」として重視された。

　事件Ｂでは、東欧3国はこの東部カレリア原則に依拠しつつ、意見の付与に反対した。裁判所がこれをしりぞけた主な理由は、おおよそ次の4点にまとめられる。①勧告的意見は、たとえ国家間の紛争に関係するときでも、それは拘束力を有しない。②意見はそれを要請した機関に与えられるので、国家はこれを妨げることはできない。③意見の付与は国連の活動の一環としてなされるので、原則として拒否しえない。④本件は平和条約の紛争解決手続の適用性に関連するものであって、事件Ａのように紛争の主要争点を決定するものではない。以上の理由から明らかなことは、この事件では関係国の同意を意見付与の決定的な要件とはしていないことである。

　3　それでは、国際司法裁判所は旧裁判所の東部カレリア原則を一般的に拒否したのであろうか。上記事件Ｂの①から③の理由は、基本的にこの原則を排除する要因であるのに対し、④は本原則の有効性を前提としたものと解される。このように、裁判所の立場は不明瞭な点を残しているが、しかし、その後の事例でも関係国の反対を認めずに上の①から③の理由を再確認している実情を考えると、東部カレリア原則は、事実上、排除された状況にあるといえる。ただ、西サハラ事件〔⇒76〕の意見によれば、国家の同意は意見付与の要件としてではなく、意見付与の「適切性（propriety）」の評価の1要素をなすものとされた。なお、国際司法裁判所においては、関係国の同意の欠如を理由に意見の付与が拒否された事例はない。

　4　平和条約事件では、自国委員の任命の拒否によって条約委員会の不成立をもたらすような解釈は認められるべきではないと主張された（実効性の原則）。すなわち、条約は一定の効果をもつように解釈されなければならないとする立場である。この解釈原則は、国際裁判においてしばしば承認されてきた。しかし本件では、この原則の適用上の限界が示

された。裁判所によれば、条約は「用語の自然で通常な意味」にしたがって解釈されるべきであって、条約規定に効果を与えようとするあまり、その文言と精神に反する結果となるような解釈は認められないのである。裁判所の役割は、条約を解釈することであって、改訂することではないので、この観点から、本原則の適用を認めなかった。

【参考文献】
『横田判例Ⅰ』、蕭慶威『高野判例』、筒井若水『判決・意見Ⅰ』、石本泰雄『ケースブック』、杉原高嶺『国際裁判の研究』(有斐閣、1985) 278-286頁、同『国際司法裁判制度』(有斐閣、1996) 414-416頁。

(杉原　高嶺・薬師寺　公夫)

142　国際裁判と第三国

　A　**貨幣用金事件**(Affaire de l'or monétaire pris à Rome en 1943)
　B　**ナウル燐鉱地事件**(Affaire de certaines terres à phosphates à Nauru)
　C　**東ティモール事件**(Case concerning East Timor)

当　事　国	A イタリア v. フランス、英国、米国 B ナウル v. オーストラリア C ポルトガル v. オーストラリア
裁　判　所	A・B・C 国際司法裁判所
判　　　決	A 1954年6月15日　B 1992年6月26日　C 1995年6月30日
出　　　典	A ICJ(1954)19　B ICJ(1992)240　C ICJ(1995)90

A　貨幣用金事件

【事実】　第2次世界大戦中にドイツがローマのアルバニア国立銀行の貨幣用金をもち出したことについて、戦後、アルバニア、イタリアおよび英国がその返還ないし引渡しを要求した。イタリアはアルバニアの同国に対する違法行為の賠償金としてこれを要求し、英国は1949年のコルフ海峡事件〔⇒42〕の賠償判決の履行として要求した。46年のパリ協定により同金の処理を委託されていた英米仏3国は、51年のワシントン協定で本問題をまず仲裁裁判に付することとした。同協定の附属声明によれば、もし仲裁判決が同金のアルバニアへの帰属を決めたときは、それは英国に引き渡されるものとしつつ、他方、アルバニアとイタリアがこれに異議を有するときは、両国は国際司法裁判所に訴えを提起しうるものとした。その際、上記3国は被告としてこの裁判に応ずる意思のあることを明らかにした。

　53年の仲裁判決は、問題の金のアルバニアへの帰属を決定した。これに伴い、イタリアは、上の声明に基づいて、同金のイタリアへの引渡しと、英国の請求に対する優先性を確認する訴えを国際司法裁判所に起こした (アルバニアは訴えを起こさなかった)。提訴後、イタリアは「先決的問題」と題する抗弁を提出した。すなわち、本件の訴訟は実はアルバニアの国家責任の問題と直接に関係しているので、同国の同意なしに裁判所は管轄権を行使しえないという。英国は、本抗弁の有効性を争った。本件判決は、この抗弁を取り扱ったものである。

【判決要旨】　訴えの提出国が先決的抗弁を提起するのは通常のことではないが、しかし、それは許されないことではない。また、それは訴えの取下げとも異なる (pp.28-30)。イタリアの第1の請求はアルバニアに対するものである。これを決定するためには、アルバニアのイタリアに対する違法行為の有無とその賠償義務を決定しなければならない。それはまさに両国の紛争を決定することにほかならず、裁判所はアルバニアの同意なしにこれを行うことはできない。アルバニアは、これについて同意を与えたわけではなく、また訴訟の参加を申請したわけでもない。アルバニアの法益は、本裁判によって単に影響を受ける

だけでなく、まさに裁判の主題をなすものである。裁判所は、同国の不在のまま裁判を進めることはできない (pp. 32-33)。

B ナウル燐鉱地事件

【事実】 戦後、オーストラリア、ニュージーランド、英国3国を共同施政国とする国連の信託統治の下に置かれたナウルは、1968年、独立を達成した。戦前、国際連盟の委任統治の下にあった当時より、同国の燐鉱石の開発が上記3国の「英国燐鉱業コミッショナー」によって進められてきた。独立前年(1967年)の施政国との協定により、同コミッショナーの開発業務は終了することとなった。それとともに、ナウルはそれまで開発された燐鉱地について、3国にその修復をはかることを要求した。しかし、旧施政国がこれを拒否したため、1989年、ナウルは主たる施政国であったオーストラリアに対し同国の義務違反(信託統治協定の違反を含む)を訴える訴訟を国際司法裁判所に起した(管轄権は両国の選択条項受諾宣言による)。

これに対し、オーストラリアは先決的抗弁を提起し、とりわけ、ナウルが主張する義務違反は信託統治の施政に関するものであって、この問題は信託統治の終了とともにもはや司法審査の対象となりえないこと、また、信託統治の共同施政国であるニュージーランドと英国が本件の当事国となっていない以上、裁判所は管轄権を行使しえないこと、などを主張した。

【判決要旨】 オーストラリアの前者の抗弁は、国連総会が信託統治の終了を決定したときは、施政国の責任の問題は、明示的な留保がない以上は、その統治の終了をもって確定的に処理され免除されるというものである。たしかに、総会の終了決定は「決定的な法的効果」(北部カメルーン事件判決、ICJ(1963)15)をもつ(para.23)。しかし、本件の場合は、ナウルの信託統治が終了したときの「特別の状況」に留意しなければならない。総会はナウルの独立に先立ち、同島の修復について施政国が迅速な措置をとるように勧告した。また信託統治理事会も、これについて両当事者の「満足のゆく解決」がとられるべきことを要請した。この事実が示すように、ナウルの独立時に燐鉱地の修復について意見の相違が存在したことは疑いない。たしかに、総会はナウルの権利を明示的に留保しなかったが、しかしこの問題について施政国の任務を終了させたとみることはできない。つまり、修復問題はそのまま残されていたのである。それゆえ、この抗弁は却下されなければならない(paras.24-30)。

オーストラリアの後者の抗弁は、同国の信託統治協定の違反は必然的に他の共同施政国(ニュージーランドと英国)の責任を決定することになるので、これら2国の同意なしに裁判を行うことはできないとするもので、これは、1954年の貨幣用金事件の先例に依拠する

ものである(pp.49-50)。しかし、本件では他の2施政国の権益が裁判の主題をなすものではないので、上の先例とは事案を異にする。すなわち、貨幣用金事件では、第三国たるアルバニアの責任の決定がイタリアの請求の判断のための前提条件であったのであるが、本件ではそのような前提関係はない。この点で、オーストラリアは、本件ではこのような前提関係はないとしても、ナウルの請求を決定することは同時に他の2国の責任を決定することになるので裁判権の行使は排除されるという。裁判所はこれを受け入れることはできない。先の事例では、アルバニアの責任問題と金の配分問題は、単に時間的な前後関係をなすだけでなく、論理的な連結があったのである。たしかに、本件でのオーストラリアの責任問題の決定は他の2国に影響を与えるかもしれないが、しかし、本件ではその2国の法的問題を決定することが必要な状況となっているわけではない(para.55)。

C 東ティモール事件

【事実】 1975年、ポルトガルの施政下にあった東ティモールでの内紛の発生を契機にインドネシアは同地域を軍事占拠した。翌76年には、インドネシアは同地域を自国に編入する措置をとった。国連総会と安全保障理事会は、東ティモール人民の自決権を確認するとともに、インドネシア軍の撤退を要求したが、事態の改善はみられなかった。オーストラリアは、インドネシアの軍事的占拠を違法としつつも、同地域がインドネシアの一部となった現実は認めざるをえないとの態度の下に、89年、東ティモールとオーストラリアの間のいわゆる"ティモール・ギャップ"と呼ばれる海域の大陸棚の開発協定をインドネシアとの間に結び、91年、これを実施するための国内法を施行した。他方、ポルトガルは、こうしたオーストラリアの行動は施政国としてのポルトガルの権限を侵害し、また東ティモール人民の自決権や資源に対するその永久主権等を侵害する行為であるとして、両国の選択条項受諾宣言に基づいて訴えを提起した。これに対し、オーストラリアは、本件について裁判所は管轄権をもたず、あるいはポルトガルの請求は受理しえない、との抗弁を提出した。

【判決要旨】 オーストラリアは、まず最初に本件の真の被告はインドネシアであって、また、ポルトガルとの間には89年条約をめぐる争いはないので、裁判の前提となる「紛争」が存在しないと主張した(para.20)。しかし、両国の間には89年条約がオーストラリアの義務違反を構成するかどうかという点で法と事実について不一致があることは明らかであるので、この抗弁は却下されなければならない(para.22)。

次にオーストラリアは、ポルトガルの本件請求は不可避的に第三国たるインドネシアの行為の合法性、すなわち東ティモールへの進攻と占拠ならびに89年条約の締結の合法性

といった問題の決定を求めることになるので、貨幣用金事件の先例にてらして、当該第三国の同意なしに裁判所は管轄権を行使しえないという(paras.23-24)。これに対しポルトガルは、同国の請求はもっぱらオーストラリアの89年条約の締結という客観的行為の合法性を問うものであって、これはインドネシアの行為の問題とは切り離されるものであるという(para.25)。裁判所の見解では、オーストラリアの行動を評価するためには、まず最初にインドネシアが89年条約を合法的に締結しえたかどうかの問題を判断しなければならない。すなわち、本件裁判の主題は、インドネシアの東ティモールへの進入と残留に鑑み、同国が東ティモールのために大陸棚資源に関する条約の締結権を獲得したか否かであるから、裁判所は、インドネシアの同意なしに、そのような決定を下すことはできない(para.28)。

　この点で、ポルトガルは、本件では貨幣用金事件の原則が適用されないとする別の主張を次の2点から提起した。第1は、オーストラリアが侵害した権利は人民の自決権という「対世的権利(right erga omnes)」であるから、第三国(インドネシア)の義務違反の問題とは無関係に判断されるべきであるという。たしかに、自決権が対世的性格をもつことは否定しえないが、しかし、規範の対世的性格と管轄権の同意原則とは互いに異なる問題であるので裁判所はこの主張を受け入れることはできない(para.29)。第2に、ポルトガルは、東ティモールが非自治地域であり、ポルトガルがその施政国たる地位をもつことは国連総会と安保理の決議で決定されており、それゆえ、それは、"所与("givens")"のことであって、裁判所はそれゆえ新たにインドネシアの進攻の合法性等を決定する必要はないはずであると言う(para.30)。たしかに、国連の決議のなかにはポルトガルを「施政国」として言及したものがあるが、しかしこのことは、東ティモールに対しては同国のみが権限を有し、インドネシアには一切の権限がない、と国連が認めたものと推論することはできない。以上の理由により、ポルトガルの本件請求を決定することは、その前提として、インドネシアの行為の合法性を必然的に決定しなければならなくなるので、裁判所は選択条項により与えられた管轄権を行使することはできない(paras.32-35)。

【論点】1　ここに取り上げた3件の事例は、第三国の法益ないし責任の決定が裁判の主題をなすときは、裁判所は当該第三国の同意なしに裁判を行うことはできない、とする原則(以下、これを「第三者法益原則」と呼ぶ)の適用が争点となったものである。この原則は、貨幣用金事件で裁判所が初めて打ち出して以来、その後、本項でみた2件を含む、いくつかの事件でその適用が問題となった。ニカラグア事件〔⇒157〕で米国は、この先例を念頭に置きつつ、本件では他の中米3国(ホンジュラス、コスタリカ、エルサルバドル)の権益が深く関連しており、これらの第三国は本件裁判の「不可欠の当事者」であるので、3国の不在のままの裁判は認められないとした。しかし裁判所は、これら3国は貨幣用金事件でのアルバニ

アと同じ立場にはない、としてこれを拒否した。また、エルサルバドルとホンジュラスの領土・島・海洋境界紛争事件〔⇒145〕でニカラグアは訴訟参加(規程第62条)を申請すると同時に、同国の法益が裁判の主題に関連しているとして、その同意なしに裁判はできないとの態度を表明した。裁判所は、本件のフォンセカ湾の問題についてはニカラグアの法的利益を認めて参加を許可したが、他方、本件では同国の権利の存否は直接に裁判の主題を構成するものではないとして、第三者法益原則の適用を拒否した。事件Bでも同様に本原則の適用が拒否されたことは先にみた通りである。事件Cでの本原則の適用は、実に40年ぶりのものである。

 2 第三者法益原則に関しては、まず単に第三国が当該裁判に利害を有し、その判決によって影響を受けるというだけでは——それは訴訟参加の理由とはなりえても——本原則が適用される十分な理由とはなりえない。これは先にみた領土・島・海洋境界紛争事件から明らかである。本原則の最初の適用事例である事件Aでは、原告イタリアの請求を決定するためには第三国たるアルバニアの責任を決定する必要があり、同国の法益が「まさに裁判の主題」をなすという事情があった。

 「裁判の主題」をなす場合とは、具体的にどのような状況を指すのであろうか。事件Bで反対意見を付したジェニングス所長やアゴー裁判官は、ナウルの請求を決定することは不可避的にかつ同時に第三国たるニュージーランドと英国の法益を決定することになるので、本原則が適用される場合であるとしたが、裁判所はこれを受け入れなかった。裁判所は、この原則は第三国の法益が同時に決定されるという場合を対象とするのではなく、論理的に第三国の法益の決定が当該事件の請求の決定のための前提条件となる場合に適用されるものとした。この立場は、事件Cでも確認された。すなわち、ポルトガルの主張するオーストラリアの義務違反の有無を決定するためには、その前提条件として、第三国たるインドネシアの行為の合法性を決定しなければならなくなるので本原則が適用されるとした。このようにみると、第三国の法益が裁判の主題をなすか否かは、それが当該裁判で提起された請求の決定のための前提条件をなすかどうかが重要な決め手をなすと言えよう。

 3 第三者法益原則は、裁判所が示唆するように、規程に内存する制度であるとすれば、この原則自体を否定することはできない。他方、これが適用された2つの事例が示すように、たとえ訴訟当事国間に管轄権が有効に設定されていても、本原則が適用されるときは当該裁判を阻止する効果をもつ。それは、裁判所が管轄権を有しないからではなく、設定された管轄権を行使しえなくなるからである。裁判所は、事件が提起され、それについて管轄権を有するときは、受理可能性について特別の事由(例えば原告に *jus standi* がないとか、国内的救済を尽くしていないなど)がない限り、裁判を行うべき一般的責務を負っている。紛争の法的解決をはかることは裁判所の存在理由である。言い換えれば、紛争当事国は管轄

権の受諾を通して司法的解決の利益を享受しうるのである。そうであるとすれば、第三者法益原則の適用は十分に慎重でなければならない。問題となる第三国は、他国の裁判に沈黙を守るだけでそれを阻止することになるからである。裁判所がこれまで本原則の適用範囲を制限的にとらえてきたこと、すなわち当該第三国の法益が裁判主題の論理的前提となる場合に限定する立場をとったこと、は妥当なものと評しうる。

4　事件Cでポルトガルは、オーストラリアの行動が「対世的権利」である人民の自決権を侵害するものであって、この権利の侵害は第三国(インドネシア)の義務違反の問題とは無関係に裁判の対象となると主張した。裁判所は、自決権の対世的性格を認めつつ、他方、そのことは管轄権の同意原則を排除する理由にはならないとして、この主張を斥けた。他方、ウィーラマントリー裁判官はこれに反対し、対世的権利は個々の国家によって等しく尊重されなければならない権利であるから、インドネシアの行為とは無関係にオーストラリアに対抗しうるものであるとした。そうでなければ「対世的理論の実際的権能」が阻害されるとする。裁判所の立場は、対世的権利といえども裁判の基本原則を変える理由にはならないとするものである。

【参考文献】
広瀬善男『高野判例』、広部和也『判決・意見Ⅱ』、山村恒雄『判決・意見Ⅰ』、波多野里望『判決・意見Ⅲ』、河野真理子『百選Ⅱ』、大河内美香『基本判例Ⅱ』、杉原高嶺『判例研究ICJ』97巻5号、93巻3・4合併号、曽我英雄「ICJにおける東チモール事件」『専修法学論集』66号(1996)、杉原高嶺「国際司法裁判における第三者法益原則」『法学論叢』144巻4・5合併号(1999)。

(杉原　高嶺・薬師寺　公夫)

143 ノルウェー公債事件(Affaire relative à certains emprunts norvégiens)

当　事　国　フランス v. ノルウェー
裁　判　所　国際司法裁判所
判　　　決　1957年7月6日
出　　　典　ICJ(1957) 9

【事実】 1885年から1909年にかけて、ノルウェー政府と同国内の2銀行は、フランスその他の外国市場で公債を発行募集した。フランスはこれらの公債に金約款が付されていると主張し、ノルウェーはこれを争った。第1次世界大戦の勃発後、ノルウェー銀行券の兌換は停止された。1923年12月、ノルウェーは金による支払を約した金銭債務で、ノルウェー銀行券による支払の受領を債権者が拒むものについて、債務者は支払延期を求めることができることを認める法律を公布した。フランスは、このような一方的決定は外国債権者に対抗しえないと主張し、債権所有者が要求する権利の承認を要請するとともに、金約款が尊重されるべきかどうかについて国際裁判に付すことを提案した。これに対して、ノルウェーは、債権所有者の請求は同国裁判所の管轄権内にあり、もっぱら同国法律の解釈と適用に関わるものであると主張し、債権所有者はまず国内的救済を尽くすべきであるとしてフランスの提案を拒否した。かくして、1955年7月6日、フランスは、選択条項に対する1946年11月16日のノルウェーの受諾宣言および1949年3月1日のフランスの受諾宣言に基づき、書面の請求により事件を国際司法裁判所に提訴した。これに対して、ノルウェーは次のような先決的抗弁を提出した。①本件は国内法上の問題であって国際法の問題ではない。本件当事国に対する裁判所の強制管轄権は、規程第36条2項に基づく両国の受諾宣言により、国際法上の紛争に限られる。フランスは自己の判断によって本質上国内管轄権に属する事項に関する紛争を留保しており、ノルウェーはこの留保を援用する。②フランスの宣言は強制管轄権の受諾を宣言の批准後の事実または事態に関する紛争に限っており、相互主義に基づき、本件は裁判義務から除去される(この抗弁は後に撤回)。③ノルウェーの2銀行の公債に関する請求については、これらの銀行が国家とは別の法人格を有するから、受理不許容である。④フランスの提訴は、公債所有者が事前に国内的救済を尽くしていないから、受理されえない。フランスはこれらの先決的抗弁を本案に併合することを要請し、ノルウェーもこれに反対しなかったので、裁判所は命令によりこれを認めた。

【判決要旨】1　先決的抗弁①において、ノルウェーは、公債契約は国内法の問題で強制管轄権に属さないと述べた後、もしその点に何らかの疑問があるとしても、裁判所規程第36

条2項と受諾宣言に明示された相互主義の原則により、フランスの宣言に付されている留保を援用する権利を主張する。フランスの宣言は、「この宣言はフランス共和国政府の理解するところにより本質上その国内管轄権に属する事項に関する紛争には適用されない」という留保を含んでいる。本件は、規程第36条2項の強制管轄権を受諾する宣言に基づいて提起され、相互条件の下で同項を受諾している両国の宣言に基礎を置く。裁判所の管轄権は両宣言が一致する範囲内でのみ存在する。本件の場合、裁判所の管轄権の基礎である当事国の共通の意思は、フランスの留保によって示されたより狭い範囲内で存在する。ノルウェーは、相互主義の原則によって、フランスと同一の条件で、ノルウェーが本質上その国内管轄権に属すると考える紛争を裁判所の管轄権から除外する権利を有する (pp.22-24)。

2 フランスは、1907年の「契約上ノ債務回収ノ為ニスル兵力使用ノ制限ニ関スル条約」により、両国はこの点について国内管轄権を語りえないとするが、この条約は、その題名に示されているように、契約上の債務回収に関して仲裁裁判に訴える前に武力を行使することを禁止するもので、裁判義務を設定するものではない。フランスはまた、1904年の両国間の仲裁裁判条約と1928年のジュネーヴ一般議定書を援用するが、フランスの提訴はこれらいずれの条約にも管轄権を基礎づけていないから、それを取り上げる必要はない (pp.24-25)。

3 フランスはさらに、ノルウェーの第一の抗弁の後半、すなわちフランスの留保を援用する部分は、その前半、すなわちノルウェーの国内法の分野に属する部分に対して従属的であると主張する。裁判所は、後半の抗弁事由が従属的であるということを、前半の抗弁事由が法的に根拠がないと認められる場合においてのみ後半の抗弁事由を援用するという意味にとることはできない。裁判所の管轄権は両方の事由から争われており、裁判所はその決定をより直接的で決定的である事由に基礎づける自由を有する。ノルウェーは後半の抗弁事由をつねに維持し、決して放棄しなかった (pp.25-26)。

4 裁判所は、フランスの留保が法的義務の受諾と両立するかどうか、規程第36条6項と両立するかどうかという問題を審査しなければならないとは考えない。留保の有効性は当事国によって争われなかった。フランスはその留保を含む宣言を完全に維持し、ノルウェーはこの留保を援用した。それゆえ、裁判所は、手続において提起されなかった事由に照らして、この留保の審査を行うよう求められているとは考えない。裁判所は、問題を予断することなく、あるがままにかつ当事国が認めるままに、この留保に効果を与える (pp.26-27)。

5 ノルウェーは相互主義の条件によりフランスの宣言に含まれた留保を援用する権利を有し、この留保は裁判所の管轄権からフランスの請求により提訴された紛争を除外するものであり、それゆえ、裁判所は本請求を審理する管轄権を有していない。したがって、抗弁①の前半、③および④を検討する必要はない (12対3) (p.27)。

【論点】1　国際司法裁判所の管轄権は、裁判所規程第36条2項(選択条項)に基づく受諾宣言国の間で義務的となり、原告国の一方的提訴により被告国は応訴の義務を負う。この場合、裁判所の強制管轄権は両当事国の受諾宣言が一致する範囲で存在する。本判決では、相互主義により、被告国ノルウェーは原告国フランスが受諾宣言に付した自動的留保を援用し、裁判所はこれを認めて管轄権なしと判示した。フランスは自国の利益のために付した留保によって自らの利益を保障する途を封じられ、結果的に敗訴した。このように自動的留保は両刃の剣となり、ブーメラン効果を発揮する。1959年、フランスは受諾宣言を更新した際に自動的留保を削除した。

　2　自動的留保は、国内管轄権に属する事項に関する紛争を留保し、何が国内管轄権に属する事項であるかを自国で判断するというものであって、自己判断留保ともいう。この種の留保は、第2次世界大戦後、米国が最初にその受諾宣言に付し、その後、他の受諾宣言国の中にもこれにならう国が出てきた。国際司法裁判所で自動的留保が援用された事件として、インターハンデル事件〔⇒126〕や航空機撃墜事件(ICJ(1960)146)がある。後者では、被告国ブルガリアが相互主義により原告国米国の自動的留保(「コナリー修正」)を援用したため、米国は提訴を撤回し、裁判所の総件名簿から削除された。なお、裁判条約に基づく提訴の場合にも、当該条約に付された留保に条約法上の原則による相互主義が適用される。例えば、1978年、国際司法裁判所に付託されていたエーゲ海大陸棚事件において、原告ギリシャが国際紛争平和的処理一般議定書に付していた留保を被告トルコが援用し、裁判所は相互主義によりこれを認めて管轄権なしと判示した(ICJ(1978)3)。

　3　選択条項受託宣言に留保を付す慣行は、できるだけ多くの諸国による受諾を促す趣旨から認められてきた。しかし実際には、それが濫用され、裁判所の管轄権の義務化に逆行し、実質的に管轄権を否定するような留保が付される場合がある。その顕著な例が自動的留保である。自動的留保については、これを付した受諾宣言全体についても、管轄権受諾の法的義務と両立せず、管轄権の有無に関する裁判所の決定権を定める規程第36条6項にも違反し無効である、という批判(本件におけるラウターパクト裁判官の個別意見)もある。本件では、両当事国がともにこの点を争わなかったため、自動的留保の法的効力について裁判所の判断は何ら示されなかった。

【参考文献】
高野雄一『高野判例』、松井芳郎『ケースブック』、波多野里望『判決・意見Ⅰ』、中村道『百選Ⅰ』、佐藤義明『百選Ⅱ』、高野雄一「任意条項の受諾とAutomatic Reservation」『国際法学の諸問題(前原還暦)』(慶應通信、1963)、関野昭一「国際司法裁判所の強制管轄権の受諾とEscape Clause」『國學院法学』2巻3号(1965)、牧田幸人「選択条項の法理」『島大法学』48巻3号(2004)。

(牧田　幸人・浅田　正彦)

144 南西アフリカ事件(South West Africa Cases)

当　事　国　エチオピア v. 南アフリカ、リベリア v. 南アフリカ
裁　判　所　国際司法裁判所
判　　　決　(a) 管轄権 1962年12月21日
　　　　　　(b) 第2段階 1966年7月18日
出　　　典　(a) ICJ(1962) 319
　　　　　　(b) ICJ(1966) 6

【事実】　国際司法裁判所は、1950年、55年および56年の3度にわたり、国連総会の諮問に応えて勧告的意見を与え、南西アフリカは南アフリカ連邦(1961年以降は南アフリカ共和国。以下、南アという)を受任国とする委任統治地域であり、南アは連盟規約第22条および委任状が定める国際的義務を依然として負うこと、連盟の監督機能は国連によって遂行されるべきこと、南アはこの国際的地位を一方的に変更する権限をもたず、そのためには国連の同意を要すること、国連総会が実施してきた監督はその権限の範囲内にあることなどを明らかにしてきた(南西アフリカの国際的地位と国連の権限〔⇒31〕)。

　裁判所のこれらの意見や総会の非難決議にもかかわらず南アが態度を改めない(この点については、ナミビア事件〔⇒75〕)ことから、1960年11月、連盟国であったエチオピアとリベリアは、国連憲章第80条1項を考慮し委任状第7条および裁判所規程第37条に基づいて、国際司法裁判所に対して南アが以下のような行為によって受任国としての義務に違反している旨確認宣言するよう求める訴えを提起した。①南アは、国連の同意なしに、委任状の条項を実質的に修正したこと、②南アは、地域住民の物質的・精神的福祉と社会的進歩を最大限促進することを怠っていること、③南アは、地域を施政するにあたり、アパルトヘイトを実施していること、④南アは、恣意的で、不合理で、不正でかつ人間の尊厳を傷つける立法、規則、宣言および行政命令を採択し適用していること、⑤南アは、自治に向かっての正常な進展に必要な地域住民の権利と自由を抑圧する立法、行政規則および職務活動を採択し適用していること、⑥南アは、地域の国際的地位と一致しない行政および立法権を地域に対して行使していること、⑦南アは、地域に関する情報を含む年報を国連総会に提出していないこと、⑧南アは、総会に出された住民からの請願を国連総会に送付していないこと。

　一方、南アは以下の4点からなる先決的抗弁を提出して、裁判所の管轄権を争った。①国際連盟の解散により、南西アフリカ委任状は、もはや裁判所規程第37条の意味での「現行条約」ではない。この主張は、第7条を含めて委任状の全体に関して行われている。②エチオピア政府もリベリア政府も、南西アフリカ委任状第7条によって、当事者資格(*locus standi*)に必要な「国際連盟の他の加盟国」ではない。③エチオピアおよびリベリア両政府が

南ア政府との間に存在すると主張する紛議または不一致は、その性質と内容から、委任状第7条にいう「紛争」ではない。とりわけ、エチオピアおよび(または)リベリア政府もしくはそれらの国民の物質的な利益が関連しておらず、または影響されないことにおいてである。④主張せられる紛議または不一致は、委任状第7条の意味の「交渉により解決されない」「紛争」ではない。

1962年12月、裁判所が下した管轄権判決は、南アが提出した管轄権抗弁のすべてを理由なしとしてしりぞけて、裁判所が本件の本案について審議する管轄権を認めた。その後本案の審理が再開されたが、被告は原告の請求に対して、以下のように反論した。①南西アフリカの委任状は、連盟の解散により失効した。その結果、被告はもはや委任状に基づくいかなる義務にも服さない、②以上の①と代替的に、委任状自体は連盟の解散にもかかわらず、依然として存続していると考えられる場合、ⓐ連盟理事会に報告および説明し、またその監督に服すべき委任状の下の以前の被告の義務は連盟の解散で失効し、また監督に関する義務は国連その他の機関に受け継がれていない、ⓑ被告は委任状または規約第22条で規定されている義務に違反していない。

【判決要旨】(a)1　訴訟の現段階で審理を必要とするのは、南ア政府の先決的抗弁であるが、これを行う前に、紛争の存否に関する先決的問題を判断する必要がある。

(1)　委任状第7条および裁判所規程第36条と第37条が述べる紛争が存在するかどうかについては、一方の紛争当事者が他の当事者との間に紛争が存在すると主張するだけでは十分でない。一方の請求が他方によって積極的に反対されていることが示されなければならない。この基準からすれば、それが被告の受任国としての委任状義務遂行に関する対立した態度によって生じていることから、紛争の存在については疑問の余地はない。

(2)　先決的抗弁が委任状の解釈と関連していることから、最初に委任統治制度の起源、性質および特徴について簡単に述べておく必要がある。委任統治制度の本質的な原則は、主として、後進地域人民の一定の権利の承認、連盟に代わって受任国として先進国が行使する当該人民に対する信託制度の設立、および連盟とその加盟国に課される「文明の神聖な信託」の承認、である。委任統治制度の下の各委任状は、委任統治地域住民の「福祉と発展」を促進することを主要な目的とする新しい国際制度である。

2　まず、先決的抗弁①であるが、委任状は、事実上も法律上も、条約の性質をもつ国際協定であり、このことは委任状の前文第2文および第3文で述べられた文言で示される。委任状は、性質において混合した特別な形態の文書である。それは、委任状の付与と容認に存在する明確な合意、すなわち連盟理事会に提案される主たる同盟および連合国間の委任状の条項に関する暫定的合意、および理事会が規定し受任国と理事会(連盟とその加盟

国を代表する)との間に合意された当該条項についての確認合意、を具体化したものである(pp.330-332)。次に、委任状が現在なお効力を有しているかどうかであるが、裁判所規程第37条および憲章第80条1項を考慮して、委任状第7条はなお有効であるとする1950年意見は今日でも裁判所の意見を反映するものである。

3 抗弁②は、すべての連盟国は連盟が解散された際に加盟国としての地位とそれに伴う権利を失ったのであるから、もはや今日では「他の連盟国」は存在しない、というものである。この主張は、規定の用語の自然で通常の意味に基づいたものであると述べられるが、この解釈原則は絶対的なものではない。このような解釈方法がその用語を含む条項または文書の精神、目的および文脈と両立しない意味を結果する場合には、有効にその原則に拠ることができない。各委任状における神聖な信託の司法的保護は、委任統治制度の本質的な特徴である。神聖な信託を保護するために住民の利益擁護に残された唯一の効果的な方法は、連盟加盟国が受任国との間の紛争を裁判所に提訴することである。また、委任状第7条がなお適用可能であるとするのは、1946年4月の連盟解散総会で、連盟の解散にもかかわらず、種々の委任状を実行可能な限り存続させる合意がすべての加盟国の中で達せられており、南アもまた委任状の義務の継続を明確に承認していたからである(pp.338-341)。

4 抗弁③について言えば、委任状第7条の言葉は広範、明確かつ正確であり、曖昧さを生じておらず例外を認めていない。それは、委任状の特定の条項にではなく「諸条項」、つまり住民または他の連盟国に対する受任国の実体的義務を規定する条項であろうと監督に関する条項であろうと、すべてのかついかなる条項に関しても受任国と他の連盟国との間に生じるすべての紛争に言及している。連盟国またはその国民の物質的利益もこれに含まれるが、地域住民の福祉および発展もそれに劣らず重要である。

5 抗弁④は、紛争が存在するにしても、それは原告との交渉によって解決されないものではなく、そのための交渉はなされなかったということであるが、国連内の過去における集合的交渉において行き詰りにいたった事実は、さらに交渉しても解決にいたる合理的可能性が存在しないという結論を導く。

以上の理由から、裁判所は紛争の本案について裁判を行う管轄権を有する(8対7)。

(b)1 裁判所はまず、それに関する決定が紛争の他の側面に関する検討を不必要とするような先決的問題として、手続の本段階における原告の当事者資格の問題を取り上げる。それは、1962年判決の主題であった裁判所自体における当事者資格ではなく、本案事項としての原告の請求の主題に関わるかれらの法的権利または利益の問題である(para.4)。

2 委任状の実質的な規定は、大きく2つの範疇に分けることができる。1つは、受任国の権限を規定し、また地域住民について連盟およびその機関に対して負う義務を定める条項であって、裁判所が「行為」規定("conduct" provisions)と呼ぶものである。他は、特定の

委任状または委任状の種類によって異なるが、連盟加盟諸国やその国民に直接に委任統治地域に関する一定の権利を与える条項であり、裁判所が「特別利益」規定("special interests" provisions)と呼ぶものである。本件において、当事者間の紛争は、前者のものに関するものであって、後者に関するものではない(para.11)。

3　「行為」規定の履行を求める何らかの法的権利または利益が原告を含む連盟国に与えられていたか否かを判断するにあたっては、裁判所は委任統治制度が設立され委任状が起草された時点に立たねばならない。連盟規約第22条によれば、受任国は後見の任務を「連盟ニ代リ」行使するのであって、個々の連盟国に代わって行使するのではない。委任状の「行為」規定の履行に関しては、受任国と他の連盟国との間には何らの法的連関もない。受任国と他の連盟国との間に直接の連関が生じるのは、「特別利益」規定に関してのみであった(para.32)。したがって、原告は個別国家の資格において連盟の権利とは独立に自立的権利(self-contained right)を有さなかった。委任状における「神聖ナル信託」の履行を求める権利はもっぱら連盟にあり、個々の連盟国は連盟によるこの権利の集団的行使に連盟機関への参加を通じて関与できたに過ぎない。

4　原告の法的権利または利益の問題は1962年判決で解決されており、審理の再開はできないと主張された。しかし、先決的抗弁判決は本案事項に触れるとしても、それは抗弁が提起した問題を決定するのに必要な限りで暫定的に行われるに過ぎず、本案問題に関する最終的な決定ではない。1962年判決は委任状の裁判条項の条件が満たされると判断しただけで、原告の請求主題に関わる法的権利または利益の問題には立ち入らなかった。

5　原告はまた「必要性」(necessity)の議論を提起して、神聖な信託履行の究極の保障として、個々の連盟国はこの問題に関して法的権利または利益を有し、また最後の手段として訴訟を提起できるとみなされるべきであると主張した。しかし、「必要性」の議論は超法的な性格のもので、もしも裁判所がいわば救済措置として、委任統治制度とは無縁な要素をそこに読み込むとすれば、司法裁判所としての職務を逸脱した事後立法に従事することになろう。この議論はまた、裁判所は「民衆訴訟(actio popularis)」を認めるべきだと言うのに等しいが、そのような制度は現行国際法では知られていない(para.88)。

裁判所は、原告が本請求の主題に関し、法的権利または利益を立証したとは考えない。

【論点】1　裁判所は、南アの先決的抗弁をしりぞけて管轄権の存在を認めながら、第2段階判決で原告は自己の法的権利または利益の存在を立証できなかったとして両国の請求を棄却した。本判決での表決は7対7の同数に分かれたが、裁判所長の決定票によって原告の当事者資格を否認する判決が下された。なお、任期により途中交替した裁判官を除いて、両判決での多数意見と少数意見はすべて入れ代わった。

2 管轄権判決において、裁判所は、南アの第2および第3の先決的抗弁に反論を行う中で、請求国の地位の問題を扱った。そこで扱われた問題は、第2段階判決で扱われた原告の法的権利または利益の問題と実質的には同一の事項であった。第2段階判決自身、管轄権判決が本案の部分に触れるとしても、管轄権問題を決定する限りにおいてなされたものに過ぎないとしている。これに対して、少数意見の裁判官は、たとえ管轄権判決が管轄権の確認をその内容としていてもその拘束力はこれに及ぶと反論する。本件での法理論上の次元での最大の論点の1つは管轄権判決の既判力(res judicata)の問題であり、反対の結論が出されたのであるから、第2段階判決はより詳細にこの点の見解を展開すべきであった。

3 多数意見と少数意見の対立は、委任統治制度それ自体に対する基本認識の対立でもあった。管轄権判決を支持した裁判官は、文明の神聖な信託の司法的保障は裁判所の役割であるとするとともに、そのための手段が委任状第7条に規定する連盟加盟国による提訴であると考えたのに対し、それに反対した裁判官は、文明の神聖な信託に基づく委任状の履行を求める権利は集合的活動体である連盟に帰属し、各連盟加盟国に権利が与えられていないとした。なお、第2段階判決は、委任状の規定を2つに分類したが、双方とも地域住民の福祉の向上に関する受任国の義務であり、同じ性質を有するものと言うべきであろう。また、第2段階判決の指摘のように国際法上「民衆訴訟」は認められないであろうが、委任状の中に裁判条項が入れられた意味がより強く評価されるべきであったであろう。なお、本判決は裁判所に対するアジア・アフリカ諸国の不信を招いたが、裁判所はバルセロナ・トラクション事件判決〔⇒125〕で一定の軌道修正を行い、訴追か引渡しかの義務事件〔⇒128〕でその立場を転換した。

4 請求国敗訴の本案判決を不満とする諸国は、法的解決の道が閉ざされたことから、政治的解決に訴えることとなった。1996年10月の第21回総会は、南アの委任統治を終了させるとともに、同領域を国連の直接の責任の下に置くとする決議を採択した。そして、翌年の特別総会では、同地域を独立まで同地域人民の参加を得て施政する任務をもつ国連南西アフリカ理事会(1966年6月、国連ナミビア理事会と改称)を設置した。なお、このようなその後の状況については、ナミビア事件の勧告的意見〔⇒75〕を参照。ナミビアは1990年に独立を達成した。

【参考文献】
内田久司『高野判例』、小寺初世子『ケースブック』、森喜憲『判決・意見Ⅱ』、同『判決・意見Ⅰ』、松井芳郎『百選Ⅰ』、戸田五郎『百選Ⅱ』、李禎之『基本判例50Ⅱ』、中野進「ナミビア(南西アフリカ)問題における国際連合の役割と限界(1)～(3)」『中京大学社会科学研究』6巻2号(1986)、7巻1号、2号(1987)、家正治『ナミビア問題と国際連合』(神戸市外国語大学研究所、1984)53-82頁。

(家　正治・浅田　正彦)

145 領土・島・海洋境界紛争事件(Case concerning the Land, Island and Maritime Frontier Dispute)

当 事 国 エルサルバドル／ホンジュラス(訴訟参加ニカラグア)
裁 判 所 国際司法裁判所(特別裁判部)
判 決 (a) 訴訟参加 1990年9月13日
　　　　(b) 本　　案 1992年9月11日
　　　　(c) 再審請求 2003年12月18日
出 典 (a) ICJ(1990)92　(b) ICJ(1992)351　(c) ICJ(2003)392

【事実】　スペイン領グアテマラは、1821年に中米共和国連邦として独立した後、1839年には、同連邦の分裂により、エルサルバドル、ホンジュラス、ニカラグア、コスタリカ、グアテマラの各独立国となった。エルサルバドル、ホンジュラス、ニカラグアの3国は、独立以来、相互の国境を争ってきた。1916年には、エルサルバドルは、米国の海軍基地建設を認めたニカラグアと米国間のブライアン＝シャモロ条約はフォンセカ湾の共有権を侵害するものであるとして、ニカラグアを相手に中米司法裁判所に訴えた(フォンセカ湾はエルサルバドル、ホンジュラス、ニカラグアの3国を沿岸に有する)。翌17年の判決は、同湾の水域は、ホンジュラスとニカラグアとが1900年に境界画定をした部分を除いて、当事国間で「共有の状態」にあると判示した。ニカラグアは判決直後にこの判決を拒否する旨を声明した。

エルサルバドルとホンジュラス間の境界紛争はその後も続き、1969年には武力衝突が発生するまでに悪化した。米州機構の協力などにより、1980年に一般平和条約が締結され、その規定に基づき、陸地・海域・島嶼を含む両国間境界紛争のすべてを国際司法裁判所で処理するべく、その付託協定が1986年5月に締結された。裁判所は、翌87年5月、両当事国の要請に基づき、特別裁判部(裁判官5名)を設置した。

89年、ニカラグアは、裁判部の決定により不可避的に影響を受ける法的利害を有すると主張し、島と海域の法的地位の問題に限り、裁判所規程第62条に基づく訴訟参加を申請した。

また、本案判決後の2002年9月10日、エルサルバドルは陸地の境界1カ所について判決の再審を請求した。

【判決要旨】(a)　規程第62条の訴訟参加の条件として、「裁判によって影響を受けることのある法律的性質の利害関係」が参加国(本件ではニカラグア)側に存在することが必要である(para.52)。フォンセカ湾水域の法的地位については、同湾はコンドミニウム(condominium)であるとされており、もしそうであるならば沿岸国すべての利害が関係するので、沿岸国たるニカラグアも法的性格の利害を当然に有することになる(para.73)。エルサルバドルは、さらに、参加が認められるには、参加国と訴訟両当事国との間に「管轄

権のリンク」が必要であると主張した(para.93)。しかしながら、本件の訴訟参加はニカラグア自身の権益の決定を求める新たな訴訟の提起ではなく、その利益擁護のための意見を陳述するものであるので、この要件は不要である(paras.97,99-100)。ニカラグアは、フォンセカ湾水域の法的地位以外の問題については、裁判によって影響を受けることのある法的性質の利害を証明できなかった。よってフォンセカ湾水域の地位の問題についてのみ参加が認められる(para.104)。

(b) 本裁判の対象は、陸地の境界6カ所、フォンセカ湾内の島嶼の帰属、フォンセカ湾の法的地位、湾外水域および大陸棚の帰属である(para.27)。

1 両当事国はウティ・ポシデティス(*uti possidetis juris*)の原則が本件に適用されることに合意しており、本原則の本件への適用が認められる。ただし、植民地行政区画が不明確であるために同原則の適用は実際には容易ではなく、植民地行政区の境界を定める文書が存在しない場合は、先住民共同体の私人への土地特許などさまざまな証拠を考慮してウティ・ポシデティスの境界を明らかにしなければならない。両当事国とも、紛争地域における行政機関による公権力の行使を根拠に権原を主張した。裁判部としては、国境紛争事件〔⇒39〕などを考慮すると、行為と法とが一致しない場合には法的権原が優位し、法的権原が存在しない場合には常に実効性が考慮される。すなわち、法的権原の地理的範囲が不明である場合には法的権原の解釈に際して実効性が重要な役割を果たすと考える。以上の方法により、裁判部は、ウティ・ポシデティスの境界に基づき、また、それを明らかにするために必要な範囲で実効的支配を考慮に入れ、陸地の境界と島の帰属とを決定する(陸地の境界1カ所につき評決は4対1、他の5カ所につき全員一致、島の帰属につき4対1)。

2 フォンセカ湾の法的地位については、同湾の湾口は19.75海里であり、仮に1国に属する湾であれば内水となる。同湾は1国に属するものではないが、当事国と訴訟参加国さらには一般に学説もこれが歴史的湾であるとしている。1917年の中米司法裁判所の判決も、同湾は歴史的水域であって沿岸3国の共有に服する、と述べた。1821年のスペインからの独立時にも、1839年の中米共和国連邦の消滅の際にも、海洋における行政境界は存在せず、その後の境界画定もなされていないので、同湾海域は承継によって共同取得されたと考えられる、というのがその理由であった。さらに、他国の異議が存在しないことも考えると、上記判決は正当なものである。したがって、湾水域は内水であるが、歴史的、実際的理由から、沿岸から3海里幅の排他的管轄権水域と残りの湾内水域における無害通航権が認められる(4対1)。(同見解に対し、小田裁判官は、複数の沿岸国を有する水域は国際法上の湾たりえず、またフォンセカ湾を歴史的湾とする根拠もない、との反対意見を付した。)

3 参加国ニカラグアは参加によって訴訟当事国となったわけではないので本判決に拘束されない。ニカラグア自身この立場をとり、両当事国ともその旨を認めている。

(c) 陸地の境界1カ所について、本案手続でエルサルバドルは、ある時に川の流路が急変したとして、以前の流路が境界をなすと主張していたが、裁判部は、科学的証拠がないこと、過去における紛争の経緯、また1794年の航海に基づく地図に照らして、現在の流路が境界をなすとした(paras.23-24)。エルサルバドルは、新たな証拠が流路の急変を示しているとして再審を請求する(paras.25-26)。再審請求が受理可能であるための条件の1つは、「決定的要素となる性質をもつ事実」(規程第61条)の発見であるが、本案判決の根拠は19世紀におけるエルサルバドルの行動であったのであり、仮に流路の急変が今になって証明されたとしても「決定的要素」とはならない(paras.36,40)。エルサルバドルは新たに発見された地図も援用するが、本案手続で参照した地図と大差なく、これも「決定的要素」には当たらない(paras.41-44,52-55)。再審請求は、受理することができない(4対1)(para.60)。

【論点】1　裁判部は、領土問題にはウティ・ポシデティス原則を適用したが、本原則の法的地位を明らかにしていない。この原則は、植民地時代の行政的境界を国際的境界に変質させ、それによって、当該地域が無主地(terra nullius)となることを防止しつつ、同時に、植民地本国の撤退に伴って生じうる新たな国境紛争や新植民地化を防ぐ機能をもつ。1986年の国境紛争事件は本原則の一般国際法性を強調しながら、これがアフリカの植民地独立の場合にも適用されるとしたが、本件判決は、ラテン・アメリカ諸国でもつ本原則の重要性に言及しながら、その適用は最初から両当事国で合意されていたということにとどまっている。86年の判決に比べて、本原則の位置づけに消極的な姿勢がみられる。

ウティ・ポシデティスの境界線は、裁判部によれば、スペイン国王の布令等の示す「権原」を基準とするが、もしそれが明確でないときは「植民地統治の実効性」に準拠しうるものとした。ただ、この実効性の要素は、この原則の境界線を明らかにするために考慮されるものであって、それ自体が境界画定の基準をなすものではない。

2　フォンセカ湾の法的地位については、裁判部はこれを「歴史的湾」としつつ、さらに、3国の沿岸3海里内の排他的主権の及ぶ部分(内水)を除いた水域については、中米司法裁判所の判決に従い、これを3国の共有水域であるとし、かつ、湾内水域全体について無害通航が認められるとした。そして、湾口閉鎖線の外側の水域については、その両端の3海里はそれぞれエルサルバドルとニカラグアの排他的管轄水域をなすが、中央部はその内側の共有性の帰結としてホンジュラスを含む3国が閉鎖線の外側に領海、大陸棚、排他的経済水域を有するとした。このように、判決は同湾の法的地位は独自(sui generis)なものとみたが、これは基本的に国家承継の原則を重視した結果のものである。海洋法の立場からとらえた小田裁判官は判決の見方に反対した。

3　本件は、規程第62条の訴訟参加が初めて認められた事例である。本件での参加国(ニ

カラグア)は、判決によれば、自国の法益保護のための意見陳述を行うために非当事者として参加するのであって(意見陳述型の参加)、自国の権益に関する決定を請求するもの(請求提起型の参加)ではないので、したがって、訴訟当事国との間の管轄権リンクは不要であって、また本案判決は参加国を拘束しないとされた。ただ、第62条の参加は意見陳述型の参加に限定されるのか、すなわち、請求提起型の参加もその制度的枠組に入るのか、それとも、そのような請求は別の訴訟として付託されるべきものか、本判決ではこの問題は十分に明確にされていない。この点は裁判官の間にも見解の対立のみられるところであり、将来の判例の展開をまたなければならない。

【参考文献】
関野昭一・東寿太郎『判決・意見Ⅱ』、阿部達也『百選Ⅱ』、小田滋「国際司法裁判所における第三国の訴訟参加」『国際法外交雑誌』84巻1号(1985)、杉原高嶺「領土・島・海洋境界紛争事件」『国際法外交雑誌』91巻3号(1992)、95巻1号(1996)、宮崎孝「中米フォンセカ湾の法的地位(1)(2)」『筑波法政』22号、23号(1997)、砂川和泉「国際司法裁判所における訴訟参加」『神戸法学雑誌』48巻1号(1998)、杉原高嶺『国際司法裁判制度』(1996)299-327頁、兼原敦子「訴訟参加の要件としての『影響を受ける』法的利益」『立教法学』50号(1998)、大河内美香「国際司法裁判所における訴訟参加と紛争の相対的解決との交錯(1)～(5)」『東京都立大学法学会雑誌』42巻1号、同2号(2001)、43巻1号(2002)、同2号、44巻1号(2003)、浅田正彦「判例研究ICJ」104巻2号、横田洋三『判決・意見Ⅴ』。

(杉原　高嶺・薬師寺　公夫)

146 ロッカビー事件 (Cases concerning Questions of Interpretation and Application of the 1971 Montreal Convention arising from the Aerial Incident at Lockerbie)

当事国	リビアv.英国
	リビアv.米国
裁判所	国際司法裁判所
命令・判決	(a) 仮保全措置命令1992年4月14日
	(b) 先決的抗弁判決1998年2月27日
出典	(a) ICJ (1992) 3、113 (b) ICJ (1998) 9、115

【事実】　1988年12月21日、英国・スコットランドのロッカビー上空において、パン・アメリカン航空103便が爆破され、乗員乗客259名(米国国民189名)および住民11名が死亡した。被疑者とされるリビア人2人はリビアに潜伏していることがわかり、英国および米国は、1991年11月に公訴の手続をとり、被疑者の引渡し等をリビアに要求した。リビアは、民間航空の安全に対する不法な行為の防止に関するモントリオール条約を根拠に、両国への引渡しを拒否した。そこで、英国および米国は安全保障理事会に働きかけ、1992年1月21日に決議731(1992)を採択させた。安全保障理事会は、決議731の中で、リビアが2国の要求に応じていないことを遺憾とし、要求に応えるよう強く要求した。

　リビアは、1992年3月3日、英国および米国を相手どり国際司法裁判所に提訴した。①リビアがモントリオール条約上の義務に完全に従っているとの宣言、②被告がモントリオール条約に違反しているとの宣言、③被告による義務違反の中止、リビアに対する威嚇の中止、ならびにリビアの主権、領土保全および政治的独立に対する侵害の中止の宣言を裁判所に求めた。管轄権の基礎として援用したのは、モントリオール条約第14条1項である。リビアは仮保全措置指示の要請も行った。①被疑者の引渡しをリビアに強要する行為を行わないこと、②リビアの請求の主題をなす手続上の権利を毀損する措置をとらないよう確保することを求めた。安全保障理事会は、3月31日に決議748(1992)を採択し、リビアが3国の「要求に応えていないことが国際の平和と安全に対する脅威を構成する」ことを確認し、安全保障理事会は、憲章第7章の下で行動し、リビアに対する制裁措置を発動した。被告は先決的抗弁を提出した。①管轄権の基礎となるモントリオール条約第14条1項に規定する「仲裁裁判の要請の日から6ヵ月以内に仲裁について合意に達しない場合」という条件を満たしていないという主張、②リビアの訴えは安全保障理事会決議により「取り消された」という主張、③リビアの訴えは安全保障理事会決議により「目的がなく」なり、したがって「意味がなくなった」というムートネスの主張を行った。

【命令・判決要旨】(a)　仮保全措置の要請後に安全保障理事会決議748が採択された。これは本件にどのような影響を与えたであろうか。裁判所と安全保障理事会は、それぞれ独自

の権限を行使するもので、両者間に、法上、競合関係も階層関係も存在していないことを理由に、リビアは指示可能であると主張した。しかし、原告も被告も、「国際連合憲章第25条の規定に従い、安全保障理事会の決定を受諾しかつ履行する義務を有している」。裁判所が一見して(*prima facie*)判断する限り、第25条の「この義務は決議748(1992)の決定に対しても及ぶものである」。「この義務は、憲章第103条の規定に従い、他のいかなる国際協定に基づく義務よりも優先するのであり、モントリオール条約に基づく義務についても同様である」(para.42)。この段階で、決議748の法的効果について最終的な決定を行うよう求められているわけではないが、「決議採択に至る情況がどのようなものであっても、今や、リビアが主張するモントリオール条約上の義務は、仮保全措置指示による保護の対象としては適切ではない」(para.43)。さらに、仮保全措置の指示は、裁判所が一見して判断する限り、決議748によって被告が「享受すると思われる権利を侵害する可能性が高い」(para.44)。本件情況からして、仮保全措置を指示する必要はない(para.46)。

　(b)　抗弁①に関し、1992年1月18日、リビアは仲裁裁判の提案を米国に行ったが、米国は回答せず、1月21日に安全保障理事会決議731を支持することによって仲裁裁判の提案を拒否する考えを示した。したがって、モントリオール条約第14条に定められている6カ月は経過しており、国際司法裁判所への付託の条件を満たしている。抗弁②に関し、請求の受理可能性を決定する判断基準日は、請求が付託された日であり、決議748および決議883(1993)は付託日以降に採択されたものであることから検討の対象とすることはできないこと、決議731は付託日以前に安保理が採択したものであるが勧告でしかないことから、訴えは受理可能であるとリビアは主張した。この主張通り、「請求の付託日が、事実上唯一の受理可能性の判断基準日である」(para.43)。従って、抗弁却下。抗弁③に関し、まず、裁判所規則第79条に反しないものかどうか検討が必要である。同条によれば、管轄権や受理可能性以外のその他の抗弁も許されるが、「専ら先決的」なものでなければならない。被告は抗弁を「専ら先決的」であると主張するが、安保理決議による紛争目的の喪失を主張しているので、安保理決議に基づく義務がリビアの権利よりも優越するという決定を実際上被告は求めている。したがって、「裁判所が本案段階に進まないという決定を下せば、リビアの求める本案上の権利に影響を与えることになるだけでなく、決定の主題をも構成する」。この抗弁は、本案と「密接に格み合っている」(バルセロナ・トラクション事件判決〔⇒125〕)。被告の抗弁は、「専ら先決的な性質を有する」ものであるとは言えない(para.49)。以上の理由から、被告の抗弁を却下する(para.53)。(引用パラグラフは、リビア v. 米国事件である。)

【論点】1　本件では安全保障理事会と国際司法裁判所における同時係属が問題となる。安全保障理事会では、リビアの国家テロ一般に関して政治的な処理が行われ、国際司法裁判

所では、犯罪人引渡しの問題に関して法的な処理が行われる。したがって、両者は取り扱う問題が異なるだけでなく機能も別個である。しかし本件では、両者の取り扱う問題が重なりあい、判断が異なる可能性が生じた。コルフ海峡事件〔⇒42〕やアングロ・イラニアン石油会社事件〔⇒71A〕において、安全保障理事会は法的紛争に関しては裁判所の判断を優先する態度をとっていたが、エーゲ海大陸棚事件や在テヘラン米国大使館事件〔⇒114〕では、裁判所に係属中でありながら決議を下している。決議748を口頭弁論終了後に採択した安全保障理事会の態度は、裁判所の司法機能を害する可能性がある。

2 安全保障理事会の決議について国際司法裁判所が司法審査を行うことができるかどうか。安全保障理事会は広範な裁量権が与えられており、司法審査になじまないとされる。その一方、安全保障理事会も、国連憲章や一般国際法に従わなければならず、その限りで司法審査は可能だという見解もあり、対立している。

3 仮保全措置命令の中で裁判所は、安全保障理事会決定が国連憲章第25条により法的義務を生み出し、その義務が第103条により他の国際協定上の義務に優先することを認め、仮保全措置指示要請を却下した。反対意見の中には、両当事者に対し紛争の激化防止を命じる仮保全措置を職権により指示することを主張するものがあった。ブルキナファソ・マリ国境紛争事件〔⇒39〕において裁判所が、両当事者に紛争激化防止を命じる仮保全措置を職権により指示したことを根拠にしている。

4 判決は抗弁③が「専ら先決的」でないとしたが、北部カメルーン事件で裁判所は、本案段階に入ることなく、先決的抗弁の段階でムートネスの問題を判断している。本事件でも当事者は、仮保全措置段階を含め、3度同じ議論を繰り返すことになり、訴訟経済の観点から問題が生じる。リビアはオランダで裁判が行われることを条件に、1999年4月5日、被疑者を引き渡した。オランダに開設されたスコットランドの裁判所は、スコットランド法を適用し、2001年1月、1名に終身刑、1名に無罪を言い渡した。翌年3月控訴棄却により判決が確定した。2003年8月リビアが金銭賠償に応じたため、同年9月本件は取り下げられた。国際司法裁判所は、本件訴訟外での解決に期待し、時間の引き延ばしをしていたのではないかとの憶測を呼んだ。

【参考文献】
尾崎重義『判決・意見Ⅱ』、森川幸一『百選』、山形英郎『百選Ⅱ』、松田竹男「リビアに対する強制措置の発動」『法経研究(静岡大学)』42巻1号(1993)、杉原高嶺「ロッカビー航空機事故をめぐるモントリオール条約の解釈・適用事件」『国際法外交雑誌』92巻6号(1994)、同「同一の紛争主題に対する安全保障理事会と国際司法裁判所の権限」『紛争解決の国際法(小田古稀)』(三省堂、1997)、同「国際司法裁判所による安保理決定の司法審査について」『法学論叢』148巻5・6号(2001)。

(山形　英郎)

147 ジェノサイド条約適用事件(Application of the Convention on the Prevention and Punishment of the Crime of Genocide)

当　事　国　ボスニア・ヘルツェゴビナ v. ユーゴスラビア
裁　判　所　国際司法裁判所
命令・判決　(a) 先決的抗弁判決 1996年7月11日
　　　　　　(b) 本案判決 2007年2月26日
出　　　典　(a) ICJ (1996) 595　(b) ICJ (2007) 43

【事実】　1989年の冷戦崩壊を受け、1990年以降、旧ユーゴスラビア連邦において民族主義が台頭し、ボスニア・ヘルツェゴビナ(以下ボスニア)でもムスリム人とクロアチア人が独立を主張した。1992年2月に、独立派が国民投票を実施し、3月に独立を宣言した。一方、セルビア人は連邦への残留を主張し、ボスニアの中にセルビア人共和国(スルプスカ共和国)を一方的に樹立した。そこで4月より内戦が勃発し、新ユーゴスラビア(セルビア・モンテネグロ)はセルビア人側に対し援助を行った。民族浄化政策が採用され、大量殺人や組織的なレイプが行われた。

　1993年3月20日、ボスニアが、新ユーゴスラビアを相手どり、訴訟を国際司法裁判所に提起した。管轄権の基礎はジェノサイド条約第9条であった。被告は、1992年4月27日、独立宣言と同時に、旧ユーゴスラビアが締結していた条約を承継する通告を国連事務総長に行い、原告は、1992年3月6日以降ジェノサイド条約を承継する旨、1992年12月29日、国連事務総長に通告した。原告も被告も仮保全措置を裁判所に求めた。1993年4月8日、裁判所は仮保全措置命令を発し、被告は集団殺害を防止すること、両当事者は紛争が拡大激化しないよう確保することを求めた。この命令は遵守されなかったため、再度原告および被告は仮保全措置の要請を行い、1993年9月13日、裁判所は第1次仮保全措置を確認し、実効的に履行するよう両当事者に命令した。

　被告は先決的抗弁を提出したが、1996年7月11日、裁判所は管轄権および受理可能性を確認した(以下「1996年判決」)。安全保障理事会決議757(1992年5月30日)や同決議777(1992年9月19日)、総会決議47/1(1992年9月22日)では、新ユーゴスラビアは旧ユーゴスラビアの国連加盟国たる地位を自動的に承継するものではないと判断された。2000年11月1日、新ユーゴスラビアは国連加盟を果たした。そこで被告は、2001年4月24日、先決的抗弁に関する1996年判決の再審を求めた。国連実行より被告は国連憲章および国際司法裁判所規程の当事国でなかったことを根拠に裁判管轄権を否定したのであるが、2003年2月3日裁判所によって再審請求は棄却された。「ユーゴスラビアは、実際上、…判決が下された後に生じた事実から法的帰結を引き出し、それに基づき再審請求を行っている。…(裁判所規程)第61条が規定する新事実とみなすことはできない」からであった(ICJ (2003) para.69)。

本案に関し原告の請求は次の7点。被告が、①ボスニア領域内外におけるセルビア人以外の民族的、種族的または宗教的集団の一部破壊、②(i)集団殺害の共犯、(ii)集団殺害行為者への支援及び幇助、③集団殺害の共謀または扇動、④集団殺害行為を防止しなかったこと、以上からジェノサイド条約に違反したことの確認。被告が、⑤集団殺害を処罰せず、犯罪人引渡を行わず、旧ユーゴスラビア国際刑事裁判所(ICTY)への協力をしなかったことによるジェノサイド条約違反の確認、⑥(i)条約上の処罰、引渡および協力義務の完全な遵守を確保する即時的かつ実効的義務をはたすこと、(ii)完全な金銭賠償を行うこと、(iii)賠償額等に関し当事者間で合意に達しなかった場合、裁判所が決定すること、(iv)再発防止の保証を与えること、⑦被告による仮保全措置違反の認定およびそれに対する象徴的な賠償を行うこと。

【判決要旨】(a)　「ユーゴスラビアはジェノサイド条約の当事国でないとの主張を行わなかった。したがって、本件付託時において…ジェノサイド条約の条項に拘束されていた」(para.17)。管轄権および受理可能性確認。

(b)1　まず、被告について決定する。2006年6月3日、モンテネグロは新ユーゴスラビアから独立を宣言し、6月28日国連に加盟した。そのため「セルビア共和国は……本件判決時、唯一の被告である」(para.77)。次に、管轄権問題を取り扱う。「当事者管轄権(*jurisdiction ratione personae*)は事項的管轄権(*jurisdiction ratione materiae*)に先立つ問題」である(para.122)。「本件において事項的管轄権を有すると1996年判決が明言したことから……、裁判所は当事者管轄権を有するという前提に立っていた」(para.133)。「ひとたび管轄権確認判決が下されれば、それは既判力を有する」(para.138)。

2　適用法規として、(1)裁判所はジェノサイド条約だけでなく、条約解釈や国家責任に関する一般国際法を援用する(para.149)。(2)ジェノサイド条約上の義務について紛争が存在する(para.152)。(3)1996年判決の中で「集団殺害罪を防止し処罰する義務は、条約上、領域的に制限されない」(1996年判決 para.31)と述べたが、この文は第1条の義務と関連している。既判力を有していない(para.154)。(4)締約国自身が集団殺害を犯してはならない義務を負っているのか。条約の目的からして肯定される。「集団殺害を防止する義務は、集団殺害を犯してはならないという禁止を必然的に含意している」(para.166)。この結論は、第3条に列挙された他の行為についても当てはまる(para.167)。(5)ジェノサイド条約上、国家責任が発生するために、個人が集団殺害等の犯罪で有罪判決を受けていることは必要でない(para.182)。(6)ジェノサイド条約上の義務の領域的制限について、「第1条および第3条から生じる実体的義務は、…領域によって制限されない」(para.183)が、「それと対照的に、第6条によって課された訴追義務は、領域的制限に服す」(para.184)。(7)領域外におけ

る集団殺害について、ここで議論する必要はない(para.185)。(8)集団殺害には「特別な意図(*dolus specialis*)」が必要である(para.187)。(10)「保護の対象となる集団は、国民的、民族的、人種的または宗教的な集団という能動的な特性を持っている集団である」。「集団」の「一部」に対する集団殺害に関して、少なくとも「集団の実質的部分を破壊する意図がなければならない。……攻撃対象となった集団の一部は、集団全体に対して強い影響を与えるのに十分な実質性を有するものでなければならない」(para.193)。

3 請求①に関し、ボスニア領域内のスレブレニツァ以外では、「特別の意図」が証明されなかった(para.277)。スレブレニツァにおいて、ICTY第一審裁判部が認定するように、ムスリム人虐殺が認定される(para.290)。1995年7月12日または13日頃スレブレニツァが占領されて以降、集団殺害の特別の意図があった(para.295)。裁判所は、第2条aおよびbに該当する行為がムスリム人集団の一部を破壊する特別の意図を持って行われたと結論する(para.297)。

4 スレブレニツァでの責任問題について、(1)集団殺害行為が国家責任に関する慣習国際法規則に照らして被告に帰属しうるかどうか。いかなる国家機関の行為も、国際法上、国家の行為とみなされる。この規則は国際慣習法上の規則であり、国家責任条文第4条に反映されている(para.385)。しかし、ボスニアのセルビア人スルプスカ共和国もスルプスカ共和国軍(VRS)もユーゴスラビアの法上の機関ではなかった(para.386)。ニカラグア事件判決(62頁)〔⇒157〕にしたがえば、「私人、私人の集団または実体は、国内法上国家機関の地位を有していなくても、国家に『完全な従属』をしており、最終的には、当該国家の道具となっている場合、国家責任上、国家機関と同視される」(para.392)。しかし、スルプスカ共和国が被告に完全に従属していたと言うことはできない。スコーピオンも同様(para.394)。

(2)スレブレニツァにおける行為は、被告の指示に基づき、または被告の指揮もしくは支配の下で犯されたものかどうか。適用法は慣習国際法であり、ILC国家責任条文第8条に規定されている。この規則を適用する基準については、ニカラグア事件判決が述べるように、「『実効的支配』が行使されたかどうか、言い換えると、申し立てられている義務違反が発生した作戦ごとに国家の指示が与えられていたかどうかを証明しなければならない」(para.400)。「集団殺害が、…私人によって…国家の実効的支配の下で実施された場合、その範囲内で、集団殺害が国家に帰属しうる。これが、慣習国際法状況であり、ILC国家責任条文に反映されている」(para.401)。これに関し、ICTYのタジッチ事件判決〔⇒97〕に裁判所は同意できない。第一に、ICTYは、国家責任の問題を問われたわけではない(para.403)。「全般的基準」は、武力紛争が国際的な紛争であるかどうかを決定するために採用されたのであり、その限りで適用可能である(para.404)。第二に、「全般的支配」基準は、国家責任の範囲を押し広げるという欠点を有している。国家は自らの行為についてのみ責任を有するという国家責任法の大原則を、「全般的支配」基準は踏みにじることになる。

また国家機関の行為と国家責任との間に存在しなければならない連関を破断させかねない(para.406)。スレブレニツァの虐殺に対して被告が実効的支配を行使したとは証明されなかった(para.413)。請求②および③に関し、ジェノサイド条約第3条で触れられている集団殺害以外の行為についても、被告の国家責任は証明されていない(para.424)。

5　請求④に関連して、防止義務は「行為の義務であって、結果の義務ではない。つまり、国家は……集団殺害防止を成功しなければならない義務があるわけではない。締約国の義務は、可能な限り合理的に考えて、集団殺害を防止するために利用可能なすべての手段を行使することである。…この点で『相当な注意』概念が大変重要である。…評価に当たり様々な要因が考慮の対象となる。その第一は、集団殺害を起こしそうな者またはすでに起こしている者の行為に実効的に影響を与えることができる能力である」(para.430)。「国家の防止義務、それに対応する行動の義務は、集団殺害が犯されるであろうという重大な危険を国家が了知した時、あるいは了知してしかるべきと判断される時に生じる」(para.431)。被告は、スレブレニツァで集団殺害を考え実行したボスニアのセルビア人に、影響を与えうる立場にあった(para.434)。裁判所が下した2つの仮保全措置命令により被告は特別な義務に拘束されていた(para.435)。スルプスカ共和国軍がスレブレニツァ孤立地帯の占領を決定した段階で、ベオグラード当局は、集団殺害が差し迫っているという危険を了知していなかったということはあり得ない(para.436)。国家が、防止義務違反の責任を負うためには、防止する手段を有しており、それを利用しなかったことが明らかになれば十分である(para.438)。よって、被告はスレブレニツァの集団殺害を防止する義務に違反し、よって国際責任を負う(para.438)。

6　請求⑤に関連して、処罰義務について論じる。スレブレニツァの集団殺害は、被告の国家領域内で行われたわけではなかった。この事実から、被告は、スレブレニツァにおける集団殺害で告発された者を国内裁判にかけなかったとしても責めを負うことはない(para.442)。ジェノサイド条約第6条は、「管轄権を受諾する」締約国に対し、国際刑事裁判所に協力する義務を課している。これは、集団殺害で告発された者が領域内にとどまる限り、その者を権限ある国際裁判所に引き渡すことを意味している(para.443)。被告がこの義務を果たしたかどうかを検討するために、2つの先決問題に回答しなければならない。第一に、ICTYは、第6条の意味で「国際刑事裁判所」であるかどうか。「国際刑事裁判所」という概念は、ジェノサイド条約締結以降に設立されたあらゆる国際刑事裁判機関を含む。「国際刑事裁判所」を狭く解釈することは、同条の目的に反する(para.445)。第二に、被告は、裁判所の「管轄権を受諾」したとみなせるかどうか。1995年12月14日、ボスニア、クロアチア、ユーゴスラビアがデイトン合意に署名し、効力が発生した。デイトン合意の付属書IAは、第2条において、ICTYに完全な協力を与えなければならないと規定する。したがって、遅くとも12月14日以降、少なくともデイトン合意を基礎に、被告はICTYの「管轄権を受諾した」とみなされる

(para.447)。本件事実を吟味すると、集団殺害の罪でICTYが起訴したムラジッチ将軍は、最近2～3年、少なくとも何回か、被告の領域に滞在していたのであり、現在も滞在している。セルビア当局は、彼がどこにいるか調査したり逮捕したりすることができたにもかかわらず行わなかった(para.448)。したがって、被告は、ICTYに対し十分な協力を与える義務を果たさなかった。その結果、ジェノサイド条約第6条の義務違反を構成する(para.449)。

7 請求⑦の仮保全措置違反の主張に対して、被告は、スレブレニツァ虐殺に関して、1993年4月8日命令のパラグラフ52A(1)の義務を果たさなかったし…、同命令52A(2)で示された措置も遵守しなかった(para.456)。被告の仮保全措置命令違反によって発生した賠償問題は、ジェノサイド条約上の義務違反によって発生した賠償問題に合一化する(para.458)。

8 請求⑥に関連して、集団殺害防止義務と処罰義務違反が裁判所によって認定されたので、裁判所は賠償の問題に進む(para.459)。本件事情からして、原状回復は不適切である(para.460)。問題は、被告による集団殺害防止義務違反と、原告が被った損害との間に十分直接的で確実な因果関係が存在するかどうかである。被告による防止義務違反がなければ、スレブレニツァの虐殺はくい止められたと結論づけられれば、因果関係は証明される。しかし、そのような証明はできない。したがって、金銭賠償は適切ではない(para.462)。満足という形態の賠償として、被告がジェノサイド条約上の義務を履行しなかったという趣旨の宣言を本判決で行うことができる(para.463)。被告はICTYへの協力義務に違反した。その結果第6条違反を行った。処罰義務違反に対する賠償については、その旨の宣言が満足という賠償の一形態となる(para.464)。被告は、集団殺害行為で告発された者、特にムラジッチ将軍をICTYに引き渡す明白な義務を負っている。再発防止措置を求めるかどうかについて、裁判所は、パラグラフ464での宣言で、被告の継続的処罰義務に関しては十分であると考える。そのため、再発防止措置を命じることは適切ではない(para.466)。被告による仮保全措置不遵守は、条約に規定されている実体的な防止義務および処罰義務に同一化する、あるいはその一部であるので、この点に関して象徴的な賠償を求める原告の要請に応える必要はない。満足の一形態として、主文において、仮保全措置命令を遵守しなかった点を宣言する(para.469)。

【論点】1 1992年の国連安全保障理事会や総会決議では、新ユーゴスラビア(セルビア・モンテネグロ)は旧ユーゴスラビアの国連加盟国たる地位を自動的に承継するものではないと認定され、新ユーゴスラビアは2000年11月に国連新加盟を余儀なくされた。そのため、新ユーゴスラビアがNATO諸国を被告として提訴した「武力行使の合法性事件」では、1999年の提訴時点において新ユーゴスラビアは、「国連加盟国ではなかったし、そのため国際司法裁判所規程締約国でもなかった」(ベルギー事件、ICJ(2004) para.80)と国際司法裁判所自身が

判断し、裁判管轄権を否定した。こちらの判断に従えば、1993年の本件付託時においても、被告は国際司法裁判所規程当事国ではなく、裁判所を利用することはできなかったはずである。しかし、1996年判決の既判力から、本件では裁判管轄権を肯定した。明らかに2つの事件において矛盾する判断が下された。しかも当事者適格を肯定する論拠として、事項管轄権からの「必然的含意」という当然解釈が採用されており、論証に説得力が乏しい。

2 私人の行為が国家に帰属する場合を国家責任条文第8条が規定するが、支配の程度をめぐって「実効的支配」と「全般的支配」という2つの考え方が、それぞれICJニカラグア事件とICTYタジッチ事件で別個に採用されている。前者の場合であれば、個別事件ごとに国家機関からの指示または指揮を証明しなければならず、挙証責任は高い。国家責任一般については前者が適用され、国際刑事裁判において紛争の国際性を判定する際には後者が適用されるという一応の区分けは可能である。いずれにせよ、今日、国際裁判機関が多数生み出されることにより、「国際法の断片化」が進むのではないかとの危惧を生じた。

3 私人の行為が国家に帰属するために、私人が国家に『完全な従属』をしており、国家の道具となっている場合、国家機関と同視されるというニカラグア事件判決を本判決は踏襲した。そして国家責任条文第4条を参照した。しかし、第4条2項が述べるとおり、同条が規定するのは、国内法上の国家機関である場合であり、第1項が事実上の国家機関を含むものか疑問が呈される。ただ、ひとたび「完全な従属」があると判定されれば、実効的支配の個別の証明は不要となり、実効的支配の考え方が有する挙証の困難性を補完しうる。

4 ジェノサイド条約上、締約国は集団殺害禁止の義務を負うかどうか明記していない。そのため、この点に関し、裁判官の間でも見解の対立がある。ジェノサイド条約は、個人が犯した国際犯罪の処罰を国家に課すことを目的とする条約であり、個人と同様の集団殺害禁止義務を国家に課したとは言えないという解釈も可能である（小和田個別意見等）。

【参考文献】
青木節子『百選Ⅱ』、稲角光恵「国際司法裁判所（ICJ）と旧ユーゴ国際刑事裁判所（ICTY）との交錯」『金沢法学』50巻2号、筒井若水『判決・意見Ⅲ』、森喜憲『判例・違憲Ⅳ』、薬師寺公夫「ジェノサイド条約適用事件ICJ本案判決」坂元茂樹編『国際立法の最前線』（有信堂高文社、2009）所収、山形英郎「集団殺害犯罪の処罰及び防止に関する条約の適用に関する事件」『国際人権』19号（2008）、湯山智之『基本判例50Ⅱ』、同「国際司法裁判所・ジェノサイド条約適用事件1〜3・完」『立命館法学』335号、338号（2011）、342号（2012）、吉井淳「判例研究ICJ」98巻3号。

（山形　英郎）

148 ラグラン事件(LaGrand Case)

当事国　ドイツ v. 米国
裁判所　国際司法裁判所
判決・命令　(a) 仮保全措置命令　1999年3月3日
　　　　　　(b) 判決　2001年6月27日
出　典　(a) ICJ(1999) 9　(b) ICJ(2001) 466

【事実】　ウォルター・ラグランとカール・ラグランは、ドイツで出生したドイツ国民である。1967年、母親と共に米国にやってきた。その後、米国民の養子になったが、米国籍を取得することはなかった。1982年、兄弟はアリゾナ州で強盗殺人事件を起こし、第一級殺人の罪およびその他の罪で起訴され死刑判決を受けた。しかし、領事関係条約第36条1項(b)が定める領事の援助を受ける権利について告知を受けておらず、領事への通報もなされなかった。関係機関がドイツ人であることに気づいてからでも通報はなされなかった。1992年、兄弟自身が領事に通報し、領事の援助が受けられるようになってから、連邦裁判所に対し人身保護令状を求める訴えを起こしたが、「訴訟手続上の懈怠」原則により却けられた。この原則によれば、米国の連邦裁判所に人身保護令状を求めるには、州裁判所段階ですでに人身保護を求める理由と同じ理由を主張していなければならない。つまり、州裁判所において領事関係条約第36条1項(b)違反を主張していなかったので、この違反を理由に、連邦裁判所に人身保護令状を求めることは認められなかったのである。

　ドイツは、領事関係条約選択議定書を裁判管轄権の根拠として一方的に提訴し、条約違反の認定、賠償、原状回復および再発防止を裁判所に求めた。それは、1999年3月2日のことであったが、弟のカールは2月24日死刑が執行されていた。また兄のウォルターも、提訴日の翌日(3月3日)死刑執行予定となっていたため、ドイツは事態の重大性と超緊急性を訴え、口頭手続をとらずに裁判所が職権で仮保全措置を命令するよう求めた。裁判所は、口頭弁論なしで、3月3日仮保全措置命令を出し、死刑が執行されないように確保することを米国に命じた。ドイツは連邦最高裁判所に対し仮保全措置命令の遵守を求める訴訟を提起した。米国訟務長官は、仮保全措置命令が拘束力を有するものではないという立場をとった。連邦最高裁判所は、ドイツの提訴が遅かったこと、そして国内法上管轄権に制約があることから、訴えを却下した。ウォルター・ラグランも提訴したが、敗訴した。そして同日、死刑が執行された。本案でドイツが求めたのは、①告知しなかったことを理由とする領事関係条約第36条1項違反の確認、②「訴訟手続上の懈怠」原則適用による同条約第36条2項違反の確認、③仮保全措置命令違反の確認、④再発防止の保証であった。

148 ラグラン事件

【命令要旨】 適正な司法手続からすれば、仮保全措置指示要請は十分なゆとりをもって行われるべきである。ドイツは1999年2月24日まで事件について知らなかったという。職権による仮保全措置の指示は、当事者からの要請の有無にかかわらず行える。また緊急の事態には、口頭手続なしに行うこともできる。ラグランが処刑されれば、ドイツの求める救済を命令することができなくなり、ドイツの主張する権利に対し回復不可能な侵害が生じることになる。本件は死刑問題に関するものではない。また本裁判所が国内刑事訴訟に対する上訴審となるものでもない。本件の情況からして、本裁判所が最終的な判決を下すまで、刑の執行がなされないように、米国はあらゆる措置をとること。この措置はアリゾナ州知事の権限に属するものであり、米国政府は本命令を同知事に送付しなければならない。アリゾナ州知事は、米国が負っている国際義務に違反しない行動をとる義務がある。

【判決要旨】1 領事関係条約第36条1項違反があったか。①ドイツ自身の権利について。米国自身も認めているように、米国は領事関係条約第36条1項(b)に違反した。第36条1項は、「領事保護制度の実施を容易にするよう企図され、相互に連関する制度を構築している」のであって、通報の欠如ゆえに派遣国が自国民の拘禁を知らない場合には、第36条1項の権利を行使することが実際上できなくなる。したがって、本件状況からして、第36条1項(a)および(c)の違反も発生した (paras.73-74)。②ラグラン兄弟の権利について。裁判所は、領事関係条約第36条1項(b)が、「その者がこの(b)の規定に基づき有する権利について遅滞なくその者に告げる」と規定し、その中で「その者が…有する権利」という文言を使用している点に注目し、「こうした規定の文言からすれば、第36条1項は個人の権利を創設している」のであり、本件ではこうした権利が侵害されたと結論づける (para.77)。ドイツはさらに、人権の性質を有すると主張するが、ラグラン兄弟に対する権利侵害を認定した以上、「この点について…検討する必要はない」(para.78)。

2 国内法規、特に「訴訟手続上の懈怠」原則の適用により、国際法違反が生じたか。「原則自体と…その適用とは明確に区別しなければならない」のであって、「原則自体が領事関係条約第36条違反となるわけではない」(para.90)。問題が生じるのは、「訴訟手続上の懈怠」原則によって、拘禁されている者が起訴や判決に対して異議を申し立てることができなくなる場合である。第36条1項が定める権利の侵害のためにドイツはラグラン兄弟に代理人をつけることも、そして弁護のための援助を行うこともできなかった。そして兄弟は、この事実に、法的な意味づけを与えることができなかった。それは「訴訟手続上の懈怠」原則があったためである。こうした状況からして、「訴訟手続上の懈怠」原則は、第36条2項が規定する「この条に定める権利の目的とするところを充分に達成」することを不可能にしたのであり、第36条2項に違反するものであった (para.91)。

3　仮保全措置命令違反が生じたか。米国は、「命令の文言は、米国を拘束する法的義務を創設するものではない」と主張する。そこで、裁判所規程第41条の解釈が必要となる。仏文の本文ではindiquer（指示する）とl'indication（指示）が使われているが、「仮保全措置の強制力に関しては中立的な文言であるみてよい」。その一方、doivent etre prises（とられるべき）という文言は「命令的な性質」を有している。米国は、orderの代わりにindicateが使われ、mustやshallの代わりにoughtが使われていることからして、命令的効果を有していないという。しかし、起草当時、仏文を元に作成されたことからして、「indicateやoughtといった文言は、orderやmustまたはshallに相当する意味を有している」といいうる(para.100)。規程の正文同士で食い違いがある場合どのようにすべきかについて規程も国連憲章も規定していない。このような場合、条約法条約第33条を参照するのが適切である。そこで、規程第41条の趣旨および目的を検討すると、それは、規程の中に定められている機能を裁判所が果たすことができるようにすること、特に、規程第59条にしたがい拘束力ある決定によって国際紛争の司法的解決という基本的な機能を果たすことができるようにすることである。また、「訴訟当事者の権利が保全されないことにより、裁判所が機能を行使できなくなることを防ぐ」というのが第41条の文脈である。したがって、「仮保全措置を指示する権限からして、そうした措置が拘束力を持つべきこと」が含意されている(para.102)。また、「訴訟当事者は、裁判の執行にとって有害な効果を持つ措置を慎むべきであり、一般的に、紛争を拡大激化するおそれのある手段を執ってはならない」のであって、この原則は、「国際裁判所で普遍的に受け入れられているだけでなく、多くの条約の中にも規定されている」（ソフィア電気会社事件命令、PCIJ, Ser. A/B, No.79）(para.103)。

　上の結論からして、起草過程を参照する必要はないが、しかし「規程の起草過程からしても、第41条の命令が拘束力を持つという結論が否定されるわけではない」(para.104)。「第41条の起草作業からして、仏文でordonner（命令する）よりもindiquerが採用されたのは、裁判所が裁判の執行手段を有していないという点を考慮しての結果であった」。しかし「執行手段の欠如と拘束力の欠如は異なっている」のであって、「裁判所が第41条の命令の執行を確保する手段を有していないという事実があっても、命令の拘束力を否定することにはならない」(para.107)。最後に、国連憲章第94条を検討する。「国際司法裁判所の裁判」の意味が問題となる。この文言は、判決だけでなく裁判所で下されるあらゆる決定を意味していると解釈することができる。また、第94条2項に規定されているように、裁判所の判決のみを意味していると解釈することも可能である。第1の解釈からは仮保全措置の拘束力が肯定される。第2の解釈をとっても、規程第41条において仮保全措置に拘束力が与えられているといえなくなるわけではない。したがって、憲章第94条によって、第41条の命令は拘束力を有していないということはできない(para.108)。

仮保全措置は遵守されたか。米国は、命令をアリゾナ州知事に送付しただけであった。これは、仮保全措置命令主文の2つ目を遵守したことになる。その一方で、1つ目のもの、つまり、「死刑が執行されないように可能なあらゆる措置をとるべき」という命令は、結果の義務ではないが、米国にあらゆる措置をとることを求めている。仮保全措置命令の要請が遅かったために、確かに米国に時間がなかったことは認める。しかし、命令をただ送付するだけで、執行の一時停止を求める嘆願書を添付しなかったし、仮保全措置命令は拘束力がないという米国の立場について意見の一致がないという説明書も添付しなかった。たとえ時間がなかったとしても、なし得ることはあった。また訟務長官は、仮保全措置命令には拘束力がないとの見解を連邦最高裁判所に出した。アリゾナ恩赦委員会は、刑の停止を勧告したにもかかわらず、アリゾナ州知事は、命令を履行しないという決定をした。連邦最高裁判所もドイツによる執行停止を求める訴訟を却下した。「米国の権限ある当局は、裁判所命令を執行する手段を有していたにもかかわらず、あらゆる手段を講じたとは言えない」のであって、米国は命令上の義務を履行しなかったことになる(para.115)。

　4　再発防止の保証について。「米国は、ドイツに対し陳謝を行った」が、「本件のように外国人が長期の拘禁に服したり極刑を受けたりした場合には陳謝は充分でない」(para.123)。米国は、パンフレットやポケットに入るカードを作成し、将来違反が生じないように啓発活動を行っている。米国が領事関係条約第36条1項(b)の義務を履行すべく、具体的措置の実施を確実に行うとの約束を表明しており、再発防止の一般的保証を求めるドイツの申立てを満たすものと考える(para.124)。さらにドイツは、将来同種の条約違反が生じた場合、再審査や救済を実効的に行うよう求めている。このような場合、「領事関係条約に規定されている権利侵害を考慮して、起訴や判決を再審査する義務が米国にはある」。「この義務は、様々な方法で実施できる」ので、「手段の選択は米国が行いうる」(para.125)。領事関係条約第36条1項の権利は個人の権利であるだけでなく人権であることから同種の義務があるとドイツは主張するが、上記判断をした以上、この点を検討する必要はない。

【論点】1　本件では国際司法裁判所の職権による仮保全措置指示が初めて認められた。仮保全措置を指示する場合、口頭手続なしで指示を行うことができるのかどうかが問題となるが、裁判所規則第75条1項が職権による指示を認めている以上、特別の緊急性がある場合、口頭手続なしでも可能であると言えなくはない。しかし、当事者一方の主張だけを考慮に入れた命令であることから、訴訟手続における平等が問題となる。ドイツの要請に基づく指示であるのならば職権による指示ではないため、他方当事者である米国に申立ての機会を与えなければならないとシュウェーベル裁判官は指摘した。
　2　仮保全措置の中で、裁判所は死刑の執行停止を命じ、州知事の義務にまで言及した。

一方小田裁判官は、裁判所の任務が国家間紛争の解決であって、個人の生死には関係しないと主張した。その上で、裁判所が個人の問題に直接介入すれば、裁判所の司法機関としての任務から逸脱することになると警告した。

3　本件では仮保全措置命令が遵守されなかったことから仮保全措置の法的効果について初めて裁判所が判断を示した。この問題については従来学説上の争いがあった。否定説は、本案管轄権が未確認であること、ならびに仮保全措置は「指示」されるものであることを根拠とする。肯定説は、権利を保全する目的からすれば拘束力が認められてよいと述べる。裁判所は、起草過程で使用された仏文に依拠しつつ、規程第41条の趣旨および目的から、拘束力を肯定した。小田裁判官が指摘するように、裁判所判決は、拘束力がないわけではないことを証明しているとしても、拘束力を積極的に証明していない。裁判所が拘束力を肯定したことは、画期的なことであるが、仮保全措置命令違反が損害賠償額の算定に影響を与えるのか、また命令を遵守したために損害を被った場合についてはどうかといった問題が将来の課題となろう。

4　領事関係条約第36条1項(b)は、領事と派遣国国民との間の通信を確保するための規定であるが、締約国間の権利義務を規定しただけでなく、領事に援助を求める権利を個人に与えたものであるといえるかどうかが焦点である。この点、シー裁判官が領事関係条約の起草過程を丹念に分析している。そして、領事への通報を義務とするかどうかで意見の対立が鋭く、妥協の産物として、拘禁者の要請に基づいて通報することになったために、あまり注意深く検討することなしに「権利」という文言が挿入されたことを明らかにしている。つまり、個人に権利を付与する意図はなかったのである。

5　米国を被告とする類似事件が発生した。1998年ウィーン領事関係条約事件、2003年アヴェナ等メキシコ国民事件〔⇒119〕である(いずれも米国敗訴)。後者では、領事関係条約第36条1項(b)の「遅滞なく」の意味が議論され、「逮捕後直ちに」を意味するものではないにせよ、「外国人であることが判明したらすぐに」告知すべきであるとした。米国は、2005年3月、領事関係条約選択議定書から脱退する旨を国連事務総長に通告した。

【参考文献】
坂元茂樹「判例研究ICJ」101巻1号、皆川洸『国際訴訟序説』(鹿島研究出版会、1963)105-115頁、杉原高嶺『国際司法裁判制度』(有斐閣、1996)269-298頁、山形英郎「国際司法裁判所における仮保全措置の法的効力」『法の科学』23号(1995)、同「ラグラン事件」『国際人権』13号(2002)、東泰介「国際司法裁判所の仮保全措置の拘束力と『ラグラン事件』判決の意味及び問題点」『国際関係の多元的研究』(大阪外国語大学、2004)、横田喜三郎『領事関係の国際法』(有斐閣、1974)260-277頁、酒井啓亘「判例研究ICJ」106巻4号、小畑郁「百選Ⅱ」、山田卓平「基本判例50Ⅱ」、北村泰三「国際人権法と領事関係条約の交錯について」『法学新法』109巻5・6号(2003)、西村弓「国際法における個人の利益保護の多様化と外交的保護」『上智法学論集』49巻3・4号(2006)、吉原司「接受国による保護義務及び責任の範囲について」『関西大学法学論集』56巻1号(2006)。

(山形　英郎)

149 カナダ漁業管轄権事件 (Fisheries Jurisdiction Case)

当 事 国	スペインv.カナダ	
裁 判 所	国際司法裁判所	
判 決	1998年12月4日	
出 典	ICJ(1998)432	

【事実】1　1990年代になって北西大西洋で活発なカラスガレイ漁業を行うようになったECと同資源の枯渇を恐れるカナダの対立が激化した。両者の参加する北西大西洋漁業機関(以下、NAFO)において交渉が行われたが解決にいたらず、1994年5月12日、カナダは自国の沿岸漁業保護法(33 ILM 1383)を改正して、NAFO規制区域で漁業資源の保存・管理措置に違反した疑いのある一定の外国船舶に対して、乗船・臨検・捜索や船長の逮捕等の措置をとれることを定めた。NAFO規制区域とは「NAFOの条約区域のうち公海に位置する部分」である。カナダは翌年3月3日には同法の実施規則を再度改正し、いくつかのNAFO規制区域におけるカラスガレイ漁業を禁じるとともに、同法の対象船舶にスペイン・ポルトガルの船舶を加えた。

2　1995年3月9日、スペイン船籍の漁船エスタイ号が、カナダの沿岸から約245マイル、すなわちカナダの排他的経済水域の外側であって、NAFO規制区域内である海域において、カナダ政府の船舶に拿捕された。エスタイ号および同号船長は、沿岸漁業保護法およびその実施規則の違反の罪を問われた。スペインは同月28日に本件を一方的にICJに提訴した。これに先立って1994年5月に、カナダは前出の沿岸漁業保護法の改正にあたって、ICJ規程第36条2項に基づいて1985年に行った自らの選択条項受諾宣言を終了させた上で、新たな留保を追加した受諾宣言を行っていた。この受諾宣言第2項(d)の留保は「1978年のNAFO条約[1135 UNTS 369]が定義するNAFO規制区域で漁業に従事する船舶につきカナダによりとられた保存・管理措置、およびこれらの措置の執行から生じたまたはそれに関連する紛争」を、カナダが受諾する管轄権の範囲から除くことを内容としていた。

【判決要旨】1　本件において何が紛争であるかについて、両当事国は異なった見解を示している。スペインによれば、本紛争は公海においてスペインの船舶およびその船員に対してカナダが管轄権を行使する権限の有無に関する紛争である(paras.23-24)。カナダによれば、この紛争は、NAFO規制区域においてカナダがスペイン船舶に対してとった生物資源の保存・管理措置およびこれらの措置の執行から生じた紛争である(para.26)。裁判所は、何が両当事国間の紛争であるか客観的な立場から決定する(para.30)。本件で紛争を発生させたのは、カナダの改正・沿岸漁業保護法と実施規則に基づいて行われた、エスタイ号の追跡、同号の拿捕に用いられた手段、拿捕の事実、同号の抑留と同号船長の逮捕に関連す

る、公海でのカナダの諸活動である(para.35)。これらの行為が国際法上のスペインの権利を侵害し賠償を必要とする行為であるかどうかが、本件の紛争である(para.35)。

2 この紛争に対して裁判所が管轄権を有するか判断するためには、この紛争が、カナダによるICJ規程第36条2項に基づく管轄権受諾宣言(以下、受諾宣言)の留保の対象であるか、判断する必要がある。カナダは、本紛争がカナダの宣言の第2項(d)の留保に該当するため、裁判所には本件の管轄権がないと主張する(paras.39)。スペインは、カナダによる留保の解釈がICJ規程、国連憲章および一般国際法に違反する解釈であり認められないと主張する(para.41)。受諾宣言および留保の解釈は、裁判所の管轄権に対して相互の同意が与えられたか判断するために行う。裁判所の管轄権を受諾する際にこれにいかなる制限を課すか決めるのは各国家である。受諾宣言における条件や留保は、より幅広い同意から逸脱するためのものではなく、裁判所の強制管轄権の国家による受諾の範囲を定義するものであり、これらを制限的に解釈する理由はない(paras.44-45)。また管轄権の受諾宣言は国家主権による一方的な行為であり、その解釈に関する体系は条約法条約が確立している条約解釈の体系と同一ではない。受諾宣言の解釈では、条約の解釈規則は、管轄権の一方的な受諾という独特の性質と両立する限りで類推的に適用されうるにすぎない(para.46)。そこで裁判所は、「裁判所の管轄権を受諾した際の当該国家の意図を十分に考慮して、自然かつ合理的な方法で」(para.49)受諾宣言および留保を解釈する。

3 上記の解釈規則に照らしてカナダの留保を解釈する(para.57)。本件のカナダの留保は、「1978年のNAFO条約が定義するNAFO規制区域で漁業に従事する船舶につきカナダによりとられた保存・管理措置、およびこれらの措置の執行から生じたまたはそれに関連する紛争」を裁判所の管轄権の範囲から除外している。スペインは、本件の紛争主題がこの留保に該当しないと主張するが、留保の文言は広範かつ包括的で、紛争の直接の主題がこれらの措置である場合だけでなく、これらに「関連する」紛争、さらにはこれらを原因とする紛争も含まれる(para.62)。またスペインは、「保存・管理措置」が、国際法に合致した措置と解釈されねばならず一方的な措置を含まないと主張する(para.64)。しかしこれは、国際法上の定義の問題と国際法上の合法性の問題を混同している(para.68)。さらにスペインは「船舶」が無国籍船・便宜置籍船だけをさすと主張するが、そのように解釈する根拠は見当たらない(paras.76-77)。またスペインは、「およびこれらの措置の執行」には、本件のような力の行使は含まれないと主張するが(para.78)、乗船・臨検や船長・船員の逮捕といった目的のため、カナダの沿岸漁業保護法および実施規則に定められた力の行使は、一般的に保存・管理措置の執行と理解されている(para.84)。

4 以上よりこの紛争はカナダの留保に該当する。裁判所は、この紛争を審理する管轄権を有さないと結論する(para.89, 12対5)。

【論点】1　本件ではカナダが管轄権受諾宣言に付していた留保のために、この紛争がカナダの留保に該当するかどうかが最大の争点となった。そこで裁判所はカナダの留保を解釈するにあたって、ICJ規程36条2項の選択条項制度の下で行われる受諾宣言と留保の法構造について検討し、受諾宣言が「国家主権による一方的な行為」であることを強調した。受諾宣言および留保の解釈についても、条約法の諸規則は自動的には適用されず、管轄権の一方的な受諾という独特の性質と両立する解釈規則が用いられることを確認した(para.46)。裁判所は受諾宣言および留保のそのような解釈規則として、受諾宣言および留保は一体のものとして解釈されること(para.45)、留保は留保国の意図した効果と両立する方法で解釈されるべきこと(para.52)などをあげた。

2　スペインはカナダの留保の無効性にも言及したが(para.40)、裁判所は留保の有効性・無効性の問題には触れずにカナダの留保を解釈して管轄権の範囲を確定することに専念した。しかし本件で問題とされたカナダの留保は、自国の排他的経済水域の外側での一方的な管轄権の行使を可能にした国内法改正に伴って追加された留保であり、いわばその違法性について裁判所に提訴されることを見越しての留保であった。そのため反対意見を付した5人の裁判官はいずれも、留保の有効性・無効性という表現を用いるかどうかは別として、受諾宣言の留保にはいかなる制約・制限もないと考えることの問題点を指摘した。これに対して多数意見は、国家が「時には、まさに自らの見解や政策の合法性を攻撃されるかもしれないと考えるがために」(para.54)留保を行いうることを明示的に許容し、上述の判断を行った。

3　本件では管轄権なしとの判断がなされたため、漁業紛争それ自体の検討はなかったが、スペインによる提訴の後EC・カナダ間で漁業交渉(34 ILM 1260)が行われ、提訴後約1カ月した1995年4月20日に両者間で合意が成立した。この合意によってカナダは、沿岸漁業保護法と実施規則のうち、スペイン・ポルトガル船籍をその対象とした部分およびこれらの船舶によるNAFO規制区域でのカラスガレイ漁業を禁止していた部分を廃止することを約束した。また合意に従って、エスタイ号および同号船長の訴追がとりやめられ、それぞれの釈放のために支払われた保釈金・担保金と、没収された漁獲物が返還された。

4　なおスペインはこの訴訟において、本紛争がカナダの留保に該当することを回避するため、また紛争が3の合意によって終結したと評価されることを避けるためもあって、紛争を、自国船舶に対する公海での排他的な管轄権が侵害された紛争として構成することを試みている。その中でスペインは、原告である同国のみが紛争を特定できると主張したが、裁判所は先例に従って、裁判所自ら紛争の決定ができることを確認した。

【参考文献】
坂元茂樹「判例研究ICJ」103巻2号、森川幸一『百選Ⅱ』、杉原高嶺『国際司法裁判所制度』(有斐閣、1996年)145-192頁。

(林　美香)

150 カメルーンとナイジェリアの領土および海洋境界
〈Frontière terrestre et maritime entre le Cameroun et le Nigéria: Guinée équatoriale (intervenant)〉

当 事 国　カメルーン v. ナイジェリア（訴訟参加赤道ギニア）
裁 判 所　国際司法裁判所
命令・判決　(a) 仮保全命令1996年3月15日　(b) 先決的抗弁判決1998年6月11日
　　　　　　(c) 解釈請求判決1999年3月25日　(d) 反訴命令 1999年6月30日
　　　　　　(e) 訴訟参加命令1999年10月21日　(f) 本案判決2002年10月10日
出　　典　(a) ICJ (1996) 13　(b) ICJ (1998) 275　(c) ICJ (1999) 31
　　　　　　(d) ICJ (1999) 983　(e) ICJ (1999) 1029　(f) ICJ (2002) 303

【事実】　カメルーンはナイジェリアを相手国として、1994年3月29日にバカシ半島に対する主権と両国間の海洋境界画定につき、さらに同年6月6日には追加的にチャド湖から海洋までの両国間の陸地の境界画定について裁判所に判断を求めるとともにカメルーン領内からのナイジェリア軍の撤退命令と補償の認定を求める申立を行い、これに対してナイジェリアは1995年12月13日に先決的抗弁を提起した。また1996年2月3日にバカシ半島で生じた両国間の武力衝突事件を理由にカメルーンが同12日に両当事国軍の撤退と国境付近での軍事活動の停止などを内容とする仮保全措置の指示を求めた。同年3月15日に仮保全措置命令が出され(a)、1998年6月11日には裁判所の管轄権・受理可能性を認容する先決的抗弁判決が下された(b)。この先決的抗弁に関してナイジェリアは国家責任が争点となるのかを確認するため解釈請求を行ったが、裁判所は1999年3月25日にこの請求を受理できないと判断した(c)。その後本案段階でナイジェリアが提出した答弁書中にカメルーンの国家責任の認定とその補償を求める「反訴」が含まれていたことから、裁判所はこれを審理できるかどうか検討し1999年6月30日の命令で受理可能とした(d)。またこの命令と同じ日に赤道ギニアが、海洋境界画定に関する判断で影響を受ける恐れのあるギニア湾における同国の権利保護を目的として裁判所規程第62条に従い訴訟参加を申請し、同年10月21日にその申請が認められた(e)。裁判所は最終的に2002年10月10日に、陸地および海洋に関する境界画定と両当事国の義務などに関する本案判決を下した(f)。

【命令・判決要旨】(a) 1　ナイジェリアが提起していた先決的抗弁は裁判所の*prima facie*な管轄権を排除する趣旨ではなく、また両国とも選択条項受諾宣言を行っていることから本件において*prima facie*な管轄権は存在する。またカメルーンの申立もナイジェリアの先決的抗弁に関連して*prima facie*に受理できないとは考えられない (paras. 30-33)。

2　仮保全措置の目的は両当事国の権利保全であり、その措置は緊急性を有する場合にのみ許されるが、戦闘行為の全面的禁止に関する両国間の合意は本件での裁判所の権利・義務を奪うものではない。バカシ半島での事件について事実に不明確な点があっても軍事的衝突により軍・文民の双方に被害が生じたことは確かである。さらに当事国の仮保全措置の申請とは無関係に裁判所は必要であればいつでも紛争の悪化・拡大防止のために仮保

全措置を指示する権能を有する。本件では住民の殺戮により当事国が有するかもしれない権利に回復不可能な損害が生じ、軍事活動で関連証拠が散逸する恐れがある。また裁判所が得た情報では紛争を悪化・拡大させる事件が再び生じる危険も存在する (paras.34-43)。

3 以上の理由から、両当事国に対し、①他方当事国の権利を害し紛争を悪化・拡大させるような行動を行わないこと、②バカシ半島での戦闘の停止に関する合意を遵守すること、③バカシ半島での自国軍隊を1996年2月3日以前の位置まで戻すこと、④証拠保全のための必要なすべての措置をとること、⑤バカシ半島に派遣される事実調査団にあらゆる援助を与えることを指示する。

(b) 1 ナイジェリアは、①カメルーンが選択条項の手続を濫用し、また相互主義の条件を無視したことから管轄権はない、②両国とも本件紛争付託以前より二国間の交渉制度ですべての境界紛争を処理する義務を受け入れており、カメルーンの態度は禁反言に反する、③チャド湖の境界画定はチャド湖域委員会の排他的権能の下にある、④チャド湖における三国境界点が関連する範囲で境界画定は行えない、⑤チャド湖から海洋までの境界については、チャド湖のダラクその他の島々、およびバカシ半島の領有権問題を除いて紛争は存在しない、⑥カメルーンの申立は請求の基礎となる事実に不明確さが残るため、国境付近の事件に関するナイジェリアの国家責任の問題は判断できない、⑦バカシ半島領有権問題の未解決と平等の条件による両国間の十分な事前交渉の欠如から両国間に海洋境界に関する法的紛争は存在しない、⑧海洋境界画定には第三国の権益が関係するため受理不能、という8つの抗弁を提起して管轄権の不存在とカメルーンの申立の受理不能を主張した。

2 しかし、①カメルーンによる申立の態様は規程第36条や確立した判例に反するものではない (paras.43-47)、②交渉を尽くすことが付託の前提条件ではなく、禁反言の主張も立証されていない (paras.56-60)、③チャド湖域委員会が排他的権能を有するとの主張も立証されていない (paras.66-73)、④三国境界点は第三国たるチャドの利益を左右することなく決定可能であり、チャドの利益は本件の紛争の主題を構成しない (paras.77-83)、⑤ナイジェリアは両国間での境界画定に関する合意を示しておらず、国境の法的基礎に関する紛争は存在する (paras.87-94)、⑥規則第38条2項の「簡潔に」という文言は「完全に」という意味ではなく、申立の記載内容はそれほど厳格ではないし、また実行上も原告国には訴訟の性格を変えない範囲で事実や法を追加する権利が認められている (paras.98-102)、⑦カメルーンもバカシ半島の領有を主張していることから海洋境界画定と同半島の領有権問題をどのように処理するかは裁判所の裁量の範囲内であり、また事前の十分な交渉の存在も本件申立がそうした事前の交渉を必要としない受諾宣言に基づくため受理可能性の条件ではない (paras.106-111)、⑧問題となる海洋境界線についての判決が第三国の権益にどのように影響を与えるかは本案で検討する必要があり、当該第三国が訴訟参加する可能性もあるため、

この抗弁は専ら先決的性格を有するものではない(paras.115-117)。以上から裁判所は規程第36条2項に基づき管轄権を有し、追加申立によるカメルーンの修正申立は受理可能である。

(c)1 　規程第60条は判決の種類を区別していないため先決的抗弁判決も本案判決と同様に解釈請求の対象となりうる。同条は解釈請求が原判決の主文に関係することを要件としているが、本件でのナイジェリアの請求は同国による第6抗弁に関係し、原判決は「第6抗弁を却下する」としていることからこの要件に合致するので裁判所は管轄権を有する。

2 　ナイジェリアは、①紛争がカメルーンの申立・追加申立で特定された事件以外のものを含まないこと、②カメルーンが追加的事実や法的考慮を提出する自由は申立・追加申立で特定されたものにのみ関わること、③カメルーンの主張による事実が確立されているかどうかはその申立・追加申立に特定されたものにのみ関係することを請求しているが、カメルーンの申立は規則第38条2項に合致していることを理由に①はすでに原判決で却下されており、②③も原判決がカメルーンに提出を認めた法や事実の考慮を排除しようとするものであり支持できない。したがってナイジェリアの請求は受理できない。

(d) 　ナイジェリアが提起した反訴に対してカメルーンは異議を唱えなかった。またこの反訴は規則第80条1項および2項の要件に合致していることから受理可能である。

(e) 　海洋境界画定に関してのみ訴訟参加を希望する赤道ギニアの請求についてカメルーンもナイジェリアも反対していない。赤道ギニアは裁判所の海洋境界画定判決により影響を受けうる法律的性質の利害関係を有することを十分に立証している。また訴訟参加の目的は紛争で問題となる参加国の法的権利の性質を裁判所に伝えることであることから、参加要請国と当事国との間に管轄権の有効なリンクが存在することはその要件ではない。以上から裁判所は全員一致で、赤道ギニアが規程第62条に従いその申請書で定められた範囲に限り訴訟に参加することを許可する。

(f)1 　チャド湖付近の境界画定に関してカメルーンは1919年英仏宣言を援用している。これは植民地の境界を定めた英仏間の国際協定であり、その法的効果は国際連盟による英国への1922年委任状第1条で確認されるとともに、1931年英仏間交換公文に取り入れられより詳しい境界線を定める1929-30年英仏宣言もこれを反映している。また1983年から91年までチャド湖域委員会が行った三国境界点(tripoint)からエベジ川河口までの境界画定と線引き作業もこれら文書に依拠している。これに対してナイジェリアは、権原の歴史的凝固(historical consolidation)、領域の実効的支配ないし*effectivités*、およびカメルーンの黙認に基づき請求を行ったが、歴史的凝固の理論は議論の余地があることから確立した領域取得権原に代わりえない。またカメルーンは1987年以前からも限定的ながら同地域に行政上のコントロールを行使しており、同地域の主権の放棄の黙認は認められない。したがってここでの*effectivités*は法に反するものであり(*contra legem*)、協定により権原を保有する

カメルーンに対して優先しえず、この地域の主権はカメルーンに属する(paras.41-71)。

　2　チャド湖からバカシ半島までの陸地については、18の地区に分けられ、両当事国とも複数の国際協定や英国国内法令によりその境界が画定されることに合意している。その第1から第14までが1929-30年英仏宣言により、第15から第17までが1946年英国枢密院令により、そしてバカシ半島までの18番目の地区が1913年の2つの英独協定により規律され、裁判所がこれらの文書を解釈することにより各地区について境界が画定される(paras.82-192)。

　3　バカシ半島についてカメルーンは1913年英独協定により同半島がドイツ領となり、両当事国が独立した後はウティ・ポシデティス(*uti possidetis*)の原則に従ってカメルーンに帰属するようになったと主張するのに対して、ナイジェリアは1913年協定が同半島をドイツ領としたことは認めつつも、英国がオールド・カラバルの王・首長らと結んだ1884年保護条約で主権は委譲されないことが定められていたことからこれが実施できなかったとして、バカシ半島の主権もオールド・カラバルの王・首長らの下に残り、結果としてナイジェリア独立後は同国の一部となったと反論した。保護条約は一般に国際法上主権を維持した被保護国を創設するものと領域権原の取得手段を目的とするものがあるが、1884年条約は後者であり、オールド・カラバルの王・首長らが被保護国の統治者として扱われた形跡がないこともこれを裏付ける。またその後もカメルーンが主張するように、委任統治や信託統治を通じて国際社会はバカシ半島がカメルーンの一部であることを認めてきた。ナイジェリアは長期間の占有による歴史的凝固、カメルーンの黙認を伴うナイジェリアによる主権の行使等を主張したが、バカシ半島の権原がオールド・カラバルの王・首長らに由来することからナイジェリア独立時にその後の長期間の占有によって確認されるような同国の権原は元来存在していなかったのであり、歴史的凝固理論もナイジェリアに権原を付与するものではない。またナイジェリアは1975年までバカシ半島の権原がカメルーンにあることを認めており、それ以前の*effectivités*は権原に関する法的重要性を持たない。さらにカメルーンが権原の放棄を黙認したような証拠も存在しない。したがってバカシ半島の境界線は1913年協定で画定され、同半島に対する主権はカメルーンに存する(paras.200-225)。

　4　海洋境界画定にあたっては第三国の権利に影響を与えないようにしなければならないが、そうした諸国の存在自体で裁判所の管轄権が奪われることにはならない。また海洋境界画定に関して両当事国間では事前の交渉がすでに行われており、その結果の成否や第三国との交渉の存在は国連海洋法条約第74条1項や第83条1項の要件ではない。したがってこれらを理由に不受理を主張するナイジェリアの第8抗弁は却下される。沖合のポイントGは両国間の1975年宣言で定められた。この宣言は国内憲法手続と合致せずに締結されたとナイジェリアは主張したが、同宣言はナイジェリアの国家元首が署名しており同国

国内法の明白な違反とはみなさないことから両国を法的に拘束する有効な条約である。さらにこの領域全体に1913年英独条約が有効に適用されるため、海岸線からポイントGまでの境界線は1913年条約のほか、1971年宣言の両国元首が合意した「妥協線」および1975年宣言で規律・画定される(paras.247-268)。ポイントGを越える海域では、ナイジェリアが衡平原則の適用を、カメルーンが海岸線の窪みとその他特別事情の考慮をそれぞれ主張しているが、ここではこれまでの判例と同様にまず等距離線を引いた上で関連事情を考慮する手法がとられる。ギニア湾の窪みは確かにあるが、本件に関連する海岸線には関係がなく、それ以外のカメルーンの主張する要因も考慮に入れる必要はない。石油コンセッション契約についても暫定線を動かす旨の合意がない限りその存在自体が関連要因となることはない。したがって赤道ギニアの権利に留意して等距離線が境界線となる(paras.269-307)。

5　上記の認定により、ナイジェリアはチャド湖とバカシ半島、およびチャド湖からバカシ半島に至る領域のうちカメルーン領と判断された地域から、カメルーンも同様にナイジェリア領と判断された地域からそれぞれ自国の行政機関等を即時無条件に撤収させる義務を負う(paras.314-315)。本判決は明確かつ最終的に境界線を画定したのでカメルーンが要求するような再発防止の保証は必要がなく、またその実施はカメルーンが被った被害を十分に考慮することになるのでここでナイジェリアの国家責任を検討する必要もない(paras.318-319)。さらにカメルーンによるナイジェリアの仮保全措置命令違反の主張や国境紛争に関するナイジェリアの責任の主張も、ナイジェリアによる反訴での主張もともに事実が立証されていないことから却下される(paras.320-324)。

【論点】1　本事件は本案のほか、仮保全措置、先決的抗弁、反訴、さらに訴訟参加という4つの付随手続が同一の事件中で行われた初めての事例である。さらにこの先決的抗弁判決に関しては解釈請求も行われ、形式上は別個の事件を構成するものの、その結果規程・規則で定めるほとんどの手続が用いられた点でこの事件は際立った特徴を有している。

2　本件の仮保全命令は「紛争の悪化防止」を主要な目的として下された。すでに国境紛争事件〔⇒39〕でも同趣旨の命令は出されており、申請内容とは異なる措置を裁判所が職権で命じたこととともに規程第41条の解釈を拡大させたとも考えられる。これは、特に人命の損失に関わる軍事衝突が対象となる場合に償い得ない侵害の回避や緊急性という観点から考慮されたものと捉えられよう。ただし、その後の裁判所の立場は、パルプ工場事件にみられるように〔⇒132〕、「紛争の悪化防止」を主目的とする仮保全命令には消極的である。

3　ナイジェリアは8つの先決的抗弁を提起したが、そのいずれも裁判所は却下するか先決的ではないと判断した。選択条項の相互性についてはインド領通行権事件〔⇒4〕の法理

を維持するとともに、外交交渉前置主義の主張を退けて選択条項による管轄権の設定と受理可能性の認容に積極的な姿勢を示している。さらに申立の追加についても、先例にならい、訴訟の性格を変えない限りこれを許容する柔軟性を見せていることも同様であろう。

4　この先決的抗弁判決に係る解釈請求が本案係属中に行われたのはこれが初めてであった。また解釈請求事件全体でもアヤ・デ・ラ・トーレ事件〔⇒3B〕とチュニジア・リビア大陸棚事件〔⇒48〕に続く3例目で、先決的抗弁判決も解釈請求の対象となるという新たな判断のほか、申立時点における受理可能性の要件の問題と追加的に事実や法的理由を提示する際の受理可能性の要件の問題との区別などの点で規程第60条の解釈の明確化が図られている。

5　ナイジェリアはまたその答弁書でカメルーンの国家責任を追及する反訴も提起し、国境紛争に伴い生じた損害の法的責任を本訴でカメルーンが提起したことに対抗した。この反訴の根拠がカメルーンの本訴請求と同じ実体法的基礎にあったか不明確ではあるが、裁判所はカメルーンが異議を唱えていないことを主たる理由に反訴請求を受理している。

6　本件では赤道ギニアが非当事者として訴訟に参加することが認められた。両当事国も同国の参加自体には反対しなかったが、当初カメルーンが赤道ギニアを当事者として3カ国への海洋境界画定判決を主張したのに対して、ナイジェリアは非当事者としての参加を求めたように、その参加形式については争いがあったという。最終的に裁判所は赤道ギニアの意向を尊重したといえよう。非当事国としての参加は陸・島および海洋境界紛争事件〔⇒145〕に次いで2例目で、訴訟参加目的の内容や管轄権リンクを要件としないことなどもこれを踏襲しているが、訴訟参加がこうした形式に限定されるかどうかは依然不明確である。

7　本案判決では、陸の境界画定に関しては関係国間の条約が重視され、こうした合意による境界が存在する場合それを否定しようとする側に相当の証明責任を負わせることになり、結果としてナイジェリアによる歴史的凝固理論も*effectivités*の主張も条約による境界の有効性推定を覆すに至らなかった。これは、境界画定における国際合意の優位性を確認するとともに、*effectivités*等の主張は当該合意の性格・目的の正規性に対して補完的限定的な役割にとどまることを意味している。また海の境界画定については、最近の傾向に従い等距離線が重視されるとともに、石油コンセッション契約は原則として関連事情とはならないことが明らかにされた。その一方で本件では、本訴や反訴で求められた仮保全命令違反も含めての国家責任に関する判断がすべて証拠不十分により回避されている。

【参考文献】
尾﨑重義『判決・意見Ⅲ』、佐藤義明『基本判例50Ⅰ』、同『基本判例50Ⅱ』、吉井淳「判例研究ICJ」97巻6号、同「判例研究ICJ」102巻4号、佐藤義明「判例研究ICJ」116巻1号。

（酒井　啓亘）

151 核軍縮義務事件(Obligations concerning Negotiations relating to Cessation of the Nuclear Arms Race and to Nuclear Disarmament)

当 事 国	マーシャル諸島 v. インド、パキスタン、英国
裁 判 所	国際司法裁判所
判 決	2016年10月5日(先決的抗弁)
出 典	ICJ(2016) 255、552、833

【事実】 2014年4月24日、マーシャル諸島は核兵器保有国・疑惑国9カ国を相手に国際司法裁判所(ICJ)に提訴した。そのうち選択条項受諾宣言のあるインド、パキスタン、英国の3事件のみ手続が開始され、応訴管轄を狙った6事件(米、仏、中、露、イスラエル、北朝鮮)では、応訴した国がなかったため、手続は開始されなかった。3事件の判決は実質的に同内容であるが、裁判所長の決定投票権によって判決が下された対英国事件を取り上げる。

マーシャル諸島は、(a)英国が核軍縮交渉を誠実に行いかつ完結させるという核不拡散条約(NPT)第6条および同内容の慣習法に違反していることを宣言すること、(b)英国に判決から1年以内にNPT第6条および慣習国際法上の義務を履行するために必要な措置をとるよう命ずることなどを求めた。

英国は5つの先決的抗弁を提起した。第1に、紛争の不存在に関するもの、第2と第3は選択条項受諾宣言の留保に関するもの、第4は裁判手続における第三国(他の核保有国)の不存在に関するもの、第5に、判決から「実際的帰結(practical consequence)」を得ることができないため管轄権を行使すべきではないというものであった。このうち裁判所は第1の抗弁のみを検討し、それを認容して管轄権を否定した。

【判決要旨】1 裁判所規程第38条および第36条2項より、当事国間に紛争が存在することが、裁判所の管轄権行使の条件である。紛争とは、当事国間の「法や事実に関する不一致、法的見解や利害の衝突」をいう。紛争の存在に関する認定は実質問題であり、形式や手続の問題ではない。正式な外交的抗議は紛争の存在の必要条件ではないし、提訴意図の通告は提訴の条件ではない。裁判所は、多国間フォーラムでなされたやりとりも考慮するが、その際に「発言者や文書作成者、その意図されたまたは実際の名宛人、およびその内容」に特別な注意を払う(para.39)。紛争が存在するのは、「自国の見解が原告によって『明確に反対されている(positively opposed)』ことを被告が認識していたか、または認識していなかったことはあり得ない(was aware, or could not have been unaware)」ことが証拠に基づいて証明されたときである(para.41)。

2 原則として、紛争の存在を認定するための基準日は請求訴状が裁判所に提出された

日である。請求訴状や提訴後の行為、裁判手続中の発言は、紛争の存在の確認(東チモール事件〔⇒142C〕)、紛争主題の明確化(2015年ボリビア・チリ事件)、判決時における紛争消滅の有無の認定(核実験事件〔⇒5〕)などには関係するかもしれないが、それらによって当該裁判において紛争の存在という条件が満たされたと考えることはできない(para.43)。

　3　マーシャル諸島は、①マルチの場における自らの発言、②請求訴状の提出および本件手続における両当事者の立場表明、③マルチの場における英国の投票記録、④提訴の前後における英国の行為、に依拠して紛争の存在を主張する。

　①については、マルチの場におけるやりとりでも両当事国の見解の対立を証明しうるが、発言の内容と名宛人が誰であるかについて特別な注意を払わなければならない。2014年のナヤリット会議におけるマーシャル諸島の発言は、「核兵器保有国は法的義務を果たしていない」との主張を含んでいるが、英国は会議に出席しておらず、その発言も違反となるべき英国の行為を特定しておらず、英国に特定の反応を求めるものではなかった。

　②について、マーシャル諸島は、裁判手続中の発言が紛争の存在の証拠となりうるとして、3つの先例に依拠する。しかし、2005年の財産事件では、提訴日前の当事国間のやりとりにおいて紛争の存在が明確に示されていたし、カメルーン・ナイジェリア事件〔⇒150〕における事後の文書の参照は、紛争の存否ではなく紛争の範囲に関係する。ジェノサイド条約適用事件〔⇒147〕では、現に進行中の武力紛争があったことから、紛争の存在が十分に立証されていた。「請求訴状や提訴後の発言や請求は、…存在していない紛争を新たに作り出すことはできない」(para.54)。

　③について、マーシャル諸島はマルチの場における投票記録に言及するが、国連総会のような政治的機関における決議への投票から法的紛争の有無の結論を推論する場合、かなり慎重にならなければならない。決議への投票や投票パターンは、法的紛争の存在の関連証拠となり得る(特に投票説明がある場合)が、決議には多数の異なる内容が含まれることがあり、そうした決議への投票のみで、その決議に含まれるすべての内容についての当該国の立場を示していると見ることはできない(para.56)。

　④について、マーシャル諸島は、英国の行為を自国の発言と並置することで、紛争が存在すると主張するが、既に述べたように、マーシャル諸島のマルチの場における発言はいずれも英国の行為に関する特定を欠いており、紛争が存在するとの認定の基礎を提供しない。

　4　したがって裁判所は、(1)両当事国間に紛争が存在しないことを理由とする英国の第1の先決的抗弁を認容する(8対8、所長の決定投票)、(2)本案に進むことができない(9対7)。

【論点】1　「紛争の定義」については、1924年のマヴロマチス事件判決〔⇒121A〕における伝統的な定義に従ったが、「紛争の存在」には、「自国の見解が原告によって明確に反対され

ていることを被告が認識しているか、認識していなかったことはあり得ない」ことが立証されなければならないとして、「認識」の要件を課した。本件との関係では、マルチの場における「核兵器保有国による義務違反」の指摘では英国による認識の要件を満たさないとして、紛争の存在を否定した。

　この点については裁判官の間でも見解が分かれ、「認識」という主観的要件を含め、これまでの判例においてこうした高い敷居は設けられてこなかったという見解（カンサード・トリンダージ、ロビンソン、クロフォード）と、「認識」の要件は（明示的ではないにしても）過去の判例で認められてきているし、人種差別撤廃条約事件以降、とりわけ訴追か引渡しかの義務事件〔⇒128〕で、紛争概念に一定の枠が設けられるようになったという見解（小和田、アブラム）が対立した。人種差別撤廃条約事件は、管轄権の基礎となった条約に交渉前置義務が明記されており、選択条項に基づく本件の先例となるか疑問である。訴追か引渡しかの義務事件は、慣習法上の義務違反の主張に対して厳格な紛争概念で紛争の存在を否定したものであり本件の先例ともいえるが、同事件においても本件判決においても、高い敷居の認識要件が充分な説明なく導入されており、理由を明示しない判例変更として批判される。なお、通告は要件ではないとの立場と高い敷居の認識要件とが整合的なのかという疑問も指摘される。

　2　同じく紛争の存在に厳格な見解を示したのが、請求訴状や提訴後の行為・裁判手続中の発言の扱いである。裁判所は、それらをもって紛争の存在という要件が満たされたと考えることはできないとし、その理由として、「被告が手続開始前に自己の行動にかかる請求に対応する機会を奪われてしまう」ことを指摘する(para.43)。たしかに不意打ちの提訴という事態は望ましくないであろうが、これまでの先例では「紛争は原則として請求訴状の提出前に存在しなければならない」(para.42、傍点引用者)とされており、この点を厳格化するのであれば、その点の理由の説明があってしかるべきであった。

　3　提訴によって紛争の存在は明らかとなった。それによって当該手続において紛争の存在という要件が満たされたことにはならいとしても、マーシャル諸島が再提訴する場合には、この要件は満たされていることになる。しかし、その後英国は2017年に選択条項受諾宣言に新たな留保を追加し、①半年以上前に提訴の意図を通告しないで行われた提訴、②核軍縮や核兵器に関する紛争を除外している。なお、英国は本件係属後の2014年12月にも、「以前に付託された紛争と実質的に同一の紛争」を除外する旨の留保の追加を行っている。

【参考文献】
「判例研究ICJ」116巻2号、山田寿則「核軍縮交渉義務事件（マーシャル諸島共和国対英国）判決（先決的抗弁）の検討」『文教大学国際学部紀要』27巻2号(2017年)、石塚智佐「国際司法裁判所における近年の付託事件の多様化と管轄権審理—マーシャル諸島事件を中心に」『国際法研究』6号(2018年)。

（浅田　正彦）

第4節　国際裁判と日本

152　マリア・ルース号事件(L'affaire du navire péruvien le "Maria Luz")

当　事　国　日本／ペルー
裁　判　所　仲裁裁判所
判　　　決　1875(明治8)年6月10日
出　　　典　『大日本外交文書』8巻455

【事実】　1872年7月9日、ペルーの帆船マリア・ルース号が横浜に入港した。同船はポルトガル領マカオで中国人労働者231名を乗せ、ペルーに向かう途中で台風にあい、修理のため横浜に寄港したのであった。当時、日本とペルーの間にはまだ通商航海条約は締結されておらず、日本にとってペルーは「条約未済国」であった。ある夜、船内で虐待に耐えかねた労働者の1人が船外に身を投じ、碇泊中の英国軍艦に保護を求めた。英国側から同人の身柄引渡を受けた日本政府は、同船の出航を禁止するとともに、船長を訴追した。神奈川県権令は取調べの後、横浜港内での虐待行為について船長の有罪を宣告した。他方、船長および移民業者から、中国人労働者に対して契約の履行を求める訴えが提起された。この訴えに対して、神奈川県権令は、契約は中国人を奴隷とするもので、このような奴隷輸出契約は法廷地の公序に反することを主な理由として、請求をしりぞけた。日本側は船中の中国人労働者を解放し、中国から特派された使節に引き渡し、彼らは中国へ向けて出発した。

　この後、通商航海条約の締結交渉のため来日したペルーの使節は、日本側の措置を違法とし、損害賠償を要求する次のような趣旨の書簡を日本政府に提出した。①船長の行為は船中教戒権の行使に過ぎず、港内であっても日本に管轄権はない、②中国人労働者全員を上陸させて、マカオでの契約締結状況について取調べをしたことは、日本の管轄外のことである、③外務省の訓令の下に行政機関が裁判にあたった、④処分は恣意的で、中国人労働者の利益のみに留意して船長や雇主の利益をかえりみなかった。これに対して、日本政府は次のように反論した。①港内の外国船舶の船長と船客の紛争について沿岸国が管轄権をもつことは先例の示すことである、②奴隷貿易を行う船は保護されない、③行政機関による裁判も、国内法に違反しない限りさしつかえない、④日本側の真意は横浜港内での虐待の証明にあった、⑤上陸した船客を引き渡す義務がないことは、犯罪人でさえ引渡の義務がないことを考えても明らかである。その後、両国は外交交渉の結果、1873年6月25日に仲裁契約を締結し、「マリア・ルース号一件より起て両国政府の間未定の異論」を、ロシア皇帝を裁判官とする仲裁裁判に付託することに合意した。ペルーの請求が認められれば、裁判官は賠償額をも決定するものとされ、判決は「結末」とされた。ロシア皇帝は、両国よ

り提出された書類等をもとに審理し、1875年6月10日に裁定を下した。

【判決要旨】 日本政府がマリア・ルース号の「船主船手および船客」に対してとった措置は、日本の法律と慣習によったもので、「萬国普通の常則」(すなわち一般国際法〈les préscriptions générales du droit des gens〉)にも、特別の条約規定にも違反していない。したがって、日本政府の措置がペルー政府およびその国民に対して故意に義務を怠ったものと考えることはできず、悪意による措置とみることもできない。このような不意の事柄より生じた異論については、日本政府とまだ特別の条約を結んでいない政府との間で、将来において条約を結び、この種の紛争を予防することが考えられるであろう。しかし、そのような条約がない現在では、日本政府が故意に起こしたのではない行動や自国の法律に基づいて実施した措置について、その責任を負うことはない。以上のような観点から、日本側の措置を違法と考えるべき十分な根拠を見出すことはできず、よって、日本政府はペルー船マリア・ルース号の横浜寄港によって生じた事件について責任を負うことはない。

【論点】1 本件は、幕末の開国から明治維新後にかけて、日本が近代国家への道を歩み始めた明治初期に生じた事件であり、日本が国際裁判の当事国となった最初の事件である。当時、日本政府の外交政策は列強の態度に大きく規律されることが多く、本件に関しても、政府がとった強行措置の背景には英国臨時代理公使による激励があり、紛争を仲裁裁判に付託する選択には、米国駐日公使の助言と影響力が大きく作用したのであった。

　2　事件当時、日本とペルー間には政治的な緊張関係はなく、ペルーは「条約未済国」であり、国交が開かれていなかった。事件そのものも、マリア・ルース号の中国人労働者の処遇が問題とされ、紛争の主要な争点は、日本の内水(港)における管轄権行使が法的に許容されるかどうかという点にあり、非政治的な法律的紛争であった。

　3　仲裁裁判所の構成については、仲裁契約により、ロシア皇帝アレクサンドル2世を裁判官とするものであり、ロシア皇帝が裁判官に選任されたのは「締盟国の君主」としての資格においてであった。実際には、それは名目であって、ロシア外務省の官吏が実質的に裁判に関わった。裁判の手続は書面手続だけで行われ、判決理由もきわめて簡略で精密なものではなく、国際裁判としては幼稚なものであった。両当事国は判決に服し、紛争は解決した。判決後の処理として、ペルーの利益保護国たる米国が管理していたマリア・ルース号の売却代金の処理だけが残されたが、これについては同船を競売に付して処理され、紛争は最終的に解決された。

　4　本件の主要な争点である管轄権問題、すなわち、港にある外国船舶に対する沿岸国の管轄権に関しては、歴史的にイギリス主義とフランス主義の対立があった。前者は船内

事項と否とを問わず一般的に沿岸国の管轄権を認めるものであり、後者は船内事項その他沿岸国の安全秩序に影響しない事項については沿岸国の管轄権を認めないというものである。本件でペルーが援用したのはフランス主義の立場である。しかし、一般国際法としてはイギリス主義が確立しており、港にある外国船舶内での虐待行為について沿岸国が刑事裁判権を行使することは国際法違反ではない。

5　本件の交渉過程で、ペルー側は日本が娼妓を認め公然と人身売買を許していることに論及した。このことは、1872年10月の太政官布告第295号(娼妓解放令)公布の契機となった。

6　本件において日本側が奴隷輸出契約の法廷地における効力を否定したことは、当時の法状況においても妥当であった。1815年のウィーン会議において奴隷売買禁止宣言が採択されて以来、すでに19世紀には奴隷制度や奴隷売買を禁止する諸条約が結ばれていた。その後の国際法の発展状況を概観すれば、1926年には国際連盟において奴隷制度を廃止するための奴隷条約が採択され、この条約では、締約国は領水内にある船舶または自国の船籍をもつ船舶について、奴隷の乗船・上陸・運送を防止するため適当な手段を講じる義務を負うものとされた。さらに、第2次世界大戦後には、世界人権宣言において、あらゆる形態の奴隷制度および奴隷取引が禁止され、1956年には奴隷制廃止補足条約が結ばれた。また、1966年の国際人権規約(自由権規約)もあらゆる形態の奴隷制度および奴隷取引を禁止し、1958年の公海条約、1982年の国連海洋法条約にも、奴隷の運送防止に関する規定がある。このように現在では、奴隷制度や奴隷取引は国際公序に違反する。

【参考文献】
石本泰雄『ケースブック』、同『国際法の構造転換』(有信堂高文社、1998)184-209、278-311頁、森田朋子『開国と治外法権―領事裁判制度の運用とマリア・ルス号事件』(吉川弘文館、2005)139-263頁。

(牧田　幸人・浅田　正彦)

153 家屋税事件(Affaire de l'impôt japonais sur les bâtiments)

当事国	日本／英国、フランス、ドイツ
裁判所	常設仲裁裁判所
判決	1905(明治38)年5月22日
出典	『日本外交文書』38巻2冊521；11 RIAA 41

【事実】 明治維新前後に、日本は諸外国との条約や協定に基づき、通商貿易のために外国人に居住の自由を許す一定の区域を設け、横浜、長崎、新潟、兵庫、東京、大阪、函館にそれぞれ外国人居留地を指定した。当時、日本の国内法は外国人に土地所有権の享有を認めていなかったため、日本政府は外国人居留地内の民有地を買収して国有地とし、これを外国人に貸与した。その貸借契約(地券)により、毎年一定の借地料を納付する限り、当該の土地は当該外国人、その相続人または譲受人に永久貸与されるべきものとし、ただし無条約国民または日本国民に譲渡または貸与することは禁止された。このように一定の条件の下で、外国人は永代借地権を有することとなった。その後、1894(明治27)年に日本と英国の間で通商航海条約の改正が実現したのをはじめ、各国との間でも改正条約が次々に締結された。これらの改正諸条約により、外国人居留地の制度は廃止され、従来の永代借地権は券面記載の条件のまま既得権として存続することとされた。これに関連していくつかの問題が生じ、外交交渉によって最後まで解決できなかったのが家屋税問題であった。

日本は条約改正以前には外国人に直接税を課していなかったが、改正条約の実施後、治外法権が消滅した結果、永代借地上の建物に課税した。これに対して、英国、フランス、ドイツなどの諸国は、①改正条約によって永代借地券に記載された条件以外の条件を課せられないことは保証されており、②借地権保持者は借地上に家屋を建築することを義務づけられていたのであり、家屋は「永代借地券によって保持する財産」であるから、これに家屋税を課すことは条約に違反する、と抗議した。他方、日本政府は、家屋の建築義務と家屋への課税権とは関係ないと反論し、これを仲裁裁判に付託することを提案した。1902(明治35)年8月28日、日本と英国、フランス、ドイツとの間に議定書(仲裁契約)が結ばれ、紛争を常設仲裁裁判所に付託することが合意された。裁判所は3名の裁判官で構成され、日本側は本野一郎を、3国側はフランスのルノールを裁判官に任命し、両者の合意でスウェーデン＝ノルウェーのグラムが上級裁判官に選任された。1905(明治38)年5月22日、裁判所は3国側の主張を認める判決を下した。これに対して、本野裁判官は、判決書主文および理由の両者に関して絶対に不同意である旨を明記して、反対意見を付した。

153 家屋税事件

【判決要旨】1　永代借地契約による当事者双方の負担義務の性質と範囲を確定するためには、旧条約時代に締結された諸条約と協約を審査することが必要である。永代借地券の規定によれば、①日本政府は、外国人居留地を創設するにあたり、政府の費用で外国人の都市生活のための施設を設けた、②日本の国内法により外国人は土地所有権の享有を許されなかったから、彼らに永代借地権を与えた、③外国人居留地は原則として日本の市制の範囲外にあるが、借地占有者は、金額と徴収方法の確定された借地料によって、行政費用の一部に寄与すべき義務があった、と解される。他方、日本政府は、①永代借地契約は土地だけを目的にしており、建物は免税の約定に包含されない、②土地だけが政府に属し、建物は借地人の財産であるから、免税の特典は政府の所有権を離れていない不動産に限られる、と主張した。しかし、ここで決定すべき問題は、借地上の建物が当事国の合意によって土地の従物と考えられたか否かを、課税上の見地から判断することにある。永代借地はそこに家屋を建築するために借りられたものである。永代借地上に家屋を建築する義務に反する場合には借地権が取消され、借地人がその義務を履行しないときは借地上の建物が日本政府の所有物になるとされていたことは、永代借地と家屋との不可分性の論拠となる。課税に関して、長年変化なく存続した慣行によれば、建物は土地と同じく、永代借地券に定められたもの以外、一切の租税、賦課金、取立金、条件から免除されていた。日本政府は、このような状態は、外国人の一般免税特典と同様に、領事裁判所が課税に伴う強制を拒絶したことによる事実的結果に過ぎないと主張するが、これを裏づける証拠はない。また日本政府は、旧条約時代に外国人が享有した免除は一般的であって居留地外の外国人にも適用されたと主張したが、免税が一般的に適用されたわけではない。

2　次に、当事国間で争われている新たな改正条約規定の解釈の立場から審査する。日英条約第18条の草案では、不動産の所有権に関しても、租税納付に関しても、土地を有する外国人を日本国民と同等に取り扱う旨の規定があったが、後に、従来行われていた制度を継続することに合意された。もっとも、日本政府は、現状維持とは単に土地のみに関係すると主張した。しかしこの主張は、交渉中に使用された用語に照らして根拠がない。交渉時まで外国人居留地の土地と建物の両方に適用されていた課税上の免除を、その後は単に土地に関してだけ存続させ、建物に関しては消滅させるというのでは、現状を完全に維持するに不十分である。いわんや条約の明文規定の作成にあたり、永代借地券の確認だけにとどまらず、永代借地券に包含されたもの以外のいかなる条件も加えないことを付加したのであった。従来の慣行に反して免税を土地だけに限定するとの趣旨であれば、必然に土地と明示すべきであったが、これをなさず、そればかりでなく、借地契約によって借地人のために設けられた全状態を包含するに足りるような広い用語が用いられている。

3　裁判所は、多数決によって、次のように決定し宣告する。仲裁議定書に挙げられた

条約および他の約定の規定は、日本政府によりまたはその名において与えられた永代借地権によって保持される土地についてばかりでなく、土地とともにその上にすでに建てられたか、将来において建てられるべき一切の種類の建物について、借地権に明示的に定められたもの以外の、一切の租税、賦課金、取立金、条件を免除したものと判断する(2対1)。

【論点】1　本件は、日本が当事国となった常設仲裁裁判所による裁判の唯一の例である。本件において、日本政府は仲裁裁判の提案者の地位にたち、積極的な態度を示した。しかし、本件における敗訴が契機となって、その後、日本の国際裁判に対する態度は消極的になった、と言われる。

　2　本件仲裁裁判所は、仲裁契約において、常設仲裁裁判所の裁判官たる3名の裁判官によって構成されることとされた。実際には、難航したのは共同当事国のいずれから当事国裁判官を選任するかの問題であって、結局、3国間での抽選により、フランスのルノールに決定した。上級裁判官の選任については、日本側と3国側の裁判官による協議によって、スウェーデン＝ノルウェー選出の常設仲裁裁判所の裁判官グラムが選任された。これに関して、判決直後、日本としては、本件が日本と欧米列国との紛争であり、欧米列国から上級裁判官を選任することは公平な判決を期待できないと主張すべきであった、という批判的な見解も示された。

　3　本件における紛争主題(争点)は通商航海条約中の1条項の解釈に関わるものであって、非政治的な法律的性質の紛争であった。判決は、実際の慣行を重視し、条約規定を解釈する立場をとった。判決内容の妥当性に関しては、厳格な文言解釈からすれば日本側の主張に根拠があった、とする見解もある。

　4　本件で争われた紛争は、判決後も、最終的に解決されなかった。判決は終結で上訴は許されず、実際、勝訴した3国側も敗訴した日本も判決の履行を拒否しなかった。しかし、判決ではいかなる課税が永代借地やその上の建物に対する課税となるかが明示されず、この点に関する困難な未解決の問題が残存した。その後、1942年に永代借地権制度が廃止され、これによってこの紛争に終止符が打たれた。

【参考文献】
『横田判例Ⅲ』、石本泰雄『ケースブック』、同『国際法の構造転換』(有信堂高文社、1998)259-311頁。

(牧田　幸人・浅田　正彦)

154 日本アルコール飲料事件(Japan-Taxes on Alcoholic Beverages)

当 事 国　(a) EC、カナダ、米国 v. 日本　(b) 米国 v. 日本、日本 v. 米国、EC、カナダ
審査機関　(a) WTO小委員会　(b) WTO上級委員会
報　　告　(a) 1996年7月11日(公表)　(b) 1996年9月25(署名)
出　　典　(a) WT/DS8/R、WT/DS10/R、WT/DS11/R
　　　　　(b) WT/DS8/AB/R、WT/DS10/AB/R WT/DS11/AB/R

【事実】1　1995年9月にEC、カナダおよび米国は、日本の酒税がGATTに違反するとしてWTOの紛争解決機関に小委員会の設置をそれぞれ要請し、それらを合同で扱う小委員会が設置された。小委員会は96年7月に日本の酒税がGATT第3条に違反すると認定した。これに対し、日本および米国が上級委員会に申立を行い、10月に上級委員会は小委員会の報告を一部修正し、その結論を支持する報告を提出し、11月に上級委員会報告およびそれにより修正された小委員会報告が採択された。日本は、これらを直ちに実施することは困難であるとし、「合理的な期間に」実施する意向を表明し、ECとは合意した。しかし、これに満足しない米国の要請により仲裁が行われ、裁定により15カ月以内の実施が決定された。

　2　日本の酒税法は、焼酎、ウイスキー、スピリッツ、リキュールなどを区別し異なった税率を課していた。ECはスピリッツと焼酎は「同種の産品」であり前者に高い税を課すのはGATT第3条2項1文に違反する、もし「同種の産品」でないとしても同項2文に違反する、また、ウイスキーとブランディーは焼酎の「直接的競争産品又は代替可能産品(以下、代替可能産品)」であるから前者に高い税を課すのは第3条2項2文に違反すると申し立てた。カナダはウイスキーについてECと同様の申立をした。米国は日本の蒸留スピリッツに関する税制度は焼酎生産に保護を与えるようになっており、ホワイト・スピリッツもブラウン・スピリッツも物質的性格および最終消費が焼酎と共通であるから「同種の産品」または「代替可能産品」であり、これらと焼酎との税に関する取扱を区別するのは第3条2項に違反すると申し立てた。これに対し日本は、日本の酒税法における分類はその目的および作用において国内生産を保護するものではなく、また、スピリッツ、ウイスキー・ブランディー、リカーは焼酎とは「同種の産品で」でも「代替可能産品」でもないので第3条2項に違反しない、と主張した。ところで、GATT第3条は1項で「締約国は、内国税…は、国内生産に保護を与えるように輸入産品又は国内産品に適用してはならないことを認める」とし、第2項では「いずれかの締約国の領域の産品で他の締約国の領域に輸入されるものは、同種の国内産品に…課せられるいかなる種類の内国税…を越える内国税…も課せられることはない。さらに、締約国は、前項に定める原則に反するその他の方法で内国税…を輸入産品又は国内産品に課してはならない」と規定している。なお、日本の酒税については、1987年

にECの申立てにより小委員会が設置され、日本の酒税がGATT第3条に違反すると認定され、酒税法が改正されたことがある。

【報告要旨】(a)1 日本および米国は第3条2項の解釈に第1項の「保護を与えるように…適用してはならない」という規定に従い、「目的および効果テスト」の導入を提案するが、第3条2項の言葉使いと整合しないので用いない。第2項1文の「同種の産品」は第2文の附属書にいう「直接的競争産品又は代替可能の産品」と比べて狭く解釈されるべきである。第3条2項の主な目的の1つは第2条の関税譲許を無効にしないことであるから、第2条の産品の定義と第3条2項1文の「同種の産品」の用語とはパラレルであるべきであるが、それだけで「同種の産品」が決められるのではなく、最終消費の共通性と本質的に同一の物質的性格であることが必要である。焼酎とウォッカは日本の関税表で同じ項目に分類されており、最終消費の共通性に加えて物質的性格がほとんど同じであるので、ウォッカのみが焼酎と「同種の産品」である。日本は内国税を比較するのに税／価格の比率を考慮することを主張するが、現行税制の下では輸入品が高価なものに偏っているなど価格が信用できないので採用できない。従量税で焼酎より高い税をウォッカに課すことにより日本はGATT第3条2項1文に違反している(paras.6.14-6.27)。

2 第2文については、①関連する産品が「代替可能産品」であるか否か、②もしそうであれば外国産品に与えられた待遇が第3条1項の原則に反するか否か、を判断しなければならない。焼酎と他の産品はともに蒸留されたスピリッツであり、それらの間にはかなりの代替しうる融通性があり、ウイスキーと焼酎は同一市場で本質的に競争的であることが提出された証拠からわかる。GATT附属書Ⅰ「注釈および補足規定」によれば、異なった内国税が課されるある産品と「代替可能産品」との間に競争が行われる場合にのみ第2文違反が生じる。これは国内措置がどのような場合に「国内生産に保護を与えるように」機能し、第3条1項の原則に反するかを示している。日本では、焼酎は他の問題の産品より低い内国税が課せられており、外国産焼酎には高い関税が課せられている。これにより一方では外国産焼酎の日本市場への参入を困難にし、他方で焼酎と他のホワイトおよびブラウンのスピリッツとの間の競争条件の平等を保障しないという効果をもたらしている。したがって日本は第2文にも違反している。紛争解決機関が日本にその酒税法を1994年のGATTの下での義務に適合的にするよう要請することを勧告する(paras.6.28-7.2)。

(b)1 日本は、小委員会報告が①酒税法が国内生産保護目的を有するか否かを判断する必要を無視し、②原産地と関税取扱いとの間に「関連」があるか否かを無視し、国内産品全体と外国産品全体との課税取扱いとを比較しないで、また、③課税負担を比較する基準として税／価格の比率に適切な考慮を払わなかった、として上級委員会に申し立てた。米国

は小委員会の結論を全体として支持しながらも、GATT第3条1項は第3条の趣旨と目的を表しているので第3条2項のいかなる解釈でも考慮されなければならない、などとして上級委員会に申し立てた。

2(1) 上級委員会によれば、第3条は特定の貿易量の期待を保護するのではなく、輸入品と国産品との平等な競争関係の期待を保護するものであり、第3条1項は国内措置が国内生産に保護を与えるように適用されてはならないという一般原則を規定するので、第2項の特定の義務を理解し、解釈する指標となる。小委員会は第3条2項を解釈するのに第1項を考慮しない誤りを犯した。

(2) 第3条2項1文の「同種の産品」と第2文の「代替可能産品」とは区別されているので両者の要件は異なる。2文では附属書にいう「そのように課税されない」とは別の「保護を与えるように」という要件が加わるが、小委員会は結果的に「保護を与えるように」という要件を「そのように課税されない」とは別の要件として検討しない誤りを犯した。小委員会の認定にこれらの修正を加えた上で、上級委員会は小委員会の結論を支持する。したがって、焼酎とHS 2208に挙げられた蒸留されたスピリッツおよびリッカーは「代替可能産品」であり、日本は酒税法の適用において輸入「代替可能産品」に同様に課税せず、第3条2項2文に違反して国内生産に保護を与えていると結論づける。紛争解決機関が日本に対してその酒税法を1994年のGATTの下での義務に適合的にするよう要請することを勧告する。

【論点】1 1994年のGATTの紛争解決手続についてはガットおよびWTOの紛争解決了解に規定されている。GATTの時代には小委員会の報告は当事国を含む締約国の全会一致により採択されなければならず、採択が困難であった。WTOになり、全締約国からなる紛争解決機関が設置され、審議は小委員会と上級委員会の二審制となり、小委員会の設置や小委員会の報告・上級委員会の報告の紛争解決機関による採択などに(1国の賛成により決定される)ネガティブ・コンセンサス方式が導入され、手続が「自動化」され、タイムテーブルが厳格に定められるなど、紛争解決手続は整備され、この手続に付託される事件の件数も多くなった。

2 従来、日本は紛争を国際裁判で解決することには消極的だといわれてきたが、WTOでは比較的多くの事件を紛争解決手続に付託している。

【参考文献】
道垣内正人『ガット・WTO法』、清水章雄『百選I』、柳赫秀『百選II』、濱田太郎『WTO法』、三好寛「蒸留酒の税率格差に関するWTOの紛争処理手続き」『貿易と関税』45巻10号(1997)、岩沢雄司『WTOの紛争処理』(三省堂、1995)、内記香子「GATT3条内国民待遇規定の機能と「同種の産品」の認定基準」『国際商事法務』30巻1号-12号(2002)、31巻1号(2001)。

(佐分　晴夫・薬師寺　公夫)

155 みなみまぐろ事件(Southern Bluefin Tuna Cases)

当 事 国　ニュージーランド v. 日本、オーストラリア v. 日本
裁 判 所　A 国際海洋法裁判所(暫定措置命令)
　　　　　B 仲裁裁判所(管轄権及び受理可能性判決)
命令・判決　A 1999年8月27日　　B 2000年8月4日
出　　典　A ITLOS (1999) 280.　B 23 RIAA 1.

【事実】　みなみまぐろは、南半球の海洋に広く分布し、オーストラリア(以下「豪」)およびニュージーランド(以下「NZ」)等の排他的経済水域を通過して回遊する高度回遊性魚種であり(国連海洋法条約附属書Ⅰ掲載魚種)、その総漁獲量の9割が刺身として日本で消費される高級魚である。1950年代初めに操業が始まり、その後資源悪化の懸念から、日本、豪、NZの間で自主的な総漁獲可能量(TAC)と国別割当量が定められ、1993年には、みなみまぐろ保存条約(CCSBT)が締結された。この条約は、みなみまぐろ保存委員会を設置し、締約国の全会一致により、毎年のTACおよび国別割当量を決定する。同条約16条は、条約の解釈又は実施に関する紛争を平和的手段によって解決する目的で協議する義務を規定し(1項)、全紛争当事国の同意を得て国際司法裁判所又は仲裁に付託される可能性を認めるが(2項、3項)、たとえ右付託に合意できない場合でも、1項の平和的手段により解決する努力を継続するよう規定する(2項)。

　みなみまぐろ保存委員会(以下「委員会」)では、日本は資源が回復傾向にあるとしてTAC増大および資源状況を確かめる調査漁獲計画(EFP)の実施を提案したが、資源状況は改善していないとする豪、NZに反対され、1997年分までは1989年以来同じTACで合意された。台湾や韓国等による条約非締約国の漁獲量の増大も問題を複雑にした。ついに、委員会は1998年分のTACを決定できない状況となり、日本は、1998年夏に単独で試験的EFPを実施した。これに対し豪とNZは、CCSBT16条に基づく協議を要請すると共に、日本の一方的EFP実施がCCSBT、国連海洋法条約の関連規定、予防原則を含む慣習国際法等に違反すると主張した。当事国間の協議によっても、EFPの規模や実施方法等について合意できず、日本は、1999年にもEFPを実施した。

　1999年7月15日、豪とNZは、国連海洋法条約附属書Ⅶに基づく仲裁裁判所に対し、日本が1998年と1999年に一方的EFPを実施したことなどが、国連海洋法条約64条、116から119条ならびに予防原則が要求する保存と管理に関する同条約上の義務に違反するなどとして、訴えを提起した。さらに両国は、国連海洋法条約290条5項に基づき、①日本による一方的EFPの即時停止、②日本が委員会で最後に合意された国別割当量内で漁獲をおこない、そこから1998年および1999年に行われたEFP漁獲量を差し引くこと、(c)紛争当事国はいず

れも予防原則に従い行動することなどを求める暫定措置を要請した。これに対し日本は、仲裁裁判所は同項に定める一応の管轄権(*prima facie* jurisdiction)を有さず、暫定措置を命じる権限がないなどと主張したが、裁判所は、原告の主張をほぼ認めて暫定措置を命じた。

その後設置された仲裁裁判所に対し、日本は、(a)過去に豪が提案した上限1500トンでのEFPに日本が合意したため、本紛争は消滅した(moot)、(b)本紛争は国連海洋法条約の解釈適用をめぐる紛争ではなく、CCSBTの実施をめぐる紛争であるため裁判所は管轄権を有しない、(c)仮に管轄権があったとしても、国連海洋法条約15部に定める義務的手続に訴えるための要件が満たされていない、(d)本件は科学的評価に関する紛争であり司法判断には適さない、などとする管轄権および受理可能性を争う先決的抗弁を申し立てた。仲裁裁判所は、国連海洋法条約281条1項に定める同条約15部2節の義務的手続に付託するための要件が満たされていないとして管轄権を否定する判決を下し、国際海洋法裁判所が定めた暫定措置を取り消した。

仲裁判決後、CCSBT締約国は、国別割当量の枠外で上限1500トンの漁獲を伴う科学調査計画の策定に合意し(2000年)、韓国(2001年)および台湾(2002年)の条約参加も実現した。そしてついに、2003年第10回委員会において、TAC14,030トンと各国国別割当量(日本は6065トン)が全会一致で決定された。

【命令要旨】1 国連海洋法条約64条を116条から119条と合わせ読めば、みなみまぐろを含む高度回遊性魚種の保存と最適利用を確保するために、当事国は直接に又は関係国際機関を通じて協力する義務を負っている。CCSBTの下で設置された委員会における締約国の行動は、国連海洋法条約上の義務を履行していたかを判断する上で関係があり、CCSBTが適用されるからといって、みなみまぐろの保存や管理に関する国連海洋法条約上の規定を援用することが妨げられるわけではない。紛争解決手続を有するCCSBTが適用されるからといって、国連海洋法条約15部2節の義務的手続に訴えることが排除されるわけではない(paras.50-55)。また、本件について関係国間で交渉や協議が行われており、原告は、これらの交渉が国連海洋法条約に基づく交渉でもあると認識していた。紛争が解決される可能性がなくなったと当事国が判断した場合、同条約15部1節に定める手続を遂行する義務は負わない。以上より、裁判所は、本紛争に関し、仲裁裁判所が一応の管轄権を有するであろうと判断する(paras.60-62)。

2 国連海洋法条約290条に定める暫定措置発出の要件について、裁判所は、みなみまぐろ資源がひどく減少し過去最低のレベルにあること、1999年分の商業漁獲が今後も継続する予定であること、CCSBT非締約国による漁獲が増大していることに鑑み、「みなみまぐろ資源に対する重大な害を防止する実効的な保存措置がとられるよう、紛争当事国が慎慮(prudence

and caution)もって行動すべきと考える」(para.77)。みなみまぐろ資源の保存のためにとられる措置については科学的不確かさが残り、また、これまでとられた措置が資源の改善に結びついたかについて合意がない。裁判所は、当事国により提出された科学的証拠について決定的な評価はできないものの、紛争当事国の権利を保全し、みなみまぐろ資源の更なる悪化を回避するために、緊急に措置がとられるべきと考える。また、EFP漁獲によって、紛争当事国間で最後に取り決められた国別割当量を超えるべきではないと考える(paras.79-81)。

3 以上より、裁判所は、日本、豪、NZに対し、(1)最後に合意した国別割当量である5265トン(豪)、6065トン(日本)、420トン(NZ)を超えないようにその年間漁獲量を確保すること、なお1999年および2000年の年間漁獲量を算出する際には、1999年のEFP漁獲量を考慮すること(18対4)、(2)他の当事国の合意がない限り又はEFP漁獲が自国の年間国別割当量に算入されない限りEFPを行わないこと(20対2)、などを内容とする暫定措置を命ずる。加えて、裁判所は、裁判所規則95条1項に基づく暫定措置の遵守に関する第1回報告書を1999年10月6日までに提出することを決定する(21対1)。

【判決要旨】1 本紛争が消滅した(moot)とは考えない。原告は、現在1500トンの上限を受け入れていないし、EFPの質ないし過去のTACを超えて漁獲する権利があるかも問題になっている(para.46)。また、本件は科学的評価にのみ関わる紛争であるとも言えない(para.65)。

2 紛争当事国は、この紛争がCCSBT上でのみ生じているのか、それとも国連海洋法条約上でも生じているのかで対立する。裁判所は、紛争当事国間の「真の紛争」が、その違反が主張されている条約に定める義務に合理的に関連するかを判断する。本紛争の核心的要素は、TAC改訂に合意できないこと、そして日本による一方的EFPに関連する。本紛争の主要な要素は、すべて委員会の中で取り上げられており、従って、本紛争に関わる当事国の主張はCCSBTの義務の実施に関するものである(paras.47-49)。

3 問題は、このような紛争が国連海洋法条約の規定にも関係するかである。ある特定の紛争が2つ以上の条約に関係することは認められ、条約の併存は、その実体的内容とともに、そこから生じる紛争の解決に関する規定についても見られる。CCSBTと国連海洋法条約の規定を見ても、前者が後者を完全に覆い隠した(eclipsed)とは言えない。従って、裁判所は、本紛争は、CCSBTを中心としつつも、国連海洋法条約上でも生じていると結論する。この結論は同条約311条2項、5項および条約法条約30条3項とも合致している(paras.50-52)。

4 裁判所の管轄権を認定するには、国連海洋法条約15部の諸規定をさらに検討する必要がある。281条1項が定める2つの要件、すなわち第1の当事国が合意する平和的解決手段により解決が得られなかったことは満たされているが、第2の他の手続の可能性を排除

していないことについては検討を要する。本紛争は、CCSBTと国連海洋法条約の両方のもとで発生している1つの紛争であり、CCSBT16条は、そのような紛争を当事国が選択する平和的手段により解決することを目指した規定である。そして、16条1項と2項の文言の通常の意味に従えば、たとえ明示的でなくとも、同条の意図するところは、全紛争当事国の合意がない紛争解決手続の適用を排除していると解される（paras.53-57）。

5　以上の結論は、以下の2つの考慮にも基づいている。第1に、国連海洋法条約の義務的管轄権がかなり広範囲に制限されており、その意味で、同条約は義務的管轄権に関する真に包括的なレジームを設立したとはいえない点である。このことは、国連海洋法条約281条1項が、同条約15部2節に定める義務的手続の適用をすべての紛争当事国が合意したときに限定することを許容しているとの結論を支持する（para.62）。第2に、海洋関係条約の多くが、明示的に、義務的紛争解決手続を排除しており、こうした実行は、281条1項に基づく合意により、15部2節の手続の適用を回避できるとする結論を確認する傾向にある（para.63）。

6　但し、裁判所は、国連海洋法条約とその実施漁業協定の当事国の行動があまりにもひどくまた重大な結果をもたらす危険がある場合に、特に国連海洋法条約300条を念頭においた場合、同条約上の義務が管轄権の基礎を提供することがあり得ることを指摘する。本件審理において、原告は、誠実に行為する義務に対する独立した違反があったとは主張していない（para.64）。

7　管轄権がないとの裁判所の結論より、国連海洋法条約290条5項に従い、国際海洋法裁判所が定めた命令はこの判決が下される日をもって失効する。しかし、このことにより、命令の効果やそれに従いとられた決定を無視して良いことにはならない。裁判所は、CCSBT16条に定める紛争解決手段の活用と、紛争当事国が本紛争を悪化させるような一方的行為を慎むことにより、成功裏に紛争が解決される可能性が高まることを強調する（paras.66-70）。

8　以上より、仲裁裁判所は、(1)本紛争の本案について裁定する管轄権を有さないこと（4対1）、(2)国際海洋法裁判所が下した暫定措置命令を本判決が署名される日をもって取り消すこと（全会一致）を決定する。

【論点】1　本件は、国連海洋法条約附属書Ⅶの下で設置された仲裁裁判所に係属した初めての事件であるのみならず、家屋税事件〔⇒153〕以来約100年ぶりに日本が国際裁判に主体的に関わった歴史的事件である。加えて、本紛争の内実は、食料の多くを領域外の資源に依存し、故に、生物資源に関して「科学的根拠に基づく持続可能な利用」を主張する日本の国策にも触れる問題であった。日本は、関係政府機関や学界が協力してこれに対処し、最終的には管轄権なしとの勝訴判決を得た。本件は、国際裁判に対する日本の今後の対応や姿勢を考える上でも重要である。

2　国際海洋法裁判所が発出した暫定措置については、特に、国連海洋法条約290条5項が定める緊急性に関する裁判所の判断、および、その理論構成の中に予防原則が採用されたかが問題となる。裁判所は、予防原則への明示的言及は避けながらも、命令要旨2のように述べて、みなみまぐろ資源の更なる悪化を回避するための緊急な措置を講じる必要性を肯定した。この判示につき、予防的アプローチを採用した証拠であるとする個別意見もあるが、現行TAC枠内での商業漁獲は原告も認めており緊急性はないとする反対意見もあり、上記判示の意義と一般化可能性については慎重な検討を要する。なお、「慎慮」という表現は、MOXプラント事件〔⇒131〕を含め、その後の国際海洋法裁判所の暫定措置命令でも使われている。

 3　仲裁裁判所判決については、国連海洋法条約紛争解決制度とその実施協定であるCCSBTの紛争解決条項の適用関係、および、その適用関係に影響を及ぼす紛争主題の特定が問題となる。裁判所は、条約の付託条項に基づく管轄権を認定する基準として、「真の紛争」の特定とその紛争の当該条約との合理的連関を挙げつつも（判決要旨2）、主要要素がCCSBTに関わる本紛争が国連海洋法条約上の紛争でもあるとする結論を導く際には、CCSBTと国連海洋法条約の「併存（parallelism）」をその理由として挙げている（判決要旨3）。この理由づけが充分であったか問題となろう。また、この裁判所の理由づけを前提に、更に、裁判所が、本件具体的事実と関連させてCCSBT16条を解釈することに留まらず、多くの海洋関連協定に定める任意的紛争解決手続により国連海洋法条約15部2節の適用が排除されうると一般的に述べたことにより（判決要旨5）、同条約上の強制的紛争解決制度の例外が広範に認められうる結果となった。このような判決の解釈が、国連海洋法条約の紛争解決制度の趣旨と合致するか、検討を要する。

 4　仲裁裁判所は、同一事項を規律する2つ以上の条約の適用関係について、一般論としては、特別法優位の原則（*lex specialis* rule）を認めつつ（para.52）、国連憲章55条等に規定される人権促進義務と個別の人権条約の関係を例に挙げて、枠組条約と実施条約について、後者が前者に常に優位するとの結論は導けないとの判断を示した。両立可能な相前後する条約の実体規定およびその紛争解決規定の適用関係は、条約法条約30条では必ずしも解決されておらず、今後の検討が必要となろう。

【参考文献】
高村ゆかり『基本判例50I』、特集「みなみまぐろ仲裁裁判事件」『国際法外交雑誌』100巻3号（2001）、高田映「仮保全措置—エーゲ海大陸棚事件—」『百選I』、田中則夫「みなみまぐろ事件」山手治之・香西茂編『現代国際法における人権と平和の保障』（東信堂、2003）、小松正之・遠藤久『国際マグロ裁判』（岩波新書、2002）、河野真理子「みなみまぐろ事件と海洋紛争の解決手続」栗林・杉原編『海洋法の主要事例とその影響』（有信堂高文社、2007）。

（柴田　明穂）

第13章

平和と安全の維持

156 国連のある種の経費事件(Certain Expenses of the United Nations (Article 17, Paragraph 2, of the Charter))

諮問機関　国際連合総会
裁判所　　国際司法裁判所
勧告的意見　1962年7月20日
出　　典　　ICJ(1962)151

【事実】　エジプトによるスエズ運河の国有化に対して、イスラエル、英、仏の軍隊がエジプト領内に侵攻した1956年のスエズ動乱(第2次中東戦争)において、国連総会(緊急特別総会)は、まず即時停戦決議を採択し、停戦が実現した後には国連緊急軍(UNEF)を派遣して、兵力の撤退や休戦ラインの監視にあたらせた。いわゆる平和維持活動(PKO)である。独立直後のコンゴで暴動が発生し、自国民保護を理由にベルギー軍が介入した1960年のコンゴ紛争でも、安全保障理事会が、コンゴ政府に必要な軍事援助を与える権限を国連事務総長に付与し、この授権に基づいて事務総長が、ベルギー軍の撤退促進やコンゴの治安維持などを任務としたコンゴ国連軍(ONUC)を設立し、派遣した。

　これらの平和維持活動の経費は、憲章第17条2項に基づき、毎年の総会決議で各加盟国に割り当てられていたが、平和維持活動は国連憲章がまったく予定していなかった活動で、その性格や権限・責任の所在が不明確であったため、中にはUNEFやONUCの合憲性に疑問を呈し、その経費を分担する義務の存在を否定する国も少なくなかった。そして、それらの加盟国による分担金支払拒否のため、国連は1961年末には深刻な財政危機に直面するようになったのである。そこで同年の国連総会は、決議1731(XVI)を採択して、「コンゴおよび中東における国連平和維持活動の財政に関して、加盟国が国連憲章の下で負う義務につき権威ある法的指針を得る」ため、UNEFおよびONUCの経費が憲章第17条2項にいう「この機構の経費」に該当するかどうかについて、国際司法裁判所に勧告的意見を求めることを決定した。なお、同決議の採択に際してフランスは、これらの平和維持活動に関する経費の支出が「憲章の諸規定に従って決定」されたかどうかについても意見を求めるという修正案を提出したが、投票の結果否決された。

【意見要旨】1　本件諮問事項は政治問題と絡み合っているから裁判所は意見を与えるべきではないとの主張が行われたが、国連憲章の解釈は法律問題である。裁判所が勧告的意見を与えることを拒否することができるのは、司法裁判所として「やむをえない理由」(compelling reason)がある場合だけであるが、本件ではそのような理由は存在しない。また、フランス修正案が否決されたことから、裁判所はUNEFおよびONUCの経費の支出を認め

た決議の合憲性の問題に立ち入るべきではないとする見解があるが、「諮問された問題に対する意見をまとめるに際して、裁判所は利用しうる一切の関連資料を審査する完全な自由を有しなければならない」(pp.155-157)。

2 諮問事項に関して、裁判所は第1に、憲章第17条2項にいう「この機構の経費」の範囲を検討し、次いでUNEFおよびONUCの経費がそこでいう「経費」に該当するかどうかを検討する。まず第1の問題については、同条2項にいう「この機構の経費」を1項の「予算」と同一視した上で、それらは国連の通常予算ないし行政的予算を指し、いわゆる活動的予算(operational budgets)を含んでいないとの主張があった。しかし、第17条3項で「行政的予算」という用語を用いていることからして、憲章起草者は行政的予算と活動的予算の区別を知っていたのであり、もし、1項の「予算」を行政的予算に限定するつもりであったなら、当然そのような限定句が付加されていたはずである。また、総会は、第1会期で採択された国連避難民機関憲章では行政的予算と活動的予算を区別していながら、1950年に採択した国連の財政規則ではこうした区別を導入しなかったし、国連の予算には、当初から、技術援助や経済開発、社会活動の経費など、行政的予算とは分類できないような経費が含まれている。したがって、第17条1項にいう「予算」を限定的に解する根拠はなく、2項にいう「経費」も、国連のすべての経費を含むものと解される(pp.159-160)。

3 第17条2項にいう「この機構の経費」が国連の行政的経費に限られるという見解は、総会と安全保障理事会との権限関係を根拠としても主張された。すなわち、国際の平和および安全の維持のための活動から生じた経費は、もっぱら安全保障理事会によって、とくに憲章第43条に従って交渉される特別協定を通じて処理されることになっており、総会が加盟国に割り当てる「この機構の経費」には含まれないと論じられた。また、総会の権限は討議、審議、研究、勧告に限られているから、総会はその勧告の実施から生じる経費を支払うべき義務を課すことはできないとも論じられた(p.162)。そこで裁判所は、国際の平和と安全の維持に関する総会と安全保障理事会の任務を検討する。

(1) 憲章第24条により、安全保障理事会は国際の平和と安全の維持に関して「主要な」責任を負っているが、それは「排他的な」責任ではない。総会もまた国際の平和と安全の維持に関して一定の権限を有しており、その中にはある種の行動を勧告する権限も含まれる。

(2) 憲章第11条2項末文は、「行動を必要とする」問題は安保理に付託すべきことを定めているが、そこでいう「行動」は憲章第7章に基づく強制措置を意味しており、強制行動以外の行動であれば総会が勧告することも可能である。

(3) UNEFおよびONUCの活動は強制行動ではないから第43条の適用はないが、仮に適用があるとしても、経費の一部を国連の負担とする旨取り決めることは可能であり、その場合には、国連の負担とされた経費は「この機構の経費」の一部を構成し、第17条2項に

より総会が加盟国に割り当てることができる(pp.163-164)。

　以上の理由により、国際の平和と安全の維持に関しては総会の予算権限が制限されているという見解は支持できない(p.165)。

　4　UNEFおよびONUCの経費が「この機構の経費」に該当するかどうかは、それが国連の目的を実現するためになされたものかどうかによって決定される。ただし、国連が国連の目的の1つを達成するために適当と考える行動をとった場合には、一応それは国連の権限内の行動と推定されなければならず、また、それが内部的には権限のない国連機関によってとられた行動であったとしても、それがためにその行動に要した費用が「この機構の経費」でなくなるわけではない。そうして、国連には国連機関の行為の有効性を決定する手続がなく、少なくとも第1次的には各機関が自からの管轄権を決定しなければならないから、たとえば安全保障理事会が国際の平和と安全を維持するためにある決議を採択し、その委任または授権に基づいて事務総長が財政上の支出を行う場合には、その支出は「この機構の経費」と推定されなければならない(pp.167-168)。

　5(1)　そこでUNEFについてみてみると、同活動は関係国の同意の下に行われ、かつ強制を任務としていないから、第7章に基づく強制行動ではない。他方でこの活動は、事態の平和的解決を促進し維持するという、国連の主要な目的を達成するための活動であることは明白であるから、その経費は第17条2項にいう「この機構の経費」とみなされなければならず、実際に毎年の総会でもそのように取り扱われてきた(pp.171-172)。

　(2)　ONUCもまた、特定の国に対する防止行動または強制行動を伴うものではなく、したがって、第11条2項にいう「行動」には該当しないが、明らかに国際の平和および安全を維持するための行動ではある。ONUCに参加する国を安全保障理事会ではなく、事務総長が決定したことが憲章に違反するとの意見があるが、事務総長の行動は、安全保障理事会および総会のその後の決議で繰り返し承認されている(pp.175-177)。総会決議1619(XV)は、ONUCの経費が「通常予算に掲げられた機構の経費とは本質的に異なった性質をもつ」としているが、それは、通常予算とは異なった分担比率が必要であることを指摘したものであって、加盟国に割り当てられるべき「この機構の経費」であることを否定したものではない(pp.178-179)。

　以上の理由により、裁判所は、9対5の多数で、UNEFおよびONUCの経費を憲章第17条2項にいう「この機構の経費」に該当すると結論する(pp.179-180)。

【論点】1　国連の平和維持活動は、冷戦期の国連において、武力紛争を沈静化し、あるいはその拡大・再発を防止する方策として重要な役割を果たしてきたが、国連憲章の予定していない活動であったため、その性格や法的根拠、設立・指揮・監督の権限の所在などが

不明確であった。とくに、国際の平和と安全の維持に関して総会がどのような権限を有し、安全保障理事会といかなる権限関係にあるのかは、1950年の「平和のための結集」決議との関係でも争われてきた論点であって、本意見の重要性は、これらの懸案事項に対して国際司法裁判所が一定の見解を示した点にある。

2　本意見において国際司法裁判所は、国際の平和と安全の維持に関する安全保障理事会の責任は「主要な」ものではあるが「排他的な」ものではないとして、総会の権限を広く認める立場をとった。「行動」を必要とする場合には問題を安全保障理事会に付託するよう定めた憲章第11条2項末尾の規定についても、そこでいう「行動」とは憲章第7章に基づく強制行動のことであるとして、強制行動以外の行動を総会が勧告することは可能であるとした。

もっとも、本意見が、国連の行動の合憲性判断の基準をもっぱら国連の目的との適合性に求め、国連の目的の1つを達成するための行動であれば、その費用はすべて「この機構の経費」となりうるとした点については、国際機構の権限を広げ過ぎるとの批判がある。この点に関して裁判所は、1949年の国連の職務中に被った損害の賠償事件〔⇒30〕では、憲章上明文で規定されていなくても、解釈によって導かれる黙示の権限が認められるとの見解(黙示の権限説)をとっていたが、本意見では、明文で禁止されていない限り、目的達成に必要なすべての行動をとることができるとの立場(固有の権限説)を採用したわけである。しかし、国連は超国家機構ではないから、設立文書(国連憲章)で定められた目的を、設立文書で認められた手段・方法で達成するのが原則であって、設立文書で禁止されていなければ、目的達成のためどんな行動でもとりうるというのは行き過ぎというべきであろう。

3　UNEFおよびONUCの性格については、本意見は、それらが関係国の同意を得て行われていることや、その任務が強制を目的としていないことを指摘して、第7章に基づく強制措置とは別のものであるとした。そして、ONUCについてはその法的根拠を明示しなかったが、UNEFについては、憲章第14条に基づいて勧告された「措置」という見方を示した。もっとも、憲章第14条は、条約などが現実に合わなくなった場合にその修正・調整を関係国に勧告しようという、いわゆる平和的変更を意図した規定で、平和維持活動の法的根拠としては、総会または安全保障理事会の一般的権限や「後に生じた慣行」の理論をもち出すのが普通であったから、UNEFを第14条に基づく措置とする裁判所の見解は、かなり目新しいものであった。

4　国連総会は、1962年12月19日、本意見を受諾するとの決議1984A(XVII)を採択した(賛成76、反対17、棄権8)が、ソ連やフランスなど一部の諸国はその後も分担金の支払を拒否し続けた。しかし、国連の財政危機は、1965年に、国連が赤字を補填するための債券を発行し、それを国連の通常予算で償還するという形で収拾され、また、平和維持活動も1960年代後半以降国連の活動スタイルとして次第に定着していったため、その性格や法

的根拠、設立・指揮・監督権限の所在をめぐる論争も下火になった。ちなみに、本意見付与後に実施された平和維持活動は、1962年の西イリアン国連保安隊を除いて、すべて安全保障理事会決議によって設立、派遣されている。しかし、これらの論点をめぐる意見の対立は解消されたわけではなく、いわゆる冷戦の終結後、平和維持活動の任務が多様化し、一部には武力行使の権限を授けられた平和維持活動まで登場してきたことから、あらためてその性格や法的根拠などが議論されるようになっている。

【参考文献】
中村順一『高野判例』、宮崎繁樹『宮崎基本判例』、香西茂『ケースブック』、横田洋三『判決・意見Ⅰ』、香西茂『国連の平和維持活動』(有斐閣、1991)115-146頁、古川照美・佐藤哲夫『百選Ⅰ』208頁、位田隆一『百選Ⅱ』、森田章夫『基本判例50Ⅱ』。

(松田　竹男)

157　ニカラグア事件(Case concerning Military and Paramilitary Activities in and against Nicaragua)

当　事　国	ニカラグア v. 米国
裁　判　所	国際司法裁判所
判　　　決	(a) 管轄権・受理可能性 1984年11月26日
	(b) 本　案 1986年6月27日
出　　　典	(a) ICJ(1984) 392
	(b) ICJ(1986) 14

【事実】　1979年7月にニカラグアで、反政府組織サンディニスタ国民開放戦線がソモサ大統領一家の43年にわたる独裁体制を倒して左翼革命政権を発足させた。1981年1月に発足した米国のレーガン政権は、ニカラグア政府による隣接諸国、とくにエルサルバドルの反政府勢力に対する軍事的支援などを理由に、ニカラグアの反政府武装組織「コントラ」を積極的に支援するようになった。

米国は、1983年9月から翌年4月にかけて、コントラに対する軍事的支援も強化し、中央情報機関(CIA)の指令と支援を受けたグループがニカラグアの水域に敷設した機雷でニカラグア人が死傷し、第三国の船舶も被害を被った。同国の港湾や石油貯蔵施設への攻撃と偵察飛行による領空侵犯なども行われた。

ニカラグア政府は、1984年3月に自国への侵略行為が激化しているとして、国連安全保障理事会に訴えた。しかし、ニカラグア水域における機雷敷設を国際法違反として非難する決議案は、4月4日の理事会で米国の拒否権行使によって否決された。4月9日にニカラグア政府は、国際司法裁判所に訴訟を提起し、次のような請求を行った。

①米国は、コントラの募集や訓練、装備、財政援助および軍事的・準軍事的活動を行って、国連憲章と条約上・慣習国際法上の義務に違反した。②武力行使を禁止した国連憲章第2条4項などに違反している。③一般・慣習国際法に違反して自国の主権を侵害している。④自国に対して武力による威嚇と行使をしている。⑤自国の内政に干渉している。⑥公海の自由を侵害している。⑦平和的な海上通商を妨害している。⑧自国民を殺傷し、誘拐している。⑨米国は、これらをただちに中止し、損害賠償を支払う義務がある。

【判決要旨】(a)1　ニカラグアは、裁判所の管轄権の基礎として両当事者の裁判所規程第36条2項に基づく強制管轄権の受諾宣言に依拠した。同国は、常設国際司法裁判所規程第36条2項に基づく自国の受諾宣言と、同規程に基づき、なおも効力をもつ宣言の継続性を認める現行規程第36条5項を援用した。申述書では、両国間の1956年の友好通商航海条約(以下、1956年条約と略称)を独立の管轄権の基礎として援用した(para.12)。

ニカラグアは、1929年に常設裁判所規程の署名議定書に署名し、無期限の受諾宣言を行ったが、連盟事務局には同議定書の批准書を寄託した記録はなかった。しかし、同国は、1945年9月に国連憲章を批准して国連の原加盟国になり、同年10月24日に憲章と一体をなす国際司法裁判所規程が発効した。1946年の米国の受諾宣言は、多数国間条約に関する紛争などを留保していたが、5年間有効でその後は6ヵ月の予告で廃棄されるまで効力をもつとしていた。同国政府は、1984年4月6日の書簡で国連事務総長に自国の宣言が中南米の紛争に適用されず、これは直ちに実施され、2年間効力をもつと通告した (paras.13-16)。

　ニカラグアの宣言は、現行規程の発効時には有効であったが、同国は、常設裁判所規程の署名議定書の批准書を寄託しておらず、規程の当事国ではなかったことを認める。同国の1929年の受諾宣言は、裁判所規程第36条5項が生じさせる拘束力をもたなかった。しかし、同国が新規程の発効までに旧規程の署名議定書の批准書を寄託すれば拘束力が生じたし、宣言は無条件だったので、無期限の潜在的効力をもっていた (paras.25-27)。

　現行裁判所規程の起草者の主要な関心は、先行裁判所との最大限の継続性を確保することであった。旧裁判所から新裁判所に権限を委譲する制度は、規程第36条5項に以前は拘束力のなかった宣言を含める解釈を支持する。ニカラグアは、裁判所の年報などで強制管轄権の受諾国として扱われており、1929年の宣言の拘束力を認めることへの同国の継続的な黙認は、規程第36条2項に基づく裁判所の強制管轄権を認める有効な方法を構成し、同国が米国に対して「同一の義務を受諾する国」であると結論するのが正しいと判断する (paras.32-35,36-38,39-43,47)。

　2　1984年の米国の通告の効果に関するもっとも重要な問題は、同国が1946年の宣言に付した6ヵ月の通告条項を無視できたか否かである。米国は、自国の宣言を修正したり、終了させる権利を保持したが、いかなる変更も通告の日から6ヵ月後に効果をもつと示すことにより、選択条項を受諾する他国に対して免れ得ない義務を負ったのである。したがって、1984年の通告は、本件において同一の義務を受諾する国であるニカラグアとの関係で、米国の裁判所の強制管轄権に従うべき義務を無効にはできない (paras.61,65)。

　3　米国は、自国の宣言の多数国間条約に関する留保にもかかわらず、ニカラグアが国連憲章や米州機構憲章などの4つの多数国間条約を援用したと指摘する。しかし、ニカラグアは、その主張を多数国間条約の違反のみに限定せず、むしろ米国が違反したとする複数の慣習国際法の原則を援用しており、たんにこれらの原則が援用された条約に含まれているという理由で、ニカラグアの請求を却下することはできない (paras.68,73)。

　4　ニカラグアは、申述書で米国による1956年条約の違反も申し立てている。同国が提訴した事情や主張する事実から、両国間に同条約の解釈または適用に関する紛争が存在する。したがって、同国の請求が条約の解釈または適用に関する紛争を構成する範囲で請求

を受理する管轄権をもつと裁定する(paras.77,82,83)。

5 米国は、答弁書で(次のものを中心とする)5つの根拠からニカラグアの請求は受理できないと主張した。本件の紛争は、国連安全保障理事会の権限に属する武力行使に関係し、国連体制におけるその地位から裁判所は、憲章第51条に基づく自衛権行使の問題を受理できないし、進行中の武力紛争を扱うべきではない。しかし、裁判所の見解では、安全保障理事会に係属している事実は、問題の扱いを妨げるべきではない。2つの手続は並行して行えるし、ニカラグアの請求は、紛争の平和的解決をめざすものであり、適切に機構の主要な司法機関に付託されている(paras.84,86,89,91,93-98,99,102)。

6 以上の理由により、裁判所は、①(i)規程第36条2項および5項に基づいて、ニカラグアの請求を審理する管轄権をもつと裁定する(11対5)。(ii)両国間の1956年条約第24条に基づいて、同条約の解釈または適用に関する紛争に関する請求を審理する管轄権をもつと裁定する(14対2)。(iii)本件を審理する管轄権をもつと裁定する(15対1)。②ニカラグアの請求が受理可能であると裁定する(全員一致)(para.113)。

(b)1(1) 裁判所は、次の事実が確定していると裁定する。1983年末から翌年初めに、米国大統領が政府機関(CIA)にエル・ブルッフ港やコリント港などへの機雷の敷設を許可し、同機関に雇われ、指令された者が機雷を敷設したこと、米国が敷設した機雷の存在や位置について警告せず、機雷の爆発で人的・物的損害が発生し、保険金額を高騰させたことである。プエルト・サンディーノの海底油送管の爆破、コリント港やポトシ海軍基地、サンファン・デル・スール石油施設の攻撃、偵察飛行による領空侵犯、超音速飛行の衝撃波、ニカラグア国境付近での軍事演習なども確定している(paras.80,81,86,87,91,92)。

(2) 米国政府がコントラの軍事的・準軍事的活動に財政支援を与えたことは、完全に立証された事実であり、同当局がコントラに大規模な資金供与をして、訓練、装備、武装および組織したことは立証されたと裁定する。米国は、コントラの行為に責任はないが、ニカラグアに対する米国自身の行為に責任を負う。米国のCIAは、1983年にニカラグア文民への発砲、役人などの「無害化」を奨めた『ゲリラ戦における心理作戦』などの手引書を作成し、コントラに供与した。米国大統領は、1985年5月に「国家緊急事態」に関する行政命令で、ニカラグアとの輸出入と同国船舶の米国への寄港の禁止、同国航空機の米国からの発着の締め出しなどの全面的な禁輸を宣言した(paras.99,106-108,116,122,125)。

2(1) 1979年7月から1981年の初期まで、ニカラグアの領土を経由してエルサルバドルの反政府武装勢力への断続的な武器の流入があったことを認める。他方、この時期以降の支援の継続やいずれの時期においても、武器の流入についてニカラグア政府の責任を認定するには証拠が不十分である。1982年から1984年までのホンジュラスとコスタリカ領土への越境軍事侵入が行われた事実が確定していると判断する(paras.160,164)。

(2) エルサルバドルなどを保護すべく集団的自衛権を行使して行動したとの米国の主張を考慮して、これらの国が援助を要請したか検討しなければならないが、要請が行われた証拠はない。慣習国際法上、自らを武力攻撃の犠牲国とみなす国家の要請がない場合に、集団的自衛権の行使を容認する規則はない。犠牲国の要請という要件は、攻撃されたと自ら宣言すべき要件に追加される。エルサルバドルは、武力攻撃の犠牲国であると宣言したが、米国が行動を開始したはるか後であり、ホンジュラスとコスタリカは、武力攻撃や集団的自衛権に言及していない。本件では、集団的自衛権行使のための不可欠な要件が充足されていないので、米国の活動が必要性と均衡性の規準に従って行われていても合法的なものにならないが、その行動は必要性と均衡性の要件にも合致しない。したがって、米国が自らの行為を正当化すべく主張したエルサルバドルなどに対する武力攻撃に対する集団的自衛権の抗弁は、是認されず、武力による威嚇や行使を禁止する原則に違反したと結論する (paras.165-166,199,232-234,237-238)。

3 エルサルバドルの反政府勢力に対するニカラグアの武器供与は、慣習国際法上、武力攻撃を構成すると判断できない。この活動は、武力不行使原則の違反を構成する違法な内政干渉であるが、武力攻撃ほど重大ではない。武力攻撃は、集団的自衛権を生じさせるが、それほど重大でない武力行使は、武力行使を含む集団的な対抗措置をとる権利を創設しない。ニカラグアの行為が立証された場合に、エルサルバドルなどの犠牲国の均衡のとれた対抗措置を正当化するにすぎず、第三国である米国の対抗措置、とくに武力行使を含む干渉を正当化しない (paras.211,230-231,249)。

4 国際法上、一国が他国を強制するために自国政府を転覆する目的をもつ他国の武装集団を支持し、援助する場合には、この支持や支援を与える国の政治目的のいかんにかかわらず、他国に対する干渉になる。したがって、米国が資金供与や訓練、武器の補給、情報・兵站支援によってコントラの軍事的・準軍事的活動に与えた支援は、不干渉原則の明白な違反を構成する。コントラに対する支援は、ニカラグアの港湾や石油施設などへの直接攻撃と同様に、違法な武力行使になるだけでなく、同国の領域主権の侵害も構成する (paras.241,242,251-252)。

5 米国は、ニカラグアの港湾に敷設した機雷の存在や位置について警告や通告をしなかった。1907年の自動触発機雷の敷設に関する条約は、戦時にも機雷の敷設を通告する義務を定めている。平時に他国の領水に機雷を敷設することはもちろん違法である。外国船舶が入港権や通航権をもつ水域に機雷を敷設して警告や通告をしなければ、1907年の第8条約に基づく人道法原則の違反になる。米国は、『ゲリラ戦における心理作戦』の手引書を作成して配布したが、裁判官や警察官などを「無害化」する助言は、ジュネーブ条約第3条に違反する。手引書の刊行と配布も国際人道法の一般原則の違反を奨励するものであ

る(paras.215,216-218,254-255)。

6 ニカラグアは、米国が1956年条約の趣旨や目的を破壊し、内容のないものにしたと主張したが、米国の行動が同条約第21条の「本質的な安全保障上の利益を守るために必要な措置」か否かを決定しなければならない。裁判所は、米国のすべての行為が条約の趣旨や目的を破壊するとはみなせないが、港湾や石油施設への攻撃、機雷の敷設などの活動は、二国間協定の精神を掘り崩すと判断する。1985年5月の全面的禁輸のような通商関係の突然の破棄は、条約の趣旨や目的を無効にしない義務に違反する。米国の機雷敷設は、条約第19条で保障する航行や通商の自由と矛盾し、ニカラグアの損害の主張を正当化する。機雷敷設や港湾の攻撃などは、「必要な」ものとして正当化できない(paras.270,272,275,279-282)。

7 ニカラグアは、自国への賠償支払と次の手続での賠償額の決定、直接の損害として暫定的に3億7020万ドルの支払を認める判決を求めている。しかし、同国の要請を手続の次の段階で決定するのが適当であると判断する。裁判所に中間判決を行う権限があるとしても、当事者間の交渉による解決を妨げる行動を差し控えるべきである。裁判所は、すでに検討した禁止的な諸原則を補足する紛争の平和的解決に関する原則を想起し、両当事者に対して、中米における紛争の確定的で永続的な平和の追求において、コンタドーラ・プロセスに協力する必要性を喚起する(paras.283,284,285,290-291)。

8 以上の理由により、裁判所は、①本件の審理で米国の受諾宣言の「多数国間条約留保」の適用を求められると決定する(11対4)。②米国のニカラグアに対する軍事的・準軍事的活動に関する集団的自衛権行使の抗弁を却下する(12対3)。③米国が資金供与や訓練、武器、情報提供、激励などにより、コントラの軍事的・準軍事的活動を支援して慣習国際法の不干渉原則に明白に違反したと決定する(12対3)。④米国がプエルト・サンディーノやコリント、ポトシ海軍基地などのニカラグア領土に対する攻撃、および③の干渉行為により、国連憲章第2条4項にも含まれている武力行使禁止の慣習国際法の原則に違反したと決定する(12対3)。⑤米国がニカラグアの領空飛行の指示または許可、および④の行為により、他国の領域主権を尊重すべき慣習国際法の原則に違反したと決定する(12対3)。⑥米国がニカラグアの領水への機雷の敷設により、武力不行使原則と不干渉原則および外国船舶の港湾の利用権を侵害し、交通・海上通商の自由の原則に違反したと決定する(12対3)。⑦米国が⑥の行為により、1956年条約第19条の義務に違反したと決定する(14対1)。⑧米国が⑥でいう機雷の存在と位置を告知せず、これに関する慣習法原則に違反したと決定する(14対1)。⑨米国が『ゲリラ戦における心理作戦』の手引書を作成、配布して、コントラによる国際人道法の一般原則の違反を助長したと裁定する(14対1)。⑩米国が④のニカラグアの領土に対する攻撃や同国との全面的な禁輸宣言により、1956年条約の趣旨や目的を

奪うことを目論む行為をしたと決定する(12対3)。⑪米国が④のニカラグア領土に対する攻撃と同国との全面的な禁輸宣言により、1956年条約第19条の義務に違反したと決定する(12対3)。⑫米国が上記の法的義務に違反するすべての行為をただちに中止し、差し控える義務を負うと決定する(12対3)。⑬米国が慣習国際法に基づく義務の違反によりニカラグアに与えたすべての損害につき、賠償する義務を負うと決定する(12対3)。⑭米国が1956年条約の違反によりニカラグアに与えた損害につき、賠償する義務を負うと決定する(14対1)。⑮損害賠償の性質と総額は、当事者間で合意しない場合、裁判所が次の段階で決定すること、そのための以後の手続を留保することを決定する(14対1)。⑯両当事者に対し国際法に従って平和的手段による紛争の解決を求める義務を想起させる(全員一致)(para.292)。

【論点】1　本件の重要問題の1つは、裁判所が選択条項に基づく強制管轄権をもっていたか否かで、判決はこれを容認した。しかし、ニカラグアの常設裁判所規程当事国としての地位を否定しつつ、1929年の受諾宣言の「潜在的効力」を認め、現行規程第36条5項により拘束力をもつことになったという論理は理解しにくい。裁判所の判断には同項の英語とフランス語の異なる文言の解釈問題が絡んでおり、条約法条約の解釈規則、とくに異なる言語を用いた条約の解釈に関する同条約第33条との整合性の検討も必要である。

　2　米国が進行中の武力紛争は裁判になじまず、政治的性格の強い紛争を司法判断の対象にすべきではないと請求の受理可能性を争ったため、本件は、紛争の「裁判適合性」(justiciability)に関する古典的な問題を提起した。裁判所は、本件紛争には法的・政治的な2つの側面があり、法的側面を扱うことで適切に司法的任務を遂行できるという従来からの立場を貫いた。妥当な判断であり、この問題の重要な先例に加えられよう。

　3　裁判所は、本件でとくに重要性をもった武力不行使と不干渉の原則の存在を確認するにあたり、諸国の法的信念を国家実行で確認する必要性を強調して、1970年の友好関係原則宣言に関する国連総会決議や米州機構の決議などを当事者と諸国の法的信念を示す証拠として扱った。しかし、諸決議が諸国の国家実行と法的信念を確実に反映するかどうかには議論があり、さらに具体的、実証的に検討される必要があろう。

　4　判決は、集団的自衛権行使の要件として、必要性と均衡性に加えて犠牲国の(1)武力攻撃を受けたという宣言と(2)正式な援助の要請をあげた。しかし、後者の2要件が慣習国際法上、または国連憲章上確立していたことを論証していない。援助の要請については、米州相互援助条約の規定をあげているが、同条約でも集団的自衛権行使の要件としているわけではない。判決が武力攻撃とそれにいたらない武力行使に分け、前者の場合に限り自衛権の行使を認めたことで、自衛権行使の要件論に大きな影響を及ぼすことになった。裁

判所の自衛権の濫用に対する考慮も指摘されている。いずれにしても、本件は、武力行使と武力攻撃、自衛権に関するリーディングケースであり、これらに関する裁判所の判断は、大きな議論を呼んだが、オイル・プラットフォーム事件〔⇒158〕やコンゴ領域の軍事活動事件(2005)の判決、核兵器使用の合法性事件〔⇒163〕とパレスチナ占領地における壁構築の法的効果事件〔⇒165〕の勧告的意見などにおいて、ほぼ受け継がれている。

5 裁判所は、一国の違法な武力行使を伴う不干渉原則の違反行為があっても、対抗措置をとれるのは犠牲国だけで、しかも均衡した措置でなければならないとした。第三国による武力を用いた対応も武力攻撃がある場合に限定した。均衡性の要求は、当然であり、判決には第三国の介入を制限して紛争を局限化する効用も認められる。ただ、犠牲国に有効な対抗措置をとる能力がない場合、その要請があっても第三国は、非軍事的な支援しかできないとすれば、前者が大きな犠牲を強いられる可能性もある。

6 本件では、エルサルバドルの訴訟参加が実現せず、また被告国アメリカの本案段階における不出廷(欠席)もあり、実体を正確に示すことはできないものの、そのような事情が裁判所の判断に少なからぬ影響を及ぼしたように思われる。

7 ニカラグアは、1986年6月と7月に国連安全保障理事会に米国の判決不遵守問題を提訴した。理事会では、判決の遵守を求める決議案が2度提出されたが、いずれも米国の拒否権行使で否決された。問題は、総会で審議され、1989年までに判決の遵守を求める4つの決議が採択されたものの、米国が無視した。ニカラグアは、1987年9月7日に裁判所に賠償額の算定手続の開始を求め、112億1600万ドルの損害額の申立をしたが、米国が応じなかった。同国では、1990年に米国が支援したチャモロ政権が成立し、1991年9月12日の裁判所宛書簡で請求の取り下げと総件名簿からの削除を要請した。裁判所は、要請を歓迎する米国の書簡を受領後、9月26日の命令で事件を総件名簿から削除した。

【参考文献】
小和田恒「ニカラグァに対する軍事的活動事件(国際司法裁判所判例評釈)」『国際法外交雑誌』83巻6号(1985)、85巻4号(1985)、杉原高嶺「ニカラグアに対する軍事的活動事件―エルサルバドルの訴訟参加の宣言」『国際法外交雑誌』87巻5号(1988)、89巻1号(1990)、牧田幸人『セミナー』、安藤仁介「ニカラグア紛争と司法的解決」『国際問題』339号(1988)、松井芳郎「国際社会における力の支配と法の支配」『アジア・アフリカ研究』28巻1号(1988)、関野昭一・広部和也『判決・意見Ⅱ』、植木俊哉『法学教室』75号(1986)、山本草二『百選Ⅰ』、松田竹男『百選Ⅰ』、東泰介「『ニカラグア事件』判決の不遵守問題と国際連合の対応」『EX ORIENTE』7巻(2002)、玉田大『百選Ⅱ』、浅田正彦『百選Ⅱ』、森肇志『基本判例50Ⅰ』、同『基本判例50Ⅱ』。

(東　泰介)

158　オイル・プラットフォーム事件(Case Concerning Oil Platforms)

当　事　国　イランv. 米国
裁　判　所　国際司法裁判所
判　　　決　(a) 管轄権　1996年12月12日
　　　　　　(b) 反訴受理　1998年3月10日
　　　　　　(c) 本　　案　2003年11月6日
出　　　典　(a) ICJ(1096)803　(b) ICJ(1998)190　(c) ICJ(2003)161

【事実】　1980-88年の「イラン・イラク戦争」に際して、両国間の戦闘の範囲は次第に拡大し、84年頃からはペルシャ湾を航行する中立国船舶にも影響が及ぶようになった。本件で問題になったイランのオイル・プラットフォーム(国有の沖合石油採掘精製施設。以下「OP」と略称)3基に対する米国の攻撃は、こうした状況下で行われたものである。米国は、87年10月16日に米国国旗を掲げたタンカー Sea Isle City号がクウェート領海内でイランからのミサイル攻撃を受けたことを理由に、同月19日にイランのレシャダット(Reshadat)のOPを攻撃し破壊した。さらに88年4月14日には、バーレン沖公海上を航行中の米国軍艦Samuel B. Roberts号がイランによる機雷攻撃を受けたと称して、4日後の18日、ナズル(Nasr)とサルマン(Salman)のイランのOP2基を攻撃し破壊した。

　イランは1992年11月2日、上記の米国の行為が1955年「米国・イラン間の友好・経済関係及び領事条約」(以下「1955年条約」と略称)の諸条項および国際法の「基本的な違反」を構成するとして、同年条約21条2項(裁判条項)を援用して国際司法裁判所に提訴した。これに対し、米国は答弁書で裁判所の管轄権を争う先決的抗弁を行ったが、裁判所は96年12月12日の判決で、OPの破壊行為が1955年条約適用の対象外であるとする米国の抗弁を退け、本件についての裁判所の管轄権を確認した。もっとも、米国の提出した答弁書には、「イランが1987-88年にかけペルシャ湾で行った一連の行動、なかんずく米国旗を掲げ、または米国人所有の船舶に対する機雷敷設その他原告による攻撃」に関する反訴が含まれていた。そこで裁判所は、98年3月10日の命令で、この反訴が本訴と直接関連する申立として受理し、本訴と併合して審理した。当事者の最終申立は、要旨以下のとおり。

　イランの申立　(1)米国のOPに対する両度の攻撃・破壊の行為は1955年条約10条1項に基づく義務違反を構成する。(2)米国は条約義務違反と損害に対し賠償支払の義務を負い、その他の救済措置が取られるべきである。

　米国の申立　(1)イランがペルシャ湾で行った機雷やミサイルによる船舶攻撃は、米国・イラン間の通商・航海を危険に陥れるもので、1955年条約10条1項の義務に違反する。(2)イランは米国に対し賠償支払いの義務を負う。

【判決要旨】1　本件におけるイランの申立は、米国によるイランのOP攻撃によって両国間の通商の自由が侵害されたと主張するものである。したがって裁判所の任務は、両国間の通商の自由を定めた1955年条約の10条1項に違反するかどうかを確定することにあり、条約10条1項の解釈・適用の問題である。他方、米国の主張によれば、同条約の20条1項(d)は、「締約国が…本質的な安全保障上の利益を保護するために必要な措置」を取ることを排除しない旨を定めており、米国は自己の行動を正当化する条約上の決定的な根拠として、20条1項(d)の規定を援用する。これらの規定のうち、いずれを先に取り上げるかの優先順位については、裁判所は自らの裁量権を行使して、まず条約20条1項(d)の解釈・適用から始めるのが適当と考える。この紛争はもともと、米国のOP攻撃が武力行使に関する国際法の原則に照らして合法かどうかをめぐって生じたのであり、米国は当初から自らの行動を自衛行動として正当化していたからである。米国が防御として援用する20条1項(d)にいう措置には武力行使も含まれると想定される。その場合、当該措置が国際法の定める条件を満たしているかの判定に服さねばならない。したがって、裁判所の管轄は、条約20条1項(d)の解釈・適用に当たり、必要に応じて、米国の行動が国際法(国連憲章および慣習国際法)に照らして合法な武力行使にあたるか否かの認定にも及ぶと考える(para.40)。以下に、2度に亘る米国のOP攻撃の合法性をそれぞれ検証する。

2(1)　米国によれば、OPに対する1回目の攻撃は、米国に対するイラン軍による一連の違法な武力攻撃、とくに米国旗を掲げたSea Isle City号へのミサイル攻撃に対してとられた自衛行為である。この米国の主張は集団的自衛権でなく、個別的自衛権として援用されている。そこで米国が立証しなければならないのは、①米国に対する攻撃がイランの責任に帰せられること、②攻撃の性質は、国連憲章51条に明記され、武力行使に関する慣習法上理解された「武力攻撃」に相当すること、③米国のOP攻撃が、自国の受けた武力攻撃に対して「必要性」と「均衡性」の基準を満たしていること、④被害を受けたOPは、自衛権行使の対象として正当な軍事目標(military target)であったことの諸点である。しかし、裁判所は提出された証拠を慎重に検討した結果、Sea Isle City号に対するミサイル攻撃がイランの責任だったとする証拠は十分でないと考える。また仮に当該事件の責任の帰属問題を留保するとしても、同船を含む一連の行為全体としてみて、これらの行為が米国に対する「武力攻撃」に相当すると認定することは困難である。

(2)　米国によれば、2度目のOP攻撃は国際法上の自衛権行使であり、ペルシャ湾での米国軍艦Samuel B. Roberts号の触雷事件を始め、イランが同水域で米国船舶に加えた一連の攻撃に対して取られた措置という。しかし裁判所は、米国の攻撃が単にOPを対象とする行動ではなく、「蟷螂(かまきり)作戦」と名づけられたイラン船舶(軍艦2隻を含む)に対するより大規模な武力行使の一環であったことに注目する。さらに機雷敷設は、当時「イラ

ン・イラク戦争」の交戦国双方の側から行われていた。したがって問題は、米国軍艦の触雷事故が果たしてイランの敷設した機雷によるものであるか否かである。米国のあげた証拠はイランの敷設した機雷であったことを暗示はしても、決定的な証拠ではない。2度目のOP攻撃の場合、米艦Roberts号以外に、米国旗を掲げた船舶へのイランの攻撃は報じられていない。米艦1隻の触雷事件だけでも自衛権発動の原因になることを否定はしないが、しかし、米艦の被害の責任の帰属が不明であることを含め、当時の状況から判断して、裁判所は、米艦の触雷事件がイランの米国に対する「武力攻撃」を構成するとは考えない (paras.65-72)。

本件では、ある行為の「必要性」の問題は、自衛に関する国際法の一基準として生じるし、また上述のように、1955年条約の20条1項(d)の規定、すなわち何れかの締約国が「本質的な安全保障上の利益を保護するために必要な…措置(を取ること)を…排除しない」という文言としても生じる。そこで裁判所は自衛権に関する国際法の文脈での「必要性」と「均衡性」の基準に目を向けることにする。これらの基準の一側面に、自衛行為の対象物の性格の問題がある。裁判所は「Reshadat OPには軍隊が駐留し軍事目的に使用されていた」という米国側の主張は、証拠が十分とは認定できず、またSalmanとNasrのOPについては、何らの証拠も提出されなかった。しかし、例えこれらの主張が認められたとしても、裁判所はOPに対する攻撃が自衛行動として正当化できるとは考えない。Sea Isle City号へのミサイル攻撃事件でも、米国軍艦の触雷事件についても、裁判所はイランのOPへ加えられた攻撃には、両事件に対する米国の対応として「必要性」があったとは考えない。つぎに、「均衡性」の基準であるが、1987年10月19日の攻撃については、仮にそれがSea Isle City号に対してイランが行った武力攻撃への対応として「必要性」があったと裁判所が認めたならば、OP攻撃は「均衡性」の基準を満たすといえるかもしれない。しかし、1988年4月18日の攻撃については、「蟷螂作戦」と名づけられたより大規模な軍事作戦の一部として遂行されたのである。1隻の米国軍艦が国籍不明機関の機雷に触れ、大破したが沈没せず、人的損害もなかった事件への対応としては、「蟷螂作戦」も、またその一部であるOP攻撃も、本件の状況下では自衛権の行使として「均衡性」があったといえない (paras.74-77)。

以上の結論として、1987年10月19日、および88年4月18日に行われた米軍のイラン石油施設に対する行動は、1955年条約20条1項(d)に定める米国の「本質的な安全保障上の利益を保護するために必要な措置」としては正当化できない。これらの行為は国際法上の自衛行動とは看做されない武力行使に訴えたもので、条約の規定―正しく解釈された―が想定する措置とは看做されないからである (para.78)。

3 次に、1955年条約10条1項を援用するイランの主張について検討する。同条は「両締約国の領域間に通商・航海の自由」を保証しており、イランは、米国のOP攻撃がこの「通

商の自由」の侵害に当たると主張する。ここでいう「通商(commerce)」とは、単なる売買行為にとどまらず、それに付随する諸活動も含まれるが、条約の保護の対象になるのは、「両国間の通商」一般ではなく、「両締約国領域間での通商」である。本件では「イランから米国に仕向けられた石油の輸出」に他ならない。通商への障害は、輸出用産品の損壊のみならず輸出のための輸送・保管手段の損壊によっても生じる。上述のように、OPが事実上軍事施設であったとする米国の主張は根拠に乏しく、したがってOPが1955年条約10条1項の保護の対象外であったと看做すことは出来ない。米国が攻撃したイランのOPは、全体として石油の生産・輸送に従事した施設であり、条約10条1項の通商の自由の保護対象であり、これへの攻撃は通商の自由を侵害したといえよう。しかし問題は、それが果たして「締約国領域間の」通商の自由への干渉に当たるかどうかである。米国は、イランのOPへの両度の攻撃は、以下の理由からいずれも両国間の通商の自由への干渉に当たらないと主張する。すなわち1回目のOP攻撃(1987年10月19日)の当時、OPはそれ以前にイラクからの攻撃で蒙った損害の修理中であって、OPは両国間の通商に従事も貢献もしていなかった。また、2回目のOP攻撃(88年4月18日)に先立ち、米国政府の執行命令12613により、石油を含むイランからの物資はほとんど輸入禁止となっていた。米国の禁輸措置の結果、両国間の通商関係は当時存在せず、従って条約違反も生じない。裁判所の結論として、1回目の攻撃の際、OPは修理中で機能停止状態であったから、OP攻撃が「締約国領域間の通商の自由」を阻害したとはいえない。さらに、2回目のOP攻撃時には、両国間の原油の貿易は禁輸命令により中断されていたから、OPへの攻撃が条約10条1項の下でのイランの権利を侵害したといえず、イランの賠償請求は認められない(paras.79-99)。

4 イランは米国の行った反訴に対して、裁判所の管轄権および受理可能性を争う種々の抗弁を行った。しかし、裁判所はこれらの抗弁を退け、米国の反訴について管轄権および受理可能性を認めた。以下に反訴の本案について審理に入る。米国は、イランが米国その他の船舶への攻撃、機雷敷設、その他一連の軍事活動によってペルシャ湾内の安全を脅かし、それにより1955年条約10条1項の下で米国が享有する通商と航行の自由についての義務違反を行ったと主張する。裁判所は、イラン・イラク戦争の結果ペルシャ湾の航行の危険性が増大したことは認めるが、そのことだけでは、イランによる10条1項の違反が生じたと結論づけることはできないと考える。米国は、条約の両締約国の領域間に通商ないし航行の自由が現実に阻害されたという証拠を示さねばならない。しかし米国は、そのことを十分に立証できなかった。裁判所は、具体的な事例の検討の結果、イランの攻撃によって損害を受けたとされる船舶は、いずれも「両締約国の領域間での」通商・航海には従事していなかったと認定する。結論として、イランが米国に対し1955年条約の10条1項の義務に違反したという米国の申立を棄却しなければならない。したがって、裁判所はイランの

責任の問題に立ち入る必要はなく、米国の賠償請求は認められない(paras.119-124)。

5 以上により、裁判所は、(1)米国のイランOPに対する2度にわたる行為は、1955年条約の20条1項(d)に定める米国の「本質的な安全保障上の利益を保護するために必要な措置」として正当化できないと認定する。然しながら、裁判所は、これらの行為が同条約10条1項の下での「当事国の領域間の通商の自由」に関する米国の義務違反を構成するものでないと認定する。従って、賠償に関するイランの請求は認められない(14対2)。(2)イランが1955年条約10条1項での「締約国の領域間の」通商・航海の自由に関する義務に違反したとする米国の反訴は認められない。従って米国の賠償請求も棄却する(15対1)。

【論点】1 本件は、イランと米国が、それぞれ本訴と反訴において、相手方の行為が両国間の「通商の自由」を認めた1955年条約10条1項に違反すると主張して争った事件である。従って、裁判所の主たる任務は、当事者のそれぞれの行為につき条約10条1項に照らして合法性を判断することであった。しかし裁判所はそれに止まらず、米国が、自国の行動(OP攻撃)を正当化するための防御(defense)として援用した同条約20条1項(d)の規定―当事者が「安全保障上の利益保護のため必要な措置」をとる権利を認める―を先ず取り上げ、米国の行動の同条適合性について詳しく検討し、判決主文でもそれについての判定を行なった。しかし、裁判所のこのようなアプローチは、若干の裁判官の個別意見で批判された。例えばヒギンズ裁判官は、裁判所が米国のOP攻撃が条約10条1項の義務に違反しないとの結論に達すれば、さらに米国が防御のために援用した20条1項(d)について検討する必要はなく、とくに判決主文でその点につき判定を下すことは、管轄権の合意的性格に反すると述べている。にもかかわらず、裁判所の多数意見が20条1項(d)の検討にあえて踏み込んだのは、同条の解釈を足がかりとして、当事者間の当初からの実質的な争点、すなわちOP攻撃が国連憲章51条および武力行使に関する慣習国際法に照らして正当化できるか、という問題に立ち入る必要性を認めたからであろう。

2 本判決は、国際法上の自衛権の解釈を扱ったものとしてニカラグア事件〔⇒157〕に次ぐ判例である。ニカラグア事件が主として集団的自衛権の発動条件を扱ったのに対し、本判決は個別的自衛権について、「武力攻撃」の概念、責任の帰属性、自衛行動の「必要性」や「均衡性」の基準、とくに挙証責任について具体的な検討を加え、判断を下している。

【参考文献】
酒井啓亘「判例研究ICJ」100巻5号、山村恒雄『判決・意見Ⅲ』、森肇志『百選Ⅱ』、浅田正彦「国際司法裁判所と自衛権」浅田・加藤・酒井編『国際裁判と現代国際法』(三省堂、2014)。

(香西　茂・浅田　正彦)

159　カディ事件〔The Kadi Cases〕

裁　判　所	(a)〔第1事件〕ヨーロッパ司法裁判所(ECJ)大法廷
	(b)〔第2事件〕ヨーロッパ司法裁判所(Court of Justice, CJEU)大法廷
判　　決	(a)〔第1事件〕2008年9月3日　(b)〔第2事件〕2013年7月18日
出　　典	(a)〔第1事件〕[2008]ECR　I-6351
	(b)〔第2事件〕European Commission and Others v. Yassin Abdullah Kadi (No.2), Joined Cases C-584/10 P, C-593/10 P and C-595/10 P, Judgment of the Court of Justice (Grand Chamber), 18 July 2013

【事実】1　国連安全保障理事会(以下、安保理)は、国際テロ事件に対応し、1999年10月には安保理決議1267(1999)を採択した。同決議は、タリバン関係者やその関係企業に対して資産凍結の措置をとるよう各国に要請し、安保理15カ国で構成される制裁委員会(以下、1267委員会ともいう)が、各国や地域機構から提供された情報をもとに、制裁対象となる個人・団体をリスト化することを定めた。その後、安保理決議1333(2000)により制裁対象がビンラディンやアルカイダ関係者等に拡大され、同時多発テロ事件以降、安保理決議1390(2002)では、上記措置の継続・強化に加え移動制限措置を課した。

ヨーロッパ連合(EU)は、安全保障問題を共通外交・安全保障政策(EU第2の柱)の枠内で扱い、第三国への経済制裁合意を欧州共同体(EC)規則により実施できると定めており、EU理事会がEC条約301条・60条・308条(現行EU運営条約215条・75条・352条)に基づき、安保理決議1267(1999)と1333(2000)をEU域内で実施するためのEC規則(規則337/2000と467/2001)を採択した。規則337/2000は、1267委員会の制裁対象リストを「附属書I」として付し、規則467/2001はEC委員会に当該附属書リストを改訂する権限を与えた。(その後、安保理決議1390(2002)の採択を受け、規則467/2001は廃止され規則881/2002がこれを引き継いだ。)

2　本事件の原告であるカディ(サウジアラビア国籍、スウェーデン居住)およびその関係団体アル・バラカート国際財団(ソマリア向け送金団体、スウェーデン登録)は、2001年に制裁リストに登録され、EC規則467/2001に基づく資産凍結等の措置を受けた。これに対し原告らは、①同規則は、EC301条・60条のほか同308条を立法根拠とするが、本件制裁措置は、ECの目的ではなくEU第2の柱の目的のための手段措置であるから、同308条を根拠とすることはできず、同規則は立法根拠を欠き無効である、②同規則およびそれにもとづく資産凍結処分は、原告らの基本権、特に聴聞権や財産権を侵害していると主張し、原告らの資産凍結措置に関する同規則の取消しを求めて、EC第1審裁判所(以下、ECFI)に訴えた。

ECFIは2005年9月、それらの訴えを次の理由により棄却した(ECFI判決：Kadi　v. Council & Comm'n (Case T-315/01) [2005]ECR II-3649, Yusuf & Al Barakaat International Foundation v. Council & Comm'n [2005]ECR II-3533)。

①EC条約301条・60条だけではEU第2の柱の目的を十分に実現できない場合には、同308条(条約に定めのない場合の連合の措置)も重畳的に適用可能である。
②各国は国連憲章(特に25条、48条、103条)等に基づき、安保理決議実施の義務に服する。安保理決議の合法性審査は権限外であるが、人権の普遍的保障に関する強行規範が諸規則により遵守されているかは審査可能である。財産権や聴聞権、司法的救済権などの基本権は強行規範に含まれるが、強行規範に照らしても、本事件での権利侵害はない。

　3　原告らはこの判決を不服とし、規則881/2002(規則467/2001の後継)の取消しなどを求め、欧州司法裁判所(以下、ECJ)に上訴した。ECJは、EC司法部のEC諸規則審査権を認め、基本権侵害があるとし、ECFI判決当該部分を破棄し自判した(第1事件:【判決要旨】(a))。

　4　判決後も原告カディは再びリストに登録されたため、あらためて提訴した。一般裁判所(ECFIの後継)は2010年9月30日、EC諸規則を無効と判示したが、それを不服とする欧州委員会・理事会および英国(その他13カ国支持)が司法裁判所(ECJの後継であるEU司法裁判所(CJEU)を構成する3裁判所の1つ)に上訴した。同裁判所は2013年7月18日、原審判決を支持し上訴を棄却した(第2事件:【判決要旨】(b))。

【判決要旨】(a)　ECJは、以下のとおり判示し、諸規則の立法根拠についてはECFIとは異なる理由づけを行ったが、その結論を支持した。基本権侵害の有無については、ECFI判決の当該部分を破棄し自判した。

　1　係争のEC諸規則は、EU第2の柱の目的を達成する措置であるとともに、共同市場の運営に関する措置であるから、ECは第三国政府や支配者と無関係の個人・団体も制裁する権限を有する。諸規則の立法根拠としてEC条約308条を適用できる (paras.226-236)。

　2　ECは法の支配に基づく共同体であり、その構成国・諸機関もそれらの行為について、基本的憲法的憲章であるEC条約との適合性審査を免れえない。EC条約には完結的な司法的救済制度があり、EC司法府は、EC諸機関の行為の合法性を審査できる(para.281)。EC司法府は共同体内部の権限配分に関する排他的管轄権を有し、国際協定は、EC条約が定めた権限配分もEC法の自律性も変更できない。確立した判例では、基本権はEC法一般原則の不可分の一部を構成し、それは構成国に共通の憲法的伝統と国際人権文書(特に欧州人権条約)による指針から想起される。人権尊重は共同体行為の合法性の条件であり、その合法性審査は、ECの裁判所が完結的司法的救済制度の枠内において行う(paras.282-285)。

　ただしその審査は、国際協定の実施を目的とするECの行為を対象とし、国際協定自体(の合法性)を対象とするのではない。たとえ強行規範に照らした審査に限定されるとしても、安保理決議の合法性審査は共同体の役目ではない。仮に安保理決議の実施行為が、共同体法の高次法に反すると判断されても、国際法上の決議の優位性に異議を唱えるものではな

い(paras.286-288)。

　国連憲章は安保理決議の加盟国における実施措置を特定しておらず、その手段選択の自由を認めている。EC諸規則が安保理決議の実施措置であるという理由で、内部的な合法性審査から除外されるということは、国連における国際法秩序を規律する諸原則の帰結ではない(paras.298-299)。

　EC条約の諸規定にも合法性審査を排除する根拠はない。国連憲章上の義務がEC法の規範に優位するので、係争のEC規則と基本権との適合性審査が免除されるという法的根拠もない。国連憲章は、共同体の派生法規(2次法)には優位するであろうが、基本権を含む一般原則(1次法)には優位しない(paras.300-308)。係争の諸規則による行為は直接国連に帰属せず、共同体内部の審査に服するし、また制裁委員会の審査手続の内容からして、合法性審査から一般的に免除されるような性質があるとも言えない。あらゆる共同体の行為は、EU法の一般原則である基本権に照らしてその合法性を全面的に審査されねばならず、安保理決議の実施措置もこの審査に服する(paras.311-326)。

　3　原告らが制裁リストに登録された状況に照らすと、防御権、特に聴聞権と実効的な司法審査を受ける権利の侵害は明白である。実効的司法的救済の原則は、構成国の憲法から共通に由来するEC法の一般原則であり、欧州人権条約6条・13条でも保障され、EU基本権憲章47条においても再確認されている。速やかに制裁理由を伝達し、司法的救済の機会を与える義務がある(paras.333-337)。リストに初めて登録される個人・団体に対し、制裁の不意打ち効果と即効性を確保するため理由を事前伝達する義務や聴聞実施の義務はないが、登録後の当該手続が諸規則に定められていない。閣僚委員会は、関係証拠は司法審査に服すべきではないとの立場を崩さず、裁判所は原告に関する諸規則の合法性審査ができず、基本権侵害が継続している(paras.338-351)。

　4　財産権はEC法の一般原則だが絶対的ではない。資産凍結措置は一時的予防措置にすぎず、公益目的等に照らし比例原則の範囲内の制約であれば許容される。諸規則による財産権制約も原則として正当である(paras.355-366)が、原告らに弁明機会を与えなかった点は違法であり、本件制限措置は財産権の不当な制約である(paras.367-370)。

　(b)　司法裁判所は、カディの制裁対象リスト再登録に関する妥当性について実体的な審査を行い、次のとおり判示した。

　1　カディが事業を介してテロ活動に資金等の便宜をはかっていたという制裁委員会の情報は、その詳細さや具体性の点で不十分である(para.141)。彼が出資する財団とアルカイダ関係者とのつながりやテロ活動への関与の確たる証拠はないなかで、EUレベルで制限措置を採択することは正当化できない(paras.151-153)。過去にアルカイダ関係者とされた人物を雇用しあるいは仕事上のつきあいがあったことは、制裁リストへの登録時期等に

照らしても、制限措置の根拠として正当化できない(paras.154-159)。

2 上訴理由や証拠が不十分であるから、原審判決は法解釈について何点か誤りがあるものの、十分な法的根拠づけを行っていると認められ、上訴を棄却する(paras.163-165)。

【論点】1 安保理による制裁はかつて国家のみを対象としていたが、1990年代末以降、国際テロリズムという先鋭化する新たな脅威に対応するため、個人や企業・団体を対象とする「狙い撃ち制裁(targeted sanctions)」が導入された。本事件を通じ、資産凍結や渡航制限などの制裁措置やその決定手続により、人権侵害が生じる恐れがあることが明らかになった。ECJは、安保理制裁の実施措置が、聴聞権や実効的司法的救済権など、EU法上の一般原則である基本権を侵害したと認定した。すでに判例法により、各国の憲法的伝統などから導かれる基本権は、EU法の一般原則を構成するという理論を確立させており、今日ではEU基本権憲章(2000年)に成文化されている(ただし保障基準については未知数)。なお第1事件ECFIは、当該権利を強行規範と位置付けたが、それらの権利は欧州人権条約や自由権規約などのデロゲーションが許されない権利に該当しないことからも、裁判所の強行規範の解釈に対する批判もある。本判決は、人権規範に基づく権利尊重が、安全保障上の要請にも優位すると議論を方向づけた意義がある一方で、各々の司法・準司法機関が基準とする人権規範に「普遍性」があるかについては、なお検討が必要との指摘もある。

2 本事件判決をうけ、制裁手続の改善が図られている。安保理決議1904(2009)により、制裁リストに登録された個人からの削除要請を直接受け付け、削除の可否に関する見解を制裁委員会に報告するオンブズパーソンが設置された。また、制裁委員会は、オンブズパーソンよりリストからの削除が勧告された者・団体について、コンセンサスで合意しない限り、制裁措置を終了しなければならないというリバース・コンセンサス方式が導入された(安保理決議1989(2011))。カディもこの手続により2012年10月にリストから削除されたが、同手続は、その適用対象がISIL・アルカイダに限定されており、実効的な司法的救済としては不十分とも指摘されている。本事件後の展開にてらし、本判決は限定的間接的であれ、安保理決議の国際法上の合法性についても、国際的・国内的司法機関が人権規範の観点から事実上審査を行いうることを示唆した点に意義を認める評価もある。

3 一連の判決では、EC司法部が権限を有する合法性(司法)審査の射程を巡る議論から、国際法(国連法)とEU法の関係が重要な論点となった。第1事件で、原審のECFIは、EC条約も国連憲章103条の「他の国際協定」に含まれ、国連憲章上の義務が優先するため、安保理決議実施のためのEC諸規則の合法性をEC法に照らして審査する権限はない(ただし強行規範に照らした審査は可能)とし、国際法とEU法の秩序を一元的に捉える立場をとった。一方上訴審のECJは、国連憲章は共同体の1次法(EC条約や基本権を含むEU法の一般原則)には優

位しないが2次法には優位すること、安保理決議自体の合法性審査ではなく、安保理決議実施措置であるEC諸規則をEU法に照らして審査することは可能であるとして、国際法とEU法の秩序を二元的に捉える立場をとった。ECJの解釈は、EU加盟国は1次法を無視する選択肢がないこと、1次法を遵守するために安保理決議が定める措置の枠組み修正を求めるしかないことを考えあわせると、憲章25条や103条上の義務との関係においても、「法的には克服不能のジレンマ」をひき起こすであろう。EU法の自律性を明確にしたという評価もある一方、EU法を国際法から切り離したことにより、国際法／国内法秩序の包括的な枠組みのなかで、両者の関係を捉えるかという根本的な問題は残されている。

4　国連憲章上の義務と、「他の国際協定」あるいは国内法上の義務との抵触関係については、本事件のほかに自由権規約委員会(サヤディ事件)や欧州人権裁判所(アル・ジェッダ事件、ナダ事件)等で議論された。カディ(第1)事件直後のサヤディ事件(Sayadi v. Belgium, CCPR/C/94/D/1472/2006)は、EC諸規則による制裁措置を審査対象とし、自由権規約12条(移動の自由)と17条(プライバシー権)の違反を認定した。自由権規約委員会は「見解」において、国連憲章103条と規約の関係については明示的に検討せず、制裁措置の規約適合性のみを審査する立場をとった。他方、憲章103条により提起された問題を回避するべきではなく、国連憲章諸規定(24条、1条3項、55条(c))から、安保理は人権保護・尊重を含む国連の目的・原則に照らして行動しなければならず、安保理決議に基づく行動・措置は人権侵害を意図していない推定がはたらくとの個別意見も岩澤委員から出された。

このような推定的調和の解釈手法は、条約法条約31条3項(c) (国際法の関連規則の考慮)に依拠している。ナダ事件 (Nada v. Switzerland(10593/08), Judgment[GC], ECtHR, 2012)では、欧州人権条約8条(私生活・家族生活の尊重)違反の検討にあたり、この人権適合的解釈が用いられた。スイス連邦裁が国連憲章25条・103条に基づくスイスの義務を確認し、制裁措置実施の義務を回避できないとして請求を却下したのに対し、欧州人権裁判所大法廷は、憲章上の義務についてはスイス連邦裁と同じ見解をとりつつも、スイスに履行措置の裁量が与えられていたとして、当該裁量部分について人権条約違反を認定した。(実態として、安保理決議の内容が各国に裁量の余地を与えていたとは言い難く、裁量内の行為のみを審査の対象としたことには批判もある。)

【参考文献】
岩沢雄司『百選Ⅱ』、丸山政己『基本判例50Ⅱ』、中村民雄『EU法基本判例Ⅱ』、加藤陽「国連安保理による制裁と人権保障」『法学セミナー』756号(2018)、加藤陽「国連憲章第103条と国際人権法―欧州人権裁判所における近時の動向」『国際公共政策研究』18巻1号、小畑郁「グローバル化による近代的国際／国内法秩序枠組みの再編成―カディ事件を契機とした試論的考察」『グローバル化と公法・私法関係の再編』(弘文堂、2015)。

(前田　直子)

第14章

武力紛争法

第1節　武力行使　　　　　　　　　　676
第2節　戦後補償　　　　　　　　　　703

第1節　武力行使

160　アラバマ号事件（The Alabama Claim Arbitration）

```
当 事 国    米国／英国
裁 判 所    仲裁裁判所
判　  決    1872年9月14日
出　  典    1 Moore 653；29 RIAA 125
```

【事実】　米国の南北戦争（1861年〜1865年）において南軍支配地域沿岸は北軍により封鎖されており、南軍は物資や艦船の不足に悩まされていた。これを打開するため南軍は、英国民間造船所に軍艦を発注した。この内の1隻が後にアラバマと呼ばれる軍艦（1862年進水）である。

南北戦争で英国は、南軍に交戦団体承認を与え、中立の地位にあった。このため英国は、アラバマを差し押さえようとしたが、その時既に同艦はポルトガル領アゾレス諸島に向けリバプールを出航していた。アラバマは、出航時には艤装していなかったが、同諸島で艦名を与えられた上英国船から武器・弾薬および乗組員の供給を受けた。この後アラバマは、英国植民地港で補給しつつ大西洋やインド洋で通商破壊に従事し、70隻近い商船を破壊して北軍の海上通商に重大な損害を与えたものの、1864年に北軍軍艦キアサージによってシェルブール港外で撃沈された。

すでに南北戦争中から米国は、英国がアラバマの建造と出航を防止しなかったことに抗議するとともに損害賠償を請求していた。1869年にこの問題を英米混合委員会に付託するためのジョンソン・クラレンドン協定が署名されたが、同協定は米国上院の承認を得られなかった。両国はその後も交渉を継続した結果、1871年にワシントン条約が締結され、アラバマその他の事案について仲裁裁判所に付託することが合意された。

ワシントン条約は、5名の裁判官（米国、英国、イタリア、スイスおよびブラジルが各1名の裁判官を指名）から構成される仲裁裁判所をジュネーヴに設置することとし（同第1条）、裁判所が適用する規則を規定した（同第6条）。すなわち、①中立国は、交戦国に対する巡邏または戦争行為を行うと信ずべき相当の理由のある艦船が自国管轄内で艤装または武装することを防止するため相当の注意（due diligence）を払わなければならない。さらに中立国は、その管轄内で戦争の用に適合するようにされた艦船で、巡邏または戦争行為を行う意図を有するものの出航を防止するため同様の注意を払わなければならない。②中立国は、その領水の交戦国による作戦根拠地としての使用、軍需物資・武器の補充または徴募のための使用を許可または容認してはならない。③中立国は、上記の義務の違反を防止するため相

当の注意を払わなければならない、という3つの規則である(ワシントン3原則)。また裁判所は、ワシントン3原則と矛盾しない範囲で国際法の他の規則を適用するものとされた(同第6条)。なお英国は、ワシントン3原則が国際法の原則であったとは考えていなかったが、両国間の友好関係強化と本件解決のため、本件でこの3原則の適用を認めた(同条)。

【判決要旨】1　ワシントン3原則のいう相当の注意は、中立義務の違反から交戦国に生じる危険の程度に比例したものでなければならない。本件に関して英国は、中立義務を履行するためあらゆる措置をとることが要求されていた。また軍艦の建造や武装により生じた中立義務違反は、後に交戦国が当該の軍艦に与える任務いかんによって解除されるものではない。さらに、国際法は軍艦に特権と免除を与えているが、これは礼譲に基礎づけられるものに過ぎず、これを理由に中立義務違反を正当化することはできない。

2　アラバマ建造および英国船による艤装と補給について英国は、相当の注意を払う義務を怠った。特に、建造中から米国による抗議があったにもかかわらずその建造を妨げず、また、差押命令も遅過ぎた点において防止のための効果的な措置を怠ったと認められる。加えて、同艦出航後にその追跡のためとられた措置はきわめて不十分であって、かかる不十分な措置によっては英国の責任は解除されない。英国は、また、その管轄下の港でとるべき措置を怠り、同艦が英国植民地港に自由に出入りすることを妨げなかった。当時の英国において執行のための法的手段が不十分であったことをもって、相当の注意を払わなかったことを正当化できない。

3　以上のことから英国は、ワシントン条約第6条に掲げられた義務の履行をアラバマに関して怠ったと認められる。英国は、アラバマ等によって生じた直接的な損害、1,550万ドルを米国に支払うべきものとする。

【論点】1　ワシントン3原則と本件判決は、中立法の発展に大きな影響を与えたとされる。本件は中立法上中立国に課せられる義務(中立義務)の内の避止義務(duty of abstention)と防止義務(duty of prevention)に関連する。しかし、これらの義務の具体的な内容は本件事件の当時必ずしも明らかではなかった。

避止義務は、中立国が国家として交戦国に援助することを禁じているのであって、中立国の私人が援助を行うことはこの義務の違反とはされない。しかし、このことに防止義務との関係からさらに一定の制約が課せられるのか、その防止義務の内容は何かが本件で問題となったのである。実際、私人による交戦国向軍艦の艤装や輸出は、19世紀になっても広範に行われていたのである。

こうした事情から、ワシントン条約第6条に記されたように、英国は、私人による交戦

国向軍艦の艤装、輸出やそれへの補給の禁止を中立国管轄内において確保することを規定したワシントン3原則が国際法の原則ではない旨を明確にしていたのである。しかし、ワシントン3原則が本件裁判の準則として実際に使用されたことから、この後、同原則が中立義務を表したものとして広く受け入れられるようになる。

2　ワシントン3原則第1規則は、1907年の海戦中立条約第8条の基礎となった。また、第2規則は、同条約第5条第1文と第6条となり、第3規則は同条約第25条を導いた。しかし、海戦中立条約は、中立国が払うべき注意の程度においてワシントン3原則および判決におけるその解釈と相違している。

ワシントン3原則では、中立国は相当の注意を払わなければならないと規定し、その注意の程度は、判決では中立義務の違反から交戦国に生じる危険の程度、つまり、結果のもたらす危険に比例したものである旨述べられている。しかし、これは中立国に過度の負担を課すると考えられた。このため海戦中立条約第8条と第25条では、「相当の注意」ではなく、中立国が「施シ得ヘキ手段」による防止措置をとれば足りることになった。

3　こうした中立法の発展への貢献に加えて、本件仲裁裁判は、国際裁判の発達の上で重要な意義を有している。まず第1に、本件その他同種の事件に関する8年越しの当事国間の交渉が成功しなかったにもかかわらず、仲裁裁判という手段によってこれを見事に解決したことは仲裁裁判の効用を諸国に認識させる効果を生んだ。

第2に、それまでの付託合意が裁判準則に明確には触れなかったり、正義および衡平を準則していたのに対し、本件裁判では、裁判準則として明確に国際法を適用するとした。1907年の国際紛争平和的処理条約第37条が「国際仲裁裁判ハ、…法ノ尊重ヲ基礎トシ」と定めているのは、本件のような先例を踏まえてのことである。

さらに第3に、付託合意の内容につき疑義が生じた場合には、紛争当事国や合意作成国ではなく仲裁裁判所がこれを判断することが改めて確認されたことも本件の国際裁判発達への貢献である。

4　本件は金銭賠償により国家責任が解除されたが、賠償の算定において間接損害も含めるかという問題があった。米国は、アラバマの行動による海上保険料高騰といった間接損害も取り上げた。しかし、判決では、こうした間接損害の算入は否定された。

【参考文献】
鈴木義孚『宮崎基本判例』、石本泰雄『ケースブック』、山本草二『百選Ⅰ』、和仁健太郎『百選Ⅱ』、西平等『基本判例50Ⅱ』。

（真山　全）

161　広島・長崎原爆投下事件

裁　判　所	東京地裁
判　　　決	1963(昭和38)年12月7日
出　　　典	下民集14巻12号2435

【事実】　この事件は、広島と長崎の5人の原爆被爆者が国を相手どって被爆による損害の賠償を求めた民事訴訟(損害賠償請求訴訟)事件である。この契機となったのは、1弁護士(岡本尚一)が被爆者を募って米国の裁判所への提訴を求めたが実現できなかったため、日本の裁判所への提訴を思い立ったことによる。

原告は、広島と長崎の被爆関係者5名(下田隆一他4名)であり、1955年4月25日3人が東京地裁に、同27日他の2人が大阪地裁に同様の訴状を提出し、1957年から東京で併合審理された。原告の主張は、国際法違反の原爆投下により生じた損害の賠償責任は米国にあるが、日本が対日平和条約19条(a)により原告等の米国に対する請求権を放棄したために日本政府が賠償責任を負うとして、被告である国に対して、下田は30万円、他の4名はそれぞれ20万円の支払を求めた。

被告は、原爆使用が国際法違反か否かはただちに断定しえず、仮に違反としてもそのことから被害者たる原告に損害賠償請求権が発生するものではないとして、原告の請求の棄却を求めた。この訴訟では、原爆被災の事実そのものは明瞭でほとんど争いがなく、27回の準備手続、10回の口頭弁論による審理は法律問題の解釈にしぼられた。

【判決要旨】　判決は、原告等の請求を棄却した。判決理由は、原爆の国際法による評価、国内法による評価、被害者の損害賠償請求権、対日平和条約による請求権の放棄に関して述べられた。

1　原爆投下が、当時の実定国際法上違法か否かを考察するために、既存の国際法規(慣習法と条約)(その基礎となる国際法の諸原則を含む)の解釈および類推適用から、これを検討する。まず、空襲に関する法規につき、一般条約は成立していないが、慣習法によれば、陸海軍による砲撃については防守都市と無防守都市の区別がなされ、空戦規則案も軍事目標主義を規定しているところから、無防守都市に対する無差別爆撃(盲目爆撃)の禁止、軍事目標主義の原則は、慣習国際法となっている。当時の広島、長崎両市は防守都市に該当せず、原爆投下はその巨大な破壊力から無差別爆撃として当時の国際法からして違法と解するのが相当である(2459-2463頁)。また、害敵手段に関する原則に照らしても、サンクト・

第14章　武力紛争法

ペテルブルク宣言前文、ハーグ規則23条(e)からみて、毒、毒ガス、細菌以外にも少なくともそれと同等あるいはそれ以上の苦痛を与える害敵手段の使用は禁止されている。原爆のもたらす苦痛は、毒、毒ガス以上のものといって過言ではなく、その投下行為は、不必要な苦痛を与えてはならないという戦争法の基本原則に違反している(2464-2465頁)。

　2　交戦国が国際法上違法な戦闘行為により相手国に損害を与えた場合賠償せねばならないのは、国際法上確立した原則である。原爆投下の場合、それを命じた個人(米国大統領トルーマン)ではなく国家が直接責任を負う。逆に、被害者個人が加害国に国際法上損害賠償請求権を有するかどうかは、個人が国際法の権利主体たりうるか否かによる。かかる権利主体たるためには、個人は国際法上自己の名において権利を主張し、義務を負わされる可能性がなければならない。かかる可能性は、条約で定める手続的保障が存在する例外的な場合でしかない。残るところは、交戦国の一方または双方の国内裁判所に求めることが可能か否かであるが、個人の国際法上の請求権についても国内法上の請求権についても、日米両国の国内裁判所のいずれにおいてもその救済を求めることはできない(被害者の米国を被告とする日本国の国内裁判所への訴えの提起は、国家が他国の民事裁判権に服しないという国際法上の原則をわが国(日本)も承認しているから、できない) (2466-2472頁)。

　日米の戦争状態から生じた権利義務ことに個人の国際法上の請求権が対日平和条約上どのように規定されているかをみるに、同条約19条(a)で放棄された「日本国民の請求権」とは、日本国民の連合国および連合国民に対する、日本国および連合国における国内法上の請求権である(国家は、法主体として別個の存在である国民の国際法上の請求権を放棄することはできないが、国家の統治権の作用により自国民の国内法上の請求権を放棄することは可能である)。しかるに、かかる国内法上の請求権もその存在を認め難いから、原告等は喪失すべき権利をもたない(2472-2475頁)。

　戦争災害に対しては当然に結果責任に基く国家補償の問題が生ずるが、それは立法府および行政府の果たすべき職責である(2475頁)。

【論点】1　本件は、被爆国の国内判例ではあるが、核兵器使用の国際法上の合法性を正面から扱った世界で唯一のものであり、しかも、3人の代表的法学者(安井郁、田畑茂二郎、高野雄一)の鑑定書やそれを取り入れた判決理由は、世界の国際法学界で注目され、高い評価を得た。

　2　原爆ないし核兵器使用の合法性については、この判決以前の1961年11月24日の国連総会決議1653(XVI)がそれを国連憲章の精神、文言および目的に反し、その使用が戦争の枠を越え、無差別的苦痛および人類と文明全体の破壊をもたらすと宣言しているものの、これを取り扱った条約は(地域的な条約を除き)2017年の核兵器禁止条約まで存在しなかっ

た。そのため国連総会の要請に基づく「核兵器の威嚇または使用の合法性」に関する1996年7月8日の国際司法裁判所の勧告的意見〔⇒163〕は、実質的に原爆判決の国際法上の評価と類似した論法により、核兵器の威嚇・使用を国際人道法の原則や規則に一般には違反するとしつつ、原爆判決の取り上げていない国家存亡のかかった自衛の極端な事情の下では、その判断を回避した。

3 被害者の損害賠償請求権に関する判決(理由)の論理、対日平和条約19条の解釈などは当時の通説に従ったものといえる。判決は、個人の国際法上の損害賠償請求権を個人の国際法上の権利主体性の有無に依らしめて、個人が国際手続により権利を主張し義務を追及される可能性がなければ国際法上の権利義務は生じないとする考え方を正当とした。この論理は、以後今日まで、外国人個人が第2次世界大戦の日本(軍)の違法行為に対する損害賠償を日本政府に求めた一連の(いわゆる)戦後補償判決――例えばフィリピン慰安婦判決(東京地裁1998年10月9日、東京高裁2000年12月6日)、連合軍捕虜判決(東京地裁1998年11月26日、東京高裁2002年3月27日)、オランダ元捕虜等損害賠償請求事件判決〔⇒167〕において、日本の国内裁判所が一貫してとり続けてきたものである。しかし、現代の戦争における被害の実態と人権を内包する現代国際法の発展傾向に照らして、個人の請求権が再検討される余地はあろう。

【参考文献】
金子利喜男『宮崎基本判例』、竹本正幸『ケースブック』、樋口一彦『百選I』、岩本誠吾『百選II』、山手治一「判例研究『原爆訴訟事件』『立命館法学』5・6合併号(1963)、同「原爆訴訟について」『法学セミナー』95号(1964)、寺沢一「原爆判決の法的問題点」『法律時報』36巻2号(1964)、石本泰雄「原爆判決の意味するもの」『世界』218号(1964)、高野雄一「原爆判決とその問題点」『ジュリスト』293号(1964)、藤田久一「原爆判決の国際法的再検討(1)(2・完)」『関西大学法学論集』25巻2号、3号(1975)、安井郁「原爆判決の歴史的意義」同『国際法学と弁証法』(法政大学出版局、1970)所収。

(藤田 久一・浅田 正彦)

162　東京水交社事件

裁　判　所　東京地裁
判　　　決　1966（昭和41）年2月28日
出　　　典　下民集17巻1・2号108

【事実】　原告東京水交社は、旧日本海軍の高等武官および高等文官等により組織された社交クラブの財団法人であり、事業の本拠としてクラブハウスを所有していた。戦後の1945（昭和20）年12月に事業不能により解散し、翌年2月に解散登記をした。連合国最高司令官総司令部は、占領政策として、1946年1月に軍国主義団体の解散を指令（その中に原告は含まれず）し、同年8月には原告を前記団体の中に追加指定した。さらに1948年3月には解散団体の財産権を日本政府に移転させるべき旨を指令した。国庫に帰属した同クラブハウスは、1950年6月に補助参加人たる国から宗教法人東京メーゾニック・ロッジ協会に売却されたが、同協会の解散の後に財団法人東京メソニック協会に寄附された。原告によれば、本件不動産のような陸上私有財産を補償なく国庫に帰属させた1948年3月の総司令部の指令は、1907年の陸戦ノ法規慣例ニ関スル条約（以下、ハーグ条約という）附属規則第46条2項「私有財産ハ之ヲ没収スルコトヲ得ス」に違反した行為であって、法律上無効である。よって、原告は本件不動産の現在の占有者であるメソニック協会らを相手取って当該所有権無効確認を求めるために、1959（昭和34）年東京地裁に提訴したが、請求は棄却された。

【判決要旨】1　軍国主義勢力の除去というポツダム宣言第6項の実施のために原告は解散させられたが、「解散による清算が結了するまで清算の目的の範囲内でこれが存続することまで禁ずる程の要請は含まれていない」と考えられ、原告は「清算法人として存続しており、その当事者能力に欠けるところはないものというべきである」(123・124頁)。

2　被告側は、ハーグ条約に総加入条項が挿入されていることから第2次世界大戦に適用がない旨主張したが、ハーグ条約は「占領地内における私有財産の尊重の慣行に関しては…既に19世紀初めには多くの文明国によってこれが承認されて…国際慣習法を確認し宣明するという意味をもつにとどまり」「たとえ総加入条項によって右条約そのものの適用が排除されるとしても、そこに規定された私有財産尊重、没収禁止の諸原則は、…適用をみると解するのが相当である」(126・127頁)。次に、ハーグ条約が具体的に日本占領に適用されるか否かの問題（当該占領がハーグ条約の「占領」に該当するか、解散団体の財産の国庫帰属が「没収」に該当するか）を判断するに先だち、同規則第46条の私有財産尊重・没収禁止原則が

強行法規か否かについて検討して、「国際法秩序の下においては、法は基本的には法主体たる国家間の明示（広義の条約）ないし黙示（国際慣習）の合意に基いて成立し」、その合意相互間では「ただ特別法が一般法を破るという法則がここでも妥当するにすぎない。したがって、国際法は、原則として、補充法規的な性格をもち、任意法規と考えざるをえないのである」(127・128頁)。もっとも、国際法上の「公序良俗」に反する合意は無効といわざるをえないが、私有財産尊重・没収禁止原則を「文明国において認められている至上の法理念の一つということはできない」(128頁)ので、「これに反する国家間の合意の効力を排除するものと考えることはできないのである」(129頁)。

3　そこで、降伏文書が一般法を破る特別法に該当するか否かが次の論点となる。降伏文書は、「日本を代表する外務大臣および参謀総長が署名し、他方、連合国を代表する連合国最高司令官以下各国代表が署名し」成立した国際協定であり、「強制による協定も、国際協定として有効なものと認められる」(129・130頁)。降伏文書やポツダム宣言には、私有財産尊重・没収禁止原則を排除する規定はない。「降伏文書に基く最高司令官の…降伏条項実施の権限は、一般国際法上認められている被占領国民の権利ないしは自由を…剥奪したりする点に関する限り全くの自由裁量と考えるべきではなく」、「客観的に降伏条項の実施に必要な限度においてのみ、その行使が許されるものと解されるべきである」(131頁)。「ポツダム宣言および降伏文書に規定された降伏条項の一つである日本における軍国主義勢力の永久的除去は、…単にそのような団体を解散させるだけではいまだ充分とはいえず、その再起の芽をもつみとるために解散した団体の財政的基礎をも奪うことまで必要としていたと解すべきである」(132頁)。「したがって、原告の本件不動産所有権を前提とする本訴請求は、いずれも爾余の点につき判断するまでもなく、失当である」(133頁)。

【論点】1　まず、注目すべき点は、本判決が連合国の占領政策を国際法的に審査しうるという前提に立っていることである。その直前の「朝連事件」（最高裁大法廷判決1965年9月8日）では、占領法規超憲論の立場から総司令部による指令の法的評価が回避されたが、独立後においてさえ、占領期の法的問題の審査権を自ら否定しなければならないのか再考する必要がある。その点において、本判決の意義がある。

2　本判決では、ハーグ条約に規定された私有財産尊重・没収禁止原則が総加入条項に関係なく適用される慣習法であると指摘した後に、当該原則が強行法規か否かを検討している。しかし、日本占領がハーグ条約の「占領」に該当するか、解散団体の財産の国庫帰属が同条約の「没収」に該当するかという重要な点が検討されなかった。占領形態として「戦時占領」以外に、被告の主張するような「管理占領、保障占領、戦後占領」が当時の国際法上存在していたのか、そしてハーグ条約とは異なった法的効果を有していたのかは、議論

の分かれるところである。たとえ日本占領にハーグ条約が適用されるとしても、同条約は占領軍の軍事目的を離れた私的目的のための私有財産の「没収」だけを禁止するのか、ポツダム宣言・降伏文書の履行という公目的の一環としての措置(国庫帰属の指令)はそれに該当しないのかは、さらに検討しなければならない問題が残る。

3 本判決は、国際法の性格を原則として補充法規的と指摘する一方で、国際法上でも「公序良俗」の存在を認めている。この「公序良俗」は強行法規の1つを意味するのか。私有財産尊重・没収禁止原則も掠奪禁止という観点から強行性を認める議論もあり、強行法規自体の詳細な検討がなされるべきである。もっとも、本件はポツダム宣言や降伏文書の解釈問題として処理しえたので、強行法規の議論が不要との意見もある。

4 本判決は、特別法と一般法の関係の議論の中で、特別法である降伏文書と一般法であるハーグ条約とが対立関係にあるとの前提から、前者を優先適用すると結論づけている。もっとも降伏文書やポツダム宣言には私有財産尊重・没収禁止原則を直接排除する規定はなく、一般国際法の枠内で降伏文書の履行確保を追求することは不可能とは思われない。本判決が示すように、「降伏文書のような特別の合意は、降伏国の利益のために制限的に解すべき」(131頁)である。果たして本判決のように、軍国主義勢力の永久的除去のためには、団体の解散だけでは不十分で、財政的基礎をも奪うことまで必要としていたのか、十分議論すべき点である。また、原告が解散団体と指定されてからその財産が随意契約によって被告の手に渡るまでの過程において、占領目的以外の恣意的な考慮が存在しなかったのかも検討に値する。

5 最後に、占領期間中の占領当局の行為の効力を承認する日本国の義務(平和条約第19条d)は、国際法違反の行為との関係でどう解釈すべきかは、議論されなかった。

なお、本件は1966年3月に東京高裁に控訴されたが、裁判外の和解が成立したことによって、1968年7月10日に控訴人が控訴を取り下げたため、幾つかの論点を残したまま、終結した。

【参考文献】
鈴木義孚『宮崎基本判例』、安藤仁介『ケースブック』、辻健児『百選Ⅰ』、大沢章「平和条約と私有財産」『東洋法学』10巻1・2合併号(1966)、畝村繁『判例時報』450号(1966)、関野昭一「占領地私有財産没収禁止の原則と国際法上の強行法規・公序良俗」『國學院法学』4巻4号(1967)、広瀬善男『ジュリスト』378号(1967)、高原賢二『ジュリスト年鑑 1967年版』373号(1967)、同『昭41・42重判』(1973)。

(岩本　誠吾)

163 核兵器使用の合法性事件(Legality of the Threat or Use of Nuclear Weapons)

諮問機関	国際連合総会
裁判所	国際司法裁判所
勧告的意見	1996年7月8日
出典	ICJ(1996)226

【事実】　核兵器使用の国際法上の評価について、国際司法裁判所(ICJ)に勧告的意見を要請する動きの発端は、1989年、ニューヨークの核政策法律家委員会の設立した「反核兵器国際法律家協会(IALANA)」が1992年に、核戦争防止国際医師会など他のNGOとともに、「世界法廷プロジェクト」を構成したことにある。このプロジェクトの目標は、世界保健機関(WHO)と国連加盟国に訴えて、核兵器の合法性についてICJに勧告的意見を求めさせることであった。1993年5月、WHOは、その総会決議で、「健康および環境上の影響の観点から、戦争における国家の核兵器使用は、WHO憲章を含む国際法上の義務に違反するか」について、ICJの勧告的意見を要請した。翌94年12月、国連総会は、その決議49/75Kで、「いかなる事情のもとにおいても、核兵器の威嚇または使用は、国際法上許されるか」について、同じくICJに勧告的意見を求めた。

　WHOの付託した問題について、35ヵ国が陳述書を提出し、9ヵ国が他国の陳述書に対する意見を提出した。また、国連総会の付託した問題については、28ヵ国が陳述書を提出し、3ヵ国が他国の陳述書に対する意見を提出した(うち1ヵ国はその意見を撤回)。1995年10月30日～11月5日にかけて、22ヵ国およびWHOが、ICJの法廷で口頭陳述を行った。これほど多数の国が陳述書を提出し、また、口頭陳述を行ったのは、ICJ開設以来初めてのことであった。なかでも日本の口頭陳述においては、政府代表の陳述のほか、広島市・長崎市の両市長が原爆投下による被害の実相について陳述したのも異例のことであった。96年7月8日、ICJは、WHOの請求を、WHOの活動範囲内の問題ではないとして、11対3で却下した。しかし、同日、ICJは、国連総会の要請には答えるとして、勧告的意見を発表した。なお、この勧告的意見については、14名の裁判官全員が、宣言ないし個別または反対意見を表明した。

【意見要旨】1　勧告的意見を求める総会の要請に対して裁判所が管轄権を有するか否かについては、総会はICJ規程第65条1項にいう国連憲章によって要請を許可された団体であり、かつ、要請事項(質問)は同規程および憲章の意味における「法律問題」である。また、裁判所がその裁量権を用いて要請を断るべき、「決定的理由」も存在しない。さらに、質問

を文字通り解釈すれば単純な否定的答えにならざるをえないと主張されたが、質問の真の目的は明らかで、すなわち、「核兵器の威嚇または使用の合法性または違法性を決定すること」である（paras.11-20）。

2　質問に答えるためには、関連適用法規を決定しなければならない。まず、国際人権規約（自由権規約）第6条の「生命に対する権利」は敵対行為においても適用されるが、生命の恣意的剥奪か否かは武力紛争に適用される法によって決定され、自由権規約自体から引き出されるものではない。ジェノサイド条約中のジェノサイド禁止は慣習法規則であるが、核兵器に訴えることがジェノサイド条約第2条にいう集団それ自体に向けられた意図の要素を含む場合にのみ適合する規則であり、各事例の特殊事情を考慮に入れた後でのみかかる結論に達することが可能である。また、環境の保全および保護に関する規範（1977年追加議定書第35条3項、1977年環境改変技術軍事使用禁止条約など）も、ここでの問題に直接適用される法規ではない（paras.26-33）。

裁判所はしたがって、この問題を規律するために最も直接的に関連する適用法は、国連憲章に具現された武力行使に関する法および敵対行為を規制する武力紛争に適用される法（裁判所が関連すると決定する核兵器に関する特定条約を含む）であると判断する（para.34）。

この法を本件に適用するにあたり、裁判所は核兵器の若干の特性、すなわち、他の兵器よりもはるかに強力な熱とエネルギーの放出、および核兵器に特有の放射線を考慮しなければならない。これらの特徴は核兵器をして潜在的に破滅的なものとし、その破壊力は空間的にも時間的にも限定されえず、すべての文明と地球の全生態系を破壊する潜在力を有する（paras.35-36）。

3　ついで、武力の威嚇または行使に関する国連憲章規定に移る。憲章第2条4項による武力行使の禁止は他の関連規定（第51条、第42条）に照らして検討されなければならないが、これらの規定は特定兵器に言及しておらず、使用される兵器の如何を問わずすべての武力行使に適用される。条約または慣習上すでにそれ自体違法な兵器は、それが憲章上の正当な目的のために使用されても合法となるのではない（paras.38-39）。

第51条の自衛権には、必要性と均衡性の条件という慣習国際法規則〔⇒157〕が適用される。均衡性原則はすべての事情における自衛による核兵器使用をそれ自体としては排除しないかもしれないが、しかし同時に、自衛の法の下で均衡性のある武力行使は、合法的であるためには、とくに人道法の原則および規則を含む武力紛争に適用される法の要求を満たさなければならない（paras.40-42）。

第2条4項における武力の「威嚇」と「行使」の観念は、所与の場合における武力行使そのものが違法であれば、かかる武力を行使するとの威嚇も違法であるという意味で、一体化している。抑止の政策が効果的であるためには、核兵器使用の意図が確かでなければなら

ない。これが第2条4項に違反する「威嚇」か否かは、特定の武力行使が国家の領土保全または政治的独立に対して、または国連の目的に対して向けられているか、あるいはそれが防衛の手段として意図された場合、必要性および均衡性の原則に必然的に違反するかに依存する (paras.47-48)。

4　武力紛争に適用される法に関して、裁判所はまず、核兵器の使用それ自体を規制する国際法の特定の規則があるか否か、次いで、武力紛争に適用される固有の法、すなわち人道法の原則および規則ならびに中立法に照らして、この問題を検討する (para.51)。

前者について、慣習法および条約法は、一般的またはある事情の下でとくに正当な自衛の行使の場合に核兵器または他の兵器の威嚇または使用を許可する特定規定を含んでおらず、ある兵器使用の違法性は禁止の形で定式化される (para.52)。核兵器使用を禁止する条約規定があるかどうかについては、1899年第2ハーグ宣言 (毒ガス禁止宣言)、1907年第4ハーグ条約附属のハーグ陸戦規則第23条a(「毒又ハ毒ヲ施シタル兵器」)、1925年毒ガス議定書の規定の解釈は様々で、これらの条約の当事国はこれらを核兵器に当てはまるものとして取り扱ってこなかった。1972年生物・毒素兵器禁止条約および1993年化学兵器禁止条約にも、核兵器使用の特定の禁止は見出せない (para.54)。

ここ20年来、核兵器に関して多くの交渉が行われいくつかの条約が締結された。非核地帯条約の中でも、トラテロルコ条約第1条、同附属議定書II第3条およびラロトンガ条約の議定書2第1条は直接に、そして核不拡散条約は無期限延長との関連で、核兵器の使用を取り扱っている。しかし、核兵器の取得、生産、保有、配備および実験をもっぱら取り扱う条約は、それ自体核兵器使用の禁止を構成するものではない (paras.59-63)。

5　慣習国際法の検討に移ると、核兵器の使用を違法とみる諸国が1945年以来の核兵器不使用の恒常的実行を核兵器保有国の法的信念 (*opinio juris*) の表現とみるのに対して、若干の事態における核兵器の威嚇および使用の合法性を主張する諸国は、そのために抑止の理論と実行を援用し、1945年以来の核兵器の不使用は単にその使用を正当化するような事態が幸い生じなかったからだと主張する (paras.64-66)。裁判所は、「抑止の政策」の実行について判断する意図はないが、一定数の諸国が冷戦の大部分の間その実行に依拠しかつそれに依拠し続けていることは事実であることに留意して、過去50年にわたり核兵器に訴えられなかったことが法的信念の表現を構成するか否かの問題については、国際社会の構成員の意見が大きく分かれていることから、かかる法的信念の存在を見出すことができないと考える (para.67)。

決議1653 (XVI) など核兵器の違法性を確認している一連の総会決議が核兵器使用禁止の国際慣習法規則の存在を表しているかどうかについては、所与の決議の内容およびその採択の条件をみる必要があるのであって、ここで問題とされている諸決議は、かなりの数の

反対票および棄権票を伴って採択されたから、核兵器問題に関する深甚な懸念の明らかな兆候ではあるが、そこに核兵器使用の違法性に関する法的信念の存在を確認することはできない。さらに、総会決議1653(XVI)に示される慣習法の一般規則の核兵器という特定事例への適用は、核兵器使用を禁止する慣習規則の特定規則がないことを示している。これらが毎年総会で広範な多数決により採択されることは、核兵器使用の特定のかつ明示的禁止により、完全核軍縮に向かう重要な一歩を踏み出すべきだという、国際社会の広範な部分の希望を表すが、核兵器使用を特定して禁止する慣習規則の*lex lata*としての出現は、一方で生成しつつある法的信念と、他方で抑止の実行へのなお強い依拠、との間の絶えざる緊張によって妨げられている(paras.68-73)。

6 最後に裁判所は、国際人道法および中立法の原則・規則に照らして検討を行う。人道法諸文書に含まれた基本的諸原則としては、一般住民・民用物の保護を目的とする戦闘員と非戦闘員の区別の第1原則、および戦闘員に不必要な苦痛を与えることの禁止の第2原則が存在し、この第2原則の適用において、国家はその使用する兵器について手段の選択の無制限な自由を有するものではない(para.78)。人道法の基本諸原則は、国際慣習法の犯すことのできない諸原則を構成する。慣習法である人道法の部分は、1949年ジュネーヴ諸条約などに具現された武力紛争に適用される法である。広範な多数の諸国および学者の見解では、人道法の核兵器への適用可能性についての疑問はありえない(para.85)。裁判所は、この見解に与する。核兵器は、人道法の原則および規則の大部分がすでに存在するようになって後に発明された。1949年(ジュネーヴ諸条約)および1974-77年(追加議定書)の諸会議は核兵器をわきにおいたが、このことから、人道法の確立した原則および規則が核兵器に適用されないという結論は引き出せない(para.86)。

これらの理由により、裁判所は、総会の諮問に次のように答える(para.105)。

A　核兵器使用の特別の許可は、慣習国際法上も条約国際法上も存在しない(全員一致)。

B　核兵器自体の威嚇または使用の包括的または普遍的禁止は、慣習国際法上も条約国際法上も存在しない(11対3)。

C　国連憲章第2条4項に違反し、第51条のすべての要請を満たさない、核兵器による武力の威嚇または行使は違法である(全員一致)。

D　核兵器の威嚇または使用は、武力紛争に適用される国際法とくに国際人道法の原則および規則の要請、ならびに、核兵器を明示に取り扱う条約および他の約束の特別の義務と両立するものでなければならない(全員一致)。

E　上述の要請から、核兵器の威嚇または使用は、武力紛争に適用される国際法の諸規則、とくに人道法の原則および規則に一般的に違反するだろう。しかしながら、国際法の現状および裁判所に利用可能な事実の諸要素を勘案して、裁判所は、核兵器の威嚇または

使用が、国家の存亡そのもののかかった自衛の極端な事情の下で、合法であるか違法であるかをはっきりと結論しえない(7対7。裁判所長の決定投票による)。

　F　厳格かつ効果的な国際管理の下において、すべての側面での核軍縮に導く交渉を誠実に行いかつ完結させる義務が存在する(全員一致)。

【論点】1　本件で、裁判所はWHOの請求を却下し、国連総会の請求には答えたが、そのことから、国連の諸機関または専門機関が勧告的意見を求める資格と条件が示されたと言える。国連憲章第96条は、総会または安保理については「いかなる法律問題」についても、その他の国連機関および専門機関は「その活動の範囲内において生ずる法律問題」について勧告的意見を要請しうるとしている。そして、国際司法裁判所規程によれば、かかる要請があったとき、裁判所はいかなる法律問題についても勧告的意見を「与えることができる」(第65条)となっている。本件では、核兵器の使用の合法・違法性の問題は、WHOの「活動の範囲内において生ずる」問題ではないと判断された。

　あわせて、本件では、実際には軍縮関係のNGOが諸機関にICJへの勧告的意見の要請を求めたことを端緒とするが、このような仕方で勧告的意見を求めることは、一種の民衆争訴(*actio popularis*)につながると言えるか否かといった問題を含んでいる。

　また、本件における総会の質問は、一般的抽象的で具体性を欠き、また、政治的であるとして、裁判所は勧告的意見を回避すべきであるという意見もあったが、裁判所がこれまでに勧告的意見を与えた事例などを参照し、また、本件の裁判所の意見(10、13、14項など)や裁判官の個別意見を検討してみると、抽象的法律問題についても、また政治的問題であってもその中に法律問題が含まれている限り、裁判所が勧告的意見を与える傾向にあることは明らかである。

　2　勧告的意見では、諸問事項に最も直接に関連する法の筆頭に国連憲章を挙げ、憲章規定による核兵器の合法性問題に関連して、憲章第2条4項、第51条、7章第42条に言及している。例えば、第2条4項の武力の「威嚇」と「行使」の関係から、核兵器の「威嚇」と「使用」の関係を引き出し、使用が違法なら威嚇も違法として、威嚇と使用を一体化している。これは、「武力による威嚇」の要件についての1つの新しい解釈を示したものとも言える。また、核兵器の威嚇は抑止政策に関連するが、いわゆる核抑止論は、核兵器の威嚇・使用の合法性の観点から評価すべき問題たりうるかという論点が提起された。

　3　核兵器使用を直接規制する条約がないことから、慣習法が存在するかどうかが焦点と考えられたが、その観点から、国連総会決議1653(XVI)など核兵器関係の諸決議の内容が慣習法の一要素としての法的信念の証拠となるかどうかなどについて、かなり慎重な見解が示された。

4 勧告的意見の結論部分のうち、とくに105項Eの意味、とくにその第1文「核兵器の威嚇または使用は人道法の原則・規則に一般的に違反する」とその第2文「核兵器の威嚇または使用は、国家の存亡そのもののかかった自衛の極端な事情の下で、合法であるか違法であるかをはっきりと結論しえない」のそれぞれの意味と両文の一見不整合な関係をどのように解釈すべきかについて問題を残している。

5 勧告的意見の結論部分の105項Fの「核軍縮交渉を誠実に行いかつ完結させる義務」は、核不拡散条約第6条の規定より一歩進めたものである。これは、裁判所が諮問事項でないにもかかわらず言及したもので、それ自体異例であるが、それが同条の解釈として示されたものであることから、その内容に異論もある。裁判所がこれに言及したこと自体、裁判所の核問題についての態度を知る上できわめて注目される。マーシャル諸島による核軍縮義務違反の提訴〔⇒151〕は、この部分をベースにしたものである。

【参考文献】
古川照美「核兵器使用の違法性諮問事件上下」『ジュリスト』1052号、1053号(1994)、同「核兵器使用・威嚇の違法性諮問事件」『ジュリスト』1059号(1995)、松井芳郎「国際司法裁判所の核兵器使用に関する勧告的意見を読んで」『法律時報』68巻12号(1996)、植木俊哉「核兵器使用に関する国際司法裁判所の勧告的意見」『法学教室』193号(1996)、最上敏樹「核兵器は国際法に違反するか上下」『法学セミナー』503号、504号(1996)、藤田久一「核兵器をめぐる法と戦略の交錯」『世界法年報』18号(1999)、柳原正治『百選Ⅰ』、真山全『百選Ⅱ』、同『判例研究ICJ』99巻3号、永田高英『百選Ⅱ』、繁田泰宏『基本判例50Ⅱ』、横田洋三『判決・意見Ⅲ』。

(藤田 久一・浅田 正彦)

164 いわゆる「違法戦闘員」の法的地位

- A　グアンタナモ基地被抑留者事件（Detainees at Guantanamo Bay, Cuba）
- B　ラスル事件（Rasul v. Bush）
- C　ハムディ事件（Hamdi v. Rumsfeld）
- D　ハムダン事件（Hamdan v. Rumsfeld）

審査機関	A 米州人権委員会		出　典	A 決　定 41ILM532（2002）
裁 判 所	B・C・D 米国連邦最高裁判所			反論書 41ILM1015（2002）
決　　定	A 2002年3月12日			B 542 US 466（2004）
	（米国の反論書 2002年4月15日）			C 542 US 507（2004）
判　　決	B 2004年6月28日　C 2004年6月28日			D 548 US 557（2006）
	D 2006年6月29日			

A　グアンタナモ基地被抑留者事件

【事実】　2001年9月11日の大規模同時テロ攻撃をうけて、米国は、「テロとの戦争」の開始を宣言し、テロを実行したアルカイダへの反撃を決定した。米国連邦議会も、大統領に対して、9.11のテロ攻撃に関与し、援助し、犯人等を匿ったとみなされる国家・組織・個人に対し武力行使の権限を付与した。当時アルカイダの指導者が潜伏していたアフガニスタンのタリバン政権が、彼らの引渡しを拒否したことから、10月7日、米国中心の連合軍は、アフガニスタンへの武力行使を開始し、11月にはカブールなど主要都市が陥落した。

11月13日にはブッシュ大統領は大統領命令を発布し、「①アルカイダ構成員、または過去に構成員だった者、②国際テロリズムを実行した者、または実行を幇助もしくは計画した者、③それらの者を匿った者」と大統領が決定する者を抑留することを国防長官に許可した。抑留された者は軍事委員会による審判を受けることとされた。同委員会では、通常裁判所において憲法上保障される被告人の人権が保障されないこととされた。さらに、抑留される者を全員この審判に付す必要はなく、敵戦闘員として紛争が継続しているかぎり抑留可能であるとされ、司法的救済の道も閉ざされた。

この命令にしたがって、アフガニスタンその他世界各地でアルカイダ関係者とされる者が身柄を拘束され、米軍に引き渡された。米軍は彼らをキューバから租借しているグアンタナモ湾の米海軍基地に抑留した。この抑留措置について、他国（米国の同盟国を含む）、各種人権機関、赤十字国際委員会などから、1949年のジュネーヴ第3条約（捕虜条約）や各種人権条約に違反するとの批判が相次いだ。

それに対して、米国政府は公式見解を発表し、「①被抑留者は捕虜条約の保護を受けない違法戦闘員である、②アルカイダは捕虜条約の締約国ではないので条約は適用されない、③タリバン構成員には捕虜条約は適用されるが、捕虜要件を満たさないので捕虜条約の保護は受けない、④しかし被抑留者には捕虜条約と同等の待遇が与えられる」と反論した。

そこで、人権NGOが、グアンタナモ基地の被抑留者の捕虜として取り扱われる権利、

ならびに恣意的かつ長期に外部と遮断された抑留、違法な尋問、および軍事委員会による違法な裁判からの自由を保護するため、米州人権委員会に予防措置(仮保全措置)を求めた。本件では、委員会に対する本案の申立ては行われず、予防措置のみが申請された。

【決定要旨・反論書要旨】1　米州人権委員会決定　米州機構が人権委員会に委ねた任務は、西半球における加盟国による人権規範の遵守を監視することで、ここで言う人権には、米州人権条約のみならず、米国を拘束する米州人権宣言に規定された権利も含まれる (p.532)。

　委員会は過去に、武力紛争の状況において、米州人権宣言等の解釈にあたり、国際人道法の関連規定を検討し、人権法と人道法の相互関係について基本的な原則を述べてきた。人権法と人道法は、免脱不可能な権利という共通の中核、および人間の生命と尊厳を促進するという共通の目的を共有している。国際人権法は、すべての状況、すなわち平時のみならず武力紛争時においても適用される。武力紛争時には、人権法と人道法の保護は相互に補完しあい、相互に補強しあう。武力紛争状態においては、特定の権利(身体的自由の権利など)保護の評価基準が、平時における基準と異なる場合もあるが、その際には、国際法上、また委員会の実行上、特別法(*lex specialis*)として国際人道法に依拠することで適用法規を演繹することが認められる (pp.532-533)。

　したがって、武力紛争中に、個人が国家の権力下におかれた場合には、基本的権利は、国際人権法のみならず国際人道法にも依拠して決定される。人道法の保護がうけられない場合でも、その者は国際人権法の免脱不可能な保護の利益をうける。国家の権力または支配の下にあるいかなる人も、その状況の如何に関わらず、彼らの基本的かつ免脱不可能な権利について、全く保護を受けないということはありえない (p.533)。

　捕虜条約の規定が彼らの一部または全部に適用されるかどうかに関して疑いが生じている。平時にも戦時にも適用される国際規範は、例えば捕虜条約5条や米州宣言18条に現れているが、ある国家の権力下におかれた個人の法的地位は、政治的機関ではなく権限ある裁判所が決定するべきだと規定している。しかし米国政府は、捕虜条約5条が言う「権限ある裁判所」の決定に委ねることなく、またその他の手段で被抑留者の法的地位を確認することもなく、彼らの捕虜資格を否定した。グアンタナモ基地の被抑留者は、米国政府の完全な裁量にゆだねられている。国際法または国内法上の法的地位が明確にされない状況では、被抑留者が米国による実効的な法的保護を受けているとは言えない (p.533)。

　被抑留者の法的地位を明確にし、彼らに免脱できない権利という最低限の法的保護が与えられるよう確保するために、予防的措置が妥当かつ必要である。よって、委員会は、グアンタナモ基地における被抑留者の法的地位が、権限ある裁判所によって決定されるよう必要な緊急の措置をとることを米国政府に要請する (pp.533-534)。

2　米国の反論書　人権委員会には本件措置を米国に要請する法的根拠がない。委員会は、米州人権条約非締約国に対しても、米州人権宣言の適用について指針を与える権限を有するが、米州人権宣言の範囲を超えた問題については、米国に対してそのような指針を与える権限も、また予防措置を要請する権限もない (pp.1019-1020)。

　本件は、武力紛争中の抑留に関する事例である。国際人権法は、敵対行為や敵兵の抑留には適用されず、それらの行為は、特別法である詳細な国際人道法の規定により規律される。本件では、委員会は米州人権宣言の規則の意味を明らかにするために捕虜条約を参照するにとどまっていない。申立ても委員会の意見も、米州人権宣言に含まれる権利に関するものではなく、本来委員会が権限を持たない国際人道法の特定の条文、すなわち捕虜条約4条および5条の解釈に関するものである。さらに、そもそも国際人道法では、捕虜であるかどうかを問わず、敵兵を紛争の期間中抑留する権限を認めている (pp.1020-1021)。

　また、仮に委員会に権限があるとしても、被抑留者は捕虜ではなく違法戦闘員であって、その法的地位は明白である。さらに、彼らの法的地位が明確ではないとしても、被抑留者らは人道的に、可能な限り捕虜条約の原則に則って取り扱われており、予防措置を必要とするような回復不可能な損害は生じていない (pp.1023-1025)。

B　ラスル事件

【事実】　本件はグアンタナモ基地被抑留者について、被抑留者の親族が人権NGOと共同で、米国連邦裁判所に人身保護請求を行った事例である。連邦地裁・控訴裁は、1950年のアイゼントレーガー事件連邦最高裁判決が、戦争法違反の罪状で在中国米国軍事委員会に起訴され、有罪となり在独米軍施設に収監されているドイツ人の人身保護請求についての連邦地裁の管轄権を否定したことに依拠して、人身保護は米国の主権が及ぶ領域の外に拘束されている外国人について請求できないとして、本件請求を却下した。

【判決要旨】　アイゼントレーガー事件と本件とでは以下の点で相違が見られる。①前者の被抑留者は米国に対する敵対行為に従事したことについて有罪が確定しているのに対して、後者の被抑留者は米国への攻撃に参加したこと自体を否定しており、いかなる罪状でも有罪が確定しておらず、起訴すらされていないこと (p.476)。②前者はドイツでの抑留であり米国裁判所の属地的管轄権の外にいることが争われていなかったのに対して、後者は租借協定により米国が占有しているグアンタナモ基地に抑留されているが、同協定では、米国は被供与地域において「完全な管轄権と支配権を行使する」とされており、同基地は米国の領域主権の下に置かれていると言わざるをえないこと (pp.480-484)。このような相違がある以上、アイゼントレーガー事件判決を根拠として、本件人身保護請求を却下できない。

C　ハムディ事件

【事実】　ハムディは、アフガニスタンで拘束され、グアンタナモ基地に移送されたが、後に米国市民であることが判明し、米国本土の海軍基地に再移送され、抑留された。政府は、ハムディを敵戦闘員であると決定し、政府が許可するまで、いかなる司法審査も受けられず、弁護士との接見も許されなかった。

　ハムディの親族は人身保護請求を提起し、次のように主張した。①本件抑留は、連邦憲法修正5条の適正手続条項、および連邦抑留禁止法(Non-detention Act)に違反する。②ジュネーヴ条約では、アフガニスタンでの国際的武力紛争終了後、被抑留者の拘束を継続することは許容されない。③捕虜条約5条は、権限ある裁判所がその地位を決定するまでは、被抑留者が捕虜として取り扱われることを求めている。

【判決要旨】　9.11後、武力行使を許可した連邦議会は、大統領に敵戦闘員の抑留をも許可した(p.518)。アフガニスタンで米国に対する武力紛争に従事していた者は抑留可能である。戦時国際法では、アフガニスタンにおいて米国が戦闘を行っているかぎり、戦闘員が再び敵対行為に従事するのを防ぐため抑留は許容される(p.521)。

　しかし、武力紛争が進行中であるため、抑留の必要性についての政府の挙証責任は多少緩和されるものの、抑留された市民が、自らの法的地位について司法審査を求める場合には、法的地位決定の根拠となる事実が告知されねばならず、中立的決定者の前で、反論する公平な機会を与えられなければならず、弁護士にアクセスする権利も認められる。この審査は、適切に構成された軍事裁判所によってもなされうる(pp.532-535)。

　以上の司法審査を受ける権利は憲法上認められるので、国際法上の検討は必要ない。

D　ハムダン事件

【事実】　ハムダンはビン・ラディンの護衛兼運転手を務めたイエメン人で、アフガニスタンで敵対行為に従事しているところを米国により捕らえられ、グアンタナモ基地に収容後、2004年7月にテロ行為の共謀の容疑で軍事委員会において起訴された。本件は、ハムダンが申し立てた人身保護請求の上告審である。ハムダン側は、軍事委員会がテロ行為の共謀について管轄権を有さないことに加えて、軍事委員会での制限的な手続が軍法および国際法に反すると主張した。

【判決要旨】　ハムダンは米国・アルカイダ間の戦争に関連して拘束された。米国政府によると、この戦争は、ジュネーヴ諸条約共通2条が規定する「2以上の締約国の間に生ずる…武力紛争」ではないとされる。しかし、同条約共通3条が締約国間の紛争ではない紛争にも

適用されるため、この点を判断する必要はない。同条は「正規に構成された裁判所で文明国民が不可欠と認めるすべての裁判上の保障を与えるものの裁判によらない判決の言渡及び刑の執行」を禁止している。政府側は、米国・アルカイダ間の紛争は「地理的にみて」国際的であるため、共通3条も適用されないとも主張しているが、誤りである。共通2条の文言と対比すれば、共通3条にいう「国際的性質を有しない紛争」は「国家間紛争」の反対語として、「国家間紛争以外のすべての紛争」という意味で用いられている (pp.628-630)。

共通3条が求める「正規に構成された裁判所」は、「軍事裁判所」を含みうるが、「各国家において現に有効な既存の法と手続に従って設置され組織された」ものでなければならない。米国法では、議会制定法により設置された「軍法会議 (courts-martial)」がこれに該当する。「軍事委員会」を設立するべき特別な理由は存在しない。また共通3条では、「文明国民が不可欠と認めるすべての裁判上の保障」が与えられなければならない。慣習法とみなされている1977年の第1追加議定書75条によると、敵の権力内にあるすべての者に対する最低限度の保障として、「自ら出席して裁判を受ける権利」が認められなければならない(4項(e))。この権利には、被告人が証拠にアクセスする権利が含まれるため、証拠へのアクセスを制限した軍事委員会は、必要な「裁判上の保障」を伴うとは言えず共通3条に反する (pp.631-633)。

【論点】1 2001年秋以降、米国等とアフガニスタンとの間に国家間武力紛争が存在したと考えられるが、当初の米国の見解は、その解釈を超え、米国がアルカイダ主導のテロリスト・ネットワークとの全世界規模の戦争状態にあると主張していた。この国際人道法(特にジュネーヴ諸条約)の適用対象とはならない「新しい戦争」の考え方が、グアンタナモ基地の被抑留者に対する非人道的行為の温床となったと考えられる。D事件判決は、そのような「新しい戦争」という米国政府の主張を否定し、国境を越えた非国家主体との武力紛争も「非国際的武力紛争」に含まれ、国際人道法、特にジュネーヴ諸条約共通3条の適用対象となることを確認した点が意義深い。最高裁の立論には理論的な欠陥も存在したが、後に、米国政府も軍事マニュアルなどにおいて、このような非国際的武力紛争の(再)定義を明確に容認した。

2 A事件で示されたような、捕虜資格の有無に関する米国の当初の見解は強く批判された。確かに、アルカイダやタリバンの大部分の構成員は、戦闘行為に従事する際、自己を文民と区別する義務を果たしていたとは考えがたく、審査の結果、彼らの捕虜資格が否定される可能性は高かった。しかし、被抑留者が自己の地位について中立的審査を受ける機会を完全に閉ざすことは、捕虜条約5条の趣旨に反すると言わざるをえない。少なくともアフガニスタンの「正規軍」メンバーであったタリバン構成員については、捕虜条約の適用そのものを米国も認めており、捕虜資格の個別的審査を行うべきであった。

米国は、B、C事件の判決後、戦闘員資格審判所を設置した(2004年7月7日国防総省決定)。

この決定により、被抑留者には資格再審査を受ける権利が告知され、申請すれば3名の審判官による審査を受け、自身が敵戦闘員ではないことを証明する機会が与えられた。この審判制度は、C事件判決が被抑留者の司法審査を受ける権利を保障するものとして容認した陸軍規則の審査制度と類似した行政手続であるが、被抑留者は、弁護人を自ら選任することが出来ず、証拠へのアクセスも大幅に制限されている。そのように権利が制限された審査制度が、戦闘地域から遠く離れた本件のような状況においても許容されうるか疑問である。

　3　仮に捕虜資格が認められないとしても、被抑留者は、何の保護をも受けられない法的空白に置かれてはならない。ジュネーヴ諸条約共通3条および第1追加議定書75条によって規定され、慣習法化している最低限の人道基準は、いかなる者に対しても保証されなければならない（D事件判決はこれを確認した）。また、人権条約は、武力紛争中も当然には適用を停止されず、少なくとも免脱不可能な中核的権利は、いかなる被抑留者にも保障されなければならない。確かに、各種人権条約が列挙する免脱が許されない権利に、被拘束者が司法審査を受ける権利は含まれていない。しかしこの権利は、第1追加議定書75条でも明確に認められており、また武力紛争時に停止不要な権利だとも主張されている。C事件では、武力紛争時においても、米国憲法上司法審査を受ける権利が保障されることが明確にされた。

【参考文献】
真山全「テロ行為・対テロ作戦と武力紛争法」初川満編『テロリズムの法的規制』(信山社、2009)、新井京「『テロとの戦争』における武力紛争の存在とその性質」『同志社法学』61巻1号(2009)、森川幸一「『対テロ戦争』への国際人道法の適用」『ジュリスト』1299号(2005)、熊谷卓「判例紹介　テロリストと人身保護請求の可否」『新潟国際情報大学情報文化学部紀要』7号(2004)、同『百選Ⅱ』、新井京『基本判例50Ⅱ』。

（新井　京）

165 パレスチナ占領地域における壁構築の法的効果
(Conséquences juridiques de l'édification d'un mur dans le territorre palestinien occupé)

諮問機関	国連総会
裁判所	国際司法裁判所
勧告的意見	2004年7月9日
出典	ICJ(2004)136；47 ILM 1009

【事実】 国際連盟時代に英国を受任国とするA式委任統治地域とされたパレスチナに、第2次大戦後、国連総会決議181(Ⅱ)は2独立国――アラブとユダヤ――間での領域分割計画の採択と履行、ならびにエルサレム市の特別国際制度の創設を勧めた。しかし、パレスチナのアラブ住民およびアラブ諸国はこの計画を均衡性を欠くとして拒否し、他方、イスラエルは1948年5月14日独立を宣言した。このことからイスラエルとアラブ諸国間に武力紛争が発生し、分割計画は履行されなかった。その後、国連の仲介で締結されたイスラエル・ヨルダン協定で休戦境界線(グリーン・ライン)が定められたが、1967年の武力紛争でイスラエル軍はかつての英委任統治下のパレスチナ全地域(グリーン・ラインの東にある西岸地区を含む)を占領の下においた。安保理決議242(1967)は、戦争による領域取得を許容せず、占領地域からのイスラエル軍の撤退を要請した。その後、1994年10月26日のイスラエル・ヨルダン平和条約は「1967年にイスラエル軍事政府管理下に入った地域」について示された線を「行政的境界」であるとし、他方、1993年以来、イスラエルとパレスチナ解放機構(PLO)の間の諸協定で、イスラエル軍当局と文民行政がパレスチナ占領地域で行使してきた若干の権限と責任をパレスチナ当局に移すことが定められた。しかし、その後発生した諸事件の結果、移された権限は部分的かつ限定されたものに留まった。結局、グリーン・ラインと以前の委任統治下のパレスチナ東境界の間に位置する占領地域にイスラエルは分離壁を構築してきたのである。

ここにいう壁(mur, wall)(イスラエルは「フェンス」と呼ぶ)は、エレクトロニック・センサー付フェンス、溝、パトロール道路や追跡道路、有刺鉄線から構成される幅50～70メートル(場所により100メートル)の複合構築物を指す。イスラエル政府は、2002年4月14日西岸の3地区に「安全フェンス」の構築を決定し、その後「継続フェンス」を4期にわけて次々と計画し、それを延長してきた。2003年10月1日イスラエル政府は、「西岸にそって720キロメートルに延びる」継続線の完全ルートを承認した。最北部で完成しまたは構築中の壁はグリーン・ラインから大きく逸れ、大部分はパレスチナ占領地域内にある。全壁が完成すれば、さらに16万人のパレスチナ人、また、ほぼ32万人のイスラエル入植者(うち東エルサレムに17万8千人)がグリーン・ラインと壁の間の区域に住むことになる。2003年10月イスラエル国防軍はグリーン・ラインと壁の間にある西岸の部分を「閉鎖区域」とする命令を出

した。これにより、この区域の住民はそこに留まれず、非住民はイスラエル当局発行の許可証または身分証明書を所持しなければそこに入れない。

　国連総会は、2003年12月8日の緊急特別総会決議ES-10/14で、東エルサレム内とその周辺を含むパレスチナ占領地域において占領国イスラエルにより建設されている壁の構築は1949年ジュネーブ第4条約(以下「文民条約」という)を含む国際法の規則と原則ならびに国連安保理決議および総会決議を考慮して、いかなる法的効果を生ずるかという問題について、勧告的意見を緊急に与えるようICJに求めた。

　なおイスラエル最高裁判所は、2004年5月30日判決(勧告的意見para.100に引用)の後、6月30日に「ベイトスイク村評議会対イスラエル政府」事件(43 ILM 1099(2004))において、イスラエルの軍事占領下にあるユデアとサマリア地区における分離フェンス構築のためのイスラエル国防軍司令官による土地収用命令がイスラエル行政法および紛争に適用される国際公法の諸原則に照らして違法、無効であり、フェンスの位置を変えるべきであるとの申立を受理した。その判決は、フェンスの安全保障利益とそのルートのもたらす地区住民の権利侵害との間の均衡性の観点から、いくつかのルートについては1907年第4ハーグ条約附属規則(以下「ハーグ規則」という)と文民条約の人道規定の違反を認め、命令の無効を言い渡し、軍司令官に代替ルートを決めるよう求めた。

【意見要旨】1　裁判所は、まず、意見を与えるための管轄権を有するか、ついで、かかる管轄権を行使してはならない理由があるかを検討する。前者について、この請求の主題は国連憲章上総会の権限に属し、請求の文言の明確性の欠如や問題の「政治的」性格も裁判所の管轄権を奪うものではなく、勧告的意見を与える管轄権をもつ(paras.13-42)。後者つまり意見を与える適切性(opportunité judiciaire)について、請求主題はイスラエルとパレスチナの二者間問題のみではなく、直接に国連の関心事項であり、国連の責任はパレスチナの委任統治と分割決議に由来するものである。また、ロードマップは紛争解決のための交渉枠組みを構成するが、裁判所の意見が交渉に与える影響は明らかでなく、意見を与えないよう裁量権を行使すべき必然的理由はない(paras.43-65)。

　2　イスラエルの措置の法的評価に関連する国際法の規則と原則は国連憲章と若干の他の条約、慣習国際法、ならびに国連総会と安保理の関連決議に見出されるが、イスラエルが国際人道法と人権文書の若干の規則をパレスチナ占領地域に適用することに疑問を表明したので、裁判所は適用法規の問題を検討する。まず、国連憲章2条4項、友好関係宣言中の「武力による威嚇または武力行使に由来する」領域取得の違法性、これらの文書や国際人権規約1条の人民の自決の権利がある(paras.87-88)。ついで、国際人道法については、慣習法の一部としてのハーグ規則第3款「敵国ノ領土ニ於ケル軍ノ権力」が本件に適合し、文民条約はハー

グ規則第2、3款を補完する(para.89)。文民条約について、イスラエルはパレスチナ占領地域が「締約国の領域」ではないとして——ヨルダンは1967年文民条約締約国となるが、占領地域はそれ以前にヨルダンの主権の下にはなかったという——、法律上の適用可能性を争っていることに鑑み、文民条約2条1項に従って、2つの条件(すなわち、武力紛争の存在および2締約国間の紛争の発生)が充たされれば文民条約は占領地域に適用される。また、同2条2項の目的や準備作業から判断して、戦闘のない占領の場合にも文民条約は適用される(para.95)。さらに、イスラエル最高裁判所の2004年5月30日の判決も軍事占領がハーグ規則および文民条約により規律されるとしている(para.100)。以上から、1967年イスラエルとヨルダン間の武力紛争時に両国は文民条約締約国であり、紛争前にグリーン・ラインの東にあったパレスチナ占領地域に文民条約は適用される(para.101)。また、イスラエルが締約国である国際人権諸条約——自由権規約と社会権規約と児童の権利条約——について、イスラエルが人権は平時自国民を保護するためのものであるからパレスチナ占領地域に適用されないと主張したことに鑑み、人道法と人権法の関係、ついで、国家領域外での人権条約の適用可能性の問題を検討する。前者について、自由権規約4条から武力紛争の場合にデロゲーションできない人権法と特別法としての人道法が考慮に入れられる(para.105)。後者について、自由権規約2条1項の文言の意味を自由権規約委員会の恒常的実行、規約の準備作業などから、自国領域外における管轄権行使の場合の国家行為にも自由権規約は適用される(paras.106-111)。社会権規約や児童の権利条約も、パレスチナ占領地域に適用される(paras.112-113)。

3(1) 人民自決権の原則について、1993年9月9日のアラファト・ラビン書簡交換によるイスラエルのPLO承認、同月28日のイスラエル・パレスチナ暫定協定からも、「パレスチナ人民」の存在はもはや疑われない。1977年以来、イスラエルは文民条約49条6項(追放・移送の禁止)の文言に違反して、入植地設立を含む政策を実行してきた(para.120)。壁構築は恒久的で既成事実化し、パレスチナ人民の自決権行使を著しく妨げ、この権利に対するイスラエルの義務違反を構成する(para.121)。

(2) 壁構築は人道法と人権文書の関連諸規定について多くの問題を提起する。ハーグ規則は第3款〔占領関係〕のみが西岸に適用可能であり、文民条約については、1967年に西岸占領による軍事行動の終了以来、6条3項に言及する条文〔占領の継続期間中拘束される規定〕のみが占領地域に適用される。自由権規約について、4条の下のテロゲーションの権利を利用したイスラエルの主張——1948年5月の緊急事態宣言はそれ以来常に効力を有し、そのために必要な措置が9条〔身体の自由と逮捕抑留の要件〕と両立しない限りにおいて、イスラエルはその義務から逸れる——に留意しても、自由権規約の他の諸規定はパレスチナ占領地域に適用され続ける。そのうち、17条1項〔私生活・名誉・信用の尊重〕、12条1項〔移動・居住・出国〕とくに12条下での移動の自由の一般的保障に加えて、キリスト教、ユダ

ヤ教およびイスラム教の聖地へのアクセスの特別の保障が考慮されねばならず、イスラエルとヨルダン間の1949年一般休戦協定(8条)と1994年平和条約(9条1項)の規定する「聖地への自由なアクセス」はなお有効である(para.129)。

　壁構築は、ハーグ規則46条〔私権の尊重〕と52条〔徴発と課役〕の要請に反する条件の下で財産の破壊と徴発をもたらした(para.132)。さらに、壁構築、閉鎖区域や飛び地の設定は、パレスチナ占領地域の居住者(イスラエル住民とイスラエルに同化したパレスチナ住民を除く)の移動の自由を実質的に制限した。それはエルサレム市とその郊外の都市部で最も注目され、いくつかのセクターではアクセス・ゲートがほとんどなく、開く時間も制限され予測できない(para.133)。壁構築は、自由権規約12条1項〔移動、居住の自由〕の保障するパレスチナ住民の移動の自由を妨げ、社会権規約と児童の権利条約で宣言された労働、教育および適切な生活水準の権利の行使を妨げる。最後に、この構築は、人口統計的変化をもたらし、文民条約49条6項〔文民の追放・移送〕や安保理決議にも違反する(para.134)。

　(3)　しかし、人道法は若干の事情の下で軍事的必要を考慮にいれる規定(文民条約49条〔移送と立ち退き〕2項、53条〔破壊の禁止〕)を含んでいる。かかる軍事的必要は、占領に導いた軍事行動の一般的終了後も占領地域で援用されうる。しかし、文民条約53条の禁止に違反する破壊は軍事行動にとって絶対に必要だったとは考えられない(para.135)。人権諸条約とくに自由権規約17条〔私生活等の尊重〕に制限条項はなく、同12条〔移動、居住等の自由〕3項の下の〔国の安全、公の秩序による〕制限は「均衡性と合致」かつ「最も侵入的でない手段」でなければならないが、これらは本件ではみたされていない。さらに、そこに住むパレスチナ人の経済的、社会的および文化的権利の享有に対する制限は、社会権規約4条〔公共の福祉〕の規定する条件〔民主社会における一般的福祉の増進〕に合致しない(para.136)。要するに、壁構築のために選ばれたルートがイスラエルの安全保障目的を達成するのに必要であったとは考えられず、ルートにそった壁と付属レジームは、占領地域に居住するパレスチナ人の多くの権利を著しく制限し、その侵害は軍事的必要によって、あるいは国家の安全または公序の要請によって正当化されない。したがって、壁構築は、適用可能な人道法と人権文書の下におけるさまざまの義務違反を構成する(para.137)。

　(4)　イスラエルは壁構築が国連憲章51条において具現される国家の自衛権と合致し、テロ攻撃に対する自衛の武力行使の権利を認めた安保理決議1368(2001)および1373(2001)と合致すると主張する。しかし、51条は一国の他国に対する武力攻撃の場合の自衛権を認めている。また、壁構築を正当化する脅威がパレスチナ占領地域の内で始まっていることから、この事態は上の安保理決議が予期したものではなく、51条は本件に適合しない(paras.138-139)。

　さらに、違法性を阻却する緊急避難に依拠しうるかどうかについて、ガブチコボ・ナジマロシュ事件〔⇒112〕やILC国家責任条文草案25条にいう条件に照らして、本件の壁構築

がイスラエルの利益を守るための唯一の手段であるとは確認できず、従って、自衛権または緊急避難に依拠しえない(paras.140-142)。

4　以上のようなイスラエルの壁構築に起因する国際義務違反に対する効果について、一方ではイスラエル、他方では他の諸国および国連のために生ずる効果を区別しうる。(1)まず、イスラエルはパレスチナ人民の自決権を尊重する義務および国際人道法と国際人権法上の義務を果たし、さらに、聖地へのアクセスの自由を保証しなければならない。イスラエルは壁構築から生ずる国際義務違反を終了する義務、従って、建設中の壁構築の作業を即時停止する義務を負う。その停止には構造物の即時解体を含む。壁構築のためのすべての立法および規則制定行為は直ちに取り消され無効とされねばならない。壁構築が家屋、ビジネスおよび農地の徴発と破壊をもたらしたので、イスラエルは関係するすべての自然人と法人の被った損害を賠償し、自然人または法人から奪った土地、果樹園、オリーブ園およびその他の不動産を返却し、かかる原状回復が不可能なら、金銭賠償する義務を負う(paras.149-153)。(2)他の諸国に関しては、パレスチナ人民の自決権を尊重する義務および国際人道法の下の若干の義務は対世的(*erga omnes*)義務であるから、すべての国が壁構築から生ずる違法な事態を承認しない義務、かかる事態の維持のために援助を与えない義務を負い、パレスチナ人民の自決権行使に対する障害を取り除かねばならない(para.155)。また、文民条約のすべての締約国は、国連憲章と国際法を尊重する一方で、同条約に具現された国際人道法のイスラエルによる履行を確保する義務を負う(para.158)。最後に、国連とくに総会と安保理は、本勧告的意見を考慮に入れ、壁構築に由来する違法な事態を終わらせるために、さらにいかなる行動が求められているかを検討すべきである(para.160)。

5　以上の理由から、裁判所は、(1)要請された勧告的意見を与える管轄権を有する(全員一致)；(2)勧告的意見のための要請に答えることを決定する(14対1)。(3)総会の質問に以下のように答える；①パレスチナ占領地域における占領国イスラエルによる壁構築は国際法に違反する(14対1)；②イスラエルは国際法違反を中止する義務を負う(14対1)；③イスラエルは、壁構築から生じたすべての損害を賠償する義務を負う(14対1)；④すべての国は壁構築に由来する違法な事態を承認せず、その事態の維持のための援助を行わない義務を負う。文民条約のすべての締約国は国際人道法のイスラエルによる履行を確保する義務を負う(13対2)；⑤国連とくに総会と安保理は、この違法な事態を終了させるためにいかなる行動が要請されるかを検討しなければならない(14対1)(para.163)。

【論点】1　紛争当事者が交渉過程にある問題に勧告的意見を与えることの適切性については従来から議論が多い(ナミビア事件〔⇒75〕、西サハラ事件〔⇒76〕)。一方では、PCIJの東部カレリア事件〔⇒141A〕などの例を引いて、イスラエルの不同意などを理由に意見を与える

のは適正を欠くという見解、他方では、PCIJと異なり、ICJの判断は国連の「主要な司法機関」として、国際法の枠組み内で両者の紛争の正当な解決に貢献するものであるから、適正であるとみる見解がある。なお、小和田裁判官の個別意見(2項以下)は、2当事者間紛争の存在が裁判所から管轄権行使を排除しないものの、その行使の範囲と方法を決定するに際しての1つの要素として、かかる紛争の存在を考慮すべきものとしてあげる。

2 パレスチナ占領地域の法的地位について、裁判所はパレスチナ問題の歴史的経緯から、パレスチナ国家樹立を妨げている違法な軍事占領状態にあるとし、そこにパレスチナ人民の自決権、国際人道法や国際人権法の適用を認める。そのため、ハーグ規則や文民条約の個々の規定による判断に加えて、パレスチナ占領地域への入植や壁構築のような措置そのものが自決権行使を妨げ、占領地域の人口構成を変えることにより、違法であるとしている。他方、前述の2004年6月30日イスラエル最高裁判決は、テロリズムの脅威のある軍事占領状態への国際法(占領法規)とイスラエル行政法の適用の下で、占領行政としての壁構築の権限そのものを前提に、人道法(およびイスラエル行政法)上の均衡性原則に照らして、所与の地区の壁ルートの選択が合法かどうかについてのみ判断した。そこで適用された均衡性原則の詳細な分析は注目される。

3 国連憲章51条の自衛権解釈について、裁判所の意見は非国家的アクターのテロ攻撃の脅威に対する措置(壁構築)を自衛権で正当化できないとした。他方、9.11後安保理決議1368および1373を援用して、かかるテロリズムをかくまう国への先制的自衛の措置は許されるとする見解もあらわれている。なお、ヒギンス裁判官の個別意見(35項)では、壁構築のような非強制的措置は51条の下の自衛権に入るかどうか疑問であるとしている。

4 勧告的意見にはそれを諮問した総会に対しても法的拘束力はないものの、その後の2004年7月20日の国連(第10回緊急特別)総会決議ES-10/15(賛成150、反対6、棄権10)は、勧告的意見を承認し、イスラエルが裁判所の確認した義務を履行するよう要求し、国連事務総長には壁構築の結果としてすべての自然人と法人の受けた損害の目録作成を、文民条約締約国にはイスラエルによる条約の尊重の確保を要請したほか、イスラエル政府とパレスチナ当局双方にロードマップの下でそれぞれの義務をただちに履行することを要請した。イスラエルはこの決議を非難したにもかかわらず、イスラエル最高裁判所の判示したように、安全フェンスのルートを国際法と十分に合致するように確保すると述べた(A/ES-10/PV. 27, 20 July 2004, p.7)。この決議の採択とともに、国連による検討は尽くされ、この問題の処理はイスラエルとパレスチナ双方の交渉に投げ返された。

【参考文献】
寺谷広司『百選Ⅱ』、坂本一也『基本判例50Ⅱ』、森喜憲『判決・意見Ⅲ』、濱本正太郎「パレスティナの「壁」事件」『神戸法学年報』20号(2004)、篠原梓「パレスチナ占領地における壁建設の法的帰結」『亜細亜大学国際関係紀要』15巻1号(2005)、2号(2006)。

(藤田 久一・浅田 正彦)

第2節　戦後補償

166　シベリア抑留捕虜補償請求事件

裁　判　所	(a) 東京地裁　(b) 東京高裁　(c) 最高裁第一小法廷
判　　　決	(a) 1989(平成元)年4月18日
	(b) 1993(平成5)年3月5日
	(c) 1997(平成9)年3月13日
出　　　典	(a) 判夕703号63；判時1329号36；訟月36巻11号1973
	(b) 判夕811号76；*判時1466号40；訟月40巻9号2027
	(c) 判時1607号11；民集51巻3号1233；訟月44巻1号60

【事実】　第2次世界大戦は、1945年8月15日日本のポツダム宣言受諾と9月2日の降伏文書調印により終結するが、これに先立ち、ソ連は、同年2月のヤルタ会談での密約どおり、8月8日付をもって、有効期限内にあった日ソ中立条約を一方的に破棄して、日本に対して宣戦を布告し、旧満州および朝鮮に侵攻し、日本軍を攻撃して、相次いで旧満州、旧関東州、北部朝鮮、南樺太、千島の各地を占領した。この間、日本は、ポツダム宣言の受諾に伴い、対ソ戦線を収拾するため、日本軍に対し戦闘行動の停止を命ずるとともに、彼らの作戦任務を解いた。その結果、日本軍は各地においてソ連軍によって武装解除された。武装解除を受けた日本軍将兵約70万名は、徒歩行軍によって主要都市に集結させられ、同年9月ごろから、ソ連軍により逐次作業大隊を編成の上、シベリア、中央アジア、ヨーロッパ、ロシア、極北、外蒙古などに鉄道で輸送され、約2,000の地点の収容所に捕虜として分散収容されて、住宅・兵舎・工場・ダム・発電所・運河等の建設、鉄道敷設工事、森林伐採など主として戸外労働を中心とする過酷な作業に従事させられた。

　厳寒の冬季でも労働が強制され、また、労働時間は1日8時間を原則とし、ノルマ制がしかれ、出来高が基準に達しないと作業時間が延長された。食事は、基準量自体が少量であるだけでなく、現実の配給量はそれを下回る量であった。収容所は、多くの場合、捕虜が自分たちで建てた丸太小屋であり、入浴はなく、衣服の支給も乏しく、毛布にくるまって着の身着のままで寝る生活であり、不潔さから南京虫、蚤、しらみが跳梁し、発疹チフスが蔓延して、死者が続出した。

　栄養不足からくる体力低下、重労働による疲労、凍傷や傷害のため、動作が緩慢であったり、足もとがおぼつかなかったりする中での重労働は、きわめて危険であり、作業中における死傷者が続出した。その結果、約6万人以上が死亡し、死を免れた者も、骨折、手足の切断、凍傷、発疹チフスなど各種の病気で心身に大きな痛手を被り、帰国後もその後遺症に悩む者が少なくなかった。ソ連以外の連合国占領地域の日本人捕虜はほぼ1946年に帰還したが、ソ連抑留者の帰還がおおむね完了したのは1958年であった。

　このようにソ連によって捕虜として抑留され強制労働を課された原告(計62名)は、1949

年の捕虜の待遇に関するジュネーヴ条約(以下、49年条約という)第66条および第68条に基づき、国に対し、強制労働に基づく貸方残高の支払ならびに労働による負傷またはその他の身体障害に関する補償および抑留国が取り上げた個人用品、金銭および有価物で送還の際返還されなかったもの、捕虜が被った損害で抑留国またはその機関の責に帰すべき事由によると認められるものに関する補償を請求した(控訴人40名、上告人31名)。

高裁判決(最高裁もこれを正当として是認した)の要旨を以下、紹介することにする。

【判決要旨】1　一般に、条約は、別段の意図が条約自体から明らかである場合および別段の意図が他の方法によって確認される場合を除き、遡及的に適用されないものと解されている(条約法に関するウィーン条約28条。以下、「条約法条約」という)。49年条約第141条は、第2条および第3条に定める場合には、紛争当事国が敵対行為または占領の開始前または開始後に行った批准・加入に対し、直ちに効力を与えることを規定したにとどまり、捕虜の送還後に同条約の批准・加入が行われた場合にも同条約を適用する趣旨ではない(48頁)。

(1)　49年条約が日ソ間において発効する(日本—1953年10月21日、ソ連—1954年11月10日)以前に捕虜となってソ連に抑留され、抑留中の事実関係に基づいて捕虜がいかなる権利義務を取得するのか、また、解放・送還により捕虜たる身分を喪失したときに、その権利義務関係はどのように処理されるのか等に関する問題は、抑留当時あるいは捕虜たる身分を喪失した時点で有効であった条約その他の法令等により規律されるのが原則であり、その法律関係の処理等に関して特段の定めがない限りは、その後成立した条約や法令等に従って法律関係が処理されることはありえない。49年条約は、効力発生前に捕虜たる身分を喪失した者の権利義務関係の処理等に関してとくに明文の規定を置いていない(48-49頁)。

(2)　控訴人Xは、抑留中の1949年2月に満州国警察官時代のスパイ容疑で、ロシア共和国刑法に基づき矯正労働25年の刑を宣告され、以後囚人として労働に従事していたが、1956年11月に帰国した。1989年1月16日のソ連邦最高会議幹部会の命令に従って、Xの有罪判決が破棄され、本人の無罪と名誉回復の措置がとられた。しかし、49年条約は、捕虜の権利と利益を尊重・擁護し、その地位と待遇の向上をはかるため、捕虜の捕獲国と抑留国のみならず、捕虜所属国に対しても種々の義務を課しているが、それは、事柄の性質上、捕虜たる地位にある者に対し、その抑留期間中に適用されることを当然の前提としている。したがって、同条約に加入する際に、同条約第85条についてソ連が留保した戦争犯罪等に該当するとして有罪判決を受けたことによりいったん同条約の適用を除外された者が、その後再審によりその有罪判決が破棄されたとしても、特段の定めもないのに、当然に遡って適用されると解するのは、条約の安定性と実効性の観点からも相当でない(49頁)。

2(1)　慣習国際法の成立には、単に特定の事項について大多数の国家間に一定の国際的

な慣行が成立していると認められるだけでは足りず、さらにその慣行につき、主要な国家を含んだ大多数の国家において法的に義務的なものとの信念が介在することによって初めて国際法規範として法的拘束力を取得するに至る。本来締約国のみを拘束するはずの条約の規定についても、有力な国家により繰り返し履行されることにより、非締約国間においても規範的なものと意識され履行されることにより、そうした規定の一部が慣習国際法化することもあり得る(50頁)。

(2) 捕虜に対する処遇方法や付与すべき権利・利益等の具体的な内容に関しては、歴史の発展とともに、次第に拡充・強化されてきたものであり、少なくとも、現段階において、捕虜の基本的人権に関わる事柄、例えば、捕虜は捕獲した個人または部隊ではなく、あくまで敵国の権内に属すること、捕虜に対する報復の禁止、抑留中は一個の人間として保護・尊重されるべきこと等に関するものについては、抑留国が当然なすべき義務として国際慣習法化されていると言える(52頁)。

(3) しかしながら、我が国をはじめ主要な世界各国における自国民捕虜の補償に関する制度を通観した結果を総合しても、控訴人らがシベリアに抑留されていた当時、自国民捕虜補償の原則が関係国家においてすでに一般慣行化していたとか、法的必要信念ないし法的確信をもって実行されていたものとまで認めるのは困難である(52頁)。

3(1) 我が国では、所定の公布手続を終えた条約と国際慣習法は、他に特段の立法措置を講ずるまでもなく、当然に国内的効力を承認しているものと解される。しかし、国内的効力を認められた国際法規が国内において適用可能であるためには、条約締結国の具体的意思いかんが重要な要素となることはもとより、規定内容が明確でなければならない。ことに国家に一定の作為義務を課したり、国費の支出を伴うような場合あるいはすでに国内において同種の制度が存在しているときには、その制度との整合性等をも十分考慮しなければならず、したがって、内容がより明確かつ明瞭になっていることが必要となる。また、国際慣習法については、それが直接国民の権利・利益を規律する場合でも、既存の国内法を一部補充・変更したりするものであればともかく、権利の発生・存続・消滅等に関する実体的要件や権利の行使等に関する手続的要件、さらには既存の国内制度との整合性等を詳細に規定していない場合には、その国内適用可能性は否定せざるをえない(53頁)。

(2) 以上の見地から検討してみると、49年条約の第66条と第68条においては、補償の対象者、補償の内容、方法および期間等について、その内容が明確かつ明瞭となっていないし、また、世界各国においては自国の軍人に対する年金や手当、災害補償等の諸制度を設置し実施してきているが、それらの諸制度との整合性等がまったく明らかでないこと等からすると、仮に、49年条約の適用があり、あるいは国際慣習法が遅くとも控訴人らがシベリアに抑留されていた当時、すでに成立していたとしても、控訴人らが、直接それら

の国際法規に基づき、国に対して補償請求することはできない(53頁)。

4(1)　いわゆる「戦争損害」とは、一般的には、軍人・軍属として戦場で生じる生命侵害や身体の損傷等のほか、戦闘行為には直接参加していないものの、一般国民が空爆等の犠牲となって死亡したり、重大な傷害を受け、あるいは個人所有の財産等を焼失・奪取されることに伴う各種の戦災等を指し、戦争といういわば国家の存亡に関わる非常事態下において発生した損害というべきであり、その犠牲については、本来国家の補償の対象にはあたらないというべきである(54頁)。

(2)　仮に控訴人らがソ連に対し、ソ連国内法上何らかの請求権を取得したと仮定しても、日ソ共同宣言による請求権放棄の問題も戦争処理の一環として行われたことは明らかであって、その請求権の発生した当時、我が国の置かれていた状況、日ソ共同宣言の締結にあたりこれが放棄されるに至った経緯および同宣言の規定の体裁等を合わせ考えると、その放棄に対する補償が憲法第29条3項の予想外にあったものとする点においては、基本的には、在外資産の放棄あるいは日本国との平和条約第19条(a)項の規定による請求権放棄等における場合と差異あるものとは認め難く、日ソ共同宣言による請求権の放棄による損害に対し、憲法第29条3項に基づいて国にその補償を求めることは許されない(54頁)。

5　我が国は、平和条約締結まで連合国の占領下に置かれていたが、連合国は、我が国の経済体制の立直しをはかるため、引揚者の持帰り金等については、一律に一定の制限を設けるとともに、戦時捕虜については「所得を示す証明書」を所持するものに限り、その貸方残高の決済を許可したに過ぎない。控訴人らの主張するように、我が国が国際法上の義務として日本人捕虜の抑留中の貸方残高を決済すべき義務と責任を果たす趣旨で、決済していたものとまで認めることは困難である(61頁)。

【論点】1　49年条約が日ソ間の武力紛争に遡及して適用される根拠として、控訴人らは、同条約が第2次世界大戦の戦後処理という立法目的で作られた条約であるから、第2次大戦に当然適用があること、同条約第141条はそのことを明記した規定であること、を主張したが、高裁はそれをしりぞけた。同条約の発効は、通常の場合は、各締約国についてその批准書の寄託後6カ月である(第138条2項)が、紛争当事国については、6カ月の期間を待たずに直ちに発効することを規定したものである。これは、同条約が多数国間条約でありながら、わずか2カ国の批准書寄託により発効すること(第138条1項)、締約国でない紛争当事国が同条約の規定を受諾しかつ適用するときは、締約国はその国との関係においても同条約に拘束されること(第2条3項後段)とともに、できる限り適用の機会を拡大することによって、戦争犠牲者の保護をはかろうとする意図の表れであり、人道法条約の特徴をよく示した規定である。遡及的適用を明示した規定は、同条約中には存在せず、また、他の

方法によってもその意図が確認できないから、条約法条約第28条の原則が適用される。

2　国際慣習法の成立要件について、地裁判決は、国際司法裁判所の関連判決に言及しながら詳細に論じた。日本の判決の中では、最も詳しいものと言えよう。高裁判決も地裁の判断を踏襲している。問題は、自国民捕虜補償の原則がその要件を満たしているか否かである。控訴人らは、49年条約の成立経緯、第66条の成立過程および各国の補償事例を具体的に挙げて、慣習法であることを主張したが、高裁は、49年条約第66条と第68条の制定経緯等を検討しても、その原則が法的確信を伴う一般慣行になっていたとは認められないとした。この点の評価については、国際法学者の間でも意見が分かれている。なお、裁判の過程で指摘された49年条約の「誤訳」については、1986年9月に「抑留国」を「当該国」とするなどの訂正が官報で告示された。

3　高裁判決は、国際法の国内的効力と国内適用可能性とをはっきりと区別し、後者について、従来の判決にはみられないほど、詳細にその実体的要件と手続的要件を説明した点が注目される。ただ、その要件が厳し過ぎるとの批判はありうるであろう。控訴人らは、上告にあたって、下位規範の形式的効力を上位規範たる国際法に優先させたと主張したが、最高裁は、国際法の国内適用の問題にはまったく言及しなかった。49年条約と自国民捕虜補償原則の適用を否定した以上、その問題に答える必要はないと考えたのであろう。

4　戦争損害については、高裁は、国民全体が等しく負担すべきものとして、憲法第29条3項等による補償の対象にならないとした。この点は、従来から多くの判決で採用されてきた判断であり、本件の上告審でも、最高裁は、在外(カナダ)資産補償金請求事件に関する1968年11月27日の大法廷判決(民集22巻12号2808)に言及しながら、それを再確認した。

5　控訴審において、控訴人らは、国家賠償法に基づく新請求を行った。国内法令上も、大蔵大臣は、控訴人らがシベリアから帰国した際、貸方残高の決済をすべき義務を負っていたのに、その義務を履行せず、シベリア帰還者のみ異例に取り扱うのは、裁量権の著しい踰越ないし濫用として違法である、というものである。高裁は、連合国総司令部が発した諸覚書とそれを実施するために発せられた大蔵省令と大蔵省告示等を検討して、大蔵大臣にそのような義務はなかったとして、控訴人らの主張をしりぞけた。

【参考文献】
村瀬信也「慣習国際法の成否に関する認定」『ジュリスト』937号(1989)、東寿太郎『平元重判』(1990)、小森光夫『平5重判』(1994)、広部和也『百選Ⅰ』、「旧ソ連」『事例研究6』、深津栄一・喜多義人「シベリア抑留者による捕虜賠償請求事件」『日本法学』55巻2号(1998)、広瀬善男「捕虜の国際法上の地位」(日本評論社、1990)、岡田泉「日本の国際法判例」99巻4号、齋藤民徒『基本判例50Ⅱ』。

（竹本　正幸・田中　則夫・浅田　正彦）

167　オランダ元捕虜等損害賠償請求事件

裁　判　所　(a) 東京地裁　(b) 東京高裁　(c) 最高裁第三小法廷
判　　　決　(a) 1998(平成10)年11月30日　(b) 2001(平成13)年10月11日
　　　　　　(c) 2004(平成16)年3月30日
出　　　典　(a) 訟月46巻2号774；判時1685号19；判タ991号262
　　　　　　(b) 訟月48巻9号2123；判時1769号61；判タ1072号88
　　　　　　(c) 判例集未登載

【事実】　第2次世界大戦中、オランダ領東インド（現在のインドネシア）で日本軍は約4万人の捕虜と約10万5000人の民間人を収容所に抑留した。本件原告8名（捕虜1名、民間人7名、うち1名は泰緬鉄道の建設に従事させられ、1名は慰安婦として使役された）は抑留中に受けた非人道的な取扱い、強制労働、暴行、虐待等は1907年のハーグ陸戦条約に附属するハーグ陸戦規則および1929年のジュネーヴ捕虜条約の双方または前者に違反するとして、ハーグ陸戦条約第3条および同条と同内容の国際慣習法に基づいて賠償を求めた。その際、ハーグ陸戦条約第3条は、被害者個人が直接加害国に損害賠償を請求する権利を認めたものであると主張した。なお、第3条と同内容の国際慣習法をあげたのは、ハーグ陸戦条約および陸戦規則はすべての交戦国が陸戦条約の締結国である場合にかぎって適用されるという総加入条項（ハーグ陸戦条約第2条）があり、第2次世界大戦の交戦国のなかには本条約の締約国でない国があったためである。

　これに対して、被告国は、ハーグ陸戦条約第3条は個人に加害国に対する直接的請求権を付与したものではないと主張し、第一審判決はこれを支持した。控訴審では、被控訴人国は新たに次のような予備的主張を行った。サンフランシスコ平和条約は、第14条(b)において、「連合国は、連合国のすべての賠償請求権、戦争の遂行中に日本国及びその国民がとった行動から生じた連合国及びその国民の他の請求権並びに占領の直接軍事費に関する連合国の請求権を放棄する」と規定する。すなわち、連合国国民の請求権も連合国によって「放棄」された。その意味は、①戦時国際法に基づく請求については、国際法上個人には法主体性が原則として認められないから、連合国国民は日本国に対してもともと国際法上の請求を行うことはできない。②日本国国内法に基づく請求については、平和条約締結時におけるオランダ代表と日本代表との交渉経過からして、「平和条約14条(b)」にいう『請求権の放棄』とは、日本国及び日本国民が連合国国民による国内法上の権利に基づく請求に応ずる法律上の義務が消滅したものとして、これを拒絶することができる旨が定められたものと解すべきである」(2001年2月27日付国の準備書面17-18頁)。

　控訴審判決は、第一審判決と同様ハーグ陸戦条約第3条は個人に請求権を与えるものではないとするとともに、国の予備的主張に関してもさらに一歩進めて、サンフランシスコ

平和条約第14条(b)の請求権放棄条項により、「連合国国民の実体的請求権も消滅したと解するのが相当である」と判示した。

最高裁第三小法廷は、被上告人国に対して答弁書の提出を求めず、口頭弁論も開かないで、上告棄却および上告不受理の決定をした。

【判決要旨】(a)1 本来、国際法は国家間に妥当する法体系であり、国際法上の規則は原則として国家間の権利義務を定めるものである。国際法上の義務に違反した国は、法益を侵害された国に対して国際責任を負う。一般的には、ある国の違反行為により個人が被害を被った場合でも、国際法上はその個人の属する国の損害と観念され、被害者個人については、本国の外交保護権の行使によって間接的な救済を受けることができる場合があるにすぎない。もっとも、きわめて例外的に、個人に権利を付与することが明確に規定されている条約も存在する。しかし、そのような例外的な条約については、個人が権利をもつための特別の国際法上の手続や制度があわせて具備されている場合がほとんどである。わが国で、ある条約が直接個人の権利義務関係を規律するものとして国内裁判所で適用可能であるというためには、個人の権利義務が条約上明確に定められており、かつ、条約の文言および趣旨等から解釈して、個人の権利義務を定めようという締約国の意思を確認できることが必要である。とりわけ、国内裁判所において個人の国家に対する民事上の請求権の発生根拠として直接に適用が可能であるというためには、当該条約においてその請求権の内容につき一層の明確性が必要である(30頁)。

2 以上の点を踏まえて、以下ハーグ陸戦条約第3条の意味を検討する。①ハーグ陸戦条約が発効した頃、条約の解釈方法に関する一般的な明文規定は存在していなかったが、当時の解釈規則が後に精緻化されて1969年の条約法条約になったと考えられるから、陸戦条約第3条の解釈も条約法条約の定める解釈方法に準じて行うべきである。条約法条約第31条と32条の規定からすると、一般に条約解釈の基本はあくまで条約本文の客観的意味を確定することである。陸戦条約第3条の文言をみると、加害国が賠償責任を負うことのみを規定し、賠償の実施方法についての記載はもとより、個人が損害賠償請求権を保有することについてはおろか個人に関する文言すら記載されていない。また、陸戦条約全体を検討してみても、個人が損害賠償請求の主体となること、および個人がそれを行使できることをうかがわせる規定はまったく存在しない(30頁)。②補助的手段として準備作業を顧慮する余地はあるので、起草過程について補足的に検討してみても、被害者個人が加害国へ直接に損害賠償の請求ができる規定として第3条を制定しようとする意思を参加国が有していたこと、ひいてはそのような規定として制定することについて参加国の合意があったことをうかがわせるような各国代表の発言等があったという事実を認めることはできな

い(30-31頁)。③「後に生じた慣行」を考慮するとしても、ハーグ陸戦条約第3条を根拠にして、各国の国内裁判所において被害者個人の加害国に対する請求が認められた実行例は現在に至るまでほとんどない。また、原告らは、第1次世界大戦後に締結されたヴェルサイユ条約等の平和条約には、加害国の被害者個人に対する損害賠償義務が明確に規定されていたなどとも主張する。たしかに、ヴェルサイユ条約のように混合仲裁裁判所等を設立して、本来被害国が加害国に請求すべき賠償についても、被害者個人が加害国から直接金銭を受けとって処理するような国際的な仕組みが作られることがある。しかし、「そのような場合に被害者個人に混合仲裁裁判所等への出訴権が認められるのは、あくまでもそのような処理をすることについて当事国間が合意した結果に過ぎないのであるから、原告らの主張する平和条約等の例をもって、ハーグ陸戦条約3条により被害者個人の損害賠償請求権が認められた実行例とみることはできない。」(31-32頁)。

3 ハーグ陸戦条約第3条を請求の根拠とすることができない以上、同条と同内容の国際慣習法が成立していたとしても、本件請求の根拠となりえないことは明らかである。また、仮に原告の主張が、3条とは無関係に、被害者個人の加害国に対する直接の損害賠償請求権を認める国際慣習法が存在することを主張する趣旨であるとしても、そのような慣習法の存在は現在に至るまで認めることはできない(32頁)。

(b)1 国際社会において、個人の利益主張をどのような範囲、手続で認めるかは、国家間の外交交渉によって定められる。戦争被害の賠償については、講和会議の結果として平和条約の一内容として合意される。そこでは、戦争の勝敗、敗戦国の経済力(支払能力)、戦後世界の復興、そのための資源の確保等、あらゆる要素を考慮して交渉が行われる。戦争被害に関して、人道の観念から当然であるとして個人に出訴権を認めると、戦勝国およびその国民をますます有利にし、敗戦国およびその国民をますます不利にする。また、個人に出訴権を認めると、外交交渉において考慮される上記の諸要素は捨象され、個々別々に賠償の是非や賠償額が判断されるし、訴訟を提起しない者には賠償は行われない。その結果、戦争被害の賠償は公平に行われないばかりでなく、その解決が長引いて平和の回復と戦後世界の復興の障害となり、新たな混乱と対立の原因ともなりかねない。このため、戦争被害の賠償については、個人に出訴権が与えられず、それぞれの属する国がすべての被害を総括して集団的に解決する平和条約の交渉に委ねられているのである。ハーグ陸戦条約第3条も、以上の背景の理解に立てば、ハーグ陸戦規則に違反した加害国の被害国に対する国家の国際責任を明かにした規定にすぎず、個人に出訴権を認めたものでないことは明らかである(66-67頁)。

2 サンフランシスコ平和条約第14条(b)は、連合国およびその国民の日本国およびその国民に対する請求権は放棄されると規定している。この点について、オランダ代表の疑

義に対して、吉田首相は、日本政府はオランダ政府の条約署名によってオランダ国民の私的請求権が剥奪され存在しなくなるとは考えないが、しかし平和条約の効果として連合国国民は私的請求権について満足を得ることはできなくなるという趣旨の所見（ダレス代表が「救済なき権利」と評したもの）を示した。以上からして、「サンフランシスコ平和条約14条(b)の請求権放棄条項により、連合国及びその国民と日本国及びその国民との相互の請求権の問題は終局的に一切が解決されたものと認められる。すなわち、連合国国民の個人としての請求権も連合国によって『放棄』され、これによって、連合国国民の実体的請求権も消滅したと解するのが相当である」(72-73頁)。

【論点】1　ハーグ陸戦条約第3条の解釈手法については、原告、被告国および裁判所の間に異論はなく、いずれも条約法条約の規定に従って主張している。しかし、同一の手法を用いながら、異なる結論が導き出されている。ハーグ陸戦条約第3条の起草過程を根拠とする原告の主張は、実はオランダのカルスホーベン教授の説に立脚するものであるが、これはオランダでも全くの少数意見である。

　2　「後に生じた慣行」については、原告の実行例のあげ方にも問題があるが、これに対する国の批判および判決の説明も必ずしも十分ではない。学問的には、別個に検討する必要があろう。

　3　以上は第一審判決についてであるが、控訴審判決の第1の特徴は、ハーグ陸戦条約第3条を解釈するにあたって、まず、19世紀中葉以降の国際社会と戦争の歴史を振り返り、国内社会と国際社会の違いを考察し、戦争被害の救済方法についての国際法の制度（国家間の賠償として処理し、個人の直接請求を認めない）のもつ意味について掘り下げた検討を加えたことである。そして、人道の観念あるいは自然法などを根拠に戦争被害の救済に関して個人に直接的請求権を与えるべきだという主張に対して、これを認めた場合の問題点を列挙し、それは「人類社会の混乱を引き起こすのみである」と批判した。

　4　第2の特徴は、連合国国民の賠償請求権は平和条約によって放棄されていると、わが国の裁判所としてはじめて判示したことである。これまではこの旨の主張を国は提出せず、したがって裁判所も判断することはなかった。国は、日本国民の戦争損害の賠償または補償を求める訴訟において、その責任を回避するための議論として、平和条約第19条(a)の「日本国は、…連合国及びその国民に対する日本国及びその国民のすべての請求権を放棄する」という規定によって放棄された「日本国民の権利」とは、国民の請求権を基礎とする日本国の外交保護権のみを指し、個人の請求権そのものは放棄されず消滅していない旨一貫して主張してきたために（在外資産補償請求事件〔最高大判1968〈昭43〉11.27、判時538号6〕、広島・長崎原爆投下事件〔⇒161〕、シベリア抑留捕虜補償請求事件〔⇒166〕等）、1990年代になって外

国人が日本国に対して戦争被害の賠償を求める訴訟を起こした場合にも、1991年8月27日の参議院予算委員会における柳井俊二条約局長の答弁をはじめとして(ただし、これは直接的には日韓請求権協定第2条についての答弁である)、平和条約第14条(b)(およびその他2国間条約の相当規定)に定める連合国(または2国間条約の相手国)による連合国国民(または2国間条約の相手国国民)の請求権の放棄は、同じく連合国(または相手国)の外交保護権のみであって、連合国国民(または相手国国民)の請求権そのものは放棄されていないというほかはなかったのである。

　ところが、米カリフォルニア北部地区連邦地裁における第2次世界大戦時の強制労働に対する元米軍捕虜の対日本企業賠償請求事件において、米国政府は2000年5月22日提出の意見書で「平和条約第14条(b)によって米国および米国民の請求権は放棄されている」と主張し、日本政府も同年8月8日にその点に関して米国政府と完全に同意見である旨の覚書を米国政府に送った。そして、同年9月21日連邦地裁は、原告の請求権は日本国との平和条約によって放棄されており提起できないと判決した。この新しい事態に即応しつつしかも従来の「外交保護権のみ放棄論」とも矛盾しないように考え出されたのが、2001年2月27日付国の準備書面の「連合国国民による国内法上の権利に基づく請求に応ずる法律上の義務が消滅したものとして、これを拒絶することができる」という予備的主張であり、海老原紳条約局長も2001年3月22日の参議院外交防衛委員会でその趣旨を説明した。しかし、裁判所は一歩進めて明確に「連合国国民の実体的請求権も消滅した」と判示した。

【参考文献】
森川幸一「平10 重判」(1999)、森田章夫、『平14 重判』(2003)、浅田正彦『百選Ⅰ』、洪恵子『百選Ⅱ』、「オランダ」『事例研究6』、藤谷俊之『平成13年行政関係判例解説』(2003)、同「戦後補償問題の一考察」『訟月』50巻1号別冊(2004)、山手治之「第二次大戦時の強制労働に対する米国における対日企業訴訟について」『京都学園法学』33・34号(2001)、同「日本の戦後処理条約における賠償・請求権放棄条項(1)」『京都学園法学』35号(2001)、同「ヴェルサイユ条約の賠償・経済条項と混合仲裁裁判所」『グローバル化する世界と法の課題』(東信堂、2006)、山田敏之「『道義的債務』をめぐる問題」『外国の立法』34巻3・4号(1996)、広瀬善男「戦争損害に関する国際法上の個人請求権」『明治学院論叢』646号(2000)、島田征夫「戦争捕虜の賠償請求権と国際法」『早稲田法学』79巻1号(2003)、藤田久一・鈴木五十三・永野貫太郎編『戦争と個人の権利』(日本評論社、1999)、阿部浩己『人権の国際化』(現代人文社、1998) 260-291頁、浅田正彦「対日平和条約における『国民の請求権』の放棄」『法学論叢』162巻1=6号(2008)。

(竹本　正幸・山手　治之・浅田　正彦)

168　アジア太平洋戦争韓国人犠牲者補償請求事件

裁　判　所	(a) 東京地裁　(b) 東京高裁　(c) 最高裁第二小法廷
判　　決	(a) 2001(平成13)年3月26日　(b) 2003(平成15)年7月22日 (c) 2004(平成16)年11月29日
出　　典	(a) 判例集未登載　(b) 訟月50巻10号1；*判時1843号32 (c) 裁判所時報1376号14；判時1879号58；判タ1170号144

【事実】　本件は、第2次世界大戦中日本軍の軍人軍属または軍隊慰安婦(以下「慰安婦」という)であった韓国人(遺族を含む)40名(軍人軍属関係32名、慰安婦8名。控訴審では35名、うち軍人軍属関係29名、慰安婦6名)が、さまざまな国際法および国内法に基づいて被告国に対し損失補償ないし損害賠償を求め、また、未払給与債権および未払郵便貯金債権を有し、仮に右債権が消滅したとすればその補償請求権を有すると主張し、国に対しその支払いないし補償を請求した事案である。本件は、いわゆる戦後補償訴訟のなかでも初期に提訴され(1991(平成3)年12月6日)、かつ慰安婦が含まれていたためにマスコミでも大きく報道されたが、多数の原告について多数の論点が主張されたために、第一審判決までに10年近い年月がかかってしまった。その間に、多くの類似の訴訟が提起され、先に判決が出された。

　原告らは、法的根拠として、①ハーグ陸戦条約その他の国際法違反に基づく補償請求権、②原状回復請求権(ポツダム宣言受諾に基づく補償請求権)、③国際人権規約の平等原則に基づく補償請求権、④憲法第29条3項に基づく補償請求権、⑤憲法の平等原則に基づく補償請求権、⑥条理に基づく補償請求権、⑦信義則(安全配慮義務)に基づく補償請求権、⑧民法上の不法行為に基づく損害賠償請求権、⑨立法不作為を理由とする国家賠償法第1条1項に基づく損害賠償請求権をあげた。また、原告10名(控訴審では9名)は、未払給与債権等に関する法的根拠として、⑩未払給与債権等およびこれらの権利が消滅した場合は憲法29条3項に基づく補償請求権をあげた。

　第一審はおおむね従来の裁判例にそって請求をいずれも棄却した。控訴審は、①明治憲法下における国の軍人軍属に対する安全配慮義務、②慰安婦に対する安全配慮義務、および③国家賠償法施行前における国家無答責の法理に関して独自の見解を展開し、原告が損害賠償請求権を取得した可能性があるとする。ただし、④結局それらも「財産及び請求権に関する問題の解決並びに経済協力に関する日本国と大韓民国との間の協定第二条の実施に伴う大韓民国等の財産権に対する措置に関する法律」(以下「措置法」という)により消滅したと結論づけた。控訴審判決はこの4点についてのみ紹介する。

　最高裁は、上告理由のうち、①憲法第29条3項に基づく補償請求、②日韓請求権協定締結後の戦傷病者戦没者遺族等援護法および恩給法の国籍条項存置の憲法第14条違反、③

措置法の憲法第17条、29条2項、同3項違反の3点の主張をとり上げ、いずれもこれまでの最高裁判決に依拠して上告を棄却した。

【判決要旨】(a)1　国際法に基づく請求について。①ハーグ陸戦条約第3条、奴隷条約、強制労働条約、醜業条約等は、いずれも国家の義務を規定するもので、被害者個人の加害国家に対する損害賠償請求権を規定するものではなく、またそのような国際慣習法の成立も認められない。②カイロ宣言、ポツダム宣言第8項およびサンフランシスコ平和条約第2条(a)は、朝鮮の独立を要求または合意したにとどまり、個人への損失補償義務まで課したものではない。③国際人権規約のA規約第2条1、同2項、B規約第2条1項、26条は合理的な理由のない差別を禁止する趣旨のものであるから、援護法および恩給法の国籍条項は、後述⑤に述べる理由によりこれらの規定に違反しない。

2　国内法に基づく請求について。④憲法第29条3項は、日本国憲法施行前の日本国の行為には適用ないし類推適用されない。⑤憲法第14条1項は合理的な理由のない差別を禁止する趣旨のものであるが、戦争犠牲ないし戦争損害は国民がひとしく受忍しなければならなかったもので、これらに対する補償は憲法の予想しなかったところというべきで、その補償の要否および在り方については立法府の裁量的判断に委ねられたものと解され、国籍条項により朝鮮半島出身者の軍人軍属等に取扱いの差異が生じても直ちに憲法第14条1項に違反するとはいえない。⑥戦争犠牲ないし戦争損害について立法をまたずに当然に戦争遂行主体であった国に対して国家補償を請求することができるという条理はいまだ存在しない。⑦安全配慮義務違反を理由とする損害賠償請求訴訟においては、右義務の内容を特定し、かつ義務違反に該当する事実を主張・立証する責任が請求者側にあるが、原告はそれをしていないから主張自体理由がない。⑧国家賠償法の施行前においては国家無答責の法理が妥当すると解されるから、国家の権力作用に付随する行為に基づく損害について国は民法上の不法行為責任を負わない。また、本件は太平洋戦争終結後20年以上経ってから提起されており、請求権は除斥期間の経過によって消滅している。⑨国会ないし国会議員の立法行為は、立法の内容が憲法の一義的な文言に違反しているにもかかわらず国会があえて当該立法を行うというように、容易に想像しがたいような例外的な場合でない限り、国家賠償法上第1条1項の適用上違法の評価を受けない。

3　未払給与債権等に基づく請求について。⑩日韓請求権協定第2条は、「両締約国は、両締約国及びその国民(法人を含む。)の財産、権利及び利益並びに両締約国及びその国民の間の請求権に関する問題が、…完全かつ最終的に解決されたこととなることを確認する」(1項)、「この条の規定は、次のもの…に影響を及ぼすものではない。(a)一方の締約国の国民で1947年8月15日からこの協定の署名の日までの間に他方の締約国に居住したことがあ

るものの財産、権利及び利益。(b) …」(2項)、「2の規定に従うことを条件として、一方の締約国及びその国民の財産、権利及び利益であってこの協定の署名の日に他方の締約国の管轄の下にあるものに対する措置並びに一方の締約国及びその国民の他方の締約国及びその国民に対するすべての請求権であって同日以前に生じた事由に基づくものに関しては、いかなる主張もすることができないものとする」(3項)と規定する。そして、合意議事録において、日韓協定第2条にいう「財産、権利及び利益」とは、法律上の根拠に基づき財産的価値を認められるすべての種類の実体的権利をいうことが了解された(合意議事録2(a))。また、同協定第2条1項にいう「完全かつ最終的に解決されたこととなる」両国およびその国民の財産、権利および利益ならびに両国およびその国民の間の請求権に関する問題には、日韓会談において韓国側から提出された「韓国の対日請求要綱」(いわゆる8項目)の範囲に属するすべての請求が含まれており、したがって対日請求要綱に関してはいかなる主張もなしえないこととなることが確認された(同2(g))。

　上記の日韓協定第2条1項および3項の趣旨は、「日韓両国は、両国とその国民の財産、権利及び利益並びに請求権について外交保護権を行使しないこととするとともに、それぞれ相手国がこれについてどのような国内法的措置を執るかを全面的に委ねることを合意したものと認められる」。そして、日本は措置法を制定して、韓国および同国民の財産権で日韓協定第2条3項にいう「財産、権利及び利益」に該当するものは、1965(昭和40)年6月22日をもって消滅させた(同法1項)。未払給与債権等は法律上の根拠に基づき財産的価値を認められる実体的権利であるから、この措置法の規定によって消滅した。

　(b)1　明治憲法下において、軍人はその本質が戦闘員であり、戦争に従事することが特別権力関係を発生させた目的であるからその範囲は制限されるが、戦時においても国は軍人に対し安全配慮義務を負っていた。また、軍属に対しても、軍属関係を生じた目的からその範囲は制限されるが、国は安全配慮義務を負っていた(57頁)。

　そこで、義務内容が特定され義務違反に該当する事実が主張されたものについて個々に検討すると、俘虜監視員に命じて捕虜に重労働の賦課や虐待等の非人道的行為を行わせた件と、中国において上官が初年兵に命じて捕虜を銃剣で突き刺して殺したり集団射殺したりさせた件は、戦後戦争犯罪人として刑罰等を受けることのないようにすべき安全配慮義務に違反したと認められる余地がある(60頁)。

　2　旧日本軍と慰安所を経営する民間業者との間には、慰安所の設備と営業を軍が専属的かつ継続的に利用するいわば専属的営業利用契約に相当する下請的継続的契約関係があったものと推認される。国は慰安所の営業に対する支配的な契約関係を有した者あるいは民間業者との共同事業者的立場に立つ者として、慰安婦の生命および健康等を危険から保護するよう配慮すべき安全配慮義務を負う場合がありえた。また、雇用主とこれを管理

監督していた旧日本軍人の個々の行為のなかには、慰安行為の強制について不法行為を構成する場合もあると推認され、国に民法第715条2項の監督者責任に準ずる不法行為責任が生ずる可能性も否定できない(62頁)。

3　明治憲法下においては、国の権力作用については民法の不法行為規定は適用されず、国は賠償責任を負わないと解釈されてきたが、戦前においてこのような解釈がとられた根拠は必ずしも明らかでなく、結局行政裁判所も司法裁判所も訴訟手続上提訴が制限されていたにすぎないと解される。したがって、行政裁判所が廃止され、公法・私法関係の訴訟を司法裁判所において審理するとした現行憲法および裁判所法の下では、いわゆる国家無答責の法理はその合理性を見出しがたい。もともと国家賠償法は民法の不法行為法の特別法の性格を有し、現行憲法および裁判所法の下において上述の訴訟手続上の制約が解止された以上、民法による損害賠償法理の適用の余地がある(62-63頁)。

4　以上の安全配慮義務および不法行為に基づき損害賠償債権を取得した可能性のある原告らの債権は、日韓請求権協定第2条の「財産、権利及び利益」に該当するから、下記の例外[日韓請求権協定第2条2項(a)が適用される]を除き措置法第1項の規定により1965(昭和40)年6月22日に消滅した(66-67頁)。1947(昭和22)年8月15日以降にわが国に居住したことがある原告(元慰安婦)が取得した可能性のある損害賠償債権は、日韓請求権協定発効日の1965(昭和40)年12月18日から20年の除斥期間が経過した時点で消滅した(68頁)。

【論点】1　控訴審において、国は次のような予備的主張を行った。日韓請求権協定2条1、3項により、日韓請求権協定の処理の対象となった「財産、権利及び利益」および「請求権」については、国は控訴人らの請求に応じる法的義務はなく、裁判所に訴えが提起されても救済が拒否されることとなる。「財産、権利及び利益」と「請求権」の意義については、合意議事録2(a)に「財産、権利及び利益」とは法律上の根拠に基づき財産的価値を認められるすべての種類の実体的権利をいうと規定されているから、「請求権」とはこれにあたらないあらゆる権利または請求をいうものと解される。未払給与債権等は「財産、権利及び利益」に該当するが、それ以外の請求権は、日韓請求権協定の署名の時点では権利関係が明確でなかったものであるから「請求権」に該当する(この立場を仮に「限定説」と呼ぶ)。日韓請求権協定第2条3項をうけて措置法が制定され、第2条2項に明記される一部の例外を除いて、「財産、権利及び利益」は1965(昭和40)年6月22日に消滅したと定められたが、「請求権」については措置法には何も定められなかった。かくして、未払給与債権等は措置法第1条によって消滅し、それ以外の請求権については国は直接第2条1、3項により請求に応じる法的義務がない(43頁)。

2　これに対して、判決は、協定第2条3項の「財産、権利及び利益」は法律上の根拠に基

づき財産的価値を認められるすべての種類の実体的権利をいうと定められて、その権利の内容および性格により定義されており、1965(昭和40)年6月22日の時点で権利の存在および内容等の権利関係が明確になっていることを要するとはされていないのであるから(67頁)、安全配慮義務違反あるいは不法行為に基づく損害賠償債権は、裁判等によりその存在および内容が確定したものではないものの、法律上の根拠に基づいて取得された財産的価値を認められる実体的権利と解すべきである(この立場を仮に「非限定説」と呼ぶ)。したがって、本件控訴人の請求権は「財産、権利又は利益」に該当し、措置法第1条の適用により1965(昭和40)年6月22日をもって消滅したと判示した(66頁)。

3 国のこの予備的主張は、オランダ元捕虜等損害賠償請求事件控訴審〔⇒167〕における予備的主張と同じく、わが国および国民はいわゆる戦後補償を求めて提起される請求権に応じる法的義務がないというものであるが、その際日韓請求権協定第2条の「財産、権利及び利益」と「請求権」の区別に関して、上述のごとく国は限定説を主張した。これは「法律上の根拠に基づき財産的価値を認められる実体的権利」という定義を、「日韓請求権協定の署名の時点で既に権利関係が明確になっていた実体的権利」をいうものと、より限定的に明確化したものである。これに対して、裁判所は在日韓国人慰安婦補償請求訴訟控訴審判決(東京高判2000〈平12〉11.30、判時1741号40)、韓国人元徴用工大阪製鐵所訴訟控訴審判決(大阪高判2002〈平14〉11.19、訴月50巻3号1)、本件控訴審判決(および広島三菱韓国人元徴用工被爆者訴訟控訴審判決〔広島高裁2005〈平17〉1.19〕)とつづいて非限定説をとってきたが、名古屋三菱女子勤労挺身隊訴訟第一審判決(名古屋地判2005〈平17〉2.24、判時1894号44)は明確に国と同じ限定説を採用し、限定説はその後の判例において定着している。

4 2007年の西松建設事件最高裁判決〔⇒169〕の後は、名古屋三菱女子勤労挺身隊訴訟控訴審判決(名古屋高判2007〈平19〉5.31、訟月54巻2号287)、不二越挺身隊二次訴訟第一審判決(富山地判2007〈平19〉9.19、訟月54巻2号324)、同控訴審判決(名古屋高金沢支判2010〈平22〉3.8)などにおいて、日韓請求権協定2条にいう「請求権」の処理について、西松判決における対日平和条約14条(b)の解釈に沿った解釈が示されている。

【参考文献】
酒井啓亘『平15 重判』、愛敬浩二『平16重判』、新井京『平22重判』、「韓国および北朝鮮」『事例研究6』、江島晶子『憲法判例百選Ⅰ(第6版)』、山手治之「アジア太平洋戦争韓国人犠牲者補償請求事件」『京都学園法学』45・46号(2005)、同「名古屋三菱挺身隊訴訟第一審判決」『京都学園法学』47号(2005)、藤谷俊之『平成12年行政関係判例解説』、大西達夫『平成13年行政関係判例解説』、『法律時報』939号(特集・戦後補償問題の現状と展望)(2004)、小畑郁「請求権放棄条項の解釈の変遷」『国際人権法と憲法』(2006)。

(山手　治之・浅田　正彦)

169　西松建設事件

裁　判　所	(a) 広島地裁　(b) 広島高裁　(c) 最高裁第二小法廷
判　　決	(a) 2002(平成14)年7月9日　(b) 2004(平成16)年7月9日
	(c) 2007(平成19)年4月27日
出　　典	(a) 判夕1110号253　(b) 判時1865号62　(c) 民集61巻3号1188

【事実】　中華人民共和国の国民である原告ら(控訴人ら、被上告人ら)が、第2次世界大戦中の1944(昭和19)年7月に、被告(被控訴人)西松建設株式会社により、他の中国人労働者とともに、現在の中華人民共和国の華北から日本に強制連行され、終戦のころまで広島県山県郡の安野水力発電所建設工事現場において強制労働に従事させられたとして、被告(被控訴人、上告人)に対し、国際法違反、不法行為または債務不履行(安全配慮義務違反)に基づき、損害賠償を請求した事件である。

【判決要旨】(a)　原告らの請求棄却。国際法に基づく損害賠償請求権については、強制労働条約もハーグ陸戦条約第3条も私人間の法律関係を直接規律するものではなく、関連する国際慣習法も同様である。強制連行・強制労働は不法行為に当たるが、除斥期間の経過により損害賠償請求権は消滅した。被告と原告らの間には特殊な雇用契約類似の法律関係があり、強制労働は債務不履行(安全配慮義務違反)に当たるが、時効により損害賠償請求権は消滅した(290-302頁)。

(b)　第一審判決取消し。控訴人らの請求を認容。

1　国際法は国家間の権利義務を規律するもので、私人の権利義務の発生要件、効果、手続等を明白に規定している例外的な場合を除き、私人相互間の権利義務を規律する裁判規範にはならない。ハーグ陸戦条約第3条、強制労働条約はそのような規定を有しないし、関連する国際慣習法も同様である(79-80頁)。

2　被控訴人の行為は不法行為に当たり、隔地的不法行為として準拠法は日本民法であるが、不法行為の時から20年以上が経過しているから、除斥期間の適用により不法行為に基づく損害賠償請求権は消滅した(80-82頁)。

3　被控訴人の行為は安全配慮義務違反として債務不履行に当たり、その準拠法は日本民法である。安全配慮義務の不履行に基づく損害賠償請求権は、権利を行使し得る時(中国人の海外渡航が可能となった1986年)から10年の経過で時効により消滅するが、本件の諸事情から、被控訴人の時効援用は権利の濫用として許されない(82-89頁)。

4　被控訴人は、控訴人らに損害賠償請求権が認められるとしても、同権利は、日中共

同声明第5項で中華人民共和国政府が戦争賠償の請求を放棄したことによって、日本および日本国民は、中国国民個人による損害賠償請求に応じる法律上の義務が消滅した旨主張するが、日中共同声明第5項は、対日平和条約第14条(b)と「明らかに異なり」、「中国国民が請求権を放棄することは明記されていないし、中華人民共和国政府が放棄するとしたのは『戦争賠償の請求』のみである」。また、「本来、外国人の加害行為によって被害を受けた国民が個人として加害者に対して損害賠償を求めることは、当該国民固有の権利であって、…その属する国家が他の国家との間で締結した条約をもって、被害者に加害者に対する損害賠償請求権を放棄させることは原則としてできないというべきであることからすると、…日中共同声明第5項に、明記されていない中国国民の加害者に対する損害(被害)賠償請求権の放棄までも当然に含まれているものと解することは困難である」。さらに、「日華平和条約は、日本と中華民国との間で締結された条約であって、これをそのまま中華人民共和国国民である控訴人らに適用できるのかもまた疑問である」(90-91頁)。

(c) 控訴審判決取消し。被上告人らの請求を棄却。

1 第2次世界大戦後の日本の戦後処理の骨格を定める対日平和条約は、「個人の請求権を含め、戦争の遂行中に生じたすべての請求権を相互に放棄することを前提として、日本国は連合国に対する戦争賠償の義務を認めて連合国の管轄下にある在外資産の処分を連合国にゆだね、役務賠償を含めて具体的な戦争賠償の取決めは各連合国との間で個別に行うという日本国の戦後処理の枠組みを定めるもの」であり、この枠組みは、同条約の当事国以外の国との間の平和条約についても、その枠組みとなるべきものであった。

この枠組みの趣旨は、「平和条約を締結しておきながら戦争の遂行中に生じた種々の請求権に関する問題を、事後的個別的な民事裁判上の権利行使をもって解決するという処理にゆだねたならば、将来、どちらの国家又は国民に対しても、平和条約締結時には予測困難な過大な負担を負わせ、混乱を生じさせることとなるおそれがあり、平和条約の目的達成の妨げとなる」との考え方にある。そのような趣旨に鑑みると、同条約14条(b)でいう請求権の「放棄」とは、「請求権を実体的に消滅させることまでを意味するものではなく、当該請求権に基づいて裁判上訴求する権能を失わせる」にとどまるものと解される。

被上告人らは、国民の固有の権利である私権を国家間の合意によって制限することはできない旨主張するが、国家は、戦争の終結に伴う講和条約の締結に際し、対人主権に基づき、個人の請求権を含む請求権の処理を行い得る。

2 日華平和条約第11条は、日本国と中華民国との間に戦争状態の存在の結果として生じた問題の解決は対日平和条約の「相当規定」に従うものと規定しているところ、その中には個人の請求権を含む請求権の処理の問題も当然含まれていると解されるから、「日中戦争の遂行中に生じた中国及び中国国民のすべての請求権は、[対日]平和条約14条(b)の規

定に準じて、放棄されたと解すべきこととなる」。

　日華平和条約の締結当時、中華民国政府は、台湾とその周辺諸島を支配するにとどまっていたことから、同政府が日中間の平和条約を締結する権限を有していたかに、疑問がないわけではない。しかし、当時の中華民国政府の政府承認の数や、当時の国連における中国の代表権が中華民国政府にあったこと等に鑑みれば、日本国政府が同政府を中国の正統政府として承認し、中華民国政府が平和条約を締結すること自体に妨げはなかった。

　もっとも、日華平和条約の附属交換公文は、「この条約の条項が、中華民国に関しては、中華民国政府の支配下に現にあり、又は今後入るすべての領域に適用がある」と規定しており、これによると、戦争賠償および請求権の処理に関する条項は、中華人民共和国政府が支配していた中国大陸については、将来の適用の可能性が示されたにすぎないとの解釈も十分に成り立つ。したがって、それらの条項が「中国大陸に適用されるものと断定することはできず、中国大陸に居住する中国国民に対して当然にその効力が及ぶものとすることもできない」。

　3　日本国政府と中華人民共和国政府との間で署名された日中共同声明の第5項の文言を見る限り、戦争賠償のほかに請求権の処理を含む趣旨か、また個人の請求権の放棄を含む趣旨か、必ずしも明らかでない。しかし、日中国交正常化交渉の経緯に照らすと、「中華人民共和国政府は、日中共同声明5項を、戦争賠償のみならず請求権の処理も含めてすべての戦後処理を行った創設的な規定ととらえていることは明らかであり、また、日本国政府としても、戦争賠償及び請求権の処理は日華平和条約によって解決済みであるとの考えは維持しつつも、中華人民共和国政府との間でも実質的に同条約と同じ帰結となる処理がされたことを確認する意味を持つものとの理解に立って、その表現について合意したものと解される」。したがって、「日中共同声明は、［対日］平和条約の枠組みと異なる趣旨のものではなく、請求権の処理については、個人の請求権を含め、戦争の遂行中に生じたすべての請求権を相互に放棄することを明らかにしたものというべきである」。

　日中共同声明は、我が国において条約としての取扱いはされていないことから、その国際法上の法規範性が問題となり得る。しかし、「中華人民共和国が、これを創設的な国際法規範として認識していたことは明らかであり、少なくとも同国側の一方的な宣言としての法規範性を肯定し得るものである」し、「日中平和友好条約において、日中共同声明に示された諸原則を厳格に遵守する旨が確認されたことにより、日中共同声明5項の内容が日本国においても条約としての法規範性を獲得したというべきであ」る。

　以上、中国国民の日本国またはその国民に対する請求権は、日中共同声明第5項によって、裁判上訴求する権能を失ったのであり、そのような請求権に基づく請求は棄却を免れない。

【論点】1 第2次世界大戦にかかる日本の戦後処理は、基本的には1951年の講和会議で署名された対日平和条約によって行われたが、中華人民共和国政府と中華民国政府が対立していた中国からは、いずれの政府も講和会議に招請されなかった。このため対日平和条約には、日本は同条約の署名国でない戦勝国等と二国間の平和条約を締結する用意を有すべきことが規定された（第26条）。日本は、中国との平和条約の締結相手として中華民国政府を選択し、1952年に日華平和条約に署名した。同条約は、賠償・請求権の問題について包括的な明文の規定を置かず、第11条において、「日本国と中華民国との間に戦争状態の存在の結果として生じた問題」は、対日平和条約の「相当規定」に従って解決すると規定した。

日本政府は1972年に中国との関係における政府承認の切替えを行ったが、その際に署名した日中共同声明の第5項において、「中華人民共和国政府は、…日本国に対する戦争賠償の請求を放棄することを宣言」した。

2(1) 本件訴訟の被告は私企業たる西松建設であるが、その主張は日本政府の公式の立場に沿っており、被告の上告受理申立て理由によると次のようなものであった。

日本と中国との間の賠償および財産・請求権の問題は、対日平和条約における戦争後処理の枠組みと同様の解決が図られており、日華平和条約第11条にいう「相当規定」には、対日平和条約第14条(b)および第19条(a)も含まれる。賠償および財産・請求権の問題は、一度限りの処分行為であり、日華平和条約によって法的に処理済みというのが我が国の立場である。我が国は中華人民共和国と中華民国が別個の国と認識したことは一度もなく、1972年の日中国交正常化は中国を代表する政府の承認の切替えである。日中共同声明第5項は「戦争賠償の請求」のみに言及しているが、ここには中国国民の日本国および日本国民に対する請求権の問題も処理済みとの認識が当然に含まれている。したがって、「日華平和条約11条及び［対日］平和条約14条b項により、中国国民の日本国及びその国民に対する請求権は、国によって『放棄』されている。日中共同声明5項にいう『戦争賠償の請求』は、かかる請求権を含むものとして、中華人民共和国がその『放棄』を宣言したものである。したがって、［対日］平和条約の当事国たる連合国の国民の請求権と同様に、これに基づく請求に応ずる法律上の義務が消滅しているので、救済が拒否されることとなる」。

判決は、以上のような上告人の主張をほぼそのまま受け入れた。ただし日本政府（および上告人）が、中国・中国国民の賠償・請求権の問題は日華平和条約によって法的に処理済みという立場であるのに対して、最高裁の判決は、日華平和条約の交換公文の存在を根拠に、日華平和条約における処理が中国大陸に適用されるものと断言することはできないとして、中国国民の請求権は日中共同声明によって処理されたとの立場をとった。

(2) 日中共同声明の関連規定である第5項は、「戦争賠償」の請求を放棄するとしか述べていないが、判決は「［対日］平和条約の枠組み」という概念を用いて、日中共同声明の発出

に当たりその枠組みを外れる処理をせざると得なかったような事情は何らうかがわれず、そのような観点からの問題提起や交渉が行われた形跡もないとして、共同声明は対日平和条約と同様、「個人の請求権を含め、戦争の遂行中に生じたすべての請求権を相互に放棄することを明らかにしたもの」との解釈を導いた。これは共同声明の両当事者の意図に沿った解釈として概ね妥当である。

ただし判決が、日中共同声明の諸原則の遵守を確認する日中平和友好条約（前文）によって、共同声明第5項の内容が日本国においても条約としての法規範性を獲得したとしている点は、条約前文の効果を過大に評価しているといわざるを得ない。条約の前文は、本文の解釈の指針とはなり得ても、それ自体として新たな権利義務を創設するというものではないからである。

また判決が、共同声明は戦争の遂行中に生じたすべての請求権を「相互に」放棄することを明らかにしたとする点にも疑問がある。「中華人民共和国政府は…放棄する」との文言からは、いかなる解釈技術を駆使しても「日本国政府による放棄」を導くことはできないであろう。この点は次のように考えるべきである。日華平和条約は、附属の交換公文にも拘らず、日本と中国という国と国との間の戦争を終結させ、関連する問題の処理も行ったと考えられる。戦争とは国と国との関係であり、国の一部についてのみ戦争を終結させ、戦後処理を行ったとは考えがたいからである。しかし、新政府が成立した後に、本土の支配を失った旧政府が締結した国民の一般利益に反する条約（規定）が新政府に当然に承継されるとは考えがたい（H.ラウターパハト）。したがって、そうした規定である中国の日本に対する賠償・請求権の放棄は中華人民共和国政府に承継されず、日中共同声明による処理を必要としたが、他方、日本による請求権の放棄はそうした規定ではないため、日華平和条約の規定によって処理済みと理解することができる。

以上のように問題点はあるものの、本件最高裁判決はその結論において妥当である。それは、それまで下級審において様々に分かれていた判断（本書第2版の同項目における【論点】参照）に決着をつけることとなったというだけでなく、その後の中国関連の戦後賠償事件はすべて本件判決に沿った処理が行われているという意味でも画期をなした判決である。

【参考文献】
浅田正彦『平16重判』、北村泰三『平19重判』、小畑郁『基本判例50Ⅱ』、「中国」『事例研究6』、五十嵐正博『国際人権』19号(2008)、「日本の国際法判例」109巻4号、長好行『平成17年行政関係判例解説』、山手治之「日本の戦後処理条約における賠償・請求権放棄条項(1)(2)」京都学園法学2001年1号、2003年3号、『法律時報』76巻1号(特集・戦後補償問題の現状と展望)、宮坂昌利「時の判例」『ジュリスト』1346号、浅田正彦『日中戦後賠償と国際法』(東信堂、2015)補論。

（浅田　正彦）

170　ギリシャ国民の対独損害賠償請求事件
　　A　ディストモ村事件(Distomo Case)
　　B　リドリキ村事件(Lidoriki Case)

裁　判　所	A (a) ギリシャ・レヴァディア地方裁判所　(b) ギリシャ最高裁判所 B ギリシャ特別最高裁判所
判　　　決	A (a) 1997年10月30日　(b) 2000年5月4日　B 2002年9月17日
出　　　典	A (a) [1997] 50 Revue hellénique de droit international 595 　　(b) [2000] 33 Kritische Justiz 472 B [2003] 56 Revue hellénique de droit international 199

【事実】　1944年6月10日、ドイツ占領軍のナチス親衛隊部隊が、パルチザンによる待伏攻撃(18人のドイツ兵死亡)に対する報復として、ギリシャのヴォイオチア県ディストモ村の無辜の男女子供218人を殺戮した。1995年11月27日、ヴォイオチア県と被害者の遺族が、この被害に対してドイツ国家に9,448,105,000ドラクマ(約3000万ドル)の賠償を求める訴訟をレヴァディア地方裁判所に提起した。ドイツは、ギリシャ外務省から送られた文書の受領を拒否して送り返し、裁判を欠席した。裁判所は欠席裁判を行い、1997年10月30日、ハーグ陸戦規則第46条違反はユス・コーゲンス違反を構成し、ユス・コーゲンス違反の場合は主権免除を黙示的に放棄したものとみなされるからドイツは主権免除を享有しないとして、上述の額の賠償の支払いをドイツに命じた。

　ドイツ政府はギリシャ最高裁判所に上告した。最高裁大法廷は、2000年5月4日、①ヨーロッパ国家免除条約(ギリシャ未批准)第11条の法廷地国における不法行為訴訟の免除除外規定は国際慣習法を構成する、②第11条は武力紛争には適用されないが、本件の殺戮行為はその行為の特徴からして武力紛争のカテゴリーに入らない、③ユス・コーゲンス違反を構成するからドイツは免除を黙示的に放棄したものとみなされる、という理由で一審判決を支持した。ただし、長官を含む5人の裁判官が制限免除主義はいまだ慣習国際法になっていないという反対意見を提出し、さらにそのうち長官を含む4人は、本件を武力紛争から除外する多数意見の判旨に反対し、またユス・コーゲンス違反は主権免除の黙示的放棄があったものとみなされるという主張についても反対した。

　類似の後続事件(1944年8月29日、ドイツ占領軍部隊が、フォキス県の他の場所で受けたレジスタンス部隊の攻撃に対する報復として、リドリキ村を襲撃して全家屋・財産を焼失させ破壊した事件)が最高裁第一小法廷(裁判長は長官)に上訴されたとき、同法廷は上記大法廷の判決に従って自ら判決を下すことなく、2001年2月5日、憲法第100条1項(f)(特別最高裁判所の管轄権の1つとして、特定の国際法規が憲法第28条1項の意味における一般に認められた国際法規であるか否かを決定する権限を定める。第28条1項は、一般に認められた国際法規ならびに法律によって批准された条約は、ギリシャ国内法の一部を構成し、矛盾する国内法に優位することを定める)に基づいて、1972

年のヨーロッパ国家免除条約第11条(法廷地国で外国機関によってなされた不法行為に対する免除の例外を定める)が一般に認められた国際法規であるか否か、この免除除外は武力紛争から生じた不法行為の場合についても認められるか否か、の問題の判断を特別最高裁判所(最高裁判所長官、行政最高裁判所長官、会計検査官裁判所長官、ならびに最高裁判所および行政最高裁判所から2年の任期でくじで選ばれる各4名の裁判官により構成される)に求めた。2002年9月17日、特別最高裁はドイツの主権免除が認められる旨の判決を下した(4名の反対意見あり)。

【判決要旨】A(a)1　国際法上外国国家は裁判権免除の特権を享有するが、それは絶対的ではなく、主権的権限を行使した主権的行為(acta jure imperii)に限られ、国家が私法関係で行為した職務的行為(acta jure gestionis)については免除特権を享有しない。そして、行為が主権的か職務的かは、国際法上行為地法による。

　2　ハーグ陸戦規則第46条(「家の名誉および権利、個人の生命、私有財産…は尊重しなければならない」)は、学説によって一般に認められているようにユス・コーゲンスを構成する。そして、現代国際法の支配的な意見によれば、国家はユス・コーゲンスに違反した場合には免除を援用することができない。この場合、被告国は免除を黙示的に放棄したものとみなされる(p.599)。

　3　本件の被害は軍事占領中にギリシャの領域で行われたドイツ国家の機関の行為から生じたものであるが、この行為はユス・コーゲンスに違反して行われたものであるから主権的行為と性格づけることはできず、被告は免除特権を享有しない。よって、本件の訴えは正当かつ適法に本裁判所に提起された。ただし、1985年の地方自治体に関するヨーロッパ憲章(1989年批准)の規定上かかる事項について地方自治体は当事者適格(standing)を有しないから、ヴォイオチア県によって提起された部分については却下されなければならない。

　4　訴えはハーグ陸戦条約第3条および陸戦規則第46条に基づくものとして適法である。ハーグ陸戦条約をギリシャは批准していないが、同条約は国際慣習法を構成するから、ドイツに対して適用を主張しうる。その際、次の点が注意されなければならない。

　①これらの請求は、原告の所属する国家でなく、原告自身がその個人的資格において提起することが可能である。なぜならば、そうすることがいかなる国際法規によっても排除されていないからである(1996年5月13日のドイツ連邦憲法裁判所の判決参照)。

　②原告らの請求の提起は、ドイツの対外債務に関する1953年のロンドン協定第5条(2)項「連合国およびその国民のドイツおよびドイツ国民に対する請求権の解決は、賠償が最終的に解決される時まで延期される」(および、ドイツとの戦争状態の停止に関する1952年の法律による同様の留保)によって妨げられない。なぜならば、1990年のモスクワ条約(西独、東独と米、英、仏、ソが締結)は、第2次世界大戦の武力紛争の法律的・実際的遺産を最終的に

解決したことからみて、ロンドン協定第5条(2)項にいう平和条約にあたると考えられるからである（上記ドイツ連邦憲法裁判所の判決参照）。

A(b)1　ヨーロッパ国家免除条約（ヨーロッパ大陸の慣習法を法典化したもの）第11条の法廷地国における不法行為訴訟の免除除外規定は、人身侵害および物的損害に対する金銭賠償訴訟に適用される。不法行為が国家の主権的行為によって行われたか、職務的行為によって行われたかを問わない。唯一の条件は、不法行為が法廷地国の領域で行われたこと、および行為のとき行為者がその領域にいたことである。

上記第11条と同様の規定は、米国の1976年外国主権免除法をはじめ、英国、カナダ、オーストラリア、南アフリカ、シンガポールの主権免除法でも採用されている。また、1991年採択の国際法委員会の国家およびその財産の裁判権免除条約草案第12条、同じく1991年に採択された国際法学会（アンスティテユー）の草案第2条2項(e)も同様である。米国の多くの判例（とくにL'etelie v. Republic of Chile, Liu v. Republic of China）も、上記の条件の不法行為訴訟で主権免除を否定している。以上より、この点に関して国際慣習法が成立していると結論しうる。

2　本件の殺戮行為は、武力紛争を含む状況で行われた。そして、武力紛争には上述の規定は適用されない（ヨーロッパ条約第31条、国際法委員会条約草案のコメント）。しかし、「武力紛争から直接生じる軍事占領——ハーグ陸戦規則第43条によれば、それは主権の変更をもたらさず被占領国の法律の適用を排除しない——において、占領軍の機関による主権的権限を濫用した犯罪は免除に値しない。」「地下組織が行った特定の妨害行為に全く関係のない無辜の、特定地域の限られた人数の市民に対する報復」は、免除によって保護されない犯罪のなかに入る。「本件の不法行為（人道に対する罪をも構成する殺人）は、地域住民に対する威嚇作戦のもとになったドイツ兵の死をもたらしたレジスタンス活動とは関係のない、特定の場所に住む限られた人数の特定の人々に対して直接に為された。…それはドイツ第三帝国の機関によって主権的権限を濫用して法廷地国の領域で行われた、客観的にはその地域の軍事占領の維持あるいは地下活動の鎮圧に必要のない忌まわしい殺人であった」。

3　さらに、かかる行為は「ユス・コーゲンス（ハーグ陸戦規則第46条）の違反であり、それらは主権的行為ではない。」したがって、ドイツは免除特権を黙示に放棄しており、ギリシャの裁判所は管轄権を有する。

B1　ハーグ陸戦条約第3条、陸戦規則第46条、第50条は一般国際法を構成し、占領軍が占領地の住民に対して戦争法規に違反する行為を行った場合には賠償義務が生じる。しかし、これらの規定は、賠償の支払手段の問題も、それが国際協定に従って支払われるか直接被害者に支払われるかの問題も、さらにはかかる賠償をめぐる裁判の権限ある裁判所（被害者が加害国に提起した個人的訴訟を裁判する権限）の問題も規律していない。この最後の

問題は、国際慣習法か、あるいは国家の裁判免除に関する特定の領域で有効な国際条約よって規律される。ヨーロッパ国家免除条約はかかる条約である。

　2　本裁判所に付託された問題には次のような付随的な問題が存在する。①絶対的国家免除が一般に認められた国際法規として今なお存在するか、②国家の主権的行為に対する免除の原則が優勢になったか、③不法行為から生じる損害の賠償事件における免除除外の原則がすでに確立されているか、④この③の除外は主権的行為にも及ぶか、⑤ユス・コーゲンスに違反する国家機関の違法行為は免除の放棄をもたらすか(pp.201-202)。

　3　上記③④の問題は、すでヨーロッパ人権裁判所の2001年のMcElhinney v. Ireland判決で否定されている。この事件(アイルランドの領域で英軍兵士がアイルランド国民に危害を加え、アイルランドの裁判所に損害賠償請求訴訟が提起された)において、同裁判所は、主権免除を理由とするアイルランド最高裁による上訴棄却は"*par in parem non habet imperium*"(対等な者は対等な者に対して支配権を持たない)の国際法原則に一致すると述べ、この国内裁判所へのアクセスの制限は追求される目的に比して不均衡ではないと判決した。同裁判所は、法廷地国で発生した不法行為の場合に免除を制限する傾向が存在することは認めるが、この慣行は決して普遍的ではないし、それにこの傾向は自動車事故のような"*securable*"(保険可能な)危険に起因する損害賠償に関連するもので、他国の領域における兵士の行為に対する民事責任のような国家主権の核心に触れる問題に関するものではないと述べた(pp.202-203)。

　4　上記⑤のユス・コーゲンス違反行為に対する免除除外の問題は、同じくヨーロッパ人権裁判所の2001年のAl Adsany v. United Kingdom 判決で論じられた。この事件(クウエートの領域で行われた拷問に対して、英国とクウエートの二重国籍をもつ個人がクウエートを相手どって英国の裁判所に訴訟を提起した)において、裁判所は、拷問の禁止が絶対的でユス・コーゲンスの性格を有することを認めたにもかかわらず免除の原則を再確認した。裁判所は、拷問の刑事責任の場合に免除を与えなかった幾つかの判例はあるが、民事責任の場合には諸国が免除を享有しなくなったことを証明する有力な証拠は存在しないと述べた(p.203)。

　両事件において、ヨーロッパ人権裁判所は、免除原則の実行はヨーロッパ人権条約第6条1項の公正な裁判を受ける権利の侵害にあたらないと判決した。

　5　最後に、国際司法裁判所は、逮捕状事件判決〔⇒104〕において、国際慣習法は現職外務大臣の免除の除外をたとえ彼が戦争犯罪を犯していても認めていないと判決した。

　6　当裁判所は、前判決とは逆に、外国国家は、法廷地国で発生しかついかなるかたちであれ自国の軍隊が関与した行為について訴えられた場合、これらの行為がユス・コーゲンスに違反するか否か、あるいはその軍隊が他国の軍隊と武力紛争の状態にあったか否かの区別なく、免除の特権を今日なお享有している、という結論に達した(p.204)。

170 ギリシャ国民の対独損害賠償請求事件

【論点】1　若干の有力な国際法学者がユス・コーゲンス違反の場合は主権免除を援用できないと強く主張するにもかかわらず、すべての立法例ならびに米国のプリンス事件〔⇒27〕をはじめとするほとんどの国内・国際裁判所の判例がこれを採用していないなかで、1997年にギリシャの一地方裁判所がこの理論に基づいて主権免除を否定し、戦争被害の賠償に関して個人の加害国に対する直接請求を認めた。そして、2000年にはギリシャ最高裁がこの地裁の判決を支持したために、世界的に注目を集めることになった。

　2　しかし、最高裁判決には、長官を含む5人の裁判官による強力な反対意見があった。

　(1)（5名の裁判官）　制限的主権免除の一般的国際法慣習はいまだ存在しない。ヨーロッパ国家免除条約はその採択時においても今日においても慣習法を法典化したものではなく、国際法委員会の条約草案もアンスティテューの決議もいまだにそれに基づいた条約は採択されていない。米国の判例も米国の国内法を適用したもので、国際慣習法の存在を証明しない。

　免除を制限する方向への顕著な傾向が存在するが、しかし主権的行為についてはかかる傾向は存在しない。このことは、たとえば1983年の米州条約草案（とくに第5条(1)項に関連して第6条(e)項）や英国のKuwait Airways Corp. v. Iraqui Airways Co.判決（貴族院が主権的行為に免除特権を認めた）によって明かである。

　(2)（5名のうち4名の裁判官）　ヨーロッパ条約も国際法委員会の条約草案も、武力紛争を含む状況には明示的に免除を留保している。これに反する国家の行為や裁判例はいままで一例も存在しない。本件の軍事行動がいかに忌まわしいものであっても、それはレジスタンス行動に対する集団的報復として行われたものであって、まさしく武力紛争条項に該当する。また、かかる行為はユス・コーゲンス違反とみなされうるとしても、「ユス・コーゲンス違反が主権免除の黙示的放棄を発生させるという慣習法は存在しないから」、ドイツ国家の主権免除は除外されない。

　3　特別最高裁の判決は、この反対意見を敷衍したものといえよう。最高裁の判決が出された後、原告がその執行を求めてギリシャに存在するドイツ財産（アテネのゲーテ・インスティテュートなど）の競売を求める等の動きがあり、ギリシャ政府はドイツとの間で苦境に立たされたが、結局後続の事件で特別最高裁が軌道修正を行い、混乱を収拾したかたちとなった。

　4　この問題は、2012年のICJ国家の裁判権免除事件判決〔⇒26〕で扱われた。

【参考文献】
山手治之「ドイツ占領軍の違法行為に対するギリシャ国民の損害賠償請求訴訟(1)」『京都学園法学』48・49合併号(2006)、水島朋則『主権免除の国際法』（名古屋大学出版会、2012)、清野幾久子「ドイツ戦後補償の法理」『法律論争』70巻5・6号(1998)。

（山手　治之・浅田　正彦）

索 引

裁判所別判例索引

1 Ⅰ 常設的な国際裁判所、Ⅱ 仲裁裁判所、Ⅲ その他の国際裁判所、Ⅳ その他の国際的な機関、Ⅴ 国内裁判所の順に示す。国内裁判所の配列は、審級の高い裁判所から低い裁判所への順。また、同一審級の国内裁判所は50音順であり、同一裁判所内では年代順である。
2 出典および判決(命令・意見等)の日付を併記した。
3 インターネットでアクセス可能なものについては、「裁判所URLリスト」に掲載している。ただし、最近の判例しか掲載していない場合やまったく掲載していない場合も多いので、必ずしも判例が入手可能とは限らない。

裁判所URLリスト	
Ⅰ 常設的な国際裁判所	
(1) 国際司法裁判所 (the International Court of Justice)	https://www.icj-cij.org/
(2) 常設国際司法裁判所 (the Permanent Court of International Justice)	https://www.icj-cij.org/en/pcij
(3) 国際海洋法裁判所 (the International Tribunal for the Law of the Sea)	https://www.itlos.org/
(4) ヨーロッパ人権裁判所 (the European Court of Human Rights)	https://www.echr.coe.int/Pages/home.aspx?p=home
(6) ヨーロッパ共同体司法裁判所 (the Court of Justice of the European Communities)	https://curia.europa.eu/en/content/juris/c1_juris.htm
(7) ヨーロッパ司法裁判所 (the Court of Justice of the European Union)	https://curia.europa.eu/jcms/jcms/j_6/en/
Ⅱ 仲裁裁判所	
(1) 常設仲裁裁判所 (the Permanent Court of Arbitration)	https://pca-cpa.org
Ⅲ その他の国際裁判所	
(1) 旧ユーゴ国際刑事裁判所 (the International Criminal Tribunal for the Former Yugoslavia)	http://www.icty.org/
(4) ルワンダ国際刑事裁判所 (the International Criminal Tribunal for Rwanda)	http://unictr.irmct.org/
Ⅳ その他の国際的な機関	
(6) 自由権規約委員会 (Human Rights Committee)	https://www.ohchr.org/en/hrbodies/ccpr/pages/ccprindex.aspx
(7) GATTおよびWTO (the World Trade Organization)	https://www.wto.org/english/tratop_e/dispu_e/dispu_body_e.htm
(8) 米州人権委員会 (the Inter-American Commission of Human Rights)	http://www.oas.org/en/iachr/
(9) アフリカ人権委員会 (the African Commission on Human and Peoples' Rights)	http://www.achpr.org/
Ⅴ 国内裁判所	
(1) 日本	
②最高裁判所	http://www.courts.go.jp/
(2) 米国	
①連邦最高裁判所	https://www.supremecourt.gov/
(3) 英国	
①最高裁判所 (the Supreme Court of UK) 〈旧貴族院 (the House of Lords)〉	https://www.supremecourt.UK/ 〈Judgements archive: https://www.parliament.uk/about/how/publications/judgments/〉

③スコットランド刑事高等裁判所(the High Court of Justiciary)	https://www.scotcourts.gov.uk/the-courts/supreme-courts/high-court
(4) フランス	
①パリ大審裁判所(le tribunal de grande instance de Paris)	https://www.tribunal-de-paris.justice.fr/75
(5) イスラエル	
①最高裁判所(the Supreme Court)	https://supreme.court.gov.il/sites/en/Pages/home.aspx
(6) オーストラリア	
・高等裁判所(the High Court of Australia)	http://www.hcourt.gov.au/
(8) カナダ	
・連邦最高裁判所(the Supreme Court of Canada)	https://www.scc-csc.ca/

I 常設的な国際裁判所

(1) 国際司法裁判所(the International Court of Justice)

①訴訟事件

コルフ海峡事件(管轄権判決) ICJ(1947-1948)15 (1948年3月25日)	168-173
コルフ海峡事件(本案判決) ICJ(1949)4 (1949年4月9日)	168-173
庇護事件(本案判決) ICJ(1950)266 (1950年11月20日)	12-16
庇護事件(解釈請求判決) ICJ(1950)395 (1950年11月27日)	12-16
アヤ・デ・ラ・トーレ事件(本案判決) ICJ(1951)71 (1951年6月13日)	12-16
アングロ・イラニアン石油会社事件(仮保全措置命令) ICJ(1951)89 (1951年7月5日)	296-299
ノルウェー漁業事件(本案判決) ICJ(1951)116 (1951年12月18日)	174-178
アングロ・イラニアン石油会社事件(管轄権判決) ICJ(1952)93 (1952年7月22日)	296-299
モロッコにおける米国国民の権利に関する事件(本案判決) ICJ(1952)176 (1952年8月27日)	82-84
マンキエ・エクレオ事件(本案判決) ICJ(1953)47 (1953年11月17日)	143-147
ノッテボーム事件(管轄権判決) ICJ(1953)111 (1953年11月18日)	512-516
貨幣用金事件(管轄権判決) ICJ(1954)19 (1954年6月15日)	593-598
ノッテボーム事件(第2段階判決) ICJ(1955)4 (1955年4月6日)	512-516
ノルウェー公債事件(本案判決) ICJ(1957)9 (1957年7月6日)	599-601
インド領通行権事件(先決的抗弁) ICJ(1957)125 (1957年11月26日)	17-19
インターハンデル事件(管轄権判決) ICJ(1959)6 (1959年3月21日)	523-525
インド領通行権事件(本案判決) ICJ(1960)6 (1960年4月12日)	17-19
スペイン王仲裁裁判判決事件(本案判決) ICJ(1960)192 (1960年11月18日)	583-587
プレア・ビヘア寺院事件(先決的抗弁) ICJ(1961)17 (1961年5月26日)	148-155
プレア・ビヘア寺院事件(本案判決) ICJ(1962)6 (1962年6月15日)	148-155
南西アフリカ事件(管轄権判決) ICJ(1962)319 (1962年12月21日)	602-606
バルセロナ・トラクション事件(管轄権判決) ICJ(1964)6 (1964年7月24日)	517-522
南西アフリカ事件(第2段階判決) ICJ(1966)6 (1966年7月18日)	602-606
北海大陸棚事件(本案判決) ICJ(1969)3 (1969年2月20日)	186-190
バルセロナ・トラクション事件(第2段階判決) ICJ(1970)3 (1970年2月5日)	517-522
アイスランド漁業管轄権事件(仮保全措置命令) ICJ(1972)12 (1972年8月17日)	451-455
アイスランド漁業管轄権事件(管轄権判決) ICJ(1973)3 (1973年2月2日)	451-455

事件名	頁
核実験事件(仮保全措置命令) ICJ(1973)99, 135 (1973年6月22日)	20-24
アイスランド漁業管轄権事件(本案判決) ICJ(1974)3 (1974年7月25日)	451-455
核実験事件(本案判決) ICJ(1974)253, 457 (1974年12月20日)	20-24
在テヘラン米国大使館事件(仮保全措置命令) ICJ(1979)7 (1979年12月15日)	469-473
在テヘラン米国大使館事件(本案判決) ICJ(1980)3 (1980年5月24日)	469-473
チュニジア・リビア大陸棚事件(本案判決) ICJ(1982)18 (1982年2月24日)	195-198
ニカラグア事件(管轄権判決) ICJ(1984)392 (1984年11月26日)	657-663
リビア・マルタ大陸棚事件(本案判決) ICJ(1985)13 (1985年6月3日)	202-206
チュニジア・リビア大陸棚事件(再審・解釈請求判決) ICJ(1985)192 (1985年12月10日)	195-198
ブルキナファソ・マリ国境紛争事件(仮保全措置命令) ICJ(1986)3 (1986年1月10日)	156-160
ニカラグア事件(本案判決) ICJ(1986)13 (1986年6月27日)	657-663
ブルキナファソ・マリ国境紛争事件(本案判決) ICJ(1986)554 (1986年12月22日)	156-160
シシリー電子工業会社事件(特別裁判部・本案判決) ICJ(1989)15 (1989年7月20日)	526-529
領土・島・海洋境界紛争事件(特別裁判部・訴訟参加判決) ICJ(1990)92 (1990年9月13日)	607-610
1989年7月31日の仲裁裁判判決事件(本案判決) ICJ(1991)53 (1991年11月12日)	583-587
ロッカビー事件(仮保全措置命令) ICJ(1992)3, 113 (1992年4月14日)	611-613
ナウル燐鉱地事件(管轄権判決) ICJ(1992)240 (1992年6月26日)	593-598
領土・島・海洋境界紛争事件(特別裁判部・本案判決) ICJ(1992)351 (1992年9月11日)	607-610
ヤン・マイエン海域境界画定事件(本案判決) ICJ(1993)38 (1993年6月14日)	207-211
リビア・チャド領土紛争事件(本案判決) ICJ(1994)6 (1994年2月3日)	456-458
カタールとバーレーン間の海洋境界画定および領土問題(管轄権判決(1))ICJ(1994)112(1994年7月1日)	217-221
カタールとバーレーン間の海洋境界画定および領土問題(管轄権(2)及び受理可能性判決)ICJ(1995)6 (1995年2月15日)	217-221
東ティモール事件(管轄権判決) ICJ(1995)90 (1995年6月30日)	593-598
カメルーンとナイジェリアの領土および海洋境界(仮保全命令) ICJ(1996)13 (1996年3月15日)	628-633
ジェノサイド条約適用事件(先決的抗弁判決) ICJ(1996)595 (1996年7月11日)	614-619
オイル・プラットフォーム事件(管轄権判決) ICJ(1096)803 (1996年12月12日)	664-668
ガブチコボ・ナジマロシュ計画事件(本案判決) ICJ(1997)7 (1997年9月25日)	459-464
ロッカビー事件(管轄権判決) ICJ(1998)9, 115 (1998年2月27日)	611-613
オイル・プラットフォーム事件(反訴命令) ICJ(1998)190 (1998年3月10日)	664-668
カメルーンとナイジェリアの領土および海洋境界(管轄権判決) ICJ(1998)275 (1998年6月11日)	628-633
カナダ漁業管轄権事件(管轄権判決) ICJ(1998)432 (1998年12月4日)	625-627
ラグラン事件(仮保全措置命令) ICJ(1999)9 (1999年3月3日)	620-624
カメルーンとナイジェリアの領土および海洋境界(解釈請求判決) ICJ(1999)31 (1999年3月25日)	628-633
カメルーンとナイジェリアの領土および海洋境界(反訴命令) ICJ(1999)983 (1999年6月30日)	628-633
カメルーンとナイジェリアの領土および海洋境界(訴訟参加命令) ICJ(1999)1029 (1999年10月21日)	628-633

裁判所別判例索引　733

逮捕状事件(仮保全措置命令) ICJ(2000)182 (2000年12月8日)　426-430
カタールとバーレーン間の海洋境界画定および領土問題(本案判決) ICJ(2001)40(2001年3月16日)
　217-221
ラグラン事件(本案判決) ICJ(2001)466 (2001年6月27日)　620-624
逮捕状事件(本案判決) ICJ(2002)3 (2002年2月14日)　426-430
カメルーンとナイジェリアの領土および海洋境界(本案判決) ICJ(2002)303 (2002年10月10日)
　628-633
リギタン島およびシパダン島に対する主権事件(本案判決) ICJ(2002)625 (2002年12月17日) 161-163
アヴェナ等メキシコ国民事件(仮保全措置命令) ICJ(2003)77 (2003年2月5日)　491-494
オイル・プラットフォーム事件(本案判決) ICJ(2003)161 (2003年11月6日)　664-668
領土・島・海洋境界紛争事件(特別裁判部・再審請求判決) ICJ(2003)392 (2003年12月18日)
　607-610
アヴェナ等メキシコ国民事件(本案判決) ICJ(2004)12 (2004年3月31日)　491-494
パルプ工場事件(仮保全措置命令) ICJ(2006)113 (2006年7月13日)　549-551
パルプ工場事件(仮保全措置命令) ICJ(2007)3 (2007年1月23日)　549-551
ジェノサイド条約適用事件(本案判決) ICJ(2007)43 (2007年2月26日)　614-619
ディアロ事件(先決的抗弁) ICJ(2007)582 (2007年5月24日)　495-499
ペドラ・ブランカ事件 ICJ(2008)12 (2008年5月23日)　164-166
アヴェナ等メキシコ国民事件(解釈請求仮保全措置命令)ICJ(2008)311 (2008年7月16日)　491-494
アヴェナ等メキシコ国民事件(解釈請求判決)ICJ(2009)3 (2009年1月19日)　491-494
黒海海洋境界画定事件 ICJ(2009)61 (2009年2月3日)　222-224
訴追か引渡しかの義務事件(仮保全措置命令) ICJ(2009)139 (2009年5月28日)　530-533
パルプ工場事件(判決) ICJ(2010)14 (2010年4月20日)　549-551
国家の裁判権免除事件(反訴) ICJ(2010)310 (2010年7月6日)　98-102
ディアロ事件(本案) ICJ(2010)635 (2010年11月30日)　495-499
国家の裁判権免除(訴訟参加命令) ICJ(2011)494 (2011年7月4日)　98-102
プレア・ビヘア寺院事件(仮保全措置命令) ICJ(2011)537 (2011年7月18日)　148-155
国家の裁判権免除(判決) ICJ(2012)99 (2012年2月3日)　98-102
ディアロ事件(賠償判決) ICJ(2012)324 (2012年6月19日)　495-499
訴追か引渡しかの義務事件(判決) ICJ(2012)422 (2012年7月20日)　530-533
プレア・ビヘア寺院事件(解釈) ICJ(2013)281 (2013年11月11日)　148-155
南極海捕鯨事件(訴訟参加命令) ICJ(2013)3 (2013年12月6日)　238-243
南極海捕鯨事件(判決) ICJ(2014)226 (2014年3月31日)　238-243
核軍縮義務事件(先決的抗弁) ICJ(2016)255、552、833 (2016年10月5日)　634-636

②勧告的意見
国連加盟承認の条件(憲章第4条)事件 ICJ(1947-1948)57 (1948年5月28日)　110-114
国連の職務中に被った損害の賠償事件 ICJ(1949)174 (1949年4月11日)　115-119
国連加盟承認のための総会の権限事件 ICJ(1950)4 (1950年3月3日)　110-114
国際的地位事件 ICJ(1950)128 (1950年7月11日)　120-124
ジェノサイド条約に対する留保事件 ICJ(1951)15 (1951年5月28日)　438-442

734 索引

報告と聴聞に関する表決手続事件 ICJ (1955) 67 (1955年6月7日) 120-124
請願人聴聞の許容性事件 ICJ (1956) 23 (1956年6月1日) 120-124
国連のある種の経費事件 ICJ (1962) 151 (1962年7月20日) 652-656
ナミビア事件 ICJ (1971) 16 (1971年6月21日) 316-320
西サハラ事件 ICJ (1975) 12 (1975年10月16日) 321-325
国連本部協定事件 ICJ (1988) 12 (1988年4月26日) 26-30
マジル事件 ICJ (1989) 177 (1989年12月15日) 131-133
核兵器使用の合法性事件 ICJ (1996) 226 (1996年7月8日) 685-690
パレスチナ占領地域における壁構築の法的効果 ICJ (2004) 136 ; 47 ILM 1009 (2004年7月9日)
697-702
コソボ独立宣言事件 ICJ (2010) 403 (2010年7月22日) 44-46

(2) 常設国際司法裁判所 (the Permanent Court of International Justice)
①訴訟事件
ウィンブルドン号事件(本案判決) PCIJ Ser.A, No.1 (1923年8月17日) 79-81
マヴロマチス事件(第1事件)(本案判決) PCIJ Ser.A, No.2 (1924年8月30日) 500-505
マヴロマチス事件(第2事件)(本案判決) PCIJ Ser.A, No.5 (1925年3月26日) 500-505
上部シレジア事件(管轄権判決) PCIJ Ser.A, No.6 (1925年8月25日) 432-434
上部シレジア事件(本案判決) PCIJ Ser.A, No.7 (1926年5月25日) 432-434
ホルジョウ工場事件(管轄権判決) PCIJ Ser.A, No.9 (1927年7月26日) 486-490
ロチュース号事件(本案判決) PCIJ Ser.A, No.10 (1927年9月7日) 7-11
マヴロマチス特許改訂事件(管轄権判決) PCIJ Ser.A, No.11 (1927年10月10日) 500-505
ホルジョウ工場事件(本案判決) PCIJ Ser.A, No.17 (1928年9月13日) 486-490
セルビア公債事件(本案判決) PCIJ Ser.A, No.20/21 (1929年7月12日) 509-511
自由地帯に関する事件(命令) PCIJ Ser.A, No.22 (1929年8月19日) 435-437
自由地帯に関する事件(命令) PCIJ Ser.A, No.24 (1930年12月6日) 435-437
自由地帯に関する事件(本案判決) PCIJ Ser.A/B, No.46 (1932年6月7日) 435-437
東部グリーンランド事件(本案判決) PCIJ Ser.A/B, No.53 (1933年4月5日) 143-147

②勧告的意見
チュニス・モロッコ国籍法事件 PCIJ Ser.B, No.4 (1923年2月7日) 76-78
東部カレリア事件 PCIJ Ser.B, No.5 (1923年7月23日) 588-592
ダンチッヒ裁判所の管轄権事件 PCIJ Ser.B, No.15 (1928年3月3日) 134-136

(3) 国際海洋法裁判所 (the International Tribunal for the Law of the Sea)
サイガ号事件(即時釈放判決) ITLOS (1997) 16 (1997年12月4日) 212-216
サイガ号事件(本案判決) ITLOS (1999) 10 (1999年7月1日) 212-216
みなみまぐろ事件(暫定措置命令) ITLOS (1999) 280 (1999年8月27日) 646-650
MOXプラント事件(暫定措置命令) ITLOS (2001) 95 (2001年12月3日) 546-548
富丸事件(即時釈放判決) ITLOS (2005-2007) 74 (2007年8月6日) 228-231

(4) ヨーロッパ人権裁判所 (the European Court of Human Rights)

リューディック事件 ECHR Ser.A, No.29（1978年11月28日）	343-345
サンデー・タイムズ事件 ECHR Ser.A, No.30（1979年4月26日）	346-348
ベリロス事件 ECHR Ser.A, No.132（1988年4月29日）	443-447
ゼーリング事件 ECHR Ser.A, No.161（1989年7月7日）	288-292
ムスタキム事件 ECHR Ser.A, No.193（1991年2月18日）	254-256
ロイジドウ事件（先決的抗弁判決）ECHR Ser.A, No.310（1995年3月23日）	368-372
ロイジドウ事件（本案判決）ECHR Reports of Judgments and Decisions 1996-VI 2216（1996年12月18日）	368-372
アクソイ対トルコ事件 ECHR Reports of Judgments and Decisions 1996-VI 2260（1996年12月18日）	365-367
ウェイト対ドイツ事件 ECHR Reports of Judgments and Decisions 1999-I 393（1999年2月18日）	128-130
クリスティン・グッドウィン事件 ECHR Reports of Judgments and Decisions 2002-VI 1（2002年7月11日）	376-378
繁栄党事件 ECHR Reports of Judgments and Decisions 2003-II 209（2003年2月13日）	329-333

(5) 米州人権裁判所 (Inter-American Court of Human Rights)

バリオス・アルトス事件 Inter-Am.Ct.H.R.（Ser.c）No.75（2001年3月14日）	373-375

(6) ヨーロッパ共同体司法裁判所 (the Court of Justice of the European Communities)

ヴァン・ゲント・エン・ロース事件［1963］European Court Reports 1;［1963］Common Market Law Reports 105（1963年2月5日）	37-42
コスタ対ENEL事件［1964］European Court Reports 585;［1964］Common Market Law Reports 425（1964年7月15日）	37-42

(7) ヨーロッパ司法裁判所 (the Court of Justice of the European Union)

カディ事件（第1事件）［2008］ECR I-6351（2008年9月3日）	669-673
カディ事件（第2事件）European Commission and Others v. Yassin Abdullah Kadi (No.2), Joined Cases C-584/10 P, C-593/10 P and C-595/10 P, Judgment of the Court of Justice (Grand Chamber)（2013年7月18日）	669-673

II 仲裁裁判所

(1) 常設仲裁裁判所 (the Permanent Court of Arbitration)

家屋税事件『日本外交文書』38巻2冊521；11 RIAA 41（1905年5月22日）	640-642
パルマス島事件 2 RIAA 829（1928年4月4日）	138-142
エリトリア／イエメン仲裁裁定（第1段階）22 RIAA 209（1998年10月9日）	574-578
エリトリア／イエメン仲裁裁定(第2段階)22 RIAA 335(1999年12月17日)	574-578
ガイアナ・スリナム事件 30RIAA 1（2007年9月17日）	
南シナ海事件（管轄権・受理可能性）PCA（20151）1（2015年10月29日）	244-251
南シナ海事件（本案）PCA（2016）120（2016年7月12日）	244-251

(2) 仲裁裁判所(Arbitration)

アラバマ号事件 1 Moore 653；29 RIAA 125（1872年9月14日）	676-678
マリア・ルース号事件『大日本外交文書』8巻455（1875年6月10日）	637-639
ティノコ事件 1 RIAA 369（1923年10月18日）	47-49
ザフィロ号事件 6 RIAA 160, 1925-26 AD 222（1925年11月30日）	466-468
テキサス北米浚渫会社事件 4 RIAA 26（1926年3月31日）	506-508
ニーア事件 4 RIAA 60（1926年10月15日）	293-295
ナウリラ事件 2 RIAA 1011（1928年7月31日）	474-476
スィズニ事件 2 RIAA 1035（1930年6月30日）	474-476
アイム・アローン号事件(中間決定) 3 RIAA 1609（1933年6月30日）	232-234
アイム・アローン号事件(最終決定) 3 RIAA 1609（1935年1月5日）	232-234
トレイル溶鉱所事件(中間判決) 3 RIAA 1907（1938年4月16日）	536-540
トレイル溶鉱所事件(最終判決) 3 RIAA 1907（1941年3月11日）	536-540
ラヌー湖事件 12 RIAA 285；24 ILR 101（1957年11月16日）	541-545
BP事件 53 ILR 297（1973年10月10日）	300-304
TEXACO事件 53 ILR 389（1977年1月19日）	300-304
LIAMCO事件 62 ILR 141（1977年4月12日）	300-304
英仏大陸棚事件(本案判決) 18 RIAA 3（1977年6月30日）	191-194
英仏大陸棚事件(解釈判決) 18 RIAA 271（1978年3月14日）	191-194
米仏航空業務協定事件 18 RIAA 415；54 ILR 303（1978年12月9日）	477-479
レインボウ・ウォーリア号事件(裁定の履行に関する仲裁裁判) 20 RIAA 215；82 ILR 499 （1990年4月30日）	480-485
アモコ国際金融会社事件 15 Iran-US CTR 189；83 ILR 501（1987年7月14日）	305-309
AMT事件 36 ILM 1534(1997)；Journal du droit international 243 (1998)（1997年2月21日）	310-313
みなみまぐろ事件(管轄権及び受理可能性判決) 23 RIAA 1（2000年8月4日）	646-650
ケムチュラ事件 https://www.italaw.com/cases/249（2010年8月2日）	560-564

III その他の国際裁判所

(1) 旧ユーゴ国際刑事裁判所(the International Criminal Tribunal for the Former Yugoslavia)

タジッチ事件(第一審管轄権決定) ICTY Judicial Reports(1994-1995)63（1995年8月10日）	398-404
タジッチ事件(上訴審管轄権決定) ICTY Judicial Reports(1994-1995)353（1995年10月2日）	398-404
タジッチ事件(第一審本案判決) ICTY Judicial Reports(1997)3（1997年5月7日）	398-404
タジッチ事件(第一審量刑判決) ICTY Judicial Reports(1997)575（1997年7月14日）	398-404
タジッチ事件(上訴審本案判決) 38 ILM 1518（1999年7月15日）	398-404
タジッチ事件(第一審第二量刑判決) 39 ILM 117（1999年11月11日）	398-404
タジッチ事件(上訴審量刑判決) 39 ILM 635（2000年1月26日）	398-404
タジッチ事件(上訴審再審請求却下決定) 41 ILM 1328（2002年7月30日）	398-404

(2) 極東国際軍事裁判所(the Military Tribunal for the Far East)

東京裁判 15 AD 356（1948年11月12日）	390-394

(3) 国際軍事裁判所(the Military Tribunal)
ニュールンベルグ裁判 13 AD 203（1946年10月1日） 390-394

(4) ルワンダ国際刑事裁判所(the International Criminal Tribunal for Rwanda)
アカイェス事件(第一審判決) ICTR Reports of Orders, Decisions and Judgments 1998；37 ILM 1401
（1998年9月2日） 405-407

Ⅳ　その他の国際的な機関
(1) 旧ユーゴ和平会議仲裁委員会(the Arbitration Committee of the Conference on the Former Yugoslavia)
旧ユーゴ諸共和国における国家承継
意見9：92 ILR 203（1992年7月4日） 73-75
意見11：96 ILR 719（1993年7月16日） 73-75
意見12：96 ILR 723（1993年7月16日） 73-75
意見13：96 ILR 727（1993年7月16日） 73-75
意見14：96 ILR 729（1993年8月13日） 73-75
意見15：96 ILR 733（1993年8月13日） 73-75

(2) 国際審査委員会(Enquiry Commission)
ドッガー・バンク事件 Scott 609, 404；2 AJ 931（1905年2月26日） 566-570
レッド・クルセイダー号事件 35 ILR 485（1962年3月23日） 566-570

(3) 国際調停委員会(Conciliation Commission)
ヤン・マイエン調停事件 20 ILM 797；62 ILR 108（1981年5月19日、20日） 571-573

(4) 国際連合事務総長(the Secretary-General of the United Nations)
レインボウ・ウォーリア号事件 19 RIAA 197；74 ILR 241（1986年7月6日） 480-485

(5) 国際連盟法律家委員会(the International Commission of Jurists)
オーランド諸島事件 League of Nations, Official Journal Sp. Supp., No.3,（1920）3（1920年9月5日）
61-63

(6) 自由権規約委員会(Human Rights Committee)
ブレークス事件(受理可能性) RHRC(1987)139；YHRC(1987-Ⅱ)293（1985年10月25日） 357-361
ブレークス事件(見解) RHRC(1987)139；YHRC(1987-Ⅱ)293（1987年4月9日） 357-361
ゲイエ事件(受理可能性) RHRC(1989)189；ORHRC(1988/89-Ⅱ)408（1987年11月5日） 352-356
ゲイエ事件(見解)RHRC(1989)189；ORHRC(1988/89-Ⅱ)408（1989年4月3日） 352-356
オミナヤク事件(見解) RHRC(1990-Ⅱ)1；ORHRC(1989/90-Ⅱ)381（1990年3月26日） 334-336
キンドラー事件(見解) RHRC(1993)138；ORHRC(1992/93-Ⅱ)559（1993年7月30日） 288-292
トゥーネン事件(見解) RHRC(1994)226（1994年3月31日） 376-378

738　索　引

ロウル・ケネディー事件(受理可能性) RHRC(2000-II)258 (1999年11月2日)　　　448-450
ウィナタ事件(見解) RHRC(2001-II)199 (2001年7月26日)　　　379-381
ジャッジ事件(見解) RHRC(2003-II)76(2003年8月5日)　　　265-269

　(7) GATTおよびWTO(the World Trade Organization)
　　①上級委員会(the Appellate Body)
日本アルコール飲料事件 WT/DS8/AB/R, WT/DS10/AB/R, WT/DS11/AB/R (1996年9月25日)643-645
米国エビ輸入制限事件(インド、マレーシア、パキスタン、タイが米国を訴えた事件)
　　WT/DS58/AB/R；38 ILM 118 (1998年10月12日)　　　555-559
米国エビ輸入制限事件(マレーシアが米国を再度訴えた事件) WT/DS/58/AB/RW；41 ILM 149
　　(2001年10月22日)　　　555-559
　　②小委員会(the Panel)
米国マグロ輸入制限事件 33 ILM 839 (1994年5月20日)　　　552-554
日本アルコール飲料事件 WT/DS8/R, WT/DS10/R, WT/DS11/R (1996年7月11日)　　　643-645
米国エビ輸入制限事件(インド、マレーシア、パキスタン、タイが米国を訴えた事件) WT/DS58/R
　　(1998年5月15日)　　　555-559
米国エビ輸入制限事件(マレーシアが米国を再度訴えた事件) WT/DS/58/RW (2001年6月15日)
　　　　　555-559

　(8) 米州人権委員会(the Inter-American Commission of Human Rights)
グアンタナモ基地被抑留者事件 41 ILM 532 (2002年3月12日)　　　691-696

　(9) アフリカ人権委員会(the African Commission on Human and Peoples' Rights)
国家人権委員会対チャド事件 http://www.achpr.org/communications/decision./74.92/　　　365-367

　Ｖ　国内裁判所
　(1) 日　本
　　①大審院
元外国公使館雇員事件　『大審院判決録刑事之部』27輯187　(1921年3月25日)　　　410-412
中華民国に対する約束手形金請求為替訴訟事件　『大審院民事判例集』7巻1128　(1928年12月28日)
　　　　　88-90
　　②最高裁判所
尹秀吉事件　判タ334号105　(1976年1月26日)　　　270-274
マクリーン事件　民集32巻7号1223；判時903号3　(1978年10月4日)　　　257-260
塩見事件　訟月35巻9号1754　(1989年3月2日)　　　357-361
シベリア抑留捕虜補償請求事件　判時1607号11；民集51巻3号1233；訟月44巻1号60(1997年3月13日)
　　　　　703-707
崔善愛事件　民集52巻3号677　(1998年4月10日)　　　261-264
韓国漁船拿捕事件　刑集53巻8号1045　(1999年11月30日)　　　182-185
受刑者接見妨害国家賠償請求事件　訟月47巻2号327　(2000年9月7日)　　　382-386

オランダ元捕虜等損害賠償請求事件　判例集未登載　(2004年3月30日)　　　　　708-712
アジア太平洋戦争韓国人犠牲者補償請求事件　裁時1376号14　(2004年11月29日)　713-717
在日韓国人元日本軍属障害年金訴訟事件　判時1751号68　(2001年4月5日)　　352-356
パキスタン貸金請求事件　民集60巻2542　(2006年7月21日)　　　　　　　　　　95-97
西松建設事件　民集61巻3号1188　(2007年4月27日)　　　　　　　　　　　　　718-722
ベルヌ条約事件　民集65巻9号3275頁　(2011年12月8日)　　　　　　　　　　　58-60
Z事件　判例集未登載　(2004年5月28日)　　　　　　　　　　　　　　　　　　275-279
光華寮事件　民集61巻2号711　(2007年3月27日)　　　　　　　　　　　　　　64-69

③高等裁判所
・大阪高等裁判所
神戸英水兵事件　裁時119号4　(1952年11月5日)　　　　　　　　　　　　　　413-415
王京香対王金山事件　下民集13巻11号2232　(1962年11月6日)　　　　　　　　54-57
テキサダ号事件　判時844号102　(1976年11月19日)　　　　　　　　　　　　　179-181
光華寮事件　判時1053号115　(1982年4月14日)　　　　　　　　　　　　　　64-69
光華寮事件(差戻審)　判時1232号119；判タ637号252　(1987年2月26日)　　64-69
指紋押捺拒否国家賠償事件　判時1513号71　(1994年10月28日)　　　　　　　362-364
・高松高等裁判所
受刑者接見妨害国家賠償請求事件　判時1653号117　(1997年11月25日)　　　382-386
・東京高等裁判所
アングロ・イラニアン石油会社対出光興産事件　下民集4巻9号1269　(1953年9月11日)　296-299
外交官に対する訴状送達事件　下民集21巻3・4号557　(1970年4月8日)　　　416-418
尹秀吉事件　判時664号3　(1972年4月19日)　　　　　　　　　　　　　　　　270-274
オデコ・ニホン・S・A事件　行集35巻3号231　(1984年3月14日)　　　　　　199-201
張振海事件　高刑集43巻1号27　(1990年4月20日)　　　　　　　　　　　　　283-287
大麻取締法違反、関税法違反事件　東京高等裁判所(刑事)判決時報44巻1-12号11(抄録)(1993年2月3日)
　　　　　　　　　　　　　　　　　　　　　　　　　　　　　　　　　　　　343-345
シベリア抑留捕虜補償請求事件　判タ811号76；判時1466号40；訟月40巻9号2027(1993年3月5日)
　　　　　　　　　　　　　　　　　　　　　　　　　　　　　　　　　　　　703-707
トカレフ事件　判タ862号295　(1994年2月22日)　　　　　　　　　　　　　　419-421
オランダ元捕虜等損害賠償請求事件　訟月48巻9号2123；判時1769号61；判タ1072号88(2001年10月11日)
　　　　　　　　　　　　　　　　　　　　　　　　　　　　　　　　　　　　708-712
アジア太平洋戦争韓国人犠牲者補償請求事件　訟月50巻10号1；判時1843号32　(2003年7月22日)
　　　　　　　　　　　　　　　　　　　　　　　　　　　　　　　　　　　　713-717
パキスタン貸金請求事件　民集60巻2554　(2003年2月5日)　　　　　　　　　95-97
Z事件　判時1863号34　(2004年1月14日)　　　　　　　　　　　　　　　　　275-279
イラン人一家退去強制事件　訟月51巻2号511　(2004年3月30日)　　　　　　379-381
・知的財産高等裁判所
ベルヌ条約事件　民集65巻9号3363頁　(2008年12月24日)　　　　　　　　　　58-60
・広島高等裁判所
西松建設事件　判時1865号62(2004年7月9日)　　　　　　　　　　　　　　　718-722

・広島高等裁判所松江支部
韓国漁船拿捕事件　判時1656号56　(1998年9月11日)　　　　　　　　　182-185
　・福岡高等裁判所
崔善愛事件　行集45巻5・6合併号1202　(1994年5月13日)　　　　　　261-264
　　④地方裁判所
　・大阪地方裁判所
在日韓国人元日本軍属障害年金訴訟事件　訟月42巻8号1993　(1995年10月11日)　352-356
　・京都地方裁判所
王京香対王金山事件　下民集7巻7号1784　(1956年7月7日)　　　　　　54-57
光華寮事件　判時890号107　(1977年9月16日)　　　　　　　　　　　64-69
光華寮事件(差戻審)　判時1199号131；判タ580号91　(1986年2月4日)　64-69
　・神戸地方裁判所
神戸英水兵事件　『慶應義塾創立125年記念論文集 法学部政治学関係』(1983)402　(1952年8月5日)
　　　　　　　　　　　　　　　　　　　　　　　　　　　　　　　　413-415
満州国の法的地位　判時1743号108　(2000年11月27日)　　　　　　　70-72
　・札幌地方裁判所
二風谷ダム事件　判時1598号33　(1997年3月27日)　　　　　　　　　340-342
小樽入浴拒否事件　判時1806号84　(2002年11月11日)　　　　　　　387-389
　・東京地方裁判所
アングロ・イラニアン石油会社対出光興産事件　下民集4巻5号755　(1953年5月27日)　296-299
リンビン・タイク・ティン・ラット対ビルマ連邦事件　下民集5巻6号836　(1954年6月9日) 50-53
広島・長崎原爆投下事件(下田事件)　下民集14巻12号2435　(1963年12月7日)　679-681
東京水交社事件　下民集17巻1・2号108　(1966年2月28日)　　　　　682-684
尹秀吉事件　行集20巻1号28　(1969年1月25日)　　　　　　　　　　270-274
国連大学事件　判時884号77　(1977年9月21日)　　　　　　　　　　125-127
オデコ・ニホン・S・A事件　行集33巻4号838　(1982年4月22日)　　 199-201
トカレフ事件　家裁月報40巻9号77　(1988年4月25日)　　　　　　　419-421
シベリア抑留捕虜補償請求事件　判タ703号63；判時1329号36　(1989年4月18日)　703-707
オランダ元捕虜等損害賠償請求事件　訟月46巻2号45；判時1685号19；判タ991号262
　(1998年11月30日)　　　　　　　　　　　　　　　　　　　　　　708-712
アジア太平洋戦争韓国人犠牲者補償請求事件　判例集未登載　(2001年3月26日)　713-717
パキスタン貸金請求事件　民集60巻2551　(2001年8月27日)　　　　　95-97
執行停止申立事件　訟月48巻9号2299　(2001年11月16日)　　　　　 280-282
Z事件　判時1819号24　(2003年4月9日)　　　　　　　　　　　　　275-279
ベルヌ条約事件　民集65巻9号3329頁　(2007年12月14日)　　　　　　58-60
　・徳島地方裁判所
受刑者接見妨害国家賠償請求事件　判時1597号115　(1996年3月15日)　382-386
　・広島地方裁判所
西松建設事件　判タ1110号253　(2002年7月9日)　　　　　　　　　　718-722
　・福岡地方裁判所
崔善愛事件　訟月36巻5号756　(1989年9月29日)　　　　　　　　　　261-264

・松江地方裁判所浜田支部
韓国漁船拿捕事件　判時1656号59　（1997年8月15日）　　　　　　182-185
・和歌山地方裁判所
テキサダ号事件　判時844号105　（1974年7月15日）　　　　　　　179-181

(2) 米　国
①連邦最高裁判所(the Supreme Court of the United States)
スクーナー船エクスチェンジ号事件 11 US(7 Cranch)116 ; 6 AILC 463（1812年2月24日）　85-87
スコチア号事件 1 AILC 65（1872年3月25日）　　　　　　　　　　　　4-6
パケット・ハバナ号事件 175 US 677（1900年1月8日）　　　　　　　26-30
ラスル事件 542 US 466（2004）（2004年6月28日）　　　　　　　　　691-696
ハムディ事件 542 US 507（2004）（2004年6月28日）　　　　　　　　691-696
ハムダン事件 548 US 557（2006年6月29日）　　　　　　　　　　　　691-696
メデイン事件 552 US 491 / 128 S.Ct. 1346（2008年3月25日）　　　　　 31-33
②連邦控訴裁判所(Court of Appeals)
フィラルティーガ事件 630 F. 2d 876（1980年6月30日）　　　　　　　349-351
プリンツ事件 26 F. 3d.1116 / 33 ILM 1484（1994年7月1日）　　　　　103-105
③連邦地方裁判所(District Court)
Yahoo! オークション事件(管轄権判決) 145 F.Supp.2d 1168（2001年6月7日）　106-109
Yahoo! オークション事件 169 F.Supp.2d 1181（2001年11月7日）　　　　106-109

(3) 英　国
①貴族院(the House of Lords)
ピノチェット仮拘禁事件［1999］2 WLR 827 ;［2000］1 AC 147（1999年3月24日）　422-425
②枢密院司法委員会(the Judicial Committee of the Privy Council)
フィリピン・アドミラル号事件［1977］AC 373 ; 64 ILR 90（1975年11月5日）　91-94
③スコットランド刑事高等裁判所(the High Court of Justiciary)
モルテンセン対ピーターズ事件［1906］8F.93 ; 3 BILC 754（1906年7月19日）　34-36

(4) フランス
①パリ大審裁判所(le tribunal de grande instance de Paris)
Yahoo!オークション事件(レフェレ(急速審理)命令) http://www.juriscom.net/（2000年5月22日）106-109
Yahoo!オークション事件(レフェレ(急速審理)命令) http://www.juriscom.net/（2000年11月20日）106-109
Yahoo!オークション事件 http://www.juriscom.net/（2003年2月11日）　　106-109

(5) イスラエル
①最高裁判所(the Supreme Court)
アイヒマン裁判 36 ILR 5（1962年5月29日）　　　　　　　　　　　　395-397

(6) オーストラリア
・高等裁判所(the High Court of Australia)

第1マーボ事件 112 ILR 412; 83 Austral. LR 14（1988年12月8日） 337-339
第2マーボ事件 112 ILR 457; 107 Austral. LR 1（1992年6月3日） 337-339

(7) オランダ
①最高裁判所(the Supreme Court of the Netherlands)
マグダ・マリア号事件 101 ILR 409；16 NYIL 514（1984年1月24日） 235-237
②ハーグ控訴裁判所(the Court of Appeal of The Hague)
マグダ・マリア号事件 101 ILR 415；20 NYIL 349（1986年5月29日） 235-237

(8) カナダ
・連邦最高裁判所(the Supreme Court of Canada)
ケベック分離事件 37 ILM 1340（1998年8月20日） 326-328

(9) ギリシャ
①最高裁判所(the Hellenic Supreme Court)
ディストモ村事件［2000］33 Kritische Justiz 472（2000年5月4日） 723-727
②特別最高裁判所(the Special Supreme Court)
リドリキ村事件［2003］56 Revue héllenique de droit international 199（2002年9月17日） 723-727
③レヴァディア地方裁判所(the Court of Levadia)
ディストモ村事件［1997］50 Revue héllenique de droit international 595（1997年10月30日） 723-727

事件別判例索引

太字は本書で紹介されている事件を示す。

[欧字]

AAPL対スリランカ事件	312
AMT事件	310-313, 582
A. R. J. 事件	268
BP事件	300-304
C対ベルギー事件	256
Dombo Beheer B. V. 事件	385
ELSI事件 → シシリー電子工業会社事件	
G. T. 事件	268
Kuwait Airways Corp.対Iraqui Airways Co.事件	727
L'etalie対中華民国事件	725
LIAMCO事件	300-304
Liu対中華民国事件	725
McElhinney対Ireland事件	726
MOXプラント事件	546-548, 650
Paul Perterer v. Austria事件	385
Sandra Fei v. Colombia事件	385
Sempra事件	579-582
Solange I 事件	41
Solange II 事件	41
TEXACO事件	300-304
TOPCO=CALASIATIC事件	301
Yahoo!オークション事件	106-109
Yukos事件	579-582
Z事件	275-279
1989年7月31日の仲裁裁判判決事件	458, 583-587

[ア行]

アイスランド漁業管轄権事件	158, 437, 451-455
アイゼントレーガー事件	693
アイヒマン裁判	108, 395-397, 407
アイヒマン事件→アイヒマン裁判	
アイム・アローン号事件	216, 232-234
アイルランド対英国事件	367
アヴェナ事件→アヴェナ等メキシコ国民事件	
アヴェナ等メキシコ国民事件	31-33, 154, 491-494, 624
アカイェス事件	405-407
アキレ・ラウロ号事件	27
アクソイ対トルコ事件	365-367
アジア太平洋戦争韓国人犠牲者損害賠償請求事件	713-717
アスベスト事件	559
アモコ国際金融会社事件	305-309, 312
アヤ・デ・ラ・トーレ事件	12-16, 633
アラバマ号事件	676-678
アル=アドサニ対英国事件	130, 726
アル・ジェッダ事件	673
アングロ・イラニアン石油会社事件	239, 296-299, 613
アングロ・イラニアン石油会社対出光興産事件	296-299
出光興産事件→アングロ・イラニアン石油会社対出光興産事件	
イラン石油国有化事件	296-299
イラン人一家退去強制事件	379-381
イラン人質事件→在テヘラン米国大使館事件	
イリノイ中央鉄道会社事件	506
インターハンデル事件	523-525, 601
インド領通行権事件	17-19, 632
ヴァン・ゲント・エン・ロース対オランダ国税庁事件	37-42
ウイック族事件	338
ウィナタ事件	256, 379-381
ウィンブルドン号事件	16, 79-81
ウィーン領事関係条約事件	624
ウェイト対ドイツ事件	128-130
ウー事件→ウー対カナダ事件	
ウー対カナダ事件	268, 292
英仏大陸棚事件	191-194, 198, 206
エーゲ海大陸棚事件	457, 601, 613
エリトリア／イエメン仲裁裁定	166, 574-578
エリトリア・イエメン仲裁判断→エリトリア／イエメン仲裁裁定	
オイル・プラットフォーム事件	458, 663, 664-668
王京香対王金山事件	54-57, 67
小樽入浴拒否事件	387-389
オデコ・ニホン・S・A事件	199-201
オーデル河国際委員会事件	462

オミナヤク事件	334-336
オランダ元捕虜等損害賠償請求事件	105, 681, 708-712, 717
オーランド諸島事件	61-63

[カ行]

ガイアナ・スリナム事件	216, 225-227
外交官に対する訴状送達事件	416-418
カウィッチ他事件	286
家屋税事件	640-642, 649
核軍縮義務事件	504, 634-636, 690
核実験事件	20-24, 158, 160, 635
核実験事件再検討事件	551
核兵器使用の合法性事件	173, 319, 663, 681, 685-690
カシキリ／セドゥドゥ島事件	154
ガソリン事件→米国ガソリン事件	
カタールとバーレーン間の海洋境界画定および領土問題	204, 217-221, 458
カディ事件	669-673
カドーサ=フォンセカ事件	278
カナダ漁業管轄権事件	227, 239, 625-627
ガブチコボ・ナジマロシュ計画事件	437, 459-464, 479, 484, 551, 700
貨幣用金事件	169, 593-598
カマシンスキー事件	345
カメルーン・ナイジェリア事件→カメルーンとナイジェリアの領土および海洋境界画定事件	
カメルーンとナイジェリアの領土および海洋境界画定事件	19, 160, 628-633, 635
ガルシア・ミア事件	29
韓国漁船拿捕事件	182-185
キオベル事件	351
キプロス対トルコ事件	499
キャンベル・フェル事件	383
旧ユーゴ諸共和国における国家承継	73-75, 160, 328, 336
漁業管轄権事件→アイスランド漁業管轄権事件	
漁業管轄権（スペイン対カナダ）事件→カナダ漁業管轄権事件	
漁業事件→ノルウェー漁業事件	
ギリシャ国民の対独損害賠償請求事件	723-727
ギリシャ=ブルガリア地域社会事件	30
キンドラー事件	266, 268, 288-292

グアンタナモ基地被抑留者事件	691-696
クリスティン・グッドウィン事件	376-378
グリスバダルナ事件	578
クマラスワミ事件	133
クラウゼッカ対ドイツ事件	130
ゲイエ事件	352-356, 361
ゲッソ法事件	108
ケベック分離事件	326-328
ケムチュラ事件	560-564
原爆訴訟→広島・長崎原爆投下事件	
光華寮事件	64-69
航空機撃墜事件	149, 522, 601
神戸英水兵事件	413-415
国際軍事裁判→ニュールンベルグ裁判	
国際的地位事件	120-124, 317, 602
国連加盟承認の条件（憲章第4条）事件	110-114
国連加盟承認のための総会の権限事件	110-114, 458
国連大学事件	125-127, 130
国連のある種の経費事件	119, 652-656
国連の職務中に被った損害の賠償事件	115-119, 655
国連本部協定事件	26-30, 504
コスタ対ENEL事件	37-42
コソボ独立宣言事件	44-46, 532
黒海海洋境界画定事件	206, 222-224
国家の裁判権免除事件	98-102, 130, 532, 727
国家人権委員会対チャド事件	365-367
国境地帯におけるニカラグアの活動事件	154
国境紛争事件→ブルキナファソ・マリ国境紛争事件	
ゴーブ土地権事件	337
ゴルダー事件	383, 386
コルフ海峡事件	141, 168-173, 470, 551, 593, 613
コンゴ対ルワンダ武力紛争事件→コンゴ領域の軍事活動事件	
コンゴ領域の軍事活動事件	532, 663

[サ行]

在外（カナダ）資産補償金請求事件	707, 711
サイガ号事件	212-216, 227, 230
「最後の誘惑」事件	374
財産事件	635
在日韓国人元日本軍属障害年金訴訟事件	352-356
在テヘラン米国大使館事件	308, 469-473, 504, 613

事件別判例索引

ザフィロ号事件	466-468
サヤディ事件	673
サンデー・タイムズ事件	346-348
ジェノサイド条約適用事件	521, 614-619, 635
ジェノサイド条約適用事件(クロアチア対セルビア)	505
ジェノサイド条約に対する留保事件	438-442, 447
シェフィールド事件	377
ジェンコー事件	108
ジェーンズ事件	294
塩見事件	357-361
塩見第2次訴訟	360
シシリー電子工業会社事件	159, 522, 526-529
執行停止申立事件(1990年4月25日東京地裁決定)	287
執行停止申立事件(2001年11月16日東京地裁決定)	280-282
シベリア・パイプライン事件	108
シベリア抑留捕虜補償請求事件	703-707, 711
下田事件→広島・長崎原爆投下事件	
指紋押捺拒否国家賠償事件	264, 362-364
社会党事件	333
ジャッジ事件	265-269, 292
シャロン事件	430
集団犯罪の防止及び処罰に関する条約に対する留保事件→ジェノサイド条約に対する留保事件	
集団殺害犯罪の防止及び処罰に関する条約の適用事件→ジェノサイド条約適用事件	
自由地帯に関する事件	434, 435-437
自由民主主義党事件	333
受刑者接見妨害国家賠償請求事件	363, 382-386
上部シレジア事件	432-434, 486
ジョホール海峡埋立事件	548
ジラード事件	415
人種差別撤廃条約事件	636
スィズニ事件	474-476
スクーナー船エクスチェンジ号事件	85-87, 92, 105
スコチア号事件	4-6
スチュワート事件	264
スパーンズ対オランダ事件	130
スペイン王仲裁裁判判決事件	583-587
スレブレニツァの母協会対オランダ事件	130
請願人聴取の許容性事件	120-124, 461
セイ・フジイ事件→フジイ事件	
ゼーリング事件	268, 288-292, 369
セルビア公債事件	504, 509-511
相馬ヶ原農婦殺害事件→ジラード事件	
訴追か引渡しかの義務事件	243, 521, 530-533, 606, 636
ソフィア電気会社事件	622

[タ行]

タイガー号事件	569
対日本企業賠償請求事件	712
第2マーボ事件→マーボ事件	
逮捕状事件	425, 426-430, 493, 726
大麻取締法違反,関税法違反事件	343-345
台湾人元日本兵戦死傷補償請求事件	355
タヴィニアーノ号事件	569
タジッチ事件	398-404, 407, 616, 619
ダジョン事件	378
建物明渡請求事件→外交官に対する訴状送達事件	
ダンチッヒ裁判所の管轄権事件	134-136
崔善愛事件	261-264
チノコ事件→ティノコ事件	
チャゴス諸島海洋保護区事件	154
チャハル事件	292
中華民国に対する約束手形金請求為替訴訟事件	52, 88-90, 96, 429
中国民航機不法奪取犯引渡事件→張振海事件	
チュニジア・リビア大陸棚事件	195-198, 203, 455, 633
チュニス・モロッコ国籍法事件	76-78, 84
張振海事件	274, 283-287
朝連事件	683
ディアロ事件	495-499, 504, 522, 529
ディストモ村事件	98-101, 723-727
ティノコ事件	47-49
テイラー事件	429
ティンバーレイン事件	108
テキサス北米浚渫会社事件	506-508
テキサダ号事件	179-181
テヘラン人質事件→在テヘラン米大使館事件	
テーベン事件	108
テメルタシュ事件	446
天安門事件	283, 284, 286
東京裁判	390-394, 403
東京水交社事件	682-684

746 索引

東南部グリーンランドの法的地位に関する事件　156
トゥーネン事件　376-378
トゥバンチア号事件　569
東部カレリア事件　319, 320, 322, 588-592, 701
東部グリーンランド事件　141, 143-147, 162, 323, 576
トカレフ事件　419-421
ドッガー・バンク事件　566-570
富丸事件　228-231
トルコ統一共産党事件　333
トレイル溶鉱所事件　536-540

[ナ行]

ナイジェリア中央銀行訴訟事件　94
ナウリラ事件　474-476
ナウル燐鉱地事件　593-598
ナダ事件　673
ナミビア事件　316-320, 324, 458, 602, 606, 701
南極海捕鯨事件　16, 238-243
南西アフリカ事件　316, 318, 320, 504, 521, 602-606
ニーア事件　293-295
ニカラグア事件　154, 159, 173, 401, 404, 472, 596, 616, 619, 657-663, 668, 686
ニコロ事件　41
西オーストラリア対連邦事件　338
西サハラ事件　133, 142, 166, 319, 320, 321-325, 338, 591, 701
西松建設事件　717, 718-722
二風谷ダム事件　339, 340-342
日本アルコール飲料事件　643-645
ニュールンベルグ裁判　390-394
ノッテボーム事件　237, 512-516, 521, 586
ノリス事件　378
ノルウェー漁業事件　141, 174-178, 180, 250
ノルウェー公債事件　19, 599-601

[ハ行]

パキスタン貸金請求事件　90, 94, 95-97
パケット・ハバナ号事件　26-30
パネベジス＝サルズチスキス鉄道事件　511
ハムダン事件　691-696
ハムディ事件　691-696
パリオス・アルトス事件　373-375

バルセロナ・トラクション事件　154, 496, 498, 504, 517-522, 529, 533, 606, 612
バルフォード事件　348
パルプ工場事件　242, 549-551, 632
パルマス島事件　138-142, 143, 146, 164, 166, 172
パルルマン・ベルジュ号事件　91, 92
パレスチナ占領地における壁構築の法的効果
　　320, 325, 364, 533, 663, 697-702
繁栄党事件　329-333
バンコビッチ他事件　372
ピア対ドイツ事件　129
東チモール事件→東ティモール事件
東ティモール事件　320, 324, 504, 533, 593-598, 635
庇護事件　12-16, 24, 83, 84
ピノチェト仮拘禁事件　412, 422-425, 429
ピノチェト事件→ピノチェト仮拘禁事件
広島・長崎原爆投下事件　679-681, 711
フィラルティーガ事件　349-351
フィリピン・アドミラル号事件　91-94
フィリピン慰安婦戦後補償事件　681
フェージョ事件　339
フェッリーニ事件　98, 101
フジイ事件　350
藤井セイ対カリフォルニア州事件→フジイ事件
ブラウン管カルテル事件　108
ブラジル公債事件　511
ブラニガンおよびマックブライド対英国事件　367
フランス・ギリシャの灯台事件　458
フランスにおける刑事訴訟事件　172
武力行使の合法性事件　618
プリンツ事件　103-105, 727
ブルキナファソ・マリ国境紛争事件　23, 154, 156-160, 578, 608, 613, 632
プレア・ビヘア寺院事件　148-155, 457, 532
ブレークス事件　355, 357-361
米国エビ輸入制限事件　554, 555-559
米国ガソリン事件　554, 556, 557, 559
米国マグロ輸入制限事件　552-554, 559
ベイトスイク村評議会対イスラエル政府事件　698
米仏航空業務協定事件　476, 477-479
平和条約の解釈事件　75, 84, 319, 322, 324, 504, 588-592

ペドラ・ブランカ事件	164-166
ベナン・ニジェール国境紛争事件	159
ペリカンステート号事件	180
ベリロス事件	442, 443-447
ベルナドッテ伯殺害事件→国連の職務中に被った損害の賠償事件	
ベルヌ条約事件	58-60
報告と聴聞に関する表決手続事件	120-124
豊進丸事件	230
北部カメルーン事件	21, 594, 613
北米浚渫会社事件→テキサス北米浚渫会社事件	
北海大陸棚事件	154, 160, 186-190, 192, 194, 196, 198, 200, 204, 455
ボリビア・チリ事件	635
ホルジョウ工場事件	430, 434, 486-490, 492, 494, 505
ポルト・アレクサンドレ号事件	91, 92

[マ行]

マヴロマチス事件	500-505, 509, 511, 635
マヴロマチス特許改訂事件	500-505
マグダ・マリア号事件	235-237
マクリーン事件	257-260, 263, 381
マジル事件	131-133
マーボ事件	337-339
マリア・ルース号事件	637-639
マンキエ・エクレオ事件	141, 143-147, 163, 325, 576, 577
満州国の法的地位	70-72
ミクマク対カナダ事件	336
南シナ海事件	244-251
南チロル事件	336
みなみまぐろ事件	249, 548, 646-650
ムスタキム事件	254-256
メイン湾海洋境界事件	159, 206
メキシコ共和国対ホフマン事件	92
メデイン事件	31-33, 493
元外国公使館雇員事件	410-412
元米軍捕虜の対日本企業賠償請求事件	712
森川キャサリーン事件	263
モルテンセン対ピーターズ事件	34-36
モロッコにおける米国国民の権利に関する事件	82-84
モンテ・コンフルコ号事件	230

[ヤ行]

ヤン・マイエン海域境界画定事件	204, 207-211, 224, 578
ヤン・マイエン調停事件	571-573
尹秀吉事件	270-274
横田基地夜間飛行差止等請求事件	94, 96

[ラ行]

ラグラン事件	492-494, 504, 620-624
ラスル事件	691-696
ラブレース事件	336
ラヌー湖事件	541-545
リギタン島およびシパダン島に対する主権事件	160, 161-163, 166, 364
リギタン島・シパダン島主権事件→リギタン島およびシパダンに対する主権事件	
陸・島および海洋境界紛争事件→領土・島・海洋紛争事件	
リドリキ村事件	723-727
リビア国有化事件	300-304, 312
リビア・チャド領土紛争事件	456-458
リビア・マルタ大陸棚事件	202-206, 223, 224, 227, 455
柳条湖爆破事件	71
柳文卿事件	274
リューディック事件	343-345
領土海洋紛争事件(ニカラグア対コロンビア)	250
領土・島・海洋境界紛争事件	159, 578, 597, 607-610, 633
リンゲンス事件	348
リンビン・タイク・ティン・ラット対ビルマ連邦事件	50-53, 67, 429
レインボウ・ウォーリア号事件	464, 480-485
レッド・クルセイダー号事件	216, 566-570
連合軍捕虜戦後補償事件	681
ロイジドウ事件	368-372, 446, 447
ロイジドウ対トルコ事件→ロイジドウ事件	
ロウル・ケネディー事件	447, 448-450
ロチュース号事件	7-11, 46, 108, 181
ローマから持ち出された貨幣用金事件→貨幣用金事件	
ロッカビー事件	611-613

執筆者一覧

◎印 編集代表　○印 編集委員　（五十音順）

◎浅田　正彦	京都大学		†田中　則夫		
○阿部　達也	青山学院大学		○玉田　　大	神戸大学	
新井　　京	同志社大学		†月川　倉夫		
†安藤　仁介			徳川　信治	立命館大学	
家　　正治	神戸市外国語大学名誉教授		戸田　五郎	京都産業大学	
五十嵐正博	神戸大学名誉教授		富岡　　仁	名古屋経済大学	
位田　隆一	滋賀大学		中井伊都子	甲南大学	
稲角　光恵	金沢大学		中坂恵美子	中央大学	
岩沢　雄司	国際司法裁判所		中野　徹也	関西大学	
岩本　誠吾	京都産業大学		†中村　　道		
牛尾　裕美	元東海大学		西　　平等	関西大学	
岡田　　泉	南山大学名誉教授		西井　正弘	京都大学名誉教授	
岡田　順子	神戸大学		西村　智朗	立命館大学	
小畑　　郁	名古屋大学		○濵本正太郎	京都大学	
糟谷　英之	元摂南大学		†林　　久茂		
加藤　　陽	近畿大学		林　　美香	神戸大学	
川岸　繁雄	神戸学院大学名誉教授		東　　泰介	大阪外国語大学名誉教授	
桐山　孝信	大阪市立大学		樋口　一彦	琉球大学	
黒神　直純	岡山大学		福田　吉博	元関西学院大学	
香西　　茂	京都大学名誉教授		†藤田　久一		
古賀　　衞	西南学院大学名誉教授		○前田　直子	京都女子大学	
小林　友彦	小樽商科大学		牧田　幸人	島根大学名誉教授	
◎酒井　啓亘	京都大学		松井　芳郎	名古屋大学名誉教授	
◎坂元　茂樹	同志社大学		松田　竹男	大阪市立大学名誉教授	
櫻井　利江	大阪経済法科大学		松本　祥志	札幌学院大学名誉教授	
櫻田　嘉章	甲南大学		真山　　全	大阪大学	
佐分　晴夫	名古屋経済大学		○水島　朋則	名古屋大学	
繁田　泰宏	大阪学院大学		村上　正直	大阪大学	
柴田　明穂	神戸大学		◎薬師寺公夫	立命館大学	
杉原　高嶺	京都大学名誉教授		山形　英郎	名古屋大学	
高村ゆかり	東京大学		○山田　卓平	龍谷大学	
○竹内　真理	神戸大学		山手　治之	立命館大学名誉教授	
†竹本　正幸			○李　　禎之	岡山大学	

判例国際法〔第3版〕

2000年10月20日　初　版　第 1 刷発行
2006年 5月20日　第 2 版　第 1 刷発行
2019年 6月20日　第 3 版　第 1 刷発行

＊定価はカバーに表示してあります
〔検印省略〕

編集代表:ⓒ薬師寺公夫・坂元茂樹・浅田正彦・酒井啓亘　発行者:下田勝司　印刷・製本/中央精版印刷

東京都文京区向丘1-20-6　　郵便振替00110-6-37828
〒113-0023　TEL(03)3818-5521　FAX(03)3818-5514

発 行 所
株式会社 東信堂

Published by TOSHINDO PUBLISHING CO., LTD
1-20-6, Mukougaoka, Bunkyo-ku, Tokyo, 113-0023, Japan
E-mail：tk203444@fsinet.or.jp

ISBN978-4-7989-1558-6　C3032

ⓒKimio Yakushiji, Shigeki Sakamoto, Masahiko Asada, Hironobu Sakai

東信堂

国際法新講〔上〕〔下〕	田畑茂二郎	上 二七〇〇円／下 二六〇〇円
ベーシック条約集（二〇一九年版）	編集代表 薬師寺・坂元・浅田	三六〇〇円
ハンディ条約集〔第2版〕	編集代表 薬師寺・坂元・浅田	一五〇〇円
国際環境条約・資料集	編集代表 松井・富岡・田中・薬師寺・坂元・高村・西村	八六〇〇円
国際人権条約・宣言集〔第3版〕	編集代表 松井・薬師寺・坂元・小畑・徳川	三八〇〇円
国際機構条約・資料集〔第2版〕	編集代表 香西 仁・安藤 仁介	三二〇〇円
判例国際法〔第3版〕	編集代表 浅田・酒井	三九〇〇円
日中戦後賠償と国際法	浅田正彦	五二〇〇円
国際法〔第4版〕	浅田正彦編著	二九〇〇円
国際環境法の基本原則	松井芳郎編著	三八〇〇円
講義 国際経済法	松井芳郎	四六〇〇円
国連の金融制裁─法と実務	柳赫秀編著	四六〇〇円
新版 国際商取引法	吉村祥子編著	三二〇〇円
国際民事訴訟法・国際私法論集	高桑 昭	三六〇〇円
21世紀の国際法と海洋法の課題	編集 松井・富岡・桐山・西村／薬師寺・坂元	六五〇〇円
国際海洋法の現代的形成	田中則夫	七八〇〇円
国際海峡	坂元茂樹編著	四六〇〇円
条約法の理論と実際	坂元茂樹	六八〇〇円
北極国際法秩序の展望──科学・環境・海洋	稲垣治・柴田明穂編著	四二〇〇円
北極海のガバナンス	奥脇直也・城山英明編著	五八〇〇円
国際立法──国際法の法源論	村瀬信也	五八〇〇円
小田滋・回想の海洋法	小田 滋	三六〇〇円
小田滋・回想の法学研究	小田 滋	六八〇〇円
国際法と共に歩んだ六〇年──学者として 裁判官として	小田 滋	四八〇〇円
21世紀の国際法秩序──ポスト・ウェストファリアの展望	R・フォーク／川崎孝子訳	七六〇〇円
国際法から世界を見る──市民のための国際法入門〔第3版〕	松井芳郎	三八〇〇円
国際法／はじめて学ぶ人のための〔新訂版〕	大沼保昭	三六〇〇円
国際規範としての人権法と人道法	篠原 梓	三二〇〇円
戦争と国際人道法──赤十字の歴史のあゆみ	井上忠男	二四〇〇円
人道研究ジャーナル5・6・7・8号	日本赤十字国際人道研究センター編	各二八〇〇円
核兵器のない世界へ──理想への現実的アプローチ〔第4版〕	黒澤 満	二〇〇〇円
軍縮問題入門〔第4版〕	黒澤 満編著	二三〇〇円

〒113-0023 東京都文京区向丘1-20-6
TEL 03-3818-5521　FAX 03-3818-5514　振替 00110-6-37828
Email tk203444@fsinet.or.jp　URL:http://www.toshindo-pub.com/

※定価：表示価格（本体）＋税

東信堂

国際刑事裁判所〔第二版〕	村瀬信也 編	四二〇〇円
武力紛争の国際法	真山全 編	四二八六円
国連安保理の機能変化	村瀬信也 編	二七〇〇円
海洋境界確定の国際法	江藤淳一 編	二八〇〇円
自衛権の現代的展開	村瀬信也 編	二八〇〇円
国連安全保障理事会—その限界と可能性	松浦博司	三三〇〇円
集団安全保障の本質	柘山堯司 編	四六〇〇円
貨幣ゲームの政治経済学	柳田辰雄 編	二〇〇〇円
相対覇権国家システム安定化論—東アジア統合の行方	柳田辰雄	二四〇〇円
国際政治経済システム学—共生への俯瞰	柳田辰雄	一八〇〇円
〈現代国際法叢書〉		
国際法における承認—その法的機能及び効果の再検討	王志安	五二〇〇円
国際社会と法	高野雄一	四三〇〇円
集団安保と自衛権	高野雄一	四八〇〇円
国際「合意」論序説—法的拘束力を有しない国際「合意」について	中村耕一郎	三〇〇〇円
法と力 国際平和の模索	寺沢一	五二〇〇円
憲法と自衛隊—法の支配と平和的生存権	幡新大実	二八〇〇円
イギリス憲法I 憲政	幡新大実	四二〇〇円
イギリス債権法	幡新大実	三八〇〇円
根証文から根抵当へ シリーズ〈制度のメカニズム〉	幡新大実	一八〇〇円
アメリカ連邦最高裁判所	大越康夫	一八〇〇円
衆議院—そのシステムとメカニズム	向大野新治	一八〇〇円
フランスの政治制度〔改訂版〕	大山礼子	二〇〇〇円
イギリスの司法制度	幡新大実	二〇〇〇円
判例 ウィーン売買条約	井原宏・河村寛治 編著	四二〇〇円
グローバル企業法	井原宏	三八〇〇円
国際ジョイントベンチャー契約	井原宏	五八〇〇円

〒113-0023 東京都文京区向丘1-20-6
TEL 03-3818-5521 FAX 03-3818-5514 振替 00110-6-37828
Email tk203444@fsinet.or.jp URL:http://www.toshindo-pub.com/

※定価：表示価格（本体）＋税

東信堂

国連の金融制裁——法と実務	吉村祥子編著	三三〇〇円
国連行政とアカウンタビリティーの概念——国連再生への道標	蓮生郁代	三三〇〇円
2008年アメリカ大統領選挙——オバマの当選は何を意味するのか	吉野孝編著	二〇〇〇円
オバマ政権はアメリカをどのように変えたのか——支持連合・政策成果・中間選挙	吉野孝編著	二六〇〇円
オバマ政権と過渡期のアメリカ社会——選挙、政党、制度、メディア、対外援助	吉野孝編著	二四〇〇円
オバマ後のアメリカ政治——二〇一二年大統領選挙と分断された政治の行方	吉野孝編著	二五〇〇円
ホワイトハウスの広報戦略——大統領のメッセージを国民に伝えるために	M・J・クマー 吉牟田剛訳	二八〇〇円
「帝国」の国際政治学——冷戦後の国際システムとアメリカ	山本吉宣	四七〇〇円
アメリカの介入政策と米州秩序——複雑システムとしての国際政治	草野大希	五四〇〇円
国際開発協力の政治過程——国際規範の制度化とアメリカ対外援助政策の変容	小川裕子	四〇〇〇円
国際関係入門——共生の観点から	黒澤満編	一八〇〇円
国際共生とは何か——平和で公正な社会へ	黒澤満編	二〇〇〇円
国際共生と広義の安全保障	黒澤満編	二〇〇〇円
国際交流のための現代プロトコール	阿曽村智子	二八〇〇円
聖書と科学のカルチャー・ウォー——概説 アメリカの「創造vs生物進化」論争	E・C・スコット著 鵜浦裕・井上徹訳	三六〇〇円
現代アメリカのガン・ポリティクス	鵜浦裕	二〇〇〇円
暴走するアメリカ大学スポーツの経済学	宮田由紀夫	二六〇〇円
揺らぐ国際システムの中の日本	柳田辰雄編著	二〇〇〇円
開発援助の介入論——インドの河川浄化政策に見る国境と文化を越える困難	西谷内博美	四六〇〇円
資源問題の正義——コンゴの紛争資源問題と消費者の責任	華井和代	三九〇〇円

〒113-0023 東京都文京区向丘1-20-6　TEL 03-3818-5521　FAX 03-3818-5514　振替 00110-6-37828
Email tk203444@fsinet.or.jp　URL:http://www.toshindo-pub.com/
※定価：表示価格（本体）＋税

東信堂

北欧サーミの復権と現状【先住民族の社会学1】——ノルウェー・スウェーデン・フィンランドを対象にして	小内 透編著	三九〇〇円
現代アイヌの生活と地域住民【先住民族の社会学2】——札幌市・むかわ町・新ひだか町・伊達市・白糠町を対象にして	小内 透編著	三九〇〇円
白老における「アイヌ民族」の変容——イオマンテにみる神官機能の系譜	西谷内博美	二八〇〇円
開発援助の介入論——インドの河川浄化政策に見る国境と文化を越える困難	西谷内博美	四六〇〇円
資源問題の正義——コンゴの紛争資源問題と消費者の責任	華井和代	三九〇〇円
海外日本人社会とメディア・ネットワーク——バリ日本人社会を事例として	松本行真	四六〇〇円
移動の時代を生きる——人・権力・コミュニティ	吉原直樹監修	三二〇〇円
国際社会学の射程 国際社会学ブックレット1	西原和久・芝田直樹編	一二〇〇円
国際移動と移民政策——日韓の事例と多文化主義再考 国際社会学ブックレット2	有田伸・山本かほり・西原和久編著	一〇〇〇円
トランスナショナリズムと社会のイノベーション——社会学をめぐるグローバル・ダイアログ	西原和久	一三〇〇円
越境する国際社会学とコスモポリタン的志向 国際社会学ブックレット3	西原和久	二八〇〇円
グローバル化と社会運動——半周辺マレーシアにおける反システム運動	山田信行	三六〇〇円
世界システムの新世紀——グローバル化とマレーシア	山田信行	一八〇〇円
「むつ小川原開発・核燃料サイクル施設問題」研究資料集	茅野恒秀・山﨑晴俊編著	三八〇〇円
新版 新潟水俣病問題——加害と被害の社会学	舩橋晴俊・飯島伸子編	三八〇〇円
新潟水俣病をめぐる制度・表象・地域	関 礼子編	五六〇〇円
新潟水俣病問題の受容と克服	堀田恭子	四八〇〇円
公害・環境問題の放置構造と解決過程	藤川賢・渡辺伸一・堀畑まなみ著	三八〇〇円
公害被害放置の社会学——イタイイタイ病・カドミウム問題の歴史と現在	藤川賢・飯島伸子賢子著	三六〇〇円
金属伝説で日本を読む	井上孝夫	三〇〇〇円
白神山地と青秋林道——地域開発と環境	井上孝夫	三三〇〇円
現代環境問題論——理論と方法の社会学——再定置のために	井上孝夫	二二〇〇円

〒113-0023 東京都文京区向丘1-20-6
TEL 03-3818-5521 FAX03-3818-5514 振替 00110-6-37828
Email tk203444@fsinet.or.jp URL:http://www.toshindo-pub.com/

※定価：表示価格（本体）＋税

東信堂

倫理学と法学の架橋——ファインバーグ論文選	嶋津格・飯田編監訳　J・ファインバーグ	六八〇〇円
責任という原理——科学技術文明のための倫理学の試み（新装版）	H・ヨナス　加藤尚武監訳	四八〇〇円
主観性の復権——心身問題から『責任という原理』へ	H・ヨナス　滝口清栄訳	二〇〇〇円
ハンス・ヨナス「回想記」	H・ヨナス　盛永・木下・鳥渕・山本訳	四八〇〇円
生命の神聖性説批判	H・クーゼ著　飯田・小野谷・片桐・水野訳	四六〇〇円
生命科学とバイオセキュリティ——デュアルユース・ジレンマとその対応	四ノ宮成祥・河原直人編著	二四〇〇円
医学の歴史	今井道夫監訳　石渡隆司	四六〇〇円
安楽死法：ベネルクス3国の比較と資料	盛永審一郎監修	二七〇〇円
死の質——エンド・オブ・ライフケア世界ランキング	丸祐一・小野谷・飯田亘之訳　加奈恵	一二〇〇円
バイオエシックスの展望	松坂昭夫編著　井上悦子	三三〇〇円
死生学入門——小さな死・性・ユマニチュード	大林雅之	二〇〇〇円
生命の問い——生命倫理学と死生学の間で	大林雅之	二〇〇〇円
生命の淵——バイオシックスの歴史・哲学・課題	大林雅之	二〇〇〇円
今問い直す脳死と臓器移植〔第2版〕	澤田愛子	二〇〇〇円
キリスト教から見た生命と死の医療倫理	浜口吉隆	二三八一円
動物実験の生命倫理——個体倫理から分子倫理へ	大上泰弘	四〇〇〇円
医療・看護倫理の要点	水野俊誠	二〇〇〇円
テクノシステム時代の人間の責任と良心	山本・盛永レンク訳	三五〇〇円
原子力と倫理——原子力時代の自己理解	小笠原道雄編　Th・リット	一八〇〇円
科学の公的責任——科学者と私たちに問われていること	小笠原・野平編訳　Th・リット	一八〇〇円
歴史と責任——科学者は歴史にどう責任をとるか	小笠原・野平編訳　Th・リット	一八〇〇円
（ジョルダーノ・ブルーノ著作集）より　カンデライオ	加藤守通訳	三三〇〇円
原因・原理・一者について	加藤守通訳	三三〇〇円
傲れる野獣の追放	加藤守通訳	四八〇〇円
英雄的狂気	加藤守通訳	三六〇〇円
ロバのカバラ——ジョルダーノ・ブルーノにおける文学と哲学	N・オルディネ　加藤守通監訳	三六〇〇円

〒113-0023 東京都文京区向丘1-20-6　TEL 03-3818-5521　FAX03-3818-5514　振替 00110-6-37828
Email tk203444@fsinet.or.jp　URL:http://www.toshindo-pub.com/

※定価：表示価格（本体）＋税

東信堂

いま、教育と教育学を問い直す——教育哲学は何を究明し、何を展望するか	森田尚人 編著	三三〇〇円
教育的関係の解釈学	松浦良充 監修 坂越正樹 監修	三二〇〇円
教員養成を哲学する——教育哲学に何ができるか	下司晶・古屋恵太 編著 林泰成・山名淳	四二〇〇円
大学教育の臨床的研究——臨床的人間形成論第一部	田中毎実	二八〇〇円
臨床的人間形成論の構築——臨床的人間形成論第二部	田中毎実	二八〇〇円
人格形成概念の誕生——近代アメリカの教育概念史	田中智志	三六〇〇円
社会性概念の構築——アメリカ進歩主義教育概念史	田中智志	三八〇〇円
空間と時間の教育史——アメリカの学校建築と授業時間割からみる	宮本健市郎	三九〇〇円
アメリカ進歩主義教授理論の形成過程——教育における個性尊重は何を意味してきたか	宮本健市郎	七〇〇〇円
ネオリベラル期教育の思想と構造——書き換えられた教育の原理	福田誠治	六二〇〇円
マナーと作法の社会学	加野芳正 編著	二四〇〇円
マナーと作法の人間学	矢野智司 編著	二〇〇〇円
学びを支える活動へ——存在論の深みから	田中智志 編著	二〇〇〇円
グローバルな学びへ——協同と刷新の教育	田中智志 編著	二〇〇〇円
子どもが生きられる空間——生・経験・意味生成	高橋勝	二四〇〇円
流動する生の自己生成——教育人間学の視界	高橋勝	二四〇〇円
子ども・若者の自己形成空間——教育人間学の視線から	高橋勝 編著	二七〇〇円
文化変容のなかの子ども——経験・他者・関係性	高橋勝	二三〇〇円
アメリカ 間違いがまかり通っている時代——公立学校の企業型改革への批判と解決法	D.ラヴィッチ著 末藤美津子訳	三八〇〇円
教育による社会的正義の実現——アメリカの挑戦(1945-1980)	D.ラヴィッチ著 末藤美津子訳	五六〇〇円
学校改革抗争の100年——20世紀アメリカ教育史	D.ラヴィッチ著 末藤美津子・宮本健市郎・佐藤隆之訳	六四〇〇円
アメリカ公立学校の社会史——コモンスクールからNCLB法まで	W.J.リース著 小川佳万・浅沼茂監訳	四六〇〇円
〔コメニウスセレクション〕 地上の迷宮と心の楽園	J.コメニウス著 藤田輝夫訳	三六〇〇円
パンパイデイア——生涯にわたる教育の改善	J.コメニウス著 太田光一訳	五八〇〇円
覚醒から光へ…学問、宗教、政治の改善	J.コメニウス著 太田光一訳	四六〇〇円

〒113-0023 東京都文京区向丘1-20-6　TEL 03-3818-5521　FAX03-3818-5514　振替 00110-6-37828
Email tk203444@fsinet.or.jp　URL:http://www.toshindo-pub.com/

※定価：表示価格（本体）＋税

東信堂

オックスフォード キリスト教美術・建築事典	P&L・マレー著 中森義宗監訳	30,000円
イタリア・ルネサンス事典	J・R・ヘイル編 中森義宗監訳	7,800円
美術史の辞典	中森義宗・P・デューロ他 清水忠訳	3,600円
涙と眼の文化史——中世ヨーロッパの標章と恋愛思想	徳井淑子	3,500円
青を着る人びと	伊藤亜紀	3,600円
社会表象としての服飾——近代フランスにおける異性装の研究	新實五穂	3,600円
書に想い 時代を讀む	河田悌一	1,800円
日本人画工 牧野義雄——平治ロンドン日記	ますこ ひろしげ	5,400円
美を究め美に遊ぶ——芸術と社会のあわい	江藤光紀・田中厚佳編著 荻野厚志	2,800円
バロックの魅力	小穴晶子編	2,600円
新版 ジャクソン・ポロック	藤枝晃雄	3,600円
西洋児童美術教育の思想	要真理子監訳 前田茂監訳	
——ドローイングは豊かな感性と創造性を育むか？		
ロジャー・フライの批評理論——知性と感受性の間で	要真理子	4,200円
レオノール・フィニ——境界を侵犯する新しい種	尾形希和子	2,800円
【世界美術双書】		
バルビゾン派	井出洋一郎	2,000円
キリスト教シンボル図典	中森義宗	2,300円
パルテノンとギリシア陶器	関 隆志	2,300円
中国の版画——唐代から清代まで	小林宏光	2,300円
象徴主義——モダニズムへの警鐘	中村隆夫	2,300円
中国の仏教美術——後漢代から元代まで	久野美樹	2,300円
日本の南画	浅野春男	2,300円
画家とふるさと	武田光一	2,300円
セザンヌとその時代	小林 忠	2,300円
ドイツの国民記念碑一八一三—一九一三年	大原まゆみ	2,300円
日本・アジア美術探索	永井信一	2,300円
インド、チョーラ朝の美術	袋井由布子	2,300円
古代ギリシアのブロンズ彫刻	羽田康一	2,300円

〒113-0023　東京都文京区向丘1-20-6
TEL 03-3818-5521　FAX 03-3818-5514　振替 00110-6-37828
Email tk203444@fsinet.or.jp　URL:http://www.toshindo-pub.com/

※定価：表示価格（本体）＋税